法學叢書

商法概論

〔第 10 版〕

李範燦
崔埈璿 共著

三 英 社

HANDELSRECHT

EIN STUDIENBUCH

von

BEOM CHAN LEE
PROFESSOR AN DER SUNGKYUNKWAN UNIVERSITÄT

und

JUNESUN CHOI
PROFESSOR AN DER SUNGKYUNKWAN UNIVERSITÄT

10. Auflage

SAM YEONG SA

SEOUL, KOREA

2010

제10판을 내면서

자본시장과 금융투자업에 관한 법률(자본시장법)이 제정되어 2009년 2월 4일부터 시행되면서 증권거래법이 폐지되고 증권거래법에 있던 주권상장회사의 지배구조에 관한 부분을 상법에 규정되게 되어 상법 회사편의 내용이 크게 바뀌었다.

2010년에는 상법 총칙·상행위편이 개정되었다. 이와 같이 개정된 상법의 내용과 자본시장법의 내용을 반영하여 제10판을 낸다.

제10판을 발간함에 있어 회사법 및 자본시장법에 정통한 금융감독원의 강선남 차장과 최창보 차장, 한국거래소의 안현수 과장이 개정하여야 할 부분에 대하여 철저히 검증하여 주었기 이에 감사를 표한다. 제10판의 개정에도 노고를 아끼지 아니한 삼영사의 임진숙 과장님께 감사를 표한다.

2010年 8月 20日

著 者 씀

제9판을 내면서

2008년 8월 4일부터 개정해상법이 시행된다. 이에 개정된 법을 반영하여 제9판을 낸다. 제9판에서도 편집과 교정에 수고하여 주신 삼영사의 李信正 주간님과 편집부 여러분의 노고에 감사드린다.

2008年 7月 1日
著 者 씀

제8판을 내면서

제7판이 나온 후 필자가 강의하면서 느낀 미진한 부분과 오류라고 생각되는 부분을 바로 잡아 제8판을 낸다. 제8판에서도 편집과 교정에 수고하여 주신 삼영사의 李信正 주간님과 편집부 여러분의 노고에 감사드린다.

2004年 7月 1日
著 者 씀

제7판 2쇄를 내면서

제6차 개정 商法이 2001. 7. 24. 법률 제6488호로 공포되었기에 개정법을 반영한 제7판 2쇄를 낸다. 제2쇄에서는 2001년까지 나온 대법원의 판례를 충실히 반영하였고, 아울러 미진한 부분도 손질하였다.

제2쇄의 개정작업에도 노고를 아끼지 않으신 삼영사의 李信正 주간님과 편집부 직원 여러분께 감사드리고, 원고 교정과 색인작업에 힘써준 금융감독원의 朴洪奭 과장, 梁鎭泰 조사역의 노고에 대하여도 감사드린다.

2001年 8月 20日

著 者 씀

제7판을 내면서

2001년에도 다시 한번 회사편이 개정될 전망이다(제6차 개정). 개정안의 내용을 반영하여 제7판을 낸다. 제6차 개정에서도 기업경영의 투명성을 제고하고 국제경쟁력을 강화하기 위하여 주주총회 결의사항 확대, 이사회제도 개선, 주주의 신주인수권 강화 등 企業支配構造를 개선하고, 지주회사 설립을 위한 주식교환이전제도를 도입하여 기업의 구조조정을 지원하도록 하였다. 참고로 제6차 상법개정안 신구대비표를 부록으로 실었다. 아울러 2001년 개정 회사정리법도 반영하였는데, 이 부분은 倒産法制의 改善方案에 관한 硏究로 박사학위를 취득한 산업은행의 손종학 박사가 수고하여 주었기에 감사를 표한다.

제7판의 개정 작업에 애써 주신 삼영사의 李信正 주간님을 비롯하여 편집부 직원 여러분의 노고에 감사드린다.

2001年 3月 1日

著 者 씀

제6판을 내면서

주지하는 바와 같이 1997년말 외환위기는 국제통화기금(International Monetary Fund, IMF)의 구제금융을 지원받기에 이르렀고, 우리나라의 경제질서와 기업문화는 IMF와 세계은행 등의 관리하에 들어가게 되었다. IMF와 세계은행은 나름대로 기준을 제시하고 우리 기업풍토를 변화시켜 그 기준에 맞추지 않으면 안되게 유도하였고, 이는 결국 기업경영의 면에서 global standardization을 지향한다는 것을 뜻하는 것이다. 이에 따라 기업관련 법률의 개정이 빈번하게 이루어질 수밖에 없었는데, 기업관련 기본법인 상법은 1998년에 개정된지 1년만인 1999년 12월 7일 다시 개정되어 제5차 개정을 보았다.

1999년 개정상법은 1998년의 개정상법의 미비점을 보완하는 성격을 가지고 있다. 개정상법안은 1999년 11월 12일 제208회 정기국회에 제출되어 11월 29일과 12월 1일 법안심사 제2소위원회의 심사를 거쳐 12월 3일 제11차 위원회가 소위원회의 심사보고를 듣고 수정결의를 거쳐 12월 7일 국회본회의를 통과하였다.

제5차 개정도 회사편의 개정으로서, 개정상법의 개정의 취지는 이사회의 기능과 역할을 강화하여 기업경영의 효율성을 제고하고, 監査委員會制度의 도입을 통하여 기업경영의 투명성을 보장하며, 주주총회 및 이사회의 운영방법을 정비하는 등 企業支配構造를 개선함으로써 건전한 기업발전을 도모하고 궁극적으로 우리 기업의 국제경쟁력을 강화하기 위한 것이다.

본서 제6판에서는 개정상법 및 증권거래법의 내용을 반영하였다. 개정작업에 정성을 쏟아 주신 三英社의 李信正 주간님과 편집부 직원 여러분께 깊이 감사드린다.

2000年 3月 1日

著 者 씀

제5판을 내면서

1998년에 상법 중 회사법분야의 대폭적인 개정이 있었다. 1998년 개정상법의 개정취지는 1997년 이래의 경제위기에 대응하고, 원활하고 합리적인 경제구조 개편의 필요성에 대응하기 위하여, 기업의 구조조정을 제도적으로 지원하고 자본조달의 편의를 제공하려는 것이다. 나아가 기업경영에 대한 감시제도와 기업경영자의 책임을 강화하고 기업경영의 투명성을 보장함으로써 건전한 기업발전을 도모하기 위한 것이다. 주요 개정 내용을 보면, 株式最低額面價 引下 및 株式分割制度 도입, 會社合併節次의 간소화, 會社分割制度의 도입, 理事 數의 자율화, 理事의 忠實義務 신설, 業務執行指示者 등(事實上 理事)의 책임강화, 少數株主權의 행사요건 완화, 株主提案制度의 신설, 集中投票制의 도입, 中間配當制度의 도입 등이다. 본서 제5판에서는 개정법의 내용을 충실히 반영하였고, 특히 1998년 말 갑작스럽게 개정된 증권거래법의 내용도 반영하였으며, 그 동안에 발견된 誤植도 바로 잡았다.

제5판 교정작업에 참여해 준 金知煥 법학박사, 李昌基 법학석사, 金鍾昊 법학석사, 黃東龍 경영법무연구소 소장, 성균관대학교 대학원 석사과정의 朴哲泳 군과 陳洪洙 조교의 노고에 감사를 표한다. 개정작업을 지휘해 주신 三英社의 李信正 주간님을 비롯한 편집부 직원 여러분께 깊이 감사드린다.

1999年 3月 1日

著 者 씀

第4版 第3刷를 내면서

이번의 제3쇄판은 내용에 큰 변동은 없다. 다만 1997년 12월 31일에 개정된 "은행법"과 1998년 1월 8일에 개정된 "증권거래법" 및 "주식회사의 외부감사에 관한 법률" 등의 개정부분을 반영하면서 한글판으로 고쳤다. 漢字를 輕視할 수 없다는 생각에서 지금까지 國漢文 混用을 고집하여 왔으나, 많은 신세대 독자들이 한글판을 원하므로 이를 수용하기로 하였다.

한글판을 준비하기가 매우 까다로웠음에도 불구하고 열성을 다하여 교정을 보아 준 성균관대학교 대학원 석사과정의 李昌基 군과 金鍾昊 군, 색인작업을 맡아 준 동 대학원 석사과정의 黃肅淵 군과 白馨祺 군에게 진심으로 감사하고, 한글판 작업을 총괄하여 주신 李信正 주간님께 깊이 감사드린다.

1998年 2月 15日

著 者 씀

第4版을 내면서

1996년 12月 16日에 '株式會社의 外部檢査에 관한 法律'이 改正되어 株券上場法人의 경우에는 常勤監事의 選任 및 資格, 外部監査人의 選任方法 등 監事에 관련된 것이 많이 달라졌다. 뿐만 아니라 '資本市場育成에 관한 法律'이 폐지되고, '證券去來法'이 대폭 改正되면서 少數株主權者의 持株要件의 變更, 株主提案制度의 導入, 監査의 充實化를 도모하기 위한 여러 가지 方案 등 改善된 부분이 많다. 따라서 이러한 새로운 內容을 담고, 그동안 찾아낸 誤植들을 바로 잡으면서 改訂版으로 내어 놓게 되었음을 밝혀 둔다.

1997年 3月 11日

著 者 씀

第3版을 내면서

우리 商法은 1962년 제정 이후 1984년(會社法), 1991년(保險法・海商法)의 개정에 이어, 1995년에 제3차 개정을 보았다. 제3차 개정은 1995년 11월 30일에 국회를 통과한 "商法中改正法律案"이 1995년 12월 29일에 法律 제5053호로 공포됨으로써 완결되었는데, 改正法律은 1996년 10월 1일부터 시행된다. 이번의 改正에서는 總則・商行爲・會社編에 대한 개정에 한정하였다. 總則・商行爲編은 33년만의 개정이고, 會社編은 1984년 개정 이후 11년만에 이루어진 제2차 개정이다.

이번의 개정법률은, 政府의 개정법률안 제출이유에 의하면, 궁극적으로는 企業의 國際競爭力을 提高하는 것을 목적으로 하고 있으나, 그 주요한 취지는 다음의 세 가지로 요약할 수 있다.

첫째는, 회사설립절차를 간소화하고, 회사운영에 있어서 비능률적 제한을 철폐하여, 불합리한 제도를 시정함으로써 기업활동의 활성화를 도모하는 것이다.

둘째는, 株主를 비롯하여 企業關係者의 권익보장을 도모하는 것이다.

셋째는, 사회적・경제적 환경의 변화에 대응하는 제도를 정비하는 것이다.

이번의 商法改正은 개정・신설 또는 삭제된 條文의 수가 130개나 되는 대폭적인 작업이었다. 이곳에서 개정 내용을 일일이 열거할 수는 없으나, 주요 내용은 주식회사 설립절차의 합리화, 환경변화에 대응하는 제도정비로서 署名의 생활화・기록의 전산화・公示制度의 현실화・移延資産項目의 확대・商行爲의 현실화・벌칙의 현실화 등을 들 수 있고, 株主 등 기업관계자의 권익보장책으로서 代理商의 보상청구권과 영업비밀준수의무의 신설・商號의 假登記制度 신설・각종 등기사항의 간소화・등기의 합리화・定款에 의한 주식양도의 제한・주주의 주식매수청구권 인정・이익배당제도의 합리화 등을 들 수 있겠다.

이번의 제3판은 위와 같은 개정사항을 빠짐없이 반영하였다. 또 그간의 필자의 연구결과를 부분적으로 반영하였다. 組版도 최근의 추세에 맞추어 종래의 活版에서 컴퓨터조판으로 바꾸었다. 새로 판을 짜다보니 출판이 다소 지연되었다. 著述의 기본방향은 大學의 教材로서, 또 司法試驗・公認會計士試驗 등 수험용 서적으로 적합하도록 쉽고 간명하게 설명하려고 하였지만, 그와 같은 목적에 얼마나 충실하여졌는지 의문이다. 계속적인 연구로 보완하기로 약속한다.

本書의 校正 및 索引作業에는 成均館大學校의 大學院 博士課程에 在學하는 徐琓釋 碩士·李泳喆 碩士·金知煥 碩士의 도움이 컸다. 이 글을 빌어 감사의 뜻을 표하고, 까다로운 編輯·校正作業을 잘 마무리하여 주신 三英社의 李信正 主幹님, 高鍾旭 선생님을 비롯하여 편집부 직원 여러분의 勞苦에 감사드린다.

1996年 6月 10日

著 者 씀

第2版을 내면서

商法概論 初版을 出刊한지 벌써 만 3年이 지났다. 그동안 第5刷를 發行할 수 있도록 聲援하여준 讀者 여러분에게 깊은 謝意를 올린다.

初版이 出刊된 후에도 많은 商法教科書와 硏究論文들이 나왔고, 특히 1991年 12月 31日에 商法中改正法律이 公布되어 商法 제4편의 保險法과 제5편의 海商法이 大幅 改正되었고, 改正法律은 1993年 1月 1日부터 施行될 예정이므로, 그동안 발표된 새로운 學說 · 判例의 要旨를 소개하고, 改正法律의 內容에 따라 새로운 解說을 할 필요가 절실하고도 시급해졌다. 뿐만 아니라 初版에 있어서는 특히 會社 편의 解說이 너무 간결한 나머지 다른 편의 分量과 균형이 맞지 않는 감이 없지 않았다.

그리하여 第二版에서는 初版의 缺陷을 補完하려고 內容面에서 보다 詳細하고 明瞭한 解說을 試圖했을 뿐만 아니라, 版 자체를 크게 넓히고 行間을 시원하게 띄어서 讀者들이 읽는 데 편하도록 배려를 하였다. 물론 '간결하면서도 알찬 內容의 教科書'라는 初版의 執筆意圖를 계속 살리려고 애를 썼다. 또 共著라는 점에서 나타나기 쉬운 見解의 差異를 조정하고 一貫性 있는 理論의 體系化를 기하려고 努力하였음도 밝혀 둔다. 그러나 改正法의 새로운 解說書도 아직 나오지 않은 상황에서 時間에 쫓기어 出刊을 서두르다 보니, 學說에 대한 誤解나 새로운 制度의 解說에 誤謬를 범하지나 않았는지 걱정스럽기도 하다. 讀者 여러분의 끊임없는 편달을 받아 後日에 부족한 部分을 補訂하기로 約束한다.

끝으로 이 책이 出刊되기 까지 編輯과 校正에 온갖 정성을 기울여주신 三英社 吳文世 先生님과 새로운 組版을 快諾해 주신 高德煥 社長님께 충심으로 感謝를 드린다. 그리고 바쁜 중에도 資料整理를 위해서 全北大學校 大學院 碩士課程의 李銀兒 孃이 많은 수고를 해주었고, 成均館大學校 法科大學 講師인 金鶴默 博士와 任忠熙 博士 두 분이 무더위 속에 校正을 보느라고 땀을 흘렸기에, 여러분에게도 뜨거운 感謝의 뜻을 表한다.

1992年 8月 1日

著 者 씀

머 리 말

최근 우리 나라에서도 많은 훌륭한 著書와 論文들이 發行·發表되었다. 특히 商法學 敎科書는 그 質的인 充實은 물론, 量的으로도 매우 방대해져서, 이제는 商法分野에서도 商法의 各編마다 1卷 이상의 著述이 이루어지는 단계에 이르렀다. 이것은 民法에 버금가는 條文數를 가진 商法에 있어 언젠가 이루어야 할 課題라고 할 수 있었던 것이지만, 최근에 이것이 가능하게 된 것은 우리 商事法學界의 눈부신 노력의 結晶이라 할 것이니, 진정 慶賀할 일이다.

그러나 한편 이것은 단기간 동안에 많은 量의 書籍과 資料를 독파하여야 하는 學生들과 各種考試의 受驗生들에게는 벅찬 부담이 아닐 수 없다. 물론 간단한 商法槪說書가 다수 나와 있으나, 이들은 거의 學說紹介가 되어 있지 않아서 이것만 보기에는 不安感을 느낄런지도 모른다. 그리하여 商法全體의 맥락을 파악해 가면서 중요한 대목을 쉽게 理解할 수 있도록, 주요 學說과 判例의 要點을 간결·정확하면서도 빠짐없이 정리한 商法槪論書가 필요하다고 생각되었다. 그러한 책은 法科大學 學生은 물론 經商大學 學生의 敎科書로서, 企業實務에 종사하는 분들의 參考書로서, 특히 考試를 앞둔 受驗生들의 最終整理書로서도 절실하게 필요할 것이다. 이것이 이 책을 내어 놓게 된 動機이다.

出刊을 서두르다 보니 처음의 意圖가 얼마나 실현되었는지는 의문이다. 解說이 쉽고 簡明하게 되었는지, 學說에 대한 誤解나 없었는지, 새로운 判例나 중요한 資料들을 빼놓지나 않았는지 걱정스럽기도 하다. 부족한 部分이 많을 줄로 아나, 讀者 여러분들의 끊임없는 편달을 받아 版을 거듭하면서 補完하기로 約束한다.

끝으로 이 책의 出版을 快諾해 주신 三英社 趙良熙 社長님과 高德煥 社長님께 충심으로 감사드린다. 그리고 바쁜 중에도 原稿整理와 校正을 맡아 애써준 仁川大學校의 任忠熙 講師에게 謝意를 표하고, 編輯을 맡아 주신 三英社의 李信正 部長님과 河仁雄 氏의 정성어린 勞苦에 대하여도 감사드린다.

1989年 4月 1日

著 者 씀

차　　례

제 1 편　商法總則

제 1 장　緖　　論

제 2 장 商法의 基本概念

제 3 장 營業의 設備

제 4 장 營業의 公示 및 讓渡

제 2 편 商行爲法

제 1 장 商行爲法 總論

제2장 商行爲法 各論

제 3 편 會 社 法

제 1 장 緖 論

제2장 株式會社

제3장 合 名 會 社

제4장 合 資 會 社

제5장 有 限 會 社

제 6 장 會社의 合倂·分割과 組織變更

제7장 外 國 會 社

제8장 會社에 관한 罰則

제4편 保險法

제1장 緖　　論

제2장 保險契約

제3장 損害保險

제4장 人 保 險

제5편 海商法

제1장 緒　　論

제2장 海上企業

제4장 傭 船

제5장 運送證書

제 6 편 어음法 · 手票法

제1장 緖 論

제2장 어음法 總論

제 3 장 어음法 各論

제4장 手 票 法

제 1 편
商 法 總 則

제 1 장
緖　　論

제 1 절　商法의 槪念

Ⅰ. 序　　說

상법(commercial law, mercantile law, business law, Handelsrecht, droit commercial)의 개념은 실질적 의의의 상법과 형식적 의의의 상법으로 나누어 생각할 수 있다. 전자는 상법의 存在形式과는 관계없이 그 규제대상인 생활관계의 實質에 착안해서 究明되는 개념, 즉 상법으로서 통일적·체계적으로 파악할 수 있는 특수한 法域을 말한다. 그러나 후자는 상법이라는 형식으로 존재하는 법, 즉 '商法典'을 의미한다.

그러나

Ⅱ. 形式的 意義의 商法

형식적 의의의 상법인 상법전은 각국의 연혁적 사정 및 입법정책에 따라 이를 가지지 않는 국가도 있다(예컨대, 영국·미국 등 영미법계 국가와 대륙법계 국가 중에서도 노르웨이, 스웨덴 등의 스칸디나비아 諸國 등).[1] 그러나 우리 나라는 독일,

1) 미국에서는 모든 州가 매매, 상업증권, 은행거래 등 일부 상사거래에 관한 규정을 통일하는 통일상법전(Uniform Commercial Code: UCC)을 각주의 상법전으로 채택하고 있다. 이 법전은 美國法曹協會(American Legal Institute)와 統一州法全國會議(National Commissioners on Uniform State Laws)가 공동으로 마련한 것인

프랑스, 일본 등과 같이 상법전을 가지고 있다. 우리 나라의 상법전은 1962년 1월 20일에 법률 제1000호로 공포되어 1963년 1월 1일부터 시행되었고, 그간 1984년, 1991년, 1995년, 1998년, 1999년, 2001년 등 여섯 차례의 개정이 있었는데, 제1편 '總則', 제2편 '商行爲', 제3편 '會社', 제4편 '保險', 제5편 '海商'으로 이루어져 있는 大法典이다.

Ⅲ. 實質的 意義의 商法

1. '商' 概念의 擴張

실질적 의의의 상법이란 그 규제대상인 생활관계의 실질에 착안해서 究明되는 개념이므로 실질적 의의의 상법이 무엇인가를 이해하려면 먼저 상법의 규제대상인 생활관계가 무엇인가를 밝혀야 한다. 상법은 장사(商: Handel)에 관한 法이라고 생각하기 쉬우나, 실제로 상법이 규제하여 온 대상으로서의 '商'은 그 범위가 점차 확장되어 왔다.

경제학상의 '商' 개념은 생산자와 소비자의 중간에 개입하여 재화의 유통전환을 매개하는 행위(固有의 商)를 의미한다. 그러나 오늘날 상법이 규제하는 대상의 범위는 고유한 의미의 商 이외에 훨씬 광범한 생활영역을 포함하고 있다.

사실 상법의 요람기에 있어서는 법률학상의 '商' 개념은 경제학상의 '商' 개념과 일치하여 상법은 상을 규제하는 법(商人法, 階級法)이었다(예컨대, 1212년 이탈리아의 파루마의 상인조례와 중세의 교회법).[1] 그러나 근대경제의 발달에 따라서 법률학상의 '商' 개념으로 점차로 확장되어 왔으니, 고유의 商뿐만 아니라, 이를 보조하고 이와 밀접한 관계가 있는 物件運送業·銀行業·損害保險業·倉庫

데, 연혁적인 이유로 인하여 종래 통일상법전의 채택을 거부하던 루이지애나주도 1993년 프랑스 민법전을 UCC에 맞추어 개정하여, 매매편은 1995년 1월 1일부터 시행하고 있다. 영국의 경우에는 1929년의 회사법(Companies Consolidation Act)(이 법은 1949년, 1967년, 1985년에 각각 개정되었다), 1893년의 동산매매법(Sale of Goods Act)(이 법은 1979년에 개정되었다) 등 많은 상사단행법이 있으나, 대륙법계에서와 같은 종합적이고 포괄적인 상법전은 없다. 한편 스위스는 채무법(Obligationenrecht)에서 민법과 상법을 같이 다루고 있다.

1) 崔基元(上) 4면.

業·仲介業(補助商)을 비롯해서, 고유의 상과 직접적인 관계는 없지만 보조상과 그 내용이나 형태가 유사한 旅客運送業·生命保險業(類型商)을 포함하고, 나아가서는 제조가공업이나 광업·수산업과 같은 원시산업의 일부까지도 그 경영방법이나 설비의 동일성을 근거로 상법의 지배하에 넣게 되었다(形式商).[1] 이것은 결국 고유의 상을 지배하던 합리주의적·경제적 정신과 그 활동형식이 점차로 보편화되고, 자본주의경제조직이 고도로 발달함에 따라서 '공업의 상화'로부터 비롯하여 일반 '경제활동의 상화'를 가져오고, 이러한 경제생활의 상화 내지 변천에 상법이 신속하게 순응하게 된 것을 의미한다. 따라서 일부 소수의 (고유의) 상인의 계급법이었던 상법은 고도자본주의를 형성하는 다수의 경제인의 法으로 변질·발전되고 있다.

이러한 상법의 규제대상의 확대화 경향에 따라 실질적 의의의 상법 개념을 확립하기가 어렵게 되자 많은 학설이 나타나게 되어, 상법의 대상론은 상법의 자주성의 문제와 더불어 한때 크게 논쟁을 벌이었다.

2. 商法의 對象論

(1) 學說의 對立

오늘날 확대된 법률상의 '상'의 범위를 하나의 단일 개념으로 설명하려는 노력은 불필요한 낭비이고, 이에 관한 모든 학설은 불투명하다고 하여 상법의 대상파악 자체를 부정하는 견해(v. Gierke: 대상파악불요설)도 있다.[2] 그러나 상법의 대상이 파악되어야만 ① 상법의 개념을 비교법적·법사학적으로 연구할 수 있는 근거를 얻게 되고, ② 그 범위를 확정할 수 있으며, ③ 상법의 핵심을 발견할 수 있게 될 것이기 때문에 상법의 대상론이 불필요한 낭비라고만은 할 수 없을 것이다. 또한 대상파악의 필요성은 인정하면서도 상법의 대상인 생활관계가 복잡하므로 그 이론적·통일적 파악을 단념하는 소극적인 입장도 있는데, 이 입장에 따르면 상법이란 상에 관한 여러 가지의 법률제도 및 법률규정을 법전형식

---

1) 예컨대, 1897년의 독일 신상법과 1911년의 스위스 채무법(Obligationenrecht)은 업무의 내용에 구애됨이 없이 영업의 형식과 그 규모만을 참작하여 상업(Handelsgewerbe)과 상인(Kaufmann)의 의의를 정하는 기준으로 삼았다.

2) v. Gierke, *Handelsrecht und Schiffahrtsrecht*, 8. Aufl., 1958, S. 3.

으로 집적해 놓은 것이라고 한다(Karl Lehmann: 실증설).[1)]

이 견해는 상법의 존재를 편의적인 존재로 보므로, 결국 상법의 자주성을 부정하게 되며, '民商二法統一論'과 같은 입장이 된다.

그러나 상법이 규제하는 생활관계를 통일적으로 파악하려는 적극적인 견해로는, ① 법률학상의 상이란 고유의 상인 재화전환의 매개에서 차례로 역사적으로 분기·발전한 영업활동의 총체라고 보아, 발생적 사정에서 관련성을 찾으려는 학설(Lastig: 史的 發生的 關聯說),[2)] ② 법률학상의 상의 기조는 매개행위라고 보는 학설(Goldschmidt: 媒介行爲本質說),[3)] ③ 근대의 기업(Unternehmen) 활동에 주목하여 국민경제학에서 형성된 기업개념을 중심으로, 상법은 기업생활의 특수한 수요에 응하기 위하여 형성된 '기업에 관한 법'이라고 하는 학설(Wieland: 企業法說),[4)] ④ 상법의 대상을 법적으로 파악하여 기업은 경제적 단일체(Wirtschaftseinheit)이기는 하지만 권리·의무의 주체가 될 수 없으므로, 실질적 의의의 상법이란 상인의 특별사법(Sonderprivatrecht der Kaufleute)이라는 학설(Capelle-Canaris: 商人法說),[5)] ⑤ '동일행위의 누차의 반복의 필요성'을 상법의 결정적 형성원인으로 보고 상법이란 곧 집단거래의 법이라고 보는 학설(Heck: 集團去來本質說),[6)] ⑥ '전문화된 영리활동인 투기매매로부터 연역할 수 있는 특성'인 집단성 및 개성상실성이라는 '商的 色彩'를 띠고 있는 법률사실을 규제하는 법이 상법이라고 하는 학설(田中耕太郎: 商的 色彩說)[7)] 등을 들 수 있다.

①②③④의 견해는 상법의 규제를 받는 생활관계를 능동적·내용적으로 파

---

1) Lehmann-Hoeniger, *Lehrbuch des Handelsrechts*, 1921, S. 2; 松本烝治, ≪商法總論≫, 1923, 10면.

2) Lastig, Die gewerbetreibende Eintragungspflicht zum Handelsregister und Beitragspflicht zur Handelskammer und Handelswerkskammer. Sonderabzug aus *Festgabe für H. Fitting*, 1903, S. 35ff.

3) Goldschmidt, *Handbuch des Handelsrechts* I, 2. Aufl., 1874, S. 398ff.

4) Wieland, *Handelsrecht* I, 1921, S. 143ff.

5) Capelle-Canaris, Handelsrecht, 19. Aufl., 1980, §1; Gierke-Sandrock, *Handels- und Wirtschaftsrecht* I, 9. Aufl., 1975, §1; Gross, *Handelsrecht*, 1980, S. 18; Hofmann, *Handelsrecht*, 2. Aufl., 1978, S. 19; Karsten Schmidt, *Handelsrecht*, 2. Aufl., 1982, S. 3. 그리고 "상인에 관한 특별법"(Sonderrecht der Kaufleute)이라는 주장도 있다(Wiedemann, *Handelsrecht*, 5. Aufl., 1979, S. 3.).

6) Heck, Weshalb besteht ein von dem bürgerlichen Recht gesonderte Handelsprivatrecht, *Archiv für die civilistische Praxis*, 1902, S. 456ff.

7) 田中耕太郎, ≪改正商法總則概論≫, 1938, 7. 36. 45면 이하.

악하려고 시도한 것이다. 그러나 ①②의 견해는 공통적으로 고유의 '상' 개념과의 관련에 집착하였거나 상법의 대상인 생활관계의 특징적 일면만을 지적하였을 뿐, 이것을 전면적으로 파악한 것은 아니다. 특히 ①의 견해는 오늘날의 법률학상의 상이 반드시 고유의 상에서 역사적으로 분기·발전되었다는 입증이 곤란한 경우가 많고, 양자 사이의 近似性이 뚜렷하지 못한 경우도 많아 취할 수 없다. ②의 견해 역시 오늘날 매개행위와 본질적으로 관련이 없는 출판·인쇄·촬영·흥행·광고업 등도 상법의 규율대상이 되고 있는 점(제46조 제5호~제7호)을 설명할 수 없는 난점이 있다. ④의 견해는 독일, 오스트리아의 다수설로서 상법의 대상을 법적으로 간명하게 처리할 수 있다는 장점을 가지고 있지만, 한편으로 현대의 경제발전에 따라 當然商人(제46조, 제4조) 외에도 원시생산업이나 변호사·의사와 같은 자유업도 擬制商人(제5조)으로서 상법의 규제대상에 포함시켜야 할 필요가 있는 경우를 고려한다면, 상법의 규제대상의 확대에 부응할 수 없는 학설이라고 생각된다.[1)] 한편 ⑤⑥의 견해는 법률사실의 성격에 착안하여 대상의 통일성을 논증하려고 시도한 것이다. 그러나 집단거래는 소송법의 규율대상인 집단소송과 노동법의 규율 대상인 노동계약 등에서도 나타나는 것이며, 이것이 전적으로 상법만의 징표가 될 수는 없을 것이므로 ⑤의 견해는 타당하지 않다. 또 ⑥의 견해도 상적 색채라는 특성의 근거인 생활관계 자체의 내용을 적극적으로 확정하지 못하고 그 외면적 특징을 파악하는 데 그쳤다는 비판을 받고 있다.

≪商法의 대상에 관한 學說≫

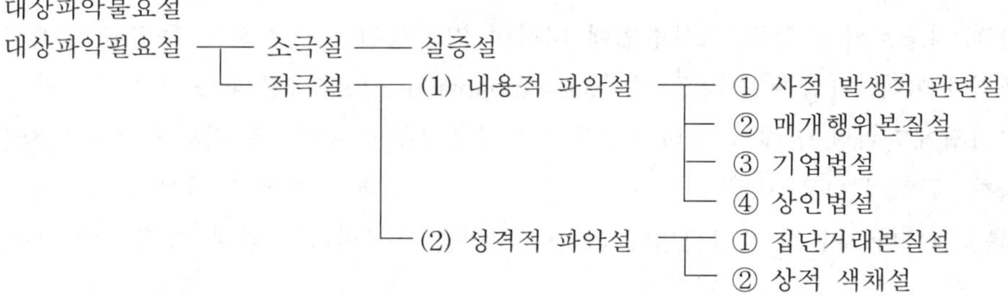

(2) 私　見

저자의 견해로는 企業法說이 근대상법의 대상인 생활관계를 이론적으로 가장 명확히 파악하였다는 점에서 가장 나은 학설이라고 생각한다. 이것이 우리

1) 林泓根(總) 7면.

나라와[1] 일본의[2] 다수설이다.

기업법설은 "一法域에서의 법률사실의 특이성과 통일성은 대상인 생활 자체의 특이성과 통일성에서 유래한다"는 데 착안하여, 생활관계 자체를 문제로 하는 경제적 관점에서 경제적 개념구성을 보조로 사용함으로써 상법의 대상인 생활관계를 내용적으로 한정하려는 견해이다. 즉, 기업법설은 상법의 대상의 과거·현재 및 미래의 발전을 통하여 타당하는 개념으로서 경제학상의 개념인 '企業'(Unternehmung, enterprise)을 상법학에 도입하였다.

이 학설에 대한 비판으로는, 이 학설에 따르게 되면 기업에 관한 법칙을 무제한 상법 속에 편입하지 않을 수 없어 상법의 성격을 애매하게 한다는 것,[3] 상법을 기업법이라고 하는 것은 자명한 일면을 지적한 것일 뿐 문제의 해결에는 도움이 되지 않는다는 것, 그리고 일반적 생활관계와 기업적 생활관계를 구별하는 것은 이론적으로 곤란하다는 것[4] 등이지만, 상법의 자주성을 인정하는 한 이것은 杞憂가 아닌가 한다.

3. 企業法으로서의 商法

상법의 대상을 기업을 중심으로 한 생활관계라고 보는 입장에서 실질적 의의의 상법을 정의한다면, 상법은 '企業的 生活關係에 관한 特別私法'이라고 할 수 있다.

i) 상법은 '기업적 생활관계'에 관한 법이다. '기업'이란 '일정한 계획하에 계속적 의도로써 자본적 계산방법에 의하여 영리행위를 실현하는 독립된 경제적 조직체'이다. 기업은 영리를 목적(Gewinnabsicht)으로 자본과 노력을 투입하는 영리경제단위란 점에서 소비경제단위인 가계로부터 분리·독립되어야 하고, 일정한 금액(자본)을 가지고 경제활동을 하되 그 금액을 기초로 해서 수익계산을 하는 이른바 자본적 계산방법에 의하여 영리를 추구한다는 점에 그 특색이 있다.

---

1) 姜渭斗(總) 6면; 孫珠瓚(上) 6면; 李炳泰(上) 3면; 李院錫(上) 39면; 鄭燦亨(上) 6면.
2) 西原寬一, ≪日本商法論 第一巻≫, 1943, 19면 이하; 大隅健一郎, ≪商法總則≫, 1984, 37면; 田中誠二, ≪商法總則詳論≫, 1972, 15면 이하; 服部榮三, ≪商法總則≫, 1975, 6면 이하; 蓮井良亮(編), ≪商法總則·商行爲法≫, 1980, 5면.
3) 田中耕太郎, '方法としての商的色彩', ≪商法の諸問題≫(竹田先生古稀記念), 1952, 25면.
4) 田中耕太郎, 上揭論文, 15면 및 26면 이하 참조.

ii) 상법은 기업적 생활관계에 관한 사법이다. 상법은 권리주체간의 비권력적이고 평등한 생활관계를 규율하기 때문이다. 한편 상법은 사법이지만 사법적 규정만으로는 그 기능을 다할 수 없다. 기업생활관계는 司法機關 또는 行政機關을 통한 국가의 후견적 조정·감독이 필요하므로, 상법이 절차법적·행정법적·형법적 규정까지도 유기적 일체로서 포용함으로써 비로소 사법질서의 실현이 보장될 수 있다. 그러나 이 때문에 상법의 사법으로서의 성격이 부정되는 것은 아니다.

iii) 상법은 기업적 생활관계에 관한 특별사법이다. 민법이 경제생활 일반을 규제하는 일반사법인 데 대하여 상법은 기업적 생활관계의 특수한 수요를 충족·규제하기 위한 특별사법이다.

Ⅳ. 實質的 意義의 商法과 形式的 意義의 商法의 關係

실질적 의의의 상법과 형식적 의의의 상법은 반드시 그 범위가 일치하는 것은 아니다. 즉, 실질적 의의의 상법에는 상법전뿐만 아니라 상관습법이나 많은 상사특별법령·조약 등이 포함되고, 한편 형식적 의의의 상법에는 연혁적·정책적 이유로 말미암아 실질적으로 기업생활과 관계가 없는 사항이 포함될 수도 있고, 기업성이 인정되는 사항도 규정되지 않을 수가 있다(예컨대, 依用商法上의 절대적 상행위, 상법의 적용을 받지 않는 원시산업·자유직업 등).

이러한 불일치는 실질적 의의의 상법이 학문적 입장에서 통일성·체계성을 중요시하여 파악된 것인 데 대하여, 형식적 의의의 상법은 법률정책적 입장에서 실제성·편의성을 본위로 하여 제정된 것이기 때문이다. 그러나 양자는 전연 관계가 없는 것도 아니다. 그것은 형식적 의의의 상법의 제정·개정은 실질적 의의의 상법의 연구를 자극하고, 후자의 연구는 전자의 해석과 진보에 공헌하는 바 크기 때문이다.

제2절 商法의 地位

Ⅰ. 民法과 商法의 關係

1. 特別法으로서의 商法

상법은 기업생활관계를 규제대상으로 하므로, 사법생활관계 일반을 규제하는 민법에 대하여 특별법의 지위에 있다. 상법이 특별법으로서 민법에서 분리되기 시작한 것은 프랑스의 1804년의 민법전(Code civil)과 1807년의 상법전(Code de commerce)의 분리가 그 효시이다.[1] 프랑스 상법전은 그 후 1861년의 보통독일상법전(Das Allgemeine Deutsche Handelsgesetzbuch, ADHGB)의 모범이 되었고, 1897년의 독일신상법전은 내용적으로도 독일민법전(BGB)에서 완전히 분리되었다. 이러한 입법주의가 대륙법계 국가에 지대한 영향을 미쳤다. 이와 같은 연혁적 바탕 위에 탄생한 상법은 자연 민법의 규정만으로는 불충분하거나 부적당한 면만을 규율하게 되었다. 그러므로 상법은 그 자체가 통일적 체계를 갖지 못하는 듯한 모양을 갖게 되었다. 즉, 상법은 민법과는 무관한 자족적인 법률이 아니다. 따라서 민법과의 통일적 시각에서 상법을 이해하는 것이 중요하다고 하겠다.

상법은 민법의 특별법이기 때문에 ① 상사에 관하여 상법은 민법규정을 보충적으로 적용하기도 하고(제1조)(예컨대, 능력·법률행위·물건·기간 등), ② 민법의 원칙규정을 변경하여 예외규정을 두거나(예컨대, 법정이율·流質契約·소멸시효·상업사용인 등), ③ 혹은 독자적 입장에서 전혀 특수한 제도(예컨대, 상업등기·상호·상업장부·공동해손 등)를 창설하여 적용하기도 한다.

---

1) 林泓根(總) 16면.

2. 商法의 自主性에 대한 懷疑

(1) 民法의 商化

상법과 민법은 밀접한 관계를 갖고 있기 때문에 민법과 상법의 한계가 명확하고 고정적인 것은 아니다. 예컨대, 장기적으로 실질적 고찰을 할 때, ① 처음에 민법에 속해 있던 제도나 법률관계가 후에 상법의 제도하에 들어오기도 하고(예컨대, 민사회사), ② 상법상의 원칙 또는 제도가 보편화하여 민법에 흡수되기도 한다(예컨대, 계약자유의 원칙 · 동산의 선의취득). 특히 ②의 경향을 '民法의 商化'(Kommerzialisierung des bürgerlichen Rechts)라고 하며, 1894년 야콥리이써(Jakob Riesser)에 의해서 지적된 이래[1] 논의되어 왔다.

이와 같은 현상이 생기는 원인은 民 · 商 二法이 대상으로 하는 생활관계가 경제생활 내지 거래생활이라고 하는 공통점이 있기 때문이다. 다만 상법은 기업생활을, 민법은 일반경제생활을 대상으로 하는 점에서 차이는 있으나, 양법이 규율하는 것은 자본주의경제하에서 영위되는 경제생활이므로, 일반인의 사유재산과 관련되는 모든 경제생활도 고도의 합리주의를 바탕으로 하는 상인의 경제적 정신과 생활태도를 따르지 않을 수 없게 된다. 이런 의미에서 위의 ①의 경우에 관하여는 민법에 속하던 것이 상법의 규제하에 들어온 것이 아니라 오히려 원래 상법에 속했어야 할 법률관계라고 할 수 있으니, 이것은 민법의 순화현상이라고 할 수 있다. 또 아무리 민법이 상화된다고 하더라도 그것에는 한계가 있으니, 민법의 신분법적 규정이나 고용관계에 관한 규정은 상화될 수 없다. ②의 경우에 관하여는 상법이 합리적이고 진보적인 정신에 의하여 기업관계에 적용될 새로운 기술이나 제도를 끊임없이 창조하여 민법의 상화현상에 힘입어 이를 널리 보급하는 것은 합리적 제도의 보편화에 따른 당연한 추세일 것이다. 그러므로 민법의 상화현상을 근거로 상법의 실질적 자주성에 대한 회의론이 제기될 수는 없을 것이다.

(2) 民商二法統一論

민상2법통일론이란 상법을 민법과 독립하여 제정할 필요가 없다는 주

---

1) Riesser, Der Einfluß handelsrechtlicher Ideen auf den Entwurf eines bürgerlichen Gesetzbuches für das Deutsche Reich, 1894, S. 14 Anm. 3.

장으로서, 1847년에 몬타네리(Montanelli), 1888년에 비반테(Vivante)에 의해서 역설된 이래 격론을 일으켰으며,[1] 이에 따른 입법례도 있다(예컨대, 1919년의 스위스 채무법, 1925년의 태국민법, 1925년의 중국민법, 1942년의 이탈리아 민법뿐).

이러한 주장은 상법의 형식적 자주성을 부정하는 것으로, 그 중요한 논거는 ① 상법이 계급법이 아니라 일반인의 일상생활에 적용되므로 민법과 구분할 필요가 없다든가, ② 입법과정에서 상인계층의 이익만이 옹호된다든가, ③ 양법을 구별할 學理上의 정확한 표준이 없는데다가 법률상의 '商' 및 '商人'의 개념이 불명확하므로 양법 중 어느 것을 적용하여야 할 것인지 분명하지 않을 때에는 재판상의 능률을 저해한다든가, ④ 법률생활의 불안정 또는 사법이론의 통일적 발전의 저해를 초래한다는 것 등이다.

생각건대, ①의 주장은 상법의 대상의 독립성을 부정하고 실질적 의의의 상법을 부정하는 것이라고 생각된다. 앞에서 설명한 바와 같이 상법의 대상은 기업생활관계이고, 이것은 일반사법적 생활관계에 대하여 여러 가지 특수성을 가지는 이상 이와 모순되는 입장은 타당하지 않다고 본다. ②의 논거는 상법의 자주성과 직접적인 관련이 없을 뿐 아니라, 상법전의 제정과정에 있어서도 일반시민의 이익의 희생 위에 상인계급의 이익만을 옹호한다고 하기보다는 당사자 간의 이해관계조정 및 국민경제 전체의 이익이라는 측면에서 확정된다. ③의 논거는 상법과 민법이 교차하는 일부규정에 한하는 문제일 뿐 상법 전체의 문제가 아니고, 이러한 문제는 기업적 생활관계의 통찰과 입법기술의 활용으로써 어느 정도 해결할 수 있을 것이다. 마지막으로 ④의 논거도 정당하지 못하다. 법률체계는 생활관계와 일치하여야만 하는 것이므로 기업적 생활관계라는 상법의 대상이 있고, 그것에는 독특한 이념과 성격이 있는 이상 이를 별도로 분리하는 것이 자연스럽다. 단순히 외형의 유사성을 들어 이를 획일화한다는 것은 그 자체가 무리이다. 양자의 분리가 私法理論의 발전을 저해한다고 하나, 이는 법학자의 연구태도와 방법상의 문제라고 본다. 오히려 양법의 관련성과 한계를 통일적으로 인식할 때에만 사법학의 진정한 발전이 이루어질 수 있을 것이다.[2]

---

1) 그러나 그 후 Vivante는 민법과 상법은 그 입법의 방법이 서로 다르고, 상법의 세계적 성질·신용증권에 관한 규정·격지거래 및 대량거래 등에서 볼 때 民·商二法의 통일은 부적당하다는 것을 지적하여 그의 주장을 포기하였다(Vivante, *Trattato di diritto commerciale*, Vol. 1, 1934, p. 1 e segg.).

2) 徐燉珏·鄭完溶(上) 40면 이하; 林泓根(總) 18면 이하; 崔基元(上) 9~10면 이하.

이와 같이 민상2법통일론은 그 論據가 희박한 것이다. 양법을 형식적으로 통일하고 있는 입법례에서도 상법상의 여러 제도(會社·商業登記·商業帳簿 등)에 관한 특별법을 두고 있는 점을 본다면 이러한 주장은 더욱더 근거를 잃게 된다. 법전의 체제상 민·상 2법전을 통합하면 편리하다고 하겠으나, 그렇게 할 경우 상사에 적용될 특수한 규정들이 민법의 일반규정과 혼합되어 오히려 법전의 편제를 복잡하게 하고 통람을 곤란하게 한다.[1] 그리하여 오늘날은 양법분리론이 지배적인 견해이나,[2] 다만 상사에 관한 모든 법규를 포함하는 방대한 단일법전보다는 개정의 편의를 위하여 會社法, 保險法, 海商法 등 일부 법률을 단행법으로 독립시켜 나가야 한다는 의견이 있을 뿐이다.

Ⅱ. 勞動法·經濟法과 商法의 關係

1. 商法과 勞動法과의 關係

기업은 인적·물적 설비를 기초로 하여 성립한다. 기업의 인적 설비의 가장 중요한 것은 기업주의 노력을 보충해 주는 企業補助者이다. 현대기업에 있어서는 업무의 복잡성과 고도의 분업화로 기업보조자의 사용은 불가결한 것이다. 그런데 기업주와 기업보조자의 법률관계는 기업주를 위하여 기업상의 노무를 제공하는 면과 기업주를 갈음하여 제3자와 거래관계를 맺는 면(주로 기업자와 기업보조자 사이의 대리관계)으로 구분된다. 전자의 법률관계가 기업보조자의 생활이익의 보호란 사회정책적 이념에 의해 규제되는 勞動法(labour law, Arbeitsrecht, droit du travail)의 영역인 데 대하여, 후자의 법률관계는 거래의 원활확실화란 이념에 의해 규제되는 商法의 영역이다.

이와 같이 노동법과 상법은 각각 그 규제대상과 이념이 다르지만 근래의 많은 입법례에서 근로자의 후생복지와 지위향상의 일환으로 회사의 기관구성 및 이익분배에 종업원의 참여를 의무화하는 경우가 늘어나고,[3] 이것이 상법상의

1) 林泓根(總) 20면.
2) 姜渭斗(總) 13면; 徐燉珏·鄭完溶(上) 42면; 孫珠瓚(上) 14면; 李炳泰(上) 36면; 林泓根(總) 20면; 鄭燦亨(上) 13면; 崔基元(上) 10면.

여러 제도에 영향을 미치게 된다. 따라서 노동관계도 상법의 대상이 되고 있음을 주목할 필요가 있다.1)

2. 商法과 經濟法과의 關係

19세기 후반 이래 기업의 집중과 독점화 경향이 심하여지고, 특히 제1차 세계대전을 계기로 경제적 위기에 직면하게 되자, 독일을 위시하여 여러 나라에서 경제생활에 대한 국가적 통제·간섭의 입법이 속출하였는데, 이 통제경제법을 일반적으로 경제법(economic law, Wirtschaftsrecht)이라고 부른다. 따라서 경제법의 개념에 관하여 아직 정설은 없지만, 대체로 경제법을 국가가 후견적 입장에서 경제일반을 통제하기 위한 일련의 법규로 본다.

한편 상법과 경제법의 관계에 관하여도 경제법의 독자적 지위를 인정하는 입장과(分離論)2) 경제법을 상법의 발전영역으로 보아 상법의 발전에 의한 경제법의 섭취를 주장하는 입장(合一論)3)으로 나누어진다. 분리론에 의하면 상법은 개개의 경제주체의 이익을 기초로 하여 그 상호간의 이익의 조정을 목적으로 하는 것이지만, 경제법은 국민경제의 이익을 기초로 하여 개개 경제주체의 이익을 초월하여 전체적인 조정을 목적으로 하는 것이므로 양자는 서로 다른 법역을

---

3) 예컨대, 프랑스의 1917년의 노동자참가주식회사법 및 뉴질랜드의 1924년의 회사수권법(Companies Empowering Act)에 의한 勞動株(action de travail)制度, 스위스 채무법상의 종업원 복지시설의 설치를 위한 임의준비금의 적립제도 및 실업사태의 대책을 위한 법정준비금의 사용(同法 제673조·제671조 제3항), 독일의 1952년의 경영조직법(Betriebsverfassungsgesetz)과 1976년의 공동결정법(Mitbestimmungsgesetz), 스웨덴의 공동결정법 등에 의한 주식회사의 자본관계와 기관구성에의 종업원의 참여, 우리 나라의 증권거래법에 의한 종업원지주제도(employee stock ownership)에 의한 노동자의 자본관계에의 참여, 1980년의 영국회사법에 있어서 회사의 업무집행기관의 직무수행에 있어서의 종업원의 이익고려의무(同法 제46조) 등이 그것이다(鄭熙喆, 株式會社法理의 社會化傾向, ≪企業法의 展開≫, 36면 이하 참조).

1) 오늘날 독일에서는 노동법을 기업의 대내관계법(Innenrecht der Unternehmen)이라고 하며, 상법은 기업의 대외관계법(Außenrecht der Unternehmen)이라고 하기도 한다.

2) 姜渭斗(總) 19면; 李炳泰(上) 43면; 李院錫(上) 47면; 林泓根(總) 32면; 鄭燦亨(上) 20면.

3) 徐燉珏·鄭完溶(上) 47면; 徐廷甲(上) 36면; 孫珠瓚(上) 20면; 崔基元(上) 12면.

구성하는 것이다. 그러나 합일론에 의하면 상법의 본질인 기업관계의 합목적적인 규제는 결국 국민경제의 입장에서 기업관계를 합목적적으로 규제하는 경제법의 통제를 받지 않을 수 없으므로 상법의 본질도 경제법의 본질과 전혀 이질적인 것은 아니라는 것이다.

생각건대, 상법은 주로 私人 간의 이해관계를 조정하는 企業私法인 데 비하여, 경제법은 기업생활과 시장경제를 통제하여 국민경제의 조화를 이룩하려는 법규로서 企業公法이라고 할 수 있다. 따라서 양법의 이념은 명백히 구별할 수 있으므로 분리론이 타당하다. 비록 경제주체 상호간의 이익조정이 국민경제 전체의 이익을 고려하지 않고는 존재할 수 없다는 것은 사실이지만, 그렇다고 하여 실질적 의의의 상법이 부정되지는 않을 것이다. 이것은 마치 민법에 있어 공공복리의 원칙이 민법의 최고원리가 되어 있다고 하여 민법의 존재의의가 부정되지 않는 것과 같은 것이다.

Ⅲ. 어음法·手票法과 商法의 關係

어음법·수표법은 의용상법하에서는 실질적 의의의 상법에 속한다고도 생각되었다.[1] 현재로는 어음법·수표법은 독립된 단행법으로 존재하고 있고, 기업과 무관한 일반인들 상호간에도 어음·수표가 널리 이용되고 있기 때문에 형식적으로는 물론 실질적으로도 어음법·수표법은 민법·상법과 더불어 사법체계 중에 특수한 一法域을 이루는 것이라고 보는 것이 지배적인 견해이다.[2]

그런데 원래 어음과 수표는 상거래에서 발생한 기술적 제도로서 현재에도 기업을 통하여 가장 많이 이용되는 지급 및 신용수단이라고 할 수 있다. 뿐만 아니라 오늘날 우리 나라에서 일반인 사이에 널리 이용되고 있는 自記앞手票도 지급인은 반드시 상인인 은행인 점, 어음법·수표법의 성격이 상법과 유사한 점에서 어음법·수표법은 상법과 밀접한 연관성이 있다는 것을 부인할 수 없다.[3]

1) 의용상법 제501조 제4호에는 어음 기타의 상업증권에 관한 행위를 절대적 상행위로 규정하였었다.

2) 姜渭斗(總) 19면; 林泓根(總) 15면; 孫珠瓚(上) 9면; 鄭燦亨(上) 21면.

3) 崔基元 교수도 이와 같은 이유에서 어음법·수표법도 광의의 상법에 속한다고 할 수 있다고 한다[崔基元(上) 13면]. 어음법·수표법을 상법전에 포함시킨 예로는 프

제 3 절 商法의 特性

Ⅰ. 商法의 基本理念

1. 序 說

企業法으로서의 상법이 지니고 있는 특성은 여러 가지를 들 수 있겠으나, 그것은 결국 기업생활의 건전한 발전을 도모하기 위한 기본이념의 제도적 표현이라고 할 수 있다. 기업생활의 중심활동인 영리행위는 독립된 조직을 기반으로 계획적이며 계속적으로 추구되어야 하는 것이므로, 상법의 기본이념은 기업의 조직과 활동 두 가지 면으로 표출된다. 즉, 기업조직의 면에서의 企業의 維持强化와 기업활동의 면에서의 去來의 動的 安全保護의 요청이 그것이다. 후술하는 상법의 경향(진보적 경향·세계적 경향)을 상법의 외면적 특성이라고 하는 데 대하여, 이것을 상법의 내면적 특성이라고도 한다.

2. 企業의 維持强化

기업의 유지강화를 위하여 상법은 적극적으로 기업의 존립기반이 쉽게 형성되고, 성립된 기업이 항구적으로 존속·발전하도록 보장하여 주며, 소극적으로 쉽게 해체하지 않도록 방지책을 여러 가지로 마련하여 주고 있다.

(1) 企業存立基盤의 形成

상법은 영업자유의 보장, 자본집중의 촉진, 노력의 보충 등을 통하여 기업이 존립할 수 있는 기반형성이 용이하도록 하고 있다.

랑스 상법전, 미국통일상법전 및 네덜란드 상법전 등이 있다.

i) 영업의 자유는 기업존립의 기본적인 조건이므로 영업을 자유롭게 할 수 있도록 하기 위하여 商號選定의 自由(제18조)를 보장하고, 가장 중요한 공동기업형태인 회사에 있어서 설립의 자유를 인정하는 準則主義를 취하고 있다.

ii) 자본은 기업의 물적 기초로서 가장 중요한 것이기 때문에 상법은 자본의 집중을 촉진하기 위하여 匿名組合(제78조 이하), 각종의 회사제도(제169조 이하), 선박공유(제756조 이하) 등에 관하여 규제를 하고 있다[이 밖에 가장 강력한 자본집중제도로서 영업양도(제41조 이하), 회사합병(제174조)이 있으나, 이것은 기업성립 후의 기업합동에 이바지하는 것으로서 그 의미가 다르다고 본다].

iii) 기업의 규모를 확장하고 광범위한 활동을 하려면 많은 사람의 힘을 동원하는 것이 유리하기 때문에 상법은 기업의 노력을 보충해 주는 자로서 합명회사 사원(제178조 이하), 선박공유자(제756조 이하)와 같은 동업자를 비롯하여, 기업보조자로서 독립적 지위에 있는 대리상(제87조 이하), 중개인(제93조 이하), 위탁매매인(제101조 이하), 운송주선인(제114조 이하), 운송인(제125조), 공중접객업자(제151조 이하), 창고업자(제155조 이하), 경영수임인(제374조 제2호), 종속적 지위에 있는 상업사용인(제10조 이하), 선원(제745조 이하), 선박관리인(제764조 이하) 등을 규정하고 있다(이 밖에 노무자·기술자의 고용도 있으나, 이것은 상법이 직접 규제하는 바는 아니다).

(2) 企業存續의 保障

상법은 기업존속의 보장책으로 營利性의 보장, 獨立性의 확보, 適者管理의 실현, 資本의 充實, 資金調達의 원활화, 企業責任의 경감 등을 규정하고 있다.

i) 기업은 영리활동을 하는 경제적 조직체이므로 영리성의 보장이 없는 한 존속할 수가 없으므로 영리성의 보장은 가장 기본적인 것이다. 상행위·상인·회사와 같은 기본개념도 영리성을 전제로 한 것이다. 구체적인 기업활동에 있어서 영리성을 보장하는 제도로는 상인의 보수청구권(제61조), 법정이자청구권(제55조), 고율(리6푼)의 상사법정이자(제54조) 등이 있다.

ii) 기업의 영속성을 보장하려면 기업의 독립성을 확보하여야 한다. 이를 위한 구체적인 표현으로는 회사의 법인성을 인정하여 그 구성원의 사망·능력에 의하여 영향을 받지 않도록 하고 있고, 개인기업에서도 상호(제18조 이하), 상업장부(제29조 이하)[영업재산을 私用財産과 분리하고(제29조 제1항) 별도로 양도할 수도 있다], 상사대리권의 존속(제50조)에 관하여 특별규정을 두고 있는 것 등이 있다.

iii) 기업의 독립성확보도 적임자가 합리적 경영을 할 때에 그 의미가 있는 것이므로 적자관리의 실현 역시 기업의 존속을 위해 중요하다. 그리하여 특히 주식회사에서는 기업의 소유와 경영이 분리되어 機關資格과 社員資格이 분리되고(제3자기관), 이사회제도(제390조 이하)가 채택되었다. 소유와 경영이 일치하고 있는 인적 회사에 있어서도 업무집행사원의 권한상실선고제도(제205조, 제269조)가 있다. 이 밖에도 지배인(제10조 이하), 익명조합(제78조 이하), 경영위임(제374조 제2호), 선박관리인(제764조 이하) 등의 제도가 있다.

iv) 기업자산을 충실히 하기 위하여 주식회사에서는 자본확정의 원칙, 자본유지의 원칙, 자본불변의 원칙이 확립되어 있고, 준비금제도를 비롯해서 회계에 관한 엄격한 규제를 하고 있으며, 유한회사에서는 사원 등의 특수한 塡補責任(제550조, 제551조, 제593조, 제594조)이 인정된다.

v) 기업의 규모가 확대되고 기업활동이 활발해지면 자금조달이 원활해져야 하므로, 상법은 합리적이고 다양한 자금조달방법을 마련하는 한편 채권자 보호를 위한 배려도 하고 있다. 특히 주식회사에서는 자금조달의 편의성과 기동성을 확보하기 위하여 授權資本制度를 채택하고(제289조), 투자자들의 수요에 따라서 특수한 주식(우선주·상환주·전환주 등)을 발행한다(제344조~제346조). 또 대중으로부터 집단적·대량적으로 자금을 조달할 수 있는 사채제도(제486조)를 인정하되 전환사채의 발행(제513조), 신주인수권부사채의 발행(제516조의 2)도 허용하며, 대부자본을 보호하기 위하여 각종의 회사채권자보호제도(제42조 제1항, 제232조, 제462조 제2항, 제530조 제2항, 제535조 등)를 두고 있다. 이 밖에 각종의 상사유치권제도(제58조, 제91조, 제111조, 제120조, 제147조, 제807조 제2항, 民 제320조 참조)와 선박우선특권제도(제777조), 선박저당권제도(제789조)도 주의할 필요가 있다.

vi) 기업의 존속을 위하여는 기업의 책임을 경감시킬 필요가 있다. 이것은 구체적으로 위험을 분산하는 제도와 책임을 한정하는 제도로 나타난다. 위험의 분산제도로는 회사제도(제169조 이하), 보험제도(제638조 이하), 공동해손제도(제865조 이하), 선박공유자의 손실분담제도(제758조), 익명조합원의 손실분담제도(제82조) 등을 들 수 있고, 유한책임제도로는 주주·유한책임사원(합자회사·유한회사)의 유한책임(제279조, 제331조, 제553조), 선박소유자의 유한책임(제769조 이하), 적하이해관계인의 유한책임(제752조 제2항), 공동해손분담자의 유한책임(제868조), (해난)구조료지급의무자의 유한책임(제884조) 등을 들 수 있다(이상의 유한책임은 채무자의 재산이 채무의 일정액을 한도로 담보가 되는 인적 유한책임제도이고, 채무자의 재산 중에서 특정 재산만이 채무의 담보가 되는 이른바 물적 유한책임제도는 상법에는 없다).

(3) 企業解消의 防止

상법은 일단 성립한 기업의 해소를 방지하기 위하여 회사의 계속제도, 一人會社의 인정, 회사의 조직변경제도, 회사의 합병·영업양도제도, 회사해체절차의 신중, 회사정리제도 등의 장치를 마련해 두고 있다.

i) 회사의 계속제도로서, 회사가 존립기간의 만료 기타 정관 소정사유의 발생, 총사원의 동의나 주주총회의 결의 등에 의해 해산한 경우에는 일정한 조건하에 회사의 계속을 인정한다(제229조 제1항, 제269조, 제519조, 제610조 제1항). 사원이 1인으로 되거나 무한책임사원 또는 유한책임사원의 전원이 퇴사하여 해산한 때에는 신입사원의 가입으로 회사를 계속할 수 있으며(제229조 제2항, 제285조 제2항, 제610조 제2항), 인적 회사의 설립무효 또는 설립취소의 판결이 확정된 경우에도 일정한 조건하에 회사를 계속할 수 있도록 하고 있다(제194조, 제269조).

ii) 주식회사는 자본단체이므로 사원이 1인으로 된 때를 법정해산사유에서 제외하여 사원의 변동으로 인한 기업의 해체를 방지하고 있다(제517조 제1호 참조).

iii) 회사는 그 조직을 변경하여도 동일성을 유지하면서 존속할 수 있다(제242조, 제286조, 제604조, 제607조).

iv) 회사가 다른 회사와 합일하는 경우 소멸회사의 기업이 해체되지 않고 포괄적으로 승계된다(제174조, 제235조, 제522조, 제598조). 또 영업양도(제41조 이하, 제374조 제1호·제3호, 제576조 제1항)는 영업의 조직적 일체성을 유지함으로써 기업해체의 불이익을 배제하는 제도이다.

v) 회사의 해산결의는 총사원의 동의(제227조 제2호, 제269조), 또는 총회의 특별결의(제518조, 제609조 제2항)를 요하게 하여 신중을 기하고, 회사설립무효·취소의 주장을 제한한다(제184조, 제269조, 제328조, 제552조). 회사설립무효·취소의 訴의 심리 중 하자의 보완을 인정하고 법원에 청구기각의 재량권을 인정하고 있다(제189조). 또 주식회사에서는 주식인수의 무효주장·취소를 제한하는 규정(제320조, 제427조)을 두고 있을 뿐만 아니라, 발기인·이사에게는 주식의 인수·납입담보책임을 지움으로써(제321조, 제428조) 일단 설립한 회사의 해체를 가급적 방지하고 있다.

vi) 파탄에 직면하였으나 갱생의 가망이 있는 주식회사의 재건을 도모하는 회사정리제도가 특별법상 인정되고 있다.

3. 去來安全의 保護

기업이 건전하게 발전하려면 기업 자체의 유지강화책도 필요하지만 기업활동이 원활확실하게 이루어지도록 하는 보장책도 필요하다. 기업의 영리성 추구는 결국 기업의 거래활동을 통해서 실현되기 때문이다. 그런데 기업활동의 원활확실화를 도모하려면 거래방식이나 거래객체도 그 요청에 적응해야 하겠지만, 무엇보다도 거래의 동적 안전이 철저하게 보호되지 않으면 안된다. 일단 이루어진 거래관계가 끝까지 보호되지 않아서 거래당사자가 불측의 손해를 입는 일이 생긴다면, 한편으로는 그 불안으로 인하여 거래의욕이 상실되고, 다른 한편으로는 거래의 신속·원활화가 크게 저해되기 때문이다.

본래 거래의 안전보호란 상법에서만 문제되는 것은 아니다. 거래관계자로 하여금 자신의 자유의사에 의하지 않고는 손실을 부담하는 일이 없도록 하려는 거래의 '靜的 安全主義'로부터, 상당한 주의의무를 다하여 거래한 선의의 제3자를 보호하려는 거래의 '動的 安全主義'로의 이행경향은 근대사법의 일반적인 추세이기도 하다. 그러나 비개성적인 거래가 집단적으로 계속·반복되는 기업생활관계에 있어서는 거래의 (동적) 안전보호의 요청이 한층 더 절실한 바가 있다.

거래안전보호의 요청이 구현된 상법상의 제도로는 공시주의·외관주의를 비롯해서 엄격책임주의·신속결료주의·기존상태존중주의에 입각한 많은 제도를 찾아볼 수 있다. 그 중요한 것을 들어보면 다음과 같다.

(1) 公示主義에 의한 保護

거래를 간이·신속하게 행하려면 거래관계상 중요한 사실, 특히 상대방의 능력·권한·자력 등을 신속·정확하게 확인할 필요가 있다. 그러나 이러한 사항을 당사자가 일일이 조사하여야 한다면 매우 번잡스럽고 곤란할 뿐만 아니라, 때로는 진상을 오인함으로써 분쟁을 초래하기도 쉽다. 따라서 상법은 거래관계상 중요한 사항을 일반에게 알리는 절차를 마련하여 기업자에게 그 履踐을 요구하고 있으며, 그 이천에 특수한 법적 효력을 인정하고 있는데, 이것을 공시주의(Publizitätsprinzip)라고 한다. 이것은 구체적으로 상업등기제도, 선박등기제도, 공고제도, 수동적 공시제도, 요식성 등으로 나타난다.

i) 공시주의를 구체화한 전형적인 제도는 상업등기제도이다. 즉, 기업일반에 관한 것으로 상호의 선정·폐지·변경(제22조, 제25조 제2항, 제27조), 지배인의 선임·해임(제13조), 개인기업에 관한 것으로 미성년자·법정대리인의 영업(제6조, 제8조 제1항), 회사기업에 관한 것으로 각종 회사의 설립(제180조, 제271조, 제317조, 제549조)·해산(제228조, 제269조, 제530조 제1항, 제613조 제1항)·회사대표(제317조 제2항 제9호·제10호, 제549조 제2항 제3호~제5호)·주식회사의 자본증감(제317조 제2항 제2호·제3호, 동조 제3항, 제38조) 등 대외관계상 중요한 사항은 모두 등기하여야 한다.

ii) 선박등기제도 역시 공시주의의 표현이다. 선박은 동산이지만 부동산과 같이 취급하여 등기제도를 인정하였다. 즉, 총돈수 20톤 이상의 선박은 船籍港을 관할하는 등기소에 등기를 한 다음, 선적항을 관할하는 해운관청에 비치한 선박원부에 등록을 하고 船舶國籍證書의 교부를 받아야 한다(船 제8조). 따라서 선박소유권(제743조), 선박저당권(제787조, 제790조), 선체용선권(제849조)에 관하여는 공시방법이 인정되고 있다.

iii) 공고제도 역시 공시주의를 구체화한 것이다. 공고제도의 예로서 이해관계인이 많고 복잡한 주식회사에서는 정관으로 회사가 공고를 하는 방법을 정해야 하고(제289조 제1항 제7호·제3항), 정기적으로 대차대조표를 공고하도록 하고 있다(제449조 제3항). 이 밖에도 이해관계인을 위하여 회사가 공고를 하는 경우는 많이 있다[예컨대, 주주총회소집의 경우(제363조 제3항), 합병의 경우(제232조 제1항), 청산의 경우(제535조 제1항) 등].

iv) 공고제도는 일반적·능동적 공시제도이지만, 한편 개별적·수동적 공시제도도 인정되고 있다. 즉, 이사는 정관·주주총회의 의사록·재무제표 등을 본점과 지점에, 주주명부·사채원부와 이사회의 의사록을 본점에 비치하여 사원이나 회사채권자에게 열람시켜야 하며(제396조, 제448조, 제565조), 특히 사원의 회계장부열람권도 인정되고 있다(제466조, 제581조).

v) 주식청약서(제302조)·사채청약서(제474조, 제514조 제1항, 제516조의 4)·주권(제356조)·신주인수권증서(제420조의 2)·신주인수권증권(제516조의 5)·채권(제478조 제2항, 제514조 제1항)·화물상환증(제128조 제2항)·창고증권(제156조 제2항)·선하증권(제853조)·어음(어 제1조·제75조)·수표(手 제1조) 등의 기재사항

은 거래관계자에게 알려야 할 사항으로서 상세히 법정되어 요식성을 강조하고 있는데, 이것도 공시주의의 구현이라고 볼 수 있다.

(2) 外觀主義에 의한 保護

외관주의란 외관과 진실이 합치하지 아니할 때에 외관을 신뢰하고 거래한 일반공중을 보호하는 주의를 말하며, 대체로 영미의 '禁反言의 法理'·독일의 '外觀理論'과 그 취지를 같이 하는 것이다.[1] 민법은 의사주의를 원칙으로 하면서 표시주의에 의하여 이를 보완하는 절충주의를 취하고 있으므로(民 제108조~제110조), 외관보다는 진실을 존중하고, 거래에 관여한 제3자의 동적 안전보다는 당사자의 정적 안전의 보호에 치중한다. 그러나 다수인 간에 계속적·집단적·반복적으로 행해지는 상사거래에 있어서는 그 거래행위의 개성은 상실되고, 오로지 거래의 안전·신속만이 요청된다. 따라서 상법에서는 외관주의가 기본원리로서 확립되어 각편에 구체적으로 표현되고 있다.

i) 총칙편의 규정 중에서 상업사용인의 대리권 제한의 효력(제11조 제3항, 제15조 제2항), 표현지배인이나 물건판매점포사용인의 권한의제(제14조, 제16조), 명의대여자의 변제책임(제24조), 부실등기의 공신력(제39조), 상호를 계속 사용하는 영업양수인의 변제책임(제42조 제1항), 상호를 계속 사용하는 영업양수인에 대한 변제의 효력(제43조), 채무인수를 광고한 영업양수인의 변제책임(제44조)은 모두 외관주의의 표현이다.

ii) 상행위편의 규정 중에서는 자기명의의 사용을 허락한 익명조합원의 변제책임(제81조), 고가물임을 명시하지 아니한 송하인(수하인)·임치인의 손해배상청구권의 제한(제124조, 제136조, 제153조)을 들 수 있다.

iii) 회사편의 규정으로는 사실상의 회사를 인정하고(제190조 단서, 제269조, 제328조 제2항, 제552조 제2항), 자칭사원(제215조)·자칭무한책임사원(제281조 제1

---

1) 영미의 금반언의 법리란 자기가 어떤 표시(진술 또는 행동)를 하고 그것에 의하여 상대방이 어떤 사실의 존재를 믿고 행동하였을 때에는 표시자가 이후 표시와 모순되는 주장을 할 수 없다는 것으로서, 이를 '표시에 의한 금반언'(estoppel by representation)이라고 한다. 이것은 원래 윤리적 요청이 그 근저를 이루는 것으로서, 처음에는 표시자의 고의가 요구되었으나 후에는 선의의 부진정표시를 한 경우에도 적용되기에 이르렀다. 한편 독일의 외관이론(Rechtsscheintheorie)이란 일정한 외견적 사실을 신뢰하고 법률행위를 한 자는 그 신뢰를 보호받아야 한다는 사상으로서 거래안전보호의 요청을 기초로 하고 있다. 이와 같이 두 법리는 입론의 기초를 달리하고 있으나, 실제의 적용에 있어서는 큰 차이가 없다.

항)·유한책임한도의 오인을 야기한 사원(제281조 제2항)·퇴사원(제225조, 제269조)·책임변경사원(제282조)의 책임, 유사발기인의 책임(제327조), 假裝株主의 배후인의 책임(제332조)을 인정하며, 회사대표기관의 권한제한(제209조 제2항, 제269조, 제389조 제3항, 제567조), 표현대표이사의 행위에 대한 회사의 책임(제395조, 제567조), 주금납입 취급기관의 항변배척(제318조 제2항) 등에 관한 많은 특별규정을 두고 있는데, 이것은 모두 외관주의의 표현이다.

iv) 해상·보험편의 규정으로는 선장·선박관리인의 대리권제한의 효력(제765조 제2항, 제751조), 적하가격의 부실기재의 효력(제873조), 고가물임을 명시하지 아니한 송하인(수하인)의 손해배상청구권의 제한(제815조, 제841조, 제136조), 보험자의 委付承認의 효력(제716조)을 들 수 있다.

v) 어음 기타 유가증권에 관한 규정 중에서도 각종 지시증권의 문언증권성(제131조, 제157조, 제854조), 증권의 선의취득(제65조, 제395조, 民 제514조, 어 제16조 제2항, 手 제21조), 인적 항변의 절단(제65조, 民 제515조, 어 제17조, 手 제22조), 배서의 자격수여적 효력(제65조, 제336조 제2항, 民 제513조, 어 제16조 제1항, 手 제19조), 지급인의 조사의무의 면제(제65조, 民 제518조, 어 제40조 제3항, 手 제35조), 어음행위독립의 원칙(어 제7조, 手 제10조), 무권대리인의 책임(어 제8조, 手 제11조)에 관한 규정이 모두 외관주의의 표현이다.

(3) 嚴格責任主義에 의한 保護

일반적으로 상법상의 거래란 기업주측의 특수한 전문적 급부의 제공과 다수자의 이에 대한 부합에 의하여 성립된다. 따라서 기업주측의 의무·책임을 엄격히 하는 것은 거래안전을 보호하는 가장 효과적 방책이며, 또 그 전문적 지식과 경험에 비추어 보면 당연한 결과이기도 하다. 상법의 엄격책임주의는 구체적으로 책임의 연대성, 주의의무의 가중, 기업주의 특별책임, 경영담당자의 특별책임 등으로 나타난다.

i) 책임의 연대성의 예로는 일반상사채무의 연대성(제57조), 각종 상사책임의 연대성에 관한 규정[인적 회사의 무한책임사원·자칭사원의 책임(제212조, 제215조, 제269조, 제281조), 주식회사의 발기인(제321조~제323조, 제326조 제1항)·유사발기인(제327조)·이사(제323조, 제399조, 제401조, 제428조)·감사(제323조, 제414조)의 책임, 유한회사의 이사(제551조, 제594조, 제567조, 제210조, 제399조, 제401조)·감사(제551조, 제594조, 제570조, 제414조)의 책임, 합자회사의 유한책임사원의 책임(제279조,

제269조, 제212조), 타인명의에 의한 주식인수인의 책임(제332조 제2항), 유한회사 사원의 책임(제350조, 제551조, 제593조), 자기성명·상호의 사용을 허락한 명의대여자의 책임(제24조), 익명조합원의 책임(제81조), 순차운송인의 책임(제815조, 제138조)] 등을 들 수 있다.

ii) 주의의무의 가중의 예로는 受置人의 선관주의의무(제62조), 매수인의 목적물검사·하자통지의무(제69조), 매수인의 목적물보관·공탁·경매의무(제70조) 등을 들 수 있다.

iii) 기업주의 특별책임의 예로는 사용자의 특별책임(제115조, 제135조, 제160조, 제794조, 제795조), 공중접객업자의 특별책임(제152조), 면책약관의 제한(제799조, 제839조, 제855조 제5항, 제152조 제3항) 등이 있다.

iv) 경영담당자의 특별책임의 예로는 회사기관의 특별책임[인적 회사의 사원·자칭사원의 무한책임(제212조, 제215조, 제269조, 제281조 제1항), 물적 회사의 이사·감사의 손해배상책임(제399조 제1항, 제410조, 제414조 제2항, 제567조, 제570조)·주식인수담보책임(제428조 제1항)·자본충실책임(제551조, 제594조)], 회사설립관여자의 특별책임[발기인의 책임(제321조, 제322조 제2항, 제326조), 유사발기인의 책임(제327조, 제321조, 제326조), 株金額保管者의 책임(제318조 제2항)], 사원·사용인의 특별책임[유한책임한도의 오인을 야기한 사원의 책임(제281조 제2항), 假裝株主의 배후인의 책임(제332조 제1항), 유한회사사원의 자본충실책임(제550조, 제551조, 제593조)], 이사들에 대한 制裁(형벌·과태료)(제622조 이하) 등을 들 수 있다.

(4) 迅速結了主義에 의한 保護

각종 거래행위의 효과가 오랫동안 불확정되어서 그 유효성이 다투어지게 된다면 거래의 안전은 크게 위협을 받게 된다. 따라서 상법은 법률관계를 신속하게 확정·결료시킴으로써 거래의 안전을 도모하고 있다.

i) 거래방법의 신속화[보험약관·운송약관·창고약관 등에 의한 부합계약, 계약의 성립·불성립의 신속확정(제51조~제53조)], 거래(상인간의 매매)효과의 신속확정(제68조, 제69조), 거래관계처리의 신속결료에 관한 규정[운송물·임치물의 인도효과의 신속확정(제146조, 제168조, 제814조), 매도인·매수인·위탁매매인·운송주선인·운송인·창고업자·선박소유자의 공탁·경매권(제67조, 제70조, 제109조, 제110조, 제123조, 제142조~제145조, 제149조 제2항, 제165조, 제803조, 제895조)] 등은 모두 거래의 신속결료를 위한 제도이다.

ii) 일반상사채권의 단기소멸시효(제64조)와 특수상사채권의 단기소멸시효(제121조, 제122조, 제147조, 제154조, 제166조, 제167조, 제662조, 제736조 제2항, 제814조, 제875조, 제881조, 제895조)는 단기시효제도를 이용한 신속결료주의의 표현이다.

iii) 고도의 유통성이 요구되는 유가증권에 관하여 단기간 내의 권리보전절차(어 제44조, 手 제39조·제40조), 증권상실의 경우의 구제수단에 관한 특별규정을 둔 것(제65조, 民 제522조) 등은 유가증권에 관한 신속결료주의의 표현이다.

(5) 旣存狀態尊重主義에 의한 保護

많은 사람이 관여하여 이루어진 법률관계, 특히 회사관계에 있어서는 약간의 법적 하자가 있다 하더라도 그 무효화 내지 원상회복을 요구할 수 없는 경우가 있다. 그것은 소요된 많은 비용과 노력을 낭비하는 경제적 손실을 가져올 뿐만 아니라, 그 법률관계를 기초로 하여 쌓인 일체의 거래행위를 무효화하게 되어 거래의 안전을 크게 해하게 되기 때문이다.

이미 형성된 법률관계를 가급적 존중·유지하려는 요청이 표현된 것으로서 사실상의 회사제도(제184조 이하, 제269조, 제328조, 제552조), 주주총회·사원총회의 결의하자주장의 제한(제376조 이하, 제578조), 회사의 설립·합병·신주발행·자본감소 등의 무효주장의 제한 내지 그 무효판결의 효과의 불소급(제184조 이하, 제236조 이하, 제429조 이하, 제445조) 등이 있다.

Ⅱ. 商法의 傾向

1. 序　說

상법은 그 내면적 특성 때문에 민법과 같은 다른 법분야와 비교할 때 시간적으로 보면 유동적·진보적 경향을 띠고, 공간적으로 보면 세계적·통일적 경향을 띤다. 이것을 상법의 외면적 특성 또는 제2차적 특성이라고도 한다.

2. 商法의 進步的 傾向

상법은 기업적 생활관계를 규율대상으로 삼기 때문에 그 근본적 지배원리는 최소의 희생으로 최대의 효과를 거둔다는 경제적 합리주의이다. 그러므로 상법에 있어서는 윤리적 색채는 희박한 반면에 기술법적인 성격이 강하게 지배한다. 인간의 욕망은 무한하여 항상 새로운 수요를 창출하는데, 이러한 수요를 만족시키기 위하여 기업은 늘 새로운 생산기법과 경영방법을 개발함으로써 발전하고 있다. 이와 같이 나날이 발전해 가는 기업의 생활관계를 규율의 대상으로 삼는 상법도 끊임없이 진보·발전하지 않을 수 없게 된다. 이 점에서 상법은 역사·종교·풍속·관습 등 전통적인 요소가 강하게 지배하고 고정적인 경향이 강한 민법의 신분법이나 부동산법과는 대조적이라고 할 수 있다.

상법은 민법의 채권법과 비교해 보아도 진보적이다. 즉, 경제관계에 관한 민법의 규정은 일반적이고 추상적이며 포괄적인 기본원리에 관한 것으로서 경제의 변동에 민감하지 않으나, 상법의 규정은 이러한 민법의 기본원리에 대한 특수화되고 구체적인 규정으로 되어 있어서 경제의 변동에 예민하다. 만약 상법이 현실경제를 무시한다면 법과 현실의 괴리는 민법에서의 경우보다 더욱 심해진다. 이러한 상법의 진보적인 성격 때문에 상법전은 민법전에 비해 자주 개정되는 경향이 있다. 그러나 상법전은 모든 성문법이 그러하듯이 그 개정에는 스스로의 한계가 있다. 그것은 성문법의 고정성 때문이다. 이와 같이 고정되어 있는 성문법과 끊임없는 경제생활의 변동과의 간격을 메워주는 것이 상관습법이나 보통거래약관 등 이른바 '살아있는 法'(lebendes Recht)이다.

이와 같이 상법의 진보적 경향은 일반사법인 민법에 대하여도 영향을 미치지 않을 수 없게 되는데, 이것이 상법이 법률발전의 개척자(Vorreiter der Entwicklung des Gesetzes)라고 하는 이유이다. 즉, 합리적이고 진보적인 경향을 가진 상법의 원칙이나 제도가 일반사법에 편입되는 예가 적지 아니한 것이니, 이것을 가리켜 '民法의 商化'라고 하는 것은 앞서 설명한 바와 같다.

3. 商法의 世界的 傾向

상법은 경제적 합리주의를 기조로 하는 기술법으로서 각국의 전통적인 요소에 구애받는 면이 적기 때문에 모든 국가에 있어 상법의 내용이 공통되는 경향이 있다. 또한 국제거래가 양적으로 확대되고 질적으로 복잡하게 된 오늘날에 와서는 국제사법에 의존하는 우회적인 접근방법에 의한 국제거래상의 법률문제를 해결하기에는 너무도 부적합하고 불편하기 때문에 각국 상법의 통일이 절실하게 요청된다. 근래에 세계적 차원에서 국제상관습과 상사조약이 속속 성립되는 것은 이러한 요청에 부응하기 위한 것이다.

국제상관습이 成文化된 예로는 공동해손에 관한 '요크-앤트워프'규칙(York-Antwerp Rules)(1890년 제정, 1950년 · 1974년 개정) 및 C.I.F.계약에 관한 '와르소 옥스포드'규칙(Warsaw Oxford Rules)(1930년)이 있고, 상사조약으로서는 어음법통일조약(1930년), 수표법통일조약(1931년), 선박충돌조약(1910년), 해난구조조약(1910년), 선주유한책임조약(1924년 성립, 1957년 및 1976년에 개정), 선하증권에 관한 통일조약[즉, 1924년의 헤이그규칙(Hague Rules)과 이를 개정한 1968년의 비스비규칙(Visby Rules) 및 1978년의 함부르크규칙(Hamburg Rules)], 해상우선특권과 저당권에 관한 조약(1926년), 국제항공운송에 관한 일부규정의 통일에 관한 조약(1929년 성립, 1955년 개정), 국제물품매매상의 출소기간제한에 관한 조약(1974년), 국제중재규칙(1976년), 국제물품매매계약에 관한 조약(1980년) 등이 있다.

상법의 국제적 통일화를 주도하는 주요 기관으로는 정부간 조직으로서 국제연합국제거래법위원회(The United Nations Commission on International Trade Law: UNCITRAL), 로마사법통일국제연구소(The International Institute for Unification of Private Law: UNIDROIT) 등과, 비정부간 조직으로서 국제상업회의소(The International Chamber of Commerce: ICC), 국제해사위원회(Comité: Maritime International: CMI), 국제법학협회(The International Association of Legal Science), 국제법협회(The International Law Association: ILA), 국제법학회(The Institute of International Law) 등이 있다.

제4절 商法의 歷史

I. 序 說

상법의 역사(Geschichte des Handelsrechts, l'histoire du droit commercial)를 고찰하는 것은 일종의 文化史的 意義에서, 그리고 상법의 개념에 대한 명확한 이해와 상법의 해석에 있어 중요한 의미가 있다. 商法史의 연구에는 일반문화사·정치사·경제사 등의 연구와 관련하여서만 가능한 것이지만 여기서는 직접 상법과 관련되는 것을 중심으로 고찰한다.

II. 外國商法의 發展

1. 古 代

고대에도 상법적인 제도가 없었던 것은 아니지만, 그것은 개별적이고 단편적인 것이었을 뿐 상법 또는 상거래에 관한 일반적인 법규는 발생하지 아니하였으므로, 상법은 未分化의 상태에 있었다. 왜냐하면 당시에는 民法만으로도 상거래까지도 충분히 규율할 수 있었기 때문이다. 그러나 기원 전 20세기경 세계 최초의 법전인 바빌로니아(Babilonia)의 함무라비왕(B.C. 1947~1905년)의 法典(Code of Hammurabi)에 있어서는 賣買·任置·運送·仲介·支給指示·所持人出給式債務證書·抽象的 債務證書·코멘다契約·內水航行에 관한 규정 등 商에 관한 단편적인 규정들이 포함되어 있었다.

고대 그리스(Greece)에 있어서도 동방제국의 영향을 받아 은행제도와 해상에 관한 특별한 법규가 있었다. 특히 로오드(Rhodos) 해법은 기원 전 3세기경 지중해 무역에 있어서 중요한 지위를 차지하였으니, 이것은 그리스의 보통해법을 계수한 것이라고 한다.

고대 로마 역시 그리스의 法規를 계수하였는데,[1] 제정시대에는 상업경제가 융성했기 때문에 은행거래에 있어서의 은행인수어음(receptum argentarii)과 상호계산(argentarii cum compensatione)제도, 기타 상거래에 관하여는 상사대리·공동해손(lex Rhodia de jacta)·선주 또는 受置人의 수치물보관에 관한 결과책임(receptum nautarum cauponum) 등 오늘날과 유사한 제도가 인정되었다. 그러나 고대 로마에 있어서는 상인계급의 미발달과 만민법(ius gentium)의 포괄성으로 말미암아 '商'에 관한 이러한 특별규정은 매우 단편적이고 소량에 불과하였다.[2]

그리고 고대 게르만제국은 農本國家이었기 때문에 상법은 없었다고 한다.[3]

2. 中　世

상법이 일반사법에서 독립하여 상인계급을 위한 계급법(Standesrecht)으로 성립된 것은 중세에 와서의 일이다. 즉, 9세기 이탈리아에서 상업도시가 발달하고, 이와 더불어 길드(guild, Innung)에 의한 상인단체(Collegia mercatorium)의 특별법(Sonderrecht)이 형성되게 된 것이다. 이와 같은 상인법이 탄생하게 된 간접적인 원인은, 당시에 시행된 일반사법은 로마법·게르만법·교회법이었는데, 로마법은 고전 로마법이 갖고 있었던 탄력성을 잃어버리고 거래에 관한 많은 제한적 규정을 포함하고 있었을 뿐 아니라, 로마제국에 갈음하여 지배자가 된 게르만의 법도 그 농민적 성질 때문에 상거래의 수요를 만족시킬 만큼의 탄력성이 없었던 데 있다. 즉, 동산과 노동은 토지소유자에게 봉사하는 것으로서 이들은 토지소유자의 철저한 구속을 받았으며, 당시의 엄격한 형식주의와 계약자유의 제한은 상거래계에서는 극복하기 어려운 장애가 되었다. 또 교회법은 이자금지의 교리로 인하여 상거래를 적대시하였다.[4] 따라서 당시의 어떠한 법도 상거래의 수요를 충족시켜 줄 수 없었기 때문에 자연 새로운 법을 요구하게 되

---

1) 崔基元(上) 23면; Gierke-Sandrock, *Handels-und Wirtschaftsrecht* I, 9. Aufl., 1975, S. 10.
2) 林泓根(總) 54면.
3) 徐燉珏·鄭完溶(上) 55면
4) 林泓根(總) 55면; Gierke-Sandrock, *a.a.O.,* S. 11.

었던 것이다.

한편 직접적인 원인으로서는 당시의 동업자조합(guild, trade union, Innung), 즉 길드가 자치권과 재판권을 갖게 된 점이다. 길드가 정한 자치규약은 조합원인 상인에게 적용되는 상인법이었다. 또 길드가 갖는 재판권의 관할권은 처음에는 조합원에 관한 징계적 사항 및 영업경찰적 사항과 함께 조합원과 그 사용인과의 사적 관계에 한하였던 것이었으나, 차츰 조합원 이외의 자에게도 관할권을 확장함으로써 도시의 재판권과 충돌하기에 이르렀다. 양자의 알력의 결과, 길드의 재판권은 일정가액을 한도로 하는 사법적 사항에 한정하고, 형벌권을 박탈하는 한편 길드의 문제(Innungssache)에 관하여는 비조합원의 조합원에 대한 소송으로까지 확장되게 되었다. 여기서 길드의 재판의 대상이 될 사항인지 여부를 판단할 객관적 기준으로서 '商事'의 개념이 생겼다. 그리하여 길드의 재판권은 조합원에 대한 관할권에서 상사에 관한 관할권으로 발전해 간 것과 같이, 상법도 상인의 신분적 계급법에서 상사에 관한 사항적 특별법으로 성립될 지반이 마련되었다.

이와 같이 중세의 도시국가에 있어서 일반사법에서 독립된 상법이 성립되었는데, 상호, 상업장부, 합명회사, 합자회사, 상호계산, 어음, 선하증권 등, 오늘날의 상법상의 많은 제도가 이 시대에 만들어졌거나 발달을 본 것이다.[1] 당시의 상법의 특색은 다음과 같다.

i) 주로 관습법으로 형성된 것이 조합의 자치규약 또는 도시법에 흡수되었다는 것, 즉 생성과정에 있어서의 관습기원성이다.

ii) 후에 점차 상사법으로 발전·이행해 가는 지반이 마련되었다는 것은 본질적으로는 상인단체의 자치법으로서의 계급법이라고 하는 계급법성이다.

iii) 일면에 있어서는 개개의 길드 또는 도시의 법이라고 하는 지방법성을 갖고 있으면서, 타면에서는 각지의 상인계급에 공통적인 수요에 기하여 발전한 법률로서 상호간의 거래에 의해 영향을 주고 받았기 때문에 유럽에 있어서 국제적 보편성을 갖게 되었다는 점이다.[2]

---

1) 大偶健一郎, ≪商法總則≫, 1984, 6면; Gierke-Sandrock, *a.a.O.*, S.12~13.
2) 竹內昭夫·龍田節, ≪現代企業法講座(1)≫, 東京大學出版會, 1985, 8면.

3. 近世 以後

근세 초에 봉건제도가 붕괴되고 강력한 중앙집권국가가 성립한 것과 더불어 도시경제는 국민경제로 발전하게 되었다. 당시의 국가는 주권의 절대성을 주장하였기 때문에 그 내부에 독자적인 입법권이나 재판권을 갖는 단체의 존재를 인정하지 아니하였다. 이 때문에 상법은 16세기경부터 차차 자치법으로서의 성질을 잃고 국가법 내에 흡수되기에 이르렀다. 16세기 말엽 이후 프랑스가 크게 번영을 누림으로써 이것이 프랑스 내에서 상업을 발달시키는 계기가 되었고, 이와 같은 배경 아래 국가에 의한 최초의 통일적 상사입법으로서 루이 14세의 2대법전인 1673년의 商事條例(Ordonnance sur le commerce)와 1681년의 海事條例(Ordonnance de la marine)가 성립하였다. 또 1794년에는 독일에서 普通프로이센州法(Das Allgemeine Preußische Landrecht)이 편찬되었다. 이것은 상법만에 관한 것이 아니라, 사법 전체는 물론 교회법과 형법까지도 포함하는 것이었지만, 어음법, 보험법, 해법을 포함한 상사관계에 관하여도 2,000조에 가까운 상세한 규정을 둔 법전이었다.

프랑스에서는 그 후 프랑스대혁명으로 계급제도가 폐지되고 영업의 자유가 확립되었는데, 이를 배경으로 1807년에 나폴레옹에 의해 제정된 프랑스상법전(Code de commerce)은 상법만을 수록한 최초의 법전으로서 진정한 의미에 있어서의 근대적 상법전이라고 할 수 있다. 상법사에 있어서 이 법전이 갖는 의의는 첫째, 이미 1804년에 성립된 민법전(Code civil)이 국민의 전계층을 포괄적으로 규정하고 있음에도 불구하고, 상에 관한 특별법전이 제정된 점, 둘째, 그 내용에 있어서 당시의 평등사상을 기초로 상인계급을 위한 계급법이라는 입장에서 벗어나 상인이 아닌 자도 법정의 행위(상행위: les actes de commerce)를 하면 상법의 적용을 받는다고 하여 이른바 商事法主義(객관주의)를 취하면서, 이와 같은 상행위를 업으로 하는 자를 商人(commerant)이라고 정하고 그 상인에게 특별한 권리의무를 결부시키는 것을 입법의 원칙으로 삼은 점이다. 이 법전은 그 후 여러 나라의 입법에 큰 영향을 끼쳤는데, 그 이유는 나폴레옹이 여러 나라를 정복하였다는 정치적 이유도 있지만, 주로 그 내용의 우수성 때문이었다. 프랑스에서는 아직도 이 법전이 시행되고 있으나, 현재는 이를 보충·변경하는 수많은 특별법이 제정되었다. 현재 프랑스법계의 나라는 벨기에, 네덜란드, 스페인, 포르투갈, 그리스, 브라질, 아르헨티나 등이다.

위에서 말한 바와 같이 독일에서는 1794년에 보통프로이센주법이 성립되었으나,[1] 연방 전체의 공통적인 상법은 없었고, 란트(Land)마다 법률이 달라서 상거래에 불편이 많았다. 여기서 독일관세동맹의 성립이 계기가 되어 점차 법률통일운동이 확산되어, 먼저 1848년에 보통독일어음조례(Die Allgemeine Deutsche Wechselordnung)가 성립하였고, 1861년에는 보통독일상법전(Das Allgemeine Deutsche Handelsgesetzbuch: ADHGB)이 성립하였으며, 1871년에 독일제국이 성립하면서 이들은 제국법(Reichsgesetz)이 되었다. '普通法'이라 하는 것은 입법권을 갖는 각주가 공통의 법률안을 각각 자기 주의 법률로서 채택함으로써 결과적으로 각주 간에 공통적으로 시행되는 법률이 된다고 하는 방식의 입법이다. 미국의 통일상법전도 이와 같은 방식을 취하였다 함은 전술하였다. 보통독일상법전의 내용은 어음, 파산 및 상사소송법을 제외하고 사법적 규정에 한정하고, 法의 적용범위에 관하여는 상인법주의와 상사법주의를 절충하는 입장을[2] 취하고 있다.

이 법전은 우수한 입법이긴 하지만 그 후 독일에서는 법률통일운동이 사법 전체에까지 파급되어 민법전의 편찬이 기획되고, 이와 관련하여 상법전의 개정이 이루어져 1897년에 독일제국상법전(Das Handelsgesetzbuch für das Deutsche Reich: HGB)이 성립되었고, 이것이 민법전과 함께 1900년 1월 1일부터 시행되었다. 신법에서는 절대적 상행위를 폐지하고 상인의 영업만을 규율의 대상으로 하면서(상인법주의, 주관주의), 대규모의 경영을 하는 자는 이른바 영업을 하지 아니하더라도 상인으로 규정하여 경제발전에 맞추어 상법의 적용대상이 확대되도록 해 놓았다. 독일에서는 현재에도 이 법전이 시행되고 있으나, 1937년의 株式法(Aktiengesetz)의 제정과 함께 주식회사와 주식합자회사에 관한 상법의 규정이 폐지되는 등 빈번한 개정이 이루어졌다.

또 하나 주목할 만한 입법으로는 1881년의 스위스 채무법(Obligationen-

---

1) 大偶健一郞, ≪商法總則≫, 1984, 7면.

2) 이 입장에 따르면 비상인의 단 한번의 행위에 대하여도 상법이 적용되는 '절대적 상행위'와 영업으로서 행하는 경우에만 상법이 적용되는 '영업적 상행위'를 정하고, 이러한 행위를 '業'으로 하는 자를 '상인'이라 하며, 상인이 어떤 행위를 '영업을 위하여' 하는 때에 그 행위를 '부속적 상행위'라고 한다. 현행 일본상법도 이러한 입장을 따르고 있다.

recht)이 있다. 이것은 스위스의 각주가 각각 다른 법률을 갖고 있었기 때문에 일어나는 불편을 제거하기 위하여 각주의 민법과 상법을 통일하는 방편으로 민·상 2법을 통일한 법전이다. 뿐만 아니라 스위스 채무법은 상행위 개념과 (엄밀히 말하면) 상인 개념까지도 폐지하고 '상업, 제조업 또는 기타 상인적 방법으로 영업을 행하는 자'에게 그 상호를 등기할 의무를 부과함으로써 상법의 적용범위를 대규모경영의 영업에까지 확대하였다. 이것은 전술한 바, 독일의 상법전보다도 시간적으로 앞선 입법이다. 또 1942년의 이탈리아 민법전(Codice civile)은 민법과 상법뿐만 아니라 노동법까지도 통합한 법전이라는 점이 특색이다.

한편 영미법계에 속하는 국가들은 일반적으로 판례법국가로 알려져 있으나, 상사법 분야에서는 많은 제정법을 갖고 있다. 영국에서는 어음법(Bill of Exchange Act, 1882), 위탁매매법(Factor's Act, 1889), 합명회사법(Partnership Act, 1890), 상선법(Merchant Shipping Act, 1894), 해상보험법(Marine Insurance Act, 1906), 합자회사법(Limited Partnership Act, 1907), 해상물건운송법(Carriage of Goods by Sea Act, 1924), 항공운송법(Carriage by Air Act, 1932, 1961), 회사법(Companies Consolidation Act, 1948, 1967, 1985), 물품매매법(Sale of Goods Act, 1893, 1979) 등이 있다.

또 미국에서는 상사에 관한 입법권이 각주에 있기 때문에 주마다 법률이 달라 州間去來에 불편이 많았다. 그리하여 전세기 말부터 주법을 통일하려는 노력이 진행되어 통일유통증권법(Uniform Negotiable Instrument Act, 1896), 통일매매법(Uniform Sales Act, 1906), 통일창고증권법(Uniform Warehouse Receipts Act, 1906), 통일선하증권법(Uniform Bills of Lading Act, 1909) 등 여러 가지 통일법이 성립되었다. 이들은 1952년에 모두 통합되어 통일상법전(Uniform Commercial Code: UCC)으로 발전하여 현재 루이지애나주를 제외한 모든 주에서 채택되고 있다. 회사법 분야에 있어서도 통일주법위원회 전국회의가 1928년에 통일사업회사법(Uniform Business Corporation Act)을 발표하여 각주로 하여금 이를 채택할 것을 권고하고 있고, 1950년에는 미국법조협회가 모범사업회사법(Model Business Corporation Act)을 만들어 많은 주들이 이들 법률을 주법으로 채택함으로써 주법의 통일이 진행되고 있다.

이와 같이 적어도 상사법 분야에서는 영국과 미국도 大成文法典을 갖고 있고, 또 부단히 이를 개정하고 있으므로 이들 국가도 成文法國이라고 할 수 있다.

끝으로 일본에서는 1890년 최초의 포괄적인 상법전이 만들어졌으니, 이것이 독일인 뢰슬러(Hermann Rösler)가 기초한 이른바 일본 구상법이다. 그러나 이 법전은 외국법을 지나치게 모방한 것이라는 심한 비판을 받았기 때문에 일본정부는 상법전을 수정한다는 명목으로 실제로는 신법전의 편찬을 계획하여, 1899년에 이른바 신상법을 공포, 同年부터 이를 시행하고 있다. 그러나 이 법전도 내용면에서는 보통독일상법전(獨逸舊商法)을 모방한 것이다. 그 후 회사편을 중심으로 한 1911년의 개정과, 어음법(1932년) 및 수표법(1933년)의 제정과 함께 상법 제4편의 어음법을 삭제하였다. 1938년에는 총칙 · 회사편을 크게 개정하면서 유한회사법을 제정하였고, 그 후 수차례 회사편을 개정하였다. 나아가 2005년에는 회사법을 단행법화하여 2006년부터 시행하고 있다. 1957년에는 국제해상물품운송법을 제정하였고, 1975년에는 선박의 소유자 등의 책임의 제한에 관한 법률을 제정하는 등 상거래계의 발전에 따라 많은 변천을 거치면서 오늘에 이르고 있다.

Ⅲ. 韓國商法의 發展

우리 나라에 있어서는 이미 기원 전 2세기경에 화폐제도의 수립과 더불어 교환경제가 이루어지고 있었으므로 이 시대에 시장도 있었던 것으로 추측된다. 그러나 시장이 문헌에 처음 나타난 것은 삼국시대의 일이고, 삼국시대에 와서 신라는 국가경제의 하나로 시장정책을 써서 炤智王 12년에 수도 경주에 京師市, 智證王 10년에는 東市, 孝昭王 4년에는 西市와 南市 2개 市를 설치하고 市典이라는 감독관청을 두었다고 한다. 통일신라 이후에는 이 외에도 426개의 州邑市와 街路市가 있었다고 하며, 고려조에도 대체로 이러한 시장이 계속되었고, 각종의 화폐가 만들어져 상업이 장려되었다.[1)]

그러나 시장을 중심으로 하는 상업이 본격적으로 발달하고 상인계급이 형성

---

1) 우리나라 상법의 역사에 관한 문헌으로는 金容泰, '韓國在來의 商事制度', ≪法律行政論集 제10집≫, 1972. 6. 5면 이하; 朴元善, ≪褓負商≫(韓國商法史上의 行商制度研究), 1965; 朴元善, ≪客主≫, 1966; 劉敎聖, "韓國商工業史" (韓國文化史大系 II), ≪政治 · 經濟史(下)≫, 1970, 969면 이하; 趙璣濬, ≪韓國經濟史≫, 1982; 崔虎鎭, ≪韓國經濟史≫, 1984; 韓沽劤, ≪韓國通史≫, 1982; 邊太燮, ≪韓國史通論≫, 1986 등이 있다.

되게 된 것은 조선시대에 와서의 일이다. 즉, 太祖 원년에는 京市署를 두어 시장에 관한 일반행정을 관장케 하였고, 定宗 원년에는 종로가에 시장시설을 公設하였다. 그 후 京鄕을 통하여 시장의 수도 크게 늘어났지만 開市日에 차이를 둔 3일시 · 5일시 · 10일시 · 15일시 등과, 대구 · 전주 · 원주에 설치된 藥令市, 국제교역을 위한 倭館開市 · 中江開市 · 柵門後市 · 北關開市 등의 특수한 시장도 있었다.

조선시대에 발생한 상인계급으로는 京에 있어서는 市廛, 지방에 있어서는 褓負商 및 旅客 · 客主 등이 있었다. 시전은 나라의 廛案錄(전안록)에 등록된 특권계급으로서 주로 官商의 御用物品調達商이었다. 등록되지 않은 시전은 亂廛이라 하였다.

보부상은 상업집산지 또는 직접 생산자로부터 구입한 布木 · 冠具 · 油類 등을 보자기에 싸가지고 다니면서(褓商) 또는 鹽 · 漆器 · 陶器 등을 짊어지고 다니면서(負商) 行商을 하는 자들을 말한다. 보부상은 이미 상고시대부터 존재하였던 것으로 추측되지만, 조선시대에 와서 크게 발달하였으며, 때로는 정치적으로 이용되는 경우도 있었다. 보부상은 松都(開城)를 중심으로 하여 어음(換簡) · 時邊(금융) · 差入制度 · 四開簿記 등 상사에 관한 많은 제도를 안출 · 발전시켰다. 그리고 客主 또는 旅閣이라 함은 시장 상인이 매매하는 물건의 위탁매매 또는 居間(중개) · 주선을 본업으로 하면서 이 상인들에 대하여 숙박영업 및 금전대부 · 예금 · 어음발행 등에 관한 업무를 겸하는 영업자를 말한다. 이들은 상인의 주인이라는 뜻에서 客主, 상인들의 여관숙박을 영업으로 한다는 뜻에서 旅閣이라 불렀다.[1)]

우리 나라에서 법령이 제정되기 시작한 것은 갑오경장 이후의 일이다. 상사에 관하여는 먼저 광무 9년(1906년)에 手形組合條例 및 國庫證券條例가 제정되었고, 그 이듬해 手形條例, 農工銀行條例 등이 제정되었다. 그러나 그 후 얼마 되지 않아 일본제국주의의 강제합방으로 말미암아 일본의 법률이 전적으로 우리 나라에 의용되게 되었다. 즉, 일제는 1911년(明治 44년) 법률 제30호로 '朝鮮에 施行할 法令에 關한 件'을 공포 · 시행하였는데, 이에 의하면 조선에서 법률을 요하는 사항은 朝鮮總督의 命令(制令)으로 규정하도록 되어 있었다. 制令의 하나인 朝鮮民事令 제1조의 제8호 내지 제10호에 의하여 일본의 商法 · 手形

1) 鄭燦亨(上) 28면.

法·小切手法·有限會社法·明治 33년 법령 제50호(상법중 서명하여야 할 경우에 관한 건·상법시행법·상법중개정법률시행법 등) 등이 우리 나라에 의용되게 되었다. 이 의용상법은 1911년부터 시행되었는데, 1945년 8월 15일 해방 후에는 美軍政法令 제21호 제1조 및 제2조에 의하여, 그리고 대한민국 정부수립 후에는 헌법 제100조의 경과규정에 의하여 1962년 1월 20일 법률 제1000호로서 새 상법이 제정·공포되어 1963년 1월 1일부터 시행되기까지 우리 나라에서 효력을 가지고 있었다.

우리 상법은 1948년 9월 15일에 설치된 법전편찬위원회가 1949년 2월 10일부터 상법초안 작성에 착수하여 1957년 11월 21일에 그 작성이 완료되었으나, 국회에서 통과되지 못한 채 1961년의 5·16쿠데타로 국회가 해산되고 법안도 폐기되었다. 이 법안은 5·16쿠데타세력의 舊法令整理事業의 하나로 각의의 결의를 거친 후 國家再建最高會議에서 수정·통과되었고, 이와 함께 어음법(法律 제1001호), 수표법(法律 제1002호)이 제정·공포되어 1963년 1월 1일부터 시행되었다.

1962년 상법은 약 30년간 시행되어 오면서 우리의 경제사정과 주변의 여건과 맞지 아니한 부분이 적지 않게 생겼기 때문에 그 개정이 절실하였다.

따라서 상법은 그동안 타법에 비하여 개정이 빈번하였다. 제1차 개정은 주로 회사편에 관한 개정으로서, 1984년 4월 10일 법률 제3724호로 공포되어 동년 9월 1일부터 시행되었으며, 제2차 개정은 보험편 및 해상편의 개정으로서, 1991년 12월 31일 법률 제4470호로 공포되어 1993년 1월 1일부터 시행되었다. 제3차 개정은 총칙편, 상행위편 및 회사편의 개정으로서 1995년 12월 29일 법률 제5053호로 공포되어 1996년 10월 1일부터 시행되었고, 제4차, 제5차, 제6차 개정은 모두 회사편의 개정으로서, 제4차 개정은 1998년 12월 법률 제5591호로 공포되어 동일자로부터 시행되었고, 제5차 개정은 1999년 12월 31일 법률 제6086호로 공포되어 즉시 시행되었으며, 제6차 개정은 2001년 7월 24일 법률 제6488호로 공포되어 동일자로부터 시행되었다. 2007년 해상법이 개정되어 2008년 8월 4일부터 시행되었고, 자본시장 및 금융투자업에 관한 법률의 시행에 따라 상장회사의 지배구조에 관한 특례조항이 상법으로 이관되어 2009년 2월 4일부터 시행되었다. 2010년 5월 14일 총칙 및 상행위편이 개정되어 2010년 11월 15일 시행예정이다.

제5절 商法의 法源

I. 序　說

法源(source of law, Rechtsquelle)이란 일반적으로 법의 존재를 경험적으로 인식할 수 있는 자료, 즉 법의 존재형식을 말한다. 실질적 의의의 상법은 반드시 상법전이라는 형식으로만 존재하는 것이 아니므로 상법전 이외에 어떠한 형식으로 존재하는가를 분명하게 하는 것은 상법의 법학적 인식을 위하여도 필요하다. 상법의 법원에는 보통 제정법·관습법·자치법·특례법·조리·학설 등이 열거되고 있으나, 판례·조리·학설의 법원성에 관하여는 학설이 나뉜다.

II. 法源의 種類

1. 商事制定法

상사제정법에는 商法典·商事特別法令 및 商事關係條約이 있고, 상사특별법령은 독립된 특별법령과 부속된 특별법령으로 나뉜다.

기업활동은 집단적·반복적·계속적으로 이루어지기 때문에 이것을 규율하는 법률도 명료하고 확실하여야 하며, 또 기업관계는 기술적인 성격이 강하여 법률기술적 처리가 요구되므로 제정법은 가장 중요한 상법의 법원이 된다. 그렇기 때문에 전통적으로 不文法國家인 영미에서도 상사에 관하여는 다수의 특별법이 제정되어 왔다.

(1) 商 法 典

상사제정법 중에서 중심이 되는 것은 형식적 의의의 상법, 즉 상법전임은 물론이다.

(2) 商事特別法令

상사특별법령에는 상법전의 규정을 시행하고 또 구체화하기 위하여 상법전에 부속된 부속법령과 기업에 관한 일반법인 상법전의 규정을 보충하고 변경하는 독립된 특별법령이 있다. 부속법령에는 상법시행법(舊商附 제11조, 1962. 12. 12, 법 제1213호), 상법의 일부규정의 시행에 관한 규정(1984. 8. 16, 대통령령 제11485호; 개정 1998. 8. 1, 대통령령 제15830호), 선박소유자 등의 책임제한절차에 관한 법률(1991. 12. 31, 법 제4471호), 외국인의 서명날인에 관한 법률(1958. 7. 12, 법 제488호), 상업등기처리규칙 등이 있다.

그리고 독립된 특별법령으로는 은행법, 선박법, 철도법, 공장저당법, 광업재단저당법, 전당포영업법, 고물영업법, 도선법, 철도소운송업법, 항공기저당법, 자동차저당법, 상품권법, 중소기업협동조합법, 중소기업사업조정법, 신탁법, 농업창고업법, 부정경쟁방지법, 자동차운수사업법, 선박안전법, 신탁업법, 전기사업법, 선원법, 선원보험법, 증권거래법, 보험업법, 담보부사채신탁법, 식품위생법, 비송사건절차법, 자산재평가법, 공사채등록법, 증권투자신탁업법, 외국인투자촉진법, 상표법, 기술개발촉진법, 공산품품질관리법, 화재로 인한 재해보상과 보험가입에 관한 법률, 중소기업계열화촉진법, 농산물유통 및 가격안정에 관한 법률, 석유사업법, 어선법, 독점규제 및 공정거래에 관한 법률 등과 이외에도 수많은 특별법령이 있다.

(3) 商事條約

조약은 체약국간에 권리의무를 설정하는 명시적 합의로서 treaty(조약), convention(협약), agreement(협정), arrangement(협정), act(결정서), protocol(의정서), declaration(선언), note(각서), covenant(규약), charter(헌장) 등의 명칭을 가진다. 우리 헌법 제6조 제1항에 의하면, "憲法에 의하여 締結·公布된 條約과 일반적으로 承認된 國際法規는 國內法과 같은 효력을 가진다"고 규정하고 있으므로, 상사에 관한 조약인 상사조약과 상사에 관하여 일반적으로 승인된 국제법규, 즉 국제상관습법규는 국내법과 동일한 효력을 가지고 상법의 법원이 된다.

상사조약의 예로는 통상조약, 무역협정 등 쌍무협정(bilateral treaty)도 있고, 국제민간항공협정(1952.12.13, 조약 제38호), 유탁오염손해에 관한 민사책임에 관한 국제협약(1979.3.15, 조약 제678호), 공업소유권의 보호를 위한 파리조약(1980.4.14, 조약 제707호), 외국중재판정의 승인 및 집행에 관한 협약(1973.2.17, 조약 제471호) 등과 같은 多者條約(multilateral treaty)도 있다.

≪民法의 法源性 여부≫

상법 제1조에서 상사에 적용할 법의 하나로 민법을 열거하고 있고, 민법의 규정이 상사관계에 적용 내지 준용되는 경우가 많아 민법도 상법의 법원이라고 보는 견해도 있다.[1] 그러나 상법은 일반법인 민법에 대하여 특별사법으로서의 지위에 있으므로 일반법이 다시 특별법의 법원이 된다고 보는 것은 논리의 모순이다. 상법의 법원이라고 할 수 있으려면 특별사법적 성격을 가져야 할 것이므로 민법은 상법의 법원이 될 수 없다고 생각한다. 상법 제1조는 '상사에 관하여 적용할 법규와 그 순위'를 규정한 것이지 민법을 상법의 법원으로 열거한 것은 아니다(통설).

2. 商慣習法

(1) 商慣習法의 意義

상관습법(Handelsgewohnheitsrecht, droit commercial coutumier)이란 관습(Gewohnheit od. Gebrauch)의 형태로 존재하는 상사에 관한 법이다. 본래 관습법이란 제정법이 아무리 완비된 사회에서라도 그 사회생활 자체가 流動·發展하는 한 부단히 발생하기 마련이다. 더욱이 합리주의가 지배하고 있는 기술적·진보적인 상사분야에 있어서는 한정적이고 고정적인 제정법만으로 모든 기업생활관계를 규제할 수 없기 때문에 상관습법의 발생은 필연적인 현상이다. 이러한 상관습법은 성문화의 경향과 진보적인 경향 두 가지의 특성을 가지고 있다.

(2) 事實인 商慣習과의 區別

상관습법은 단순한 상관습(Handelsbräuche od. Handelssitte)과는 다르다. 상관습법은 상법의 법원이지만, 상관습은 일정한 거래권(Verkehrskreis)과 일정한 장소에서 거래를 지배하는 사실상의 관행(tatsächliche Übung)과 관례(Ge-

---

1) 姜渭斗(總) 39면; 林泓根(總) 36면.

bräuche)로서 의사표시해석의 자료일 뿐이다(民 제106조). 상관습이 언제 상관습법으로 전화하는가에 관하여 慣行說(Übungstheorie: 국민이 오랫동안 반복하여 관행하는 관습은 법으로 인정된다), 承認說(Gestattungstheorie: 무의식적·자연적으로 생긴 관습이 국가기관(법원)의 승인을 받은 때 형식적으로 유효한 법이 된다), 通用說(Gültigkeitstheorie: 관행이 법질서의 구성부분이 되면 관습법이 된다), 法的 確信說(Rechtsüberzeugungstheorie) 등으로 학설이 갈리고 있으나, 법적 확신설이 종래의 통설이다. 법적 확신설에 의하면 사실인 상관습이 사회의 법적 확신 또는 법적 인식(관습에 따르는 것이 법에 따르는 것이라는 인식)에 의하여 지지를 받게 되면 이것이 법적 규범(Rechtsnorm)으로서 승인되고 강행된다.

이와 관련하여 ① 법적 확신의 유무라는 주관적·심리적 요소에 따라 양자를 구별하는 것은 법적 안정성을 위협하기 쉽고, 양자의 구별이 실제로는 극히 어려울 뿐 아니라, ② 사적 자치가 인정되는 범위에서는 사실인 관습도 임의법규에 우선하여 해석의 기준이 되므로 구별의 실익이 없다는 점, ③ 의사표시해석의 문제는 사실문제가 아닌 법률문제인데, 당사자의 반대의 의사표시가 없는 한 사실인 상관습에 대해서도 법률행위로서의 효력이 부여되는 만큼(民 제106조) 사실인 상관습도 임의법규와 동일한 규범성을 가진다고 해석되는 점, ④ 상관습은 상법의 임의규정에 우선할 수 있는 데 대하여(民 제106조) 상관습법은 보충적 효력만 있고 변경적 효력이 없어서 상법의 임의규정에 반하여 적용될 수 없으므로(제1조) 상관습이 상관습법에 우선하게 되는 불합리한 결과가 초래되는 점 등에서 상관습법과 사실인 상관습을 구별하지 않는 견해도 있다.[1] 그러나 ① 오늘날 법적 확신의 유무는 법원의 판단에 의하여 명확히 될 수 있는 것이므로 반드시 이것이 주관적·심리적인 요소에 따라 결정되는 것은 아니며, ② 상관습법은 법규범의 성질을 가지지만, 사실인 상관습은 단지 의사표시 해석의 자료가 되는 사실상의 관행에 지나지 아니하고, ③ 따라서 상관습법은 당사자가 그에 의할 의사의 유무를 불문하고 적용되나, 상관습은 당사자가 그에 의할 의사가 있거나 의사가 명확하지 아니한 때(당사자의 의사가 명확하지 아니한 경우)에만 적용되므로 상관습법과 상관습을 구별할 실익이 있다고 본다.[2] 나아가 ④ 사실인

1) 姜渭斗(總) 43면; 孫珠瓚(上) 37면; 鄭燦亨(上) 41면.

2) 一說에 의하면 상관습법의 존부의 문제는 법률문제이므로 법원이 이것을 적용하지 아니하거나 이것에 위반한 때에는 상고의 이유로 되지만, 상관습의 존부의 문제는 사실문제이므로 법원은 이것을 사실인정의 문제로 처리할 뿐이므로, 이것도 양자를 구분하여야 할 이유 중의 하나라고 설명한다. 그러나 사실인 상관습도 사실심

상관습도 임의법규와 동일한 규범성을 가진다는 것은 민법 제106조에 의하여 법률행위를 매개로 한 의사표시를 해석한 결과 규범성을 가진다는 뜻일 뿐, 관습자체가 곧 법이라고는 할 수 없고, ⑤ 당사자가 상관습에 의할 의사를 가지고 있는 경우에는 상관습이 상관습법에 우선한다고 하여도 불합리한 것은 아니다. 그리고 ⑥ 법원의 판결이 상관습에 위반한 때에는 단순한 사실오인으로서 상고이유가 되지 못하며, ⑦ 상관습법은 법으로서 전국에 통일되어 있어야 하지만, 사실인 상관습은 특정지방에 한정되어 있어도 상관습이 없고, ⑧ 상관습법은 상법의 강행규정에 반하는 경우에도 성립할 수 있지만, 사실인 상관습은 임의규정에 반하는 경우에만 성립할 수 있다는 점 등에서 사실인 상관습과 상관습법은 구별될 수 있다고 본다.

(3) 商慣習法의 例

상관습법의 사례로서는 白地어음을 들 수 있었으나 어음법에서 명문화하였다(어 제10조). 또 운송증권 · 창고증권의 相換證券性(제129조, 제157조, 제857조, 제858조, 제861조)에 반하는 운송물 · 임치물의 保證渡, 주금납입영수증에 의한 주식의 양도를 상관습법으로 들기도 한다.[1] 그러나 예금통장의 제시없이 적법한 예금지급청구서에 찍힌 印影과 미리 계출된 인영이 맞으면 예금을 지급하는 것은 상관습법이 아니라고 한다.[2] 또 자금사용자와 그 용도가 특정되어 있는 지급보증서를 유가증권으로 유통시키는 것,[3] 수표의 분실계가 제출되면 지급은행은 수표금을 지급하지 아니하는 것[4] 등도 상관습법이 아니라고 한다.

3. 商事自治法

상사자치법이란 회사 기타의 단체가 그 조직과 운영에 관하여 자주적으로 정

법원이 확정한 사실에 근거를 두고 법률행위를 해석하는 것은 법적 가치판단이므로 법률문제의 영역에 속하며, 그 해석이 부당한 때에는 경험칙 내지 관습에 반하므로 상고이유가 될 수 있다. 林泓根(總) 107면; 田中誠二, ≪商法總則詳論≫, 1972, 143~144면.

1) 鄭熙喆(上) 54면.
2) 大判 1962. 1. 11, 4294 民上 195; 大判 1971. 12. 28, 71 다 2299.
3) 大判 1967. 5. 16, 67 다 311.
4) 大判 1958. 9. 10, 4291 民上 835.

한 법규를 말하며, 회사의 정관, 증권거래소의 업무규정과 어음교환소의 교환규칙 등이 이에 속한다. 자치법은 강행법규에 위반할 수 없지만 법률에 근거를 두고 제정되는 것이며, 자치단체의 관계자를 구속하기 때문에 그 자체가 법규성을 가지는 상법의 법원이다.[1)]

4. 普通去來約款

(1) 普通去來約款의 意義

보통거래약관(general conditions, allgemeine Geschäftsbedingungen, conditions généraux)이란 그 명칭이나 형태 또는 범위를 불문하고 계약의 일방당사자가 다수의 상대방과 계약을 체결하기 위하여 일정한 형식에 의하여 미리 마련한 계약의 내용이 되는 것을 말한다(約規 제2조 제1항). 보통보험약관・운송약관・은행예금약관・창고임치약관 등이 그 예이다.

보통거래약관과 구별하여야 할 개념으로서 표준계약서식(model form)이라는 것이 있다. 표준계약서식은 계약의 '내용'이 아니라 그 '형식'을 예시한 것으로서, 그 자체가 곧 계약의 내용이 되는 것은 아니다. 따라서 이것은 '계약의 내용이 되는' 보통거래약관과는 다르다. 또한 공동해손에 관한 요크-앤트워프규칙(York-Antwerp Rules), 국제매매조건의 해석에 관한 인코텀즈(International Commercial Terms: Incoterms), 하환신용장에 관한 통일규칙 및 관례(Uniform Customs and Practice for Documentary Credits, 1993 Revision) 등과 같은 국제통일규칙도 국제상관습이 성문화된 것일뿐 보통거래약관이 아니다.

(2) 普通去來約款의 本質

보통거래약관이 사용되는 경우에는 당사자가 약관의 존재 또는 약관의 개개의 규정의 존재여부, 약관의 특정 조항에 따를 의사의 존재여부를 묻지 아니하고, 특히 약관에 따르지 않는다거나 특정조항의 적용을 배제한다는 명시적 의사표시가 없었던 이상 약관에 의하여 계약을 한 것으로 인정된다는 점에 착안하여, 약관 그 자체에 법규성을 인정하여 이를 법원으로 보는 견해도 있다.[2)] 이

---

1) 林泓根(總) 34면; 孫珠瓚(上) 39면; 李院錫(上) 68면; 崔基元(上) 36면.

2) 姜渭斗(總) 47면.

견해에 따르면 보통거래약관을 자치법으로 보거나(自治法說)[1] 특정거래권(예컨대, 운송계약·은행업무와 관련된 계약)에 있어서는 특별한 사정이 없는 한 '계약은 보통거래약관에 의한다'는 것이 상관습 내지 상관습법이므로 보통거래약관이 거래의 당사자를 구속한다고(白地商慣習法說) 본다.[2] 그러나 보통거래약관이 자치법이라고 하려면 자치단체의 구성원간에 자치법으로서의 승인과정이 필요한데, 약관은 사업자가 일방적으로 작성하여 시행한다는 점에서 이러한 과정이 결여되어 있어 이를 자치법으로 인정할 수 없다. 상관습법설도 일부 업종에서는 '계약은 보통거래약관에 의한다'는 의식이 존재하는 것이 사실이기는 하지만, 그러한 의식이 존재한다고 하여 왜 약관의 내용도 구속력을 가져야 하는지를 설명하지 못한다. 특히 새로운 약관이나 기존의 약관을 개정한 것도 그 업종에서는 널리 약관이 사용되므로 당연히 구속력을 갖는다고 주장할 수는 없을 것이다. 나아가 약관의 사용이 널리 인식되고 있는 일부 업종을 제외한 다른 업종에서 약관을 사용하는 경우에는 상관습법설로서는 설명할 수 없다.

또한 1991. 12. 31. 개정상법은 제638조의 3 제1항에서 보험자에게 보통보험약관의 (交付) 明示義務를 지도록 하고 있는데, 약관의 법규성을 인정하는 견해에 의하면 유독 약관이라는 법규에 대하여만 그 내용을 알려 주도록 하는 이유를 설명할 수 없다. 법이 보험자에게 약관의 내용에 대한 교부·명시의무를 부과한 것은 약관은 법이 아님을 전제로 한 것이 아닐까 생각한다.

요컨대 약관은 대개 기업자가 집단거래의 편의를 위하여 일방적으로 작성하여 그 경제력을 배경으로 사실상 시행하는 것이기 때문에 약관 자체에 법규성을 인정할 수는 없을 것이다. 다만 그것을 계약의 내용으로 한다는 당사자간의 합의가 있다고 간주될 때에만 그것은 법규로서가 아니라 계약의 조건으로서 구속력이 생길 뿐이라고 본다(채택합의설). 대법원 판례도 이 입장을 취한 것으로 보인다.[3]

---

1) 西原寬一, ≪商行爲法≫, 1960, 52면.
2) 孫珠瓚(上) 43면; 催基元(上) 34면.
3) 大判 1985. 11. 26, 84 다카 2543; 大判 1985. 10. 14, 84 다카 122: 보통보험약관이 계약당사자에 대하여 구속력을 갖는 것은 그 자체가 법규범 또는 법규범적 성질을 가진 계약이기 때문이 아니라 보험계약 당사자 사이에서 계약내용에 포함시키기로 합의하였기 때문이라고 볼 것이다. 同旨: 大判 1989. 3. 28, 88 다 4645; 大判 1990. 4. 27, 89 다카 24070; 大判 1991. 9. 10, 91 다 20432; 大判 1997. 9. 26, 97 다 4494.

(3) 約款의 契約編入問題와 約款의 解釋問題

약관의 본질을 위와 같이 파악할 때 실제상의 문제는 약관의 채택합의가 과연 있었는가 하는 점이다. 즉, 기본적으로 약관에 관한 문제는, ① 약관이 사용된 계약의 법적 처리, 즉 약관전체가 계약의 내용으로 정당하게 편입되었다고 볼 수 있느냐 하는 문제가 선결문제이다. 그 다음은 ② 일단 계약의 내용으로 정당히 편입되었다고 인정되는 약관의 각 조항에 대한 가치판단(解釋)이 문제된다.[1] 먼저 ①의 문제와 관련하여, 약관이 계약의 내용으로 정당히 편입되는 유형으로서 (i) 당사자가 대등한 지위에서 약관의 편입을 합의하는 경우, (ii) 법률의 승인이나 상관습에 의하여 당연히 약관이 계약의 내용을 이루는 경우, 그리고 (iii) 경제적 강자에 의하여 약관의 채택이 사실상 강제되는 경우 등이 있다.

②의 문제, 즉 약관의 각 조항에 대한 해석 문제는 ①의 문제에서 약관의 계약편입이 어느 방식을 취하고 있느냐에 따라 그 취급이 달라져야 한다. (i) 당사자가 대등한 지위에서 합의할 수 있는 경우에는 약관의 내용이 곧 법률행위의 내용이 되는 것이기 때문에 그 내용, 즉 약관의 각 조항을 법률행위 해석의 기준에 따라 그 유효성 내지 의미를 확정하여야 한다. 법률행위 해석의 기준이란 당사자가 기도하는 목적, (당사자의 의사가 명확하지 아니한 때에는 임의법규와 다른) 사실인 관습(民 제106조), 임의법규, 신의성실의 원칙 등을 말한다. 그러나 약관의 법률유사성·기술성·당사자의 의사불명료성 등의 특수성 때문에 일반사법상의 해석방법은 물론, 그 특수성을 고려한 해석방법, 즉 객관적·통일적·목적론적 해석의 원칙, 개별약정우선의 원칙 등도 병용하여야 한다. 또 약관내용의 해석에 이견이 있는 경우에는 작성자불이익의 원칙이나 책임제한조항에 대한 축소해석의 원칙 등 다분히 정책적인 것은 그 적용에 신중하여야 할 것이다. (ii) 법률의 승인이나 상관습에 의하여 당연히 약관이 계약의 내용을 이루는 경우에는 당사자의 의사와는 관계없이 약관내용의 구속력이 인정되므로 법률해석방법에 의하여 그 유효성을 판단하여야 한다. 법률해석의 방법이란 문리해석(문법적 해석), 반대해석, 확장해석과 축소해석, 유추해석, 목적론적 해석 등을 말한다. 그리하여 법원은 불합리한 약관의 조항에 관해 수정·보충·제한할 수 있다. (iii) 약관의 채택이 사실상 강제되는 경우에는 계약의 상대방이 불이

1) 李範燦, "普通去來約款의 解釋論序說", 椿江 孫珠瓚博士華甲紀念 ≪商事法의 現代的 課題≫, 1984, 26면 이하 참조.

익을 당하는 경우가 가장 많다. 이 때에는 위 (ⅰ)에서 언급한 바와 같은 약관의 특수성에서 유래한 특수한 해석원칙, 예컨대 객관적·통일적·목적론적 해석의 원칙, 개별약정우선의 원칙, 작성자불이익의 원칙, 책임제한조항에 대한 축소해석의 원칙 등을 적용하여 그 불합리를 시정하여야 한다.

약관해석에 다툼이 있는 경우 이를 상고할 수 있는가 하는 문제는 원칙적으로 약관에 대한 법적 성질을 어떻게 보느냐에 따라 다르다. 약관의 법적 성질을 규범이라고 보는 입장에서는 상고를 긍정하게 되고, 그 법적 성질을 계약으로 보는 입장에서는 이를 부정하는 것이 논리적이다. 그러나 계약설을 취하는 입장에서도 앞에서 말한 약관해석의 특수성을 인정하여 약관의 해석을 그르친 경우 상고를 인정하는 것이 통설이다.

(4) 約款의 效力

약관의 조항은 적법하여야 하며, 특히 강행법규에 위반하거나 보통보험약관의 경우 보험계약자 등의 가입자측에 불리하게 변경하면 그 효력이 없다. 특정조항이 무효인 경우에는 일부무효의 법리에 의하여 처리하면 될 것이다. 계약성립 후에 약관의 변경이 있었다고 하더라도 계약은 영향을 받지 않는다. 그리고 행정상의 인가는 사법상의 효력에 영향을 미치지 않는다.

(5) 約款에 대한 規制

약관의 남용으로 인하여 경제적인 약자가 피해를 입는 사례가 많기 때문에 약관의 사용에 대한 규제가 필요하게 된다. 규제의 방법으로는 ① 약관의 내용을 입법으로 규제하거나(立法的 規制), ② 행정관청의 인가를 얻도록 하는 등 행정력에 의하여 그 내용을 통제하는 방법(行政的 規制), ③ 그리고 약관의 각 조항에 대한 사법적 해석에 의한 규제방법(司法的 規制) 등이 있다. 입법적 규제의 중요한 예로는 "約款의 規制에 관한 法律"이 있다. 이 법의 목적은 불공정한 약관의 내용을 규제하여 소비자를 보호하는데 있다(約規 제1조). 또한 보통보험약관에 관하여는 상법 제638조의 3 제1항에 약관의 교부·명시의무를 규정하고 있는 것도 입법적 규제의 예이다. 그리고 위에서 언급한 약관해석의 각 원칙은 사법적 규제를 염두에 둔 것이다.

5. 商事判例法

기업적 생활관계에 고유한 판례가 쌓여 어느 정도 법규범으로서 정립된 것을 상사판례법이라고 한다. 상사판례법의 법원성에 관하여 우리 나라의 다수설인 부정설에[1] 의하면 ① 국가의 입법권과 사법권은 엄격히 구별되는데, 재판은 법 적용 활동으로서 사법권의 발동에 그쳐야만 하지, 이것이 입법 활동을 침해해서는 안된다는 점, ② 헌법 제103조에서 "법관은 헌법과 법률에 의하여 그 양심에 따라 독립하여 심판한다"고 규정하고 있으므로 법관은 판례에 따라야 할 의무가 없다는 점, ③ 법원조직법 제8조는 "상급법원의 재판에 있어서의 판단은 당해 사건에 관하여 하급심을 기속한다"고만 되어 있어서 다른 사건에 관하여는 반드시 하급심을 구속하지는 않는다는 점, ④ 법원을 명시하고 있는 상법 제1조는 판례의 法源性을 인정하지 아니한다는 점을[2] 들고 있다.

그러나 ① 입법·행정·사법권의 분리는 절대적인 것은 아니며(예컨대, 대법원도 규칙제정권이 있다), ② 헌법 제103조는 법관의 물적 독립, 즉 법관의 직권상의 독립을 의미하는 것이며, 여기서 말하는 법률도 형식적 의미의 법률은 물론 실질적 의미의 법률을 의미하는 것인 점, ③ 법원조직법 제8조의 규정에도 불구하고 재판실무에서 판례법은 성문법규와 관습법의 결함을 보완하는 수정적·창조적 작용을 하면서 같은 유형의 사건에는 상급법원의 선결례가 일반적인 법규범으로서 적용되는 것이 현실인 점(대법원에서 종래의 판례를 변경하고자 할 때에는 대법관회의를 거치는 등 신중을 기하고 있다. 法組 제7조 제1항 제3호·제17조 제6호 참조), ④ 상법 제1조는 法源의 종류와 적용순위를 규정하기는 하였으나 법원전부를 망라한 것도, 모든 法源의 적용순위를 규정한 것도 아니라는 점에서 판례의 법원성을 인정할 수 있다고 본다.[3]

1) 姜渭斗(總) 50면; 孫珠瓚(上) 49면; 李院錫(上) 69면; 崔基元(上) 41면.
2) 예컨대, 스위스 채무법 제1조 제3항은 "法官은 확정된 학설과 先例를 따라야 한다"는 규정을 두어 판례의 법원성을 인정하고 있다.
3) 同旨: 林泓根(總) 35면; 鄭燦亨(上) 46면.

6. 學 說

상사에 관한 유력한 법학자의 학설인 상사학설은 법원이 될 수 없다고 보는 것이 일반적인 견해이다. 학설은 법의 해석이나 판례연구 등을 통하여 형성되는 것으로서, 제정법이나 판례의 내용을 명백히 하고 재판에도 영향을 미치는 경우가 많기는 하겠으나, 이것은 어디까지나 법관에게 판단의 자료를 제공하는 것일 뿐, 직접 재판의 規準으로서 법관을 구속하는 것은 아니므로 법원이 될 수 없다고 본다.[1] 그러나 학설 중에서도 일반적 승인을 얻은 것[2] 또는 학설의 목적론적 전개의 부분은[3] 법원이 된다고 하는 견해도 있다.

7. 條 理

조리(naturalis ratio, Natur der Sache, nature des chose)란 당해 법률관계에 있어서 사물자연의 성질에 적합한 원리를 말한다. 조리를 법원으로 인정할 것인가에 관하여도 긍정설과 부정설이 대립되고 있다.

긍정설에 의하면 법관은 법이 없다는 이유로 재판을 거부할 수 없고, 민법 제1조는 "법률과… 관습법이 없으면 조리에 의한다"고 하여 조리의 법원성을 인정하고 있으며,[4] 또한 상사에 관한 경제생활은 끊임없이 진보·발전하므로 제정법과 관습법의 불비는 이 방면에도 나타나는데, 이 불비를 메우기 위해서도 조리를 상법의 법원으로 인정하여야 한다는 것이다.[5]

그러나 부정설에 의하면 법원은 법의 존재형식으로서 경험적·실제적인 존재인 데 대하여, 조리는 결국 법관의 법정립의 이념이며 일종의 자연법적인 존재라고 한다. 그리고 이러한 이념은 성문법·관습법을 통하여 타당한 근거를 찾

---

1) 同旨: 姜渭斗(總) 50면; 孫珠瓚(上) 49면; 鄭燦亨(上) 46면; 崔基元(上) 41면.
2) 徐廷甲(上) 46면.
3) 朴元善(上) 23~24면.
4) 스위스 채무법 제1조 제2항은 "이 법률에 규정이 없으면 법관은 관습법에 의하고, 관습법이 없으면 자기가 입법자로서 법규로서 정하였을 것에 의하여 재판을 하여야 한다"고 정하고 있다.
5) 鄭茂東(上) 47면.

을 수 있으며, 또한 법해석의 지침이 될 수 있다고 한다.[1] 또는 조리와 학설은 다같이 법의 원리를 탐구하는 것으로서 밀접한 관계가 있으므로 조리와 학설을 구별하지 않고 양자를 같이 취급하여 법원성을 부정하는 견해도 있다.[2]

생각건대, 조리는 법의 이념 또는 추상적인 원리이므로, 이것을 경험적 인식의 대상인 法源, 즉 실질적 의의의 상법의 존재형식의 하나로 보기는 어려울 것이다.[3]

Ⅲ. 法源의 適用順位

1. 商法 제1조의 '商事'

상법 제1조에 의하면 상사에 관하여 상법에 규정이 없는 경우에는 상관습법을 적용하고, 상관습법도 없는 경우에는 민법을 적용한다. 다수설은 여기서 '商事'라 함은 형식적 의의의 상법, 즉 상법전 또는 특별법에 의하여 상법전 적용의 대상으로 되어 있는 생활관계를 의미한다고 한다(형식설).[4] 이에 대하여 상법의 대상을 기업관계로 보는 한, 상사에 관하여도 실질적으로 이해하여 이것을 기업생활과 관련된 모든 재산법적 생활관계를 말하며 상법전이 '규정하여야 할' 모든 사항을 가리킨다고 보는 것이 타당하다는 학설(실질설)과[5] 실질적 의의의 상사와 형식적 의의의 상사를 모두 고려하여야 한다는 절충설이[6] 있다.

본래 상사관계 중에는 이에 관하여 ① 상법에 규정이 완비되어 있는 경우(예컨대, 상호·상업장부에 관한 규정)와, ② 상법에 규정이 있기는 하나, 그 규정이 자족적인 완전한 것이 되지 못하는 경우[예컨대, 상법의 지배인에 관한 규정(제11조)은 민법의 대리에 관한 규정에 의하여, 상인 간의 매매에 관한 규정(제67조 이하)은 민법의 매매에 관한 규정에 의하여 각각 보완되어야 한다], 그리고 ③ 상법 또는 특별

1) 崔基元(上) 42면.
2) 姜渭斗(總) 51면.
3) 同旨: 林泓根(總) 35면; 李哲松(總) 43면.
4) 林泓根(總) 35면; 徐燉珏·鄭完溶(上) 69면; 崔基元(上) 42면.
5) 姜渭斗(總) 51면.
6) 孫珠瓚(上) 51면; 李院錫(上) 71면.

법에서 전혀 다루지 않는 경우가 있다. 그런데 상사의 의미와 관련하여서는 위 ①과 ②의 경우는 '상법에 규정이 없는 경우'(제1조)가 아니라, 이미 상법전에 규정되어 있는 사항이므로 별다른 문제가 없다. 상사의 의미와 관련하여서는 오직 위 ③의 경우만이 문제된다. 상법 제1조는 위 ③의 경우에 법규적용의 순위를 정하고 있다. 그러나 형식설이든 실질설이든 실제상의 큰 차이는 없다. 예컨대, 상법에 규정이 없는 consulting업은 실질적 의의의 상사임이 분명한데, 형식설에 의한다면 이것은 상법전에 규정되어 있는 사항이 아니므로 법규적용순위를 정한 상법 제1조를 이에 적용할 수 없다. 그 결과 일반사법으로서의 민법의 일반원칙에 의하여 법규적용의 순위가 결정된다. 민법 제1조에 의하면 민사에 관하여 법률(민법)의 규정이 없으면 관습법에 의하도록 되어 있으므로, consulting업에 관하여 민법에 규정이 없으므로 결국 상관습이 있으면 이에 의거하여 해결하여야 한다. 한편 실질설에 의하면 consulting업이 실질적 의의의 상사임이 분명하므로 이에 관하여 바로 *商法* 제1조가 적용되는데, 상법에 consulting업에 관한 규정이 없으니 상관습법에 의하고, 상관습법도 없으니 민법에 의한다고 하게 된다. 따라서 양설의 차이는 결국 상법 및 특별법에 규정이 없는 상사문제에 관하여 형식설에 의하면 민법·상관습법의 순으로, 실질설에 의하면 상관습법·민법의 순으로 적용된다는 정도의 차이이다.

형식설은 법규적용의 한계를 명확히 하여야 한다는 필요성 때문에 그러한 주장을 하는 것이지만, 다음과 같은 점에서 부당하다고 본다. ① 형식설에 의하면 상법이 규정하고 있지 않은 사항에 관하여 상법 제1조가 적용될 수 없다는 결과가 되어 상법 제1조의 의의가 크게 손상되고, 이 경우에는 민법의 일반원칙에 의하게 되므로 견해에 따라서는 상관습법의 민법에 대한 우선적 효력을 부정하게 되어 상관습법의 중요성이 무시될 수 있다. ② 형식설의 논리를 상법 제1조에 대치시키면, '본법에 규정하고 있는 사항에 관하여 본법에 규정이 없으면'으로 읽게 되는데 이것도 모순이며 이것은 법규가 먼저 있고 그것에 의하여 규율되는 생활관계는 나중에 정하여지는 결과가 된다. 그러므로 상법 제1조의 '상사'란 상법이 '규정하고 있는 것' 뿐만 아니라 '규정하여야 할 사항'도 포함하며 '규정하여야 할 사항'은 결국 실질적으로 정할 수밖에 없다.

2. 商法 제1조의 法理的 意義

(1) 總　說

상법 제1조의 법리적 의의는 ① 商慣習法의 법원성을 인정한 점, ② 상사제정법과의 관계에 있어서는 制定法優先主義의 원칙에 따르면서, ③ 민법과의 관계에 있어서는 이 원칙을 깨뜨리고 상관습법에 우선성을 인정함으로써, 상관습법의 특수성을 승인한 점에 있다.[1] 상관습법의 법원으로서의 중요성은 이미 설명하였으므로 여기서는 상관습법과 상법과의 관계 및 상관습과 민법과의 관계만 설명한다.

(2) 商慣習法과 商法의 關係

상사에 관하여는 상법전을 제1차적으로 적용하고, 규정이 없는 경우에는 보충적으로 상관습법을 적용한다(제1조).

상법 제1조는 이 점에서는 민법 제1조와 같이 제정법우선주의를 표방한 것이다. 따라서 상관습법에는 商事制定法變更(改廢)力을 인정하지 않고 보충적 효력만을 인정하고 있다. 그러나 상관습법을 상법전과 동등한 지위에 있는 특별법으로 보는 입장에서는 상법 제1조는 당연한 적용순위를 밝힌 것이며, 오히려 상관습법의 상법변경(개폐)력을 정면으로 인정하지 않고 제정법우선주의의 원칙을 답습한 점에 입법론적 비판을 가하게 될 것이다. 즉, 상법 제1조를 비판적으로 보는 견해는 본조가 '관습법의 보충적 효력을 규정한 것이 아니라 입법의 한계를 자인한 규정'이라고 본다.[2]

생각건대, 상술한 바 상관습법의 특이성에 비추어 보아, 상관습법의 성립을 일편의 법률로써 저지할 수는 없다. 성문법의 한정성과 고정성으로 인한 경제적·사회적 현실과 실정법과의 간격을 메우기 위하여 관습법이 필연적으로 형성되고, 실제로 상법 제1조의 규정과는 상관없이 상법규정에 저촉되는 상관습법이 성립되어 법원의 확인을 받은 사례가 있음을 직시하고서, 상관습법과 상법전에 동등한 지위를 인정하고 상관습법(新法)의 제정법(舊法, 商法典) 개폐력을 정면으로 인정함이 타당하다(즉, 강행법규에 대하여서도 개폐력 인정).[3] 따라서 상

1) 同旨: 林泓根(總) 37면; 徐燉珏·鄭完溶(上) 70면.
2) 鄭熙喆(上) 56면.

관습법은 상법의 강행규정에 반하는 경우에도 성립할 수 있다(통설). 독일상법은 우리 상법 제1조에 해당하는 독일구상법 제1조를 채택하지 않았다.

(3) 商慣習法과 民法의 關係

상사에 관하여 상법전에 규정이 없는 경우에는 민법전보다 상관습법을 우선적으로 적용한다(제1조).

상관습법도 관습법이란 점을 중시하여 민법 제1조와 비교하여 본다면 성문법주의국가인 우리 나라에서는 제정법우선주의의 중대한 예외를 인정한 것이라고도 할 수 있을 것이다. 그러나 상관습법도 상사법이란 점에서 보면 상법전과 다름없는 특별법으로서 일반법인 민법에 우선하여 적용되는 것이 당연한 것이다. 상관습법의 법원성을 인정하는 한 상법 제1조를 제정법우선주의의 예외를 인정한 특별규정으로 볼 필요는 없다고 본다. 상관습법과 민법의 관계를 어떻게 보든 상관습법의 합리적·기술적·진보적 성격에 비추어 보아 민법에 대한 우선적 효력을 인정하는 결과가 타당함은 의문의 여지가 없다.

3. 各法源의 適用順位

상사에 관하여 적용될 각종 법원의 적용순위를 상법 제1조의 원칙에 따라 열거하여 보면 다음과 같다. 판례와 조리의 법원성 인정여부에 관해서는 학설이 대립되고 있고, 또 관습법의 제정법 개폐력을 인정하는 경우에는 민·상법과 관습법은 각각 동일순위가 될 것이므로 이들은 괄호 속에 넣었다. 또한 민사자치규정을 상법관계에 적용할 것인지 의문이 생겨 괄호 속에 넣었다.

상사자치법 → 상사특별법령
상사조약 → 상법전
(상관습법) → 상관습법 → (상사판례법) → (민사자치법)

민사특별법령
민산조약 → 민법전
(민사관습법) → 민사관습법 → 민사판례법 → (조리)

3) 姜渭斗(總) 54면; 孫珠瓚(上) 53면; 崔基元(上) 56면.

Ⅳ. 商法의 效力(適用範圍)

1. 때에 관한 효력

동일 사항에 관하여 시간적으로 선후관계가 있는 경우에, 동일순위의 법규사이에는 '신법은 구법을 변경한다'는 원칙이 있고, 일반법과 특별법 사이에는 '일반신법은 특별구법을 변경하지 않는다'는 것이 원칙이다. 또한 時際法(經過規定)의 문제에 있어서는, 소급효를 인정하지 않는 것이 원칙이겠으나, 상법의 영역에서는 오히려 소급효를 인정하는 것이 합리적인 경우가 있다(商施 제2조).

2. 장소에 관한 效力

상법은 국법으로서 전한국영토에 적용됨이 원칙이다. 그러나 국제적 상사생활관계에 있어서는 예외가 생길 수 있으므로, 국제사법에 의하여 상법의 장소적 적용범위가 확장된다.

3. 사람에 관한 效力

상법은 전한국인에게 적용됨은 물론이지만, 관계사항의 국제적 성질에 따라서 국제사법에 의한 예외적 적용이 있을 수 있다.

한편 小商人에 관하여는 일부 규정의 적용이 배제되기도 한다(제9조).

제 2 장
商法의 基本概念

제 1 절 商人과 商行爲

Ⅰ. 序　說

상법을 기업적 생활관계를 규제하는 법이라고 하는데, 상법을 적용하여 기업적 생활관계에서 나타나는 권리의무를 법률적으로 처리하기 위해서는 우선 상법적용의 범위를 명확히 할 필요가 있다. 상법을 적용하는 기준이 되는 기술적 개념으로서 상법은 '商人'과 '商行爲'라는 두 기본개념을 정립하였으니, 전자는 기업주체, 후자는 기업거래를 표상하는 것이다.

생각건대, 기업생활관계의 법적 요소를 이루고 있는 것은 상인·상행위·상품이다. 그런데 상품은 거래의 대상이 되어 있는 '물건'일 뿐, 상법상 특별한 규제를 필요로 하지는 않는다. 따라서 상법상의 특유한 개념인 상인 개념과 상행위 개념은 상법의 근저에 놓여 있는 2대 기본개념이다. 그러나 상법에서 이 두 개념을 어떻게 정립하느냐 하는 것은 상법의 적용범위를 결정하는 매우 중요한 문제이거니와, 동시에 실제로는 가장 어려운 입법정책의 문제이기도 하다. 이에 관한 각국의 입법례도 여러 가지로 각각 다르고 역사적으로 변천하고 있거니와, 우리 상법에서도 의용상법에서의 정립 방법과는 달리 규제하고 있다.

Ⅱ. 商人·商行爲概念의 定立方法

1. 立法主義 概觀

商人·商行爲 개념의 정립은 방법론상 두 가지의 입장으로 나뉜다.[1] 그 하나는 상인에 관한 입법주의와 상행위에 관한 입법주의를 분리하여 2원적으로 파악하고자 하는 입장이고, 다른 하나는 상인에 관한 입법주의와 상행위에 관한 입법주의를 합쳐서 1원적으로 설명하는 입장이다. 생각건대, 2원론은 상인 개념에 관한 입법주의와 상행위 개념에 관한 입법주의를 분리하여 설명하기 때문에 설명이 간편한 장점이 있다. 그러나 상인·상행위 개념의 관계는 어느 하나의 개념을 원용하지 않고는 다른 하나의 개념을 정립할 수 없기 때문에 불가분의 관계에 있다. 기업의 주체가 상인이므로 마땅히 상인개념을 정립한 다음 그 상인의 거래활동을 상행위로써 정립하는 방법이 가장 자연스러우며 논리적이다. 이런 의미에서 상행위 개념은 상인 개념에 종속시켜 이해되어야 하며,[2] 따라서 일원설이 타당하다고 본다.[3]

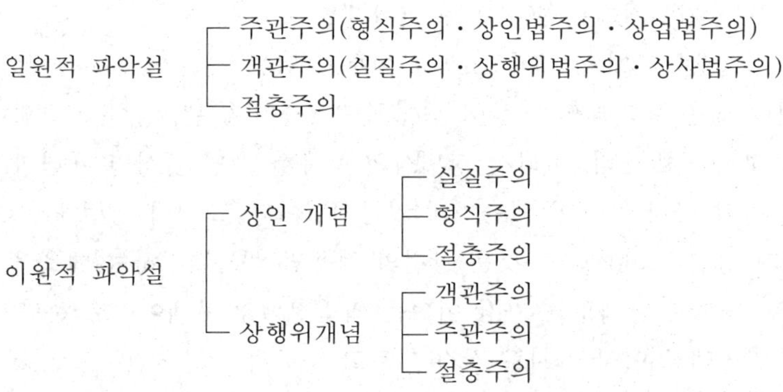

1) 이 부분은 李範燦, "商人槪念과 商行爲槪念의 再檢討", ≪考試硏究≫, 1977. 6. 46면 이하 참조.

2) 同旨: 林泓根(總) 49면.

3) 2원론의 입장에서 상인 개념의 실질주의는 실질적으로 특정한 행위를 하는 자를

상인·상행위 개념을 일원적으로 파악하려는 입장에서는 주관주의·객관주의·절충주의로 입법례를 분류하는 것이 보통이고, 주관주의를 형식주의 또는 상인법주의(商業法主義)라고도 하였으며, 객관주의를 실질주의 또는 상행위법주의(商事法主義)라고도 불러왔다. 이러한 입장에서는 ① 주관주의란 상인의 개념을 형식적으로 정하고 그 상인의 영업상의 행위를 상행위라고 하는 것이고(예컨대, 스위스 債務法, 1897년의 독일 新商法, 1914년의 中國商人通例), ② 객관주의란 행위의 주체가 누구이든 불문하고 행위의 객관적 성질 자체에서 상행위 개념을 정하고 여기에서 상인개념을 이끌어내는 것이며(예컨대, 1885년의 스페인商法), ③ 절충주의란 특정한 종류의 행위는 그 행위의 주체가 누구이든 불문하고 그 행위의 성질 자체에서 상행위로 하고(絶對的 商行爲), 다른 행위는 영업으로 하는 것만을 상행위라고 인정하여(營業的 商行爲), 이러한 상행위를 영업으로 하는 자를 상인이라고 하는 것이다(예컨대, 프랑스商法, 日本商法, 우리 나라 依用商法).

그러나 상인·상행위 개념을 이원적으로 파악하려는 입장에서는 주관주의·객관주의라는 용어를 상행위 개념에만 사용한다. 2원론의 입장에서는 먼저 상인에 관한 입법례를 세 가지로 분류하는데, ① 실질주의란 실질적으로 특정한 행위를 하는 자를 상인으로 하는 주의이고(예컨대, 프랑스商法, 스페인商法), ② 형식주의란 사업의 종류와 내용에 관계없이 형식적으로 상인적 방법에 의하여 영업을 하는 자를 상인으로 하는 주의이며(예컨대, 스위스 債務法), ③ 절충주의란 실질에 의한 상인과 경영의 형식 또는 방법에 의한 상인의 두 종류를 인정하는 주의(예컨대, 日本商法, 독일商法)로 나눈다. 그리고 상행위 개념에 관하여도 입법주의를 셋으로 분류하여, ① 객관주의는 행위의 주체를 묻지 않고 행위의 객관적 성질에 의하여 상행위를 정하는 입법주의를 말하고(이 입장만큼 순수한 입법례는 없다), ② 주관주의는 상인의 개념을 먼저 정하고 그 상인의 영업상의 행위를 상행위로 하며(예컨대, 독일商法, 스위스 債務法), ③ 절충주의는 위의 두 가지 주의를 병용하는 것이나, 주관주의적 요소가 주도적 지위를 차지하고 객관주의적 요소는 제2차적 의의를 갖는다는 입장(예컨대, 프랑스商法, 독일 舊商法, 日本商法)이다.

상인으로 보고, 그 특정한 행위란 절대적 상행위이든 영업적 상행위(기본적 상행위)이든 상관이 없다는 점, 따라서 상인에 관한 실질주의가 상행위에 관한 객관주의와 일치하는 것이 아니라는 점에서 상인 개념과 상행위 개념을 이원적으로 파악하는 것이 타당하다고 한다. 鄭熙喆(上) 61면 註 (1) 참조.

2. 立法主義의 歷史的 背景과 主觀主義의 妥當性

중세말기 내지 근대초기 유럽의 상업도시에 있어서는 상인의 동업자 집단인 길드(guild)가 자치권과 재판권을 장악하고 있었다. 길드에 가입한 자만이 상인으로 인정되고, 상법은 상인의 행위를 규율하며, 상인간의 분쟁은 상사재판소에서 취급하였으므로 그 당시의 상법은 직업적 계급법으로서의 특징을 지니고 있었다. 그러나 프랑스 혁명을 계기로 자유·평등사상을 배경으로 한 1807년의 나폴레옹 상법전은 상법을 상인단체의 폐쇄적인 계급법으로부터 일반시민의 법으로 발전시켰다. 따라서 동법이 채택한 실질주의는 영업을 중세적인 특권상인의 독점으로부터 풀어 놓고 상법을 만인에게 적용하는 데 큰 공헌을 하였다.[1)]

그러나 자본주의의 발전이 기업의 대규모화·다양화를 촉진함에 따라 실질주의입법은 그 빛을 잃게 되었다. 왜냐하면 상인 개념의 기초가 되는 상행위를 열거하여야 하는데, 그 결정에 있어서 객관적인 기준이 없고, 어느 정도는 자의적으로 되지 않을 수 없으며, 한편 법의 고정성으로 인해 발전하는 기업의 생활관계를 신축성 있게 규제할 수 없기 때문이다. 실질주의 입법의 모순과 불편을 해결하기 위해서는 주관주의에 의존할 수밖에 없다.

한편 주관주의에 따라 상인 개념을 정한다고 하더라도 어느 정도의 상행위 개념을 전제로 하지 않는 형식적·추상적 상인 개념을 정한다는 것은 무의미한 것이다. 따라서 상인 개념을 정함에 있어서는 반드시 '일정한 영업을 하는 자' 등의 표현을 함으로써 상행위 개념을 도입할 수 밖에 없으니, 이는 순환론이 되고 만다. 또 순수한 주관주의는, 예컨대 비상인 사이의 상행위 유사의 거래에 관하여 상법이 적용되지 않게 됨으로써 상법의 존재 의의를 스스로 제약하게 된다. 그러므로 주관주의를 취하되 영업의 종류 내지 내용보다는 그 경영의 규모 내지 형식에 착안하여 상인 개념을 결정할 필요가 생긴다. 상업·제조업 기타 상인적 방법에 의하여 영업을 하는 자는 상업등기부에 등기를 하게 하고, 등기를 함으로써 상인이 되게 한 스위스 채무법(제934조)이 주관주의 입법의 대표적인 것인데, 이것이 발전하는 사회적·경제적 현실에 적응할 수 있어서 가장 합리적이라고 생각된다.[2)]

---

1) 李範燦, 前揭論文 52면 참조.

2) 스위스 채무법 제934조는 "상법·제조업 기타 상인적 방법에 의하여 영업을 경영

또한 절충주의도 절대적 상행위 개념을 인정한다는 점에서 객관주의의 비난을 면할 수 없고, 영업적 상행위(기본적 상행위)를 한정적으로 열거함으로써 경제의 발전에 보조를 맞출 수 없다.

3. 우리 商法의 立法主義

우리 상법은 상인을 當然商人(제4조)과 擬制商人(제5조)으로 분류하고 상행위에 관하여는 기본적 상행위(제46조)와 보조적 상행위(47조)를 인정하였을 뿐, 의용상법상의 절대적 상행위는 삭제하였다. 이러한 사실을 두고 일원론의 입장에서는 우리 상법의 입법주의에 관하여 주관주의(형식주의)라는 견해와 절충주의라는 견해로 나뉜다. 즉, 우리 상법은 ① 의용상법상 인정되던 절대적 상행위(依商 제510조)를 폐지하였고, ② 상인 개념을 정함에 있어서 그 기초가 되는 행위를 영업으로 하는 행위(영업적 상행위)에 한정하고 있는데(제46조), 그 행위는 영업과 영업의 주체인 상인과의 관련에서만 상행위성을 취득하는데다가, ③ 기업의 형식을 앞세워 점포형식 또는 회사형태로 기업을 경영하는 자는 상행위를 하지 아니하더라도 상인으로 의제하고 있으므로 주관주의 입법이라고 한다.[1] 이에 대하여 절충주의로 보는 견해는 "현행상법은 상행위법주의를 기본으로 하고 종래 상행위법주의가 가지고 있는 결함을 상인법주의에 의하여 보정하는 방식을 취하고 있다"고 한다.[2]

≪二元論의 입장≫

한편, 상인 개념과 상행위 개념을 2원적으로 파악하려는 입장에서는 상인개념에 관하여는 절충주의, 상행위 개념에 관하여는 주관주의를 취하고 있다고 한다. 먼저 상인 개념에 관하여 살펴보면, "우리 나라의 상법은 제4조의 당연상인에 관하여는 실질주의입법을 하고, 제5조의 의제상인에 관하여는 형식주의입법을 하고 있어 전체적으로는 절충주의입법이라고 할 수 있으나 …… 오히려 형식주의 입법에 가까운 절충주의로서 실질주의 입법에서 형식주의입법으로 향하는 과도기적 입법이라고 할 수 있지 않은가 한

하는 자는 상업등기부에 등기하여야 한다"고 규정하고 있다.

1) 徐燉珏・鄭完溶(上) 79면. 同旨: 李炳泰(上) 78면 ; 林泓根(總) 53면.

2) 鄭茂東(上) 59~60면.

다"고 하는가 하면,[1] "제4조에서 영업적 상행위를 기초로 하여 상인 개념을 정하는 한편(실질주의), 제5조에서는 이 상행위와는 관계없이 영업의 설비 또는 조직에 착안하여 상인성을 인정하고 있으므로(형식주의) 결국 절충주의에 속하는 셈"이라고도 한다.[2] 그러나 상행위 개념에 관하여는 주관주의로 보고 있다.[3]

일원론의 입장에서 우리 상법의 상인에 관한 입법주의를 고찰해 본다면, 우리의 현행상법은 절충주의의 특색이라고 할 수 있는 절대적 상행위를 인정하지 않고 있으므로 주관주의 입법이라 할 수 있다. 그러나 주관주의의 입장에서 주관주의 특색으로 상행위 개념과 관련없는 상인 개념을 강조한다면, 당연상인 개념과 기본적 상행위 개념이 일종의 순환론에 빠져 있는 우리 상법의 입장은 순수한 주관주의는 아니고, 객관주의 방식에 의한 상인(當然商人)과 주관주의 방식에 의한 상인(擬制商人)을 다 규정하고 있다는 점에서 절충주의 또는 혼합주의의 범주에 속한다고 볼 것이 아닌가 생각한다.

Ⅲ. 商 人

1. 商人의 種類

상인이란 실질적으로 보면 기업활동을 추진하는 자 이겠으나, 형식적으로 보면 기업활동에서 생기는 권리·의무의 귀속자를 의미한다. 상법은 기업주체의 행위가 기본적 상행위인가 아닌가에 따라서 당연상인과 의제상인으로, 또 상인이 활용하는 자본의 규모에 따라 완전상인과 소상인으로 분류하고 있다.

1) 鄭熙喆(上) 61면.
2) 孫珠瓚(上) 66면. 이 밖에 절충주의의 입장으로는 姜渭斗(總) 64면 ; 崔基元(上) 46면.
3) 姜渭斗(總) 240면; 孫珠瓚(上) 215면; 鄭熙喆(上) 145면; 崔基元(上) 191면.

2. 當然商人

당연상인이란 "自己名義로 상행위를 하는 자"이다(제4조). 당연상인은 固有商人이라고도 하는데, 실질적으로 상행위를 함으로써 상인이 된 자이다. 이 당연상인 개념의 기초가 되는 상행위란 상법 제46조에 한정적으로 열거되어 있는 행위, 즉 기본적 상행위와 특별법에서 상행위로 본 것(擔社信 제23조 제2항)을 말한다.

상행위를 자기명의로 한다는 것은 자기가 영업에서 발생하는 권리의무의 주체가 된다는 뜻이다. 권리의무의 주체인 한 타인을 대리시키든, 타인의 계산으로 하든, 타인소유의 경영수단을 이용하든 상관이 없으며, 또 행정청에 대한 신고나 납세를 타인명의로 하든 상관이 없다. 따라서, 예컨대 처의 명의나 타인의 상호를 빌려서 영업을 하더라도 실제로 권리의무가 귀속되는 남편 또는 본인이 상인이 된다.[1)]

3. 擬制商人

의제상인이란 영업의 형식에 따라 상인으로 취급되는 자(形式商人)를 말한다(제5조).

당연상인 개념의 기초가 되는 기본적 상행위는 한정적으로 열거되어 있다. 그런데 이와 같이 고정된 상법규정은 경제적·사회적 현실의 진전에 적응할 수 없다. 따라서 상당한 시간이 경과하면 상법이 현실의 기업생활관계를 원만하게 규율할 수 없게 되는 현실과의 괴리현상이 나타나게 된다. 이와 같은 경우에 대비하여 상법은 형식에 의한 상인을 인정함으로써 탄력성 있는 규제의 길을 열어 놓았다. 즉, 점포 기타 유사한 설비에 의하여 상인적 방법으로 영업을 하는 자는 상행위를 하지 아니하더라도 상인으로 본다(제5조 제1항)(設備商人).

'점포 기타 유사한 설비'란 일반공중과 계속적으로 거래하기 위하여 마련된 물적 또는 장소적 설비를 말한다. '상인적 방법'이란 보통 (당연)상인이 이용하

---

1) 林泓根(總) 57~58면.

는 경영조직 내지 경영방법을 말한다. 즉, 구체적으로 장부조직, 서신·통신문의 보관, 영업 각 분과의 분립, 기업보조자의 사용 등을 말한다. 입법론적으로는 등기에 의한 공시방법을 쓰든가(스위스 債務法 제934조 제1항, 獨商 제2조·제3조), 등기를 강요할 수 없는 실정이라면 오히려 상인으로 추정하는 방식을 택하는 것이 타당할 것이다.[1] 영업을 한다 함은 영리를 목적으로 일정한 계획에 따라 동종의 행위를 계속하여 반복하는 것을 말한다. 즉, 영업성을 요한다. 따라서 자유직업인(의사·교사·변호사·화가·음악가 등)은 그 주관적 의사에 관계없이 영업으로 보지 않는다.[2] 영업 일반이므로 의용상법(제4조 제2항)에서와 같이 '물건의 판매'에 국한되지 않는다. 그러나 당연상인의 영업내용인 기본적 상행위 이외의 것이어야 함은 물론이다. 예컨대, 원시산업의 생산물을 가지고 다니면서 판매하면 商人이 되지 아니하나, 상인적 설비를 갖추고 기업적으로 판매하면 상인이 된다.[3]

상행위를 하지 않는 회사, 즉 民事會社는 당연상인이 될 수 없으므로 상인으로 의제한 것이나(제5조 제2항), 상인적 설비가 가장 완비된 의제상인이므로 상법 제5조 제2항은 동조 제1항에 대한 예시적·주의적 규정에 불과하다고 본다.[4]

4. 小 商 人

소상인이란 소규모의 영업을 하는 상인이며, 完全商人(보통상인)에 대한 개념이다. 소상인의 범위에 대해서는 따로 규정을 두고 있다. 즉, 소상인은 자본금액 1,000만원 미만의 상인으로서 회사가 아닌 자를 말한다(商附 제1조, 商施規 제2조).

소상인에게는 지배인, 상호, 상업장부, 상업등기에 관한 규정은 적용되지 아니한다(제9조). 왜냐하면 소규모의 상인에게도 이러한 상법 규정을 차별없이 적용하는 것은 그 실익이 적을 뿐만 아니라 오히려 가혹하고 번잡하며, 때로는 다

1) 鄭熙喆(上) 71면.
2) 姜渭斗(總) 65면; 林泓根(總) 57면. 그러나 의사가 병원을 경영하면 의제상인이 될 수 있다는 학설도 있다. 孫珠瓚(上) 68면; 鄭熙喆(上) 67면.
3) 과수원을 경영하는 자는 상인이 아니다: 大判 1993. 6. 11, 93 다 7174·7181; 신용보증기금은 의제상인이 아니다: 大判 1989. 6. 27, 88 다카 16812.
4) 鄭熙喆(上) 70면.

른 상인에게 방해가 될 우려도 있기 때문이다. 다만 상호에 관한 규정 중 일부(제20조, 제23조, 제24조, 제28조)는 예외적으로 소상인에게도 적용된다고 본다(후술).[1)]

Ⅳ. 商 行 爲

1. 商行爲의 種類

상법은 기본적 상행위 · 보조적 상행위 · 일방적 상행위 · 준상행위에 관한 규정을 두고 있으나, 이 외에도 절대적 상행위 · 상대적 상행위, 형식적 상행위 · 실질적 상행위 및 일방적 상행위 · 쌍방적 상행위의 개념을 인정할 수 있다.

상행위의 종류를 표로 나타내면 다음과 같다.

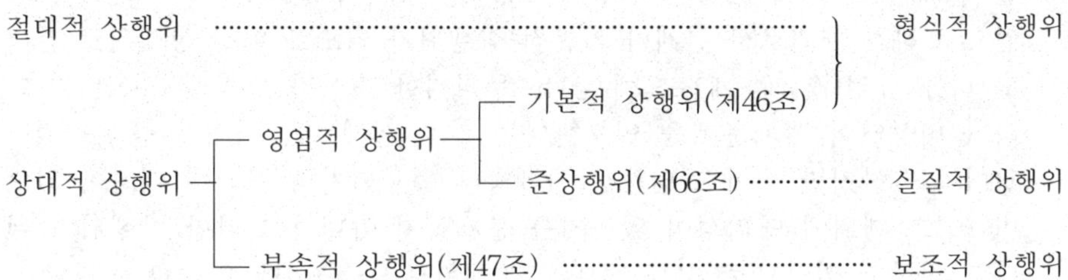

2. 絶對的 商行爲와 相對的 商行爲

(1) 絶對的 商行爲

의용상법에서는 행위가 영업상의 것인지 아닌지에 관계없이, 또한 행위자가 상인인가 아닌가에 관계없이 행위의 객관적 성질에 의하여 항상 상행위로 되는 이른바 절대적 상행위(absolutes Handelsgeschäft)를 인정하였으나(依商 제501조), 현행 상법에서는 이를 폐지하였다. 그러나 담보부사채신탁법에 있어서 사채총액의 인수는 절대적 상행위이다.

1) 姜渭斗(總) 72면; 孫珠瓚(上) 81면.

≪담보부사채신탁법상의 사채총액의 인수≫

담보부사채(mortgage de benture, obligations hypothécaire)란 社債權의 담보를 위하여 물상담보가 붙은 사채를 말한다. 사채의 경우에는 변동이 많은 다수의 사채권자가 담보권을 직접 취득·행사하는 것은 사실상 곤란하다. 그러므로 사채발행회사(위탁회사)와 사채권자 사이에 신탁회사(수탁회사)가 개재하여 사채발행회사와 신탁회사 사이의 담보권신탁계약(Treuhandvertrag)을 체결하고(擔社信 제3조), 이에 의하여 신탁회사는 물상담보권을 취득함과 동시에 이것을 총사채권자를 위하여 보존·실행할 의무를 부담하고(擔社信 제60조), 총사채권자는 담보권신탁계약의 수익자로서 각 채권액에 따라 평등하게 담보의 이익을 향수하게 된다.

담보부사채신탁법은 사채발행회사 또는 신탁회사는 담보권신탁계약의 정하는 바에 따라 제3자로 하여금 사채의 총액을 인수시킬 수 있다고 정하고(擔社信 제23조 제1항), 이러한 제3자의 사채총액의 인수는 상행위로 된다고 정하였다(擔社信 제23조 제2항). 그런데 담보부사채에 관한 신탁업은 신탁업법에 의한 신탁회사 또는 은행법에 의한 금융기관이 아니면 이를 영위할 수 없도록 하고 있고(擔社信 제5조), 사채총액의 인수는 이들 회사가 영업으로 하는 행위로서 언제나 기본적 상행위가 되므로 이를 상행위로 본다고 하는 규정(擔社信 제23조 제2항)은 무의미한 것이라는 학설도 있다.[1] 그러나 비상인이 사채총액을 인수한다는 것은 실제로는 거의 있을 수 없는 일이기는 하지만 적어도 법문상 사채총액 인수권자의 자격에 제한이 없으며 또 그 행위에 영리성이 있는지를 문제삼지 아니하고 다만 상행위가 된다고 정하고 있으므로 이를 절대적 상행위로 볼 수밖에 없다.[2]

(2) 相對的 商行爲

상대적 상행위(relatives Handelsgeschäft)란 주관적 상행위라고도 하는데, 이것은 영업상의 행위, 즉 '영업으로'(제46조) 하거나 '영업을 위하여'(제47조) 함으로써 상행위가 되는 행위를 말한다. 여기서 '영업으로' 하는 행위는 영업적 상행위(Gewerbehandelsgeschäft)라고 하고, '영업을 위하여' 하는 행위는 부속적 상행위(Nebenhandelsgeschäft)라고 한다. 영업적 상행위는 다시 기본적 상행위와 준상행위로 나눌 수 있고, 부속적 상행위는 기본적 상행위에 대하여 보조적 상행위라고도 한다.

1) 孫珠瓚(上) 92면.
2) 同旨: 鄭熙喆·鄭燦亨(上) 68면.

3. 基本的 商行爲 · 補助的 商行爲 · 準商行爲

(1) 基本的 商行爲

(가) 基本的 商行爲의 意義

기본적 상행위(Grundhandelsgeschäft)란 당연상인의 개념을 결정하는 데 기초가 되는 상행위이며, 영업적 상행위라고도 한다. 상법 제46조는 상법의 적용한계를 명확히 정한 것으로서 본조 각호에 열거된 행위만을(限定性)[1] '영업으로' 할 때에 상행위가 되며(營業性), 그 상행위를 자기명의로 할 때 상인이 된다. 여기서 '영업으로' 한다는 것은 영리를 목적으로 계획적 · 반복적 · 계속적인 행위를 하는 것을 말한다. 또한 그 행위는 규모에 있어서도 어느 정도의 기업성이 인정되어야 하므로, 오로지 임금을 받을 목적으로 물건을 제조하거나 노무에 종사하는 자의 행위는 상행위가 될 수 없다(제46조 본문 단서).

(나) 基本的 商行爲의 內容

기본적 상행위는 다음에 열거하는 21종의 행위이다[依用商法上의 영업적 상행위는 12종(依商 제502조)이었고, 1995. 12. 29. 개정 전 상법상 기본적 상행위는 18종이었다].

(a) **賣買行爲**(제46조 제1호) : 매매의 목적물은 동산 · 부동산 · 유가증권 · 무체재산권(상호권 · 상표권 · 특허권 · 저작권) · 광업권 또는 어업권 등이다. 매매란 무상행위(증여, 유증) · 원시취득(선점, 가공, 원시생산)의 경우를 제외한 '유상의 승계취득'(매매, 교환, 소비대차, 소비임치, 대물변제 등으로 취득하는 것)과 '매도'를 의미한다. 취득한 물건을 다시 제조 · 가공하여 매도하는 경우에는, 상법 제46조 제3호의 행위라고 보아야 할 것이다(관계법규: 證券去來法, 商品券法, 獨占規制 및 公正去來에 관한 法律, 各種의 稅法 등).[2]

(b) **賃貸借行爲**(제46조 제2호) : 이는 재산의 이용에 관한 행위이며, 임대차의 목적물은 매매의 경우와 같다. 임대차란 임대의사를 가지고 임차하거나 유상으로 취득하는 행위와 이를 임대하는 행위가 내적으로 관련된 것이라고 보아야 할 것이다(관계법규: 借地借家調整法).[3]

---

1) 姜渭斗(總) 241면; 李炳泰(上) 80면; 林泓根(總) 211면; 孫珠瓚(上) 68면; 崔基元(上) 52면.

2) 同旨: 鄭燦亨(上) 57면; 崔基元(上) 53면.

(c) **製造·加工 또는 修繕에 관한 行爲**(제46조 제3호) : 제조업 기타의 공업자의 경영활동에 상행위성을 인정한 것이다. 여기서 상행위가 되는 것은 제조·가공·수선행위 자체가 아니라 그 행위의 인수이다. 제조(Verarbeitung)라 함은 원재료에 노력을 가하여 전혀 다른 종류의 물건을 만드는 것을 말하고, 가공(Bearbeitung)은 물건의 동일성을 해치지 아니하는 한도에서 그 재료에 변경을 가하는 것을 말한다. 그리고 수선(Reparierung)이라 함은 물건이 그 본래의 기능발휘가 불완전한 경우에 그 기능을 회복시켜 주는 것을 말한다.

학설은 제조·가공·수선행위는 타인을 위하여 이를 인수하는 경우에만 본호의 상행위로 된다는 학설과[1] 타인을 위하여 하는 경우에는 물론 자기를 위하여 하는 경우에도 본호의 상행위로 된다는 학설로[2] 나뉘어져 있다. 이들 행위를 자기를 위하여 하는 경우에는 대외적 거래가 없어서 상행위성을 인정할 수 없으므로 前說이 타당하다고 본다. 자기를 위하여 제조·가공·수선하여 판매하는 경우에는 본조 제1호의 매매에 해당한다고 보아야 할 것이다(관계법규: 食品衛生法, 工産品品質管理法, 自動車工業保護法 등).

(d) **電氣·電波·가스 또는 물의 공급에 관한 行爲**(제46조 제4호) : 이것은 대가를 받고 전기·전파·가스 또는 물을 계속적으로 공급할 것을 인수하는 계약이다. 이 계약의 성질은 매매계약에 속하지만, 설비의 임대가 수반되는 경우에는 매매계약과 임대차계약의 혼합계약이 된다(관계법규: 電氣事業法, 水道法, 電波管理法, 放送法, 電氣通信法 등).

(e) **作業 또는 勞務의 都給의 引受**(제46조 제5호) : 작업의 도급의 인수란 가옥·교량·도로 등의 부동산 또는 선박에 관한 공사를 인수하는 계약을 말하며, 노무의 도급의 인수란 인부 기타 노무자의 공급을 인수하는 계약(인부도급업)을 말한다. 그러나 직업안정법 제17조에 따르면 노무자의 공급은 직업안정위원회의 심의를 거쳐 노동부장관이 허가한 자에 한하여 할 수 있도록 되어 있다(관계법규: 建設業法, 職業安定法).

(f) **出版·印刷 또는 撮影에 관한 行爲**(제46조 제6호) : 출판에 관한 행

---

3) 姜渭斗(總) 242면; 鄭熙喆(上) 63면; 崔基元(上) 50면. 그러나 본호는 목적물의 소유권이 아니라, 이용이 주된 목적이므로 유상취득행위는 포함하지 않는다는 견해도 있으나 [徐燉珏·鄭完溶(上) 83면], 그렇다면 임대할 물건은 반드시 임차한 것이어야만 한다는 해석이 되는데, 이는 지나치게 좁게 해석한 것이라고 본다.

1) 姜渭斗(總) 243면; 孫珠瓚(上) 70면; 林泓根(總) 213면; 李哲松 252면.

2) 李炳泰(上) 83면; 鄭燦亨(上) 58면; 崔基元(上) 54면.

위란 문서 또는 圖書를 인쇄하여 발매 또는 유상으로 頒布하는 행위를 말한다. 레코드나 녹음테이프 등을 복제하여 판매하는 행위도 이에 속한다. 출판을 함에 있어서는 저작자와의 사이에 출판계약, 인쇄업자와의 사이에 인쇄계약이 수반하는 것이 일반적이지만, 이들 계약은 부속적 상행위에 불과하고, 중요한 것은 인쇄물을 발매 또는 반포하는 행위이다. 따라서 예컨대, 신문사에서 자급자족의 원고를 자기의 인쇄공장에서 인쇄·출판하더라도 발매·반포행위가 있으므로 출판행위가 된다.

인쇄에 관한 행위란 물리적 또는 화학적 방법으로 문서 또는 圖書를 복제하는 것을 인수하는 행위이다. 촬영에 관한 행위란 사진의 촬영을 인수하는 계약으로서 사진사의 행위가 그 예이다(관계법규: 著作權法, 出版社 및 印刷所登錄에 관한 法律 등).

(g) **廣告·通信 또는 情報에 관한 行爲**(제46조 제7호): 광고란 일반 공중에게 기업의 명성 기타 상품 및 서비스를 선전 또는 홍보하는 것을 말하며, 통신은 각종의 뉴스를 제공하는 행위를 말한다. 그리고 정보에 관한 행위는 의뢰자로부터 대가를 받고 신원이나 신용상태 등에 관한 사항을 수집하여 보고하는 행위를 말한다(관계법규: 興信業團束法, 廣告物 등 團束法).

(h) **受信·與信·換 기타의 金融去來**(제46조 제8호): 여신은 금전 또는 유가증권을 대여하는 행위를 말하며, 수신은 그것을 받아들이는 행위를 말하며, 換去來는 異種貨幣間의 교환을 말한다. 그리고 기타의 금융거래란 금전 또는 유가증권의 전환을 매개하는 행위로서 여신·수신에 관한 행위는 물론 할인이나 보증행위도 포함한다(관계법규: 銀行法, 外國換管理法, 典當鋪營業法 등).

(i) **公衆이 이용하는 施設에 의한 去來**(제46조 제9호): 이것은 공중의 이용에 적합한 인적·물적 시설을 갖추고 이를 유상으로 이용하게 하는 것을 목적으로 하는 행위이다. 호텔·여관·다방·음식점·당구장·기원·이발소·목욕탕·극장·동물원·도서관·박물관 등이 이에 속한다(관계법규: 公演法, 公衆衛生法, 食品衛生法 등).

(j) **商行爲의 代理의 引受**(제46조 제10호): 이것은 수탁자를 위하여 상행위의 대리를 인수하는 행위이다. 즉, 체약대리상(제87조)의 행위가 이에 속한다. 여기에서는 중개와 주선의 경우와는 달리 상행위 이외의 대리는 포함하지 않는다.

(k) **仲介에 관한 行爲**(제46조 제11호): 이것은 타인간의 법률행위 성립

의 중개(Vermittelung)를 인수하는 계약을 말한다. 여기에는 중개인(제93조), 중개대리상(제87조)과 각종의 민사중개인(부동산·자동차 등의 매매를 중개하거나 직업소개소, 결혼상담소 등)의 행위를 포함한다(관계법규: 不動産仲介業法).

(l) **委託賣買 기타의 周旋에 관한 行爲**(제46조 제12호): 이것은 주선(Kommission), 즉 자기의 명의로 타인의 계산으로 법률행위를 하는 것을 인수하는 행위를 말한다. 타인의 계산이란 경제적으로 그 타인이 손익의 주체가 되는 것을 뜻한다. 물건 또는 유가증권의 매매를 주선하는 위탁매매인(제101조), 물건의 운송을 주선하는 운송주선인(제114조), 기타의 법률행위를 주선하는 준위탁매매인(제113조) 등의 행위가 이에 속한다(관계법규: 자본시장 및 금융투자업에 관한 법률).

(m) **運送의 引受**(제46조 제13호): 이것은 물건 또는 사람의 운송을 인수하는 행위를 말한다. 운송의 목적물·장소·방법은 묻지 않는다. 따라서 여객운송·물건운송·육상운송·해상운송·항공운송·자동차운송·철도운송·선박운송 등이 모두 포함된다(관계법규: 鐵道法, 船舶法, 導船法, 航空法, 軌道事業法, 自動車運輸事業法 등).

(n) **任置의 引受**(제46조 제14호): 이것은 타인을 위하여 물건, 금전 또는 유가증권을 보관할 것을 인수하는 행위를 말한다. 창고업자의 영업이 그 대표적인 것이다. 금전 또는 유가증권의 소비임치는 보통 금융거래의 일환으로 된다는 학설도 있으나,[1] 은행의 임차는 금융거래에 속하기도 하지만 동시에 임치에도 속하는 것으로 본다.

(o) **信託의 引受**(제46조 제15호): 신탁이라 함은 신탁설정자가 특정 재산권을 수탁자에게 이전하거나 기타의 처분을 하고 수탁자로 하여금 일정한 자(수익자)의 이익 또는 특정 목적을 위하여 그 재산권을 관리·처분하게 하는 법률관계를 말한다. 이러한 관리나 처분의 위탁을 인수하는 행위를 신탁의 인수라 한다. 신탁업은 주식회사만이 재정경제부장관의 인가를 받아서 할 수 있다(信託業法 제3조·제4조)(관계법규: 信託法, 信託業法, 證券投資信託業法, 擔保附社債信託法 등).

(p) **相互賦金 기타 이와 유사한 行爲**(제46조 제16호): 상호부금이라 함은 일정한 좌수와 급부금을 정한 다음, 정기적으로 賦金을 납입하게 하되, 일좌

---

1) 鄭燦亨(上) 61면.

마다 추첨, 입찰 기타 유사한 방법에 의하여 특정된 자에게 일정 금액을 급여하는 제도이다(관계법규: 相互信用金庫法 등).

(q) **保險**(제46조 제17호) : 보험이란 동일한 경제상의 위험을 예상하는 다수인이 단체를 형성하고 그 구성원이 미리 금전을 모아 그 구성원 중에서 위험을 당한 자에게 일정한 금액을 급여하는 제도이다. 본호에서의 보험은 영리보험을 인수하는 것만을 말하고, 상호보험이나 사회보험은 제외된다(관계법규: 保險業法, 輸出保險法 등).

(r) **鑛物 또는 土石의 採取에 관한 行爲**(제46조 제18호) : 원래 광물이나 토석 등의 채취행위는 원시산업에 속하고, 따라서 의제상인의 행위로서 준상행위가 될 것이지만 그 행위의 기업성에 착안하여 상법은 이를 기본적 상행위로 규정하였다. 여기서의 행위는 채취라는 사실행위를 말하는 것이 아니라 채취한 것을 매매하는 행위를 말한다(관계법규: 鑛業法, 鑛業財團抵當法 등).

(s) **機械, 施設, 그 밖의 財産의 金融리스에 관한 행위**(제46조 제19호) : 금융리스이용자가 선정한 기계, 시설, 그 밖의 재산을 제3자로부터 취득하거나 대여받아 금융리스이용자에게 이용하게 하는 것을 영업으로 하는 자를 금융리스업자로 정의한다(제168조의 2). 종전에는 '금융리스'를 '물융(物融)'으로 표현하였으나, 관용화된 표현이 아니므로 2010년 상법 개정을 통해 용어를 변경하고, 금융리스업에 대한 별도의 장(제12장)을 신설하여 리스에 관한 법률관계를 명확히 하였다(관계법규: 여신전문금융업법).

(t) **商號·商標 등의 使用許諾에 의한 營業에 관한 행위**(프랜차이즈 제도)(제46조 제20호) : 프랜차이즈(franchise)제도란 제품, 용역, 특허권, 신기술 또는 독특한 경영방법 등을 소유한 모기업이 소매점(가맹점)에게 합작사업의 형식으로 또는 일정한 협정에 따라 일정장소에서 일정기간 동안 사전에 합의된 방법으로 소매수준에서 영업을 할 수 있는 특권을 부여하는 제도이다. 이와 관련하여 2010년 상법 개정을 통해 프랜차이즈(가맹업)에 관한 별도의 장(제13장)을 신설하여 프랜차이즈 제도에 관련한 법률관계를 명확히 하였다(관계법규 : 가맹사업관계의 공정화에 관한 법률).

(u) **營業上 債權의 買入·回收 등에 관한 행위**(팩토링 制度)(제46조 제21호) : 팩토링(factoring)제도란 금융기관(factor)이 고객(client)과 그 고객의 고객(customer) 간의 영업활동의 결과로서 발생하는 현재 및 장래의 외상매출채권을 일괄 매입하여 채권의 관리·추심, 금융의 공여, 그 고객의 고객에 대한

신용조사, 신용위험인수, 경영정보제공 기타 사무처리의 대행 등을 행하는 제도이다. 1995년 상법 개정 시 새로운 유형의 상행위로 팩토링을 제46조 제21호에 "영업상 채권의 매입·회수등에 관한 행위"로 신설하였으나, 구체적인 법률관계에 대한 규정이 없어 당사자간의 약정 또는 약관에 의존하는 문제점이 있었다. 이와 관련하여 2010년 개정상법은 팩토링 거래에 관한 별도의 장(제14장)을 신설하여 팩토링업(채권매입업)에 관한 법률관계를 명확히 하였다.

(v) 신용카드, 전자화폐 등을 이용한 지급결제 업무의 인수(제46조 제22호) :

근래 신용카드·전자화폐 등을 이용한 전자상거래의 규모가 확산됨에 따라 인터넷 상점, 소비자, 은행 등 3자간 지급결제 업무를 인수하여 중개하는 영업을 상행위로 규정할 필요성이 높아지게 되었다. 이에 따라 2010년 상법개정으로 신용카드 등 지급결제업무 인수 행위를 기본적 상행위에 추가하였다.

(2) 補助的 商行爲

(가) 補助的 商行爲의 意義

보조적 상행위(Hilfshandelsgeschäft)란 상인이 영업을 위하여, 즉 영업을 보조하기 위하여 하는 행위이다. 영업을 위하여 하는 행위 자체가 영리성이 있는 것이라고 할 수는 없으나 영업을 위한 수단적 행위이므로 상법은 이것도 상행위로 정하였다. 이를 부속적 상행위(Nebenhandelsgeschäft, akzessorisches Handelsgeschäft)라고도 한다.

보조적 상행위도 상행위인 이상 상법의 통칙적 규정이 적용됨은 물론이며, 그 중에서도 상사이율(제54조), 상사보증인의 연대(제57조) 및 상사시효(제64조)에[1] 관한 규정이 적용되는 예가 많을 것이다.

(나) 補助的 商行爲의 要件

보조적 상행위는 상인이 영업을 위하여 하는 행위이므로(제47조 제1항), 보조적 상행위가 되기 위해서는 그 행위가 먼저 상인의 행위이어야 하고 또 영업을 위하여 하는 행위이어야 한다.

(a) 商人의 行爲 : 상인은 소상인이든, 공법인인 상인이든 상관이 없다. 행위는 영업과 관련이 있는 이상 법률행위에 한하지 않고(신분행위는 제외) 준법률행위(사무관리·최고·통지)·사실행위(지급·수령) 및 영업과 관련된 불법행위

1) 大判 2000. 5. 12, 98 다 23195; 大判 2000. 5. 26, 98 다 34331; 大判 2000. 8. 22, 2000 다 19922.

를 포함한다.[1] 행위의 시기는 기업의 존속 중이 원칙이겠으나 기업존재의 전후를 불문한다(예컨대, 개업준비행위, 영업종료행위). 기본적 상행위에 해당하는 행위도 영업을 위하여 하는 때에는 보조적 상행위가 된다.

(b) 營業을 위하여 : 영업을 위하여 하는 행위란 영업을 수행하기 위한 행위, 영업을 보조하는 행위, 영업을 유리하게 이끌기 위한 행위를 포함한다.

(다) 商行爲性의 推定

개인상인의 경우에는 영업을 위한 행위인지 일반 사생활을 위한 행위인지 분명하지 않으므로 상법의 규정을 획일적으로 적용하기 위하여 상인의 행위는 영업을 위하여 하는 것으로 추정하였다(제47조 제2항).[2]

(3) 準商行爲

준상행위란 기본적 상행위는 아니나 상행위에 관한 규정(상행위 통칙)이 준용되는 행위를 말한다. 즉, 의제상인(제5조)이 영업으로 하는 행위를 말한다. 의제상인이 영업을 위하여 하는 행위는 보조적 상행위가 된다. 그러나 의제상인은 기본적 상행위를 하지 않는 자이므로, 그가 어떤 행위를 영업으로 하더라도 그 행위는 상행위가 아니다. 따라서 상법은 의제상인이 영업으로 하는 행위에 대하여도 상행위에 관한 통칙을 준용하도록 하였다(제66조). 그리하여 본래의 상행위에 대하여 의제상인이 영업으로 하는 행위를 준상행위라고 한다.

4. 形式的 商行爲와 實質的 商行爲

상법 또는 특별법상 상행위로 열거된 행위(기본적 상행위)를 형식적 상행위라 하고, 행위의 실질적 내용으로 보아 상행위에 관한 규정을 준용하는 행위(준상행위)를 실질적 상행위라 한다.

---

1) 孫珠瓚(上) 218면; 崔基元(上) 193면; 鄭東潤(上) 140면.
2) 大判 1967. 10. 31, 67 다 2064; 大判 1992. 7. 28, 92 다 10173·10183; 大判 1993. 10. 26, 92 다 55008.

5. 一方的 商行爲와 雙方的 商行爲

상인과 상인 간의 상행위를 쌍방적 상행위(beiderseitiges Handelsgeschäft)라 하고, 당사자의 일방만이 상인인 경우의 상행위를 일방적 상행위(einseitiges Handelsgeschäft)라고 한다. 상법은 일방적 상행위라도 양 당사자에게 상법을 적용하도록 규정하고 있으나(제3조), 제55조, 제58조, 제67조 내지 제71조는 쌍방적 상행위에만 적용된다.

제2절 商人資格

I. 總 說

상인자격(Kaufmannseigenschaft)이란 상인능력자가 상행위를 한다는 특별한 목적에 따라 취득하는 자격을 말한다. 우리 상법상 상인자격은 상인능력이 있는 자가 상법 제4조와 제5조의 요건을 구비함으로써 취득한다. 한편 상인능력(Kaufmannsfähigkeit)이란 상인자격을 취득할 수 있는 법률상의 지위를 말한다. 상인능력자만이 기업의 주체인 상인자격을 취득할 수 있는데, 이것은 민법상 권리능력자가 권리·의무의 주체가 될 수 있는 것과 마찬가지이다. 이와 같이 상인능력은 민법상의 권리능력에 상응하는 개념이다. 민법상의 권리능력자는 모두 상인능력자이다.

상인능력자가 상인자격을 취득한 경우에도 유효한 영업활동을 할 수 있는 능력을 갖추어야 하는데, 이것을 영업능력이라고 한다. 영업능력은 민법상의 행위능력에 상응하는 개념이다. 법인은 상인자격이 있는 한 영업능력도 있다. 법인은 그 기관을 통하여 활동하므로 특별히 영업능력이 문제되지 않기 때문이다. 그러나 자연인은 권리능력이 있더라도 행위능력이 없는 자가 있는 것과 마찬가지로, 상인능력과 상인자격이 있더라도 영업능력이 없는 경우가 있다.

Ⅱ. 商人資格

1. 自然人의 商人資格

자연인은 그 권리능력에 아무런 제한이 없으므로, 그 성별 · 연령 · 행위능력 등에 상관없이 그 개별적인 의사에 기하여 상법 제4조와 제5조가 규정한 요건을 구비하면 상인자격을 취득한다.

2. 法人의 商人資格

法人은 자연인과는 달리 그 존재의 목적(영리성 여부)이 권리능력, 즉 법인격 부여의 기초가 되므로 일률적으로 상인자격이 있는지를 말할 수 없다. 아래에서 私法人인 영리법인(회사)과 비영리법인(공익법인 및 중간법인)의 상인자격, 公法人인 일반공법인과 특수공법인의 상인자격, 그리고 특수법인의 상인자격 여부를 검토한다.

(1) 營利法人(會社)

영리법인은 상행위 또는 기타 영리행위를 목적으로 하는 법인이다(제169조). 영리법인은 모두 회사가 되고, 상인이 된다(제4조 · 제5조). 따라서 영리법인인 회사는 상인자격과 분리되어 생각할 수 없는 존재이다(태생적 상인).

(2) 非營利法人

비영리법인 중 학술 · 종교 · 자선 등의 특정한 공익사업을 목적으로 하는 사단법인 또는 재단법인인 공익법인은 본래 비영리법인으로서 상인이 될 수 없다고 하여야 할 것이다. 그러나 이들 공익법인도 그 목적을 달성하는데 필요하거나 유익한 범위 내에서 상인자격을 취득할 수 있다고 본다(私立學校法 제6조).

(3) 中間法人

사법인 가운데 영리법인에도 공익법인에도 속하지 아니하면서 구성원 간의 상호부조 내지 공동이익의 증진을 목적으로 하는 중간법인이 있다. 예컨대 협동조합,[1] 상호보험회사 등이 이에 속하고, 이들 법인은 영리를 목적으로 하는 업무를 할 수 없도록 되어 있다(농업협동조합법 제5조 제3항, 수산업협동조합법 제6조 제2항, 중소기업협동조합법 제7조 제1항). 따라서 이들은 상인자격이 없다. 그러나 농협중앙회, 수협중앙회 및 축협중앙회가 비회원에 대하여도 신용사업 등을 영위하는 경우(농업협동조합법 제134조 제1항 제4호, 수산업협동조합법 제132조 제1항 제3호)에는 그 범위 내에서는 상인이 된다고 본다.[2]

또 상호보험회사는 회원상호간의 보험을 목적으로 하고 영리를 목적으로 하지 아니하므로 상인이 될 수 없다.

(4) 公 法 人

공법인 중 국가나 지방자치단체와 같은 일반공법인은 그 목적이나 활동방법에 제한이 없으므로 영리사업을 수행할 수 있고, 그 경우에는 상인자격을 취득한다. 예컨대, 철도사업이나 전매사업 같은 것이 그 예이다. 상법 제2조도 공법인의 상행위에 대하여는 법령에 다른 규정이 없는 경우에 한하여 본법을 적용한다고 규정하고 있는 것도 공법인의 상인자격을 전제로 한 것이다.

공법인에게는 특별 규정이 없는 경우에 한하여 상법을 적용하나(제2조), 그 성질상 상업등기 · 상호 · 상업장부 · 상업사용인 등에 관한 규정은 적용되지 않는다. 공법인은 일반적으로 周知性이 있어 상업등기가 필요없고, 그 고유의 명칭이 있어 별도의 상호가 필요없으며, 그 회계는 특별회계규칙이 마련되어 있어 상업장부에 관한 규정이 적용될 여지가 없을 뿐 아니라, 그 사업에 종사하는 직원도 공무원법이 적용 또는 준용되는 공무원 내지 준공무원이므로 상업사용인이 아니기 때문이다.

공법인 중 농촌근대화촉진법 제3조에 의하여 설치된 농지개량조합과 같이 그 목적이 법률상 특정되어 있는 특수공법인은 그 특정한 사업목적에 영리성이 없으므로 상인자격이 없다.[3] 그러나 농지개량조합도 농촌근대화촉진법 제37조 제

1) 농업협동조합의 상인성을 부정한 판례: 大判 2000. 2. 11, 99 다 53292.

2) 林泓根(總) 65면.

3) 특수공법인인 '대한광업진흥공사'는 당연상인이 아니다: 大判 1994. 4. 29, 93 다

1항 제7호에 규정한 수익사업을 영위하는 범위 내에서는 상인이 될 수 있다.

(5) 特殊法人

한국전력공사・대한석탄공사・한국도로공사・대한주택공사 등 특별법에 의하여 설치되는 이른바 정부투자기관은 공익성이 강한 법인이기는 하나, 독립된 경제적 단위로서 獨立採算을 원칙으로 하여 사경제적 방법으로 영업을 하므로 상인자격이 있다.[1)]

Ⅲ. 商人資格의 取得과 喪失

1. 商人資格의 取得

회사는 설립등기를 한 때 성립하고, 성립함과 동시에 상인자격을 취득한다(胎生的 商人). '설립중의 회사'는 법인격과 상인자격이 없으나 그 설립준비행위는 영업을 위한 행위로서 보조적 상행위(제47조 제1항)라고 할 수 있으므로 상법의 규정이 적용된다. 그러나 회사 이외의 법인이나 자연인은 영업개시의 때가 아니라 영업준비행위(예컨대, 점포의 차입・사용인의 고용 등)가 있는 때에 상인자격을 취득한다고 본다. 따라서 영업의 성질상 인・허가를 필요로 하는 경우에도 인・허가의 유무와 관계없이 상인자격을 취득할 수 있다.

≪補助的 商行爲와 商人資格의 取得時期≫

전술한 바와 같이 개업준비행위는 전형적인 보조적 상행위이다. 그런데 회사 이외의 법인이나 자연인이 보조적 상행위를 하면 그 때부터 상인자격을 취득한다. 문제는 어느 시점에서 개업준비행위가 있다고 인정할 수 있는가 하는 점이다. 이에 관하여 일본에서는 획일적 결정설과 단계적 결정설로 학설이 나뉘어지고 있다.

획일적 결정설이란 일정한 개업준비행위를 하면 그 때에 누구에 대하여서든지 절대적으로 상인자격을 취득한다고 한다. 이 학설은 다시 세 가지

54842.

1) 林泓根(總) 66면.

견해로 나뉜다.

(i) 개업의사 표백설은 상호의 등기, 개업광고, 간판의 게양 등 특별한 방법으로 일반적·대외적으로 개업의 의사를 표백하는 행위를 하여야만 개업준비행위로 인정할 수 있고, 이 때 상인자격을 취득한다고 한다.

(ii) 개업의사 주관적 실현설은 특별한 의사표백을 하지 않더라도 영업용 기계를 구입한다든가 공장을 임차한다든가 하여 개업의사를 주관적으로 실현하는 행위가 있으면 된다는 학설이다.

(iii) 개업의사 객관적 인식가능설은 개업준비행위에 의하여 개업의사가 주관적으로 실현되는 것만으로는 부족하고, 상대방에 의하여 개업의사가 객관적으로 인식될 수 있어야 한다는 학설이다(통설·판례).[1)]

개업의사 주관적 실현설에 의하면 개업준비행위의 상대방이 상행위성(예컨대, 상사채무의 연대성, 상사이율)을 주장하는 데 대하여 이익이 있는 경우에는 상관없으나, 그 반대의 경우에는 상대방이 개업준비행위임을 알지 못하고 있는데 행위자측이 상행위성(예컨대, 상사시효)을 주장함으로써 예상하지 않았던 불이익을 받는다. 또 개업의사 표백설은 표백행위가 있기 때문에 상대방에게는 유리하나 그것은 도리어 행위자에 가혹한 결과가 된다. 그러므로 양자의 이익을 조정하는 학설이 객관적 인식가능설이다.

한편, 단계적 결정설이란 개업의사가 구체적으로 전개하는 준비행위의 각 단계에 따라 그 보조적 상행위성을 주장하는 각 당사자의 구체적 사정을 참작하여 상대적으로 결정하려는 이론이다. 이 학설은 다시 두 가지로 갈린다.

제1설은 ① 먼저 개업의사를 상대방만이 알고 있고, 또 알 수 있는 단계에서는 상대방에 대해서만 행위자가 상행위성을 주장할 수 있으나, ② 다음에 그것을 일반인도 알고 또는 알 수 있는 단계(점포를 개설하는 등의 단계)에서는 행위자는 누구에 대하여든지 상행위성을 주장할 수 있다는 학설이다.

제2설은 ① 먼저 개업의사가 준비행위에 의하여 주관적으로 실현되는 단계에서는 상대방만이 상행위성을 주장할 수 있고, ② 다음에 개업의사를 특정의 상대방이 인식하거나 또는 인식할 수 있는 단계에서는 인식가능을 증명할 수 있는 한, 행위자도 상대방에 대하여 상행위성을 주장할 수 있으며, ③ 끝으로 행위 자체에 의하여 영업의사의 존재를 일반이 객관적으로 인식가능한 단계에서는 일반 제3자에 대하여 상인자격을 대항할 수 있게 되어 보조적 상행위의 추정(제47조 제2항)이 생긴다고 보는 학설이다.

생각건대, 개업의사 주관적 실현설은 행위의 상대방을 보호할 수 없는 점에서 타당하다 할 수 없다. 또 개업의사 표백설과 개업의사 객관적 인식

1) 大判 1999. 1. 29, 98 다 1584.

가능설은 반대로 행위자에게 불리하다. 따라서 행위자와 상대방의 이익을 공평하게 조정하는 단계적 결정설이 타당하다.

2. 商人資格의 喪失

회사는 해산을 하면 영업능력을 상실하고, 청산의 목적범위 내로 능력이 제한되며, 청산이 종결됨으로써 법인격이 소멸함과 동시에 상인자격을 상실한다. 청산절차가 필요없는 합병의 경우에는 소멸회사는 해산과 동시에 상인자격을 상실하고, 파산의 경우에는 파산관재인의 잔무처리행위가 종료된 때에 상실한다. 그러나 회사 이외의 법인이나 자연인의 경우에는 영업의 폐지, 영업양도 등 기업활동을 사실상 종결함으로써 상인자격을 상실한다. 따라서 폐업광고, 관청에 대한 폐업신고, 영업허가취소, 법률에 의한 영업의 금지조치 등이 있더라도 잔무처리가 종료되기 전에는 상인자격을 상실하지 않는다.

3. 自然人의 營業能力

전술한 바와 같이 자연인은 권리능력이 있더라도 행위능력이 없는 자가 있는 것과 마찬가지로, 상인자격이 있더라도 영업능력이 없는 경우가 있다.

영업능력에 관하여는 민법의 일반원칙에 의하므로, 미성년자와 한정치산자는 법정대리인의 허락을 얻어 영업을 할 수 있으나(民 제8조 · 제10조), 법정대리인이 영업을 허락하는 때는 반드시 영업의 종류를 특정하여야 하고, 상업등기부(미성년자 등기부)에 등기를 하여야 한다(제6조). 미성년자와 한정치산자가 법정대리인의 허락을 얻어 회사의 무한책임사원이 된 때에는 그 사원자격으로 인한 행위에는 능력자로 본다(제7조). 법정대리인은 미성년자와 한정치산자에게 영업을 허락한 후에 그 허락을 취소 또는 제한할 수 있지만 선의의 제3자에게 대항하지 못한다(民 제8조 제2항). 법정대리인이 영업무능력자를 위하여 영업을 하는 때에도 (법정대리인 등기부에) 등기를 하여야 하고(제8조 제1항), 그 법정대리인의 대리권에 대한 제한은 선의의 제3자에게 대항하지 못한다(제8조 제2항).

법정대리인이 후견인인 때는 친족회의 동의를 얻어 대리할 수 있다(民 제950

조).

금치산자의 경우에는 언제나 법정대리인이 금치산자를 대리하여 영업을 하여야 하며, 이 때는 등기하여야 한다(제8조 제1항). 이 경우 법정대리인의 대리권에 대한 제한은 선의의 제3자에게 대항하지 못한다(제8조 제2항).

제 3 장
營業의 設備

제 1 절 總 說

Ⅰ. 營業의 槪念

상법은 그 규율대상인 企業을 '營業'이라는 용어로써 표현하고 있다. 본래 기업이라는 말은 그 물적 조직을 중심으로 한 비교적 대규모의 사업을 의미하고, 영업이라는 말은 영업자를 중심으로 한 비교적 소규모의 사업을 의미하나, 오늘날 상법학에서는 대체로 양자를 같은 뜻으로 보는 견해가 지배적이다.[1] 영업은 상인 개념과 상행위 개념을 관련시키는 중요한 매개개념으로서 상법상 두 가지 의미로 사용되고 있다. 그 하나는 주관적 의의의 영업인데, 이것은 상인의 영리적 활동을 의미한다는 데 다툼이 없다(예컨대, 제5조, 제6조, 제8조, 제11조, 제15조, 제21조, 제22조, 제23조, 제46조, 제53조, 제61조, 제78조 등의 영업). 다른 하나는 객관적 의의의 영업인데, 이에 관하여는 영업의 구성요소인 영업재산, 영업활동 및 영업에 관한 사실관계 중 어느 것을 영업의 본질적 내용으로 보느냐에 따라 영업재산설, 영업행위설, 영업조직설 등으로 학설이 나뉜다. 그 중 영업재산설에 따라 객관적 의의의 영업이란 영리목적을 실현하기 위하여 조직화된 有機的 一體로서의 機能的 財産이라고 정의하기로 한다(예컨대, 제20조, 제25조, 제41조 내지 제45조 등의 영업).

---

1) 林泓根(總) 44~48면.

Ⅱ. 營業의 人的·物的 設備

영업은 인적·물적 요소의 통일체로서 두 요소가 유기적으로 조직화되어 원만히 기능을 발휘하여야만 비로소 발전할 수 있는 것이다. 영업의 인적 요소는 經營首腦者와 經營補助者로 분류할 수 있는데 경영수뇌자란 개인기업에서는 상인이고 회사기업에서는 업무집행사원 또는 理事이다. 그리고 경영보조자에는 대리상·중개인·위탁매매인 등 독립적 보조자와 종속적 보조자, 즉 상업사용인이 있다.

영업의 물적 요소는 곧 영업재산을 의미한다. 영업재산이란 다수의 물체 또는 권리의 단순한 집합물이 아니라, 사회적 활력을 가지고 있는 유기적 결합물로서, 적극재산(예컨대, 상품·기계·토지·건물 같은 물건과 물권·채권·무체재산권 같은 권리), 소극재산(채무)뿐만 아니라 영업적 활동의 침전물이라고도 할 수 있는 재산적 가치 있는 事實關係(영업상의 비결·고객관계·영업조직 등: goodwill)까지도 포함한다.

그러나 이러한 영업재산을 기능면에서 볼 때에는 원료품·상품·공장·창고·영업소·상호·상업장부 등으로 분류할 수 있는데, 상법은 이 중에서 모든 기업에 가장 보편적으로 중요하게 쓰이는 물적 설비인 영업소·상호·상업장부에 관하여서만 총칙편에 특별규정을 두고 있다.

제2절 營業의 人的 設備: 商業使用人

Ⅰ. 商業使用人의 意義

본래 상업사용인이란 상인을 위하여 널리 영업상의 업무에 종사할 의무를 부담하는 자를 말하고, 그것이 상인의 대내적 업무이든 대외적 업무이든 묻지 않는다. 이에 대하여 商業代理人은 상인을 위하여 그 대외적 업무에 있어 영업상의 대리권을 가지는 자로서 개념상 상업사용인과 구별하여야 한다.

상업사용인의 의의에 관하여 상법은 아무런 규정을 두고 있지 않다. 그리고 '商業使用人'이라는 표제아래 규정되어 있는 수개의 조문도 실은 상업사용인에 관한 것이 아니라 상업대리인에 관한 것들이다. 이런 면에서 본다면 우리 상법은 상업사용인과 상업대리인을 혼동하고 있는 것으로 보인다.[1] 어떻든 상법의 규정에 따라 해석해 본다면, 상업사용인이란 특정 상인에 종속하여 그 대외적인 영업활동을 보조하는 자를 말한다. ① 상업사용인은 특정 상인(영업주)에 종속하는 자이다. 특정된 상인의 종속적 보조자란 점에서 대리상·중개인 등 독립적 보조자와 구별되며, 회사의 기관인 이사·감사나 무한책임사원과 구별된다. 그 종속관계는 반드시 고용계약에 의하는 것은 아니나, 代理權授與契約이 있어야 한다.[2] ② 상업사용인은 대외적인 영업상의 활동을 보조하는 자이다. 거래과정에 참여하여 대외적 활동을 하는 영업보조자라는 점에서 생산과정에 참여하여 대내적으로 기술 또는 노무를 제공하는 기술적 보조자(예컨대, 기사·직공·청소부·급사 등)와 구별된다.

Ⅱ. 商業使用人의 種類

상업사용인은 대리권의 유무·범위에 따라, 支配人·部分的 包括代理權을 가진 使用人 및 物件販賣店鋪의 使用人으로 분류한다.

1. 支 配 人

(1) 支配人의 意義

지배인이란 영업주를 갈음하여 그 영업에 관한 재판상 또는 재판 외의 모든

---

1) 大隅健一郞, ≪商法總則≫, 1957, 137면; 林泓根(總) 76면.
2) 姜渭斗(總) 76면; 徐燉珏·鄭完溶(上) 78면; 孫珠瓚(上) 96면; 林泓根(總) 77면; 鄭燦亨(上) 72면; 崔基元(上) 72면.

행위를 할 수 있는 營業代理權(支配權)을 가진 상업사용인이다(제11조 제1항). 이러한 대리권을 가진 자이면 그 명칭여하(예컨대, 부지배인·지점장·영업주임 등)를 묻지 않고 지배인이며, 반대로 이러한 권한을 갖지 않은 자는 지점장·영업주임 등의 명칭이 붙어 있더라도 지배인이 아니다.

(2) 支配人의 選任·終任

지배인은 영업주 또는 그 대리인이 선임한다(제10조). 선임형식에는 별다른 제한이 없다. 지배인이 다른 지배인을 선임할 수는 없다(제11조 제2항 참조). 회사의 지배인은 대표기관이 선임하되, 소정의 내부적 절차를 밟아야 한다(제203조, 제274조, 제393조, 제564조). 지배인은 자연인이어야 하지만 그 자격에는 제한이 없으며(다만 형법상의 제한에 관하여는 형법 제43조 제1항 제4호 참조), 업무집행기관을 겸임하여도 무방하나 직무의 성질상 감사와의 겸임은 허용되지 않는다. 회사의 임원 또는 종업원이 경쟁관계에 있는 다른 회사의 임원(지배인 포함)을 겸임하는 경우에는 공정거래위원회에 신고하여야 한다(獨規 제12조 제1항).

지배인의 종임은 대리권의 소멸 또는 위임관계의 종료에 관한 민법의 일반원칙(民 제127조·제128조·제689조·제690조)에 따르는 외에, 영업의 폐지·회사의 해산 등으로 인하여도 종임한다. 영업양도의 경우에도 지배인은 당연히 종임하는 것은 아니고, 영업양도 당사자 간에 특약이 없는 한 양수인을 위한 지배인으로 남는다. 또 민법(제127조 제1호)에서와는 달리 영업주의 사망도 지배인의 당연한 종임사유가 아니다(제50조).

지배인의 선임과 종임은 등기사항이므로, 그 지배인을 둔 본점 또는 지점에서 등기를 하여야 한다(제13조).

(3) 支配人의 權限(支配權)

지배인은 영업주를 갈음하여 그 영업에 관한 재판상 또는 재판 외의 모든 행위를 할 수 있다(제11조 제1항). 재판상의 행위란 訴訟行爲를 말하는데, 영업주의 소송대리인이 될 수 있고(民訴 제80조), 영업주를 위하여 소송대리인을 선임할 수도 있다. 그리고 재판 외의 행위란 소송행위 이외의 모든 영업행위를 말한다. 또 영업에 관한 행위란 영업의 존재를 전제로 하므로 영업 자체의 폐지 또는 양도는 할 수 없으며, 영업에 관한 행위이냐 아니냐는 그 행위의 객관적 성질에 따라서 결정할 것이지[1] 지배인의 주관적 의사에 따라 결정할 것은 아니다.

지배인의 지배권은 위에서 본 바와 같이 定型性・包括性을 그 특색으로 하므로, 영업주가 개별적으로 거래의 종류・장소・금액・시기・상대방 등에 관하여 지배인의 지배권을 제한하더라도 이로써 선의의 제3자에게 대항하지 못한다(제11조 제3항).1)

영업주가 여러 개의 상호를 가지고 여러 종류의 영업을 하고 있는 경우에는 그 지배인의 지배권은 각 상호 밑의 영업에 한정된다(非訟 제179조 제1항 제3호). 또한 영업주가 한 개의 영업에 관한 여러 개의 영업소를 가지고 있는 경우에는 그 지배권의 범위는 영업소 단위로 한정되는 것이 원칙이다(제10조, 제13조). 그러나 이 경우에도 본점과 지점을 통할하는 '總支配人'은 모든 영업소의 지배권을 겸유한다.

(4) 共同支配人

영업주는 지배인의 대리권을 제한하기 위하여 수인의 지배인에게 공동으로 대리권을 행사하게 할 수 있다(제12조 제1항). 이것을 共同支配權이라고 하며, 이 경우의 지배인을 공동지배인(Gesamtprokurist)이라고 한다. 공동지배권에 관한 사항도 등기하여야 한다(제13조 제2문). 공동지배인의 행위(즉, 能動代理: Aktiv-vertretung)는 공동으로 하여야 하나 그 1人에 대한 의사표시(즉, 受動代理: Passivvertretung)는 영업주에 대하여 효력이 있다(제12조 제1항).

한편 공동지배인이 특정행위에 한하여 그 1인에게 대리권행사를 위임할 수 있는가에 관하여는 이것이 공동지배인제도의 목적과 본질에 반하기 때문에 이를 부정하는 것이 다수설이다.2) 그러나 대리권을 포괄적으로 위임하지 않는 한, 대리권의 오용이나 남용의 문제는 없을 것이므로 거래의 원활화를 위해서 이를 긍정하여도 무방하리라 본다.3)

(5) 表見支配人

지배인이냐 아니냐는 그 대리권의 유무에 의하여 결정되는 것이지만, 상법은

---

1) 孫珠瓚(上) 99면; 李炳泰(上) 108면; 林泓根(總) 83면; 鄭燦亨(上) 88면; 崔基元(上) 77면. 大判 1955. 3. 10, 4287 민상 292; 大判 1987. 3. 24, 86 다카 2073; 大判 1997. 8. 26, 97 다 4401; 大判 1997. 8. 26, 96 다 36753.

1) 大判 1997. 8. 26, 97 다 36753.

2) 孫珠瓚(上) 102면; 李炳泰(上) 109면; 李哲松(總) 95면.

3) 同旨 : 姜渭斗(總) 93면; 崔基元(上) 80면. 大判 1989. 5. 23, 89 다카 3677.

외관을 신뢰한 거래자를 보호하기 위한 제도 중 하나로서 표현지배인제도를 두고 있다. 즉, 본점 또는 지점의 본부장, 지점장 그 밖에 지배인으로 인정될만한 명칭(예컨대, 출장소장 등)을 가진 사용인은 재판 외의 행위에 관한 한 그 영업소의 지배인과 동일한 권한을 가지는 것으로 의제된다(제14조 제1항). 이러한 사용인을 表見支配人이라고 한다. 이 경우 영업주는 표현지배인의 재판 외의 행위에 관하여 정상적인 지배인의 행위가 있었던 것과 동일한 책임을 져야 한다. 재판상의 행위는 거래행위라고 할 수 없을 뿐 아니라 재판에 있어서는 실체적 진실이 요구되기 때문에 그러하지 아니하다.

영업주가 표현지배인의 행위에 대하여 책임을 부담하기 위해서는 ① 영업소로서의 실질을 갖춘 곳에서, ② 사용인(그러나 반드시 상업사용인이어야 할 필요는 없다)이 표현적 명칭을 사용하여, ③ 지배인의 권한내의 거래를 하였으며, ④ 표현적 명칭사용에 대한 영업주의 허락 내지 묵인이 있었고, ⑤ 상대방이 지배인이 아닌 사실에 관하여 선의였어야만 한다(제14조 제2항). 선의임에 중과실이 있는 때에는 이를 악의와 동일시하여야 할 것이다.

그러나 위의 요건 중, ① 즉 표현지배인이 소속된 본・지점이 영업소로서의 실질을 갖추어야 한다고 보는 것이 우리 나라의 다수설[1] 및 판례[2]의 입장이지

1) 鄭燦亨(上) 89면; 崔基元(上) 82면; 李炳泰(上) 112면; 李哲松 101면.

2) 大判 1978. 12. 13, 78 다 1567: ××해상화재보험 주식회사의 부산영업소장은 동사의 지배인도 아니고 본사로부터 어음행위를 授權받은 바도 없는데, 수취인난에 '××해상화재보험 주식회사 부산영업소'라고 기재된 약속어음을 교부받아 다시 '××해상화재보험 주식회사 부산영업소장 ○○○'이란 이름으로 배서하였던 바, 어음소지인이 ××화재해상보험 주식회사에 대해 商法 제14조를 근거로 배서인의 담보책임을 물어 온 사건에 대하여 법원은 다음과 같이 판결하였다.

"상법 제14조 제1항 본문에 본점 또는 지점의 영업주임 기타 유사한 명칭을 가진 사용인은 본점 또는 지점의 지배인과 동일한 권한이 있는 것으로 본다 하여 표현지배인을 규정하고 있는데, 표현지배인으로서 본조를 적용하려면 당해 사용인의 근무장소가 상법상의 영업소인 '본점 또는 지점'의 실체를 가지고 어느 정도 독립적으로 영업활동을 할 수 있는 것임을 요한다 할 것이다.

그런데 기록에 의하면 피고회사는 보험업법의 규제를 받는 보험사업자로서 보험계약의 체결, 보험료의 영수 및 보험금의 지급을 그 기본적 업무로 하고 있음이 분명하며, 피고회사 부산영업소의 업무내용은 본점 또는 지점의 지휘감독 아래 보험의 모집, 보험료의 집금과 송금, 보험계약의 보전 및 유지관리, 보험모집인의 인사관리 및 교육, 출장소의 관리감독 기타 본・지점으로부터 위임받은 사항으로 되어 있음이 또한 뚜렷하므로 이에 의하면 위 부산영업소는 피고회사의 기본적 업무를 독립하여 처리할 수는 없고 다만 본・지점의 지휘 감독 아래 기계적으로 제한된 보조적인 사무만을 처리하는 것으로 밖에 볼 수 없으니 이는 상법상의 영업소인

만(實質說), 이를 수긍하기 어렵다. 실질설의 근거는 ① 연혁적으로 상법 제14조는 지배인을 두어야 할 장소임에도 불구하고 지배인을 두지 않고 대신 '營業主任' 등의 명칭을 붙인 자를 사용하는 경우에 적용하기 위한 규정이고, ② 제14조의 표현지배인 제도는 사용인이 가진 명칭인 외관의 신뢰를 보호하기 위한 것이지, 그 외 영업소의 외관까지 보호하려는 것이 아니므로 전혀 실체가 없는, 단지 영업소라는 명칭·주임이라는 명칭이 사용되고 있다는 이유로 그 거래 상대방을 보호한다는 것은 문제가 있으며, ③ 실질설을 취하여야 영업주의 이익과 거래안전의 균형을 이룬다는 것이다. 그러나 ① 상법 제14조가 外觀理論 내지 禁反言의 法理를 근거로 하고 있는 이상 지배인으로서의 외관을 신뢰하고 거래한 제3자는 당연히 보호되어야 하고, ② 실질설을 취할 경우 거래상대방에게 본·지점의 영업소의 실질을 구비하였는가 까지도 조사하여야 할 부담을 주므로 부당하며, 나아가 ③ 거래시에 일일이 본·지점이 영업소의 실질을 갖추었는지를 조사 내지 판단한다는 것은 경험상 기대하기 어려우므로 이 요건은 부당한 요구라 생각된다. 따라서 영업소로서의 실질을 갖추었느냐를 묻지 아니하고 객관적으로 본·지점의 외관이 있으면 충분하다고 본다(形式說).[1]

2. 部分的 包括代理權을 가지는 使用人

부분적 포괄대리권을 가지는 사용인이란 영업의 '특정한 종류 또는 특정한 사항'에 관하여 包括的 代理權을 가지는 상업사용인을 말한다(제15조 제1항)(예컨대, 부장·과장·계장·주임 등). 그러나 주식화의 기관인 상무이사라고 하더라도 부분적 대리권을 가지는 상업사용인을 겸임할 수 있다.[2] 대리권의 범위가 부분적이고 재판상의 행위가 제외되며, 선임 및 대리권의 소멸이 등기사항이 아닌

본점·지점에 준하는 영업 장소라고 볼 수 없어 부산영업소 ○○○을 위 법조에서 말하는 표견지배인이라고 볼 수 없다고 할 것이다." 同旨: 大判 1967. 9. 26, 67 다 1333; 大判 1983. 10. 25, 83 다 107; 大判 1993. 12. 10, 93 다 36974; 大判 1998. 8. 21, 97 다 6074; 大判 1998. 10. 13, 97 다 43819; 大判 2000. 8. 22, 2000 다 13320.

1) 蔡利植(上) 61면.

2) 부분적 포괄대리권을 가진 사용인으로 인정된 사례: 大判 1994. 1. 28, 93 다 49703(증권회사의 지점장 대리); 大判 1994. 9. 30, 94 다 20884(건설회사의 현장소장); 大判 1994. 10. 28, 94 다 22118(오피스텔 분양업자의 관리부장·관리과장); 大判 1996. 8. 23, 95 다 39472(주식회사의 상무이사).

점에서 지배인과 다르나, 대리권의 제한을 선의의 제3자에게 대항하지 못하는 점은 같다.

3. 物件販賣店鋪의 使用人

물건을 판매하는 점포의 사용인(예컨대, 점원·서기·사원·고용원 등)은 그 물건의 판매에 관한 한 모든 권한이 있는 것으로 본다(제16조 제1항). 그리고 이러한 대리권의 의제규정은 물건을 판매하는 점포의 사용인뿐만 아니라 널리 임대 또는 교환 등의 거래를 취급하는 점포의 사용인 기타 공중접객업소의 사용인, 은행창구직원에 대하여도 유추적용된다.[1] 그러나 점포를 떠나 판매행위를 하는 이른바 外務社員은 여기서의 사용인이 아님은 물론이다.

물건판매점포의 사용인의 대리권의 의제도 선의의 거래자를 보호하기 위한 것이므로 악의의 제3자에 대해서는 적용되지 않는다(제16조 제2항).

Ⅲ. 商業使用人의 競業禁止義務

1. 趣　　旨

상업사용인은 특정 상인의 從屬的 企業補助者이므로 민법상으로도 위임 또는 고용계약의 취지에 따라 영업주에게 충실하여야 할 의무가 있으나(民 제655조·제680조·제681조), 특히 알고 있는 영업상의 기밀이나 고객관계 기타의 거래사정을 악용하여 자기 또는 제3자의 이익을 도모할 우려가 있으므로, 상법은 경업금지의무라는 일정한 不作爲義務를 규정하였다.

이 경업금지의무의 취지는 ① 영업주와의 이익충돌을 방지하고(不正競業防止), ② 상업사용인의 정력분산을 방지하는 데(勞動力確保) 있다. 그러나 전술한 바와 같이 ① 상업사용인과 영업주와의 관계는 고용계약을 요건으로 하지 않고, ②

1) 姜渭斗(總) 106면; 孫珠瓚(上) 111면; 林泓根(總) 93면; 鄭燦亨(上) 95면.

경업거래금지의무도 상업사용인의 영업행위 일반에 대하여 미치는 것은 아니고 영업주의 영업부류에 속하는 거래만을 그 대상으로 하는 점, ③ 그리고 상법이 상업사용인을 '商業代理人'으로 규정하려는 취지라고 본다면, 정력집중의무를 부과시키려는 것은 일관성이 없다는 입법론적 비판이 가해질 수 있다.[1)]

≪商法上의 競業禁止義務≫

① 경업금지의무가 법정된 경우 : 상법상 경업금지의무는 상업사용인(제17조)의 경우 이외에도, 영업양도인(제41조)·대리상(제89조)·합명회사의 사원(제198조)·합자회사의 무한책임사원(제269조, 제198조)·주식회사의 이사(제397조) 및 유한회사의 이사(제567조, 제397조) 등의 경우에 법정되어 있다.

② 해석상 경업금지의무가 인정되는 경우 : 명문의 규정은 없으나 익명조합의 영업자에게도 경업금지의무가 인정된다는 것이 다수설의 입장이다.

③ 계약에 의하여 경업금지를 약정하는 경우 : 당사자자치의 원칙상 독점규제 및 공정거래에 관한 법률에 위배되지 않는 범위 내에서 계약으로 경업금지를 약정할 수 있다.

2. 商業使用人의 義務의 內容

(1) 競業去來禁止

상업사용인은 자기 또는 제3자의 계산으로 영업주의 영업부류에 속한 거래를 하지 못한다(제17조 제1항 전단). 이것을 '협의의 경업금지의무'라고도 하며, 대리상, 합명회사의 사원, 합자회사의 무한책임사원, 물적 회사의 이사의 의무는 이와 같은 것이다. '자기 또는 제3자의 계산으로'라는 것은 자기 또는 제3자가 그 거래에서 생긴 경제적 효과의 주체가 된다는 뜻이고, 名義가 누구이든 상관없다. 또한 '영업주의 영업부류에 속한 거래'라 함은 영업의 목적인 사업과 동종 또는 유사한 상품 또는 용역을 대상으로 하는 거래로서, 영업주가 실제로 경영하는 사업과 시장에서 거래처가 경합하여 영업주의 영업과 경쟁이 생기어 영업주와의 사이에 이익충돌을 가져올 가능성이 있는 거래를 말한다. 그러나 동일상품을 취급하더라도 都賣商과 小賣商은 영업부류를 달리한다고 해석한다. 회사

---

1) 徐燉珏·鄭完溶(上) 101면.

의 경우에는 정관 소정의 회사의 목적인 사업 전부가 아니라 그 중 회사가 실제로 행하고 있는 사업을 말한다. 그러나 영리성이 없는 행위, 즉 상업사용인에게 상행위가 되지 않는 일방적 상행위(예컨대, 은행 지배인의 예금·금전대차, 보험회사 지배인의 보험계약체결)는 상관없다. 영업부류에 속하는 거래인 이상 개별적인 거래이든 계속적인 영업이든 금지된다[영업주의 영업부류에 속하지 않는 다른 영업행위는 할 수 있는 점에서, 의용상법상의 일반적 경업금지의무(依商 제41조 제1항)와 다르다]. 또 이 의무는 집무시간 중에만 지는 것은 아니나, 종임하면 이 의무도 소멸한다.

(2) 特定地位就任禁止

상업사용인은 회사의 무한책임사원·이사 또는 다른 상인의 사용인이 되지 못한다(제17조 제1항 후단). 이 경우의 회사란 물론 모든 '다른' 회사를 의미한다. '일반적으로' 특정지위의 취임을 금지하는 것은 사용인의 精力集中義務를 강조한 것이며, 이 점에서 '동종영업을 목적으로 하는' 다른 회사의 무한책임사원 또는 이사가 되지 못하는 대리상, 회사의 무한책임사원 및 이사의 경업금지의무(제89조, 제198조, 제269조, 제397조, 제567조)와 다르다. 본조에서 특정지위 일반의 취임을 금지하는 것은 영업주의 영업과 동종부류에 한해서 상업사용인의 영업행위를 금지하는 (1)의 내용(競業去來禁止)과 비교할 때, 이론상 일관성이 없으므로 입법취지의 설명에서도 언급한 바와 같이 부당한 제한이라고도 할 수 있다. 그리하여 상업사용인의 전반적인 영업금지를 규정하고 있지 않은 점으로 보아 "동종영업을 하는 회사의 뜻으로 보아야 할 것이다"라고 해석하는 견해(제한설)도 있으나,[1] 상업사용인의 의무가 상업사용인의 정력분산을 방지하려 하는 것이라면 모든 겸직이 금지된다고 보는 견해(무제한설)가 옳다고 생각된다.[2]

(3) 競業의 許容

상법 제17조는 '영업주의 허락없이'라고 명문화하였으므로, 영업주의 명시적 또는 묵시적 허락이 있을 경우에는 경업금지의무의 위반이 되지 않음은 물론이다. 허락의 방법은 묻지 않는다. 영업주는 거래의 내용, 시장, 기간 등을 제한하

1) 徐燉珏·鄭完溶(上) 125면.
2) 同旨: 姜渭斗(總) 114면; 林泓根(總) 96면; 鄭燦亨(上) 98면; 崔基元(上) 92면; 蔡利植(上) 58면.

여 허락할 수 있다. 또 사용인이 거래에 착수하기 전까지는 허락을 철회할 수도 있다.

3. 商業使用人의 義務違反의 效果

(1) 違反行爲의 效力과 營業主의 措置

상업사용인이 경업금지의무를 위반한 경우에도 그의 거래행위 자체는 유효하다. 영업주는 ① 損害賠償請求를 하거나, ② 그를 解任할 수 있고(제17조 제3항), ③ 介入權을 행사할 수 있다(제17조 제2항).

그러나 상업사용인이 특정지위에 취임한 경우에는 성질상 개입권행사는 할 수 없으므로, 해임하거나 손해배상청구를 할 수 있을 뿐이다.[1]

(2) 介入權의 意義

개입권(Eintrittsrecht)이란 상업사용인이 경업금지의무를 위반하여 한 거래행위가 자기의 계산으로 한 것인 때에는 영업주의 계산으로 한 것으로 볼 수 있고, 제3자의 계산으로 한 것인 때에는 상업사용인이 얻은 보수 등 이득을 양도하도록 청구할 수 있는 영업주의 권리를 말한다. 개입권은 경제적 효과의 탈취라는 색채가 짙으므로 '奪取權'(Aneignungsrecht)이라고도 하거니와, 그 취지는 영업주로 하여금 손해입증의 곤란을 면하게 하고, 또 고객관계를 유지할 수 있게 하는 데 있다.

(3) 介入權의 行使方法 및 行使期間

개입권의 행사는 영업주의 일방적 의사표시로써 하되(形成權), 영업주가 그 거래를 안 날로부터 2주 또는 그 거래가 있은 날로부터 1년 내에 행사하여야 한다(제17조 제4항)(제척기간).

(4) 介入權行使의 效果

개입권행사의 효과는 채권적인 것으로서, 상업사용인이 그 거래의 경제상의 효과를 전부 영업주에게 귀속시킬 의무를 부담할 뿐이다.

---

1) 이에 대하여 개입권을 행사할 수 있다는 견해: 蔡利植(上) 68면.

≪商法上의 介入制度≫

상법상 상업사용인에 대한 영업주의 개입권(제17조 제2항)과 동일한 것으로서 대리상·합명회사·합자회사의 무한책임사원(제89조, 제198조, 제269조), 주식회사·유한회사의 이사(제397조, 제567조)가 경업금지의무를 위반한 경우 본인 및 회사가 갖는 개입권이 있다. 이들 각 경우의 개입권을 實質的 介入權 또는 內部的 介入權이라 하는데, 그것은 개입권 행사의 효과로서 거래로 인한 실질적·경제적 효과를 단순히 내부적으로 영업주나 회사에게 양도하여야 할 의무가 생기기 때문이다.

이와 완전히 성질을 달리하는 것으로서 全面的 介入權 또는 外部的 介入權이 있는데, 이는 일정한 행위를 하도록 위탁받은 자가 일방적 의사표시에 의하여 스스로 그 행위의 직접 상대방이 될 수 있는 것으로서 위탁매매인(제107조), 운송주선인(제116조)의 개입권이 이에 속한다.

한편 중개인이 당사자 일방의 성명이나 상호를 상대방에게 표시하지 아니한 경우 중개인이 대신 상대방에게 채무를 이행하여야 하는데(제99조), 이를 介入義務라고 한다.

제3절 營業의 物的 設備

I. 營業所

1. 營業所의 意義

영업소(place of business, Handelsniederlassung, établissement commercial)란 상인의 영업활동의 중심인 일정한 장소를 말한다. 즉, ① 영업활동의 중심(本據)이란 어느 정도의 독립성을 가지고 영업에 관한 지휘·결정을 하며, 활동의 결과가 보고·통일되는 장소적 구심점을 말한다. 어느 장소가 영업소인지 아닌지는 그 장소가 객관적으로 영업활동의 장소적 중심지로서의 실체를 갖추고 있는가에 따라 판단한다. 따라서 영업활동의 구체적 실행행위나 보조행위를 하는 장소, 예컨대 공장·창고는 영업소가 아니다. ② 일정한 장소란 시간적으로 계속성이 있는 일정한 공간을 의미한다. 따라서 일시적인 매점은 영업소가 될 수 없고, 단순한 점포 기타 유형적 설비만으로 영업소가 되는 것도 아니다.

2. 營業所의 數와 種類

영업소는 영업의 내용에 따라 여러 개를 가질 수 있으며, 동일종류의 영업에도 수개의 영업소를 가질 수 있다. 주된 영업소의 실체를 갖춘 것은 本店(principal office, Hauptniederlassung, établissement principal), 종된 영업소의 실체를 갖춘 것을 支店(branch office, Zweigniederlassung, succursale)이라고 한다.

지점은 본점에 종속하여 본점의 지휘·명령을 받아 그 영업활동을 분담하는 영업소로서 여러 개가 있을 수 있다. 그러나 지점도 일정한 범위 내에서 영업에 관한 지휘·결정을 하고 활동의 결과가 보고·통일되는 장소로서의 실질을 갖추어야 한다.

3. 營業所의 法的 效果

(1) 一般的 效果

영업소는 자연인의 주소와 같은 법적 효과를 갖는다. 그 일반적인 것을 들면, ① 영업에 관한 채무변제의 장소(民 제467조 제2항 단서), ② 증권채권의 변제장소(民 제516조·제524조), ③ 상업등기관할을 정하는 기초(제34조), ④ 재판관할을 정하는 기초(民訴 제4조·제10조), ⑤ 소송서류의 송달장소(民訴 제170조 제1항), ⑥ 어음상의 권리의 행사 또는 보존의 장소(어 제2조·제4조·제21조 이하·제48조·제52조·제60조·제76조·제77조)가 되며, ⑦ 표현지배인의 결정, ⑧ 파산사건·화의사건·회사정리사건의 관할법원의 결정을 하는 기준이 된다.

(2) 支店에 대한 效果

지점에 관하여는, ① 본점소재지의 등기사항은 원칙으로 지점소재지에서도 등기하여야 하고(제35조), ② 외국회사의 지점도 등기하여야 하며(제614조 제2항), ③ 지점마다 지배인을 둘 수 있고(제10조, 제13조), ④ 지점거래의 채무이행장소(제56조), 정관·주주총회 의사록의 비치장소(제396조 전단)가 되며, ⑤ 지점만의 영업을 분리하여 양도할 수 있는 등 여러 가지 특수한 효과가 나타난다.

Ⅱ. 商 號

1. 商號의 意義

상호(trade name, Handelsfirma, nom commercial)란 상인이 영업상 자기를 표시하기 위하여 사용하는 명칭을 말한다. 법률적으로는 상호가 영업활동으로부터 생기는 權利義務의 歸屬者인 商人을 표시하는 명칭이지만, 사회적·경제적으로는 영업의 독립성과 동일성을 표시하며, 그 명성과 신용의 표적이 되는 기업(영업)의 명칭이라고도 할 수 있다.[1]

상호는 ① 상인의 명칭이므로 非商人(예컨대, 相互保險會社나 中小企業協同組合 등)의 명칭은 상호가 아니고, ② 또 영업상의 명칭이므로 영업 외의 명칭(예컨대, 성명·아호·예명·통칭 등)은 상호가 아니며, ③ 자기를 표시하는 명칭이므로 문자로 표시하여 호칭할 수 있어야 한다. 따라서 商標나 營業標는 상호와 구별된다.

2. 商號의 選定

(1) 商號選定의 自由

(가) 商號自由의 原則

상호의 선정에 관한 입법주의로는 商號眞實主義(Prinzip der Firmenwahrheit: 상호와 영업의 實態가 일치하여야 하는 것으로, 예컨대 佛法系)·商號自由主義(Prinzip der Firmenfreiheit: 상호의 선정에 제한이 없는 것으로, 예컨대 영미법계) 및

1) 鄭燦亨(上) 102면.

折衷主義(gemischtes System: 신상호에는 진실을 요구하고 기존영업을 양수 또는 변경하는 경우에는 종전의 상호사용을 허용하는 것으로, 예컨대 獨法系)가 있다. 상호진실주의는 상호가 상인의 동일성이나 영업의 실체를 정확히 표시한다는 점에서 거래의 안전을 위하여는 편리한 제도이지만, 타인에 의한 상호의 續用이나 상속을 불가능하게 하는 단점이 있고, 상호자유주의는 그 반대이다. 상법은 원칙적으로 상호선정의 자유를 인정하여, 상인은 그 성명 기타의 명칭으로 상호를 정할 수 있다(제18조)고 하였다. 다만 그 자유로운 선정에서 오는 폐단을 막기 위하여 약간의 제한규정을 두고 있다.

(나) 商號自由主義의 制限

① 회사의 상호에는 그 종류에 따라 합명회사·합자회사·주식회사 또는 유한회사라는 문자를 사용하여야 한다(제19조). 그리고 상사특별법에 의하여 특수사업(예컨대, 은행·증권·신탁·보험)을 목적으로 하는 회사는 그 업무도 표시하여야 한다(銀行 제14조, 證去 제62조 제1항, 信業 제7조 제1항, 保業 제8조 제1항). ② 회사가 아니면 상호에 회사임을 표시하는 문자를 사용하지 못하며, 회사의 영업을 양수한 경우에도 같다(제20조). 이를 위반한 자는 200만원 이하의 과태료에 처한다(제28조). 그러나 개인상인이 '商會'라는 문자를 덧붙여서 상호를 정하는 것은 무방하다. 기타 특별법령에 의한 법인의 명칭(예컨대, 한국산업은행, 신용협동조합 등)에 관하여도 같다. ③ 부정한 목적으로 타인의 영업으로 오인할 수 있는 상호를 사용하지 못한다(제23조 제1항). 이러한 금지에 위반하여 상호를 사용하는 자가 있는 경우에 이로 인하여 손해를 입을 염려가 있는 자 또는 상호를 등기한 자는 그 폐지를 청구할 수 있고(제23조 제2항), 손해배상의 청구도 할 수 있다. 한편 이와 별도로 不正競爭防止法에서도 국내에서 널리 인식된 타인의 성명·상호 등과 동일 또는 유사한 것을 사용하는 행위를 금하고 있다(不競 제2조·제4조). ④ 명의대여자, 즉 타인에게 자기의 성명 또는 상호를 사용하여 영업을 할 것을 허락한 자는 자기를 영업주로 오인하여 거래한 제3자에 대하여 그 거래로 인한 채무를 그 타인과 연대하여 변제할 책임을 진다(제24조). 이것은 영미법상의 금반언의 법리 내지는 독일법상의 외관이론의 한 적용예로서, 상호선정의 자유를 간접적으로 제한하는 방법이 될 것이다. ⑤ 합명회사 또는 합자회사의 상호 중에 무한책임사원의 성명이 그 퇴사 후에도 사용된 경우에는 당해 퇴사원은 그 성명사용의 폐지를 청구할 수 있다(제226조, 제269조). 이것도 상호의 진실을 간접적으로 강제하는 것으로서 상호자유주의에 대한 일종의 제한

이라 할 수 있다.

≪名義貸與者의 責任≫

(i) **意 義**: 타인(名義借用者)에게 자기의 성명 또는 상호를 사용하여 영업을 할 것을 허락한 자(名義貸與者)는 자기를 영업주로 오인하여 거래한 제3자에 대하여 그 타인과 연대하여 거래로 인한 채무를 변제할 책임이 있다(제24조). 이를 명의대여자의 책임이라고 한다. 원래 명의대여란 어떤 사람이 타인에게 자기의 성명 또는 상호를 사용하여 영업을 할 것을 허락하는 것을 말하고, 거래소의 去來員이 거래원이 아닌 자에게 자기의 명의를 대여하여 영업을 하도록 하였던 관습에서 발전되어 온 것이다. 이것은 명의차용자가 상인이며 계약의 당사자로서 책임의 주체가 됨을 전제로 하여 거래안전의 필요에서 명의대여자에게도 연대책임을 인정한 것인데, 그 이론적 기초는 외관이론 내지는 금반언의 법리이며, 商號眞實을 간접적으로 강제하는 효과가 있다. 상법 제24조는 적법한 명의대여이든 불법한 명의대여이든 모두 적용된다.

(ii) **責任發生要件**: 명의대여자의 책임을 인정하려면 첫째, 명의대여자가 자기의 성명(예명·아호·약칭·통칭도 포함) 또는 상호의 사용을 명의차용자에게 명시적 또는 묵시적으로 허락하였어야 한다.[1] 명의대여자가 상인인가의 여부는 묻지 않으며, 나아가 공법인에 대하여도 제24조가 적용된다.[2] 묵시적 허락이란 타인이 자기의 성명 또는 상호를 임의로 사용하고 있음을 알고 방치한 경우만으로는 부족하고, 이에 부가하여 점포의 사용료 등을 받았다는 등의 사정이 있어야 한다. 둘째, 명의차용자가 대여자의 명

---

1) 大判 1967. 10. 25, 66 다 2362: "甲은 용당정미소라는 상호를 가지고 경영하던 정미소를 A에게 임대하고 A는 같은 상호를 그대로 사용하면서 그 정미소를 경영하는 동안에 乙로부터 본건 백미를 보관하고 보관전표를 발행한 것이며, 乙이 甲을 용당정미소의 영업주로 오인하였다면 甲은 명의대여자로서 그 白米保管으로 인한 책임을 면할 수 없다"고 하여 임대인이 자기가 사용하던 상호를 임차인에게 계속 사용하게 하는 것도 명의대여가 됨을 인정하고 있다.

2) 大判 1987. 3. 24, 85 다카 2219: "상법 제24조의 명의대여자에게 그 책임을 인정하는 것은 명의대여자가 상인이 아니거나 명의차용자의 영업이 상행위가 아니라 하더라도 위 법리를 적용하는 데에 아무런 영향이 없다 할 것이므로, 같은 취지에서 원심이 사단법인 한국병원관리연구소에서 인천직할시(피고)의 명칭을 부가한 인천직할시립병원이라는 이름을 사용하여 병원업을 경영할 것을 승락한 인천직할시는 특단의 사정이 없는 한 위 법리에 따라 위 병원을 인천직할시가 경영하는 것으로 믿고 의약품을 납품한 동화약품주식회사(원고)에 대하여 그 대금을 변제할 책임이 있다고 판단하였음은 정당하다"고 하여 공법인에 대하여도 명의대여자의 책임이 인정되었다.

의를 거래행위에 사용하였어야 한다. 명의대여자의 책임은 명의차용자와 제3자 사이의 거래에 관하여 생긴 채무에 한한다. 여기에는 명의차용자의 영업과 관련된 어음・수표행위도 포함된다고 본다. 한편 거래와 관계없는 불법행위로 인한 채무는 제외되나, 명의차용자의 영업과 관련된 불법행위 또는 거래행위의 외형을 가지는 불법행위로 인한 손해배상채무에 대하여는 명의대여자도 연대책임을 진다고 본다(大判 1982. 5. 25, 82 다카 367). 셋째, 명의차용자의 상대방이 명의대여자를 영업주 또는 거래 주체로 오인하였어야 한다. 즉, 상대방이 명의대여의 사실을 몰랐어야 한다. 그러므로 상대방이 악의인 때 또는 오인에 있어 중과실이 있는 때에는 명의대여자는 책임이 없다고 본다. 명의대여자와 명의차용자가 동종영업자인가 아닌가는 불문한다.[1)]

(iii) **名義貸與者의 責任**: 명의대여자는 자기를 영업주로 오인하여 거래한 제3자에 대하여 명의차용자와 연대하여 변제할 책임이 있다. 이 경우 양자는 不眞正連帶債務의 관계에 서게 된다.

(2) 商號의 數: 商號單一의 原則(Grundsatz der Firmeneinheit)

상호의 수는 한 영업에 대하여 한 개임을 원칙으로 한다(제21조 제1항). 하나의 영업에 대하여 상호가 여러 개인 때에는 일반공중이 오인할 우려가 있고, 타인의 상호선정의 자유를 제한하는 결과도 가져오기 때문이다. 그러나 수개의 영업에 동일한 상호를 사용하는 것은 상관없고, 회사의 경우에는 성질상 항상 한 개의 상호를 사용하여야 한다. 다만 영업소가 여러 개 있는 경우에는 지점의 상호에는 본점과의 종속관계를 표시하여야 한다(제21조 제2항).

---

1) 大判 1983. 3. 22, 82 다카 1852: "甲은 동양정미소라는 상호 아래 정미소를 경영하여 오다가 이 사건 각 건물 등 부속건물을 포함한 정미소 전체를 A에게 임대하고 A는 같은 상호를 그대로 사용하면서 위 정미소를 경영하여 오던 중 A는 乙 등에게 각 점유부분을 임대하여 임대차계약을 체결한 경우, 그와 같은 건물 임대행위는 위 정미소의 영업범위 내에 속하는 거래라고 할 수 없으므로 乙 등이 甲을 영업주로 오인하여 그와 같은 계약을 체결했어도 甲은 명의대여자로서 책임이 없다." 이 판결은 명의차용자의 행위가 영업범위 외의 행위라고 하여 명의대여자의 책임을 부인하고 있으나 그 타당성은 의문이다.

3. 商 號 權

(1) 商號의 保護

상호는 상인에게 있어서 재산적 가치가 있는 것이므로, 상법은 상호권을 인정하여 타인의 不正侵害로부터 보호하고, ① 부정한 목적으로 타인의 영업으로 오인할 수 있는 상호를 사용한 자를 상대로 그 부정사용으로 인하여 발생한 손해의 배상청구권을 행사하게 하며(제23조 제3항), 그 부정사용자를 200만원 이하의 과태료에 처함으로써(제28조) 상호권자를 보호하고 있다. ② 한편 상호의 중요성에 비추어 상호의 사용관계를 명확히 함으로써 상호의 사용자뿐만 아니라 일반공중의 이익도 보호할 필요가 있으므로 商號登記制度를 두어 등기상호에는 특별한 효력을 인정하고 있다(제22조, 제23조)(배타성의 강화). 회사에 있어서는 상호는 설립등기사항이므로(제180조 제1호, 제269조, 제317조 제2항 제1호, 제549조 제2항 제1호) 반드시 등기하여야 하지만(절대적 등기사항), 개인상인의 경우에는 등기를 하고 아니하고는 상인의 자유이다(상대적 등기사항). ③ 이 밖에도 특별법인 부정경쟁방지법에 의하여 국내에서 널리 인식된 상호는 특별한 보호를 받는다.

(2) 商號權의 法的 性質

상호사용자가 가지고 있는 상호권의 성질에 관해서 종래에는 人格權說,[1] 財産權說,[2] 登記의 前後를 구별하여 등기 전에는 인격권이고 등기 후에는 재산권이라는 학설,[3] 人格權的 性質을 띠는 財産權說,[4] 기업현상에 따라 나타나는 특수한 권리라는 학설[5] 등으로 학설이 나뉘어져 있었으나, 등기의 전후를 불문하고, 대체로 '인격권적 성질을 포함하는 재산권'이라고 본다(겸병설). 왜냐하면 후술하는 바와 같이 상호권의 보호내용에 있어 등기의 유무에 따라 본질적인 차이가 없기 때문에, 상호권의 성질에 관하여도 등기의 전후에 따라 이를 구별할 이유가 없다. 또한 상호권은 상인의 경제적 이익과 중대한 관계가 있고, 그 양

1) 竹田 省, ≪商法總則≫, 1932, 135면.
2) 姜渭斗(總) 145면 ; 李炳泰(上) 136면.
3) 松本蒸治, ≪商法總論≫, 1923, 263면.
4) 孫珠瓚(上) 142면; 崔基元(上) 105면; 林泓根(總) 113면.
5) 鄭熙喆(上) 99면.

도성도 인정되므로 일종의 무체재산권이라고 보아야 하며, 한편으로는 상호의 신용의 훼손이 인격권의 침해와 같은 결과를 가져오기 때문이다.

(3) 商號權의 內容

(가) 商號使用權

상호를 적법하게 선정한 자는 그 상호의 등기와는 관계없이 상호사용권, 즉 '타인의 방해를 받지 않고 상호를 사용할 수 있는 권리'를 가진다(積極的 商號權). 따라서 미등기상호의 사용자도 후에 타인이 그와 동일한 상호를 등기하더라도 부정한 목적이 없으므로 계속 사용할 수 있다.

(나) 商號專用權

(a) 意 義: 상호전용권이란 타인이 부정한 목적으로 자기가 사용하는 상호와 동일 또는 유사한 상호를 사용하는 경우 그 '사용을 배제할 수 있는 권리'를 말한다(소극적 상호권). 그런데 一說에 의하면 이 상호전용권은 상호의 등기에 의하여 비로소 발생하는 권리라고 한다.[1] 즉, 이 학설은 상호전용권이라는 용어의 의미를 등기상호의 상호권으로 해석하는 한편, 상호사용권과 상호전용권은 그 실질적인 내용에 있어서는 다른 것이 아니라고 한다. 다만 등기한 상호권자, 즉 상호전용권자는 타인의 부정목적을 입증할 필요 없이 그가 사용하는 동일 또는 유사상호의 등기·사용을 손쉽게 배척할 수 있다는 권리행사방법면의 편의를 누리게 된다. 따라서 이러한 의미의 상호전용권은 "상호사용권에 비하여 더 강력한 것"이라고 한다.

그러나 ① 상호전용권이라는 용어는 상호에 대한 排他的 使用權을 말한다고 보는 것이 더욱 합리적일 뿐 아니라, ② 상법에서는 상호의 등기·미등기를 구별하지 아니하고 부정한 목적으로 타인의 영업으로 오인할 수 있는 상호를 사용한 자(商號不正使用者)에 대하여 그 상호의 사용금지와 손해배상을 청구할 수 있도록 규정되어 있고(제23조 제2항·제3항), ③ 미등기상호라고 하여 상호권을 보호할 가치가 없는 것은 아니므로 상호전용권을 상호의 등기와는 관계없이 적법하게 상호를 선정한 상인이 당연히 갖는 권리라고 본다. 다만 상호등기를 한 경우에는 법문상 보다 더 강력한 보호를 받게 된다. 왜냐하면 동일한 서울특별시·광역시·시·군에서 동종영업(동종영업이란 같은 목적을 가지는 영업이란 뜻이니, 요컨대 동종영업의 여부는 일반거래계의 통념에 의하여 결정할 사실문제이다. 예컨

1) 徐燉珏·鄭完溶(上) 97면.

대, 백화점과 백화점, 양복점과 양복점의 경우는 물론, 洋品商과 메리야스상의 경우와 같이 한 영업이 다른 영업 전부를 포함하는 경우는 다른 부분이 있더라도 중요한 부분이 중복하는 이상 동종영업이라고 볼 수 있다)으로 타인이 등기한 상호(동일 또는 유사한 상호)를 사용하는 자는 부정한 목적으로 사용하는 것으로 추정하기 때문이다(제23조 제4항). 다시 말하면 상호를 등기한 경우에는 거증책임이 전환되어 부정목적 부존재의 입증책임을 상대방이 지게 되므로 기등기상호권자는 적어도 명목상은 미등기상호권자보다 유리한 지위에 놓이게 된다.

≪商號登記의 有無와 商號權의 效力≫

상호권의 내용 중에 상호사용권은 상호권의 기본적인 효력이기 때문에 상호등기의 유무 또는 전후에 따라 차이가 있을 수 없다. 이에 대하여 상호전용권에 관하여는 그 공시방법(등기) 구비 여부에 따라서 그 효력의 강약을 인정할 것인가는 입법정책의 문제이다. 먼저 등기한 상호에 대하여 절대적인 배타력을 인정한다면 타인의 상호선정의 자유가 지나치게 제약을 받아 선의의 피해자가 많게 된다. 한편 등기된 상호와 동일한 상호의 사용을 널리 인정한다면 영업주체의 오인으로 인한 거래관계의 혼란을 가져올 것이다.

우리 상법 제23조는 상호전용권에 관하여 등기의 유무에 따른 차이를 두고 있다. 제23조는 영업주체를 오인, 혼동을 일으킬 수 있는 상호의 부정사용을 금지하고, 이로 인하여 손해를 입을 염려가 있는 자 또는 상호를 등기한 자에게 상호폐지 및 손해배상의 청구권을 인정하고 있다. 이 조문을 분석해 보면 登記有無에 따라 要立證事實 및 擧證責任이 3단계로 완화되고 있음을 알 수 있다.

첫째, 未登記商號의 경우 상대방의 부정목적과 그로 인해 손해를 받을 염려가 있다는 두 가지 사실을 주장·입증하여야 한다(제23조 제1항·제2항).

둘째, 登記商號의 경우에는 원칙적으로 상대방의 부정한 목적 한 가지만 입증하면 된다(제23조 제2항).

셋째, 나아가 상대방이 동일한 특별시·광역시·시·군에서 동종영업을 위하여 그 등기상호와 동일한 상호를 사용하는 경우에는 부정한 목적을 가진 것으로 추정되어 거증책임이 전환된다(제23조 제4항).

이와 같이 법문상 要立證事實 및 擧證責任 두 가지 점에서 미등기상호의 보호가 등기상호의 그것보다 약하다고 할 수 있다. 그러나 ① 손해를 받을 염려가 있다는 것은 객관적·추상적 가능성을 의미하는 것이며 손해가 현실적으로 생겼을 것을 요하지는 않으므로, 이 점은 상호사용의 부정목적만을 입증하면 저절로 확인되는 것이다. 따라서 이 점에 있어서 등기상호의 보호가 강하다는 것은 명목적인 것일 뿐 실제에 있어서는 무의미한 것이다. 한편 ② 부정목적의 존재라는 것도 객관적·추상적 판단의 대상이 되는 것일 뿐, 어떤 특별한 거래에 부정한 목적이 존재하였다는 것을 입증하여야 하는 것이 아니기 때문에 그 입증은 그다지 어려울 것이 없다. 나아가 동일한 행정구역 내에서의 부정목적 입증은 보다 용이할 것이다. 따라서 부정목적의 거증책임의 면에서도 미등기상호와 등기상호의 보호에 있어서 실질적인 차이가 없다고 본다.

뿐만 아니라 ③ 부정경쟁방지법 제2조 제2호에 의하면, 국내에 널리 인식된 타인의 상호 등과 동일 또는 유사한 것을 사용하여 그 타인의 영업상의 시설 또는 활동과 혼동을 일으키게 하는 행위는 중지청구의 대상이 된다. 이 경우에 보호의 대상으로 되는 상호는 등기되어 있는가 아닌가, 또 상호의 冒用者에게 부정목적이 있는가 없는가는 묻지 않는다. 이 점에 있어서도 등기상호와 미등기상호의 차이는 없다고 할 수 있다.

끝으로 상법 제22조에 의하면, 상호의 등기가 되어 있으면 그것과 동일한 상호를 동일한 특별시·광역시·시·군에서 동종영업을 위하여 등기할 수 없도록 되어 있어서 이것이 등기상호의 큰 장점으로 볼 수 있을 것이다. 그러나 이것은 동일상호가 중복등기된 경우 또는 중복등기되려고 하는 경우의 문제에 지나지 않는다. 상호전용권의 내용이 상호의 부정사용의 중지 내지 폐지는 그 등기말소에도 미치기 때문에 이 점에 있어서도 상호의 등기유무에 의한 차이는 거의 인정되지 않는다고 본다.

(b) 內 容: i) 상호권자는 자기의 영업으로 오인할 수 있는 상호(동일한 상호는 물론, '확연히 구별할 수 없는' 類似商號도 포함한다. 상호의 유사여부는 일반거래계의 통념에 의하여 전체적 인상을 비교하여 혼동, 오인의 위험성이 있는가 없는가를 표준으로 하여 판단하여야 할 것이다. 예컨대, '동광전기주식회사'와 '동광전기공업주식회사', 또는 '중앙성명철학관 총본부'와 '서울 중앙성명관 영남총본부'는 유사한 상호이다)를 부정한 목적으로 사용하는 타인에 대하여 그 상호의 사용폐지를 청구할 수 있다(제23조 제1항·제2항)(使用廢止請求權).

'不正한 目的'이란 자기의 영업을 타인의 영업인 것처럼 오인시킴으로써, 타인의 상호가 가지는 신용 내지 경제적 가치를 자기가 이용하려는 의도를 말한다. 또 상호의 '사용'이란 계약과 같은 법률행위에 의한 사용뿐만 아니라, 간판·광고·계산서·포장지에 기재 또는 인쇄하는 것과 같은 사실상의 사용을 포함한 일체의 사용방법을 말한다. 이 경우에 상호권자는 손해배상의 청구도 할 수 있음은 물론이다(제23조 제3항). 상호사용폐지청구권은 등기상호의 경우에는 상호권자가 손해를 받을 염려가 있는지를 불문하고 행사할 수 있다. 그리고 부정한 목적으로 타인의 영업을 오인할 수 있는 상호를 사용한 자는 200만원 이하의 과태료의 제재를 받는다(제23조, 제28조).

≪小商人의 商號≫

소상인은 상호를 가질 수는 있으나 상법의 적용을 받지 않는다. 그러나 소상인이 부정한 목적으로 타인의 영업으로 오인할 수 있는 상호를 사용하는 경우에는 상법 제23조 제1항 및 제28조가 적용된다고 해석한다. 소상인의 상호에는 회사를 표시하는 문자를 사용할 수 없고(제20조), 명의대여의 경우 명의대여자로서의 책임도 진다(제24조). 본래 명의대여자는 상인이어야 하는데, 소상인이 명의차용자인 때에도 그 명의대여자는 소상인과 거래를 한 제3자에 대하여 책임을 져야 한다.

ii) 상호권자는 타인이 자기의 영업으로 오인할 수 있는 상호를 등기한 경우에는 그 등기의 말소를 청구할 수 있다(제23조 제2항)(登記抹消請求權). 즉, 상법 제23조 제2항의 '폐지'란 단순한 사용폐지뿐만 아니라 등기말소까지 포함한다고 보아야 할 것이며, 따라서 등기말소청구권은 상법 제23조 제2항에 의거해서 미등기상호권자에게도 인정하여야 할 것이다.[1] 왜냐하면 상호의 경제적 가치는 그 사용하는 데 있는 것이지 등기 자체에 있는 것이 아닌데, 사용폐지는 청구하면서 등기말소는 청구하지 못한다는 것은 타당치 않기 때문이다.

iii) 타인이 등기한 상호는 동일한 서울특별시·광역시·시·군에서 동종영업의 상호로 등기하지 못한다(제22조). 이는 등기된 상호와 동일한 상호가 중복등기되려고 하는 경우 이를 방지하기 위한 것이고, 동시에 동일상호가 중복등기된 경우에는 그 말소를 청구할 수 있도록 한 것이다.

그런데 이와 같은 상법 제22조의 등기배척의 규정이 등기법상의 효력에 그치는 것인가 아니면 이외에 실체법상의 효력도 가지는가에 관하여도 논쟁이 있다.

1) 姜渭斗(總) 149면; 鄭燦亨(上) 112면. 그러나 상호전용권을 상호등기의 효력으로 보는 견해는 등기말소청구권의 법적 근거로 상법 제22조를 들면서, 상호를 등기한 자만이 타인이 동일한 서울특별시·광역시·시·군에서 동종영업의 상호로 등기하는 경우에 그 말소청구권을 행사할 수 있다고 한다[徐燉珏·鄭完溶(上) 111~112면].

前說에 의하면 제22조는 상호를 등기한 경우 동종영업에 관하여 같은 상호의 등기가 행하여지는 것을 차단시킴으로써 선등기권자의 등기법상의 지위를 보호한다는 것이다. 그 이유로는 상법 제23조가 이미 상호권자에게 자기 상호의 등기유무를 불문하고 동일상호의 사용폐지 및 등기말소를 청구할 수 있도록 규정하였으므로 제22조가 사법상의 효력을 규정한 것으로 볼 실익이 없다는 것이다.[1] 그러나 상대방에게 부정한 목적이 없음이 입증된 경우 상법 제23조에 기한 등기말소를 청구할 수 없으므로 이들 경우에는 제22조에 의하여 이중등기의 말소를 청구할 수 있다는 실익이 있다. 따라서 後說에 의하는 것이 상호권을 더욱 완벽하게 보호한다. 後說이 타당하다.[2] 그러므로 상호권자는 등기법상의 이의 등의 방법 외에 제22조에 의하여서 직접 등기말소를 청구할 수 있다고 본다.

기등기상호와 동일 또는 유사한 상호는 동일행정구역(동일한 서울특별시·광역시·시·군) 내에서는 동종영업을 위하여 등기될 수 없는 것이 원칙이나(제22조) 다음과 같은 예외가 인정된다. ① 다른 행정구역에서 각각 동종영업을 위하여 동일한 상호가 등기된 후 행정구역의 변경에 의하여 동일행정구역이 된 경우에는 양자의 등기는 병존할 수 있다. ② 지점소재지에서 지점의 상호를 등기하는 경우에는 이미 그 지점소재지에서 동종영업을 위하여 동일한 상호가 등기되어 있는 경우라도 그 경합을 인정하여야 한다.

4. 商號의 移轉

(1) 商號의 讓渡

(가) 商號의 讓渡性

상호의 양도란 상호권을 타인에게 양도하는 것이다. 상호권을 인격권으로 보는 한 상호의 양도는 불가능한 것이지만, '人格權的 性質을 포함하는 財産權'이라고 보므로, 다른 일반재산과 같이 양도의 대상이 될 수 있다. 상호권은 등기의 유무와 관계없이 인정되므로, 상호의 양도성도 등기의 유무와 관계없이 인정된다.

---

1) 李哲松(總) 148면.
2) 林泓根(總) 109면; 蔡利植(上) 79면; 孫珠瓚(上) 140면; 崔基元(上) 110면.

(나) 商號讓渡의 制限

상호는 원칙적으로 영업과 함께 양도하는 경우에만 양도할 수 있다(제25조 제1항). 영업과 함께 상호를 양도하는 경우에는 그 영업은 양도인의 영업 전부이어야 하며, 그 일부 또는 일부문이어서는 안된다. 다만 영업을 폐지하는 경우에는 상호만의 양도가 허용된다(제25조 제1항). 상호양도인이 영업을 계속하는 경우에는 일반공중이 그 양도인의 영업과 상호양수인의 영업을 혼동할 염려가 있지만, 상호양도인이 그 영업을 폐지하는 경우에는 혼동의 염려가 없을 뿐만 아니라 폐업하는 상인으로 하여금 상호에 부착된 재산가치를 처분, 환가할 수 있도록 하는 것이 타당하기 때문이다.

(다) 商號讓渡의 方法

상호의 양도는 양도인과 양수인 간의 의사표시만으로 그 효력이 발생하고, 방식의 여하는 불문한다. 등기된 상호의 양도를 제3자에게 대항하려면 양도의 등기를 필요로 한다(제25조 제2항). 제3자의 선의·악의를 불문한다. 상호양도에 있어서 등기는 물권변동에 관한 의용민법상의 부동산등기와 같은 취급을 받는 것으로서, 상호의 이중양도에 있어서는 먼저 등기한 자가 권리를 취득하게 되고, 상업등기의 일반적 효력(민법상의 책임관계)으로서의 대항문제(제37조)와는 취지가 다른 점을 주의하여야 한다.

(라) 商號讓渡의 效力

당사자 간의 효력으로서, 상호의 양수인이 상호권을 갖게 됨에 따라 양도인은 양도한 상호와 同一 또는 類似한 商號를 사용할 수 없게 된다. 영업의 양도와 함께 상호를 양도하는 경우에는 상호양도인은 영업양도의 효력으로서 경업금지의무를 지므로(제41조) 이 범위 내에서 동종의 영업을 할 수 없고, 따라서 동종의 영업을 위하여 동일한 상호를 사용할 수 없다.

제3자에 대한 효력에 관하여는 상법상 별다른 규정이 없다. 그러나 영업양도와 관련하여 영업양수인이 양도인의 商號를 續用하는 경우에는 상법상 특수한 효력이 생기는데(제42조, 제45조), 이에 관하여는 후술한다.

(2) 商號의 相續

상호는 상속에 의하여서도 이전된다. 등기상호를 상속한 경우에는 상속인 또는 그 법정대리인이 그 등기의 신청을 하여야 하나(非訟 제167조 제1항, 제169조), 그 등기가 양도의 경우와 같이 상호이전의 대항요건은 아니다.

5. 商號의 變更 · 廢止

상호를 등기한 자는 그 상호를 변경 또는 폐지한 경우에 등기를 하여야 한다(제40조). 상호를 변경 또는 폐지한 때로부터 2주 내에 그 등기를 하지 아니하면, 이해관계인은 그 등기의 말소를 청구할 수 있다(제27조). 또 상호를 등기한 자가 정당한 사유없이 2년간 상호를 사용하지 아니하는 경우에는 그 상호를 폐지한 것으로 본다(제26조).[1)]

원래 상호는 영업의 종류의 변경으로 당연히 폐지되지는 않는다. 그러나 등기상호의 경우 영업의 종류를 변경한 때에는 이를 등기하여야 한다(非訟 제166조 제2항). 이 경우 그 업종에 관하여 타인이 이미 그 상호를 등기한 경우에는 이를 다시 등기할 수 없음은 당연하다(제22조). 그리고 상호를 등기한 자의 성명이나 주소의 변경이 있는 때에도 지체없이 이를 등기하여야 한다(非訟 제166조 제2항).

6. 商號의 假登記

상호는 가등기를 함으로써 보호받을 수 있다. 즉, ① 株式會社나 有限會社를 설립하고자 할 때에는 본점소재지를 관할하는 등기소에 상호의 가등기를 신청할 수 있다(제22조의 2 제1항). ② 회사는 상호나 목적, 또는 상호와 목적을 변경하고자 할 때에는 本店所在地를 관할하는 등기소에 상호의 가등기를 신청할 수 있다(제22조의 2 제2항). ③ 뿐만 아니라 회사는 본점을 이전하고자 할 때에도 이전할 곳을 관할하는 등기소에 상호의 가등기를 신청할 수 있다(제22조의 2 제3항).

이와 같은 경우 상호의 가등기를 하면 상호의 등기와 같은 효력이 발생한다(제22조의 2 제4항). 상호의 가등기에 관한 필요한 절차는 대법원규칙으로 정한다(제22조의 2 제5항).

---

1) 大判 1970. 9. 17, 70 다 1225 · 1226.

Ⅲ. 商業帳簿

1. 商業帳簿의 意義·種類

상업장부(kaufmännische Buchführung, lirves de commerce, trade books)란 상인이 그 영업상의 재산 및 손익의 상황을 명백히 하기 위하여 상법상의 의무로서 작성하는 장부를 말한다. 따라서 상인이 아닌 상호보험회사의 장부는 상업장부가 아니고, 영업과 재산상태의 파악 이외의 목적을 위하여 작성하는 주주명부·주주총회나 이사회의 의사록·사채원부·사채권자집회 의사록·중개인 일기장 등도 상업장부가 아니다. 소상인이 작성하는 장부에 대해서는 상업장부에 관한 규정을 적용하지 아니한다(제9조).

상법상 상인일반의 상업장부로서는 회계장부 및 대차대조표의 2종이 있다.

2. 商業帳簿에 관한 義務

(1) 作 成

상인은 모두 상업장부를 작성할 의무가 있다(제29조 제1항). 장부의 형식·기재방식에 관하여는 원칙적으로 간섭하지 아니하고, 일반적으로 공정·타당한 회계관행에 맡기고 있다(제29조 제2항). 다만 그 기재가 정연·명료하여야 하는 것(명기)은 장부작성의 목적에 비추어 당연하다. 대차대조표에는 작성자가 기명날인 또는 서명을 하여야 한다(제30조 제2항).

(2) 保 存

상인은 10년간 그 상업장부와 영업에 관한 중요서류를 보존하여야 한다(제33조 제1항 본문). 그러나 傳票 또는 이와 유사한 서류는 5년간만 보존하면 된다(제33조 단서). 이들 기간은 장부를 폐쇄한 날로부터 기산하나(제33조 제2항), 주문서, 영수증 등 중요한 서류는 타인으로부터 받은 것은 그 수령일을, 자신이 작성한 것은 그 작성일을 초일로 하면 될 것이다.[1] 또한 상업장부와 영업에 관한 중요서류는 마이크로필름 기타의 電算情報處理組織에 의하여 보존할 수도 있는데(제33조 제3항), 그 구체적인 보존방법이나 기타 필요한 사항은 대통령령으로 정한다(제33조 제4항). 상업장부의 보존의무는 영업폐지나 상인자격을 상실한 경우에도 있으며, 본인이 사망하였을 경우에는 그 상속인이, 영업양도의 경우에는 장부를 양수한 영업양수인이 보존의무를 진다. 회사기업에는 보존의무에 관한 특별규정이 있다(제266조, 제269조, 제541조, 제613조 제1항).

(3) 提　出

법원은 신청에 의하여 또는 직권으로 소송의 당사자에게 상업장부 또는 그 일부분의 제출을 명할 수 있다(제32조, 民訴 제316조 참조). 제출된 상업장부의 증거력은 法官의 自由心證에 의하여 결정된다(民訴 제187조). 그러나 제출의무가 있는 자가 이를 제출하지 않거나 파기·훼손하여 그 사용을 불가능하게 한 때에는 상업장부에 관한 상대방의 주장을 진실한 것으로 인정할 수 있다(民訴 제320조·제321조).

(4) 制　裁

상업장부에 관한 상법상의 의무를 위반한 경우에도 회사의 경우(제635조 제1항 제9호)를 제외하고는 별다른 제재가 없다. 따라서 상법의 규정은 이른바 不完全法規에 속한다. 회사의 경우에는 상업장부에 기재할 사항을 기재하지 않거나 부실기재한 때에는 업무집행사원·이사·감사·검사인·청산인·지배인 등은 500만원 이하의 과태료의 제재가 있고(제635조 제1항 제9호), 주식회사와 유한회사의 경우에는 이사의 임무해태가 되어 회사 및 제3자에 대하여 손해배상의 책임을 지게 된다(제399조, 제401조, 제567조). 파산의 경우에는 상업장부의 불작성·불완전한 작성·기재의 부정·은닉·손괴는 사기파산으로서 일정한 형벌을 받는다(破 제366조 제3호·제367조 제4호·제368조).

1) 崔基元(上) 105면.

3. 會計帳簿

(1) 會計帳簿의 意義

회계장부란 상인이 일상의 거래와 기타 영업상의 재산에 영향있는 사항을 기재하는 動態的 商業帳簿이다(제30조 제1항). 회계장부인가 아닌가는 그 명칭이나 형식과는 관계없이 그 실질에 의하여 판단하여야 할 것이다. 회계부기상의 日記帳·分介帳·元帳은 물론, 실제 거래에서 쓰는 전표도 회계장부에 포함된다고 본다.

(2) 會計帳簿의 記載事項

회계장부에 기재할 사항은 일상의 거래 기타 영업상의 재산에 영향있는 모든 사항이다. 따라서 법률행위뿐만 아니라 불법행위 또는 화재·도난으로 인한 손해 등 재산의 증감을 초래하는 모든 사항을 발생한 때마다 기재하여야 한다. 그리고 그것은 현실적인 증감이어야 하므로 단순한 매매계약의 성립과 같은 법률관계의 발생만으로는 아직 기재능력이 없고, 현실적인 재산의 변동이 있는 때에 기록하여야 한다.

종래 개인기업에 있어서는 私用財産의 기재가 문제되었는데, 상법은 '거래와 기타 영업상 재산에 영향있는 사항'으로 명시하였기 때문에 영업과 관계없는 사용재산은 기재할 수 없다.

4. 貸借對照表

(1) 貸借對照表의 意義

대차대조표란 일정한 시기에 있어서의 상인의 영업용 총재산을 자산·부채·자본의 과목으로 분류·기재하여 그 재산의 구성상태를 일목 요연하게 하는 摘要表(概括表로서 靜態的 商業帳簿)이다. 총재산이란 적극재산·소극재산은 물론, 영업상의 사실관계도 유상취득한 것이면 이를 포함하므로 기재할 수 있다. 대차대조표는 회계장부를 기초로 하여 작성되어야 하지만, 회계장부에는 나타나지 않는 자본관계의 사항(예컨대, 자본금, 적립금 등)도 기재하여 손익의 결과를 명시하여야 한다.

(2) 貸借對照表의 種類

대차대조표는 정태적 상업장부이지만 그 작성시기에 따라서 손익계산의 기초가 되는 通常貸借對照表와 재산분배의 기초가 되는 非常貸借對照表로 분류된다. 개업시, 회사성립시 또는 매결산기에 작성하는 것은 전자의 예이고, 회사의 합병·자본감소·청산·파산 등 특별한 경우에 작성하는 것(제247조 제1항, 제256조 제1항, 제269조, 제522조의 2 제1항, 제533조 제1항, 제597조, 제613조, 破 제179조 제1항, 會整 제178조)은 후자의 예이다.

(3) 貸借對照表의 作成의 形式과 方法

대차대조표는 회계장부에 의거 작성하고 그 작성자가 기명날인 또는 서명하여야 한다(제30조 제2항). 회계장부를 기초로 하여 작성하되 공정타당한 회계관행에 의거 작성하여야 함은 물론이다. 기업회계의 실무에서는 '企業會計基準'에 정해져 있는 대차대조표 작성기준(企會基 제11조)에 따라 작성하고 있다.

여기서 작성자는 개인기업의 경우에는 영업주, 회사기업에 있어서는 업무집행사원, 대표이사, 유한회사의 이사 등 작성의무가 있는 자를 말하고, 현실로 기재한 자를 말하는 것은 아니다.

5. 資産評價의 原則

(1) 資産評價의 重要性

상업장부가 영업상의 재산이나 손익의 상황을 어느 정도나 명확하게 표시하며, 그것이 영업의 합리적 경영을 위하여 어느 정도나 도움이 되느냐 하는 것은 오로지 기재하는 자산의 평가방법에 달려 있다고 하여도 과언이 아니다. 그러므로 자산의 평가는 그것이 적극자산이든 소극자산이든, 과대평가나 과소평가를 하여서는 아니된다. 상법은 총칙에서 다음과 같은 자산평가의 일반원칙을 규정하고(제31조), 물적회사에 관하여는 회사편에서 비교적 상세한 평가방법을 규정하고 있다(제452조, 제583조).

(2) 보통의 경우의 評價原則

회계장부에 기재하는 자산의 평가는, ① *流動資産*은 취득가액·제작가액(原

價主義) 또는 시가에 의하되(時價主義), 시가가 취득가액 또는 제작가액보다 현저하게 낮은 때에는 시가에 의한다(低價主義, 제31조 제1항). 그러나 처음부터 시가주의를 택한 때에는 저가주의가 적용될 여지가 없다. 유동자산의 평가는 원가주의와 시가주의 중 한 가지 원칙에 의하여 일률적으로 평가하여야 하며, 유동자산의 종류에 따라 다른 원칙을 적용하여서는 안 된다. 또 한번 선택한 원칙은 특별한 사정이 없는 한 계속 적용되어야 하므로 영업연도마다 다른 원칙을 적용하는 것은 허용되지 않는다. ② 固定資産은 취득가액 또는 제작가액으로부터 상당한 감가액을 공제한 액에 의하되(原價主義), 예측하지 못한 減損이 생긴 때에도 상당한 감액을 하여야 한다(제31조 제2항).

(3) 특수한 경우의 評價原則

비상대차대조표에 기재하는 자산의 평가도, 청산과 파산의 경우와 같이 영업을 종료하는 경우에 작성하는 것은 각 자산을 개별적으로 처분할 때의 가액, 즉 청산가액에 의하여야 한다. 그러나 그 밖의 경우(예컨대, 회사의 합병이나 인적회사 사원의 퇴사의 경우에 지분계산을 위하여 작성하는 때)에는 보통의 경우와 다를 바 없다.

제 4 장
營業의 公示 및 讓渡

제 1 절　商業登記(營業의 公示)

I. 序　　說

1. 商業登記의 意義

상업등기(Handelsregister, enregistrement de commerce, commercial registration)란 '상법의 규정에 의하여 상업등기부에 하는 등기'로서(제34조), 상법이 요청하는 공시주의의 대표적인 제도이다.

i) 상업등기는 상법의 규정에 의하여 하는 등기이므로 민법 기타의 법률에 의하여 하는 부동산등기나 상호보험회사등기(保業 제40조·제41조)·농업협동조합등기(農協組 제90조 이하)·수산업협동조합등기(水協組 제92조 이하)·중소기업협동조합등기(中企協組 제96조) 등은 상업등기가 아니다.

ii) 상업등기는 상업등기부에 하는 등기이다. 상업등기부에는 未成年者·法定代理人·支配人·商號·合名會社·合資會社·株式會社·有限會社·外國會社에 관한 것 9종류가 있고(非訟 제136조), 이 9종의 등기부에 하는 등기만이 상업등기이다. 그러므로 상법의 규정에 의한 등기라 할지라도 특별법이 정하는 바에 따라서 상업등기부가 아닌 다른 장부(선박등기부)에 하는 선박등기도 상업등기가 아니다(제743조, 船 제8조, 船舶登記法 참조).

2. 商業登記制度의 目的

상업등기제도는 거래를 보호하기 위한 하나의 방책으로서의 공시주의가 구체적으로 표현된 것이다. 따라서 상인과 상대방인 일반 공중의 이익을 조화하는 것이며, 어느 편에나 다 필요·불가결한 제도이다.

상인의 편에서 보면 기업의 구조나 책임관계 등 거래상 중요한 사항을 공시하기 때문에, 때로는 영업상의 기밀을 유지하는데 다소 불리할지도 모른다. 그러나 일정한 사항을 공시함으로써 상인 자신의 사회적 신용을 유지·증대시킬 수 있으며, 나아가서 공시한 사항을 선의의 제3자에게 까지도 대항할 수 있게 되므로 결국 상인에게 이익이 된다. 또 상인과 거래하는 일반공중의 편에서 본다면, 등기사항에 관하여 일일이 조사하려고 애쓸 필요도 없으며, 자기가 하는 거래행위의 법률적·경제적 효과를 손쉽게 예측할 수 있어서 매우 편리하다. 이것은 결국 거래를 원활·확실하게 하고, 장기적으로는 부실기업의 자연도태를 촉진하게 되므로 국민경제적으로도 그 의의가 크다.

Ⅱ. 商業登記의 節次

1. 登記의 申請

(1) 當事者申請主義

등기는 원칙적으로 당사자의 신청에 의하여 이루어진다(제34조, 非訟 제147조). 이를 當事者申請主義(Antragsprinzip, Anmeldungsprinzip)라고 한다. 여기서 당사자란, 개인상인의 경우에는 상인 자신 혹은 그 대리인, 상인이 사망한 경우에는 그 상속인, 상인이 무능력자인 경우에는 그 법정대리인을 말하고, 회사의 경우에는 등기의 성질에 따라 등기신청기관이 법정되어 있다. 상업등기의 관할 등기소는 등기신청자의 영업소의 소재지를 관할하는 등기소이다(제34조, 非訟 제129조). 상업등기의 신청은 서면으로 하여야 하고, 등기신청서에는 법정사항을 기재하고 신청자 또는 그 대리인이 기명날인 또는 서명을 하여야 한다(非訟 제

150조). 그러나 등기사항이 법원의 재판에 의해서 생기는 경우(예컨대, 해산판결 및 회사설립무효판결의 확정 등의 경우)에는 예외로 법원이 직권으로 등기소에 등기를 촉탁하여야 한다(제192조, 非訟 제93조 · 제98조 · 제107조).

대개 회사기업에 있어서는 그 조직이 복잡하고 사회적으로 미치는 영향력도 크기 때문에 상업등기가 의무로서 강제되고, 이를 위반하면 500만원 이하의 과태료에 처하고 있으나(제635조 제1항 제1호), 일반기업에 있어서는 지배인의 선임 · 해임을 제외하고는 등기의무가 없고, 다만 등기를 하지 않으면 등기의 이익을 향수할 수 없는 데 그친다.

(2) 登記事項

등기사항은 상인의 신용을 유지하고 제3자를 보호하는데 중요한 사항으로서 주로 책임관계에 관한 사항이다. 그 구체적 내용은 법률이 일일이 정하고 있다. 등기사항은 그 구별의 기준에 따라, ① 상인일반에 관한 사항(예컨대, 상호 · 지배인), 개인상인에 관한 사항(예컨대, 미성년자 · 법정대리인), 회사에 관한 사항, ② 반드시 등기하여야 하는 절대적 등기사항(대부분의 것)과 등기를 할 수 있는데 불과한 상대적 등기사항(예컨대, 개인상인의 상호), ③ 법률관계의 창설에 관한 설정적 사항(예컨대, 지배인의 선임 · 회사의 설립)과 법률관계의 해소 · 면책에 관한 면책적 사항(예컨대, 지배인의 해임 · 사원의 퇴사) 등으로 분류할 수 있다.

등기사항에 관한 상법총칙의 규정에 의하면, 본점의 주소지에서 등기할 사항은 특별한 규정(예컨대, 제13조)이 없으면 지점의 소재지에서도 등기하여야 한다(제35조). 그러나 개인상인의 상호와 같은 상대적 등기사항은 본점에서 등기하였다고 하더라도 지점에서 등기할 필요가 없다고 본다.[1] 또한 등기사항에 변경이 있거나 그 사항이 소멸한 때에는 당사자는 지체없이 변경 또는 소멸의 등기를 하여야 한다(제40조). 따라서 상대적 등기사항이더라도 일단 등기한 후에 등기사항의 변경 · 소멸이 있는 때에는 그 변경 · 소멸은 절대적 등기사항이 된다.

---

1) 姜渭斗(總) 186면; 孫珠瓚(上) 169면; 李炳泰(上) 169면.

2. 登記所의 審査權

(1) 意 義

등기사항이 적법한 것이어야 하고, 등기가 진실관계를 공시하여야 한다는 것은 법의 당연한 요청이다. 따라서 등기소(실제로는 등기관)는 등기신청의 적법성에 관하여 심사를 하고, 만약 등기의 신청이 상법 또는 비송사건절차법의 규정에 적합하지 아니할 때에는 이유를 붙인 결정으로써 그 신청을 각하하여야 한다(非訟 제159조).

(2) 審査權의 範圍

등기소가 등기신청의 적법성을 심사함에 있어서 그 심사권의 범위가 어디까지인가에 관하여 학설은 대체로 세 가지로 나누어진다.

첫째, 形式的 審査主義에 의하면, 등기소는 그 신청이 형식상 적법한가(즉, ① 신청사항이 법정등기사항인가, ② 그 등기소의 관할사건인가, ③ 신청자가 적법한 신청자 또는 그 대리인인가, ④ 신청서류가 법정의 형식을 구비하고 있는가)를 심사할 권한과 의무가 있을 뿐이고, 신청사항의 내용이 진실과 부합하는가 하는 실질적 진실성의 문제까지는 심사할 권한도 의무도 없다는 것이다. 따라서 등기신청이 형식상 적법하다면 즉시 수리하여 등기하여야 한다는 것이다.

형식적 심사주의의 근거는 ① 등기관은 단순한 기록관일 뿐 법관이 아니므로 등기사항의 眞否를 심사하는 것은 그 임무가 아니거나 불가능하고, ② 등기란 그 성질상 사실 자체를 등기하는 것이 아니고 신청한 내용을 등기하는 것이며, ③ 등기소에 실질적 심사권을 인정하면 오늘날 등기사항의 발생·변경이 매우 많음에 비추어 등기가 지연되어 기업거래에 혼란을 야기할 염려가 있고, ④ 등기에는 일반적인 공신력이 없다는 것 등을 들고 있다.[1)]

둘째, 實質的 審査主義에 의하면 등기소는 신청한 등기사항의 형식적 적법성을 심사할 권한과 의무가 있을 뿐만 아니라, 신청사항의 진위에 관한 내용적·실질적 진실성의 문제까지도 심사할 권한과 의무가 있다고 주장한다.

실질적 심사주의의 근거는 ① 등기제도의 본래의 목적은 진실한 객관적 사실

1) 林泓根(總) 151~152면; 鄭茂東(上) 130면.

의 공시에 있는 것이며, ② 舊非訟事件節次法 제204조는 등기의 신청이 상법 또는 동법의 규정에 적합하지 아니할 때에는 이를 각하하여야 한다고 정하고 있지 부동산등기법 제55조의 규정과 같이 각하를 하여야 하는 경우를 한정적으로 열거하고 있지 아니하므로, 실질적인 사유도 각하사유로 볼 수 있으며(그러나 1991.12.14. 개정비송사건절차법 제159조에서는 부동산등기법 제55조와 유사하게 각하사유를 한정적으로 열거하고 있으므로 이와 같은 주장은 더 이상 타당하지 않다고 본다), ③ 법원은 직권으로 사실의 탐지와 필요하다고 인정하는 증거의 조사를 하여야 한다는 규정(非訟 제11조)이 등기소에도 적용된다는 것(非訟 제1조) 등이다.[1]

셋째, 修正實質的 審査主義에 의하면 등기소는 형식적 심사의 권한과 의무가 있는 것은 물론, 실질적 심사의 권한을 가지나, 실질적 심사의 의무는 다만 신청사항이 진실과 상위하다는 의심이 가는 경우에만 있고, 일반적으로 실질적 심사의무를 부담하지는 않는다고 설명한다.[2]

생각건대, 형식적 심사주의나 실질적 심사주의나 철저하게 그 주장을 관철하는 경우에는 실제상 부당한 결과를 가져오게 된다. 그러므로 어느 학설이나 실제로는 완화되어 거의 같은 결과가 되고 있다. 즉, ① 형식적 심사주의에 의하더라도 등기소에서 신청사항의 허위를 알고 있거나 다른 이유가 있을 때에는 공무원의 충실의무에 기하여 직권에 의한 사실심사를 하여야 한다고 하고, ② 실질적 심사주의에 의하더라도 보통 당사자는 진실을 숨기거나 또는 허위신청을 한다 하여 특별한 이익이 없을 것이고, 또 성질상 상업등기는 신속을 요하므로 공무원으로서는 신청서류를 중심으로 사실상 할 수 있는 정도의 심사를 할 뿐이라고 한다.

물론 등기제도의 목적상 등기는 가능한 한 진실에 합치되어야 하며, 등기가 진실과 합치할 때에만 등기의 의미가 있는 것이라는 점에서 이론적으로는 실질적 심사주의가 타당하다고 할 수 있다. 그러나 실질적 심사주의도 실제로는 완화되고 있으므로 결과적으로는 수정실질적 심사주의로 귀착하는 것이라고 본다.

---

1) 徐燉珏 · 鄭完溶(上) 120면.
2) 孫珠瓚(上) 172면; 鄭燦亨(上) 145면; 崔基元(上) 145면.

3. 登記의 公示

상업등기는 부동산등기나 선박등기에서와 같이 개별적·수동적 공시방법만이 인정되고, 공고와 같은 일반적·능동적 공시방법은 인정되지 않는다.

개별적·수동적 공시방법이란 등기부와 그 부속서류의 열람(非訟 제142조, 商登規 제26조·제27조), 등본 또는 초본의 교부(非訟 제142조, 商登規 제26조·제28조), 등기불변경 또는 부존재의 증명과 같은 등기에 관한 증명(非訟 제142조 제2항, 商登規 제26조·제29조·제30조) 등이다.

≪公告制度의 廢止≫

1995년 개정법에서 공고는 삭제했다. 구법에서는 등기를 하면 법원은 지체없이 등기사항을 공고하여야 했다(舊商 제36조 제1항). 즉, 관보 및 미리 선정한 신문에 적어도 1회 게재하여야 했고(非訟 제133조 제1항·제134조), 만약 어떠한 사유로 인하여 공고가 등기와 상위할 때에는 공고가 없는 것으로 보았다(舊商 제36조 제2항). 그러나 등기사항을 법원이 지체없이 공고를 한다는 것을 기대하기 어려운 실정이었기 때문에, 구상법은 상업등기 공고의 유예에 관한 규정을 두고서(舊商附 제3조), 대법원규칙(상업등기처리규칙)으로 정하는 상당한 기간 동안은 공고는 하지 않고, 따라서 등기를 한 때에 공고한 것으로 보아 왔는데, 전혀 실시의 가능성이 없어서 공고제도를 폐지한 것이다.

Ⅲ. 商業登記의 效力

1. 序　　言

상업등기의 목적은 거래관계에 있어서 중요한 사항을 널리 공시하기 위한 제도이므로, 원래 등기만으로는 별다른 효력이 생기지 아니하고 등기뿐만 아니라 공고를 하여야만 비로소 효력이 생기도록 했었는데, 이러한 효력을 商業登記의 一般的 效力이라고 한다. 그러나 1995년 개정상법에서는 등기만으로도 다음과 같은 일반적 효력이 생긴다.

2. 商業登記의 一般的 效力(確保的 效力)

상법 제37조가 규정하고 있는 상업등기의 일반적 효력은 상업등기의 본질적 효력으로서, 기존의 법률관계를 확보·선언하는 것이므로, 확보적 효력 또는 선언적 효력이라고도 하는데, 등기의 전후로 나누어 생각할 수 있다.

(1) 登記 전의 效力

등기 전에는 등기사항을 악의의 제3자에 대해서는 대항할 수 있으나, 선의의 제3자에 대해서는 대항하지 못한다(제37조 제1항)(예컨대, 지배인 해임). 이것을 消極的 公示의 原則(negatives Publizitätsprinzip)이라고 한다.

선의란 당해사항의 不知를 말한다. 그 不知가 과실에 기인한 것이든 아니든 묻지 않으며, 또 그 知·不知는 거래를 한 때를 표준으로 하여 결정한다. 그러나 등기 전에는 제3자는 선의라고 추정되므로, 그 악의는 주장하는 사람이 상대방이 등기사항을 알고 있었음을 입증하여야 한다.

당사자가 선의의 제3자에 대항하지 못하는 것이므로, 그 사실을 제3자가 당사자에게 주장하는 것은 상관없다(예컨대, 지배인 선임). 여기서 등기당사자란 등기사항인 법률관계의 당사자로서, 예컨대 지배인의 선임등기에 있어서는 영업주와 지배인, 합명회사 사원의 퇴사등기에 있어서는 회사와 퇴사원 기타 사원을 포함하는 개념으로서 반드시 등기신청자만을 말하는 것이 아니다. 그리고 관계당사자 사이 또는 제3자와 제3자 사이에서는 등기와는 상관없이 객관적인 사실관계에 따라서 주장을 할 수 있다.

(2) 登記 후의 效力

등기사항이 등기되면 선의의 제3자에게도 이를 대항할 수가 있다. 즉, 제3자가 등기된 사실을 몰랐다 하더라도 알고 있는 것으로 악의가 의제된다. 이것을 積極的 公示의 原則(positives Publizitätsprinzip)이라고 한다. 그러나 등기가 있었더라도 제3자가 '正當한 事由', 예컨대 교통이 두절되어 등기부열람을 할 수 없는 경우 또는 등기부의 소실 등의 경우와 같이 객관적인 장애가 있었을 경우에는 그에게 대항하지 못한다(제37조 제2항). 다만 그 정당한 사유로 인하여 몰랐다는 거증책임은 제3자가 져야 한다(그러나 상법 제37조 제2항은 공고제도를 전제로 한 조문이므로, 입법론상 의문의 여지가 있다고 생각한다).

(3) 一般的 效力의 適用範圍

i) 일반적 효력이 적용되는 것은 등기사항에 한한다. 등기사항인 한 절대적 등기사항이든 상대적 등기사항이든, 또 設定的 登記事項(지배인의 선임)이든 免責的 登記事項(지배인의 해임)이든 불문한다. 그리고 새로 발생한 사항이든 기존사항의 변경 또는 소멸(예컨대, 지배인을 선임하고 그 등기를 하기 전에 해임한 경우에도 선의의 제3자에게 대항하려면 해임의 등기가 필요하다)에 관한 것이든 상관없다.

ii) 일반적 효력은 기업활동 일반에 적용되는 것으로서 거래에 의하지 않는 不法行爲·事務管理·不當利得 등에 대하여도 적용된다는 학설이 있다.[1] 상법 제37조를 거래행위에 한정하는 것은 법적 생활의 안정성의 요구를 부당하게 무시하게 된다는 것이 그 이유이다. 그러나 ① 상법 제38조에서 지점소재지에서 등기할 사항을 등기하지 아니한 때에 일반적 효력에 관한 제37조의 규정은 그 지점의 '거래'에 한하여 적용한다고 규정하고 있고, ② 거래와 관련이 없는 불법행위에 의한 손해배상청구권에 관하여도 등기의 유무로써 제3자의 보호여부를 결정한다는 것은 거래의 안전을 보호한다는 상업등기의 목적을 벗어나는 것이라 생각되므로,[2] 일반적 효력은 원칙적으로 거래관계와 소송관계에만 적용된다고 본다. 그러나 해임된 지배인이 지배인 자격을 사칭하여 거래처로부터 상품을 편취한 경우 등 거래와 불가분의 관계에서 생기는 불법행위 등의 비법률행위적 법률관계의 경우에는 제37조를 적용하여 그 거래의 상대방에게 손해배상청구권을 인정하는 것이 타당하다고 생각된다.[3]

iii) 일반적 효력이 적용되는 지역적 범위는 영업소를 기준으로 한다. 즉, 본점의 소재지에서 등기할 사항은 다른 규정이 없으면 지점의 소재지에도 등기하여야 하는데(제35조)[예컨대, 지배인은 따로 본점과 지점에서 등기한다(제13조)], 등기사항을 본점의 소재지에서는 등기를 하고 지점의 소재지에서 등기하지 아니한

---

1) 鄭熙喆(上) 122면.
2) 李炳泰(上) 179면; 大判 1960. 4. 21, 4290 民上 816; 大判 1978. 12. 26, 78 누 167.
3) 孫珠瓚(上) 182면; 林泓根(總) 155면.

때에는 상법 제37조의 소극적 · 적극적 공시의 원칙은 그 지점의 거래에 한하여 적용된다(제38조).

3. 商業登記의 特殊的 效力

등기사항은 원칙적으로 등기를 함으로써 상술한 바와 같이 선의의 제3자에게도 대항할 수 있는 확보적 효력이 생긴다. 그러나 이러한 본질적 효력 외에도 법률관계를 획일적으로 창설하거나 확정하는 특수한 효력이 발생한다.

(1) 創設的 效力

등기를 함으로써 새로운 법률관계가 창설되는 경우가 있는데 이것을 등기의 창설적 효력(設定的 效力)이라고 한다. 예컨대, ① 상호의 양도를 등기하면 특별한 대항력이 생기며(제25조 제2항), ② 회사의 설립등기에 의하여 회사가 성립하고(제172조), ③ 회사의 합병등기에 의하여 회사합병의 효력이 발생하는 것(제234조, 제530조 제2항, 제603조), 유한회사의 증자(제592조) 등과 같은 것이다.

(2) 補完的 效力

어떤 사항을 등기하면 등기사항인 법률관계의 전제조건인 법률사실에 존재하는 하자가 치유된 것과 같은 효과가 나타나서 다시는 그 하자를 주장하지 못하게 된다. 이러한 효과를 보완적 효력이라고 한다. 예컨대, ① 회사의 설립등기를 하면 후에 회사설립의 무효 · 취소판결이 확정되어도 종래의 법률관계에는 아무런 영향도 미치지 않고(제190조, 제269조, 제328조 제2항, 제552조 제2항), ② 주식회사의 설립등기나 신주발행의 변경등기가 있은 후 1년이 경과한 때에는 주식인수인이 주식청약서 또는 신주인수권증서의 요건의 흠결을 이유로 하여 그 인수의 무효를 주장하거나 사기 · 강박 또는 착오를 이유로 하여 그 인수를 취소하지 못하는 것(제320조, 제427조) 따위이다.

(3) 附隨的 效力

등기가 어떤 행위의 허용 또는 면책의 기초가 되는 경우가 있는데, 이런 것을 부수적 효력이라고 한다. 예컨대, ① 어떤 행위를 허용하는 경우로서는, 주식회사의 설립등기를 하면 주권을 발행할 수 있고(제355조 제2항), 주식도 유효하게 양도할 수 있으며(제319조), 외국회사는 우리 나라에서 영업소설치의 등기를 하면 거래를 계속할 수 있는 것(제616조) 등이다. ② 등기가 면책의 기초가 되는 경우로는 합명회사·합자회사의 사원의 책임이 퇴사등기를 한 때로부터 2년(제225조, 제269조), 해산등기를 한 때로부터 5년(제267조, 제269조)이 경과하면 소멸하는 것 따위이다.

4. 商業登記의 推定力과 不實登記의 效力

(1) 推 定 力

상업등기부에 등기된 사항은 일단 진실이라고 추정되는 사실상의 추정력(tatsächliche Vermutung)이 있음은 의심의 여지가 없으나,[1] 등기부에 등기를 하면 사실관계는 여하튼간에 법률상 진실한 것이라고 추정되느냐 하는 法律上의 推定力(gesetzliche Vermutung)에 관하여는 학설이 나뉜다.

법률상의 추정력이 인정되면 등기된 사항의 존재를 부인하는 자가 반대의 거증책임을 져야 한다. 부정설은 등기관의 심사권에 관하여 형식적 심사주의를 취하는 결과이고, 반대로 실질적 심사주의를 취하면 긍정설에 이르게 된다. 생각건대, 거래의 안전을 도모하기 위해서는 등기라는 외관을 신뢰한 자를 일단 보호하고, 그 외관을 부정하려는 자에게 거증책임을 지우는 것이 타당하다고 본다.

(2) 不實登記의 效力

등기에 법률상의 추정력을 인정한다 하더라도, 당사자가 등기와 진실관계가 다르다는 것을 입증한 경우에는 제3자의 신뢰는 보호받지 못한다. 즉, 상업등기에는 公信力이 없다.[2]

상업등기제도는 객관적 진실을 공시하여 그 효력을 확보하자는 데 그 목적이 있는 것이므로, 객관적 진실과 다른 사항을 등기하더라도 원칙적으로 아무런 효력이 생기지 않는다. 그러므로 등기사항을 믿고 거래를 한 제3자가 보호받지 못

1) 大判 1959. 7. 23, 4291 民上 759·760.
2) 大判 1996. 10. 29, 96 다 19321.

하게 된다. 이와 같이 상업등기에 절대적 공신력을 인정하지 않는 것은, ① 등기소가 실질적 심사권을 갖지 않는 현재의 제도 아래서는 당연한 결과이며, ② 등기관의 착오나 제3자의 허위신청에 의한 부실등기에 대하여서까지 본인에게 책임을 지우는 것은 너무 가혹한 일이며, ③ 상인과 거래하는 제3자의 수는 많고 거래량도 막대한 것인데, 공신력을 인정하여 제3자만 보호한다면 기업의 기초를 위태롭게 할 염려가 있기 때문이다. 다만, 부실등기의 원인이 상인 자신에게 있는 경우에는 그것을 믿은 제3자를 보호하여 줄 필요가 있다. 상법 제39조는 "고의 또는 과실로 인하여 사실과 相違한 사항을 등기한 자는 그 상위를 선의의 제3자에게 대항하지 못한다"고[1] 규정하였다. 따라서 상인은 부실등기를 한 경우, 예컨대 상인이 고의로 지배인 아닌 자를 지배인으로 등기한 경우, 자기에게 고의나 과실이 없다는 것, 또는 제3자가 악의였다는 사실을 입증하지 못하는 한 그 不實登記의 구속을 받는다. 이것은 결국 금반언의 법리·외관존중의 원칙의 표현이다. 제39조는 상인의 作爲의 경우에만 적용된다. 따라서 등기할 사항을 등기하지 아니하고 방치한 경우(부작위)에는 제37조 제1항(소극적 공시의 원칙)이 적용된다.

제 2 절 營業讓渡

Ⅰ. 營業讓渡의 意義

영업양도란 영리목적을 실현하기 위하여 組織化된 有機的 一體로서의 機能的 財産(객관적 의의의 영업)을 (영업의 동일성을 유지하면서) 계약에 의해서 양도하는 것이다(제41조~제45조).[2] ① 영업의 동일성이 유지되는 한 부분적인 증

1) 大判 1968. 7. 31, 68 다 1050; 大判 1971. 2. 23, 70 다 1361·1362; 大判 1974. 2. 12, 73 다 1070; 大判 1975. 5. 27, 74 다 1366.

2) 大判 1989. 12. 26, 88 다카 10128; 大判 1997. 4. 25, 96 누 19314; 大判 1997. 6. 24, 96 다 2644.

감・변경이 있어도 무방하다. 또 동일성이 사회통념상 인정되는 한 일부의 유보나 일부만의 양도도 가능하다(예컨대, 지점을 제외한 양도, 지점만의 양도). ② 계약에 의한 이전이므로 상속에 의한 포괄승계의 경우와 다르다. ③ 병존하는 양 당사자 간의 개인법상의 특정승계이므로, 두 회사가 동일인격을 합하는 단체법상의 포괄승계인 회사합병과 다르다. ④ 영업의 소유관계에 변동이 생기므로, 영업의 경영관계에만 변동이 생기는 영업의 임대차나 경영위임과도 다르다.

Ⅱ. 營業讓渡의 自由와 制限

영업을 양도하는 것은 원칙적으로 상인의 자유이다. 다만 특별법에서 영업의 양수를 제한함으로써 상대적으로 영업의 양도가 제한되는 경우가 있다.

≪獨占禁止法上의 營業讓渡制限≫

獨占規制 및 公正去來에 관한 法律에 의하면 기업결합의 규제를 위하여 납입자본금 또는 총자산이 일정금액 이상인 회사 및 그 계열회사 또는 당해 회사와 특수한 관계에 있는 자(特殊關係人)는 공정거래위원회가 인정하는 경우가 아니면 영업의 전부 또는 주요 부분의 양수・임차, 고정자산의 전부 또는 주요 부분의 양수를 하지 못하고(獨規 제7조 제1항 제4호, 獨規施 제11조・제12조 참조), 양수를 하고자 하는 자는 영업양수계약에 대한 주주총회 또는 이에 갈음하는 이사회의 결의가 있은 후 30일 이내에 공정거래위원회에 신고하여야 한다(獨規 제12조 제4항). 위의 신고를 한 자는 신고 후 30일이 경과할 때까지 영업양수계약 이행행위 또는 주식인수행위를 하여서는 아니되나, 공정거래위원회가 필요하다고 인정할 때에는 그 기간을 단축하거나 60일을 초과하지 아니하는 범위 내에서 이를 연장할 수 있다(獨規 제12조 제5항).

Ⅲ. 營業讓渡의 法的 性質

영업양도의 법적 성질에 관하여는 학설이 여러 가지로 나뉘고 있으나, 크게 讓渡處分說과 地位交替說로 분류할 수 있고, 그 중 양도처분설이 타당하다고 생각한다.

≪營業讓渡의 法的 性質에 관한 學說≫

(i) 양도처분설은 영업을 순객관적으로 파악하여 권리의 객체인 영업을 양도처분하는 것이 영업양도라고 하는 입장이다. 이 학설은 다시 객관적 영업의 중점을 어디에 두느냐에 따라서, ① 영업용으로 제공되는 각종 재산의 총체를 영업으로 보고 영업양도를 이러한 영업재산의 양도라고 설명하는 영업재산양도설(통설), ② 영업을 영업에 고유한 사실관계 내지 영업조직이며, 각개의 재산은 그 영업조직의 종물에 불과하다고 이해하여, 영업양도를 영업에 고유한 사실관계 내지 영업조직의 양도라고 보는 영업조직양도설, ③ 영업을 영업재산을 중심으로 하여 이해하면서도 특히 영업의 유기체성(Organischheit)을 강조하여 이러한 유기체의 양도가 영업양도라고 해석하는 영업유기체양도설[1]로 갈린다.

(ii) 한편 지위교체설은 영업 외의 주체적 활동면을 중시하여 영업양도란 영업자로서의 법적 지위의 이전이라고 보는 입장이다. 이 학설도 다시 ① 영업양도는 양도인이 그 양도한 영업의 영업자인 지위로부터 물러나고, 양수인으로 하여금 이에 갈음하게 하는 것을 주요 목적으로 하면서 이에 수반하여 영업활동의 수단인 영업재산을 이전할 의무를 부담하는 계약이라는 영업활동교체계약설,[2] ② 영업양도는 양도인이 계약에 의하여 그 기업주체인 지위에서 물러나고, 대신 양수인으로 하여금 그 지위에 있도록 하는 것이라는 기업주체지위양도설,[3] ③ 영업양도는 기업자지위의 인계교체를 목적으로 하는 행위라는 기업자지위승계설,[4] ④ 영업의 양도를 영업의 경영자인 지위를 인계하는 약속과 함께 영업재산을 양도하는 것이라고 설명하는 지위재산이전설[5] 등으로 학설이 갈린다.

---

1) 大隅建一郎, ≪商法總則≫, 1984, 288면.
2) 高窪喜八郎, ≪改正商法總論≫ 1928, 249면.
3) 升本重夫, "企業讓渡に就て", ≪法學新報≫ 46卷 2號 30면.
4) 西原寬一, ≪日本商法論≫(第一卷), 1950, 39면, 240면.

(iii) 생각건대, 영업양도가 단순히 적극적 영업재산만의 양도가 아님은 물론이다. 그렇다고 채권계약의 대상이 될 수 없는 경영자의 지위를 영업양도계약의 내용으로 하는 것도 부당하다. 법률적으로는 영업자로서의 지위는 양수인이 영업활동을 개시함으로써 당연히 취득되는 것이기 때문이다. 따라서 영업재산을 영업상 필요한 事實關係까지도 포함한 '機能的 財産'으로 이해한다면, 영업양도는 이러한 영업재산의 이전이라고 보아 무방할 것이다. 영업재산의 특이성을 인정한다면, 경영자로서의 지위의 인계 문제가 별개의 독립된 계약내용으로 취급될 이유가 없다고 본다.

Ⅳ. 營業讓渡의 節次

1. 對內的 意思의 決定

당사자가 개인상인인 경우에는 각자가 직접 계약을 체결하게 되므로 별로 문제가 되지 않는다. 그러나 회사의 경우에는 영업양도가 해산 또는 정관변경을 초래하는 중대사항이므로 신중한 절차를 필요로 한다.

(1) 會社가 讓渡人인 경우

회사가 양도인인 경우 ① 합명회사 또는 합자회사에 있어서는 총사원의 동의를 요하나(제204조, 제269조), 해산 후에는 총사원의 과반수결의(제257조, 제269조)를 요하고, ② 주식회사 또는 유한회사에 있어서는 해산의 전후를 불문하고 주주총회 또는 사원총회의 특별결의가 필요하다(제374조 제1항 제1호, 제576조 제1항).

주식회사가 영업을 양도하는 경우에는 양도반대주주의 株式買受請求權이 인정된다(제374조의 2).

(2) 會社가 讓受人인 경우

① 합명회사 또는 합자회사가 영업을 양수하는 경우에는 이로 인하여 定款을

5) Wieland, Handelsrecht, Bd. I, 1921, S. 249f.

변경하게 되는 때에 한하여 총사원의 동의가 필요하고(제204조, 제269조), 그 밖의 경우에는 일반적인 업무집행방법으로 처리할 수 있으며, ② 주식회사 또는 유한회사에 있어서는 다른 회사의 영업 전부를 양수하는 경우에만 주주총회 또는 사원총회의 특별결의가 필요하다(제374조 제1항 제3호, 제576조 제1항).

2. 讓渡契約의 締結

(1) 方 式

양도계약의 방식에 관하여는 특별 규정이 없으므로 당사자 간의 합의만으로 성립하나, 실제로는 계약의 중요성에 비추어 書面契約이 보통이다.

(2) 時 期

당사자가 회사인 경우에는 영업양도에 관한 대내적 의사가 결정된 후에 대표기관이 계약을 체결하는 것이 본래의 순서이나, 반대로 총사원의 동의 또는 총회의 결의를 조건으로 하여 미리 양도계약을 체결하여도 된다.

(3) 契約內容

일반적으로 영업양도계약의 내용이 되는 것은 ① 자산과 부채에 관한 사항, ② 영업소와 상호의 양도에 관한 사항, ③ 사용인의 인계에 관한 사항, ④ 해약사유 기타 계약조건의 변경에 관한 사항 등이다.

V. 營業讓渡의 效果

영업양도계약이 체결되면, 그 계약의 규정 및 상법의 규정에 따라 다음과 같은 효과가 발생한다.

1. 營業讓渡의 對內的 效果(當事者間의 關係)

(1) 積極的 義務(營業財産의 移轉義務)

영업양도계약이 체결되면 양도인은 각종 영업재산을 양수인에게 이전하여 이익을 받게 할 적극적 의무를 부담한다. 영업재산의 범위는 특약이 없는 한 영업에 속하는 일체의 재산이다. 그러나 포괄승계는 아니므로 재산의 종류에 따라 각각 개별적으로 이전절차를 밟고, 또 제3자에 대한 대항요건을 구비하는 데 필요한 절차도 밟아야 한다.[1] 즉, ① 不動産 및 商號에 관하여는 등기(제25조 제2항, 民 제186조), ② 動産에 관하여는 인도(民 제188조), ③ 特許權이나 商標權에 관하여는 등록(特許 제49조, 商標 제16조 제4항), ④ 指示債權에 관하여는 배서교부(民 제508조, 어 제12조~제14조), ⑤ 指名債權에 관하여는 채무자에 대한 통지 또는 채무자의 승낙(民 제450조), ⑥ 주식에 관하여는 주권의 교부(제336조)를 각각 하여야 하고, ⑦ 채무에 관하여는 양수인이 양도인으로 하여금 그 채무를 면하게 하는 데 필요한 행위(民 제453조 · 제454조 · 제501조)를 하여야 하며, ⑧ 事實關係에 관하여는 양도인이 양수인으로 하여금 이것을 이용할 수 있는 지위에 서게 하여야 한다(예컨대, 영업상의 비결의 전수, 고객 · 구입처의 소개 등).

그리고 영업의 인적 설비도 영업의 동일성을 유지하기 위하여 필요하기 때문에 양도인의 상업사용인 등에 대한 고용계약상의 권리도 이전된다고 본다.[2] 다만 상업사용인 등은 고용계약을 해지할 수 있다(民 제661조).

(2) 消極的 義務(競業禁止義務)

양도인이 영업양도 후에도 동종영업을 재개하는 경우에는 양수인이 사실관계를 충분히 이용할 수 없을 것이므로, 영업양도의 실효성을 확보하기 위하여 상법은 양도인에게 일정한 범위의 경업금지의무를 부담시키고 있다(영업양도를 사실관계까지 포함한 기능적 재산의 양도로 이해하는 한 이 부작위의무는 영업양도의 성질상 당연히 발생하는 것이며, 경업금지의무를 정한 상법 제41조는 그 범위를 명확히 한다는 데 의미가 있는 것이다). 즉, ① 당사자 간에 다른 약정이 없으면 양도인은 10년간 동일한 서울특별시 · 광역시 · 시 · 군과 인접한 서울특별시 · 광역시 ·

---

1) 大判 1991. 10. 8, 91 다 22018 · 22025
2) 大判 1994. 6. 28, 93 다 33173; 大判 1997. 6. 27, 96 다 49674.

시·군에서 동종영업을 하지 못한다(제41조 제1항). 이 때 영업양도인이 영업소를 설치하고 있느냐는 불문한다. ② 양도인이 동종영업을 하지 않을 것을 약정한 때에는 동일한 서울특별시·광역시·시·군과 인접한 서울특별시·광역시·시·군에 한하여 20년을 초과하지 아니한 범위 내에서 그 효력이 있다(제41조 제2항). 이것은 양도인의 직업선택의 자유를 과도하게 제한하는 결과가 초래되는 것을 막기 위한 것이다.

2. 營業讓渡의 對外的 效果(第三者에 대한 關係)

(1) 營業上의 債權者에 대한 關係

(가) 商號를 續用하는 경우

영업양수인이 양도인의 상호를 계속 사용하는 경우에는 양도인의 영업으로 인한 제3자의 채권에 대하여 양수인도 변제책임을 진다(제42조 제1항).[1] 양도인과 양수인 사이에 채무인수계약이 없었던 경우는 물론, 무효인 경우에도 양수인은 책임을 진다. 양수인의 책임은 양수한 재산에 한하지 않고 자기의 전재산으로써 책임을 진다. 이것은 영업상의 채권자가 영업주의 교체를 알지 못하거나, 알았더라도 양수인에 의한 채무인수가 있었다고 생각하는 것이 보통이므로 채권자를 보호하기 위하여 외관이론에 따라 특별규정을 둔 것이다. 그러므로 영업양도계약이 무효 또는 취소되었다고 하더라도 양수인은 그 책임을 면할 수 없다.[2]

양수인이 변제책임을 지는 채무는 양도인의 영업으로 인하여 생긴 채무인 한 그것이 거래상의 채무이든, 그 채무의 불이행으로 인한 손해배상채무이든, 또는 不法行爲나 不當利得으로 인한 채무이든 불문한다. 그리고 영업양도 당시에 변제기가 도래한 것인가도 묻지 않는다.

상법 제42조는 양수인이 상법상의 상호를 가지지 않는 소상인의 경우에는 적용되지 않지만(제9조 참조), 영업을 상속인이 계속하는 경우에는 유추적용된다.

그러나 양수인이 영업양도 후 지체없이 양도인의 채무에 대한 책임이 없음을 상업등기부에 등기하거나(非訟 제168조), 양도인과 양수인이 지체없이 채권자에

---

1) 大判 1989. 12. 26, 88 다카 10128.

2) 鄭東潤(上) 123면.

대하여 그 뜻을 통지한 경우에는 채권자를 보호할 이유가 없으므로 양수인은 변제책임을 지지 않는다(제42조 제2항).

(나) 商號를 續用하지 않는 경우

양수인이 양도인의 상호를 계속 사용하지 아니하는 경우에는 채무인수 기타 채무부담행위가 없는 한 양도인의 영업상의 채무를 양수인이 부담할 책임이 없는 것은 당연하다. 그러나 영업양수인이 상호를 계속 사용하지 않더라도 양도인의 영업으로 인한 채무를 인수할 것을 광고한 때에는 양수인도 변제책임을 진다(제44조). 그리고 광고를 하지 않았더라도 채무인수의 의사를 채권자에게 통지한 경우에는 양수인도 변제할 책임이 있다.[1)]

(다) 讓渡人의 責任

(가), (나)의 경우 영업양수인이 채무를 부담하더라도 양도인의 채무가 면제되는 것은 아니다. 양도인과 양수인은 不眞正連帶債務의 관계에 서게 된다. 다만 양도인을 보호하기 위하여 상법은 특별한 除斥期間을 두었으니, 즉 양도인의 책임은 영업의 양도 또는 채무인수의 광고 (또는 통지) 후 2년이 경과하면 소멸하고, 그 후는 양수인만이 책임을 지게 된다(제45조). 이것은 영업상의 채무는 특정 영업주의 채무라기보다는 영업 그 자체의 채무로 인정하여 영업양수인을 주채무자로 본 결과이다.[2)]

(2) 營業上의 債務者에 대한 關係

영업양수인이 양도인의 상호를 속용하는 경우에는 채권의 양도가 없더라도 채무자의 양수인에 대한 변제가 선의이며 중대한 과실이 없는 한, 그 변제는 유효하다(제43조). 영업자의 교체 사실을 모르는 채무자가 二重辨濟를 하는 것은 가혹한 일이기 때문이다. 그러나 이 규정은 지시식이나 무기명식 증권상의 채무자에 대하여는 적용되지 아니한다. 이들 증권에 있어서는 그 증권상의 채권자인가의 여부는 오직 증권을 소지하고 있는가 아니한가에 의하여만 결정되기 때문이다.

양수인이 상호를 속용하지 아니하는 경우에는 채무자의 변제는 민법의 일반원칙에 의한다. 그러나 이 경우에도 양수인이 양도인의 영업상의 채권을 양수하

---

1) 姜渭斗(總) 223면; 孫珠瓚(上) 204면; 林泓根(總) 178면; 鄭燦亨(上) 175면; 崔基元(上) 177면.

2) 大隅建一郎, ≪商法總則≫, 1984, 321면.

였다는 뜻을 광고 또는 통지한 때에는 상법 제44조를 유추적용하여 채무자의 양수인에 대한 변제를 유효한 것으로 보아야 할 것이다.[1)]

제 3 절 營業의 賃貸借·經營委任

Ⅰ. 營業의 賃貸借

1. 營業賃貸借의 意義

영업의 임대차란 상인이 영업의 전부 또는 독립된 일부를 일괄하여 타인에게 임대하는 계약을 말한다. 영업의 전부 또는 일부를 일괄하여 임대한다는 점에서 영업임대차는 개개의 물건의 임대차를 전제로 하는 민법상의 임대차계약(民 제618조 이하)과 다르다. 그러므로 영업의 임대차는, 예컨대 선박 그 자체를 임대차하는 선채용선(제850조)과는 다르지만 定期傭船契約은 영업의 임대차에 해당한다고 할 수 있다.

2. 營業賃貸借의 方式·節次

상법상 영업임대차에 관하여서는 주식회사와 유한회사가 영업임대차를 하는 경우에는 주주총회 또는 사원총회의 특별결의에 의하여야 한다는 규정이 있을 뿐이므로(제374조 제2호, 제576조 제1항), 영업임대차에 관한 특별한 방식은 필요하지 않으나 대체로 임대차계약이 체결된다. 영업임대에 반대하는 주주에 대하여 주식매수청구권이 인정된다(제374조의 2).

---

1) 姜渭斗(總) 225면.

3. 營業賃貸借의 效力

(1) 當事者間의 관계

임대차계약이 체결되면 그 효과로서 임차인은 영업재산 이용권이 생기고(民 제618조), 임금지급의무(民 제618조 · 제544조)를 부담한다. 그리고 임대인도 영업양도인(제54조)과 같은 경업금지의무를 진다고 본다.[1] 그러나 임대인의 경업금지의무의 존속기간은 영업임대차관계가 계속되는 동안이므로 상법 제41조와 같이 획일적으로 정할 수는 없을 것이다.

(2) 第三者에 대한 관계

영업임대차의 경우는 영업양도의 경우와는 달리 임대인의 영업상의 채권 · 채무가 임차인에게 이전되지 아니하므로, 임대인의 채권자는 임대인에 대하여만 채무의 이행을 청구할 수 있다. 그러나 임차인이 임대인의 채무를 인수한다는 뜻을 광고 또는 통지한 경우에는 상호의 續用 · 不續用을 불문하고 상법 제44조를 유추적용하여 임차인이 변제의 책임을 진다고 보아야 할 것이다.[2] 그리고 임차인이 상호를 속용하는 경우에 임대인의 채무자가 선의이고 중대한 과실 없이 임차인에게 변제한 때에는 상법 제43조를 유추적용하여 그 변제는 유효한 것이라고 보아야 할 것이다.

한편 임차인의 채권 · 채무에 관하여는 임차인만이 권리 · 의무자인 것은 당연하다. 그러나 임차인이 상호를 속용하여 제3자가 임차인을 임대인으로 오인하여 거래한 경우에는 상법 제24조의 名義貸與者의 책임에 의하여 임대인은 임차인과 연대하여 그 영업상의 채무를 변제하여야 할 경우도 있을 것이다.[3]

---

1) 姜渭斗(總) 229면; 李炳泰(上) 200면; 林泓根(總) 181면; 大隅健一郎, ≪商法總則≫, 1984, 325면; 田中誠二, ≪商法總則詳論≫, 1972, 222면.
2) 姜渭斗(總) 229면; 李炳泰(上) 200면.
3) 姜渭斗(總) 230면; 林泓根(總) 181면.

Ⅱ. 經營委任

1. 經營委任의 意義

경영위임이란 상인이 기업의 경영을 타인에게 위임하는 계약을 말한다. 경영위임의 경우는 영업임대차의 경우와는 달리 기업은 종전과 같이 위임인의 명의로 경영되므로 경영의 소유자가 계속 영업자로 나타난다. 그러나 위임인과 수임인의 내부관계에 있어서는 영업의 계산이 수임인에게 귀속되기도 하고 위임인에게 귀속되기도 하는데, 전자의 경우를 협의의 경영위임 또는 영업위임이라고 하고, 후자를 管理委任 또는 營業管理契約이라고 한다.

2. 俠義의 經營委任契約

협의의 경영위임계약은 손익이 수임인에게 귀속되고 수임인이 위임인에게 보수를 지급하기로 하는 계약이다. 이것은 위임인이 수임인에게 자기의 영업을 이용할 수 있는 권리를 부여하는 점에서는 임대차와 같지만, 법률상 대외적으로 위임인이 영업의 소유자가 된다는 점에서 다르므로 영업임대차와 영업관리계약의 중간형태라고 할 수 있다. 그러므로 위임인은 수임인에 대하여 영업의 경영을 위하여 포괄적인 대리권을 수여하여야 할 것이다. 영업으로 인한 채권·채무는 모두 위임인에게 귀속되지만 계산관계는 수임인에게 귀속하므로 위임인은 영업임대차의 경우와 같은 경업금지의무(제41조)를 진다고 본다.[1)]

3. 會社의 經營委任

경영의 임대차와 마찬가지로 주식회사 또는 유한회사가 경영위임을 하는 경

1) 姜渭斗(總) 230면; 孫珠瓚(上) 208면; 李炳泰(上) 201면.

우에는 주주총회 또는 사원총회의 특별결의가 있어야 한다(제374조 제2호, 제576조 제1항). 주식회사에 있어서는 경영위임에 반대하는 주주에 대하여는 주식매수청구권이 인정된다(제374조의 2). 합명회사와 합자회사의 경우에는 정관에 다른 정함이 없는 한 총사원의 동의가 있어야 한다고 본다.

4. 經營管理契約

경영관리계약은 당사자의 일방이 상대방인 상인을 위하여 영업의 경영을 인수하는 내용의 계약으로서 위임(民 제680조)의 일종이라 할 수 있다. 이 경우 경영은 위임인의 명의로 수행되는 점에서는 협의의 경영위임과 같다. 그러나 그 손익관계는 위임인에게 귀속되고 수임인은 다만 그의 활동에 대하여 보수 내지 임금을 받는다는 점이 다르다.

Ⅲ. 營業의 擔保와 强制執行

영업은 재산이나 권리의 단순한 집합체가 아니라 영리목적을 실현하기 위하여 조직화된 유기적 일체로서의 기능적 재산을 의미하는 것이므로, 영업전체에 대한 담보설정이나 강제집행을 할 수 있게 하면 有機的 一體로서의 營業의 價値를 활용할 수 있게 하는 동시에 금융의 편의를 도모할 수 있다는 실익이 있다. 그러나 우리 상법은 이에 관한 규정이 없기 때문에, 영업에 속하는 개개의 재산에 대하여 담보를 설정하거나 강제집행을 하여야만 하므로 조직체로서의 영업을 파괴하는 것이 된다. 다만 공장저당법, 광업재단저당법, 자동차저당법, 항공기저당법, 중기저당법 등의 특별법이 있으나, 이들 특별법상의 재단저당절차는 지나치게 번잡하고 비용이 많이 들 뿐 아니라, 제도의 이용이 업종별로 한정이 되어 있다. 따라서 입법론으로는 이 제도를 확대실시할 수 있게 하는 동시에 제도를 용이하게 이용할 수 있도록 해 줄 새로운 입법이 고려되어야 한다고 본다.

제 2 편
商 行 爲 法

제 1 장
商行爲法 總論

제 1 절 緖　　論

Ⅰ. 商行爲法의 意義

형식적 의의의 상행위법이란 商法典 제2편 '商行爲'의 규정을 말하고, 실질적 의의의 상행위법이란 상거래주체 간의 이익의 조정을 위한 법규의 총체를 말한다. 실질적 의의의 상행위법은 주로 상법 제2편에 규정되어 있으나, 그 밖에도 제4편 '保險', 제5편 '海商'의 규정, 商事特別法令(예컨대, 증권거래법·은행법·신탁업법·보험업법 등), 商慣習法 등의 형식으로 존재한다.

우리 상법의 상행위편은 다른 분야에 비하여 비중이 낮다. 그 이유는 ① 민법의 商化現象에 따른 상행위편 통칙규정의 단편화, ② 상행위법의 규율대상으로서의 금융업, 증권업, 서비스업 등 현대적 업종의 미수용, ③ 기업집중의 현상으로 인한 개별적 상거래 중심에서 행위의 조직화로의 이전(예컨대, 보통거래약관에 의한 거래) 등을 들 수 있다.[1)] 따라서 실제로는 상관습 내지 상관습법 및 수많은 상사특별법이 실질적 의의의 상행위법으로서 중요한 지위를 차지한다.

---

1) 林泓根(總) 191~192면.

Ⅱ. 商行爲法의 特性

상행위법은 기업활동에 관한 법이다. 기업활동을 하는 자는 상인으로서 경제인이다. 경제인이란 민법상의 일반인과는 달리 스스로의 이익을 옹호할 능력이 있는 자이다. 따라서 상행위법에서는 당사자의 사적 자치가 어느 분야보다도 광범하게 인정되며, 그 규정도 대체로 임의법규로 되어 있다. 그러나 기업거래가 복잡해질수록 거래의 당사자인 경제주체 간의 경제적 이해관계도 복잡해지고, 경제적 강자에 의한 경제적 약자, 그리고 기업자에 의한 그 상대방의 피해도 무시할 수 없게 된다. 상행위법은 이 점에 착안하여 경제주체 간의 경제적 이익을 합리적으로 조정하는 기능도 하여야만 하게 되었다. 예컨대, 개성이 없고 定型化된 반복적·집단적 기업거래의 산물인 普通去來約款에 의한 거래가 성행하게 되어 실제 거래에 있어서는 계약자유의 원칙이 상당히 제약을 받게 되고, 특히 독점기업의 횡포까지도 나타나게 되면 행정적 감독이나 강행법규에 의한 규제의 필요성이 절실하여진다. 이와 같은 의미에서 현대의 상행위법은 개체간의 경제적 이익을 조정하기 위한 법으로서 점차 强行法規化하는 경향이 있다고 할 수 있다.

Ⅲ. 商行爲法의 體系

1. 商行爲法 總論

상행위법 총론은 기업거래일반에 공통하는 특칙과 모든 상인이 이용할 수 있는 특수한 계약에 관한 규정을 검토한다. 즉, 상법은 제2편 제1장에서 '通則'을 규정하고 있는데, 그 통칙의 내용은 ① 상행위의 개념과 종류(제46조, 제47조, 제66조), ② 민법상의 거래규정을 수정하기 위한 특칙규정의 일부, ③ 상거래의 객체로서의 상업증권, 즉 유가증권에 대한 준용규정(제65조)에 관한 것으로 이루어져 있다. 그리고 제2장 '賣買'에서는 상인간의 매매에 관한 특칙을 별개의 장으로 규정하고, 제3장과 제4장에서는 商法的 特殊契約으로서 대차결제의 특수제도인 '相互計算'과 특수한 계약적 기업형태인 '匿名組合'에 관하여 각각 특별규정을 두고 있다. 원래 상호계산은 기업활동에서 생기는 채권·채무의 일괄결제제도로서 상인의 영업에 관한 시설이라 할 수 있기 때문에 상법 총칙편에 규정하여야 마땅한 것이다. 또 익명조합은 회사와 마찬가지로 일종의 공동기업이기 때문에 상법 회사편에 규정하더라도 상관이 없다(예컨대, 독일신상법은 이를 회사편에 규정하고 있다). 그러나 상호계산과 익명조합은 법률적으로는 하나의 계약관계라고 볼 수 있고, 그 계약은 상인이 영업을 위하여 하는 보조적 상행위이기 때문에 상법 상행위편에 규정되었다.

2. 商行爲法 各論

상행위법 각론에서는 상행위를 하는 많은 업종 중에서 비교적 중요하고 법률적으로 특색있는 것만을 검토한다. 상행위법은 제5장으로 제11장까지 代理商·仲介業·委託賣買業·運送周旋業·運送業·公衆接客業 및 倉庫業 등 7종의 거래형태에 관하여 규정을 두고 있다. 기업의 거래활동의 대상 중에는 보험 및 해상도 포함된다. 그러나 보험거래에는 독자적인 법원칙이 지배하는 일이 많고, 보험법 자체가 하나의 정리된 단위를 이루고 있으며, 해상운송 또한 육상운송과 공통점이 많기는 하지만 해상기업활동으로서의 특수성 때문에 다른 해사관계법규와 일괄적으로 규정하는 것이 마땅하다고 생각된다. 따라서 이 두 법규는 상법 제4편과 제5편에서 규정한다. 그 밖에 증권업·금융업 기타 실제로 중요한 업종에 관하여는 특별법에서 규정하고 있으므로, 각론에서는 상행위법상의 업종에 관하여서만 해설을 하기로 한다.

제 2 절 民法 去來規定의 修正

I. 民法 總則編에 대한 特則

1. 商行爲의 代理

상법상의 법률관계는 대개 계속적·반복적·집단적으로 이루어지므로 定型性·個性喪失性을 띠고 있는 것이 개별적·개성적인 민법상의 법률관계와 다른 점이다. 따라서 상인이 영업활동으로서 하는 각종 상행위는 가장 대리에 친한 행위인데, 개별적 상행위의 대리에서 나타나는 일반적 특색은 대리의 방식과 대리권의 소멸사유에서 찾아볼 수 있다.

(1) 商事代理의 方式

민법상의 대리에 있어서는 대리인이 본인을 위하여 하는 것임을 표시하여야만 그 행위의 효과가 본인에게 귀속되고, 그것을 표시하지 않은 경우에는 그 의사표시는 대리인 자신을 위하여 한 것으로 본다(顯名主義)(民 제114조·제115조). 그러나 상사대리에 있어서는 대리인이 본인을 위한 것임을 표시하지 아니하여도 그 행위는 본인에 대하여 효력이 있다(匿名主義, 非顯名主義)(제48조 본문).[1]

이것은 상거래를 간편·신속하게 하기 위한 것이지만, 실제로도 정형적·집단적 상거래에 있어서 본인이 중시하는 것은 거래상대방의 개성이 아니라 계약체결의 기회이며, 상대방이 중시하는 것은 영업의 내부관계보다도 그 대외적인 거래의 내용이기 때문이다.

대리의사의 표시가 없는 대리인과 거래하는 상대방이 대리관계를 알지 못한 경우에도 직접 본인에 대하여만 효력이 생긴다고 하면, 상대방에게 예측하지 못한 손해를 입게 하는 수가 있을 것이므로, 그 경우에는 대리인에 대하여도 이행

---

1) 大判 1996. 10. 25, 94 다 41935·41942.

의 청구를 할 수 있게 하고 있다(제48조 단서). 이 때에는 본인과 대리인은 不眞正連帶債務의 관계에 선다는 견해도 있으나,[1] 본인 · 대리인 중 택일하여 청구할 수 있다고 본다(택일설). 이 점에서 대리인에게만 청구할 수 있는 민법의 경우와 다르다(民 제115조 본문).

또 상사대리에서 상대방은 '본인을 위한 것임을 알지 못한' 것을 스스로 입증하여야 한다.[2] 이 때 상대방이 본인을 위한 것임을 알지 못한 데 대하여 과실이 있는 경우에도 대리인에게 이행의 청구를 할 수 있는가에 관하여 견해가 대립되어 있다. 긍정설에 의하면 상법 제48조 단서의 규정은 상대방을 보호하기 위한 규정이므로 상대방이 본인을 위한 것임을 알지 못함에 있어 그 과실의 유무를 불문하고 대리인에 대하여 이행의 청구를 할 수 있다고 한다.[3] 그러나 부정설에 의하면 상법 제48조 단서의 규정은 선의 · 무과실의 상대방을 보호하기 위한 규정이고, 또 알지 못하였다는 데 대한 입증책임이 상대방에게 있으므로 상대방이 본인을 위한 것임을 알지 못한 데 대하여 과실이 있는 경우에는 대리인에게 이행의 청구를 할 수 없다고 한다.[4] 민법의 경우에는 상대방이 '알 수 있었을 때'(즉, 과실로 인해 모른 때)에는 본인에게 대리의 효과가 귀속된다(民 제115조 단서)고 되어 있기 때문에, 부정설에 따르면 민법의 규정과 같게 된다. 생각건대, 상법 제48조 단서는 상대방을 보호하기 위한 규정이지만 중대한 과실로 대리인이 본인을 위하여 하는 것임을 알지 못한 상대방까지 보호할 필요는 없으므로, 상대방의 중대한 과실로 대리인이 본인을 위하여 하는 것임을 알지 못한 때에는 대리인에게 그 이행의 청구를 할 수 없다고 본다.

어음 · 수표는 외관을 존중하기 때문에 어음행위의 대리에는 匿名主義를 적용하지 아니한다(어 제8조 · 제77조 제2항, 手 제11조).

(2) 商事代理의 消滅事由

민법상의 대리권은 본인이 사망하면 소멸한다(民 제127조 제1호). 그러나 상행위의 위임에 의한 대리권은 본인의 사망으로 인하여 소멸하지 아니한다(제50조). 따라서 대리인은 당연히 사망한 본인의 상속인을 위하여 계속 대리권을 행

1) 姜渭斗(總) 255면; 孫珠瓚(上) 222면; 崔基元(上) 196면.
2) 孫珠瓚(上) 222면; 李炳泰(上) 214면; 蔡利植(上) 155면.
3) 孫珠瓚(上) 221면; 崔基元(上) 196면; 蔡利植(上) 155면.
4) 日最判 1968. 4. 24.; 姜渭斗(總) 256면; 徐廷甲(上) 216면.

사한다. 이 규정은 민법의 원칙에 의하는 경우, 거래의 민활과 편의를 해치게 될 뿐만 아니라, 본인 자신보다도 본인의 영업을 보고 대리인과 거래한 상대방에게 불측의 손해를 입혀 거래의 안전을 해치게 되기 때문에 민법의 원칙에 대한 예외를 인정한 것이다.[1]

회사의 경우에는 사망이라는 것이 없고 회사가 해산·청산하면 영업이 종료되므로 회사에 대하여는 상법 제50조가 적용될 여지가 없다.

'商行爲의 委任에 의한 代理權'에 대하여는 위임계약의 목적인 행위가 상행위인 경우, 즉 '商行爲를 代理할 權限'으로 해석할 수도 있다. 그러나 대리권의 존부는 획일적으로 확정되어야 하는데 본인에게 상행위가 되는지 여부는 수시로 변할 수 있으므로, 이와 같이 해석하면 경우에 따라서는 대리권이 없는 경우도 있게 된다. 상법 제50조에서 대리인의 대리권이 본인의 사망에도 불구하고 소멸되지 않도록 한 것은 거래의 안전을 기하기 위한 것이므로, 대리권을 부여하는 행위인 위임 자체가 상행위인 경우(예컨대, 지배인의 선임), 즉 '상행위인 수권행위에 의하여 생긴 대리권'으로 해석하는 것이 타당하다.[2]

그러나 대리권 수여의 기초가 되는 법률관계는 위임에 한하지 않고 고용 또는 조합일 수도 있다. 그리고 이 경우에 있어서 수권행위인 상행위는 본인에게 상행위로 되면 충분하고 대리인에게 상행위로 되는가는 묻지 않는다.

(3) 商事代理權의 範圍問題

민사대리에 있어서는 대리인의 대리권한 외의 행위는 원칙적으로 본인에 대하여 효력이 없고(民 제114조·제126조), 수임인은 "委任의 本旨에 따라 …… 委任事務를 처리하여야"하는 데(民 제681조) 대해서, 상사대리에 있어서는 "위임의 본지에 반하지 아니한 범위 내에서 위임을 받지 아니한 행위를 할 수 있다"(제49조). 이 상법 제49조에 관해서는 수임인의 대리권의 범위를 확장한 규정이라고 보는 학설도 있으나,[3] 이것은 사정이 변경된 경우에 임기응변조치(예컨대, 물건의 매수를 위임받은 자가 매수한 물건의 가격이 폭락할 염려가 있어 매도하는 조치)를 취할 수 있음을 밝힌 것이고, 따라서 민법 제681조의 예외규정이 아니라 민

---

1) 姜渭斗(總) 257면; 孫珠瓚(上) 223면; 李炳泰(上) 216면; 鄭燦亨(上) 197면; 崔基元(上) 197면.
2) 姜渭斗(總) 258면; 孫珠瓚(上) 223면; 鄭燦亨(上) 197면.
3) 徐燉珏·鄭完溶(上) 153면; 蔡利植(上) 158면.

법의 원칙을 명백히 한 당연한 해석규정이라고 보아야 한다.[1] 왜냐하면 '위임의 본지에 반하지 아니한 범위 내에서' 위임을 받지 아니한 행위를 하는 것은 결국 민법 제681조의 "위임의 본지에 따라 善良한 管理者의 注意로써" 위임사무를 처리하는 것과 같은 것이기 때문이다.

2. 消滅時效

민법상 채권의 소멸시효기간은 10년인데(民 제162조), 상행위로 인하여 생긴 채권은 상법이나 다른 법령에 다른 규정이 없는 한 5년간 행사하지 아니하면 소멸시효가 완성한다(제64조 본문). 이것은 상사거래관계의 신속한 해결을 도모하기 위한 것이다.

상행위로 인하여 생긴 채권이란 적어도 당사자의 일방에 대하여 상행위가 되는 행위로 인하여 발생한 것이어야 한다는 뜻이다. 그리고 그 채권은 직접 상행위로 인하여 발생한 것이 아니라도 이와 동일성이 있는 것, 예컨대 상행위로 인하여 발생한 채무불이행으로 인한 손해배상채무, 상행위의 계약의 해제권, 상행위로 인하여 생긴 보증채무 등도 5년의 시효에 의하여 소멸한다.[2] 거래행위로 인하여 발생한 채권이 아닌 것, 예컨대 부당이득반환청구권이나 불법행위로 인한 손해배상청구권과 같은 법정채권에 대하여는 원칙적으로 민법상의 채권의 소멸시효가 적용된다. 이들 채권은 상거래의 신속·안전과 무관하기 때문이다.[3]

---

1) 姜渭斗(總) 257면; 孫珠瓚(上) 224면; 李炳泰(上) 215면; 鄭燦亨(上) 198면.
2) 崔基元(上) 198면; 日最判 1960. 11. 1; 大判 1993. 9. 14, 93 다 21569; 大判 1997. 8. 26, 96 다 9260.
3) 李哲松 266면.

Ⅱ. 民法 物權編에 대한 特則

1. 商人間의 留置權

(1) 商人間의 留置權의 意義

商事留置權은 기업활동에 있어서의 신용보호라는 특수 요청에 따라 상사채권의 물적 담보를 강화하기 위하여 민사유치권보다 그 성립요건을 완화·변경한 것이므로, 그 성질·효력·소멸에 관하여는 民事留置權의 규정을 준용한다. 상사유치권에는 一般商事留置權인 상인간의 유치권(제58조)과 기타의 特別商事留置權[대리상·위탁매매인·준위탁매매인의 유치권(제91조, 제111조, 제113조)과 운송주선인·육상운송인·선장의 유치권(제120조, 제147조, 제807조 제2항)]이 있는데, 상인 간의 유치권이란 상인 간의 상행위로 인한 채권이 변제기에 있을 때에, 채권자가 당사자 간에 다른 약정이 없는 한 변제를 받을 때까지 그 채무자에 대한 상행위로 인하여 자기가 점유하고 있는 채무자 소유의 물건 또는 유가증권을 유치하는 권리를 말한다(제58조).

특별상사유치권 중 운송주선인·운송인의 유치권에 있어서는 피담보채권과 목적물 사이의 牽連性이 필요한 점에서 민사유치권과 같고 일반상사유치권과는 다르다. 한편 대리상·위탁매매인의 유치권에서는 이러한 견련성을 필요로 하지 않는 점에서 일반상사유치권과 같으나, 목적물이 채무자의 소유에 속할 필요가 없다는 점에서는 민사유치권과 같다.

(2) 商人間의 留置權의 成立要件

(가) 當事者

상인 간의 유치권이 성립되기 위하여서는 유치권 성립시에 당사자 쌍방이 모두 상인이어야 한다. 당사자가 상인인 한 소상인이라도 무방하다. 이 점에서 대리상의 유치권(제91조)과 같고, 상인·비상인을 불문하는 민사유치권 및 기타의 특별상사유치권과 다르다.

(나) 被擔保債權

피담보채권은 쌍방적 상행위로 인하여 생긴 채권이어야 하고, 이 점에서 이러한 제한이 없는 민사유치권과 다르다. 그러나 그 피담보채권이 변제기에 있어야 한다는 점에서는 민사유치권과 같다. 여기서의 상행위는 '영업으로' 하는 영업적 상행위(제46조)이든 '영업을 위하여' 하는 보조적 상행위(제47조)이든 불문하고, 또한 피담보채권은 금전채권이든 소유권에 기한 물건반환청구권과 같은 물권적 청구권이든 불문한다.

피담보채권은 쌍방적 상행위로 인하여 생긴 채권이어야 하므로, 제3자로부터 양수한 채권에 대하여서는 비록 그 제3자가 상인이더라도 상인간의 유치권이 성립되지 아니한다. 다만 상속이나 회사의 합병에서와 같이 포괄승계를 한 경우라든지 영업양도에서와 같이 채권이 다른 재산과 함께 일괄하여 승계된 경우에는, 전채권자와 승계인을 동일인으로 보아 이에 상인 간의 유치권을 인정하여야 할 것이다.

(다) 目的物

채권자가 채권의 변제를 받을 때까지 유치할 수 있는 목적물은 채권자가 채무자에 대한 상행위로 인하여 자기가 점유하고 있는 채무자 소유의 물건 또는 유가증권이다. 여기서의 물건은 동산에 한하고 부동산은 포함되지 아니한다고 하는 견해도 있으나,[1] 채권을 담보한다는 제도의 취지에 비추어 보나 규정의 문리해석상으로나 부동산이 포함된다고 보는 것이 타당하다.[2] 그러나 단순한 權利나 無體財産權은 그 목적물로 될 수 없다.

유치권의 목적물인 물건 또는 유가증권은 채무자 소유이어야 한다. 이 점에서도 그 소유권이 누구에게 귀속되든 상관이 없는 민사유치권과 다르다. 이것은 상인 간의 유치권의 성립요건이고 그 존속요건이 아니므로, 일단 상인간의 유치권이 성립된 후에는 목적물의 소유권이 제3자에게 이전되어도 소멸되지 아니한다.

(라) 占有取得의 原因

채권자가 목적물의 점유를 취득한 원인이 채무자와의 상행위일 것을 요한다. 이 점에서도 점유취득 원인에 제한이 없는 민사유치권과 다르다.

그런데 一說에 의하면 상인 간의 유치권에서 채권자의 목적물 점유의 원인인 상행위는 채권자와 채무자 간의 쌍방적 상행위이어야만 한다고 한다.[3] 그러나

1) 崔基元(上) 203면; 東京地裁 1996. 6. 7.
2) 姜渭斗(總) 265면; 鄭燦亨(上) 203면.
3) 平出慶道, ≪商行爲法≫, 1980, 143면; 金正皓(上) 167면.

상인 간의 유치권은 상인 간의 거래를 일체적으로 파악하여 그 채권보전을 용이하게 하기 위하여 인정된 담보채권이므로 채권자에게만 상행위가 되더라도 이것이 성립한다고 본다.[1] 따라서 예컨대 채무자(상인)인 임치인 소유의 물건을 제3자(비상인)가 채권자(상인)인 창고업자의 창고에 반입하는 경우에도 상인 간의 유치권이 성립한다.

채권자가 채무자 소유의 목적물을 점유하는 것은 直接占有뿐만 아니라 선하증권·화물상환증 기타 인도증권의 점유취득과 같은 間接占有에 의하더라도 상관이 없다.

(마) 目的物과 被擔保債權의 牽連性

민사유치권에 있어서는 피담보채권이 목적물에 관하여 생길 것을 요구하여(民 제320조 제1항) 피담보채권과 목적물간의 견련관계를 요건으로 하고 있으나, 상인 간의 유치권에 있어서는 피담보채권과 목적물간의 견련관계를 필요로 하지 않는다. 따라서 우연히 점유하게 된 물건 또는 유가증권을 이와 관련없이 발생한 채권을 위하여 유치할 수 있다.

(바) 特約에 의한 留置權의 排除

당사자는 다른 약정으로 상인간의 유치권의 성립을 배제할 수 있다(제58조 단서). 원래 유치권은 채권자를 위한 것이므로 채권자는 유치권을 포기할 수 있으며, 따라서 당사자가 유치권 배제의 약정을 한 때에는 그 효력이 인정된다. 명문의 규정이 없는 민사유치권에 있어서도 통설은 당사자 간의 특약에 의한 유치권의 배제를 인정하고 있다.[2]

(3) 商人間의 留置權의 效力

상인 간의 유치권의 효력에 관하여 상법에 다른 규정이 없으므로, 이것은 민법의 규정에 의한다. 따라서 유치권자(채권자)는 그 채권의 변제를 받을 때까지 목적물을 점유하고 그 인도를 거부할 수 있고(民 제320조 제1항), 그 채권의 변제를 받기 위하여 목적물을 환가할 수 있다. 목적물의 환가방법은 경매가 원칙이나(民 제322조 제1항), 정당한 이유가 있는 때에는 簡易辨濟充當을 할 수 있다(民 제322조 제2항). 유치권자는 목적물의 과실을 수취하여 우선변제에 충당할 수 있다(民 제323조 제1항). 그 과실은 먼저 채권의 이자에 충당하고, 그 잉여가 있으

1) 鄭東潤(上) 157면; 鄭燦亨(上) 202면.
2) 郭潤直, ≪物權法≫, 463면.

면 원본에 충당한다(民 제323조 제2항). 유치권자가 목적물에 관하여 필요비를 지출한 때에는 그 상환을 청구할 수 있고(民 제325조 제1항), 또한 목적물에 관하여 유익비를 지출한 때에는 그 가액의 증가가 현존하는 경우에 한하여 소유자의 선택에 좇아 그 지출한 금액이나 증가액의 상환을 청구할 수 있다(民 제325조 제2항). 이 경우에 유치권자는 상인이므로 그 지출한 비용에 관하여 상사법정이율(제54조)에 의한 이자를 청구할 수 있다(제55조 제2항). 또한 상인 간의 유치권에는 일반적인 우선변제권이 인정되지 아니하나 채무자가 파산한 때에는 유치권자는 파산재단에 속하는 유치물에 대하여 다른 채권자에 우선하여 변제받을 수 있는 別除權을 가지며(破 제84조), 회사정리절차에 있어서 상사유치권자는 整理擔保權을 가진다(會整 제124조 · 제228조 제1항 제1호).

유치권자는 선량한 관리자의 주의로 목적물을 보관하여야 하고(民 제324조 제1항), 채무자의 승낙 없이 목적물의 사용, 대여 또는 담보제공을 하지 못한다(民 제324조 제2항).

(4) 商人間의 留置權의 消滅

상인 간의 유치권은 피담보채권의 소멸 · 양도, 목적물의 멸실 등에 의하여 소멸함은 물론, 목적물의 점유를 상실한 때(民 제328조), 유치권자의 의무위반으로 인하여 채무자가 유치권의 소멸을 청구한 때(民 제324조 제3항), 채무자가 상당한 담보를 제공하고 유치권의 소멸을 청구한 때(民 제327조) 등의 경우에는 소멸된다.

2. 流質契約의 許容

유질계약의 금지에 관한 민법 제339조의 규정은 '상행위로 인한 채권'을 담보하기 위하여 설정한 질권에는 적용되지 않는다(제59조). 그 이유는 채권자의 질권실행의 간이화를 도모함으로써 기업금융의 편의 내지 원활을 기하려는 데 있다. 사실 상거래의 당사자인 상인은 냉정하게 자신의 이해를 타산할 수 있는 경제인이기 때문에 당사자의 의사에 맡겨두는 것이 상거래의 자유를 보장하는 결과가 된다고 본 것이다.

상법 제59조의 적용범위와 관련하여 '상행위로 인한 채권'의 의미가 문제이다. 여기서 채권자(質權者)가 상인이어야 함에는 의문이 없으나, 채무자(質權設定者)가 비상인인 경우에도 본조가 적용되는지 의문이다. 본조의 취지가 상인의 자기방어력을 전제로 하여 질권실행의 간이화를 도모하자는 것인데, 채무자가 상인이 아닌 경우에는 상인과 질권설정계약을 체결하였다는 사실뿐, 그 비상인에게 특별한 자기방어력이 생긴다고 볼 수 없으므로 여전히 그를 보호할 필요가 있다. 따라서 채무자가 비상인인 경우에는 여전히 유질계약은 금지되어야 할 것이다. 따라서 상인인 채권자에 대하여 상인인 채무자가 질권을 설정한 경우에만 본조가 적용되고, 채무자가 비상인인 경우에는 본조의 적용이 없다고 본다.

전당포영업자는 약정이 없이도 법률상 당연히 유질의 권리가 있다(전당포영업법 제21조).

Ⅲ. 民法 債權編에 대한 特則

1. 行爲의 有償性

(1) 商人의 報酬請求權

민법상 타인을 위하여 한 행위는 無償이 원칙이나(民 제686조 · 제701조 · 제707조), 상인이 그 영업의 범위 내에서 타인을 위하여 행위를 한 때에는 특약이 없어도[1] 상당한 보수를 청구할 수 있다(제61조).

여기서 영업의 범위 내의 행위란 영업으로 한 행위, 즉 기본적 상행위는 물론이고, 영업을 위하여 하는 행위, 즉 보조적(부속적) 상행위도 포함하며, 채무의 보증 · 환어음의 인수와 같은 법률행위는 물론 상품의 보관 · 운송 등과 같은 사실행위도 포함한다. 또 타인을 위한 행위란 그 행위의 법률상 또는 사실상의 효과가 타인에게 귀속되는 것으로서 그 행위의 원인이 반드시 委任契約에 의할 필요도 없으며, 실제로 그 행위가 타인에게 이익으로 되었는가도 불문한다.[2] 다

1) 大判 1968. 7. 24, 68 다 955.

2) 그러나 大判 1977. 11. 22, 77 다 1889는, "타인을 위하여 행위한다 함은 타인의 이익을 위하여 행위한다는 뜻이므로 가사 부동산소개업자가 부동산매매를 소개하였다고 하여도 그 어느 한 쪽의 이익을 위하여 행위한 사실이 인정되지 않는 이상 그에 대한 보수청구권이 없다"고 하고 있다.

만 행위의 대가가 이미 매매대금 · 운임 · 수수료 등에 포함된 경우에는 별도의 보수를 청구할 수 없다. 또 중개인의 경우에는 結約書를 교부한 후가 아니면 보수를 청구할 수 없다(제100조 제1항, 제96조 제1항).

(2) 法定利子請求權

민법상의 소비대차는 무이자가 원칙이며, 替當金에 관하여도 그것이 위임에 의거한 것이 아닌 한 이자를 청구할 수 없는 것이 원칙이다(民 제598조 · 제600조 · 제601조 · 제688조 제1항). 그러나 상인이 그 영업에 관하여 금전을 대여한 경우나 상인이 그 영업범위 내에서 상인 · 비상인을 불문하고 타인을 위하여 금전을 체당하였을 경우에는 법정이자를 청구할 수 있다(제55조). 여기서 금전을 체당한다는 것은 타인을 위하여 변제로서 금전을 지출하는 모든 행위를 말하는 것으로서, 그 원인은 위임이든 도급이든 고용이든 사무관리이든 불문한다. 이자청구권과 체당행위에 대한 보수청구권은 별개로서 공존할 수 있다.

(3) 法定利率

민법상의 법정이율은 年 5푼이나(民 제379조), 상법상 상행위로 인하여 생긴 채무의 법정이율은 年 6푼이다(제54조).[1] 상행위로 인하여 생긴 채무란, 상행위로 인하여 직접 발생한 채무뿐만 아니라 계약불이행으로 인한 손해배상채무 및 계약해제로 인한 원상회복의무를 포함한다. 또 여기서의 상행위는 쌍방적 상행위는 물론 일방적 상행위도 포함한다.

2. 契約의 成立과 請約受領者의 義務

(1) 請約의 效力

상법에서는 대화자 간에 있어서 계약의 청약을 받은 자가 즉시 승낙을 하지 않은 때에는 그 효력을 잃는다고 되어 있는데(제51조), 민법에서도 해석상 대화자 간의 청약의 효력은 대화가 계속되는 동안에만 존재한다고 보므로,[2] 이 점에 있어서는 민법과 상법이 동일하다고 할 수 있다. 여기서 대화자 간이란 지리적

1) 大判 1986. 9. 9, 84 다 464.
2) 郭潤直, ≪債權各論≫, 1984, 50면.

원근을 불문하고 당사자가 전화 등으로 상대방의 意思表示를 즉시 了知할 수 있는 상태를 말한다.

격지자 간에 있어서는 승낙기간을 정한 청약의 경우 청약의 효력에 관하여는 상법에 규정이 없다. 따라서 이 경우에는 민법에 따라 청약자가 승낙기간 내에 승낙의 통지를 받지 못하면 소멸한다고 해석할 수 있다(民 제528조 제1항). 종전 상법 제52조 제1항은 승낙기간을 정하지 않은 경우에는 계약의 청약을 받은 자가 상당한 기간 내에 승낙의 통지를 발송하지 않은 때에는 그 효력을 잃는 것으로 규정하였다. 그러나 승낙기간이 있는 경우에는 「상법」에 특별한 규정이 없어 「민법」 제528조와 제531조가 적용됨에 따라 승낙기간 유무에 따라 효력발생시기가 서로 상이해지는 문제가 있어 입법론적인 해결이 요청되었다. 따라서 2010년 개정상법은 현행 제52조를 삭제하여 격지자간의 청약에 관하여는 승낙기간 유무와 관계없이 모두 민법 규정의 적용을 받도록 하여 법률적용의 일관성을 유지하도록 하였다.

(2) 契約의 成立時期

계약의 성립시기에 관하여는 상법에 별다른 규정이 없으므로 민법의 일반원칙에 의한다. 즉, 계약은 승낙의 통지를 발송한 때에 성립한다(民 제531조).[1]

(3) 諾否通知義務

민법상 계약의 청약을 받은 자는 승낙의 여부를 통지할 의무가 없다. 그러나 상인이 상시거래관계에 있는 자로부터 그 영업부류에 속한 계약의 청약을 받은 때에는 지체없이 諾否의 통지를 발송하여야 하고, 이것을 해태한 때에는 승낙한 것으로 본다(제53조). 상법 제53조는 격지자 간에 승낙기간을 정하지 않은 경우에만 적용된다. 청약자는 상인임을 요하지 않는다. 常時去來關係가 있다 함은

1) 전술한 바와 같이 격지자 간에 승낙기간을 정한 청약의 효력은 청약자가 승낙기간 내에 승낙의 통지를 받지 못하면 그 효력을 잃도록 되어 있고(民 제528조 제1항), 승낙의 기간을 정하지 아니한 계약의 청약은 청약자가 상당한 기간 내에 승낙의 통지를 받지 못한 때에는 그 효력을 잃도록 되어 있는데(도달주의)(民 제529조) 계약의 성립은 승낙자가 승낙의 통지를 발송한 때 성립하도록 되어 있어서(발신주의)(民 제531조) 서로 모순이다. 다수설에 의하면 승낙은 원칙적으로 발신에 의하여 확정적으로 효력이 생기나, 승낙기간 내 또는 상당한 기간 내에 도달하지 않으면 계약은 성립하지 않는다고 한다. 즉, 이 경우 계약은 승낙의 불도달을 해제조건으로 하여 승낙의 발송시에 성립한다고 한다: 郭潤直, ≪債權各論≫, 1984, 66면.

종래 계속적인 거래관계가 있었고 또 앞으로도 거래가 반복되리라고 예상된다는 뜻이다. 또 청약은 그 영업부류에 속한 계약에 한하므로 상인이 영업으로 하는 기본적 상행위에 속하는 거래이어야 하며, 契約解除 및 代物辨濟의 請約 등은 이에 포함되지 않는다.

(4) 物件保管義務

상법에서는 청약과 함께 물건을 송부받았을 때 그 청약을 거절할 경우 그 물건의 반환이나 보관의무가 없는 민법의 경우와 달라서, 상인이 그 영업부류에 속한 계약의 청약과 동시에 견품 기타의 물건을 송부받을 때에는 그 청약을 거절한 때라도 청약자의 비용으로 그 물건을 보관할 의무가 있다(제60조 본문). 다만 그 물건의 가액이 보관비용을 상환하기에 부족하든가 또는 그 보관으로 인하여 손해를 받을 염려가 있는 경우에는 보관의무가 면제된다(제60조 단서). 보관의무는 특히 격지거래의 경우에 생기며, 청약을 받은 자는 반드시 상인이어야 하나, 청약자는 상인임을 요하지 않는다. 또한 이 의무는 상인이 그 영업부류에 속하는 계약의 청약을 받은 경우에만 부담하는 것이며, 그 영업부류 외의 계약의 청약을 받은 경우에는 이 의무가 없다. 그리고 상시거래관계의 존부는 불문한다. 물건의 보관은 선량한 관리자의 주의로써 하여야 하며, 이 의무를 위반한 경우에는 손해배상책임을 져야 한다.

3. 債務의 履行

(1) 債務履行의 場所

상법에는 채무이행의 장소에 관한 특칙이 없고, 다만 채권자의 지점거래로 인한 채무의 이행장소는 채권자의 지점으로 본다는 규정만을 두고 있다(제56조). 따라서 채권자의 지점거래를 제외하고는 채무이행에 관한 한 민법의 규정에 따를 수밖에 없는데, 민법에 의하면, 특정물인도채무의 이행장소는 채권성립 당시의 物件所在地(民 제467조), 특정물인도 이외의 채무의 이행장소는 채권자의 現住所(民 제467조 제2항 본문), 영업에 관한 채무의 이행장소는 채권자의 現營業所(民 제467조 제2항 단서), 지시채권과 무기명채권의 이행장소는 채무자의 현영업소(民 제516조 · 제524조)로 하도록 되어 있다.

(2) 債務履行 또는 履行請求의 時期

이행 또는 이행청구의 시기에 관하여 상법은 명문규정을 두고 있다. 즉, 법령 또는 관습에 의하여 영업시간이 정해져 있는 때에는 채무의 이행 또는 이행의 청구는 그 시간 내에 하여야 한다(제63조).

4. 多數當事者의 債務

(1) 多數債務者의 連帶

민법상 채무자가 數人인 경우에는 균등비율에 의한 分割債務가 되는 것이 원칙이나(民 제408조), 상법에 의하면 수인이 그 1인 또는 전원에게 상행위가 되는 행위로 인하여 채무를 부담한 때에는 연대하여 변제책임을 진다(제57조 제1항).[1] 다만 이 규정은 임의규정이다.

다수채무자 간에 연대채무가 성립하기 위해서는 채무의 발생원인이 되는 행위는 채무자 1인 또는 그 전원에 대하여 상행위이어야 한다. 즉, 채무자들 중 1인은 상인이어야 한다. 채권자에게만 상행위가 되는 때에는 상법 제57조 제1항의 규정은 적용되지 않는다. 또한 이 때의 채무는 직접 상행위에 의하여 발생된 채무는 물론이고 이와 동일성이 있는 것으로서, 예컨대 계약해제로 인한 원상회복의무라든지 그 채무의 이행지체로 인한 손해배상채무도 포함한다.[2] 그리고 여기에서는 채무는 수인의 채무자가 하나의 공동행위에 의하여 부담한 것이어야만 하며, 각자의 개별적인 행위로 인하여 부담한 채무에는 이 규정이 적용되지 않는다.

(2) 保證人의 連帶

민법상 보증인은 催告·檢索의 抗辯權(民 제437조)과 分別의 利益(民 제439조)을 가지나, 상법에서는 보증인이 있는 경우에 그 보증이 상행위이거나(예컨대, 은행이 그 고객을 위하여 하는 지급보증) 주채무가 상행위로 인한 것인 때(예컨대, 상인의 영업자금차용)에는 주채무자와 보증인은 연대하여 변제할 책임이 있다(제

1) 大判 1956. 9. 20, 88 民上 347; 大判 1976. 12. 14, 76 다 2212; 大判 1991. 11. 22, 91 다 30375; 大判 1992. 11. 27, 92 다 30705.

2) 姜渭斗(總) 261면; 孫珠瓚(上) 242면; 鄭燦亨(上) 207면; 崔基元(上) 214면.

57조 제2항). 이 규정도 임의규정이다. 이 때의 주채무는 주채무자의 상행위로 인하여 발생한 것만을 말한다는 견해와[1] 채권자에게만 상행위가 되는 일방적 상행위로 인한 채무도 포함된다는 견해(예컨대, 은행이 비상인에게 대부하고 역시 비상인의 보증을 받는 경우)로[2] 나뉘어져 있으나, 본조의 입법취지가 상인의 신용을 강화하기 위하여 상인의 연대책임을 규정한 것이며, 또 같은 취지를 규정하면서도 채무자 쪽의 상행위성만을 문제로 삼는 본조 제1항에 대한 해석과의 조화라는 면에서 前說이 타당하다고 본다. 따라서 비상인인 보증인이 역시 비상인의 채무를 보증한 경우에는 양자는 연대책임을 지지 않는다고 본다. 주채무가 주채무자의 상행위로 인하여 발생한 경우 주채무자와 보증인이 연대책임을 지는 것은 물론이고, 보증인이 수인이 있으면 그 수인의 보증인 간에도 연대관계가 있는 것으로 본다.

5. 無償受取人의 注意義務

민법상 보수 없이 임치를 받은 자는 임치물의 보관에 있어서 自己財産과 동일한 주의를 하면 되도록 하여(民 제695조) 無償任置의 경우에는 유상의 경우와 비교하여 주의의무를 경감시키고 있다. 그러나 상법에서는 상인이 그 영업범위 내에서 물건의 임치를 받은 경우에는 보수를 받지 않은 때에도 선량한 관리자의 주의(民 제681조)를 하도록 특별규정을 두어(제62조), 민법에서보다 주의의무를 가중시키고 있다. 이러한 의무는 기본적 상행위로서 무보수로 受置한 경우, 예컨대 창고업자의 경우뿐만 아니라 부속적 상행위로서 무보수로 수치한 경우에도 적용된다.

---

1) 李炳泰(上) 226면; 林泓根(總) 241면; 李哲松 301면; 蔡利植(上) 179면; 大判 1959. 8. 27, 4291 民上 407.
2) 崔基元(上) 216면; 孫珠瓚(上) 243~244면; 姜渭斗(總) 262면.

6. 商人間의 賣買

(1) 商人間의 賣買의 意義

상인간의 매매란 상인과 상인 간에 이루어지는 상행위인 매매를 말한다. 즉, 상인 간의 매매는 당사자 쌍방이 상인인 경우의 매매를 말하는 것으로서 이 때의 매매는 당사자 쌍방에게 상행위로 된다. 다만 이 때의 매매는 상인이 영업으로 하는 基本的 商行爲뿐만 아니라 영업을 위하여 하는 補助的 商行爲이어도 무방하다.

상법은 상인 간의 매매에 있어 매도인을 보호하고 거래의 안전·신속화를 위하여 민법의 매매 규정에 대한 다음과 같은 약간의 특칙을 두고 있을 뿐이고, 나머지 것은 모두 민법의 계약법에 의존하고 있다. 그러나 상인 간의 매매에 관한 특칙은 어디까지나 임의규정이다.

≪商事賣買≫

상법 제67조 이하의 상인 간의 매매에 관한 규정은 상사매매(Handelskauf)의 특수한 형태로서 당사자 쌍방이 상인인 경우의 매매에 관한 규정이다. 상인 간의 매매의 상위개념인 상사매매란 상법의 적용대상이 되는 매매로서 당사자의 일방 또는 쌍방에 대하여 상행위가 되는 매매를 말한다. 그러나 상법은 상사매매 일반에 관하여는 규정을 두고 있지 아니하므로 민법의 매매에 관한 규정(民 제563조~제595조)이 적용된다. 이는 民法의 商化現象의 일례라고 할 수 있다. 다만 상인 간의 매매에 관하여는 아직도 상법에서 규율할 필요가 있어서 상법에 5개의 조문을 두고 있으나, 상거래에서의 매매의 중요성을 감안하여 볼 때 매우 빈약한 것이라 아니할 수 없다. 따라서 상사매매와 관련하여 많은 약관이 출현하여 이에 의하여 당사자의 권리·의무가 규율되는 예가 흔하다. 특히 국제물품매매계약과 관련하여서는 국제물품매매계약에 관한 U.N. 協約(United Nations Convention on Contracts for the International Sale of Goods, 1980)이 성립·발효되고 있으며(우리 나라에서는 2005년 발효), 후술하는 바와 같이 FOB, CIF 등의 거래조건이 발달되어 이용되고 있다.

(2) 賣渡人의 供託權과 競賣權

상인 간의 매매에 있어서 매수인이 목적물의 수령을 거부하거나 이를 수령할 수 없는 때(債權者遲滯)에 매도인은 민법의 일반원칙에 따라 계약을 해제하고 매수인에게 손해배상을 청구할 수 있는 외에(民 제544조 · 제551조), 공탁권과 경매권을 행사할 수 있는 것은 민법의 경우과 같다(제67조 제1항 · 제2항, 民 제487조~제490조). 그러나 상인 간의 매매에 있어서는 공탁의 통지에 있어서 발신주의를 취하여 그 사유의 통지를 발송하기만 하면 되고[제67조 제1항 제2문. 그러나 실제에 있어서는 공탁법에 의하여 공탁공무원이 채권자에게 통지하도록 되어 있으므로 이 통지가 발송되면 충분하다(공탁사무처리규칙 제27조)], 또 경매의 요건이 완화되어 있다. 즉, 민법 제490조에 의하면 변제의 목적물이 공탁에 부적당하거나 멸실 · 훼손의 염려가 있거나 또는 공탁에 과다한 비용이 드는 경우에 한하여 법원의 허가를 얻어 경매(또는 시가로 放賣)하게 되어 있다. 그러나 상법에서는 상당한 기간을 정하여 매수인에게 최고한 후이면 경매할 수 있고(제67조 제1항), 또 매수인에게 최고도 할 수 없거나 목적물이 멸실 · 훼손의 염려가 있는 때에는 최고 없이도 경매할 수 있다(제67조 제2항). 이러한 경매권을 自助賣却權이라고 한다. 매도인이 자조매각권을 행사하였을 때에는 그 대금에서 경매비용을 공제한 잔액을 공탁하여야 하나, 그 전부 또는 일부를 매매대금에 충당하여도 상관없다(제67조 제3항).

요컨대, 민법에서는 공탁이 원칙이고 예외적으로 공탁의 준비행위로서 경매가 인정되는 데 비하여, 상법에서는 매도인에게 공탁권과 자조매각권이 나란히 인정된다. 그 결과 매도인은 목적물인도의무를 쉽게 면할 수 있고, 매매대금을 용이하게 지급받을 수 있게 되었을 뿐만 아니라, 전술한 발신주의 결과 매수인이 통지에 관한 위험을 부담함으로써 매도인이 더욱 두터이 보호되고 있다.

(3) 買受人의 目的物檢査 · 瑕疵通知義務

민법의 규정에 의하면 매매목적물에 하자가 있거나 수량부족이 있는 때에는 매도인은 하자담보책임을 지고, 매수인은 대금감액을 청구할 수 있으며, 또 매수인이 선의인 경우에는 계약해제와 손해배상청구도 할 수 있는데, 이러한 권리는 매수인이 악의이면 계약한 날로부터 1년 내에, 선의이면 사실을 안 날로부터 1년 또는 6월 내에 행사하여야 한다(민 제570조~제575조 · 제580조~제582조).

그러나 상인 간의 매매에 있어서는 장기간 거래관계를 불안정한 상태로 두는 것은 입증을 곤란하게 하며, 매수인이 목적물의 하자 또는 수량부족을 악용하여 유리한 시점에서 계약을 해제하는 등 폐단이 많을 것이므로, 이를 시정하기 위하여 매수인에게 (民法에는 없는) 目的物의 檢査·瑕疵通知義務를 부과하고 있다. 즉, 매수인은 목적물을 수령한 때에는 지체없이 이를 검사하여야 하고, 하자 또는 수량부족을 발견한 때에는 즉시 매도인에게 통지를 발송하여야 하며, 만약 이 통지를 하지 아니하면 매도인이 악의인 경우를 제외하고 그로 인한 대금감액청구·계약해제 또는 손해배상청구를 하지 못하게 된다. 다만 그 하자가 즉시 발견할 수 없는 성질의 것인 때에는 6월 내에 이를 발견하여 즉시 통지하면 그 권리를 상실하지 아니한다(제69조).[1)]

이와 같이 매수인의 의무는 이를 해태하였을 경우에 일정한 권리를 행사할 수 없는 불이익을 받을 뿐, 그 불이행의 경우 어떤 책임이 생기는 것은 아니기 때문에 不完全義務 또는 間接義務라고 할 수 있다.[2)]

매수인이 이러한 의무을 해태하였을 경우 상법 제69조 제1항에 따라 대금감액청구·계약해제 및 손해배상청구를 할 수 없으므로 대신 민법상의 일반원칙에 따라 하자 있는 목적물의 수령거절, 불특정매매에 있어서의 대물변제, 하자보수청구·부족분추가청구 등의 완전이행의 청구는 가능할까 의문이 생길 수 있으나, 상법 제69조 제1항의 규정은 예시적인 것에 불과하므로 이들 권리 역시 인정될 수 없다.[3)]

(4) 買受人의 目的物保管·供託義務

민법의 규정에 의하면 매매목적물의 하자 또는 수량부족으로 인하여 매수인이 계약을 해제하였을 때에는 각 당사자는 원상회복의 의무를 진다(民 제548조). 그리고 매수인에게 인도된 물건이 매매목적물과 다르거나 수량을 초과한 경우에도 그 상위 또는 초과부분을 반환하면 충분하고 보관의무를 지는 것은 아니다.

그러나 상인 간의 매매에 있어서는 이른바 隔地賣買의 경우(제70조 제3항) 매수인이 수령한 목적물의 하자나 수량부족으로 계약을 해제한 때에는 그 목적물을 매도인에게 반송할 것이 아니라 매도인의 비용으로 보관 또는 공탁하여야 한다(제70조 제1항 본문). 이것은 불필요한 반송을 막아 반송의 비용부담을 더는 한편 그 소재지에서 가급적 전매하도록 하여 商機를 잃지 않도록 하기 위한 것

1) 大判 1987. 7. 21, 86 다카 2466; 大判 1993. 6. 11, 93 다 7174·7181.
2) 姜渭斗(總) 280면; 鄭燦亨(上) 227면; 崔基元(上) 229면.
3) 姜渭斗(總) 280면.

이다. 다만 그 목적물이 멸실 또는 훼손될 염려가 있는 때에는 법원의 허가를 얻어 경매하고 그 대가를 보관 또는 공탁하여야 한다(제70조 제1항 단서). 이 때의 경매를 緊急賣却(Notverkauf)이라고 한다. 물론 이렇게 경매를 한 때에는 매수인은 지체없이 매도인에게 그 통지를 발송하여야 한다(제70조 제2항). 또 매매목적물의 상위 또는 수량초과의 경우에도 위의 계약해제의 경우와 같이 그 상위 또는 초과부분에 대해서는 매수인이 보관·공탁의무를 진다(제71조). 뿐만 아니라 법률에 규정은 없으나 약정해제권의 행사로 인한 해제 또는 확정기매매에 있어서 이행시기의 경과로 인한 해제 등과 같은 이유로 매매계약이 해제된 경우에도 매수인의 보관·공탁의무에 관한 규정은 유추적용되어야 할 것이다.

매수인이 보관 또는 공탁한 때에는 보관 또는 공탁에 관한 비용 이외에 상당한 보수를 청구할 수 있음은 물론이다(제61조).

매수인이 보관·공탁 또는 경매의무를 위반한 때에는 매도인에 대하여 손해배상책임을 진다.

(5) 確定期賣買의 解除

확정기매매(Fixhandelskauf)란 매매의 성질 또는 당사자의 의사표시에 의하여 일정한 일시 또는 일정한 기간 내에 이행하지 아니하면 계약의 목적을 달성할 수 없는 매매를 말하며, 정기행위의 일종이다. 민법상의 정기행위에 있어서는 채무자가 이행을 지체하면 채권자는 이행의 최고(民 제544조)를 하지 않고도 즉시 계약의 해제를 할 수 있다(民 제545조). 그러나 계약해제의 의사표시는 필요하다.

그런데 상인 간의 상행위인 확정기매매에 있어서는 당사자의 일방이 이행시기를 경과한 때에는 상대방에 대한 해제의 의사표시를 하지 않아도 계약이 해제된 것으로 본다(제68조). 이 때 매매의 내용인 상행위는 상인 간의 상행위, 즉 쌍방적 상행위인 확정기매매만을 말한다고 본다.[1] 만일 상대방이 그 매매계약의 존속을 원한다면 즉시 이행의 청구를 하여야 한다(제68조).

이와 같이 확정기매매가 당연히 해제된 경우에 채권자는 민법의 일반원칙에 따라 손해가 있는 때에는 그 배상을 청구할 수 있다(民 제551조).

---

1) 同旨: 崔基元(上) 235면.

≪主要去來條件≫

상법은 상사매매에 관하여 최소한의 규정을 두었을 뿐이므로 현실적 거래에 있어서는 상관습이나 定型的 條件 내지 普通去來約款이 발달하고 있는데, 이러한 사정은 국제매매에서 특히 두드러지고 있다. 국제매매에 있어서의 주요 거래조건을 예시하면 다음과 같다.

(i) FOB조건 : FOB조건이란 free on board의 약칭으로서, 우리 나라에서는 보통 이것을 '本船渡' 조건으로 번역한다. 이것은 매도인이 매매계약에서 정하여진 선적항에서 매수인이 지정한 선박에 매매의 목적물을 선적하면 그 때부터 물품에 대한 소유권과 멸실·훼손의 위험은 매수인에게로 이전한다는 뜻의 거래조건이다. 따라서 매수인은 이 시점부터 물품의 멸실·훼손의 위험과 운임 및 그 후에 발생한 비용을 부담하여야 하고, 매매대금을 지급하여야 할 의무를 부담한다.

FOB조건은 역사적으로는 영국의 상관습에서 발전해 온 것인데, 이러한 거래조건이 최초로 등장한 것은 영국의 1812年 Wackerbath v. Massor 사건이다. 그러나 이것이 영국뿐만 아니라 세계각국에서 널리 쓰이게 되면서 그 의미가 각각 다르게 해석되었기 때문에 그 해석의 국제적 통일이 필요하게 되었다. 여기서 국제상업회의소(International Chamber of Commerce: ICC)가 1936년에 FOB조건을 비롯한 각종의 정형적 거래조건의 해석에 관한 국제규칙을 제정하였고, 그 후 수차례의 개정·추가를 거쳐 현재는 2000년의 인코텀즈(International Rules for the Interpretation of Trade Terms: Incoterms, 2000)에 14종의 거래조건이 정의되어 있다. 이 규칙은 국제조약은 아니기 때문에 당연히 적용되는 것은 아니고, 당사자 매매계약 중에 동규칙에 따라 거래조건을 해석한다라는 뜻의 조항을 삽입함으로써 구속력을 갖게 된다.

한편 미국에서는 統一商法典(Uniform Commercial Code: UCC) 중에 FOB조건과 기타 정형적 조건에 관한 규정(§2-319 이하)이 있다.

(ii) CIF조건 : 현대 국제물품매매에 있어 가장 널리 사용되는 정형적 거래조건은 CIF조건이다. 이것은 cost, insurance, freight의 약어로서, 우리나라에서는 일반적으로 '運賃保險料包含' 조건으로 번역한다. CIF조건은 현대의 선박의 대형화, 정기선의 운항, 보험 및 은행업의 국제화 등에 따라 발달하였다.

이 조건에 따르면 매도인이 자기의 위험과 비용으로 지정항까지의 운송계약을 체결하고, 약정기간 내에 매매의 목적물을 선적하여야 하며, 선적 후의 위험에 대하여 해상보험계약을 체결한 다음, 船積書類(船荷證券·保險證券·商業送狀 등)를 매수인에게 제공하여야 한다. 그리고 매수인은 선적

후의 목적물에 대한 멸실·훼손의 위험을 부담하는 한편, 선적서류와 상환으로 매매대금을 지급할 의무를 부담한다.

FOB조건은 매매의 목적물을 본선상에서 현실적으로 인도(actual delivery)하여야 하는 데 대하여, CIF조건에서는 선하증권을 중심으로 한 선적서류(shipping documents)에 의한 상징적 인도(symbolic delivery)를 한다는 점에서 특색이 있다. 그러므로 CIF조건에 의한 매매는 선적서류의 매매라고도 할 수 있다. 그러나 이 때 수수되는 선하증권은 해상운송인이 운송물을 인도할 채무를 표창하는 유가증권이므로 매매의 당사자가 단순히 선하증권을 매매한다는 것은 무의미하다. 즉, 이 때의 매매는 해상운송인이 인도의무를 부담한 바로 그 물품의 매매인 것이다.

매도인은 선적서류와 함께 貨換어음을 발행하여 이를 할인함으로써 매수인의 대금지급을 확보할 수 있고, 매수인으로서도 CIF조건으로 제공된 선적서류가 계약의 목적에 합치하는가를 확인한 다음 그 서류와 상환으로 대금을 지급하므로, CIF거래는 격지자 간의 거래에 있어 안전한 거래조건이다. 또 CIF거래는 언제나 선적서류가 수반되기 때문에, 이것으로써 운송중의 목적물의 전매 기타 처분을 신속·간편하게 할 수 있는 장점도 있다.

CIF조건에 있어서의 당사자 간의 의무라든가 위험의 이전시기 등에 대한 해석에 관하여도 앞에서 언급한 FOB조건의 경우와 마찬가지로 인코텀즈에 따라 해석한다는 뜻의 조항을 계약에 삽입함으로써 구속력을 갖는다.

제 3 절 有價證券에 관한 規則

I. 序 說

상법은 貨物相換證·倉庫證券·株券·社債券·船荷證券 등에 관하여 그 기초가 되는 기업의 실질관계와 관련하여 해당하는 곳에 개별적인 규정을 두고, 어음·수표에 관하여는 어음법·수표법에서 상세한 규제를 하고 있다. 따라서 상행위법 통칙에서는 유가증권일반에 관하여는 직접적인 규정을 두지 않고, 다만 상법 제65조에서 증권적 채권인 지시채권과 무기명채권에 관한 민법의 규정

(民 제508조~제525조) 및 배서의 무조건성과 일부배서의 무효에 관한 어음법의 규정(어 제12조 제1항 · 제2항)을 준용하는 데 그치고 있다. 이와 같이 유가증권은 상법, 민법 및 어음법 · 수표법에 분산되어 규정되어 있고, 이들 규정 간에 서로 관련성이 없어 일관된 체계를 이루지 못하고 있다(예컨대, 배서의 자격수여적 효력에 관한 어음법 제16조 제1항 및 수표법 제19조 제1항에는 "… 적법한 소지인으로 추정한다"고 되어 있는 데 대해서 상법 제65조가 준용하는 민법 제513조 제1항에서는 "… 적법한 소지인으로 본다"고 되어 있다). 이런 점에서 입법론으로는 미국의 統一流通證券法(Uniform Negotiable Instruments Law 1896)과 같은 별도의 유가증권법을 제정하여 유가증권에 관한 규정을 정리하여 체계화하는 것이 바람직하다.

Ⅱ. 準用規定의 內容

금전 · 물건 또는 유가증권의 지급을 목적으로 하는 유가증권에는 지시채권의 양도방식(民 제508조) · 환배서(民 제509조) · 배서의 방식(民 제510조) · 약식배서의 처리방식(民 제511조) · 소지인출급배서의 효력(民 제512조) · 배서의 자격수여적 효력(民 제513조) · 선의취득(民 제514조) · 移轉背書와 人的 抗辯(民 제515조) · 변제의 장소(民 제516조) · 증서의 제시와 이행지체(民 제517조) · 채무자의 조사권리의무(民 제518조) · 변제와 증서교부(民 제519조) · 領受의 記入請求權(民 제520조) · 공시최고절차에 의한 증서의 실효(民 제521조) · 공시최고절차에 의한 공탁 · 변제(民 제522조) · 무기명채권의 양도방식(民 제523조) · 指名所持人出給債權(民 제525조) 등에 관한 민법의 규정을 적용하는 외에, 배서의 요건(어 제12조 제1항 · 제2항)에 관한 어음법의 규정을 준용한다(제65조).

제 4 절 相互計算

Ⅰ. 相互計算의 意義

상호계산(Kontokorrent, laufende Rechnung, current account)이란 상인 간 또는 상인·비상인 간에 常時 去來關係가 있는 경우에 일정한 기간 내의 거래에서 생기는 채권·채무의 총액을 相計하고 그 잔액을 지급할 것을 약정하는 계약(제72조)이다. 이를 분설하면, ① 적어도 당사자의 일방은 상인이어야 하므로 비상인 간의 민사상호계산계약은 상법상의 상호계산계약이 아니다. ② 당사자간에 상시 채권·채무가 발생하는 거래관계가 있어야 하므로 일방에게만 채권 또는 채무가 계속하여 발생해서는 안된다. 다만 현실로 반드시 상호간에 채권이 있어야만 하는 것은 아니고, 서로 상대방에 대하여 채권을 취득할 것이 예상되면 충분하다. ③ 일정기간의 채권·채무의 총액을 상계하고 그 잔액을 지급할 것을 약정하여야 한다.

상호계산에 計入되는 채권·채무는 특약(예컨대, 취급하는 영업소 또는 거래의 종류·품목에 의한 제한)이 없는 한, 계산기간 중에 거래관계에서 보통 생기는 일체의 채권·채무이고, 거래의 종류는 묻지 않는다. 그러나 거래와 관계없이 발생한 채권·채무, 즉 사무관리나 부당이득 또는 불법행위 등에 의하여 발생한 채권·채무는 상호계산의 목적이 되지 않는다. 또한 상호계산은 집단적으로 총액을 상계하는 것이므로 금전채무에 한한다.

상호계산기간은 당사자가 정하지만, 정함이 없는 경우에는 6월로 한다(제74조).

≪段階的 相互計算≫

상호계산계약은 일정기간의 거래를 一括相計하고 잔액을 확정하는 기간적 상호계산(Periodenkontokorrent)이 원칙이지만, 예컨대 은행의 當座預金契約과 當座貸越契約에서와 같이 거래가 있을 때마다 상계하여 잔액을 확정하고 이자를 계산하는 방식도 가능하다고 본다. 이를 특히 단계적 상호계산(Staffelkontokorrent)이라고 한다.

Ⅱ. 相互計算의 經濟的 機能 및 法的 性質

1. 相互計算의 經濟的 機能

상호계산은 대차결제의 기술적 제도이다. 예컨대, 은행 간이나 은행과 고객, 생산자와 위탁매도인, 상인과 대리상 및 운송업자 상호간의 거래에서와 같이 계속적이고 빈번한 거래관계가 있는 당사자 간에 있어서는 상호계산을 함으로써 금전지급에 따르는 비용·위험·불편을 덜고, 자금의 비생산적인 고정화를 방지할 수 있다. 이를 相互計算의 簡易化機能(Vereinfachungsfunktion)이라 한다.

한편 상호계산은 일방당사자의 채권 중 장차 상계될 금액의 한도 내에서는 상대방에 대한 채무로써 담보를 확보하고 있는 것이나 마찬가지의 효과가 있다. 이를 相互計算의 擔保的 機能(Sicherungsfunktion)이라고 한다.

또한 상호계산계약의 당사자들은 상호계산에 의하여 자신의 각 개별적인 채무의 변제를 계산서 승인에 의하여 잔액이 확정될 때까지 미루는 효과를 얻을 수 있다. 이를 相互計算의 信用提供의 機能(Kreditgebungsfunktion)이라 한다.

2. 相互計算의 法的 性質

상호계산의 법적 성질에 관하여는 상호적 소비대차계약설, 상호적 위임설, 혼합계약설, 상호적 신용개시계약설, 延期契約說, 상계계약설 등의 학설이 대립한다. 상호계산은 실질적으로 새로운 채권·채무를 발생시키는 계약이 아니고, 단지 이미 발생한 채권·채무의 결제방법을 약정하는 계약일 뿐이므로, 이것은 일반사법상의 계약유형에 속한다고 볼 것이 아니라, 상법상의 특수한 落成契約이라고 함이 타당하다고 본다(통설).

Ⅲ. 相互計算의 效力

상호계산의 효력은 소극적 효력과 적극적 효력으로 나눌 수 있는데, 전자는 상호계산기간 중의 효력이고, 후자는 상호계산기간 만료 후의 효력이다.

1. 消極的 效力

(1) 相互計算不可分의 原則

상호계산은 일괄하여 결제하는 제도이므로 일정한 기간 내에 생긴 일체의 채권·채무는 당연히 계산에 계입되어 그 독립성을 상실하고, 결산기에 일괄상계할 때까지 停止狀態에 놓인다. 이것을 相互計算不可分의 原則(Unteilbarkeit) 또는 相互計算의 消極的 效力이라고 한다. 물론 개개의 채권이 소멸되는 것은 아니지만, 각 당사자는 계산기간 내에는 개개의 채권을 행사하지 못하므로 채권의 소멸시효의 진행도 정지되며, 채무의 이행지체도 되지 않는다. 또 당사자 간에는 상호계산 외의 다른 채권·채무와 상계하지도 못한다. 제3자에 대한 관계에서도 이러한 원칙이 동일하게 적용되는가에 관하여 다툼이 있다.

① 절대적 효력설: 절대적 효력설에 의하면, 각 채권들의 일부를 제3자에게 양도·입질하거나 제3자가 압류하더라도 제3자의 선의·악의를 불문하고 무효가 된다고 한다.[1] 왜냐하면 상호계산은 기업거래활동이 아니라 채권·채무를 결제하는 상법상의 제도이며, 강행성을 띤 것이기 때문이라 한다(특약에 의한 채권양도의 제한과는 다르다).

② 상대적 효력설: 상대적 효력설에 의하면 불가분의 원칙의 효력은 당사자 간에만 미치므로 제3자에게 채권을 양도한 경우에는 손해배상의 문제가 생길 뿐, 선의의 양수인에게는 그 제한을 대항할 수 없다고 한다.[2] 한편 양도와 입질의 경우에는 제3자에 대하여 그 제한을 대항할 수 있지만 압류의 경우에는 국

---

1) 孫珠瓚(上) 275면; 崔基元(上) 269면; 蔡利植(上) 204면; 鄭燦亨(上) 243면; 日最判 1936. 3. 11, 民集 15. 4. 320

2) 徐燉珏·鄭完溶(上) 172면; 林泓根(總) 280면.

가의 강제집행권을 제한할 수 없다는 이유로 대항할 수 없다고 보는 견해도 있다(절충설).[1]

③ 생각건대 독일의 경우와는 달리 상호계산에 관한 현행의 상법 규정을 강행규정으로 보기는 어렵다. 따라서 양도·입질의 경우 선의의 제3자에게 대항할 수 없고(民 제449조 제2항 단서), 또 법원에 의하여 이미 압류가 결정된 이상 이를 무효로 할 방법이 없다. 상대적 효력설이 타당하다.

(2) 相互計算不可分原則의 例外

계산에 계입된 채권·채무는 상대방의 동의가 없는 한 임의로 계산으로부터 제거할 수 없다. 그러나 어음 기타의 상업증권을 수수한 대가로서의 채권·채무를 상호계산에 계입한 경우에는, 후에 증권채무자가 채무를 변제하지 아니하였을 경우에 한하여 예외적으로 당사자는 그 대가에 관한 항목을 계산에서 제거할 수 있다(제73조). 왜냐하면 유가증권의 경우는 그 지급이 거절된 경우에 권리보전을 위한 특별한 절차를 필요로 하기 때문이다.

2. 積極的 效力

상호계산기간이 만료되면 계산에 계입되었던 채권·채무의 총액을 一括相計하고 잔액을 확정하며, 당사자의 일방은 잔액의 지급청구권을 행사하게 된다.

(1) 殘額確定方法

상호계산기간이 종료하면 그 기간 중에 발생한 상방의 채권채무가 상계되고 그 결과로 남은 금액만큼의 잔액채권이 성립한다. 잔액채권은 '상호계산기간의 경과'로 자동적으로 성립한다.[2]

---

1) 鄭東潤(上) 181면; 李哲松(總) 331~332면; 金正皓(上) 212면.
2) 林泓根(行) 406면; 鄭東潤(上) 181면; 李哲松(總) 333면; 李基秀(總) 358면; 鄭燦亨(上) 243면; 金正皓(上) 212면.

(2) 計算書의 承認

(가) 잔액채권의 확정

잔액채권은 채권채무의 각 항목을 기재한 계산서를 승인함으로써 확정된다. 잔액을 확정하였다고 하여 구채권채무가 완전히 소멸되는 것은 아니며, 잠재적 상태에 놓인다. 그리고 이 때 발생된 신채권・채무는 구채권・채무의 존재 또는 효력에 영향을 받지 않는 채무(제75조 본문), 즉 무인적 채무가 되는데, 이 신채권채무가 변제로 소멸되면 구채권 채무도 일괄적으로 소멸한다고 보아야 한다.

(나) 殘額債權承認의 效力

잔액채권의 승인으로 잔액채권이 성립한다. 잔액채권은 독자적인 변제기 및 시효기간의 적용을 받는데, 변제기에 관하여는 상호계산계약에서 정함이 없으면 채권자가 청구한 때(民 제387조 제2항)이다. 시효기간은 계산서를 승인한 때부터 기산한다는 견해가 있으나,[1] 잔액채권 자체가 계산기간이 경과하면 자동적으로 성립하므로 계산폐쇄일 다음날부터 잔액채권에 대한 시효기간이 기산한다고 본다. 상호계산계약은 보조적 상행위이므로 5년의 시효에 걸린다고 본다. 특약으로써 각 항목채권에 이자를 붙인 경우에도 잔액채권에 관하여는 계산폐쇄일 이후의 상사법정이자를 청구할 수 있다(제76조). 이 때에는 이중으로 이자를 지급하게 된다.

종전의 각 항목채권위에 설정된 보증채무 기타 다보권의 소멸여부는 보증계약 및 담보설정계약에 따라야 할 것이다.

(다) 計算의 不正確과 承認行爲의 瑕疵

상호계산계약의 목적이 계산관계를 신속・간명하게 처리하는 데 있으므로 계산서를 승인하면 각 당사자는 각 항목에 관하여 존재하던 하자(예건데, 채권발생의 원인인 매매계약의 무효)를 이유로 하여 異議를 제기하지 못한다(제75조 본문). 이는 계산서를 승인한 다음에는 그 기초가 된 채권채무에 대한 이의를 배제함으로써 상호계산제도의 안정을 꾀하려는 조치이다.

그러나 계산상 錯誤나 脫漏가 있는 경우에는 이의를 할 수 있다(제75조 단서)(부당이득반환청구설)[2]

그리고 계산서의 승인행위 자체에 허위표시나 사기・착오・강박 등 무효 또

---

1) 鄭東潤(上) 183면.

2) 姜渭斗(總) 296면; 鄭燦亨(上) 175면; 孫珠瓚(上) 277면; 李炳泰(上) 242면; 林弘根(總) 284면; 崔基元(上) 271면; 鄭燦亨(上) 245면; 金正皓(上) 217면.

는 취소의 원인이 있는 경우에는 이러한 하차에 의하여 그 승인의 효력을 다투를 수 있음은 물론이다.

Ⅳ. 相互計算의 終了

상호계산은 존속기간의 만료 등 계속적 계약의 일반적 종료원인에 의하여 종료하는 것은 물론이나, 당사자는 언제든지 임의로 계약을 해지할 수도 있다(제77조 전단). 이 밖에 당사자 일방에 破産(破 제57조 제1항 전단) 또는 會社整理節次의 開始(會整 제107조)가 있을 때에도 당연히 종료한다. 계약이 종료하였을 때에는 계산기간과 관계없이 당사자는 즉시 계산을 폐쇄하고, 잔액의 지급을 청구할 수 있다(제77조 후단, 破 제57조 제1항 후단).

제5절 匿名組合

Ⅰ. 匿名組合의 意義

익명조합(stille Gesellschaft, undisclosed association, sociétés en participation)이란 당사자의 일방(익명조합원)이 상대방(영업자)의 영업을 위하여 출자를 하고, 상대방이 영업으로 인한 이익을 분배할 것을 약정하는 계약이다(제78조). 익명조합은 양당사자관계이나 당사자의 일방이 복수인이라도 상관없다. 익명조합원(stiller Gesellschafter, undisclosed partner)의 자격에는 제한이 없으나, 영업자(Geschäftsinhaber)는 성질상 상인이어야 한다. 영업자의 상인자격은 반드시 계약 이전에 존재하지 않아도 되고, 개업준비행위인 계약체결과 동시에 상인자격을 취득하여도 상관없다.

≪匿名組合의 起源≫

익명조합은 合資會社와 그 기원을 같이 한다. 즉, 10세기경부터 지중해연안에서 널리 행하여진 콤멘다(commenda) 계약[금전·상품의 소유자인 자본가(commendator)가 항해무역에 재능이 있는 기업가(tractor)에게 그 소유물을 위탁하고 일항해마다 이익분배를 하는 일종의 위탁계약]에서 유래한 것이니, 후에 콤멘다 계약이 콜레간티아(collegantia)(기업가도 자본의 일부를 출자하는 것)로 변하고, 콜레간티아가 15세기경 둘로 분화되어 하나(자본가와 기업가가 외부에 나타나는 것)는 합자회사가 되고, 다른 하나(자본가는 외부에 나타나지 않는 것)는 익명조합이 되었다.

우리 상법은 익명조합계약이 상인인 영업자의 보조적 상행위이기 때문에 이를 상행위편에 규정하고 있으나, 익명조합은 경제적으로는 공동기업의 一形態이므로 독일 상법(제335조~제342조)과 프랑스 상사회사법(제419조~제422조)은 이를 회사편에서 규정하고 있다.

Ⅱ. 匿名組合의 法的 性質

익명조합은 유상·쌍무·낙성·불요식계약으로서 영업자의 이익분배가 요소인 상법상의 특수한 계약이다.[1)] 익명조합은 영업자의 單獨企業이고(民 제703조 참조), 익명조합원의 출자는 영업자에게 귀속되며(民 제704조 참조), 익명조합원은 제3자에 대하여 권리·의무를 가지지 아니하므로(民 제712조 참조), 이것은 민법상의 조합과 다르다. 또 익명조합은 불확정한 이익의 분배를 목적으로 하고, 익명조합원이 업무감시권을 가지며, 익명조합의 종료의 경우에 익명조합원이 반드시 출자재산 또는 출자금액을 반환받을 수 있는 것도 아니므로(民 제598조 참조), 이것은 소비대차와도 다르다.

영업자가 資力의 강화를 위하여 다수의 출자자와 익명조합계약을 맺은 경우에도 영업자와 각 출자자 사이에는 수개의 독립된 익명조합계약이 병존하게 되고, 출자자 상호간에는 아무런 법률관계가 존재하지 않으며, 이 때의 익명조합의 법적 성질도 위의 경우와 다름이 없다.

이와 같이 익명조합은 상법상의 특수한 계약이기는 하지만, 내부적으로는 조

1) 姜渭斗(總) 301면; 孫珠瓚(上) 280면; 崔基元(上) 249면.

합관계가 존재하는 내적 조합(Innengesellschaft)이므로 익명조합에 관하여는 민법의 조합에 관한 규정이 일반적으로 적용된다고 본다.

Ⅲ. 匿名組合의 內部關係

1. 匿名組合員의 權利義務

(1) 出資義務

익명조합원은 계약에서 정한 대로 금전 기타의 재산을 출자하여야 하고, 이외에 信用이나 勞務의 出資는 허용되지 아니하며(제86조, 제272조), 출자된 재산은 모두 영업자에게 귀속된다(제79조). 그리고 특정재산에 대한 사용권만을 출자하거나 채권을 양도하는 것도 허용된다.

(2) 損失分擔義務

상법이 익명조합원의 손실분담에 관한 규정을 두고는 있으나(제82조 제1항), 손실분담이 익명조합계약의 요소는 아니다. 손실분담비율에 관한 특약이 없으면 이익분배비율과 같다고 추정되며(民 제711조 제2항), 손실분담방법도 계산상 출자액이 감소되는 것이지 현실로 추가로 출자하는 것은 아니고, 손실이 출자액을 초과하더라도 이미 받은 이익의 반환이나 증자의 의무는 없다(제82조 제2항).

(3) 地位不讓渡義務

익명조합도 실질적으로는 인적 신뢰관계를 기초로 하므로 익명조합원은 출자의무를 이행한 후에라도 영업자의 동의가 없는 한 그 지위를 타인에게 양도·상속하지 못한다고 본다.[1] 이 점은 영업자의 경우도 마찬가지이다.

(4) 監 視 權

익명조합원은 영업자의 영업에 관하여 業務執行의 권리의무는 없으나(제86조,

---

1) 姜渭斗(總) 304면; 孫珠瓚(上) 284면; 崔基元(上) 252면.

제278조), 합자회사의 유한책임사원과 같이 監視權이 있다(제86조, 제277조). 즉, 익명조합원은 영업년도말에 있어서 영업시간 내에 한하여 영업자의 회계장부 · 대차대조표 기타의 서류를 열람할 수 있고, 영업자의 업무와 재산상태를 검사할 수 있으며, 중요한 사유가 있는 때에는 언제든지 법원의 허가를 얻어 그 열람과 검사를 할 수 있다.

2. 營業者의 義務

(1) 營業遂行義務

영업자는 계약의 정함에 따라 선량한 관리자의 주의로써 영업을 수행할 의무를 부담한다(民 제707조 · 제681조 참조). 따라서 영업자가 정당한 사유없이 영업을 개시하지 아니하거나 휴업 · 폐업한 경우에는 익명조합원은 손해배상을 청구할 수 있고, 경우에 따라서는 계약을 해지할 수 있다(제83조 제2항).

(2) 利益分配義務

영업자는 영업으로 인한 이익을 분배할 의무를 부담한다(제78조). 이익이란 당해 영업년도 중에 영업활동을 통해 증가된 재산액이다. 이익분배는 익명조합의 요소이다(제78조). 그러나 반드시 모든 이익을 분배하여야 하는 것은 아니고 이익분배를 한다는 뜻과 그 최고한도를 정하면 된다. 그러나 이익의 유무를 불문하고 일정금액의 지급을 약속하는 것은 익명조합의 본질에 반하는 것으로서 무효이다.[1] 이익분배의 비율에 관하여 특약이 없으면 출자액의 비율에 따른다(民 제711조 제1항).

익명조합원이 특약에 따라 손실을 분담하여 출자액이 감소된 경우에는 그 다음해의 이익에 의하여 전보한 후가 아니면 이익의 분배를 하지 못한다(제82조 제1항).

---

1) 大判 1983. 5. 10, 81 다 650: 중국음식점의 경영을 공동사업으로 하면서 이익이 난 여부를 묻지 아니하고 매일 매상액 중 일정한 금액의 지급을 약정한 것은 가령 이익이라는 명칭을 사용하였다 하더라도 상법상의 익명조합이라고는 할 수 없다.

(3) **競業禁止義務**

익명조합의 영업자에게 競業禁止義務가 있는가에 관하여는 상법에 명문의 규정이 없으므로 학설이 나뉜다. 제1설은 익명조합은 실질적으로는 영업자와 익명조합원의 공동사업으로서 영업자는 선량한 관리자로서의 주의의무를 부담할 뿐만 아니라, 합자회사의 무한책임사원과 같은 지위에 있으므로 영업자는 경업금지의무를 진다고 한다.[1] 제2설은 영업자는 공동기업자, 사용인 또는 기관 등과 같은 지위에 있지 아니하므로 이 의무도 없다고 한다.[2] 제3설은 영업자의 경업금지의무는 법문상 이를 인정할 근거가 없고, 이것은 오직 계약해석의 문제이므로 이 의무의 유무는 각 익명조합계약의 내용에 따라 구체적으로 판단하여야 한다는 것이다.[3] 제1설이 옳다고 본다. 다만 의무위반의 경우 개입에 관한 규정이 없으므로 그 위반행위의 중지 및 손해배상청구를 할 수 있다고 본다.[4]

Ⅳ. 匿名組合의 外部關係

1. 營業者와 第三者의 關係

익명조합은 법률상은 영업자의 單獨營業이므로 제3자와의 사이에 발생된 모든 권리의무는 영업자에게만 귀속된다.

2. 匿名組合員과 第三者의 關係

익명조합원은 제3자와의 사이에 아무런 법률관계도 생길 수 없으며(제80조), 영업자를 대리할 권한도 없다(제86조, 제278조). 따라서 제3자에 대한 책임이 생길 수 없으나, 익명조합원이 자기의 姓名을 영업자의 商號 중에 사용하게 하거

1) 姜渭斗(總) 306면; 孫珠瓚(上) 285면; 崔基元(上) 254면.
2) 金容泰(上) 118면.
3) 徐燉珏 · 鄭完溶(上) 181면.
4) 孫珠瓚(上) 285면; 崔基元(上) 254면.

나, 자기의 상호를 영업자의 상호로 사용할 것을 허락한 때에는 그 사용 이후의 채무에 대하여 영업자와 연대하여 변제할 책임을 진다(제81조). 이것은 익명조합원을 영업자로 오인하고 거래한 자의 신뢰를 보호하기 위한 외관이론 내지 금반언의 원칙을 구현한 것으로서 상법의 名義貸與者의 責任(제24조)과 같은 취지의 것이다. 따라서 명의대여자의 책임에서와 마찬가지로 성명사용의 허락은 명시적이든 묵시적이든 불문하고, 익명조합원을 영업자로 오인함에 있어서 악의 또는 중과실이 있는 자에 대하여는 익명조합원은 책임을 지지 않는다고 본다.

Ⅴ. 匿名組合의終了

1. 匿名組合의 終了原因

익명조합은 계약의 일반적 종료원인의 발생에 따라 당연히 종료하나, 다음과 같은 특칙이 있다.

(1) 契約의 解止

조합계약으로 조합의 존속기간을 정하지 아니하거나 어느 당사자의 종신까지 존속하기로 약정한 때라도 각 당사자는 6월 전에 예고를 하고 영업년도말에 계약을 해지할 수 있다(제83조 제1항). 다만 부득이한 사정이 있는 때에는 각 당사자는 언제든지 해지할 수 있다(제83조 제2항). 이 경우의 해지권은 특약으로도 제한하지 못한다. 또 익명조합원의 출자전부를 압류한 익명조합원의 채권자도 상법 제224조 및 제269조를 유추적용하여 영업자와 익명조합원에게 6월 전에 예고하고 영업년도말에 그 익명조합계약을 해지할 수 있다는 견해가 있으나,[1] 명문의 규정이 없는 이상 이를 인정하기 어려울 것이다. 거래의 안전을 해할 우려가 있기 때문이다. 다만 그 압류의 실행으로 익명조합계약이 사실상 해지되는 것과 같은 결과가 생기는 것은 별개의 문제이다.

이 외에도 익명조합원의 채권자는 민법의 규정에 의하여 채무자가 그 채권자

1) 崔基元(上) 214면.

를 해함을 알고 익명조합계약을 체결하여 자기의 재산을 영업자에게 출자하는 경우 債權者取消權(民 제406조)을 행사할 수 있다. 그 결과 익명조합계약이 사실상 해지되는 수가 있을 것이다. 다만 영업자가 선의인 경우에는 그러하지 아니하다(民 제406조 단서).

(2) 法定終了 事由

조합계약은 ① 영업의 폐지 또는 양도, ② 영업자의 사망 또는 금치산, ③ 영업자 또는 익명조합원의 파산으로 종료한다(제84조).

2. 匿名組合의 終了效果

익명조합계이 종료하면 영업자는 '出資의 價額'을 익명조합원에게 반환하여야 한다(제85조 본문). 그러나 사용권을 출자하였을 때에는 출자물 자체를 반환하여야 한다. 또 손실분담으로 인하여 출자가 감소한 때에는 그 잔액만을 반환하면 된다(제85조 단서). 손실분담액이 출자액을 초과하더라도 추가출자의무는 없다. 이 때의 초과하는 손실부분은 영업자가 부담하여야 한다. 영업재산은 모두 영업자의 소유이기 때문이다.

익명조합원의 출자총액반환청구권은 단순한 채권으로서 익명조합원은 영업자의 다른 채권자와 동등한 지위에서 권리를 행사할 수 있을 뿐이지만, 익명조합원이 물건의 사용권을 출자한 경우 영업자가 파산한 때에는 그 물건에 관한 還取權을 갖는다(破 제79조).

제 2 장
商行爲法 各論

제 1 절 代 理 商

Ⅰ. 代理商의 意義

대리상(handelsvertreter)이란 일정한 상인을 위하여 상업사용인이 아니면서 상시 그 영업부류에 속하는 거래의 대리 또는 중개를 영업으로 하는 자를 말한다(제87조). 대리상의 영업은 대리 또는 중개의 인수, 즉 특정상인을 위하여 그와 대리 또는 중개를 하기로 계약하는 것이다. 이 계약을 代理商契約(Handelsvertretersvertrag)이라 하는데, 낙성・불요식계약으로서 그 법적 성질은 위임이다. 대리상계약에 따른 대리 또는 중개행위는 그 계약의 이행으로서 대리상의 보조적 상행위이다. 대리상은 일정한 상인(대리상 포함)을 위하여 그 영업을 보조하는 자인데, 여기서 본인은 반드시 상인이어야 하며(소상인 포함), 그 수는 1인이든 수인이든 상관없다. 또 대리상은 독립된 상인이므로 영업주에게 종속되는 상업사용인과 다르고, 특정다수인과 常屬關係를 갖고 거래의 대리 또는 중개를 하는 점에서 불특정다수인을 위하여 상행위의 중개 또는 주선행위를 하는 중개인이나 위탁매매인과도 구별된다. 거래의 대리를 하는 대리상을 締約代理商(Abschlußvertreter), 거래의 중개를 하는 대리상을 仲介代理商(Vermittelungsvertreter)이라고 한다. 체약대리상은 본인(상인)의 명의로 활동하는 점에서 자기의 명의로 활동하는 위탁매매인, 운송주선인과 구별된다. 그리고 중개대리상은 특정상인에 대하여서만 의무를 부담한다는 점에서 일반상인을 위하여 수시로 중개하고 쌍방에 대하여 평등한 의무를 부담하는 중개인과 다르다.

기업활동의 지역적 범위를 확장하는 경우에는 지점의 신설이나 상업사용인의 파견을 통해 할 수도 있으나, 그 지방에 있는 대리상을 이용하면 영업실적에 따른 수수료만 지급하면 되므로 경비를 절약하고 업무감독의 번잡을 피할 수 있을 뿐 아니라, 그 대리상의 지식·경험과 신용을 활용할 수 있으므로 훨씬 유리할 수도 있다.

≪代理商制度의 發展過程≫

대리상은 원래는 상업사용인이 지방각지로 行商하다가 특정 장소에 定住한 商人이다.

우리 나라의 대리상제도는 독일법을 계수한 것이다. 독일에서는 이미 1892년 독일제국재판소의 판결을 통하여 대리상(Handelsagent)이라는 법률상의 개념을 인정한 바 있으나, 1897년의 신상법에서 처음 입법화되었다. 그 후 1953년의 '상법을 개정하는 법률'에서 대리상(Handelsvertreter)과 상업사용인의 구별을 명확히 하였다. 프랑스 상법에서는 상사대리인(représentant de commerce)이라는 제도가 있으나, 이것은 상업사용인의 일종에 불과한 것이고, 영미법에도 대리인(agent)이라는 것이 있기는 하지만 여기에는 상업사용인·주선업자·중개업자 등 직접 또는 간접 대리인까지 포함되는 것으로서 타인으로부터 사무처리의 위임을 받은 자를 총칭하는 개념이다.

Ⅱ. 代理商과 營業主의 關係

대리상과 영업주의 관계는 대리상계약에 의하여 정하여진다. 대리상계약의 법적 성질은 위임이므로, 계약이나 상법에 다른 정함이 없으면 체약대리상의 권리의무는 위임에 관한 민법과 상법의 일반규정(제48조~제50조, 民 제680조~제692조)에 의하여 결정된다. 다만 양자 간의 계속적 관계를 고려하여 다음과 같은 특별규정을 두고 있다.

1. 代理商의 義務

대리상은 수임인으로서 선량한 관리자로서의 주의의무를 부담하는 외에 다음과 같은 특별한 의무가 있다.

(1) 通知義務

대리상이 거래의 대리 또는 중개를 한 때에는 본인의 청구를 기다리지 않고(民 제683조 참조) 지체없이 본인에게 그 통지를 발송하여야 한다(제88조)(발신주의).

(2) 競業禁止義務

대리상은 본인의 허락없이 자기나 제3자의 계산으로 본인의 영업부류에 속한 거래를 하거나 동종영업을 목적으로 하는 다른 회사의 無限責任社員 또는 理事가 되지 못한다(제89조 제1항). 경업금지의무의 위반효과는 상업사용인의 경우와 같다(제89조 제2항, 제17조 제2항 내지 제4항). 명문의 규정은 없으나 대리상은 다른 상인의 상업사용인이 될 수도 없다고 해석된다.

(3) 營業秘密遵守義務

대리상은 대리상계약이 존속하는 동안은 물론, 그 계약이 종료된 후라 할지라도 계약과 관련하여 알게 된 본인의 營業上의 秘密을 지켜야 할 의무가 있다(제92조의 3).

2. 代理商의 權利

(1) 報酬請求權

대리상은 상인이므로 민법의 위임의 경우(民 제686조)와는 달리 특약이 없더라도 상당한 보수를 청구할 수 있다(제61조).

(2) 留 置 權

대리상은 다른 특약이 없는 한 거래의 대리 또는 중개로 인한 채권이 변제기에 있는 때에는, 본인을 위하여 점유하는 물건 또는 유가증권을 채권의 변제를 받을 때까지 유치할 수 있다(제91조). 피담보채권의 유치물과의 견련(民 제320조 참조)을 필요로 하지 아니하는 점 및 양 당사자가 모두 상인인 점은 상인 간의 유치권과 같으나, 유치의 목적물에 대한 占有取得의 原因·所有權의 有無를 문제삼지 않는 점이 다르다(제58조 참조).

대리상의 유치권의 효력에 관하여는 상법에 규정이 없으므로 일반민사유치권에 관한 규정(民 제321조~제328조)이 적용된다.

(3) 補償請求權

대리상의 활동으로 고객이나 영업상의 거래가 현저하게 증가하여 대리상 계약이 종료된 후에도 본인이 이익을 얻고 있다면, 그 계약의 종료가 대리상의 책임있는 사유로 인한 것이 아닌 한, 대리상은 상당한 보상을 청구할 수 있다(제92조의 2 제1항). 이 보상청구권은 대리상계약의 종료일로부터 6개월이 경과하면 소멸한다(제92조의 2 제3항).

대리상이 받을 보상금액은 계약종료 전 5년간의 평균년보수액을 초과할 수 없고, 만약 존속기간이 5년 미만이라면 그 기간의 평균년보수액이 그 기준이 된다(제92조의 2 제2항).

Ⅲ. 代理商과 第3者의 關係

체약대리상의 경우에도 *受動代理權*의 유무를 문제삼을 수 있겠으나, 특히 중개대리상의 경우에는 대리권이 없으므로 불편을 느끼게 된다. 따라서 상법은 물건의 판매나 중개의 위탁을 받은 대리상에 관하여 목적물의 하자·수량부족 기타 매매의 이행에 관한 통지를 받을 권한이 있다는 특별규정을 두고 있다(제90조). 이것은 상사매매에 있어서 목적물검사의무가 있는 매수인의 편의를 도모하고 매매의 민활을 기하려는 것이다.

Ⅳ. 代理商關係의 終了

대리상관계는 민법상의 위임종료원인(民 제690조)의 발생으로 종료하는 외에 폐업·영업양도 등 본인의 영업의 해소로 당연히 종료하게 된다. 그리고 상법은 委任의 相互解止의 自由(民 제689조)에 대한 특칙을 두고 있다. 즉, 당사자가 계약의 존속기간을 약정하지 아니한 때에도 각 당사자는 2개월 전에 예고하고 계약을 해지할 수 있으나(제92조 제1항), 부득이한 경우에는 존속기간 약정의 유무에 관계없이 언제든지 해지할 수 있다(제92조 제2항).

제 2 절　仲 介 業

Ⅰ. 仲介人의 意義

중개인(Handelsmakler, broker)이란 타인 간의 상행위의 중개를 영업으로 하는 독립된 상인이다(제93조). 중개인의 영업은 중개를 인수하는 것, 즉 불특정다수인을 위하여 그와 중개를 하기로 계약하는 것이며, 중개 그 자체는 그 계약의 이행행위로서 補助的 商行爲이다. '중개'란 타인 간의 법률행위를 성립시키기 위하여 진력하는 사실행위이다. 중개인은 계약체결을 위한 대리권은 없으므로 위탁매매인이나 운송주선인과 다르고, 또 불특정다수인을 위하여 중개하므로 중개대리상과 다르며, 상행위를 중개하는 점에서 상행위 이외의 행위(예컨대, 혼인, 비상인 간의 매매)의 중개를 영업으로 하는 이른바 민사중개인과도 구별된다.[1]

1) 민사중개인도 중개의 인수를 영업으로 하면 상법상의 상인이 된다: 大判 1968. 7. 24, 68 다 955. 그러나 민사중개인이 상법상의 중개인은 아니기 때문에 중개업에 관한 상법의 규정이 민사중개인에게 당연히 적용되지는 않는다. 다만 보수에 관한 규정(제100조) 등 성질이 허용하는 범위 내에서의 제한적인 유추적용은 가능할 것이다.

통설은 여기서 말하는 상행위에는 영업적으로 반복되는 상행위의 중개를 의미하므로 부속적 상행위는 포함되지 않는다고 한다. 그러나 그와 같이 제한적으로 해석할 근거가 없고, 중개의 대상이 되는 행위가 중개인의 상대방에게 다만 부속적 상행위가 될 뿐, 영업적 상행위(基本的 商行爲와 準商行爲)가 아니라는 이유로 중개업에 관한 상법의 적용을 배제하는 것도 타당하지 않다. 따라서 부속적 상행위이더라도 상관이 없다고 본다.[1)]

중개인은 거래당사자를 소개할 뿐만 아니라, 시장의 형세·상대방의 신용상태·상품의 감정 등 전문적 자료를 준비하여 의뢰자에게 조언을 할 수 있으며, 또 경우에 따라서는 상대방을 은닉함으로써 거래를 원활하게 할 수 있으므로 거래에 있어서 매우 중요한 기능을 담당한다. 그러나 일부 거래분야에서는 전문적인 지식이나 경험을 악용하는 중개인도 있기 때문에, 증권거래법·해운업법·관광사업법 등 특별법에서 행정적 감독규정과 벌칙규정을 두어 단속하고 있다.

≪仲介業의 沿革≫

로마시대에도 중개업이 있었으나 자유영업이었다. 이것이 중세에 와서는 공직적·독점적 영업으로 되었고, 중개인은 시장 또는 동업조합에 의하여 임명되었다. 당시의 중개인은 내·외국인 간의 거래에 관하여 중개·통역·감정 등의 직무와 아울러 영업경찰사무까지도 담당하였으나, 자기 또는 타인을 위하여 영업을 하는 것은 금지되었다. 이와 같이 중세의 중개인은 19세기 후반까지 공직적인 독점적 지위가 인정되었으나, 1897년의 독일상법에서 중개업을 사적인 자유영업으로 확립한 이래 다수의 국가가 이에 따르고 있다.

Ⅱ. 仲介契約의 性質

중개계약(Maklervertrag)은 낙성계약이지만, 중개인이 적극적으로 중개할 의무가 있는가 없는가에 따라 전자의 경우를 雙方的 仲介契約이라고 하며, 그 성

1) 同旨: 李哲松(總) 370면; 蔡利植(上) 248면.

질은 위임이고, 후자의 경우를 一方的 仲介契約이라고 하며, 그 성질은 도급계약에 준하거나 유사하다고 보는 것이 다수설이다.[1] 그러나 일방적 중개계약의 경우도 그 성질은 위임이라고 봄이 타당하다. 일방적 중개계약 역시 일정한 사무의 처리를 위탁하는 것이며, 위임이라고 본다고 해서 중개인이 일을 완성할 의무를 지지 않는 것은 아니기 때문이다.

당해 중개계약의 내용에 따라 어느 것인지 구분할 수 없는 경우에는 일방적 중개계약으로 본다. 왜냐하면 중개인이 적극적으로 중개할 의무를 부담하기로 하는 것은 일반적으로 기대하기 어렵고, 적극적으로 중개하지 아니한 것을 입증하여 책임을 추궁하는 것도 쉽지 않기 때문이다.

Ⅲ. 仲介契約의 效果

중개계약은 일종의 위임이므로 중개인은 선량한 관리자의 주의로써 중개를 하여야 하나(民 제681조), 상법은 중개인의 중립적 지위의 특수성을 고려하여 다음과 같은 특칙을 두고 있다.

1. 仲介人의 義務

(1) 見品保管義務

중개인이 그 중개한 행위에 관하여 견품을 받은 때에는 그 행위가 완료될 때까지 이를 보관하여야 한다(제95조). 견품매매에 있어서 일어날 수 있는 목적물의 품질에 관한 분쟁에 대비하여 그 증거를 보전하기 위한 것이다. 여기서 그 행위가 완료될 때까지라 함은 중개행위가 성립된 때를 의미하는 것이 아니라, 異議期間의 경과(제69조, 民 제580조 · 제575조), 계약의 해제, 소멸시효의 완성, 화해의 성립 또는 목적물 급여의 승인 등으로 계약상의 권리의무가 소멸되어 목적물의 품질에 관한 분쟁이 발생하지 아니할 것이 확실하게 될 때를 말한다.[2]

---

1) 徐燉珏 · 鄭完溶(上) 190면; 孫珠瓚(上) 303면; 李炳泰(上) 263면.
2) 姜渭斗(總) 325면; 孫珠瓚(上) 304면; 鄭燦亨(上) 271면; 崔基元(上) 289면.

見品保管義務가 종료된 후에는 그 견품을 소유자에게 반환하여야 하고, 다른 약정이나 관습이 없는 한 견품보관에 대한 별도의 보수를 청구할 수 없다.

(2) 結約書交付義務

당사자 간에 계약이 성립된 때에는 중개인은 지체없이 각 당사자의 성명 또는 상호, 계약년월일과 그 요령을 기재한 서면을 작성하여 기명날인 또는 서명을 한 후 각 당사자에게 교부하여야 한다(제96조 제1항). 이 서면을 結約書(Schlußnote: 契約證)라고 하는데, 이것을 작성하는 것은 계약의 성립을 명확히 하여 당사자 간의 분쟁을 예방하려는 것으로서, 그 법적 성질은 단순한 증거서면에 불과하다.

당사자가 즉시 계약의 이행을 하지 아니하는 거래(예컨대, 조건부 또는 기한부 계약)에서는 중개인은 당사자가 기명날인 또는 서명을 한 結約書를 각 당사자에게 교부하여야 한다(제96조 제2항). 만약 당사자의 일방이 결약서를 받지 아니하거나 기명날인 또는 서명을 거부하는 경우에는 중개인은 지체없이 상대방에게 그 통지를 발송하여야 한다(제96조 제3항).

(3) 帳簿作成·謄本交付義務

중개인은 장부, 즉 仲介人日記帳(Tagebuch)을 비치하고, 이에 결약서의 기재사항을 기재하여야 하며(제97조 제1항), 각 당사자가 중개행위에 관한 장부의 등본교부를 청구한 때에는 언제든지 이에 응해야 한다(제97조 제2항).

본래 중개인일기장은 당사자 간의 거래에 관한 증거를 보전하기 위한 것이고, 상인자신의 영업상의 재산 및 손익의 상황을 명백히 하기 위한 장부는 아니므로 상업장부는 아니다. 다만 중개인일기장에 수수료 등 기타 중개인 자신의 영업회계에 관한 기재를 병행시킨 때에는 상업장부라고 할 수도 있을 것이다.[1]

한편 장부의 작성의무 및 그 등본교부청구권(제97조)으로 미루어 중개인일기장의 보존에 관하여는 상업장부의 보존에 관한 상법 제33조의 규정을 유추적용하여야 할 것이다.[2]

---

1) 崔基元(上) 289면; 蔡利植(上) 252면.
2) 姜渭斗(總) 327면; 孫珠瓚(上) 306면; 鄭燦亨(上) 273면; 崔基元(上) 290면.

(4) 姓名·商號默秘義務

당사자가 그 성명 또는 상호를 상대방에게 표시하지 아니하도록 중개인에게 요구한 때에는 중개인은 그 상대방에게 교부할 결약서와 중개인일기장의 등본에 이를 기재하지 못한다(제98조). 물론 중개인일기장에는 이를 기재하여야 한다.

(5) 介入義務(履行擔保責任)

중개인이 임의로 또는 당사자의 묵비 요구에 따라 당사자의 일방의 성명이나 상호를 상대방에게 표시하지 아니한 때에는 상대방은 중개인에 대하여 그 이행을 청구할 수 있다(제99조).[1] 이 介入義務는 상대방의 신뢰를 보호하기 위하여 거래의 당사자가 아닌 중개인에게 지운 특별한 履行擔保責任이다. 중개인은 개입의무를 이행하더라도 거래의 당사자로 되는 것은 아니며, 다만 묵비의 당사자에게 구상권을 행사할 수 있다고 본다.[2] 그리고 당사자의 중개인에 대한 이행청구권은 중개계약이 성립한 때에 취득하는 것이므로, 비록 중개인이 후에 묵비의 당사자의 성명 또는 상호를 開示하더라도 이미 발생한 상대방의 중개인에 대한 이행청구권은 상실되지 않는다고 본다.

2. 仲介人의 權利

(1) 報酬請求權

중개인은 특약이 없어도 당연히 상당한 보수(중개료, 口錢)를 청구할 수 있는데(제61조), 이 보수청구는 결약서의 교부 또는 교환이 끝난 후에만 할 수 있다(제100조 제1항). 보수는 당사자 쌍방이 균분하여 부담한다(제100조 제2항). 그리고 보수에는 중개의 비용이 당연히 포함되는 것이므로 중개인은 특약이나 관습이 없는 한 별도의 비용상환청구권을 갖지 않는다.[3]

중개인이 중개행위에 착수한 이상, 당사자가 중개료의 지급의무를 면하기 위하여 중개계약을 해지하고 당사자 사이의 직접 교섭에 의하여 계약을 성립시킨

1) 大判 1972. 8. 22, 72 다 1071·1072.
2) 姜渭斗(總) 329면; 孫珠瓚(上) 307면; 李炳泰(上) 266면; 鄭燦亨(上) 274면; 崔基元(上) 291면.
3) 姜渭斗(總) 331면; 孫珠瓚(上) 307면; 李炳泰(上) 268면; 崔基元(上) 242면.

경우에도 민법 제150조를 유추적용하여 信義誠實에 반하여 停止條件의 성취를 방해한 때는 조건이 성취된 것으로 보아 중개인은 중개료를 청구할 수 있다고 본다.[1)]

(2) 給與受領權의 排除

중개인은 별다른 약정이나 관습이 있는 경우 외에는, 그 중개한 행위에 관하여 당사자를 위하여 지급 기타의 이행을 받지 못한다(제94조). 중개인은 계약당사자도, 그 대리인도 아니기 때문이다.

제3절 委託賣買業

Ⅰ. 委託賣買人의 意義

위탁매매인(Kommissionär, mercantile agent)이란 자기명의로써 타인(委託者: Kommittent)의 계산으로 물건 또는 유가증권의 매매를 하는 자를 말한다(제101조). 위탁매매인의 영업은 매매의 주선을 인수하는 것이며, 매매 자체는 그 이행행위로서 보조적 상행위이다. 여기서 '자기명의로써'란 자기가 권리의무의 주체가 되는 것을 말하고, '타인의 계산으로'란 그 거래로 인한 손익을 타인에게 귀속시킨다는 뜻인데, 이와 같은 법률적 형식과는 달리 경제적 효과가 타인에게 돌아가는 행위를 '周旋'이라고 한다. 물건 또는 유가증권의 매매는 위탁자에게는 반드시 상행위가 되는 것은 아니나, 위탁매매인에게는 보조적 상행위가 된다. 또 여기서의 물건에는 부동산도 포함된다는 주장도 있으나[2)] 부동산은 포함되지 않는 것으로 본다.[3)] 부동산은 위탁매매인이 자기명의로 매도·매수하는 경우에는 등기이전 등 복잡한 문제가 생기는 동시에 위탁자의 이익을 해할 우

1) 林泓根(總) 365면; 李哲松(總) 378면.
2) 姜渭斗(總) 334면; 徐燉珏·鄭完溶(上) 197면.
3) 崔基元(上) 296면.

려가 크고, 상법의 운송업·운송주선업·창고업 등에 관한 규정(제125조, 제114조, 제155조)에서도 '물건의 운송'·'물건운송의 주선'·'물건의 보관'이라고 표현하고 있으나, 이 경우에도 부동산은 자연히 제외되기 때문이다.

위탁매매제도를 이용하면 지점설치에 따르는 비용지출이나 대리상의 권한남용의 염려를 않게 될 뿐만 아니라, 위탁매매인의 지식·경험·신용을 활용할 수도 있고 금융의 편의까지도 얻을 수 있다.

≪委託賣買業의 沿革≫

위탁매매는 중세의 유럽에서 국제무역상이 일정한 지방의 토착상인에게 매매를 위탁하고, 이들은 자기의 명의로 위탁된 행위를 실행함으로써 발달된 제도이다. 또 당시에 외국에 파견된 상업사용인이 그 지방에 정착하여 독립된 위탁매매인이 되는 경우도 많았다. 이들은 외국에서 주인(상인)의 명의로 거래하는 것이 무의미하므로 자기의 명의로 거래를 하였으며, 16세기에 이르러서는 상인으로부터 독립된 지위를 확보하였고, 18세기 말에는 위탁매매업의 최고의 전성기를 이루었다. 그러나 근세에 이르기까지 대리상과 그 개념이 명확하게 구분되지 아니하였으나, 1807년의 프랑스 상법에서 독립된 정의를 내렸으며, 그 후 독일상법에서 그 법률상 개념이 확정됨으로써 여러 나라의 입법에 영향을 미쳤다.

Ⅱ. 委託賣買의 法律關係

1. 委託賣買의 內部關係(委託者와 委託賣買人의 關係)

위탁자와 위탁매매인 간의 주선계약은 委任이므로 위탁매매인은 善管注意義務가 있는 외에도, 위탁자에 대하여 매매행위의 실행의무를 짐과 동시에 그 매매의 경제적 효과를 위탁자에게 귀속시켜야 할 의무가 있다(제112조, 民 제684조). 상법은 위탁매매인에게 후술하는 바와 같은 특별한 의무를 부과하는 한편, 매수위탁을 한 위탁자가 상인인 경우에는 위탁자와 위탁매매인 간에는 상인 간의 매매에 관한 규정(제67조 내지 제71조)을 준용하고 있다(제110조).

2. 委託賣買의 外部關係

(1) 委託者와 委託賣買人의 債權者 사이의 關係

위탁자와 위탁매매인의 채권자와의 사이에는 직접적인 법률관계는 없으나, 상법은 위탁물의 귀속에 관하여 특별규정을 두고 있다. 즉, 상법 제103조는 "위탁매매인이 위탁자로부터 받은 물건 또는 유가증권이나, 위탁매매로 인하여 취득한 물건·유가증권 또는 채권은 위탁자와 (위탁매매인 또는) 위탁매매인의 채권자 간의 관계에서는 이를 위탁자의 소유 또는 채권으로 본다"고 하였다.

위탁매매인이 자기의 명의로 취득한 권리나 물건을 위탁자에게 이전해 주기 전에 위탁매매인이 파산하여 그 권리나 물건이 파산재단에 귀속된 경우나, 위탁매매인의 채권자가 그에 강제집행을 하는 경우, 위탁자는 還取權을 행사할 수 없고 第3者異議의 訴도 제기할 수도 없기 때문에, 제103조는 위탁매매계약의 목적물이 위탁자에게 이전된 것으로 의제하여, 파산선고의 경우에는 환취권(破 제79조·제82조)을, 강제집행의 경우에는 第三者異議의 訴權(民訴 제509조)을 인정하여 위탁자를 보호하고자 하는 것이다.

(2) 委託賣買人과 第三者의 關係

위탁매매인은 자기명의로 거래를 한 것이므로 거래상대방이 계산관계를 알든 모르든 보통의 매매에 있어서와 같이 권리의무의 주체가 된다.

(3) 委託者와 第三者의 關係

위탁자와 제3자의 사이에는 아무런 직접적인 법률관계가 생기지 않는다. 따라서 위탁자와 위탁매매인 사이의 위탁행위에 하자가 있더라도 위탁매매인과 제3자 사이의 매매행위에는 영향을 미치지 않는다. 또 위탁자와 제3자 간에 존재하는 항변사유나 반대채권은 위탁매매인이나 제3자가 이를 원용하거나 상계할 수 없지만, 예컨대 위탁매매인이 위탁자의 지시에 의하여 계약을 체결한 때 등의 경우에는 민법 제116조 제2항을 유추적용하여 위탁자의 악의를 위탁매매인의 악의와 同視할 수는 있을 것이다.[1)]

---

1) 西原寛一, ≪商行爲法≫, 1960, 268면.

Ⅲ. 周旋契約의 效果

1. 委託賣買人의 義務

(1) 通知義務 · 計算書提出義務

위탁매매인이 위탁받은 매매를 한 때에는 지체없이 위탁자에 대하여 그 계약의 요령과 상대방의 주소 · 성명의 통지를 발송하여야 하며, 또 計算書를 제출하여야 한다(제104조).

(2) 指定價額遵守義務

위탁자가 매매의 가액을 지정한 경우에는 위탁매매인은 그 가액을 지켜야 한다. 따라서 위탁매매인이 그 가액을 준수하지 않은 경우에는 위탁자는 그 매매의 결과를 인수하지 않을 수 있다. 다만 위탁매매인이 그 차액을 부담하는 경우에는 그 매매는 위탁자에 대하여 효력이 있다(제106조 제1항). 또 이와 반대로 위탁자가 지정한 가액보다 고가로 매도하거나 염가로 매수한 경우에는 그 차액은 다른 약정이 없으면 위탁자의 이익으로 한다(제106조 제2항).

(3) 委託物의 瑕疵通知義務

위탁매매인이 위탁물의 인도를 받은 후, 그 물건의 훼손 또는 하자를 발견하거나 부패의 염려 또는 가격저락의 상황을 안 때에는 지체없이 위탁자에게 그 통지를 발송하여야 한다(제108조 제1항). 이 경우에 위탁자의 지시를 받을 수 없거나 그 지시가 지연되는 때에는, 위탁매매인은 위탁자의 이익을 위하여 적당한 처분을 할 수 있다(제108조 제2항).

(4) 履行擔保責任

위탁매매계약에 있어서 제3자가 채무를 이행하지 아니한 경우에 위탁자는 제3자와 직접적인 법률관계가 없어서 제3자에게 손해배상을 청구할 수 없고, 이 때 위탁매매인이 위탁의 본지에 따라 선량한 관리자의 주의로써 상대방을 선택하여 매매를 하였기 때문에 책임이 없는 경우에는 위탁매매인에게도 손해배상을 청구할 수 없다. 한편 위탁매매인도 제3자의 채무불이행으로 인하여 손해를 본 것이 없으므로 위탁매매인도 손해배상청구권이 없다. 이 경우에는 손익귀속의 실질을 고려하고 위탁자에게 손해가 생기는 것을 방지하기 위하여, 위탁매매인이 법률상의 매매계약의 당사자로서 자기의 명의로 제3자에 대하여 위탁자의 손해의 배상을 청구할 수 있다고 보아야 할 것이다.[1] 이와 같은 취지에서 상법은 위탁자를 위하여 한 매매에 관하여 상대방이 채무를 이행하지 아니하는 경우에는, 다른 약정이나 관습이 없는 한 위탁자에 대하여 위탁매매인이 이를 이행할 책임을 진다고 정한다(제105조). 이 이행담보책임은 위탁자를 보호하고 위탁매매인의 신용을 확보하기 위하여 법이 특별히 인정한 無過失責任이다.

2. 委託賣買人의 權利

(1) 報酬請求權 · 費用償還請求權

위탁판매인은 상인이므로 특약이 없어도 거래가 이행되었을 때는 당연히 보수청구권(제61조)을 가지며, 위탁사무처리를 위하여 체당한 체당금과 그날 이후의 법정이자를 비용으로 상환청구할 수 있다(제55조, 民 제687조, 民 제688조). 잡비는 보수에 포함되어 있으므로 비용상환에서 제외된다. 비용상환청구권은 보수청구권과는 달리 매매계약의 실행 이전에 위임을 해지한 경우에도 인정된다.

(2) 留 置 權

위탁판매인은 대리상과 같은 유치권을 가진다(제111조, 제91조).

(3) 供託權 · 競賣權

위탁매매인이 매수위탁을 받은 경우에, 위탁자가 매수한 물건의 수령을 거부하거나 이를 수령할 수 없는 때에는, 상인 간의 매매에 있어서 매수인의 목적물 불수령의 경우에 매도인에게 인정된 것과 같은 供託權과 競賣權이 위탁매매인에게도 인정된다(제109조, 제67조). 이 경우에 위탁매매인은 매도인과 유사한 지위에 놓이기 때문이다.

---

1) 竹田省, ≪商行爲法≫, 1931, 136~137면.

(4) 介 入 權

위탁매매인이 거래소의 시세있는 물건 또는 유가증권의 매매를 위탁받은 때에는 직접 그 매도인이나 매수인이 될 수 있는데(제107조 제1항 제1문), 이 권리를 介入權이라고 한다. 개입권은 일종의 형성권이나, 위탁자가 이를 금지하지 않은 경우라야 하며, 또 위탁매매인이 주선행위의 실행을 하지 않았어야 한다. 개입으로 인한 물건의 대가는 개입통지를 발송한 때의 거래소의 시세에 의하여 결정한다(제107조 제1항 제2문). 그러나 개입권의 행사는 곧 위탁사무의 처리이므로 위탁매매인은 보수를 청구할 수 있다(제107조 제2항). 한편 한국거래소에서 거래되는 유가증권은 위탁매매인의 개입권이 금지되어 있기 때문에 상법상 유가증권에 대한 개입권 허용에 따른 문제는 발생하지 않는다(資金 제67조).

Ⅳ. 準委託賣買人

준위탁매매인이란 자기명의로써 타인의 계산으로 매매 이외의 행위를 영업으로 하는 자를 말하며(제113조), 운송주선인은 제외된다. 旅客運送 · 出版 · 廣告의 周旋, 賃貸借의 周旋 등이 그 대표적인 것인데, 준위탁매매인에게는 위탁매매에 관한 규정을 준용한다(제113조). 다만 준위탁매매인의 주선의 목적물에는 거래소의 시세가 없을 것이므로 개입권에 관한 규정은 준용될 수 없다.

제 4 절　運送周旋業

Ⅰ. 運送周旋人의 意義

운송주선인(Spediteur, forwarding agent)이란 자기명의로 위탁자의 계산으로 물건운송의 주선을 영업으로 하는 자를 말한다(제114조). 운송주선인의 주선행위는 물건운송에 국한되므로 여객운송의 주선은 준위탁매매업이 되며, 물건운송인 한 육상·해상·공중운송을 다 포함한다. 여기에서의 운송주선은 운송계약의 체결뿐만 아니라 운송의 실현을 위하여 필요한 행위, 즉 운송물의 검사·포장·계량·수령·보관·인도 기타 필요한 서류의 작성, 보험계약의 체결, 통관절차의 대행 등도 포함된다.

≪運送周旋業의 起源≫

운송주선업(Speditionsgeschäft, forwarding agency)의 기원은 위탁매매업이지만, 중세 이후 운송업이 크게 발달함에 따라 독립된 영업으로 발전하였다. 독일구상법에서는 운송주선업을 광의의 위탁매매업으로 규정하였으나(獨舊商 제360조), 신상법에서 이를 독립된 영업으로 규정하였고(獨商 제407조~제415조), 프랑스에서는 이것을 Commissionnaire de Transporte라고 하여 운송업의 일종으로 보고 있다.

Ⅱ. 運送周旋人의 地位

1. 運送周旋人의 義務

운송주선계약은 위임계약의 일종이므로 위탁매매인에 관한 규정을 준용할 뿐만 아니라(제123조), 민법 및 상법의 위임에 관한 규정도 보충적으로 적용된다(제112조). 그러나 운송주선업의 특수성에 비추어 손해배상의무에 관한 特則을 두고 있다.

운송주선인은 자기나 그 사용인이 운송물의 수령·인도·보관·운송인이나 다른 운송주선인의 선택 기타 운송에 관하여 주의를 해태하지 아니하였음을 증명하지 아니하면, 운송물의 멸실·훼손 또는 연착으로 인한 손해를 배상할 책임을 면하지 못한다(제115조).[1] 위의 책임원인, 즉 "운송물의 수령·인도·보관, 운송인이나 다른 운송주선인의 선택 기타 운송에 관한 주의 해태"는 예시적인 것으로 본다(통설). 한편 민법에서도 채무자가 이행보조자의 과실에 대하여도

1) 大判 1984. 9. 11, 83 다카 1661; 大判 1987. 5. 12, 85 다카 2232; 大判 1988. 12. 13, 85 다카 135.

책임을 부담할 뿐만 아니라(民 제391조), 채권자는 채무불이행의 사실만 입증하면 되고 무과실의 입증책임은 채무자가 져야 하는 것이므로 제115조의 규정은 민법의 일반원칙을 주의적으로 규정한 것이다.[1] 손해배상액은 그 범위에 관하여 운송인의 경우와 같은 특칙이 없으므로 민법의 일반원칙(民 제393조)에 의하여 정하게 되며, 또 상법 제115조는 임의규정이므로 운송주선인의 고의의 경우를 제외하고(民 제2조 · 제103조 · 제104조 참조) 특약에 의하여 그 책임을 면제 또는 제한하여도 상관없을 것이다.

운송주선인의 손해배상책임에도 운송인의 경우의 高價物에 관한 特則이 준용된다(제124조, 제136조).

운송주선인의 책임은 악의의 경우를 제외하고 수하인이 운송물을 수령한 날로부터 1년, 운송물이 전부멸실된 경우에는 운송물을 인도할 날로부터 1년의 시효로 인하여 소멸한다(제121조). 운송주선인이나 그 사용인이 악의인 경우에는 일반상사소멸시효(제64조)에 따른다. 이 때의 악의란 고의로 운송물의 멸실 · 훼손 · 연착을 야기하여 손해를 발생시키거나 그러한 사실을 은폐한 경우를 의미하고, 손해발생사실의 단순한 인식을 뜻하는 것이 아니다.[2]

2. 運送周旋人의 權利

(1) 報酬請求權 · 費用償還請求權

운송주선인은 보수청구권이 있음은 물론(제61조), 위탁자를 위하여 替當한 운임 기타의 필요비용의 상환청구권이 있다(제123조, 제112조, 民 제687조 · 제688조 참조). 상법은 보수청구시기에 관하여 특칙을 두었으니, 즉 운송주선인은 운송물을 운송인에게 인도한 때에는 위임사무의 처리를 끝마쳤다고 할 수 있으므로 즉시 보수를 청구할 수 있다(제119조 제1항).

운송주선계약으로 운임액을 정한 이른바 '確定運賃運送周旋契約'(spedition mit fixen Spesen)의 경우에는 그 운임 속에 보수도 포함되어 있는 것이 보통이므로, 운송주선인은 다른 약정이 없는 한 운송주선에 대한 보수를 따로 청구할 수 없다(제119조 제2항). 위탁자에 대한 운송주선인의 채권은 1년의 시효로 인하

1) 姜渭斗(總) 353면; 孫珠瓚(上) 324면; 李柄泰(上) 284면; 崔基元(上) 311면.
2) 大判 1987. 6. 23, 86 다카 2107.

여 소멸된다(제122조).

(2) 留 置 權

운송주선인은 운송물에 관한 운임·보수 기타 위탁자를 위한 替當金이나 先貸金에 관하여서만 그 운송물을 유치할 수 있다(제120조).

운송주선인의 유치권은 일반상사유치권(제58조), 대리상의 유치권(제91조) 및 위탁매매인의 유치권(제91조)과는 달리 피담보채권과 목적물 간에 견련관계가 있어야 한다는 점에서 민사유치권(民 제320조) 및 육상·해상운송인의 유치권(제147조, 제807조 제2항)과 같다.

(3) 介 入 權

운송주선인은 다른 특약이 없으면 위탁사무처리를 위하여 자기가 직접 운송할 수 있는데(제116조 제1항 제1문), 이 권리를 개입권(Selbsteintrittsrecht)이라 한다. 개입한 운송주선인은 운송인과 동일한 권리·의무가 있다(제116조 제1항 제2문).

개입권은 형성권으로서, 개입의 통지가 위탁자에게 도달하였을 때 그 효력이 발생한다고 보며, 운송주선인의 개입을 위탁자가 안 때에는 묵시적인 개입의 의사표시가 있었다고 보아야 할 것이다. 상법은 운송주선인이 위탁자의 청구에 의하여 貨物相換證을 작성·교부한 경우에는 介入을 擬制하고 있다(제116조 제2항).

Ⅲ. 受荷人의 地位

운송주선계약에서 수령인으로 정하여진 자, 즉 受荷人은 운송주선계약의 당사자는 아니나, 운송물이 도착지에 도착한 때에는 위탁자와 동일한 권리자가 된다(제124조, 제140조). 그리고 수하인은 유보를 하지 아니하고 운송물을 수령하였을 때에는 운송주선인에 대하여 보수 기타 비용과 체당금을 지급할 의무를 부담한다(제124조, 제141조). 이 때에는 수하인의 의무와 위탁자의 의무가 이른바 부진정연대채무로서 병존한다.

수하인에 대한 운송주선인의 채권도 1년의 시효로 인하여 소멸한다(122조).

Ⅳ. 順次運送周旋

1. 順次運送周旋의 意義

순차운송주선(aufeinanderfolgende Speditionsgeschäft)이란 수인의 운송주선인이 동일한 운송을 순차로 주선하는 경우를 말한다. 순차운송주선에는 下受運送周旋・部分運送周旋・中間運送周旋과 같은 여러 가지 형태가 있다.

2. 順次運送周旋에 관한 特則

수인이 순차로 운송주선을 하는 경우에는 후자는 전자에 갈음하여 운송주선에 관한 보수청구권・유치권 등의 권리를 행사할 의무를 부담하고(제117조 제1항), 후자가 전자에게 변제한 때에는 전자의 권리를 취득한다(제117조 제2항). 또 후자인 운송주선인이 운송인에게 변제한 때에는 전자인 운송주선인에 대하여 운송인이 가졌던 권리를 취득한다(제118조).

제5절 運 送 業

I. 序 說

1. 運送人의 意義

운송인(Frachtführer, transporteur, carrier)이란 육상 또는 호천·항만에서 물건 또는 여객의 운송을 영업으로 하는 자를 말한다(제125조). 육상이란 지면과 지하를 포함하며, 호천·항만의 범위는 平水區域에 의하고(商施規 제3조, 大令 제11485호), 평수구역은 선박안전법시행령에 구체적으로 열거되어 있다(船安施 제2조 제9호). 운송이란 물건 또는 여객을 공간적으로 이동시키는 것을 말한다.

육상운송인은 물건운송인과 여객운송인으로 나뉜다. 특히 물건운송은 거래상의 공간적 장애를 극복함으로써 재화의 가치를 크게 하는 것이니, 시간적 장애를 극복하는 창고업과도 밀접한 관계가 있다. 특히 화물상환증이나 창고증권이 발행된 경우에는 그 물권적 효력으로 인하여 물건 자체의 이동 없이도 물건의 소유권 이전을 가능케 한다는 점에서, 이들도 거래상의 공간적 장애를 극복하는 수단이 된다고 할 수 있다.

2. 運送契約의 締結

물건운송계약은 운송인이 자기의 보관하에 물건을 운송할 것을 인수하는 계약으로서 都給契約의 일종이다(民 제664조).[1] 계약당사자는 운송인과 운송의 위탁자, 즉 送荷人이다. 수하인은 계약당사자는 아니고, 다만 운송물이 도착지에 도착하였을 때에 송하인과 동일한 지위를 취득하는 데 그친다(제140조, 제141조).

---

1) 大判 1983. 4. 26, 82 누 92.

물건운송계약은 낙성·불요식의 계약이며, 대부분의 운송인은 運送約款을 작성하여 놓고 상대방의 附從을 요구하고 있다. 따라서 계약체결 후에 하는 송하인의 운송장 교부나 운송인의 화물상환증 발행은 계약의 성립요건이 아니다.

여객운송계약은 운송인이 여객, 즉 자연인을 운송할 것을 인수하는 계약으로서, 운송의 객체가 다를 뿐 물건운송계약과 같다. 계약당사자는 운송인과 운송의 위탁자인데, 보통은 여객 자신이 위탁자이겠으나 반드시 여객과 운송위탁자가 동일인일 필요는 없다.

Ⅱ. 物件運送人의 義務

1. 一般的 義務

운송계약이 성립하면 운송인은 그 계약에 따라 운송물을 수령·보관·운송한 다음 수하인에게 인도하여야 할 의무를 진다. 따라서 운송인은 운송물을 수령해서 인도할 때까지 선량한 관리자의 주의의무를 다하여야 한다.

2. 貨物相換證交付義務

운송인은 운송물을 수령한 때에는 송하인의 청구에 의하여 貨物相換證을 교부하여야 한다(제128조).

3. 運送物處分義務

운송인은 송하인 또는 화물상환증소지인이 운송의 중지·운송물의 반환 기타의 처분을 청구한 때에는 그 처분지시에 따라야 한다(제139조 제1항 제1문).

여기서 '운송의 중지'란 운송물을 현재지에서 더 이상 운송하지 아니함을 말하고, '운송물의 반환'은 발송지로의 반송을 의미하는 것이 아니라 현재지에서

인도하는 것을 말한다. '기타의 處分'도 운송인에게 부담을 주지 않는 범위 내에서 수하인의 변경, 운송노선의 변경, 적하방법의 변경 등 사실행위를 말하고, 노선연장, 추가운송, 포장의 改替 등 운송인에게 불이익을 주거나 새로운 부담을 주는 것, 또는 운송물의 양도, 入質, 경매와 같은 법률상의 처분은 포함하지 않는다. 운송인이 운송물의 처분을 한 때에는 이미 운송한 비율에 따른 운임·체당금·처분비용의 지급을 청구할 수 있다(제139조 제1항 후단). 운송물이 목적지에 도착한 후 수하인이 그 인도를 청구한 때에는 수하인의 권리가 송하인의 권리(처분권)에 우선한다(제140조 제2항).

4. 運送物引渡義務

운송인은 도착지에서 운송물을 인도함으로써 운송계약상의 의무가 완료된다.

화물상환증이 발행된 경우에는 그 증권소지인에게 증권과 상환하여 운송물을 인도하여야 한다(제129조). 그러나 수하인의 편의를 위하여 실제에 있어서는 화물상환증과 상환하지 않고서 운송물부터 인도하는 경우가 있으니, 즉 수하인으로부터 상당한 담보(예컨대, 거래은행의 보증장)를 받고 운송물을 인도하는 '保證渡'와 아무런 담보도 없이 인도하는 '假引渡'(空渡)의 경우가 있다.

화물상환증이 발행되지 않은 경우에는 운송물이 도착지에 도착하였을 때에 수하인은 운송계약에 의하여 생긴 송하인의 권리를 취득하게 되므로(제140조), 운송인은 수하인의 청구에 따라 운송물을 인도하여야 한다.

5. 損害賠償責任

(1) 損害賠償責任原因

상법 제135조는 과실책임주의에 입각하여 운송인의 손해배상책임원인을 규정하였으니,[1] 즉 운송인은 자기 또는 운송주선인이나 사용인 기타 운송을 위하

1) 연혁적으로는 로마법상 운송인의 책임은 물건에 손해가 생겼을 경우 그것이 불가항력에 의한 것임을 증명하지 못하면 책임을 면할 수 없다는 이른바 레셉툼책임(Receptumhaftung)이었으나, 이것이 근대 상법에서는 운송인의 책임을 경감하는

여 사용한 자가 운송물의 수령·인도·보관과 운송에 관하여 주의를 해태하지 아니하였음을 증명하지 아니하면 운송물의 멸실, 훼손 또는 연착으로 인한 손해를 배상할 책임을 면하지 못한다.[1] 이상의 책임원인도 운송주선인의 책임에 있어서와 같이 예시적인 것으로 본다.

한편 제135조의 규정도 운송주선업자에 관한 제115조의 경우와 마찬가지로 이것이 민법의 일반원칙에 대한 특별규정이라는 학설과 단순한 주의적 규정이라는 학설이 대립하고 있으나, 운송주선업자의 경우와 마찬가지로 주의적 규정이라고 보아야 할 것이다.[2]

(2) 損害賠償責任의 範圍

민법의 일반원칙(民 제393조)에 따르면 운송인은 채무불이행으로 인하여 발생하는 모든 손해를 배상하여야 할 것이다. 그러나 상법은 대량의 운송물을 저렴한 요금으로 취급하는 운송기업의 특수성에 비추어, 보통의 손해를 본위로 하고 기대이익과 같은 특별한 손해를 제외한다는 방침 아래 배상액을 定型化(定額賠償主義)하여 운송인의 보호와 법률관계의 획일적 처리를 도모하고 있다(제137조). 즉, ① 운송물이 전부 멸실된 경우에는 운송물을 인도할 날의 도착지의 가격(일반시장가격)에 의하여 손해배상액을 산정하고(제137조 제1항), ② 운송물의 일부가 멸실 또는 훼손된 경우에는 인도한 날의 도착지의 가격에 의하여 손해배상액을 산정하며(제137조 제2항), ③ 운송물의 전부 또는 일부가 연착된 경우에는 인도할 날의 도착지 가격에 의하여 손해배상액을 산정한다(제137조 제1항).[3] ④ 운송물의 일부가 멸실 또는 훼손되었을 뿐만 아니라 연착되기도 한 경우에는 명문의 규정이 없으나, 연착의 경우에 포함시키는 것이 운송인보호의 취지에 맞을 것이다.

이러한 배상액 중에는 운임 기타 비용이 포함되는 것이 보통이므로, 운송물

방향으로 진행되어 과실책임주의로 되었다.

1) 大判 1975. 10. 7, 75 다 71.

2) 孫珠瓚(上) 341면; 姜渭斗(總) 381~382면; 鄭燦亨(上) 316면.

3) 연착의 경우에는 인도할 날의 도착지 가격과 인도한 날의 도착지 가격의 차액을 배상하게 되므로 연착된 기간 중에 가격변동이 없는 경우 또는 가격이 오히려 상승한 경우에는 운송인은 아무런 책임이 없게 된다. 또 연착으로 인하여 수하인은 제3자에게 계약불이행책임을 지는 경우도 있게 되는데 이에 대한 배려가 없다. 따라서 입법론으로는 연착의 경우는 민법의 채무불이행의 일반원칙에 맡기는 것이 타당할 것이다.

의 멸실·훼손으로 인하여 그 비용을 지급하지 않는 경우에는 이중이득을 방지하기 위하여 그 배상액 중에서 그 금액을 공제하여야 한다(제137조 제4항).

定額賠償主義는 보통의 운송기업활동을 보호하려는 데 취지가 있는 것이므로, 운송인(이행보조자를 포함)에게 고의나 중대한 과실이 있는 때에는 일반원칙(民 제393조)에 따라 모든 손해(운송인이 예견할 수 있었던 특별사정으로 인하여 생긴 손해도 포함)를 배상하여야 한다(제137조 제3항). 이 때의 고의·중과실의 거증책임은 손해배상을 청구하는 자가 진다.

(3) 高價物에 대한 特則

화폐·유가증권 기타의 고가물에 대하여는 송하인이 운송을 위탁할 때에 그 종류와 가액을 명시하여야 하는데, 이를 명시하지 않았다가 운송물에 관하여 손해가 발생한 경우에는 운송인은 고가물로서의 책임뿐만 아니라 고가물에 대한 배상책임도 지지 않는다(제136조).

고가물의 명시를 하지 않았으나 운송인이 우연히 고가물임을 알게 된 경우에도 같다. 왜냐하면 운송인측의 우연한 주관적 사정을 기준으로 손해배상책임을 정할 수 없고, 명시를 촉진시키고자 하는 법의 취지에도 어긋나기 때문이다. 다만 이 경우 고의·중과실로 보통의 주의마저도 해태하거나 고의로 멸실·훼손케 한 때에는 고가물에 대한 손해배상책임을 면할 수 없다고 본다.

고가물임을 명시한 경우에는 명시한 가액이 손해배상의 기준이 되고, 實價가 明示價보다 높다고 하더라도 운송인은 명시한 가액의 범위 내에서 책임을 진다. 그러나 실가가 명시가보다 낮은 때에는 운송인이 이것을 증명하여 실가의 범위 내에서 배상하면 된다.

(4) 運送人의 契約責任과 不法行爲責任의 關係

상법 제135조는 운송인의 채무불이행으로 인한 손해배상책임에 관하여 규정한 것이다. 그러나 운송물이 멸실 또는 훼손된 경우에는 운송물의 소유권에 대한 침해로서 불법행위도 동시에 성립하므로(民 제750조·제756조), 이 때는 채무불이행으로 인한 손해배상청구권과 불법행위로 인한 손해배상청구권이 동시에 성립하게 되는데, 양청구권의 관계가 문제된다.

法條競合說에 의하면 운송계약이 존재할 때에는 계약법이 적용되고, 계약법은 불법행위법과의 관계에서는 특별법과 일반법의 관계에 있기 때문에 특별법에 의한 채무불이행으로 인한 손해배상책임이 성립하면 일반법에 의한 불법행위책임은 운송인측의 고의가 있는 경우를 제외하고는 배제되므로, 채무불이행으로 인한 손해배상청구권만 성립한다고 한다. 다만 그 이론구성에 있어서 新實體法說, 請求權二重構造說, 請求權規範競合說 등으로 학설이 발전해가고 있다.[1) 이에 대하여 請求權競合說에 의하면 양청구권은 그 성립요건과 효과가 각각 다르기 때문에 별개의 것이며, 따라서 청구권의 경합이 생기므로 채권자는 그 중 하나를 선택하여 행사할 수 있다고 하며, 이것이 채권자(피해자)를 두터이 보호하는 것이라고 한다.

실제로 운송인의 운송계약상의 채무불이행책임은 물건운송인의 경우 ① 정액배상주의(제137조), ② 고가물에 관한 특칙(제136조), ③ 책임의 특별소멸사유(제146조)와 단기소멸시효(제147조, 제121조) 등의 적용과, ④ 운송약관에 면책조항을 삽입시킴으로써 크게 경감·완화되고 있으나, 운송인의 불법행위책임을 묻는다고 할 때에는 위의 책임경감사유의 적용이 없어 운송인에게 크게 불리하고 채권자에게 매우 유리하다. 따라서 양청구권의 경합이 인정되면 손해배상청구권자인 채권자는 당연히 운송인의 불법행위책임을 묻게 된다. 그러나 양청구권의 경합을 인정하면 운송계약상의 책임을 제한하는 상법 및 약관의 규정은 무의미해지므로, 불법행위로 인한 손해배상청구권은 배제시키려는 것이 법조경합설의 입장이다.

대체로 운송계약에 있어서는 과실에 의하여 운송물이 멸실·훼손될 수 있다는 것을 예상하는 것이 보통이며, 이 때의 불법행위책임에 대하여는 송·수하인이 묵시적으로 면제하고 있다고 볼 수 있다. 다만 운송인의 고의 또는 중대한 과실로 인하여 운송물이 멸실 또는 훼손된 경우와 같이 그 손해가 운송계약에서 예상한 정도를 逸脫한 경우에는 불법행위책임도 경합할 수 있다고 본다.[2)]

1) 金壽洙, ≪債權總論≫, 1984, 181면 이하 참조.

2) 請求權競合問題는 과거 海商法에서 크게 논의되었다. 그러나 1991.12.31. 개정상법은 이 문제를 입법적으로 해결하였다. 즉, ① 선박소유자의 책임과 관련하여서는 '청구원인의 여하에 불구하고' 그 책임이 제한된다고 정하고(제769조 본문), ② 해상운송인의 책임과 관련하여서도 상법 제5편 제4장의 '운송인의 책임'에 관한 규정은 운송인의 불법행위로 인한 손해배상책임에도 이를 적용한다고 정하여(제798조 제1항), 그 책임원인이 채무불이행이든 불법행위이든 그 법적효과가 동일하도록 규정하였다. 또, ③ 운송인의 책임의 제척기간에 관하여도 '운송인의 채무는 청구원인의 여하에 불구하고' 1년 내에 재판상 청구가 없으면 소멸하되, 이 기간은 당사자의 합의에 의하여 연장할 수 있다고 정하여(제814조), 민법의 불법행위법상의

(5) 損害賠償責任의 消滅

(가) 特別消滅事由

① 운송인의 책임은 수하인 또는 화물상환증소지인이 유보없이 운송물을 수령하고 운임 기타의 비용을 지급한 때에는 소멸한다(제146조 제1항). ② 운송물에 즉시 발견할 수 없는 훼손 또는 일부멸실이 있는 경우에 운송물을 수령한 날로부터 2주 내에 그 통지를 발송하면 운송인의 책임은 소멸하지 않는다(제146조 제1항 단서). ③ 그러나 위의 어떤 경우이든 운송인 또는 그 사용인에게 악의가 있는 경우, 즉 운송물의 일부멸실·훼손 등으로 인한 손해의 발생사실을 알고 있는 경우에는 운송인의 책임은 소멸하지 않는다(제146조 제2항).

(나) 短期消滅時效

운송인의 책임은 운송인이나 그 사용인에게 악의가 없는 한 수하인이 운송물을 수령한 날로부터, 전부멸실의 경우에는 운송물을 인도할 날로부터 1년을 경과하면 그 소멸시효가 완성한다(제147조, 제121조).[1] 운송인이나 그 사용인에게 악의가 있는 경우에는 일반상사시효(제64조)에 따른다. 여기서의 악의란 상법 제146조와는 달리 운송인이 고의로 운송물을 멸실·훼손·연착시키거나 그러한 사실을 은폐하고 인도한 경우를 말한다. 그렇지 않고 단지 운송인이 손해의 발생사실을 안다는 뜻으로 새기면 운송물의 전부멸실이나 연착의 사실은 운송인이 당연히 알 것이므로 그 한도 내에서 단기소멸시효를 적용하는 일이 없어 단기소멸시효제도를 특별히 마련한 법의 취지가 몰각될 것이기 때문이다.

손해배상청구권의 소멸시효(3년 또는 10년: 民 제766조)를 수용할 여지를 없앴다. 그러므로 해상법에 관한 한 청구권경합론은 이제 그 논의의 실익이 크지 않다. 다만 계약불이행책임만 물을 경우 우리 나라에 管轄權이 없는 事件도 불법행위책임을 묻는 경우에는 우리 나라가 加害行爲地 또는 結果發生地에 해당하면 우리 法院에 提訴할 수도 있으므로 이 점에서는 아직도 논의의 실익이 있다.

1) 大判 1976. 9. 14, 74 다 1215.

Ⅲ. 物件運送人의 權利

1. 運送物引渡請求權

운송인은 운송을 실행하기 위하여 송하인에게 운송물의 인도를 청구할 수 있다. 송하인이 적시에 운송물을 인도하지 아니하면 債權者遲滯가 된다(民 제400조~제403조 참조).

2. 貨物明細書交付請求權

운송인은 송하인에 대하여 법정사항을 기재한 貨物明細書의 교부를 청구할 수 있다(제126조 제1항). 화물명세서는 보통 운송장 또는 出荷案內書라고도 하는데, 계약서도 유가증권도 아니며, 하나의 私署證書이다. 그러나 운송인은 화물명세서의 기재에 따라 운송의 준비 기타 운송의 이행에 필요한 행위를 하고, 또 수하인으로 하여금 운송물과 그 기재물과의 일치 여부를 검사시키므로, 만약 송하인이 고의 또는 과실로 부실기재를 함으로써 운송인에게 손해를 주었다면 그 배상책임을 져야 한다(제127조 제1항). 다만 운송인이 악의인 경우에는 손해배상책임이 없다(제127조 제2항).

3. 運賃請求權

운송계약은 도급계약의 일종이므로 운임은 특약이 없는 한 後給이 원칙이다.[1] 따라서 운송인은 운송물을 인도한 때에는 특약이 없어도 당연히 운임을 청구할 수 있다(제61조). 이 때에는 송하인과 수하인의 부진정연대채무가 된다(제141조, 民 제413조). 그러나 운송물이 멸실된 경우에 관하여는 다음과 같은 특칙이 있다.

ⅰ) 운송물의 전부 또는 일부가 송하인의 책임없는 사유로 인하여 멸실된 때

1) 大判 1972. 2. 22, 71 다 2500.

에는, 운송인은 그 멸실된 부분의 운임을 청구할 수 없으며, 이미 운임의 전부 또는 일부를 받은 때에는 이를 반환하여야 한다(제134조 제1항).

ii) 운송물의 전부 또는 일부가 그 성질이나 하자 또는 송하인의 과실로 인하여 멸실된 때에는 운송인은 운임의 전액을 청구할 수 있다(제134조 제2항).

4. 費用償還請求權

운송인은 운송물에 관한 체당금 기타 비용의 상환과 그 체당일 이후의 법정이자의 지급을 청구할 수 있다(제141조, 제55조 제2항).

5. 留 置 權

운송인은 운임 기타 비용의 청구권을 확보하기 위하여 운송주선인의 경우와 같은 유치권을 행사할 수 있다(제147조, 제120조).

6. 供託權 · 競賣權

운송인은 수하인을 알 수 없는 경우라든가 수하인이 운송물의 수령을 거부하거나 수령할 수 없는 경우에는 운송물을 공탁하거나 경매할 수 있다(제142조 제1항 · 제2항, 제143조). 공탁 또는 경매를 한 때에는 운송인은 지체없이 송하인에게 그 통지를 발송하여야 한다(제142조 제3항, 제143조). 또 송하인 · 화물상환증소지인과 수하인 전부를 알 수 없는 경우에는 운송인은 소정의 公示催告節次를 거쳐 운송물을 경매할 수 있다(제144조). 그러나 최고를 할 수 없거나 운송물이 멸실 또는 훼손될 염려가 있는 경우에는 운송인은 최고하지 않고도 그 운송물을 경매할 수 있다(제145조, 제67조 제2항). 운송물을 경매한 경우에는 경매대금에서 경매비용을 공제한 잔액을 공탁하여야 하나, 그 전부 또는 일부를 운임 · 체당금 기타의 비용에 충당하여도 상관없다(제145조, 제67조 제3항).

7. 債權의 消滅時效

운송인의 송하인 또는 수하인에 대한 채권은 1년간 행사하지 아니하면 소멸시효가 완성한다(제147조, 제122조).

Ⅳ. 受荷人의 地位

1. 受荷人의 意義

수하인이란 운송계약상 도착지에서 운송물의 인도를 받을 자를 말한다. 수하인은 운송계약의 당사자가 아니지만 운송인에 대해서 운송물인도청구를 할 수 있고, 운임 기타 비용을 지급할 의무를 부담한다.

2. 受荷人의 發展的 地位

화물상환증이 발행되면 운송물에 관한 일체의 권리를 증권소지인만이 행사할 수 있으나, 화물상환증이 발행되지 않은 경우에는 수하인의 지위는 불확정적이고 浮動的이다. 즉, 다음과 같이 운송의 실현단계에 따라 수하인의 지위도 단계적으로 발전하여 간다.

i) 운송물이 도착지에 도착하기 전에는 수하인은 운송인에 대해서 아무런 권리도 의무도 없다. 이 단계에서는 송하인만이 운송계약상의 권리의무의 주체이므로 운송물처리권을 가지고 있다(제139조 제1항).

ii) 운송물이 도착지에 도착하면 수하인은 송하인과 동일한 권리를 취득한다(제140조 제1항). 수하인의 권리와 송하인의 권리는 경합적으로 존속한다. 따라서 송하인이 운송물처분권을 행사하면 수하인은 권리를 상실하게 된다.

iii) 운송물이 도착지에 도착한 후 수하인이 운송물의 인도를 청구한 때에는 수하인의 권리가 송하인의 운송물처분권에 우선한다(제140조 제2항). 이 때 송하인의 권리는 완전히 소멸하는 것이 아니라 수하인의 권리보다 후순위로 후퇴하여 잠재적인 상태에 놓이게 된다는 의미이다.

ⅳ) 수하인이 운송물을 수령한 때에는 운송인에 대하여 운임 기타 운송에 관한 비용과 체당금을 지급할 의무를 부담한다(제141조).

3. 受荷人의 地位의 法的 性質

수하인이 송하인의 자격을 겸하는 경우도 있지만 대체로 수하인은 운송계약의 당사자인 운송인과 송하인 이외의 제3자이다. 이와 같이 제3자인 수하인이 운송인에 대하여 권리를 취득하고 의무를 부담하는 근거에 관하여 送荷人代理說·事務管理說·權利移轉說·第三者를 위한 契約說·特別規定說 등 학설이 나뉘어져 있다.[1] 그러나 수하인의 권리의무는 운송계약의 특수성을 고려하여 특별히 법률의 규정에 의해 발생되는 것이라고 하는 특별규정설이 타당하다고 본다.[2]

생각건대, 수하인은 자기의 명의로 자기를 위하여 권리를 행사하는 자이므로 송하인의 대리인이 아니며, 송하인의 사무관리자도 아니다. 또 수하인이 운송물의 인도를 받고 운임 등 지급의무를 부담하더라도 송하인은 그 지급의무를 면하는 것이 아니므로 운송물에 관한 권리가 송하인으로부터 수하인에게 이전하는 것도 아니다. 그리고 제3자를 위한 계약의 경우에는 제3자의 권리가 발생하면 당사자가 이를 변경 또는 소멸시킬 수 없는데(民 제541조), 송하인은 운송물이 도착하여 수하인이 권리를 취득한 후 그것의 인도를 청구할 때까지는 여전히 운송물처분권을 행사할 수 있다는 점에서, 운송계약은 제3자를 위한 계약으로 보기도 어렵다.

1) 姜渭斗(總) 403~404면; 李炳泰(上) 313면 참조.
2) 姜渭斗(總) 405면; 孫珠瓚(上) 339면; 李炳泰(上) 314면; 鄭燦亨(上) 315면. 제3자를 위한 계약으로 보는 견해 : 徐燉珏·鄭完溶(上) 219면; 崔基元(上) 325면.

V. 順次運送

1. 順次運送의 意義

상거래의 범위가 확대되고 장거리운송의 분량도 증가됨에 따라서 운송인이 단독으로 전구간의 운송을 맡기는 어렵게 되었다. 그리하여 동일운송물에 관하여 수인의 운송인이 시간적·공간적으로 연관하여 순차로 운송할 경우가 생긴다. 이러한 경우를 통운송이라고 하는데, 법률상 네 가지 경우가 있다. 즉, ① 전운송구간의 각 부분에 대하여 수인의 운송인이 각자 독립하여 운송을 인수하는 部分運送, ② 제1운송인이 전구간의 운송을 인수하고 제2운송인, 즉 하수운송인에게 일부 또는 전부의 운송을 맡기는 下受運送, ③ 수인의 운송인이 공동으로 전구간의 운송을 인수하는 同一運送, ④ 수인의 운송인이 서로 운송상의 연락관계를 가지되, 송하인으로서는 최초의 운송인에게 운송을 위탁함으로써 다른 운송인도 동시에 이용할 수 있는 連帶運送(順次運送)이 있다.

상법 제138조의 '수인이 순차로 운송할 경우'란 연대운송을 의미하는 것이니, 보통은 연대화물명세서에 의하여 각 운송인이 운송에 종사한다.

2. 順次運送人의 責任

數人이 순차로 운송할 경우에는 각 운송인은 운송물의 멸실·훼손 또는 연착으로 인한 손해를 연대하여 배상할 책임이 있다(제138조 제1항).

송하인 또는 수하인에 대하여 손해를 배상한 운송인은 손해의 원인이 된 행위를 한 운송인에 대하여 구상권을 행사할 수 있다(제138조 제2항). 이 경우에 손해의 원인이 된 행위를 한 운송인을 알 수 없는 때에는 특약이나 관습이 없는 한 각 운송인이 그 운임액의 비율에 따라 손해를 분담하여야 하며, 다만 그 손해가 자기의 운송구간 내에서 발생하지 아니하였음을 증명한 때에만 그 분담책임을 면할 수 있다(제138조 제3항).

3. 順次運送人의 權利

순차운송의 경우에는 후자인 운송인은 전자인 운송인에 갈음하여 그 권리를 행사할 의무를 부담한다(제147조, 제117조 제1항). 그리고 후자가 전자에게 운임 기타 비용을 변제한 때에는 후자는 당연히 전자의 권리를 취득한다(제147조, 제117조 제2항).

Ⅵ. 貨物相換證

1. 貨物相換證의 意義

화물상환증(carriage note, Ladeschein, bulletin de chargement)이란 운송물 반환청구권을 표창하는 유가증권이다. 따라서 운송인은 화물상환증에 의하여 자기가 운송물을 수령한 것이 증명되고, 목적지에서 증권소지인에게 운송물을 인도할 의무를 부담하게 된다.

화물상환증은 불완전유가증권으로서 要式證券性(제128조 제2항)·要因證券性(제129조)·指示證券性(제130조)·提示證券性(제129조)·相換證券性(제129조)·文言證券性(제131조)·引渡證券性(제133조)·處分證券性(제132조)의 특성을 지니고 있다.

2. 貨物相換證의 發行

화물상환증은 송하인의 청구에 의하여 운송인이 작성·교부하여야 한다(제128조 제1항). 화물상환증은 운송물의 수령도 증명하는 것이므로 그 발행시기는 운송인이 운송물을 수령한 후이다.[1] 화물상환증은 요식증권이므로 법정사항을

---

1) 姜渭斗(總) 418면; 孫珠瓚(上) 356면; 鄭燦亨(上) 332면; 崔基元(上) 352면.

기재하고 운송인이 기명날인 또는 서명하여야 한다(제128조 제2항). 법정기재사항 중 기재의 흠결이 있는 경우에는 그 증권의 효력에 의문이 생기나, 이 경우에는 어음법 제2조, 수표법 제2조와 같은 무효로 된다는 명문의 규정이 없으므로 그 기재의 흠결이 화물상환증의 본질을 해하지 않는 한 무효로 되지 않는다고 본다.[1] 그리고 법정기재사항 외의 임의적 기재사항에 대하여는 어음·수표와 같은 제한이 없으므로, 강행법규나 화물상환증의 본질에 반하지 않는 한 어떠한 사항이라도 기재할 수 있으나, 실제로는 운송약관 중 중요한 사항이 인쇄되어 사용되고 있다.

3. 貨物相換證의 讓渡

화물상환증은 법률상 당연한 지시증권이므로 기명식으로 발행한 경우에도 배서에 의하여 양도할 수 있다(제130조 본문). 이 배서에는 權利移轉的 效力과 資格授與的 效力이 있으나(제65조, 民 제508조·제513조), 擔保的 效力은 없다. 또 무기명식 또는 선택무기명식으로 발행한 경우에는 증권의 인도에 의하여 양도할 수 있음은 물론이다(제65조, 民 제523조·제525조).

4. 貨物相換證의 效力

화물상환증의 효력은 증권소지인과 운송인 사이에서 포착한 채권적 효력과 증권소지인과 그로부터 양수한 양수인 사이에서 포착한 물권적 효력으로 나누어 볼 수 있다.

(1) 債權的 效力(運送關係)

(가) 意　　義

화물상환증의 채권적 효력이란 증권소지인과 운송인 간의 채권관계를 의미하는 것이니, 즉 증권소지인이 운송인에 대해서 운송계약상의 채무의 이행을 청

1) 姜渭斗(總) 418면; 孫珠瓚(上) 357면; 鄭燦亨(上) 332면; 崔基元(上) 352~353면.

구하고 그 불이행의 경우에는 손해배상청구를 할 수 있는 법적 지위를 말한다.

(나) **要因證券性과 文言證券性의 關係**

화물상환증은 운송계약에 의한 운송물의 수령을 원인으로 해서 발행된 증권(要因證券)이므로 그 원인관계에 의해서 화물상환증이 표창하는 운송물반환청구권은 영향을 받는다. 그런데 한편 화물상환증은 상술한 바와 같이 文言證券이므로 종전 상법에 따르면 '운송에 관한 사항은 운송인과 소지인 간에 있어서는 화물상환증에 기재된 바에 의하여' 결정되고, 운송인과 송하인 간의 운송계약의 내용 여하와는 상관이 없도록 규정되어 있었다(제131조). 이에 따라 운송물을 수령하지 않고 화물상환증을 발행하거나(空券의 발행), 혹은 사실상 수령한 운송물과 증권에 기재된 것이 다른 경우에는 要因證券性을 중시하는 견해와 文言證券性을 중시하는 견해가 대립되는 문제가 생기게 되었다.

이와 관련하여 2010년 5월 개정된 상법은 화물상환증이 발행된 경우 운송인과 송하인 사이에는 화물상환증에 기재된 대로 운송계약이 체결되고 운송물을 수령한 것으로 추정되도록 화물상환증에 '추정적 효력'을 부여하되(제131조 제1항), 화물상환증을 선의로 취득한 소지인에 대하여 운송인은 화물상환증에 적힌 대로 운송물을 수령한 것으로 보고 화물상환증에 적힌 바에 따라 운송인으로서 책임을 지도록 하여(제131조 제2항) 학설적 논란을 입법적으로 해결하였다.

(다) **債權的 效力의 限界**

i) 운송인과 송하인의 관계는 화물상환증이 발행된 경우라도 결국 운송계약에 따라서 결정되게 마련이다.

ii) 운송인과 화물상환증소지인(송하인이 아닌 제3자)과의 사이에서는 운송에 관한 채권관계가 화물상환증에 기재된 바에 의해서 결정되지만(제131조)(증권적 효력), 소지인이 증권취득시에 증권의 기재가 사실과 다르다는 것을 알았을 때에는 그 증권적 효력은 인정되지 않는다.

iii) 증권적 효력은 증권소지인을 '위하여' 운송인에 '대해서' 인정된 것이므로, 운송인이 증권소지인에 대해서 자기에게 유리하게 증권의 기재를 원용할 수는 없다. 그러나 소지인이 증권의 기재에 대해서 반대입증을 하는 것은 상관이 없다.

iv) 운송인이 증권상에 운송물의 '內容不明' 또는 '計量未濟' 등의 문구를 기재하면 문언에 구속되지 않고 운송계약의 내용에 따라 인도할 수 있다.

v) 화물상환증의 문언적(증권적) 효력은 운송에 관한 사항, 즉 운송계약의 계약조항에 관한 것이다. 따라서 운송인은 증권소지인에 대하여 증권작성행위에

관한 하자(誤記·强迫·錯誤), 증권의 성질로부터 생기는 사유(불가항력으로 인한 운송물의 멸실·훼손, 시효에 의한 운송채권의 소멸), 직접 대항할 수 있는 사유(人的抗辯)에 관해서는 항변권을 행사할 수 있다.

(라) 運送物의 引渡請求

화물상환증이 발행된 경우에는 이것과 상환하지 아니하면 운송물의 인도를 청구할 수 없다(제129조)(相換證券性). 그러나 실제에 있어서는 증권과 상환하지 않고 보증장에 의해서 운송물을 인도하는 保證渡 또는 假渡(空渡)를 하기도 한다.

(2) 物權的 效力(運送物의 處分關係)

(가) 意　　義

화물상환증의 물권적 효력이란 운송물상의 물권의 설정·이전에 관하여 화물상환증이 어떠한 효력을 갖느냐 하는 문제이다. 즉, 화물상환증에 의하여 운송물을 받을 수 있는 자(화물상환증의 적법한 소지인)에게 화물상환증을 교부한 때에는 그 교부는 운송물 위에 행사하는 권리(소유권·질권)의 취득에 관하여 운송물을 인도한 것과 동일한 효력을 갖는데(제133조)(引渡證券性), 이것이 화물상환증의 물권적 효력이다. 민법의 일반원칙에 의하면 운송 중의 물건은 운송인의 점유하에 있으므로 그 소유자가 소유권을 양도하거나 물건에 질권을 설정할 수 없기 때문에, 화물상환증의 교부만으로도 운송물에 대한 물권적 처분을 할 수 있도록 한 것이다.

(나) 法律的 理論構成

화물상환증의 교부가 운송물의 인도와 동일한 효력이 인정되는 이론적 근거를 설명하기 위하여 종래에는 絶對說과 相對說로 학설이 대립되어 왔고, 상대설은 다시 嚴正相對說과 代表說로 나누어졌다. 그러나 대표설이 타당하다고 보는데, 이러한 견해는 목적물반환청구권의 양도를 동산의 인도로 의제하는 민법 제190조에서 그 법적 근거를 찾을 수 있을 것이다.

≪各 學說의 內容과 그에 대한 批判≫

절대설(die absolute Theorie)은 화물상환증의 인도는 운송인의 운송물에 대한 점유와는 관계없이 운송물의 점유를 이전시키는 효력이 있으며, 증권의 인도는, 민법상 점유권의 양도는 점유물의 인도로서 그 효력이 있다는 점유이전의 규정(民 제196조) 외에, 상법이 인정한 독특한 점유이전원인이라고 한다. 그러나 절대설은 증권소지인의 지위를 강화하고 증권의 유통성을 보호하기 위하여 주장되지만, 공권이 발행된 경우나 운송물이 멸실되거나 제3자에 의하여 선의취득된 경우에는 결국 증권양수인의 물권적 구제는 불가능하게 된다. 따라서 이들 경우에는 화물상환증이 교부되더라도 물권적 효력은 생기지 않는다고 한다.

상대설(die relative Theorie)은 운송물의 직접점유는 운송인이 하고 운송물의 간접점유만이 증권의 인도에 의하여 이전한다는 것이다. 상대설은 다시 엄정상대설과 대표설로 나뉜다. 엄정상대설(die strenge relative Theorie)은 상법 제133조의 규정은 목적물반환청구권의 양도에 의한 간접점유의 이전을 규정한 민법 제190조와 다른 특별규정이 아니라 그것의 한 예시에 불과하다고 보고, 간접점유를 이전하는 데는 증권의 인도 이후에 따로 지시에 의한 점유이전절차(舊民 제184조: 現行民法 제190조와 제450조의 결합)를 밟아야 한다고 한다. 그러나 엄정상대설에 의하면 증권에 의한 간이한 양도를 부정하게 되므로 상법 제133조를 空文化시키고 만다(오늘날에는 이 학설을 취하는 사람은 없다).

대표설(die Repräsentationstheorie)은 증권은 운송물을 대표하는 것이므로 증권의 인도는 곧 운송물의 간접점유를 이전하는 것이라고 한다.[1] 대표설에 대한 비판으로 운송인이 일시 점유를 상실한 경우에는 물권적 효력이 발생하지 않게 되어 부당하다고 하나,[2] 점유회수의 소권이 인정되는 한 물권적 효력에 영향이 없다고 본다.

엄정상대설은 상법 제133조를 空文化시킬 뿐 아니라, 화물상환증의 유통성을 크게 저해하므로 타당하지 못하다. 한편 절대설에 의하면 화물상환증의 유통성이 크게 조장되는 듯 하지만, 공권이 발행되거나 운송물이 멸실된 경우 또는 제3자에 의하여 선의취득된 경우에는 물권적 효력이 부정되므로 유통성 보호에 한계가 있고, 이 점에서 대표설과 큰 차이가 없다. 생각건대, 운송물반환청구권을 표창하는 것이 화물상환증이므로, 화물상환증 없이는 그 처분도 반환청구도 할 수 없다면, 화물상환증의 인도를 곧 운송물의 인도로 의제할 수 있을 것이다. 그리고 이러한 의제를 인정한다면 증권이 운송물을 대표한다고 보아도 무방하지 않을까 생각한다.

(다) 運送物의 處分과 物權的 效力

화물상환증소지인이 화물상환증에 의하여 운송물을 처분하더라도 운송물매매당사자 간에 특약 또는 관습이 없는 한 매도인의 급부의무가 완전히 면제되

1) 姜渭斗(總) 430면; 孫珠瓚(上) 365면; 鄭燦亨(上) 339면; 崔基元(上) 361면.
2) 孫珠瓚(上) 366~367면.

는 것은 아니다. 왜냐하면 화물상환증의 물권적 효력은 화물상환증을 취득함으로써 운송물 위에 행사하는 권리를 취득하고, 또 이것을 제3자에게 대항할 수 있다는 것뿐이지, 아직 현실적으로 운송물이 인도된 것이 아니므로 종국적으로 증권소지인이 운송물의 인도를 받게 될지는 불확실한 것이기 때문이다.

운송물 위에 행사하는 권리는 증권수수자 간의 계약내용에 따라서 결정될 것이므로, 소유권 이외에 질권·유치권 등일 수도 있다.

화물상환증이 발행된 경우에는 운송물의 물권적 처분(제132조)과 운송인에 대한 처분권행사(제139조)는 화물상환증에 의해서만 할 수 있다. 그러나 운송물이 실물로서 처분되어 양수인이 동산의 선의취득요건을 구비하였다면, 화물상환증의 물권적 효력이 그 운송물 자체의 선의취득에는 영향을 미치지 못한다. 왜냐하면 증권의 유통질서보다는 실물 자체의 유통질서가 우선적으로 보호되어야 하기 때문이다.[1)]

Ⅶ. 旅客運送人의 義務

여객운송계약도 불요식의 낙성계약이며, 실제로는 승차권이 이용된다. 보통은 승차권 발매시에 계약이 성립하는 것이나, 승차 후에 승차권을 사는 경우에는 승차시에 계약이 성립한 것이라고 본다.

승차권은 운송채권을 표창하는 유가증권이다.[2)] 無記名乘車劵은 양도성이 있으나, 改札을 하면 운송인은 특정인에 대해서만 운송채무를 지므로 양도성을 잃고 여객운송계약의 성립과 운임의 지급을 증명하는 증거증권으로 변질된다.[3)] 승차 후에 발행한 승차권은 개찰 후의 승차권과 같다. 정기권은 포괄적 운송채권을 표창하는 유가증권이나,[4)] 특정인을 위하여 발행한 것이므로 양도성은 없다. 회수승차권은 운임의 선급을 증명하는 단순한 票劵이지 유가증권은 아니라고 본다.[5)] 따라서 회수승차권 발매 후 운임을 인상한 경우, 그 승차권의 소지인

1) 徐燉珏·鄭完溶(上) 234면; 鄭燦亨(上) 342면.
2) 姜渭斗(總) 434면; 孫珠瓚(上) 368면; 鄭茂東(上) 270면; 鄭燦亨(上) 346면.
3) 姜渭斗(總) 435면; 孫珠瓚(上) 368면; 李炳泰(上) 330면; 鄭茂東(上) 270면; 崔基元(上) 366면.
4) 姜渭斗(總) 435면; 孫珠瓚(上) 368면; 鄭茂東(上) 270면.

은 개정요금을 추가로 지급하고 운송을 청구할 수 있다. 그러나 통용구간 또는 통용기간이 지정된 회수승차권은 포괄적인 운송계약상의 권리를 표창하는 유가증권으로 본다.

여객운송인은 선량한 관리자의 주의로써 여객을 안전하게 또 지체없이 도착지에 운송할 의무가 있다. 이를 위반하면 손해배상책임을 지게 되는데, 상법은 다음과 같은 특칙을 두고 있다.

1. 旅客의 損害에 대한 責任

(1) 責任原因

여객운송인은 자기 또는 사용인이 운송에 관한 주의를 해태하지 아니하였음을 증명하지 아니하면 여객이 운송으로 인하여 받은 손해를 배상할 책임을 면하지 못한다(제148조 제1항). 이것은 물건운송인의 경우와 같이 채무불이행으로 인한 손해배상책임을 인정한 것이며, 민법의 일반원칙을 구체화한 것이다.

(2) 賠償額의 個性化

배상할 손해의 범위는 여객이 받은 모든 손해이다. 즉, 생명・신체에 대한 손해는 물론, 의복에 대한 손해, 연착으로 인한 손해도 포함된다.

손해배상액을 산정함에 있어서 법원은 피해자와 그 가족의 情狀(피해자의 연령・수입・가족수・가족의 생활상태 따위)을 참작해야 한다(제148조 제2항). 이것은 賠償額의 個性化 방침을 채택한 것으로서, 첫째로 물건운송에 있어서의 정액배상주의(배상액의 정형화)에 대한 특칙이며, 둘째로 특별손해에 대한 운송인의 예견 여부를 불문하고 법원이 참작한다는 점에서 민법의 일반원칙(民 제393조 제2항)에 대한 예외이다.

정신적 손해에 대한 배상, 이른바 위자료에 관하여 운송인의 책임이 채무불이행책임일 때에는 피해자의 정신적 손해에 대한 위자료만을 청구할 수 있으나, 전술한 청구권경합설의 전제 아래 운송인의 행위가 불법행위를 구성할 때에는 그 가족이 입은 정신적 손해에 대해서도 이를 청구할 수 있다.

---

5) 孫珠瓚(上) 369면; 崔基元(上) 366면. 이에 대하여 運送請求權을 표창하는 有價證券이라는 學說： 姜渭斗(總) 437면; 李炳泰(上) 331면; 林泓根(總) 469면.

특별사정을 참작하는 것은 여객의 생명·신체에 관한 손해의 경우이지 연착의 경우에는 적용되지 않는다.

(3) 賠償請求權의 相續性

여객의 손해배상청구권은 피해자가 사망한 때에는 상속인이 이를 승계한다. 위자료청구권도 피해자가 특히 포기의 의사를 밝히지 않는 한 상속성이 인정된다고 본다.

2. 手荷物에 대한 責任

(1) 託送手荷物

운송인은 여객으로부터 인도를 받은 수하물에 관하여는 운임을 받지 아니한 경우에도 물건운송인과 동일한 책임을 진다(제149조 제1항). 수하물이 도착지에 도착한 날로부터 10일 내에 여객이 그 인도를 청구하지 않는 경우에는 상인 간의 매매의 경우에 준하여 수하물을 공탁 또는 경매를 할 수 있다(제149조 제2항 본문). 이 경우에도 주소나 거소를 알지 못하는 여객에 대해서는 최고와 통지를 할 필요가 없다(제149조 제2항 단서).

(2) 携帶手荷物

운송인은 여객으로부터 인도를 받지 않은 수하물의 멸실 또는 훼손에 대하여는 자기 또는 사용인의 과실이 없으면 손해를 배상할 책임이 없다(제150조). 이 때는 수하물을 여객이 보관하는 것이므로 과실의 입증책임은 여객이 진다. 배상액의 산정에 있어서는 탁송수하물의 경우와 같다.

3. 順次旅客運送人의 連帶責任

순차여객운송인은 따로따로 손해배상책임을 지는 것이 원칙이겠으나, 연락승차권의 발행인이 후자의 대리인으로서 공동으로 전구간의 운송을 인수한 경우에는 상행위법의 일반원칙에 의하여 연대책임을 진다고 보아야 할 것이다(제57

조). 또 그 밖의 경우에도 각 운송인의 과실이 경합하여 손해의 발생원인이 불명한 경우에는 각자 연대책임을 져야 할 것이다.

4. 責任의 消滅時效

여객에 대한 손해배상책임의 소멸에 관하여는 특별규정이 없으므로 그 청구권은 5년의 상사시효에 의하여 소멸한다.

제6절 公衆接客業

Ⅰ. 公衆接客業者의 意義

공중접객업자란 극장·여관·음식점 그 밖의 공중이 이용하는 시설에 의한 거래를 영업으로 하는 자를 말한다(제151조). 공중접객업은 그 내용은 다양하지만 많은 사람을 상대로 시설을 이용시키므로, 공안상·위생상의 감독 내지 단속법규가 많이 있다. 상법은 공중접객업자의 任置責任에 관하여 엄격한 규정을 두고 있다.

Ⅱ. 公衆接客業者의 責任

1. 任置를 받은 物件에 대한 責任

공중접객업자는 자기 또는 그 사용인이 고객으로부터 임치받은 물건의 보관에 관하여 주의를 게을리하지 아니하였음을 증명하지 아니하면 그 물건의 멸실 또는 훼손으로 인한 손해를 배상할 책임이 있다(제152조 제1항). 종전 상법은 공중접객업자의 임치물에 대한 책임은 '불가항력'을 증명하여야만 면책되는 엄격책임으로 규정하여 물건보관을 업으로 하는 운송인·창고업자 등의 책임과도 형평에 어긋나는 문제점이 있었으나 이를 현실에 적합하도록 2010년 5월 개정하였다.

2. 任置를 받지 아니한 物件에 대한 責任

공중접객업자는 고객으로부터 임치를 받지 아니한 경우에도, 그 시설 내에 휴대한 물건이 자기 또는 그 사용인의 과실로 인하여 멸실 또는 훼손된 때에는 그 손해의 배상책임을 져야 한다(제152조 제2항).[1] 이 경우에는 임치를 받은 경우와는 달리 과실에 대한 입증책임은 고객에게 있다.

3. 責任의 減免

(1) 免責의 告知

공중접객업자의 책임에 관한 규정은 임의법규이므로 당사자 간의 특약으로 감면할 수는 있다. 그러나 공중접객업자가 일방적으로 고객의 휴대물에 대하여 책임이 없음을 알린 것만으로는 위의 책임을 면하지 못한다(제152조 제3항).

(2) 高價物에 대한 特則

화폐·유가증권 기타의 고가물에 대하여는 고객이 그 종류와 가액을 명시하여 임치하지 아니하면, 공중접객업자는 그 물건의 멸실 또는 훼손으로 인한 손해의 배상책임을 지지 아니한다(제153조). 이것은 운송주선인(제124조) 및 운송인(제136조)의 고가물에 대한 손해배상책임과 같은 취지이다.

---

1) 여관주차장에 주차해 둔 차량의 도난에 대한 공중접객업자의 책임을 부정한 사례: 大判 1992. 2. 11, 91 다 21800.

4. 債務不履行責任과 不法行爲責任의 關係

'운송인의 계약책임과 불법행위책임의 관계'에서 언급한 바와 같이 공중접객업자의 행위가 채무불이행책임의 요건을 충족하면서 동시에 민법상의 불법행위책임의 요건도 충족하는 경우가 있다. 이 경우 두 가지 책임에 기한 두 개의 손해배상청구권이 병존할 수 있는지에 관하여 법조경합설과 청구권경합설 등으로 학설이 나뉘어져 있으나, 상세한 논거는 전술한 '운송인의 계약책임과 불법행위책임의 관계' 부분을 참조하기 바란다.

5. 責任의 消滅時效

공중접객업자의 책임은 공중접객업자나 그 사용인이 악의인 경우를 제외하고는 임치물을 반환하거나 객이 휴대물을 가져간 후 6월이, 또는 물건을 전부 멸실한 경우에는 객이 그 시설을 퇴거한 날로부터 6월이 경과하면 소멸시효가 완성한다(제154조).

제7절 倉庫業

Ⅰ. 倉庫業者의 意義

창고업자(Lagerhalter, exploitant de magasin, warehouseman)란 타인을 위하여 창고에 물건을 보관함을 영업으로 하는 자를 말한다(제155조). 보관하는 물건에는 제한이 없으나 부동산은 제외되고, 화폐·유가증권은 일정량의 물체로서는 창고업의 목적물이 될 것이지만, 일정한 가치의 表象物로서는 은행업자의 업무에 속할 뿐 창고업의 목적물이 되지 않는다. 또 창고업자 자신의 물건도 그 목적물이 되지 않는다.

보관이란 물건을 창고에 장치하여 그 멸실·훼손을 방지하는 것이다. 따라서 수치인이 일단 임치물의 소유권을 취득하고 후일에 동질·동량의 물건을 반환하기로 하는 이른바 消費任置(不規則任置, 數量倉庫任置)(民 제702조)의 인수를 영업으로 하는 것은 창고업이 아니나, 곡물·유류 등 대체성 있는 임치물을 혼합하여 보관하는 混合任置(混藏任置)의 인수를 영업으로 하는 것은 창고업에 속한다. 창고란 물건의 보관에 이용할 수 있는 설비이면 무엇이든 상관없고, 목재 또는 석탄을 積置하는 空地도 창고이다.

≪倉庫業의 起源≫

창고업은 원래 중세 유럽의 항구도시에서의 保稅倉庫에서 비롯된 것인데, 이것은 19세기 이후 국제무역의 발달과 함께 성행하였으며, 특히 영국의 항구에 있던 창고영업(dock)이 창고업의 선구가 되었다.

Ⅱ. 倉庫業者의 義務

창고임치계약은 불요식의 낙성계약이며, 유상·쌍무계약이다. 창고업자와 임치인 간에 임치계약이 체결되면 창고업자는 임치인에 대하여 다음과 같은 특수한 의무를 부담하게 된다.

1. 任置物保管義務

창고업자는 선량한 관리자의 주의로써 임치물을 보관하고(제62조), 보관기간이 경과한 후에는 임치인이나 창고증권소지인에게 반환하여야 한다. 임치기간에 관한 특약이 없는 경우에는 창고업자는 임치물을 받은 날로부터 6월이 경과하면 언제든지 이를 반환할 수 있는데(제163조 제1항), 임치물을 반환하고자 할 때에는 부득이한 경우를 제외하고는(제164조) 2주 전에 예고를 하여야 한다(제163조 제2항). 부득이한 경우에는 언제든지 반환할 수 있다. 그러나 임치인은 임치기간에 관계없이 언제든지 임치물의 반환을 청구할 수 있다(民 제698조).

2. 倉庫證券交付義務

창고업자는 임치인의 청구에 의하여 倉庫證券을 교부하여야 한다(제156조). 창고증권에 관하여는 후술한다.

3. 任置物의 檢査 · 見品摘取 · 保存行爲에 응할 義務

임치인 또는 창고증권소지인은 영업시간 내에는 언제든지 창고업자에 대하여 임치물의 검사 또는 견품의 적취를 요구하거나 그 보관에 필요한 처분을 할 수 있으므로(제161조), 이러한 요구가 있을 때에는 창고업자는 이에 응하여야 하며, 경우에 따라서는 협력을 하여야 한다.

4. 任置物의 瑕疵通知義務

창고업자는 임치물을 받은 후에 그 물건의 훼손 또는 하자를 발견하거나 그 물건이 부패할 염려가 있는 때에는 지체없이 임치인에게 그 통지를 발송하여야 한다. 이는 위탁판매업에 관한 상법 제108조를 창고업에 준용한 결과이다(제168조). 그러나 제108조를 창고업에 준용하더라도 창고업자에게 '價格低落의 商況'에 관하여는 그 통지를 발송하여야 할 의무는 없다고 본다. 창고업자는 매매의 주선을 영업으로 하는 위탁판매업자와는 달리 물건의 보관을 영업으로 하는 자이기 때문이다. 창고업자가 임치물의 훼손 · 하자 등에 관하여 통지를 하였으나 임치인의 지시가 없거나 그 지시가 지연되는 때에는 창고업자는 임치인의 이익을 위하여 (위탁매매인의 경우와 같이) 적당한 처분을 할 수 있다(제168조, 제108조).

5. 損害賠償責任

창고업자는 자기나 사용인이 임치물의 보관에 관하여 주의를 해태하지 아니하였음을 증명하지 아니하면, 임치물의 멸실 또는 훼손으로 인한 손해의 배상책임을 면하지 못한다(제160조).

창고업자의 책임에 관하여는 물건운송인의 경우와 같은 특별소멸사유가 인정될 뿐만 아니라(제168조, 제146조) 특칙이 있다. 즉, 창고업자 또는 그 사용인에게 악의가 있는 경우(예컨대, 창고업자나 그 사용인이 고의로 임치물을 멸실·훼손케 하거나 일부멸실 또는 훼손 사실을 은폐하고 인도한 경우)를 제외하고는, 그 물건을 출고한 날로부터 1년이 경과하거나, 임치물을 전부멸실한 경우에는 임치인과 알고 있는 창고증권소지인에게 그 멸실통지를 발송한 날로부터 1년이 경과하면 책임의 소멸시효가 완성한다(제166조).

Ⅲ. 倉庫業者의 權利

1. 保管料와 費用償還請求權

민법상 任置契約은 無償이 원칙인데 비하여(民 제693조), 창고업자는 보관료에 관한 특약이 없는 경우에도 이를 청구할 수 있으며(제61조), 임치물에 관한 보험료·수입세 등의 비용이나 체당금을 지출한 때에는 그 상환을 청구할 수 있다(제162조 제1항 본문). 그 청구시기는 출고할 때이나, 보관기간 경과 후에는 출고전이라도 청구할 수 있다(제162조 제1항 단서). 일부출고의 경우에는 그 비율에 따른 보관료 기타의 비용과 체당금의 지급을 청구할 수 있다(제162조 제2항).

2. 留置權

창고업자는 보관료와 비용상환청구권에 관하여 임치물 위에 민법상의 유치권(民 제320조)을, 임치인이 상인인 경우에는 상인 간의 유치권(제58조)을 행사할 수 있다.

3. 供託權과 競賣權

임치인 또는 창고증권소지인이 임치물의 수령을 거부하거나 수령할 수 없는 경우에는, 창고업자는 상인 간의 매매에 있어서의 매도인과 같이 임치물을 공탁 또는 경매할 수 있다(제165조, 제67조 제1항 · 제2항).

4. 債權의 消滅時效

임치인 또는 창고증권발행인에 대한 창고업자의 채권은 임치물을 출고한 날로부터 1년간 행사하지 아니하면 소멸시효가 완성한다(제167조).

Ⅳ. 倉庫證券

1. 倉庫證券의 意義

창고증권(Lagerschein, récépissé warrant, warehouse receipt)이란 任置物返還請求權을 표창하는 유가증권이다. 실제 거래에서는 荷渡指示書(delivery order)가 많이 이용되는데, 이것은 임치인이 창고업자에 대하여 임차물의 전부 또는 일부를 그 소지인에게 인도할 것을 위탁하는 지서서로서, 불완전유가증권이다. 창고증권은 화물상환증과 같은 물품증권이므로 그 특성은 화물상환증과 꼭 같다.

≪倉庫證券에 관한 立法主義≫

창고증권에 관한 입법주의에는, ① 질권설정이나 소유권이전을 1매의 창고증권에 의하여 하는 單券主義(독일 · 스위스 · 스페인 · 미국), ② 預置證券

과 質入證券의 2매를 一組로 발행하되 예치증권은 임치물반환청구권 또는 소유권의 이전에 쓰고 질입증권은 질권설정에 쓰게 하는 複券主義(프랑스・벨기에・이탈리아・오스트리아), ③ 단권・복권을 병용하여 어느 것이든 선택하여 발행할 수 있는 併用主義(영국・宰政 러시아・일본)가 있다. 복권주의는 금융의 편의를 보면서 유리한 매매를 할 수 있으나, 그 법률관계가 복잡하다. 의용상법은 병용주의를 채택하여, 예치증권과 질입증권 또는 創荷證券을 발행할 수 있도록 하였으나, 실제로 은행융자의 실무에서는 복권을 단권과 같이 이용하고 있었으므로, 현행상법은 단권주의로 바꾸어 '倉庫證券' 하나만을 인정하고 있다.

2. 倉庫證券의 發行

창고업자는 임치인의 청구에 의하여 창고증권을 작성・교부하여야 한다(제156조 제1항). 창고증권도 요식증권이므로 법정사항을 기재하고 창고업자가 기명날인 또는 서명하여야 한다(제156조 제2항). 또 창고증권의 소지인은 창고업자에 대하여 (舊)증권을 반환하고 임치물을 분할하여 각 부분에 대한 창고증권의 교부를 청구할 수 있는데(제158조 제1항), 그 비용은 증권소지인이 부담하여야 한다(제158조 제2항).

3. 倉庫證券의 讓渡

창고증권은 화물상환증과 같이 법률상 당연한 지시증권이므로 배서에 의한 양도방법 및 그 효력 등 화물상환증의 경우와 꼭 같다.

4. 倉庫證券의 效力

창고증권의 효력은 채권적 효력과 물권적 효력으로 나누어 볼 수 있는데, 그 내용과 문제점 등은 화물상환증의 경우와 꼭 같다(제157조, 제129조, 제131조～제133조).

5. 倉庫證券에 의한 入質과 一部出庫

창고증권소지인이 임치물을 입질하는 경우에는 질권설정의 계약을 체결함과 동시에 창고증권을 채권자에게 교부하여야 한다(제157조, 제133조, 民 제330조). 따라서 채무의 변계 전에는 임치물의 일부라도 반환을 청구할 수 없게 되어 매우 불편하다. 이에 상법은 질권자의 승낙이 있으면 피담보채권의 변제기 전이라도 임치인은 창고업자에 대하여 임치물의 일부반환을 청구할 수 있게 하였는데, 이 경우에는 창고업자는 반환한 임치물의 종류·품질과 수량을 창고증권에 기재하여야 한다(제159조). 이것은 舊證券을 회수하고 新證券을 발행하는 번잡을 피할 수 있어 편리하다.

제 8 절 금융리스업

I. 금융리스업의 意義

금융리스이용자가 선정한 기계, 시설, 그 밖의 재산(이하 이 장에서 "금융리스물건"이라 한다)을 제3자로부터 취득하거나 대여받아 금융리스이용자에게 이용하게 하는 것을 영업으로 하는 자를 금융리스업자로 규정한다(제168조의 2). 리스거래에는 리스물의 수요자인 리스이용자(lessee), 리스료를 받고 리스물을 빌려주는 자로서 리스물의 법적소유자인 리스회사(lessor) 및 리스될 물건을 생산하여 리스회사에 공급하고 대금을 받는 리스물의 공급자(supplyer)(제조회사·판매회사) 등 3당사자가 관여한다. 따라서 리스거래에 있어서의 법률관계는 이들 3자 사이의 관계가 중심이 된다.

리스는 금융리스(finance lease), 운용리스(operating lease), 유지관리리스(maintenance lease), sale lease back, full payout lease와 nonfull payout lease, percentage lease, 알선(leveraged)리스, 空리스 등이 있다. 원래 리스는 미국에

서 설비제조업체가 자사제품의 판매촉진 수단으로 이용한 것이 그 기원인데, 리스전업회사 및 대규모의 종합상사가 리스산업에 참여한 이래 그 기능은 완전히 금융 기능으로 정착되었고, 오늘날의 리스는 바로 금융리스를 말한다.

종전에는 상법상 금융리스에 관한 구체적인 규정이 없어 리스거래에서 발생되는 문제점은 공법(여신전문금융업법)이나 약관에 따라 법률관계를 의존하는 문제점이 있었다. 2010년 상법 개정에 따라 금융리스업자, 금융리스이용자, 리스물 공급자 등 3자간의 기본적인 법률관계와 금융리스 계약이 해지된 경우 상호정산 관계에 대하여 규정하여 금융리스거래에 따른 법률문제의 불명확성을 해결하였다.

Ⅱ. 금융리스업자와 금융리스이용자의 義務

1. 금융리스물건 受領協力義務 및 금융리스료 支給時期

금융리스업자는 금융리스이용자가 금융리스계약에서 정한 시기에 금융리스계약에 적합한 금융리스물건을 수령할 수 있도록 하여야 하고(제168조의 3 제1항), 금융리스이용자는 금융리스물건을 수령함과 동시에 금융리스료를 지급하여야 한다(제168조의 3 제2항). 종전에는 관행적으로 리스계약상에 물건의 인도 없이 물건수령증을 교부하는 때부터 리스료를 지급하고, 공급업자가 리스물건을 리스이용자에게 인도하므로 물건의 인도에 관하여 의무를 지지 않았으나 2010년 상법에 상기의무를 부과함으로써 리스업자에 일방적으로 유리하던 관행을 수정하였다.

다만, 금융리스물건수령증을 발급한 경우에는 금융리스계약 당사자 사이에 적합한 금융리스물건이 수령된 것으로 추정하도록 규정하여(제168조의 3 제3항) 금융리스업자의 부담을 경감하고 있다.

2. 금융리스이용자의 선관주의의무

금융리스이용자는 금융리스물건을 수령한 이후에는 선량한 관리자의 주의로 금융리스물건을 유지 및 관리하도록 의무를 부과하여(제168조의 3 제4항) 금융리스업자가 물건의 인도 이후에는 유지·관리의 책임이 없음을 명확히 하고 있다.

Ⅲ. 금융리스물건 供給者의 義務

금융리스물건의 공급자는 공급계약에서 정한 시기에 그 물건을 금융리스이용자에게 인도하여야 한다(제168조의 4 제1항). 금융리스물건이 공급계약에서 정한 시기와 내용에 따라 공급되지 않은 경우 금융리스이용자는 공급자에게 직접 손해배상을 청구하거나 공급계약의 내용에 적합한 금융리스물건의 인도를 청구할 수 있다(제168조의 4 제2항). 이 경우 금융리스업자는 금융리스이용자가 권리를 행사하는 데 필요한 협력을 하여야 한다(제168조의 4 제3항).

Ⅳ. 금융리스계약의 解止

1. 금융리스이용자의 유책사유에 따른 해지

금융리스이용자의 책임 있는 사유로 금융리스계약을 해지하는 경우에는 금융리스업자는 잔존 금융리스료 상당액의 일시 지급 또는 금융리스물건의 반환을 선택적으로 청구할 수 있다(제168조의 5 제1항). 이러한 금융리스업자의 청구는 금융리스업자의 금융리스이용자에 대한 손해배상청구에는 영향을 미치지 않는다(제168조의 5 제2항).

2. 금융리스이용자의 중대한 사정변경에 따른 해지

금융리스이용자는 중대한 사정변경으로 인하여 금융리스물건을 계속 사용할 수 없는 경우에는 3개월 전에 예고하고 금융리스계약을 해지할 수 있다(제168조의 5 제3항). 다만, 금융리스물건이 범용성이 없는 고가의 물건임을 감안하여 상법은 상기 계약의 해지로 인하여 금융리스업자에게 발생한 손해를 배상하도록 규정하고 있다(제168조의 5 제3항 단서).

제9절 加盟業

Ⅰ. 가맹업의 意義

자신의 상호·상표 등을 제공하는 것을 영업으로 하는 가맹업자(franchisor)로부터 그의 상호등을 사용할 것을 허락받아 가맹업자가 지정하는 품질기준이나 영업방식에 따라 영업을 하는 자를 가맹상(franchisee)이라고 한다(제168조의 6). 일반적으로 프랜차이즈제도는 제품, 용역, 특허권, 신기술 또는 독특한 경영방법 등을 소유한 모기업이 소매점(가맹업자)에게 일정한 협정에 따라 일정장소에서 일정기간 동안 사전에 합의된 방법으로 소매수준에서 영업을 할 수 있는 특권을 부여하는 제도이다. 1995년 상법 개정 시 제46조 제20호에 "상호·상표 등의 사용허락에 의한 영업에 관한 행위"로 프랜차이즈업을 신설하였지만 구체적인 규정이 없이서 프랜차이즈의 법률관계는 공법(가맹사업관계의 공정화에 관한 법률)이나 당사자간의 약정 또는 약관에 의존하는 문제점이 있었다. 이에 따라 2010년 상법 개정시 가맹업(franchise)의 법률관계에 관한 규정을 신설하여 빈번하게 발생하는 프랜차이즈에 관련한 법률문제를 해결하였다.

Ⅱ. 가맹업자와 가맹상간의 法律關係

1. 가맹업자의 義務

가맹업자는 가맹상의 영업을 위하여 필요한 지원을 하여야 한다(제168조의 7 제1항). 통상 가맹업자는 상호·상표·know-how를 이용할 특권을 부여하거나, 제품·용역 등을 가맹상에게 제공한다.

가맹업자는 가맹상의 영업지역 내에서 동일 또는 유사한 업종의 영업을 하거나, 동일 또는 유사한 업종의 가맹계약을 체결할 수 없도록 경업금지의무를 부과하여 가맹상의 권리를 보호하도록 하였다(제168조의 7 제2항). 이 경우 양자간의 약정을 통해 동 의무를 배제할 수 있다.

2. 가맹상의 義務

가맹상은 가맹업자의 영업에 관한 권리가 침해되지 않도록 해야 한다(제168조의 8 제1항).

가맹상은 계약이 종료한 후에도 가맹계약과 관련하여 알게 된 가맹업자의 영업상의 비밀을 준수하여 가맹업자의 영업 know-how를 보호하도록 하고 있다(제168조의 8 제2항).

3. 가맹상의 영업양도

가맹상은 가맹업자의 동의를 받아 그 영업을 양도할 수 있다(제168조의 9 제1항). 가맹업자는 특별한 사유가 없으면 제1항의 영업양도에 동의하여야 한다(제168조의 9 제2항).

4. 가맹의 解止

가맹계약상 존속기간에 대한 약정의 유무와 관계없이 부득이한 사정이 있으면 각 당사자는 상당한 기간을 정하여 예고한 후 가맹계약을 해지할 수 있다(제168조의 10).

제 10 절 채권매입업

Ⅰ. 채권매입업의 意義

타인이 물건·유가증권의 판매, 용역의 제공 등에 의하여 취득하였거나 취득할 영업상의 채권(이하 이 장에서 "영업채권"이라 한다)을 매입하여 회수하는 것을 영업으로 하는 자를 채권매입업자라 한다(제168조의 11). 우리나라에서는 일반적으로 금융기관이 외상매출채권을 매입하는 팩토링(factoring), 즉 금융기관의 고객이 그 채무자로부터 거래대금을 회수하기 위하여 이용하는 기업금융제도로서 이 제도를 이용하고 있다.

Ⅱ. 채권매입업의 法律關係

영업채권의 채무자가 그 채무를 이행하지 아니하는 경우 채권매입업자는 채권매입계약의 채무자에게 그 영업채권액의 상환을 청구할 수 있다. 다만, 채권매입계약에서 다르게 정한 경우에는 그러하지 아니하다(제168조의 12).

제 3 편
會 社 法

제 1 장
緖　　論

제 1 절　會社制度와 會社法

Ⅰ. 會社制度와 經濟的 機能

기업이 발달하면 필연적으로 공동기업형태를 취하게 되는데, 공동기업의 전형적인 형태는 회사제도이다. 회사는 개인기업에서 찾아볼 수 없는 이점이 있으니, 다수인의 자본과 노동력을 집결·보충하고 위험을 분산시킴으로써 대규모의 기업을 합리적으로 경영할 수 있고, 적극적으로 유지·발전시킬 수 있다.

한편 회사제도는 본질적으로 개인의 이익추구를 위한 기술적 제도란 점에서 남용의 위험성도 있는데, 특히 사원이 엄격한 有限責任을 지는 株式會社의 경우에는 그 남용의 폐해도 크다. 그리하여 최근에는 다소 추상적이기는 하지만, 회사 특히 대규모의 주식회사는 오로지 그 구성원인 주주의 이익추구에만 전념할 것이 아니라, 그 정책을 결정함에 있어서 종업원, 소비대중, 나아가 국민전체의 이익도 균형있게 고려하여야만 하며, 그 축적된 부는 사회에 환원하여야 한다는 이른바 會社의 社會的 責任(social responsibility)이 강조되고 있다.[1)]

---

1) 孫國鎬, "企業의 社會的 責任에 관한 法的 硏究", 成均館大學校 大學院 博士學位論文, 1982.

Ⅱ. 會社法의 槪念

1. 會社法의 意義

회사법(Gesellschaftsrecht, corporation act, droit des sociétés commerciales)이란 실질적으로는 회사의 조직과 운영에 관한 법을 말하며(실질적 의의의 회사법), 형식적으로는 상법 제3편 '회사'의 규정을 말한다(형식적 의의의 회사법).

2. 會社法의 地位

회사법은 상법의 일부문으로서 기업주체에 관한 규제를 하는 조직법에 속한다. 따라서 이론적으로는 상법총칙에 포함될 수 있는 것이나, 단체에 관한 법으로서 복잡하고 방대하기 때문에 별개의 편으로 규제를 하게 된다.

회사법은 회사기업형태에 관한 일반법으로서 모든 공동기업의 경영에 필요한 최소한의 규제를 하는 것이다. 따라서 회사가 아닌 공익법인에 관한 민법의 규정은 거의 적용될 여지가 없고, 다만 人的 會社인 合名會社와 合資會社는 組合性이 농후하므로 그 내부관계에 대하여는 민법의 조합에 관한 규정이 준용된다(제195조, 제269조).

이와 같이 회사법은 공동기업에 관한 일반법이기 때문에 특수한 기업의 규제를 위해서는 특별법(예컨대, 은행법, 보험업법, 자본시장법 등)을 제정하는 수밖에 없다.

3. 會社法의 特性

i) 회사법은 회사라는 단체에 관한 법이므로 개인법에서 찾아볼 수 없는 多數決의 原理·社員平等의 原則 등 단체법 원리가 지배한다(단체법적 성질).

ii) 회사법은 기업활동을 중심으로 이루어지는 거래관계를 원만하게 규제하여야 하므로, 外觀主義 · 公示主義 등 거래법상의 원리가 작용하고, 한편 법률관계의 처리에 있어서 획일성 · 확실성의 요청이 강화되고 있다(거래법적 성질).

iii) 회사는 영리단체이기는 하나 이해관계인이 많고 국민경제에 미치는 영향도 지대하므로 법의 후견적 작용이 절실하게 요구된다. 따라서 강행법으로 엄격한 규제를 하고 있다(강행법적 성질).

제2절 會社의 意義와 種類

I. 會社의 意義

회사란 상행위 기타 영리를 목적으로 하는 사단법인을 말한다(제169조, 제171조).

1. 社 團 性

'社團'(Verein, Körperschaft, universitas)이란 '組合'(Gesellschaft, societas)에 대한 개념이며, 두 가지 경우의 의미가 있다. 즉, ① 단체의 실질적 성질에 의하여 구별하는 경우에는, 사단이란 단체와 그 구성원과의 관계에 있어서 구성원의 個性이 희박한 단체이고, 조합이란 그것이 농후한 단체를 의미하게 되며, ② 단체의 형식적 성질에 의하여 구별하는 경우에는, 사단이란 그 구성원이 단체와 구성원 간의 사원관계에 의해서 단체를 통하여 간접적으로 결합하는 단체이고, 조합이란 구성원이 상호간의 계약관계에 의해서 직접적으로 결합하는 단체를 의미하게 된다. 이상 두 가지 경우의 사단과 조합의 개념은 서로 관련을 갖지만, 반드시 일치하는 것은 아니며 전혀 별개의 개념들인데, 보통은 구성원의 개성이 농후하고 구성원이 계약관계에 의하여 결합하는 단체를 조합이라 하고, 구성원의 개성이 희박하여 구성원이 사원관계에 의하여 결합하는 단체를 사단이라고 한다.

회사를 사단이라고 할 때의 사단은 형식적 의미의 사단(구성원의 법적 결합형식으로서의 사단)을 말한다. 왜냐하면 인적 회사가 실질적으로는 조합인데도 불구하고 사단이라고 하는 것은 사원의 결합형식을 사원관계로 함으로써 사단이라는 법적 형식을 갖추었다는 것을 의미하는 것이기 때문이다.

회사는 사단이므로(제169조), 회사의 사원은 2인 이상이어야 한다. 복수사원의 존재는 회사의 성립요건일 뿐만 아니라 존속요건이기도 하다(제227조 제3호, 제269조, 제543조 제1항). 다만 주식회사와 유한회사에 있어서는 발기인이나 사원의 수에 제한이 없어서(제288조) 성립시는 물론, 성립후에도 一人會社(one man company, Einmanngesellschaft, société unipersonnelle, société á main unique)가 존재할 수 있다(제517조 제1호, 제609조 제1항 제1호, 제227조 제3호 참조).

1인회사란 그 구성원이 1인뿐인 회사를 말하는데, 종래 주식회사의 경우 1인회사는 회사의 본질인 사단성에 반하고, 지배에 따르는 責任分擔의 原則에 위배되며, 유한책임의 개인회사를 인정하는 것과 같은 결과가 되기 때문에 1인회사의 존속을 부정하는 견해도 있었으나, 현재는 미국, 영국, 독일, 일본, 프랑스 등의 예에 따라 상법이 발기인의 수를 제한하지 아니함으로써 간접적으로 이를 인정한다. 그러나 합명회사와 합자회사의 경우에는 여전히 2인 이상의 사원이 필요하므로, 1인회사는 인정되지 아니한다(제178조, 제269조).

1인회사를 인정하는 근거는 ① 주식회사에서 주주의 수가 1人으로 감소되어도 해산사유가 되지 않는 점(제517조 참조), ② 주식회사의 기초는 인적 구성요소에 있다기보다는 오히려 회사의 재산에 있으므로, 회사의 재산이 유지되는 한 회사의 존재를 인정하여도 채권자 등의 보호에 지장이 없다는 점, ③ 주식의 양도가 자유로우므로 언제든지 사원이 복수로 회복될 가능성이 있다는 점, ④ 1인회사는 금지하더라도 실익이 없고, 형식은 1인회사가 아니면서도 실질적으로 1인회사를 운영할 수 있다는 점, ⑤ 1인회사를 인정하는 것이 상법의 이념의 하나인 企業維持의 精神에도 합치한다는 점 등이다.[1]

一人株主만의 주주총회(다만 의사록은 작성하여야 한다)도 인정되며,[2] 1인주주 자신이 1인회사의 이사 또는 감사로서의 책임을 면제할 수도 있다(제400조, 제

1) 李泰魯・李哲松(會) 41면; 鄭東潤(會) 13면; 崔基元(會) 49면.

2) 大判 1966. 9. 20, 66 다 1187; 同 1968. 2. 20, 67 다 1979, 1980; 同 1976. 4. 13, 74 다 1755; 同 1976. 5. 11, 73 다 52; 同 1992. 6. 23, 91 다 19500.

415조). 그러나 1인주주 겸 代表理事의 自己去來는 이사회의 승인이 없는 한 회사와 이사 간에는 무효이다.[1] 원래 이사의 자기거래는 이사회의 결의를 그 요건으로 할 뿐만 아니라, 이사와 회사의 자기거래를 제한하는 취지가 주주를 보호한다는 목적 외에도 회사의 자본을 충실히 하여 회사채권자를 위한 담보를 확보하는 것에도 있기 때문이다. 한편 판례에 의하면 1인주주가 주주총회의 특별결의 없이 회사의 영업재산을 양도한 것은 背任罪가 성립된다고 한다.[2] 그리고 정관의 규정으로 주식의 양도를 이사회의 승인을 받도록 되어 있더라도(제335조 제1항 단서) 1인회사의 경우 다른 주주가 없기 때문에 1인주주가 그 소유주식을 양도하는 때에는 이사회의 승인이 필요없다.

1인회사의 경우에는 그 法人格은 形骸에 불과한 경우가 많을 것이므로 法人格否認論(後述)을 적용할 소지가 많을 것이다.

2. 法 人 性

회사의 사단성을 인정하면 대체로 법인격을 부여하게 된다. 법인격을 부여하는 것은 그 단체가 활동하는 데 있어서 그 구성원이나 업무담당자의 다수성 및 변동성에 구애받지 않고 단일개체로서 영속성을 유지하고, 회사에 대한 권리의무의 귀속을 명확히 함으로써 거래관계의 간명화를 도모하려는 법적 기술에 불과한 것이기 때문이다. 따라서 회사는 스스로 법률행위를 할 수 있으며, 소송관계에 있어서도 당사자능력을 갖게 된다.

그 단체가 형식적 의미의 사단이냐 조합이냐 하는 문제는 구성원의 결합방식의 문제인데 대해서, 그 단체가 법인이냐 비법인이냐 하는 문제는 權利義務의 歸屬方式의 문제이다. 따라서 모든 회사를 형식적 의미의 사단으로 한 이상 법인격을 부여하는 것은 상관없고, 법인격을 부여하면 그 법률관계의 처리는 그만큼 간명하게 된다. 이에 반해서 형식적 의미의 조합에 있어서는 법률관계가 구성원 상호간에 직접적 · 개별적으로 처리되기 때문에 법인격을 인정한다는 것은

---

1) 李泰魯 · 李哲松 43면; 李基秀 109면; 蔡利植 376면. 그러나 반대설에 의하면 1인회사의 경우에는 이사와 회사 간에 이해가 충돌할 염려가 없으므로 이사회의 결의가 필요없다고 한다. 崔基元(會) 53면; 鄭東潤(會) 17면; 姜渭斗(會) 32면.

2) 大判 1983. 12. 13, 82 도 2330.

불가능하며, 그 개념상 모순이다. 결국 실질적 의미의 조합이지만 사단의 형식을 취한 합명회사·합자회사와 형식적 의미에서나 실질적 의미에서나 사단인 주식회사·유한회사에만 법인격을 부여할 수 있게 된다.

입법에 따라서는(예컨대, 독일·영미법) 우리 나라의 합명회사나 합자회사에 해당하는 회사에는 법인격을 부여하지 않기도 하나, 우리 상법은(프랑스나 일본과 같이) 모든 회사를 법인으로 하였다(제171조 제1항). 따라서 상법상 모든 會社는 (법정의 절차를 밟아) 본점소재지에서 설립등기를 하면 법인격을 취득하고(제172조), 일반적인 권리능력을 가지며, 원칙적으로 민법의 법인에 관한 규정(民 제31조 내지 97조)이 회사에도 적용된다. 설립등기 전 어느 정도 회사의 실체가 형성된 미완성의 회사를 설립 중의 회사라고 한다(후술). 그리고 법인격의 소멸은 청산절차가 종료된 때이다.

회사는 활동의 기초로서 기관을 필요로 하며(제200조, 제207조, 제273조, 제361조 이하, 제561조), 상호와 주소를 가지는데, 회사의 상호는 그 종류에 따라 합명회사·합자회사·주식회사 또는 유한회사라는 문자를 사용하여야 하며(제19조), 주소는 본점소재지에 있는 것으로 한다(제171조 제2항).

상법상 모든 회사가 법인이기는 하나 그 법인격이 악용되는 경우에는 구체적인 법의 적용과정에서 법인격을 부인하는 경우가 있는데, 이에 대한 논의를 법인격부인론이라고 한다.[1]

≪法人格否認論≫

(가) 意 義

법인격부인론이란 회사의 법인격이 본래의 법이 의도한 목적과는 달리 남용되는 경우에 회사의 특정한 법률관계에 한하여 그 법인격을 부인하고 그 법인의 배후에 있는 실체를 기준으로 하여 법률적인 취급을 하려는 이론이다.

(나) 法人格否認論의 發展

법인격부인의 법리(the doctrine of the disregard of the corporate entity, piercing the corporate veil)는 주로 영·미의 판례법과 독일의 實體

---

1) 江頭憲治郎, ≪會社法人格否認の法理≫, 東京大出版會, 1980; 李泰熙, "法人格否認論의 現代的 動向", ≪저스티스≫, 제7권, 1984; 鄭燦亨, "法人格否認論", 威廷李在徹博士華甲紀念論文集, ≪現代民商法의 硏究≫, 1984; 高平錫, "法人格否認論의 否認", 孫珠瓚博士華甲紀念論文集, ≪商事法의 現代的 課題≫, 1984 참조.

把握論(Durchgriffslehre)에서 발전된 것이다. 원래 회사의 법인격이 남용되는 경우에는 회사설립요건을 강화한다든지 설립무효·취소 등의 입법조치와 회사의 解散命令·解散判決 등 行政的 또는 司法的 措置로서 그 예방과 시정이 가능한 것이지만, 이들 조치는 법인격을 전면적으로 박탈하는 것인데 대하여 법인격부인론은 법인격의 유지를 전제로 하면서 특정한 법률관계에 한하여 이론적으로 그 법인격을 부인하려는 것이다.

(다) 法理의 根據

법인격부인의 법리의 근거는 법이 회사에게 법인격을 부여한 근본취지에 반하여 반사회적 또는 비도덕적으로 악용될 경우 이를 제한하여야 한다는 정책적 이유와 權利濫用의 禁止에 관한 民法 제2조 제2항의 실체법상의 근거를 들 수 있다.

(라) 法理適用의 要件

법인격부인의 법리의 적용요건은 명확하지는 않으나, 우선 기본적 요건으로서 法人格의 形骸化 및 法人格의 濫用을 드는 것이 보통이다. 일본에서도 법인격이 전혀 형해에 불과하거나 남용되는 때에는 법인격은 부인되어야 한다는 최고재판소 판례가[1] 나온 것을 계기로 이 이론이 채택되고 있다. 우리 나라에서도 1974년에 법인격부인의 법리를 적용한 서울고등법원의 판결이 있었고, 대법원은 이를 파기환송한 바 있으나,[2] 근래에는 대법원도 신의칙을 근거로 이를 인정하고 있다.[3]

한편 보충적 요건으로서 회사의 해산명령과 해산판결, 회사설립취소의 판결, 기관의 책임추궁 등 기존의 제도나 법률해석론으로서는 부당하게 피해를 입은 자를 도저히 구제할 수 없어야 한다. 법인격부인론은 어디까지나 일반론이기 때문에 그 적용에 있어서는 매우 신중을 기하지 않으면 아니된다. 그렇지 않으면 법적 안정성이 깨뜨려질 우려가 크기 때문이다.

(마) 適用範圍

법인격부인론은 주로 계약관계에 적용된다.

한편 법인격부인론은 거래의 안전과 관계없는 회사의 不法行爲責任에 관하여는 적용되지 않는다는 견해가 있다. 회사를 대표하는 사원(이사)이 그 업무를 집행함에 있어 불법행위를 한 때에는 그것이 곧 회사의 불법행위가 되고, 이 때는 그 행위자도 연대책임을 져야 하므로(제210조, 제269조, 제389조 제3항, 제567조) 법인격부인론이 적용될 여지도 없다고 한다. 또한

1) 1969. 2. 27, 民集 23卷 2號, 211면 이하 참조.
2) 서울高判 1974. 5. 8, 72 나 2582; 大判 1977. 9. 13, 74 다 954.
3) 大判 1988. 11. 22, 87 다카 1671; 大判 1989. 9. 12, 89 다카 678. 이외에 下級審判例로는 서울民地判 1984. 7. 6, 84 가합 72가 있다.

법인격부인론의 법적 근거를 신의칙에서 구하는데, 불법행위에는 상대방의 신의라는 것이 있을 수 없다는 것이 그 이유이다.

생각건대 법인격부인론은 불법행위에도 적용될 수 있다고 본다.[1] 법인격부인론이 상대방의 신뢰를 보호하기 위한 이론이라는 점과 불법행위시에는 회사 또는 그 대표기관의 책임을 물으면 된다는 점만을 고려하면 불법행위에의 적용을 부정할 수 있다. 그러나 법인격부인론은 단순히 거래행위에서 상대방의 선의만을 보호하기보다는 법인격이 남용된 경우에 형평의 관념에서 구체적으로 타당한 결론을 얻고자 하는 것이라는 점에서 불법행위책임에 있어서도 법인격부인론의 적용을 긍정하여야 한다. 법인격이 남용되는 경우에 형평의 관념에서 구체적으로 타당한 결론을 얻을 필요성은 불법행위의 경우에도 꼭 같다. 미국에서는 불법행위에 대하여도 광범위하게 적용하고 있다. 그러나 이 이론을 적용하더라도 우리 나라와 같은 성문법국가에서는 성문법적 기본질서와 예측가능성이라는 측면에서 종래의 이론으로 해결할 수 없는 예외적인 경우에만 그 적용을 인정하여야 할 것이다.

(바) 法人格否認의 效果

법인격부인의 이론이 적용된다고 하더라도 문제된 회사의 법인격이 전면적으로 소멸되는 것은 아니다. 다만 특정사안에 한정하여, 채권자는 사원(주주) 등 회사의 實質的 支配者에 대하여 회사의 채무에 대한 책임을 물을 수 있고, 법인격의 부인으로 인한 일정한 법률효과의 발생을 주장할 수 있다.[2] 그러나 회사의 책임이 소멸하지는 않는다.

3. 營利性

회사는 영리를 목적으로 설립한 것이므로(제169조) 영리법인이다. 영리성의 개념에 관하여는 두 가지의 학설이 있다. 첫째는 營利事業說인데, 이 학설에 의하면 영리를 목적으로 한다는 것은 영리사업을 회사사업으로 한다는 것을 뜻한다.[3] 둘째는 利益分配說인데, 이 학설에 의하면 영리를 목적으로 한다는 것은 회사가 영리사업을 하여 이익을 얻는 것만으로는 불충분하고, 회사가 영리사업

1) 李泰魯·李哲松(會) 402면; 鄭熙喆·鄭燦亨(上) 402면.
2) 예컨대, 회사의 지배사원이 회사에 금전대여를 한 경우 회사의 다른 채권자는 그 사원의 대여가 실질상의 출자임을 이유로 자기의 채권의 우선변제를 요구할 수도 있을 것이다.
3) 靑木徹二, ≪會社法論≫, 1909, 52면.

을 경영하여 얻은 이익을 사원에게 분배하는 것을 말한다고 한다. 이익분배설이 우리 나라의 통설이다. 이익분배의 방법은 이익배당이든 잔여재산분배이든 상관없다. 따라서 단체의 활동에 의하여 직접 구성원의 경제적 이익을 도모하는 協同組合·相互保險會社 등은 회사가 아니며, 국가·공공단체 기타의 공익법인이 영리사업을 하는 경우 상인성은 인정하더라도 구성원에게 이익을 분배하기 위한 것이 아니므로 회사가 될 수는 없다.

회사는 영리를 추구하는 한 상행위를 하든 상행위 이외의 영리행위를 하든 상관없으며, 또 정관에 영리사업을 내어 건 이상 영리사업에 부수하여 비영리사업을 겸하는 것도 상관이 없다. 그러나 비영리사업만을 목적으로 하는 회사도 존재할 수 있는가에 관하여는 다툼이 있다.[1] 영리성은 회사의 본질에 관한 문제이므로 비영리사업만을 목적으로 하는 회사는 회사가 될 수 없다고 본다. 다만 어떤 회사가 비영리사업을 목적으로 하는가 아닌가의 여부는 정관의 정함으로 판단할 것이 아니고 구체적·실질적으로 판단하여 결정하여야 한다고 본다.

Ⅱ. 會社의 種類와 特色

회사의 종류는 그 분류기준에 따라 상법전상의 분류, 학설상의 분류, 목적에 의한 분류, 법원상의 분류, 준거법상의 분류, 경제상의 분류 등으로 나눌 수 있다.

1. 商法典上의 分類

상법전은 회사를 그 신용의 기초인 사원의 책임의 형태, 즉 直接責任이냐 間接責任이냐, 無限責任이냐 有限責任이냐에 따라 합명회사·합자회사·주식회사 및 유한회사의 4종으로 분류·한정하고 있다(제170조). 회사법상 책임이란 용어는 협의로도 쓰고(예컨대, 제212조) 광의로도 쓰는데(예컨대, 제331조), 협의의 책임이란 제3자에 대한 회사채무를 전제로 하여 사원이 그것을 변제할 채무를 부

1) 肯定說: 徐燉珏(上) 268면; 鄭東潤(會) 10면. 否定說: 鄭熙喆·鄭燦亨(上) 394면.

담하는 것을 말하며, 광의의 책임이란 사원의 자격에서 회사에 대하여 부담하는 출자의무를 포함한 出捐義務를 의미한다. 또 책임은 의무자가 전재산으로써 채무를 이행하는가 특정물로써 이행하는가에 따라 人的 責任 또는 物的 責任으로 구별하기도 하나, 상법상 모든 책임은 인적 책임이다.

(1) 合名會社

합명회사(offene Handelsgesellschaft, partnership, société en nom collectif)란 회사의 재산으로써 회사채무를 완제할 수 없는 경우에 회사채권자에 대하여 直接·連帶·無限의 변제책임을 지는 無限責任社員(제212조)만으로 구성된 회사를 말한다. 사원은 원칙적으로 업무집행 및 회사대표의 권한(제200조, 제207조)을 갖고, 그 지분의 양도에는 전사원의 동의를 필요로 한다(제197조). 조합적 색채가 농후하기 때문에 인적 신뢰관계를 바탕으로 한 소수인의 공동기업에 적합한 회사이다.

(2) 合資會社

합자회사(Kommanditgesellschaft, limited partnership, société en commandite)란 無限責任社員과 有限責任社員으로 구성된 會社를 말한다. 무한책임사원은 합명회사의 사원과 같고(제269조, 제212조), 유한책임사원은 회사채권자에 대하여 直接·連帶責任을 지나 정관으로 정한 출자액의 한도 내에서 책임을 진다(제279조). 유한책임사원은 업무집행권은 없으나(제278조), 監視權은 있으며(제277조), 그 지분의 이전도 무한책임사원의 동의만 있으면 되므로 무한책임사원에 비하여 자유롭다(제276조, 제282조, 제283조).

(3) 株式會社

주식회사(Aktiengesellschaft, corporation, société anonyme)란 자기가 인수한 주식의 금액을 한도로 회사에 대하여 출자의무를 질 뿐 회사채권자에 대하여는 전혀 책임을 지지 않는 (間接有限責任)사원, 즉 주주만으로 구성된 회사를 말한다(제295조, 제303조, 제331조). 주주는 주주총회를 통하여 기본적 사항의 결정에 참여할 뿐이고(제361조), 업무집행과 회사대표는 이사회와 대표이사가 하며(제382조 이하), 주주의 지위인 주식도 유가증권화하여 그 양도가 극히 자유롭다(제335조 제1항). 사원의 개성이 전혀 문제되지 않는 전형적인 자본단체이므로 대기업에 적합한 회사이다.

(4) 有限會社

유한회사(Gesellschaft mit beschränkter Haftung, private company, société á responsabilité limitée)란 균등액의 출자로써 성립하는 자본에 대한 출자의무를 부담할 뿐 회사채권자에 대하여는 아무런 책임을 지지 아니하는 사원만으로 구성된 회사이다. 유한회사 사원의 책임은 間接有限責任이란 점에서는 주주의 책임과 같으나(제553조), 특정한 경우에 자본에 대한 塡補責任을 지는 점이 다르다(제550조, 제551조, 제593조). 유한회사는 소규모의 폐쇄적인 회사이므로, 그 기관구성이 간소화되고, 사원의 수도 원칙적으로 50인을 초과하지 못하며(제545조 제1항), 持分의 證券化도 인정되지 않으며(제555조), 지분의 양도에도 사원총회의 특별결의를 필요로 한다(제556조). 따라서 중소기업에 적합한 회사이다.

2. 學說上의 分類

(1) 人的 會社와 物的 會社

인적 회사와 물적 회사를 분류하는 기준은 社員의 個性과 會社企業과의 관계의 疎密에 있다고 할 수 있다. 인적 회사(Personengesellschaft, société de personnes)는 사원의 결합관계가 인적 결합이어서 사원의 개성이 농후하므로, 대내적으로는 사원의 지위의 양도가 곤란하고, 모든 사원이 업무집행에 관여하며, 대외적으로는 회사채권자에 대하여 책임을 진다. 그러나 물적 회사(Kapitalgesellschaft, société de capitaux)는 사원의 결합관계가 자본적 결합이어서 사원의 개성도 극히 희박하므로, 대내적으로는 사원의 지위의 양도가 극히 자유롭고, 사원자격과 기관자격은 분리되며, 대외적으로도 회사재산만이 회사채권자의 유일한 담보가 된다.

상법상의 회사를 분류하여 보면, 합명회사는 인적 회사의 전형이며, 주식회사는 물적 회사의 전형이다. 그리고 합자회사는 양자의 요소를 기계적으로 결합한 중간형태로서 인적 회사의 성격이 농후하고, 유한회사는 양자의 요소를 유기적으로 융합한 중간형태로서 물적 회사의 성격이 농후하다.

≪人的 會社와 物的 會社의 差異≫

인적 회사와 물적 회사의 차이를 몇 가지 열거하면 다음과 같다.

(i) **適用法規의 性質**: 인적 회사의 내부관계에 관한 상법의 규정은 任意法規이고 외부관계에 관한 규정은 强行規定인데 비하여, 물적 회사에 관한 규정은 모두 강행규정이다.

(ii) **出資 및 資本**: 인적 회사의 사원은 금전, 기타의 재산, 노무, 신용출자가 모두 가능하나, 물적 회사의 사원은 勞務·信用出資는 할 수 없다. 물적 회사에는 최저자본이 법정되어 있다.

(iii) **社員의 責任과 地位의 讓渡**: 인적 회사의 사원은 수가 적고 각자가 직접·연대·무한책임을 지며 지위의 양도에 제한이 있으나, 물적 회사의 사원은 대개 수가 많고 간접·유한책임을 지며, 지위의 양도가 비교적 자유롭다.

(iv) **會社의 運營**: 인적 회사에서는 소유와 경영이 일치하여 사원이 직접 경영에 참가하고 회사의 의사결정은 사원전원의 일치를 원칙으로 하며 회사재산의 독립성도 약하나, 물적 회사에서는 소유와 경영이 분리되어 회사는 제3자기관에 의하여 운영되고 의사결정은 다수결이 원칙이며 회사재산의 독립성이 강하다.

(v) **會社의 消滅 등**: 인적 회사에서는 회사설립취소의 소가 인정되고, 사원이 1인으로 된 때 해산사유가 되며, 사원의 퇴사·제명제도가 인정되고, 회사의 임의청산도 가능하다. 물적 회사에서는 1인회사가 인정되고(주식회사 및 유한회사), 법정청산만이 가능하며, 회사의 정리제도가 인정된다.

(2) 個人主義的 會社와 團體主義的 會社

개인주의적 회사와 단체주의적 회사를 분류하는 기준은 회사의 기업경영과 기업소유가 동일인에게 속하는가 않는가를 기준으로 한 것이다. 즉, 개인주의적 회사(individualistische Gesellschaft)는 사원 자신이 원칙적으로 업무집행을 하는 회사이고, 단체주의적 회사(kollektivistische Gesellschaft)는 사원이 당연히 업무집행을 하는 것이 아니라 제3자기관에 의하여 행해지는 회사이다. 대체로 인적 회사와 물적 회사의 분류와 일치하지만, 의용상법상의 주식합자회사는 물적 회사이면서 개인주의적 회사이다.

3. 目的에 의한 分類(民事會社와 商事會社)

상행위를 함을 목적으로 하는 회사를 상사회사, 상행위 이외의 영리행위를 함을 목적으로 하는 회사를 민사회사라 한다. 그러나 상법은 회사를 “상행위 기타 영리를 목적으로 하여 설립한 사단”이라고 밝혀(제169조), 법문상 구별하지 않고, 다만 총칙과 상행위편에서 擬制商人(제5조 제2항)과 準商行爲(제66조)란 개념을 인정한 데 불과하므로 이를 구별하는 법적 실익은 없다.

4. 法源上의 分類

상법에 의하여 설립된 회사를 ‘일반법상의 회사’, 상사특별법에 의하여 설립된 회사를 ‘특별법상의 회사’라 하는데, 이 분류는 법규적용의 순위를 결정하는 데 실익이 있을 뿐이다.

특별법상의 회사는, 다시 일반특별법상의 회사(은행, 금융투자회사, 보험회사 등)와 특정특별법상의 회사(한국전력주식회사, 대한석탄공사, 한국산업은행)와 같이 그 회사의 설립을 위하여 특별법이 제정된 이른바 특수회사로 분류할 수 있다.

5. 準據法上의 分類(內國會社와 外國會社)

한국법에 의하여 설립된 회사를 내국회사, 외국법에 의하여 설립된 회사를 외국회사라 한다. 외국회사는 상법상의 회사는 아니지만 국가적 감독의 필요에서 특별규정을 두고 있다.

6. 經濟上의 分類

(1) 支配會社와 從屬會社

어느 회사가 다른 회사에 대하여 자본참가(주식 또는 지분의 보유) 또는 계약·

임원파견 등에 의하여 지배하는 경우 전자를 支配會社 또는 母會社(親會社)(herrschende Gesellschaft oder Muttergesellschaft, parent corporation, société mére)라 하고, 후자를 從屬會社 또는 子會社(abhängige Gesellschaft oder Tochtergesellschaft, subsidiary corporation, société filiale)라 한다.

상법에 의하면 어느 회사가 다른 회사의 발행주식총수의 100분의 40을 초과하는 주식을 가지는 경우에 전자를 모회사, 후자를 자회사로 하고, 또 모회사와 자회사 쌍방이 가지는 주식의 합계나 자회사가 단독으로 가지는 주식의 수가 다른 회사의 발행주식총수의 100분의 40을 초과하는 경우, 그 다른 회사도 모회사의 자회사로 보도록 되어 있다(제342조의 2). 그리고 상법상 자회사는 원칙적으로 모회사의 주식을 취득하지 못하나(제342조의 2 제1항 본문), ① 회사의 합병 또는 다른 회사의 영업전부의 양수로 인한 때, ② 회사의 권리를 실행함에 있어 그 목적을 달성하기 위하여 필요한 때에는 모회사의 주식을 취득할 수 있다(제342조의 2 제1항 제1호·제2호).

한편 주식회사의 외부감사에 관한 법률 제1조의 2 제2호는 회사의 지배·종속의 관계에 관하여 별도로 규정하고 있다. 즉, 동법 시행령 제1조의 3 제1항은 주식회사가 당해 사업연도말 현재 다른 주식회사의 무의결권주식을 제외한 발행주식총수의, ① 100분의 50을 초과하여 소유한 경우 또는, ② 100분의 30을 초과하여 소유하면서 당해 다른 주식회사의 최대주주인 경우 또는, ③ 위 ①과 ②의 경우에 해당하는 지배회사와 종속회사(종속회사의 종속회사를 포함한다)가 합하거나, 종속회사와 종속회사가 합하여 다른 주식회사의 발행주식총수의 100분의 30을 초과하여 소유하면서 당해 다른 주식회사의 최대주주인 경우, 그 주식회사를 '지배회사'라 하고, 그 다른 주식회사를 '종속회사'라고 한다.

(2) 上場會社와 非上場會社

회사가 발행한 주식이 한국거래소에 상장되어 그 곳에서 매매되고 있는 회사를 상장회사 또는 상장법인이라 하고(資金 제9조 제15항 제1호, 法人稅法 제22조 제2항), 그렇지 아니한 회사를 비상장회사 또는 비상장법인이라고 한다(資金 제9조 제15항 제2호).

(3) 內資會社·外資會社·合作會社·多國籍會社

회사의 구성자본이 내국자본인 회사를 내자회사, 외국자본인 회사를 외자회사라고 하고, 내국자본과 외국자본이 합쳐진 회사를 合作會社 또는 合作投資會社(joint venture corporation)라고 한다. 多國籍會社(multinationale Unternehmen, multinational or transnational corporation, société multinationale ou transnationale)란 동일한 자본이 많은 나라에서 동종영업을 위하여 별개의 회사를 설립하고, 그 회사들이 상호 관련을 갖는 경우를 말한다.

(4) 特殊關係者 · 關聯會社 · 系列會社 · 持株會社

기업회계기준에서는 지배 · 종속관계에 있는 회사, 중대한 영향력을 행사할 수 있는 피투자회사 등을 "특수관계자"라고 지칭하고 있다(基準 제9조 제2호).

한편 系列會社란 독점규제 및 공정거래에 관한 법률상의 개념으로서, "2 이상의 회사가 동일한 기업집단에 속하는 경우에 이들 회사는 서로 상대방의 계열회사"라 한다(獨規 제2조 제3호).

그리고 持株會社란 독점규제 및 공정거래에 관한 법률상의 개념으로서, 주식의 소유를 통하여 국내회사의 사업내용을 지배하는 것을 주된 사업으로 하는 회사로서 자산총액이 일정금액 이상인 회사를 말한다(獨規 제2조 제1의 2호). 지주회사를 설립하고자 하거나 지주회사로 전환하고자 하는 자는 공정거래위원회에 신고하여야 한다(獨規 제8조).

7. 그 밖의 分類

회사의 사원이 모두 소수의 가족인 회사를 閉鎖會社 또는 家族會社라고 한다.

제3절 會社의 能力

I. 會社의 權利能力

회사는 모두 법인(juristische Person)이므로(제171조 제1항), 일반적 권리능력(Rechtsfähigkeit)이 있는 것은 물론이다. 그러나 사단법인인 회사는 자연인과는 다른 존재이므로 회사가 현실적으로 향유할 수 있는 개별적인 권리능력에는 다음과 같은 제한이 따르기 마련이다.

1. 法律에 의한 制限

회사의 법인격은 법률이 부여한 것이므로 회사의 권리능력이 법률에 의하여 제한되는 것은 당연한 일이다. 상법상 회사는 다른 회사의 無限責任社員이 되지 못하는데(제173조), 이것은 회사가 다른 회사의 사업경영의 결과에 대해서 무한책임을 지게 되면 회사존립의 기초(회사의 독립성)를 위태롭게 한다는 점과 법인은 그 성질상 직접 경영에 참여할 수 있는 자연인의 요소를 갖고 있지 못하다는 점을 고려하여 입법정책적으로 제한하는 것이나, 입법론적으로는 의문의 여지가 있다. 왜냐하면 법인도 법인자체의 재산으로서 무한책임을 질 수 있고, 법인의 기관이 타법인의 경영에 참여할 수 있을 뿐만 아니라, 오늘날 경제적으로도 대회사가 그 설립절차가 간단한 인적 회사를 설립할 수 있도록 하는 것이 바람직하기 때문이다.

회사는 민법상의 조합원이 될 수는 있다. 공익사업회사에 대하여는 특별법상 권리능력이 제한되는 경우가 있다(銀行 제27조, 保業 제10조·제11조, 資金 제40조 및 제41조). 이들 특별법상의 권리능력 제한규정이 團束法規인가 效力法規인가 학설이 나뉘어지지만 단속법규로 본다.[1)] 즉, 이들 규정은 특별법상 행정적 목적

1) 단속법규라는 학설: 鄭東潤(會) 46면; 鄭熙喆·鄭燦亨(上) 413면; 李泰魯·李哲松

에 따른 단속법규로서 그 위반의 경우 사법상의 거래에는 영향이 없다고 본다.

2. 性質에 의한 制限

회사는 자연인과는 달라서 성·연령·생명·신체·친족관계 등을 전제로 하는 권리는 가질 수 없다. 그러나 회사라도 遣贈을 받는다든가 명예권·상호권·신용권과 같은 인격권·사원권·대리권 같은 것은 가질 수 있다. 일반적으로 법인이 발기인·유한책임사원·주주 등이 되는 것은 인정하나 支配人은 될 수 없다고 본다. 그리고 업무집행을 담당하지 않는 理事·監事가 될 수 있다는 견해도 있으나,[1] 이들의 업무는 자연인으로서의 경험과 개성이 중요시되는 것이기 때문에, 법인은 이사·감사·검사인·청산인이 될 수 없다고 본다.[2]

3. 目的에 의한 制限

(1) 目的에 의한 制限의 認定與否

회사는 정관에 기재한 목적의 범위 내에서만 권리·의무의 주체가 될 수 있는가, 즉 회사의 권리능력의 범위가 회사의 定款所定의 目的에 의하여 제한을 받는가 하는 문제에 대해서는 학설이 나누어지고 있다.

(가) 制 限 說

회사의 권리능력을 정관 소정의 목적범위 내로 제한하는 제한설의 근거를 들어 보면, ① 민법 제34조의 규정은 법인 일반의 성질에 따른 원칙을 밝혀 놓은 것이므로, 이러한 일반원칙은 회사에도 당연히 유추적용되어야 하고, ② 회사는 목적단체로서 그 목적범위 내에서만 존립할 수 있다고 하는 것이 법인의 본질상 당연하다는 점, ③ 회사의 목적은 정관에 기재하고 등기되어 제3자는 원칙적으로 악의가 의제되기 때문에 회사의 사업목적을 확인하지 못한 제3자가 불이익을 입는 일이 있더라도 부득이하다는 점, ④ 회사의 사업목적을 믿고 투자한

(會) 69면. 효력규정으로 보는 학설: 崔基元(會) 80면.

1) 孫珠瓚(上) 455면; 鄭東潤(會) 46면; 鄭熙喆·鄭燦亨(上) 413면.

2) 同旨: 李泰魯·李哲松(會) 68면; 崔基元(會) 78면; 鄭熙喆·鄭燦亨(上) 413면.

사원 또는 제3자의 기대이익을 보호해 주어야 한다는 점 등이다.

그러나 그 '目的의 範圍'란 무엇이냐에 관하여는 판례와 학설이 점차 확장해석을 하여 왔다. 즉, 처음에 일본의 판례는 목적 그 자체(예컨대, 창고업자의 임치물 보관행위)만에 국한하였으나, 이것이 점차 변하여 '회사의 목적인 사업에 속하는 행위 및 그 사업을 수행하는데 필요한 행위'로[1] 확장하고, 다만 그 행위가 목적범위 내의 행위냐의 판단은 회사 기관의 主觀的 意思에 따를 것이 아니고 그 행위의 객관적인 성질에 따라야 한다고 하여 목적의 범위를 크게 확대하였다. 그리고 일본의 다수학설도 회사의 목적을 달성하기 위해 '必要한 行爲'(예컨대, 어음발행, 자금차용), '상당 또는 유익한 행위'(예컨대, 조위금·기부금의 제공), 심지어는 '목적에 반하지 않는 한 일체의 행위'까지로 확장하여 왔다. 결국 목적의 범위를 극히 넓게 해석하여 실제로는 거의 모든 행위를 다 포함시키고 있다.

(나) 無制限說

최근에는 회사가 일단 법인격이 인정된 이상 널리 일반적으로 권리능력을 갖고 정관 소정의 목적에 의하여 능력이 제한되지 않는다는 무제한설이 일본에 있어서 뿐만 아니라 우리 나라에 있어서도 다수설이다.[2] 판례는 제한설을 취하면서도 목적범위를 매우 넓게 해석함으로써 사실상 무제한설과 결론을 같이 한다.[3]

그 이론적 근거로는, 대체로 ① 회사의 활동범위는 실제로는 매우 넓은 것인데 그 능력을 제한하면 제3자가 목적범위 내의 것인지 판단하기가 어렵고, 또 회사가 그것을 남용하여 책임을 면탈함으로써 거래의 안전을 해치게 된다는 점, ② 민법 제34조는 공익법인에 대하여 정책적으로 인정한 규칙으로서 영리법인인 회사에 유추적용할 것이 아니며, 또한 그 명문의 근거도 없다는 점 등을 들고 있다.

(다) 私 見

생각건대, 목적에 의한 능력제한을 인정한다면 남용의 위험도 있고 거래의 안전을 해칠 우려도 있으므로 無制限說이 타당하다고 본다. 그러나 정관 소정의 목적은 회사기관의 권한을 내부적으로 제한하는 기능을 하므로 폐지될 수는 없는 것이며, 정관소정의 목적을 위반한 기관의 행위로 인하여 사원이 입는 손해가 있다면(豫定的 期待利益의 侵害) 그 구제책으로서 기관의 책임을 추궁할 수 있

1) 大判 1991. 11. 22, 91 다 8821.

2) 徐燉珏(上) 275면; 孫珠瓚(上) 456면; 李泰魯·李哲松(會) 76면; 鄭東潤(會) 48면; 崔基元(會) 90면.

3) 大判 1975. 12. 23, 75 다 1479; 大判 1987. 9. 8, 86 다카 1349; 大判 1988. 1. 19, 86 다카 1384.

을 것이니, 예컨대 違法行爲留止請求(제402조), 損害賠償請求(제399조, 제567조), 代表訴訟(제404조) 및 社員·理事의 權限喪失·除名의 解任請求(제205조, 제220조, 제269조, 제385조 제2항, 제567조) 등의 조치를 취할 수 있다.

비교법적으로도, 대륙법계에서는 대개 회사의 권리능력을 제한하지 않고 있으며, 영미법에서도 종래 '能力外理論'(ultra vires doctrine)에 의해 목적 외의 행위의 효력을 부인하던 것을 차차 완화하여 최근에는 능력외이론을 사실상 폐지하고 있다는 점도 주목할 만한 것이다. 'Ultra vires'(beyond the power)란 회사의 목적 및 권한의 범위를 벗어난 행위를 말하는 것이며, 능력외이론이란 이러한 범위 외의 행위는 회사의 행위로서 인정할 수 없다는 이론으로서 영국에서는 19세기 후반에 형성된 것이다. 이것은 원래 회사가 사회로부터 광범위하게 자본을 모아 사용하는 데 대한 깊은 불신을 바탕으로, 가급적 회사의 규모와 활동을 회사의 목적범위 내로 제한하기 위하여 도입된 이론이다. 그러나 그 결과 ultra vires의 행위가 불법행위인 때에도 회사의 행위는 무효이기 때문에 책임이 없다는 몹시 불합리한 결과를 가져왔기 때문에 미국에서는 1915년 이후 능력외이론은 점차 완화 또는 폐지되고 있다. 영국에서도 다소 소극적이기는 하나 역시 완화 또는 폐지해 가는 추세이다. 그러나 우리 나라의 판례는 일관하여 제한설의 입장을 고수하고 있으므로 이하 제한설의 입장에서 설명하기로 한다.

(2) 制限의 內容

회사는 기관을 통해서 법률행위를 하므로 회사의 기관은 정관소정의 목적범위 내에서만 법률행위를 할 수 있다. 따라서 정관의 절대적 기재사항인 회사의 목적은(제289조 제1항 제1호) 회사의 권리능력을 정하는 표준이 되므로 업종을 확인할 수 있을 정도로 구체적이고 명확하여야 한다. 실제로는 기관의 어떤 행위가 목적범위 내인가 아닌가는 일반적·추상적으로 行爲의 客觀的 性質에 의하여 판단한다.

(3) 目的範圍外의 行爲의 效果

목적범위 외의 행위는 회사에 대하여 효력이 없다. 제3자가 회사에 대하여 목적범위 외의 행위임을 주장하는 것은 상관없으나 회사가 스스로 제3자에 대하여 목적범위 외의 행위로서 무효를 주장할 수는 없다고 본다.

Ⅱ. 會社의 意思能力·行爲能力

회사의 활동은 기관을 통해서 하므로 기관의 행위는 회사의 행위가 된다. 따라서 회사도 의사능력·행위능력이 인정된다. 회사와 기관의 관계를 대표관계라고 하는데, 이에 관하여는 특별한 규정이 없으므로 대리에 관한 규정이 유추적용된다.

Ⅲ. 會社의 不法行爲能力

회사의 불법행위능력에 관하여는 특별규정이 있다. 즉, 회사를 대표하는 사원(또는 이사)이 업무집행으로 인하여 타인에게 손해를 가한 때에는 회사는 그 社員과 連帶하여 배상책임을 진다(제210조, 제269조, 제389조 제3항, 제567조). 대표기관 이외의 회사의 사용인이 한 不法行爲에 관하여는 민법 제756조의 일반원칙에 의한 책임을 진다.

Ⅳ. 會社의 公法上의 能力

회사는 범죄능력은 인정되지 않으나[1] 소송법상의 당사자능력은 인정된다(民訴 제60조, 刑訴 제27조). 그리고 공법상의 권리·의무의 주체가 되는 경우가 있다(예컨대, 행정소송권, 상공회의소의 선거권, 납세의무 등).

---

1) 徐燉珏(上) 277면; 孫珠瓚(上) 460면; 鄭東潤(會) 53면; 崔基元(會) 95면.

제 2 장
株 式 會 社

제 1 절 總　　說

Ⅰ. 株式會社의 槪念

주식회사(Aktiengesellschaft, company limited by shares, corporation, société anonyme)란 자본이 均一한 株式으로 분할되고, 주주는 그가 인수한 주금액을 한도로 하여 출자의무를 부담할 뿐 회사채권자에 대하여는 아무런 책임을 지지 아니하는 회사를 말한다. 따라서 주식회사 개념의 3요소는 資本·株式 및 有限責任制度이다.

1. 資　　本

(1) 資本의 意義

자본(stated capital, Grundkapital)이란 회사가 '보유하여야 할 純財産額의 기준', 즉 '發行株式의 額面總額'을 말하며(제451조), 5,000만원 이상이어야 한다(제329조 제1항). 다만 벤처기업육성에 관한 특별조치법상 벤처기업을 주식회사로 설립하는 경우 최저자본금은 2,000만원 이상이어야 하고(同法 제10조의 2), 소기업지원을 위한 특별조치법에 의하면 자본금에 관한 아무런 제한이 없어, 규모가 작은 기업의 경우 자본금의 크기에 상관 없이 주식회사를 설립할 수 있다.

자본은 대차대조표상 '資本金'으로 揭記되고, 정관에 기재되지는 않으나(다만 회사가 발행할 주식의 총수 및 회사의 설립시에 발행하는 주식의 총수는 정관의 절대적 기재사항이다), 등기에 의하여 공시되어야 한다(제317조 제2항 제2호). 상법상 보통 사용되는 이러한 협의의 자본개념은 회사사업을 수행하기 위하여 주주가 급여하는 기금을 표시하는 불변적인 계산상의 수액으로서 抽象的·規範的 概念이다. 따라서 이것은 현실적으로 회사가 보유하고 있는 재산의 총체인 可變的·具體的 會社財産과는 구별되며, 한편 수권자본과도 구별된다.

(2) 授權資本制度

수권자본제도(創立主義)란 주식회사가 발행할 수 있는 주식 중 일정부분만을 설립시에 발행하고 잔여부분의 신주발행권을 이사회에 위임(수권)하는 제도를 말하며, 의용상법상의 確定資本制度(總額引受主義)에 대한 개념이다.

수권자본제도하에서는 수권자본총액에 대하여 인수할 필요가 없고, 수시로 이사회에서 신주를 발행할 수 있으므로, 회사설립이 쉽고 자본조달의 기동성과 편의성이 확보된다는 장점이 있으나, 그 반면에 회사의 재산적 기초가 위태롭게 되기 쉽고, 따라서 채권자의 보호도 소홀해진다는 단점이 있다.

상법은 '기업경영의 합리화'라는 대전제하에 영미의 '理事會制度'와 함께 수권자본제도를 채용하되, 우리 나라의 경제적·사회적 현실과 과거의 제도적 배경을 고려하여, 수권자본제도와 확정자본제도의 절충·조화를 시도하였다. 즉, 설립시에 발행하는 주식의 총수를 발행예정주식총수의 4분의1 이상으로 하고(제289조 제2항), 全額納入主義를 채택하여(제303조), 가급적 회사의 재산적 기초를 공고히 하는 한편, 株式의 割引發行(제417조)이라는 보완책을 강구하여 수권자본제도의 실효성을 확보하고 있다.

(3) 資本의 三原則

주식회사의 재산적 기초를 튼튼하게 하기 위하여 자본에 관한 세 가지 원칙이 확립되어 있다.

(가) 資本確定의 原則(Prinzip des festen Grundkapitals)

자본확정의 원칙은 회사설립 당시에 일정한 자본액과 그에 대한 주식인수의 확정을 필요로 하는 원칙이다. 이것은 회사의 설립시에 회사의 재산적 기초를 튼튼히 하여 자본단체인 주식회사의 견실화를 도모하고, 회사채권자를 보호하기 위한 것이다. 수권자본제도를 도입하고 있는 우리 상법하에서는 회사설립 당시에 수권자본액에 대한 주식인수까지도 확정될 필요는 없지만, 회사가 설립시에 발행하는 주식의 총수는 정관의 절대적 기재사항으로서 등기사항이며(제289조 제1항 제5호, 제317조 제2항 제2호) 전부 인수되어야 하므로, 이 한도 내에서는 아직도 자본확정의 원칙은 존속한다(통설). 이에 대하여 우리 상법상 회사는 언제든지 신주를 발행할 수 있기 때문에 용이하게 변경될 수 없는 자본이란 없으며, 이런 의미에서 상법상 자본확정의 원칙은 폐기되었다는 소수설이 있다.[1)]

(나) **資本維持의 原則**(Prinzip der Erhaltung des Grundkapitals)

자본유지의 원칙이란 회사가 자본액에 상당하는 재산을 현실적으로 보유하여야 한다는 원칙으로서, 資本充實의 原則 또는 資本拘束의 原則(Prinzip der Bindung des Grundkapitals)이라고도 한다. 이것은 회사의 존속을 보장하고 회사채권자 및 주주를 보호하기 위한 것으로, 대체로 납입의 충실화와 이익배당 등의 제한으로 나타난다. 즉, 주식의 額面未達發行의 制限(제330조, 제417조), 발기인 등의 자본충실책임(제321조, 제428조) 기타 변태설립사항의 엄격한 규제(제299조, 제310조, 제313조, 제314조, 제422조 등), 납입에 있어서의 상계금지(제334조), 자기주식의 취득금지(제341조), 자기주식의 質取制限(제341조의 2), 子會社에 의한 母會社株式의 취득금지(제342조의 2), 法定準備金制度(제458조, 제459조), 이익배당 및 주식배당의 제한(제462조, 제462조의 2) 등을 들 수 있다.

(다) **資本不變의 原則**(Prinzip der Beständigkeit des Grundkapitals)

자본불변의 원칙이란 확정된 자본액은 임의로 변경하지 못한다는 원칙을 말한다. 상법상 신주의 발행은 원칙적으로 이사회의 권한사항으로 되어 있으므로(제416조), 자본의 증액에 관한 한 이 원칙의 적용이 없다. 그러나 자본의 감소를 위하여는 주주총회의 특별결의를 거쳐야 하고(제438조) 채권자보호절차를 밟아야 하는(제439조 제2항) 등 엄격한 법정절차를 갖추도록 하고 있다. 따라서 자본불변의 원칙은 자본의 감소에 관한 것이고, 이를 '資本減少制限의 原則'이라고도 한다.

2. 株　式

주식(Aktien, share)이란 자본의 구성분자(Bruchteil des Grundkapitals)로서

1) 鄭東潤(會) 74면.

주식회사의 물적 요소인 자본과 인적 요소인 주주를 결부시키는 紐帶概念이다. 주식에 의해서 많은 사람이 회사에 참여할 수 있고, 다수사원으로 구성되는 회사의 복잡한 법률관계가 간명하게 처리될 수 있다는 점이 주식회사의 특색이다.

3. 株主의 有限責任

주주는 회사에 대하여 자기가 인수한 주식의 인수가액을 한도로 재산상의 출자의무를 지는 데 불과하며, 그 밖에는 아무런 의무(損失分擔義務·附隨的 給付義務)도 지지 않는다(제331조). 그러나 이 의무도 엄격히 말하면 '株式引受人으로서'의 의무이고, 주주가 된 후에는 회사에 대해서나 채권자에 대해서나 아무런 책임도 지지 않는다. 물론 회사와 주주와의 약정에 의하여 주주가 회사의 채무를 부담하는 등 추가출자의무를 부담할 수는 있다.[1)] 이와 같이 주주의 책임은 '嚴格한 間接有限責任'이란 점에서, 유한회사의 사원이나 합자회사의 유한책임사원의 유한책임과는 다르다.

이와 같이 주주는 유한책임을 지는 것이 원칙이지만 전술한 법인격부인론이나 실체파악론 등에 의하여 주주가 회사의 채무에 대하여 책임을 지는 경우가 있다. 또 國稅基本法에서는 비상장법인의 과점주주가 법인이 납부하여야 할 국세 및 지방세에 대하여 제2차 납세의무자로서 책임을 지는 경우가 있다(國稅基 제39조, 地稅 제22조).

Ⅱ. 株式會社의 法的 規制의 特色

주식회사는 주주나 경영자뿐만 아니라 종업원·채권자 및 일반 소비자의 이익과도 밀접한 관계가 있으므로 국민경제적으로 중요한 위치를 차지하고 있고, 한편 회사제도의 장단점이 가장 현저하게 나타나기 마련이다. 따라서 주식회사법은 회사의 경제적 기능을 조장하고 그 폐해를 방지함으로써 관계경제주체의

---

1) 大判 1983. 12. 13, 82 도 735.

이익을 조정하기 위하여 엄격한 법적 규제를 하고 있는데, 그 특색을 다음의 세 가지로 요약할 수 있다.

1. 强行規定性

주식회사법은 그것이 대외관계의 규정이든 대내관계의 규정이든 강행법규이고, 그 위반에 대해서는 엄격한 제재가 따른다.

2. 公示主義의 强化

주식회사는 이해관계인이 많으므로 중요사항을 공개함으로써 이해관계인이 불측의 손해를 입는 일이 없도록 공시주의를 강화하고 있다.

3. 國家機關의 關與

주식회사의 법률관계에 관하여는 국가기관, 특히 법원이 광범하게 관여하고 있다. 공개법인의 경우에는 특별법에 의한 정부기관의 감독이 더욱 엄격하다.

≪자본시장법의 제정과 회사편의 개정≫

2009년 자본시장법(자본시장과 금융투자업에 관한 법률)의 제정으로 증권거래법이 폐지됨에 따라 종전 증권거래법에 있던 상장법인 특례규정 중 지배구조와 관련되는 사외이사의 선임, 상근감사 및 감사위원회 구성, 이해관계자와의 거래 제한 등에 관한 규정이 상법 회사편으로 옮겨지게 되었다. 주요 개정내용은 다음과 같다.

(1) 사외이사 도입

개정전 상법에서는 직접적으로 규율하지 않았던 사외이사에 대하여 사외이사의 정의, 자격요건 및 설립시 등기사항으로 정하고 있다(제317조 제2항,제382조 제3항).

(2) 상장회사에[1] 대한 특례

(가) 주식매수선택권의 확대

주권상장회사는 비상장법인에 비하여 주식매수선택권의 발행한도가 발행주식총수의 10%에서 20%로 늘어났다. 주식매수선택권의 수여 대상자도 최대주주 등을 제외하고 관계회사 임직원을 포함하는 등 범위가 확대되었다. 주식매수선택권의 승인도 일정 한도내에서는 이사회가 정하고 사후 주주총회의 승인을 받도록 하였다(제542조의 3).

(나) 주주총회의 소집공고

주권상장회사는 주주수가 많고 널리 분포되어 주주총회 개최시 모든 주주에게 개별적으로 주주총회 개최사실 및 회의의 목적사항을 통지하는 것은 비용 및 시간적 불편이 발생하고 있어 일간신문 공고 또는 전자문서로 통지로 갈음할 수 있도록 하였다. 주총에서 이사 또는 감사를 선임하는 경우에는 후보자의 성명, 약력 등을 공고 또는 통지하며 선임은 통지하거나 공고한 후보자 중에서 선임토록 하였다(제542조의 4, 제542조의 5).

(다) 소수주주권의 행사

기존 상법상의 소수주주권은 주식분산이 잘 되어 있는 주권상장회사에 적용하기에는 사실상 곤란한 점이 있어 그 비율을 완화하였다. 소수주주권의 남용을 예방하기 위하여 소수주주권을 행사하기 위해서는 당해 주식을 6월 이상 계속하여 보유하도록 하였다(제542조의 6).

(라) 집중투표에 관한 특례

주권상장회사는 집중투표를 청구할 수 있는 소수주주의 지분율 요건을 완화하고 청구도 전자문서로 할 수 있도록 하였다(제542조의 7).

(마) 사외이사 및 상근감사의 선임과 감사위원회 설치 특례

수많은 주주 및 이해관계인을 갖고 있는 주권상장회사는 그 특수성을 감안하여 자산규모에 따라 사외이사, 상근감사 또는 감사위원회 구성토록 하여 경영 투명성과 감시를 강화하였다(제542조의 8, 제542조의 10, 제542조의 11, 제542조의 12).

(바) 주요주주 등 이해관계자와의 거래금지

주권상장회사는 경영진과 최대주주 등에 대하여 사전에 주주총회의 승인을 받거나 정상적인 경영활동이외의 금전 대여 등에 대해서는 거래를 금지하여 경영진의 부당한 자금 유용을 방지하였다(제542조의 9).

---

1) 증권시장(유가증권 및 코스닥시장 포함)에 주권을 상장한 회사에 대해 자본시장법은 주권상장법인으로 2009년 개정상법은 주권을 상장한 회사(상장회사)로 표시하고 있다. 상법상 특례가 적용되는 상장회사는 주권상장회사로 표시한다.

제 2 절 株式會社의 設立

Ⅰ. 序 說

1. 株式會社設立의 特色

회사의 설립은 정관작성으로부터 시작하여 설립등기를 함으로써 끝난다. 인적 회사에서는 社員·出資額 등이 定款에서 확정되므로(제179조 제3호·제4호, 제269조), 정관작성과 설립등기 외에 다른 절차가 필요없게 되어 매우 간단하다. 그러나 물적 회사인 주식회사는 資本的 結合體이므로 회사의 실체를 형성하는 복잡한 절차를 밟아야 하는 것이 설립에 있어서의 특색이다. 뿐만 아니라 상법이 準則主義를 취한 결과 주식회사의 설립이 사기적 목적에 남용될 염려도 있으므로, 설립경과의 조사를 철저히 하고 설립관여자에게 무거운 책임을 지우는 등 엄격한 강행규정으로 규제를 하고 있는 것도 그 특색의 하나이다.

≪會社設立에 관한 立法主義≫

회사의 설립에 관하여는 역사적으로 여러 가지의 입법주의가 변천하여 왔다.

(ⅰ) 自由設立主義는 회사의 설립에 관하여 아무런 제한을 두지 않는 입법주의이다. 이에 의하면 회사의 존재 및 그 성립시기가 불명확하고, 회사의 濫設로 인한 폐해가 많기 때문에 오늘날 이 입법주의는 찾아보기 어렵다.

(ⅱ) 特許主義는 회사의 설립에 군주의 특별한 허가나 특별법의 제정이 있어야만 하는 입법주의이다. 이 입법주의에 의하면 거래의 안전은 보호될 수 있으나 회사의 설립이 어려워 상업의 자유로운 발전이 저해될 우려가 크다. 그러나 현재에도 특수회사의 설립은 이 입법주의에 의하는 경우가 많다.

(ⅲ) 免許主義는 일반법에 의거한 행정관청의 허가나 기타의 처분이 있

어야만 회사설립이 가능한 입법주의이다.[1] 이 입법주의 역시 거래의 안전은 보호될 수 있으나, 행정관청의 정책이나 자의적인 결정에 의하여 회사의 설립이 방해될 우려가 크므로 상업의 자유로운 발전이 제약될 수 있다.

(iv) 準則主義는 회사의 설립요건을 법정하고, 그 요건을 구비하면 등기함으로써 회사의 설립을 자동적으로 인정하는 입법주의인데 이 입법주의는 거래의 안전과 영업의 자유 양자를 적절히 조화시킨 것으로서 오늘날 대부분의 국가가 이러한 입장을 취하고 있다.

2. 株式會社의 設立方法

주식회사의 설립방법은 주식인수의 방법에 따라 두 가지로 나눌 수 있다. 즉, 발기인만이 주식 전부를 인수하여 회사를 설립하는 發起設立(단순설립, 동시설립)과 발기인이 주식 일부만을 인수하고 그 나머지에 대하여는 주주를 모집하여 회사를 설립하는 募集設立(복잡설립, 점차설립)의 방법이 있다. 종래 발기설립의 경우에는 법원의 설립경과조사가 의무화되었었기 때문에 이를 피하기 위하여 소수인에 의한 회사설립임에도 불구하고 실제로는 모집설립의 방법이 많이 이용되어 왔다. 그러나 1995년의 개정상법에서 발기설립절차를 간편하게 고쳤으므로 앞으로는 발기설립방법도 많이 이용될 것이다.

3. 設立者: 發起人(Gründer, incorporator, promoter)

(1) 發起人의 意義

발기인이란 실질적으로는 회사의 설립을 기획하고 그 설립사무를 집행하는 사람을 말하겠으나, 형식적으로는 정관에 발기인으로서 기명날인 또는 서명한 사람을 말한다(제289조 제1항). 발기인의 자격에는 제한이 없으므로, 법인은 물론 미성년자 등 무능력자도 될 수 있으나, 적어도 1주 이상의 주식을 인수하여야

---

1) 현재 대부분의 국가는 특히 은행·보험·금융투자업 등 금융업을 영위하고자 하는 경우 영업허가를 얻도록 하고 있는데(銀行 제8조, 保業 제5조, 資金 제12조), 이것은 법인격을 부여하여 회사의 설립을 허가하기 위한 것이 아니라 특정영업의 개시를 허가하는 것이므로 구분하여야 한다. 蔡利植(上) 401면.

한다(제293조).

(2) 發起人組合

주식회사를 설립하려면 발기인이 있어야 하나(제288조), 발기인이 수인인 경우에는 발기인 상호간에 회사의 설립을 목적으로 하는 發起人組合契約을 체결하는 것이 보통이다. 이 발기인조합(Gründergesellschaft, Vorgründungsgesellschaft)은 회사성립시까지 존속하고, 모든 설립절차는 조합의 업무집행으로 하게 되며, 이 업무집행에는 민법의 조합에 관한 규정이 적용된다.

(3) 設立中의 會社와의 關係

설립 중의 회사(Vorgesellschaft, werdende Gesellschaft)란 발기인이 정관을 작성한 후 회사가 성립하기까지의 社會的 實在物을 말하며, 이는 설립단계에서 생긴 권리・의무의 귀속관계를 설명하기 위한 강학상의 개념이다.[1] 설립 중의 회사는 회사의 전신으로서, 이것과 설립될 회사는 법인격의 유무에만 차이가 있을 뿐 실질적으로 同一人格이라 본다(동일성설: 통설). 설립 중의 회사의 법적 성질은 權利能力 없는 社團이다(통설).[2] 설립 중의 회사의 성립시기에 관하여는 ① 정관작성시라는 학설,[3] ② 발기인이 주식을 1주 이상 인수한 때라는 학설,[4] ③ 발행주식의 총수가 인수된 때라는 학설[5] 등으로 나누어져 있으나, 제1설이 타당하다고 생각한다.

≪設立中의 會社의 成立時期에 관한 學說 檢討≫

위 제2설의 주장은 정관작성만으로 물적 회사인 주식회사의 물적 기초가 마련되지 아니하였기 때문에 정관작성시설은 부당하고, 또 발행주식총수가 인수된 때라고 하는 학설도 회사의 설립절차가 거의 마무리된 단계에

---

1) 大判 1970. 8. 31, 70 다 1357.
2) 大判 1970. 8. 31, 70 다 1357.
3) 李泰魯・李哲松(會) 208면.
4) 徐燉珏(上) 292면; 孫珠瓚(上) 559면; 李炳泰(上) 435면; 鄭熙喆・鄭燦亨(上) 521면; 崔基元(會) 273면; 大判 1985. 7. 23, 84 누 678; 大判 1990. 11. 23, 90 누 2734; 大判 1990. 12. 26, 90 누 2536: 설립중의 회사라 함은 설립등기 이전에 어느 정도 실체가 형성된 미완성의 회사를 말하는 강학상의 개념으로서, 이는 정관이 작성되고 발기인이 1주 이상의 주식을 인수하였을 때 비로소 성립한다.
5) 鄭東潤(會) 132면.

서 설립 중의 회사의 성립을 인정하는 것이 되어 부당하므로, 정관작성으로 회사의 구성원의 일부가 확정됨과 동시에 주식도 일부가 인수되어 물적 기초도 일부 마련되었다고 볼 수 있는 때, 즉 발기인이 주식을 1주 이상 인수한 때로 보는 것이 타당하다고 한다. 그러나 설립 중의 회사를 인정하는 취지가 회사성립 전의 발기인의 활동에 의하여 생긴 권리·의무가 성립 후의 회사에 귀속하는 관계를 설명하기 위한 것이라면, 설립중의 회사의 기관이라고 할 수 있는 발기인이 정관상 확정되는 정관성립시부터 설립 중의 회사의 성립을 인정하여야만 할 것이다. 제2설에 의하면, 정관작성 후 주식인수 전까지의 법률관계는 성립 후의 회사에 귀속할 수 없을 뿐 아니라, 주식을 1주 이상 인수하는 것은 설립 중의 회사의 대내문제로서 공시되지도 않기 때문에, 주식의 인수정도를 가지고 설립 중의 회사를 인정하는 기준으로 삼는 것은 무리가 있다고 본다.

발기인은 설립 중의 회사의 기관으로서의 지위에 있다. 따라서 발기인의 행위에 의하여 생기는 권리·의무는 일단 설립 중의 회사에 귀속되지만, 회사가 성립하면 당연히 회사로 이전한다. 다만 성립 후의 회사로 귀속될 발기인의 행위의 범위에 관하여는 ① 회사설립 자체를 직접적인 목적으로 하는 행위에 한한다는 학설,[1] ② 회사설립을 위해 법률상·경제상 필요한 행위까지도 포함한다는 학설,[2] ③ 회사성립 후의 개업을 위한 준비행위도 포함한다는 학설이 있다.[3]

생각건대 회사의 설립에 필요한 행위와 개업준비행위가 명료하게 구분되지도 않으며, 상법이 재산인수(제290조 제3호)를 규정하고 있는데, 재산인수야말로 개업준비행위의 전형적인 例이다. 따라서 제3설이 옳다고 본다. 다만 상법이 재산인수를 변태설립사항으로 규정한 것은 현물출자의 탈법행위로 악용될 수 있고, 과대평가시 회사의 재산이 위태로워질 수 있는 점을 염두에 둔 주의적인 규정이다. 판례는 제3설을 취한다.[4]

1) 李泰魯·李哲松(會) 211면; 崔基元(會) 281면.
2) 李炳泰(上) 444면; 鄭熙喆·鄭燦亨(上) 518면.
3) 鄭東潤(會) 138면.
4) 大判 1970. 8. 31, 70 다 1357.

Ⅱ. 株式會社의 定款

1. 株式會社定款의 意義

정관(Satzung, charter, article)이란 실질적으로 회사의 조직·운영에 관한 근본규칙을 말하고, 형식적으로는 그 규칙을 기재한 서면을 말한다. 정관의 법적 성질을 계약으로 보는 학설이 있으나[1] 통설은 이를 자치법규로 본다. 정관은 소정의 절차를 밟지 않고는 변경할 수 없다.

2. 株式會社定款의 作成

(1) 定款의 作成方法

발기인은 회사의 근본규칙을 확정하고 이를 서면에 기재한 후, 각 발기인이 정관에 기명날인 또는 서명을 하여 책임의 소재를 분명하게 하여야 한다(제289조 제1항).

회사의 설립시에 작성하는 原始定款은 公證人의 認證을 받아야 그 효력이 생긴다(제292조, 公證 제62조·제63조).

(2) 定款의 記載事項

(가) 絶對的 記載事項

정관의 절대적 기재사항이란 법률이 그 기재를 절대적으로 요구하는 사항으로서(제289조 제1항), 그 흠결이 있으면 정관이 무효로 되어 設立無效의 원인이 된다.

(a) 目　的 : 　회사의 목적은 업종을 확정할 수 있을 정도로 구체적으로 기재하여야 한다. 목적의 기재는 회사의 권리능력이 정관소정의 목적에 의하여 제한된다는 학설에 의하면 회사의 권리능력의 범위를 정하는 데 중요한 의미가

---

1) 鄭東潤(會) 99면.

있고, 제한부정설에 의하더라도 이사에 대한 손해배상청구권(제399조)이나 정관 위반행위에 대한 留止請求權(제402조)을 행사함에 있어 중요한 의미를 갖는다.

(b) **商 號**: 상호 중에 주식회사라는 문자를 사용하여야 한다(제19조). 그리고 회사는 수개의 영업을 하더라도 하나의 상호만을 사용하여야 한다.

(c) **會社가 發行할 株式의 總數**: 이는 이사회에서 신주발행을 할 수 있는 범위를 표시하는 것으로서, 發行豫定株式總數(授權株式)에다 주금액을 곱하면 이른바 授權資本額이 산출된다. 회사가 발행할 주식의 총수 중에서 회사의 설립시에 그 일부를 발행하고 잔여부분에 대하여는 회사 성립 후 이사회의 결의에 의하여 발행한다.

(d) **一株의 金額**: 1주의 금액은 100원 이상이어야 하며(제329조 제4항), 균일하여야 한다(同條 제3항). 그러므로 無額面株式은 인정되지 아니한다. 다만 자본시장법에 의하여 설립되는 투자회사(mutual fund)의 경우에는 무액면주식의 발행이 인정된다(同法 제196조).

(e) **會社의 設立時에 발행하는 株式의 總數**: 설립시의 발행주식총수는 발행예정주식총수의 4분의 1 이상이어야 한다(제289조 제2항). 이 발행주식총수에다 주금액을 곱하여 산출된 금액이 회사의 資本的 規模와 會社債權者를 위한 擔保額을 표시하는 資本額이다. 설립시에 발행하는 주식의 총수는 원시정관에만 기재하면 충분하고 후에 정관변경시에 삭제하더라도 무방하다고 본다.

(f) **本店의 所在地**: 회사의 주소는 본점소재지에 있는 것으로 하고(제171조 제2항), 본점은 전영업을 총괄하는 주된 영업소이므로 정관에 그 소재지를 기재하여야 한다. 본점소재지는 본점이 있는 곳의 최소행정구역을 표시하면 된다.

(g) **會社가 公告를 하는 方法**: 주주와 회사채권자 기타의 이해관계인을 보호하기 위한 것으로서, 회사는 공고를 하는 방법을 관보 또는 일간신문(제289조 제3항) 중에서 특정하여 정관에 기재한다.

(h) **發起人의 姓名·住民登錄番號 및 住所**: 이는 발기인을 명확히 하여 그 책임소재를 분명히 파악하기 위한 것으로서, 발기인의 동일성을 인식할 수 있는 정도이면 충분하다고 본다.

(나) 相對的 記載事項

상대적 기재사항이란 정관에 기재하지 않으면 그 사항의 효력은 발생하지 아니하나, 그것을 기재하지 않더라도 정관 자체의 효력에는 영향을 미치지 않는 사항을 말한다.

상대적 기재사항에 관하여는 상법이 일일이 규정을 두고 있으나(후술), 특히 회사설립에 중대한 관계가 있는 것은 變態設立事項(qualifizierte Gründung)이다(제290조).

(a) **變態設立事項**: 변태설립사항(위험한 약속)이란 회사의 설립을 위하여 일반적으로 필요하고 성립 후의 회사에 그 효력을 귀속시킬 필요가 있는 사항으로서, 발기인이 설립 중의 회사의 기관인 지위에서 약정할 수 있는 사항을 말한다. 변태설립사항이 남용되는 경우 회사의 재산적 기초를 약화시키므로, 정관뿐만 아니라 株式請約書에도 기재하고(제302조 제2항 제2호), 엄격한 설립경과 조사를 받도록 되어 있다(제300조, 제310조, 제314조).

(i) **特別利益**: 발기인이 받을 특별이익과 이를 받을 자의 성명을 정관에 기재하여야 한다. 특별이익(Sondervorteil)이란 회사설립을 기획한 功勞에 대한 對價로서, 그 내용은 이익배당, 잔여재산분배, 신주인수에 관한 우선권 또는 회사설비의 이용에 관한 특권 등이다. 소유주식에 대한 확정이자의 지급, 주금액의 납입면제, 무상주·功勞株의 교부 등은 할 수 없다. 특별이익은 발기인이었던 자에 대해서 인정되는 채권자적 권리로서, 주주의 지위와는 상관없는 것이므로 정관에 다른 정함이 없는 한 특별이익만을 분리하여 양도 또는 상속할 수 있다.

(ii) **現物出資**: 현물출자(Sacheinlage)를 하는 자의 성명과 그 목적인 재산의 종류·수량·가격과 이에 대하여 부여할 주식의 종류와 수를 정관에 기재하여야 한다. 현물출자의 목적이 될 수 있는 재산은 금전 이외의 재산으로서 대차대조표의 資産의 部에 計上할 수 있는 것이라면 무엇이든지 상관없다. 그러므로 예컨대 동산·부동산·유가증권·특허권·광업권·상호 및 영업상의 비결 등 財産的 價値 있는 事實關係와 營業의 전부 또는 일부도 될 수 있다.

(iii) **財産引受**: 발기인이 회사의 성립을 조건으로 하여 금전 이외의 재산을 회사가 양수하기로 약정하는 약관을 재산인수(Sachübernahme)라고 하는데, 이와 같은 재산인수계약을 체결하는 경우에는 그 재산의 종류·수량·가격과 그 양도인의 성명을 정관에 기재하여야 한다. 원칙적으로 발기인은 회사의 설립 자체를 위한 행위와 설립에 필요한 행위만을 할 수 있는 것이지만, 회사성립 후의 회사활동의 원활을 위하여 그 준비행위로서 재산인수를 인정한다. 그러나 재산인수는 현물출자나 다름없이 악용의 위험이 있기 때문에 이를 변태설립

사항으로 정한 것이다. 정관에 기재가 없는 재산인수는 무효이며, 창립총회의 승인·회사성립 후의 추인 또는 정관변경(추가기재)이 있더라도 그 무효가 치유될 수 없다.[1] 왜냐하면 추인 등에 의한 무효의 치유를 인정하는 것은 재산인수에 대하여 엄격하게 규제를 하는 법의 취지에 어긋나기 때문이다. 다만 재산인수가 동시에 사후설립의 요건을 충족하는 경우 事後設立이 인정될 뿐이다(제375조).

≪事後設立≫

회사가 그 성립 후 2년 내에 그 성립 전부터 존재하는 재산으로서 영업을 위하여 계속해서 사용해야 할 것을 자본의 100분의 5 이상에 해당하는 대가로 취득하는 계약을 사후설립(Nachgründung)이라 하고(제375조), 이 경우에는 주주총회의 특별결의가 필요하다(제374조, 제434조). 사후설립은 현물출자와 재산인수에 관한 상법의 규정을 潛脫할 목적으로 악용될 여지가 있으므로 이를 주주총회의 특별결의를 거치도록 한 것이다. 즉, 회사가 그 성립 후 즉시 회사성립 전부터 존재하는 재산을 자본에 비하여 비교적 큰 금액으로 쉽게 취득할 수 있다고 한다면 이는 재산인수를 잠시 연기한 것에 불과하게 되기 때문이다. 사후설립과 재산인수는 다같이 개인법상의 계약인 점에서 공통점이 있으나, 재산인수는 발기인이 회사의 성립을 조건으로 하여 특정재산의 취득을 목적으로 하는 계약임에 비하여 사후설립은 회사의 성립 후에 대표이사가 회사를 위하여 특정재산의 취득을 목적으로 하는 계약인 점이 다르다.

(iv) **設立費用과 報酬**: 회사가 부담할 설립비용과 발기인이 받을 보수를 정관에 기재하여야 한다. 설립비용이란 회사설립을 위하여 필요한 모든 비용이다(예컨대, 인쇄비·설립사무소의 임차료·광고비·통신비·비품비·인건비 등). 開業準備費用은 포함되지 않는다는 것이 통설이다. 登錄稅는 포함되지 않는다. 등록세는 지방세법상 자본금에 대한 일정비율(대개 1,000분의 4, 소정의 대도시의 경우에는 그 3배)로 법정되어 있으므로 과다계상의 위험이 없기 때문이며, 정관에 기재하지 않아도 당연히 회사의 부담이 된다. 정관에 규정한 한도액을 초과하는 설립비용은 발기인이 부담하여야 하며, 발기인은 事務管理 또는 不當利得을 이유로 회사에 대하여 그 초과액을 청구할 수 없고,[2] 회사 성립 후 정관변경으로

1) 徐燉珏(上) 298면; 孫珠瓚(上) 567면; 李炳泰(上) 453면; 崔基元(會) 297면. 반대설: 鄭熙喆·鄭燦亨(上) 531면.
2) 孫珠瓚(上) 568면; 李泰魯·李哲松(會) 224면; 崔基元(會) 299면.

도 이것을 회사의 부담으로 할 수 없다.[1]

보수란 발기인이 설립사무에 종사한 동안의 노력의 대가로서 과다한 보수의 책정을 막기 위하여 정관에 기재해 두도록 한 것이다.

정당하게 지급된 설립비용과 보수액은 창업비에 포함되어 대차대조표에 移延資産으로 기재하고, 회사성립 후 5년 내의 매결산기에 균등액 이상을 償却하여야 한다(제453조).

(b) 기타의 相對的 記載事項 : 변태설립사항 이외의 상대적 기재사항으로서 상법에 산발적으로 규정되어 있는 것은 ① 數種의 주식발행(제344조), ② 무기명주권의 발행(제357조 제1항), ③ 전환주식의 발행(346조), ④ 의결권 없는 주식의 발행(제370조 제1항), ⑤ 주식의 이익소각(제343조 제1항 단서), ⑥ 주주총회에 의한 대표이사의 선임(제389조 제1항 단서), ⑦ 주주총회에 의한 신주발행사항의 결정(제416조 단서), ⑧ 감사선임의 경우에 의결권제한 비율의 인하(제409조 제2항), ⑨ 주주총회의 보통결의 요건의 완화(제368조 제1항), ⑩ 이사회의 소집통지기간의 단축(제390조 제2항), ⑪ 제3자에 대한 신주인수권의 인정(제418조), ⑫ 이사의 임기연장(제383조 제3항, 제415조), ⑬ 建設利子의 配當(제463조 제1항), ⑭ 주주총회에 의한 준비금의 자본전입(제461조 제1항 단서), ⑮ 이사회결의요건의 가중(제391조 제1항 단서), ⑯ 주주총회에 의한 전환사채의 발행(제513조 제2항 단서)과 新株引受權附社債의 발행(제516조의 2 제2항 단서), ⑰ 회사의 존립기간, 기타의 해산사유(제517조 제1호), ⑱ 주권불소지제도의 배제(제358조의 2 제1항), ⑲ 명의개서대리인의 설치(제337조 제2항), ⑳ 이사선임시의 집중투표제의 배제(제382조의 2 제1항), ㉑ 중간배당의 실시(제462조의 3 제1항), ㉒ 주식매수선택권의 부여(제340조의 2) 등이 있다.

(다) 任意的 記載事項

임의적 기재사항이란 절대적·상대적 기재사항 외에 임의로 규정을 두는 사항으로서, 법의 강행규정·사회질서 또는 주식회사의 본질에 반하지 아니하는 한 무엇이든 상관없다(예컨대, 이사·감사의 수, 총회의 소집시기, 영업년도 등).

1) 崔基元(會) 299면.

Ⅲ. 株式發行事項의 決定

설립시에 발행하는 '주식의 종류와 수', '額面 이상의 주식을 발행하는 때에는 그 수와 금액'에 관하여는 정관에 다른 정함이 없으면 발기인 전원의 동의로 이를 정하여야 한다(제291조). 이 결정이 적법하게 되지 아니한 때에는 설립무효의 원인이 되는데, 발기인 전원의 동의의 방법에는 제한이 없고, 그 시기는 정관작성 후 발기인에 의한 주식인수 전이어야 한다. 설립등기 후라도 동의가 있으면 하자가 보완된다는 학설도 있지만,[1] 적어도 그 설립등기 전에는 동의가 있어야 한다고 본다.[2]

Ⅳ. 發起設立에 의한 實體形成

1. 株式의 引受

발기설립에 있어서는 설립시에 발행하는 주식 전부를 발기인만이 인수한다. 인수시기에 관하여는 제한이 없고 또 현실적인 필요도 없으므로 정관작성과 동시에 또는 그 전후라도 무방하다고 본다.[3]

주식인수는 반드시 서면으로 하여야 하나(제293조), 그 서면의 방식에는 제한이 없다. 발기인의 주식인수는 정관의 작성과 더불어 회사의 설립행위를 이루고, 그 설립행위의 법적 성질은 발기인의 일방적 의사표시에 의하여 그 효력이 생기는 合同行爲라는 것이 통설이다.[4] 그러나 정관의 작성으로 설립중의 회사

1) 鄭熙喆·鄭燦亨(上) 534면.
2) 崔基元(會) 305면.
3) 同旨: 孫珠瓚(上) 574면; 李炳泰(上) 460면; 鄭熙喆·鄭燦亨(上) 534면; 崔基元(會) 306면. 정관작성 이후에만 가능하다는 학설: 李泰魯·李哲松(會) 229면; 鄭東潤(會) 113면.
4) 徐燉珏(上) 301면; 孫珠瓚(上) 575면; 李炳泰(上) 460면; 鄭熙喆·鄭燦亨(上) 534면; 崔基元(會) 306면.

가 이미 창립되었으므로 정관작성 후의 발기인의 주식인수는 설립중의 회사에의 入社契約이라고 본다.[1]

2. 出資의 履行

주식총수에 대한 인수가 끝나면 지체없이 각 주식에 대하여 그 인수가액의 전액을 납입하여야 한다(제295조 제1항 제1문). 어음・수표의 경우에는 지급이 있는 때에 납입이 된 것으로 본다. 이 경우 발기인은 납입을 맡을 은행 기타 금융기관과 납입장소를 지정하여야 한다(제295조 제1항 제2문). 현물출자를 하는 발기인도 납입기일에 출자의 목적인 재산을 인도하여야 한다. 그러나 등기・등록 기타 권리의 설정 또는 이전을 필요로 할 경우에는 이에 관한 서류를 완비하여 교부하여야 한다(제295조 제2항).

3. 理事・監事의 選任

출자의 이행이 끝나면 발기인은 지체없이 發起人總會를 열어 이사와 감사를 선임하여야 한다(제296조 제1항). 그 선임방법은 一株一議決權의 원칙(제296조 제2항)에 따른 과반수결의로 하고, 의결권 없는 주식을 인수한 발기인도 의결권을 행사할 수 있다고 본다. 이사・감사의 자격에는 제한이 없으므로 발기인이 아닌 자도 피선될 수 있다. 발기인은 의사록을 작성하여 의사의 경과와 그 결과를 기재하고 기명날인 또는 서명을 하여야 한다(제297조).

4. 設立經過의 調査

(1) 理事・監事의 調査・報告

이사와 감사는 취임 후 지체없이 회사의 설립에 관한 모든 사항이 법령 또는

---

1) 同旨: 李泰魯・李哲松(會) 228면.

정관의 규정에 위반되지 아니하는지의 여부를 조사하여 發起人에게 보고하여야 한다(제298조 제1항). 그러나 이사와 감사 중에 발기인이었던 자, 현물출자자 또는 회사성립 후 양수할 재산의 계약당사자인 자는 회사의 설립경과의 조사·보고에 참가하지 못한다(제298조 제2항). 만약 이사와 감사 전원이 그 조사·보고에 참가할 수 없는 경우에는 이사는 공증인으로 하여금 그 조사·보고를 하게 하여야 한다(제298조 제3항).

(2) 變態設立事項의 調査

정관으로 변태설립사항을 정한 때에는 이사는 그 조사를 위해 검사인의 선임을 법원에 청구하여야 한다(제298조 제4항 본문).

검사인은 변태설립사항과 현물출자의 이행을 조사하여 법원에 보고하고(제299조 제1항), 그 조사보고서를 작성한 후에는 지체없이 그 등본을 각 발기인에게 교부하여야 한다(제299조 제2항). 만일 검사인의 조사보고서에 사실과 다른 사항이 있으면, 발기인은 이에 대한 설명서를 법원에 제출할 수 있다(제299조 제3항).

정관으로 변태설립사항을 정한 때라도, 이사는 발기인의 특별이익·보수 및 설립비용에 관하여는 公證人의 調査·報告로, 그리고 현물출자의 내용과 그 이행 및 재산인수계약에 관하여는 公認된 鑑定人의 鑑定으로 검사인의 조사에 갈음할 수 있다(제298조 제4항, 제299조의 2 전단).

공증인 또는 감정인은 조사 또는 감정결과를 법원에 보고하여야 하며(제299조의 2 후단), 법원은 검사인 또는 공증인의 조사보고서 또는 감정인의 감정결과와 발기인의 설명서를 심사하여 변태설립사항이 부당하다고 인정한 때에는 이를 변경하여 각 발기인에게 통고할 수 있다(제300조 제1항).

법원의 변경처분에 불복하는 발기인은 卽時抗告에 의하여 법원의 결정 자체를 다툴 수도 있지만(非訟 제75조 제3항), 주식의 인수를 취소할 수도 있다. 이 경우 정관을 변경하여 설립절차를 속행할 수도 있다(제300조 제2항). 법원의 변경처분 통고 후 2주 내에 주식인수를 취소한 발기인이 없으면, 정관은 통고에 따라서 변경된 것으로 본다(제300조 제3항).

V. 募集設立에 의한 實體形成

1. 株式의 引受

(1) 發起人의 株式引受

모집설립의 경우에도 각 발기인이 설립시에 발행하는 주식의 일부를 인수하여야 한다(발기설립의 경우 참조).

(2) 株主의 募集

발기인이 인수하고 남은 부분의 주식에 대하여 발기인은 주주를 모집하여야 한다(제301조). 주주모집은 公募이든 緣故募集이든 그 방법에 제한이 없으나, 응모주주를 보호하기 위하여 株式請約書主義[1](청약의 방식으로 회사조직의 대강과 청약조건 등 중요사항을 기재한 증서의 작성·사용을 강제하는 주의)를 채용하고 있다(제302조).

(3) 株式引受의 請約

주식인수의 청약을 하고자 하는 사람은 2통의 주식청약서에 인수할 주식의 종류 및 수와 주소를 기재하고 기명날인 또는 서명하여야 한다(제302조 제1항). 청약을 함에는 일정한 증거금을 납입시킬 수 있으나, 오늘날 우리 나라의 상장법인 등 대기업이 신주를 발행하는 경우에는 청약할 때에 발행가액 전액을 납입시키고 있다.

주식인수의 법적 성질에 관하여는 장래 성립할 회사에의 入社契約[2] 또는 설립 중의 회사에의 입사계약이라고 본다.[3]

---

1) 주식청약서주의는 영미법상의 事業計劃書主義(회사조직의 대강과 참고자료를 기재한 사업계획서를 작성·공고한 후에 주식청약을 받게 하는 주의)에 대한 개념이다. 우리나라도 모집총액이 총리령이 정한 일정액 이상인 경우에는 그 모집에 관하여 신고서를 금융위원회에 제출하고 그 신고의 효력이 발생한 경우에 주주를 모집할 수 있으며(資金 제119조), 신고의 효력이 발생한 때에는 투자설명서를 작성하여 비치·공람·교부하도록 하여(資金 제123조·제124조) 특별법상의 사업계획서주의를 병용하고 있다.

2) 鄭東潤(會) 120면; 鄭熙喆·鄭燦亨(上) 535면.

주식인수의 청약은 다수인이 관계하는 자본단체의 설립에 관한 행위이기 때문에, 非眞意意思表示의 무효에 관한 일반원칙(民 제107조 제1항 단서)은 적용되지 아니하고(제302조 제3항), 또 같은 이유로 주식인수인이 창립총회에 출석하여 그 권리를 행사한 후나 회사가 성립한 후에는 주식청약서의 요건의 흠결 또는 의사표시의 하자를 이유로 인수의 무효를 주장하거나 또는 취소하지 못한다(제320조). 그러나 의사무능력이나 행위무능력에 의한 취소는 가능하다.

(4) 株式의 配定

주식인수의 청약이 있으면 발기인은 모집주식총수의 범위 내에서 자유로이 배정을 할 수 있다(配定自由의 原則).

청약에 대한 배정이 있으면 주식의 인수가 성립하여, 주식인수의 청약인은 주식인수인이 되고 株金額納入義務를 지게 된다(제303조).

배정의 통지는 주식청약서에 기재한 주소 또는 그 자로부터 회사에 통지한 주소로 하면 되고(제304조 제1항), 통지는 보통 그 도달할 시기에 도달한 것으로 본다(제304조 제2항).

假設人 또는 他人名義로써 주식인수를 청약한 사람도 주식인수인으로 되고, 만일 타인명의 사용에 관하여 그 타인의 승낙을 얻었을 때에는 그 타인과 연대하여 납입할 책임을 진다(제332조). 타인의 승낙을 얻어서 그 타인명의로 주식을 인수하는 경우에도 당사자의 의사 및 상법 제332조 제1항의 취지에 비추어 명의차용자가 주주가 된다(實質說).[1] 이에 대하여 법의 일반원칙상 또는 금반언의 원칙상 명의대여자를 주주로 보아야 한다는 소수설이 있다(形式說).[2]

3) 徐燉珏(上) 306면; 孫珠瓚(上) 581면; 李炳泰(上) 466면; 崔基元(會) 321면.

1) 徐燉珏(上) 305면; 鄭東潤(會) 118면; 崔基元(會) 320면. 大判 1975. 7. 8, 75 다 410; 大判 1977. 10. 11, 76 다 1448; 大判 1980. 9. 19, 80 마 396; 大判 1980. 12. 9, 79 다 1989 ; 大判 1985. 12. 10, 80 다카 319; 大判 1986. 7. 22, 85 다카 239·240; 大判 1998. 4. 10, 97 다 56019.

2) 孫珠瓚(上) 583면; 蔡利植(上) 421면.

2. 出資의 履行

(1) 株金額의 納入

설립시에 발행하는 주식총수의 인수가 끝나면 발기인은 지체없이 주식인수인에 대하여 인수가액의 전액을 납입시켜야 하고(제305조 제1항), 주식인수인은 납입에 관하여 相計로써 회사에 대항하지 못한다(제334조). 금전출자의 납입은 주식청약서에 기재된 납입장소(은행 또는 기타 금융기관)에서 하여야 한다(제305조 제2항). 그리고 납입기일 전에 납입장소를 변경하거나 납입기일 후에 납입금의 보관자를 변경하려면 법원의 허가를 얻어야 한다(제306조).

납입금을 보관한 금융기관은 발기인 또는 이사의 청구가 있는 때에는, 그 보관금액에 관하여 證明書를 교부할 의무가 있으며, 그 증명한 보관금액은 회사성립시까지 보관하여야 하고, 그 이전에 발기인 또는 이사에게 반환하더라도 회사에 대항하지 못한다고 본다. 그리고 납입금을 보관한 금융기관은 그 증명한 보관금액에 대하여는 납입의 부실이나 그 금액의 반환에 관한 제한이 있음을 이유로 하여 회사에 대항하지 못한다(제318조). 예컨대, 발기인이 납입취급은행과 공모하여 그 은행으로부터 금전을 차입하여 납입금에 충당하고 회사성립 후에는 차입금을 변제하지 않고는 납입금을 인출하지 않겠다는 것을 그 은행과 약정하는 경우, 회사성립 후 발기인이 그 차입금을 변제하지 않고서 납입금을 인출하려고 하더라도 은행으로서는 그에 대항할 수 없다는 것이다. 이것은 '假裝納入에 의한 會社設立'을 방지하려는 것이며, 가장납입행위의 관계자는 5년 이하의 징역 또는 1,500만원 이하의 벌금에 처하게 된다(제628조 제1항).

한편 발기인이 선의의 제3자 또는 납입취급은행으로부터 아무런 공모 없이 납입금 전액을 차입하여 현실적으로 납입을 한 다음 회사가 성립된 후에 즉시 납입금을 인출하여 차입금을 반환하는 경우가 있는데, 이 때에는 현실적으로 납입이 되었었다는 점과, 발기인의 주관적 의도를 문제삼는 것은 단체법에서는 타당하지 않다는 점을 이유로 유효한 납입이 있는 것으로 보아야 한다는 학설이 있으나,[1] 이를 유효라고 한다면 회사의 자본충실은 거의 기대할 수 없을 뿐만

---

1) 徐燉珏(上) 306면; 大判 1966. 10. 21, 66 다 1482; 大判 1983. 5. 24, 82 누 522; 大判 1985. 1. 29, 84 다카 1823 · 1824; 大判 1994. 3. 28, 93 마 1916; 大判 1997. 5. 23, 95 다 5790.

아니라, 강행법규에 대한 탈법행위이며 또 실질적으로도 납입이 없는 결과가 되므로 무효라고 생각한다.[1] 이 때에도 발기인은 納入假裝罪(제628조 제1항), 特別背任罪(제622조)의 처벌을 받으며, 동시에 납입이 완료된 것처럼 등기공무원에게 허위신고를 하여 등기를 신청함으로써 公正證書原本不實記載罪(刑 제228조 제1항)와 同行使罪(刑 제229조)의 처벌을 받는다.[2] 다만 업무상 횡령죄의 처벌은 받지 않는다.[3]

(2) 現物出資의 履行

현물출자의 이행에 관하여는 발기설립의 경우에 준한다(제305조 제3항, 제295조 제2항). 舊法에서는 설립시의 현물출자는 발기인만이 이를 할 수 있었으나 1995년 개정상법에 의하여 발기인뿐만 아니라 일반 주식인수인도 이를 할 수 있게 되었다(제294조 삭제).

(3) 失權節次

주식인수인이 주금액을 납입하지 않을 때에는 소송을 통한 강제집행의 방법으로 이를 이행하도록 하여야 하겠으나, 많은 주식인수인에게 그와 같은 조치를 취한다는 것이 현실적으로 어렵기 때문에 상법은 간편한 절차에 의하여 이행지체에 빠진 주식인수인의 권리를 박탈할 수 있는 제도를 두었다. 즉, 발기인은 납입을 해태한 주식인수인에게 소정의 失權豫告附納入催告를 하고(제307조 제1항), 그래도 납입을 하지 않아 실권을 하면 그 주식에 대한 주주모집을 할 수 있으며(제307조 제2항), 만약 손해가 있으면 실권한 주식인수인에게 손해배상청구도 할 수 있도록 하였다(제307조 제3항).

현물출자자에 대하여는 이와 같은 실권절차를 취할 수 없다(통설). 현물출자의 경우는 실권을 인정하더라도 타인으로부터 동일한 물건의 확보가 용이하지 않기 때문이다. 따라서 현물출자의 경우에는 강제집행의 방법에 의할 수밖에 없다.

---

1) 孫珠瓚(上) 586면; 李炳泰(上) 468면; 鄭煕喆・鄭燦亨(上) 540면; 崔基元(會) 327면.
2) 大判 1986. 8. 19, 85 도 2158; 大判 1986. 9. 9, 85 도 2297; 大判 2004. 6. 17, 2003 도 7645.
3) 大判 2004. 6. 17, 2003 도 7645.

3. 設立經過의 調査

정관에 변태설립사항이 기재된 때에만, 발기인은 이에 관한 조사를 하기 위하여 검사인의 선임을 법원에 청구하고(제310조 제1항), 검사인은 조사보고서를 창립총회에 제출하여야 한다(제310조 제2항). 그러나 이 경우에도 발기설립의 경우와 같이 이사는 공증인 · 감정인의 조사 · 보고로 검사인의 조사 · 보고를 갈음할 수 있다(제310조 제3항, 제299조의 2).

4. 創立總會의 召集

(1) 創立總會의 意義

창립총회(Konstituierende Hauptversammlung, organization meeting)는 주식인수인으로 구성되는 설립 중의 회사의 의결기관이며, 주주총회의 전신이다.

(2) 創立總會의 召集 · 決議

출자의 이행이 끝나면 발기인은 지체없이 창립총회를 소집하여야 한다(제308조 제1항). 창립총회의 소집절차 · 의결권 · 의사록 · 결의의 하자 등에 관해서는 주주총회에 관한 규정이 준용된다(제308조 제2항). 다만 그 결의방법은 엄격하여 출석한 주식인수인의 의결권의 3분의 2 이상이며, 동시에 인수된 주식총수의 과반수에 해당하는 다수로써 하여야 한다(제309조). 이 규정은 신설합병의 경우에도 준용된다(제527조 제3항).

(3) 創立總會의 權限

창립총회는 최고만능의 意思決定機關이므로 그 권한은 회사설립에 관한 모든 사항에 미치지만, 상법이 특히 규정을 둔 것은 다음과 같다. 즉, ① 회사창립사항(주식의 인수 · 납입에 관한 제반상황, 변태설립사항에 관한 실태)에 관한 발기인의 서면보고를 받고(제311조), ② 이사와 감사를 선임하고(제312조), ③ 이사와 감사의 보고서에 의거한 설립경과의 조사를 하며(제313조), ④ 변태설립사항을 변경할 수 있고(제314조), ⑤ 정관변경 또는 설립폐지의 결의도 할 수 있다(제316조).

≪發起設立과 募集設立의 差異≫

발기설립과 모집설립의 차이점을 몇 가지 열거하면 다음과 같다.

(i) **株式의 引受·納入:** 발기설립의 경우는 설립시에 발행하는 주식 전부를 발기인이 인수하여야 하고, 납입해태의 경우 인수인은 일반채무불이행책임을 지는 데 대하여 모집설립의 경우에는 주식의 일부만 발기인이 인수하고 나머지는 주주를 모집하며, 納入懈怠의 경우에도 법정의 失權節次가 마련되어 있다.

(ii) **創立總會 및 理事·監事의 選任:** 발기설립의 경우에는 창립총회가 필요없으며, 이사·감사는 발기인의 의결권의 과반수로 선임하나, 모집설립에 있어서는 반드시 창립총회가 있어야 하며, 이사·감사의 선임은 창립총회에 출석한 주식인수인의 의결권의 3분의 2 이상이며 인수된 주식총수의 과반수에 해당하는 다수로써 선임한다.

(iii) **變態設立事項의 調査:** 발기설립의 경우나 모집설립의 경우 다 같이 변태설립사항이 있으면 법원이 선임한 검사인의 조사를 받아야 한다. 다만 발기설립의 경우는 검사인은 변태설립사항과 현물출자의 이행에 관한 사항을 조사하여 법원에 보고하여야 하고 법원은 부당하다고 인정되는 변태설립사항을 변경할 수 있다. 모집설립의 경우에는 검사인은 변태설립사항에 관하여 조사를 하고, 그 조사보고서를 창립총회에 제출한다. 창립총회는 부당하다고 인정되는 변태설립사항을 변경할 수 있다. 기타 주식총수에 대한 인수의 정확여부 및 납입과 현물출자의 이행의 정확여부는 이사와 감사가 조사하여 창립총회에 보고한다.

(iv) **原始定款의 變更:** 발기설립에 있어서는 발기인 전원의 동의와 공증인의 인증이 필요하다. 모집설립에 있어서는 창립총회의 결의만 있으면 된다.

Ⅵ. 株式會社의 設立登記

1. 登記節次

회사의 실체형성절차가 끝나면, 이사는 그 날로부터(발기설립의 경우에는 설립경과조사종료일, 모집설립의 경우에는 창립총회종결일 또는 변태설립사항의 변경이 종료된 날로부터) 2주 내에 본점소재지에서, 상법 제317조 제2항에서 규정한 사항의 등기를 신청하여야 한다(제317조 제1항).

지점설치등기에 관하여는 합명회사의 경우의 특별규정을 주식회사의 경우에도 준용하고 있다(제317조 제4항). 따라서 회사설립과 동시에 지점을 설치하는 경우에는 설립등기 후 2주 내에 지점소재지에서 등기사항(다른 지점의 소재지를 제외한다)을 등기하여야 하고(제181조 제1항), 회사설립 후에 지점을 설치하는 경우에는 본점소재지에서는 2주 내에 그 지점소재지와 설치년월일을 등기하고, 그 지점소재지에서는 3주 내에 등기사항(다른 지점의 소재지는 제외한다)을 등기하여야 한다(제181조 제2항).

설립등기를 게을리한 때에는 이사는 500만원 이하의 과태료의 제재를 받는다(제635조 제1항 제1호).

(1) 本店의 登記事項

등기사항은 ① 목적, ② 상호, ③ 발행예정주식총수, ④ 1주의 금액, ⑤ 본점의 소재지, ⑥ 공고방법, ⑦ 자본의 총액, ⑧ 발행주식의 총수, 그 종류와 각종주식의 내용과 수, ⑨ 주식의 양도에 관하여 이사회의 승인을 얻도록 한 때에는 그 규정, ⑩ 주식매수선택권을 부여하기로 정한 때에는 그 규정, ⑪ 지점의 소재지, ⑫ 회사의 존립기간 또는 해산사유를 정한 때에는 그 기간 또는 사유, ⑬ 건설이자배당에 관하여 정한 때에는 그 규정, ⑭ 주식의 이익소각에 관하여 정한 때에는 그 규정, ⑮ 전환주식을 발행한 때에는 그 전환절차에 관한 규정, ⑯ 이사와 감사의 성명·주민등록번호, ⑰ 대표이사의 성명·주민등록번호 및 주소, ⑱ 공동대표이사를 정한 때에는 그 규정, ⑲ 명의개서대리인을 둔 때에는 그 상호 및 본점소재지, ⑳ 감사위원회를 설치한 때에는 감사위원회 위원의 성명 및 주민등록번호이다(제317조 제2항).

(2) 支店의 登記事項

1995년 개정법에서 지점의 등기사항은 본점의 등기사항 중 중요한 몇 가지만을 등기하도록 축소하였다. 즉, 본점의 등기사항 중 위 ①, ②, ③, ④, ⑤, ⑥, ⑫, ⑰ 및 ⑱에 열거한 사항만을 등기하면 된다(제317조 제3항).

(3) 本·支店의 移轉登記

본·지점의 이전등기에 관하여도 합명회사의 경우의 특별규정을 준용하고 있다(제317조 제4항). 즉, 회사가 본점을 이전하는 경우에는 2주 내에 구소재지에서는 신소재지와 이전년월일을, 신소재지에서는 소정의 등기사항을 등기하여야 한다(제182조 제1항).

회사가 지점을 이전하는 경우에는 2주 내에 본점과 구지점소재지에서는 신지점소재지와 이전년월일을 등기하고, 신지점소재지에서는 소정의 등기사항을 등기하여야 한다(제182조 제2항).

(4) 變更登記

등기사항에 변경이 있으면 본점소재지에서는 2주 내에, 지점소재지에서는 3주 내에 변경등기를 하여야 한다(제317조 제4항, 제183조).

2. 登記의 效果

(1) 株式會社의 成立

설립등기를 함으로써 회사가 성립한다(제172조). 상법 제172조는 등기의 효력에 관한 상법 제37조의 예외적인 규정으로서, 이 경우에는 상대방의 선의·악의를 불문하고 등기하지 아니하는 한 회사의 성립이 인정되지 않는다.

회사가 성립되면 發起人組合과 설립 중의 회사는 소멸하고, 발기인을 통하여 설립 중의 회사에 總有的으로 귀속되어 있던 권리의무는 당연히 회사에 귀속한다. 주식인수인은 주주가 된다.

(2) 特別한 效果

설립등기를 하면 ① 주식인수의 무효 또는 취소의 제한(제320조), ② 權利株讓渡制限(제319조)의 解消, ③ 주권발행의 허용(제355조 제1항), ④ 상호권의 발생 등 특별한 효과가 생긴다.

Ⅶ. 株式會社設立의 無效

1. 設立瑕疵의 規制

(1) 設立瑕疵의 意義

회사설립의 하자란 회사가 설립등기를 하여 외관상 유효하게 성립하였으나(제172조), 그 설립절차에 결함이 있는 것을 말한다. 따라서 회사설립의 하자는 '會社의 不成立'(설립절차에 착수했다가 중도에 좌절되어 회사가 설립등기를 하지 못한 경우)이나 '會社의 不存在'(설립절차를 밟지 않고 설립등기만이 되어 있는 경우)와는 구별된다.

(2) 規制理由

주식회사의 설립절차는 복잡하여 하자가 생기기 쉬운데다 이해관계인이 많으므로 법적 생활의 안정을 기하기 위해서는 모든 법률관계를 획일적으로 해결하고 기존의 법률관계를 보호할 필요가 있다. 따라서 상법은 그 하자의 주장방법을 설립무효의 소로써만 주장하게 제한하고, 제소권자 · 제소기간 · 소의 절차 · 판결의 효과 등에 관하여도 일반 민사소송의 경우와는 다른 특별규정을 두고 있다.

2. 無效原因

주식회사의 설립무효의 원인에 관한 상법의 규정은 없으므로 해석론으로써 그 범위를 확정하여야 하는데, 주식회사는 전형적인 자본단체라는 특질에 비추어 객관적 하자만을[1] 무효원인으로 한다. 즉, 설립절차가 강행법규나 주식회사

1) 객관적 하자란 사원의 주관적 사유와는 관계없는 하자를 말하며, 주관적 하자란 사원의 주관적 사유에 기인한 것, 즉 의사표시상의 하자(예컨대, 의사무능력자의 출자인수행위, 사기 · 강박으로 인한 출자인수행위)를 말한다.

물적 회사인 주식회사에서는 주주의 개성이 중시되지 않으므로 특정주식인수인의 인수취소는 회사의 재산적 기초를 위태롭게 하지 않는 한 발기인의 인수담보

의 본질에 반하는 경우[예컨대, 정관의 결함(제289조, 제292조), 설립등기의 무효(제317조) 등]이다.

3. 訴의 提起

설립무효의 원인이 있는 경우에는 濫訴를 방지하기 위하여 株主·理事 또는 監事에 한하여 회사성립의 날로부터 2년 내에 회사를 상대로 하여 설립무효의 訴를 제기할 수 있다(제328조 제1항). 2년의 기간은 제척기간이다. 법원이 선임한 假理事(제386조 제2항), 의결권 없는 주식을 가진 주주, 회사가 성립한 후에 주주가 된 자도 원고가 될 수 있다. 이사가 원고인 때에는 감사가 회사를 대표한다(제394조 제1문). 獨占規制法(제7조, 제8조, 제12조)에 위반하는 회사설립의 경우는 공정거래위원회가 설립무효의 소를 제기할 수 있다(同法 제16조 제2항). 소의 성질은 形成의 訴이다.

소가 제기된 때에는 회사는 지체없이 이를 공고하여야 한다(제328조 제2항, 제187조).

4. 訴의 節次

설립무효의 소는 회사의 본점소재지의 지방법원의 관할에 전속한다(제328조 제2항, 제186조).

법원은 수개의 소가 제기된 때에는 이를 倂合審理하여야 하고(제328조 제2항, 제188조), 심리 중에 원인이 된 하자가 보완되고 회사의 현황과 제반사정을 참작하여 설립을 무효로 하는 것이 오히려 부적당하다고 인정될 때에는 그 청구를 기각할 수도 있다(제328조 제2항, 제189조).

책임에 의하여 塡補되므로 설립의 무효원인이 되지 않는다. 따라서 사원의 주관적 하자에 기인한 設立取消의 訴도 주식회사에서는 인정되지 않는다.

5. 判決의 效果

(1) 原告勝訴의 경우

원고가 승소하여 설립무효의 판결이 확정되면 그 판결의 효력은 당사자 이외의 제3자에게도 획일적으로 미친다(제328조 제2항, 제190조 본문)(對世的 效力).

또 설립무효판결의 효력은 소급하지도 아니한다. 따라서 설립무효의 확정이 판결확정 전에 생긴 회사와 사원 및 회사와 제3자 간의 권리의무에 영향을 미치지 않는다(제328조 제2항, 제190조 단서). 이것은 기존법률관계를 보호하기 위한 것인데, 이른바 '事實上의 會社'(faktische Gesellschaft)를[1] 인정한 것이다. 사실상의 회사를 정리하기 위해서는 해산의 경우에 준하여 청산절차를 밟아야 한다(제328조 제2항, 제193조 제1항). 이 때는 법원은 사원 기타 이해관계인의 청구에 의하여 청산인을 선임할 수 있다(제328조 제2항, 제193조 제2항).

무효판결이 확정된 때에는 본점과 지점소재지에서 등기하여야 하는데(제328조 제2항, 제192조), 이 때는 受訴法院이 등기소에 등기를 촉탁한다(非訟 제98조).

(2) 原告敗訴의 경우

원고가 패소한 경우에는 원고에게 악의 또는 중대한 과실이 있는 경우에 한하여 소의 제기로 인하여 회사가 입은 손해에 대하여 연대하여 배상책임을 진다(제328조 제2항, 제191조).

원고패소판결의 효력은 민사소송법의 일반원칙에 따라 당사자 간에만 미친다. 따라서 다른 제소권자는 다시 소를 제기할 수 있다.

Ⅷ. 株式會社設立에 관한 責任

1. 序　　說

주식회사의 설립에 준칙주의를 취한 결과 설립절차에 과오나 부정이 개재하

---

1) 사실상의 회사의 법률관계에 관하여는 李範燦 例解(上) 334면 이하 참조.

기 쉽고, 한편 이해관계인이 많아 그 미치는 영향이 크다. 그러므로 상법은 發起人・理事・監事・檢査人・類似發起人・納入金保管者(제318조) 등 설립관여자에게 엄격한 민사책임을 지울 뿐만 아니라, 형사책임과 행정벌인 과태료의 제재를 가하고 있다(제622조, 제625조, 제628조, 제635조).

2. 發起人의 責任

(1) 會社成立의 경우

(가) 會社에 대한 責任

(a) **資本充實責任**: 발기인(이었던 자)은 資本充實을 목적으로 하는 引受・納入의 擔保責任을 진다. 즉, 회사설립시에 발행하는 주식 중에서 회사성립 후에 아직 인수하지 아니한 주식이 있거나, 주식인수의 청약이 취소된 때에는 발기인이 이를 공동으로 인수한 것으로 본다(제321조 제1항)(引受擔保責任). 그리고 회사성립 후에 납입을 완료하지 아니한 주식이 있는 때에는 발기인이 연대하여 그 납입을 하여야 한다(제321조 제2항)(納入擔保責任).

이 책임은 자본단체로서의 주식회사의 자본충실을 기함은 물론, 특히 일부주식의 인수 또는 납입의 흠결로 인해 회사설립이 무효가 되는 불합리한 결과를 제거하기 위하여, 법이 특별히 정한 '발기인 전원의 無過失連帶責任'이다.

그러나 발기인의 자본충실책임은 보충적인 것이므로 인수나 납입의 흠결이 발행주식총수에 비해서 현저하게 커서, 회사자본의 충실이나 사업의 수행에 장애를 줄 만한 경우에는 발기인의 담보책임으로 보완될 수 없고 설립무효의 원인이 된다.[1] 현물출자의 경우에는 그 자체가 개성적・통일적 성격을 지니고 있으므로 발기인의 담보책임을 인정할 수 없다.

어느 발기인이 인수담보책임을 져서 납입까지 한 경우에는 다른 발기인에게 각자의 부담부분에 따라서 구상권을 행사할 수 있다(民 제425조 제1항). 또 납입담보책임을 지는 경우 발기인이 주주가 되지는 않으나 주주에 대해서 회사의 納入請求權을 代位할 수 있고 회사로부터 주권을 교부받아 유치권을 행사할 수 있다(民 제481조・제484조 제1항).

---

1) 徐燉珏(上) 312면; 孫珠瓚(上) 597면; 鄭熙喆・鄭燦亨(上) 550면; 崔基元(會) 341면.

(b) **損害賠償責任**: 발기인이 회사의 설립에 관하여 그 의무를 해태한 때에는 그 발기인은 회사에 대하여 연대하여 손해배상책임을 진다(제322조 제1항).[1] 이 책임은 법이 특별히 인정한 과실책임으로서 임무를 해태한 발기인만이 연대책임을 진다. 여기서 발기인의 임무는 법정된 것 뿐만 아니라 회사의 설립에 필요한 모든 행위를 포함한다. 그리고 손해배상의 범위는 상당인과관계가 있는 모든 손해이다.

(c) **責任의 追窮**: 발기인이 資本充實責任과 손해배상책임을 지는 경우에는 소수주주는 회사를 위하여 발기인에 대한 代表訴訟을 제기할 수 있다(제324조, 제403조~제406조). (대표)이사가 책임을 추궁할 수 있음은 물론이다. 발기인의 자본충실책임은 총주주의 동의로도 면제할 수 없으나, 손해배상책임은 이사의 경우와 같이 총주주의 동의로써 면제할 수 있다(제324조, 제400조). 그리고 발기인의 책임은 회사의 성립시로부터 10년의 시효기간의 경과로 소멸한다.

(나) **第三者에 대한 責任**

발기인이 악의 또는 중대한 과실로 인하여 그 임무를 해태한 때에는 그 발기인은 제3자에 대하여도 직접 연대하여 손해배상책임을 진다(제322조 제2항). 이것은 이사의 제3자에 대한 손해배상책임(제401조)과 같은 취지로서, 발기인의 기관적 지위와 담당사무의 복잡성을 고려하여 경과실의 경우에는 책임을 면제하고 있다는 점에서 일반불법행위의 경우보다 책임이 경감되는 반면, 악의 또는 중과실은 발기인의 임무해태에 관하여 있으면 되고 직접 제3자에 대한 위법성은 존재할 필요가 없다는 점에서는 발기인의 책임이 가중되고 있다.

여기서 제3자란 설립 중의 회사와 거래한 상대방・주식인수인・주주 등 회사 이외의 모든 자를 가리킨다. 그러나 회사가 손해를 입고 그 결과 주가의 하락 등으로 인하여 간접적인 손해를 입은 주주는 이에 포함되지 않는다고 본다(상세한 것은 이사의 책임부분으로 미룬다).

또 동일원인으로 이사・감사도 책임을 질 때에는 발기인은 이들과 연대하여 책임을 진다(제323조). 이 책임 역시 제3자를 충분히 보호하기 위하여 상법이 인정한 특별책임이다. 따라서 일반 불법행위책임과 경합될 수 있다.

---

1) 大判 1989. 9. 12, 89 누 916.

(2) 會社不成立의 경우

회사가 성립하지 못한 경우에, 발기인은 회사의 설립을 위하여 한 행위에 대해서 연대하여 책임을 진다(제326조). 따라서 주식인수인에 대해 원상회복의 의무(예컨대, 납입금이나 청약증거금의 반환, 현물출자의 목적물의 반환)를 지고 설립비용을 부담하게 된다.

이 책임은 설립 중의 회사가 성립한 이상 발기인만의 개인적 책임이 될 수는 없으나, 발기인의 경솔한 회사설립행위를 막기 위하여 상법이 특별히 인정한 것으로서, 발기인 전원의 연대책임이고, 과실의 유무를 불문한다.

3. 理事·監事의 責任

이사 또는 감사는 설립경과의 調査報告任務(제313조 제1항)를 해태하여 회사나 제3자에게 손해를 입힌 경우에는 연대하여 그 배상책임을 진다. 이 때 발기인도 책임을 지면 발기인과도 연대하여 책임을 진다(제323조).

이사 또는 감사의 제3자에 대한 손해배상책임은 발기인의 경우와의 균형상 악의 또는 중과실을 요건으로 한다고 본다.[1] (대표)이사가 이사·감사에 대한 책임을 추궁할 수 있음은 물론이고, 소수주주권자도 대표소송(제403조)에 의하여 추궁할 수 있고, 총주주의 동의에 의하여 면제할 수 있다.

4. 檢査人의 責任

검사인이 악의 또는 중대한 과실로 인하여 그 임무를 해태한 때에는 회사 또는 제3자에 대하여 손해배상책임을 진다(제325조).

1) 李炳泰(上) 487면; 李泰魯·李哲松(會) 256면; 鄭東潤(會) 159면; 鄭熙喆·鄭燦亨(上) 554면; 崔基元(會) 348면.

5. 類似發起人의 責任

유사발기인, 즉 株式請約書 기타 株式募集에 관한 書面에 성명과 회사설립에 찬조하는 뜻을 기재할 것을 승낙한 자는 금반언의 법리에 의하여 발기인과 '동일한 책임'을 진다(제327조). 이 책임은 유사발기인을 신뢰하고 주주모집에 응한 주식인수인을 보호하기 위하여 특별히 인정한 책임이다. 발기인과 동일한 책임이라고는 하나, 이들은 발기인으로서의 직무권한이 없기 때문에 설립에 관한 임무의 해태로 인한 책임은 있을 수 없다.[1] 따라서 ① 회사성립의 경우의 資本充實責任과, ② 회사불성립의 경우의 주식인수인에 대한 原狀回復義務만을 질 뿐이다.

회사성립의 경우 유사발기인의 자본충실책임은 소수주주의 대표소송으로 추궁할 수 있고, 이 책임은 총주주의 동의로도 면제되지 않는다. 그리고 회사가 성립하지 않은 경우에 유사발기인은 주식인수인 이외의 자에 대하여는 책임이 없다.[2]

6. 公證人·鑑定人의 責任

공증인·감정인이 법원이 선임하는 검사인의 조사에 갈음하여 變態設立事項을 조사·평가하는 경우와 공증인이 회사설립경과를 조사하는 경우 그 임무를 해태한 때에 이들의 손해배상책임에 관하여는 상법상 명문규정이 없다. 그러나 공증인·감정인과 회사와의 관계는 위임관계이므로 이들이 위의 임무를 수행하면서 善良한 管理者의 注意義務를 다하지 못한 경우에는 이사·감사의 손해배상책임규정(제323조)을 유추적용하여야 한다고 본다.

---

1) 徐燉珏(上) 316면; 孫珠瓚(上) 606면; 李炳泰(上) 488면; 鄭熙喆·鄭燦亨(上) 555면; 崔基元(會) 349면.

2) 徐燉珏(上) 316면; 崔基元(會) 350면. 反對說: 孫珠瓚(上) 606면.

제3절 株式과 株主

Ⅰ. 株式의 意義

주식(Aktie, share, stock)이란 용어에는 법률상 두 가지 뜻이 있다. 그 하나는 자본의 구성분자로서의 주식이고, 다른 하나는 주주의 지위, 즉 주주권으로서의 주식(株式社員權說)이다. 물론 주식이란 말이 때로는 주주권을 표창하는 유가증권 자체를 의미하기도 하나, 이것은 통속적인 용례이고 상법은 이를 '株劵'으로 표현하고 있다(제335조 제2항, 제336조).

상법은 주금액의 최저한을 법정하여 1주의 금액을 100원 이상으로 하였고(제329조 제4항), 모든 주식은 금액으로 표시하되(額面株) 그 금액은 균일하여야 한다(제329조 제3항)고 규정하고 있다. 따라서 발행주식의 액면총액이 자본이 되는데(제451조), 다만 정관의 규정에 의한 株式消却의 경우(제343조 제1항 단서)와 주주총회 결의에 의한 주식소각(제343조의 2)의 경우 및 상환주식의 상환의 경우(제345조)에는 발행주식의 액면총액과 자본액이 일치하지 않는 예외의 경우가 된다. 이들 경우에는 消却의 財源이 資本이 아니라 利益이기 때문이다.

이와 같이 주식회사의 자본을 주식으로 세분화하는 이유는 일반대중이 주식회사에 쉽게 참여할 수 있게 함으로써 대자본의 형성을 용이하게 하고, 사원의 지위를 증권화하여 유통을 가능케 함으로써 투하자본의 회수를 용이하게 하여, 다수의 주주에 대한 집단적 법률관계의 처리를 간명하게 하기 위한 것이다. 따라서 주식회사의 주주는 사원이 한 개의 지분을 갖는(持分單一主義) 합명회사의 사원과는 달리 복수의 지분을 갖는다(持分複數主義).

출자의 기본단위인 주식은 더 이상 세분할 수는 없으나(株式不可分의 原則), 1개의 주식을 數人이 공유할 수는 있다(제333조). 주식공유의 법률관계에 관하여는 민법의 共有에 관한 규정(民 제262조 내지 제270조)이 준용된다(民 제278조). 數人이 공동으로 주식을 인수한 경우 연대하여 납입할 책임이 있고(제333조 제1항), 공유자는 주주의 권리를 행사할 자 1인을 정하여야 하며(제333조 제2항), 권리를 행사할 자가 없는 때에는 회사의 공유자에 대한 통지나 최고는 그 중 1인에 대하여 하면 된다(제333조 제3항).

또한 주주총회의 특별결의에 의하여 최저액면금액 100원을 단위로 주식을 분할할 수 있으며(제329조의 2), 자본감소의 한 방법으로 주주총회의 특별결의에 의하여 주식을 병합할 수도 있다(제400조 내지 제444조 참조). 주식의 분할에 관하여는 주식의 병합에 관한 규정이 준용된다(제329조의 2 제3항).

≪株式의 性質에 관한 學說≫

주식이 표창하는 것이 무엇이냐에 관하여는 종래 물권설, 채권설도 있었으나, 대체로 社員權(株主權)으로 보는 견해와 사원권임을 부인하는 견해로 나누어지고 있다. 우리 나라에서는 주식사원권설이 통설이다.

(가) 株式社員權說(株主權說)

주식사원권설은 사원인 주주가 갖는 여러 가지 종류의 自益權, 共益權 및 출자의무가 개별적이고, 순수하게 채권적인 것이 아니라, 주주가 회사관계에서 갖는 하나의 지위, 즉 '사원으로서의 지위' 속에 포함되는 것이라고 한다.

(나) 社員權否認說

① 單一株主地位說은 주주가 사원으로서 갖는 여러 가지 권리는 그 성격이 각각 다른 점, 특히 공익권은 주주가 기관의 자격에서 갖는 '권한' 이지 권리가 아니란 점을 들어 공익권을 사원의 지위의 내용에서 배제한다. 즉, 주식은 자익권 발생의 기초가 되는 사원의 지위를 의미한다고 한다.

② 株式債權說은 주식은 이익배당의 청구를 목적으로 하는 조건부채권이고, 공익권은 원시적으로 부여되는 인격권(공권)으로서 주식 속에 포함되지 않는다고 하여, 역시 사원권을 부인한다.

③ 株式會社財團說은 주식회사를 영리재단법인으로 보고, 주식은 이익·이자배당 및 잔여재산분배청구권 등을 내용으로 하는 순수한 금전채권이라고 하면서, 이 권리는 양도될 수 있으나, 기타의 자익권 및 공익권은 주주의 의사와 관계없이 주주의 이익을 보호하기 위한 주식법상의 권리로서 양도성이 없다고 한다.

(다) 私見(株式社員權說)

생각건대, 공익권은 회사의 실질적인 소유자인 주주가 자신의 정당한 경제적 이익을 확보하기 위한 권리로서, 그 행사의 효과가 회사 전체에 미치기는 하나 회사의 이익만을 위해서 행사되어야 하는 것은 아니고, 공익권의 권리성은 당연히 인정되어야 한다.

또 주식이 경제적으로는 채권화하는 경향이 있음을 부정할 수는 없다. 그러나 주식이란 투자자인 주주에게 투자액에 따른 企業支配(資本的 民主主義)의 가능성을 보장해 줌으로써 주식회사의 인적 요소와 물적 요소를 융합시켜 주는 법기술적 제도이다. 따라서 주주는 당연히 수익에 대한 期待權(自益權)과 이를 확보하기 위하여 기업경영에 관여할 수 있는 권리(共益權)를 갖는 것이다. 자익권을 금전채권시하거나 공익권을 주식의 내용으로부터 배제하는 것은 타당치 않다고 본다.

Ⅱ. 株式의 種類

1. 株式의 多樣性

상법이 주식의 유형을 다양하게 한 것은 그 유형에 따른 利害·長短을 고려하여 자유로이 선택할 수 있는 여지를 투자자에게 줌으로써, 결과적으로 회사의 자금조달의 편의를 도모하기 위한 것이다. 그러나 내용이 다른 여러 가지 주식을 발행한다는 것은 주주평등의 원칙에 대한 예외를 인정하는 것이므로 여러 면으로 엄격한 규제를 받게 된다.

2. 株式의 分類

주식은 ① 주권과 주주명부에 주주의 성명이 기재되는가 않는가에 따라 記名株式과 無記名株式으로, ② 1주의 금액이 결정되고 주권에 기재되는가 않는가에 따라 額面株式과 無額面株式으로, ③ 신주발행시 주식의 취득을 위하여 주금을 납입시켜서 발행하는가 그렇지 않는가(예컨대, 자산재평가적립금이나 준비금의 자본전입의 경우)에 따라 有償株와 無償株로, ④ 회사가 당해 영업년도 전에 발행한 주식인가 당해 영업년도 중에 발행한 주식인가에 따라 舊株와 新株로 나눌 수 있고, 이 밖에도 ⑤ 1주 미만의 주식인 端株의 개념을 인정할 수 있다.

≪無額面株式≫

우리 상법은 제329조 제4항에서 1주의 금액은 100원 이상으로 하여야 한다고 정하고 있으므로 상법은 액면주식만 인정할 뿐 무액면주식의 발행은 인정하지 않는다. 다만 자본시장법에 의하여 설립되는 투자회사의 경우에는 무액면주식의 발행이 허용된다(同法 제196조). 무액면주식(nennwertlose Aktie, Quotenaktie, non parvalue share)이란 정관과 주권에 1주의 금액을 표시하지 않고 주식의 수만을 기재하거나, 정관과 주권에 금액 대신 자본금에 대한 비율을 기재한 주식을 말한다.

무액면주식은 기준액이 없으므로 주식을 발행할 때마다 발행가액을 정하여야 하고, 발행가액의 전액을 자본에 계입함이 원칙이나, 그 일부는 자본준비금으로 계입할 수도 있다. 무액면주식을 발행하면 자본충실을 해할 우려가 있고 주식사기에 악용될 소지가 있다. 그러나 무액면주식은 ① 권면액이 없으므로 권면액을 기준으로 한 할인발행(제330조)의 문제가 없어 자본조달이 쉽고, ② 주식의 가치를 액면과 비교하는 관념을 없애 주며, ③ 액면가를 기준으로 한 배당률에 대한 논쟁을 피할 수 있고, ④ 신주를 발행하지 않고서도 증자를 할 수 있으며, ⑤ 資本減少와 株式分割이 용이하고, ⑥ 신주발행에 있어 액면초과금에 대한 문제가 없다는 등의 장점도 있다.

3. 株式의 種類

위에서 본 바와 같이 株式은 그 분류기준에 따라 여러 가지로 나눌 수 있겠으나, 상법상의 주식의 종류는 그 재산적 내용에 따라서 普通株·優先株·後配株·混合株로 나눌 수 있고(수종의 주식), 또 수종의 주식에 부가된 특성에 따라서 償還株式·轉換株式·無議決權株式으로 나눌 수 있다(특수한 주식).

(1) 數種의 株式

회사는 주주평등의 원칙의 예외로서 주주권의 내용이 서로 다른 數種의 주식을 발행할 수 있다(제344조 제1항). 이는 주식회사의 자금조달을 용이하게 하기 위하여 인정된 것이다. 수종의 주식의 발행에 관한 사항은 정관의 상대적 기재사항으로서, 회사가 수종의 주식을 발행하려면 原始定款 또는 변경된 정관에 각종의 주식의 내용 및 수에 관한 정함이 있어야 한다(제344조 제2항, 제291조 제1호, 제317조 제2항 제3호). 정관에 수종의 주식의 발행에 관한 규정을 둔 때에는 주식청약서, 신주인수권증서, 신주인수권증권에도 그 내용을 기재하여야 하며(제302조 제2항 제4호, 제420조의 2 제2항 제3호, 제516조의 2 제2항 제2호), 이를 발행한 때에는 주주명부와 주권에도 기재하고(제352조 제1항 제2호, 제356조 제6호) 등기하여야 한다(제317조 제2항 제3호).

회사가 수종의 주식을 발행한 경우에는 정관을 변경함으로써 어느 종류의 주주에게 손해를 미치게 될 때(제435조 제1항), 신주의 인수, 주식의 병합·분할·소각 또는 주식교환, 주식이전,[1] 회사의 합병·분할·분할합병으로[2] 인한 주식의 배정에 관하여 주식의 종류에 따라 특수한 정함을 하는 경우(제436조 전단, 제344조 제3항) 또는 주식교환, 주식이전 및 회사의 합병·분할·분할합병으로 인하여 어느 종류의 주주에게 손해를 미치게 될 때(제436조 후단, 제530조의 3 제5항)에는 그에 관한 이사회 또는 주주총회의 결의 외에 종류주주총회의 결의를 거쳐야 한다.

수종의 주식 중 ① 보통주(Stammaktie, common share)란 회사가 재산적 내용(利益·利子의 配當 또는 殘餘財産의 分配)에 있어서 차등 있는 수종의 주식을 발행하는 경우에, 그 표준이 되는 주식을 말한다. ② 우선주(Vorzugsaktie, preference share, action de priorité)란 재산적 내용에 있어서 보통주보다 우선적 지위가 인정된 주식을 말하며, 이익배당우선주가 일반적으로 이용된다. 이익배당우선주에 관하여는 정관으로 最低配當率을 정하여야 한다(제344조 제2항). 우선주는 다시 그 우선권의 내용에 따라서 여러 가지로 분류되는데, 우선권의 존속기간이 한정되어 있는 것이 있는가 하면, 우선배당의 참가방법도 각양각색이다. 즉, 정관에 정한 우선적 배당을 받고 잔여미처분이익이 있을 때 그에 대하여도 보통주와 함께 일정한 비율에 의한 배당에 참가할 수 있는 參加的 優先株(participating share), 정관소정의 배당만 받고 잔여이익은 모두 보통주에 배당되는 非參加的 優先株(non-participating share), 특정년도의 배당액이 정관에서 정한 우선배당률에 미달하는 때 그 부족액을 후년도의 이익으로부터 우선적으로 배당받을 수 있는 배당추징권이 인정되는 累積的 優先株(cumulative share),

1) 법문에는 주식교환, 주식이전의 경우가 누락되어 있으나, 주식교환, 주식이전으로 인한 주식의 배정에 관하여 주식의 종류에 따라 특수한 정함을 하는 경우도 종류주주총회를 거쳐야 할 것으로 본다.

2) 법문에는 분할합병이 누락되어 있으나, 분할합병으로 인한 주식의 배정에 관하여 주식의 종류에 따라 특수한 정함을 하는 경우도 종류주주총회를 거쳐야 할 것으로 본다.

그러한 追徵權이 없는 非累積的 優先株(noncumulative share)를 그 예로 들 수 있다. ③ 후배주(Nachzugsaktie, deferred share)란 이익배당 또는 잔여재산분배에 있어서 보통주보다 열후적 지위에 있는 주식, 즉 보통주식에 대하여 소정의 배당을 한 다음 잔여미처분이익이 있는 경우에 배당을 받는 주식을 말하고, ④ 혼합주란 보통주에 비하여 어떤 점에서는 우선권이 있으나 어떤 점에서는 열후적 지위에 있는 주식을 말한다.

(2) 特殊한 株式

(가) 償還株式(redeemable share, callable stock)

상환주식이란 발행당시부터 회사가 이익으로써 소각할 것이 예정된 종류의 주식이다(제345조). 주식의 소각에 관한 조건을 상환조항이라 하므로 상환조항을 붙여서 발행한 특수한 주식이다. 상환주식은 회사의 입장에서 일시적인 자기자본의 조달방법으로서 장래의 경리상의 부담을 경감할 수 있는 편리한 제도이고, 투자자에게는 일정한 기간 동안은 우선적 배당을 받고 그 후에는 권면액 또는 그 이상의 상환을 받게 되므로 안전한 투자의 대상이 된다.

상환주식의 발행은 보통의 주식발행절차에 따라(제291조 제1호) 회사설립시에도 할 수 있고 성립 후에도 할 수 있다. 상환주식을 발행하려면 이익으로써 소각할 수 있다는 뜻과, 상환가액·상환기간·상환방법 등 주식의 내용과 수를 정관에 기재하여야 한다(제345조 제2항).

상환은 반드시 이익으로써 하여야 하나, 임의준비금으로써 충당하는 것은 상관없다. 따라서 상환기간을 정한 경우 그 기한이 도래하였다 하더라도 이익이 없으면 상환할 수 없다.[1] 상환방법에는 회사와 주주의 합의에 의한 임의상환(買入償還)과 회사가 일방적으로 하는 강제상환이 있다. 또 주주의 청구가 있으면 회사가 상환의무를 부담하는 의무상환도 있다. 어느 방법에 의하든 상환주식 상호간에는 주주평등의 원칙이 적용되어야 한다.

상환주식을 상환하면 그 주식은 소멸하므로 발행주식의 총수는 그 수만큼 감소되고, 따라서 변경등기를 하여야 한다(제317조 제2항 제3호, 제183조). 그러나 자

1) 義務償還의 경우(후술) 주주가 주식의 상환을 청구하였음에도 불구하고 회사에 유보된 이익이 없기 때문에 회사가 그 상환에 응할 수 없게 되었다고 하더라도 회사나 이사는 그 주주에게 손해를 배상할 책임이 없다. 이러한 사례의 발생을 막기 위하여 회사는 상환을 위하여 정관으로 매년 이익의 일부를 상환기금(sinking fund)으로 적립할 것을 정하는 경우가 많다.

본은 감소되지 않는다. 왜냐하면 자본감소는 일정한 채권자보호절차를 밟아야 하는데, 상환주식의 상환에는 이러한 절차가 필요없기 때문이다.

회사는 원칙적으로 자기주식의 취득이 금지되나, 상환주식의 상환의 경우에는 예외적으로 자기주식을 취득할 수 있다(제341조 제1호). 다만 이 때 회사는 취득한 주식에 관하여 취득 후 지체없이 失效節次를 밟아야 한다(제342조).

회사가 상환한 부분에 대하여는 다시 신주를 발행할 수 없다.[1] 왜냐하면 그 부분에 대한 주식의 발행권한은 이미 행사되었기 때문에, 재발행을 인정하면 이사회에 대한 이중의 발행수권이 되기 때문이다. 상환의 결과 발행주식총수가 발행예정주식총수의 4분의 1 이하로 되더라도 상관없다(통설).

(나) **轉換株式**(Wandelsaktie, convertible share)

전환주식이란 수종의 주식을 발행하는 경우에 다른 종류의 주식으로 전환할 수 있는 권리(轉換權)가 인정된 주식을 말한다. 회사의 영업이 부진할 때는 비참가적 우선주를 발행하고 영업상태가 호전되면 보통주식으로 전환할 수 있게 한다면, 주주로서는 유리하므로 주주의 모집이 용이하게 되고, 결과적으로 회사의 자금조달이 용이하게 된다.

회사가 전환주식을 발행함에는, 전환을 청구할 수 있다는 뜻과 전환의 조건, 전환의 청구기간과 전환으로 인하여 발행할 주식의 수와 내용을 정관으로써 정하여야 한다(제346조 제1항). 또 위의 사항을 주식청약서 또는 신주인수권증서에도 기재하여야 하고(제347조), 주권과 주주명부에도 전환주식의 발행사항을 기재하여야 한다(제356조 제8호, 제352조 제3항). 주식의 전환은 기존주식의 내용의 변경이 아니라, 기존주식을 소멸시키고 그 대신 신주를 발행하는 것이므로, 회사는 전환청구의 기간 내에는 전환으로 인하여 발행할 주식의 수를 정관에 정한 발행예정주식의 총수(제289조 제1항 제3호) 중에 유보하여야 한다(제346조 제2항).

주식의 전환을 청구하는 자는 언제든지 청구서 2통에 주권을 첨부하여 회사에 제출하기만 하면 된다(제349조 제1항).

전환의 청구가 있으면 그 때에 당연히 전환의 효력이 발생한다(제350조 제1항). 그러나 株主名簿閉鎖期間 중에 전환된 주식의 주주는 그 기간 중의 총회의 결의에 관하여는 의결권을 행사할 수 없고(제350조 제2항), 전환권을 행사한 주식의 이익이나 이자의 배당에 관하여는 그 청구를 한 때가 속하는 영업년도말

---

1) 孫珠瓚(上) 626면; 鄭東潤(會) 186면; 鄭熙喆・鄭燦亨(上) 572면; 崔基元(會) 382면. 反對說: 李炳泰(上) 507면.

에 전환된 것으로 본다(제350조 제3항 제1문). 다만 신주에 대한 이익이나 이자의 배당에 관하여는 정관에 정하는 바에 따라 그 청구를 한 때가 속하는 영업년도의 直前 營業年度末에 전환된 것으로 할 수 있다(제350조 제3항 제2문).

전환으로 인하여 신주식을 발행하는 경우에는 전환 전의 발행가액을 신주식의 발행가액으로 하기 때문에(제348조), 전환주식의 발행가액이 그 액면액의 배수인 경우에는 신주식을 그 배수만큼 발행하여야 하므로, 이를 발행하면 자본은 그만큼 증가하게 된다. 즉, 전환주식의 발행 당시에 자본준비금으로 적립하였던 액면초과금액(제459조 제1호)은 자본전입을 하게 된다.

상환주식의 경우와는 달리, 전환에 의하여 소멸된 주식의 수만큼 같은 종류의 전환권 없는 주식을 다시 발행할 수 있다. 왜냐하면 전환 자체가 다른 종류의 주식으로의 교체에 불과하므로, 재발행을 인정하더라도 이사회에 이중의 發行授權을 허용하는 것은 아니기 때문이다. 전환으로 인하여 각종주식의 발행주식수에 변경이 생기면 전환한 날로부터 본점소재지에서는 2주 내, 지점소재지에서는 3주 내에 변경등기를 하여야 한다(제351조).

(다) **無議決權株式**(Aktie ohne Stimmrecht, non-voting share)

무의결권주식이란 利益配當에 관한 優先的 權利가 보장되는 반면 의결권이 없는 주식을 말한다(제370조). 투자주주에게는 우선배당만 보장되면 의결권의 포기는 문제시되지 않고 기업자주주에게는 비교적 소수의 주식보유로 회사의 경영지배가 가능하게 되며, 회사의 입장에서는 거의 총회출석을 기대할 수 없는 投機株主에 대한 총회소집통지를 비롯한 기타의 번잡과 비용지급을 면할 수 있으므로 무의결권주식은 어느 편에나 간편하고 유리한 제도가 될 수 있다.

무의결권주주는 의결권이 없기 때문에 주주총회의 소집통지를 받을 권리가 없다(제363조 제4항). 주주총회의 정족수를 계산함에 있어서도 무의결권주식 수는 발행주식의 총수에 산입하지 아니한다(제371조). 그러나 무의결권주주도 총회에 출석하여 의견을 진술할 수는 있고, 결의취소·무효의 소를 제기할 수도 있으며,[1] 소수주주권을 행사할 수도 있다고 본다. 이 밖에 신주인수권(제418조)도 인정됨은 물론이다.

무의결권주식의 발행은 배당우선주에 한하고, 정관에 규정을 둔 경우에만 허용된다(제370조 제1항 본문). 그리고 소수의 주주에 의한 회사지배의 수단으로 남

1) 이에 대하여 결의취소의 소권이 없다는 학설도 있다: 鄭東潤(會) 190면; 蔡利植(上) 611면.

용되는 것을 방지하기 위하여, 무의결권주식의 총수는 발행주식총수의 4분의 1(해외에서 발행한 전환사채·신주인수권부사채 및 그 밖에 주식과 관련된 증권의 권리행사로 주식을 발행하는 경우 또는 국가기간산업을 영위하는 법인 등이 공익을 위하여 주식을 발행하는 경우에는 이를 그 한도의 계산에 불산입 : 資金 제165조의 15 제2항)을 초과하지 못하도록 제한하였다(제370조 제2항).

무의결권주주도 창립총회에서는 의결권을 행사할 수 있으며, 또 정관에 정한 우선적 배당을 받지 아니한다는 결의가 있는 총회의 다음 총회부터 그 우선적 배당을 받는다는 결의가 있는 총회의 종료시까지는 의결권을 행사할 수 있다(제370조 제1항 단서).

정관변경 또는 주식교환, 주식이전 및 회사의 합병·분할·분할합병으로 인하여 무의결권주주가 손해를 입을 경우에는 무의결권주주의 총회의 결의를 거쳐야 하므로 이 種類株主總會에서 의결권을 행사할 수 있고(제435조, 제436조, 제344조 제3항), 이사·감사의 책임면제(제400조, 제415조)나 유한회사로의 조직변경(제604조)의 경우와 같이 총주주의 동의 또는 결의가 필요한 경우에도 의결권을 행사할 수 있다. 한편 회사의 분할 또는 분할합병의 승인을 위한 총회의 특별결의에 있어서도 예외적으로 의결권을 행사할 수 있다(제530조의 3 제3항).

Ⅲ. 株 主

1. 株主의 意義

주주(Aktionär, shareholder, actionaire)란 주식의 귀속주를 말하며, 주식회사의 사원이다. 한 개의 주식을 분할하여 그 일부분에 대한 주주를 인정할 수는 없으나(株式不可分의 原則), 한 개 또는 여러 개의 주식을 수인이 공유할 수는 있다(株式의 共有)(제333조). 수인이 주식을 공유하는 경우에는 수인 중에서 권리를 행사할 자 1인을 정하여야 한다(제333조 제2항). 주주의 자격에도 원칙적으로 제한은 없으나, 자기주식의 취득에는 엄격한 제한이 있다(제341조).

2. 株主의 分類

주주는 소유주식의 수량에 따라 대주주·소주주로, 주식소유의 동기나 기능에 따라 투자주주·투기주주·기업자주주·종업원주주로 분류하기도 하고, 소유주식의 종류에 따라 보통주주·우선주주·劣後株主·상환주주·무의결권주주 등으로 분류하기도 한다. 이 밖에 주주명부에 주주로서 기재되어 있지는 않지만 실질적인 주식의 소유자로서 그 주식에 관하여 직접적인 이해관계가 있는 자를 실질주주라 하고, 이에 대하여 그 주식의 실질적인 소유자가 아니면서 주주명부에 주주로 기재되어 있는 자는 명의주주 또는 형식주주라 한다. 가설인이나 타인의 승낙없이 타인명의로 주식을 인수한 자, 즉 명의차용자는 실질주주가 된다(실질설).[1] (반대는 형식설)

3. 株主平等의 原則

주주평등의 원칙(Gleichbehandlungsgrundsatz der Aktionäre, égalité entre actionaires)이란 주주가 주주라는 자격에서 가지는 권리의무(법률관계)에 관하여 평등한 대우를 받아야 한다는 원칙을 말한다. 여기서 평등이란 '사람'의 평등대우를 의미하는 것이 아니라, '株式'의 平等待遇를 의미하는 것이다. 즉, 자본의 단위인 주식의 균등성(제329조)을 전제로 하여, 주주가 가지고 있는 주식의 수에 비례한 機械的 平等待遇(配分的 平等)를 받는 자본적 평등을 의미하는 것으로서, '株式平等의 原則'이라고도 할 수 있다. 이와 같이 모든 주식은 각각 균등한 권리·의무를 나타내므로 수개의 주식을 소유하고 있는 주주는 수개의 독립된 주주권을 중첩적·복수적으로 갖는다. 이를 지분복수주의라고 하고, 이 점은 유한회사의 사원의 경우에도 같다. 이에 비하여 합명회사나 합자회사의 사원들은 비율은 다르지만 각자 하나의 지분만을 갖는다. 이를 지분단일주의라 한다.

주주평등의 원칙은 '형평의 이념'의 단체법상의 구현이라고 할 수 있는 '社員

---

1) 大判 1975. 7. 8, 75 다 410; 大判 1975. 9. 23, 74 다 804; 大判 1977. 10. 11, 76 다 1448; 大判 1978. 4. 25, 78 다 805; 大判 1980. 9. 19, 80 다 396; 大判 1985. 10. 12, 84 다카 319; 大判 1986. 7. 22, 85 다카 239·240; 大判 1992. 2. 14, 91 다카 31494.

平等의 原則'이 주식회사에서 나타난 것으로서, 주식회사에 있어서는 특히 중요한 의의를 지니고 있다. 즉, 주식회사에 있어서는 발행된 주식의 수가 많고, 주주는 상호간에 인적 신뢰관계가 없이 자본적 결합을 하고 있으며, 다수결원칙이 보편적으로 채택되므로, 이사에 의한 업무집행권의 남용 또는 다수결원칙의 남용에 의한 대주주의 횡포로부터 일반주주의 이익을 보호하는 방벽의 기능을 하고 있다.

상법에는 주주평등의 원칙의 의의에 관한 규정은 없으나 주주의 이익배당청구권(제464조), 의결권(제369조 제1항), 신주인수권의 내용(제418조), 준비금의 자본전입에 의한 무상주교부(제461조 제2항), 전환사채인수권(제513조의 2 제1항 단서), 신주인수권부사채인수권(제516조의 10, 제513조의 2), 잔여재산분배(제538조) 등에 관하여 각 주식을 평등하게 취급하여야 한다는 취지의 규정을 두고 있다.

주주평등의 원칙의 예외로는 우선권이 있는 각종 주식의 발행(제344조 제1항, 제345조, 제346조, 제370조), 소수주주권의 인정(제366조, 제402조, 제403조, 제466조, 제467조, 제385조 제2항, 제520조, 제539조 제2항), 의결권행사의 제한(제368조 제4항, 제409조 제2항, 제369조 제3항) 등 상법이 인정하는 경우가 있다.

주주평등의 원칙은 회사와 주주간에만 작용하는 원칙이며, 주주상호간 또는 주주와 제3자 간에는 적용되지 않는다. 그리고 주주평등원칙은 강행법적 원칙이기 때문에 이에 위배되는 정관의 규정, 주주총회 또는 이사회의 결의, 대표이사의 업무집행 등은 무효이나, 해당주주의 동의가 있으면 이에 제한을 가할 수 있다고 본다.[1] 예컨대, 대주주와 소주주에게 각기 이익배당률을 달리 하기로 하는 주주총회의 결의도 할 수 있다.[2]

4. 株主의 權利·義務

주주의 권리란 주주가 주주라는 자격에서 회사에 대하여 가지는 권리를 말한다. 주주의 권리는 주식의 내용이 되는 주주권으로서, 주권과 떨어져서 양도나 轉付의 목적이 될 수 없고, 시효에도 걸리지 않는다. 따라서 주주권에 의거해서

1) 徐燉珏(上) 323면; 孫珠瓚(上) 616면; 李炳泰(上) 519면; 鄭熙喆·鄭燦亨(上) 563면; 崔基元(會) 415면.
2) 大判 1980. 8. 26, 80 다 1263.

구체적으로 확정된 채권, 즉 채권자적 권리(예컨대, 특정액의 이익배당금 지급청구권)와는 구별된다.

주주의 권리는 그 분류기준에 따라 여러 가지로 구분할 수 있다. 즉, ① 권리행사의 목적에 따라서 분류하면, 투자자로서의 주주 개인의 재산적 이익을 확보하기 위하여 인정된 권리인 自益權(selbstnützige Rechte)(예컨대, 이익배당청구권, 신주인수권, 잔여재산분배청구권, 株券交付請求權, 전환사채 및 신주인수권부사채 인수권 등)과 회사 또는 주주 공동의 이익을 위하여 회사의 운영에 관여하는 권리인 共益權(gemeinnützige Rechte)(예컨대, 의결권, 주주총회소집청구권, 회계장부 열람청구권, 留止請求權, 각종의 訴權 등), ② 권리행사의 제한방법에 따라서 분류하면, 소정의 비율 이상의 주식소유를 필요로 하는 소수주주권(Minderheitsrecht)[예컨대, 이사의 위법행위의 유지청구권, 대표소송제기권(이상 100분의 1), 주주총회소집청구권, 이사·감사 해임청구권, 회계장부 열람청구권, 청산인해임청구권, 검사인선임청구권, 주주제안권, 집중투표청구권(이상 100분의 3), 회사정리법에 의한 회사정리개시청구권 및 회사의 해산판결청구권(이상 100분의 10)]과 1주의 주주라도 행사할 수 있는 단독주주권(Einzelrecht)(예컨대 의결권, 회사설립무효의 소권 등 대부분의 권리)으로 분류하는 것이 보통이다. 또 ③ 정관의 규정이나 주주총회의 다수결로써 박탈할 수 없는 固有權(예컨대, 의결권, 이익배당청구권, 잔여재산 분배청구권, 주식의 자유양도권 등)이냐 박탈할 수 있는 비고유권이냐를 구분하여 논의하기도 하나, 이것은 법규정을 기초로 하고 주식회사의 본질론에 입각하여 판단할 것으로서 오늘날에는 구체적 법규에 의하여 대부분 해결되고 있으므로 논할 실익이 적다.

≪株券上場會社의 少數株主權에 대한 特則≫

주권상장회사의 경우에는 소수주주권 행사에 있어서 요구되는 상법상의 持株要件을 크게 완화함으로써 소수주주권행사의 활성화를 통한 기업경영의 투명성 제고를 도모하고 있다.

(i) 이사·감사 또는 발기인의 책임을 추궁하는 대표소송제기권(제403조, 제324조, 제415조, 제424조의 2, 제516조 제1항, 제516조의 10)·이익공여주주에 대한 이익반환청구권(제467조의 2) 등의 경우에는 "6월 전부터 계속하여 상장회사의 발행주식총수의 0.01% 이상에 해당하는 주식을 보유한 자"를 소수주주권자로 한다(제542조의 6 제6항).

(ii) 이사·감사·청산인해임청구권(제385조, 제415조, 제539조 제2항)의 경우에는 "6월 전부터 계속하여 상장회사의 발행주식 총수의 0.5%(대통령

령이 정하는 법인의 경우에는 0.25%) 이상에 해당하는 주식을 보유한 자"를 소수주주권자로 한다(제542조의 6 제3항).

(iii) 이사·감사·청산인의 위법행위 유지청구권(제402조, 제415조, 제542조 제2항)의 경우에는 "6월 전부터 계속하여 상장회사의 발행주식총수의 0.05%(대통령령이 정하는 법인의 경우에는 0.025%) 이상에 해당하는 주식을 보유한 자"를 소수주주권자로 한다(제542조의 6 제5항).

(iv) 회계장부열람권(제466조)의 경우에는 "6월 전부터 계속하여 상장회사의 발행주식총수의 0.1%(대통령령이 정하는 법인의 경우에는 0.05%) 이상에 해당하는 주식을 보유한 자"를 소수주주권자로 한다(제542조의 6 제4항).

(v) 주주제안권(제363조의 2)의 경우에는 "6월 전부터 계속하여 상장회사의 발행주식 총수의 1%(대통령령이 정하는 법인의 경우에는 0.5%) 이상에 해당하는 주식을 대통령령이 정하는 방법으로 보유한 자"를 소수주주권자로 한다(제542조의 6 제2항).

(vi) 집중투표청구권(제382조의 2)의 경우에는 "상장회사의 의결권 없는 주식을 제외한 발행주식 총수의 1% 이상에 해당하는 주식을 보유한 자"를 소수주주권자로 한다(제542조의 6 제2항).

(vii) 임시총회소집청구권(제366조, 의결권주식을 기준으로 인정) 및 회사의 업무·재산상태를 조사하기 위한 검사인선임청구권(제467조)은 "6월 전부터 계속하여 상장회사의 발행주식 총수의 1.5% 이상에 해당하는 주식을 보유한 자"를 소수주주권자로 한다(제542조의 6 제1항).

주주의 의무란 주주가 사원의 자격에서 회사에 대하여 부담하는 재산의 出資義務를 말하는 것이며, 이 의무는 주식의 인수가액을 한도로 하는 출자의무(제331조)일 뿐, 이 밖에 아무런 의무도 없다(株主有限責任의 原則).[1] 상법은 출자의무에 관하여 全額納入主義를 취한 결과 보통의 경우라면 회사성립 전 또는 신주발행의 효력발생 전에 출자의무를 전부 이행하게 되므로(제295조, 제305조, 제421조, 제423조), 주식인수인의 의무가 있을 뿐 주주는 출자의무도 없다(株主無責

1) 이에 대하여 주주가 의결권의 행사나 기타 회사의 기관으로서, 혹은 회사를 위하여 일정한 행위를 하는 때에는 회사 및 다른 주주에 대하여 충실의무가 있다는 이른바 '株主의 忠實義務'를 인정하는 견해도 있다(鄭東潤 201면; 崔基元 398면; 李基秀 320면). 독일에서는 주식법 제243조 제2항에서 이를 법정하고 있고, 이를 인정하는 판례(RG 132, 149, 162; BGH 103, 194)도 있다: Lutter, "Die Treuepflicht des Aktionärs", *ZHR* 153(1989), S. 447. 이러한 의무는 주로 회사를 실질상 지배하는 지배주주의 의무로서 논의되고 있으나, 통설은 우리 법에 이에 관한 일반규정도 없고 충실의무의 내용도 불분명함을 이유로 이러한 의무를 인정하지 않는다.

소수주주권의 내용	일반 주식회사		주권상장회사	
	보유기간	지주비율	보유기간	지주비율
대표소송권, 이익공여주주에 대한 이익반환청구권	불문	1%	6월	0.01%
이사·감사·청산인의 위법행위유지청구권	〃	1%	〃	0.05% 또는 0.025%
이사·감사·청산인 해임청구권	〃	3%	〃	0.5% 또는 0.25%
회계장부열람청구권	〃	〃	〃	0.1% 또는 0.05%
주주제안권	〃	〃	〃	1% 또는 0.5 %
임시총회소집청구권, 회사의 업무 및 재산상태조사를 위한 검사인 선임청구권	〃	〃	〃	1.5%
집중투표청구권	〃	〃	불요	1%
회사해산청구권	〃	10%	-	-

* 위의 표에서 '또는'으로 표시된 지주비율은 증권거래법 시행령에 의하여 최근사업년도말 현재 자본금 1천억원 이상인 상장회사에 적용되는 요건임.

** 금융지주회사 및 은행, 증권회사, 보험회사 등 금융기관에 대하여는 관련법률에서 위와 별개로 당해 금융기관의 자산규모 등을 감안하여 소수주주권의 행사요건을 완화하고 있다(金持 제42조, 銀行 제17조, 資金 제29조, 保業 제19조).

任의 原則). 주식인수인 또는 주주가 납입을 하는 경우에는 현금으로써 현실로 납입하는 것이 원칙이므로 납입에 관하여 상계로써 대항하지 못한다(제334조). 또 회사도 납입청구권을 포기하거나 주식인수인의 납입의무를 면제할 수도 없다. 그러나 주주는 유한책임의 원칙을 포기하고 회사채무를 부담하거나 추가출자를 할 수는 있다.[1)]

Ⅳ. 株 券

1. 株券의 意義와 性質

주권(Aktienurkunde, share certificate, titre d'actions)이란 주식, 즉 주주의

1) 大判 1983. 12. 13, 83 도 735; 大判 1989. 9. 12, 89 다카 890.

지위(주주권)를 표창하는 유가증권을 말한다.

주권은 不完全有價證券이며, 요식증권이기는 하나(제356조), 엄격한 요식증권은 아니다. 또 주권의 법적 성질로는 非設權證券性·要因證券性·非文言證券性·非相換證券性·法律上 당연한 指示證券性 등을 들 수 있다.

2. 株券의 種類

주권은 券面에 주주의 성명이 기재되어 있는 記名株券(Namensaktie)과 그 기재가 없는 無記名株券(Inhaberaktie)으로 분류할 수 있다. 상법은 기명주권을 원칙으로 하므로 무기명주권은 정관에 규정이 있는 때에만 발행할 수 있다(제357조 제1항). 무기명주권을 가지는 주주는 기명주권으로의 전환청구를 할 수 있으며(제357조 제2항), 또 주주권을 행사하려면 주권을 회사에 공탁하여야 한다(제358조).

주권을 표창하는 주식수에 따라 분류하면 1주권(單一株券)·10주권·100주권(倂合株券) 등 정관에 따라 여러 가지가 있을 수 있다.

3. 株券의 發行

(1) 株券의 記載事項

주권은 요식증권이므로 소정의 사항을 기재하고 대표이사가 기명날인 또는 서명을 하여 발행한다(제356조). 그러나 주권은 엄격한 요식증권은 아니므로, 예컨대 회사의 성립년월일(제356조 제2호), 회사 성립 후에 발행된 주식에 관하여 그 발행년월일 등의 기재는 흠결이 되어도 그 주권은 무효로 되지 아니하며, 주권의 기재사항 중 일부(예컨대, 商號, 發行豫定株式總數)의 변경이 있는 경우에도 주권의 효력에는 영향이 없다. 주권의 不實記載에 대하여 이사는 과태료의 제재를 받고(제635조 제1항 제6호), 손해배상책임을 진다.

(2) 發行時期

회사는 회사성립 후 또는 신주의 납입기일 후가 아니면 주권을 발행하지 못한다(제355조 제2항). 이에 위반하여 발행한 주권은 무효이고, 발행자는 손해배상 책임을 면할 수 없다(제355조 제3항). 또 회사성립 후 또는 납입기일 후에는 지체 없이 주권을 발행하여야 한다(제355조 제1항). 이들 규정에 위반한 경우에 이사는 과태료의 제재를 받는다(제635조 제1항 제19호).

(3) 株券의 效力發生時期

주권은 非設權證券이기 때문에 그 효력발생시점이 언제인가가 명확하지 못하다. 이에 관하여는 ① 주권의 효력은 회사가 주권을 작성하여 회사의 의사에 의하여 株主에게 交付한 때 발생한다고 하는 交付時說,[1] ② 회사가 주권을 작성하여 회사의 의사로 누군가에게 교부한 때에 주권의 효력이 생긴다는 發行時說,[2] ③ 회사가 적법하게 주권을 작성한 때에 이미 주권으로서의 효력이 생긴다고 하는 作成時說(創造說) 등의 학설이 있다.

발행시설과 작성시설에 의하면 주권의 효력이 발생하는 시점이 빠르기 때문에 주권의 유통(선의취득)이 충분히 보호되는 반면에 회사가 정당한 주주에게 주권을 교부하기 전에 도난·분실 등으로 그 주권을 상실하였을 경우, 주주로서는 아무런 귀책사유 없이 주권을 부당하게 상실하게 되고, 반대로 교부시설에 의하면 주주의 권리는 보호되지만 거래의 안전에는 소홀하게 된다. 생각건대, 주주에게 교부하기 전에 분실한 주권을 선의취득한 제3자는 회사 기타 양도인에 대한 손해배상청구나 부당이득반환청구에 의하여 보호받을 수 있기 때문에 교부시설이 가장 타당하다.

4. 株券不所持制度

주식은 기명주식이든 무기명주식이든 주권의 교부만으로 양도할 수 있다(제336조 제1항). 따라서 일단 주권을 분실·도난 당한 경우에는 주권의 점유자는 적법한 소지인으로 추정되므로(제336조 제2항) 제3자가 쉽게 선의취득을 하게 되어(제359조, 手 제21조), 주주로서의 靜的 安全을 위협받게 된다. 뿐만 아니라 기

---

1) 孫珠瓚(上) 632면; 鄭熙喆·鄭燦亨(上) 589면; 崔基元(會) 435면; 大判 1977. 4. 12, 76 다 2766; 大判 1987. 5. 26, 86 다카 982, 983; 大判 2000. 3. 23, 99 다 67529.

2) 大判 1965. 8. 24, 65 다 968.

명주권의 경우 주주명부에 기재되어 있는 한, 주주권을 행사하는데에 주권을 꼭 필요로 하는 것도 아니므로 분실·도난의 위험이 있는 주권을 구태여 소지할 필요가 없게 된다.

따라서 주주는 정관에 다른 정함이 없는 한, 주권의 소지를 하지 아니하겠다는 뜻(株券不所持의 意思)을 회사에 신고할 수 있다(제358조의 2 제1항). 이 경우에 회사는 지체없이 주권을 발행하지 아니한다는 뜻을 주주명부와 그 복본에 기재하고, 그 사실을 주주에게 통지하여야 한다(제358조의 2 제2항 제1문). 만일 회사가 이를 위반한 때에는 이사는 500만원 이하의 과태료의 처벌을 받는다(제635조 제1항 제19호의 2).

한편 회사가 소정의 기재를 하게 되면 회사는 주권을 발행할 수 없음(제358조의 2 제2항 제2문)은 물론, 이미 발행된 주권이 있는 때에는 주주는 이를 회사에 제출하여야 하고(제358조의 2 제3항), 회사는 이 때 제출된 주권을 무효로 하거나 명의개서대리인에게 임치하여야 한다(제358조의 2 제3항). 그러나 주권불소지의 신고를 한 경우에도 주주가 주식의 양도·입질 등과 같이 주식을 처분할 경우에는 언제든지(예컨대, 株主名簿閉鎖期間 중에도) 회사에 대하여 주권의 발행을 청구할 수 있다(제358조의 2 제4항).

5. 株券의 喪失과 再發行

주권을 상실한 경우에는 公示催告의 節次(民訴 제446조 이하)에 의하여 제권판결을 받음으로써 상실한 주권을 무효로 할 수 있으며, 이 경우에만 주권의 재발행을 청구할 수 있다(제360조).

공시최고의 신청권자는 주권의 최종소지인이며, 주식을 入質한 경우에는 질권자가 신청할 수 있다.[1] 一說에 의하면 질권설정자에게도 신청권이 있다고 하나,[2] 질권설정자는 질권설정 후에 공시최고신청을 하여 질권자가 점유하는 주권을 무효화시킬 염려가 있고, 질권자와 질권설정자 양자가 모두 신청을 한 경우에는 누구의 신청을 우선시켜야 할 것인지 문제되기 때문에 타당하지 못하다고 본다.

1) 孫珠瓚(上) 638면; 崔基元(會) 441면.
2) 鄭東潤(會) 208면.

한편 除權判決宣告 전에 그 상실주권에 대하여 선의취득을 하였으나 공시최고기간 중에 권리의 신고나 청구를 하지 않았던 선의취득자와 제권판결취득자 간에는 누가 진정한 권리자인가 하는 것이 문제된다. 이에 관하여는 除權判決取得者優先保護說,[1] 善意取得者優先保護說,[2] 그리고 명의개서를 기준으로 하여 제권판결 이전에 주권의 명의개서를 한 선의취득자는 우선적으로 보호받는다는 절충설이[3] 있다.

명의개서는 회사에 대한 대항력을 갖추는 데 필요한 요건일 뿐인데 이것을 기준으로 권리신고와 동일한 효력을 부여하는 것은 문제가 있고, 무기명주식의 경우에는 명의개서조차 할 수 없으므로 절충설은 타당하지 못하다. 생각건대 除權判決은 선의취득자의 권리를 상실시키는 것은 아니나, 제권판결의 소극적 효력으로서 株券 자체가 무효가 되고(民訴 제467조), 적극적 효력으로서 株主는 주권이 없이도 株主로서의 권리를 행사할 수 있으므로(民訴 제468조) 法律上 제권판결을 받은 자가 우선적으로 보호받게 된다. 다만 제권판결은 권리자를 확정하는 판결이 아니므로 선의취득자는 제권판결 취득자에 대하여 제권판결 正本의 반환을 청구하거나 제권판결 후 재발행된 주권의 반환을 청구할 수 있을 것이다(상세한 것은 어음의 상실부분 참조).

V. 株主名簿

1. 株主名簿의 意義

주주명부(Aktienbuch, register of members, liste des actionnaires)란 주식·주권 및 주주에 관한 사항을 명기하는 장부(제352조)를 말하며, 商業帳簿는 아니다. 이사는 주주명부를 작성하여 회사의 본점 또는 名義改書代理人의 영업소에 비치하고(제396조 제1항), 주주와 회사채권자의 열람청구에 응하여야 한다(제396

1) 李泰魯·李哲松(會) 308면; 崔基元(會) 444면.
2) 孫珠瓚(上) 640면; 鄭東潤(會) 210면.
3) 宋相現, ≪民事訴訟法槪論(上)≫, 583면; 朴禹東, "除權判決取得者와 善意取得者와의 關係", ≪法曹≫ 26권 8호, 76면.

조 제2항).

2. 株主名簿의 內容

회사가 기명주식을 발행한 때에는 주주명부에 주주의 성명과 주소, 각 주주가 가진 주식의 종류와 그 수, 주권을 발행한 때에는 그 주권의 번호, 각 주식의 취득년월일 등을 기재한다(제352조 제1항). 이 밖에 질권등록사항(제340조) 및 주권불소지사항(제358조의 2) 등도 기재한다. 무기명주식을 발행한 때에는 그 종류・수・번호・발행년월일만 기재하면 된다(제352조 제2항). 회사가 전환주식을 발행한 때에는 전환의 취지・조건 및 기간과 새로이 발행할 주식의 내용을 기재하여야 한다(제352조 제3항, 제347조). 이 밖에 임의적 기재사항으로서 공유주식의 권리행사자의 성명과 주소(제333조 제2항 참조) 등이 있다. 주주명부에 기재할 사항을 기재하지 않거나 부실기재한 이사에 대하여는 과태료의 제재가 있다(제635조 제1항 제9호).

3. 株主名簿의 效力

주주명부에 기재된 주주가 실질적 주주로 추정되고(推定的 效力) 회사도 주주명부에 기재된 자를 주주로 취급하면 면책되는(免責的 效力 : 따라서 주주명부에 기재된 주주 또는 질권자에게, 주주명부에 기재된 주소로 최고 또는 통지를 하면 충분하다)(제353조 제1항) 외에, 주주명부는 기명주식이전의 대항요건구비(對抗的 效力)(제337조 제1항) 및 기명주식의 질권행사(등록질의 특별한 효력)(제340조)에 있어서도 중요한 의의가 있다.

4. 株主名簿의 閉鎖와 基準日

주권은 항상 유통되고 있으므로, 회사는 의결권의 행사나 이익의 배당 기타의 권리행사에 있어서 권리자(株主 또는 質權者)를 확정할 필요가 있다. 이를 위해 회사는 일정한 기간을 정하여 주주명부의 기재의 변경(명의개서)을 정지하거나(주주명부의 폐쇄), 일정한 날(기준일 또는 등록일)을 정하고 그 때 주주명부에 기재된 주주 또는 질권자를 권리자로 볼 수 있다(제354조 제1항).

주주명부의 폐쇄기간 중에는 명의개서, 질권의 등록, 신탁재산표시의 기재 및 말소(信 제3조 제2항)를 할 수 없다. 그러나 권리의 변동과 상관없는 주소변경, 법인의 대표자변경, 주권불소지신고, 불소지신고주식의 주권발행청구 등은 할 수 있으며, 예외적으로 轉換株式(제350조 제2항 참조), 轉換社債(제516조 제2항) 또는 新株引受權附社債(제516조의 9 · 제516조의 10)에서 발생한 전환권 또는 신주인수권 등의 행사는 가능하다.[1] 주주명부의 폐쇄는 회사를 위한 것이므로 폐쇄기간 중임에도 불구하고 회사가 기재를 허용한 경우에는 적법하다고 본다. 주주명부를 폐쇄하지 않고 기준일을 정한 경우에는 주주는 계속 명의개서를 할 수 있다.

주주명부를 장기간 폐쇄하면 주식양도의 자유에 제한을 가하는 결과가 되기 때문에 상법은, 폐쇄기간은 3월을 초과하지 못하며(제354조 제2항), 기준일도 권리행사에 앞선 3월 내의 날로 정하도록 하였다(제354조 제3항). 회사가 주주명부의 폐쇄기간이나 기준일을 정한 때에는 그 기간 또는 날의 2주 전에 이를 공고하여야 하나(제354조 제4항 본문), 정관으로 이를 정한 경우에는 공고를 하지 아니하여도 된다(제354조 제4항 단서). 회사는 주주명부의 폐쇄와 기준일을 병용할 수 있다.

Ⅵ. 株式의 讓渡

1. 株式讓渡의 意義

주식양도란 법률행위에 의하여 주주권인 주식을 이전하는 것이다. 따라서 주주가 주주로서의 자격에서 회사에 대하여 갖는 일체의 법률관계는 주식의 양도에 의해서 일괄하여 양수인에게 이전된다. 주식의 양도행위는 직접 주식이전의

1) 1995년도 개정상법은 제349조 제3항을 삭제하여 주주명부폐쇄기간 중에도 전환권 또는 신주인수권 등을 행사할 수 있도록 하였다.

효과가 생기게 하는 것이므로 그 법률적 성질은 準物權契約이다. 따라서 채권계약인 매매나 증여와 같은 원인행위와는 구별하여야 한다.

2. 株式譲渡의 自由

주주는 자기가 가지고 있는 주식을 자유롭게 타인에게 양도할 수 있는 것이 원칙이다. 주식양도자유의 원칙(Grundsatz der freien Übertragbarkeit der Mitgliedschaft)은 有限責任制度와 함께 주식회사의 본질적 특색으로 되어 있다. 주식회사에서는 인적 회사에서와 같은 退社制度가 없으므로 그 대신 주식의 자유로운 양도에 의하여 투하자본을 회수할 수 있는 길을 확보해 준다는 점에 그 의의가 있는 것이다.

3. 株式譲渡의 制限

주식의 자유양도성은 원칙적으로 보장되는 것이나, 상법상 또는 특별법상의 규정이 있는 경우거나 정관에 규정이 있는 경우에는 예외적으로 제한을 받는다.

(1) 商法에 의한 譲渡制限

(가) 權利株譲渡의 制限

회사성립 전 또는 신주발행의 효력발생 전의 주식인수인으로서의 지위를 '權利株'라 한다. 권리주의 양도를 허용하는 경우에는, 회사의 설립에 있어 사무처리를 번잡하게 하고, 투기행위를 조장할 우려가 있기 때문에 권리주의 양도는 '회사에 대하여 효력이 없다'고 제한하였다(제319조, 제425조). 회사에 대하여 효력이 없다는 의미는 당사자로부터 회사에 대하여 양도의 효력을 주장할 수 없을 뿐만 아니라, 회사로부터도 그 효력을 인정받지 못한다는 것이다. 발기인 또는 이사가 권리주를 양도한 경우에는 벌칙의 적용을 받는다(제635조 제2항).

(나) 株券發行 전의 株式譲渡의 制限

상법은 회사성립 후 또는 신주의 납입기일 후 지체없이 주권을 발행하도록 의무를 과하는 동시에, "株券發行 전에 한 株式譲渡는 회사에 대하여 효력이 없다"고 하여 그 양도를 제한하고 있다(제335조 제3항 본문).[1] 제한하는 이유는, 주권발행 전에는 보통 株主名簿가 정비되어 있지 않으므로 사무처리를 번잡하게 하고 주식양도를 회사에 대항하기 위하여 필요한 명의개서를 할 수 없다는 기술적 곤란성에 있다. 그러나 회사성립 후 또는 신주의 납입기일 후 6월이 경과하도록 주권발행이 부당하게 지연되는 경우에는 주주는 주권없이도 유효하게 주식을 양도할 수 있다(제335조 제3항 단서).[2]

(다) 自己株式의 取得禁止

회사는 원칙적으로 자기의 계산으로 자기주식(eigene Aktien, treasury stock)을 취득하지 못한다(제341조). 회사는 자기의 명의와 계산으로 자기주식을 취득할 수 없을 뿐만 아니라 제3자의 명의로도 자기의 계산으로는 자기주식을 취득하지 못한다. 회사가 설립 또는 신주발행의 경우에 자기의 주식을 인수하는 것은, 회사가 동시에 자기의 社員이 될 수 없다는 논리상의 이유와 주금을 납입할 수 없다는 현실적인 이유에서 불가능한 것이다. 그러나 주식이 발행된 경우에는 하나의 재산권의 客體인 有價證券이 되므로 자기주식의 취득이 이론상 불가능한 것은 아니나, 다음과 같은 정책적인 이유에서 원칙적으로 회사는 자기주식을 취득하지 못한다고 하였다. 즉, ① 자본의 유지를 위협해서 회사채권자의 이익을 해치는 결과가 된다. 주가가 하락하면 회사의 손해가 이중으로 확대되며, 유상취득의 경우에는[3] 실질적으로는 주금의 還給이 되기 때문이다. ② 투기행위의 위험이 있다. 자기주식을 취득함으로써 부당한 투기나 주가를 조작하여 주주나 투자가의 이익을 해칠 우려가 있다. ③ 자기주식의 의결권을 이용해서 회사의 지배권을 유지하는 수단으로 이용할 우려가 있다.

취득행위의 효력은 주식유통의 동적 안전을 보호하기 위하여 유효라고 보고, 다만 이사에게 위법행위로 인한 손해배상책임(제399조)을 인정하면 된다고 하는 학설(유효설)과,[4] 기본적으로는 법률상 무효이지만 양도인은 선의·악의를 불문하고 무효를 주장하지 못하고, 한편 거래안전을 고려하여 회사·회사채권자·

1) 大判 1981. 9. 8, 81 다 141; 大判 1982. 9. 28, 82 다카 21.
2) 大判 1988. 10. 11, 87 누 481; 大判 1991. 8. 13, 91 다 14093; 大判 1992. 10. 27, 92 다 16386; 大判 1995. 5. 23, 94 다 36421; 大判 1996. 6. 25, 96 다 12762; 大判 1996. 8. 20, 94 다 39598; 大判 2000. 3. 23, 99 다 67529.
3) 자기주식의 무상취득은 허용된다; 大判 1989. 11. 28, 88 누 9268; 大判 1996. 6. 25, 96 다 12726.
4) 朴元善·李楨漢(會) 266면.

주주도 양도인에게 악의가 없는 한 무효를 주장하지 못한다는 학설(상대적 무효설)도 있으나,[1] 자기주식의 취득은 강행법규를 위반한 것으로서 절대 무효라고 본다(무효설).[2] 자기주식을 취득한 이사는 형벌의 제재를 면할 수 없다(제625조의 2).

상법이 규정한 예외(제341조)로는 ① 株式消却의 경우[이 때는 지체없이 주식실효의 절차를 밟아야 한다(제342조)], ② 회사의 合併 또는 다른 회사의 영업 전부를 讓受하는 경우, ③ 회사의 권리를 실행함에 있어서 그 목적을 달성하기 위하여 필요한 경우, ④ 端株의 처리를 위하여 필요한 경우, ⑤ 주주가 株式買受請求權을 행사한 때[② 내지 ⑤의 경우에는 상당한 시기에 주식의 처분을 하여야 한다(제342조)],[3] ⑥ 주식매수선택권행사자에게 자기주식을 부여하거나, 퇴직하는 이사, 감사 또는 피용자의 주식을 양수하는 때이다.

⑥의 경우에는 1999년 개정상법에서 새로 규정하였는데, 그 남용을 막기 위하여 엄격한 규제를 하고 있다. 즉, 취득하는 자기주식의 수량은 발행주식 총수의 100분의 10을 초과하지 못하며(數量規制), 그 취득금액은 배당가능이익의 한도 이내이어야 한다(財源規制)(제341조의 2 제1항 단서). 뿐만 아니라 그 취득대상주식이 발행주식총수의 100분의 10 이상의 주식을 소유하는 대주주의 것인 경우에는 ① 주식을 양도하고자 하는 주주의 성명, ② 취득할 주식의 종류와 수, ③ 취득할 주식의 가액에 관하여 주주총회의 특별결의를 거쳐야 하고, 주주총회결의 후 6월 이내에 주식을 취득하여야 한다(對象規制)(제341조의 2 제2항). 이 때 취득한 자기주식은 상당한 시기에 처분하여야 한다(제341조의 2 제3항). 주주총회소집의 통지 또는 공고에는 주식매수선택권을 행사하는 자의 주식취득에 관한 의안의 요령을 기재하여야 한다(제341조의 2 제4항, 제433조 제2항). 총회의 결의에 관하여 특별한 이해관계가 있는 주주는 의결권을 행사할 수 없다(제368조 제4항).

기타 해석상 자기주식취득금지의 예외가 인정되는 경우로는, ① 委託賣買業

---

1) 鄭熙喆·鄭燦亨(上) 606면; 姜渭斗(會) 384면. 孫珠瓚 교수는 자기주식의 취득은 무효이나, 다만 타인의 명의에서 회사의 계산으로 취득하는 경우에는 양도인에게 악의가 없는 한 유효하다고 하는데, 이러한 주장도 상대적 무효설의 범주에 속한다고 생각된다(孫珠瓚(上) 658면 참조).

2) 동지: 徐燉珏(上) 345면; 崔基元(會) 482면.

3) 주권상장법인은 상법 제462조 제1항의 이익배당을 할 수 있는 한도 내에서 자기주식을 취득할 수 있고(資金 제165조의 2 제1항), 이 한도를 초과하여 취득한 자기주식은 3년 내에 처분하여야 한다(資金 제165조의 2 제5항, 동시행령 제176조의 3).

을 하는 회사가 위탁의 실행으로서 타인의 계산하에 취득하는 경우, ② 신탁회사가 자기주식의 신탁을 받는 경우, ③ 자기주식을 무상으로 양수하는 경우 등을 들 수 있다.

회사가 예외적으로 자기주식을 보유하는 경우에도 그 주식은 의결권이 없다(제369조 제2항). 그리고 신주인수권・이익배당청구권・잔여재산분배청구권도 休止되며, 그 밖의 다른 공익권과 자익권도 휴지된다고 본다. 그리고 준비금의 자본전입에 의한 무상주 교부의 경우에는 학설이 나뉘어지나, 준비금의 자본전입에 의한 무상주를 교부받는 것은 허용된다고 본다.

(라) 母會社株式의 取得禁止

자회사의 발행주식총수의 100분의 50을 초과하는 주식을 가진 모회사의 주식을 자회사는 취득할 수 없다(제342조의 2 제1항 본문). 모회사와 자회사가, 또는 자회사가 다른 회사의 발행주식총수의 100분의 50을 초과하는 주식을 가진 경우에도 그 다른 (孫)會社는 모회사의 주식을 취득할 수 없다(제342조의 2 제3항). 자회사에 의한 모회사주식의 취득은 이른바 株式의 相互所有(wechselseitige Beteiligung, cross-ownership, participation réciproque)의 한 형태인데, 주식을 상호소유하게 되면 회사지배가 안정되어 생산재의 확보나 시장 확대를 도모할 수 있고, 재벌산하기업 간의 횡적 결합이 강화될 수 있으며, 기업 간의 경영정보의 교환 및 기술제휴 등의 강점이 있으나, 반면에 자본의 공동화현상, 일반주주의 이익 침해 및 투기행위, 사실상의 조세회피 등의 위험이 있기 때문에 이를 일정한도 내로 제한하고 있는 것이다. 이 밖에도 특별법상 대규모기업집단(이른바 재벌)에 속하는 회사 상호간(獨規 제9조)의 주식상호보유도 금지된다. 그러나 이른바 '고리형 상호보유'(예컨대, 갑→을→병→정→갑의 상호보유)는 해석상 금지되지 않는다.

그러나 예외적으로 ① 주식의 포괄적 교환, 주식의 포괄적 이전, 회사의 합병 또는 다른 회사의 영업전부의 양수로 인한 때, ② 회사의 권리를 실행함에 있어 그 목적을 달성하기 위하여 필요한 때에는 자회사가 모회사의 주식을 취득할 수 있다(제342조의 2 제1항). 취득한 모회사의 주식은 취득한 날로부터 6월 이내에 처분하여야 한다(제342조의 2 제2항). 자회사가 예외적으로 취득한 모회사의 주식은 자기주식의 예외적인 취득의 경우와 같이 의결권 및 기타의 모든 공익권과 자익권도 인정되지 않는다고 본다(통설). 다만 자기주식의 무상취득이 인정되는 것과 같이 준비금의 자본전입에 의한 무상주의 교부를 받는 것은 허용

된다고 본다.[1]

모회사주식의 취득금지를 위반한 경우에 그 취득행위의 효력에 관하여는 양도인에게 악의가 없으면 유효하다는 상대적 무효설,[2] 양도인이 악의인 경우에 한하여 취득의 원인행위만을 무효로 다툴 수 있다는 견해[3] 및 절대적 무효설[4] 등이 있으나 자기주식취득금지 위반의 경우와 같이 절대적 무효설이 옳다고 본다.

일정비율을 초과하는 상호보유주식에 대하여는 의결권의 행사가 제한되는데, 이에 관하여는 후술한다.

(마) 自己株式의 質取制限

회사는 발행주식총수의 20분의 1을 초과하여 자기의 주식을 質權의 목적으로 받지 못한다(제341조의 2 본문). 그러나 ① 회사의 합병 또는 다른 회사의 영업전부를 양수하는 경우, ② 회사의 권리를 실행함에 있어 그 목적을 달성하기 위하여 필요한 경우에는 예외적으로 위의 한도를 초과하여 질권의 목적으로 받을 수 있다[이 경우에도 상당한 시기에 질권의 처분을 하여야 한다(제342조)]. 자기주식의 질취제한의 위반의 효과에 관하여도 무효설, 상대적 무효설,[5] 유효설[6] 등이 있으나 무효설이 타당하다고 본다.[7]

(2) 定款에 의한 讓渡制限

주식의 양도는 원칙적으로 자유이나, 정관에 정하는 바에 따라 理事會의 承認을 얻도록 할 수도 있다(제335조 제1항 단서). 이 경우 이사회의 승인 없이 한 주식의 양도는 당사자 간에는 유효하지만 회사에 대하여는 그 효력이 없다(제335조 제2항).

(가) 讓渡人의 承認請求

(a) 承認請求와 承認通知: 주식을 양도하고자 하는 주주는 서면으로 회사에 대하여 양도의 승인을 청구할 수 있다(제335조의 2 제1항). 그 서면에는

1) 崔基元(會) 500면.
2) 孫珠瓚(上) 663면.
3) 鄭熙喆·鄭燦亨(上) 611면.
4) 徐燉珏(上) 359면; 鄭東潤(會) 242면; 崔基元(會) 500면.
5) 鄭熙喆(上) 429면.
6) 孫珠瓚(上) 683면; 鄭東潤(會) 270면.
7) 同旨: 徐敦珏(上) 348면.

양도의 상대방 및 양도하고자 하는 주식의 종류와 수를 기재하여야 한다.

회사는 주식양도의 승인청구가 있는 날로부터 1월 내에 이사회의 결의를 거쳐 그 승인여부를 서면으로 통지하여야 한다(제335조의 2 제2항). 만약 1월 이내에 승인거부의 통지를 하지 않으면 주식의 양도를 승인한 것으로 본다(제335조의 2 제3항).

(b) **承認拒否와 指定 또는 買受請求**: 주식의 양도승인을 청구한 주주는 회사의 양도승인거부의 통지를 받은 날로부터 20일 내에 회사에 대하여 양도상대방을 지정해 주거나, 그 주식을 매수해 줄 것을 청구할 수 있다(제335조의 2 제4항).

(c) **買受人 指定과 被指定人의 賣渡請求權**: 주주가 양도의 상대방을 지정하여 줄 것을 청구한 경우에 이사회는 買受人을 지정하고, 그 청구를 한 날로부터 2주 내에 주주와 지정된 상대방(매수인)에게 서면으로 이를 통지하여야 한다(제335조의 3 제1항). 만약 그 기간 내에 주주에게 상대방 지정의 통지를 하지 아니한 때에는 주식의 양도에 관하여 이사회의 승인이 있는 것으로 본다(제335조의 3 제2항). 상대방으로 지정된 자(매수인)는 지정통지를 받은 날로부터 10일 이내에 지정청구를 한 주주에게 서면으로 그 주식을 매도해 줄 것을 청구할 수 있다(제335조의 4).

지정된 자가 주식의 매도를 청구한 때에는 주주와의 사이에 그 주식의 賣買契約이 성립한다. 이 때 그 주식의 매수가액은 매도주주와 매수청구인 간의 협의로 결정한다(제335조의 5 제1항 본문). 다만 매도청구를 받은 날부터 30일 이내에 협의가 이루어지지 아니한 경우에는 회사 또는 주식의 매수를 청구한 주주는 법원에 대하여 매도가액의 결정을 청구할 수 있다(제335조의 5 제2항, 제374조의 2 제4항). 법원이 주식의 매도가액을 결정하는 경우에는 회사의 재산상태 기타의 사정을 참작하여 공정한 가액으로 이를 산정하여야 한다(제335조의 5 제2항, 제374조의 2 제5항).

(d) **株主의 株式買受請求權**: 이사회의 승인을 얻지 못하여 주주가 회사에 대하여 주식매수청구권을 행사하는 경우, 회사는 매수청구를 받은 날로부터 2월 이내에 그 주식을 매수하여야 한다(제335조의 6, 제374조의 2 제2항). 이 때 주식의 매수가액은 주주와 회사 간의 협의에 의하여 결정하는 것이 원칙이나, 그 매수청구를 받은 날부터 30일 이내에 협의가 이루어지지 아니한 경우에는 회사 또는 주식의 매수를 청구한 주주는 법원에 대하여 매수가액의 결정을 청

구할 수 있다. 이때 법원은 회사의 재산상태 기타의 사정을 참작하여 공정한 가액으로 이를 산정하여야 한다(제335조의 6, 제374조의 2 제2항 내지 제5항).

(나) 株式取得者의 承認請求

이사회의 사전승인 없이 주주로부터 주식을 취득한 자는 회사에 대하여 그 주식의 종류와 수를 기재한 서면으로 그 취득의 승인을 청구할 수 있다(제335조의 7 제1항). 이 경우 그 승인청구의 날부터 1월 이내에 승인여부의 통지가 없으면 회사가 승인한 것으로 보게 되고, 만약에 양수인이 승인거부의 통지를 받으면 통지를 받은 날부터 20일 내에 회사에 대하여 양도의 상대방의 지정 또는 그 주식의 매수를 청구할 수 있다(제335조의 7 제2항, 제335조의 2 제2항~제4항).

(3) 特別法에 의한 讓渡制限

정책적 이유에서 특별법에 의하여 주식의 양도가 제한되는 경우가 있다. 예컨대, 자본시장법상 공공적 법인이 발행한 주식의 소유제한(資金 제167조), 공개매수의 제한(同法 제133조), 외국인의 주식취득제한(同法 제168조), 내부자거래의 금지와 단기매매차익의 반환의무(同法 제172조, 제174조), 금융투자회사 임직원의 매매거래제한(同法 제63조), 독점규제법에 의한 제한(獨規 제7조 내지 제9조), 은행법에 의한 제한(銀行 제15조) 및 외국인투자촉진법에 의한 제한(外投 제6조・제7조・제23조) 등이 있다.

4. 株式讓渡의 方法

(1) 交付에 의한 讓渡

주식은 기명주식이든(제336조 제1항), 무기명주식이든(民 제523조) 주권을 교부함으로써 양도할 수 있다. 그 교부는 주식양도의 효력발생요건이다.

≪交付에 의한 株式讓渡≫

종래에는 "기명주식의 양도는 주권의 배서 또는 주권과 이에 주주로 표시한 자의 기명날인 있는 양도증서의 교부"에 의하여만 하도록 하였었다(舊商 제336조 제1항). 이것은 기명주식의 양도방식으로서 배서에 의한 양도와 양도증서에 의한 양도 두 가지를 인정하면서 어느 경우이든 양도인의

'記名・捺印'을 요건으로 한다는 것이다. 그런데 기명주식의 양도에 관한 우리 나라의 거래관행을 보면, 배서를 하거나 양도증서를 작성할 때 '기명'이 생략되고 '날인'만을 하거나, 심지어는 '날인' 자체도 완전하지 않은 경우(예컨대, 양도인의 印影이 본인의 성명을 완전하게 표기하지 않는 날인 등)가 허다하였다. 따라서 1984년의 개정상법은 무기명주식과 마찬가지로 주권의 교부에 의하여 양도하도록 하였다.[1]

≪證券對替決濟制度≫

증권의 대체결제란, 증권의 소유자가 금융투자회사에 計座를 개설하여 증권을 예탁하고, 금융투자회사는 다시 대체결제회사(현재 대체결제를 전담하는 기관으로 證券預託院이 있다)에 계좌를 개설하여 자기의 유가증권과 고객으로부터 예탁받은 유가증권을 예탁하면 계좌개설자 상호간에는 유가증권의 수수를 하지 않고 계좌간의 대체로 결제하는 제도를 말한다. 이것은 매 거래마다 증권을 교부하여야만 하는 불편과 위험을 제거하기 위하여 마련된 제도이다. 특히 대량의 거래가 반복되는 주식시장에 있어서는 대체결제제도의 이용은 필수적이다. 증권대체결제에 관하여는 자본시장법에 상세히 규정되어 있다(同法 제311조 참조).

(2) 對抗要件

기명주식의 이전을 회사에 대항하기 위해서는 명의개서를 하여야 한다(제337조 제1항). 명의개서란 주주명부에 취득자의 성명과 주소를 기재하는 것인데, 기명주식의 양수인이 명의개서를 청구함에는, 주권을 제시하면 된다. 주권의 점유자는 적법한 소지인으로 추정되기 때문이다(제336조 제2항).

만약 명의개서를 하지 않은 자가 실질적인 주주이고 또 그것을 회사가 알고 있는 경우 그 자에게 주주로서의 권리를 인정할 수 있는가에 관하여는 학설이 갈린다. 부정설에 의하면,[2] 회사가 수많은 주주 중에 개별적으로 우연히 알게 된(명의개서를 하지 않은) 양수인에게 권리행사를 인정하게 되면 권리행사자를 획일적으로 확정하기 위한 명의개시제도의 존재이유가 없을 뿐 아니라 주주평등의 원칙에도 위배된다고 한다. 그러나 명의개서는 본질상 權利創設的 效力은 없고 다만 資格授與的 效力밖에 없는 것이므로[3] 긍정설이 타당하다고 본다.[4]

1) 大判 1993. 12. 28, 93 다 8719.
2) 李泰魯・李哲松(會) 332면; 崔基元(會) 527면; 孫珠瓚(上) 669면.
3) 大判 1989. 7. 11, 89 다카 5345; 大判 1985. 3. 26, 84 다카 2082.

(3) 名義改書代理人

회사는 정관이 정하는 바에 의하여 명의개서대리인을 둘 수 있다(제337조 제2항 제1문). 名義改書代理人이란 회사를 위하여 주식의 명의개서사무를 대행하는 자를 말하고, 그 자격은 대통령령으로 정한다(商附 제8조). 주주명부는 회사의 본점에 비치되어 있으므로(제396조 제1항) 명의개서를 하려면 불편한 점이 많다. 이에 상법은 명의개서절차의 신속성과 안전성을 꾀하여 주주의 편의를 도모하는 한편, 회사의 사무합리화를 위하여 상장회사에만 활용하던 명의개서대리인 제도를 일반화하였다. 즉, 회사가 정관에 의하여 명의개서 대리인을 둔 경우, 주주명부나 그 복본을 명의개서대리인의 영업소에 비치할 수 있으므로(제396조 제1항 제2문), 명의개서대리인이 그 영업소에 비치하고 있는 주주명부 또는 그 복본에 주식취득자의 성명과 주소를 기재한 때에는 주주명부에 명의개서를 한 것과 동일한 효력이 인정된다(제337조 제2항 제2문).

한편 명의개서대리인은 질권의 등록(제340조 제1항), 기명사채에 대한 사채원부에의 명의개서도 할 수 있다(제479조 제2항). 회사가 명의개서대리인을 둔 때에는 상호 및 본점소재지를 등기하여야 하고(제317조 제2항 제11호), 株式請約書, 新株引受權證書, 社債請約書 등에 이를 기재하여야 한다(제302조 제2항 제10호, 제420조 제2호, 제420조의 2, 제474조 제2항 제15호, 제516조의 5).

명의개서대리인의 회사에 대한 관계는 위임이므로 명의개서대리인은 회사에 대하여 善管義務를 짐은 물론이고(民 제680조·제681조), 정당한 사유없이 명의개서를 하지 않거나 주주명부 또는 그 복본에 기재할 사항을 기재하지 않거나 부실기재한 때에는 과태료의 제재를 받는다(제635조 제1항 제7호·제9호).

5. 株券의 善意取得

(1) 意 義

기명주권이든 무기명주권이든 주권은 교부에 의하여 양도되므로 주권의 소지인은 適法한 권리자로 推定된다(제336조 제2항). 따라서 권리자인 외관을 신뢰하고 주식을 취득한 경우에는, 양수인에게 악의 또는 중대한 과실이 없는 한 양

4) 鄭東潤(會) 257면; 鄭熙喆·鄭燦亨(上) 624면.

도인이 무권리자(盜取者, 拾得者)라 하더라도 그 주권의 취득이 유효하여 누구에게도 주권반환의무를 부담하지 않는다(제359조, 手 제21조).

(2) 要　件

① 유효한 주권의 발행이 있어야 한다. 회사가 정당한 주주에게 발행한 주권만이 적법한 주권이다(주권의 효력발생시기에 관한 교부시설 참조). ② 양도인이 무권리자이거나 무권대리인, 무처분권자, 무능력자이거나 의사표시에 하자가 있어야 한다(후술하는 어음의 선의취득 참조). ③ 주권의 선의취득제도는 물론 주권소지인의 지위를 확실하게 하고 주권유통의 안전을 꾀하기 위하여 인정된 것이므로 주권의 교부를 통하여 주식이 양도되어야 한다. 따라서 상속·합병 등에 의하여 주권을 승계취득한 때에는 선의취득제도가 적용되지 않는다. ④ 취득자에게 취득시에 악의 또는 중과실이 없어야 한다.

상법상의 주권의 선의취득제도를 민법상의 선의취득제도(民 제249조)와 비교해 보면, ① 경과실이 보호되는 점, ② 盜品·遺失品에 대한 특례(民 제250조·제251조)가 없는 점에서 선의취득요건이 완화되어 양수인을 후하게 보호하고 있다.

Ⅶ. 株式의 入質

1. 入質可能性과 그 制限

(1) 入質可能性

주식은 재산적 가치있는 지위이며, 이를 표창하는 주권은 양도성이 보장되어 있으므로 질권의 목적이 될 수 있다. 권리주와 주권발행 전의 주식도 입질할 수는 있으나, 회사에 대하여는 양도의 경우와 마찬가지로 효력이 없다고 본다. 질권은 주식의 재산적 가치를 담보로 확보하려는 것이므로 주주는 입질 후에도 주주로서의 지위를 보유하고, 의결권 기타의 공익권을 행사할 수 있다.

(2) 自己株式의 質取制限

회사가 발행주식총수의 20분의 1을 초과하여 자기주식을 질권의 목적으로 취득하는 것은 원칙적으로 금지되어 있다(제341조의 2). 이러한 제한을 위반한 경우의 효력에 관하여는 有效說·相對的 無效說·無效說로 나뉜다. 유효설에 의하면 자기주식의 질권은 투기의 목적으로 이용될 수 없고, 이를 무효로 하더라도 회사의 이익보호가 되지 않는다고 한다.[1] 그러나 이 학설에 의하면 악의의 질권설정자까지도 보호가 되며, 자기주식의 질취를 제한하는 입법취지에도 어긋난다. 상대적 무효설은 거래의 안전을 고려하여 선의의 질권설정자에 대하여는 회사가 무효를 주장할 수 없다는 것이지만,[2] 거꾸로 질권설정자가 무효를 주장할 수는 있게 되고, 이 경우 질권설정자는 투기행위를 할 우려가 있다.

생각건대, 자기주식의 질취제한은 자기주식취득금지 규정을 회피하는 탈법행위를 방지하기 위한 것이므로 자기주식의 취득금지를 위반한 경우와 같이 무효라고 보는 것이 가장 타당하다.[3]

회사는 예외적으로 ① 회사의 합병 또는 다른 회사의 영업전부를 양수하는 때(제341조 제2호), ② 회사의 권리를 실행함에 있어서 그 목적을 달성하기 위하여 필요한 때(제341조 제3호)에는 그 한도를 초과하여 자기주식을 질취할 수 있다(제341조의 2 단서). 이 때에도 회사는 상당한 시기에 질권을 처분하여야 한다(제342조).

2. 記名株式의 入質

기명주식의 입질방법으로는 略式質과 登錄質의 두 가지가 있다.

(1) 略 式 質

약식질은 질권설정의 합의와 질권자에 대한 주권의 교부로써 성립하고, 질권자가 제3자에게 대항하려면 주권을 계속하여 점유하여야 한다(제338조). 약식질의 경우에는, ① 등록질의 경우에 이익이나 이자의 배당 등을 받을 수 있다고 정한 상법 제340조의 반대해석상 약식질권자가 이익 또는 이자의 배당을 받을 수 없고, ② 이러한 권리가 주어져 있는 등록질제도를 이용하지 않는 것은 그러

1) 孫珠瓚(上) 679면; 鄭東潤(會) 266면; 蔡利植(上) 670면.
2) 鄭熙喆(上) 429면.
3) 徐燉珏(上) 348면; 崔基元(會) 533면.

한 권리를 행사할 의사가 없다고 해석되는 것이며, ③ 따라서 약식질의 경우에는 주식 자체의 재산적 가치만을 담보의 목적으로 하는 것이 당사자의 의사인 만큼, 질권자의 이익 또는 이자배당청구권 및 잔여재산분배청구권을 인정할 수 없다는 견해가 있다.[1] 그러나 ① 질권자는 당연히 果實受取權이 있고(民 제355조 · 제343조 · 제323조), ② 주주명부에의 등록 여부는 형식적 자격 유무를 정하는 의미일 뿐 실질적인 권리관계는 변동이 없다는 점에서 약식질권자의 이익 또는 이자배당청구권 및 잔여재산분배청구권을 인정하여야 할 것이다.[2] 다만 이익 또는 이자의 지급 전에 압류하여야 한다고 본다. 또 物上代位權(제339조)을 행사하는 경우에도 민법의 원칙에 따라서 주권의 교부 전 또는 금전의 지급 전에 압류를 하여야 한다(民 제342조). 그 밖에 신주인수권,[3] 의결권 등의 共益權도[4] 없음은 물론이다.

(2) 登 錄 質

등록질(正式入質)이란 약식질의 요건을 구비하는 외에 질권설정자인 주주의 청구에 의하여 회사가 질권자의 성명과 주소를 주주명부에 기재하고 그 성명을 주권에 기재하는 경우를 말한다. 질권의 등록은 등록질의 효력발생요건인데, 주주명부의 폐쇄기간 중에는 그 등록이나 말소를 할 수 없다. 등록질권자는 이익 또는 이자의 배당을 받아 다른 채권자에 우선하여 자기채권의 변제에 충당할 수 있을 뿐만 아니라(제340조 제1항), 그 지급을 받거나 물상대위권을 행사하는 경우에도 미리 압류를 할 필요없이, 회사에 대하여 당연히 그 권리를 행사할 수 있다(제340조 제2항 · 제3항). 그러나 明文의 규정이 없는 신주인수권이나 의결권 등의 공익권은 등록질의 경우에도 질권자가 행사할 수 없다.

3. 無記名株式의 入質

무기명주식의 입질은 무기명채권에 대한 질권의 설정방법(民 제351조)에 따라

1) 徐燉珏(上) 356면; 孫珠瓚(上) 682면; 李泰魯 · 李哲松(會) 402면.
2) 鄭熙喆(上) 441면; 鄭東潤(會) 271면; 崔基元(會) 540면; 蔡利植(上) 671면.
3) 同旨 : 李泰魯 · 李哲松(會) 403면; 崔基元(會) 541~542면. 反對說 : 鄭東潤(會) 276면.
4) 孫珠瓚(上) 682면; 李泰魯 · 李哲松(會) 405면; 崔基元(會) 542면.

서 주권을 질권자에게 교부하면 그 효력이 생긴다. 이 경우 질권으로 제3자에게 대항하려면 주권을 계속 점유하여야 한다(제338조 제2항). 무기명주권은 입질하는 동안에는 주주가 그 권리를 행사하지 못한다. 이를 두고 주주가 질권자에게 회사에 대한 권리를 행사할 수 있는 일반적인 권한을 부여한 것이 된다는 학설도 있다.[1] 그러나 입질 후에도 다른 약정이 없는 한 주주가 회사에 대하여 권리를 행사하는 것이 당연하므로 질권자는 주주의 권리행사에 협조하여야 한다고 본다.[2]

Ⅷ. 株式買受選擇權

1. 株式買受選擇權의 意義

주식매수선택권(stock option)이란 定款이 정한 바에 따라 주주총회의 특별결의에 의하여 회사의 설립·경영과 기술혁신 등에 기여하였거나 기여할 수 있는 회사의 理事·監事 또는 被用者에게 특별히 유리한 가격으로 신주를 인수하거나 자기주식을 매수할 수 있는 권리를 부여하는 제도이다. 주식을 매수할 수 있는 권리를 임직원과 연결시키는 일종의 인센티브제도이다.

2. 株式買受選擇權의 實質的 行使要件

(1) 株式買受選擇權의 附與對象者

주식매수선택권을 부여할 수 있는 대상자는 회사의 이사, 감사 또는 피용자로서, 회사의 설립, 경영과 기술혁신 등에 기여하였거나 기여할 수 있는 자이어야 한다(제340조의 2 제1항).

그러나 ① 의결권없는 주식을 제외한 발행주식총수의 100분의 10 이상의 주식을 소유한 주주, ② 이사, 감사의 선임과 해임 등 회사의 주요 경영사항에 대

1) 孫珠瓚(上) 686면.
2) 同旨 : 崔基元(會) 535면.

하여 사실상 영향력을 행사하는 주주, ③ 위에 열거한 주주의 배우자와 직계 존・비속은 부여대상자에서 제외된다(제340조의 2 제2항).

(2) 株式買受選擇權의 行使價格

주식매수선택권의 행사가격은, ① 신주인수권부여형의 경우에는 주식매수선택권의 부여일을 기준으로 한 주식의 실질가액과 주식의 권면액 중 높은 금액, ② 자기주식양도형의 경우에는 주식매수선택권의 부여일을 기준으로 한 주식의 실질가액 이상의 가격이어야 한다(제340조의 2 제4항). 다만, ③ 주가차익수익권형의 경우에는 株式買受選擇權의 行使價額이 株式의 實質價額보다 낮은 경우에 會社는 그 差額을 金錢으로 지급하거나 그 金額에 상당하는 자기의 株式을 讓渡할 수 있다. 이 경우 株式의 實質價額은 株式買受選擇權의 行使日을 기준으로 評價한다(제340조의 2 제1항 단서).

(3) 株式買受選擇權의 限度

회사의 임직원이 유리한 가격으로 매수할 수 있는 신주 또는 양수할 수 있는 자기주식은 회사의 발행주식총수의 100분의 10을 초과할 수 없다(제340조의 2 제3항).

3. 株式買受選擇權의 形式的 行使要件

(1) 定款上의 規定

주식매수선택권을 부여하려면 정관에, ① 일정한 경우 주식매수선택권을 부여할 수 있다는 뜻, ② 주식매수선택권의 행사로 발행하거나 양도할 주식의 종류와 수, ③ 주식매수선택권을 부여받을 자의 자격요건, ④ 주식매수선택권의 행사기간, ⑤ 일정한 경우 이사회의 결의로 주식매수선택권의 부여를 취소할 수 있다는 뜻을 기재하여야 한다(제340조의 3 제1항).

(2) 株主總會의 特別決議

주주총회의 특별결의에 의하여, ① 주식매수선택권을 부여받을 자의 성명, ② 주식매수선택권의 부여방법, ③ 주식매수선택권의 행사가액과 그 조정에 관한 사항, ④ 주식매수선택권의 행사기간, ⑤ 주식매수선택권을 부여받을 각자에 대하여 주식매수선택권의 행사로 발행하거나 양도할 주식의 종류와 수를 정하여야 한다(제340조의 3 제2항), 다만, 주권상장회사는 발행주식총수의 100분의 10의 범위에서 대통령령으로 정하는 한도까지는 그 절차를 간소화하여 이사회의 결의로 주식매수선택권을 부여할 수 있다(제542조의 3 제3항).

(3) 株式買受選擇權附與契約의 締結

회사는 주주총회의 결의에 의하여 주식매수선택권을 부여받을 자와 주식매수선택권부여계약을 체결하고 상당한 기간 내에 그에 관한 書面契約書를 작성하여야 한다(제340조의 3 제3항). 주식매수선택권부여계약서의 기재내용은 당사자간에 자율적으로 정할 수 있으나, 예컨대 주식매수선택권의 행사방법 및 절차, 주식매수선택권부여의 취소에 관한 사항, 주식매수선택권의 담보제공이 제한된다는 뜻 등을 상법규정에 반하지 않는 범위 내에서 정하면 될 것이다. 그리고 회사는 이 계약서를 주식매수선택권의 행사기간이 종료할 때까지 본점에 비치하고 주주로 하여금 영업시간 내에 이를 열람할 수 있도록 하여야 한다(제340조의 3 제4항).

4. 株式買受選擇權의 行使

(1) 株式買受選擇權의 行使方法

주식매수선택권을 행사하여 회사로부터 구주를 양도받는 경우에는 문제가 없다. 그러나 새로 발행하는 주식을 인수하는 경우에는 청구서의 작성, 신주인수청약서의 기재사항, 납입은행, 납입금보관자의 변경, 납입금보관자의 증명 등에 관하여 신주인수권부사채권자의 신주인수권 행사에 관한 규정이 준용된다(제340조의 5, 제516조의 8 제1항 · 제3항 · 제4항).

(2) 株式買受選擇權의 行使期間

주식매수선택권은 주주총회 결의일로부터 2年 이상 在任 또는 이를 在職하여야 이를 행사할 수 있다(제340조의 4 제1항). 주식매수선택권을 부여받은 자가 정년 기타 본인의 귀책사유가 아닌 사유로 인하여 퇴임 또는 퇴직한 경우에는 2

년 이상 재임 또는 재직하지 아니하더라도 주식매수선택권을 행사할 수 있다고 본다. 행사기간은 구체적으로 주주총회에서 정한다(제340조의 3 제2항 제4호).

(3) 株式買受選擇權의 讓渡禁止

주식매수선택권은 본인만이 행사할 수 있으며, 타인에게 이를 양도할 수는 없다. 그러나 주식매수선택권을 부여받은 자가 사망한 경우에는 그 상속인이 이를 행사할 수 있다(제340조의 4 제2항).

5. 株式買受選擇權의 行使效果

주식매수선택권의 행사로 주주가 되는 시기는 신주를 발행하는 경우에는 납입을 한 때 주주가 된다(제340조의 5, 제516조의 9 전단). 그러나 주식을 양도하는 방법에 의한 경우에는 회사에 매수대금을 납입하고 주권을 교부받은 때(제336조)이다.

신주를 발행하는 경우, 주주명부폐쇄기간 중에 주식매수청구권을 행사한 자는 그 기간 중의 총회의 결의에 관하여는 의결권을 행사할 수 없다(제340조의 5, 제350조 제2항). 신주에 대한 이익이나 이자의 배당에 관여하는 정관이 정하는 바에 따라 그 주식매수청구를 한 때가 속하는 영업연도의 직전영업연도말에 신주를 발행한 것으로 할 수 있다(제340조의 5, 제350조 제3항 후단).

6. 變更登記

주식매수선택권을 행사하여, 회사가 신주를 발행하는 경우에는 자본이 증가하게 된다. 따라서 회사는 주식매수선택권을 행사한 날이 속하는 달의 말일부터 2주간 내에 본점소재지에서 소정사항의 변경등기를 하여야 한다(제340조의 5, 제351조).

Ⅸ. 株式의 消却

1. 株式消却의 意義

주식의 소각(Einziehung von Aktien)이란 특정 주식의 소멸을 목적으로 하는 회사의 행위를 말한다. 주식의 소각에 의하여 주주의 자격은 절대적으로 소멸된다.

주식의 소각에는 자본감소의 규정에 의하여 하는 경우(제343조 제1항 본문)와 주주에게 배당할 이익으로써 하는 경우가 있다.

이익으로써 하는 소각에는 특정 종류의 주식에 대하여 하는 償還株式의 償還(제345조)과, 모든 주식에 대하여 평등하게 하는 利益消却(제343조 제1항 단서)의 두 경우가 있다. 前者는 주주모집을 쉽게 하기 위하여 우선주를 발행하였다가 자기자본을 다시 상환함으로써 배당의 부담을 덜기 위하여 이용되고, 後者는 일정한 기간 내에 기업의 경제적 가치가 소멸하는 회사(예컨대, 수년 후에 광맥이 없어질 광산회사나, 일정한 기간 후 무상으로 공공단체에 수용될 면허사업을 목적으로 하는 회사)가 해산하는 경우에 청산절차를 간단하게 하기 위하여 이용된다. 이익소각은 정관의 규정에 의한 경우와 주주총회의 결의에 의한 경우가 있다. 여기서는 이익소각에 관여하여서만 설명한다.

2. 定款의 規定에 의한 利益消却

(1) 利益消却의 要件

이사회의 결의에 의하여 이익소각을 하려면, ① 原始定款 또는 주주총회의 특별결의로써 변경한 정관에 주식을 소각할 수 있다는 뜻과 소각방법·가액 등의 기본적 사항에 관한 규정이 있어야 한다. 정관에 이러한 규정이 있는 때에는 등기하여야 하며(제317조 제2항 제6호), 주식청약서와 신주인수권증서에 이를 기재하여야 한다(제302조 제2항 제7호, 제420조 제2호, 제420조의 2 제2항 제2호). ② 대차대조표상의 순자산액으로부터 자본·법정준비금·그 결산기에 적립하여야 할 이익준비금의 합계액을 공제한 잔액, 즉 배당가능이익이 있어야 한다(제343조 제1항 단서). 이 때에는 종래에 적립하여 온 임의준비금도 소각을 위해 사용될 수 있다고 본다.

(2) 利益消却의 具體的인 方法

정관의 규정을 근거로 이사회가 그 결의에 의하여 이익소각을 하는데, 그 구체적 방법에는 任意消却(買入消却)과 주주의 동의없이 추첨·按分比例 등의 방법에 의하여 회사가 일방적으로 특정 주식을 소멸시키는 强制消却이 있다.

강제소각을 하려면, 회사는 1월 이상의 기간을 정하여 주식을 소각한다는 뜻과 그 기간 내에 주권을 회사에 제출할 것을 공고하고, 주주와 등록질권자에 대하여도 개별적으로 그 통지를 하여야 한다(제343조 제2항, 제440조).

(3) 利益消却의 效果

이익소각의 효력은 강제소각의 경우에는 주권제출기간이 만료한 때(제343조 제2항, 제440조, 제441조), 임의소각의 경우에는 회사가 취득한 자기주식에 대하여 실효절차를 밟은 때에(제341조 제1호, 제342조) 생긴다.

소각에 의하여 주식은 소멸하고, 그 만큼 발행주식총수가 감소한다. 따라서 회사는 이로 인한 변경등기를 하여야 한다(제317조 제2항 제3호).

그러나 주식이 소멸하더라도 자본은 감소하지 아니한다. 소각의 결과 소각된 주식수는 발행예정주식총수 중에 미발행주식으로 다시 부활하지는 않으므로,[1] 소각된 만큼 주식을 재발행하지도 못한다. 따라서 이익소각의 경우에는 발행주식의 액면총액이 자본액과 일치하지 않는 예외가 생긴다.

3. 株主總會의 特別決議에 의한 利益消却

(1) 利益消却의 要件

회사는 정관에 아무런 규정이 없더라도 정기주주총회의 특별결의가 있으면 자기주식을 매수하여 이를 소각할 수 있다(제343조의 2 제1항). 2001년 개정 전 상법은 주식의 소각에 관하여 원시정관에 규정이 있어야만 하고, 정관에 규정이

1) 孫珠瓚(上) 691면; 崔基元(會) 397면.

없으면 먼저 정관개정이라는 번거로운 절차를 거쳐야 하기 때문에, 회사가 주가관리 기타의 이유로 주식을 소각하려고 해도 쉽게 이를 할 수 없었다. 따라서 개정상법은 정관에 규정이 없더라도 단순히 정기주주총회의 특별결의에 의하여 주식을 소각할 수 있는 길을 열어 주었다. 즉, 회사는 배당 가능이익의 범위 내에서 주식을 매수하여 소각할 수 있는데, 이는 주주의 동의를 얻어서 하는 임의소각에 관한 것이며, 주주의 동의가 없는 경우에는 불가능하다.

따라서 이익소각의 요건은 ① 정기주주총회의 특별결의가 있어야 하고, 그 결의에는 매수할 주식의 종류, 총수, 취득가액의 총액 및 주식을 매수할 수 있는 기간을 정하여야 한다(제343조의 2 제1항 · 제2항). ② 위 이사회의 결의에 의한 이익소각의 경우와 마찬가지로 배당가능이익이 있어야 한다(제343조의 2 제3항, 제462조 제1항). 만약 당해 영업년도의 결산기에 대차대조표상 배당가능이익이 발생하지 못할 염려가 있는 때에는 이익소각을 위한 자기주식의 매수를 하지 못한다(제343조의 2 제5항). 이를 위반하여 회사가 자기주식을 매수하여 소각한 경우 이사는 회사에 대하여 연대하여 배당가능이익을 초과한 금액을 배상할 책임이 있다. 다만, 이사가 그와 같은 우려가 없다고 판담함에 있어 주의를 게을리하지 아니하였음을 증명한 때에는 그러하지 아니하다(제343조의 2 제6항, 제462조의 3 제4항 단서).

(2) 利益消却의 方法

총회의 결의에 의한 이익소각은 회사가 자기주식을 임의로 매수하여 이를 한다. 다만 주식을 매수할 수 있는 기간은 총회 결의 후 최초의 결산기에 관한 정기총회가 종결한 후로 정하지 못한다(제343조의 2 제4항).

(3) 利益消却의 效果

이익소각의 효력은 회사가 취득한 자기주식에 대하여 실효절차를 밟은 때(제341조 제1호, 제342조)에 생긴다. 나머지는 이사회의 결의에 의한 이익소각의 경우와 꼭 같다.

X. 株式의 分割

1. 株式分割의 意義

株式의 分割이란 1주를 분할하여 2주로, 혹은 2주를 분할하여 3주로 하는 등 기존 주식을 세분하여 회사재산이나 자본은 증가시키지 않고 발행주식총수만을 증가시키는 것을 말한다. 우리 상법에서는 無額面株式이 인정되지 아니하므로 주식의 분할은 곧 額面分割을 의미하게 된다. 즉, 주식의 분할은 기존 주식의 액면가를 나누고(예를 들어 액면가 5,000원을 1,000원 또는 100원 등으로 나눈다), 이에 따라 새로 발행되는 신주를 각 주주에게 그 持株數에 따라 분배하게 된다.

주식의 분할은 주가가 지나치게 높아 주식의 유통성을 증가시키기 위한 경우나, 회사합병에 있어서 합병비율의 결정을 용이하게 하기 위한 경우 등에 이용된다.

2. 株式分割의 節次

1998년 개정상법 이전에는 주식분할에 관한 명문규정이 없었으나, 정관변경의 방법에 의하여(액면가가 정관기재사항이므로) 이를 할 수 있었다. 그러나 1998년 개정상법에서는 이를 명문화하는 한편, 1주의 주금액을 100원으로 크게 인하함으로써(제329조 제4항) 주식의 분할이 훨씬 용이하게 되었다.

주식의 분할은 주주총회의 특별결의에 의해 할 수 있다(제329조의 2 제1항). 그러나 주식분할 후의 1주의 금액은 최저액면가인 100원 미만으로 하지 못한다(제329조의 2 제2항).

주식분할의 결과 주식의 액면가가 달라지므로 회사는 새로운 주권을 발행하여 주주에게 교부하여야 한다. 구주권의 제출, 신주권의 교부, 효력발생 등에 관하여는 株式併合에 관한 규정(제440조 내지 제444조)을 준용한다(제329조의 2 제3항).

3. 株式分割의 效果

주식이 분할되면 회사의 발행주식총수가 증가하고 각 주주의 소유주식수도 증가하나, 회사의 자본이나 재산에는 아무런 변동이 없다. 따라서 각 주주가 가지는 실질적인 지위에도 아무런 변동이 생기지 않는다. 그리고 분할 전후의 주식은 동질성이 인정되므로 분할 전의 구주식에 대한 질권은 분할 후의 신주식에 대하여 행사할 수 있다(제339조).

XI. 株式의 包括的 交換

1. 株式의 包括的 交換의 意義

주식의 포괄적 교환(이하 주식교환이라 한다)이란 기존의 회사간에 주식의 포괄적 교환계약에 의하여 完全母子會社關係를 창설하는 조직법상의 행위이다(제360조의 2 제1항).

2. 株式交換의 節次

(1) 주식교환계약의 체결

주식교환을 하고자 하는 회사는 주식교환계약서를 작성하고, 이사회의 결의를 거쳐 계약을 체결하여야 한다(제360조의 3 제1항).

(가) 주식교환계약서의 기재사항

주식교환계약서에는 ① 완전모회사가 되는 회사가 주식교환으로 인하여 정관을 변경하는 경우에는 그 규정(제360조의 3 제3항 제1호), ② 완전모회사가 되는 회사가 주식교환을 위하여 발행하는 신주의 총수, 종류와 종류별 주식의 수 및 완전자회사가 되는 회사의 주주에 대한 신주의 배정에 관한 사항(동항 제2호), ③ 완전모회사가 되는 회사의 증가할 자본의 액과 자본준비금에 관한 사항

(동항 제3호), ④ 완전자회사가 되는 회사의 주주에게 지급할 금액을 정할 때에는 그 규정(동항 제4호), ⑤ 각 회사가 주주총회의 특별결의를 할 총회기일(동항 제5호), ⑥ 주식교환을 할 날(동항 제6호), ⑦ 각 회사가 주식교환을 할 날까지 이익배당 또는 중간배당(제462조의 3 제1항)을 하는 경우에는 그 한도액(동항 제7호), ⑧ 신주발행에 갈음하여 회사의 자기주식을 이전하는 경우(제360조의 6)에는 이전할 주식의 총수, 종류 및 종류별 주식의 수(동항 제8호), ⑨ 완전모회사가 되는 회사에 취임할 이사와 감사 또는 감사위원회의 위원을 정한 때에는 그 위원의 성명 및 주민등록번호(동항 제9호)를 기재하여야 한다.

(나) 소규모주식교환의 예외

소규모주식교환을 행하는 경우에는 주식교환계약서의 기재사항에도 예외가 인정된다. 즉, 주식교환계약서에 완전모회사가 되는 회사에 관하여서는 주주총회의 승인결의를 얻지 아니하고 주식교환을 할 수 있다는 뜻을 기재하여야 하며(제360조의 10 제3항 전단), 이 경우에는 완전모회사가 되는 회사가 주식교환으로 인하여 정관변경을 하는 경우의 규정을 기재할 수 없다(동항 후단).

(2) 주주총회의 승인

(가) 승인과 공시

이사는 주식교환계약을 체결한 후 주주총회의 승인을 얻어야 한다(제360조의 3 제1항). 그 승인은 특별결의로 하여야 한다(제360조의 3 제2항). 그 주주총회의 소집통지와 공고에는, ① 주식교환계약서의 주요내용(제360조의 3 제4항 제1호), ② 반대주주의 주식매수청구권의 내용 및 행사방법(동항 제2호), ③ 일방회사의 정관에 주식양도에 관하여 이사회의 승인을 요한다는 뜻의 규정이 있고 다른 회사의 정관에 그 규정이 없는 경우 그 뜻(동항 제3호)을 기재하여야 한다(제360조의 3 제4항 본문).

(나) 간이주식교환의 예외

완전자회사가 되는 회사의 총주주의 동의가 있거나 그 회사의 발행주식총수의 100분의 90 이상을 완전모회사가 되는 회사가 소유하고 있는 때에는, 완전자회사가 되는 회사의 주주총회의 승인은 이사회의 승인으로 갈음할 수 있다(간이주식교환, 제360조의 9 제1항). 이와 같은 간이주식교환의 경우에는, 완전자회사가 되는 회사는 주식교환계약서를 작성한 날부터 2주 내에 주주총회의 승인을 얻지 아니하고 주식교환을 한다는 뜻을 공고하거나 주주에게 통지하여야 한다(제

360조의 9 제2항 본문). 다만, 총주주의 동의가 있는 때에는 그러하지 아니한다(동항 단서).

(다) 소규모주식교환의 예외

완전모회사가 되는 회사가 주식교환을 위하여 발행하는 신주의 총수가 그 회사의 발행주식총수의 100분의 5를 초과하지 아니하는 경우에는 그 회사의 주주총회의 승인은 이를 이사회의 승인으로 갈음할 수 있다(제360조의 10 제1항 본문). 그러나 주식교환신주에 갈음하여 이전하는 완전모회사가 되는 회사의 자기주식은 이러한 요건의 판단에 있어서 주식교환을 위하여 발행하는 신주로 본다(제360조의 10 제2항).

소규모주식교환의 경우라 하더라도, 완전자회사가 되는 회사의 주주에게 지급할 금액을 정한 경우에 그 금액이 최종의 대차대조표에 의하여 완전모회사가 되는 회사에 현존하는 순자산액의 100분의 2를 초과하는 때에는 주주총회의 특별결의를 거쳐야 한다(제360조의 10 제1항 단서). 이것은 완전자회사가 되는 회사의 주주에게 다액의 주식교환교부금을 지급하고 주식교환신주의 수를 적게 하는 탈법적인 행위를 방지하기 위하여 둔 규정이다.

다만, 완전모회사가 되는 회사의 발행주식총수의 100분의 20 이상에 해당하는 주주가 주식교환에 반대의 의사를 통지한 때에는 소규모주식교환을 할 수 없다(제360조의 10 제5항). 주식교환에 반대하는 비율이 발행주식총수의 100분의 20 이상에 해당하는 경우에는 주주총회를 개최하여도 주식교환계약서의 승인을 얻을 수 있는 가능성이 희박하기 때문에 소규모주식교환을 할 수 없도록 한 것이다. 이 경우에는 주주총회를 개최하든지, 주식교환계약서의 내용을 변경하여야 할 것이다.

(3) 주식교환계약서 등의 공시

(가) 관련서류의 비치

이사는 주식교환의 승인을 얻기 위한 주주총회 회일의 2주간 전부터 주식교환의 날 이후 6월이 경과하는 날까지, ① 주식교환계약서, ② 완전자회사가 되는 회사의 주주에 대한 주식배정에 관하여 그 이유를 기재한 서면, ③ 위 주주총회의 회일 전 6월 내의 날에 작성한 주식교환을 하는 각 회사의 최종 대차대조표 및 손익계산서를 본점에 비치하여야 한다(제360조의 4 제1항).

주주는 영업시간 내에는 그 비치서류를 열람하거나 등사할 수 있다(제360조의

4 제1항).

(나) 소규모주식교환의 예외

완전모회사가 되는 회사는 주식교환계약서를 작성한 날로부터 2주간 내에 완전자회사가 되는 회사의 상호와 본점, 주식교환의 날 및 주주총회의 승인을 얻지 아니하고 주식교환을 한다는 뜻을 공고하거나 주주에게 통지하여야 한다(제360조의 10 제4항).

(4) 반대주주의 주식매수청구

(가) 주식매수청구권의 행사

서면으로 주식교환에 반대하는 의사를 통지한 주주는 총회의 결의일로부터 20일 내에 주식의 종류와 수를 기재한 서면으로 회사에 대하여 자기가 소유하고 있는 주식의 매수를 청구할 수 있다(제360조의 5 제1항). 간이주식교환의 경우에는 공고 또는 통지한 날로부터 2주 내에 서면으로 주식교환에 반대하는 의사를 통지하고, 그 2주간이 경과한 후 20일 이내에 주식매수를 청구할 수 있다(제360조의 5 제2항). 주식매수가액의 산정에 관하여는 제374조의 2 제2항 내지 제5항의 규정을 준용한다(제360조의 5 제3항). 주식매수청구권을 행사하면 회사는 자기주식을 취득하게 되는데, 취득한 날로부터 6월 이내에 이를 처분하여야 한다(제342조의 2 제2항).

(나) 소규모주식교환의 예외

소규모주식교환의 경우에는 반대주주의 주식매수청구권행사는 인정하지 아니한다(제360조의 10 제7항).

(5) 주권의 실효절차

완전자회사가 되는 회사는 주식교환의 승인을 얻은 때에는 그 뜻, 주식교환의 날의 전날까지 주권을 회사에 제출할 것과 주식교환의 날에 주권이 무효가 된다는 뜻을 그 날의 1월 전에 공고하고, 주주명부에 기재된 주주와 질권자에 대하여 따로 따로 그 통지를 하여야 한다(제360조의 8 제1항).

주권을 회사에 제출할 수 없는 자가 있는 때에는 회사는 그 자의 청구에 의하여 3개월 이상의 기간을 정하여 이해관계인에 대하여 그 주권에 대한 이의가 있으면 그 기간 내에 제출할 뜻을 공고하고, 그 기간이 경과한 후에 신주권을 청구자에게 교부할 수 있다(제360조의 8 제2항, 제442조 제1항).

무기명주권을 발행하였으나 주권을 회사에 제출할 수 없는 경우에도 같은 방식으로 처리한다(제360조의 8 제2항, 제444조).

(6) 단주 등의 처리

주식교환에 있어서 단주가 생기는 경우에는 자본감소의 경우(제443조)와 같이 처리한다(제360조의 11 제1항). 또한 완전자회사가 되는 회사의 주식을 목적으로 하는 질권자는 주식의 교환으로 인하여 종전의 주주가 받을 금전이나 주식에 대하여 물상대위권(제360조의 11 제2항, 제339조)을 행사하고, 등록질권자는 회사에 대하여 종전의 주주가 받을 주식에 대한 주권의 교부를 청구할 수 있다(제360조의 11 제2항, 제340조 제3항).

(7) 주식교환정보의 사후공시

이사는 ① 주식교환의 날, ② 주식교환의 날에 완전자회사가 되는 회사에 현존하는 순자산액, ③ 주식교환으로 인하여 완전모회사에 이전한 완전자회사의 주식의 수, ④ 기타 주식교환에 관한 사항을 기재한 서면을 주식교환의 날로부터 6월간 본점에 비치하여야 한다(제360조의 12).

주주는 영업시간 내에 주식교환경과설명서의 열람 또는 등사를 청구할 수 있다(제360조의 12 제2항, 제391조의 3 제3항).

3. 株式交換의 效果

(1) 신주발행에 갈음할 자기주식의 이전

완전모회사가 되는 회사는 주식교환을 함에 있어서 신주발행에 갈음하여 회사가 소유하는 자기주식으로서 제342조(자기주식의 처분)의 규정에 의하여 상당한 시기에 처분하여야 할 주식을 완전자회사가 되는 회사의 주주에게 이전할 수 있다(제360조의 6).

(2) 완전모회사의 자본증가

주식교환에 의하여 완전모회사의 자본은 증가할 수도 있다. 그러나 완전모회사가 되는 회사의 자본은 주식교환의 날에 완전자회사가 되는 회사에 현존하는 순자산액에서, ① 완전자회사가 되는 회사의 주주에게 지급할 금액, ② 신주발행에 갈음할 자기주식의 이전에 의하여 완전자회사가 되는 회사의 주주에게 이전하는 주식의 장부가액의 합계액을 공제한 금액을 초과하여 증가할 수 없다(제360조의 7 제1항).

완전모회사가 되는 회사가 주식교환 이전에 완전자회사가 되는 회사의 주식을 이미 소유하고 있는 경우에는, 완전모회사가 되는 회사의 자본은 주식교환의 날에 완전자회사가 되는 회사에 현존하는 순자산액에 그 회사의 발행주식총수에 대한 주식교환으로 인하여 완전모회사가 되는 회사에 이전하는 주식의 수의 비율을 곱한 금액으로부터, 완전자회사가 되는 회사의 주주에게 지급할 금액 및 제360조의 6의 규정에 의하여 완전자회사가 되는 회사의 주주에게 이전하는 주식의 장부가액의 합계액의 금액을 공제한 금액의 한도를 초과하여 이를 증가할 수는 없다(제360조의 7 제2항).

(3) 완전모회사의 이사·감사의 임기

완전모회사가 되는 회사의 이사 및 감사로서 주식교환 전에 취임한 자는 주식교환계약서에 다른 정함을 기재한 경우가 아니면 주식교환 후 최초로 도래하는 결산기에 관한 정기총회가 종료하는 때에 퇴임한다(제360조의 13).

4. 株式交換無效의 訴

(1) 소의 원인

주식교환무효의 소의 원인은 주식교환에 하자가 있는 경우, 즉 주식교환계약서의 기재사항에 흠결이 있는 경우, 주식교환계약서 등의 서류비치의무를 해태한 경우, 주주총회의 승인결의에 하자가 있는 경우 등이다.

(2) 소의 절차

주식교환무효의 소는 각 회사의 주주, 이사, 감사나 감사위원회 위원 또는 청산인만이 제기할 수 있다(제360조의 14 제1항). 주식교환은 단순히 주주구성에 변동이 생길 뿐 회사는 존속하고 있고, 따라서 채권자를 보호할 필요성도 없기 때문에 파산관재인은 주식교환무효의 소 제기권자에서 제외하였다.

주식교환의 무효는 주식교환의 날로부터 6월 내에 소로써만 주장할 수 있도록 하였다. 소가 제기되면 회사는 지체없이 이를 공고하여야 한다(제360조의 14 제4항, 제187조).

주주가 주식교환무효의 소를 제기한 때에는 법원은 회사의 청구에 의하여 상당한 담보를 제공할 것을 명할 수 있다. 그러나 주주가 이사 또는 감사인 때에는 그러하지 아니하다(제360조의 14 제4항, 제377조).

주식교환무효의 소는 완전모회사가 되는 회사의 본점소재지의 지방법원의 관할에 전속한다(제360조의 14 제2항). 수개의 주식교환무효의 소가 제기된 때에는 법원은 이를 병합심리하여야 한다(제360조의 14 제4항, 제188조).

(3) 무효판결의 효력

주식교환을 무효로 하는 판결이 확정된 때에는 완전모회사가 된 회사는 주식교환을 위하여 발행한 신주 또는 신주에 갈음하여 이전한 자기주식(제360조의 6)의 현재 주주에 대하여, 그가 소유하였던 완전자회사가 된 회사의 주식을 이전하여야 한다(제360조의 14 제3항). 그 신주 또는 자기주식에 관한 질권자도 위 단주처리의 경우와 같이 보호받는다(제360조의 14 제4항, 제339조, 제340조 제3항).

무효판결의 효력은 제3자에 대하여도 효력이 있다(제360조의 14 제4항, 제190조 본문). 주식교환무효의 판결이 확정된 때에는 신주는 장래에 대하여 그 효력을 상실하며(제360조의 14 제4항, 제431조 제1항), 회사는 지체없이 그 뜻과 일정한 기간 내에 신주의 주권을 회사에 제출할 것을 공고하고, 주주명부에 기재된 주주와 질권자에 대하여 각별로 통지하여야 한다(제360조의 14 제4항, 제431조 제2항).

주식교환무효의 소를 제기한 자가 패소한 경우에 악의 또는 중대한 과실이 있는 때에는 회사에 대하여 연대하여 손해를 배상할 책임이 있다(제360조의 14 제4항, 제191조).

(4) 변경등기

주식교환무효의 소의 판결이 확정된 때에는 각 회사의 본점과 지점의 소재지에서 등기하여야 한다(제360조의 14 제4항, 제192조).

XII. 株式의 包括的 移轉

1. 株式의 包括的 移轉의 意義

주식의 포괄적 이전(이하 주식이전이라 한다)이란 완전자회사가 되는 회사의 주주가 소유하는 그 회사의 주식은 주식이전에 의하여 설립하는 완전모회사에 이전하고, 완전자회사가 되는 회사의 주주는 완전모회사가 주식이전을 위하여 발행하는 주식의 배정을 받음으로써 그 완전모회사의 주주가 되는 것을 말한다(제360조의 15 제2항).

주식이전제도는 현물출자의 방식으로 지주회사를 설립하는 경우의 문제점을 보완한 조직법상의 행위이다.

2. 株式移轉의 節次

(1) 주식이전계획서의 작성

주식이전을 하고자 하는 회사는 주식이전계획서를 작성하여야 한다(제360조의 16 제1항).

주식이전계획서에는 ① 설립하는 완전모회사의 정관규정(제360조의 16 제1항 1 제1호), ② 설립하는 완전모회사가 주식이전에 있어서 발행하는 주식의 종류와 수 및 완전자회사가 되는 회사의 주주에 대한 주식의 배정에 관한 사항(동항 제2호), ③ 설립하는 완전모회사의 자본의 액 및 자본준비금에 관한 사항(동항 제3호), ④ 완전자회사가 되는 회사의 주주에게 지급할 금액을 정한 때에는 그 규정(동항 제4호), ⑤ 주식이전을 할 시기(동항 제5호), ⑥ 완전자회사가 되는 회사가 주식이전의 날까지 이익배당 또는 중간배당(제462조의 3 제1항)을 하는 경우에는 그 한도액(동항 제6호), ⑦ 설립하는 완전모회사의 이사와 감사 또는 감사위원회 위원의 성명 및 주민등록번호(동항 제7호), ⑧ 회사가 공동으로 주식이전에 의하여 완전모회사를 설립하는 때에는 그 취지(동항 제8호)를 기재하여야 한다.

(2) 주주총회의 승인

이사는 주식이전계획서를 작성한 후 주주총회의 승인을 얻어야 한다(제360조의 16 제1항). 그 승인은 특별결의로 하여야 한다(제360조의 16 제2항). 그 주주총회의 소집통지와 공고에는, ① 주식이전계획서의 주요내용(제360조의 3 제4항 제1호), ② 반대주주의 주식매수청구권의 내용 및 행사방법(동항 제2호), ③ 일방회사의 정관에 주식양도에 관하여 이사회의 승인을 요한다는 뜻의 규정이 있고 다른 회사의 정관에 그 규정이 없는 경우 그 뜻(동항 제3호)을 기재하여야 한다(제360조의 16 제3항).

(3) 주식이전계획서 등 서류의 공시

이사는 주식이전의 승인을 얻기 위한 주주총회 회일의 2주간 전부터 주식이전의 날 이후 6월을 경과하는 날까지, ① 주식이전계획서, ② 완전자회사가 되는 회사의 주주에 대한 주식의 배정에 관하여 그 이유를 기재한 서면, ③ 주식이전을 위한 주주총회의 회일 전 6월 이내의 날에 작성한 완전자회사가 되는 회사의 최종의 대차대조표 및 손익계산서를 본점에 비치하여야 한다(제360조의 17 제1항).

주주는 영업시간 내에 주식이전계획서 등 비치된 서류의 열람 또는 등사를 청구할 수 있다(제360조의 17 제2항, 제391조의 3 제3항).

(4) 주권의 실효절차

주식이전에 의하여 완전자회사가 되는 회사는 주식이전의 승인결의를 한 때에는 그 뜻, 1월을 초과하여 정한 기간 내에 주권을 회사에 제출하여야 한다는 뜻, 주식이전의 날에 주권이 무효가 된다는 뜻을 공고하고, 주주명부에 기재된 주주와 질권자에 대하여 따로 따로 그 통지를 하여야 한다(제360조의 19 제1항).

주권제출공고가 있었던 경우에 완전자회사가 되는 회사의 주권을 제출할 수 없는 자가 있는 때에는, 완전자회사가 되는 회사는 그 자의 청구에 의하여 3월 이상의 기간을 정하고, 이해관계인에 대하여 그 주권에 대한 이의가 있으면 그 기간 내에 제출할 뜻을 공고하고, 그 기간 내에 이의를 제기하는 자가 없는 경우에는 회사는 신주권을 청구자에게 교부할 수 있다(제360조의 19 제2항, 제442조 제1항).

무기명주권을 발행하였으나 주권을 회사에 제출할 수 없는 경우에도 같은 방식으로 처리한다(제360조의 8 제2항, 제444조).

(5) 그 밖의 준용절차

반대주주의 주식매수청구권(제360조의 5), 단주 등의 처리(제360조의 11), 주식교환정보의 사후공시(제360조의 12)에 관한 절차는 주식이전의 경우에도 이를 준용한다(제360조의 22).

(6) 주식이전의 등기

주식이전을 한 때에는 설립한 완전모회사의 본점의 소재지에서는 2주간 내에, 지점의 소재지에서는 3주간 내에 제371조 제2항에서 정하는 회사설립등기사항을 등기하여야 한다(제360조의 20).

3. 株式移轉의 效力

(1) 주식이전의 효력발생시기

주식이전으로 인하여 완전모회사가 설립된다. 주식이전은 이 때 설립된 완전모회사가 그 본점소재지에서 2주간 내에 주식이전의 등기를 함으로써 그 효력이 발생한다(제360조의 21).

(2) 완전모회사의 자본증가의 한도액

설립하는 완전모회사의 자본은 주식이전의 날에 완전자회사가 되는 회사에 현존하는 순자산액에서 그 회사의 주주에게 지급할 금액을 공제한 액을 초과하지 못한다(제360조의 18).

4. 株式移轉無效의 訴

회사의 주식이전의 무효는 각 회사의 주주, 이사, 감사, 감사위원회 위원 또는 청산인에 한하여 주식이전의 날로부터 6월 내에 소만으로 이를 주장할 수 있다(제360조의 23 제1항). 주식이전무효의 소는 완전모회사가 되는 회사의 본점소재지의 지방법원의 관할에 전속한다(제360조의 23 제2항).

주식이전을 무효로 하는 판결이 확정된 때에는 완전모회사가 된 회사는 주식이전을 위하여 발행한 주식의 주주에 대하여 그가 소유하였던 완전자회사가 된 회사의 주식을 이전하여야 한다(제360조의 23 제3항).

그 밖에 소제기의 공고(제187조), 병합심리(제188조), 하자의 보완 등과 청구기각(제189조), 판결의 대세적 효력과 불소급효(제190조), 패소원고의 책임(제191조), 설립무효의 등기(제192조), 설립무효판결의 효과(제193조), 제소주주의 담보제공의무(제377조), 질권의 물상대위(제339조) 및 질권자의 주권교부청구권(제340조 제3항)에 관한 규정은 모두 주식이전무효의 소에 준용된다(제360조의 23 제4항).

제4절 株式會社의 機關

I. 總 說

1. 會社機關의 意義

회사는 社團法人이므로 법률상 인격자이기는 하나 구체적인 활동을 하려면 자연인을 통해서 하는 수밖에 없다. 따라서 회사의 내부조직에 있어서 회사의 의사를 결정하고 실행하는 지위에 있는 특정인을 會社의 機關(Organe)이라고 한다.

2. 株式會社의 機關의 特色

(1) 機關資格과 社員資格의 分離

주식회사는 사단법인으로서, 그 존재의 기초가 되는 주주가 있고, 활동의 기초가 되는 기관이 있다. 즉, 人的 會社에서는 기관자격과 사원자격이 분리되지 않아서 사원이 당연히 기관을 구성하는 데(自己機關, 當然機關) 반해서, 주식회사에서는 주주의 개성이 중시되지 않고 주주의 수가 많아서 주주가 곧 기관이 될 수는 없기 때문이다.

이와 같이 제3자기관이 필요하게 되고 기관자격과 사원자격이 분리되는 것은 주식회사의 기관의 한 특색인데, 이것은 결국 주식회사의 중요한 경제적 특색인 기업의 소유와 경영의 분리현상의 法律的 顯現에 불과한 것이다.

(2) 機關의 再編成과 權限의 再分配

주식회사의 기관은 명료하게 전문적으로 분화되어 있다는 점이 인적 회사의 기관에 대한 또 하나의 특색이 되고 있다. 즉, 임시기관인 검사인 외에 필요적 상설기관이 있는데, 依用商法에서는 필요적 기관으로서 의사결정기관인 株主總會, 집행기관인 取締役 및 감독기관인 監査役의 3기관이 나뉘어 있었다.

그러나 1962년에 제정된 舊商法에서는 종래의 삼권분립적 기관의 분화방식을 수정하여 권한의 재분배를 단행하였으니, 이것은 곧 영미법상의 理事會制度를 채택함에 따른 주주총회의 권한의 축소, 업무집행기관의 재분화와 권한강화를 의미한다. 즉, 주주총회는 법령 또는 정관에 정한 사항에 한하여 결의할 수 있었고(제361조), 종래의 신주발행·사채발행 등의 결정권한은 이사회로 이관되었다. 그리고 의용상법하에서는 이사 각자가 업무집행기관이었으나, 이사회제도를 도입함에 따라 이사회를 업무집행의 의사결정기관으로 하고, 이사회에서 업무집행과 회사대표행위를 행할 代表理事를 선임케 함으로써 종래의 업무집행기관을 이사회와 대표이사로 분화시켰다.

이와 같이 종래의 주주총회중심주의에서 이사회중심주의로 전환됨에 따라 주주총회의 많은 권한이 이사회로 옮겨지게 되었다. 또한 監事는 의용상법하에서는 업무감사권과 회계감사권을 가지고 있던 것을 업무감사권은 이사회로 이관하고 감사는 오직 회계감사권만을 갖는 것으로 하였다.

1984년의 개정상법은 주식회사의 기관 사이의 권한을 재분배하였다. 즉, 자금조달의 편의를 위하여 준비금의 자본전입에 의한 신주발행권, 전환사채의 발행권 등을 이사회에 부여하여 주주총회의 권한을 더욱 약화시키는 한편 이사회의 권한을 크게 강화시켰고, 감사의 업무감사권을 부활시키면서 업무감사를 위하여 필요한 권한을 보강함으로써 감사의 권한을 대폭 강화하였다. 나아가 監事의 權限은 1995년 改正商法에서 한층 더 강화되었다. 그러나 1984년과 1995년의 개정상법의 주식회사의 기관의 기본적인 틀은 1962년 상법의 것을 그대로 유지하고 있다고 할 수 있다.

결국 현행 상법상 주식회사의 기관 구성은 株主總會, 理事會·代表理事, 監事로 되어 있다고 할 수 있다.

그러나 우리 나라의 주식회사는 대회사 보다는 中·小會社의 수가 압도적으로 많은데, 이들 중·소회사의 경우에는 상법상 기관의 조직과 운영이 지나치게 복잡하고 까다로와 이에 따른다는 것이 오히려 낭비이다. 나아가 대부분의 중·소주식회사는 소유와 경영이 미분리된 상태에서 대표이사·사장을 정점으로 한 단선조직으로 되어 있어서, 상법이 예상하고 있는 견제와 균형의 조화는 거의 기대할 수 없는 실정이다. 이러한 문제를 시정하고자 하는 것이 大小會社區分立法論의 주요 내용 중의 하나이다.

그런데 1998년 개정상법은 회사 규모에 관계없이 3인 이상의 이사를 두도록 의무화한 과거의 비현실성을 개선하여, 소규모의 주식회사의 경우에는 1인 또는 2인의 이사를 둘 수 있도록 자율화하였다. 이에 따라 이사가 1인인 회사의 경우에는 이사회가 존재하지 아니하고 그 기능이 주주총회와 대표이사에게 분산됨으로써, 업무집행기관이 대표이사로 일원화되어 기관의 조직과 운영이 크게 단순해졌다.

2009년 개정상법은 자본시장법의 제정에 따라 폐지된 증권거래법상의 상장법인 특례규정 중 지배구조와 관련되는 사외이사의 선임, 상근감사 및 감사위원회 구성, 이해관계자와의 거래 제한 등을 회사편으로 옮겨 규정하였다.

Ⅱ. 株主總會

1. 株主總會의 法的 地位

(1) 意 義

주주총회(Hauptversammlung, general meeting of shareholders, assemblée générale)란 주주의 總意에 의하여 회사의 내부에서 商法 또는 定款에 규정된 사항에 관한 회사의 의사를 결정하는 회사 최고의 필요적 기관이다.

(2) 株主總會中心主義의 反省

위에 지적한 바와 같이 현행상법은 授權資本制度와 理事會制度를 채용함으로써 주주총회중심주의로부터 이사회중심주의로 경영체제의 일대 변혁을 단행하였다. 즉, 의용상법 아래서 주식회사의 경영체제는 주주총회를 중심으로 한 것이니, 회사의 자본은 주식으로 분할되고, 그 주식의 소유자로 구성되는 주주총회가 회사의 최고만능기관으로서 군림하여 회사기업을 지배하는 체제이었다. 분산된 주식을 통한 기업 지배력의 통합형식으로서 채용된 주주총회에서 회사의 의사를 결정하고, 그것을 집행기관인 取締役이 집행하며, 집행기관의 업무집행을 監査役으로 하여금 감독하게 함으로써 견제와 균형의 묘를 찾는 삼권분립적인 자본적 '데모크라시'를 실현하려는 교묘한 법적 기구가 바로 의용상법상의 주식회사의 기관이었다.

그러나 근대기업의 발달이 경영에 관한 고도의 전문적 지식과 기술을 요구하는 반면에 주식의 분산에 따라 주주의 양적 증가와 투자주주·투기주주 등 주주의 질적 변화를 초래한 결과, 자본적·유한적으로 기업에 참여하는 대중주주들의 토의·결정의 광장인 주주총회는 그 기능을 상실하지 않을 수 없게 된 것이다. 대부분의 주주는 회사사업에 관한 지식도 관심도 없어서 보통 주주총회에 출석도 하지 않게 되고, 企業家株主로서는 비교적 소량의 주식보유로 주주총회를 지배할 수 있기 때문에, 주주총회란 일부 대주주의 기업지배를 위한 편리한 수단, 교묘한 법적 장치가 되고 만다. 이렇게 되면 주주총회는 君臨하되 支配하지 않는 기능상실현상을 나타내고 그 운영은 극히 형식화되어 '관객 없는 희극'이라는 혹평까지 받게 된다. 실제로 회사의 실권은 대주주와 그 지지를 받는 이사 등 일부 소수인의 수중에 집중되고 만다. 따라서 주주총회중심주의에 대한 반성이 필연적으로 제기되기 마련이고, 이사회중심주의의 채택이 고려되지 않을 수 없는 것이다.

2. 株主總會의 權限

(1) 決議事項의 限定

이사회제도의 채택에 따라 상법은 주주총회의 권한을 축소시켰다. 즉, 상법이나 정관에서 규정해 놓은 사항만을 권한사항으로 한정하였으므로(제361조), 그 밖의 사항에 관하여는 결의를 하더라도 무효가 되는 것이 원칙이다. 이와 같이 그 권한이 한정됨으로써 주주총회의 만능기관성은 변질되었으나, 理事·監事의 任免權(제382조 제1항, 제385조 제1항, 제409조 제1항, 제415조)뿐만 아니라 定款의 變更權(제433조)마저도 가지고 있으므로 그 最高機關性에 관하여는 의문의 여지가 없다.

(2) 決議事項의 內容

(가) 法定決議事項

주주총회의 법정결의사항은 그 결의방법에 따라 보통결의사항, 특별결의사항, 특수결의사항으로 분류할 수 있으나, 그런데 이사가 1인인 소규모주식회사에 있어서는 이사회의 승인 또는 결의를 요하는 사항의 대부분이 주주총회 권한사항(보통결의사항)으로 되어 있으므로(제383조 제4항) 주주총회의 권한이 그만큼 확대된다.

주주총회의 법정결의사항은 중요한 사항이므로 정관의 규정에 의하더라도 다른 기관에 위임하여 결정할 수 없는데, 그 내용은 다음과 같다.

i) 보통결의사항으로는 검사인의 선임(제366조 제3항, 제367조, 제542조 제2항), 이사·감사 또는 청산인의 선임·보수의 결정(제382조 제1항, 제409조 제1항, 제388조, 제415조, 제542조 제2항), 이사·청산인이 제출한 재무제표 등의 승인(제449조 제1항, 제533조 제1항), 이사·감사 또는 청산인의 책임해제의 유보(제450조, 제542조 제2항), 준비금의 자본전입(제461조 제1항 단서), 주식배당의 결정(제462조의 2), 전환사채의 발행사항의 결정(제513조 제2항 단서), 신주인수권부사채의 발행사항의 결정(제516조의 2 제2항 단서), 청산인의 해임(제539조 제1항), 청산종결의 승인(제540조 제1항)이 있다.

ii) 특별결의사항으로는 주식매수선택권의 부여(제340조의 2 제1항), 주식소각(제343조의 2 제1항), 회사의 주식교환계약서 또는 주식이전계획서의 승인(제360조의 3 제2항, 제360조의 16 제2항), 정관의 변경(제433조, 제434조), 자본의 감소(제438조 제1항), 회사의 해산(제518조), 회사의 계속(제519조), 회사의 합병계약서의 승인(제522조), 신설합병 때의 설립위원의 선임(제175조 제2항), 회사의 분할계획서 또는 분할합병계약서의 승인(제530조의 3 제2항), 이사·감사의 해임(제385조 제1항, 제415조), 영업의 전부 또는 중요한 일부의 양도(제374조 제1항 제1호), 영업전부의 임대 또는 경영위임, 이익공동계약(타인과 영업의 손익 전부를 같이하는 계약), 또는 기타 이에 준할 계약(예컨대, 영업의 임차, 경영의 수임, 공동판매카르텔 등)의 체결·변경 또는 해약(제374조 제1항 제2호), 다른 회사의 영업 전부의 양수(제374조 제1항 제3호), 회사의 영업에 중대한 영향을 미치는 다른 회사의 영업 일부를 양수(제374조 제1항 제4호), 사후설립(회사가 그 성립 후 2년 내에 그 성립 전부터 존재하는 재산으로서 영업을 위하여 계속 사용해야 할 것을 자본의 20분의 1 이상에 해당하는 대가로 취득하는 계약)(제375조), 주식의 할인발행(제417조 제1항), 주주 이외의 자에 대한 전환사채의 발행사항의 결정(제513조 제3항), 주주 이외의 자에 대한 신주인수권부사채의 발행사항의 결정(제516조의 2 제4항) 등이 있다.

iii) 총주주의 동의가 필요한 特殊決議事項으로는, 발기인·이사·감사 또는 청산인의 회사에 대한 책임의 면제(제324조, 제400조, 제415조, 제542조 제2항), 주식회사의 유한회사로의 조직변경(제604조) 등이 있다.

(나) 기타 決議事項

法定決議事項이 아니더라도, 성질상 당연히 총회의 권한사항으로 인정되는 것[예컨대, 총회에서 선임한 검사인(제366조 제3항, 제367조)에 대한 보수의 결정 및 해임, 총회의장의 선임, 총회의 연기·속행의 결정(제372조 제1항은 주의적 규정이다) 등]은 물론, 정관의 규정에 의하여 총회의 권한사항으로 한 것[예컨대, 상법에 규정이 있는 대표이사의 선임(제389조 제1항 단서), 신주의 발행(제416조), 전환사채의 발행(제513조 제2항 단서), 신주인수권부사채의 발행(제516조의 2 제2항 단서) 등]에 대하여는 결의할 수 있다.

3. 株主總會의 召集

(1) 召集權者

(가) 理 事 會

총회소집의 결정, 즉 일시·장소·의안 등의 결정은 상법에 다른 규정이 없는 한 이사회[청산 중에는 청산인회(제542조 제2항, 제362조)]에서 이를 하고(제362조), 대표이사[대표청산인(제542조 제2항, 제389조 제3항)]가 구체적인 소집절차를 밟는다(제389조 제3항, 제209조). 이사회의 결의 없이 대표이사가 단독으로 소집한 총회에서의 결의는 결의취소의 소의 원인이 된다.[1] 또 회사는 정관으로 대

1) 大判 1980. 10. 27, 79 다 1264.

표이사 이외의 자를 소집권자로 정할 수 있다.[1] 소집권한이 없는 자에 의하여 소집된 총회에서의 결의는 원칙적으로 株主總會의 不存在로 본다.[2]

(나) 少數株主

발행주식총수(무의결권주식 · 자기주식을 제외)의 100분의 3 이상에 해당하는 주식을 가진 소수주주는 회의의 목적사항과 소집의 이유를 기재한 서면을 이사회에 제출하여 임시총회의 소집을 청구할 수 있으며(제366조 제1항), 이 청구에 따라 이사회가 지체없이 총회소집절차를 밟지 아니한 때에는 법원의 허가를 얻어 소수주주가 직접 총회를 소집할 수 있다(제366조 제2항). 이때 소집비용은 회사가 부담한다.

또한 상장회사의 경우 6월 전부터 계속하여 발행주식총수의 1,000분의 15 이상에 해당하는 주식을 보유한 자는 제366조에 정한 임시총회의 소집을 청구할 수 있다(제542조의 6 제1항).

(다) 監事 또는 監査委員會

감사 또는 감사위원회는 회의의 목적사항과 소집의 이유를 기재한 서면을 이사회에 제출하여 임시총회의 소집을 청구할 수 있다(제412조의 3 제1항, 제415조의 2 제7항). 이 경우에도 이사회가 지체없이 총회소집절차를 밟지 아니하면, 법원의 허가를 얻어 감사가 직접 총회를 소집할 수 있다(제412조의 3 제2항 · 제366조 제2항).

(라) 法　院

소수주주의 청구에 따라 검사인이 회사의 업무와 재산상태를 조사하고(제467조 제1항), 그 검사인의 조사결과보고에 의하여 필요하다고 인정한 때에는 법원이 대표이사에게 주주총회의 소집을 명할 수 있다(제467조 제3항). 이 경우 대표이사는 이사회의 소집결정을 기다릴 필요없이 바로 소집하여야 한다고 본다. 대표이사가 이 명령을 위반하면 과태료의 제재를 받는다(제635조 제1항 제20호).

(2) 召集時期

주주총회는 그 소집시기를 표준으로 하여 매결산기에 소집되는 정기주주총회와, 필요가 있는 경우에 수시로 소집되는 임시주주총회로 나뉜다(제365조).

정기주주총회이든 임시주주총회이든 효력에 있어서는 차이가 없다. 다만 이

1) 大判 1980. 10. 27, 79 다 1264.
2) 大判 1987. 4. 28, 86 다카 553.

사 등의 임기를 계산함에 있어서는 정기주주총회가 기준이 된다(제383조 제3항).

(3) 召 集 地

주주총회는 정관에 다른 정함이 없으면 본점소재지 또는 이에 인접한 지에서 소집하여야 한다(제364조). 이를 위반하면 결의취소의 소의 원인이 된다. 판례는 건물의 옥상이나 다방도 주주총회의 소집장소로 될 수 있다고 한다.[1]

(4) 召集節次

기명식주권을 발행한 경우에는 각 주주에 대하여 회일의 2주 전에 서면 또는 電子文書로 총회소집통지를 발송하여야 한다(제363조 제1항 본문). 이 때 대부분의 주주에게 소집통지를 하지 아니한 경우는 결의부존재의 원인이 되나[2] 일부 주주에게만 통지를 하지 아니한 경우는 결의취소의 사유가 된다.[3] 소집통지서에는 회의의 목적사항을 기재하여야 하고(제363조 제2항), 정관변경 · 자본감소 · 회사합병 등 특정한 경우에는 의안의 요령도 기재하여야 하며(제433조 제2항, 제438조 제2항, 제522조 제2항), 영업의 양도 · 양수 · 임대 등의 경우에는 반대주주의 株式買受請求權의 내용 및 행사방법을 명시하여야 한다(제374조 제2항). 이를 위반한 경우도 결의취소의 소의 원인이 된다. 그러나 총회의 소집통지서가 주주명부상의 주주의 주소에 계속 3년 간 도달하지 아니한 때에는 회사는 당해주주에게 총회의 소집통지를 하지 아니할 수 있다(제363조 제1항 단서).

무기명식주권을 발행한 경우에는 회일의 3주 전에 총회를 소집하는 뜻과 소정사항을 공고하여야 한다(제363조 제3항, 제374조 제2항, 제433조 제2항, 제438조 제2항, 제522조 제2항).

1인회사의 경우나[4] 전원출석총회의 경우에는 소집절차를 밟지 않았다고 하더라도 유효하다고 본다.[5] 의결권 없는 주주와 주식의 상호소유로 의결권이 제한된 주식 및 자기주식에 대하여는 통지 · 공고의 절차를 필요로 하지 아니한다

1) 大判 1983. 8. 23, 83 도 748.
2) 徐燉珏(上) 361면; 李炳泰(上) 594면; 鄭熙喆 · 鄭燦亨(上) 686면; 鄭東潤(會) 306면; 大判 1979. 6. 26, 78 다 194.
3) 大判 1981. 7. 28, 80 다 128.
4) 大判 1976. 4. 13, 74 다 1755; 大判 1992. 6. 23, 91 다 19500; 大判 1993. 6. 11, 93 다 8702.
5) 大判 1979. 6. 26, 78 다 1794; 大判 1981. 7. 28, 80 다 2745 · 2746; 大判 1993. 2. 26, 92 다 48727.

(제363조 제8항).

총회에서 회의의 속행 또는 연기의 결의를 한 경우에는 소집절차를 다시 밟을 필요가 없다(제372조).[1]

≪상장회사에 대한 특칙≫

상장회사의 경우에는 대통령령이 정하는 주식수(발행 주식 총수의 100분의 1) 이하를 소유하는 주주에 대하여 정관에 정하는 바에 따라 주주총회일의 2주전에 총회를 소집한다는 뜻과 회의의 목적사항을 둘 이상의 일간신문에 각각 2회 이상 공고하거나 금융감독원 또는 한국거래소가 운용하는 전자공시시스템에 공고함으로써 제363조 제1항의 소집통지에 갈음할 수 있다(제542조의 4 제1항).

또한 상장회사가 이사·감사의 선임에 관한 사항을 목적사항으로 하는 주주총회의 소집통지 또는 공고하는 경우에는 이사·감사 후보자의 성명, 약력, 추천인, 후보자와 최대주주와의 관계, 후보자와 해당 회사와의 최근 3년간 거래내역을 통지하거나 공고하여야 한다(제542조의 4 제2항). 그리고 주주총회 소집의 통지 및 공고시 사외이사 등의 활동내역과 보수에 관한 사항, 사업개요 등 대통령령이 정하는 사항도 통지 또는 공고하여야 하나, 인터넷 홈페이지 등에 게재하고 일반인에게 열람케 하는 경우에는 통지 또는 공고하지 않아도 된다(제542조의 4 제3항).

(5) 株主提案權

(가) 意 義

株主提案權(Antragsrecht)이라 함은 少數株主가 회사에 대하여 일정한 사항을 株主總會의 議題와 議案으로 할 것을 제안할 수 있는 권리를 말한다. 1998년 상법개정 전까지는 소수주주권자는 이사회에 주주총회의 소집을 청구하고 이사회가 이에 불응하는 경우에 한하여 법원의 허가를 얻어 직접 총회를 소집할 수는 있었으나 의제와 의안을 제안할 수는 없었는데, 1998년 개정상법은 소수주주권의 강화를 위하여 종래 舊 증권거래법에 의하여 주권상장법인에 한하여 인정되어 오던 주주제안권 같은 규정을 신설하였다(제363조의 2).

(나) 提案權者

株主提案權을 행사할 수 있는 자는 議決權없는 주식을 제외한 發行株式總數

---

1) 大判 1989. 2. 14, 87 다카 3200.

의 100분의 3 이상을 소유한 少數株主이다(제363조의 2 제1항).

≪상장회사에 대한 특례≫

상장회사의 경우에는 소수주주권의 활성화를 통한 기업경영의 투명성제고를 위하여 3% 요건을 완화하여 6개월 전부터 계속하여 발행주식총수의 1천분의 10(최근 사업연도말 자본금이 1천억원 이상인 경우 1천분의 5) 이상에 해당하는 주식을 보유한 자는 주주제안권을 행사할 수 있다(제542조의 6 제2항).

(다) 提案權의 內容

주주제안권을 행사할 수 있는 소수주주권자는 이사에 대하여 회일의 6주 전에 서면 또는 전자문서로 일정한 사항을 총회의 목적사항으로 할 것을 제안할 수 있으며(議題提案權)(제363조의 2 제1항), 회의의 목적으로 할 사항에 추가하여 당해 주주가 제출하는 議案의 要領을 총회의 소집통지 및 공고에 기재할 것을 청구할 수 있다(議案提案權)(제363조의 2 제2항).

(라) 行使의 效果

少數株主가 주주제안권을 행사한 경우 이사는 이를 이사회에 보고하고, 이사회는 주주제안의 내용이 法令 또는 定款에 위반되는 경우를 제외하고는 이를 총회의 目的事項으로 하여야 하며, 그 주주의 청구가 있는 경우에는 총회에서 당해 의안을 說明할 기회를 주어야 한다(제363조의2 제3항). 한편, 주주제안의 내용이 법령이나 정관을 위반하는 경우, 제안의 내용이 주주총회에서 10% 미만의 찬성으로 부결된 날부터 3년 내 다시 제안하는 경우, 주주 개인의 고충에 관한 사항 등에 대해서는 주주제안이 거부된다(제363조의 2 제3항, 同法施行令 제5조).

4. 株主의 議決權

(1) 議決權의 性質

의결권(Stimmrecht, voting right)은 주주가 총회에 출석하여 결의에 참가할 수 있는 권리로서, 재산권자로서의 지위 내지 이익을 확보하기 위하여 회사의 경영에 참여하는 기본적 권리이다. 의결권은 회사의 의사결정방법으로 채용한다수결원리의 이론적 전제가 되는 것으로서 共益權이며, 법이 특히 인정한 경우를 제외하고는 이를 박탈하지 못하는 固有權이다.

(2) 議決權의 數

(가) 一株一議決權의 原則

주주의 의결권은 한 주에 한 개를 원칙으로 한다(제369조 제1항)(株數主義). 따라서 상법상 별다른 정함이 없는 한 정관으로써도 1주1의결권의 원칙에 대한 예외를 두지 못한다(依商 제241조 제1항 단서 참조). 총회결의의 결과가 可否同數인 경우에는 부결된 것으로 보며, 이 때 의장에게 그 결정권을 줄 수는 없다.

(나) 例　　外

상법상 1주1의결권의 원칙에 대한 적극적인 예외인 의결권주(Mehrstimmaktie)(舊獨商 제185조, 舊獨商 제252조 제2항)는 인정되지 아니하나, 소극적인 예외로서 의결권이 없는 경우는 있다. 즉, 무의결권주식(제370조 제1항)과 회사가 가진 자기주식(제369조 제2항) 및 회사가 특정비율(총발행주식의 10분의 1) 이상을 소유하고 있는 상호보유주식(제369조 제3항)에는 의결권이 없다. 또한 의결권이 제한되는 경우로는 특별이해관계인의 의결권제한(제368조 제4항) 및 감사선임의 경우 대주주의 의결권제한(제409조 제2항)이 있다.

(3) 議決權의 行使

(가) 行使方法

주주는 본인 자신이 의결권을 행사하는 것을 원칙으로 한다. 그러나 대리인으로 하여금 대리권을 증명하는 서면(위임장)을 제출하고[1] 의결권을 행사하게 할 수도 있다(제368조 제3항). 이 때 정관에 의하여 대리인의 자격을 그 회사주주로 한정하는 것이 보통인데, 이것이 실질상 주주의 의결권행사를 제한하는 것으로서 무효라고 하는 견해도 있으나,[2] 주주 이외의 자가 주주총회에 참석함으로써 총회가 교란되는 것을 방지하고 회사의 이익보호를 위하여 이러한 제한도 가능하다고 본다.[3] 그러나 의결권의 대리행사 자체는 정관으로도 이를 금할 수

1) 大判 1995. 2. 28, 94 다 34579.
2) 李泰魯・李哲松(會) 494면.
3) 同旨: 鄭熙喆・鄭燦亨(上) 664면; 孫珠瓚(上) 711면; 李炳泰(上) 599면; 崔基元(會) 590면.

없다.

(나) 書面에 의한 議決權의 行使

주주는 정관이 정한 바에 따라 총회에 출석하지 아니하고 서면에 의하여 의결권을 행사할 수 있다(제368조의 3 제1항). 서면결의를 허용하고자 하는 회사는 총회의 소집통지서에 주주가 서면에 의한 의결권을 행사하는데 필요한 서면과 참고자료를 첨부하여야 한다(제368조의 3 제2항).

(다) 議決權의 不統一行使

주주가 2 이상의 의결권을 가지고 있는 때에는 이를 불통일하여 행사할 수 있다(제368조의 2 제1항 제1문). 이는 신탁회사나 증권회사의 보유주식의 경우와 같이, 名義上의 株主와 實質上의 株主가 다른 때에는, 명의상의 주주가 여러 실질상의 주주의 의사에 따라 의결권을 달리 행사할 실제상의 필요가 있기 때문이다. 그러나 주주가 의결권의 불통일행사를 하는 데에는 총회의 운영상의 편의를 위하여 회일의 3일 전에 회사에 대하여 서면으로 그 뜻과 이유를 통지하여야 한다(제368조의 2 제1항 제2문). 그러나 통지를 하였다고 해서 반드시 불통일행사를 하여야만 하는 것은 아니다.

한편 주주가 주식의 신탁을 인수하였거나 기타 타인을 위하여 주식을 가지고 있는 경우 이외에는 실제상의 필요성을 인정할 수 없기 때문에 회사는 주주의 의결권의 불통일행사를 거부할 수 있게 하였다(제368조의 2 제2항).

(라) 行使의 制限

주주는 누구나 주주총회에서 의결권을 행사할 수 있는데, 이는 주주의 고유권이므로 상법 기타 특별법에 규정이 있는 경우를 제외하고는 정관으로도 그 행사를 제한할 수 없는 것이 원칙이다. 그러나 법률상 다음과 같이 제한되는 경우가 있다. 즉, ① 無議決權株式(제370조 제1항), ② 회사가 가진 자기주식(제369조 제2항), ③ 會社, 母會社와 子會社, 또는 子會社가 다른 회사의 발행주식의 총수의 10분의 1을 초과하는 주식을 취득한 때에는 그 다른 회사에 대하여 지체없이 이를 통지하여야 하는데(제342조의 3), 그 다른 회사가 가지고 있는 회사 또는 모회사의 주식(제369조 제3항)에 대하여는 의결권이 인정되지 않으며, ④ 주권을 공탁하지 아니한 無記名株主(제368조 제2항), ⑤ 특별이해관계인(제368조 제4항)도 의결권을 행사할 수 없다. 뿐만 아니라, ⑥ 감사·감사위원 선임결의에서는 발행주식총수의 100분의 3을 초과하는 주식을 가진 대주주·최대주주는 그 초과부분의 의결권이 없고(제409조 제2항·제3항, 제542조의 12 제3항·제4항),

⑦ 은행법(제16조), 자본시장법(제167조 제1항~제3항) 등 특별법상 의결권의 행사가 제한되는 경우가 있다.

5. 株主總會의 議事와 決議

(1) 議事進行

총회의 진행에 있어 정관에서 정함이 없는 때에는 총회에서 의장을 선임한다(제366조의 2 제1항). 기타 주주총회의 의사진행에 관하여는 상법에 규정을 두지 않았으므로, 정관이나 총회결의의 정함에 따라서 혹은 관습에 따라서 의사를 진행한다.

(2) 議 事 錄

총회의 의사에는 의사록을 작성하여야 하는데(제373조 제1항), 의사록에는 의사의 경과요령과 그 결과를 기재하고, 의장과 출석한 이사가 기명날인 또는 서명을 하여야 한다(제373조 제2항).

이사는 이 의사록을 본점과 지점에 비치하여야 하며(제396조 제1항), 주주나 회사채권자는 영업시간 내라면 언제든지 그 열람 또는 등사를 청구할 수 있다(제396조 제2항).

(3) 決議方法

(가) 普通決議

보통결의는 출석한 주주의 의결권의 과반수와 발행주식총수의 4분의1 이상의 수로써 하는 결의인데, 상법 또는 정관에 다른 정함이 없는 한 총회의 결의는 이 방법에 따른다(제368조 제1항). 따라서 정관으로 결의의 요건을 가중 또는 경감할 수 있다. 또 가부동수인 경우에 의장이 결정하는 바에 따른다는 정관의 규정은 株主平等의 原則에 어긋나므로 무효라고 본다.

(나) 特別決議

특별결의는 출석한 주주의 의결권의 3분의2 이상의 수와 발행주식총수의 3분의1 이상의 수로써 하는 결의인데, 이 특별결의는 정관으로도 그 요건을 경감하지 못한다.

(다) 特殊決議

특별결의의 특수형태로서, 그 요건이 더 엄격하여 총주주의 동의 또는 다른 특수한 요건을 요하는 결의를 말한다.

(4) 種類株主總會

회사가 수종의 주식을 발행한 경우에 ① 정관을 변경함으로써 어느 종류의 주주에게 손해를 주게 될 때에(제435조 제1항), ② 주식의 종류에 따라 신주의 인수, 주식의 병합·분할·소각 또는 주식교환, 주식이전, 회사의 합병·분할·분할합병으로 인한 주식의 배정에 관하여 특수한 정함을 하는 경우(제344조 제3항) 또는 주식교환, 주식이전 및 회사의 합병·분할·분할합병으로 인하여 어느 종류의 주주에게 손해를 미치게 될 때(제436조 후단, 제530조의 3 제5항)에는 주종총회의 특별결의 외에 그 종류주주만으로 구성된 주주총회의 결의가 있어야 한다.

종류주주총회의 결의는 출석한 종류주주의 의결권의 3분의 2 이상의 수와 그 종류의 발행주식총수의 3분의 1 이상의 수로써 하여야 한다(제435조 제2항). 무의결권주주들의 종류주주총회에서는 무의결권주주도 의결권을 행사할 수 있음은 당연하다.

종류주주총회도 일종의 주주총회이므로 그 소집·의사·결의 등 모두 주주총회의 규정이 준용된다(제435조 제3항). 마찬가지로 결의의 하자에 대하여도 주주총회의 결의의 하자에 관한 규정이 준용된다고 본다.[1)]

(5) 反對株主의 株式買受請求權

영업의 양도·양수·임대, 주식교환, 주식이전, 회사의 합병·분할합병 등에 관한 특별결의에 반대하는 주주는 주주총회전에 회사에 대하여 서면으로 반대의사를 통지한 경우에는, 그 총회의 결의일부터 20일 내에 주식의 종류와 수를 기재한 서면으로 회사에 대하여 자기가 소유하고 있는 주식의 매수를 청구할 수 있다(제374조의 2 제1항, 제360조의 5, 제360조의 22, 제522조의 3, 제530조의 11 제2항).

회사는 주식매수의 청구를 받은 날로부터 2월 내에 그 주식을 매수하여야 한다(제360조의 5 제3항, 제360조의 22, 제374조의 2 제2항 제530조 제2항).

이 경우 그 주식의 매수가액은 주주와 회사 간의 협의에 의하여 결정한다(제

1) 孫珠瓚(上) 725면; 崔基元(會) 625면.

374조의 2 제3항). 그러나 매수청구를 받은 날부터 30일 이내에 주식매수가격에 대한 협의가 이루어지지 아니한 경우에는 회사 또는 주식의 매수를 청구한 주주는 법원에 대하여 매수가액의 결정을 청구할 수 있다(제374조의 2 제4항). 이때 법원은 회사의 재산상태 기타의 사정을 참작하여 공정한 가액으로 매수가액을 산정하여야 한다(제374조의 2 제5항).

(6) 利益供與의 禁止

종래의 주식회사의 주주총회에 있어서 고질적인 병폐는 이른바 總會꾼에 의한 총회운영의 교란과 총회의 有名無實化 내지 形骸化이다. 총회장의 교란행위에 대해서는 총회의장의 질서유지권으로 대처하고 있으나(제366조의 2), 총회꾼의 배후작용에 의한 총회의 형식화에 대해서는 상법상 권리행사방해 등에 관한 贈收賂罪(제631조) 및 이익공여금지(제467조의 2)의 규정을 두어 대비하고 있다. 이익공여금지란 회사는 누구에게든지 주주의 권리행사와 관련하여 재산상의 이익을 공여할 수 없다는 것이다(제467조의 2 제1항). 예컨대, 총회꾼이 총회의 개최와 관련하여 회사에 대하여 부당하게 금품을 요구하고, 금품을 제공한 회사와 미리 짠 각본대로 일반주주의 발언을 봉쇄한 채 단기간 내에 총회를 종료시키는 등의 경우를 막고자 하는 것이다. 물론 이러한 경우에 권리행사방해 등에 관한 증수뢰죄를 적용하면 될 것이나, 이는 재산상의 이익의 수수 또는 공여가 '不正한 請託'하에 이루어질 것을 요건으로 하므로 그 입증이 매우 곤란하고, 따라서 별로 실효가 없는 것이다.

이익공여자는 회사인데, 여기서의 회사란 '회사의 계산으로'라는 뜻이다. 따라서, 예컨대 이사·감사 기타 회사의 사용인이 자기의 계산으로 이익을 공여한 때에는 여기에 포함되지 않지만, 반대로 회사 이외의 자의 명의로 하였다고 하더라도 회사의 계산으로 공여한 때에는 회사에 의한 이익공여가 된다. 이익공여의 상대방에는 제한이 없다.

회사가 특정주주에 대하여 한 무상의 이익공여 및 반대급부가 현저하게 적은 유상의 이익공여는 주주의 권리행사와 관련하여 한 것이라고 추정된다(제467조의 2 제2항). 이것은 이익공여의 입증을 용이하게 한 것이다. 이 때의 주주의 권리는 모든 주주권으로서 자익권과 공익권을 포함하며, 권리의 불행사를 조건으로 하는 경우도 포함된다. 또 이익공여가 그 성질상 不法原因給與(民 제746조)로 취급되어 회사에 대한 반환이 부인될 염려가 있기 때문에 이익의 공여를 받은 자는 이를 회사에 반환하여야 하고, 회사에 대하여 반대급부를 한 때에는 그 반환을 받을 수 있다고 규정하고 있다(제467조의 2 제3항). 이익의 반환과 대가의 반환은 동시이행의 관계에 있다. 그리고 회사에 의한 이익의 반환에 관하여 주주는 代表訴訟을 제기할 수 있다(제467조의 2 제4항)(이때 상장회사의 경우에는 소수주주권자의 持株要件이 완화된다. 제542조의 6 제6항).

이익공여금지규정의 위반에 대하여는 1년 이하의 징역 또는 300만원 이하의 벌금에 처한다(제634조의 2). 이 외에 법령을 위반하여 이익공여를 한 이사는 회사에 대하여 손해배상책임이 있음은 물론이고(제399조), 감사도 이사의 이익공여에 관하여 그 임무를 해태하였으면 회사에 대하여 손해배상책임을 진다(제414조 제1항). 소수주주는 위의 책임을 추궁하기 위하여 대표소송을 제기할 수 있다. 그러나 이익의 수령은 의결권행사의 한 가지 동기에 불과하므로 이익을 얻은 대가로 의결권을 행사하였다고 하더라도 주주총회의 결의 자체는 유효하다.[1)]

(7) 總會의 秩序維持

총회의 의장은 총회꾼들이 총회장에서 회의질서를 교란하여 총회의 진행을 방해하는 것을 막고 주주총회의 운영을 원활하게 하기 위하여 총회의 질서를 유지하고 의사를 정리할 권한이 있다(제366조의 2 제2항). 그리고 총회의 의장은 그 총회장에서 고의로 의사진행을 방해하기 위한 發言·行動을 하는 등 현저히 질서를 문란하게 하는 자에 대하여 그 발언의 정지 또는 퇴장을 명할 수 있다(제366조의 2 제3항).

6. 株主總會決議의 瑕疵

(1) 4種의 訴

주주총회결의의 하자란 외관상 주주총회의 결의로 인정할 수 있는 것이 존재하나, 그 결의의 절차·내용이 법령·정관을 위반했거나 부당하여 그 효력을 인정할 수 없는 경우뿐만 아니라, 총회의 소집절차 또는 결의방법에 총회결의가 존재한다고 볼 수 없을 정도의 중대한 하자가 있는 경우를 말한다.

---

1) 李泰魯·李哲松(會) 870면; 蔡利植(上) 736면.

하자있는 결의라 하더라도 그 하자를 함부로 주장하게 하여 기존법률관계를 뒤엎는다면 주주·채권자 및 일반공중의 법적 생활의 안정은 도저히 기할 수 없을 것이다. 이에 상법은 단체법적 고려하에 집단적인 회사관계의 획일적 확정 및 거래관계의 법적 확실의 요청과 주주 등 이해관계인의 이익보호의 요청을 합리적으로 조정하기 위하여 4종의 소를 인정하였다. 즉, 決議取消의 訴(제376조), 決議不存在確認의 訴(제380조), 決議無效確認의 訴(제380조), 特別利害關係人에 의한 不當決議取消·變更의 訴(제381조)가 그것이다.[1)]

≪株主總會決議의 瑕疵에 관한 訴와 資本減少無效의 訴 등과의 關係≫

자본감소·회사합병 등의 절차에는 주주총회의 특별결의가 필요하고, 정관에서 신주발행을 주주총회의 결정사항으로 한 경우 신주발행에는 주주총회의 결의가 필요한데, 이들 주주총회에 하자가 있는 경우 각 이해관계인은 주주총회결의의 하자를 다투는 소를 제기하여야 하는지 아니면 減資無效·合倂無效·新株發行無效의 訴 등 특수한 소를 제기하여야 하는지 의문이다.

판결의 효력에 있어서는 어느 소나 對世的 不遡及效가 있다는 점에서 유사하지만, 주주총회결의의 하자에 관한 소는 결의일로부터 2월 내에 제기하여야 하는 데 비하여 위 특수한 소는 등기일(신주발행의 경우는 신주발행일)로부터 6월 내에 제기할 수 있는 점에서 차이가 있다.

이에 관하여는 크게 두 가지로 학설이 나뉜다. ① 특수한 소송이 일반주주총회결의의 하자에 관한 소를 흡수하되 결의하자에 관한 소의 제기기간(2월)이 경과한 후에는 하자가 치유되었으므로 이를 이유로 특수한 소송도 제기할 수 없다는 흡수설(통설·판례: 大判 1960. 11. 24, 4292 民上 880)과, ② 결의하자에 관한 소의 제기기간 전에는 兩訴訟制度 중 어느 것이나 자유로이 선택하여 제기할 수 있고, 그 중 어느 하나라도 확정되면 자본감소·합병·신주발행이 무효로 된다는 병용설이 있다. 생각건대, 특수절차가 일반절차에 우선하고, 병용설이 주장하듯 일반주주총회결의의 하자에 관한 소가 확정되면 자본감소·합병·신주발행이 당연히 무효가 된다고 볼 수도

1) 소송법상 소송물일원론에 의하면 주주총회 결의취소의 소, 무효확인의 소 및 부존재확인의 소는 다같이 하자있는 결의의 효력을 장래를 향하여 해소하려 하는 점에서 소송목적 내지 이익이 동일하므로 소송물도 동일하다고 한다. 따라서, 예컨대 결의취소의 소가 제기되었더라도 법원은 결의무효 또는 결의부존재판결을 할 수 있고, 그 반대의 판결도 가능하다고 한다. 또 무효확인청구도 부존재확인청구로 해석하여 판결할 수도 있다: 大判 1983. 3. 22, 82 다카 1810.

없는 것이므로 흡수설이 옳다고 본다.

(2) 決議取消의 訴

(가) 訴의 原因

총회의 소집절차 또는 결의방법이 법령 또는 정관을 위반하거나 현저하게 불공정한 때 또는 그 결의의 내용이 정관을 위반한 때에는, 주주·이사 또는 감사는 결의의 날로부터 2월 내에 회사를 상대로 하여[1] 결의취소의 소를 제기할 수 있다(제376조 제1항).

소집절차에 하자가 있는 경우로는, 예컨대 이사회의 결의 없이 또는 하자 있는 이사회의 결의에 따라 주주총회를 소집한 경우, 대표이사 직무대행자가 법원의 허가를 얻지 아니하고 임시주주총회를 소집한 경우, 일부주주에 대한 소집통지흠결의 경우, 소집통지기간의 부족, 소집통지서의 흠결,[2] 총회개최일시 및 장소가 부적당한 경우 등이다.

결의방법이 법령 또는 정관에 위반한 경우로는 주주 또는 그 대리인이 아닌 자의 결의참가, 가결요건위반, 의장에 관한 정관규정의 위반, 이사의 불출석, 소집통지서에 기재하지 않은 사항의 결의, 결의방법에 있어 주주평등의 원칙에 위배되는 경우, 재무제표 및 감사보고서 비치가 안된 경우, 총회의 연기 또는 속행의 결의에 하자가 있는 경우 등이 있다.

그리고 결의방법의 불공정의 예로서는 발언의 부당한 제한, 특정주주의 부당한 강제퇴장, 부당한 설명생략 등의 상황하에서의 결의강행 등을 들 수 있겠다.

결의의 내용이 정관을 위반한 경우로는 정관소정의 員數 이상의 이사의 선임 같은 것을 들 수 있다.

결의취소의 소의 성질은 '形成의 訴'이고 2월의 기간은 제척기간이다. 2월 후에는 새로운 취소원인을 추가할 수도 없다고 본다. 한편, 의결권 없는 주식을 소유한 주주는 결의취소의 소권이 없다는 학설도 있으나,[3] 결의취소의 소권은 공익권이므로 무의결권주주에게도 이를 인정하여야 할 것이다.[4] 그리고 제소한

---

1) 大判 1982. 9. 14, 80 다 2425.

2) 大判 1979. 3. 21, 79 다 19; 大判 1981. 7. 28, 80 다 2745; 大判 1987. 4. 28, 86 다카 553; 大判 1993. 10. 12, 92 다 21692; 大判 1996. 12. 20, 96 다 39998; 大判 1996. 12. 23, 96 다 32768·32782.

3) 孫珠瓚(上) 727면; 李炳泰(上) 614면.

4) 同旨: 李泰魯·李哲松(會) 554~555면; 崔基元(會) 638면; 鄭東潤(會) 344면.

주주는 당해소송의 판결이 확정될 때까지 계속 주주인 자격을 유지하여야 하며, 주식을 양도하는 경우에는 양도인의 소송상의 지위는 승계되지 않는다.

(나) 訴의 節次

원고가 회사의 본점소재지를 관할하는 지방법원에 취소의 소를 제기하면(제376조 제2항, 제186조), 회사는 지체없이 이를 공고하여야 한다(제376조 제2항, 제187조). 이 때 피고는 회사가 되며, 대표이사가 회사를 대표한다. 다만 원고가 이사인 때에는 감사가 회사를 대표한다(제394조). 또 이사 또는 감사가 아닌 주주가 소를 제기한 경우에는 그 주주의 악의를 소명한 회사의 청구에 따라(제377조 제1항, 제176조 제4항), 법원은 주주에 대하여 상당한 담보의 제공을 명할 수 있다(제377조 제1항). 이 경우에 악의란 주주가 정당한 이유 없이 회사를 곤경에 빠뜨리려는 의도가 있는 것을 말한다.

법원은 수개의 소가 제기된 때에는 이를 倂合審理하여야 하고(제376조 제2항, 제188조), 결의의 내용·회사의 현황과 제반사정을 참작하여 오히려 그 취소를 하는 것이 부적당하다고 인정될 때에는 그 청구를 기각할 수 있다(제379조).[1] 결의취소의 소는 다수인간의 권리·의무의 확정을 구하는 것이므로 당사자 사이의 화해나 認諾은 허용되지 않는다.

(다) 判決의 效果

원고가 승소하여 취소의 판결이 확정되면, 판결의 효력은 당사자 이외의 제3자에게도 미친다(對世的 效力)(제376조 제2항, 제190조 본문). 법률관계의 획일적 처리를 위해서 민사소송법상의 旣判力의 主觀的 範圍(民訴 제204조)에 대한 예외적 확장을 인정한 것이다.

결의사항이 등기된 경우에는 결의취소판결이 확정되면 본점과 지점의 소재지에서 이를 등기하여야 한다(제378조).

원고가 패소한 경우에는 대세적 효력은 없으므로 다른 사람이 다시 제소할 수 있지만, 실제로는 제소기간의 경과로 결의취소의 주장이 어려울 것이다. 원고가 패소한 경우에는 원고에게 악의 또는 중대한 과실이 있는 경우에 한하여 회사에 대하여 연대하여 손해배상책임을 진다(제376조 제2항, 제191조). 이것은 주주들의 제소권의 남용을 방지하려는 것이다.

1) 大判 1987. 9. 8, 86 다카 2971.

(3) 決議無效確認의 訴

(가) 訴의 原因

총회의 결의내용이 법령을 위반한 경우에는, 원칙적으로 누구든지, 언제든지, 어떠한 방법으로든지 그 무효를 주장할 수 있으며, 필요하면 결의무효확인의소를 제기할 수도 있다(제380조). 이와 같이 결의무효확인의 소의 제소권자에는 제한이 없으나, 확인의 이익은 있어야 한다. 따라서 회사에 대하여 주주로서의 자격이 인정되지 않는 者(예컨대, 명의대여주주·주권발행 전 또는 명의개서 전의 주식양수인)는 소의 이익이 없다. 해임된 이사·감사는 그 해임결의의 무효확인을 구할 이익이 있으나,[1] 사임한 이사·감사는 재임시의 자신의 행위의 효력이 문제되지 않는 한 다른 총회결의의 무효를 다툴 소의 이익이 없다. 그러나 社債權者는 자신의 권리 또는 법적 지위에 영향을 미친 총회결의의 무효확인을 구할 이익이 있다. 의결권이 없는 주식을 가진 주주도 같다.

결의의 내용이 법령을 위반한 경우란, 예컨대 결의의 내용이 주주평등의 원칙에 위반한 경우, 유한책임원칙을 위반한 결의, 주식회사의 본질에 반하는 결의, 자산평가원칙에 위반하여 작성된 재무제표의 승인, 법률에 위반한 이익배당안의 승인, 기타 결의의 내용이 선량한 풍속 기타 사회질서에 위반하는 때 등이다.

결의무효확인의 소의 성질을 '形成의 訴'로 보는 견해도 있으나[2] '確認의 訴'라고 본다.[3]

(나) 取消의 訴와의 差異

결의무효확인의 소의 성질을 어떻게 보든간에 결의무효확인의 소를 제기하는 경우에는 제소권자와 제소기간의 제한이 없는 것 및 法院의 裁量棄却이 인정되지 않는 것(제380조는 제379조를 不準用)이 결의취소의 소의 경우와 다른 점이다. 그 밖에 피고·관할법원·회사의 공고·원고의 담보제공·소의 절차 및 판결의 효과 등은 결의취소의 소의 경우와 꼭 같다(제380조).

(4) 決議不存在確認의 訴

총회의 소집절차 또는 결의방법에 총회결의가 존재한다고 볼 수 없을 정도의 중대한 하자가 있는 경우에는 필요하면 결의부존재확인의 소를 제기할 수도 있

---

1) 大判 1982. 4. 27, 81 다 358.

2) 鄭熙喆(上) 468면; 鄭東潤(會) 352면; 李泰魯·李哲松(會) 562면.

3) 同旨: 徐燉珏(上) 374면; 孫珠瓚(上) 734면; 崔基元(上) 650~651면.

다. 결의부존재로 볼 수 있는 원인에는, 예컨대 소집권한이 없는 자에 의한 총회소집, 소집절차를 밟지 않은 총회의 결의, 의사록에만 결의가 있었던 것으로 기록되어 있으나 실제로는 결의가 없었던 경우, 일부주주에게만 소집통지를 한 때 등이 있다.1)

결의부존재확인의 소의 규제내용은 결의무효확인의 소와 같다(제380조).

(5) 不當決議 取消 · 變更의 訴

특정 주주가 특별이해관계가 있기 때문에 주주총회에서 의결권을 행사할 수 없었던 경우에(제368조 제4항), 그 결의가 현저하게 부당하고, 그 주주가 의결권을 행사하였더라면 부당결의를 저지할 수 있었을 때에는, 그 특별이해관계가 있는 주주는 결의의 날로부터 2월 내에 회사를 피고로 하여 결의의 취소 또는 변경을 청구하는 소를 제기할 수 있다(제381조 제1항).

부당결의 취소 · 변경의 소의 성질은 '형성의 소'이고, 소의 절차나 판결의 효과 등은 결의취소의 소의 경우와 꼭 같다(제381조 제2항).

Ⅲ. 理事 · 理事會와 代表理事

1. 理事會中心主義

상법은 이사회제도를 채택하여 의용상법상의 주주총회중심주의를 수정하였다. 즉, 주주총회의 권한을 한정하고 업무집행 기타 총회의 권한사항 이외의 모든 것을 이사 전원으로 구성하는 理事會에서 신중하게 토의하고 적절하게 결정하도록 하였다. 그리고 이사회의 결정에 따라서 직접 업무를 집행하고 일상업무의 세부적 사항을 결정하거나 대외적으로 회사를 대표하는 권한은 이사회에서 선임하는 대표이사에게 부여한다. 따라서 주식회사의 업무집행기관은 意思決定機關인 理事會와 執行 및 代表機關인 代表理事로 분화되고, 이사는 기관이 아니라 이사회의 구성원으로서 대표이사의 전제자격에 지나지 않는다. 그러나 예외

1) 大判 1978. 11. 14, 78 다 1269; 大判 1989. 7. 25, 87 다카 2316; 大判 1993. 10. 12, 92 다 2835 · 28242; 大判 1995. 7. 28, 93 다 61338.

적으로 이사가 1인인 소규모주식회사의 경우에는 이사회가 존재하지 아니하고 그 기능이 주주총회와 대표이사에게 분산되므로(제383조 제6항), 이사회중심주의가 무너지고 업무집행기관이 대표이사로 일원화 된다.

2. 理　　事

(1) 理事의 法的 地位

이사는 이사회의 구성원이므로 회사의 업무집행에 관한 의사결정에 참여할 권한이 있음은 물론, 주주총회에 출석할 수 있고, 총회의 의사록에 기명날인 또는 서명을 하여야 하며(제373조 제2항), 총회결의취소의 소(제376조) 등 각종의 소(제328조, 제429조, 제445조, 제529조)를 제기할 수 있는 권한이 부여되고 있다. 이사와 회사의 관계는 委任이다(제382조 제2항).

(2) 理事의 選任

(가) 選任方法

이사는 주주총회에서 선임하고(제382조 제1항), 제3자나 다른 기관에 그 선임을 위임할 수 없다. 다만 회사의 설립시에는 발기설립의 경우에는 발기인들이 互選하고(제296조 제1항), 모집설립의 경우에는 창립총회에서 선임한다(제312조). 이사선임결의는 1주1의결권의 원칙에 의한 보통결의(제368조 제1항)로 한다.

한번의 주주총회에서 2인 이상의 이사를 선임하는 경우에는 1998년의 개정상법에 의하여 集中投票制가 인정된다. 집중투표제는 1주에 대하여 선임할 이사의 수와 동수의 의결권을 부여하고 각 주주가 그 의결권을 1인에게 집중적으로 행사할 수 있도록 하는 것으로서, 소수주주의 이익을 대표하는 이사의 선임이 가능하도록 하는 제도이다.

즉, 의결권없는 주식을 제외한 발행주식총수의 100분의 3 이상에 해당하는 주식을 가진 주주는 정관에서 달리 정하는 경우를 제외하고는 회사에 대하여 集中投票의 방법으로 이사를 선임할 것을 회일의 7일 전까지 서면으로써 청구할 수 있다(제382조의 2 제1항 · 제2항). 이러한 청구가 있는 경우에 각 주주는 1주마다 선임할 이사의 수와 같은 수의 의결권을 가지며, 이를 이사후보자 1인 또는 수인에게 집중하여 행사할 수 있다(제382조의 2 제3항). 이 경우 최다득표자로부터 순차적으로 이사에 선임된다(제382조의 2 제4항).

최근 사업년도말 현재 자산총액 2조원 이상의 상장회사는 정관으로 집중투표를 배제하거나 그 배제된 정관을 변경하려는 경우 의결권 없는 주식을 제외한 발행주식총수의 100분의 3을 초과하는 수의 주식을 가진 주주는 그 초과하는 주식에 관하여 의결권을 행사하지 못한다. 또한 집중투표 배제에 관한 정관변경에 관한 의안을 상정하는 경우 별도로 상정하여 의결하여야 한다(제542조의 7 제3항·제4항). 그리고 상장회사의 경우 집중투표의 방법으로 당해 법인의 이사를 선임할 것을 청구하는 경우 주주총회일(정기주주총회의 경우에는 직전연도의 정기주주총회에 해당하는 그 해의 해당일) 6주전까지 서면 또는 전자문서로 청구하여야 한다(제542조의 7 제1항). 최근 사업연도말 현재 자산총액 2조원 이상인 주권상장회사의 경우는 집중투표를 청구할 수 있는 자의 주식 보유비율을 의결권 없는 주식을 제외한 발행주식총수의 100분의 1 이상으로 완화된다(제542조의 7 제2항).

(나) 員數·任期

이사는 사내이사와 해당회사의 상무에 종사하지 아니하는 사외이사로 구분되며(제382조 제3항), 이사의 인원수는 3인 이상이어야 한다. 다만, 자본의 총액이 10억원 미만인 소규모주식회사의 경우에는 1인 또는 2인으로 할 수 있다(제383조 제1항).

상장회사로서 최근 사업년도말 자산총액이 2조원 이상인 회사는 사외이사수를 3인 이상으로 하되 사외이사가 이사총수의 과반수가 되어야 하며, 사외이사 선임을 위하여 사외이사 후보추천위원회를 설치하고 동 위원회는 사외이사가 2분의 1 이상이어야 한다(제542조의 8). 또한 상장회사로서 자산규모 등을 고려하여 대통령령이 정하는 바에 따라 사외이사를 선임해야 하는 회사는 사외이사의 사임·사망 등의 사유로 인하여 사외이사의 수가 대통령령이 정하는 요건에 미달하게 되면 그 사유 발생 후 처음으로 소집되는 주주총회에서 사외이사를 선임하여야 한다(제542조의 8 제3항).

(다) 資　格

이사의 자격에는 제한이 없으며, 이사는 주주가 아니어도 되나 최대주주 등은 상장회사의 사외이사가 되지 못한다(제542조의 8 제2항). 그러나 정관으로 이사가 가질 주식의 수를 정한 경우에는(資格株), 다른 규정이 없는 한 이사는 그 수의 주권을 감사에게 공탁하여야 한다(제387조). 법인은 발기인이 될 수 있고, 재산관리인이 될 수도 있으나(會整 제95조), 이사는 될 수 없다고 본다. 법인인

이사가 자연인인 이사보다 대외적 신용이나 자력에 있어 나은 경우가 많은 점, 비업무담당이사는 법인이 되지 못할 이유가 없다는 점 등의 이유로 법인도 이사가 될 수 있다고 하는 학설이 있다.[1] 그러나 대외적 신용이나 자력은 주식회사의 이사의 자격과는 무관한 것이 원칙이고, 업무담당이사와 비업무담당이사를 구별한다는 것도 어렵다. 또 이사는 업무를 담당하거나(非業務擔當理事라고 할지라도) 업무담당이사의 업무집행을 감독하는 지위에 있기 때문에 그 능력과 개성이 요구되고, 또한 대표이사의 전제자격이 된다는 점에서 이사는 자연인에 한한다고 본다. 다만 법인이 발기인이 되거나 재산관리인 등이 될 수 있도록 허용하는 것은 이들이 일시적 기관에 불과하기 때문이다. 그리고 파산자는 이사가 될 수 없고, 감사도 직무의 성질상 이사가 될 수 없다.

이사를 선임하였을 때에는 이를 등기하여야 한다(제317조 제1항 · 제2항 제8호 · 제3항, 제183조).

(3) 理事의 終任

회사와 이사 간의 관계는 委任關係이므로(제382조 제2항), 이사는 언제든지 사임할 수 있으며(民 제689조), 이사의 사망 · 파산 · 금치산, 또는 회사의 파산으로 종임이 된다(民 제690조). 그리고 임기의 만료, 정관소정의 자격상실, 해임 또는 회사의 해산으로 인해서도 종임이 된다. 그런데 합병 후의 존속회사 또는 신설회사의 이사로서 합병 전에 취임한 자는 합병계약서에 다른 정함이 있는 경우를 제외하고는 합병 후 최초로 도래하는 결산기의 정기총회가 종료하는 때까지 그 임기가 연장된다(제527조의 4).

이사의 해임은 주주총회의 특별결의에 의하여 언제든지 할 수 있으나, 정당한 이유없이 임기만료 전에 해임된 이사는 회사에 대하여 손해배상청구를 할 수 있다(제385조 제1항). 또 이사의 해임결의가 총회에서 부결된 경우에는 소수주주권자가 그 결의가 있는 날로부터 1월 내에 법원에 해임청구를 할 수 있는 특칙도 있다(제385조 제2항). 이 때에는 이사와 회사가 공동피고로 된다.[2] 왜냐하면 이사해임청구의 訴는 회사의 이사해임결의의 수정을 목적으로 하면서 그 판결의 효력은 해임될 이사에게도 미치기 때문이다. 상장회사의 경우에는 소수주주권의 행사에 있어서 지주요건이 완화된다(제542조의 6 제3항).

---

1) 徐燉珏(上) 381면; 孫珠瓚(上) 742면; 李炳泰(上) 626면; 鄭熙喆 · 鄭燦亨(上) 692면.
2) 鄭熙喆 · 鄭燦亨(上) 696면; 崔基元(上) 678면.

이사해임청구의 訴의 성질은 형성의 訴이다. 이사가 종임된 때에는 변경등기를 하여야 한다(제317조 제3항, 제183조).

이사의 결원이 생기는 경우에는 임기의 만료 또는 사임으로 인하여 퇴임한 이사는 새로 선임된 이사가 취임할 때까지 이사의 권리의무를 계속 가진다(제386조 제1항). 이 경우 필요하다고 인정할 때에는 법원은 이사・감사 기타 이해관계인의 청구에 의하여 일시 이사의 직무를 행할 자(假理事)를 선임할 수 있으며, 이 경우에는 본점소재지에서 그 등기를 하여야 한다(제386조 제2항). 가이사의 권한은 법원이 이를 제한한 경우가 아니면 본래의 이사의 권한과 같다.[1)]

(4) 理事의 職務執行停止 및 職務代行者의 選任

이사선임결의의 무효나 취소의 소 또는 이사해임의 소가 제기된 경우에 그 이사가 판결확정시까지 직무를 맡게 하는 것은 부적당하다. 그러므로 상법은 특칙을 두어 법원은 당사자의 신청에 의하여 소제기 후 또는 급박한 사정이 있는 때에는 本案訴訟의 제기 전이라도 가처분으로써 이사의 직무집행을 정지시키고 직무대행자를 선임할 수 있게 하였다(제407조 제1항). 그리고 법원은 당사자의 신청에 의하여 그 가처분을 변경 또는 취소할 수도 있다(제407조 제2항).

직무대행자는 가처분명령에 다른 정함이 있거나, 법원의 허가를 얻은 경우가 아니면 會社의 常務에 속하지 아니한 행위를 하지 못한다(제408조 제1항).[2)] 만약 직무대행자가 이를 위반하여 행위를 하더라도 회사는 선의의 제3자에 대하여 책임을 져야 한다(제408조 제2항).

법원의 가처분 또는 그 변경이나 취소의 처분이 있는 때에는 본점과 지점의 소재지에서 등기하여야 한다(제407조 제3항).

3. 理 事 會

(1) 理事會의 法的 地位

이사회(Board of Directors, Vorstand, conseil d'administration)는 회사의 업

1) 大判 1968. 5. 22, 68 마 119.
2) 大判 1975. 5. 27, 75 다 120; 大判 1982. 4. 27, 81 다 358; 大判 1984. 2. 18, 83 다카 875; 大判 1991. 12. 24, 91 다 4355.

무집행에 관한 의사결정과 대표이사의 직무집행을 감독하기 위하여,[1] 이사 전원으로 구성되는 회의체의 필요적 기관이다. 이사회는 會議體機關이므로 의사결정을 하려면 회의를 열어야 한다. 이 이사회의도 상법은 이사회라고 부르고 있다. 그러나 이사가 1인인 소규모주식회사의 경우에는 이사회가 성립할 수 없으므로 그 이사가 단독으로 업무집행에 관한 의사결정을 하게 된다(제383조 제6항).

(2) 理事會의 權限

이사회는 주주총회의 권한사항을 제외하고는 회사의 업무집행에 관한 모든 의사결정을 할 권한이 있으며(제393조 제1항), 대표이사의 직무집행을 감독할 권한이 있다(제393조 제2항). 업무집행의 세목까지 이사회가 직접 결정할 필요는 없다 하더라도 적어도 기본적 사항, 특히 법정권한사항은 그 결정을 다른 機關(예컨대, 常務會 등)에 위임하지 못한다.

상법상 이사회의 결의사항으로 명기된 것으로는, 주주총회의 소집(제362조), 주주제안 내용의 법령 또는 정관위반 여부 결정(제363조의2 제3항), 이사회소집권자의 특정(제390조 제1항 단서), 중요한 자산의 처분 및 양도,[2] 대규모 재산의 차입, 지점의 설치·이전 또는 폐지(제393조 제1항), 지배인의 선임·해임(제393조 제1항), 대표이사의 선정과 공동대표의 결정(제389조), 이사의 경업의 승인과 개입권의 행사(제397조 제1항·제2항), 이사와 회사 간의 거래에 대한 승인(제398조), 신주발행사항의 결정(제416조), 재무제표의 승인(제447조), 영업보고서의 승인(제447조의 2), 준비금의 자본전입(제461조 제1항 본문), 중간배당의 실시 결정(제462조의 3 제1항), 사채발행의 결정(제469조), 주주에 대한 전환사채의 발행사항의 결정(제513조 제2항 본문), 주주에 대한 신주인수권부사채 발행사항의 결정(제516조의 2 제2항 본문), 최대주주 및 그의 특수관계인과의 일정규모 이상의 거래 승인에 대한 결정(제542조의 9 제3항) 등이 있다.

이와 같은 권한을 행사하기 위하여 이사는 대표이사로 하여금 다른 이사 또는 피용자의 업무에 관하여 이사회에 보고할 것을 요구할 수 있고(제393조 제3항), 이사는 3월에 1회 이상 업무의 집행상황을 이사회에 보고하여야 한다(제393

1) 업무집행에 관한 의사결정뿐만 아니라, 그 실행권까지도 가지고 있는 업무집행기관이라는 반대설이 있다[徐燉珏(上) 379면, 383면].
2) 2001년 개정전 상법하에서는 영업용 중요한 재산의 양도는 주주총회의 특별결의사항이라는 것이 판례의 입장이었다: 大判 1997. 4. 8, 96 다 54249·54256 등.

조 제4항).

(3) 理事會의 召集

이사회는 각 이사가 소집하지만, 정관이나 이사회에서 소집권자를 따로 정해놓을 수도 있다(제390조 제1항). 정관이나 이사회에서 소집권자를 따로 정해놓은 경우, 소집권자로 지정되지 않은 다른 이사는 소집권자인 이사에게 이사회 소집을 요구할 수 있다. 소집권자인 이사가 정당한 이유없이 이사회 소집을 거절하는 경우에는 다른 이사가 이사회를 소집할 수 있다(제390조 제2항). 소집통지는 회일의 1주 전에 각 이사 및 감사에게 발송하여야 한다(제390조 제3항 본문). 이 기간은 정관으로 단축할 수 있으며(제390조 제3항 단서), 이사 및 감사 전원의 동의가 있는 때에는 소집절차를 생략할 수도 있고(제390조 제4항), 정관이나 이사회규칙에 定例會日이 정해져 있는 때에도 생략할 수 있다. 또 소집통지서에는 회의의 목적사항도 기재하여야 한다고 본다. 통지하지 아니한 사항에 대한 결의는 모든 이사가 참가한 경우가 아니면 무효라고 본다.

(4) 理事會의 決議

이사회의 결의는 이사 과반수의 출석과 출석이사의 과반수로 하되, 정관으로 그 비율을 높게 정할 수 있다(제391조 제1항). 여기서 이사란 재임이사를 말하고, 재임이사의 수가 법률 또는 정관에서 정한 이사의 수에 미달하는 때에는 법률 또는 정관에서 정한 수가 정족수가 된다. 결의에 특별한 이해관계가 있는 이사는 의결권을 행사하지 못한다(제391조 제3항, 제368조 제4항). 특별이해관계인인 이사의 수는 이사회의 성립을 위한 정족수의 계산에는 포함되나, 출석한 이사의 의결권의 수에는 산입되지 않는다.[1] 이사회의의 성질상 의결권의 대리행사나 서면결의는 허용되지 않는다.[2]

그러나 회사는 정관에서 달리 정하는 경우를 제외하고 이사의 전부 또는 일부가 직접 회의에 출석하지 않고 모든 이사가 동영상 및 음성을 동시에 송·수신하는 통신수단에 의하여 결의에 참가하는 것을 허용할 수 있다. 이 경우 당해 이사는 이사회에 직접 출석한 것으로 본다(제391조 제2항).

이사회결의의 하자에 관하여는 특별규정이 없으므로 당연히 무효가 된다. 다

1) 大判 1991. 5. 28, 90 다 20084; 大判 1992. 4. 14, 90 다카 22698.
2) 大判 1982. 7. 13, 80 다 2441.

만 무효인 이사회결의에 따라서 한 이사의 행위의 효력은 그것이 대내적 사항이면 무효로 보고, 대외적 사항이면 거래의 안전을 도모하기 위하여 유효로 보아야 할 것이다.

(5) 理事會의 議事錄

이사회의 의사에 관하여는 議事錄을 작성하고(제391조의 3 제1항), 이를 본점에 비치하여야 한다(제396조). 의사록에는 의사의 경과요령, 그 결과, 반대하는 자와 그 반대이유를 기재하고 출석한 이사 및 감사가 기명날인 또는 서명하여야 한다(제391조의 3 제2항).

주주는 영업시간 내에 이사회 의사록의 열람 또는 등사를 청구할 수 있다(제391조의 3 제3항). 회사는 주주의 이사회 의사록의 열람 또는 등사청구에 대하여 이유를 붙여 이를 거절할 수 있다. 회사가 거절하는 경우 주주는 법원의 허가를 얻어 이사회 의사록을 열람 또는 등사할 수 있다(제391조의 3 제4항).

결의에 참가한 이사는 의사록에 이의를 한 기재가 없는 한 그 결의에 찬성한 것으로 추정한다(제399조 제3항).

(6) 理事會의 委員會

이사회는 정관에서 정한 바에 따라 위원회를 설치할 수 있다(제393조의 2 제1항). 이는 이사회 내에 각종의 위원회를 설치하도록 함으로써 이사회의 운영에 효율화를 도모하고 의사결정의 객관성을 확보하자는 것이다. 미국의 예를 보면, 집행위원회(executive committee), 감사위원회(audit committee), 지명위원회(nominating committee), 보수위원회(compensation committee) 등을 가진 회사가 많고, 회사에 따라서는 회사자금의 투자를 검사하고 자본의 수요와 분배를 검토하는 재무위원회(finance committee), stock-option위원회(stock-option committee), 연금위원회(pension committee), 공공정책위원회(public policy committee), 회사책임위원회(corporate responsibility committee) 및 환경위원회(environmental committee) 등을 두고 있는 회사가 많다.

위원회는 2인 이상의 이사로 구성되는데(제393조의 2 제3항), 이사회는 ① 주주총회의 승인을 요하는 사항의 제안, ② 대표이사의 선임 및 해임, ③ 위원회의 설치와 그 위원의 선임 및 해임, ④ 정관에서 정하는 사항을 제외한 이사회의 권한을 위원회에 위임할 수 있다(제393조의 2 제2항).

위원회의 운영에 관하여는 이사회의 운영에 관한 규정이 준용되며(제393조의 2 제5항), 위원회는 결의된 사항을 각 이사에게 통지하여야 하는데, 이 때 통지를 받은 각 이사는 이사회의 소집을 요구하여 그 결의를 번복할 수도 있다(제393조의 2 제4항).

(7) 1人理事의 會社의 特例

이사가 1인인 소규모주식회사의 경우에는 이사회가 성립할 수 없어 1인 이사가 업무집행에 관한 의사를 결정하고 이를 집행하게 되므로, 상법상 이사회에 관한 사항에 대하여 다음과 같은 특례가 인정된다.

(가) 이사회의 권한사항을 주주총회의 권한사항으로 하는 경우

이사회의 권한사항 중 주식양도의 승인(제335조 제1항 단서 · 제2항, 제302조 제2항 제5호의 2, 제317조 제2항 제3호의 2, 제356조 제6호의 2), 주식양도승인의 청구(제335조의 2 제1항 · 제3항), 주식양도상대방의 지정청구(제335조의 3 제1항 · 제2항), 주식양수인의 승인청구(제335조의 7 제1항), 이사의 경업승인 및 개입권행사(제397조 제1항 · 제2항), 이사와 회사간의 거래의 승인(제398조), 신주발행사항의 결정(제416조), 준비금의 자본전입(제461조), 중간배당(제462조의 3, 제464조의 2 제1항), 사채의 모집(제469조), 전환사채의 발행(제513조 제2항), 신주인수권부사채의 발행(제516조의 2 제2항) 등에 있어서 이사회의 승인 또는 결의를 요하는 사항은 주주총회의 승인 또는 결의를 요하는 것으로 한다(제383조 제4항).

(나) 이사회의 권한사항을 1인 이사가 단독으로 하는 경우

이사회의 권한사항 중 주총소집 결정(제362조), 주주제안사항의 의제상정(제363조의 2 제3항), 중요한 자산의 처분 및 양도, 대규모 재산의 차입, 지배인의 선임과 해임 및 지점의 설치 · 이전 또는 폐지(제393조 제1항) 등은 1인 이사 단독으로 하며(제383조 제6항), 소수주주에 의한 주총소집 청구(제366조 제1항), 감사에 의한 임시총회 소집청구(제412조의 3 제1항) 등은 1인의 이사에 대하여 한다(제383조 제6항).

(다) 1인 이사의 회사에 적용하지 아니하는 경우

이사회에 관한 규정 중 이사회 소집(제390조), 결의방법(제391조), 감사의 이사회출석(제391조의 2), 의사록(제391조의 3), 이사회의 연기 · 속행(제392조), 이사의 직무집행 감독(제393조 제2항), 이사회결의에 찬성한 이사의 회사에 대한 책임(제399조 제2항) 등의 규정은 이사가 1인인 회사의 경우에는 적용되지 아니한다

(제383조 제5항).

또한 회사합병에 관한 규정 중 이사회의 공고로 갈음하는 보고총회 및 창립총회(제526조 제3항, 제527조 제4항), 간이합병 및 소규모합병(제527조의 2, 제527조의 3, 제527조의 5 제2항) 등의 규정도 같다(제383조 제5항).

4. 代表理事

(1) 代表理事의 法的 地位

대표이사는 대외적으로 회사를 대표하고 대내적으로 업무집행을 하는 회사의 필요적 상설기관이다. 주주총회나 이사회의 결정사항을 구체적으로 집행하는 기관으로서, 이사회와 대등하게 병립하는 업무집행의 실행기관이다.

대표이사가 이사회로부터 파생된 이른바 '派生機關'인가 아니면 이사회로부터 독립한 '獨立機關'인가에 관하여는 학설이 나뉜다. 이사회를 유일한 업무집행기관으로 보면 대표이사는 이사회로부터 집행권의 위임을 받은 파생기관이라고 보게 된다.[1] 이 학설은 이사회의 대표이사에 대한 감독권의 존재이유를 명확히 설명할 수 있는 장점이 있다. 그러나 이사회는 회의체기관이므로 그 성격상 업무집행 자체를 할 권한을 가진다고 보기 어렵기 때문에, 이사회는 업무집행의 의사결정을 하는 기관이고 대표이사는 그것을 집행하고 대외적으로 회사를 대표하는 기관으로서, 양자는 별개의 기관이라고 보는 이른바 독립기관설이 옳다.[2] 또한 주주총회에서 직접 대표이사를 선임할 수 있고, 근대적 기업에 있어서는 합리적 경영방법으로서 분업조직이 일반적이라는 점에서도 독립기관설이 타당하다고 본다.

(2) 代表理事의 選任

대표이사는 원칙적으로 이사회에서 선임하는 것이지만(제389조 제1항 본문), 정관에 의하여 주주총회에서 직접 선임할 수도 있다(제389조 제1항 단서). 그러나 이사가 1인인 소규모주식회사의 경우에는 그 이사가 당연히 대표이사가 된다(제383조 제6항). 대표이사의 자격에 관하여는 제한이 없으므로 이사이면 누구나

1) 徐燉珏(上) 387면; 李炳泰(上) 649면.
2) 鄭熙喆・鄭燦亨(上) 706면; 鄭東潤(會) 386면; 崔基元(會) 700면.

대표이사가 될 수 있다. 그리고 인원수에도 제한이 없다. 대표이사의 성명은 등기사항이다(제317조 제2항 제9호).

(3) 代表理事의 終任

대표이사는 그 前提資格인 이사의 자격을 상실하면 종임이 되지만, 이 밖에 스스로 대표이사직을 사임하거나 이사회에서 해임결의를 함으로써 종임한다. 대표이사의 종임으로 인하여 대표이사의 所定의 員數를 결하게 된 때에는 새로 선임된 대표이사가 취임할 때까지 대표이사의 권리의무가 있고, 필요에 따라 이사·감사 기타 이해관계인이 법원에 假代表理事의 선임을 청구할 수 있다(제389조 제3항, 제386조).

(4) 代表理事의 權限

(가) 代表權

대표이사는 대외적으로 회사를 대표한다(제389조 제1항). 그 범위는 회사의 영업에 관한 재판상 또는 재판 외의 모든 행위에 미치며, 이 권한을 제한하여도 선의의 제3자에게 대항하지 못한다(제389조 제3항, 제209조). 다만 대표이사의 대표권이 법률상 제한되는 경우로서, 이사와 회사 간의 소에 관하여는 감사가 회사를 대표한다(제394조 참조). 이는 이사의 이익과 회사의 이익이 충돌하는 경우 회사의 이익을 보호하기 위한 것이다. 그리고 營業讓渡, 事後設立, 社債發行, 新株發行 등도 법률상 주주총회나 이사회의 결의를 얻어서 대표행위를 하여야 한다. 또 대표권이 없는 경우로서, 청산 중의 회사는 대표청산인이 대표하며(제542조 제1항, 제254조 제3항), 파산회사는 파산관재인이 회사를 대표한다(破 제147조 이하).

≪代表權의 濫用≫

대표권의 남용이란 객관적으로 대표권의 범위 내에 속하는 행위이기는 하지만 주관적으로 대표이사 자신이나 제3자의 이익을 위하여 대표행위를 하는 것을 말한다(대표권의 제한을 위반한 경우는 대표이사 자신 또는 제3자의 이익을 위한 행위이었는지 여부를 문제삼지 않는 점에서 대표권의 남용과는 구별된다). 대표권을 남용한 대표이사는 회사에 대하여 손해배상책임을 져야 하나, 그와 거래한 선의의 상대방의 보호가 문제된다.

(i) **心裡留保說**: 대표권을 남용한 이사의 행위는 원칙적으로 회사에 대하여 유효하지만, 상대방이 그 代表理事의 眞意(즉, 代表權濫用意思)를 알았거나 알 수 있었을 때에는 민법 제107조 제1항 단서의 규정을 유추적용하여 그 행위는 무효가 된다고 한다. 그러나 회사는 이와 같은 무효사유를 선의의 제3자에게 대항하지 못한다고 한다.[1)]

(ii) **權利濫用說**: 대표이사의 대표권 남용행위는 원칙적으로 회사에 대하여 유효하지만 악의의 상대방이 회사에 대하여 권리를 행사하는 것은 권리남용 또는 신의칙 위반으로 허용되지 않는다고 한다.

(iii) **相對的 無效說**: 자기나 제3자의 이익을 위하여 대표권을 행사한 대표이사의 행위는 원칙적으로 회사에 대하여 무효이지만, 선의의 상대방에 대하여는 信義則上 또는 通情虛僞表示의 법리상 회사에 대하여 유효하다고 한다.

(iv) **內部的 制限說**: 대표이사의 대표권은 회사의 이익을 위하여 행사되어야 할 내재적 제한이 있음을 전제로, 대표권남용행위는 대표권을 踰越한 것으로서 이 경우에는 표현대표에 관한 상법규정을 적용 또는 유추적용하여야 한다고 한다.

(v) **私見**: 대표권이 남용된 경우에는 상대방이 악의인 경우에는 회사에게 책임이 없다는 점에 관하여는 異論이 없지만 그 이론구성에 있어서는 기술한 바와 같이 학설이 대립한다.

먼저 내부적 제한설은 대표이사의 대표권행사는 이사의 충실의무에 기하여 회사를 위하여 그 대표권을 행사할 내부적인 한계를 가지고 있다는 것을 전제로 한다. 대표권 남용은 이 한계를 위반한 것이라 한다.

그러나 일반적으로 대표권의 내부적 제한이란 대표이사의 대표권행사에 관한 어떤 제한 또는 제약으로서 대표이사에게 그 권한(전결집행권)이 위임된 사항에 관하여 회사 및 주주의 이익보호의 견지에서 정관 또는 이사회결의 내지 이사회 규칙에 의하여 전결집행권이 제한되는 경우를 말한다. 이에 대하여 대표권의 남용은 어떤 대표이사의 행위가 객관적·형식적으로는 그 권한 내의 행위이기는 하나 회사 외의 이익을 위하여 그 행위가 이루어진 경우를 말하는 것으로서, 이것은 대표이사의 전단적 행위, 즉 대표권의 내부적 제한의 위반과는 별개의 문제이다. 이와 같이 대표권의 남용과 대표권의 제한은 그 개념상 구분이 되는 것이기 때문에 양자를 혼동하고 있는 내부적 제한설은 타당하지 않다.

다음으로 相對的 無效說이 외견상 아무런 하자 없는 대표행위를 본래부터 당연무효라고 보는 것도 수긍하기 어렵다. 그리고 心裡留保說은 민법

1) 大判 1988. 8. 9, 86 다카 1858; 大判 1997. 8. 29, 97 다 18059.

제107조의 '眞意'는 법률행위를 하려는 效果意思가 表意者의 내심에 실재하지 않는 경우를 말하는데, 대표권의 남용에서는 법률행위를 하고 그 효력을 발생시킬 의사는 존재하는 점에서 직접 이 규정의 유추적용은 문제가 있다.

私見으로는 權利濫用說이 가장 정당하다고 본다. 이에 대하여는 權利濫用說은 이 문제를 신의성실의 원칙·권리남용의 금지와 같은 일반규정으로 해결하려는 점에서 이론적 근거가 박약하다는 비판이 있다.[1] 그러나 대표이사와 거래한 상대방이 대표권남용의 사실을 알고서도 어떠한 권리를 부정히 취득하고 이를 행사하는 경우는 바로 권리남용의 전형적인 경우라 할 것이므로, 이를 구태여 복잡한 다른 이론으로 설명하거나 整合性이 없는 규정의 유추적용할 이유와 필요가 없다.

(나) 業務執行權

상법은 대외적인 대표권에 관해서만 직접 규정을 두었으나(제389조 제3항, 제209조), 주주총회나 이사회의 결정에 따른 대내적 업무집행권이 있음은 물론이다. 株劵·社債劵의 기명날인(제356조, 제478조 제2항)과 같이 상법상 대표이사의 권한사항으로 명시한 것도 있으나, '이사'의 직무권한으로 규정하고 있는 것이 많은데, 예컨대 株式·社債의 請約書의 작성(제420조, 제474조 제2항), 定款·株主名簿·社債原簿·議事錄(株主總會, 理事會)의 비치(제396조 제1항), 財務諸表·同附屬明細書·營業報告書의 작성·제출·비치·공고(제447조, 제447조의 2, 제447조의 3, 제448조 제1항, 제449조 제2항) 등은 성질상 모두 대표이사의 직무로 해석하여야 할 것이다.

(다) 業務決定權

대표이사는 이사회의 위임범위 내에서 업무집행에 관한 세목적 사항이나 일상적인 업무사항을 스스로 결정하고 집행할 수 있다.

(라) 對內的 要件을 위반한 代表行爲의 效力

대표이사가 이사회의 권한에 속하는 사항에 관하여 그 결의가 없거나 또는 결의에 위반하여 행위를 한 경우에도 상대방이 선의인 한 원칙적으로 유효하다.[2] 그러나 주주총회의 특별결의를 거치지 않은 영업의 전부 또는 중요한 일부의

---

1) 崔基元(會) 710면.

2) 大判 1978. 6. 27, 78 다 389; 大判 1988. 8. 9, 86 다카 1858; 大判 1993. 6. 25, 93 다카 13391; 大判 1994. 10. 28, 94 다 39253; 大判 1995. 4. 11, 94 다 33903; 大判 1997. 6. 13, 96 다 48282.

양도는 무효라고 본다. 이 경우에는 주주총회의 결의가 계약의 효력발생요건이기 때문이다. 또 단순히 내부적인 행위인 회사와 이사 간의 거래(제398조), 준비금의 자본전입(제461조) 등도 무효라고 본다.

(5) 共同代表理事

이사회가 대표이사를 선임함에 있어 수인의 대표이사가 공동으로 회사를 대표할 것을 정할 수 있다(제389조 제2항). 이를 공동대표이사라 하고, 이 경우에는 등기하여야 한다(제317조 제2항 제10호). 공동대표이사는 공동으로 업무를 결정·집행하고 회사를 대표하여야 한다. 공동대표이사 간에 의견이 일치하지 않을 때는 다수결의 원칙이 적용되지 않으므로 이사회의 결의에 의하여야 한다. 다만 제3자의 회사에 대한 의사표시는 수인 중 1인에 대하여 하면 효력이 있다(受動代表: 제389조 제3항, 제208조 제2항).

공동대표이사 중의 1인이 다른 공동대표이사에게 자신의 권한을 포괄적으로 위임하는 것은 공동대표이사제도의 본질에 위배되므로 허용되지 않으나, 공동지배인의 경우와 마찬가지로 특정 사항에 대한 개별적인 위임은 가능하다고 본다.[1]

(6) 表見代表理事

社長·副社長·專務·常務 기타 회사의 대표권이 있는 것으로 오인할만한 명칭을 사용한 이사의 행위에 대하여는, 회사는 선의의 제3자에 대하여 책임을 져야 한다(제395조). 상법 제395조는 이사인 자가 대표권이 있는 것으로 보이는 명칭을 사용한 경우에 적용되는 것이지만 이사가 아닌 사용인이 그러한 명칭을 사용한 때나, 이사직을 사임한 자가 그러한 명칭을 사용한 때에도 유추적용되어야 할 것이다.[2] 그리고 본조가 적용되기 위하여는 회사에 그러한 外觀作出에 대한 귀책사유가 있어야 한다.[3] 상법 제395조는 소송상의 행위에 대하여는 적용되지 않는다.

---

1) 大判 1985. 6. 11, 84 다카 963; 大判 1989. 5. 23, 89 다카 3677.
2) 大判 1987. 7. 7, 87 다카 504; 大判 1989. 5. 23, 89 다카 3677; 大判 1992. 7. 28, 91 다 35816.
3) 大判 1975. 5. 27, 74 다 1366; 大判 1994. 12. 2, 94 다 7591; 大判 1994. 12. 27, 94 다 7621; 大判 1995. 11. 21, 94 다 50908.

≪表見代表理事制度와 商業登記와의 관계≫

상법 제37조에 의하면 등기사항을 등기하면 제3자는 정당한 사유가 없는 한 등기사항을 안 것으로(즉, 악의로) 간주된다(商業登記의 積極的 公示의 效力). 그런데 표현대표이사제도는 등기되어 있지 않은 자의 대표행위를 신뢰한 상대방을 보호하는 제도이므로, 이 제도에 의하면 등기부를 열람하지 아니한 과실이 있는 상대방이 자동적으로 보호되는 결과가 되고, 이는 상법 제37조와 정면으로 모순된다. 이에 학설은 표현대표이사의 경우에는 등기사항에 대한 선·악의 문제는 고려하지 않는다는 데 그 견해가 일치하나, 그 이론적 근거에 대하여는 학설이 갈린다.

(i) 異次元說은 등기의 적극적 공시의 효력은 등기기초사실이 있을 때 이를 공시하는 효과가 있는 것이지, 그 외 여타사실은 없다는 것을 공시하는 것은 아니므로 위 두 가지 제도는 각기 차원을 달리한다고 한다.[1]

(ii) 正當事由說은 거래의 상대방이 대표이사라는 명칭에 의하여 대표권이 있는 것으로 오인한 것은 상법 제37조 제 2 항의 정당한 사유에 속하기 때문에 그 상대방에 대하여는 적극적 공시의 효력이 발생하지 않는다고 한다.

(iii) 例外說은 상법 제395조는 제37조의 예외규정이라는 학설이다.

(iv) 생각건대, 이론적으로 異次元說도 수긍이 가지마는 지나치게 기교적이며, 정당사유설은 상법 제37조 제 2 항의 정당사유의 범위를 지나치게 확장한 해석이다. 예외설이 가장 무난하다고 본다.

≪共同代表理事와 表見代表理事≫

공동대표이사 중 1인이 단독으로 대표행위를 한 경우에도 표현대표이사에 관한 법리를 적용할 수 있는지 의문이다. 부정설에 의하면 이를 긍정할 경우 공동대표이사의 목적이 사실상 유명무실해 진다고 한다. 그러나 이를 부정하면 이사가 아닌 자의 표현대표행위에 대하여도 회사의 책임을 물으면서 표현대표이사보다 광범위한 권한을 가진 공동대표이사에 대하여는 표현책임을 묻지 못하게 되어 형평에 맞지 않는다. 긍정설이 옳다고 본다.[2] 긍정설에 의하는 것이 거래의 안전보호에도 기여한다.

---

1) 大判 1979. 2. 13, 77 다 2436.
2) 大判 1991. 11. 12, 91 다 19111; 大判 1992. 10. 27, 92 다 19033; 大判 1993. 12. 28, 93 다 47653.

5. 理事의 義務

(1) 理事의 忠實義務

이사는 회사와 위임관계에 있으므로 선량한 관리자의 주의를 다하여 충실하게 회사의 업무를 집행하여야 한다. 나아가 이사와 회사 간에는 신뢰관계(fiduciary relation)가 존재하므로 이사는 그 지위를 이용하여 자기 또는 제3자의 이익을 도모할 목적으로 회사의 이익을 해하여서는 안된다는 이른바 理事의 忠實義務가 있다.

1998년 개정상법은 “이사는 법령과 정관의 규정에 따라 회사를 위하여 그 직무를 충실하게 수행하여야 한다(제382조의 3)”는 忠實義務 규정을 신설하였다. 이러한 충실의무의 법적 성격에 대하여는 선관의무의 구체적 표현이라는 同質說[1]과 선관의무는 이사가 직무를 수행함에 있어서 준수하여야 할 주의의 정도에 관한 규정이고 충실의무는 이사가 그 지위를 이용하여 회사의 이익을 고려하지 않고 자기 또는 제3자의 이익만을 추구하여서는 안된다라고 하는 것을 내용으로 하는 의무라는 異質說이[2] 있다. 또한 이사가 기관의 자격에서 상당한 주의를 기울여야 할 의무는 선관의무이고 개인의 자격에서 회사의 이익을 우선시켜야 할 의무는 충실의무라고 하는 학설도[3] 있다.

異質說이 추구하는 바가 회사이익에 반하는 이사의 행위를 회사와의 관계에서 금지하는 취지라면 선관의무의 법리로도 동일한 결론에 이를 수 있기 때문에 구별의 실익은 거의 없다 할 것이다. 따라서 1998년 개정상법이 이사의 충실의무를 명문화한 것은 회사의 경영을 위임받은 이사는 회사의 이익을 위하여 성실히 그 직무를 수행하여야 할 의무가 있음을 명확히 하려는데 그 취지가 있다고 할 수 있다.[4]

(2) 理事의 秘密維持義務

이사는 재임중 뿐만 아니라 퇴임 후에도 직무상 알게 된 회사의 영업상 비밀

1) 孫珠瓚(上) 756면; 鄭燦亨(上) 785면.
2) 北澤正啓, 會社法, 1982, 372면.
3) 鄭東潤(會) 404면.
4) 鄭燦亨(上) 783면.

을 누설하여서는 아니된다(제382조의 4). 이 규정은 2001년 개정상법에서 신설된 것이다.

(3) 競業禁止義務

이사는 회사의 실정을 잘 알고 업무집행의 결정에 참여하게 되므로 그 지위를 악용하여 私利를 도모할 염려가 있다. 따라서 상법은 이사의 행위를 제한함으로써 회사의 이익을 도모하는 특별규정(경업금지의무 및 자기거래의 제한에 관한 규정)을 두고 있다.

이사는 이사회의 승인이 없으면, 자기 또는 제3자의 계산으로 회사의 영업부류에 속한 거래를 하거나 동종영업을 목적으로 하는 다른 회사의 무한책임사원이나 이사가 되지 못한다(제397조 제1항).[1] 理事會의 事後承認(追認)은 허용할 수 없다고 본다.[2] 또 사후승인을 하였더라도 손해배상책임까지도 면제되는 것은 아니라고 본다. 白地式承認은 인정되지 아니하지만, 계속적 거래의 경우에는 포괄적 승인이 가능하다고 본다.

이사가 경업금지의무를 위반한 경우의 효과에 관하여는 상업사용인의 경우와 같다. 다만 개입권을 행사하는 경우에는 이사회의 결의에 의해서 하게 되며, 개입권 행사의 제척기간은 거래가 있은 날로부터 1년이다(제397조 제2항 · 제3항).

이사 등 회사의 임원은 특별법상 겸직이 금지 또는 제한되는 경우도 있다(獨規 제7조 제1항 제2호, 銀行 제20조, 保業 제14조, 資金 제45조 제2항, 제250조 제7항, 제251조 제3항).

(4) 自己去來의 制限

자기거래라 함은 이사가 자기 또는 제3자의 계산으로 회사를 상대방으로 하여 하는 재산상의 법률행위를 말한다. 이러한 자기거래는 회사의 이익을 희생시킬 우려가 있으므로 그 이사가 대표이사이든 아니든 사전에 개별적으로 이사회의 승인을 얻어야만 한다(제398조 제1문). 따라서 이사회의 승인만 있으면 이사가 대표이사라 하더라도 쌍방대리금지에 관한 민법 제124조의 규정은 적용되지 않는다(제398조 제2문).

제한되는 거래는 이사와 회사 간의 직접거래뿐만 아니라 회사가 이사개인의

---

1) 大判 1993. 4. 9, 90 마 745; 大判 1993. 4. 9, 92 다 53583.
2) 同旨 : 李泰魯 · 李哲松(會) 674면; 蔡利植(上) 556면.

채무를 보증하는 행위와 같은 간접거래의 경우도 포함된다.[1] 그러나 행위의 성질상 회사와 이사 간의 이해관계가 충돌할 염려가 없는 거래행위는 제한할 필요가 없음은 물론이다. 따라서 예컨대, ① 채무의 이행, ② 상계, ③ 약관에 의해서 행해지는 定型的 去來行爲(예금계약·운송계약·창고임치계약 등), ④ 이사의 증여행위 등은 이사회의 승인결의를 필요로 하지는 않는다.

어음행위도 자기거래로서 이사회의 승인을 얻어야 하느냐 하는 점에 관해서는, 어음행위를 자기거래에 포함시키는 학설(긍정설)과 포함시키지 않는 학설(부정설)이 나누어지고 있다. 부정설에 의하면 어음행위는 원인관계와는 구별되는 거래의 수단적 행위에 불과하므로, 그 자체로서는 이해충돌이 있을 수 없다. 따라서 이사와 회사 간의 거래에 관한 규정이 적용되지 않고, 어음관계 자체는 전체적으로 유효하며, 다만 원인관계가 승인을 얻지 못해 무효가 된다면 그것이 인적 항변사유가 될 뿐이라고 한다.[2] 그러나 어음행위자는 어음행위로 인해서 새로운 어음채무를 부담하는데, 이 어음채무는 抗辯의 切斷, 擧證責任의 轉換, 부도로 인한 去來停止處分 등 불이익을 수반하게 되므로 어음행위를 이해충돌이 있을 수 없는 행위로 보기는 어렵다. 따라서 어음행위는 자기거래에 포함되므로 승인을 얻어야 한다.[3]

이사회의 승인은 이익충돌행위의 당사자인 이사의 요구에 의하여 개별적으로 사전에 하여야 한다. 이 때 당사자인 이사는 특별이해관계인으로서 의결권을 행사하지 못한다.

이사회의 승인이 없는 이사의 자기거래행위의 효력에 관하여, 유효설은 자기거래제한에 관한 규정은 이사의 의무를 정한 명령규정에 불과하고, 이사회의 승인요건은 하나의 업무집행의 결정방법을 정한 것일 뿐이기 때문에, 거래안전의 보호를 위해서 이를 유효로 보아야 한다는 것이다.[4] 이에 대하여 무효설에 의하면 이사회의 승인 없이 한 자기거래는 이사의 충실의무에 반하므로 또는 회사의 이익을 희생시켜 가면서 법을 위반한 이사나 그를 이용한 제3자를 보호할 필요가 없으므로 무효이고, 거래의 안전은 민법의 선의취득 규정에 의해서 보호할 수 있다고 한다.[5] 또 상대적 무효설은 승인이 없는 자기거래는 회사와 이사

1) 大判 1984. 12. 11, 84 다카 1591; 大判 1996. 5. 28, 95 다 12101.
2) 徐燉珏(上) 393면.
3) 同旨: 李炳泰(上) 673면; 鄭熙喆·鄭燦亨(上) 664면; 崔基元(會) 736면.
4) 徐廷甲(上) 286면.
5) 崔基元(會) 740~741면.

간에는 무효이고 대외적으로는 상대방이 악의임을 입증하지 못하면 유효하다고 한다.[1] 이 상대적 무효설이 회사의 이익보호와 거래의 안전보호의 조화를 도모한 것으로 타당하다고 본다. 판례도 같은 입장이다.[2]

자기거래의 제한을 위반한 경우 그 거래의 무효는 회사만이 이를 주장할 수 있고, 당해 이사 및 제3자는 自己去來禁止違反 또는 상대방의 악의를 이유로 그 거래의 무효를 주장할 수 없다.

한편 자기거래의 제한을 위반한 이사는 회사에 대하여 손해배상책임을 지며(제399조), 형사책임도 진다(제622조). 이사의 손해배상책임은 총주주의 동의에 의하여 면제할 수 있다.[3]

≪상장회사의 자기거래제한에 대한 특례≫

2009년 개정상법에서 상장회사에 대해 주요주주 및 그 특수관계인, 이사(제401조의 2에서 규정하는 업무집행지시자 포함), 감사와의 신용거래(금전 등 경제적 가치가 있는 재산의 대여, 채무이행의 보증, 자금 지원적 성격의 증권 매입, 기타 대통령령이 정하는 거래)를 금지(제542조의 9 제1항)하여 이사회의 승인이 있어도 이를 할 수 없다. 그러나, 복리후생적 성격의 금전 대여나 다른 법령에서 허용하는 경우, 상장회사의 경영건전성을 해칠 우려가 없는 금전 대여 등은 허용하고 있다(제542조의 9 제2항). 나아가 자산규모 2조원 이상의 상장회사가 당해 회사의 최대주주 및 특수관계인과 소정 규모 이상의 거래를 하고자 하는 경우에는 이사회의 승인을 얻어야 하며, 그 승인 결의 후 최초로 소집되는 정기주주총회에 당해 거래와 관련한 사항을 보고하여야 한다(제542조의 9 제3항). 다만 당해 법인의 영위 업종에 따른 일상적인 거래, 금융기관의 약관에 의한 거래, 이사회에서 거래 총액을 승인한 경우 등은 이사회의 승인을 얻지 아니하고 이를 할 수 있다(제542조의 9 제5항).

(5) 報告義務

(가) 監事에 대한 報告義務

이사는 회사에 현저하게 손해를 미칠 염려가 있는 사실을 발견한 때에는 즉시 監事에게 이를 보고하여야 한다(제412조의 2). 이는 감사의 실효성을 확보하

1) 李炳泰(上) 680면; 鄭熙喆·鄭燦亨(上) 738면.
2) 大判 1978. 3. 28, 78 다 4; 大判 1978. 12. 28, 77 다 907; 大判 1980. 7. 22, 80 다 341·342; 大判 1984. 12. 11, 84 다카 1591; 大判 1994. 10. 11, 94 다 24626.
3) 大判 1978. 12. 28, 77 다 907; 大判 1980. 7. 22, 80 다 341·342.

기 위하여 1995년 개정상법에 의하여 신설된 것이다. 이로써 理事는 소극적으로 監事의 요구가 있는 때 보고할 의무(제412조 제2항)뿐만 아니라, 그 요구가 없더라도 스스로 적극적으로 보고하여야 할 의무를 부담한다.

이사가 감사에 대한 보고의무를 부담하는 경우는 모든 업무집행과정에서 보고하는 것이 아니라, "회사에 현저하게 손해를 미칠 염려가 있는 사실을 발견한 때"에 한한다. 이 때 이사의 위법행위가 존재하는지의 여부를 불문한다. 보고방법에는 제한이 없으므로 구두 또는 서면으로 보고할 수 있고, 감사가 數人이면 그 중 1인에게 보고하면 충분하다.

이사가 이러한 보고의무에 위반하고 이로써 회사에 손해가 발생하면 이사는 회사에 대하여 법령위반으로 인한 손해배상책임을 지고(제399조 제1항), 감사는 이를 감사보고서에 기재하여야 한다(제447조의 4 제2항 제10호).

(나) 理事會에 대한 報告義務

전술한 바와 같이 이사는 대표이사로 하여금 다른 이사 또는 피용자의 업무에 관하여 이사회에 보고할 것을 요구할 수 있고(제393조 제3항), 이사는 3월에 1회 이상 업무의 집행상황을 이사회에 보고하여야 하므로(제393조 제4항), 이사는 이사회에 대한 보고의무도 있다.

(6) 監視義務

이사는 이사회를 통하여 대표이사를 포함하여 다른 이사의 직무의 집행을 감독한다(제393조 제2항). 따라서 대표이사 · 공동대표이사 · 업무담당이사 · 대표권도 없고 업무도 담당하지 않는 비업무담당이사(비상근이사)도 대표이사를 포함하여 다른 이사에 대하여 감시의무를 부담한다. 그런데 비업무담당이사의 경우 이사회를 통하지 않고 개별적으로 회사의 업무전반에 관하여 다른 이사에 대하여 감시의무를 부담하는가에 관하여, ① 이사의 직무집행에 대한 감독 및 이사의 의무위반에 대한 책임에 관한 상법의 규정을 엄격하게 해석하여 평이사에게 그러한 감시의무가 없다는 견해도 있다(일본의 소수설). 그러나 ② 이사는 회사에 대하여 개인적으로 선관의무를 가지며, 이사 개인에게 감시의무를 부과하면 이사의 직무집행에 대한 이사회의 감독기능의 효율성을 높일 수 있을 것이므로 이를 인정하여야 할 것이다.1)

---

1) 鄭東潤(會) 410면; 李泰魯 · 李哲松(會) 544~545면; 大判 1985. 6. 25, 84 다카 1954.

업무집행을 담당하지 않는 평이사의 직무는 단지 이사회의 일원으로서 이사회의 의안에 대한 찬부의 의사표시를 하는데 그치지 않고 대표이사 등 업무담당이사의 전반적인 업무집행을 감시할 수 있는 것이므로, 업무담당이사의 업무집행이 위법하다고 의심할만한 사유가 있음에도 불구하고 평이사가 이러한 감시의무를 위반하여 이를 방치한 때에는 이로 인하여 회사가 입은 손해를 배상할 책임이 있다.

이사가 감시의무를 부담한다고 하더라도, 업무집행을 담당하지 않는 이사가 회사의 모든 업무집행에 관하여 적극적으로 상황을 파악하여 위법 또는 부당한지 여부에 대한 감시를 한다는 것은 불가능하거나 또는 비현실적이다. 따라서 비업무담당이사는 다른 이사의 업무집행이 위법함을 알았거나 또는 알 수 있었을 경우에만 감시의무를 부담하는 것으로 해석하여야 한다.[1]

이사가 감시의무를 위반하면 선관의무에 위반하여 임무를 해태한 것이 되므로, 그 이사는 회사에 대하여 손해배상책임을 지고(제399조), 악의 또는 중과실이 있으면 제3자에 대하여도 손해배상책임을 진다(제401조). 이사·감사의 회사에 대한 임무해태로 인한 손해배상책임은 위임관계로 인한 채무불이행책임이므로 그 소멸시효기간은 10년이다.

6. 理事의 責任

(1) 責任의 根據

회사와 이사의 법률관계는 민법의 위임규정에 따르므로(제382조 제2항, 民 제681조), 이사는 선량한 관리자로서의 주의의무를 부담하게 되고, 그 위반에 대해서는 채무불이행이나 때로는 불법행위의 책임을 지게 된다. 그러나 이러한 일반법상의 책임 외에도 상법상 특별책임을 지고 있으니, 이사는 이사회의 구성원으로서 회사의 업무결정에 참여하므로, 그 차지하는 지위의 중요성과 그 행위가 미치는 영향의 지대성에 비추어 엄격한 법정책임을 지우고 있는 것이다.

---

1) 鄭東潤(會) 411면; 李泰魯·李哲松(會) 545~546면; 鄭熙喆·鄭燦亨(上) 740면; 大判 1985. 6. 25, 84 다카 1954.

(2) 理事의 會社에 대한 責任

(가) 損害賠償責任

이사가 법령 또는 정관에 위반한 행위를 하거나 그 임무를 해태한 때에는 그 이사는 회사에 대하여 연대하여 손해배상책임을 진다(제399조 제1항). 이사가 법령 또는 정관에 위반한 행위를 한 경우란, 예컨대 違法配當議案을 제출하거나(제462조), 이사회의 승인없이 자기거래를 한 경우(제398조) 등이다. 이 책임은 無過失責任이라는 견해도 있으나,[1] 법령 또는 정관에 위반한 경우에도 과실책임의 원칙을 벗어날 불가피성을 인정할 이유가 없으므로 과실책임이라고 본다.[2]

이사의 손해배상책임은 연대책임이라는 것도 특색인데, 실제로 위법행위를 하거나 임무를 해태한 대표이사나 이사는 물론, 그 행위가 이사회의 결의에 기하여 이루어졌을 때에는 이사회에서 그 결의에 찬성한 이사도 연대하여 책임을 부담한다(제399조 제2항). 그리고 그 결의에 참가한 이사로서 이의를 한 기재가 의사록에 없는 자는 그 결의에 찬성한 것으로 추정한다(제399조 제3항).

(나) 資本充實의 責任

신주발행으로 인한 변경등기가 있은 후에 아직 인수하지 아니한 주식이 있거나 주식인수의 청약이 취소된 때에는 이사가 이를 공동으로 인수한 것으로 본다(제428조 제1항). 이것은 회사의 자본충실을 기하기 위해서 법정된 이사의 引受擔保責任으로서 그 성질은 무과실책임이며, 이사 전원이 공동인수인으로서 연대하여 납입할 책임을 진다(제333조 제1항). 그러나 인수담보책임을 이행한 후에도 회사에 손해가 있으면 이사는 연대하여 손해배상책임을 지는데(제428조 제2항), 이 책임은 물론 임무해태로 인한 손해배상책임이며, 따라서 과실책임임은 旣述한 바와 같다.

(다) 責任의 追窮

회사가 이사에 대하여 책임추궁의 소를 제기하지 않는 경우에는 소수주주는 일정한 요건에 따라 직접 이사에 대하여 회사를 위하여 소를 제기할 수 있다(제403조 이하)(代表訴訟). 나아가 그 이사의 해임청구의 소(제385조 제2항)도 제기할 수 있다.

---

1) 徐敦珏(上) 394면; 孫珠瓚(上) 772면; 崔基元(會) 743면.

2) 同旨 : 鄭東潤(會) 421면; 李泰魯·李哲松(會) 661면; 大判 1985. 11. 12, 84 다카 2490.

(라) 責任의 免除·解除

이사의 회사에 대한 손해배상책임은 무의결권주주를 포함한 총주주의 동의로 면제할 수 있다(제400조). 그러나 이사의 자본충실책임은 회사채권자의 보호를 위해 총주주의 동의가 있어도 면제할 수 없다고 본다. 또 정기총회에서 재무제표의 승인을 한 후 2년 내에 다른 결의(責任追窮이나 責任保留 등)가 없는 때에는 이사에게 부정행위가 없는 한 회사는 이사의 책임을 해제한 것으로 간주한다(제450조). 그 밖에 이사의 회사에 대한 채무불이행책임은 10년의 시효완성으로 소멸하고(民 제162조), 자본충실의 책임의 경우도 같다.

(3) 理事의 第三者에 대한 責任

(가) 責任의 內容 및 性質

이사가 악의 또는 중대한 과실로 인하여 그 임무를 해태한 때에는 그 이사는 제3자에 대하여 연대하여 손해배상책임을 진다(제401조 제1항). 이 책임은 업무수행을 신중하게 하여 제3자를 보호하도록 하기 위한 것이나, 이사는 번잡한 업무를 집단적으로 신속하게 처리하여야 하기 때문에 경과실에 대하여는 책임을 지지 않게 한 것이다.

이 책임의 성질에 관하여는, ① 법률이 제3자 보호를 위하여 특별히 인정한 책임이라는 法定責任說,[1] ② 불법행위의 요건 중에서 경과실을 면제한 불법행위책임이라는 不法行爲責任說,[2] ③ 상법이 인정한 특수한 불법행위책임이라는 特殊不法行爲責任說[3]로 학설이 나뉜다. ①설과 ③설에 의하면 일반불법행위책임과의 경합이 인정될 수 있지만, ②설에 의하면 경합이 인정되지 않는다. 또한 ①설에 의하면 책임의 소멸시효는 10년이 되지만 ②설과 ③설에 의하면 소멸시효는 3년이다. 이사의 제3자에 대한 책임은 이사가 직접 제3자와의 관계에서 악의 또는 중과실로 인하여 지는 책임이 아니므로 불법행위책임과는 성질이 다르고, 따라서 이것은 제3자를 보호하기 위한 법정책임으로 본다.

'제3자'란 株主도 포함한다는 학설(주주인 자격에서 입은 손해에 관하여도 책임을 부담한다)도[4] 있으나, 주주는 포함되지 않는다고 본다.[5] 즉, 주주가 제3자로서의

1) 孫珠瓚(上) 775면; 鄭東潤(會) 429면; 鄭熙喆·鄭燦亨(上) 747면; 崔基元(會) 750면.
2) 徐廷甲(上) 288면.
3) 徐燉珏(上) 396면.
4) 孫珠瓚(上) 776면; 鄭熙喆·鄭燦亨(上) 748면; 蔡利植(上) 568면; 崔基元(會) 753~754면.

자격에서 직접 받은 손해에 대하여는 이사의 책임을 추궁할 수 있지만, 주주로서의 자격에서 받은 간접적인 손해에 대해서는 이사의 책임을 직접 추궁할 수 없다. 왜냐하면 주주를 제3자에 포함시킨다면 주주가 회사채권자에 우선하여 변제를 받는 불합리가 생기기 때문이다. 또 주주의 간접손해는 대표소송 등에 의하여 구제될 수 있을 뿐 아니라, 이로써 회사가 배상을 받으면 주주의 손해도 간접적으로 보상되기 때문이다.

(나) 責任의 連帶性

책임사유가 있는 경우 당해이사가 연대책임을 지는 것은 물론이고(제401조 제1항), 그 행위가 이사회의 결의에 의한 것인 때에는 그 결의에 찬성한 이사도 연대책임을 지고 결의에 참가한 이사로서 이의를 한 기재가 의사록에 없는 자는 그 결의에 찬성한 것으로 추정하는 점(제401조 제2항, 제399조 제2항 · 제3항)은 회사에 대한 책임의 경우와 같다.

7. 理事에 대한 業務執行指示者 등(實質上의 理事)의 責任

(1) 實質上의 理事의 意義

1998년 개정상법은 法律上의 理事는 아니지만 회사에 대한 자신의 영향력을 이용하여 사실상 이사로서의 기능을 수행하는 자(이하 '實質上의 理事'라 한다)에 대하여도 법률상의 이사와 같이 회사 또는 제3자에 대하여 책임을 지도록 하는 규정을 신설하였다(제401조의 2).

실질상의 이사라 함은 法律上의 理事가 아니면서 회사에 대한 자신의 영향력을 이용하여 이사에 대하여 업무집행을 지시한 자(제401조의 2 제1항 제1호), 이사의 이름으로 직접 업무를 집행한 자(제401조의 2 제1항 제2호, 제1호에 해당하는 자와 합하여 背後理事라 한다)와 이사가 아니면서 명예회장 · 회장 · 사장 · 부사장 · 전무 · 상무 · 이사 기타 회사의 업무를 집행할 권한이 있는 것으로 인정될 만한 명칭을 사용하여 회사의 업무를 집행한 자(제401조의 2 제1항 제3호, 이러한 자를 表見理事라 한다)를 말한다.

---

5) 同旨 : 徐燉珏(上) 397면; 李炳泰(上) 694면.

(2) 責任의 內容

(가) 會社에 대한 責任

상법상 법률상의 이사는 회사에 대하여 資本充實責任(제428조)과 損害賠償責任(제399조)을 지나 실질상의 이사는 損害賠償責任만을 부담한다. 실질상의 이사의 회사에 대한 책임의 원인·내용·추궁·면제·해제 등은 이사의 회사에 대한 손해배상책임과 동일하다(제401조의 2 제1항, 제399조, 제403조).

(나) 第3者에 대한 責任

실질상의 이사의 제3자에 대한 책임 역시 그 내용, 성질 등은 이사의 제3자에 대한 책임과 동일하다(제401조의 2 제1항, 제401조).

(다) 責任의 連帶性

실질상의 이사가 회사 또는 제3자에 대하여 손해배상책임을 지는 경우에 이사도 책임이 있을 때에는 그 이사는 실질상의 이사와 연대하여 책임을 진다(제401조의 2 제2항).

8. 業務執行에 대한 株主의 直接監督

(1) 直接監督의 必要性

회사의 업무집행에 대한 감독은 이사회에서 하고, 주주는 주주총회에서의 이사의 선임·해임 및 재무제표의 승인을 통해서 간접적으로 감독권을 행사하는데 그친다. 그러나 상법은 주주지위의 강화 요청에 따라 주주에게 회사의 機關的 地位를 인정하여 업무집행에 대한 직접적인 監督是正權을 인정하되 그 권리행사의 신중을 기한다는 뜻에서 소수주주권으로 하였으니, 사전적 예방조치로서의 주주의 違法行爲留止請求權과 사후적 구제조치로서의 代表訴訟制度가 그것이다.

(2) 違法行爲留止請求權

(가) 意 義

주주의 위법행위유지청구권이란 이사(청산인에게도 준용된다)의 위법행위를 사전에 금지시키기 위하여 소수주주에게 부여한 권리(제402조)를 말하며(감사도 유지청구권을 행사할 수 있다), 영미법상의 injunction 제도를 모방한 것이다.

(나) 청구권자

유지청구권을 행사할 수 있는 자는 소수주주권자, 즉 발행주식총수(무의결권자를 포함)의 100분의 1 이상에 해당하는 주식을 가진 주주 및 감사이다.

≪상장회사에 대한 특칙≫

상장회사의 경우 소수주주권행사의 활성화를 통한 기업경영의 투명성 제고를 위해 1% 지주요건을 완화하여 “6월전부터 계속하여 발행주식총수의 0.05%(대통령령이 정하는 법인은 0.025%) 이상에 해당하는 주식을 보유한 자”가 위법행위유지청구권을 행사할 수 있으며(제542조의 6 제5항), 이 경우 ‘주식을 보유한 자’란 주식을 소유한 자, 주주권행사의 위임을 받은 자, 2명 이상 주주의 주주권을 공동으로 행사하는 자를 말한다(제542조의 6 제8항).

(다) 행사요건

행사요건은, ① 대상이 되는 행위는 법령 또는 정관에 위반한 이사의 행위이며, ② 그 위법행위로 인하여 회사에 대하여 회복할 수 없는 손해가 발생할 우려가 있고, ③ 그 행위의 완료 전이어야 한다. 행사방법은 재판 외의 방법으로 청구할 수도 있다. 그러나 그 행위를 중지하지 않으면 이사를 피고로 하여 소를 제기하고, 이 소에 기한 假處分으로 그 행위를 留止시킬 수도 있다(民訴 제714조). 留止에 관한 소의 규정은 없으나 대표소송에 관한 규정(제403조~제406조)을 유추적용해야 할 것이다.

(라) 效　果

이사가 유지청구를 무시하고 법령·정관에 위반하는 행위를 계속했을 때 그 행위가 단체법적 행위(예컨대, 社債發行)인 경우에는 상대방의 선의·악의를 불문하고 유효이지만, 개별적인 거래행위인 경우에는 상대방이 악의인 때(예컨대, 유지청구권행사의 사실을 알고 있을 때)에는 그 상대방에게 대하여는 무효를 주장할 수 있다고 본다.[1] 그리고 유지의 소는 회사를 위하여 하는 것이므로 그 판결의 효력은 회사에 미친다(民訴 제204조 제3항). 유지청구와 관련하여 부정한 청탁을 받고 재산상의 이익을 수수·요구 또는 약속한 자에 대하여는 형벌의 제재가 있다(제631조 제1항 제3호).

---

1) 孫珠瓚(上) 779면; 崔基元(會) 758면. 개별적인 거래의 경우에도 상대방의 선의·악의를 불문하고 효력에 영향이 없다는 학설: 李泰魯·李哲松(會) 695면.

(3) 代表訴訟

(가) 意 義

대표소송이란 소수주주가 회사를 위하여 이사의 책임을 추궁하기 위하여 제기하는 소송을 말하며, 영미법의 representative suit 제도를 계수한 것이다. 대표소송에 의하여 추궁할 수 있는 이사의 책임[발기인 · 감사 · 청산인 · 불공정한 방법으로 신주를 인수한 자(제424조의 2), 주주권의 행사와 관련하여 이익을 제공받은 자(제467조의 2)의 책임에 관하여도 준용된다]은 손해배상책임(제399조), 자본충실책임(제428조)뿐만 아니라, 회사와의 거래관계에서 부담하는 일체의 책임(예컨대, 회사로부터 금전의 대부를 받은 이사의 변제책임)을 포함한다고 본다. 또 이사의 책임인 이상 이사가 그 취임 전에 부담한 책임에 대해서도 인정되고, 재임 중에 부담한 책임은 퇴임 후에라도 대표소송에 의하여 추궁할 수 있다.

(나) 訴의 節次

무의결권주를 포함하여 발행주식총수의 100분의 1 이상에 해당하는 주식을 가진 주주는 이사 또는 이사이었던 자를 피고로 하여 대표소송을 제기할 수 있다(제403조 제1항). 대표소송을 제기한 후 소를 제기한 주주의 보유주식이 제소 후 발행 주식총수의 100분의 1 미만으로 감소한 경우(발행주식을 보유하지 아니하게 된 경우를 제외한다)에도 제소의 효력에는 영향이 없다(제403조 제5항).

상장회사의 경우는 1% 지주요건을 완화하여, '6월 전부터 계속하여 발행주식총수의 0.01%(10,000분의 1) 이상에 해당하는 주식을 보유한 자'가 대표소송을 제기할 수 있다(제542조의 6 제6항).

대표소송을 제기하려면 먼저 회사에 대하여 서면으로 이사의 책임을 추궁하는 소의 제기를 청구하여야 한다(제403조 제1항 · 제2항). 회사가 청구를 받은 날로부터 30일 이내에 소를 제기하지 않은 때에 비로소 주주가 회사를 위하여 소를 제기할 수 있다(제403조 제3항). 그러나 회사가 소의 제기를 거절한 경우 또는 이러한 절차를 밟고 있다가는 회사에 회복할 수 없는 손해가 생길 염려가 있는 때(예컨대 이사가 재산을 은닉하거나 무자력이 될 염려가 있는 때)에는 예외적으로 즉시 소를 제기할 수 있다(제403조 제4항). 소수주주의 청구에 따라, 회사가 이사에 대하여 소를 제기한 때에는 監事가 會社를 代表한다(제394조 제2문).

대표소송의 專屬管轄法院은 회사의 본점소재지의 지방법원이다(제403조 제7항, 제186조).

법원은 피고의 청구에 의하여 원고에게 상당한 담보를 제공하도록 명할 수 있다(제403조 제7항, 제176조 제3항). 그러나 피고는 원고에게 악의가 있음을 疎明하여야 담보제공명령을 청구할 수 있다(제403조 제7항, 제176조 제4항). 이 때의 담보권자는 이사가 된다.

판결이 확정되면 旣判力이 생겨 다시는 그 이사의 회사에 대한 책임을 추궁할 수 없게 되므로, 유효적절한 소송수행을 위하여 상법은 소수주주가 제소한 경우에 회사만이 소송참가를 할 수 있게 하였다(제404조 제1항). 소수주주가 대표소송을 제기한 경우에는 소송참가의 기회를 주기 위하여 지체없이 회사에 대하여 소송의 고지를 하여야 한다(제404조 제2항).

소수주주가 대표소송을 제기하면 당사자는 법원의 허가를 얻지 아니하고는 소의 취하, 청구의 포기·인락, 화해를 할 수 없다(제403조 제6항). 또한 회사는 스스로 소를 제기하거나, 또는 재판 외에서 이사에 대한 채무의 면제는 하지 못하는 것이라고 본다.

(다) 判決의 效果

소수주주의 대표소송은 실질적으로는 주주가 대표기관적 지위에서 진행시키는 것이지만, 형식상은 회사의 대표자로서 소송을 하는 것이 아니라 원고 자신의 이름으로 타인인 회사의 이익을 위하여 소송을 하는 것이다(이른바 '第三者의 訴訟擔當'). 따라서 그 판결의 효력은 당연히 회사에 미친다(民訴 제204조 제3항).

원고인 소수주주가 승소하면 소송비용은 패소한 이사가 부담하게 되지만(民訴 제89조), 패소한 이사가 이를 부담할 수 없는 경우 또는 변호사에게 지급할 보수와 같이 소송비용에 포함되지 않는 비용은 원고가 부담할 것이 아니라, 재판에 의해 이익을 얻는 회사가 부담하는 것이 타당하다. 따라서 상법은 원고가 회사에 대하여 소송비용 및 그 밖에 소송으로 인하여 지출한 비용 중 상당한 금액의 지급을 청구할 수 있고, 이 경우 소송비용을 지급한 회사는 이사 또는 감사에 대하여 구상권을 행사할 수 있도록 하였다(제405조 제1항).

원고가 패소한 경우에는 악의가 없는 한 과실이 있다 하더라도 회사에 대하여 손해배상책임을 지지 아니한다(제405조 제2항). 여기서 악의란 회사를 해할 것을 알고 부적당한 소송을 수행한 경우를 말한다.

대표소송에 관하여 贈·收賂가 있으면 형벌의 제재를 받는다(제631조 제1항 제2호·제2항).

(라) 再審의 訴

대표소송을 제기하였으나 원고와 피고가 共謀하여 소송의 목적인 회사의 권리를 사해할 목적으로 판결을 하게 한 때에는 회사 또는 주주(소수주주에 한하지 않는다)는 확정된 종국판결에 대하여 再審의 訴를 제기할 수 있다(제406조 제1항).

재심은 재심을 제기할 판결법원인 회사의 본점소재지의 지방법원의 관할에 전속한다(제403조 제7항, 제186조, 民訴 제424조 제1항). 재심의 소는 단독주주도 제기할 수 있고, 당사자가 판결확정 후 재심의 사유를 안 날로부터 30일 내에 제기하여야 하며, 판결확정 후 5년을 경과한 때에는 재심의 소를 제기하지 못한다(民訴 제426조 제1항·제3항). 재심의 소를 제기한 주주도 승소의 경우에는 회사에 대하여 소송비용뿐만 아니라 소송으로 인한 실비액의 범위 내에서 상당한 금액의 지급을 청구할 수 있으며, 또 패소하더라도 악의가 없는 한 손해배상책임을 지지 않는다(제406조 제2항, 제405조).

Ⅳ. 監事·監査委員會와 檢査人

1. 株式會社의 監査制度 槪觀

전형적인 물적 회사인 주식회사에서는 출자자인 주주의 이익보호와 채권자의 이익보호를 위하여 회사가 건전하고 적정하게 운영되고 있는지의 여부를 감독할 監査制度가 매우 중요하다. 상법은 주요 감사기관으로서 必要·常設機關인 監事 또는 理事會 내의 監査委員會와 임시적 감사기관인 檢査人制度를 두고 있으나, 실제에 있어서는 여러 개의 기관이 중첩적으로 감사기능을 수행한다. 즉, 監査의 종류는(監査의 성질상 그 구별이 반드시 명확한 것은 아니지만) 대체로 業務監査와 會計監査로 대별되는데, 監事·監査委員會·주주총회·검사인은 업무감사와 회계감사 양자를, 이사회는 업무감사를, 그리고 외부감사인은 회계감사를 할 수 있다. 또한 소수주주권자도 임시총회의 소집청구·회계장부의 열람 등을 통하여 회계감사에 참여할 수 있다. 여기서는 전형적인 감사기관인 監事, 監査委員會 및 검사인에 관하여서만 설명하기로 한다.

2. 監　　事

(1) 監事의 法的 地位

감사(Aufsichtsrat)는 이사의 직무행위를 감사하는 필요적・상설적 기관이다. 구상법상의 감사는 會計監査機關이었으나, 1984년의 개정상법은 감사의 권한을 강화하여 업무감사권까지 인정하였는데, 1995년의 개정상법에서 한층 더 강화되었다. 監査의 충실화를 도모하기 위하여 업무감사권 외에도 여러 가지 권한을 부여하고, 대책을 마련하는 한편, 군소주주들에 의한 감사선임의 길을 열어 놓음으로써 감사기능의 실효성을 확보할 수 있도록 하였으며, 2009년 개정상법은 상장회사로서 자산규모가 대통령령이 정하는 일정규모 이상인 경우 상근 감사 또는 감사위원회를 두도록 의무화하였다.

(2) 監事의 選任・終任

감사는 주주총회에서 선임한다(제409조 제1항). 그 선임방법은 보통결의의 방법에 의하되, 一株一議決權의 원칙에 대한 중대한 예외를 인정하여 대주주의 의결권을 제한하였으니, 의결권이 없는 주식을 제외한 발행주식총수의 100분의 3을 초과하는 수의 주식을 가진 대주주는 그 초과하는 주식에 관하여는 의결권을 행사하지 못한다(제409조 제2항). 그리고 회사는 정관에 의하여 100분의 3보다 낮은 비율을 정하여 의결권제한을 강화할 수는 있어도 높은 비율을 정하여 완화할 수는 없다(제409조 제3항).

감사의 인원수・자격에는 제한이 없으나, 당해 회사 또는 자회사의 이사 또는 지배인 기타의 사용인의 직무를 겸하지 못한다(제411조). 감사가 수인인 경우에도 각 감사가 독립된 감사기관을 구성한다. 임기는 3년이나, 취임 후 3년 내의 최종의 결산기에 관한 정기총회의 종결시까지이다(제410조).

감사의 종임에 관하여서는 대체로 이사의 경우와 같다(제415조, 제385조, 제386조). 또 이사와 마찬가지로 주주총회의 특별결의에 의하여 해임이 가능한데(제415조, 제385조 제1항), 이 경우에는 당해 감사는 주주총회에서 자신의 의견을 진술할 수 있다(제409조의 2). 입법론으로는 감사선임의 경우 대주주의 의결권행사의 제한(제409조 제2항)과 균형을 맞추어 해임요건을 강화시키는 것이 바람직하다고 본다. 회사가 해산하더라도 감사의 감사기능은 필요하므로 해산에 의해서 당연히 감사가 종임되는 것은 아니다(제534조 참조).

≪상장회사에 대한 특칙≫

2009년 개정상법은 감사의 독립성을 확보함으로써 상장회사의 경영의 투명성을 제고하기 위하여, 상장회사가 주주총회에서 감사를 선임하는 경우에는 주주총회 소집통지 또는 공고한 후보자 중에서 선임하도록 하였다(제542조의 5). 감사 선임을 위한 대주주의 의결권행사 제한을 강화하여 최대주주, 최대주주의 특수관계인, 그 밖에 대통령령이 정하는 자가 소유하는 의결권 있는 발행주식의 합계가 당해법인의 의결권 있는 발행주식총수의 100분의 3(정관으로 그 비율을 더 낮게 정한 경우에는 그 비율)을 초과하는 경우 의결권을 행사하지 못하도록 하였다(제542조의 12 제3항). 이사 및 감사선임 안건을 동일 안건으로 일괄하여 의결함으로써 대주주가 영향력을 행사해 온 실무상의 문제를 보완하기 위해 주주총회에서 감사 선임을 위한 의결시 이사의 선임 의안과 별도로 상정하여 결의토록 하였다(제542조의 12 제5항). 또한 회사의 자산 규모 등을 고려하여 최근 사업연도말 현재 자산총액이 2조원 이상인 상장회사는 감사가 아니라 감사위원회를 설치하도록 의무화하였다.

2009년 상법 개정 전까지 상법상 감사는 1인 이상만 두면 되고, 감사의 상근여부에 대한 명문규정이 없어서 전체 상장회사 중 절반 가까운 회사가 비상근감사를 두고 있는 실정이었으며, 대개, 대주주나 대표이사의 친인척이 감사로 선임되고 있었다. 다만 폐지된 증권거래법에서 감사의 충실화를 도모하기 위하여 상근감사선임의 강제와 그 자격요건을 법정하여 왔었다. 2009년 개정상법은 상장회사로서 대통령령이 정하는 법인(최근 사업연도말 자산총액이 1,000억원 이상인 법인)은 1인 이상의 상근감사를 두어야 한다고 규정하였다(감사위원회를 설치한 경우 제외, 제542조의 10 제1항). 상근감사가 될 수 없는 자로는 미성년자·금치산자 또는 한정치산자·파산자로서 복권되지 아니한 자, 금고 이상의 형을 받고 그 집행이 종료되거나 집행을 받지 아니하기로 확정된 후 2년을 경과하지 아니한 자, 대통령령이 별도로 정하는 법률에 의하여 해임되거나 면직된 후 2년을 경과하지 아니한 자는 상장회사의 상근감사가 되지 못하며, 상근감사가 된 후에 이에 해당하게 되는 때에는 그 직을 상실한다(제542조의 10 제2항). 또한 상장회사가 주주총회의 목적사항으로 감사의 보수결정을 상정하는 경우에는 이사의 보수결정을 위한 의안과는 별도로 상정하여 의결하여야 한다고 규정하고 있으며(제542조의 12 제5항), 상장회사의 감사의 해임에 대해 감사 선임과 마찬가지로 최대주주 및 그 특수관계인의 의결권에 제한을 두고 있다(제542조의 12 제3

항). 감사의 해임을 청구할 수 있는 지주비율도 완화하여 6월 전부터 계속 하여 발행주식총수의 0.5%(대통령령이 정하는 법인의 경우에는 0.25%) 이상에 해당하는 주식을 보유한 자는 감사의 해임청구권을 행사할 수 있다(제542조의 6 제3항).

(3) 監事의 權限

감사는 이사의 직무집행을 감사한다(제412조 제1항)(業務監査權). 따라서 감사는 언제든지 이사에게 영업에 관한 보고를 요구하거나 회사의 업무와 재산상태를 조사할 수 있다(제412조 제2항). 이것은 감사가 회계감사권 외에 업무감사권도 갖는다는 것을 명문으로 인정한 것이다. 이 경우의 이사의 보고는 감사의 요구에 따라서 하는 소극적 보고의무이다. 그러나 1995년의 개정상법에서는 이사의 적극적 보고의무도 규정했다. 즉, 이사는 회사에 현저하게 손해를 미칠 염려가 있는 사실을 발견한 때에는 즉시 감사에게 이를 보고하여야 한다(제412조의 2). 뿐만 아니라 감사는 임시총회의 소집청구권이 있고(제412조의 3), 필요한 경우에는 자회사에 대하여 영업의 보고를 요구할 수 있으며(제412조의 4 제1항), 자회사의 업무와 재산상태를 조사할 수도 있는데(同條 제2항), 자회사는 이를 거부하지 못한다(同條 제3항).

이 밖에도 감사는 이사회출석권·의견진술권(제391조의 2 제1항), 이사회소집통지의 수령권(제390조 제3항), 이사회소집절차생략의 동의권(제390조 제4항), 이사회 의사록에 대한 기명날인 또는 서명권(제391조의 3 제2항), 留止請求權(제402조), 회사대표권(제394조, 제403조 제1항), 회사설립무효의 소·총회결의취소의 訴·신주발행무효의 訴·자본감소무효의 訴·합병무효의 訴 등 각종의 訴權이 있다.

≪監事의 業務監査權≫

감사가 업무감사를 함에 있어서 이사의 직무집행의 적법성만을 감사하는 데 그치는가, 아니면 그 직무집행의 타당성까지도 감사할 수 있는가에 관하여는 한정설과 무한정설로 학설이 나뉜다.

한정설은 다시 두 가지로 학설이 나뉜다. 제1설은 명문의 규정이 있는 경우(제413조, 제447조의 4 제2항 제5호·제8호 등)에는 妥當性監査도 할 수 있으나 원칙적으로는 適法性監査에만 한한다는 학설이다.[1] 이 학설의 주요

1) 同旨: 徐燉珏(上) 403면; 孫珠瓚(上) 789면; 李炳泰(上) 714면; 李泰魯·李哲松(會)

논거는 경영정책에 관한 문제인 타당성감사는 이사회에 맡기면 충분한 것이며, 그것이 주식회사의 기관의 분화와 권한의 분배라는 우리 주식회사법의 기본취지에도 적합하고, 만약에 감사에게 업무의 타당성까지 감사하게 한다면 결과적으로 이사의 업무집행에 관한 자유로운 판단이 감사에 의해 구속되므로 부당하다는 것이다. 이에 대하여 제2설은 감사는 명문의 규정으로 상법이 타당성감사를 인정한 경우(제413조, 제447조의 4 제2항 제5호·제8호)는 물론이고 업무집행이 현저하게 타당성을 결여하는 것으로 인정되는 경우에도 타당성감사를 할 수 있다는 학설이다.[1]

한편 무한정설은[2] 감사는 이사의 직무집행의 적법성뿐만 아니라 타당성도 감사할 권한과 의무를 갖고 있다고 한다. 그리고 이와 같이 해석하는 것이 1984년의 개정상법에서 감사의 업무감사권을 부활시킨 입법취지와도 맞는다고 한다. 이 외에도 우리 나라의 이사회가 영미법상의 이사회와 같은 독립성을 유지하지 못하고 있는 실정하에서 이사회의 완벽한 업무감사권 행사를 기대하기 어려운 점, 이사회도 타당성감사뿐만 아니라 적법성감사까지도 할 수 있는 것이므로 양자의 감사권은 상호 보완적인 것이고 양자의 감사권의 한계를 이론적으로 구분한다는 것은 무의미한 점, 상법에서 타당성감사를 해야 할 사항을 규정한 것은 타당성감사의 한계를 명시한 것이 아니라 오히려 감사에게 타당성감사권이 있음을 전제로 하여 주의적으로 특히 부당한 사항에 대하여 의견을 진술하거나 감사보고서에 기재하도록 정하고 있는 점(제413조, 제447조의 4 제2항 제5호·제8호) 등으로 미루어 무한정설이 타당하다고 한다.

생각건대, 이사회의 업무감사는 그 성질상 단순히 업무집행의 적법성(Gesetzlichkeit)의 견지에서 뿐만 아니라, 업무집행의 정책결정을 포함하여 널리 妥當性 내지 經濟性·能率性, 즉 合目的性(Zweckmäßigkeit)의 감사를 그 내용으로 한다. 이에 대하여 감사의 업무감사는 제3자적 입장에서 이사회와 대표이사 내지 업무담당이사의 업무에 관한 의사결정과 그 집행 및 대표행위를 사후적으로 음미하여 주주에게 보고하는 것으로서, 적법성의 감사를 그 주요 내용으로 하고 합목적성의 감사는 소극적인 것에 한한다고 볼 수 있다. 왜냐하면 업무집행의 타당성 내지 능률성·경제성에 관한 판단은 업무집행행위 내지 경영에 내재하는 고유의 문제이기 때문에, 이들은 모두 이사회의 감사대상이라고 보는 것이 타당하기 때문이다. 더욱이 직접 업무집행에 관여하고 있지 않은 감사가 그 타당성에 관하여 적절한 판단을

715면; 鄭東潤(會) 448면.

1) 鄭熙喆·鄭燦亨(上) 760면.

2) 崔基元(會) 771면.

할 수 있는가 의문일 뿐 아니라, 그것이 지나치면 주식회사의 기관의 분화와 권한의 분배의 기본적 취지에도 어긋나게 되고, 이사회의 경영에 관한 판단의 자유를 부당하게 구속하게 되어 業務執行機關의 獨自性과 自發性을 위축시킬 위험도 있다.

이와 같이 감사의 감사권과 이사회의 감사권은 그 성질과 내용이 다르기 때문에, 監事의 監査는 업무집행의 적법성만을 대상으로 할 뿐이고 그 타당성의 문제에까지는 미치지 않는다고 해석된다. 다만 상법 제447조의 4 제2항 제5호에 정하고 있는 '회계방침의 변경이 타당한지의 여부'에 관하여서만은 예외적으로 타당성감사권까지도 가진다고 해석한다. 상법 제413조 및 제447조의 4 제2항 제8호에 있어서의 '현저하게 부당한 사항이 있는지의 여부' 또는 '현저하게 부당한 경우' 등의 경우는 결국 이사의 선관주의의무위반의 문제가 될 뿐이라고 생각된다. 이렇게 해석하면 결국 한정설의 제1설이 가장 타당하다.

(4) 監事의 義務

감사는 이사와 마찬가지로 회사에 대하여 비밀유지의무를 부담한다. 따라서 감사는 재임 중 뿐만 아니라 퇴임 후에도 직무상 알게된 회사의 영업상 비밀을 누설하여서는 아니된다(제415조, 제382조의 4).

또한 회사와 감사는 민법상 위임관계에 있으므로 감사는 선량한 관리자의 주의로써 그 위임사무를 처리하여야 한다.[1] 그러나 감사는 경업금지의무가 없고, 자기거래도 제한되지 않는다. 이 밖에 감사는 이사가 법령 또는 정관에 위반한 행위를 하거나, 그 행위를 할 염려가 있다고 인정한 때에는 이사회에 이를 보고하여야 한다(제391조의 2 제2항). 또 감사는 이사가 주주총회에 제출할 의안 및 서류를 조사하여, 법령 또는 정관에 위반하거나 현저하게 부당한 사항이 있는지의 여부에 관하여 주주총회에 그 의견을 진술하여야 한다(제413조).

감사는 또 監査錄을 작성하여야 한다(제413조의 2 제1항). 감사록에는 감사의 실시요령과 그 결과를 기재하고, 감사를 실시한 감사가 기명날인 또는 서명을 하여야 한다(제413조의 2 제2항).

감사는 이사로부터 정기총회회일의 6주 전에 財務諸表와 그 附屬明細書(제447조) 및 營業報告書(제447조의 2)의 제출을 받아 이를 받은 날로부터 4주 내에 감사보고서를 이사에게 제출하여야 한다(제447조의 4 제1항).

---

1) 大判 1988. 10. 25, 87 다카 1370.

≪상장회사에 대한 특례≫

상장회사는 감사보고서를 주주총회일의 1주 전까지 이사에게 제출할 수 있게 특례규정을 두었다(제542조의 12 제6항). 이는 외부감사인이 감사보고서를 주주총회일의 1주 전에 제출하도록 한 것(外監 제8조 및 外監令 제7조)과도 균형이 맞는다.

(5) 監事의 責任

감사가 그 임무를 해태한 때에는 회사에 대하여 연대하여 손해배상책임을 진다(제414조 제1항).[1] 이 책임은 총주주의 동의가 있어야 면제할 수 있고, 또 책임을 추궁하기 위하여 代表訴訟을 제기할 수 있는 것은 이사의 경우와 같다(제415조, 제400조, 제403조~제406조). 상장회사의 경우에는 持株要件이 완화된다(발행주식총수의 1만분의 1, 제542조의 6 제6항).

감사의 제3자에 대한 손해배상책임도 이사의 경우와 같다(제414조 제2항). 감사가 회사 또는 제3자에 대한 손해배상책임을 지는 경우에 이사도 그 책임이 있는 때에는 그 이사와 감사는 연대하여 배상책임을 진다(제414조 제3항).

3. 監査委員會

(1) 監査委員會의 意義

이사회의 위원회 중 상법에 규정된 것으로 감사위원회가 있다. 즉, 회사는 정관이 정한 바에 따라 監事에 갈음하여 이사회 내의 위원회의 하나로서 감사위원회를 설치할 수 있다(제415의 2 제1항 제1문). 즉, 감사위원회는 이사회의 하위기관이다. 감사위원회를 설치한 경우에는 감사를 둘 수 없다(제415조의 2 제1항 제2문). 2009년 개정상법은 최근 사업연도말 현재 자산총액이 2조원 이상인 상장회사의 경우 감사위원회 설치를 의무화하고 감사위원회 위원을 선임하거나 해임하는 권한을 주주총회의 권한으로 규정하여 감사위원회의 독립성 확보를 도모하였다. 다만, 2조원 미만의 상장회사가 자율적으로 감사위원회를 설치할 경우 감사위원회 선임 권한을 상장회사 특례규정에 따라 주주총회로 할 것(제542조의 12 제1항)인지 아니면 이사회에서 할 것(제393조의 2 제2항)인지 논란이

---

1) 大判 1988. 10. 25, 87 다카 1370.

발생할 소지가 있다. 수많은 투자자가 있는 상장회사의 경우에는 감사위원회 위원을 주주총회에서 선임하는 것이 지배구조를 보다 엄격히 하려는 법 제정 취지에 비추어 타당하다고 본다.

(2) 監査委員會의 構成

감사에 갈음하여 감사위원회를 설치하는 경우, 감사위원회는 3인 이상의 이사로 구성한다. 다만 ① 회사의 상무에 종사하는 이사 및 피용자 또는 최근 2년 이내에 회사의 상무에 종사한 이사, 감사 및 피용자, ② 최대주주가 자연인인 경우 본인·배우자 및 直系尊·卑屬, ③ 최대주주가 법인인 경우 그 법인의 이사·감사 및 피용자, ④ 이사·감사의 배우자 및 直系尊·卑屬, ⑤ 회사의 모회사 또는 자회사의 이사·감사 및 피용자, ⑥ 회사와 거래관계 등 중요한 이해관계에 있는 법인의 이사·감사 및 피용자, ⑦ 회사의 이사 및 피용자가 이사로 있는 다른 회사의 이사·감사 및 피용자가 위원의 3분의 1을 넘을 수 없다(제415조의 2 제2항).

2009년 개정상법에서 상장회사로서 감사위원회를 의무적으로 설치하여야 하는 회사의 경우 감사위원회 위원은 (ⅰ) 감사위원 중 3분의 2 이상은 제415조의 2 제2항에서 정하는 요건, (ⅱ) 감사위원 중 1인은 대통령령이 정하는 회계 또는 재무전문가일 것, (ⅲ) 감사위원회의 대표는 사외이사일 것, (ⅳ) 사외이사가 아닌 감사위원회 위원은 주권상장회사의 상근감사 요건(제542조의 10 제2항)을 충족하여야 한다(제542조의 11 제2항·제3항). 감사위원회를 자율적으로 설치하는 상장회사의 경우는 (ⅰ)의 요건을 충족하면 된다. 또한 상장회사로서 감사위원회 설치가 의무화되는 회사는 감사위원회 위원의 선임을 주주총회에서 선임하는 이사 중에서 선임하여야 하며(제542조의 12 제1항·제2항), 사외이사인 감사위원회 위원을 선임할 때는 발행주식총수(의결권 없는 주식 제외)의 100분의 3(정관에서 이보다 낮은 주식 보유비율을 정할 수 있다)을 초과하는 주식에 관해서는 의결권을 행사하지 못한다(제542조의 12 제4항). 또한 상장회사가 사외이사가 아닌 감사위원회 위원을 선임할 때는 최대주주, 최대주주의 특수관계인, 그 밖에 대통령령이 정하는 자가 소유하는 상장회사의 의결권 있는 주식의 합계가 그 회사의 발행주식총수(의결권 없는 주식 제외) 100분의 3(정관에서 이보다 낮은 주식 보유비율을 정할 수 있다)을 초과하는 경우 의결권을 행사하지 못한다(제542조의 12 제3항). 참고로 상장회사로서 감사위원회 설치대상이 아닌 회사가 감사위원회를 자율적으로 설치하는 경우 감사위원회 위원의 선임기관(제542조의 12 제1항), 의결권 제한규정(제542조의 12 제3항)을 적용해야 하는 지 논란이 있으나, 상장회사의 감사위원회 설치는 지배구조를 엄격하게 하기 위하여 도입한 제도로서 그 취지에 비추어 상장회사의 특례규정이 우선적으로 적용되어야 할 것으로 본다.

(3) 監査委員會의 運營

감사위원회는 이사회와 마찬가지로 3인 이상으로 구성되는 회의체이므로 감사위원회는 그 결의로 위원회를 대표할 자를 선정하여야 한다. 이 경우 수인의 위원이 공동으로 위원회를 대표할 것을 정할 수 있다(제415조의 2 제4항).

감사위원회는 그 감독기능을 실질적으로 수행하기 위하여 외부 전문가의 도움을 받아야만 하는 경우가 있다. 이때 감사위원회는 회사의 비용으로 전문가의 조력을 구할 수 있다(제415조의 2 제5항).

(4) 監査委員會의 權限

회사가 감사위원회를 채택하는 경우 監事制度는 폐지하여야 하며, 대신 監事가 행사할 수 있는 모든 권한은 감사위원회가 이를 행사할 수 있게 된다. 상법상 감사의 권한에 관한 조문은 모두 감사위원회에 준용된다(제415조의 2 제7항). 즉, 발기설립의 경우 임원선임(제296조), 모집설립의 경우 임원의 선임(제312조), 검사인의 선임(제367조), 자격주(제387조), 이사의 위법행위에 대한 감사의 보고권(제391조의 2 제2항), 이사와 회사간의 소에 관한 대표(제394조 제1항)(감사위원회 위원이 소의 당사자가 된 경우에는 감사위원회 또는 이사는 법원에 회사를 대표할 자를 선임하여 줄 것을 신청하여야 한다), 회사에 대한 책임면제(제400조), 유지청구권(제402조), 주주의 대표소송(제403조 내지 제407조), 감사의 직무와 책임(제412조 내지 제414조), 재무제표 등의 제출(제447조의 3), 감사보고서(제447조의 4), 감사의 책임해제(제450조), 감사의 임기(제527조의 4), 분할계획서상의 감사의 성명과 주민등록번호 기재(제530조의 6 제1항 제10호), 대차대조표·사무보고서·부속명세서의 監査(제534조) 등에 관한 규정은 모두 감사위원회에 준용되고, 상기 法文에서 '監事'는 '감사위원회의 위원'으로 읽는다.

(5) 監査委員會 委員의 解任

감사위원회 위원의 해임에 관한 이사회의 결의는 이사 총수의 3분의 2 이상의 결의로 하여야 한다(제415조의 2 제3항). 상장회사의 경우 감사위원의 해임에 관해서도 선임의 경우와 동일한 의결권 제한이 있다.

≪外部監査人≫

(ⅰ) **監査對象企業**: 直前事業年度末의 자산총액이 일정 규모 이상인 비교적 대규모의 주식회사는 재무제표(기업집단의 경우 結合財務諸表 그리고 종속회사를 가진 주식회사는 聯結財務諸表 포함)를 작성하여 "株式會社의 外部監査에 관한 法律"에 따라 監事에 의한 監査뿐만 아니라 회계법인 등에 의한 監査를 별도로 받아야 한다(外監 제2조, 外監令 제2조 제1항). 다만 정부투자기관관리기본법의 적용을 받는 주식회사와 기타 대통령령이 정하는 주식회사는 제외된다(外監 제2조 단서).

(ⅱ) **資格**: 외부감사인으로 될 수 있는 자는 회계법인·감사반이어야 하며(外監 제3조 제1항), 감사의 대상인 회사와 이해관계가 있거나 있었던 자는 감사인이 될 수 없다(外監 제3조 제3항 참조). 뿐만 아니라 회계법인인 감사인은 동일한 이사로 하여금 회사의 연속하는 6개 사업년도에 대한 감사업무를 행하게 할 수 없다(外監 제3조 제4항).

(ⅲ) **選任·任期·解任**: 감사대상회사는 매사업년도 개시일부터 4월 이내에 외부감사인을 선임하여야 한다(外監 제4조 제1항). 회사가 감사인을 선임함에 있어서는 監事 또는 전문성과 독립성이 확보된 監査人選任委員會의 승인을 얻어야 한다(外監 제4조 제2항). 회사가 감사인을 선임한 때에는 감사인을 선임한 후 최초로 소집되는 정기총회에 그 사실을 보고하여야 한다(外監 제4조 제3항). 회사가 감사인을 선임하는 때에는 감사인의 감사보수 및 감사시간에 관하여 미리 監事 또는 감사인선임위원회와 협의하여야 한다(外監 제4조 제7항). 그 밖에 주권상장법인의 감사인 선임 등에 관하여는 특칙이 있다(外監 제4조의 2).

한편 증권선물위원회는 회사가 監事 또는 감사인선임위원회의 승인을 얻어 요청한 경우에 당해 회사의 監査人을 지명하거나 기간내에 監査人을 선임하지 아니하는 등의 사유가 있는 때에는 증권선물위원회가 지명하는 자를 監査人으로 변경선임하거나 선정할 것을 요구할 수 있다. 이 경우 증권선물위원회가 지명하는 자는 회계법인에 한한다(外監 제4조의 3 제1항).

회사는 監査人을 선임·변경선임 또는 선정한 때에는 대통령령이 정하는 바에 의하여 이를 證券先物委員會에 보고하여야 한다(外監 제4조의 4).

監査人의 임기에 관하여는 아무런 규정이 없으나 1년으로 본다. 감사인은 임기만료 기타 외부감사인 선임계약에서 정한 종임사유로 인하여 종임한다.

(iv) **權限·義務**: 감사인은 언제든지 감사대상회사, 관계회사 및 계열회사의 회계에 관한 장부와 서류를 열람 또는 등사하거나 회계에 관한 자료의 제출을 요구할 수 있으며, 그 직무의 수행을 위하여 특히 필요한 때에는 업무와 재산상태를 조사(관계회사 또는 계열회사에 대한 조사는 증권선물위원회의 승인을 얻어야 한다)할 수 있다(外監 제6조 제1항). 다만 聯結財務諸表 또는 결합재무제표를 감사하는 감사인은 그 직무의 수행을 위하여 필요한 때에는 회사, 관계회사 및 계열회사의 감사인에 대하여 감사관련 자료의 제출 등 필요한 협조를 요청할 수 있고, 이 경우 회사, 관계회사 및 계열회사의 감사인은 지체없이 이에 응하여야 한다(外監 제6조 제2항). 이를 위하여 회사는 그 사업년도의 재무제표·연결재무제표 또는 결합재무제표를 작성하여 감사인에게 제출하여야 한다(外監 제7조).

한편 감사인은 일반적으로 공정·타당하다고 인정되는 監査基準에 따라 감사를 실시하여야 한다(外監 제5조).

감사인은 감사보고서를 작성하여 일정기간 내에 회사, 증권선물위원회 및 공인회계사회에 제출하여야 한다(外監 제8조·外監令 제7조). 감사대상회사는 재무제표·연결재무제표 또는 결합재무제표를 비치·공시하여야 하고, 이 때 감사인의 보고서를 함께 비치·공시하여야 하며(外監 제14조 제1항), 대차대조표를 공고할 때에는(제449조 제3항) 감사인의 명칭과 감사의견을 병기하여야 한다(外監 제14조 제2항).

이 감사보고서는 증권선물위원회가 監理하되, 증권선물위원회는 그 업무의 전부 또는 일부를 공인회계사회에 위탁할 수 있다(外監 제15조 제1항·제5항). 또한 증권선물위원회는 株式會社의 外部監査에 관한 法律에 의한 권한 또는 업무의 일부를 증권선물위원회 위원장 또는 금융감독원장에게 위임 또는 위탁할 수 있다(外監 제15조 제4항). 증권선물위원회와 공인회계사회는 감사보고서를 일정한 장소에 2년간 비치하고, 일반인이 이를 열람할 수 있게 하여야 한다(外監 제14조 제4항). 증권선물위원회는 감사인 및 그 소속 공인회계사에 대하여 설립인가의 취소, 등록취소 또는 직무의 정지를 명할 것을 금융위원회에 건의하거나 특정회사에 대한 감사업무의 제한 기타 필요한 조치를 할 수 있다(外監 제16조).

감사인이 감사과정에서 이사의 직무수행에 관하여 부정행위 또는 법령이나 정관에 위반되는 중대한 사실을 발견한 때에는 이를 감사에게 통보하고 주주총회에 보고하여야 한다(外監 제10조).

이 밖에도 감사인은 주주총회에 出席·答辯義務(外監 제11조)와, 守秘義務(外監 제9조)를 진다. 또 회계법인인 감사인은 매사업년도 종료 후 3월 이내에 법정사항을 기재한 사업보고서를 증권선물위원회와 공인회계사회에 제출하여야 한다(外監 제3조의 2).

(ⅴ) **責 任**: 감사인이 그 임무를 게을리하여 회사에 대하여 손해를 발생하게 한 때에는 그 감사인은 회사에 대하여 연대하여 손해를 배상할 책임을 진다(外監 제17조 제1항). 감사인이 중요한 사항에 관하여 감사보고서에 기재하지 아니하거나 허위의 기재를 함으로써 제3자에게 손해를 발생하게 한 때에는 그 감사인은 제3자에 대하여 손해를 배상할 책임이 있다(外監 제17조 제2항). 감사인은 그 책임의 이행을 담보하기 위하여 보험에 가입하거나 總理令이 정하는 바에 따라 損害賠償共同基金을 적립하는 등 필요한 조치를 하여야 한다(外監 제17조 제6항). 감사인이 손해배상책임을 져야 할 경우 감사대상회사의 이사·감사도 그 책임이 있는 때에는 감사인과 연대하여 책임을 진다(外監 제17조 제4항). 감사인·이사·감사의 책임은 청구권자가 당해 사실을 안 날로부터 1년 이내 또는 감사보고서를 제출한 날로부터 3년 이내에 청구권을 행사하지 아니하면 소멸한다. 다만 이 기간은 외부감사인 선임계약에 의하여 연장할 수 있다(外監 제17조 제7항).

이 밖에 감사인, 기타 감사업무와 관련된 자의 부정 및 의무위반행위에 대하여는 엄격한 벌칙이 정하여져 있다(外監 제19조 내지 제21조).

4. 檢 査 人

검사인(Pruüfer)은 회사의 설립절차나 업무 및 재산상태의 조사를 직무로 하는 임시적 監査機關이다. 그 권한은 計算의 正否 및 발기인이나 이사의 業務處理의 違法性 與否의 검토에 한하며, 선임의 목적에 따라 일정하지 않다. 검사인의 회사와의 관계는 위임관계로 본다.

검사인은 법원 또는 회사에 의하여 선임·해임된다.

ⅰ) 법원에서 선임하는 경우로서 ① 변태설립사항의 조사를 위한 때(제290조, 제298조, 제310조), ② 현물출자에 의한 신주발행의 경우(제422조), ③ 소수주주권자의 청구가 있는 때(제467조), 그리고 ④ 신주의 할인발행을 위한 때(제417조 제3항) 등이 있다.

ⅱ) 주주총회에서 선임하는 경우로는 ① 소수주주권자에 의한 임시총회에서 회사의 업무와 재산상태를 조사하기 위한 때(제366조 제3항), ② 이사 또는 청산인이 제출한 서류와 감사의 보고서에 대한 조사를 하기 위한 때(제367조, 제542

조 제2항) 등이다. 어느 경우에나 자연인인 한 그 자격에는 아무런 제한이 없다.

검사인의 책임에 관하여는 회사의 설립경과조사를 위하여 법원이 선임한 검사인이 악의 또는 중대한 과실로 인하여 그 임무를 해태한 경우 회사 및 제3자에 대하여 책임을 진다는 규정(제325조) 외에는 상법에 아무런 규정이 없으나, 위임에 관한 일반 원칙에 따라 선량한 관리자의 주의의무(民 제681조)는 물론, 채무불이행책임·불법행위책임을 지는 경우도 있을 것이다. 그리고 검사인에 대하여도 형벌(제625조, 제630조) 또는 과태료의 제재(제635조)에 관한 규정이 적용된다.

제 5 절 新株의 發行

Ⅰ. 資金調達方法

주식회사의 기업활동이 본궤도 위에 올라 발전을 거듭하면 할수록 그만큼 자금의 수요가 커진다. 회사설립시에 주금액의 납입을 통하여 集積된 회사재산만으로는 그 자금의 수요를 충족시킬 수 없게 되므로, 계속 소요되는 자금을 기동성있게 원활히 조달할 수 있느냐 없느냐가 그 기업의 성패를 판가름한다고 하여도 과언이 아닐 것이다.

이러한 자금의 조달방법은 이른바 他人資本에 의한 調達과 自己資本에 의한 調達로 분류할 수 있다. 전자의 경우는 개별적인 金錢消費貸借契約에 의한 차입과 사채의 발행에 의한 조달로 다시 분류되고, 후자의 경우는 바로 新株發行에 의한 조달책이 된다. 생각건대, 타인자본에 의한 자본조달은 구체적인 절차상의 제약뿐만 아니라, 금리부담이란 중압 때문에 계속적인 자금조달책으로서는 부적당하게 된다. 오늘날 우리 기업사회에서 기업의 공개와 더불어 신주발행의 문제가 큰 관심을 모으게 된 것도 기업의 성장과정에서 나타나는 필연적인 논리의 귀결이라고 할 수 있는 것이다.

Ⅱ. 新株發行의 意義

본래 신주발행이란 회사가 성립 후에 새로 주식을 발행하는 것을 말한다. 그리고 이러한 의미의 신주발행은 다시 협의의 신주발행(增資新株發行)과 특수한 신주발행으로 분류된다. 협의의 신주발행은 자금의 조달책으로 신주를 발행하는 것이므로 발행주식의 액면총액만큼 반드시 자본이 증가한다. 그리고 반드시 회사재산도 증가하는 것이 그 특색이다. 할인발행의 경우를 제외하고는 증가된 자본액만큼 또는 그 이상으로 회사재산이 증가하기 마련이다.

그러나 특수한 신주발행의 경우에는 그 목적이 운영자금의 조달에 있는 것이 아니라 다른 특수한 요청(資本構成의 是正, 현금의 社外流出防止 등)에 따른 것이므로 자본이나 회사재산의 증감관계를 일률적으로 말할 수는 없다. 특수한 신주발행으로는, ① 轉換株式의 전환에 의한 신주발행(제346조 이하), ② 주식분할에 의한 신주발행(제329조의 2), ③ 資本減少를 위한 주식병합에 의한 신주발행(제440조~제444조), ④ 準備金의 자본전입에 의한 신주발행(제461조), ⑤ 주식배당에 의한 신주발행(제462조의 2), ⑥ 전환사채의 전환에 의한 신주발행(제515조, 제516조), ⑦ 신주인수권부사채권자의 청구에 의한 신주발행(제516조의 8), ⑧ 합병에 의한 존속회사의 신주발행(제523조 제3호), ⑨ 회사의 분할·분할합병의 경우 신주발행(제530조의 5, 제530조의 6), ⑩ 주식교환·주식이전의 경우 신주발행(제360조의 3 제3항 제2호, 제360조의 15 제2항), 이 밖에도 특별법상 ⑪ 資産再評價積立金의 자본전입에 의한 신주발행(資再 제28조 제2항 제2호·제30조)과, ⑫ 會社整理計劃에 의한 신주발행(會整 제222조)의 경우를 들 수 있는데, 여기에서는 흔히 말하는 협의의 증자신주발행의 경우만을 설명한다.

Ⅲ. 新株引受權

1. 新株引受權의 意義

신주인수권이란 회사의 성립 후 신주를 발행하는 경우에 그 신주를 우선적으로 인수하는 권리를 말한다. 신주인수권을 누구에게 줄 것이냐 하는 문제는 주주의 이익보장과 자금조달의 기동성·편의성의 확보라는 요청과 관계되는 것인데, 상법은 주주의 이익을 보호하기 위해서 주주의 신주인수권을 원칙적으로 인정하고(제418조), 정관으로써 제3자에게도 신주를 배정할 수 있게 하였다(제418조, 제420조 제5호).

2. 株主의 新株引受權

(1) 意　義

주주의 신주인수권(Bezugsrecht, preemptive right)이란 주주가 종래 가지고 있던 주식의 수에 비례하여 신주의 우선적 배정을 받는 권리이다(제418조). 주주의 신주인수권은 정관이나 이사회의 결정에 의해서 비로소 생기는 것이 아니라, 법률의 규정에 의하여 주주에게 당연히 주어지는 권리이며, 이 추상적인 신주인수권은 이로부터 유출되는 구체적인 신주인수권과는 구별할 필요가 있다.

(2) 法的 性質 및 讓渡性

추상적 신주인수권은 주주권의 일내용을 이루고 있으므로 주식과 분리하여 양도 기타의 처분을 하지 못하는 동시에 주식이 양도됨에 따라서 당연히 이전된다. 그러나 추상적 신주인수권의 법적 성질은 非固有權이므로 原始定款에서나 定款變更에 의하여 어느 때든지 이를 배제 또는 제한할 수 있다고 본다.

구체적 신주인수권은 추상적 신주인수권으로부터 유출된 持分權으로서, 이사회의 신주발행결의에 의하여 구체화된 권리이다. 이것은 주식과는 독립된 채권적 권리이므로 주식과 별도로 양도할 수 있다. 다만 이사회결의에 따라 신주인수권증서를 교부받아 그 증서로써 양도하여야 한다(제420조의 3 제1항).

(3) 新株의 配定과 株主平等의 原則

주주는 정관에 다른 정함이 없는 한, 持株數에 따라 평등하게 신주의 배정을 받을 권리가 있다. 신주인수권의 내용은 신주를 평등하게 우선적으로 배정받는 것이므로 주식의 발행조건(발행가액같은 것)의 우대를 의미하는 것은 아니다. 지주수에 따라서 평등하게 신주를 배정하는 것이 원칙이지만 다음과 같은 예외가 인정된다. 즉, ① 수종의 주식을 발행하고 있는 경우에는 정관에 정함이 없더라도 신주의 인수로 인한 주식의 배정에 관하여 주식의 종류에 따라 특수한 정함을 할 수 있으며(제344조 제3항), ② 자기주식을 가지고 있는 회사는 그 주식에 대한 신주인수권이 없다고 보아야 할 것이다. ③ 端株에 관하여는 자본감소의 경우와 같은 단주의 처리에 관한 명문규정(제443조)이 없으므로 이사회가 그 처리에 관하여 자유로이 정할 수 있다는 견해도 있으나, 주주평등의 원칙상 단주를 時價로 처분하여 발행가액과의 차액을 단주주에게 분배하는 것이 타당하리라고 본다.

또 주권상장법인이 신주를 발행하는 경우에는 일정한 범위 내에서 종업원에게 우선적으로 배정하여야 한다(資金 제165조의 7).

(4) 新株引受權이 없는 경우

주주는 원칙적으로 장래에 발행되는 모든 주식(현재의 미발행주식뿐만 아니라 정관변경 후의 미발행주식도 포함)에 대하여 신주인수권을 갖게 되지만, 다음과 같은 경우에 발행되는 주식은 신주인수권의 대상이 될 수 없다. 즉, ① 준비금의 자본전입의 경우(제461조), ② 전환주식·전환사채의 전환의 경우(제348조, 제516조), ③ 주식배당의 경우(제462조의 2), ④ 주식분할의 경우(제329조의 2), ⑤ 주식병합의 경우(제440조, 제442조), ⑥ 회사합병의 경우(제523조 제3호), ⑦ 회사의 분할·분할합병의 경우(제530조의 5, 제530조의 6), ⑧ 현물출자의 경우(제416조 제4호), ⑨ 失權株 처리의 경우(제419조 참조), ⑩ 신주인수권부사채권자의 청구의 경우(제516조의 8), ⑪ 신주매수선택권을 부여하는 경우(제542조의 3 제2항), ⑫ 종업원에게 배정되는 주식의 경우(資金 제165조의 7)에는 신주인수권이 없다. ⑬ 채무자 회생 및 파산에 관한 법률에도 특칙이 있다(債回 제265조 제1항·제2항, 제266조 제3항).

(5) 新株引受權의 效力

회사가 주주의 신주인수권을 무시하여 신주를 발행한 경우, 주주는 신주발행의 留止를 청구할 수 있고(제424조), 회사 또는 이사를 상대로 손해배상을 청구할 수 있다(제399조, 제210조, 제401조). 이 때 발행된 신주의 효력은 ① 주주의 신주인수권이 대부분 무시된 경우 무효라는 학설과,[1] ② 지배권에 영향을 미칠 때만 무효라는 학설,[2] ③ 신주인수권의 일부라도 무시되면 무효라는 학설이 있으나[3] ③설이 옳다고 본다. ①설은 그 한계가 모호하고, ②설은 지배권에만 영향이 없으면 상관없다는 것도 부당하다.

≪**失期株**(失念株)≫

실기주란 협의로는 신주인수권이 부착된 주식의 양수인이 신주의 配定日까지 名義改書를 하지 아니하여 주주명부상의 주주인 주식의 양도인에게 배정된 신주를 말하고, 광의에서는 이러한 경우뿐 아니라 널리 주주총회·이익배당금·주식배당·합병교부금·청산금 등에 관하여 일정한 기일 내에 명의개서를 아니하여 권리행사를 할 수 없게 된 주식을 말한다. 신주발행의 경우에 생기는 실기주에 관한 법률관계를 통설에 따라 정리하면 다음과 같다.

(ⅰ) 舊株主가 회사에 대하여 신주인수의 청약을 한 경우, 회사는 그 청약에 대하여 배정을 하면 면책된다[기명주식의 이전은 취득자의 성명과 주소를 주주명부에 기재하지 않으면 회사에 대하여 대항할 수 없다(제337조 제1항)는 데 대한 반대해석].

(ⅱ) 新株主가 회사에 대하여 신주배정을 요구할 권리는 없다(제337조 제1항). 그러나 회사는 권리를 입증한 신주주에게 배정할 수 있다.

(ⅲ) 회사는 신주주에게 형식적인 권리가 없다는 이유로, 또 구주주에게는 실질적인 권리가 없다는 이유로 양자 모두의 권리행사를 부인할 수는 없다.

(ⅳ) 구주주는 회사가 신주주의 주식을 인수시키지 않는 경우 자신에게 신주배정을 요구할 권리가 있다. 구주주의 채권자는 이 권리를 압류할 수 있다.[4]

(ⅴ) 위 (ⅰ)과 (ⅳ)의 경우에 구주주에게 배당된 실기주가 주식양도당사

---

1) 孫珠瓚(上) 812면; 鄭東潤(會) 492면; 蔡利植(上) 698면.
2) 李泰魯·李哲松(會) 776면.
3) 徐燉珏(上) 424면; 崔基元(會) 802면.
4) 大判 1988. 6. 14, 87 다카 2599, 2600.

자 사이에서는 누구에게 귀속되는가에 관해서는 양도인에게 귀속된다는 학설과 양수인에게 귀속된다는 학설이 있으나 후자가 통설이다. 전자에 의하면, ① 실기주가 양수인에게 귀속된다고 하면 신주의 주가의 등락에 따라 유리한 경우에 청구를 하는 것을 허용하게 되는 결과 신의칙에 반하고 거래의 안전을 해하며, ② 이사회에서 배정일을 정하고, 그 날짜의 주주명부상의 주주에게 배정하기로 한 것은 적법하기 때문이라고 한다. 그러나 신주인수권은 주주권의 하나이므로 이미 주주권이 주식의 양도와 함께 양도된 이상, 이를 단순히 형식적인 문제로 처리하는 것은 타당하지 못하다.

(vi) 한편 실기주는 내부적으로 양수인에게 귀속한다는 학설에 있어서도 그 근거에 관하여 다시 견해가 나뉜다. ① 부당이득설은 부당이득의 법리에 따라 신주주는 주주에게 신주발행가액과 시가의 차액의 반환을 청구할 수 있다고 하며, ② 準事務管理說은 양도인에게 사무관리의 의사가 없어서 민법상의 사무관리로 보기는 어렵지만 구주주는 신주주를 위하여 신주청약을 한 것으로 법적 의제는 가능하므로, 신주주로는 구주주에게 有益費를 상환하고 신주 또는 그 매각대금의 반환을 청구할 수 있다고 한다. 생각건대, 구주주가 신주인수권을 행사하지 않았더라면 신주주의 손해에 관하여는 더이상 구제방법이 없었을 터이므로 구주주의 이득과 신주주의 손해 사이에 인과관계가 있다고 할 수 없고, 신주 자체의 양도를 허용하지 않는 것도 주식양도로 인한 주주의 모든 추상적 권리이전의 원칙과도 맞지 않으므로 준사무관리설이 더 타당하다고 본다.

(6) 株主의 新株引受權의 讓渡

(가) 新株引受權의 讓渡性

추상적 신주인수권은 주식과 분리하여 타인에게 양도할 수 없으나 구체적 신주인수권은 이를 양도할 수 있다. 이로써 자력이 없어서 신주를 인수하지 못하는 주주도 그 인수권을 양도함으로써 자신의 이익을 보호할 수 있게 된다.

(나) 讓渡의 要件

주주의 신주인수권은 정관의 규정이나 정관에 의한 주주총회의 결의 또는 이사회의 결의가 있어야 그 양도가 인정된다(제416조 제5호). 이와 같은 정함이 없는 경우에는 그 신주인수권은 양도성이 없다는 것이 다수설의 입장이다.[1] 왜냐하면 ① 신주인수권의 양도에 관한 사항은 이사회 등에서 결정하도록 법정되어

1) 徐燉珏(上) 415면; 孫珠瓚(上) 808면; 鄭東潤(會) 474면; 崔基元(會) 810면; 蔡利植(上) 700면.

있고, ② 신주인수권은 新株引受權證書의 交付에 의하여서만 양도할 수 있는데(제420조의 3), ③ 신주인수권증서는 이 결의가 있을 때에만 발행하기 때문(제420조의 2)이다. 따라서 이를 양도하더라도 회사에 대하여 효력이 없고, 다만 권리주양도의 효력만 있다고 한다. ④ 또한 상법은 신주인수권의 양도방법을 신주인수권증서의 교부에 의하도록 하였는 바(제420조의 3 제1항), 이는 주식의 양도방법을 주권의 교부에 의하도록 한 것과(제336조 제1항) 균형을 이루고 있다고 볼 수도 있다.

그러나 具體的 新株引受權은 채권적 성질을 갖는 권리이기 때문에 당연히 양도성이 있다고 본다. 다만 그 양도는 회사에 대하여는 효력이 없으나, 회사가 임의로 승낙하면 회사에 대하여도 유효한 것이 된다.[1]

(다) 新株引受權證書의 發行

신주인수권의 양도는 신주인수권증서의 발행·교부에 의하여서만 할 수 있다(제420조의 2 제1항, 제420조의 3 제1항). 신주인수권증서(option warrant, stock purchase warrant)는 新株引受權을 표창하는 유가증권이다.

회사는 신주인수권만의 분리 양도를 인정한 경우 신주인수권증서의 발행청구기간을 정한 때에는 그 기간 내에 청구한 주주에 대하여 이를 발행하고(제416조 제6호), 청구기간을 정하지 아니한 때에는 신주청약기일의 2주 전에 청구에 관계없이 모든 주주에게 이를 발행하여야 한다(제420조의 2 제1항). 이에 위반하면 과태료의 제재가 있다(제635조 제1항 제16호). 청구기간 내에 청구를 하지 않은 주주는 신주인수권증서가 없으므로 주권과 분리하여 신주인수권만을 양도할 수는 없으나, 당연히 신주를 인수할 수 있고, 주권발행 후 이를 양도할 수 있음은 물론이다.

신주인수권증서에는 ① 신주인수권증서라는 뜻의 표시, ② 주식청약서의 기재사항(제420조), ③ 신주인수권의 목적인 주식의 종류와 수, ④ 일정기일까지 주식을 청구하지 않으면 그 권리를 잃는다는 뜻을 기재하고 이사가 기명날인 또는 서명을 하여야 한다(제420조의 2 제2항). 그러나 신주인수권증서는 엄격한 要式證券이 아니므로 법정기재사항 외에 加減이 있더라도 상관없다. 또 중요한 기재사항이 흠결된 경우라도 신주발행의 변경등기를 한 날로부터 1년이 지나거나 주주의 권리를 행사한 후에는 신주인수의 무효를 주장할 수 없다(제427조).

1) 李泰魯·李哲松(會) 753면; 大判 1995. 5. 23, 94 다 36421.

(라) 新株引受權讓渡의 效力

신주인수권의 양도는 원칙적으로 신주인수권증서의 교부에 의하여서만 할 수 있다(제420조의 3 제1항). 따라서 신주인수권증서에 의하지 아니한 양도는 회사에 대하여서는 효력이 없으나, 전술한 바와 같이 회사가 임의로 승낙하면 회사에 대하여는 유효한 것이 된다.

신주인수권증서의 占有者는 적법한 소지인으로 추정되고, 이러한 소지인으로부터 악의·중과실 없이 이를 양수한 경우에는 선의취득이 인정된다(제420조의 3 제2항, 제336조 제2항, 手 제21조).

신주인수권증서가 발행된 경우에는 신주인수권증서에 의하여 신주를 청약한다(제420조의 4).

3. 第三者의 新株引受權

(1) 意 義

제3자의 신주인수권이란 정관 또는 특별법에 의하여 주주 이외의 특정한 제3자가 일정한 新株의 優先的 配定을 받을 수 있는 권리를 말한다. 회사는 정관에 정하는 바에 따라 주주외의 자에게 신주를 배정할 수 있는데, 다만 제3자에 대한 신주의 배정은 신기술의 도입, 재무구조개선 등 회사의 경영상 목적을 달성하기 위하여 필요한 경우에 한하므로 제3자란 공모의 경우의 일반인을 의미하지는 않는다(제418조 제2항, 제420조 제5호), 특별법에 의한 것으로는 자본시장법상 공개법인 또는 주권상장법인이 신규로 주식을 유상발행하는 경우 당해 법인의 종업원으로 구성된 우리社株組合員에게 100분의 20의 범위 내에서 우선 배정을 하는 것이 그 예이다(資金 제165조의 7). 특별법에 의한 제3자의 신주인수권은 그 법률의 규정에 의하여 자동적으로 발생하므로 문제가 없다.

(2) 法的 性質 및 讓渡性

제3자의 신주인수권은 정관에 기재한 것만으로 발생하는 것이 아니고, 계약이 있어야만 비로소 발생한다. 이와 같이 제3자의 신주인수권은 계약상의 권리이므로, 양도할 수 있다고 본다.[1] 이와는 달리 회사가 인정하면 양도할 수 있다

---

1) 同旨: 徐燉珏(上) 417면; 鄭熙喆·鄭燦亨(上) 778면.

는 학설[1] 및 제3자에 대한 신주인수권의 부여를 정관의 상대적 기재사항으로 한 법의 취지에 어긋나므로 양도할 수 없다는 학설이 있으나,[2] 정관의 상대적 기재사항으로 제3자의 범위를 정한 것은 신주인수권의 이익을 받을 자의 범위를 정한 것으로서 신주인수권의 이익에는 그 양도·처분의 이익까지도 포함하는 것으로 봄이 옳을 것이다.

Ⅳ. 新株發行의 節次

1. 新株發行事項의 決定

신주발행에 관한 다음의 사항은 원칙적으로 理事會에서 결정하여야 한다(제416조 본문). 그리고 이 사항은 중요한 사항이므로 그 세목은 몰라도 그 전부를 대표이사에게 일임할 수는 없다. 그러나 정관의 규정에 의하여 授權資本制度의 운용을 배제하려고 주주총회에서 신주발행의 결정을 하기로 한 경우에는(제416조 본문 단서 참조) 물론 주주총회에서 결의를 하여야 한다.

(1) 新株의 種類와 數

정관에 규정을 두면 여러 가지 종류의 주식을 발행하여 신주모집을 쉽게 할 수 있다(제344조~제346조, 제370조). 그러나 수종의 주식 중에서 어떤 종류의 주식을 몇 주 발행할 것인지는 그때그때 회사의 형편에 따라 결정될 문제이므로, 우선 이사회에서 이에 대한 결정을 보아야 한다. 이 때 이사회는 정관에 다른 정함이 없는 경우에도 주식의 종류에 따라 신주의 인수, 주식의 병합·소각 또는 합병으로 인한 주식의 배정에 관하여 특수한 정함을 할 수 있고(제344조 제3항), 새로이 전환주식을 발행하는 경우에는 전환의 조건·청구기간 및 전환으로 인하여 발행할 주식의 수와 내용도 결정하여야 한다(제346조).

---

1) 梁承圭·朴吉俊 352면; 李炳泰(上) 744면.
2) 孫珠瓚(上) 810면; 鄭東潤(會) 478면; 崔基元(會) 803면.

(2) 新株의 發行價額과 納入期日

이사회에서는 신주의 發行(豫定)價額을 정하여야 한다. 대개 이 발행(예정)가액은 주금액(액면가액)과 같은 것이고, 또 配定價額(引受價額)과도 같은 것이 보통이나, 이 세 가액은 별개의 것이므로 반드시 일치하는 것은 아니다.

액면초과발행을 하거나 액면가액으로 발행하는 경우에는 별문제가 없으나, 액면미달발행(할인발행)을 하는 경우에는 주주총회에서 정한 최저발행가액의 범위 내에서 구체적인 발행예정가액을 이사회에서 결정하는 것이다.

株式의 割引發行은 자본유지의 원칙에 위배되는 것이므로 원칙적으로 인정할 수 없다. 그러나 시중의 주가가 주금액을 하회하는 경우에는 신주발행을 하려면 액면미달발행을 하지 않을 수 없다. 우리 나라의 주식의 할인발행제도는 영국회사법에서 도입한 것인데 수권자본제도의 보완책으로서 無額面株式制度 대신에 이용되고 있는 것이다. 그러나 이 할인발행은 자본유지의 원칙의 중대한 예외이므로, 다음과 같은 엄격한 법적 조치를 강구하고 있다. 즉, 주식의 액면미달발행을 하려면, ① 회사가 성립한 날로부터 2년을 경과한 후이어야 하고(제417조 제1항), ② 주주총회의 특별결의가 있어야 하며(제417조 제2항), ③ 법원의 인가를 얻어야 한다(제417조 제1항). 뿐만 아니라 ④ 법원의 인가를 얻은 날로부터 1월 내 또는 법원이 특별히 연장한 기간 내에 주식을 발행하여야 하며(제417조 제4항), ⑤ 회사채권자를 보호하기 위하여 주식청약서와 신주발행으로 인한 변경등기에 권면액과 발행가액의 차액 중 미상각액을 기재 및 등기하여야 하고(제420조 제4호, 제426조), ⑥ 액면미달금액의 총액을 대차대조표 資産의 部에 移延資産으로 기재하였다가 3년 내의 매결산기에 균등액의 이상의 상각을 하도록 하였다(제455조).

또 이사회에서는 납입기일도 정하여야 하는데, 납입기일에 인수와 납입이 완료된 주식에 대해서만 신주발행의 효력이 발생하도록 하기 위한 것이다(제423조).

≪株券上場法人에 대한 特則≫

주권상장법인의 경우에는 법원의 인가를 얻지 아니하고도 주주총회의 결의만으로 주식을 액면미달가액으로 발행할 수 있다. 다만 전회의 액면미달금의 償却이 완료되지 아니한 경우에는 그러하지 아니하다(資金 제165조의 8 제1항, 상법 제455조 제2항). 이때 주주총회결의에서는 주식의 최저발행가액을 정하여야 한다. 이 경우 최저발행가액은 대통령령이 정하는 방법에 따라 산정한 가격 이상으로 하여야 한다(資金 제165조의 8 제2항). 액면미달가액으로 주식을 발행하고자 하는 경우에는, 주주총회에서 달리 정하는 경우를 제외하고, 주주총회 결의일로부터 1월 이내에 이를 발행하여야 한다(資金 제165조의 8 제3항).

(3) 新株의 引受方法

정관으로 주주의 신주인수권을 배제하였거나 주주가 신주를 인수하지 아니하는 경우에 한하여 결정할 필요가 있다. 이런 경우 新株의 公募 여부, 端株 및 失權株의 처분방법 등을 결정한다. 그 밖의 주금납입을 취급할 금융기관, 청약증거금을 수령하는 방법 등은 대표이사에게 위임해도 무방할 것이다.

(4) 現物出資에 관한 事項

현물출자를 하는 자의 성명과 그 목적인 재산의 종류·수량·가액과 이에 대하여 부여할 주식의 종류와 수를 이사회에서 결정하여야 한다. 현물출자자의 제한은 없으나, 현물출자의 부당평가를 막기 위하여 검사인의 검사 또는 공인감정인의 감정을 받아야 한다(제422조). 현물출자자는 이사회의 결의가 있는 때가 아니라 회사와 현물출자의 계약이 성립한 때 주식인수인이 된다. 회사설립시와는 달리 현물출자에 관한 사항은 정관의 기재사항이 아니다.

(5) 新株引受權의 讓渡에 관한 事項

이사회는 정관에 다른 정함이 없는 한, 신주발행시에 신주인수권의 양도에 관한 사항을 정하여야 한다(제416조 제5호). 전술한 바와 같이 아무런 결정이 없는 때에는 주주의 신주인수권은 양도성이 없다는 것이 다수설의 입장이다.

그러나 구체적 신주인수권은 채권적 성질을 갖는 권리로서 당연히 양도성이 있으나, 그 양도는 회사에 대하여는 효력이 없다고 본다. 다만 회사가 임의로 양도를 승낙하면 회사에 대하여도 유효하다고 본다.

(6) 新株引受權證書의 發行請求에 관한 事項

新株引受權證書(option warrant, stock purchase warrant)는 신주인수권을 表彰하는 유가증권이다. 전술한 바와 같이 상법은 신주인수권의 양도방법으로 신주인수권증서제도를 채택하였으나(제420조의 3 제1항), 회사의 사무번잡과 신주인수권증서의 상실에 대비하기 위하여 신주인수권증서의 발행을 일반적으로 강제하지 아니하고, 주주의 청구가 있는 때에만 발행한다는 것과 그 청구기간을 이사회의 결의로 정할 수 있도록 하였다(제416조 제6호).

신주인수권증서의 발행은 그 청구기간을 정한 때에는 그 기간 내에, 그 기간을 정하지 아니한 때에는 신주청약기일(제419조 제1항)의 2주 전에 발행하여야 한다. 특히 후자의 경우에는 신주인수권자인 주주의 청구가 없더라도 모든 주주에 대한 신주인수권증서의 발행·교부가 회사에 강제된다. 이는 신주인수권의 양도성을 인정하면서 신주인수권증서의 발행청구기간을 정하지 아니한 경우에 신주인수권의 양도성을 주주에게 보장하기 위한 것이다.

2. 新株配定日의 指定·公告

주식의 양수인은 명의개서가 없는 한 회사에 대항할 수 없으며(제337조), 따라서 신주인수권도 행사할 수 없게 된다. 물론 상법상 주주명부의 폐쇄와 기준일제도(제354조)가 있으나, 이것만으로 주주의 신주인수권보호에 만전을 기할 수는 없다. 이에 상법은 실질적 주주인 주식양수인이 명의개서를 해태함으로써 신주인수권행사의 기회를 놓치는 일이 없도록 하기 위하여, 신주발행시에는 반드시 신주배정일을 정하고 그 2주 전에 이를 공고하도록 하고 있다(제418조 제3항 본문). 다만 신주배정일이 주주명부폐쇄기간 중인 경우에는 폐쇄기간의 초일의 2주 전에 공고하여야 한다(제418조 제3항 단서). 그리고 신주인수권을 양도할 수 있는 경우에는 그 뜻도 공고의 내용에 포함시켜야 한다(제418조 제3항 본문).

3. 新株引受權者에 대한 請約催告

회사는 일정한 기일(請約期日)을 정하여 그 기일의 2주 전에 신주인수권자에게 그 자가 인수권을 가지는 주식의 종류와 수 및 그 기일까지 주식인수의 청약을 하지 아니하면 그 권리를 잃는다는 뜻의 통지(失權豫告附請約催告)를 하여야 하며(제419조 제1항·제3항), 회사가 무기명주식의 주권을 발행한 때에는 청약기일의 2주 전에 같은 사항을 공고하여야 한다(제419조 제2항·제3항). 회사가 위에 말한 통지 또는 공고를 하였음에도 불구하고 신주인수권자가 그 기일까지 주식인수의 청약을 아니하는 때에는 그 권리를 잃게 된다(제419조 제4항).

4. 株主의 募集

정관에 의한 신주인수권의 제한 때문에 그 대상으로 되지 아니한 주식과 신주인수권자의 실권주식에 관하여는 회사가 일반 공중으로부터 주주를 모집할 수 있다.

5. 株式引受의 請約

주식인수의 청약을 하고자 하는 자는 현물출자자의 경우를 제외하고는 대표이사가 작성한 주식청약서 2통에 법정사항을 기재하여 청약을 하여야 한다(제420조, 제425조, 제302조 제1항). 주식인수의 청약시에 청약인으로부터 발행가액 전액에 상당하는 청약증거금을 납입시켜서 납입기일에 이를 납입금에 충당하는 것이 관행으로 되어 있다.

신주인수권증서를 발행한 경우에는 신주인수권증서에 의해서 주식의 청약을 한다(제420조의 4 제1항). 신주인수권증서를 상실한 경우에는 주식청약서에 의해 청약을 할 수 있으나, 이 청약은 신주인수권증서에 의한 청약이 있는 때에는 그 효력을 잃는다(제420조의 4 제2항).

6. 新株의 配定

대표이사는 신주인수권자의 청약에 대하여는 당연히 주식의 배정을 하여야 하나, 일반 대중의 청약에 대하여는 적당히 배정을 할 수 있다. 청약에 대한 배정이 끝나면 청약자는 주식인수인으로서 배정된 株數에 따라 주금액의 납입의무를 부담한다(제425조, 제303조). 주식인수의 법적 성질은 주식인수의 청약과 배정에 의하여 성립하는 주식청약인과 회사 사이의 入社契約이다.

7. 現物出資의 檢査

현물출자를 하는 경우에는 현물출자에 관한 이사회의 결정이 합당한가를 조사받기 위하여 이사는 검사인의 선임을 법원에 청구하여야 한다. 이 경우 공인된 감정인의 감정으로 검사인의 조사에 갈음할 수 있다(제422조 제1항). 법원은 검사인의 조사보고서 또는 감정인의 감정결과를 심사하여 현물출자에 관한 사항이 부당하다고 인정되면 이를 변경하여 이사와 현물출자자에게 통고할 수 있다(제422조 제2항). 그 변경처분에 불복하는 현물출자자는 그 주식의 인수를 취소할 수 있으나(제422조 제3항), 이 통고 후 2주 내에 주식인수를 취소한 현물출자자가 없는 경우에는 그 통고에 따라 변경된 것으로 간주한다(제422조 제4항).

8. 出資의 履行

신주인수인은 납입기일에 그 인수가액의 전액을 납입하고, 현물출자를 하는 자도 납입기일에 지체없이 출자의 목적인 재산을 인도하고, 권리의 설정 또는 이전에 등기나 등록을 필요로 하는 경우에는 그 서류를 완비하여 교부하여야 한다(제421조, 제425조, 제305조 제3항, 제295조 제2항). 이 경우 납입장소·납입금보관자 또는 납입장소의 변경·납입금의 보관증명 등은 모집설립의 경우와 같다(제425조, 제305조 제2항, 제306조, 제318조).

9. 新株發行의 效力發生

신주인수인이 납입기일에 납입 또는 현물출자의 이행을 하면 그 날의 다음 날에 신주발행의 효력이 생기는데(제423조 제1항 제1문), 회사의 자본도 이 때부터 증가하고, 그 新株에 대한 이익이나 이자의 배당에 관하여는 정관이 정하는 바에 따라 그 영업년도의 직전 영업년도말에 발행된 것으로 하여 배당기산일을 소급시킬 수 있다(제423조 제1항 제2문, 제350조 제3항). 만약 납입기일까지 출자의 이행을 하지 못하면 失權節次(제307조) 없이도 당연히 신주인수권을 상실하고(제423조 제2항) 당해 주식은 미발행주식으로 남게 된다. 이 경우 회사는 실권한 신주인수인에게 손해배상을 청구할 수 있다(제423조 제3항). 회사는 실권한 주식에 대하여 다시 주주를 모집할 수 있다.

신주의 납입기일 후 회사는 지체없이 주권을 발행하여야 하나(제355조 제1항), 납입기일 후가 아니면 주권을 발행하지 못한다(제355조 제2항). 납입기일 전에 발행한 주권은 무효이고, 이 때 이를 발행한 자는 손해배상책임을 진다(제355조 제3항). 또 新株의 납입기일 후 6월이 경과하지 않은 한 주권발행 전에 한 주식의 양도는 회사에 대하여 효력이 없다(제335조 제3항).

10. 變更登記

신주발행의 효력이 발생하면 등기사항에 변동이 생기므로 변경등기를 하여야 한다(제317조 제4항, 제183조). 회사는 납입기일로부터 본점소재지에서는 2주 내에, 지점소재지에서는 3주 내에 자본의 총액과 발행주식총수에 관한 변경등기를 하여야 하고(제317조), 액면미달발행의 경우에는 그 未償却額도 등기하여야 한다(제426조).

변경등기를 한 날로부터 1년이 경과하면 주식청약서 또는 신주인수권증서의 요건흠결을 이유로 그 인수의 무효를 주장하거나 사기, 강박 또는 착오를 이유로 인수를 취소하지 못하고, 신주인수인이 그 권리를 행사한 때에도 같다(제427조).

11. 주권상장법인의 특례

公衆을 상대로 주식을 모집하거나 주권상장법인이 신주를 발행하는 경우에는 투자자 보호를 위하여 사전에 外部監査人의 회계감사를 받아야 하고, 증권신고서 및 그 첨부서류를 금융위원회에 제출하여야 하며, 기업내용을 공시하기 위하여 사업설명서를 작성·비치하는 등 자본시장법상의 특별절차가 필요하다.

Ⅴ. 新株引受人의 差額支給責任

신주인수인이 이사와 통모하여 현저하게 불공정한 발행가액으로 주식을 인수한 경우에는, 회사에 대하여 공정한 발행가액과의 차액에 상당한 금액을 지급하여야 한다(제424조의 2 제1항). 이는 회사와 주주의 이익보호에 기여할 뿐만 아니라 이사회의 신중한 端株·失權株處理를 도모하고, 총회꾼의 횡포에 대처하기 위함이다. 여기서 '현저하게 불공정한 발행가액'이냐의 여부는 주식의 시장가액을 중심으로 회사의 재산상태, 수익력, 시황 등을 참작하여 판단하여야 할 것이다.

한편 불공정가액에 의한 주식인수인의 차액지급의무이행을 확보하기 위하여 주주의 대표소송제도(제403조~제406조)를 준용하도록 하였다(제424조의 2 제2항). 또한 불공정가액에 의한 차액지급이 있더라도 회사와 주주에 대한 이사의 손해배상책임(제399조, 제401조)이 면제되는 것은 아니다(제424조의 2 제3항).

Ⅵ. 理事의 資本充實責任(引受擔保責任)

신주발행으로 인한 변경등기가 있은 후에 아직 인수되지 아니한 주식이 있거나 주식인수의 청약이 취소된 때에는 이사가 이를 공동으로 인수한 것으로 본다(제428조 제1항). 이 이사의 引受擔保責任은 무과실책임이므로 이사 전원이 인수하고 납입까지 하여야 할 연대책임을 지는 것이다. 이 때 회사가 입은 손해가 있으면 손해배상책임도 면할 수 없다(제428조 제2항).

Ⅶ. 新株發行의 留止請求

회사가 법령 또는 정관에 위반하거나(예컨대, 이사회의 결의 없는 신주발행, 발행예정주식총수를 초과하는 주식발행, 신주인수권을 무시한 신주발행 등) 현저하게 불공정한 방법(예컨대, 임원 등 특정인에 대한 신주의 과다배정, 주주의 신주인수권을 배제하기 위한 불필요한 현물출자의 과대평가 등)에 의하여 신주를 발행함으로써 주주가 불이익을 받을 염려가 있는 경우에는, 그 주주는 단독으로 회사에 대하여 그 발행의 留止를 청구할 수 있다(제424조). 또 주주는 이사의 위법행위에 대한 유지청구권(제402조)도 행사할 수 있음은 물론이다. 아무튼 유지청구는 재판 외에서도 할 수 있으나, 유지의 소를 제기할 수도 있으며, 필요하면 발행유지의 가처분신청을 할 수도 있다.

그러나 제3자의 신주인수권은 무시당하더라도 유지청구권은 행사할 수 없고, 이로 인한 손해의 배상을 청구할 수 있을 뿐이다.

유지청구를 무시한 신주발행의 효력에 관하여는, 법률관계의 안전을 위하여 유효라고 해석하고, 다만 이사의 책임이 발생할 뿐이라고 보는 유효설도 있으나,[1] 유지의 가처분을 무시한 신주발행의 경우와 신주발행유지의 소에서 원고가 승소한 경우에는 무효라고 본다.[2] 그러나 재판 외의 유지청구를 무시한 경우는 단지 이사의 책임이 생길 뿐이라고 본다.

Ⅷ. 新株發行의 無效

1. 無效의 主張

신주발행이 법령이나 정관의 규정을 위반하여 이루어졌을 경우에는, 株主·理事 또는 監事는 회사설립무효의 경우에 준하여 그 무효를 주장할 수 있다. 즉, 주주·이사 또는 감사는 신주발행일부터 6월 내에 소로써만 무효를 주장할 수 있다(제429조).

무효의 원인으로는, 예컨대 발행예정주식총수를 초과한 발행, 주주의 신주인수권의 무시, 현물출자에 관하여 검사인을 선임하지 않은 경우, 전환주식·전환

1) 李泰魯·李哲松(會) 770면.
2) 同旨: 孫珠瓚(上) 822면; 鄭東潤(會) 490면; 鄭熙喆·鄭燦亨(上) 789면; 崔基元(會) 833면.

사채 또는 신주인수권부사채를 가진 자의 권리행사를 대비하여 유보한 주식수를 초과한 발행, 정관에 기재가 없는 종류의 주식발행, 요건불비의 액면미달발행, 신주발행유지의 가처분 또는 판결을 무시한 신주발행의 경우 등이다. 한편, 이사회의 결의 없는 신주발행의 경우는 거래의 안전을 중시하여 유효라는 학설이 있으나,[1] 수권자본제도의 내재적 한계로서 이사회의 결의 없는 신주발행은 무효라고 본다.[2]

신주발행무효의 소가 제기된 경우, 소의 관할, 소제기의 공고, 소의 병합심리, 법원의 청구기각, 판결의 효과, 패소원고의 책임, 무효의 등기 등에 관하여는 합명회사의 설립무효의 소에 관한 규정이 준용되고(제430조, 제186~제189조, 제191조 본문, 제192조), 제소주주의 담보제공의무에 관하여는 주주총회결의취소의 소에 관한 규정이 준용된다(제430조, 제377조).

2. 無效判決의 效果

무효의 판결이 확정되면 신주는 장래에 대하여 그 효력을 잃게 되기 때문에(제431조 제1항), 신주발행이 유효함을 전제로 하여 행하여졌던 행위, 예컨대 이익 또는 이자의 배당, 의결권의 행사, 주식의 양도·入質 등의 행위는 무효판결의 영향을 받지 않는다. 그러나 회사는 신주의 주주에 대하여 납입한 주금액을 반환해 주어야 하며(제432조 제1항), 신주무효의 뜻을 공고하여 株券回收節次를 밟아야 한다(제431조 제2항). 그리고 반환하는 납입금액이 회사의 재산상태에 비추어 현저하게 부당한 때에는, 법원은 회사 또는 신주의 주주의 청구에 의하여 그 증감을 명할 수 있다(제432조 제2항). 주주가 납입주금액을 환급받는 경우에 신주에 대한 질권자는 주주가 받는 금액에 대하여 物上代位權을 갖는다(제432조 제3항, 제339조, 제340조 제1항·제2항).

무효판결이 확정되어 신주가 효력을 상실하게 되면, 회사의 발행주식총수는 감소하고 미발행주식수는 그만큼 증가하게 된다. 그리고 발행주식의 총수와 자본금이 적어지므로 그 변경등기를 할 필요가 있음은 물론이다.

---

1) 鄭熙喆·鄭燦亨(上) 794면; 鄭東潤(會) 492면.
2) 同旨: 徐燉珏(上) 424면; 李泰魯·李哲松(會) 775면; 崔基元(會) 835면.

제6절 社　債

Ⅰ. 序　說

1. 社債의 意義

社債(Schuldverschreibung, obligation, bond, debenture)란 주식회사가 채권발행의 방법에 의하여 직접 또는 간접으로 일반대중으로부터 起債하여 부담하는 채무를 말한다. 따라서 사채란 협의의 공채인 국채·지방채와 구별된다.

인적 회사의 경우에는 상법에 아무런 규정이 없으나, 이는 사원의 전부 또는 일부가 회사의 채무에 대하여 연대·무한책임을 지기 때문에 채권자보호에 관한 규정 등 간섭적 규정을 둘 필요가 없기 때문이라고 생각된다. 따라서 인적 회사의 경우도 사채발행이 가능하다고 본다. 유한회사의 경우는 각 사원의 책임이 유한책임임에도 불구하고 채권자보호를 위한 아무런 규정이 없는 점 및 상법 제600조 제2항과 제604조 제1항에서 사채의 상환을 완료하지 아니한 주식회사는 유한회사를 존속회사 또는 신설회사로 하는 회사합병 및 유한회사로의 조직변경을 금하고 있는 것으로 미루어 볼 때 사채를 발행할 수 없다고 해석된다.

2. 社債와 株式의 比較

사채와 주식은 주식회사의 자금조달방법으로서 이사회의 결의에 의하여 발행을 결정하고(제469조, 제416조) 일반대중으로부터 청약서에 의하여 모집하되 유가증권을 발행하며, 그 액면의 최저한이 법정되어 있고(제329조 제4항, 제472조 제1항), 발행한도가 법정되어 있는 점 등 유사점이 있다. 그러나 자본구성의 면에 있어서나 귀속자의 지위에 있어서 다음과 같은 차이점을 찾아 볼 수 있는가 하면, 한편 서로 접근해 가는 경향도 엿볼 수 있다.

(1) 差 異 點

(가) 資本構成

주식은 自己資本(內部資本)을, 사채는 他人資本(外部資本)을 각각 구성한다. 따라서 ① 주식은 자본유지의 원칙상 원칙적으로 액면미달발행이 허용되지 않으나(제330조), 사채는 액면미달발행이 허용된다(제474조 제2항 제6호). ② 주금의 납입은 상계로써 대항하지 못하고(제334조), 전액을 납입하여야 하나(제295조, 제305조), 사채의 납입은 상계로써 회사에 대항할 수 있고, 분할납입이 가능하다(제476조 제1항). ③ 주식은 자본의 구성분자이므로 원칙적으로 상환할 수 없으나, 사채는 상환기한이 도래하면 당연히 상환한다. ④ 자기주식의 취득은 원칙적으로 금지되나(제341조), 자기사채의 취득은 가능하다.

(나) 歸屬者의 地位

주식의 귀속자는 회사내부의 구성원인 주주인 데 대하여, 사채의 귀속자는 회사 외부의 국외자인 채권자이다. 따라서 ① 주주는 회사의 경영에 참여할 권리(공익권)가 있으나, 사채권자는 경영에 참여할 수 없다. ② 주주는 공익권 이외에 자익권으로서 利益配當請求權이 있으나(이익이 있는 경우에 한하여), 사채권자는 이익의 유무·다과와 관계없이 일정한 이자의 지급을 받는다(따라서 주권은 投機證券, 채권은 利殖證券이다). ③ 회사가 해산을 하는 경우에는 주주는 잔여재산분배청구권을 가지나, 회사의 일반채권자가 변제를 받은 후에나 재산의 분배를 받는데(제542조 제1항, 제260조), 사채권자는 일반회사채권자와 같은 순위이므로, 결국 주주의 잔여재산분배청구권보다 사채권자의 채권이 우선한다.

(2) 兩者의 接近現象

주식과 사채는 서로 특색을 흡수하여 비슷해지고 있으나, 자본단체인 주식회사의 본질상 주식의 사채로의 전환은 인정할 수 없으므로 주식의 社債化現象에는 넘을 수 없는 한계가 있다.

(가) 株式의 社債化

① 無議決權株式은 우선적인 이익배당의 보장하에 의결권이 정지되므로 의결권 없는 사채와 비슷하다. ② 비참가적·누적적 우선주는 고정적인 이익배당을 받게 되어 사채와 비슷하다. ③ 상환주식은 상환조항에 따라서 주금액을 상환하는 것이므로 원본을 상환하는 사채와 비슷하다.

(나) 社債의 株式化

① 전환사채는 사채이면서도 회사사업이 호황인 때에는 주식으로 전환하게 된다. ② 외국의 입법례에 의하면, 利益參加社債(일정률의 이자지급뿐만 아니라 이익배당에도 참가하는 사채), 所得社債(기업의 이익이 있는 것을 조건으로 이자가 지급되는 사채), 또는 永久社債(상환을 하지 않는 사채)도 있어서 사채는 주식과 매우 유사하게 되고 있다.

3. 社債契約의 性質

사채계약의 법률적 성질에 대하여는 消費貸借說[1]·無名契約說[2]·區分說·債券賣買說 등 여러 학설이 나누어지고 있다.

i) 소비대차설은 사채계약의 성립에는 납입이 요구되지 않는 점, 분할납입이 가능한 점, 액면미달발행이나 액면초과상환의 경우 납입금액과 상환금액이 반드시 일치하지는 않는 경우가 많은 점 등에서 부당한 학설이라 생각된다.

ii) 무명계약설은 사채계약을 소비대차계약과 유사한 무명계약이라고 하나, 매출발행의 경우를 설명하지 못한다.[3]

iii) 구분설은 사채계약은 일반적으로 소비대차와 유사한 무명계약이라고 하면서도, 매출발행의 경우는 채권의 매매로 보는 이원적 설명을 하고 있다.[4]

iv) 그러나 어떤 방법으로 발행하든 사채권자는 사채금을 납입하고 사채권을 취득하게 되므로 채권매매설이 타당하다고 생각한다.[5]

사채계약은 집단성·정형성·계속성이란 특색을 지니고 있으므로 附合契約이 되고 있다.

---

1) 李泰魯·李哲松(會) 876면.
2) 崔基元(會) 860면.
3) 同旨: 鄭東潤(會) 504면; 蔡利植(上) 718면.
4) 孫珠瓚(上) 894면; 鄭東潤(會) 504면.
5) 同旨: 徐燉珏(上) 462면; 鄭煕喆·鄭燦亨(上) 868면.

Ⅱ. 社債의 發行

1. 社債發行의 制限

사채의 발행은 회사·주주 및 일반대중인 사채응모자의 이해에 중대한 관계가 있으므로 그 이익의 보호 내지 조정을 위해서 상법은 여러 가지 제한규정을 두고 있다. 또한 사채발행은 자본시장법에 의하여 규제된다(資金 제119조·제123조·제165조의 10·제165조의 11).

(1) 社債總額의 制限

사채의 총액은 최종의 대차대조표에 의한 現存純資産額의 4배를 초과하지 못한다(제470조 제1항). 다만 舊社債를 상환하기 위하여 사채를 모집하는 경우에는 구사채의 액은 사채의 총액에 산입하지 아니하나, 이 경우에는 신사채의 납입기일(여러 번에 분납할 때에는 제1회의 납입기일)로부터 6월 내에 구사채를 상환하여야 한다(제470조 제3항). 그러나 주권상장법인이 발행하는 전환사채 또는 신주인수권부사채 중 전환권 또는 신주인수권의 행사가 가능한 부분에 해당하는 금액은 이러한 제한을 받지 않는다(資金 제165조의 10).

상기 규정을 위반하여 사채를 발행했을 때에는 사채발행 자체에는 영향이 없고, 다만 이사·감사의 책임이 생기며(제399조, 제401조, 제414조), 과태료의 제재를 받는다(제635조 제1항 제23호).

(2) 再募集의 制限

회사는 전에 모집한 사채의 총액이 납입된 후가 아니면 다시 사채를 모집하지 못한다(제471조). 그러나 이를 위반한 경우에도 사채발행은 유효하고, 이 경우에는 과태료의 제재도 없다.

(3) 社債金額의 制限

각 사채의 금액은 1만원 이상으로 하여야 하며, 동일종류의 사채에서 각 사채의 금액은 균일하거나 最低額으로 整除할 수 있는 것이어야 한다(제472조). 이는

公益을 보호하기 위한 규정이므로, 이를 위반한 사채발행은 무효로 본다.

(4) 額面超過償還의 制限

사채권자에게 권면액 이상의 금액을 상환하여 주기로 정한 때에는 그 초과액은 각 사채에 대하여 동률이어야 한다(제473조). 이것 역시 공익보호규정이므로 이를 위반한 사채발행은 무효라고 본다.

(5) 자본시장법상의 제한

자본시장법상 사채의 '모집'(資金 제9조 제7항. 다수의 일반인을 대상으로 하는 공모발행을 의미한다. 일정한 경우 소수인을 대상으로 하는 발행도 모집으로 간주한다 : 資金令 제11조 제2항)을 하고자 하는 회사는 사채의 모집가액 또는 매출가액의 총액이 일정액 이상인 경우 당해 사채에 관하여 금융위원회에 '증권신고서'를 제출하여야 하고, 이것이 수리되어 신고의 효력이 발생한 경우에만 사채를 발행할 수 있는 등의 특칙이 있다(資金 제119조 제1항).

2. 社債의 發行方法

(1) 總額引受

총액인수의 방법은 특정인(주로 증권회사: 資金 제6조 제2항, 제8조 제2항의 투자매매업자)에게 사채의 총액을 일괄하여 인수시키는 방법인데(제475조), 인수인은 그 인수한 사채를 매출하여 그 차액을 이득하게 된다.

(2) 公募發行

公募發行의 방법은 일반대중으로부터 사채권자를 모집하는 방법인데, 다음의 네 가지 방법으로 나뉜다.

ⅰ) 直接募集의 방법은 회사가 직접 사채의 발행사무를 보는 것인데, 우리 상법은 이를 중심으로 규정하고 있다. 이 방법은 중개자에 대한 수수료를 절감할 수 있는 장점이 있으나, 오늘날 사채발행사무처리는 전문화되었기 때문에 이를 직접 처리한다는 것은 많은 인력을 소모하므로 비능률적이어서 이 방법에 의하여 발행하는 경우는 거의 없다.

ⅱ) 委託募集의 방법은 회사가 다른 회사에 사채의 발행사무를 위탁하는 것이다. 이 때 수탁회사는 무담보사채의 경우는 은행·신탁회사 또는 증권회사(商附 제6조)이며, 담보부사채인 경우에는 담보의 수탁회사이다. 이들 수탁회사는 사채모집절차의 진행, 채권의 발행·사채의 상환·이자의 지급 등에 관하여 광범위한 권한을 갖는다(擔社信 제18조).

ⅲ) 引受募集(都給募集)의 방법은 수탁모집의 한 형태로서 수급인인 인수모집자가 응모액이 사채총액에 미달하는 경우 그 부족액을 인수하는 것이다.

ⅳ) 賣出發行의 방법은 사채총액을 확정하지 않고 일정기간중 사채권을 대중에게 매출하는 것이다. 그러나 채권은 사채금액의 납입이 완료된 후가 아니면 발행할 수 없도록 되어 있으므로(제478조), 일반 주식회사의 경우에는 매출발행을 할 수 없고, 특별법(産銀施 제27조, 銀施 제19조, 資金令 제332조)에 의한 예외적인 경우에 한하여 발행할 수 있다.

3. 社債의 發行節次

(1) 理事會의 決議

사채의 발행에는 먼저 이사회의 결의가 있어야 한다(제469조). 이사회의 결의에서는 사채의 총액·각 사채의 금액·이율·발행가액·상환방법 및 기한 등 사채의 주요 내용을 정하여야 한다. 다만 이사가 1인인 소규모주식회사의 경우에는 주주총회의 결의가 있어야 한다(제383조 제4항).

(2) 社債契約의 成立

공모발행의 경우에는 기채회사 또는 수탁회사가 법정사항을 기재하여 작성한 社債請約書(제474조 제2항·제3항) 2통에 응모자가 인수할 사채의 수와 주소를 기재하고 기명날인 또는 서명을 함으로써 청약을 한다(제474조 제1항). 적법한 사채청약서를 작성하지 아니하면 과태료의 제재를 받는다(제635조 제1항 제16호). 이에 대하여 기채회사 또는 수탁회사가 배정을 함으로써 사채계약이 성립한다. 그러나 총액인수의 경우와 사채모집의 수탁회사가 인수하는 일부에 대해서는 사채청약서에 의할 필요가 없다(제475조). 사채는 주식과 달리 인수권자가 따로 없기 때문에 기채회사 또는 수탁회사는 청약자에게 자유로이 배정할 수 있다.

(3) 社債의 納入

사채모집이 끝나면 이사(위탁모집의 경우는 수탁회사)는 지체없이 인수인에게 사채의 전액납입 또는 제1회 납입을 시켜야 한다(제476조 제1항). 사채의 납입에는 반드시 전액납입을 요하지 않고 상계도 금지되지 않는다.

Ⅲ. 社債의 流通

사채의 유통성을 확보하기 위하여 상법은 채권의 발행을 인정하고, 그 양도에 관하여도 특별규정을 두고 있다.

1. 債 券

債券이란 사채계약상의 권리를 표창하는 유가증권을 말하며, 사채권이라고도 한다. 채권에는 법정사항을 기재하고 대표이사가 기명날인 또는 서명을 하여야 한다(제478조 제2항). 사채권은 요식증권이긴 하나 엄격한 요식증권은 아니다. 채권에는 기명식과 무기명식이 있으며, 사채권자는 원칙으로 양자 간의 전환을 청구할 수 있다(제480조). 채권은 사채총액의 납입이 완료된 후가 아니면 발행하지 못하고(제478조 제1항), 이를 위반하면 과태료의 제재를 받는다(제635조 제1항 제24호). 그러나 사채계약이 존재하는 한 전액납입이 없는 채권도 무효는 아니다.

≪社債券의 不所持≫

公社債登錄法(1970. 1. 1. 법률 제2164호)에 의하면 주권불소지제도와 같은 취지에서 사채를 등록기관에 비치된 사채등록부에 등록하면 채권을 발행하지 않거나 발행된 채권을 회수할 수 있도록 하고 있다.

2. 社債原簿

사채원부란 사채에 관한 사항을 명백히 하기 위하여 작성하는 장부를 말하며, 법정사항을 기재하여야 한다(제488조). 이사는 사채원부를 작성하여 본점 또는 명의개서대리인의 영업소에 비치하여 영업시간 내에는 언제든지 주주와 회사채권자가 열람 또는 등사를 할 수 있게 하여야 한다(제396조). 사채원부는 기명사채 이전의 대항요건의 구비(제479조), 사채권자에 대한 통지 · 최고(제489조 제1항, 제353조), 신탁의 표시의 구비(信 제3조 제2항) 등의 경우에 중요한 의의가 있다.

3. 社債의 讓渡와 入質

사채의 양도와 입질은 자유이며, 주식의 경우와는 달리 자기사채의 취득도 금지되지 않는다.

(1) 無記名社債

무기명사채의 양도와 입질에 관하여는 상법에 규정이 없으므로 민법의 규정에 따른다. 즉, 양수인이나 질권자에게 채권을 교부함으로써 그 효력이 생긴다(民 제523조 · 제351조).

(2) 記名社債

기명사채는 지시식으로 발행되지 않은 한 指名債權으로 보아야 할 것이다.[1] 따라서 기명사채의 양도는 의사표시와 채권의 교부로써 효력이 발생하고,[2] 제3자에게 대항하려면 취득자의 성명과 주소를 사채원부[또는 명의개서대리인을 두는 경우에는 사채원부의 등본(제479조 제2항)]에 기재하고 그 성명을 債券에 기재하여야 한다(제479조 제1항). 또 기명사채의 입질도 의사표시와 채권의 교부로써 효력이 발생하고(民 제346조 · 제347조), 회사에 대한 통지 또는 회사의 승낙이 있

1) 李泰魯 · 李哲松(會) 883면; 鄭熙喆 · 鄭燦亨(上) 876~877면 참조.
2) 指示債權으로 본다면 債券에 背書하여 質權者에게 交付함으로써 效力이 발생한다(民 제350조).

어야 회사에 대항할 수 있다고 본다(民 제349조).[1]

Ⅳ. 社債의 利子支給과 償還

1. 利子支給

사채의 이율·이자지급의 방법과 기한은 사채발행조건이 정하는 바에 따르는데, 이 조건은 사채청약서·사채권·사채원부의 기재사항이다(제474조 제2항 제7호·제8호, 제478조 제2항, 제488조 제3호). 흔히 볼 수 있는 無記名債券에는 利券이 붙어있는데, 利券(Talon, interest coupon, coupon d'intérêt)은 이자지급청구권을 표창하는 사채권으로부터 독립된 유가증권이므로[2] 이와 상환으로 이자를 지급하게 되고, 이 때 사채권 자체는 제시할 필요가 없다.

무기명사채를 기한 전에 상환하는 경우에 利券이 흠결된 때에는 그 이권에 상당한 금액을 상환액으로부터 공제하여야 하며(제486조 제1항), 그 이권의 소지인은 언제든지 그 控除額을 청구할 수 있다(제486조 제2항).

이자지급청구권의 소멸시효기간은 5년이다(제487조 제3항).

2. 償　還

사채의 상환이란 회사가 사채권자에 대하여 채무를 변제하는 것을 말한다. 상환방법과 기한은 사채의 발행조건으로 정해져서 사채청약서·사채권·사채원부에 기재되는데(제474조 제2항 제8호, 제478조 제2항, 제488조 제3호), 일정한 기간 据置한 후 매년 일정한 금액을 상환하는 것이 보통이다. 또 사채에 관하여는 자기주식취득의 금지와 같은 규정이 없기 때문에, 사채의 시장가격이 상환금액보다 쌀 경우에는 회사가 사채를 사들여서 소각할 수도 있다(買入消却). 회사가

---

1) 指示債權으로 본다면 記名社債讓渡의 對抗要件에 관한 規定(제479조)을 類推適用하여야 할 것이다.

2) 孫珠瓚(上) 914면; 李炳泰(上) 772면; 鄭熙喆·鄭燦亨(上) 878면; 崔基元(會) 873면.

만기에 상환할 금액은 권면액이 원칙이나, 전술한 바와 같이 권면액을 초과하여 상환할 것을 정한 때에는 그 초과액은 각 사채에 대하여 동률이어야 한다(제473조). 회사가 상환을 게을리할 때에는 사채총액에 대하여 기한의 이익을 잃게 하는 등 여러 가지 특별규정(제505조, 제506조)을 두고 있다.

사채상환청구권의 소멸시효기간은 10년이다(제487조 제1항).

V. 社債權者의 團體性

사채권자는 잡다한 대중이므로 개개인이 자신의 이익과 권리를 수호하기에는 어려움이 있지만, 상호간에는 이해관계를 같이하므로 일종의 이익공동체를 이룩하여 단체행동을 할 수 있는 소지가 있다. 이런 점을 고려하여 상법은 수탁회사와 사채권자집회에 관한 특별규정을 두어 사채권자를 보호하고 있다.

1. 受託會社

수탁회사란 사채발행회사로부터 사채모집의 수탁을 받은 회사를 말하며, 은행·신탁회사 또는 증권회사에 한하여 수탁회사가 될 수 있다(商附 제6조). 수탁회사는 起債會社와는 委任關係가 있으나, 사채권자와는 특별한 관계가 없다. 그러나 사채권자의 이익보호를 위하여, ① 사채모집에 관한 본래의 권한(제476조 제2항) 외에, ② 사채의 상환을 받는 데 필요한 재판상·재판 외의 모든 행위를 할 수 있는 권한(제484조 제1항), ③ 기채회사의 불공정행위에 대한 취소청구의 소를 제기할 수 있는 권한(제511조 제1항), ④ 사채권자집회의 소집(제491조 제1항) 기타 조치(제493조, 제494조, 제501조)를 취할 수 있는 권한이 주어져 있다.

수탁회사는 그 지위의 중요성에 비추어 사임과 해임에 관하여도 일정한 제한이 있다. 즉, 수탁회사는 기채회사와 사채권자집회의 동의를 얻어서만 사임할 수 있고, 다만 부득이한 사유가 있는 때에는 법원의 허가를 얻어서 사임할 수 있다(제481조). 또 기채회사도 임의로 수탁회사를 해임할 수 없고, 수탁회사가 사무처리에 부적임하거나 기타 정당한 사유가 있는 때에 한하여 기채회사 또는 사채권자집회의 청구에 의하여 법원이 해임할 수 있다(제482조). 수탁회사가 사임하거나 해임됨으로써 수탁회사가 없게 된 때에는 기채회사와 사채권자집회의 일치로써 그 사무의 승계자를 정할 수 있고, 부득이한 사유가 있을 때에는 이해관계인이 사무승계자의 선임을 법원에 청구할 수 있다(제483조).

2. 社債權者集會

(1) 意 義

社債權者集會(Gläubigerversammlung)란 사채권자의 이익을 보호하기 위하여 동일종류의 사채권자로써 조직되어 사채에 관한 일정한 중요사항을 결의하는 임시적 의결단체이다. 사채권자집회는 회사의 기관은 아니나, 회의체이고, 다수결에 의한 결의는 총사채권자를 구속하는 점에서 株主總會와 비슷하여 주주총회에 관한 규정(제363조, 제368조 제3항 · 제4항, 제369조 제2항, 제371조~제373조)이 준용된다(제510조).

(2) 召 集

사채권자집회는 필요한 때에 수시로 소집되며, 그 소집권자는 원칙적으로 발행회사 또는 수탁회사이나(제491조 제1항), 사채총액의 10분의 1 이상에 해당하는 사채권자도 법원의 허가를 얻어 직접 소집할 수 있는 경우가 있다(제491조 제2항 · 제3항, 제366조 제2항).

(3) 決 議

각 사채권자는 사채의 최저액마다 하나의 의결권을 행사하고(492조 제1항), 원칙적으로 주주총회의 특별결의와 같은 방법으로 결의한다(제495조 제1항, 제434조). 그러나 수탁회사의 해임동의 · 해임청구 · 승계자의 선임 · 기채회사 대표자의 사채권자집회에의 출석요구 등의 경우에는 출석한 사채권자의 의결권의 과반수의 찬성으로 결의한다(제495조 제2항). 自己社債 등 의결권이 없는 사채는 발행사채총수에 산입하지 아니하고, 특별이해관계인이 가진 사채도 출석한 사채권자의 의결권의 수에 산입하지 않는다(제510조 제1항, 제371조). 결의사항은 법률이 규정한 것으로서 수탁회사의 辭任同意 및 해임(제481조, 제482조), 수탁회사의 사무승계자의 선정(제483조 제1항), 사채발행회사의 대표자의 출석요구(제494조), 사채권자집회의 대표자 선임(제500조 제1항), 결의의 집행자 선정(제501조 단서), 대표자 및 집행자의 해임·위임사항의 변경(제504조), 기한의 이익의 상실(제505조 제1항), 자본감소·합병의 경우의 異議提起(제439조 제3항, 제530조 제2항), 발행회사의 불공정한 행위를 취소하기 위한 소제기(제512조) 등과 사채권자의 이해에 중대한 관계가 있는 사항으로서 법원의 허가를 받은 것(제490조)에 한한다.

이상의 사채권자집회의 권한에 속하는 사항은 사채권자가 단독으로 정하지 못한다.

사채권자집회는 사채총액의 500분의 1 이상을 가진 사채권자 중에서 1인 또는 수인의 대표자를 선정하여 그 결의할 사항을 위임할 수 있다(제500조 제1항). 대표자가 수인인 때에는 그 과반수의 찬성으로 결정한다(제500조 제2항).

사채권자집회의 의사에 관하여는 의사록을 작성하여 기채회사의 본점에 비치하고, 수탁회사나 사채권자의 열람에 응하여야 한다(제510조, 제373조).

(4) 決議의 效力과 執行

사채권자집회의 결의는 법원의 인가를 얻어야 그 효력이 생긴다(제498조). 따라서 사채권자집회의 소집자는 결의한 날로부터 1주 내에 결의의 인가를 법원에 청구하여야 하고(제496조), 법원은 ① 사채권자집회소집절차 또는 그 결의방법이 법령이나 社債募集計劃書의 기재에 위반한 때, ② 결의가 부당한 방법에 의하여 성립한 때, ③ 결의가 현저하게 불공정한 때, ④ 결의가 사채권자 일반의 이익에 반하는 때 등에는 이를 인가하지 못한다(제497조 제1항). 다만 위 ①과 ②의 경우에는 결의의 내용 기타 모든 사정을 참작하여 이를 인가할 수도 있다(제497조 제2항). 기채회사는 법원의 결정을 공고하여야 한다(제499조).

이와 같이 사채권자집회의 결의에 관하여는 법원의 인가제도가 있기 때문에 결의의 하자에 관한 별도의 소제도가 없다.

결의의 집행은 따로 정한 집행자, 수탁회사, 또는 집회의 대표자가 행한다(제500조, 제501조, 제503조). 대표자나 집행자가 수인인 때에는 공동으로 그 권한을 행사한다(제502조). 사채권자집회는 언제든지 대표자나 집행자를 해임하거나 위임한 사항을 변경할 수 있다(제504조).

(5) **費用과 報酬의 負擔**

사채권자집회에 관한 비용은 원칙적으로 사채발행회사가 부담한다(제508조 제1항).

법원에 결의의 인가를 청구하는 비용도 기채회사가 부담하여야 하나, 법원은 이해관계인의 신청 또는 직권으로 그 전부 또는 일부에 관하여 따로 부담자를 정할 수 있다(제508조 제2항).

수탁회사, 대표자, 집행자가 받을 보수와 그 사무처리에 필요한 비용도 별도의 약정이 없으면 법원의 허가를 얻어 기채회사로 하여금 부담하게 할 수 있고, 수탁회사, 대표자 또는 집행자는 상환액에서 사채권자에 우선하여 이 보수와 비용을 받을 수 있다(제507조).

Ⅵ. 特殊한 社債

1. 轉換社債

(1) **意 義**

전환사채(Wandelschuldverschreibungen, convertible bonds, obligations convertible en actions)란 주식으로 전환할 수 있는 권리(轉換權)가 인정된 사채를 말한다. 轉換社債는 회사의 영업성적이 부진한 때에는 확정이자를 받되 좋은 업적을 내면 이익배당을 받는 주식으로 전환할 수 있는 사채(潛在的 株式)이므로, 사채모집이 용이하게 되어 편리한 자금조달방법이 될 수 있다.

전환사채는 그 발행 이후 전환권을 행사하기 전까지는 채권적 유가증권이라고 할 수 있고, 그 이후에는 사원권적 유가증권이라고 할 수 있다.

(2) **發 行**

전환사채의 발행에 관한 구체적인 사항의 결정은 정관에 규정이 없거나 주주총회에서 결정하기로 규정하지 아니하였으면 이사회에서 한다(제513조 제2항). 전환사채는 주주에게 발행할 수도 있고 주주 외의 자에게도 발행할 수 있다. 주주에게 발행하는 경우에는 신주발행에 관한 규정이 거의 준용된다.

주주에게 사채인수권이 있는 경우에는 주주는 그가 가진 주식수에 따라 전환사채를 배정받을 권리가 있다. 다만 전환사채의 금액 중 최저액에 미달하는 端數에 대하여는 社債引受權이 없다(제513조의 2).

이사회는 전환사채를 발행한다는 취지 외에, ① 전환사채의 총액, ② 전환의 조건, ③ 전환으로 인하여 발행할 주식의 내용, ④ 전환청구기간, ⑤ 주주에게 전환사채의 인수권을 준다는 뜻과 인수권의 목적인 전환사채의 액, ⑥ 주주 이외의 자에게 전환사채를 발행하는 것과 이에 대하여 발행할 전환사채의 액 등을 정한다(제513조 제2항).

주주에게 전환사채를 발행하는 경우 회사는 배정일을 정하여 그 2주 전에 공고하고(제513조의 2 제2항), 청약일의 2주 전에 인수권을 가진 주주에게 인수권을 가지는 전환사채의 액, 발행가액, 전환의 조건, 전환으로 인하여 발행할 주식의 내용, 전환기간과 청약기간을 통지하고, 무기명사채를 발행한 경우에는 이를 공고하여야 한다(제513조의 3 제2항). 주주 이외의 자가 신주인수권을 가지는 경우에는 이러한 공고나 통지가 필요없다.

전환사채의 인수권을 가진 자는 사채청약서에 의하여 청약을 하되, 청약서에는 보통의 사채청약서의 기재사항 외에도 ① 주식으로 전환할 수 있다는 뜻, ② 전환조건, ③ 발행할 주식의 내용, ④ 전환기간, ⑤ 주식의 양도에 관하여 이사회의 승인을 얻도록 정한 때에는 그 규정 등을 기재하여야 하고, 이들 사항은 채권 및 사채원부에도 기재하여야 한다(제514조). 사채의 모집이 완료되면 이사는 지체없이 납입을 시켜야 하고(제476조 제1항), 사채금액이 납입되면 회사는 지체없이 채권을 발행하여야 한다(제478조 제1항).

한편 전환사채는 주주 외의 자에게도 발행할 수 있으나, 제3자에 대한 전환사채의 배정은 신기술의 도입, 재무구조 개선 등 회사의 경영상 목적을 달성하기 위하여 필요한 경우에 한한다(제513조 제3항 제2문, 제418조 제2항 단서). 따라서 주주 외의 자에게 전환사채를 발행하려면 먼저 정관 또는 주주총회의 특별결의로써 전환사채의 액, 전환의 조건, 전환으로 인하여 발행할 주식의 내용과 전환청구기간을 정하여야 한다(제513조 제3항). 이 결의를 위한 주주총회의 소집통지와 공고에는 의안의 요령도 기재하여야 한다(제513조 제4항). 또 전환으로 인한 주식의 발행은 발행예정주식총수의 범위 내에서 가능한 것이므로 새로 발행할 주식의 수만큼은 전환청구기간 중에는 그 발행을 유보하여야 한다(제516조 제1항, 제346조 제2항).

전환사채의 발행절차에 하자가 있는 경우에는 주주는 유지청구권이 있고, 이사와 통모하여 현저하게 불공정한 가액으로 전환사채를 인수한 자는 회사에 그 차액을 지급할 의무가 있다(제516조 제1항, 제424조, 제424조의 2).

(3) 轉換의 請求

전환의 청구는 전환기간 중 언제든지 할 수 있는데, 2통의 청구서에 소정사항을 기재하고 채권을 첨부하여 회사에 제출하여야 한다(제515조). 전환사채의 전환에 관하여는 전환주식에 관한 규정이 대폭 준용된다(제516조 제2항, 제350조, 제339조).

전환은 그 청구를 한 때에 효력이 발생하여(제516조 제2항, 제350조 제1항), 사채권자는 주주가 된다. 이 경우 전환권을 행사한 주식의 이익이나 이자의 배당에 관하여는 그 청구를 한 때가 속하는 營業年度末에 轉換된 것으로 본다(제516조 제2항, 제350조 제3항 제1문). 그러나 신주에 대한 이익이나 이자의 배당에 관하여는 정관이 정하는 바에 따라 그 청구를 한 때가 속하는 영업년도의 直前 營業年度末에 전환된 것으로 할 수도 있다(제516조 제2항, 제350조 제3항 제2문). 사채권자가 주주로 됨으로써 새로 주식이 발행되는데, 이 경우 전환 전의 사채의 발행가액을 신주식의 발행가액으로 한다(제516조 제2항, 제348조). 전환사채에 질권이 설정된 경우에는 전환으로 인하여 사채권자가 받을 주식에 대해서도 질권을 행사할 수 있다(物上代位)(제516조 제2항, 제339조).

(4) 登　記

전환사채의 전액 또는 제1회의 납입이 완료되면 그 날로부터 2주 내에 본점소재지에서 소정의 등기를 하여야 한다(제514조의 2). 그리고 전환권을 행사하여 전환의 효력이 생기면 사채의 수가 감소하고 발행주식총수와 자본액이 증가하므로 소정기간 내에 변경등기를 하여야 한다(제516조 제2항, 제351조).

2. 新株引受權附社債

(1) 新株引受權附社債의 意義

신주인수권부사채(Optionsanleihen, Bezugsanleihen, bond with stock purchase warrants, Obligation á warrant ou avec bon de souscription)란 사채권자에게 신주의 발행을 청구할 수 있는 권리가 부여된 사채를 말한다. 신주인수권부사채는 사채권자가 신주인수권을 행사하면 결국 주주가 될 수 있다는 점에서 전환사채와 유사하나, ① 신주인수권을 행사하여도 사채가 소멸하지 아니하고 사채권자의 지위도 상실되지 않는 점, ② 신주발행의 대가로 별도의 출자를 필요로 하는 점, ③ 새로 발행하는 주식의 발행가액의 합계액이 각 신주인수권부사채의 금액을 초과할 수 없는 점, ④ 분리형의 경우 사채권과 신주인수권증권이 따로 발행되는 점 등이 전환사채와 다른 점이다.

(2) 新株引受權附社債의 態樣

신주인수권부사채에는 非分離型과 分離型 두 가지 形態가 있다. 비분리형은 一枚의 債券이 社債權과 新株引受權을 함께 표창하여 항상 함께 양도되는 것이고, 분리형은 사채권과 신주인수권을 각각 별개의 證券(즉, 社債券과 新株引受權證券)이 표창하므로(제516조의 2 제2항 제4호, 제516조의 5 제1항), 각각 독립하여 양도할 수 있는 것(제516조의 6)을 말한다. 우리 상법은 비분리형을 원칙으로 하고 분리형을 예외로 하고 있다고 본다.

(3) 新株引受權附社債의 發行

신주인수권부사채의 발행사항에 관한 결정은 정관에 규정이 없거나 주주총회에서 결정하기로 규정하지 아니하였으면 理事會에서 한다(제516조의 2 제2항). 이사회는 ① 신주인수권부사채의 총액, ② 각 신주인수권부사채에 부여된 신주인수권의 내용, ③ 신주인수권의 행사기간, ④ 신주인수권만을 양도할 수 있는 것에 관한 사항, ⑤ 사채상환에 갈음하여 신주의 납입이 있는 것으로 본다는 대용납입에 관한 사항, ⑥ 주주에게 신주인수권부사채의 인수권을 준다는 뜻과 인수권의 목적인 신주인수권부사채의 액, ⑦ 주주 이외의 자에게 신주인수권부사채를 발행하는 것과 이에 대하여 발행할 신주인수권부사채의 액 등을 정한다(제516조의 2 제2항). 각 신주인수권부사채에 부여된 신주인수권의 행사로 인하여 발행할 주식의 합계액은 각 신주인수권부사채의 금액을 초과할 수 없으며(제516조의 2 제3항), 새로 발행할 주식의 수는 신주인수권의 행사기간 중에는 발행예정주식총수 중에 유보하여 두어야 한다(제516조의 10, 제516조 제1항, 제346조 제2항). 주주 외의 자에게 신주인수권부사채를 발행하려면 정관 또는 주주총회의 특별결의로써 그 발행할 수 있는 신주인수권부사채의 액, 신주인수권의 내용과 신주인수권을 행사할 수 있는 기간을 정하여야 한다(제516조의 2 제4항). 다만 제3자에 대한 신주인수권부사채의 배정은 신기술의 도입, 재무구조 개선 등 회사의 경영상 목적을 달성하기 위하여 필요한 경우에 한한다(제516조의 2 제4항 제2문, 제418조 제2항 단서). 그 밖에 주주의 신주인수권부사채의 인수권 및 端數에 대한 예외(제513조의 2 제1항), 배정일의 결정과 그 공고(제513조의 2 제2항), 발행절차에 하자가 있는 경우의 留止請求(제516조 제1항, 제424조), 通謀引受人의 責任(제516조 제1항, 제424조의 2) 등은 轉換社債에서 설명한 것과 꼭 같다(제516조의 10 참조). 다만 신주인수권부사채의 특수성으로 인한 특칙으로서 신주인수권의 분리양도나 대용납입에 관한 사항의 결정이 있는 때는 이를 통지 및 공고하여야 하며, 신주인수권부사채의 인수권을 가진 주주에 대하여는 失權豫告附請約催告의 통지를 하여야 한다(제516조의 3). 또 사채청약서·사채권·사채원부에는 일반사채청약서의 기재사항 외에도 신주인수권부사채라는 뜻, 신주인수권의 내용, 행사기간, 분리양도성, 대용납입 등에 관한 이사회의 결정사항을 기재하여야 하되(제516조의 4 본문), 신주인수권증권을 발행하는 경우에는 채권에 이를 기재할 필요가 없다(제516조의 4 단서). 신주인수권증권에는 법정기재사항과 번호를 기재하고 대표이사가 기명날인 또는 서명을 하여야 한다(제516조의 5 제2항).

(4) 新株引受權의 行使

신주인수권을 행사하려는 자는 신주인수권의 행사기간 중 언제든지 행사할 수 있는데, 2통의 청구서에 소정사항을 기재하여 회사에 제출하고, 신주의 발행가액의 전액을 납입하여야 한다(제516조의 8 제1항). 이 때 신주발행시의 납입금보관자변경을 위한 법원의 인가(제306조), 납입금보관증명의 효력(제318조) 등에 관한 규정이 준용된다(제516조의 8 제4항). 그리고 그 청구서를 제출할 때에는 분리형인 경우에는 신주인수권증권을 첨부하고, 비분리형인 경우에는 채권을 제시하여야 한다(제516조의 8 제2항). 주금액의 대용납입에 관한 정함이 있는 경우(제516조의 2 제2항 제5호)에는 신주인수권자는 분리형이든, 비분리형이든 청구서에 채권을 첨부하여야 한다.

(5) 新株引受權의 讓渡

i) 비분리형인 경우에는 社債券과 新株引受權이 항상 함께 이전하게 된다. 따라서 신주인수권부사채의 신주인수권은 債券의 교부에 의하여 사채와 더불어 양도된다.

ii) 분리형인 경우에는 신주인수권의 양도는 신주인수권증권의 교부에 의하여서만 하게 된다(제516조의 6 제1항). 따라서 신주인수권증권의 점유자는 적법한 소지인으로 추정되고, 선의취득이 인정된다(제516조의 6 제2항, 제336조 제2항, 手 제21조). 또 이 증권을 상실한 자는 除權判決을 받아 재발행을 받게 된다(제516조의 6 제2항, 제360조).

(6) 新株引受權行使의 效果

신주인수권을 행사한 자는 신주발행가액의 전액을 납입한 때에 주주가 된다(제516조의 9). 다만 株金納入擬制, 즉 代用納入의 경우(제516조의 2 제2항 제5호)에는 현실적인 납입이 없으므로 신주발행청구서를 회사에 제출한 때에 주주가 된다(제516조의 8 제1항 · 제2항). 그러나 신주식에 관한 권리행사와 이익배당에 관하여는 전환주식의 경우와 같다(제516조의 9 제2문, 제350조 제2항 · 제3항).

(7) 登　記

신주인수권부사채의 납입이 완료되면 그 날로부터 본점소재지에서 2주 내에 소정의 등기를 하여야 한다(제516조의 7, 제514조의 2 제1항). 그리고 신주인수권을 행사하여 신주의 효력이 생기면 발행주식의 총수와 자본의 총액(제317조 제2항 제2호 · 제3호)이 증가하므로 소정기간 내에 그 뜻의 변경등기를 하여야 한다(제516조의 7 제2항, 제514조의 2, 제183조).

3. 擔保附社債

담보부사채란 일정한 회사재산을 담보로 하여 모집하는 사채를 말한다. 사채의 금액이 적은 반면 사채권자의 수는 많고 그 변동이 빈번한데, 각 사채권자에 대하여 따로따로 物上擔保權을 설정한다는 것은 사실상 불가능하다. 따라서 사채발행회사(위탁회사)와 사채권자와의 사이에 신탁회사(수탁회사)를 개재시켜 수탁회사와 위탁회사 간에 신탁계약을 체결하게 하고, 그 신탁계약에 따라서 수탁회사는 물상담보권을 취득하고 이것을 총사채권자를 위하여 보존하고 실행할 의무를 부담하며, 총사채권자는 수익자로서 각자의 채권액에 따라 평등하게 담보의 이익을 향수하도록 한 것이 바로 擔保附社債이다.

담보부사채에 관하여는 擔保附社債信託法(1962. 1. 20. 法律 제991호)이 규정하고 있다.

4. 利益參加附社債

이익참가부사채란 사채권자가 일정한 원리금을 받을 권리 이외에 이익배당에도 참가할 수 있는 권리가 있는 사채를 말한다. 이익참가부사채는 회사의 영업실적에 따라 사채권자가 이익배당에도 참여할 수 있기 때문에 기존의 주주의 이익배당청구권이 침해받을 우려가 크므로 이의 발행은 주권상장법인에 한하여 허용하고 엄격한 절차를 요구하고 있다(資金 제165조의 11 및 同施行令 제176조의 12 참조).

5. 交換社債

교환사채란 起債會社가 소유하고 있는 주식 기타 유가증권과의 교환을 청구할 수 있는 권리가 부여된 사채를 말한다. 전환사채는 사채권자의 전환청구가 있는 경우에 신주를 발행·교부하나, 교환사채의 경우에는 교환청구가 있으면 기존의 주식·사채 등으로 교환된다는 점에서 차이가 있다. 교환사채도 주권상장법인에 한하여 자본시장법 및 동시행령에 정한 절차에 따라 발행한다(資金 제165조의 11 및 同施行令 제176조의 13).

제 7 절 資本의 減少

Ⅰ. 資本減少의 意義

자본감소(Kapitalherabsetzung)란 회사가 보유할 재산액의 기준이 되는 자본을 감소하는 행위 또는 그 행위의 법적 효과를 말한다. 자본은 등기에 의하여 공시될 뿐(제317조 제2항 제2호), 정관의 절대적 기재사항이 아니므로 상법상 자본의 감소는 정관의 변경을 가져오는 것이 아니다. 그러나 물적 회사인 주식회사에 있어서의 자본은 주주와 회사채권자의 이해와 밀접한 관계가 있는 것이므로, 그 자본의 감소에 관해서는 엄격한 법적 규제를 하고 있다.

자본감소는 그 목적에 따라 實質上의 資本減少와 計算上의 資本減少로 분류할 수 있다. 실질상의 자본감소란 법률상 자본을 감소함과 동시에 실질적으로 이에 상당하는 회사의 적극재산을 감소하는 것을 말한다. 그 목적은 대개 회사사업의 경영에 불필요한 과잉자본액을 감소하여 회사의 자본규모를 줄이고 주식의 이익배당률을 높이는 데 있다. 이에 대하여 계산상의 자본감소란 이미 감소되어 있는 회사재산에 맞추어 법률상 자본을 감소하는 것으로서 명의상의 자본감소라고도 한다. 그 목적은 대개 자본의 缺損이 크게 생긴 경우 장기간 이익배당을 할 수 없어서 회사의 대외적 신용이 떨어지고 주가도 떨어지게 되므로, 자본액과 회사재산액을 일치시킴으로써 이익배당을 가능케 하고 주가의 인상을 획책하는 데 있다.

Ⅱ. 資本減少의 方法

자본감소의 방법에는 ① 株金額의 감소, ② 株式數의 감소, ③ 株金額과 株式數의 동시감소의 세 가지가 있는데, 어느 경우이든 주주평등의 원칙에 따라야 한다. 그러나 ③의 방법은 복잡하여 실제로는 거의 이용되지 않고 있다.

1. 株金額의 減少

주금액을 감소하는 데는 切棄와 還給의 두 가지 경우가 있으니, 절기란 이미 납입된 주금의 일부를 주주의 손실에서 삭제하는 것이며, 환급이란 납입된 주금액의 일부를 주주에게 반환하는 것이다.

2. 株式數의 減少

주식수를 감소하는 데도 주식의 消却과 주식의 併合이란 두 경우가 있다. 즉, 주식의 소각이란 회사가 특정한 주식을 소멸시키는 것인데, 이것은 다시 주주의 승낙을 받느냐 받지 않느냐에 따라서 임의소각과 강제소각으로, 주주에게 대가를 지급하느냐 지급하지 않느냐에 따라서 유상소각과 무상소각으로 구분된다. 주식의 병합이란 동일주주에게 속하는 수개의 주식을 합쳐 소수의 주식으로 하는 것인데, 예컨대 100원주 2주를 병합하여 100원주 1주로 하는 경우이다.

Ⅲ. 資本減少의 節次(要件)

1. 減資決議

자본감소는 정관기재사항의 변경은 아니지만 이것은 주주의 권리의 소멸 또는 그 범위의 축소를 가져오는 중대한 사항이므로 정관변경의 경우와 같이 주주총회의 특별결의를 거쳐야 한다(제438조 제1항). 一株의 금액은 정관의 절대적 기재사항이므로(제289조 제1항 제4호) 주금액을 감소하는 경우에는 정관변경결의도 하여야 하는지 의문이나, 兩決議의 방식이 동일하므로 減資決議만 하면 충분하다고 본다. 또 減資株主總會召集의 통지와 공고에는 議案의 要領을 기재하여야 한다(제438조 제2항).

주주총회의 특별결의의 내용은 단순히 자본감소를 결정하는 데 그치지 않고, 減資方法, 減資額 등 구체적인 내용이어야 한다(제439조 제1항). 다만 자본감소에 대한 요강을 총회에서 결정한 이상 그 실행방법의 세목은 이사회에 맡겨도 상관없다고 본다.

주주총회의 결의내용이 어느 종류의 주주에게 손해를 주게 될 경우에는 그 종류주주총회의 결의도 거쳐야 한다(제436조, 제344조 제3항).

2. 債權者保護節次

회사의 합병의 경우에 준하여 채권자보호절차를 밟아야 한다(제439조 제2항). 즉, 자본감소의 결의일로부터 2주 내에 회사채권자에 대하여 減資에 이의가 있으면 1월 이상의 일정한 기간 내에 異議를 제출할 것을 공고하고, 알고 있는 채권자에 대하여 따로따로 최고하여야 한다(제232조 제1항). 채권자가 그 기간 내에 이의를 제출하지 않으면 자본감소를 승인한 것으로 간주하고(제232조 제2항), 이의를 제출한 회사채권자에 대하여는 회사는 변제 또는 상당한 담보를 제공하거나 이를 목적으로 하여 상당한 재산을 신탁회사에 신탁하여야 한다(제232조 제3항). 사채권자가 이의를 제출하려면 사채권자집회의 결의를 거쳐야 한다(제439조 제3항). 이 경우에 법원은 이해관계인의 청구에 의하여 사채권자를 위하여 이의의 기간을 연장할 수 있다(제439조 제3항).

3. 資本減少의 實行節次

자본감소의 실행절차는 자본감소의 방법에 따라 다를 것이나, 상법은 주식의 병합과 강제소각에 관하여서만 특별규정을 두고 있다. 還給方法에 있어서는 현실적으로 주금액을 반환하고, 切棄方法에 있어서는 회사의 일방적 의사표시에 의하여, 임의소각에 있어서는 주주와의 계약에 의해서 주권을 取得·破毁하면 되므로 문제될 것이 없다.

i) 주식의 강제소각을 하려면, 회사는 1월 이상의 기간을 정하여 그 뜻과 그

기간 내에 주권을 회사에 제출할 것을 공고하고, 주주와 등록질권자에 대하여는 개별적으로 그 통지를 하여야 한다(제343조 제2항, 제440조).

ii) 주식의 병합의 경우에도 강제소각의 경우와 같은 방법으로 공고·통지를 하여야 한다(제440조). 그리고 만약 舊株券을 회사에 제출할 수 없는 자가 있으면, 회사는 그 자의 청구에 의하여 3월 이상의 기간을 정하고 이해관계인에 대하여 그 주권에 대한 이의가 있으면 그 기간 내에 제출할 뜻을 공고하고, 그 기간이 경과한 후에 신주권을 그 청구자에게 교부할 수 있다(제442조 제1항). 공고의 비용은 청구자가 부담한다(제442조 제2항). 병합에 부적당한 端株가 있는 경우에는 그 병합에 적당하지 아니한 부분에 대하여 발행할 신주를 경매하든가 거래소의 時勢있는 주식은 거래소를 통하여 매각하고, 거래소의 시세없는 주식은 법원의 허가를 얻어 임의매각하여 각 株數에 따라 그 대금을 종전의 주주에게 지급하여야 한다(제443조 제1항). 대금지급에 있어서도 端株券을 제출할 수 없는 자가 있는 경우에는 소정의 공고를 하고 그 공고된 기간이 만료된 후에 대금을 지급할 수 있다(제443조 제2항, 제442조). 주식의 병합에 있어서 회사에 제출하지 않은 무기명주권이 있는 경우에도 이에 준하여 처리하여야 한다(제444조).

자본감소의 결과 감자잉여금이 생기면, 자본준비금으로 전액을 적립하여야 한다(제459조 제1항 제2호). 감자잉여금이란 자본감소의 경우 그 감소액이 주식의 소각 또는 주금의 반환에 소요된 금액 및 결손의 塡補에 충당한 금액을 초과할 때 그 초과금액을 말한다.

4. 資本減少의 效力發生時期

자본감소는 채권자보호절차 및 자본감소의 실행절차를 종료한 때에 그 효력이 생긴다. 따라서 주식의 소각·병합의 경우에 있어서 주권제출기간이 만료되었다 하더라도 채권자보호절차가 종료되지 않았다면 그 종료된 때에 효력이 생기며(제441조), 임의소각의 경우는 회사가 소각을 위하여 취득한 주식을 소멸시킨 때, 그리고 주금액감소의 경우에는 회사의 의사표시가 모든 주주에게 도달한 때 효력이 생긴다고 본다.

주식에 대한 질권자는 주식의 소각·병합으로 인하여 주주가 받을 소각대금, 단주매각대금, 신주식에 대하여 물상대위권이 있고, 등록질권자는 소각 또는 매각대금으로 우선하여 자기의 채권의 변제에 충당할 수 있다(제339조, 제340조).

5. 資本減少의 登記

자본감소는 자본의 총액, 1주의 금액 또는 발행주식총수의 감소를 가져오는데, 그 어느 것이나 등기사항의 변경이므로, 자본감소의 효력이 생긴 때로부터 본점소재지에서는 2주 내에, 지점소재지에서는 3주 내에 변경등기를 하여야 한다(제317조 제4항, 제183조).

Ⅳ. 資本減少의 無效

1. 資本減少無效의 意義

자본감소는 주주 · 채권자 및 기타 이해관계인에게 중대한 영향을 미치므로 그 내용으로 절차에 하자가 있으면 당연히 무효이나, 상법은 법률관계의 획일적 처리를 위하여 訴로써만 무효를 주장할 수 있게 하고, 제소권자와 제소기간을 제한하여 判決의 對世的 效力을 인정한다. 다만 資本減少無效判決의 소급효는 없다(제446조, 제190조 본문).

2. 資本減少無效의 原因

자본감소절차에 하자가 있는 경우에는 자본감소가 무효로 되는데, 예컨대 ① 감자결의에 무효 · 취소 사유가 있거나 종류주주총회를 개최하지 않은 때, ② 채권자 보호절차의 불이행 또는 이의제출채권자에 대한 정당한 조치가 없었던 경우, ③ 감자방법의 주주평등원칙위반 등이다. 전술한 바와 같이 감자결의에 하자가 있는 경우에는 감자의 효력이 발생하면 감자무효의 원인으로 흡수된다(吸收說)(주주총회결의의 하자 참조).

3. 資本減少無效의 訴

자본감소의 무효는 주주·이사·감사·청산인·파산관재인 또는 자본감소를 승인하지 아니한 채권자에 한하여 자본감소로 인한 변경등기가 있은 날로부터 6월 내에 소만으로 주장할 수 있다(제445조).

소의 관할·소제기의 공고·소의 併合審理·瑕疵의 補完 등과 법원의 청구기각·패소원고의 책임·무효판결의 등기 등에 관하여는 회사설립무효에 관한 규정이 준용되고(제446조, 제186조~제189조, 제191조, 제192조), 원고인 채권자 또는 주주의 담보제공의무에 관하여는 주주총회결의 취소의 소에 관한 규정이 준용되고 있다(제446조, 제377조).

4. 資本減少無效判決의 效果

감자무효판결이 확정되면 그 효력은 제3자에게도 획일적으로 미치고, 遡及效가 있다(제446조, 제190조 본문). 감자무효의 판결이 확정된 때에는 본점과 지점의 소재지에서 등기하여야 한다(제446조, 제192조). 원고가 패소한 때에는 원고에게 악의 또는 중과실이 있는 경우에 한하여 회사에 대하여 연대하여 손해를 배상할 책임이 있다(제446조, 제191조).

제8절 株式會社의 計算

Ⅰ. 株式會社計算의 重要性

주식회사는 영리단체인 동시에 자본단체인 까닭으로 회사의 損益計算關係나 재산의 처리방법에 관하여는 특별히 분명하고 정확하게 할 필요가 있다. 따라서 상법은 상세한 특별규정을 두어 회사의 채권자를 보호하고 일반주주의 이익과 회사 자체의 건전한 발전을 도모하고 있다.

Ⅱ. 財務諸表

1. 財務諸表의 意義

재무제표란 대표이사가 매결산기에 작성하여야 할 서류를 말하는데, 商業帳簿의 개념보다는 넓은 것이다.

재무제표로는 貸借對照表, 損益計算書, 利益剩餘金處分計算書 또는 缺損金處理計算書 등을 들 수 있다(제447조).

2. 財務諸表 등의 作成・提出・公示

대표이사는 재무제표와 그 부속명세서(제447조), 영업보고서(제447조의 2)를 정기총회회일의 6주 전에 작성하여 이사회의 승인을 얻은 후 감사에게 제출하여야 한다(제447조의 3).

감사는 이 서류를 받은 날로부터 4주 내에 監査報告書를 작성하여 대표이사에게 제출하여야 한다(제447조의 4). 감사의 감사보고서에는 ① 감사방법의 개요, ② 회계장부・대차대조표・손익계산서・영업보고서・이익잉여금처분계산서 또는 결손금처리계산서 등의 서류가 법령 또는 정관의 규정에 따라 적합하게 기재되고 회사의 상황을 정확하게 표시하고 있는지, 또 이들 서류 중 부속명세서가 있는 경우에는 그 부속명세서의 기재가 이들 서류상의 기재와 합치하지 않거나, 기재누락 또는 부실기재가 있는 경우에는 그 뜻, ③ 회사의 회계방침이 변경된 경우에도 그 타당성의 여부, ④ 이사의 직무수행에 관하여 부정행위 또는 법령・정관에 위반하는 중대한 사실이 있는 때에는 그 사실 및 필요한 조사를 할 수 없었던 경우에는 그 뜻과 이유 등을 기재하여야 한다(제447조의 4 제2항).

대표이사는 정기총회 회일의 1주 전부터 재무제표 등의 서류에 감사가 제출한 감사보고서를 첨부하여 본점에 5년간, 그 등본을 지점에 3년간 비치하여야 한다(제448조 제1항).

주주와 회사채권자는 영업시간 내에는 언제든지 그 비치서류를 열람할 수 있으며, 일정한 비용을 지급하면 그 등본이나 초본을 청구할 수 있다(제448조 제2항).

3. 財務諸表 등의 承認 및 그 效果

대표이사는 재무제표를 정기총회에 제출하여 그 승인을 받고(제449조 제1항), 영업보고서를 제출하여 그 내용을 보고하여야 한다(제449조 제2항). 주주총회는 이사가 제출한 서류와 감사의 보고서를 조사하게 하기 위하여 검사인을 선임할 수 있다(제367조). 이사는 주주총회의 승인 후 지체없이 정관에 정한 방법으로 대차대조표를 공고하여야 한다(제449조 제3항). 외부감사를 받은 때에는 外部監査人의 명칭과 監査意見도 倂記하여야 한다(外監法 제14조 제2항).

정기총회에서 일단 재무제표를 승인하게 되면 재무제표에 기재되었거나 그 것으로부터 알 수 있는 사항에 관하여 그 후 2년 이내에 임원의 책임을 추궁하거나 책임해제를 보류하는 결의가 없는 한 이사와 감사의 책임은 부정행위가 있는 경우를 제외하고는 해제된 것으로 보게 된다(제450조). 2년의 기간은 除斥期間이다.

4. 資産의 評價方法

회계장부에 기재할 자산을 다음과 같은 방법으로 평가함으로써 부당하게 평가익을 산출하는 것을 배제하고 있다.

(1) 流動資産

원료나 상품같은 유동자산은 원칙적으로 取得價額 또는 製作價額에 의하여 평가하고(제452조 제1호 본문), 時價가 취득가액 또는 제작가액보다 현저하게 낮은 때에는 시가에 의하여 평가한다(제452조 제1호 단서).

(2) 固定資産

토지나 건물같은 영업용 고정자산의 평가는 취득가액 또는 제작가액으로부터 상당한 감가액을 공제한 가액으로 하며, 예측불능의 우발적 감손이 생긴 때에는 그 액을 공제하여야 한다(제452조 본문, 제31조 제2호).

(3) 金錢債權

금전채권은 채권금액으로 평가한다(제452조 제3호 제1문 본문). 그러나 채권을 채권금액보다 낮은 가액으로 취득한 경우이거나 이것에 준하는 경우에는 상당한 감액을 할 수 있으며(제452조 제3호 제1문 단서), 推尋不能의 염려가 있는 채권은 그 예상액을 감액하여야 한다(제452조 제3호 제2문).

(4) 社　　債

거래소의 시세있는 사채의 평가는 결산기 전 1월의 평균가격에 의하고, 거래소의 시세가 없는 사채의 평가는 취득가액에 의한다(제452조 제4호 제1문 본문). 사채금액과 취득가액이 다른 때에는 상당한 증액 또는 감액을 할 수 있다(제452조 제4호 제1문 단서). 상환불능의 염려가 있는 때에는 상환받지 못할 예상액을 공제하여야 한다(제452조 제4호 제2문).

(5) 株式 · 持分

주식 · 지분의 평가는 취득가액에 의하는 것을 원칙으로 한다(제452조 제5호 제1문 본문). 다만 결산기 전 1월의 평균가액이 취득가액보다 낮을 때에는 그 시가에 의하여 평가한다(제452조 제5호 제1문 단서). 또 거래 기타의 필요상 장기간 보유할 목적으로 취득한 주식은 거래소의 시세의 유무를 불구하고 취득가액에 의하되, 발행회사의 재산상태가 현저하게 악화된 때에는 상당한 감액을 하여야 한다(제452조 제5호 제2문).

(6) 營 業 權

無形固定資産인 영업권은 유상으로 취득한 경우에 한하여 취득가액을 대차대조표상에 계상할 수 있다(제452조 제6호 제1문). 다만 영업권의 취득가액을 대차대조표에 기재하는 경우에는 그 취득 후 5년 내의 매결산기에 균등액 이상의 償却을 하여야 한다(제452조 제6호 제2문).

5. 移延資産

어떤 영업년도에 기업의 경영상 꼭 필요하여 많은 비용을 지출한 경우에 그 것은 실질적으로는 그 해의 손실임에 틀림없다. 그러나 그 지출의 경제적 성과가 그 후의 영업년도에 나타나는데도 불구하고 그 비용을 당해년도에 상각시킨다면 그 해에는 이익배당을 할 수 없게 될 것이므로 그 해에는 대차대조표의 자산의 部에 計上해 놓고, 그 후 수년에 나누어서 상각하는 것이 합리적이다. 그러므로 상법은 한정된 항목에 대해서만 그러한 상각방법을 허용하는데, 이런 항목을 移延(資産)計定이라고 한다. 상법상 이연(자산)계정의 내용과 상각방법은 다음과 같다.

(1) 創業費

회사가 부담할 설립비용, 발기인이 받을 보수와 설립등기에 지출한 세액에 한하여 자산의 부에 계상할 수 있으며(제453조 제1항), 회사성립 후 또는 建設利子를 배당하기로 한 때에는 그 배당을 마친 후 5년 내의 매결산기에 균등액 이상의 상각을 하여야 한다(제453조 제2항).

(2) 開業費

회사가 개업의 준비를 위하여 지출한 금액은 자산의 부에 계상할 수 있으며(제453조의 2 제1항), 개업 후 3년 내의 매결산기에 균등액 이상의 상각을 하여야 한다(제453조의 2 제2항).

(3) 新株發行費用

신주발행을 위하여 직접 필요한 비용(예컨대, 주식청약서의 인쇄비, 주주모집광고비, 변경등기세액, 주권발행비용 등)도 자산의 부에 계상할 수 있으며(제454조 제1항), 신주발행 후 3년 내의 매결산기에 균등액 이상의 상각을 하여야 한다(제454조 제2항).

(4) 額面未達金額

신주발행에 있어 할인발행을 한 경우 액면미달금액의 총액은 자산의 부에 계상할 수 있으며(제455조 제1항), 주식발행 후 3년 내의 매결산기에 균등액 이상의 상각을 하여야 한다(제455조 제2항).

(5) 社債差額

사채를 모집한 경우에 그 상환할 총액이 사채의 모집에 의하여 實收額을 초과한 때의 그 차액도 자산의 부에 계상할 수 있으며(제456조 제1항), 사채상환기한 내의 매결산기에 균등액 이상의 상각을 하여야 한다(제456조 제2항). 사채발행비용도 이연자산으로 계상할 수 있으며, 이 경우에는 신주발행비용에 준하여 상각하여야 한다(제456조 제3항).

(6) 建設利子配當額

건설이자의 배당액도 이연자산으로 계상할 수 있으며(제457조 제1항), 이 금액은 개업 후 年 6푼 이상의 이익을 배당하는 경우에 그 6푼을 초과한 금액과 동액 이상의 상각을 하여야 한다(제457조 제2항).

(7) 硏究開發費

회사가 신제품 또는 신기술의 연구 또는 개발과 관련하여 특별히 지출한 비용은 자산의 부에 계상할 수 있으며(제457조의 2 제1항), 지출 후 5년 내의 매결산기에 균등액 이상의 상각을 하여야 한다(제457조의 2 제2항).

Ⅲ. 準 備 金

1. 準備金의 意義

준비금(Rücklage)이라 함은 자본액을 초과하는 회사의 재산액을 일정한 목적을 위하여 회사에 積立하여 두는 계산상의 수액이며, '積立金'이라고도 한다. 준비금은 실질적으로는 회사의 이익의 유보액이며, 형식적으로는 대차대조표의 부채의 부에 기재되어 이익산출을 함에 있어서 공제항목이 되는 금액이다.

본래 주식회사에서는 회사재산만이 회사채권자의 유일한 담보가 되므로, 상법은 자본을 확정하고 그 자본액에 상당하는 회사의 재산을 보유하도록 엄격한 규제를 하고 있다(資本維持의 原則). 그러나 자본액을 초과하는 재산을 전부 배당한다면, 장래에 회사가 손실을 보게 되는 경우에는 회사뿐만 아니라 주주·회사채권자에게도 곤란하게 되므로, 회사의 건전한 발전을 도모하고 회사채권자를 보호하기 위하여 자본액을 초과하는 재산의 일부를 회사에 적립하게 한 것이다.

2. 準備金의 種類

준비금에는 법률의 규정에 의하여 그 적립이 강제되는 法定準備金(gesetzliche Rücklage)과 회사가 자치적으로 정관이나 주주총회의 결의에 의하여 적립하는 任意準備金(freie Rücklage)이 있다. 법정준비금은 적립하는 재원에 따라 이익준비금과 자본준비금으로 구분된다.

실제로 관행되고 있는 擬似準備金(예컨대, 減價償却累計額, 貸損充當金, 價格變動準備金)이나 秘密準備金은 이른바 부진정준비금으로서 본래의 의미의 준비금이 아니다.

(1) 利益準備金

이익준비금이란 회사의 영업거래에서 생긴 이익을 적립하는 준비금을 말한다. 즉, 회사는 자본의 2분의 1에 달할 때까지 매결산기의 금전에 의한 이익배당액의 10분의1 이상의 금액을 이익준비금으로 적립하여야 한다(제458조). 이익준비금은 본래 주주에게 배당할 것이지만 장래의 손실에 대비해서 회사의 재산적 기초를 견실하게 하기 위하여 적립하는 것인데, 적립한계를 초과한 금액은 임의준비금이 된다.

(2) 資本準備金

자본준비금이란 회사의 자본거래에서 생긴 이익을 적립하는 준비금을 말한다. 자본준비금의 재원은 회사의 자본의 증감거래에서 생긴 이익, 즉 상법 제459조 제1항에 열거된 액면초과금액, 주식의 포괄적 교환잉여금, 주식의 포괄적 이전잉여금, 감자잉여금, 합병잉여금, 분할·분할합병잉여금, 기타 자본거래에서 발생한 잉여금[1]과 資産再評價法 제28조에 의한 재평가적립금인데,[2] 이것은 주주의 출자의 일부 기타 자본에 준할 성질의 금액으로서, 그 성질상 이익배당에 충당하는 것이 부적당하므로 그대로 적립하는 것이다. 따라서 적립한도도 있을 수 없다.

다만 합병잉여금이나 분할·분할합병잉여금 중 소멸 또는 분할·분할합병되는 회사의 이익준비금 기타 법정준비금은 합병 또는 분할·분할합병 후 존속하는 회사 또는 신설회사가 그대로 승계할 수 있다(제459조 제2항).

(3) 任意準備金

임의준비금이란 주주총회의 결의 또는 정관의 규정에 의하여 법정준비금을 공제한 잔여이익에서 적립하는 준비금을 말한다. 대개 장래의 사업확장, 배당의 평준화, 사채의 상환, 손실의 전보, 주식의 소각 등에 대비하여 적립하나, 그 목적은 법률상 제한이 없다.

3. 準備金의 用途

임의준비금의 폐지·변경·사용은 정관의 변경 또는 주주총회의 결의에 의하여 자유로 할 수 있으나, 법정준비금의 용도는 다음 두 경우에 한정되어 있다.

(1) 資本의缺損塡補

자본의 缺損이란 회사의 순자산액이 법정준비금의 합계액보다 적을 때를 말하며, 缺損의 塡補란 계산상 대차대조표의 부채의 부에서 법정준비금의 액을 감하고 그만큼 자산의 부에서 손실액을 감하는 것을 말한다. 법정준비금은 자본의 결손전보에 충당하는 경우 외에는 처분하지 못하며(제460조 제1항), 그 때에도 먼저 이익준비금으로 충당하고 부족한 경우에 한하여 자본준비금으로 충당하여야 한다(제460조 제2항). 법정준비금이 있더라도 자본의 결손을 전보하든 아니면

---

1) 기타 자본잉여금으로는 국고보조금, 공사부담금, 보험차익, 자산수증이익, 채무면제이익, 자기주식처분이익 등이 있다.

2) 자산재평가법에 의하면 자산재평가로 발생한 재평가차액에서 재평가세(3%)와 대차대조표상의 이월결손금을 공제한 잔액을 재평가적립금으로 적립하도록 하고 있다.

移越하든 이는 회사의 자유이나, 이를 이월하였을 때는 다음 영업년도에 이익이 발생하더라도 먼저 그 자본결손을 전보하지 않으면 이익배당을 할 수 없다.

(2) 法定準備金의 資本轉入

(가) 資本轉入의 意義

법정준비금의 자본전입이란 회사의 계산상 준비금계정에 속하는 금액을 자본금계정으로 이체하는 것으로서, 즉 '準備金의 資本化'를 의미한다. 그 법적 성질은 주식의 분할(株主權의 分割)이라 본다.

법정준비금 중에서 자본준비금은 그 적립한도가 없으므로(제459조) 때로는 자본과 준비금과의 사이에 현저한 불균형이 생길 수가 있다. 따라서 이러한 불균형을 시정함으로써 자본구성의 정상화를 기하려는 데 준비금을 자본전입하는 목적이 있다. 법정준비금의 전부 또는 일부의 자본전입을 하면 자본이 증가되고 증가된 자본에 대해서는 신주(無償株)가 발행되므로, 실질적으로는 주식의 분할과 같은 경제적 효과를 거두게 된다. 따라서 자본전입은 너무 높은 주가를 조절하여 주식거래와 신주발행을 쉽게 하는 데도 도움이 된다.

(나) 資本轉入할 수 있는 準備金

상법 제461조의 '준비금의 자본전입'에 관하여 임의준비금도 자본전입할 수 있다는 학설[1]과 법정준비금만을 자본전입할 수 있다는 학설[2]이 대립되어 있으나, 자본전입할 수 있는 준비금은 법정준비금에 한한다고 본다. 그 이유는 ① 상법이 일반적으로 준비금으로서 규정하고 있는 것은 법정준비금에 관한 것이고, ② 임의준비금은 특정 목적에 따라 정관이나 주주총회의 결의에 의하여 적립된 것인데, 그 목적과는 관계없이, 더구나 이사회의 결의로 자본전입을 한다는 것은 부당한 까닭이다. 또 ③ 자본전입에 의하여 자본구성의 정상화를 기할 필요가 생기는 것도 자본준비금에 한하기 때문이다.

(다) 資本轉入의 決定

자본전입의 결정은 이사회의 결의사항인데(제461조 제1항 본문), 정관으로 주주총회에서 결정하기로 정할 수도 있다(제461조 제1항 단서).

법정준비금은 자본전입되더라도 회사채권자는 물론 주주의 이익을 해하는

---

1) 李院錫(上) 512면.
2) 徐燉珏(上) 446면; 孫珠瓚(上) 870면; 李炳泰(上) 823면; 鄭東潤(會) 584면; 鄭熙喆·鄭燦亨(上) 796면; 崔基元(會) 963면.

것이 아니므로 이사회결의로써 충분한데, 그 결의에서는 전입한다는 뜻뿐만 아니라 전입할 준비금의 종류와 그 금액 및 주식발행사항 등을 정하여야 한다. 상법은 전입의 순서를 정하지 않았으므로 이익준비금과 자본준비금 중에서 어느 것을 먼저 전입하든, 또는 어느 한 편만을 전입하든 상관이 없다고 본다.

(라) 資本轉入의 效力

자본전입의 효력은 이사회에서 정한 신주배정일 또는 주주총회에서 결의를 한 때에 발생하는 것이 원칙이다(제461조 제3항 · 제4항). 그러나 그 결의에 조건이나 기한을 붙인 경우에는, 조건의 성취 또는 기한의 도래로 인하여 그 효력이 생긴다. 자본전입의 효력이 생기므로 말미암아 전입액만큼 준비금이 감소하고 동시에 자본이 증가함은 당연한 것으로서 既述한 바이다.

위법한 자본전입, 예컨대 이사회 또는 주주총회의 결의 없이 자본전입을 한다든가, 법정준비금이 없는데도 자본전입의 결의를 한 경우에는 그 자본전입은 당연히 절대적으로 무효이다. 따라서 그 무효의 주장방법에도 아무런 제한이 없다.

(마) 資本轉入에 의한 新株發行

법정준비금을 자본에 전입하면 회사의 자본이 증가하므로 이에 따라 신주를 발행하여야 한다. 따라서 주주 전원에 대하여 그 持株數에 따라 평등하게 무상으로 신주가 배정된다(제461조 제2항 제1문). 자본전입의 법적 성질이 주식의 분할이기 때문에 회사가 보유한 자기주식에 대하여도 신주발행청구권이 있다고 본다. 신주발행에 있어서 단주가 생기는 경우에는 각 주주에게 배정되는 端株를 합하여 매각하고, 그 대금을 단주주에 분배하여야 한다(제461조 제2항 제2문). 이 경우 발행되는 신주에 대한 이익이나 이자의 배당에 관하여는 전환주식의 경우와 같이 정관의 정하는 바에 따라 자본전입의 결의가 있는 영업년도의 직전 영업년도 말에 전입된 것으로 하여 배당기산일을 소급처리할 수 있다(제461조 제6항).

자본전입에 의하여 무상의 신주가 配定되지만 동시에 有償增資도 병행할 수 있다. 그러나 유상증자의 청약을 조건으로 하는 무상신주의 발행(이른바 包括增資)은 허용되지 않는다.

신주를 발행하는 경우, 주주는 신주배정일 또는 주주총회에서 자본전입결의가 있은 때로부터 신주의 주주가 되는데(제461조 제3항 · 제4항), 총회결의에 의하여 발행될 신주의 배정을 받을 주주를 확정하기 위하여, 신주배정일을 정하거나 주주명부의 폐쇄를 할 수 있는 것은 물론이다(제354조).

자본전입에 의한 신주의 발행은 정관에 규정된 발행예정주식총수의 범위 내

(제289조 제1항 제3호)에서 인정되며, 또한 종류주식을 발행하는 경우에도 정관에 규정된 발행예정주식총수의 범위 내(제344조~제346조, 제370조)에서 허용된다. 따라서 그 이상의 신주를 발행하려면 정관변경절차가 선행되어야 할 것이다.

≪包括增資≫

포괄증자란 준비금의 자본전입을 하면서 동시에 유상의 신주발행을 하여 증자하는 방법이다.

포괄증자시 유상의 신주인수·납입을 포기하면 준비금의 자본전입에 의한 무상주도 포기하는 것으로 간주된다. 따라서 포괄증자는 주주의 신주인수·납입을 실질적으로 강제하는 효과가 있고, 주식의 가격이 매우 낮은 경우에는 주주에게 매우 불리하게 된다. 이는 곧 주주의 무상주에 대한 권리를 박탈할 뿐 아니라 회사가 주식을 남발하여 주주의 지위를 불안하게 할 우려가 있다. 따라서 상법에 명문의 규정은 없으나 포괄증자는 허용되지 않는다고 본다.

(바) 通知·公告·登記

자본전입의 결의가 있으면 이사는 지체없이 신주를 받은 주주와 주주명부에 기재된 질권자에 대하여 그 주주가 받은 주식의 종류와 수를 통지하고, 무기명주권을 발행한 때에는 그 결의의 내용을 공고하여야 하며(제461조 제5항), 소정의 변경등기를 하여야 한다(제317조 제3항, 제183조).

(사) 新株에 관한 質權의 效力

구주에 대한 질권자는 주주가 받을 신주 또는 단주의 처분에 의한 賣得金 위에 物上代位權을 행사할 수 있다(제461조 제7항, 제339조).

Ⅳ. 利益配當

1. 利益配當의 意義

이익배당이란 영업활동의 결과로서 발생한 이익을 주주에게 분배하는 것을 말한다. 영리단체인 주식회사의 이익은 궁극적으로는 주주에게 귀속되는데, 그 귀속방법은 회사를 청산하여 잔여재산의 분배에 의할 수도 있으나, 오늘날의 주식회사는 대개 청산을 예정하지 않는 영속적인 존재이므로, 정기적으로 결산을 하여 當期의 이익을 배당하기 마련이다. 따라서 주주의 이익배당청구권은 고유권이며,[1] 그것을 박탈하거나 장기간 제한하는 것은 고유권의 침해가 되나 주주가 이를 포기하는 것은 상관없다.[2] 그러나 이익 없이 하는 배당은 곧 회사의 부실화를 초래하므로 상법은 이익배당에 관하여 엄격한 규제를 하고 있다.

2. 利益配當의 要件

적법한 이익배당이 되려면 실질적 요건과 형식적 요건을 구비하여야 한다.

(1) 實質的 要件

이익을 배당하려면, 실질적 요건으로 '配當可能利益'(제462조 제1항)이 있어야 한다. 즉, 배당가능이익은 대차대조표상의 순재산액으로부터, ① 자본의 액, ② 그 결산기까지 적립된 자본준비금과 이익준비금과의 합계액, ③ 그 결산기에 적립하여야 할 이익준비금의 액을 공제하고 남은 액을 말하는 것이다. 그 밖에 資産再評價積立金도 공제하여야 하며, 정관 또는 주주총회의 결의로 임의준비금을 적립하기로 한 때에는 이것도 공제하여야 한다.

주주는 배당가능이익의 한도 내에서 이익배당을 받는다. 보통주주이든 우선주주이든 이익배당이 보장된 것은 아니므로, '이익 없으면 배당 없다'는 원칙은 주식회사의 기본원칙이다. 그러나 이 원칙에 대한 예외로서 들 수 있는 것은 建設利子配當의 경우(제463조)가 있다.

(2) 形式的 要件

이익배당을 위한 형식적 요건으로 '주주총회의 승인결의'가 있어야 한다.

즉, 이익배당을 함에는 결산기에 주주총회에서 利益剩餘金處分計算書(제447조 제3호)를 가결하여야 한다(제449조 제1항). 주주총회에서 이익잉여금처분계산서를 승인하면 구체적인 배당금지급청구권이 생기는데, 이 권리는 독립하여 양

---

1) 고유권이 아니라는 견해: 崔基元(會) 972면 참조.

2) 大判 1980. 8. 26, 80 다 1263.

도·압류·전부명령 등의 목적이 될 수 있고, 5년의 시효에도 걸리게 된다(제464조의2 제2항).

3. 利益配當의 方法

(1) 利益配當의 基準

이익배당은 주주총회의 배당결의시의 주주명부상의 주주를 대상으로 하되 각 주주가 가진 주식의 수에 따라서 평등하게 지급한다(제464조 본문). 다만, 배당내용이 다른 수종의 주식을 발행한 경우(제464조 단서)라든가 공공적 법인의 배당에 관하여는(資金 제165조의 13) 차등을 둘 수 있다. 신주가 발행된 경우 신주발행의 효력발생일 이후의 일수에 비례하여 이익배당을 하는 이른바 日割配當에 관하여는 상법에 규정이 없으므로 회사는 주주총회의 결의에 의하여 일할배당을 할 수 있다고 본다(日割配當任意說. 반대설은 日割配當義務說). 전술한 바와 같이 회사가 보유한 자기주식은 이익배당청구권이 없다.

한편 상장법인 또는 공공적 법인의 경우에는 이익이나 이자를 배당함에 있어서 정부에게 지급할 배당금의 전부 또는 일부를 우리社株組合員이나 일정소득수준 이하인 주주에게 배당할 수 있다(資金 제165조의 7, 제165조의 14).

(2) 配當時期

이익배당은 영업년도말의 대차대조표상에서 생기는 이익만으로써 하고, 정기총회에서 확정되므로 매결산기에 1회로 한정되나, 중간배당의 예외가 있다.

(3) 配當金

이익배당은 금전과 주식으로 할 수 있다.

(4) 配當金支給時期

배당금은 이익잉여금처분계산서가 주주총회에서 승인된 때로부터 1월 이내에 지급되어야 하나(제464조의 2 제1항 본문), 주주총회에서 따로 정한 경우에는 그러하지 아니하다(제464조의 2 제1항 단서). 소정의 배당기간 내에 회사가 배당금을 지급하지 않은 때는 과태료의 제재를 받는다(제635조 제1항 제22호의 2).

4. 違法配當의 效果

이익배당의 요건·기준·절차에 하자가 있는 위법배당의 경우에는 그 배당은 원칙적으로 무효이고, 이사와 감사는 회사 및 제3자에 대하여 손해배상책임을 지고(제399조, 제401조, 제414조), 벌금의 제재를 받는다(제625조 제3호). 그리고 외부감사인을 선임한 경우(外監 제2조)에는 외부감사인이 허위의 감사보고서를 작성한 경우에도 회사 및 제3자에 대하여 손해배상책임을 진다(外監 제17조). 그리고 회사는 주주에 대하여 배당무효에 기한 不當利得返還請求權을 갖는다(民 제741조). 이 때 이익배당이 주주총회의 하자 있는 결의에 의하여 이루어진 경우 전술한 바와 같이 주주총회결의 무효확인의 소의 성질을 확인의 소라고 보므로 별도의 결의무효확인의 소를 거칠 필요가 없다. 한편 회사채권자도 주주에 대하여 違法配當額을 회사에 반환할 것을 청구할 수 있다(제462조 제2항). 회사채권자란 청구 당시의 전채권자이고 위법배당 당시의 채권자만에 한하지 않는다. 반환청구를 소로써 하는 경우에는 그 소는 본점소재지의 지방법원의 관할에 전속한다(제462조 제3항, 제186조).

V. 株式配當

1. 株式配當의 意義와 性質

주식배당(stock dividends)이란 이익배당을 금전에 갈음하여 새로이 발행되는 주식으로 하는 것을 말한다. 회사가 주식배당을 하면 필요한 자금의 사내유보를 가능하게 하는 등 여러 가지 利點이 있다. 주식배당의 법적 성질에 관하여는 이를 이익배당의 일종으로 보는 利益配當說,[1] 준비금의 자본전입에 의한 신주의 무상교부와 같이 비율적 단위로서의 주식의 분할에 불과하다는 株式分割

1) 孫珠瓚(上) 877면; 李楨漢 "株式配當制度에 관한 硏究", 仁山 鄭熙喆先生 停年紀念, ≪商法論集≫, 1985, 151면 이하: 李泰魯·李哲松(會) 850면; 鄭熙喆·鄭燦亨(上) 842면; 崔基元(會) 983면.

說,[1] 그리고 주식배당은 실질에 있어서는 배당가능이익의 자본전입에 불과하다는 資本轉入說[2] 등이 있다. 그러나 주식배당은 ① 배당가능이익의 존재를 전제로 하며, ② 주식배당의 결의는 주주총회에서 한다는 점, ③ 주식배당의 결과 자본이 증가되는 점, ④ 주식배당의 결과로 생기는 단주에 대하여는 금전으로 배당하는 점 등에서 이익배당설이 타당하다고 본다.[3] 따라서 회사가 보유하는 자기주식은 주식배당청구권이 없다.

2. 株式配當의 要件

주식배당도 이익배당의 일종이므로 배당가능이익이 존재하여야 함은 물론이다. 다만 주식배당은 이익배당총액의 2분의 1에 상당하는 금액을 초과하여 하지 못한다(제462조의 2 제1항 단서). 다만 상장법인의 경우에는 당해주식의 時價가 권면액에 미달하는 경우를 제외하고는 이러한 제한이 없다(資金 제165조의 13). 그리고 주주총회의 결의로 주식배당을 하되(제462조의 2 제1항), 이 경우에도 발행예정주식총수 중에 미발행주식이 있어야만 한다. 신주의 발행가액은 주식의 권면액으로 하나, 수종의 주식을 발행한 때에는 같은 종류의 주식으로 할 수 있다(제462조의 2 제2항). 신주의 발행가액을 주식의 권면액으로 하는 이유는, 신주를 액면가 이하로 발행하면 회사의 자본충실을 해하고, 액면가 이상으로 발행하면 신주의 이익을 침해할 우려가 있기 때문이다. 주식으로 배당할 이익의 금액 중 주식의 권면액에 미달하는 단수가 있는 때에는 그 부분에 대하여는 자본감소의 경우와 같이 처리한다(제462조의 2 제3항).

3. 株式配當의 效果

주식배당을 받는 주주는 주식배당의 결의를 한 주주총회가 종결한 때로부터

1) 梁明朝, "改正商法과 株式會社의 利益配當", ≪月刊考試≫, 1984. 5, 63면.
2) 朴吉俊, "株式配當制度", ≪考試界≫, 1984. 6, 38면.
3) 李範燦, "株式配當에 관한 몇 가지 問題點", 無得徐燉珏敎授停年紀念, ≪商事法論集≫, 1986년, 241면 이하 참조.

신주의 주주가 된다(제462조의 2 제4항). 주주총회의 결의가 있는 때에는 지체없이 배당을 받을 주주와 등록질권자에게 배당될 주식의 종류와 수를 통지하여야 하고, 무기명주권을 발행한 때에는 주식배당에 관한 결의의 내용을 공고하여야 한다(제462조의 2 제5항). 회사는 주식배당결의를 한 주주총회의 종결 후 지체없이 株券을 발행하여 주주에게 교부하여야 한다(제355조). 이 때 質權者에게는 물상대위권이 인정된다(제462조의 2 제6항).

주식배당의 결과 회사가 발행한 주식수와 자본에 변동이 생기므로 이에 대한 변경등기가 필요하다(제183조).

4. 違法配當의 處理

위법한 주식배당에 대하여는 신주발행의 무효를 주장할 수 있고(제429조), 배당 전이라면 新株發行의 留止를 청구할 수 있다(제424조). 위법배당으로 인하여 회사에 손해가 있는 때에는 이사·감사가 손해배상책임을 지고 과태료의 제재를 받는다(제399조, 제414조, 제625조 제3호). 그러나 이 경우 이사에게 資本充實責任은 없다고 본다.[1)]

신주발행이 무효로 된 경우 무효인 주권에 대하여도 주권실효절차를 취하여야 할 것이다. 그러나 신주발행의 무효가 소로서 다투어지지 않고 배당된 신주가 유통되고 있는 경우에는 실제로 회사재산의 사외유출은 없고 단지 자본전입의 효과만 있기 때문에, 회사채권자가 상법 제462조 제2항에 의한 반환청구권을 행사할 수는 없다고 본다.[2)]

1) 同旨: 李炳泰(上) 838면; 崔基元(會) 990면; 反對說: 徐燉珏(上) 455면; 孫珠瓚(上) 882면; 鄭東潤(會) 596면; 鄭熙喆·鄭燦亨(上) 853면.
2) 李範燦, 前揭論文 256~257면 참조, 同旨 : 孫珠瓚(上) 882면; 鄭熙喆·鄭燦亨(上) 851~852면; 崔基元(會) 990면.

Ⅵ. 中間配當

1. 中間配當의 意義

中間配當이란 年 1회의 決算期를 정한 회사가 定款이 정하는 바에 따라 營業年度 中 1회에 한하여 理事會의 결의로 일정한 날을 정하여 그날의 株主에게 金錢으로 이익을 배당하는 것을 말한다(제462조의 3 제1항). 본래 이익배당은 營業年度末의 貸借對照表 상에서 생기는 이익만으로써 하고, 정기총회에서 확정되므로 매결산기에 1회로 한정된다. 따라서 영업년도 중에는 주주에게 이익배당을 할 수 없으나, 1998년 개정상법은 영업년도 중 1회 배당에 따른 회사의 일시적인 자금압박을 덜어주고 일반대중의 주식투자에 대한 관심을 제고하기 위하여 中間配當制度를 도입하였다. 또한 연 1회의 결산기를 정한 주권상장법인은 정관으로 정하는 바에 따라 사업연도 중 그 사업연도 개시일부터 3월, 6월 및 9월 말일 당시의 주주에게 이사회 결의로써 금전으로 이익배당(분기배당)을 할 수 있다(資金 제165조의 12).

2. 中間配當의 性質

中間配當은 經濟的으로는 이익배당과 같은 성질의 것으로 볼 수 있고, 상법 제462조의 3 제1항도 中間配當을 "영업년도 중 금전으로 이익을 배당하는 것"이라고 규정하고 있으나, 상술한 바와 같이 회사의 주주에 대한 이익배당은 매 결산기 도래 후 주주총회의 승인결의에 따라 확정되는 것이므로 中間配當을 이익배당으로 보기는 어렵고, 당해 결산기에 이익발생이 예상되지 않는 경우에는 中間配當을 할 수 없도록 규정(제462조의 3 제3항)하고 있는 점 등에 비추어 실질적으로는 당해 결산기의 이익발생을 예상하고 실시하는 利益配當의 假支給으로 보아야 할 것이다.[1] 다만 상법은 중간배당의 경제적 성질이 이익배당과 유사한

1) 同旨: 孫珠瓚(上) 877면.

점을 고려하여 이익배당에 관한 여러 조항을 중간배당에 준용하고 있다(제462조의 3 제5항).

3. 中間配當의 要件

적법한 中間配當이 되려면 이익배당과 마찬가지로 실질적 요건과 형식적 요건을 구비하여야 한다.

(1) 實質的 要件

中間配當을 하려면, 실질적 요건으로 '中間配當可能利益'(제462조의 3 제2항)이 있어야 한다. 中間配當可能利益은 直前 決算期의 貸借對照表上의 純財産額으로부터, ① 직전 결산기의 資本의 額, ② 직전 결산기까지 적립된 資本準備金과 利益準備金의 合計額, ③ 직전 결산기의 定期總會에서 이익으로 배당하거나 또는 지급하기로 정한 금액, ④ 中間配當에 따라 당해 결산기에 적립하여야 할 利益準備金을 공제하고 남은 금액을 말한다.

그러나 위와 같은 限度額의 범위 내라 할지라도 당해 결산기의 대차대조표상의 純財産額이 상법 제462조 제1항의 각호의 금액의 합계액에 미치지 못할 우려가 있는 경우, 즉 당해 결산기에 이익발생이 예상되지 않는 경우에는 中間配當을 할 수 없다(제462조의 3 제3항).

(2) 形式的 要件

中間配當을 할 수 있는 회사는 決算期를 연 1회로 정한 회사로서 정관에 중간배당을 할 수 있는 규정을 두고 있는 회사이다. 이러한 회사가 중간배당을 하기 위하여는 정관이 정하는 바에 따라 理事會의 결의가 있어야 한다(제462조의 3 제1항).

理事會에서 中間配當을 하기로 결정하면 구체적인 中間配當金支給請求權이 생기는데, 이 權利는 독립하여 讓渡·押留·轉付命令 등의 목적이 될 수 있고, 5년의 時效에도 걸리게 된다(제464조의 2 제2항).

4. 中間配當의 方法

(1) 中間配當의 基準

中間配當은 定款에서 정하는 바에 따라 理事會가 결정한 일정한 날(基準日)에 株主名簿에 기재된 주주를 대상으로 각 株主가 가진 주식의 수에 따라서 平等하게 지급한다(제462조의 3 제1항 · 제5항, 제464조 본문). 다만 배당내용이 다른 數種의 株式을 발행한 경우에는 차등을 둘 수 있다(제462조의 3 제5항, 제464조 단서).

日割配當에 관하여는 이익배당에서 설명한 바와 같다.

(2) 中間配當時期

中間配當은 영업년도 중 1회로 한정된다(제462조의 3 제1항).

(3) 中間配當金

中間配當은 이익배당과는 달리 金錢으로만 할 수 있다(제462조의 3 제1항).

(4) 中間配當金의 支給時期

中間配當金은 理事會의 결의가 있을 날로부터 1월 이내에 지급되어야 하나(제464조의 2 제1항 본문), 理事會에서 지급시기를 따로 정한 경우에는 그러하지 아니하다(제464조 제2항). 소정의 기간 내에 회사가 中間配當金을 지급하지 않는 경우에는 過怠料의 제재를 받는다(제635조 제1항 제22호의 2).

≪자본시장법상의 中間配當≫

연 1회의 결산기를 정한 주권상장법인은 정관이 정하는 바에 따라 사업연도 중에 그 사업연도 개시일부터 3월, 6월 및 9월 말일 당시 주주에게 이사회결의로써 이익배당(분기배당)을 할 수 있다(資金 제165조의 12 제1항). 자본시장법상의 중간배당제도는 중간배당을 위한 이사회결의를 일정한 날(기준일)로부터 45일 이내에 하도록 하고, 중간배당금은 이사회결의가 있은 날로부터 20일 이내에 지급하도록 하는 등 상법상의 중간배당제도와는 약간 차이가 있다(資金 제165조의 12 제2항 · 제3항).

5. 違法中間配當의 效果

(1) 違法中間配當의 처리

違法中間配當에 관한 理事・監事의 회사 및 제3자에 대한 책임, 제재 등은 위법이익배당에서 살펴본 바와 같다(제399조, 제401조, 제414조). 즉, 中間配當의 요건・기준・절차에 하자가 있는 違法中間配當의 경우에는 그 中間配當은 원칙적으로 無效이고, 理事와 監事는 회사 및 제3자에 대하여 損害賠償責任을 지고(제462조의 3 제5항, 제399조, 제401조, 제414조), 罰金의 제재를 받는다(제625조 제3호). 그리고 회사는 주주에 대하여 中間配當無效에 기한 不當利得返還請求權을 갖는다(民 제741조).

한편 회사채권자도 주주에 대하여 違法中間配當金을 회사에 반환할 것을 청구할 수 있다(제462조의 3 제6항, 제462조 제2항). 회사채권자란 위법이익배당에서와 마찬가지로 청구 당시의 全債權者이고 違法中間配當 당시의 채권자만에 한하지 않는다. 반환청구를 소로써 하는 경우에는 위법배당 반환청구의 소와 같다(제462조의 3 제6항, 제462조 제3항, 제186조).

(2) 超過配當에 대한 差額賠償責任

한편 商法은 회사로 하여금 당해 결산기의 貸借對照表上의 純財産額이 제462조 제1항 각호의 금액의 합계액에 미치지 못할 우려가 있는 경우, 즉 당해 결산기에 이익발생이 예상되지 않는 경우에는 中間配當을 하지 못하도록 규정함과 아울러(제462조의 3 제3항), 이를 위반한 경우 理事로 하여금 회사에 대하여 連帶하여 그 차액(배당액이 그 차액보다 적을 경우에는 배당액)을 배상토록 하는 特別責任을 지우고 있다(제462조의 3 제4항 본문). 다만 理事가 그러한 우려가 없다고 판단함에 있어 주의를 게을리하지 아니하였음을 증명한 때에는 책임을 면한다(제462조의 3 제4항 단서). 中間配當을 결정한 理事會決議에 찬성한 理事는 연대하여 차액배상책임을 부담하며, 理事會의 결의에 참가한 자로서 이의를 한 기재가 의사록에 없는 자는 그 결의에 찬성한 것으로 추정한다(제462조의 3 제6항, 제399조 제2항・제3항). 理事의 이 책임은 總株主의 同意로써만 면제할 수 있다(제462조의 3 제6항, 제400조).

Ⅶ. 建設利子의 配當

1. 建設利子의 意義

건설이자란 건설에 장기간을 요하는 사업(예컨대, 철도·운하·전력·築港)을 목적으로 하는 주식회사에서 일정한 요건하에 주주에게 배당하는 이자를 말하며, 工事利子라고도 한다. 건설이자의 배당은 '이익 없으면 배당 없다'는 원칙의 유일한 예외이나, 주주의 모집을 쉽게 하고 주가의 안정을 기함으로써 기업자본의 조달을 용이하게 하려는 데 그 제도적 의의가 있다. 건설이자는 이익배당도 아니고(이익이 없으므로) 이자의 지급도 아니므로(원본채권이 없으므로) 법의 규정에 의한 '株金의 一部還給'이라고 보는 견해도 있으나,[1] 자본액이 감소하지 않을 뿐더러, 실제로 이연계정으로 처리되어 장래의 수익으로 상각하게 되므로 '利益의 先給'이라고 본다.[2]

2. 建設利子의 配當要件

건설이자배당은 자본충실원칙에 대한 예외적인 제도이므로 그 요건이 엄격하다(제463조). 즉, ① 사업의 성질이 회사성립 후 2년 이상 그 영업전부를 開始하기 불가능해야 하고, ② (원시)정관의 규정으로 배당할 주식의 수를 한정하고 배당기간(개업 전 일정기간)·배당률(연 5푼을 초과하지 않는 율)을 확정해야 하며, ③ 정관의 규정은 법원의 인가를 받아야 한다. 건설이자의 배당기간은 정관에 의하여 확정되므로 주주총회의 결의와는 관계없이 영업년도가 끝남으로써 建設利子配當請求權이 확정된다.[3]

이 밖에 건설이자에 관한 사항은 회사설립시의 주식청약서(제302조 제2항 제6호)에 이를 기재하여야 하고, 등기하여야 한다(제317조 제2항 제5호).

---

1) 徐燉珏(上) 455면; 孫珠瓚(上) 883면.
2) 同旨: 李炳泰(上) 839면; 鄭熙喆·鄭燦亨(上) 854면; 崔基元(會) 991면.
3) 孫珠瓚(上) 884면; 鄭熙喆·鄭燦亨(上) 854면; 崔基元(會) 991면.

3. 建設利子配當額의 償却

건설이자배당액은 자산의 부에 계상하되(移延資産計定), 개업 후 年 6푼 이상의 이익을 배당하는 때에 그 6푼을 초과한 금액과 동액 이상의 금액을 상각하여야 한다(제457조).

4. 違法한 建設利子配當

위법한 건설이자배당에 관하여는 상법에 규정이 없으므로 위법한 이익배당에 준하여 처리한다. 즉, 위법한 건설이자의 배당은 무효이므로 회사는 주주에 대하여 그 반환을 청구할 수 있고(民 제748조), 법령이나 정관에 위반하거나 업무를 해태한 이사와 감사는 손해배상책임을 지며(제399조, 제401조, 제414조, 제415조), 형벌의 제재를 받는다(제625조 제3호).

Ⅷ. 株主의 會計監督權

이사회제도의 채택과 함께 주주의 지위강화책이 요청되므로, 상법은 주주로 하여금 업무집행에 관여할 수 있는 길을 열어줌과 동시에(예컨대, 理事解任請求權, 代表訴訟權, 理事의 違法行爲留止請求權 등) 회계감독권까지도 주주에게 부여하였다.

1. 財務諸表閱覽權

주주는 누구나 회사의 업무와 재무상태를 정확히 파악하기 위하여 이사가 본점·지점에 비치하는 재무제표 및 그 부속명세서와 감사보고서, 영업보고서, 외부감사를 받는 회사는 외부감사인의 감사보고서 등의 서류를 영업시간 내에는 언제든지 열람·등사를 할 수 있고, 소정의 비용을 지급하고 그 등본 또는 초본의 교부를 청구할 수 있다(제448조, 外監 제14조 제1항).

2. 會計帳簿閱覽權

재무제표를 열람하고도 그 실정을 충분히 파악할 수 없는 경우에는 다시 그 원자료인 회계장부(元帳, 日記帳, 分介帳, 傳票 등)와 서류(信書, 契約書, 領收證 등)를 열람·등사할 수 있다(제466조). 그러나 회계장부의 공개는 회사의 이익을 크게 해하게 되므로, 그 열람권의 남용을 방지하기 위하여, 소수주주권자(발행주식총수의 100분의 3 이상에 해당하는 주식을 가진 주주)에 한하여 이유를 붙인 서면으로만 청구할 수 있게 하였다. 그러나 상장회사의 경우에는 상법상의 3% 持株要件을 완화하고 있다. 즉, 6개월 전부터 계속하여 상장회사의 발행주식총수의 0.1%(대통령령이 정하는 회사는 0.05%) 이상에 해당하는 주식을 보유한 자는 회계장부열람권을 행사할 수 있다(제542조의 6 제4항).

회사는 주주의 청구가 부당함을 증명하지 아니하면 회계장부열람권의 행사를 거부하지 못한다.

3. 檢査人의 選任請求權

회사의 업무집행에 관하여 부정행위 또는 법령이나 정관에 위반한 중대한 사실이 있음을 의심할 사유가 있는 때에는 발행주식총수의 100분의 3 이상에 해당하는 주식을 가진 주주는 회사의 업무와 재산상태를 조사하게 하기 위하여 법원에 검사인의 선임을 청구할 수 있다(제467조 제1항)(이 때에도 상장회사의 경우에는 소수주주권자의 지주요건이 완화된다. 제542조의 6 제1항).

법원은 검사인의 조사보고(제467조 제2항)에 따라 필요하다고 인정한 때에는 대표이사에게 주주총회의 소집을 명할 수 있는데, 이 때에는 검사인도 주주총회에 조사보고서를 제출하여야 하고, 이사·감사도 지체없이 검사인의 보고서의 正確與否를 주주총회에 보고하여야 한다(제467조 제3항·제4항).

Ⅸ. 使用人의 優先辨濟權

身元保證金의 반환을 받을 채권 기타 회사와 사용인 간의 고용관계로 인한 채권(예컨대, 월급, 상여금)이 있는 자는, 회사의 총재산에 대하여 優先辨濟를 받을 권리가 있다(제468조 본문). 그러나 사용인의 우선변제권도 질권이나 저당권에는 우선하지 못한다(제468조 단서).

제 9 절 株式會社의 定款變更

Ⅰ. 株式會社定款變更의 意義

정관의 변경(Satzungsänderung, Modifikation des Statuts)이란 회사의 根本規則(실질적 의의의 정관)을 변경하는 것을 말한다. 정관의 변경은 원칙적으로 자유이나, 신중을 기하기 위하여 엄격한 법적 절차를 밟아야 한다. 다만 특별법상 은행·증권회사·한국전력공사 등이 정관을 변경할 때에는 감독기관 또는 주무관청의 인가가 있어야 한다(銀行 제10조 제1항 제1호, 資金 제418조 제2항, 韓電 제5조 제2항).

Ⅱ. 株式會社定款變更의 節次

정관의 변경은 주주총회의 특별결의에 의하여야 하는데(제433조 제1항, 제434조), 그 총회의 소집의 통지와 공고에는 의안의 요령을 기재하여야 한다(제433조 제2항). 그리고 회사가 수종의 주식을 발행한 경우에 정관을 변경함으로써 어느 종류의 주주에게 손해를 주게 될 때에는 다시 그 종류의 주주총회의 결의도 있어야 하는데(제435조 제1항), 종류주주총회의 결의는 출석한 종류주주의 의결권의 3분의2 이상의 수와 그 종류의 발행주식총수의 3분의1 이상의 수로써 하여야 한다(제435조 제2항).

단순히 사실만을 기초로 하는 규정은 그 사실의 변경(예컨대, 지명의 변경 또는 행정구역의 변경)에 의하여 당연히 정관이 변경되며, 법령의 개정으로 인하여 정관의 규정이 변경 또는 실효되는 경우에도 같다. 이들 경우에는 총회의 결의가 필요없다.

정관변경으로 등기사항이 변경되면 변경등기를 하여야 한다(제317조 제2항, 제183조).

Ⅲ. 株式會社定款變更의 效力發生

정관변경은 원칙적으로 주주총회의 결의에 의하여 즉시 효력이 발생하고, 定款書面의 更正은 후에 하되 공증인의 認證(제292조)도 필요없다. 그러나 공증인법 제6조에 의하여 주주총회의 議事錄의 인증을 필요로 한다.

Ⅳ. 發行豫定株式總數의 變更

발행예정주식총수는 정관의 절대적 기재사항이므로(제289조 제1항 제3호), 그것을 변경하려면 정관변경절차를 밟아야 하는데, 그 증가의 폭에는 아무런 제한이 없다. 발행예정주식총수의 변경은 변경등기를 하여야 한다(제317조 제2항 제1호·제3항, 제183조).

제10절 株式會社의 解散과 清算

Ⅰ. 株式會社의 解散

1. 株式會社解散의 意義

주식회사의 해산이란 회사의 법인격소멸의 원인이 되는 법률사실을 말한다.

2. 株式會社解散의 事由

주식회사의 해산사유(제517조)로는 ① 존립기간의 만료 기타 정관으로 정한 사유의 발생, ② 합병·분할 또는 분할합병, ③ 파산, ④ 법원의 해산명령 또는 해산판결, ⑤ 주주총회의 특별결의(제518조)를 들 수 있다. 이 외에도 ⑥ 일정기간 休眠狀態에 있는 회사는 일정한 절차를 밟아 해산한 것으로 의제된다(제520조의 2). 그리고 ⑦ 채무자 회생 및 파산에 관한 법률에 의하여 법원에 제출한 회생계획상 채무자가 합병·분할 또는 분할합병에 의하지 아니하고 해산할 것을 정한 때에는 회생계획이 정하는 시기에 해산하고(同法 제216조·제275조), 보험사업자의 경우에도 보험업법에서 정한 보험계약 전부의 이전 등과 같은 별도의 해산사유가 있다(保業 제137조). 여기서는 해산명령과 해산판결만을 설명하기로 한다.

(1) 解散命令

해산명령이란 공익상 회사의 존속을 허용할 수 없다고 인정되는 일정한 경우에 법원이 이해관계인이나 검사의 청구에 의하여 또는 직권으로 회사의 해산을 명하는 재판이다(제176조). 법률이 회사라는 단체에 법인격을 부여하는 것은 사회적으로 유용한 임무를 담당하고 그 사회적 가치가 인정되기 때문이므로, 그 존재가치를 상실한 경우(특히 반사회성을 띤 경우)에는 법인격을 박탈하는 것이 당연하다. 해산명령은 회사설립에 관한 準則主義에 수반되기 쉬운 폐단을 시정하기 위한 것으로, 민법상 인정되는 법인의 설립허가 취소제도(民 제38조)에 해당하는 제도이다.

해산명령의 목적은 공익유지에 있으므로 그 사유는, ① 회사의 설립목적의 불법, ② 부당한 개업지연·영업휴지(회사가 정당한 사유없이 설립 후 1년 내에 개업을 하지 않거나 또는 1년 이상 영업을 휴지하는 때), ③ 업무집행기관의 불법행위(이사 또는 업무집행사원의 행위가 법령 또는 정관을 위반했을 뿐만 아니라 회사의 존속을 허용할 수 없는 때)이다.

해산명령청구가 있는 때에는 법원은 재산의 은닉을 방지하기 위하여 해산명령 전일지라도 관리인의 선임 기타 회사재산의 보전에 필요한 처분을 할 수 있다(제176조 제2항).

이해관계인이 해산명령을 청구한 때에는 법원은 회사의 청구에 의하여 상당한 담보의 제공명령을 할 수 있으나(제176조 제3항), 회사가 담보제공명령을 청구함에는 이해관계인의 청구가 악의임을 소명하여야 한다(제176조 제4항).

(2) 解散判決

해산판결이란 회사운영의 停頓·失當 등 난관을 타개할 수 없는 경우에 주주의 청구에 의하여 법원이 회사를 해산시키는 판결이다(제520조). 즉, ① 회사의 업무가 현저한 停頓狀態를 계속하여 회복할 수 없는 손해가 생긴 때 또는 생길 염려가 있는 때, ② 회사재산의 관리 또는 처분의 현저한 실당으로 인하여 회사의 존립을 위태롭게 한 때에(주주총회에서 해산결의도 할 수 없으면) 부득이 발행주식총수의 100분의 10 이상에 해당하는 주식을 가진 주주는 법원에 회사의 해산을 청구할 수 있다(제520조 제1항).

해산판결청구의 소는 회사를 피고로 하는 형성의 소로서, 회사는 판결의 확정으로 해산한다. 원고가 패소한 경우에 악의 또는 중대한 과실이 있으면 회사에 대하여 연대하여 손해배상책임을 진다(제520조 제2항, 제191조).

3. 株式會社解散의 公示

주식회사가 해산한 때에는 파산의 경우 외에는 이사는 지체없이 주주에 대하여 해산의 통지를 하고, 무기명주권을 발행한 때에는 이를 공고하여야 한다(제521조). 또 합병과 파산 이외의 사유로 해산한 때에는 법정기간 내에 해산등기를 하여야 한다(제521조의 2, 제228조).

4. 會社의 繼續

회사의 계속이란 일정한 해산사유로 인하여 해산한 회사가 다시 해산 전의 회사로 돌아가는 것을 말하며, 이것은 회사의 합병·회사의 조직변경과 더불어 기업유지의 이념이 제도화된 것이다. 상법은 회사가 존립기간의 만료, 기타 정관에 정한 사유의 발생 또는 주주총회의 결의에 의하여 해산한 경우에는 주주총회의 특별결의에 의하여 회사를 계속할 수 있다고 규정하고 있다(제519조). 회사의 계속은 해산등기 후에도 할 수 있으나, 이 경우에는 법정기간 내에 회사의 계속등기를 하여야 한다(제521조의 2, 제229조 제3항). 또 파산으로 인하여 해산한 경우에도 파산법의 정하는 바에 따라 회사를 계속할 수 있다(破 제283조·제320조).

Ⅱ. 株式會社의 淸算

1. 淸算의 意義

청산(Abwickelung)이란 회사가 합병·분할·분할합병 또는 파산 이외의 사유로 인하여 해산한 경우에 그 재산관계를 원만히 처리하고 회사의 법인격을 소멸시키는 절차를 말한다. 회사설립무효의 판결이 확정된 때에도 해산의 경우에 준하여 청산하여야 한다(제328조 제2항, 제193조 제1항).

2. 淸算會社의 權利能力

청산회사의 권리능력은 청산의 목적 범위로 한정되나(제542조, 제245조), 청산

중의 회사라도 소송상의 당사자능력은 있다.

3. 淸算會社의 機關

청산 중인 회사에서는 정관에 다른 정함이 있거나 주주총회에서 타인을 청산인으로 선임하지 아니한 한 원칙적으로 이사가 청산인으로 되나(제531조), 주주 기타 이해관계자의 청구에 의하여 법원이 선임하는 경우도 있다(제328조, 제193조, 제542조 제1항, 제252조). 감사는 청산인으로 될 수 없다(제542조 제2항, 제411조). 청산인은 2인 이상이어야 하나 그 임기에 관하여는 제한이 없다. 청산인은 법원이 선임한 경우 외에는 언제든지 주주총회의 보통결의로 해임할 수 있다(제539조 제1항). 청산인이 그 업무를 집행함에 현저하게 不適任하거나 중대한 임무위반행위가 있는 때에는 소수주주가 법원에 그 해임을 청구할 수 있다(제539조 제2항)(이 때에도 상장회사의 경우에는 소수주주권자의 持株要件이 완화된다. 제542조의 6 제3항). 주주총회나 감사는 그대로 존속하며, 검사인도 선임할 수 있다. 그 밖에 주주총회, 감사의 권리의무, 이사의 권리의무에 관한 규정이 청산 중의 회사에도 대폭 준용된다(제542조).

청산인은 그 전원으로 淸算會社(Liquidationsgesellschaft)의 업무집행기관인 淸算人會를 구성한다(제542조 제2항). 청산인회는 그 결의의 집행과 청산에 관한 상무의 결정·집행을 담당할 대표청산인을 정하여야 한다(제542조 제2항, 제389조). 청산인회 및 대표청산인에 관하여도 주식회사의 이사회 및 대표이사에 관한 규정이 대폭 준용된다(제542조).

4. 淸算節次

(1) 主된 淸算事務

주식회사는 물적 회사이므로 임의청산은 허용되지 않고, 다음과 같은 법정청산절차를 밟아야 한다. 즉, 청산인은 주된 청산사무로서 ① 해산 당시의 未決事務를 정리하고, ② 채권의 추심과 채무의 변제, ③ 재산의 換價處分, ④ 잔여재산의 분배를 하여야 한다.

위 ②의 채무의 변제를 위하여 청산인은 취임한 날로부터 2월 내에 회사채권자에 대하여 2월 이상의 기간을 정하여 그 채권을 신고할 것과, 그 기간 내에 신고하지 않으면 청산에서 제외된다는 뜻을 2회 이상 공고로써 최고하여야 하며(제535조 제1항), 청산인은 알고 있는 채권자에 대하여는 각별로 그 채권의 신고를 최고하여야 하고 이 경우에는 그 채권자가 신고하지 아니하였다고 하더라도 이를 청산에서 제외하지 못한다(제535조 제2항). 청산인은 위의 신고기간 내에는 채권자에 대하여 변제를 하지 못한다. 그러나 회사는 그 변제의 지연으로 인한 손해배상의 책임을 져야 한다(제536조 제1항). 다만 청산인은 소액의 채권, 담보 있는 채권 기타 변제로 인하여 다른 채권자를 해할 염려가 없는 채권에 대하여는 법원의 허가를 얻어 변제할 수 있다(제536조 제2항). 기타 변제기에 이르지 않은 채권, 조건부채권, 존속기간이 불확정한 채권, 기타 가액이 불확정한 채권에 대하여는 특칙이 있다(제542조 제1항, 제259조).

청산에서 제외된 채권자는 분배되지 아니한 잔여재산에 대하여서만 변제를 청구할 수 있고, 이미 일부 주주에 대하여 재산을 분배한 경우에는 그와 동일한 비율로 다른 주주에게 우선적으로 분배하여야 하고, 그 나머지를 청산에서 제외된 채권자에게 분배한다(제537조).

위 ④의 잔여재산의 분배는 수종의 주식을 발행한 경우를 제외하고, 각 주주가 가진 주식수에 따라 하여야 한다(제538조, 제344조 제1항). 다툼이 있는 채무에 대하여는 그 변제에 필요한 재산을 보류하고 분배할 수 있다(제542조 제1항, 제260조).

(2) 附隨的 淸算事務

청산인은 부수적 청산사무로서 ① 법원에 대한 신고(제532조), ② 회사재산의 조사보고(제533조), ③ 주주총회의 소집(제542조 제2항, 제362조, 제366조), ④ 재무제표 등의 제출·비치·공시(제534조, 제542조 제2항, 제448조, 제449조) 등을 하여야 한다.

청산사무가 종결되면, 지체없이 결산보고서를 작성하여 주주총회에서 승인을 얻고(제540조), 총회의 승인이 있은 날로부터 본점소재지에서는 2주 내에, 지점소재지에서는 3주 내에 청산종결등기를 하여야 한다(제542조 제1항, 제264조). 청산종결등기를 하였더라도 실제로 청산이 종결되지 않았다면 회사의 법인격은 소멸하지 아니한다.

5. 書類의 保存

회사의 장부와 영업과 청산에 관한 중요한 서류는 본점소재지에서 청산종결의 등기 후 10년간 보존하여야 하나, 전표 또는 그와 유사한 서류는 5년간 보존하여야 한다(제541조 제1항).

그 보존인과 보존방법은 청산인 기타 이해관계인의 청구에 의하여 법원이 정한다(제541조 제2항).

Ⅲ. 休眠會社의 整理

1. 休眠會社整理制度의 意義

휴면회사란 사실상 영업을 폐지하고 있거나 이미 도산된 회사로서 장기간 변경등기를 하지 않고 있는 회사를 말한다.

이와 같이 장기간 변경등기도 없이 방치된 休眠會社는 ① 동종영업을 하는 타인이 동일한 상호를 사용하는 것을 방해하고(제22조), ② 실제와 등기 사이의 불일치로 인한 등기부관리상의 부담을 가중시키며, ③ 이른바 회사매매의 대상으로 악용되어 경제범죄를 유발하는 등 많은 불편과 부조리를 야기한다. 1984년의 개정상법은 주식회사제도의 남용대책의 일환으로서 휴면회사를 정리하기에 이른 것이다(제520조의 2).

2. 休眠會社의 解散擬制

법원행정처장은 최후의 등기 후 5년을 경과한 회사(휴면회사)는 본점의 소재지를 관할하는 법원에 아직 영업을 폐지하지 아니하였다는 뜻의 신고를 할 것을 官報로써 공고한다. 이 경우에 법원은 해당 회사에 대하여 그 공고가 있었다는 뜻을 통지하여야 한다(제520조의 2 제2항). 그리고 이 공고한 날에 이미 최후의 등기 후 5년을 경과한 회사로서 공고한 날로부터 2월 이내에 대통령령이 정하는 바에 의하여 신고를 하지 아니한 때에는 그 회사는 그 신고기간이 만료된 때에 해산한 것으로 본다(제520조의 2 제1항 본문). 해산등기는 등기소가 직권으로 한다(非訟 제255조의 2). 그러나 그 신고기간 내에 등기를 한 회사는 해산이 의제되지 아니한다(제520조의 2 제1항 단서).

3. 休眠會社의 清算擬制

휴면회사는 기업유지의 견지에서 그 해산의제일로부터 3년 내에 주주총회의 특별결의에 의하여 회사를 계속할 수 있으나(제520조의 2 제3항), 그렇지 아니한 경우에는 해산의제일로부터 3년이 경과한 때에 청산한 것으로 의제되어 그 등기부에서 삭제하게 된다(제520조의 2 제4항).

제 3 장
合 名 會 社

제 1 절 總 說

Ⅰ. 合名會社의 意義

합명회사(offene Handelsgesellschaft, partnership, société en nom collectif)란 無限責任社員만으로 구성된 회사를 말한다. 무한책임사원은 회사에 대하여 출자의무를 부담할 뿐만 아니라, 회사채권자에 대하여 直接·連帶·無限의 책임을 지고, 정관에 다른 정함이 없는 한 회사의 업무를 집행하고 회사를 대표한다. 따라서 합명회사는 대외적 신용의 기초가 사원의 人的 信用에 있고 대내적 결합에 있어서도 사원의 개성이 극히 중요시되는 전형적인 인적 회사이다.

Ⅱ. 合名會社의 法律關係의 特質

합명회사는 개인기업의 공동경영형태라고도 볼 수 있으니, 기업의 영속성과 그 업무처리의 간편성을 도모하기 위하여 형식상 사단법인으로 하였으나(제169조, 제171조), 그 실질은 組合의 성격을 띠고 있다. 그러나 민법상의 조합은 법인격이 없는 단체인 점에서 법인격이 부여된 합명회사와는 다르다. 이와 같이 합명회사의 실체가 조합성을 띠고 사단법인성의 濃度가 희박하므로, 그 조합적인 법률관계의 잔재가 합명회사의 법률관계에 다음과 같이 나타나고 있다. 즉, 합명회사에 있어서는 사단법인으로서의 법률관계(① 회사와 사원과의 법률관계, ② 회사와 제3자 간의 법률관계) 이외에, ① 사원과 제3자 간의 직접적인 법률관계도 일정한 조건 아래 규제의 대상이 되고(사원의 직접무한책임)(제212조), ② 사원 상호간의 법률관계도 규제의 대상이 되며(제197조, 제204조), ③ 사원 상호간의 내부관계에는 조합에 관한 규정을 준용하고 있다(제195조).

제 2 절 合名會社의 設立

Ⅰ. 序 說

합명회사의 설립절차는 정관의 작성과 설립등기로 끝난다. 이론적으로는 합명회사에서도 설립 중의 회사와 같은 개념이 있을 수 있으나, 합명회사에서는 설립행위로서 定款作成行爲밖에 없고 설립기간이 단기이어서 실제로는 문제가 되지 않는다. 따라서 발기인에 관한 규정도 없으며, 정관작성에 의하여 회사의 실체가 이룩되므로 별도로 복잡한 실체형성절차를 밟을 필요도 없는 것이 주식회사와 다른 특색이다. 예컨대, 사원이 정관으로 확정되므로 사원모집절차가 필요없고, 사원이 제3자에 대하여 직접·무한책임을 지므로 모든 사원이 반드시 회사성립 전에 출자의 이행을 완료할 필요도 없으며, 실체형성절차를 검사할 검사절차 또는 감독절차도 없다. 또 각 사원이 회사의 업무집행권과 회사대표권이 있으므로 회사설립시에 기관을 구성할 필요도 없다. 합명회사의 설립행위는 회사설립을 목적으로 하는 合同行爲이다.

Ⅱ. 合名會社의 設立節次

1. 合名會社의 定款作成

합명회사를 설립하려면 사원이 되고자 하는 자 2인 이상이 정관을 작성하여야 한다(제178조). 정관에 公證人의 認證을 받을 필요는 없다.

정관에는 절대적 기재사항으로서 ① 목적, ② 상호, ③ 사원의 성명·주민등록번호 및 주소, ④ 사원의 출자의 목적과 그 가격 또는 평가의 표준, ⑤ 본점의 소재지, ⑥ 정관의 작성년월일을 기재하고, 총사원이 기명날인 또는 서명을 하여야 한다(제179조).

정관의 상대적 기재사항으로는, ① 특정사원의 업무집행권의 제한(제200조 제1항), ② 회사의 존립기간(제227조 제1호), ③ 퇴사사유(제218조 제1호), ④ 퇴사사원의 持分還給의 제한(제222조), ⑤ 회사의 해산사유(제227조 제1호) 등을 들 수 있다.

2. 合名會社의 設立登記

정관을 작성하고 본점소재지에서 등기사항을 등기함으로써(제180조) 합명회사가 성립한다(제172조).

≪設立登記事項≫

등기사항은 ① 목적, ② 상호, ③ 사원의 성명·주민등록번호 및 주소(대표사원을 정한 때에는 다른 사원의 주소는 제외한다), ④ 본점의 주소지, ⑤ 사원의 출자의 목적, 재산출자에는 그 가격과 이행한 부분, ⑥ 존립기간 기타 해산사유를 정한 때에는 그 기간 또는 사유, ⑦ 대표사원을 정한 때에는 그 성명, ⑧ 공동대표사원을 정한 때에는 그 규정이다(제180조).

본·지점을 이전하는 경우에는 2주 내에 新·舊所在地에서 이전등기를 하여야 한다(제182조).

이 밖에 지점을 설치하는 경우에는 특별규정이 있다. 즉, 회사설립과 동시에 지점을 설치하는 경우에는 설립등기를 한 후 2주 내에 지점소재지에서 등기사항(다른 지점의 소재지를 제외한다)을 등기하여야 한다(제181조 제1항). 그리고 회사설립 후에 지점을 설치하는 경우에는 본점소재지에서는 2주 내에 그 지점소재지와 설치년월일을 등기하고, 그 지점소재지에서는 3주 내에 등기사항(다른 지점의 소재지를 제외한다)을 등기하여야 한다(제181조 제2항).

등기사항에 변경이 있으면 본점소재지에서는 2주 내, 지점소재지에서는 3주 내에 변경등기를 하여야 한다(제183조).

Ⅲ. 合名會社의 設立瑕疵

합명회사에 있어서도 설립절차에 하자가 있으면 설립무효를 소로써 주장할 수 있는 것은 당연하다. 그러나 합명회사에 있어서는 사원의 개성이 중시되기 때문에 設立無效의 訴 이외에 設立取消의 訴 제도를 두고 있다. 이 점이 주식회사의 경우와 다르고 유한회사 및 합자회사와 같다.

1. 合名會社 設立無效의 訴

회사설립절차가 법령이나 정관에 위반하거나 합명회사의 본질에 반하는 경우, 즉 설립절차에 객관적 하자가 있는 경우에 설립무효의 원인이 된다. 그러나 합명회사에서는 이 외에도 설립에 참여한 사원 개개인의 意思無能力, 非眞意意思表示(民 제107조 제1항 단서), 虛僞表示(民 제108조 제1항)와 같은 주관적 하자도 설립무효의 원인이 된다(통설). 그러나 이에 대하여 설립행위는 합동행위이고, 합동행위의 성질상 상대방이 없으므로 주관적 하자로 인하여 설립무효가 되는 일은 없고,[1] 거래안전의 보호를 위하여도 주관적 하자는 설립무효의 원인이 될 수 없다고 보는 것이 옳다는[2] 소수설이 있다.

---

1) 徐燉珏(上) 498면.
2) 蔡利植(上) 874면.

2. 合名會社 設立取消의 訴

사원의 무능력·의사표시의 하자와 같은 취소사유로 인해 설립취소의 소를 제기할 수 있으며, 채권자도 사해행위로 인한 설립이란 것을 들어 설립취소의 소를 제기할 수 있다(제184조·제185조).

3. 合名會社 設立의 無效·取消의 訴의 節次 및 效力

설립의 무효·취소의 주장방법·시기·판결의 효과 등은 주식회사의 경우와 같다(제184조~제193조). 즉, 설립의 취소나 무효는 반드시 소에 의하여서만 주장할 수 있고, 회사성립의 날로부터 2년 내에 설립무효의 소는 사원에 한하여, 그리고 설립취소의 소는 취소권자에 한하여 회사를 상대로 각각 이를 제기할 수 있다(제185조). 詐害行爲로 인한 설립취소의 소는 채권자가 회사와 그 사원을 상대로 이를 제기한다(제185조). 그 밖에 소의 專屬管轄(제186조), 併合審理(제188조), 裁量棄却(제189조) 등은 주식회사의 설립무효의 소의 경우와 같다. 판결의 효력으로서 원고 승소판결의 경우 對世的·不遡及效(제190조), 등기(제192조), 회사의 계속(제194조), 원고패소의 경우 악의·중과실 있는 원고의 손해배상책임(제191조) 등도 주식회사 설립무효의 소의 경우와 같다.

제3절 合名會社의 內部關係

I. 序 說

합명회사의 법률관계는 내부관계와 외부관계로 분류할 수 있는데, 내부관계란 ① 회사와 사원과의 관계, ② 사원 상호간의 관계를 말한다. 합명회사의 내부관계에 관하여는 정관 또는 상법에 다른 규정이 없으면 조합에 관한 민법의 규정이 준용된다(제195조). 내부관계는 사원 상호간의 개인적 신뢰를 기초로 하고, 또 사원만의 이익에 관한 것이므로 사원의 자치에 맡길 수 있다. 따라서 이에 관한 상법의 규정도 정관에 의하여 변경할 수 있는 보충적인 임의법규로서의 성질을 띠고 있다.

Ⅱ. 出 資

1. 出資의 意義 및 種類

출자란 사원이 회사사업의 수행을 위하여 그 의무로서 회사에 대하여 하는 給與를 말한다. 그 급여의 목적을 출자의 목적이라고도 하며, 혹은 단지 출자라고도 한다. 모든 사원은 출자의무를 지며, 출자의 목적·가격·평가의 표준은 정관에서 정하여진다(제179조 제4호, 제195조, 民 제703조).

출자는 재산뿐만 아니라 勞務와 信用도 그 목적으로 할 수 있다. 재산출자에는 金錢出資와 現物出資가 있고, 勞務出資란 회사를 위하여 정신적·육체적 노무를 제공하는 것이며, 신용출자란 사원의 성명을 상호로 사용한다든가 담보를 제공하는 등 출자자의 신용을 이용하게 하는 것을 말한다.

2. 出資義務의 發生·履行 및 消滅

출자의무는 정관의 작성 또는 변경에 의하여 생기며, 그 이행의 시기와 방법은 정관의 정하는 바에 따르고, 그러한 정함이 없으면 보통의 업무집행의 방법에 의한다. 전술한 바와 같이 합명회사에서는 회사성립 전 또는 入社時에 반드시 출자를 이행하여야 할 법적 의무는 없다. 그러나 출자의무의 불이행은 제명 또는 업무집행권·대표권의 상실원인이 된다(제220조 제1항 제1호, 제205조, 제216조).

채권을 출자의 목적으로 한 사원은 그 채권이 변제기에 변제되지 아니한 때에는 그 채권을 변제할 책임이 있고, 이 경우 그 사원은 이자의 지급 외에 이로 인하여 회사에 손해가 생긴 때에는 이를 배상하여야 한다(제196조).

출자의무는 그 이행을 하든가 사원의 지위를 상실하면 소멸한다.

Ⅲ. 持 分

1. 持分의 意義

사원은 회사에 대하여 일정한 持分을 갖는다. 사원은 반드시 자연인이어야 하나(통설), 무능력자라도 상관없다(제7조, 民 제117조 참조). 지분이란 말은 회사 사원의 지분 이외에도 공유자의 지분(共有持分)(民 제262조), 조합원의 지분(合有持分)(民 제714조 · 제719조), 선박공유자의 지분(제756조) 등 여러 가지 경우에 쓰이며 법률상 그 뜻을 달리한다.

합명회사의 사원의 지분에는 두 가지 뜻이 있다고 한다(持分社員權說). 그 하나는 사원권, 즉 사원이 사원의 자격에서 회사에 대하여 가지는 법률상의 지위를 뜻하며, 다른 하나는 회사의 해산 또는 사원의 퇴사의 경우 사원이 사원의 자격에서 회사에 대하여 청구하거나(積極持分) 지급할(消極持分) 計算上의 數額을 뜻한다.

각 사원은 지분의 대소와 상관없이 하나의 지분을 갖고, 동일한 의결권을 갖는다. 지분의 일부가 양도되면 양도인과 양수인이 각각 하나의 지분을 갖는다. 이를 持分單一主義라고 하고, 이는 합자회사의 경우에도 같다.

2. 持分의 讓渡

지분의 양도란 사원권을 계약에 의하여 이전하는 것을 말한다. 지분의 양도는 곧 정관변경의 한 경우이므로 당사자 간의 합의 외에 다른 사원의 승낙을 얻어야 하므로(제197조) 그 요건이 극히 엄격하다. 또 지분의 양도제한에 관한 정관의 규정도 합명회사의 대내관계규정의 성질상 유효하다고 본다.

지분양도의 효력을 제3자에게 대항하려면 정관변경의 등기를 하여야 한다(제

183조, 제37조, 제40조). 지분을 전부 양도한 사원은 퇴사의 경우에 준하여(제225조 제2항), 새로이 지분을 양수한 사원은 신입사원에 준하여(제213조) 각각 책임을 진다.

3. 持分의 入質 및 押留

사원권은 재산적 가치가 있는 권리이므로 상법상 규정은 없으나 權利質의 목적이 될 수 있다고 본다. 入質의 방법은 지분의 양도에 준하므로(民 제346조) 당사자 간의 합의 외에 총사원의 동의가 있어야 한다고 본다(제197조). 이에 대하여 질권의 행사로서 경매하기 위하여서만 총사원의 동의가 필요하고 경매에 이르기 전에는 질권자는 다른 사원의 동의없이도 이익배당청구권 등을 행사할 수 있다는 견해도 있다.[1)]

사원의 채권자는 그 지분을 압류할 수 있는데, 이 경우에는 사원의 구체적 配當金支給請求權과 持分還給請求權에 대하여도 압류의 효력이 미친다(제223조). 또 사원의 지분을 압류한 채권자는 6월 전에 예고를 하고 영업년도 말에 그 사원을 퇴사시킬 수도 있다(제224조).

4. 持分의 相續

사원이 사망하면 퇴사하므로(제218조 제3호), 그 상속인은 持分還給請求權을 상속하게 된다. 그러나 정관으로 상속인의 持分相續에 관하여 규정을 둔 경우에는, 상속인은 상속의 개시를 안 날로부터 3월 내에 회사에 대하여 피상속인의 권리의무에 관한 승계 또는 포기의 통지를 발송하여야 하고(제219조 제1항), 만약 이 통지를 하지 않고 3월이 경과하면 그 지분의 상속권을 포기한 것으로 본다(제219조 제2항). 그러나 회사가 해산한 경우에는 상속인이 당연히 사원의 지위를 승계한다(제246조).

---

1) 鄭東潤(會) 715면.

Ⅳ. 業務執行

1. 業務執行의 意義

업무집행이란 회사가 정관으로 정한 목적을 달성하기 위하여 하는 대내적·대외적 활동을 말하며, 정관변경·영업양도·회사해산·조직변경 등 회사의 기본적 사항에 관한 행위는 포함되지 않는다.

2. 業務執行機關

합명회사에서는 사원이 무한책임을 지는 대신, 원칙적으로 모든 사원에게 회사의 업무를 집행할 권리와 의무가 있다(제200조 제1항). 즉, 기관자격과 사원자격이 일치하고(自己機關) 기업의 소유와 경영이 일치하며, 機關의 分化가 이루어지지 않았다는 점이 주식회사의 경우와 크게 다른 점이다.

정관의 규정에 따라 1인 또는 수인의 사원만을 업무집행사원으로 할 수는 있으나(제201조 제1항), 전사원의 업무집행권을 박탈하거나 사원 아닌 자를 업무집행사원으로 할 수는 없다. 또 정관 또는 총사원의 동의로써 업무집행사원 중 특히 代表社員을 정할 수도 있다(제207조 단서). 업무집행사원이 업무를 집행함에 현저하게 부적임하거나 중대한 의무위반행위가 있는 때에는, 사원의 청구에 의하여 법원이 업무집행권한의 상실을 선고할 수도 있다(제205조 제1항). 業務執行權喪失宣告判決이 확정된 때에는 본점과 지점소재지에서 이를 등기하여야 한다(제205조 제2항). 업무집행자인 사원은 정당한 사유없이 사임하지 못하며, 다른 사원의 일치가 아니면 해임하지 못한다(제195조, 民 제708조).

3. 業務執行의 方法

업무집행의 의사결정은 원칙적으로 사원 또는 업무집행사원의 과반수로써 한다(제195조, 民 제706조 제2항). 의결권은 인적 회사로서의 특징 때문에 1人 1 의결권의 頭數主義에 의한다. 업무집행의 실행 및 일상업무의 결정·실행은 업무집행사원이 단독으로 할 수 있으나, 그 업무집행에 대하여 다른 사원이나 다른 업무집행사원의 이의가 있는 때에는 곧 그 행위를 중지하고 총사원의 과반수 또는 업무집행사원의 과반수결의에 의하여 다시 결정하여야 한다(제200조 제2항, 제201조 제2항).

지배인의 선임과 해임에 관하여는 특칙이 있으니, 이에 관하여 정관에 다른 정함이 없으면 총사원의 과반수결의에 의하여야 한다(제203조). 또 공동업무집행사원을 정관으로 정한 때에는 업무집행에 관한 행위를 함에는 그 전원의 동의가 있어야 한다. 그러나 지체의 염려가 있는 때에는 그러하지 아니하다(제202조). 그 밖에 정관의 변경(제204조), 회사의 해산(제227조 제2호) 등 회사의 기본에 관한 사항은 총사원의 동의가 있어야 한다.

4. 業務執行의 監視

업무집행권이 없는 사원도 무한책임을 지므로 회사의 업무와 재산상태를 언제든지 검사할 수 있는데(제195조, 民 제710조), 이 권한을 業務監視權이라고 한다. 이 업무집행의 감시권은 정관으로도 박탈하거나 제한하지 못한다.

V. 競業禁止義務와 自己去來의 制限

회사와 기관인 사원과의 관계는 위임이므로 사원은 선량한 관리자의 주의로써 회사의 업무집행·회사대표 등의 권한을 행사하여야 하나, 상법은 사원의 업무집행기관으로서의 지위 때문에 사원에게 競業禁止義務와 自己去來制限 등 특별의무를 지도록 하고 있다.

1. 社員의 競業禁止義務

사원은 다른 사원의 동의가 없으면 자기 또는 제3자의 계산으로 회사의 영업부류에 속하는 거래를 하지 못하며, 동종영업을 목적으로 하는 다른 회사의 무한책임사원 또는 이사가 되지 못한다(제198조 제1항). 사원이 경업거래를 한 경우에 회사는 介入權을 행사할 수 있다(제198조 제2항). 개입권은 다른 사원 과반수의 결의에 의하여 행사하되, 다른 사원의 1인이 그 거래를 안 때로부터 2주내, 또는 거래가 있은 날로부터 1년 내에 행사하여야 한다(제198조 제4항). 개입권을 행사하더라도 손해배상청구권의 행사에는 영향이 없다(제198조 제3항). 또한 회사는 다른 사원의 과반수의 결의로써 위반행위를 한 사원의 제명(제220조 제1항 제2호)의 선고, 업무집행권 또는 대표권 상실의 선고(제205조, 제216조)를 법원에 청구할 수 있다.

2. 社員의 自己去來制限

사원은 다른 사원 과반수의 결의가 있는 때에 한하여 자기 또는 제3자의 계산으로 회사와 거래를 할 수 있다. 이 때 민법의 雙方代理에 관한 규정은 적용되지 아니한다(제199조). 이 제한을 위반한 사원은 손해배상책임을 지는 외에 제명, 업무집행권 또는 대표권의 상실선고청구의 원인이 되는 것은 경업금지의무위반의 경우와 같다.

Ⅵ. 損益의 分配

1. 損益의 意義

이익이란 대차대조표상의 순재산액이 회사의 자본, 즉 사원의 재산출자의 총액을 초과하는 경우 그 초과액을 말하며, 반대의 경우의 부족액을 손실이라 한다. 노무출자와 신용출자의 평가액은 손익계산의 기초가 되는 자본 중에 산입하지 않는다.

2. 損益分配의 標準

손익분배의 표준에 관하여는 상법상 규정이 없으므로 정관 또는 총사원의 동의로 자유로이 결정할 수 있다. 정관에 별다른 규정이 없거나 총사원의 동의에 의한 별도의 정함이 없으면 손익의 분배는 사원의 출자의 가액(이미 이행된 출자액)에 비례한다(제195조, 民 제711조 제1항). 또 손익의 어느 한쪽에 대한 분배비율만을 정한 경우에는 그 비율은 이익과 손실에 공통된 것으로 추정한다(제195조, 民 제711조 제2항).

3. 損益分配의 時期 및 方法

회사는 매결산기에 회계장부에 의하여 대차대조표를 작성하여야 하므로(제30조 제2항), 영업년도 말에 손익을 분배하게 된다. 이익의 분배는 현실적으로 금전배당을 하는 것이 보통이겠으나, 이익을 적립하고 계산상 지분의 평가액을 증가시킬 수도 있다. 또 합명회사의 사원은 무한책임을 지므로 이익이 없는 경우에 배당을 하여도 위법은 아니다. 손실의 분배는 計算上 持分評價額이 감소하는데 그칠 뿐 추가출자를 하는 것은 아니지만, 퇴사의 경우에는 분담손실액을 납입하여야 한다.

Ⅶ. 定款變更

정관의 변경은 정관에 다른 정함이 없으면 총사원의 동의로써 할 수 있다(제204조). 변경되는 정관이란 정관의 규정(실질적 의의의 정관)을 말하는 것이다. 합명회사에는 사원총회라는 기관이 없으므로 동의는 각 사원의 개별적인 동의로도 무방하고, 반드시 회의를 하여야 하는 것은 아니다. 또 동의는 구두로 하여도 무방하다.

제4절 合名會社의 外部關係

Ⅰ. 序 說

합명회사의 외부관계란 ① 회사와 제3자와의 관계, ② 사원과 제3자와의 관계를 말한다. 외부관계는 제3자의 이해와 밀접한 관계가 있으므로, 이에 관한 규정은 대체로 강행법규이며, 따라서 정관의 규정 또는 총사원의 동의로써도 이를 변경할 수 없다.

Ⅱ. 會社代表

1. 代表機關의 構成

합명회사의 사원은 정관에 다른 규정이 없으면 모두 업무집행권이 있으므로(제200조 제1항), 회사를 대표하기도 한다. 그러나 수인의 업무집행사원을 정하거나 특정대표사원을 정한 경우에는 그 사원만이 각자 회사를 대표한다(제207조 제2문). 정관 또는 총사원의 동의가 있으면 공동대표를 정할 수 있으나(제208조 제1항), 이 경우에도 그 상대방이 그 중의 한 사람에게 한 의사표시의 효력은 유효하다(제208조 제2항). 대표사원의 공동대표는 등기하여야 한다(제180조 제4호·제5호).

대표사원에 대하여도 일정한 경우에 업무집행사원의 경우와 같이 권한상실선고를 할 수 있다(제216조, 제205조, 제206조). 또 회사와 사원 간의 소에 있어서

대표사원이 없을 때에는, 다른 사원 과반수의 결의로 그 소에 관한 臨時代表者를 선정하게 된다(제211조).

2. 代表社員의 權限

회사를 대표하는 사원은 회사의 영업에 관한 재판상 또는 재판 외의 모든 행위를 할 권한이 있다(제209조 제1항). 그리고 이러한 대표사원의 대표권에 관하여 제한을 하더라도 그 제한을 선의의 제3자에게는 대항하지 못한다(제209조 제2항).

3. 損害賠償責任

회사를 대표하는 사원이 그 업무집행으로 인하여 타인에게 손해를 가한 때에는 회사는 그 사원과 연대하여 배상할 책임이 있다(제210조).

Ⅲ. 社員의 責任

1. 責任의 性質 및 內容

합명회사의 사원은 전원이 연대하여 회사채무에 관해서 직접 채권자에게 무한의 책임을 진다(제212조). 신입사원이라 하더라도 입사 전에 생긴 회사채무에 대하여 다른 사원과 동일하게 무한책임을 진다(제213조).

사원의 책임은 제2차적인 책임이므로 보증채무와 같이 주채무인 회사채무에 종속한다(附從性). 따라서 사원은 회사의 항변권을 직접 援用할 수 있으며(제214조 제1항), 회사의 권리(相計權·取消權 또는 解除權)를 원용하여 변제의 청구를 거부할 수 있다(제214조 제2항). 또 사원은 회사재산으로써 회사채무를 완제할 수 없거나[채무초과상태(破 제217조)], 회사재산에 대한 強制執行이 주효하지 못한 때에만 변제책임을 진다(補充性)(제212조 제1항 · 제2항). 다만 사원이 회사에 변제능력이 있으며 집행이 용이한 것을 입증하면 책임을 지지 않는다(제212조 제3항).

채권자가 사원의 책임을 추궁하려면 그 사원에 대하여 직접 소를 제기하여야 하고, 회사에 대한 채무명의로써 사원의 재산에 강제집행할 수는 없다. 사원이 회사채무를 변제한 때에는 회사 및 다른 사원에 대해서 구상권을 행사할 수 있고, 회사채권자에 대위할 수도 있다(民 제481조).

2. 責任의 消滅

해산의 경우에는 등기 후 5년, 퇴사 및 지분의 전부양도의 경우에는 그 등기 후 2년이 경과하여야 사원의 책임이 소멸한다(제267조, 제225조).

3. 自稱社員의 責任

자칭사원(表見社員, 類似社員)은 사원이 아니지만, 외관주의에 입각해서 그를 社員으로 오인하고 거래한 자에 대하여 사원과 같은 책임을 지도록(제215조) 특별규정을 두고 있다. 자칭사원도 회사의 채무에 대하여 무한책임을 지나, 자칭사원은 회사의 사원이 아니므로 다른 사원과는 不眞正連帶責任을 진다. 따라서 자칭사원이 회사의 채무를 변제함에는 회사가 갖는 항변으로써 대항할 수는 있으나, 다른 사원이 갖는 항변을 원용할 수는 없다.

제 5 절 合名會社 社員의 入社와 退社

Ⅰ. 合名會社 社員의 入社

입사(Eintritt)란 회사성립 후에 원시적으로 사원자격을 취득하는 것을 말한다. 입사의 경우는 신입사원이 회사와 체결한 入社契約에 따라서 출자를 하게 되므로, 회사에 대한 새로운 출자 없이 지위만을 승계취득하는 지분의 양수나 상속의 경우와는 구별된다.

입사는 정관변경을 가져오므로 총사원의 동의가 있어야 하며(제179조 제3호, 제204조), 또 등기사항(제180조 제1호)의 변경이므로 변경등기를 하여야 한다(제183조).

전술한 것과 같이 신입사원은 입사 전에 생긴 채무에 대하여도 다른 사원과 동일한 책임이 있다(제213조).

Ⅱ. 合名會社 社員의 退社

1. 退社의 意義

퇴사(Ausscheiden)란 회사존속 중에 특정사원이 그 사원자격을 절대적으로 상실하는 것을 말한다. 따라서 지분의 전부양도에 의한 특정사원의 자격상실(제225조 제2항), 이른바 脫退와는 구별된다. 또 회사해산 후에는 퇴사가 인정되지 않는다.

2. 退社의 原因

퇴사는 퇴사원인에 따라 다음과 같이 任意退社·强制退社 및 當然退社로 구분할 수 있다.

(1) 任意退社의 경우

정관으로 회사의 존립기간을 정하지 아니하거나 어느 사원의 종신까지 존속할 것을 정한 때에는, 사원은 6월 전에 예고를 하고 영업년도 말에 퇴사할 수 있다(通常退社)(제217조 제1항). 또 사원은 부득이한 사유가 있을 때에는 언제든지 퇴사할 수 있다(非常退社)(제217조 제2항). 임의퇴사의 경우 다른 사원의 동의는 필요치 않다.

(2) 强制退社의 경우

사원의 지분을 압류한 채권자는 회사와 그 사원에 대하여 6월 전에 예고를 하고 영업년도 말에 그 사원을 퇴사시킬 수 있다(제224조 제1항). 그러나 이 예고는 사원이 변제를 하거나 상당한 담보를 제공한 때에는 그 효력을 잃는다(제224조 제2항).

(3) 當然退社의 경우

법률상 당연히 퇴사하는 사유로는 ① 정관에 정한 사유의 발생(제218조 제1호), ② 총사원의 동의(제218조 제2호), ③ 사망(제218조 제3호), ④ 금치산(제218조 제4호), ⑤ 파산(제218조 제5호), ⑥ 제명(제218조 제6호, 제220조), ⑦ 회사계속의 不同意(제229조 제1항 단서), ⑧ 특정사원에 한한 사유로 인한 설립무효 또는 설립취소의 경우 다른 사원 전원의 회사계속의 동의(제194조 제1항·제2항) 등을 들 수 있다. 여기에서는 제명만 설명하기로 한다.

제명이란 사원의 의사에 반하여 그 사원인 자격을 박탈하는 것을 말한다. 위의 당연퇴사의 경우는 법정사유의 발생으로 사원이 당연히 퇴사하는 데 비해서 제명의 경우는 일정한 절차를 거쳐 사원의 의사에 반하여 퇴사시키는 점에서 차이가 있다.

제명사유로는 ① 사원이 출자의무를 이행하지 않은 때(제220조 제1항 제1호),

② 경업금지의무를 위반한 때(동 제2호), ③ 회사의 업무집행 또는 대표에 관하여 부정행위가 있는 때, 권한 없이 업무를 집행하거나 회사를 대표한 때(동 제3호), ④ 기타 중요한 사유가 있는 때(동 제4호) 등이 있다. 이들 사유가 발생하면 회사는 사원과반수의 결의로 그 사원의 除名宣告를 법원에 청구할 수 있다(제220조 제1항 본문). 제명판결이 확정되면 그 사원은 당연히 퇴사하고, 회사는 본점과 지점소재지에서 除名登記를 하여야 한다(제220조 제2항, 제205조 제2항). 제명된 사원과 회사와의 계산은 제명의 소를 제기한 때의 회사재산의 상태에 따라서 하며, 그 때로부터 법정이자를 붙여야 한다(제221조).

3. 退社의 效果

사원이 퇴사하면 퇴사에 따른 변경등기를 하여야 한다(제180조 제1호, 제183조). 사원은 퇴사함으로써 사원자격을 상실하게 되나, 퇴사등기 후 2년간은 퇴사등기 전에 생긴 회사채무에 대해서도 책임을 진다(제225조). 또 퇴사한 사원은 퇴사 당시의 회사재산상태에 따라서 회사에 대하여 損失分擔納入義務를 지거나 지분환급청구권을 행사하게 된다. 이 지분환급청구권은 노무·신용출자의 경우에도 있으며(제222조 본문), 환급은 금전으로 할 수 있다(제195조, 民 제719조). 또 퇴사한 사원의 성명이 회사의 상호 중에 사용된 경우에는 그 사원은 회사에 대하여 그 사용금지를 청구할 수 있다(제226조).

제6절 合名會社의 解散과 淸算

Ⅰ. 合名會社의 解散

1. 合名會社의 解散事由

합명회사의 해산사유(제227조)로는 ① 존립기간의 만료 기타 정관으로 정한 사유의 발생, ② 총사원의 동의, ③ 사원이 1인으로 된 때, ④ 합병, ⑤ 파산, ⑥ 법원의 명령 또는 판결이 있는 경우 등으로 법정되어 있다. 법원의 해산명령은 주식회사의 경우와 같고, 해산판결은 부득이한 사유가 있는 경우에 각 사원의 청구에 따라 선고를 하게 된다(제241조).

2. 合名會社의 解散登記

회사가 해산하면 영업능력을 잃고, 합병과 파산의 경우 외에는 청산절차를 밟게 되므로, 법정기간 내에 해산등기를 하여야 한다(제228조).

회사채권자에 대한 사원의 책임은 본점소재지에서 해산등기를 한 후 5년이 경과하면 소멸한다(제267조 제1항). 그러나 5년이 경과하더라도 분배하지 아니한 殘餘財産이 있으면 채권자는 변제를 청구할 수 있다(제267조 제2항). 이 때 사원의 책임은 잔여재산을 한도로 한다고 본다.

3. 合名會社의 繼續

합명회사가 존립기간의 만료 기타 정관으로 정한 사유의 발생 또는 총사원의 동의로 해산한 때에는 사원의 전부 또는 일부의 동의로 회사를 계속할 수 있으며, 이 경우 동의하지 아니한 사원은 퇴사한 것으로 본다(제229조 제1항). 또 사원이 1인으로 되어 해산한 때에는 새로 사원을 가입시켜 회사를 계속할 수 있다(제229조 제2항). 해산등기 후에 회사를 계속하는 경우에는 계속등기를 하여야 한다(제229조 제3항).

Ⅱ. 合名會社의 淸算

1. 合名會社의 淸算方法

청산은 회사와 사원 간의 재산관계의 처리가 주 목적인데, 합명회사의 청산방법에는 任意淸算과 法定淸算 두 가지가 있다. 임의청산을 할 수 있는 것이 주식회사나 유한회사의 경우와 다른 점이다.

법정청산을 하여야 할 경우로는, ① 사원이 1인으로 된 때, ② 법원의 명령 또는 판결로 인하여 해산한 경우인데(제247조 제2항), 이들 경우에는 청산의 공정을 기할 필요가 있기 때문이다. ③ 그리고 회사가 존립기간의 만료 기타 정관으로 정한 사유의 발생 또는 총사원의 동의에 의하여 해산한 때(제227조 제1호・제2호), 정관 또는 총사원의 동의로 재산의 처분방법을 정하지 아니한 경우에도 법정청산에 의한다. 그 밖에는 임의청산에 의한다.

2. 任意淸算

(1) 任意淸算의 意義

임의청산이란 법정절차에 의하지 않고 정관 또는 총사원의 동의로써 정한 방법에 따라 회사재산을 처분하는 것을 말한다(제247조 제1항). 따라서 회사재산을 현물로 분배하든, 換價處分하여 현금분배를 하든 상관없다.

(2) 債權者保護節次

임의청산을 하려면 채권자보호절차를 밟아야 한다. 즉, ① 지분압류채권자가 있는 경우에는 그 동의를 얻어야 하고(제247조 제4항), ② 그 밖의 일반채권자를 위해서는 합병의 경우에 준한 보호절차를 밟아야 하는데, 회사는 해산사유가 있는 날로부터 2주 내에 재산목록과 대차대조표를 작성하여야 하고(제247조 제1항 제2문), 각 채권자에게 催告 후 이의가 있으면 변제 혹은 담보를 제공하여야 한다(제247조 제3항).

회사가 채권자보호절차를 밟지 않고 재산을 처분한 경우에는, 채권자는 그 처분의 취소를 법원에 청구할 수 있다(제248조, 제249조). 이 소송은 본점소재지의 지방법원의 전속관할에 속한다(제248조 제2항, 제186조). 그러나 재산처분행위로 인하여 이익을 받은 자나 轉得한 자가 그 행위 또는 전득시에 채권자를 해함을 알지 못한 경우에는 그 처분의 취소를 구하지 못한다(제248조 제2항, 民 제406조 제1항 단서). 이 소는 취소원인을 안 날로부터 1년, 처분이 있은 날로부터 5년 내에 제기하여야 하고(제248조 제2항, 民 제406조 제2항), 그 판결은 모든 채권자의 이익을 위하여 그 효력이 있다(제248조 제2항, 民 제407조).

(3) 淸算終結登記

회사가 재산의 처분을 완료한 날로부터 본점소재지에서는 2주 내에, 지점소재지에서는 3주 내에 청산종결의 등기를 하여야 한다(제247조 제5항).

3. 法定淸算

(1) 法定淸算의 意義

법정청산이란 법정절차에 따라서 하는 청산절차로서, 대체로 주식회사의 경우와 같다.

(2) 淸算人의 選任과 解任

청산사무를 집행할 청산인의 선임·해임에 관하여는 경우에 따라 다르다. 즉, 청산인의 선임은 ① 회사가 해산한 때에는 총사원 과반수의 결의로 선임하나, ② 선임이 없는 때에는 업무집행사원이 청산인이 된다(法定淸算人)(제251조). ③ 사원이 1인으로 된 때, 해산명령 또는 해산판결에 의하여 해산한 때에는 법원에 의하여 청산인이 선임된다(제252조). 청산인은 반드시 사원일 필요는 없다.

청산인의 해임은 사원이 선임한 경우에는 총사원 과반수의 결의로 할 수 있으며(제261조), 직무집행에 不適任하거나 任務違反行爲가 있으면 법원이 해임할 수도 있다(제262조).

청산인에 관한 사항은 등기하여야 한다(제253조).

(3) 清算人의 地位

회사와 청산인의 관계는 위임관계에 있으므로 청산인은 선량한 관리자의 주의로써 청산사무를 수행하여야 한다. 청산인이 수인인 때에는 청산의 직무에 관한 행위는 그 과반수의 결의로 하되(제254조 제2항), 영업의 전부 또는 일부를 양도함에는 총사원 과반수의 결의가 있어야 한다(제257조).

청산인은 원칙적으로 각자 청산 중의 회사를 대표하나, 정관 또는 총사원의 동의로 회사를 대표 또는 공동으로 대표할 사원을 정할 수 있다(제265조, 제207조, 제208조). 그러나 업무집행사원이 계속 청산인이 된 경우에는 해산 전의 정함에 따라 회사를 대표하고, 법원이 청산인을 선임한 경우에는 법원이 대표자 또는 공동대표자를 정할 수 있다(제255조).

대표청산인은 청산인의 직무에 관하여 재판상·재판 외의 모든 행위를 할 권한이 있고(제254조 제3항), 이에 대한 제한은 선의의 제3자에게 대항하지 못한다(제209조 제2항, 제265조).

대표청산인은 대표행위와 관련하여 발생한 제3자의 손해에 대하여 회사와 연대하여 배상할 책임이 있다.

(4) 清算人의 職務

청산인은 ① 현존사무의 종결, ② 채권의 추심과 채무의 변제, ③ 재산의 환가처분, ④ 잔여재산의 분배 등을 하여야 하고(제254조 제1항 제1호 내지 제4호), ⑤ 취임 후 지체없이 회사의 재산상태를 조사하고 재산목록과 대차대조표를 작성하여 각 사원에게 교부하여야 하며(제256조 제2항), ⑥ 사원의 청구가 있는 때에는 언제든지 청산의 상황을 보고하여야 하며(제256조 제2항), ⑦ 청산도중 파산원인을 발견한 때에는 파산선고를 신청하고 이를 공고하여야 한다(제254조 제4항, 民 제93조).

청산인은 회사와 제3자에 대하여 주식회사의 이사와 동일한 책임을 진다(제265조, 제399조, 제401조).

(5) 淸算의 終結

청산인은 그 임무를 완료할 때에는 지체없이 計算書를 작성하여 각 사원에게 교부하고 그 승인을 얻어야 한다. 계산서를 받은 사원이 1월 내에 이의를 제기하지 아니한 때에는 청산인에게 부정행위가 있는 경우를 제외하고 그 계산을 승인한 것으로 본다(제263조 제2항). 청산사무가 종결되면, 청산인은 총사원의 동의가 있는 날로부터 본점소재지에서는 2주 내에, 지점소재지에서는 3주 내에 청산종결등기를 하여야 한다(제264조). 회사의 장부와 영업 및 청산에 관한 중요서류는 본점소재지에서 청산종결등기를 한 후 10년간 이를 보존하여야 하고, 전표 또는 이와 유사한 서류는 5년간 보존하여야 한다(제266조 제1항). 이 경우 회사는 총사원의 과반수의 결의로 보존인과 보존방법을 정하여야 한다(제266조 제2항).

제 4 장
合 資 會 社

제 1 절 總 說

Ⅰ. 合資會社의 意義

합자회사(Kommanditgesellschaft, société en commandite simple, limited partnership)란 無限責任社員과 有限責任社員으로 구성된 회사를 말한다(제268조). 무한책임사원은 합명회사의 사원과 같고 유한책임사원은 회사채권자에 대하여 재산출자의 가액을 한도로(제279조) 직접·연대책임을 지되, 그 대신 회사의 업무집행권·대표권은 없고(제278조) 監視權만이 있다(제277조).

합자회사는 10세기 경부터 지중해 연안에서 널리 이용된 콤멘다(commenda) 계약에서 유래된 것으로, 그 연혁은 익명조합과 같다. 콤멘다계약은 자본가와 기업가 사이의 출자 및 업무집행계약이라 할 수 있다. 이후 자본가가 표면에 나타나고 채권자에 대하여 출자액을 한도로 책임을 지는 것은 합자회사가 되고, 자본가가 밖으로 나타나지 않는 형태는 익명조합이 되었다.

Ⅱ. 合資會社의 法律關係의 特質

합자회사는 유한책임사원이 있다는 점에서 합명회사와 구별되지만, 개인적 신뢰를 기초로 하는 조합적인 공동기업형태란 점에서는 합명회사와 흡사한 인적 회사이다. 따라서 유한책임사원에 관한 약간의 특별규정이 있을 뿐이고, 대체로 합명회사에 관한 규정을 준용한다(제269조).

합자회사는 경제적 기능면에서 보면 익명조합이나 조합과 거의 같다. 그러나 합자회사는 형식적 형태의 면에서 보면 사단법인이고 익명조합은 개인기업인 데 비해서 (상업)조합은 형식적으로나 실질적으로나 조합이란 점에서 서로 다르다.

제2절 合資會社의 法律關係

I. 合資會社 設立節次의 特色

합자회사의 설립절차는 합명회사의 경우와 같으나, 유한책임사원이 있기 때문에 정관의 절대적 기재사항과 등기사항에 다음과 같은 약간의 차이가 있을 뿐이다.

1. 合資會社 定款의 絶對的 記載事項

합명회사의 정관기재사항(제179조) 외에 각 사원의 책임이 無限責任인가 또는 有限責任인가를 기재하여야 한다(제270조).

2. 合資會社의 設立登記

합명회사의 등기사항(제180조) 외에 각 사원의 책임이 무한책임인가 또는 유한책임인가를 등기하여야 한다(제271조).

Ⅱ. 內部關係의 特色

합자회사의 내부관계에 관한 규정도 합명회사에서와 같이 임의규정이므로, 회사의 성질이나 강행법규에 어긋나지 아니하는 한 정관으로 다른 정함을 할 수 있다. 또 무한책임사원에 관하여는 합명회사의 경우와 같으므로 유한책임사원에 관한 특별규정의 내용에 대해서만 다음에 설명하기로 한다.

1. 出 資

有限責任社員의 출자는 재산출자에 한정되며, 신용 또는 노무를 출자의 목적으로 하지 못한다(제272조).

2. 持分의 讓渡

유한책임사원의 지분양도에는 무한책임사원만의 전원동의가 있으면 되고, 또 지분양도가 사원의 변동을 가져와서 정관변경을 하게 되는 경우도 같다(제276조).

유한책임사원의 지분은 상속도 가능하다. 상속인이 수인인 때에는 사원의 권리를 행사할 자 1인을 선정하여야 한다. 이를 정하지 아니한 때에는 회사의 통지 또는 최고는 그 중 1인에 대하여 하면 전원에 대하여 효력이 있다(제283조).

3. 監 視 權

유한책임사원은 業務執行權이 없고(제273조, 제278조), 따라서 競業禁止義務도 없다(제275조). 그 대신 업무집행에 대한 감시권을 갖는다(제277조). 그러나 유한책임사원도 自己去來는 금지된다고 본다(제269조, 제199조).

Ⅲ. 外部關係의 特色

1. 會社代表

유한책임사원은 업무집행권도 회사대표권도 없으므로 무한책임사원만이 회사를 대표한다(제278조).

2. 有限責任社員의 責任

유한책임사원의 책임은 무한책임사원의 책임과 같으나, 다만 출자의 가액을 한도로 하는 점만이 다르다(제279조 제1항). 따라서 유한책임사원이 출자의무를 이행하면 그 범위에서 그 사원의 책임은 소멸되고, 또 회사채권자에 대한 책임의 이행은 그만큼 출자의무를 소멸시킨다. 또 회사에 이익이 없는데도 불구하고 배당을 받은 경우에는 변제책임을 정함에 있어서 이를 가산하여야 한다(제279조 제2항).

출자를 감소한 후에도 본점소재지에서 그 등기를 하기 전에 생긴 회사채무에 대하여는 등기 후 2년 내에는 그 책임을 면하지 못한다(제280조).

3. 自稱無限責任社員의 責任

유한책임사원이 타인에게 자기를 무한책임사원이라고 오인시키는 행위를 한 때에는, 오인으로 인하여 회사와 거래한 자에 대하여 무한책임사원과 동일한 책임이 있으며, 유한책임사원이 그 책임의 한도를 오인시키는 행위를 한 경우에도 역시 같은 책임이 있다(제281조).

Ⅳ. 其他의 特色

1. 入社와 退社에 관한 比較

입사와 퇴사에 관하여도 합명회사의 경우와 대체로 같다. 다만, 유한책임사원은 사망하거나 禁治産宣告를 받은 경우에도 무한책임사원과는 달리 퇴사원인이 되지 않으며, 사망한 경우에는 상속인이 사원으로 된다(제283조, 제284조).

2. 解散과 淸算에 관한 比較

해산과 청산에 관하여도 합명회사의 경우와 대체로 같다. 다만, 무한책임사원 또는 유한책임사원의 전원이 퇴사한 경우에는 회사가 해산하되(제285조 제1항), 이 때는 잔존사원 전원의 동의로 다른 사원을 가입시켜 회사를 계속할 수 있다(제285조 제2항).

청산인은 무한책임사원 과반수의 결의로 선임할 수 있으나, 이를 선임하지 아니한 때에는 업무집행사원이 청산인이 된다(法定淸算人)(제287조).

제 5 장
有 限 會 社

제 1 절 總 說

I. 有限會社의 意義

유한회사(Gesellschaft mit beschränkter Haftung, société á responsabilité limittée)란 다수의 均等額의 出資로써 이룩된 자본을 가지고(제546조), 사원은 회사에 대하여 출자의무를 부담할 뿐(제553조) 회사채권자에 대하여는 아무런 책임을 지지 않는 회사이다. 유한회사는 사원이 間接有限責任을 진다는 점, 따라서 대내적 활동의 기초·대외적 회사신용의 기초가 인적 요소인 사원이 아니라, 물적 요소인 회사재산(자본)에 있다는 점에서 물적 회사이다. 다만, 경우에 따라서는 사원이 塡補責任을 지게 되므로 엄격한 간접유한책임을 지는 주식회사와 구별된다.

유한회사는 실제적인 경제적 수요를 고려하여 독일에서 입법자들이 1892년 유한책임회사법(Gesetz betreffend die Gesellschaften mit beschränkter Haftung)을 제정하였고, 이에 따라 설립된 회사형태이다. 우리 나라의 유한회사법도 독일의 것을 모방한 것이다.

Ⅱ. 有限會社의 特質

유한회사는 물적 회사와 인적 회사의 양요소를 유기적으로 융합한 중간형태의 회사이다. 유한책임제도를 활용하되, 한정된 소수인이 비교적 자유롭게 조직하여 활동할 수 있는 중소기업에 적합한 회사이다. 그 실질적인 특질을 요약하여 보면 ① 회사책임의 유한성, ② 회사조직의 간편성, ③ 법적 감독의 관대성, ④ 회사기업의 폐쇄성 등이다.

제 2 절 有限會社의 設立

Ⅰ. 序 說

유한회사의 설립절차는 ① 정관의 작성, ② 실체의 형성(출자의 이행, 이사·감사의 선임), ③ 설립등기로 끝난다. 기관을 선임하고 사원이 출자전액을 납입하여야 하는 점에서 인적 회사의 경우와 다르고, 한편 정관작성에서 사원과 출자가 확정되므로 발기인이란 개념도 지분의 인수행위도 따로 필요하지 않은 점, 검사인에 의한 조사제도가 없는 점 등은 주식회사의 경우와 크게 다른 점이다.

Ⅱ. 有限會社의 設立節次

1. 有限會社 定款의 作成

유한회사를 설립함에는 사원이 정관을 작성하여야 한다(제543조 제1항). 정관에는 일정한 사항을 기재하고 총사원이 기명날인 또는 서명을 하여야 한다(제543조 제2항). 공증인의 인증을 받아야 하는 점은 주식회사의 경우와 같다(제543조 제3항, 제292조).

정관의 절대적 기재사항(제543조 제2항)은 ① 목적·상호·사원의 성명·주민등록번호 및 주소·본점의 소재지, ② 자본의 총액[1,000만원 이상(제546조 제1항)], 出資一座의 금액[(5,000원 이상 균일(제546조 제2항)], ③ 각 사원의 출자좌수이며, 상대적 기재사항으로는 현물출자·재산인수·설립비용의 3항목(變態設立事項)(제544조) 외에도 감사의 설치(제568조 제1항), 사원총회소집기간의 단축(제571조 제2항 단서), 이익배당의 차별(제580조) 등을 들 수 있다. 이 밖에 유한회사의 본질이나 강행법규에 반하지 않는 한 회사의 조직과 운영에 관한 여타의 사항을 임의적 기재사항으로 정관에 기재할 수 있다.

2. 理事·監事의 選任

이사를 정관으로 정하지 아니한 때에는 각 사원이 회사성립 전에 사원총회를 소집하여 이를 선임하여야 한다(제547조). 감사는 임의기관이나 정관으로 정하지 아니한 때에는 이사의 경우와 같이 사원총회에서 선임한다(제568조, 제547조).

3. 出資의 履行

이사는 회사성립 전에 사원으로 하여금 출자전액의 납입 또는 현물출자의 목적인 재산전부의 급여를 시켜야 한다(제548조 제1항). 이 경우에도 등기·등록에 필요한 서류를 갖추어 교부하여야 한다(제548조 제2항, 제295조 제2항). 유한회사에서는 勞務 또는 信用出資는 허용되지 않는다.

유한회사에서는 설립, 증자 및 조직변경시에 현물출자 기타 출자의 이행 및 그 정확성 여부에 관한 검사 내지 조사절차가 없는 대신 후술하는 바와 같이 사원, 이사, 감사 등에게 財産實價塡補責任(제550조, 제593조, 제607조 제4항) 및 出資未畢額塡補責任(제551조)을 지도록 하는 점이 특색이다.

4. 有限會社의 設立登記

출자의 이행이 끝나면 2주 내에 본점소재지에서 설립등기를 함으로써 회사가 성립한다(제549조, 제172조, 제181조~제183조).

Ⅲ. 有限會社 設立의 無效와 取消

유한회사의 설립하자에 관하여는 설립취소의 소를 제기할 수 있는 점을 제외하고는 주식회사의 경우와 다른 바 없다(제552조 제1항). 따라서 유한회사의 설립무효 · 취소의 소에 있어서도 합명회사에 관한 규정(제184조 제2항, 제185조~193조)이 준용된다(제552조 제2항).

Ⅳ. 有限會社 設立에 관한 責任

유한회사의 설립에 있어서는 그 절차의 간편성과 법적 감독의 관대성이 특색인데, 그 대신 사원 · 이사 및 감사에게 엄격한 자본충실책임을 지우고 있다. 이밖에도 이들은 설립 중의 회사에 대하여 善良한 管理者의 注意義務를 지기 때문에 이 의무를 위반하면 회사에 대하여 손해배상책임을 짐은 당연하고, 제3자에 대하여 不法行爲責任을 지는 경우도 있을 것이다.

1. 社員의 財産實價塡補責任

현물출자 또는 재산인수의 목적인 재산의 회사설립 당시의 실가가 정관에 정한 가격에 현저하게 부족한 때에는 회사설립 당시의 사원은 회사에 대하여 그 부족액을 연대하여 지급할 책임이 있다(제550조 제1항). 특히 이 전보책임은 無

過失責任이며, 절대적인 것으로 면제할 수도 없다(제550조 제2항).

2. 社員·理事 및 監事의 出資未畢額塡補責任

출자금액의 납입 또는 현물출자의 이행이 완료되지 아니하였음이 회사성립 후에 발견된 때에는 회사성립 당시의 사원은 이사·감사와 함께 회사에 대하여 그 未納金額이나 履行未畢現物의 가액을 지급할 연대책임을 진다(제551조 제1항). 그리고 이 경우에도 무과실책임이며, 이사·감사의 책임은 총사원의 동의로 면제할 수 있어도, 사원의 책임은 면제할 수 없다(제551조 제2항·제3항).

제3절 有限會社 社員의 地位

I. 有限會社 社員의 資格 및 員數

유한회사의 사원의 자격에는 별다른 제한이 없다. 다만, 그 폐쇄적 성격 때문에 사원의 원수는 원칙적으로 50인 이하이어야 한다(제545조 제1항 본문). 그러나 특별한 사정(예컨대, 조직변경)으로 인하여 법원의 인가를 얻은 때(제545조 제1항 단서)와 상속이나 유증에 의하여 사원수에 변경이 생긴 경우(제545조 제2항)에만은 예외를 인정한다. 출자는 수인이 공유할 수 있고, 이 때 사원의 수를 계산함에도 1인으로 본다. 지분의 공유에는 주식의 공유에 관한 규정이 준용된다(제558조, 제333조).

Ⅱ. 有限會社 社員의 權利·義務

1. 社員의 權利

유한회사의 사원의 권리도 주주의 권리와 비슷하다. 즉, 自益權으로는 이익배당청구권(제580조)·잔여재산분배청구권(제612조)·출자인수권(제588조) 등이 있으며, 共益權으로는 의결권(제575조)·서류열람청구권(제566조 제3항, 제579조의 3 제2항, 제448조)·각종의 소제기권(제552조, 제578조, 제595조, 제597조, 제603조, 제613조) 등 단독사원권과, 사원총회소집청구권(제572조)·이사해임청구권(제567조, 제385조)·회계장부열람권(제581조)·업무재산상태감독권(제582조)·청산인해임청구권(제613조 제2항, 제539조), 100분의 3 이상의 해당하는 出資座數를 가진 사원에게 인정되는 이사의 위법행위유지청구권(제567조, 제402조) 등의 소수사원권(100분의 3 또는 100분의 5 이상의 출자좌수를 가진 사원의 권리)이 있다.

2. 社員의 義務

유한회사의 사원은 출자금액을 한도로 하는 間接有限責任을 지므로(제553조) 회사에 대한 재산출자의무가 있을 뿐이며, 종되는 급여나 추가출자의 의무는 없다. 사원의 책임은 정관 또는 총회의 결의로도 가중시킬 수 없다. 다만, 설립시나 증자시에 資本塡補責任(제550조, 제551조, 제593조)을 지는 예외의 경우가 있을 뿐이다.

Ⅲ. 有限會社 社員의 持分

1. 持分의 意義

유한회사 사원의 지위를 지분이라고 한다. 유한회사의 사원은 그 출자좌수에 따라 지분을 가진다(持分複數主義)(제554조). 그러나 유한회사의 폐쇄성 때문에 지분의 非個性化를 허용치 않는다. 따라서 출자증서는 발행할 수 있어도 지시식 또는 무기명식의 유가증권은 발행하지 못한다(제555조). 전술한 바와 같이 지분의 공유는 인정된다(제558조).

2. 持分의 讓渡

사원 상호간의 지분양도는 정관의 정함에 따라 할 수 있다(제556조 제3항). 그러나 사원 아닌 타인에게 지분의 전부 또는 일부를 양도하는 경우에는 사원총회의 특별결의(제585조)가 있어야 하며(제556조 제1항 본문),[1] 이 요건은 정관으로 가중할 수도 있다(제556조 제1항 단서). 만약 지분의 양도로 인하여 사원의 총수가 50인을 초과한 경우에는 유증의 경우를 제외하고 그 양도는 무효가 된다(제556조 제2항).

지분의 이전을 회사와 제3자에게 대항하려면 취득자의 성명·주소와 그 목적이 되는 出資座數를 사원명부에 기재하여야 한다(제557조).

자기지분취득의 제한과 지분의 소각 등에 관하여는 주식의 경우와 같은 제한이 있다(제560조 제1항, 제341조, 제342조, 제343조 제1항).

---

1) 大判 1997. 6. 27, 95 다 20140.

3. 持分의 入質

지분은 재산적 가치가 있으므로 질권의 목적이 될 수 있으나(제559조 제1항), 자기지분을 질권의 목적으로 받는 경우에는 총발행출자좌수의 20분의 1을 초과하지 못한다(제560조, 제341조의 2). 入質의 제한과 대항요건에 관하여는 지분양도의 경우와 같고(제559조, 제556조, 제557조), 질권자의 지위는 주식의 경우와 같다(제560조 제1항, 제339조, 제340조 제1항·제2항).

제 4 절 有限會社의 管理

Ⅰ. 序 論

유한회사에서는 '會社의 管理'를 위하여 기관과 계산을 동일한 절에서 규정하고 있다. 기관으로는 常設機關으로서 社員總會·理事·監事가 있고 臨時機關으로서 檢査人이 있다. 그러나 이사회제도가 채택되지 않았으므로 이사가 업무집행기관이고, 감사는 임의기관이란 점에서 주식회사의 경우와는 크게 다르다.

유한회사는 소규모로 그 조직도 간편하지만 물적 회사란 점에서 주식회사의 계산관계규정을 대부분 준용하여 회사재산의 합리적 관리를 도모하고 있다.

Ⅱ. 社員總會

1. 社員總會의 意義

사원총회는 회사의 의사를 결정하는 최고의 필요적 기관이다. 대체로 주주총회와 비슷하여 많은 규정이 준용되나, 소집 및 결의방법이 간이하고 권한에 제한이 없는 점에서 주주총회와는 다르다.

2. 社員總會의 召集

사원총회는 이사가 소집하는 것이 원칙이며, 임시총회만은 감사도 소집할 수 있다(제571조 제1항). 또 少數社員의 召集請求權이 예외적으로 인정되는 것은 주주총회의 경우와 같으나(제572조 제1항·제3항), 정관으로 다른 정함을 할 수 있는 점은 다르다(제572조 제2항).

사원총회를 소집함에는 會日로부터 1주 전에 각 사원에 서면통지를 발송하여야 하나(제571조 제2항 본문), 이 기간을 정관으로 단축할 수 있으며(제571조 제2항 단서), 또 총사원의 동의가 있으면 소집절차 없이 총회를 열 수도 있다(제573조).

3. 議 決 權

사원은 출자 1座마다 1개의 議決權을 갖는 것이 원칙이나, 정관으로 의결권의 수에 관하여 다른 정함을 할 수 있다(제575조). 의결권의 대리행사(제368조 제3항)·특별이해관계인의 의결권행사의 제한(제368조 제4항, 제371조 제2항)·회사의 자기지분의 의결권의 휴지(제369조 제2항) 등에 관하여는 주주총회의 경우와 같다(제578조).

4. 議事·決議

의사의 진행(제372조)과 의사록의 작성(제373조)에 관하여도 주주총회의 경우와 같다(제578조).

사원총회의 결의방법은 의결정족수에 따라 보통결의, 특별결의 및 총사원의 일치에 의한 결의로 나눌 수 있다. ① 보통결의는 총사원의 의결권의 과반수를 가지는 사원이 출석하고 그 의결권의 과반수로써 결의하되, 정관으로 달리 정할 수도 있다(제574조). ② 특별결의는 출자좌수와는 상관없이 사원의 수를 기준으로 총사원의 반수 이상이고, 동시에 총사원의 의결권 4분의 3 이상을 가지는 자의 동의로 결의한다(제585조). 특별결의사항은 지분의 양도(제556조 제1항)·정관변경(제584조, 제585조)·영업양도 등과 사후설립(제576조)·회사의 해산(제609조 제2항)·회사의 계속(제610조) 등 상법이 규정하고 있다. ③ 총사원의 일치에 의한 결의가 필요한 경우로는, 출자미필액에 대한 이사·감사의 책임면제(제551조 제3항, 제594조 제3항), 사원총회의 소집절차생략(제573조) 및 서면결의에 대한 동의(제577조 제1항), 주식회사로의 조직변경(제607조 제1항) 등이 있다.

書面決議란 서면에 의한 贊否의 의사표시를 집계하여 회사의사를 결정하는 편법인데, 유한회사에서는(사전에 서면에 의한 결의방법에 대한) 총사원의 동의가 있는 때에는 서면결의를 할 수 있는 점(제577조 제1항)이 특색이다. 뿐만 아니라 결의의 목적사항에 대하여 총사원이 서면으로 동의를 한 때에는 서면에 의한 결의가 있는 것으로 본다(제577조 제2항).

결의의 무효·취소·변경에 관하여는 주주총회에 관한 규정(제376조~제381조)이 준용된다(제578조).

Ⅲ. 理 事

1. 理事의 意義

이사는 회사의 업무를 집행하고 회사를 대표하는 필요·상설기관이다. 유한회사의 이사는 이사회제도를 채택한 주식회사의 이사의 법적 지위와 달라서 각 이사가 독립된 업무집행기관이다. 그러나 상법은 주식회사의 이사에 관한 규정[(제382조(회사와의 관계), 제385조(해임), 제386조(이사의 원수를 결한 경우), 제388조(보수), 제395조(표현대표이사의 행위와 회사의 책임), 제397조(경업금지), 제399조(회사에 대한 책임), 제400조(회사에 대한 책임의 면제), 제401조(제3자에 대한 책임), 제402조(留止請求權), 제407조(직무집행정지, 직무대행자선임), 제408조(직무대행자의 권한)]을 대부분 유한회사의 이사에 준용하므로(제567조) 법이 특히 규정한 사항만을 중심으로 설명하기로 한다.

2. 理事의 選任·解任

이사는 사원총회에서 선임하나(제567조, 제382조 제1항), 초대이사는 정관으로 정할 수 있다(제547조). 이사의 자격·임기·인원수에는 제한이 없다. 이 밖에 이사의 해임에 관해서는 주식회사의 이사에 관한 규정을 준용한다(제567조, 제385조).

3. 理事의 職務·權限

이사는 업무집행기관이므로 각자가 업무집행을 하고 회사를 대표하는 것이 원칙이다. 그러나 이사가 수인인 경우에는 정관에 다른 정함이 없으면 사원총회에서 代表理事를 선정하여야 하며(제562조 제2항), 또 정관 또는 사원총회는 수인의 이사가 공동으로 회사를 대표할 것을 정할 수 있다(제562조 제3항). 이사와 회사 간의 소송에 있어서도 사원총회가 그 소에 관하여 회사를 대표할 자를 선정하여야 한다(제563조).

이사가 수인인 경우에는 정관에 다른 정함이 없으면 회사의 업무집행, 지배인의 선임·해임과 지점의 설치·이전 또는 폐지는 이사 과반수의 결의에 의하여야 하고(제564조 제1항), 이사가 자기 또는 제3자의 계산으로 회사와 거래하는 경우에는 감사가 있으면 그 승인을 얻어야 하고, 감사가 없으면 사원총회의 승인결의가 있어야 한다(제564조 제3항). 表見代表理事의 행위에 관하여는 주식회사에 있어서의 표현대표이사의 행위에 대한 책임에 관한 규정이 준용된다(제567조, 제395조). 그리고 합명회사에 있어서의 대표사원의 대표권의 범위(제209조), 대표사원의 행위에 대한 사원 및 회사의 책임(제210조)에 관한 규정도 유한회사의 이사에게도 준용된다(제567조).

이사의 업무집행과 관련하여 법정된 중요한 직무는 정관·사원총회의 의사록·사원명부 등의 비치(제566조 제1항), 사원총회의 소집(제571조 제1항), 재무제표 등의 작성·비치·공시·제출·보고(제579조 제1항·제2항, 제579조의 2, 제579조의 3, 제583조, 제449조 제1항·제2항) 등이다.

4. 理事의 義務와 責任

이사는 善良한 管理者의 注意로써 회사의 업무를 집행하고 회사를 대표하여야 할 의무가 있다. 이사는 주식회사의 이사와 같은 경업금지의무가 있으나, 유한회사에는 이사회제도가 없으므로 사원총회의 승인을 받아서 경업을 할 수 있다(제567조, 제397조). 이사의 자기거래도 제한되나, 자기거래는 감사가 있는 때에는 감사의, 감사가 없는 때에는 사원총회의 승인을 받아야 한다(제564조 제3항).

유한회사의 이사의 회사에 대한 책임은 주식회사의 이사의 책임과 같다. 다만, 資本充實責任에 있어서 이사는 회사설립시나 증자시 및 조직변경시에 納入擔保責任·引受擔保責任·出資未畢額塡補責任을 지게 되는데(제551조, 제594조, 제607조), 설립시 및 조직변경시에는 사원·감사와 더불어 지는 연대책임이고, 증자시에는 감사와 더불어 지는 연대책임이다. 이 책임은 총사원의 동의로써만 면제할 수 있다(제567조, 제400조, 제594조 제3항, 제607조 제4항, 제551조 제3항). 소수사원은 대표소송으로 이사의 책임을 추궁할 수 있고(제565조), 유지청구권도 있다(제567조, 제402조).

이사의 제3자에 대한 책임도 주식회사의 이사의 경우와 같다(제567조, 제401조).

Ⅳ. 監事 및 檢査人

1. 監　　事

유한회사의 감사도 會計監査뿐만 아니라 業務監査의 권한을 가지는 회사의 감사기관이다. 유한회사의 감사는 주식회사의 경우와 대체로 같으나(제570조), 다음과 같은 점이 다르다. 주식회사의 감사는 필요적 상설기관이나 유한회사의 감사는 임의기관에 불과하므로 회사의 형편에 따라 두어도 좋고 두지 않아도 위법이 아니다. 이 밖에도 ① 초대감사는 정관으로 정할 수 있는 점(제568조 제2항, 제547조), ② 해임의 소를 제기할 수 없는 점[단, 해임결의는 할 수 있다(제570조,

제385조 제1항)], ③ 임기의 제한이 없는 점, ④ 임시총회소집권(제571조 제1항, 제582조 제3항)이 있는 점, ⑤ 資本塡補責任(제551조, 제594조)이 있는 점 등이 다르다. 그 외에 사원총회에서 감사를 선임하는 점(제568조 제2항, 제570조, 제382조 제1항), 감사와 회사와의 관계(제382조 제2항), 총회의 결의에 의한 감사의 해임(제385조 제1항), 원수를 결한 경우 임무의 계속과 임시감사의 선임(제386조), 감사의 보수(제388조), 감사의 직무집행정지 및 직무대행자의 선임(제407조), 감사의 겸직금지(제411조) 등 주식회사의 감사에 관한 규정이 준용된다(제570조).

감사의 권한으로서 감사는 언제든지 회사의 업무와 재산상태를 조사할 수 있으므로 당연히 업무감사권과 회계감사권이 있고, 이사에 대하여 영업에 관한 보고를 요구할 수 있다(제569조). 감사의 의무와 책임에 관하여는, 이사가 사원총회에 제출할 서류나 의안을 조사하여 사원총회에 보고할 의무(제413조) 및 회사와 제3자에 대한 손해배상책임(제414조) 등 주식회사의 감사에 관한 규정이 준용된다(제570조). 또 전술한 바와 같이 사원·이사와 함께 회사설립시나 증자시 및 조직변경시에 납입담보책임·인수담보책임·출자미필액 전보책임을 진다(제551조 제1항, 제594조 제1항·제2항, 제607조 제4항).

2. 檢查人

검사인은 회사의 업무와 재산상태를 조사하는 임시기관으로서, 사원총회(제578조, 제367조)와 법원(제582조)이 선임할 수 있음은 주식회사의 경우와 같으나, 설립경과의 조사임무가 없는 점이 다르다.

V. 有限會社의 計算

회사의 합리적인 관리를 위하여 상법은 계산에 관하여 주식회사의 계산규정을 거의 다 준용하고 있다. 다만, 有限會社의 閉鎖性이 반영되어 다음과 같은 특색을 나타내고 있다. 즉, 대차대조표의 공고의무(제449조 제3항)에 관한 규정은 준용되지 않으며, 원칙으로 소수사원에게 부여된 회계장부와 서류의 열람권을 정관으로 각 사원에게 부여할 수 있다(제581조 제2항). 利益配當에 있어서도 그 기준은 각 사원의 출자좌수에 따르는 것이 원칙이나 정관으로 달리 정할 수도 있으며(제580조), 건설이자의 배당(제463조)에 관한 규정이 준용되지 않는다. 이 밖에 주식회사 특유의 株式配當制度(제462조의 2)가 없는 것은 당연하고, 유한회사의 폐쇄성으로 인해서 社債募集(제469조 이하)도 인정되지 않으며, 회사정리법도 적용되지 않는다. 그리고 법정준비금제도는 유한회사에도 준용되지만(제583조, 제458조~제460조), 자본전입에 관한 규정은 준용되지 않는다.

제 5 절 有限會社定款의 變更

Ⅰ. 序 說

정관변경은 사원총회의 특별결의에 의하여 할 수 있다(제584조, 제585조). 그런데 주식회사의 경우와는 달리 자본이 정관의 절대적 기재사항이므로(제543조 제2항 제2호), 자본의 증감은 정관변경의 한 경우가 된다. 따라서 유한회사에서는 자본의 증가와 감소를 '定款의 變更'과 동일한 절에서 규정하고 있다.

Ⅱ. 資本의 增加

1. 資本增加의 方法

유한회사에서는 社債를 발행할 수 없으므로, 자금조달책으로는 개별적인 消費貸借에 의하든가 자본을 증가하는 수밖에 없다. 자본의 증가방법으로는 ① 出資座數의 증가, ② 출자 1좌의 금액의 증가, ③ 양자의 병용의 세 가지가 있는데, 출자 1좌의 금액을 증가하는 데는 유한책임의 원칙상 총사원의 동의가 있어야 한다.

2. 資本增加의 節次

(1) 社員總會의 決議

자본을 증가하려면 정관변경에 필요한 사원총회의 특별결의(제585조)가 있어야 한다. 증자결의에서는 현물출자·재산인수 및 증자부분의 출자인수권에 관한 사항을 정할 수 있다(제586조).

(2) 出資의 引受

사원은 증가자본에 대하여 그 지분에 따라 출자의 인수를 할 권리가 있다(법정인수권)(제588조). 다만, 예외적으로 정관 또는 증자결의에 의하여 지정인에게 인수권을 부여하는 경우(제586조 제3항)와, 사원총회의 특별결의에 의하여 특정인에게 장래 출자인수권을 부여할 것을 약속하는 경우(제587조)에는 사원의 법정인수권이 배제된다.

주식회사의 경우와 다른 점은 제3자의 인수권에 관하여 정관에 미리 규정하지 않아도 되는 점, 인수인의 공모가 금지된 점(제589조 제2항), 증자액에 대한 出資 全座의 인수가 있어야 하는 점 등이다.

인수는 요식행위이므로 서면에 인수할 출자의 座數와 주소를 기재하고 기명날인 또는 서명을 하여야 한다(제589조 제1항).

(3) 出資의 履行

인수가 끝나면 이사는 인수인으로 하여금 출자전액의 납입 또는 현물출자의 목적재산 전부의 급여를 시켜야 한다(제596조, 제548조). 이 경우 인수인은 납입에 관하여 相計로써 회사에 대항하지 못한다(제596조, 제334조).

(4) 增資의 登記

출자의 이행이 끝나면 회사는 2주 내에 본점소재지에서 증자로 인한 변경등기를 하여야 하는데(제591조), 증자의 효력은 增資登記를 한 때에 발생한다(제592조). 다만, 출자자는 출자이행기일로부터 이익배당에 관하여 사원과 동일한 권리를 가진다(제590조).

3. 資本增加에 관한 責任

(1) 社員의 增資財產實價塡補責任

현물출자와 재산인수의 목적인 재산의 증자결의 당시의 실가가 증자결의에 의하여 정한 가격에 현저하게 부족한 때에는 그 결의에 동의한 사원은 회사에 대하여 그 부족액을 지급할 연대책임을 진다(제593조 제1항). 이 책임은 총사원의 동의로도 면제할 수 없다(제593조 제2항, 제550조 제2항).

(2) 理事・監事의 增資未畢額塡補責任

이사와 감사는 증자 후 등기사항과 실제가 다를 경우에는 인수・납입 및 현물출자의 이행에 대한 擔保責任을 진다(제594조 제1항, 제2항). 이 책임은 총사원의 동의가 있으면 면제할 수 있다(제594조 제3항, 제551조 제3항).

4. 事後增資

증자에 관한 규제가 엄격하여 탈법적 행위가 이루어질 수 있으므로, 事後增資에 관하여도 규정을 두었다. 즉, 회사가 증자 후 2년 내에 증자 전부터 존재하는 재산으로서 영업을 위하여 계속 사용할 것을, 증자자본의 20분의 1 이상에 상당한 대가로 취득하는 계약을 체결하는 경우에는, 사원총회의 특별결의가 있어야 한다(제596조, 제576조 제2항).

Ⅲ. 資本의 減少

자본을 감소하려면 사원총회의 특별결의・채권자보호절차・減資의 실행절차(출자 1좌의 금액감소의 경우에는 還給 또는 切棄, 出資座數의 減少의 경우에는 지분의 소각이나 병합)를 거쳐(제597조, 제439조 제1항·제2항) 감자등기(제549조 제4항, 제183조)를 하여야 한다. 그러나 이 경우의 등기는 효력발생요건은 아니므로, 자본감소의 효력은 감자의 실행절차가 종료된 때에 발생한다. 주식회사에서의 端株의 처리(제443조) 및 감자무효의 소(제445조, 제446조)에 관한 규정은 유한회사의 端持分의 처리 및 감자무효의 소에 준용된다(제597조).

Ⅳ. 增資·減資의 無效

증자·감자의 무효에 관하여도 주식회사의 경우와 거의 같고(제595조, 제597조), 다만 증자무효의 소에 있어서, 제소기간이 '등기를 한 날'로부터 6월인 점이 다르다.

제6절 有限會社의 解散과 淸算

Ⅰ. 有限會社의 解散

유한회사의 해산은 주식회사의 경우와 같다(제609조 제1항 제1호). 그리고 존립기간의 만료 기타 정관으로 정한 사유의 발생(제609조 제1항 제1호, 제227조 제1호) 또는 사원총회의 해산결의(제609조 제1항 제2호)로 인하여 회사가 해산한 경우에는 결의로써 회사를 계속할 수 있다(제610조 제1항).

II. 有限會社의 淸算

유한회사의 청산도 법정청산만이 인정되므로 주식회사의 경우와 같다(제613조 참조). 다만, 청산인회제도가 없으므로 청산인이 청산회사의 업무집행·대표기관이 되는 점이 주식회사의 경우와 다를 뿐이다.

殘餘財産의 分配는 정관의 규정의 의해서 하되, 별다른 규정이 없으면 각 사원의 출자좌수에 따라서 분배한다(제612조).

제 6 장
會社의 合併·分割과 組織變更

제 1 절 總　　說

Ⅰ. 會社의 構造變更

회사는 자본의 증감 또는 정관의 변경에 따라서 그것이 회사의 규모의 축소이든 확대이든간에 구조변경을 가져오게 마련이다. 그러나 이러한 변경은 어디까지나 회사의 내부적 조직의 변경에 그치므로 대외적 권리의무관계에 변동을 가져오지는 않는다(광의의 構造變更). 대외적 권리·의무의 포괄적 승계에 의한 권리주체의 변동 또는 사원의 책임내용의 변동을 가져오는 협의의 구조변경으로는 會社의 合併·分割과 組織變更을 들 수 있다.

Ⅱ. 會社의 合併·分割·組織變更의 經濟的 效用

회사의 합병이나 조직변경은 기업유지의 이념을 구현하는 제도이다. 합병이나 조직변경이나 회사의 계속성이 있다는 점이 그 특색이다. 형식적으로는 해산을 하게 되나, 청산을 할 필요없이 회사의 권리·의무가 당연히 승계되고 사원이 인계된다. 따라서 합병과 조직변경은 사실상의 합병이나 사실상의 조직변경에 따르는 절차의 번잡과 시간·노력·경비의 낭비를 피하고, 기존회사의 명성과 고객관계의 확보까지도 할 수 있는 장점이 있다.

이에 대하여 회사의 분할은 기업의 해체와 재편성에 의하여 사업부문의 전문화를 기할 수 있으므로 이른바 구조조정의 한 수단이라고 할 수 있다. 합병과 분할을 비교하면 전자는 기업의 집중이고 후자는 그 분산이라는 차이가 있다. 하나의 기업이 수개 부문의 사업을 경영하는 경우, 각 부문의 사업을 분리하고, 분리된 사업을 별도의 한 회사가 전업으로 경영하게 되면 지나친 경업의 회피, 경영의 합리화, 기업의 집중, 시장의 독점이익의 확보 등 합병에서 나타나는 경제상의 목적을 달성할 수 있게 되고, 장기적으로는 기업가치를 높이는 효과가 있게 된다.

제 2 절 會社의 合併

Ⅰ. 會社合併의 意義와 性質

합병이란 2개 이상의 회사가 법정절차에 따라서 1개의 회사로 합동하는 것을 말한다. 합병은 상법의 특별규정에 따라 淸算節次를 거치지 않는 점에서, 해산 · 영업양도 · 사원수용 등의 방법에 의하는 '事實上의 合併'과 다르고, 사원을 수용하는 점에서 회사의 영업만을 양수하는 이른바 '買受'와도 구별된다. 또한 합병은 기업합동의 가장 완전한 형태이니, 수개의 기업이 법률상 각각 독립성을 보유하는 Kartell, Trust, Konzern과도 구별된다.

≪事實上의 合併≫

사실상의 합병이란 회사가 그 영업의 전부를 다른 회사에 현물출자로 제공하고 그 대가로 주식이나 지분을 취득한 다음 청산절차에 의하여 이를 구성원에게 배분함으로써 실질적으로 합병과 동일한 경제적 목적을 달성하는 것을 말한다.

≪會社의 合併과 營業讓渡의 差異≫

회사의 합병과 영업양도는 기업의 유지와 자본의 집중이라는 동일한 목적을 가지지만 다음과 같은 차이가 있다.

(i) 회사의 합병은 성질상 단체법상의 행위로서 그 절차가 법정되어 있으나, 영업양도는 개인법상의 거래행위로서 방식에 제한이 없다.

(ii) 회사의 합병은 회사 간에만 할 수 있으나, 영업양도는 이와 같은 제한이 없고, 비상인에게 영업을 양도할 수도 있다.

(iii) 합병에서는 회사의 재산과 채권·채무가 包括承繼되나, 영업양도에 있어서는 재산은 特定承繼되고 채권·채무의 양도·양수행위가 별도로 필요하다.

(iv) 합병에 있어서는 해산회사의 사원은 新設 또는 吸收會社의 사원으로 존속하고 사용인도 자동적으로 수용되나, 영업양도에서는 사원의 지위 변동이 없고, 사용인도 특약이 없는 한 당연히 양수인에게 수용되지는 않는다.

(v) 합병으로 반드시 청산절차 없이 소멸하는 회사가 생기나, 영업양도에서는 양도회사는 영업전부를 양도한 때에도 계속 존속한다.

(vi) 합병은 소로써만 그 무효를 주장할 수 있으나, 영업양도에서는 그러한 제한이 없다.

(vii) 이 외에도 채권자보호에 관하여 차이가 있다.

합병에는 吸收合併과 新設合併의 두 가지 유형이 있다. 吸收合併(併呑合併)은 당사회사 중 한 회사만이 존속하고 다른 회사는 해산하되, 존속회사가 해산하는 회사의 재산 및 사원을 수용하는 것이고, 新設合併(新立合併)은 당사회사가 모두 해산하고 동시에 신회사를 설립하되, 신설회사가 해산하는 회사의 재산 및 사원을 수용하는 것이다.

합병의 본질과 합병계약의 법적 성질에 관하여는 견해가 대립되어 있으나, 합병의 본질은 "2개 이상의 회사가 계약에 의하여 1개의 회사로 합동하는 효력을 발생하는 법률요건"이며(人格合一說),[1] 그 합병계약의 법적 성질은 "일반사법상의 계약과 다른 일종의 특별한 사단법상의 계약"[2]으로서 해산회사의 권리·의무의 포괄적 이전이라는 準物權的 效力이 발생한다.[3]

---

1) 현물출자설로는 徐廷甲(上) 402면, 재산의 합일로 보는 입장(財産合一說)으로는 鄭熙喆(上) 303면.

2) 金容泰(上) 232면.

3) 金容泰(上) 234면. 물권적 효력이 발생한다고 보는 입장으로는 徐燉珏(上) 549면.

≪合倂의 本質論≫

합병의 본질을 어떻게 보느냐에 따라 실제로 달라지는 것은 거의 없다. 그럼에도 불구하고 종래 오랫동안 논의되어 왔으므로 학설의 대립을 간략히 소개한다.

(i) 人格合一說에 의하면 합병이란 2개 이상의 회사가 단체법상·조직법상의 특수한 계약에 의하여 1개의 회사로 합일되는 법률사실이며, 그 효과로서 재산의 이전과 사원의 수용이 이루어진다는 학설이다. 이 학설은 재산의 이전과 사원의 수용 등 합병의 효과를 외부적·현상적으로 파악하고서 이를 인격합일이라고 표현하고 있을 뿐 법률적 설명을 하지 못하고 있다는 비판을 받는다.

(ii) 現物出資說에 의하면 합병이란 소멸회사의 영업전부를 현물출자하여 자본을 증가하거나 회사를 신설하는 것이라고 한다. 현물출자의 목적물에는 소멸회사의 채무도 포함시킬 수 있지만 전체로서의 가치는 적극이어야 하는데, 이 학설은 채무초과회사를 해산회사로 하거나 자본이 증가하지 않는 합병 및 신주발행이 없는 합병을 설명하기 어렵다. 또 사원이 수용되는 것이 소멸회사의 청산절차를 간소화하기 위한 것이라는 것도 궁색한 설명이다.

(iii) 社員現物出資說은 소멸회사 스스로가 아니라 그 회사의 주주 또는 사원이 그 주식 또는 지분의 전부를 현물출자하는 것이 합병이라고 한다. 이 학설에 의하면 소멸회사의 주주나 사원이 새로운 주식이나 지분을 취득하는 것 및 주식이나 지분을 출자의 대상으로 하기 때문에 채무초과회사의 합병을 적절히 설명할 수 있다. 그러나 소멸회사의 법인격이 소멸하는 이유 및 존속·신설회사가 소멸회사의 모든 다른 권리를 취득하는 이유를 설명할 수 없다.

(iv) 財産合一說은 합병은 합병당사회사의 재산의 합일이라고 보고, 그 결과 종전의 재산에 대하여 주주권 또는 사원권을 갖던 사람이 당연히 존속·신설회사의 주주권 또는 사원권을 갖게 된다고 한다. 이 학설 역시 합병을 외부적·현상적으로 파악하여 법인격의 소멸, 권리·의무의 승계 및 사원의 수용 등을 적절히 설명하지 못한다는 비판을 받는다.

(v) 私 見: 합병은 2개 이상의 회사가 법정절차에 따라 1개의 회사로 합일하여 둘 이상의 법인격이 하나로 합쳐지는 것이니 인격합일설이 가장 타당하다.

Ⅱ. 會社合併의 自由와 制限

회사 간의 합병은 원칙으로 자유이나(제174조 제1항), 다음과 같은 제한이 있다. 합병을 하는 회사의 일방 또는 쌍방이 株式會社 또는 有限會社인 때에는 합병 후 존속하는 회사 또는 합병으로 인하여 설립되는 회사는 주식회사 또는 유한회사이어야 한다(제174조 제2항). 이것은 주식회사의 주주나 유한회사의 사원이 합명 또는 합자회사의 사원이 되어 제3자에 대하여 직접 유한 또는 무한책임을 지는 일이 없도록 하기 위한 것이다. 다만, 그 회사가 주식회사이면 법원의 인가를 얻어야 한다(제600조 제1항). 이것은 회사합병이 유한회사 사원의 자본충실책임의 면탈 또는 주식회사에서 설립시 또는 신주발행시에 요구되는 엄격한 검사절차를 潛脫하기 위한 방편으로 악용되는 것을 방지하기 위한 것이다. 또 존속회사가 유한회사이면 소멸된 주식회사의 社債의 償還을 완료하여야 한다(제600조 제2항). 해산 후의 회사는 존립 중의 회사를 존속회사로 하는 경우에 한하여 합병할 수 있다(제174조 제3항).

한편 특별법상의 제한으로는 獨占規制法上 거래의 객체별·단계별 또는 지역별로 경쟁관계에 있거나 경쟁관계가 성립될 수 있는 분야에 있는 기업 간의 합병은 금지된다(獨規 제7조 제1항 제3호). 이들 기업 간의 합병은 사전에 공정거래위원회에 신고하여야 하며, 신고 후 30일이 경과하지 아니하면 합병할 수 없다(獨規 제12조 제1항 제4호·제5항). 증권거래법상 상장법인과 비상장법인이 합병할 경우에는 비상장법인이 동법 제3조의 규정에 의하여 유가증권발행인으로 등록한 후 2월이 경과한 후에 비로소 유효한 合併承認決議를 할 수 있다(제522조, 證去 제190조). 은행·보험·신탁 등 특수업종에 종사하는 회사는 주무관청의 인가를 받아야 하고(銀行 제55조 제1항, 保業 제116조, 信業 제8조 제1항), 정리절차 중인 회사는 整理計劃案에 의하여서만 합병할 수 있다(會整 제211조, 제224조, 제225조). 이 밖에도 공업발전법상의 제한이 있다(同法 제8조).

Ⅲ. 會社合併의 節次

1. 合併契約

합병당사회사 간에 합병에 관한 합의, 즉 합병계약이 체결되면, 그 계약에 따라 합병절차가 진전된다. 합병계약은 요식행위는 아니다. 당사회사가 주식회사 또는 유한회사이거나 합병에 의하여 신설 또는 존속하는 회사가 주식회사일 경우에는 법정사항을 기재한 합병계약서를 작성하여야 한다(제522조 제1항, 제523조~제525조, 제603조).

합병계약은 단체법상의 특수한 債權契約이다. 이 채권계약의 성질에 관하여는 합병계약은 가계약 또는 예약이라는 假契約說, 합병계약은 주주총회 또는 사원총회의 승인결의를 정지조건으로 하는 계약이라고 보는 停止條件說, 그리고 합병계약은 독립계약이고 독자적으로 효력을 발생하여 승인결의 등과 같이 합병의 효력발생을 위한 법률요건의 하나로 보는 獨立契約說 등으로 견해가 갈린다. 이 중 停止條件說이 우리 나라의 다수설이다.

2. 合併契約書 등의 公示

물적 회사의 경우 합병계약이 체결되면 당사회사의 이사는 합병결의를 위한 총회 회일의 2주 전부터 합병을 한 날 이후 6월이 경과하는 날까지 합병계약서, 소멸회사의 주주에게 발행하는 주식의 배정에 관하여 그 이유를 기재한 서면, 각 회사의 최종의 대차대조표와 손익계산서를 본점에 비치하여야 한다(제522조의 2 제1항, 제603조). 또 사원 및 회사채권자는 영업시간 내에는 언제든지 위의 서류의 열람을 청구하거나, 소정의 비용을 지급하고 그 등본 또는 초본의 교부를 청구할 수 있다(제522조의 2 제2항, 제603조).

3. 合併決議

합병계약이 체결되면 당사회사에서는 각각 합병결의를 하여야 한다. 이 결의는 합명회사와 합자회사에서는 총사원의 동의(제230조, 제269조), 주식회사에서는 주주총회의 특별결의(제522조), 유한회사에서는 사원총회의 특별결의(제598조)에 의하여야 한다. 당사회사 중 어느 회사에서 합병결의가 성립하지 못하는 경우에는 합병계약의 효력이 없어지고 다른 회사의 합병결의도 무효로 된다. 그러나 주식회사의 흡수합병의 경우 簡易合併(제527조의 2)과 小規模合併(제527조의 3)에 있어서는 합병에 관한 주주총회의 특별결의가 생략된다.

(1) 簡易合併

소멸회사의 총주주의 동의가 있거나, 소멸회사의 발행주식총수의 100분의 90 이상을 존속회사가 소유하고 있는 경우에는 소멸회사의 주주총회의 승인은 이를 이사회의 승인으로 갈음할 수 있다(제527조의 2 제1항).

이 경우 소멸회사의 총주주의 동의가 있는 경우를 제외하고는 소멸회사는 합병계약서를 작성한 날로부터 2주 내에 주주총회의 승인을 얻지 아니하고 합병을 한다는 뜻을 공고하거나 주주에게 통지하여야 한다(제527조의 2 제2항).

(2) 小規模合併

존속회사가 합병으로 인하여 발행하는 신주의 총수가 그 회사의 발행주식총수의 100분의 5를 초과하지 아니하는 경우에는 존속회사의 주주총회의 승인은 이를 이사회 승인으로 갈음할 수 있다(제527조의 3 제1항 본문). 다만 소멸회사의 주주에게 지급할 금액을 정한 경우에 그 금액이 존속회사의 최종대차대조표상으로 현존하는 순자산액의 100분의 2를 초과하는 때에는 주주총회의 결의를 거쳐야 한다(제527조의 3 제1항 단서).

이 경우 존속회사의 합병계약서에 주주총회의 승인을 얻지 아니하고 합병한다는 뜻을 기재하여야 하고(제527조의 3 제2항), 존속회사는 합병계약서를 작성한 날로부터 2주 내에 소멸회사의 상호 및 본점소재지, 합병을 할 날, 주주총회의 승인을 얻지 아니하고 합병한다는 뜻을 공고하거나 주주에게 통지하여야 한다(제527조의 3 제3항). 합병 후 존속회사의 발행주식총수의 100분의 20 이상에 해당하는 주식을 소유하는 주주가 이러한 공고 또는 통지를 한 날로부터 2주 내에 회사에 대하여 서면으로 소규모합병에 반대하는 의사를 통지한 때에는 소규모합병을 할 수 없고 주주총회의 결의를 거쳐야 한다(제527조의 3 제4항).

4. 合併反對株主의 株式買受請求權

주식회사의 경우 합병결의사항에 관하여 이사회 결의가 있는 때에 그 결의에 반대하는 주주는 주주총회 전에 회사에 대하여 그 반대의사를 서면통지한 경우에는, 그 총회의 결의일부터 20일 내에 회사에 대하여 자기가 소유하고 있는 주식의 매수를 서면으로 청구할 수 있다(제522조의 3 제1항). 주식매수청구권의 행사에 관한 처리방법은 영업양도 등에 반대하는 주주의 주식매수청구의 경우와 같다(제530조 제2항, 제374조의 2 제2항~제5항).

그러나 簡易合併의 경우에는 소멸회사가 주주총회의 승인을 얻지 아니하고 합병한다는 뜻을 공고하거나 주주에게 통지한 날로부터 2주 내에 회사에 대하여 그 반대의사를 서면통지한 주주는 그 2주가 경과한 날로부터 20일 이내에 회사에 대하여 주식매수청구를 할 수 있다(제522조의 3 제2항). 다만 小規模合併의 경우에는 존속회사의 주주의 주식매수청구권은 인정되지 아니한다(제527조의 3 제5항).

5. 會社債權者의 保護節次

합병은 당사회사의 채권자의 이익에 중대한 영향을 미치므로 주식회사의 자본감소에서 설명한 바와 같이 채권자에게 이의권을 인정하여 보호하고 있다(제232조, 제269조, 제527조의 5, 제603조).

6. 其他의 節次

(1) 會社의 設立

신설합병의 경우, 정관의 작성 기타 설립에 관한 행위는 각 회사에서 합병결의와 동일한 방법에 의하여 선임한 설립위원이 공동으로 하여야 한다(제175조).

(2) 報告總會·創立總會

신설회사 또는 존속회사가 주식회사이거나 유한회사인 때에는 신설회사의 설립위원 또는 존속회사의 이사는 합병절차가 완료된 후 지체없이 창립총회 또는 사원총회를 소집하고 합병에 관한 사항을 보고하여야 한다(제526조, 제527조, 제603조).

그러나 주식회사에 있어서는 흡수합병의 경우뿐만 아니라 신설합병의 경우에도 이사회의 결의로 보고사항을 공고함으로써 총회의 보고에 갈음할 수 있다(제526조 제3항, 제527조 제4항).

(3) 合併에 관한 書類의 事後公示

주식회사의 경우에는 합병을 한 후 이사는 채권자보호절차의 경과, 합병을 한 날, 소멸회사로부터 승계한 재산의 가액과 채무액 기타 합병에 관한 사항을 기재한 서면을 합병을 한 날로부터 6월간 본점에 비치하여야 한다(제527조의 6 제1항). 주주 및 회사채권자는 영업시간 내에는 언제든지 위의 서류의 열람을 청구하거나, 그 등본 또는 초본의 교부를 청구할 수 있다(제527조의 6 제2항, 제522조의 2 제2항).

7. 合併登記

회사의 합병이 실현되면 본점소재지에서는 2주 내, 지점소재지에서는 3주 내에, 존속회사는 변경등기, 소멸회사는 해산등기, 신설회사는 설립등기를 하여야 한다(제233조, 제269조, 제528조 제1항, 제602조). 이 등기는 합병의 효력발생요건이다(제234조, 제269조, 제530조 제2항, 제603조).

Ⅳ. 會社合併의 效果

1. 會社의 消滅

존속회사를 제외하고 당사회사는 소멸한다(제227조 제4호, 제269조, 제517조 제1호, 제609조 제1항 제1호). 합병이 해산사유로 되어 있으나, 청산절차를 거치지 않고 합병과 동시에 소멸하는 것이다.

2. 會社의 設立 또는 定款變更

新設合併의 경우에는 회사가 신설되고, 흡수합병의 경우에는 존속회사의 정관변경이 생긴다.

3. 社員의 收容

소멸회사의 사원은 존속회사 또는 신설회사의 사원이 된다. 다만, 주식매수청구권을 행사한 주주는 그러하지 아니하다.

4. 權利義務의 包括的 移轉

존속회사 또는 신설회사는 소멸회사의 권리의무를 包括的으로 승계한다.[1] 따라서 개별적인 이전행위는 필요가 없고, 제3자에 대한 대항요건을 갖추면 된다.

---

1) 大判 1980. 3. 25, 77 누 265; 大判 1994. 3. 8, 93 다 1589.

5. 理事·監査의 任期의 特例

주식회사에 있어서 흡수합병의 보고총회 또는 신설합병의 창립총회는 이사회의 결의에 의한 보고사항의 공고로써 갈음하여 생략될 수 있다. 이 경우 이사·감사의 선임이 불가능하게 되는 점을 감안하여 1998년 개정상법은 존속회사 또는 신설회사의 이사 및 감사로서 합병 전에 취임한 자는 합병계약서에 다른 정함이 있는 경우를 제외하고는 합병 후 최초로 도래하는 결산기의 정기총회가 종료하는 때까지 그 임기가 연장되도록 규정하였다(제527조의 4).

V. 會社合併의 無效

1. 無效의 原因

합병이 합병을 제한하는 법규정에 위반한 경우, 합병계약서에 하자가 있는 경우, 합병결의에 하자가 있는 경우, 그리고 債權者保護節次를 위반한 경우 등 합병절차에 하자가 있으면 합병무효의 소를 제기할 수 있다.

2. 合併無效의 訴

합병의 무효는 소에 의해서만 주장할 수 있다. 社員·理事·監事·淸算人·破産管財人 또는 合併不承認債權者는 합병등기가 있은 날로부터 6월 내에 본점 소재지의 지방법원에 합병무효의 소를 제기할 수 있다(제236조, 제240조, 제186조, 제269조, 제529조, 제530조 제2항, 제603조). 독점규제와 공정거래에 관한 법률을 위반하여 합병된 때에는 공정거래위원회가 합병무효의 소를 제기한다(獨規 제16조 제2항). 소의 전속관할·소제기의 공고·소의 병합심리·법원의 재량권 등은 설립무효의 경우와 같다(제240조, 제269조, 제530조 제2항, 제603조).

3. 合併無效判決의 效果

합병무효의 판결이 확정되면 합병 전의 당사회사로 환원하게 되므로, 본·지점의 소재지에서 존속회사는 변경등기, 신설회사는 해산등기, 소멸회사는 회복등기를 하여야 한다(제238조, 제269조, 제530조 제2항, 제603조). 합병무효판결은 對世的 效力이 있어서 당사자 이외의 제3자에게도 그 효력이 미치나(제240조, 제190조 본문, 제269조, 제530조 제2항, 제603조), 판결의 확정 전에 생긴 회사와 사원 및 제3자 간의 권리·의무에는 영향을 미치지 아니한다(제240조, 제190조 단서, 제269조, 제530조 제2항, 제603조). 따라서 합병 후 무효판결확정시까지의 이익배당·지분 또는 주식의 양도·회사와 제3자 간의 거래 등은 모두 유효하다.

합병 후 무효판결확정시까지 존속회사 또는 신설회사가 부담한 채무와 취득한 재산의 처리가 문제되나, 상법은 그 조정규정을 두고 있다. 즉, 존속회사 또는 신설회사가 합병 후 부담한 채무에 대하여는 합병당사회사가 연대하여 변제할 책임을 지고, 취득한 재산은 합병당사회사의 공유로 하며, 이 경우에 당사회사의 협의로 그 부담부분 또는 지분을 정하지 못한 때에는 법원이 그 청구에 의하여 합병 당시의 각 회사의 재산상태 기타의 사정을 참작하여 이를 정한다(제239조, 제269조, 제530조 제2항, 제603조).

원고가 패소한 경우 악의 또는 중대한 과실이 있으면 회사에 대하여 연대하여 손해를 배상할 책임을 진다(제240조, 제191조, 제269조, 제530조 제2항, 제603조).

제 3 절 會社의 分割

Ⅰ. 會社分割의 意義와 性質

회사분할(Spaltung, division)이라 함은 “1개의 회사가 2 이상으로 분할되어 1개 또는 수개의 회사를 설립하거나 1개 또는 수개의 존립 중의 회사와 합병하고, 분할로 인하여 설립되거나 분할 후 존속하는 회사가 분할되는 회사의 권리・의무 및 사원(주주)을 승계하며, 분할로 인하여 소멸하는 회사는 청산절차를 거치지 아니하고 소멸하는 회사법상의 법률요건"이라 할 수 있다. 우리 상법은 그동안 회사의 합병에 관하여는 규정을 두고 있으면서 분할에 관하여는 직접적인 아무런 규정이 없었는데 1998년 개정상법에서 기업구조조정을 지원하기 위하여 會社分割制度를 도입하였다.

분할의 법적 성질 내지 본질에 대하여는 합병의 경우와 마찬가지로 학설이 대립되고 있으며, 입법례에 따라서도 다르다. 프랑스상사회사법(제371조)과 독일 사업재편법은 분할을 재산의 분할이라는 측면에서 규정하고 있다. 분할이 회사재산의 분할에 한정되는 경우에는 현물출자라고 볼 수도 있겠다. 그러나 우리 상법 상으로는 분할에 따른 사원의 수용, 즉 인적 측면에서도 규정하고 있으므로 현물출자로 보기는 어렵다. 분할은 합병의 반대현상이며, 상법상 분할에 따라 사원이 수용되는 인적 분할이 원칙이고 사원이 수용되지 않는 물적 분할은 예외로 규정되어 있다는 점에 비추어 분할은 인격의 분할로 보아야 할 것이다.[1)]

Ⅱ. 會社의 分割에 관한 立法例

회사의 분할에 관한 외국의 입법례는 1966년의 프랑스상사회사법을 들 수 있으며, 동법 제371조 제2항과 제3항에 회사를 분할할 수 있음을 규정하고 그 이하에 이에 관한 여러 규정을 두고 있다. 프랑스상사회사법은 EU 분할지침에 따라 1988. 1. 5. 법률 제88-17호에 의하여 개정된 바 있다. 한편 일본에서는 경제단체연합회 등으로부터 산업재편성을 위한 기업분할 등에 관한 의견이 공표되었고 상법연구회에 의하여 발표된 상법개정요강안에도 회사의 분할에 관한 사항이 구체적으로 포함되어 있다. 영국에서는 1987년 상법개정으로, 독일은 1995년 사업재편법(Umwandlungsgesetz)의 개정으로 회사의 분할을 입법화하였다. 미국에서는 1924년 연방내국세법(Internal Revenue Code: IRC 제355조, 제368조)상

1) 同旨: 鄭燦亨(上) 469면. 이에 반하여 鄭東潤 敎授는 분할은 재산법적으로 파악하여야 한다고 한다[鄭東潤(會) 801면].

회사분할의 경우 세제상의 혜택(Tax-free Corporate Reorganization)을 주는 제도를 마련해 두고 있다.

Ⅲ. 分割의 類型

분할은 분할당사회사가 단수인가 복수인가에 따라서 單純分割(단수)과 分割合倂(복수)으로, 분할되는 회사가 분할 후 소멸하느냐 여부에 따라 完全分割(소멸)과 不完全分割(존속)로, 분할되는 회사의 주주가 분할 후 회사의 주주로 수용되느냐 여부에 따라 인적 분할(수용)과 물적 분할(불수용)로 나눌 수 있다. 분할합병에는 분할된 부분이 다른 회사에 흡수되는 흡수분할합병과 다른 회사 또는 다른 회사의 분할된 부분과 합쳐 회사를 설립하는 신설분할합병이 있다.

1998년 개정상법은 단순분할(상법은 이를 단순히 '분할'이라고 규정하고 있다)과 분할합병을 모두 인정하면서 양자의 혼합형태도 인정하고 있다(제530조의 2 제1항 내지 제3항). 단순분할의 경우 완전분할과 불완전분할을 모두 인정하고(제530조의 5 제1항·제2항), 분할합병의 경우에도 흡수분할합병과 신설분할합병 모두를 인정하고 있다(제530조의 6 제2항). 또한 인적 분할을 원칙으로 하면서도 예외적으로 물적 분할도 인정하고 있다(제530조의 12).

≪分割의 類型≫

1. 단순분할

가. 완전분할(신설분할) - 제530조의 2 제1항

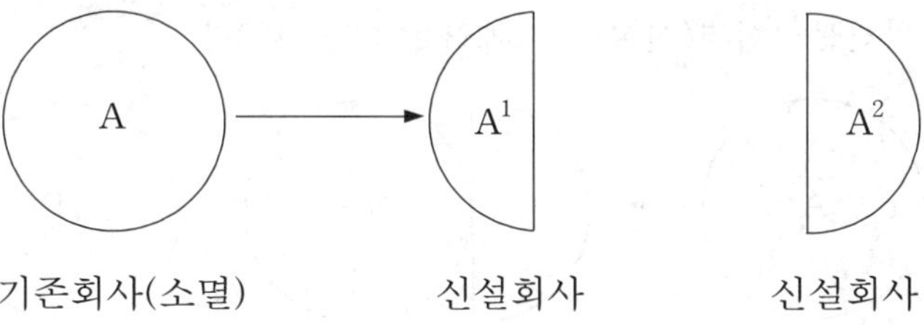

나. 불완전분할(존속분할) — 제530조의 2 제1항

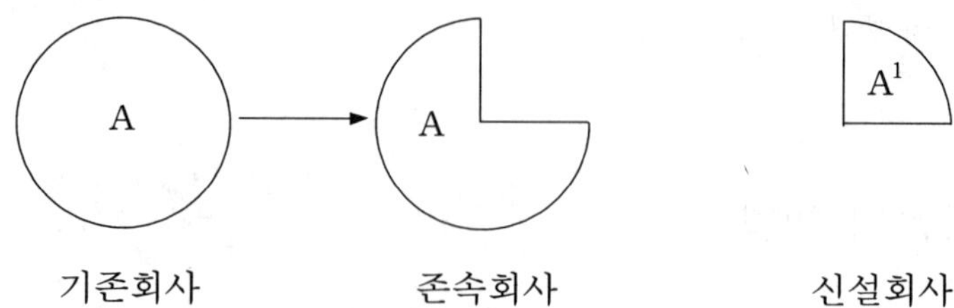

2. 분할합병

가. 분할합병(흡수)

1) 완전분할합병(흡수) — 제530조의 2 제2항

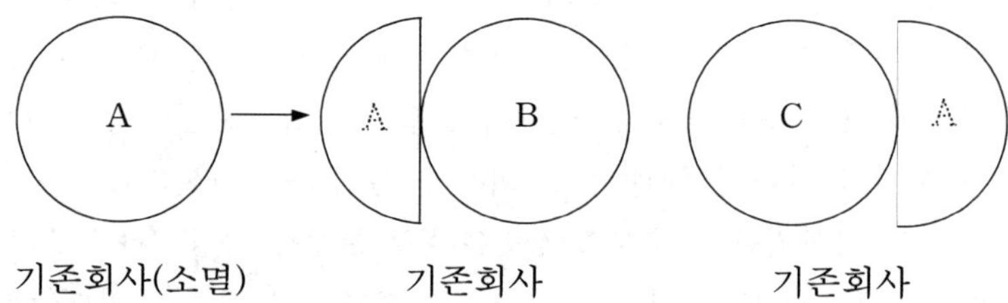

2) 불완전분할합병(흡수) — 제530조의 2 제2항

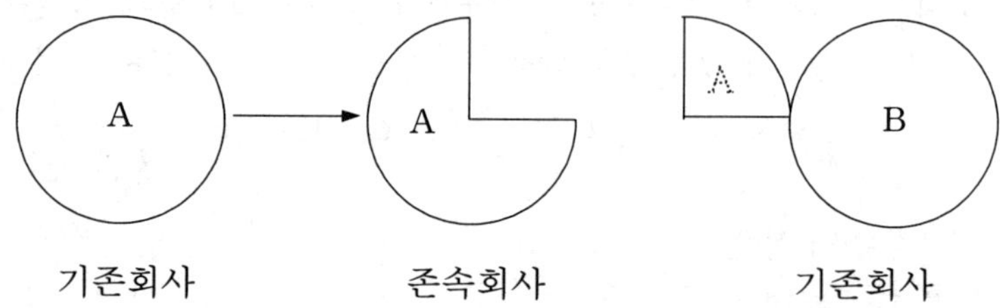

나. 분할합병(신설)

1) 완전분할합병(신설) — 제530조의 2 제3항

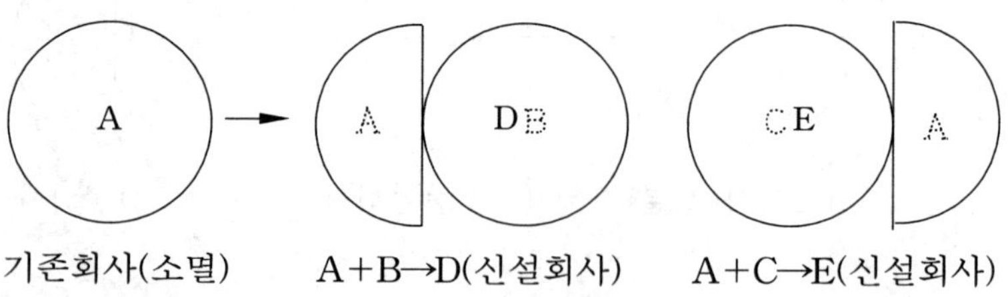

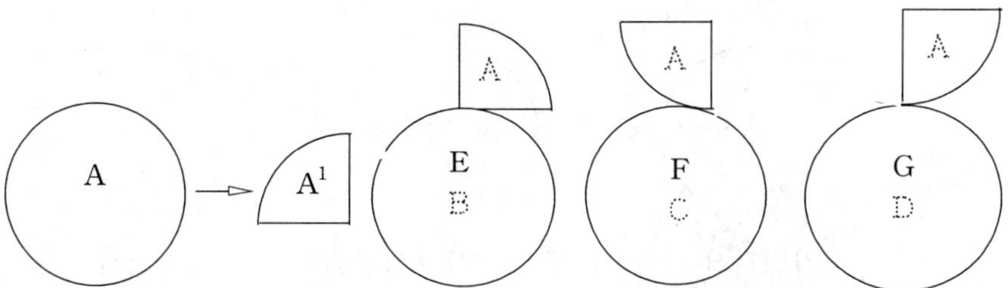

2) 불완전분할합병(신설) — 제530조의 2 제3항

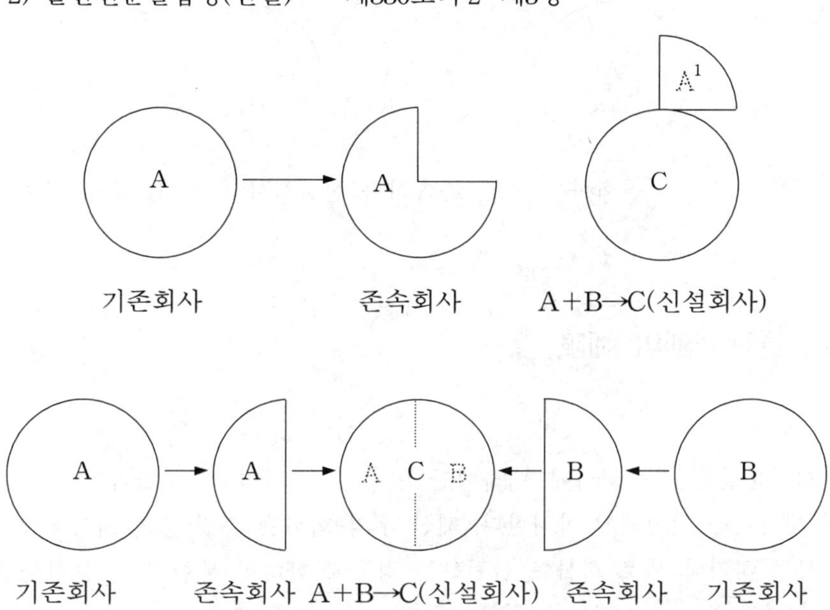

다. 분할합병(혼합) — 제530조의 2 제3항

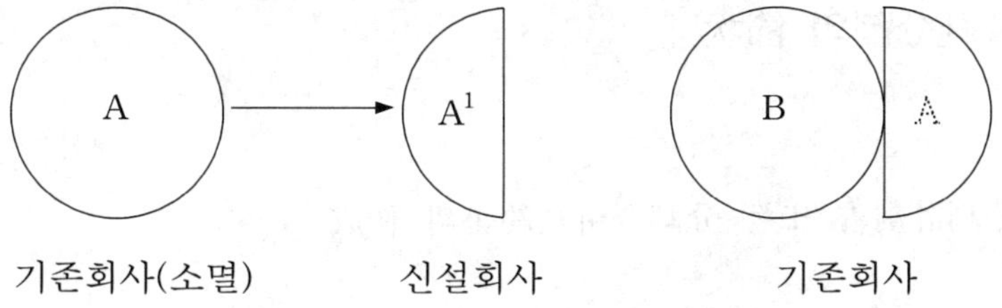

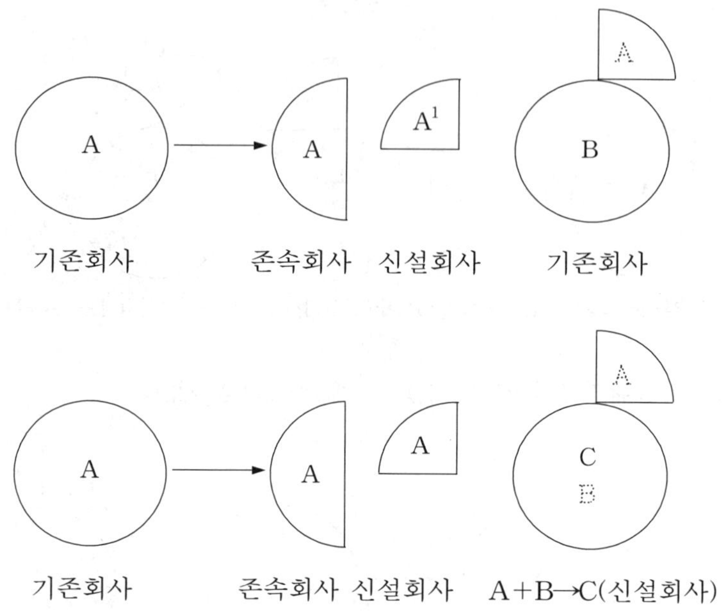

Ⅳ. 會社分割의 制限

회사분할은 주식회사에 대하여만 인정되고, 합명회사·합자회사·유한회사에 대하여는 인정되지 아니한다. 해산 후의 회사는 존립 중의 회사를 존속하는 회사로 하거나 새로 회사를 설립하는 경우에 한하여 분할 또는 분할합병할 수 있다(제530조의 2 제4항).

Ⅴ. 會社分割의 節次

1. 分割計劃書 또는 分割合併契約書의 作成

회사의 분할은 단순분할의 경우 분할되는 회사의 분할계획서 작성, 분할합병의 경우에는 분할합병 당사회사 간의 분할합병계약서 작성으로부터 진행된다. 단순분할의 경우 분할당사회사가 1개이므로 분할합병계약서제도를 채택할 수 없기 때문이다. 분할계획서 또는 분할합병계약서에는 법정사항을 기재하여야 한다(제530조의 5, 제530조의 6).

(1) 분할계획서의 기재사항

분할계획서는 단순분할의 경우에 작성되며, 완전분할인가 불완전분할인가에 따라 그 기재내용이 다르다.

(i) 신설회사에 관한 사항

분할에 의하여 회사를 설립하는 경우에는 분할계획서에 ① 신설회사의 상호, 목적, 본점의 소재지 및 공고의 방법, ② 신설회사가 발행할 주식의 총수 및 1주의 금액, ③ 신설회사가 분할 당시에 발행하는 주식의 총수, 종류 및 종류별 주식의 수, ④ 분할되는 회사의 주주에 대한 신설회사의 주식의 배정에 관한 사항 및 배정에 따른 주식의 병합 또는 분할을 하는 경우에는 그에 관한 사항, ⑤ 분할되는 회사의 주주에게 지급할 금액(분할교부금)을 정한 때에는 그 규정, ⑥ 신설회사의 자본과 준비금에 관한 사항, ⑦ 신설회사에 이전될 재산과 그 가액, ⑧ 제530조의 9 제2항의 정함(신설회사가 분할되는 회사의 채무 중에서 출자한 재산에 관한 채무만을 부담할 것을 정한 경우)이 있는 경우에는 그 내용, ⑨ 신설회사의 이사와 감사를 정한 경우에는 그 성명과 주민등록번호, ⑩ 신설회사의 정관에 기재할 그 밖의 사항(예컨대 주식양도에 대한 이사회의 승인)을 기재하여야 한다(제530조의 5 제1항 제1호 내지 제11호).

(ii) 분할 후 존속하는 회사에 관한 사항

분할 후 회사가 존속하는 경우에는 존속하는 회사에 관하여 분할계획서에 ① 감소할 자본과 준비금의 액, ② 자본감소의 방법, ③ 분할로 인하여 이전할 재산과 그 가액, ④ 분할 후의 발행주식의 총수, ⑤ 회사가 발행할 주식의 총수를 감소하는 경우에는 그 감소할 주식의 총수, 종류 및 종류별 주식의 수, ⑥ 정관변경을 가져오게 하는 그 밖의 사항을 기재하여야 한다(제530조의 5 제2항 제1호 내지 제5호).

(2) 분할합병계약서의 기재사항

분할합병계약서는 분할합병의 경우에 작성되며, 흡수분할합병인가 신설분할합병인가에 따라 그 기재내용에 차이가 있다.

(i) 분할합병의 상대방회사에 관한 사항

분할되는 회사의 일부가 다른 회사와 합병하여 그 다른 회사(분할합병의 상대방회사)가 존속하는 경우(흡수분할합병)에는 분할합병계약서에 ① 분할합병의 상대방회사가 분할합병으로 인하여 발행할 주식의 총수를 증가하는 경우에는 증가할 주식의 총수, 종류 및 종류별 주식의 수, ② 분할합병의 상대방회사가 분할합병을 함에 있어서 발행하는 신주의 총수, 종류 및 종류별 주식의 수, ③ 분할되는 회사의 주주에 대한 분할합병의 상대방회사의 주식의 배정에 관한 사항 및 배정에 따른 주식의 병합 또는 분할을 하는 경우에는 그에 관한 사항, ④ 분할되는 회사의 주주에 대하여 분할합병의 상대방회사가 지급할 금액(분할합병교부금)을 정한 때에는 그 규정, ⑤ 분할합병의 상대방회사의 증가할 자본의 총액과 준비금에 관한 사항, ⑥ 분할되는 회사가 분할합병의 상대방회사에 이전될 재산과 그 가액, ⑦ 제530조의 9 제3항의 정함(분할합병의 상대방회사가 분할되는 회사의 채무 중에서 출자한 재산에 관한 채무만을 부담할 것을 정한 경우)이 있는 경우에는 그 내용, ⑧ 각 회사에서 분할결의를 할 주주총회의 기일, ⑨ 분할합병을 할 날, ⑩ 분할합병의 상대방회사의 이사와 감사를 정한 경우에는 그 성명과 주민등록번호, ⑪ 분할합병의 상대방회사의 정관변경을 가져오게 하는 그 밖의 사항(예컨대 주식양도에 대한 이사회의 승인)을 기재하여야 한다(제530조의 6 제1항 제1호 내지 제11호).

(ii) 분할합병으로 설립되는 회사에 관한 사항

분할되는 회사의 일부가 다른 회사 또는 다른 회사의 일부와 분할합병하여 회사를 설립하는 경우(신설분할합병)에는 분할합병계약서에 ① 분할계획서에 기재되는 신설회사에 관한 상기 사항 중 ①·②, ⑥ 내지 ⑩에 규정된 사항, ② 신설회사가 분할합병을 함에 있어서 발행하는 주식의 총수, 종류 및 종류별 주식의 수, ③ 각 회사의 주주에 대한 주식의 배정에 관한 사항과 배정에 따른 주식의 병합 또는 분할을 하는 경우에는 그 규정, ④ 각 회사가 신설회사에 이전할 재산과 그 가액, ⑤ 각 회사의 주주에게 지급할 금액(분할합병교부금)을 정한 때에는 규정, ⑥ 각 회사에서 분할합병을 결의할 주주총회의 기일, ⑦ 분할합병을 할 날을 기재하여야 한다(제530조의 6 제2항 제1호 내지 제7호).

(iii) 분할합병을 하지 아니하는 부분에 관한 사항

각 회사의 분할합병을 하지 아니하는 부분의 기재에 관하여 분할합병계약서에 기재할 사항은 분할계획서에 기재할 사항을 준용한다(제530조의 6 제3항, 제530조의 5).

2. 分割計劃書 등의 公示

분할되는 회사의 이사는 분할승인을 위한 주주총회의 회일의 2주 전부터 분할등기를 한 날 또는 분할합병을 한 날 이후 6월간 ① 분할계획서 또는 분할합병계약서, ② 분할되는 부분의 대차대조표, ③ 분할합병의 경우 분할합병의 상대방회사의 대차대조표, ④ 분할되는 회사의 주주에게 발행할 주식의 배정에 관하여 그 이유를 기재한 서면을 본점에 비치하여야 하며(제530조의 7 제1항), 분할합병의 상대방회사의 이사는 분할합병승인을 위한 주주총회의 회일의 2주 전부터 분할합병의 등기를 한 후 6월간 ① 분할합병계약서, ② 분할되는 회사의 분할되는 부분의 대차대조표, ③ 분할되는 회사의 주주에게 발행할 주식의 배정에 관하여 그 이유를 기재한 서면을 본점에 비치하여야 한다(제530조의 7 제2항). 주주 및 회사채권자는 영업시간 내에는 언제든지 위 서류의 열람을 청구하거나, 소정의 비용을 지급하고 그 등본 또는 초본의 교부를 청구할 수 있다(제530조의 7 제3항, 제522조의 2 제2항).

3. 株主總會의 分割決議

회사가 분할 또는 분할합병을 함에는 분할계획서 또는 분할합병계약서를 작성하여 株主總會의 特別決議에 의한 승인을 얻어야 한다(제530조의 3 제1항·제2항, 제434조). 분할 또는 분할합병의 승인을 위한 주주총회의 소집의 통지와 공고에는 분할계획 또는 분할합병계약의 요령을 기재하여야 한다(제530조의 3 제4항). 분할 또는 분할합병 승인을 위한 주주총회의 결의에는 의결권없는 주식을 소유한 주주도 의결권이 있다(제530조의 3 제3항). 또한 회사가 수종의 주식을 발행한 경우에 분할 또는 분할합병으로 인하여 어느 종류의 주주에게 손해를 미치게 되는 때에는 그 종류의 주주총회의 결의가 있어야 하며(제530조의 3 제5항), 분할 또는 분할합병으로 인하여 분할 또는 분할합병에 관련되는 각 회사의 주주의 부담이 가중되는 경우에는 주주총회 및 종류주주총회의 결의 외에 그 주주 전원의 동의가 있어야 한다(제530조의 3 제6항). 분할합병의 경우에는 간이합병(제527조의 2), 소규모합병(제527조의 3)에 관한 규정이 준용되지 않으므로 분할결의를 위한 주주총회의 승인결의가 생략되는 경우는 없다(제530조의 11 참조).

분할합병의 경우에 분할합병에 반대하는 주주는 합병의 경우와 마찬가지로 주식매수청구권을 행사할 수 있으나(제530조의 11 제2항, 제522조의 3), 단순분할의 경우에는 주식매수청구권이 인정되지 않는다.

4. 會社債權者 保護節次

분할은 분할되는 회사, 분할합병 후의 회사의 채권자의 이익에 중대한 영향을 미치므로 합병에서 설명한 바와 같이 채권자에게 이의권을 인정하여 보호하고 있다(제530조의 9 제4항, 제530조의 11 제2항, 제527조의 5, 제232조 제2항 · 제3항). 다만 분할로 인하여 설립되는 회사가 분할 전의 회사채무에 관하여 연대하여 책임을 부담하는 경우에는 채권자의 이의권이 인정되지 아니한다(제530조의 9 제4항 참조).

5. 其他 節次

회사의 분할에 의한 회사설립에 관하여는 상법 제3편 제4장 제1절의 주식회사의 설립에 관한 규정이 준용되며(제530조의 4 제1항), 분할 또는 분할합병에 따라 주식분할, 주식병합, 단주처리가 필요한 때에도 상법상의 해당규정이 준용된다(제530조의 11 제1항, 제329조의 2, 제440조 내지 제444조). 다만 분할에 의하여 설립되는 회사는 분할되는 회사의 출자만으로도 설립할 수 있으며, 이 경우 분할되는 회사의 주주에게 그 주주가 가지는 그 회사의 주식의 비율에 따라서 설립되는 회사의 주식이 발행되는 때에는 변태설립사항에 관한 검사인 등의 조사 · 보고절차를 거치지 아니한다(제530조의 4 제2항).

분할 또는 분할합병으로 인하여 설립되는 회사의 창립총회에 대하여는 신설합병의 경우의 창립총회에 관한 규정이 준용되고(제530조의 11 제1항 본문, 제527조), 분할합병의 상대방회사(존속회사)의 보고총회에 관하여는 흡수합병의 경우의 보고총회에 관한 규정이 준용된다(제530조의 11 제1항 본문, 제526조). 따라서 창립총회 또는 보고총회에 대한 보고는 이사회의 공고로 이를 갈음할 수 있다.

다만 분할의 경우에는 설립위원이 존재하지 않으므로 대표이사가 설립사무를 담당한다(제530조의 11 제1항 단서).

6. 分割登記

회사의 분할이 실현되면 본점소재지에는 2주 내, 지점소재지에는 3주 내에 분할 후 존속하는 회사에 있어서는 변경등기, 분할로 인하여 소멸하는 회사에 있어서는 해산등기, 분할에 따라 설립되는 회사에 있어서는 설립등기를 하여야 한다(제530조의 11 제1항 본문, 제528조 제1항). 이 등기는 분할의 효력발생요건이다(제530조의 11 제1항 본문, 제234조).

분할 또는 분할합병 후 존속하는 회사 또는 설립되는 회사가 분할 또는 분할합병으로 인하여 전환사채 또는 신주인수권부사채를 승계하는 때에는 분할등기와 동시에 사채의 등기를 하여야 한다(제530조의 11 제1항 본문, 제528조 제2항).

Ⅵ. 會社分割의 效果

1. 會社의 消滅

완전분할의 경우 분할되는 회사는 소멸한다(제517조 제1호의 2). 분할 또는 분할합병이 해산사유로 되어 있으나, 청산절차를 거치지 아니하고 분할 또는 분할합병과 동시에 소멸하는 것은 합병의 경우와 같다.

2. 會社의 設立 또는 定款變更

단순분할, 신설분할합병의 경우 분할 또는 분할합병으로 인하여 회사가 설립되고, 불완전분할의 경우의 존속회사와 흡수분할합병의 경우에는 존속회사에 정관변경이 생긴다.

3. 株主의 收容

분할로 인하여 설립되는 회사 또는 존속하는 회사가 분할 또는 분할합병으로 인하여 발행하는 주식은 원칙적으로 분할되는 회사의 주주에 대하여 발행하므로 분할되는 회사의 주주는 분할 또는 분할합병 후 설립되는 회사 또는 존속되는 회사의 주주로 된다. 그러나 분할되는 회사가 분할로 인하여 설립되는 회사 또는 분할 후 존속하는 회사의 주식의 총수를 취득하는 경우(물적 분할)에는 주주의 수용이 없다. 다만, 물적 분할의 경우에도 분할 또는 분할합병에 관한 규정이 준용된다(제530조의 12).

분할되는 회사의 주주에 대하여는 분할계획서 또는 분할합병계약서에서 정하는 경우 분할·분할합병교부금이 지급된다(제530조의 5 제1항 제5호, 제530조의 6 제1항 제4호).

4. 權利義務의 包括的 移轉

분할 또는 분할합병으로 인하여 설립되는 회사 또는 존속하는 회사는 분할하는 회사의 권리와 의무를 분할계획서 또는 분할합병계약서가 정하는 바에 따라 포괄승계한다(제530조의 10). 따라서 합병의 경우와 같이 개별적인 이전행위는 필요가 없고, 제3자에 대한 대항요건을 갖추면 된다.

5. 分割後의 會社의 責任

분할로 인하여 설립되는 회사 또는 존속하는 회사는 분할 또는 분할합병 전의 회사의 채무에 관하여 連帶하여 변제할 책임이 있다(제530조의 9 제1항). 다만 분할되는 회사가 주주총회의 특별결의로 분할에 의하여 회사를 설립하는 경우에는 설립되는 회사가 분할되는 회사의 채무 중에 출자한 재산에 관한 채무만을 부담할 것을 정할 수 있다. 이 경우에는 분할되는 회사가 분할 후에 존속하는 때에는 분할로 인하여 설립되는 회사가 부담하지 아니하는 채무만을 부담한다(제530조의 9 제2항). 그리고 분할합병의 경우에는 분할되는 회사는 주주총회의 특별결의로 분할합병에 따른 출자를 받는 존립 중의 회사가 분할되는 회사의 채무 중에서 출자한 재산에 관한 채무만을 부담할 것을 정할 수 있다. 이 경우에도 분할되는 회사가 분할 후에 존속하는 때에는 출자를 받는 존립 중의 회사가 부담하지 아니하는 채무만을 부담한다(제530조의 9 제3항).

6. 會社分割에 관한 計算

분할 또는 분할합병에 따른 신설회사 또는 분할합병의 상대방회사가 營業權을 취득한 경우에는 그 취득가액을 대차대조표의 자산의 부에 계상할 수 있으며, 이 경우에는 설립등기 또는 분할합병의 등기를 한 후 5년 내의 매 결산기에 균등액 이상을 상각하여야 한다(제530조의 8).

그리고 분할 또는 분할합병으로 인하여 발생한 잉여금(分割剩餘金)은 합병잉여금과 마찬가지로 자본준비금으로 적립된다(제459조 제1항 제3호의 2). 다만 분할잉여금 중 분할되는 회사의 利益準備金 기타 法定準備金은 분할 또는 분할합병 후 존속 또는 설립되는 회사가 이를 承繼할 수 있다. 분할잉여금의 승계에 관한 사항은 분할계획서 또는 분할합병계약서에 기재하여야 한다(제530조의 5 제1항 제6호, 제530조의 6 제1항 제5호·제2항 제1호).

Ⅶ. 會社分割의 無效

1. 無效의 原因

분할이 분할을 제한하는 법규정에 위반한 경우, 분할계획서 또는 분할합병계약서에 하자가 있는 경우, 분할결의에 하자가 있는 경우, 그리고 채권자보호절차를 위반한 경우 등 분할절차에 하자가 있으면 분할무효의 소를 제기할 수 있다(제530조의 11 제1항 본문, 제529조 제1항).

2. 分割無效의 訴

분할의 무효는 소에 의해서만 주장할 수 있다. 주주·이사·감사·청산인 또는 분할불승인채권자는 분할등기가 있은 날로부터 6월 내에 본점소재지의 지방법원에 분할무효의 소를 제기할 수 있다(제530조의 11 제1항 본문, 제529조 제2항, 제528조, 제186조). 소의 전속관할·소제기의 공고·소의 병합심리·법원의 재량권 등은 합병무효의 소와 같다(제530조의 11 제1항 본문, 제240조).

3. 分割無效判決의 效果

분할무효의 판결이 확정되면 분할 전의 회사로 환원하게 되므로, 본·지점소재지에서 존속회사는 변경등기, 신설회사는 해산등기, 소멸회사는 회복등기를 하여야 한다(제530조의 11 제1항 본문, 제238조). 분할무효의 판결은 對世的 效力이 있어서 당사자 이외에 제3자에게도 그 효력이 미치나, 판결의 확정 전에 생긴 회사와 주주 및 제3자 간의 권리의무에는 영향을 미치지 아니한다(제530조의 11 제1항 본문, 제240조, 제190조 단서). 따라서 분할 후 무효판결확정시까지의 이익배당, 주식의 양도, 회사와 제3자 간의 거래 등은 모두 유효하다.

분할 후 무효판결확정시까지 존속회사 또는 신설회사가 부담한 채무와 취득한 재산의 처리가 문제되나, 상법은 합병무효시의 그 처리에 관한 규정을 준용하여 이를 조정하고 있다. 즉, 존속회사 또는 신설회사가 분할 후 부담한 채무에 관하여는 분할당사회사가 연대하여 책임을 지고, 취득한 재산은 분할당사회사의 공유로 하며, 이 경우에 당사회사의 협의로 그 부담부분 또는 지분을 정하지 못한 때에는 법원이 그 청구에 의하여 분할당시의 각 회사의 재산상태 기타의 사정을 참작하여 이를 정한다(제530조의 11 제1항 본문, 제239조).

원고가 패소한 경우의 회사에 대한 책임도 합병무효의 소와 같다(제530조의 11 제1항 본문, 제240조, 제191조).

제 4 절　會社의 組織變更

Ⅰ. 會社組織變更의 意義

조직변경이란 회사가 法人格의 同一性을 유지하면서 그 법률상의 조직을 변경하여 다른 종류의 회사로 되는 것을 말한다.

Ⅱ. 各種의 組織變更

회사의 조직변경은 회사의 조직과 사원의 책임이 유사한 인적 회사 또는 물적 회사의 상호간에서만 인정되므로 다음의 네 가지 경우를 들 수 있다.

1. 合名會社의 組織變更

합명회사는 존속 중이든 해산 후 계속하는 경우이든 총사원의 동의로써 합자회사로 조직을 변경할 수 있다(제242조). 이 경우에는 소정기간 내에 합명회사의 해산등기, 합자회사의 설립등기를 하여야 한다(제243조).

합명회사의 조직변경을 하려면 유한책임사원을 새로 가입시키거나 기존사원의 일부를 유한책임사원으로 변경하여야 되는데, 후자의 경우에는 채권자를 보호할 필요가 있다. 따라서 유한책임사원이 된 자는 본점등기 전에 생긴 회사채무에 대하여 등기 후 2년간 무한책임을 진다(제244조).

2. 合資會社의 組織變更

합자회사는 총사원의 동의로 합명회사로 조직을 변경할 수 있다. 유한책임사원 전원이 무한책임사원이 되는 것이므로 채권자보호절차는 필요없고, 소정의 등기만을 하면 된다(제286조).

3. 株式會社의 組織變更

주식회사를 유한회사로 조직변경하려면, 총주주의 일치에 의한 총회결의가 있어야 하고, 이 결의에서는 정관 기타 조직변경에 필요한 사항을 정하여야 한다(제604조 제1항 본문・제3항). 그리고 社債를 발행한 경우에는 그 상환을 완료한 후이어야 하고(제604조 제1항 단서), 회사의 자본총액은 조직변경 전의 회사에 현존하는 純財産額보다 많게 하지는 못한다(제604조 제2항). 그 밖에 자본감소의 경우에 준하여 채권자보호절차(제232조)를 밟아야 하고(제608조), 소정의 등기를 하여야 조직변경의 효력이 생긴다(제606조).

조직변경 후 회사에 현존하는 순재산액이 자본의 총액에 부족하는 때에는 조직변경결의 당시의 이사와 주주가 회사에 대하여 그 부족액을 지급할 연대책임을 진다(제605조 제1항). 이 때 주주의 전보책임은 면제하지 못하며(제605조 제2항, 제550조 제2항), 이사의 책임은 총사원의 동의가 있어야만 면제할 수 있다(제605조 제2항, 제551조 제2항・제3항).

종전의 주식에 대한 질권자는 유한회사에서의 사원의 지분과 조직변경시의 수령금 위에 물상대위권을 행사한다(제604조 제4항, 제601조).

4. 有限會社의 組織變更

유한회사를 주식회사로 조직변경하는 경우에도 총사원의 일치에 의한 사원총회결의가 있어야 하고(제607조 제1항・제5항, 제604조 제3항), 채권자보호절차를 밟아야 하며(제608조, 제232조), 소정의 등기를 하여야 하는 점(제606조)은 주식회사의 조직변경의 경우와 같다. 또 조직변경시에 발행하는 주식의 발행가액의 총액은 회사에 현존하는 순재산액을 초과하지 못하는데(제607조 제2항), 만일 이를 초과하면 그 초과액에 대하여는 결의 당시의 이사·감사와 사원이 전보할 연대책임을 지게 된다(제607조 제4항). 이 경우 사원의 책임면제나 그 지분상의 질권자의 물상대위권도 주식회사의 조직변경의 경우와 같다(제607조 제4항, 제607조 제5항, 제601조 제1항). 다만 주식회사를 유한회사로 조직변경하는 경우와 다른 것은 법원의 인가를 얻어야 하는 점이다(제607조 제3항).

Ⅲ. 會社組織變更의 瑕疵

조직변경의 하자에 관하여는 상법에 아무런 규정이 없으나, 설립절차에 하자가 있는 경우에 준하여 처리하여야 할 것이다. 따라서 변경된 후의 회사의 종류에 따라 조직변경 무효 또는 취소의 소를 제기할 수 있고, 이 판결이 확정되면 변경된 회사는 원래의 회사로 환원된다. 그러나 조직변경 후에 취득한 회사의 권리·의무에는 영향이 없다.

제 7 장
外 國 會 社

Ⅰ. 外國會社의 意義

외국회사란 외국법에 준거하여 설립된 회사를 말한다(設立準據法主義). 그러나 외국회사라 하더라도 한국 내에 본점을 설치하거나 한국에서 영업할 것을 주된 목적으로 하는 한, 한국에서 설립된 회사와 동일한 규정에 의하여 국가의 감독을 받게 된다(제617조).

Ⅱ. 外國會社의 權利能力

법인인 외국회사는 內外國法人平等主義에 입각하여, 외국인이 향유할 수 없는 권리와 법률에 특별규정이 있는 것을 제외하고는 한국에서 성립한 동종 또는 가장 유사한 회사와 동일한 권리를 향유한다(제621조). 그리고 법인이 아닌 외국회사(예컨대, 독일의 offene Handels gesellschaft, Kommanditgesellschaft; 영미의 partnership, limited partnership)라도 상법상 법인성이 인정되는 경우에는 법인인 외국회사와 동일하게 취급하여야 할 것이다. 國際私法에서도 대한민국에 주된 사무소가 있거나 대한민국에서 주된 사업을 하는 외국회사는 내국회사와 동일한 행위능력이 인정된다(國私 제16조).

Ⅲ. 外國會社에 관한 商法의 規定

i) 외국회사가 한국에서 영업을 하고자 하는 때에는 한국에서의 대표자의 결정·영업소의 설치 및 그 등기를 하여야 한다(제614조 제1항~제3항). 이 밖에 외국인투자촉진법에 의한 별도의 인가도 받아야 한다. 다만, 영업을 하지 않고 연락사무소만 개설할 때에는 外國換管理法에 따라 한국은행에 신고하면 된다.

ii) 위의 등기를 하기 전에는 영업소의 소재지에서의 계속적 거래가 금지되어 있으므로, 그 규정에 위반하여 거래를 한 자는 그 거래에 대하여 회사와 연대하여 책임을 진다(제616조).

iii) 외국회사의 주권 또는 사채의 발행과 그 주식의 이전·입질 또는 사채의 이전에 대하여는 주식회사의 당해 규정이 준용된다(제618조 제1항).

iv) 법원은 내국회사의 해산명령에 준하여, 외국회사의 영업소의 폐쇄명령을 할 수 있다(제619조, 제176조 제2항~제4항). 이 경우에는 한국에 있는 회사재산의 전부에 대한 청산의 개시를 명할 수 있다(제620조).

제 8 장
會社에 관한 罰則

Ⅰ. 序 說

회사제도는 사회에 큰 공헌을 하고 있으나, 그것이 남용되는 경우에는 그 폐단 또한 무시할 수 없는 것이니 그것은 조직이 복잡하고 방대하며, 이해관계인이 많은 주식회사의 경우에는 더욱 현저하게 나타난다. 따라서 상법은 회사의 운영에 관여하는 임원의 위법행위에 대하여 특수한 민사책임을 지울 뿐만 아니라, 특히 엄격한 벌칙규정을 두고 있다.

Ⅱ. 會社罰則의 內容

상법은 형벌인 징역·벌금 및 몰수와, 행정벌인 과태료에 관한 벌칙규정을 두고 있다(제622조 이하). 형벌은 刑事訴訟法에 의하여, 과태료는 非訟事件節次法에 의하여 과하여진다.

상법의 벌칙규정은 주식회사를 중심으로 한 것이므로, 유한회사에서는 가벌행위의 종류도 제한되고 제재의 내용도 경감되어 있으며, 인적 회사에서는 행정벌의 규정이 있는 데 그친다.

1. 刑　罰

(1) 特別背任・瀆職罪

회사의 발기인, 업무집행사원, 이사, 임시이사, 이사의 직무대행, 감사, 감사위원회 위원, 감사의 직무대행자, 지배인, 청산인, 청산인직무대행자, 합병설립위원 기타 회사운영에 관한 어떤 종류 또는 특정한 사항의 위임을 받은 사용인이 그 임무에 위배한 행위로써 재산상의 이익을 취득하거나 제3자로 하여금 이를 취득하게 하여 회사에 손해를 가한 때에는 10년 이하의 징역 또는 3,000만원 이하의 벌금에 처한다(제622조). 사채권자집회의 대표자 또는 집행자 등이 이러한 행위를 한 때에도 7년 이하의 징역 또는 2,000만원 이하의 벌금에 처한다(제623조). 위에 기재된 자 또는 검사인, 공증인, 감정인 등이 그 직무에 관하여 부정한 청탁을 받고 재산상의 이익을 수수・요구 또는 약속한 때에는 5년 이하의 징역 또는 1,500만원 이하의 벌금에 처한다. 이러한 이익을 약속, 공여 또는 공여의 의사표시를 한 자도 같다(제630조).

(2) 會社財産을 위태롭게 하는 罪

발기인・이사 등 상법 제622조 제1항에 기재된 자, 검사인, 공증인 또는 감정인의 주식 또는 출자의 인수나 납입, 현물출자의 이행, 변태설립사항에 관하여 법원 또는 총회에 부실한 보고를 하거나 사실을 은폐한 때, 누구의 명의로 하거나 불문하고 회사의 계산으로 부정하게 그 주식 또는 지분을 취득하거나 질권의 목적으로 이를 받은 때, 법령이나 정관에 위반하여 이익이나 이자의 배당을 한 때, 회사의 영업범위 외에서 투기행위를 위하여 회사재산을 처분한 때 등의 경우에는 5년 이하의 징역 또는 1,500만원 이하의 벌금에 처한다(제625조).

(3) 株式과 社債에 관한 특칙

모회사의 주식취득금지에 위반하여 모회사의 주식을 취득한 이사나 감사는 2,000만원 이하의 벌금에 처하고(제625조의 2), 假裝納入行爲를 한 발기인・이사・업무집행이사 등과 이를 중개한 자, 회사가 발행한 주식의 총수를 초과하여 주식을 발행한 발기인・이사직무대행자 등에 대하여는 5년 이하의 징역 또는 1,500만원 이하의 벌금에 처한다(제628조, 제629조).[1] 또 납입의 책임을 면하기 위하여 타인 또는 假設人의 명의로 주식 또는 출자를 인수한 자는 1년 이하의 징역 또는 300만원 이하의 벌금에 처한다(제634조). 이사・발기인 등 상법 제622조 제1항에 기재된 자, 외국회사의 대표자, 주식 또는 사채모집을 위탁받은 자가 주식 또는 사채를 모집함에 있어 중요한 사항에 관하여 부실한 기재가 있는 株式請約書, 社債請約書, 事業計劃書, 株式 또는 社債의 募集에 관한 광고 기타 문서를 행사한 때에는 5년 이하의 징역 또는 1,500만원 이하의 벌금에 처하고, 주식 또는 사채를 매출한 者가 그 매출에 관한 문서로서 중요한 사항에 관하여 부실한 기재가 있는 것을 행사한 때에도 같다(제627조).

(4) 權利行使妨害 등에 관한 贈收賂罪

부정한 청탁을 받고 창립총회, 사원총회, 주주총회 또는 사채권자집회에서의 발언 또는 의결권의 행사, 각종의 소의 제기, 소수주주・소수사원・소수사채권자의 권리행사 및 유지청구권의 행사와 관련하여 재산상의 이익을 수수, 요구 또는 약속한 자, 그러한 利益을 約束・供與・供與의 意思表示를 한 자는 1년 이하의 징역 또는 300만원 이하의 벌금에 처한다(제631조).

2. 過 怠 料

발기인, 설립위원, 업무집행사원, 이사, 감사, 외국호사의 대표자, 검사인, 공증인, 감정인, 지배인, 청산인, 명의개서대리인, 수탁회사, 이사・감사직무대행자 등이 제635조 제1항 제1호 내지 제27호에 열거한 행위를 하는 때에는 500만원 이하의 과태료에 처한다(제635조).

회사성립 전 회사의 명의로 영업을 한 자 및 외국회사의 영업소설치등기를 하기 전에 영업을 한 자는 설립 및 영업소설치등록세의 배액에 상당하는 과태료에 처한다(제636조).

1) 大判 1982. 4. 13, 80 도 537; 大判 1986. 9. 9, 85 도 2297.

제 4 편
保 險 法

제 1 장
緒　論

제 1 절　保險制度

Ⅰ. 保險의 意義

보험(Versicherung, insurance, assurance)이란 同質的인 우발적 사고의 발생으로 인한 경제적 수요의 충족을 위하여 그 危險(Gefahr, risk)하에 있는 다수인이 일정률의 금액(保險料)을 미리 갹출하여 공동준비재산(保險基金)을 만들어 놓고, 위험(保險事故)이 발생한 경우에 그 재산으로부터 재산적 급여(保險金)를 받는 제도이다. 따라서 보험제도는 그 목적의 소극성과 그 조직의 기술성에서 특질을 찾아볼 수 있다.

1. 保險目的의 消極性

인간생활에 있어서 자연적·인위적·사회적 요인으로 인한 우발적 사고의 발생은 불가피한 것이다. 그 위험의 대비책으로 적극적인 사고의 예방책과 진압책이 있고, 소극적인 塡補策이 있다. 보험은 사고의 발생으로부터 생기는 경제적 수요를 충족시켜 줌으로써 경제생활의 불안을 제거 또는 경감하는 사후적·소극적인 위험대책이다.

2. 保險組織의 技術性

보험은 기술적으로 조직화된 제도란 점에서 그 합리성을 찾을 수 있으며, 다른 유사제도와 구별된다.

(1) 保險團體의 組織

보험은 동질적인 우발적 사고발생의 위험하에 있는 다수인이 협력하여 보험단체(공동위험단체)를 조직함으로써 비로소 그 기능을 발휘할 수 있다. 즉, 다수인으로부터 갹출된 소액의 금액이 막대한 공동준비재산을 이룩할 때에만 개개인으로는 감당할 수 없는 불의의 경제적 수요를 충족시켜 줄 수 있게 된다.

(2) 大數의 法則의 應用

보험제도의 합리적 운영은 大數의 法則(Gesetz der großen Zahl, law of large numbers)을 응용함으로써 실현된다. 즉, 대수의 법칙에 의하여 우발적 사고발생의 蓋然率(위험률)을 측정할 수 있고, 이 위험의 확률을 기초로 하여 보험금과 보험료의 대가적 관계(給與·反對給與均等의 原則)가 이루어짐으로써 보험제도를 합리적·지속적으로 운영할 수 있게 된다.

Ⅱ. 保險과 類似槪念의 구별

1. 貯 蓄

저축은 경제생활의 불안에 대응하는 방법이긴 하나, 특정된 우발적 사고에 대비하여 위험단체의 조직을 통하여 하는 것이 아니라, 개인적으로, 임의적으로 저축금을 적립하고 사용할 수 있다는 점에서 사회적·강제적 성격을 띤 보험과 구별된다.

2. 自家保險

자가보험(self-insurance)이란 특정기업이 자기 소유의 재산에 사고가 발생할 것을 대비하여 각 사업년도마다 일정액의 금액을 적립하는 제도인데, 이것은 그 적립금을 대수의 법칙에 따라 산출한다는 점에서는 보험과 비슷하나, 多數人에 의한 保險團體를 조직하지 않는다는 점에서 다르다.

3. 賭博 · 福票

도박이나 복표는 다수인으로부터 금액을 갹출하고, 장래의 우발적 사건에 따라서 금액이나 재물이 수수된다는 점에서는 보험과 비슷하나, 우발적 사고로 인한 경제적 수요의 충족을 목적으로 하는 것이 아니므로 본질적으로 다르다.

4. 金錢無盡

금전무진이란 다수인이 모여서 일정한 금액을 갹출하고 그 총액에서 추첨 또는 입찰에 의하여 금전의 급여를 받는 일종의 相互金融制度인데, 추첨 또는 입찰에 우연성은 있으나, 그것이 가입자의 경제적 불안이 원인이 아니며, 급여 · 반대급여 균등의 원칙이 가입자 전체에 관하여 적용되는 것이 아니라 각 가입자에게 개별적으로 적용된다는 점에서 보험과 다르다.

5. 共　濟

공제는 같은 직장, 직업 또는 지역에 속하는 사람들이 조합을 만들어 조합원 또는 그 가족 등의 길흉사가 있을 때 共濟金을 지급함으로써 상호구제를 목적으로 하는 제도이다. 이것은 단체성과 우연성은 있으나 가입대상자에 제한이 있는 점에서 보험과 다르다. 그러나 오늘날 농업협동조합, 수산업협동조합 등에서 영위하는 생명공제, 화재공제, 어선공제, 가축공제, 자동차공제 등은 그 실체는 일종의 보험이므로 이를 類似保險 또는 組合保險(cooperative insurance)이라 할 수 있다.

6. 保　證

보증은 제3자가 채권자에 대하여 주채무자의 채무이행을 담보하는 일종의 債權擔保制度로서 보증채무(民 제428조), 신원보증(身保法 제1조), 매도인의 하자담보책임(民 제580조) 등이 이에 속한다. 그러나 보증은 주채무에 종속하는 附從性을 갖고 있고 보증인과 피보증인 사이의 개별적인 관계에서 이루어지며, 일반적으로 무상으로 제공되는 점 등에서 보험과 구별된다.

Ⅲ. 保險의 種類

상법은 人保險을 사람에 관한 보험으로 보아, 生命保險과 傷害保險으로 나누었고, 損害保險을 재화에 관한 보험으로 보아, 火災保險·運送保險·海上保險·責任保險·自動車保險에 관한 규정을 두고 있다. 그러나 이것은 논리적인 분류방법은 아니며, 분류기준에 따라 다음과 같이 구분할 수 있다.

1. 公保險·私保險

公保險이란 국가 기타의 공법인이 공동경제적 목적으로 운영하는 보험을 말하며, 私保險이란 개인 또는 사법인이 경영하는 보험을 말한다.

공보험은 사회정책적인 입장에서 실시하고 있는 사회보험과, 산업의 보호육성을 목적으로 하는 경제정책보험으로 나뉘는데, 산업재해보상보험, 국민건강보험, 군인보험, 선원보험, 국민연금보험, 고용보험 등이 전자에 속하고, 수출보험은 후자에 속한다. 그러나 강제보험으로서 사회보험의 성격을 띠고 있는 자동차손해배상책임보험은 사법인인 손해보험회사에 의하여 운영되고, 임의보험으로서 사보험에 속하는 체신보험은 국가가 영위하므로, 이러한 구별이 반드시 철저한 것은 아니다.

私保險은 다시 營利保險과 相互保險으로 나눌 수 있다.

2. 營利保險 · 相互保險

영리보험이란 보험업자가 보험자로 되어 영리목적으로 제3자와 보험계약을 체결하는 보험을 말하고, 상호보험이란 보험의 가입을 원하는 다수인이 직접 보험단체(相互會社)를 조직하여 가입자 상호간의 이익을 도모하는 보험을 말한다.

영리보험에 있어서는 각 보험계약자가 보험자를 매개로 하여 보험단체를 구성하기는 하지만 각 계약자 상호간에는 아무런 법률적 관계가 없으나, 상호보험에 있어서는 회사의 사원이 동시에 보험계약자로 되어 사원관계와 보험관계가 병존하고, 보험관계가 소멸하면 사원은 퇴사하게 된다. 그러나 영리보험과 상호보험은 법적 구성 외에는 같기 때문에 상법은 상호보험에도 영리보험에 관한 규정을 준용하도록 하고 있다(제664조).

영리보험이든 상호보험이든 사업자(보험자)는 주문관청으로부터 보험사업의 허가를 받아야 한다(保業 제5조 제1항 · 제2항).

3. 物保險 · 人保險

物(件)保險이란 물건에 관하여 발생하는 사고에 대한 보험을 말하며, 人保險이란 사람에 관하여 발생하는 사고에 대한 보험을 말한다. 물보험에는 유체물에 관한 보험은 물론, 화재보험 · 선박보험 · 자동차보험 · 도난보험 · 운송보험 등이 있고, 인보험에는 생명보험 외에도 상해보험 · 질병보험 · 교육보험 · 징병보험 · 의료보험 등이 있다. 그러나 보험을 물보험과 인보험으로 분류하더라도 모든 보험이 반드시 어느 한 쪽에 속하는 것은 아니다. 예컨대, 책임보험이나 재보험의 보험사고는 직접 사람이나 물건에 관하여 발생한 것이 아니라, 법적 책임 또는 계약에서 정한 사고를 보험사고로 하므로 이들은 어느 범주에도 속하지 않는다.

4. 損害保險·生命保險

손해보험이란 보험자가 보험사고로 인하여 생길 피보험자의 재산상의 손해를 보상할 목적으로 하는 보험(不定額保險)을 말하며, 생명보험이란 사람의 생존·사망에 관하여 일정한 금액의 지급 기타의 급여를 할 것을 목적으로 하는 보험(定額保險)을 말한다. 손해보험에는 화재보험·운송보험·해상보험·책임보험·자동차보험·보증보험 등이 있고, 생명보험에도 사망보험·생존보험·양로보험 등이 있다.

그러나 이 분류법도 완전한 것은 아니다. 예컨대, 상해보험·질병보험 등은 사람의 생사에 관하여 일정금액을 지급하는 것이 아니어서 생명보험이 아니지만, 직접 계산할 수 있는 손해의 보상을 목적으로 하는 것도 아니므로 손해보험도 아니다.

5. 定額保險·不定額保險

보험사고가 발생하였을 때 보험자가 계약에서 정하여진 일정액을 지급하는 경우를 定額保險이라 하는데, 생명보험이 그 예이다. 이에 대하여 계약에서 정하여진 최고한도액의 범위 내에서 실손해액을 측정하여 보험금을 결정·지급하는 경우를 不定額保險이라 하는데, 손해보험이 그 예이다.

6. 陸上保險·海上保險·航空保險

陸上保險이란 육상에서의 각종 위험을 보험사고로 하는 보험을 말하며, 생명보험·화재보험·운송보험·자동차보험 등을 총칭한다. 海上保險이란 해상사고에 대한 보험을 말하며, 선박보험·적하보험 등이 있다. 여기서 해상이라는 것은 호천·항만 등의 內水는 포함하지 않는다(제125조). 航空保險이란 공중에서의 각종 위험에 대한 보험을 말하는 것으로서, 기체보험·여객배상책임보험·화물배상책임보험·제3자배상책임보험·수색구조보험 등이 있다.

7. 個別保險 · 集合保險 · 總括保險

개별보험이란 개개의 자연인이나 물건을 보험의 목적으로 하는 보험을 말하고, 집합보험(제686조)이란 물체의 집단을 보험의 목적으로 하는 보험을 말하며, 집합된 물건이 수시로 교체되는 것이 예정된 경우를 총괄보험(제687조)이라 한다. 사람의 집단에 관한 보험은 단체보험이라 한다(제753조의 3).

8. 原保險 · 再保險

어떤 보험자가 인수한 보험계약상의 책임의 전부 또는 일부를 다른 보험자가 인수하는 경우에 제1의 보험을 원보험(元受保險)이라 하고, 제2의 보험을 재보험이라 한다.

9. 企業保險 · 家計保險

기업보험은 주로 기업자가 그의 기업경영활동에 따르는 위험에 대비하기 위하여 이용하는 보험으로서 해상보험 · 항공보험 · 재보험 등이 대체로 이에 속한다. 가계보험은 주로 가계의 안정을 위하여 이용하는 보험으로서 생명보험, 주택의 화재보험 등이 이에 속한다.

10. 强制保險 · 任意保險

법률에 의하여 보험가입이 강제되는 것이 강제보험이고, 그렇지 않은 것이 임의보험이다. 강제보험의 경우 보험자도 특별한 사유가 없는 한 그 계약체결을 거절하지 못한다. 강제보험의 예로서는 산업재해보상보험(産業保險法 제6조), 원자력손해배상책임보험(原子力損害賠償法 제5조 · 제7조), 자동차손해배상책임보험(自保法 제5조 · 제21조), 신체손해배상특약부화재보험(화재로 인한 재해보상과 보험가입에 관한 법률 제5조), 창고화재보험(倉庫業法 제17조), 고압가스사업자의 손해배상책임보험(高壓가스安全管理法 제25조), 국제여행알선업자의 여행자배상책임보험(觀光事業法 제14조의 3), 항공보험(航空運送事業振興法 제7조) 등이 있다.

이 밖에 국민건강보험(국민건강보험법 제5조), 군인보험(軍保法 제2조)과 선원보험(船保法 제17조)도 일종의 강제보험이다.

≪商法上의 分類≫

상법은 제4편에서 보험을 크게 손해보험(제2장)과 인보험(제3장)으로 나누어 규정한다. 손해보험은 다시 화재보험(제2절), 운송보험(제3절), 해상보험(제4절), 책임보험(제5절) 및 자동차보험(제6절)으로 나누어 규정하고, 인보험도 생명보험(제2절)과 상해보험(제3절)으로 분류하였다. 이들 중 손해보험은 물보험이고, 인보험은 정액보험이 원칙이나, 상해보험은 정액보험일 수도 있고 손해보험일 수도 있다.

한편 제4편 제1장 통칙에 재보험(제661조) 및 상호보험(제664조)에 관한 규정이 있다.

제 2 절 保險法의 本質

Ⅰ. 保險法의 意義

형식적 의의의 보험법(Versicherungsrecht, droit d'assurance, law of insurance)이란 상법전 제4편 보험편을 말하나, 실질적 의의의 보험법이란 보험기업에 특유한 *私法法規*의 전체라고 할 수 있다. 그리고 광의의 보험법이란 보험에 관한 일체의 법규를 말하고, 이는 보험계약에 관한 법규뿐만 아니라 보험사업의 주체·운영·감독에 관한 법규도 포함한다. 협의의 보험법이란 영리보험에 관한 '保險契約法'만을 말하며, 상법의 보험에 관한 규정은 모두 보험계약법이다.

Ⅱ. 保險法의 性格

1. 保險法의 地位

보험은 기본적 상행위의 하나이므로(제46조 제17호) 영리보험에 관한 한 이를 상법 제2편 상행위편에 규정하여야 할 것이다. 그러나 보험제도의 技術性·團體性·社會性(公共性)에 비추어 다른 종류의 상행위와 구별되어 별편으로 특수한 규제를 하고 있다.

2. 保險法의 特性

보험법은 상행위법과 비교하여 여러 가지 특수성이 있는데, 그것은 보험제도의 특수성에 기인하는 것이다.

(1) 倫理性·善意性

보험계약은 일종의 사행계약이므로 이것이 투기 또는 도박으로 악용되는 등 도덕적 위험이 생길 여지가 많다. 따라서 건전한 보험을 보호하기 위하여서는 각 보험계약당사자에게 고도의 善意 및 倫理性을 요구하게 된다. 상법에서는 구체적으로 告知義務違反의 주관적 요건(제651조), 故意로 인한 保險事故에 대한 保險者의 免責(제659조), 詐欺로 인한 超過保險의 無效(제669조 제4항) 등으로 표현되고 있다.

(2) 團 體 性

보험계약은 개별적으로 보면 보험자와 보험계약자 사이의 私法上의 채권계약일 뿐, 보험계약자 간에는 아무런 법적 관계가 없다. 그러나 보험단체의 전체적 구조 속에서 보면, 보험은 同質的인 위험에 놓여 있는 다수인이 그 위험을 분배하고 平均化함으로써 위험에 대비하는 제도이므로, 보험계약법도 단체법적인 성격을 갖게 된다. 여기서 보험자는 각 보험계약자를 평등하게 대우하여야 한다는 원칙(保業 제156조 제1항 제4호 참조)이 나오는 것이며, 보험단체 전체를 보호하기 위하여 고지의무제도(제651조), 위험변경증가에 따른 조치(제652조~제653조), 사고발생 전의 보험계약자의 임의해지(제649조) 등이 파생된다.

(3) 社會性 · 公共性

개별적으로 수집된 보험료는 자본을 축적하며, 보험회사는 이를 관리하는 것이므로 보험사업은 국민경제적으로도 매우 중요한 구실을 한다. 따라서 보험계약은 개인적 이해관계의 조정뿐 아니라 공공의 이익과도 밀접한 관련을 가지는 것이니, 보험사업은 사회성 · 공공성을 띤다고 할 수 있다. 그러므로 보험사고는 비록 사기업이라고 하더라도 準公企業의 性質을 갖는다. 이에 보험업법은 보험자의 자격을 제한하고(保業 제5조 내지 제5조의 3), 普通保險約款에 대하여도 행정적 감독을 한다. 이 외에도 보험자의 보험증권교부의무(제640조) 및 책임보험에 있어서의 제3자의 직접청구권 인정(제724조 제2항) 등도 이를 반영한 규정이라 할 수 있다.

(4) 相對的 强行法性

보험계약법은 사법에 속하기는 하지만 그 기술성 · 단체성 · 사회성 등으로 인하여 私的 自治를 그대로 인정할 수 없다. 따라서 보험업법은 보험자의 자격을 제한함(保業 제5조 · 제5조의 2)과 동시에 보험사업자가 아닌 자와 보험계약을 체결하거나 이를 중개 또는 대리하지 못하도록 하고 있다(保業 제4조 · 제226조 제2항 제1호). 또 상법에서도 보험계약자 등의 불이익으로 상법의 규정을 변경하는 내용의 특약을 금하는(제663조) 이른바 '保險契約者 등의 不利益變更禁止의 原則'을 밝혀 보험계약법의 상대적 강행법성을 선언하였다. 그러나 재보험과 해상보험, 기타 이와 유사한 보험의 경우에는 이러한 강행성이 배제된다(제663조 단서).

≪保險法의 技術性 문제≫

통설에 의하면 보험제도는 위험단체를 기초로 대수의 법칙에 따라 그 위험을 효율적으로 분산시키는 기술적인 제도이므로 보험법 특성의 하나로 보험법의 기술성을 든다. 그러나 이러한 의미의 기술성은 보험업의 특성일 뿐 보험계약법의 특성은 아니다. 보험계약법은 보험자와 보험계약자 및 보험관계자 상호간의 권리·의무를 정한 것이고, 이는 이익형량의 원칙 아래 정하여지는 것이지, 권리·의무를 정하는 방법 내지 권리·의무의 내용이 다른 법에 비하여 특히 기술적인 것은 아니라고 본다.

Ⅲ. 保險法의 法源

1. 保險契約法의 法源

보험계약법의 법원으로는 제정법과 관습법을 들 수 있다. 상법 제46조는 보험을 基本的 商行爲로 하고 있으며(제17호), 보험계약은 '商事'에 속한다. 따라서 이것에 관하여는 먼저 상법규정을 적용하고, 상법에 규정이 없는 것에 관하여는 商慣習法을 적용하며, 상관습법도 없는 사항에 관하여는 民法을 적용한다(제1조). 상법 이외에 상사특별법이 있으면 이를 적용하고, 또 强行法規나 公序良俗 또는 保險契約의 본질에 반하지 않는 한, 당사자 사이의 특약이 우선적으로 법률관계를 결정하게 된다.

상법의 보험계약에 관한 규정은 영리보험에 관한 것이며, 相互保險에 관하여는 그 성질이 상반되지 않는 한도에서 상법규정이 준용된다(제664조). 상법 이외의 특별법으로서 보험계약법의 법원으로 볼 수 있는 것에는 보험업법을 비롯하여 자동차손해배상보장법, 화재로 인한 화재보상과 보험가입에 관한 법률, 산업재해보상보험법, 원자력손해배상법, 국민건강보험법, 선원보험법, 수출보험법, 체신예금·보험에 관한 법률, 군인보험법 등의 법률과 이들 법률에 대한 시행령·시행규칙 등이 있다. 이 밖에 保險約款의 규범성인정여부, 효력, 규제 등과 관련하여 보험약관도 보험계약법의 법원으로 볼 수 있는지 문제된다.

2. 保險約款

(1) 保險約款의 意義

보험계약은 정형적인 거래가 대량으로 이루어지므로 계약의 체결·내용 및 효과를 定型化할 필요가 있는데, 이러한 기술적 요청에 부응하기 위하여 고안된 것이 이른바 普通保險契約이다. 이것은 한편으로 보험단체의 각 구성원을 동일하게 취급하는 평등성의 효과도 갖게 된다. 普通保險約款(insurance policy, allgemeine Versicherungsbedingungen)이란 보험자가 동종·다수의 보험계약을 체결하기 위하여 미리 작성한 보험계약의 내용이 될 정형적인 계약조항을 말하는 것으로서 普通去來約款의 일종이다. 보험약관은 ① 보험계약의 일반적·표준적인 계약조항으로 구성된 기본적인 약관인 普通保險約款, ② 보통보험약관에다 사정에 따라 다시 상세한 특약을 보충시킨 特別普通保險約款(이를 附加約款이라고도 한다), ③ 보험계약체결시에 당사자가 계약내용을 보통보험약관에 의하지 않고 구체적인 사정에 따라 별도로 정한 특별계약조항으로 구성되는 特別保險約款 세 가지가 있다. 특별보험약관은 그 자체가 당사자 간의 합의를 바탕으로 한 계약내용이므로 구속력이 있는 것은 당연하고, 보통보험약관이나 특별보통보험약관도 당사자 사이에 다른 약정이 없는 한 계약당사자를 구속한다.

(2) 保險約款의 拘束力

보험약관은 보험자가 일방적으로 작성하여 감독관청의 인가를 받아 계약자에게 제시하는 것으로서, 보험계약자가 그 약관의 내용을 잘 알지 못할 뿐만 아니라 그 약관의 조항에 따른다는 의사표시를 하지 아니하고도 그에 의하여 보험계약이 체결되고, 그 약관에 당사자가 구속받게 된다. 이와 같이 보험약관이 당사자를 구속하는 근거가 무엇이냐에 관하여는 학설이 나뉜다.

意思說은 전통적인 법률행위이론에 따라 약관에 의한 계약도 보통의 계약과 마찬가지로 당사자가 약관의 각 조항을 알고 스스로의 의사에 따라 약관의 내용을 계약내용으로 포함시키기로 합의하였기 때문에 구속력이 있다고 한다.[1] 그러나 당사자의 의사가 불명확하거나 부존재하였던 경우에도, 심지어는 약관 자체의 존재마저 알지 못한 계약당사자에게도 약관이 시행되고 있는 실정에서, 이 학설에 의하면 약관의 존재·내용을 상대방이 알고 있었다는 것, 그리고 그 의사에 기하여 약관을 보험계약의 내용으로 포함시키기로 하였다는 것을 입증

---

1) 大判 1985. 11. 26, 84 다카 2543; 大判 1986. 10. 14, 84 다카 122; 大判 1989. 3. 28, 88 다 4645; 大判 1989. 11. 14, 88 다카 29177; 大判 1993. 3. 9, 92 다 38928; 大判 1996. 10. 11, 96 다 19307.

하기가 어려워서 約款의 구속력을 인정할 수 없게 된다는 난점이 있다. 日本의 判例는 보험계약자의 의사가 불명확·부존재한 경우에는 반증이 없는 한 약관에 따를 의사가 있었던 것으로 推定할 수 있다는 이른바 意思推定理論을 펴고 있으나, 의사추정이론은 일반법률이론으로는 근거가 미약한 것이며, 반증이 있는 경우 추정이 깨뜨려져 법적 안정성을 해치는 난점이 있다.

規範說은 보험약관 자체가 법률과 같은 규범이라고 하는데, 약관이 어떠한 규범이냐에 관하여 自治法이라는 견해와 商慣習法이라는 견해로 나뉜다. 자치법설은 보험약관을 보험거래권 내의 자치법으로 본다. 그러나 보험약관은 私法人(私人)인 보험자가 일방적으로 작성하는 것으로서 거래권 내의 합의가 있다고 보기 어렵고, 현대국가에서 사인에게 法規制定權이 있다는 것을 인정할 수 없다. 상관습법설은 보험약관의 내용이 상관습법이라고 하는 견해와 '보험계약은 약관에 의한다'는 사실이 상관습법이라고 하는 견해로 다시 나뉜다. 前說은 상관습이 형성될 시간적 여유를 갖지 못한 신종보험의 경우에도 약관이 사용되는 점을 설명할 수 없고, 또 보험자가 일방적으로 제정한 것을 상관습이라고 하기도 어렵기 때문에 부당하다. 결국 '보험계약은 약관에 의하여 체결된다' 또는 '보험계약은 약관에 의하여 처리된다'는 관습 또는 상관습(白地商慣習 또는 白地商慣習法)은 이미 형성되어 있다고 해도 좋을 것이다. 이렇게 보면 보험계약에 있어서는 약관이 사용된다는 사실, 즉 보험약관의 채택에 관하여만 상관습이 인정될 뿐이므로 약관의 내용을 이루는 각 조항이 당연히 구속력이 있는 것은 아니다. 약관의 각 조항 중 당사자 간에 다툼이 있는 것은 司法的 審査를 통하여 그 타당성이 인정될 경우에만 그 효력이 인정된다고 하겠다.

(3) 申告하지 않은 保險約款의 私法上의 效力

보험업법에서 규정하는 신고절차(保業 제137조)를 거치지 않은 약관을 사용한 보험자가 보험업법상의 制裁 및 과태료의 처분을 받게 되지만(保業 제134조·제209조 제1항 제13호), 당해 약관의 私法上의 효력에는 영향이 없다고 보는 것이 타당하다.

(4) 保險約款의 變更과 遡及適用

보험자는 事情의 變更(예컨대, 금리인하·위험률 증대)이 있는 경우에 금융감독위원회에 신고하여 그 약관의 내용을 변경할 수 있고(保業 제127조 제1항), 금융감독위원회는 ① 모험회사의 업무 및 자산상황 그 밖의 사정의 변경으로 인하여 공익 또는 보험계약지의 모호와 보험회사의 건전한 경영을 크게 해할 우려가 있거나, ② 보험회사의 기초서류에 법령을 위반하거나 보험계약자에게 불리한 내용이 있다고 인정하는 경우에는 청문을 거쳐 기초서류의 변경 또는 그 사용의 정지를 명할 수 있다. 다만, 대통령이 정하는 경미한 사항에 관하여 기초서류의 변경을 명하는 경우에는 청문을 거치지 아니할 수 있다(保業 제131조 제2항). 繼續保險契約에서 약관의 내용을 보험계약자에게 불리하게 변경하였다면 보험자는 새로운 보험계약을 체결할 때 그와 같은 약관변경 사실 및 내용을 보험계약자에게 고지하여야 할 信義則上의 義務가 있고, 이러한 고지없이 체결된 보험계약은 과거와 마찬가지로 종전의 약관에 따라 체결된 것으로 보아야 할 것이다.

변경된 약관은 소급효가 없는 것이 원칙이나, 금융감독위원회의 명령에 의하여 보험약관을 변경하는 경우에 보험계약자·피보험자 또는 보험금을 취득할 자의 이익을 보호하기 위하여 특히 필요하다고 인정하는 경우에는 이미 체결된 보험계약에 대하여도 장래에 향하여 그 변경의 효력이 미치게 할 수 있다(保業 제131조 제3항).

(5) 保險約款에 대한 規制

보험약관은 보험자가 일방적으로 작성하여 시행하는 것인 반면 보험계약자는 보험계약상의 법적·기술적 지식을 갖지 못하는 경우가 많아서 계약자를 보호할 필요가 있다. 따라서 立法·行政·司法 세 가지 측면에서 규제가 가하여진다.

입법적 규제의 예로는 먼저 ① 상법상의 규제로서, 제663조의 보험계약자 등의 不利益變更禁止의 原則에 따른 보험계약법의 상대적 강행법규성의 인정을 들 수 있다. 다만 재보험 및 해상보험 기타 이와 유사한 보험의 경우에는 예외로 한다. 나아가 상법은 보험자의 約款의 交付 및 說明義務를 정하여, 보험자는 보험계약을 체결할 때에 보험계약자에게 보험약관을 교부하고 그 약관의 중요한 내용을 알려주어야 하며, 이를 위반한 때에는 보험계약자는 보험계약이 성립한 날로부터 1월 내에 그 계약을 취소할 수 있도록 하였다(제638조의 3 제1항·제2항). 한편 約款規制法 제3조에도 이와 유사한 규정을 두어 사업자의 약관의 명시·설명의무를 정하고, 특히 고객이 요구할 때에는 명시의무의 한 방법으로서 약관을 교부하도록 하였으나, 상법은 보험계약자의 요구가 없더라도 보험자는 당연히 약관을 교부하도록 하였다.

② 保險業法上의 규제로서 보험업의 허가를 받고자 하는 자는 신청서에 보험약관을 첨부하여 금융감독위원회에 제출하여야 하며(保業 제5조), 약관을 변경하고자 할 때에도 금융감독위원회에 미리 신고하여야 한다(保業 제127조). 또한 보험계약의 체결 또는 모집에 종사하는 자는 보험계약자 또는 피보험자에 대하여 보험계약의 내용을 사실과 다르게 알리거나 그 내용의 중요한 사항을 알리지 아니하는 행위를 금지하고 있다(保業 제97조 제1항 제1호). 나아가 保險業法施行令은 보험약관의 작성기준을 규정하고 있으며(保業施令 별표 1), 보험업법시한의 기재사항을 정하고 있다(保險施規 제5조).

③ 끝으로 약관규제법상의 규제로서, 보통보험약관도 보통거래약관의 일종이므로 約款規制法에 의한 전면적 통제를 받는 것은 당연하다. 그 주요 내용은 約款의 明示·說明義務(約規 제3조), 個別約定優先의 原則(約規 제4조), 約款의 解釋(約規 제5조), 約款條項의 無效(約規 제6조) 등 約款의 契約編入과 約款의 해석에 대하여 통제를 가함과 동시에 포괄적인 行政指導的 規制를 하여(約規 제17조 이하) 그 내용의 공정성을 확보하고자 한다.

행정적 규제란 보험약관의 작성·변경·사용에 있어 정부의 감독을 받게 하는 것이다. 즉, 보험업의 허가신청서류의 하나로 보험약관이 반드시 첨부되어야 하고(保業 제5조 제3호), 약관을 변경하고자 할 때에도 금융감독위원회에 미리 신고하여 그 내용을 확인받게 되며(保業 제127조·제128조), 금융감독위원회는 필요한 경우 보험약관의 변경 또는 그 사용의 정지를 명할 수 있다(保業 제131조 제2항).

사법적 규제란 보험약관의 해석·적용에 있어 사법적 판단에 의한 규제를 말한다. 즉, 약관의 구체적 내용의 유효성이나 해석상의 의문점에 대한 사법적 판단을 통하여 궁극적으로는 보험계약자 등의 이익을 보호할 수 있게 된다.

(6) 保險約款의 解釋

보험약관의 형식은 일반적으로 법조문과 같은 형식으로 되어 있으므로 보험약관의 해석은 법률의 일반해석원칙에 따라 해석하되, 보험계약의 특성(團體性·技術性)을 고려하여 信義誠實의 原則에 따라 공정하게 해석하여야 한다(公正性의 原則). 보통보험약관의 내용과 모순되는 개별적 특약이 있는 때에는 이것이 우선함은 물론이고(個別約定優先의 原則), 면책규정이나 기타 예외규정은 가능한 한 엄격하게 해석하여야 한다(嚴格 또는 縮小解釋의 原則). 약관의 내용이 애매한 경우에는 작성자, 즉 보험자에게 엄격하고 불리하게, 보험계약자에게 유리하게 해석하는 것이 타당할 것이다(約規 제5조 제2항)[不明確性의 原則(Unklarheitenregel) 또는 作成者不利益의 原則(contra proferentem)].[1)]

(7) 保險約款의 交付·明示義務

보험자는 보험계약을 체결할 때에 보험계약자에게 보험약관을 교부하고 그 약관의 중요한 내용을 알려주어야 한다(제638조의 3 제1항). 이를 보험자의 約款의 交付·明示義務라 한다. 보험자가 설명한 내용은 약관상의 文言보다도 우선하여 효력이 있다.[2)] 그러나 새로운 보험계약을 체결하면서 종래의 약관의 조항과 차이가 없는 조항은 별도의 설명을 요하지 않는다고 보아야 한다.

보험자가 約款의 交付·明示義務를 위반한 때에는 보험계약자는 보험계약이 성립한 날로부터 1月 내에 그 계약을 취소할 수 있다(제638조의 3 제1항·제2항). 이 기간은 除斥期間이다. 만약 보험계약자가 1월 내에 보험계약을 취소하지 않았다고 하더라도 보험자의 설명의무 위반의 법률효과가 소멸되지는 아니하고, 보험자의 설명의무 위반의 瑕疵가 치유되지도 아니한다. 따라서 보험계약자는 보험자의 설명의무 위반의 법률효과를 계속 주장할 수 있다.[3)]

約款規制法도 사업자의 약관의 明示·說明義務를 정하고, 특히 고객이 요구할 때에는 明示義務의 한 방법으로서 約款을 교부하도록 정한다(約規 제3조). 이를 위반한 때에는 당해 약관을 계약의 내용으로 주장할 수 없다.[4)] 보험약관도 약관이므로 당연히 약관규제법의 적용을 받지마는 특히 보험약관에 관하여는 상법에 규정이 있으므로, 규정이 있는 부분은 일반약관에 관한 법규인 약관규제법의 특별법의 지위에 있기 때문에 약관규제법보다 우선하여 적용되어야 한다고 본다.

---

1) 大判 1996. 6. 25, 96 다 12009.
2) 大判 1989. 3. 28, 88 다 4645; 보험계약체결시 설명된 내용이 보험계약의 내용이 되고 그와 배치되는 약관의 적용은 배제된다.
3) 大判 1996. 4. 12, 96 다 4893·5520: 1월 이후에도 보험자의 설명의무 위반의 법률효과를 주장할 수 있다.
4) 大判 1994. 10. 14, 94 다 17970: 보험자는 설명하지 아니한 내용을 보험계약의 내용으로 주장할 수 없다. 同旨: 大判 1996. 6. 25, 96 다 12009; 大判 1998. 6. 23, 98 다 14191; 大判 1998. 4. 10, 97 다 47255; 大判 1999. 4. 27, 98 다 54830·54847; 大判 1999. 5. 11, 98 다 59842; 大判 1999. 3. 9, 98 다 43342·43359; 大判 2000. 4. 25, 99 다 68027; 大判 2000. 5. 30, 99 다 66236 판결.

한편 保險業法上 보험계약의 체결 또는 모집에 종사하는 자는 보험계약자 또는 피보험자에 대하여 보험계약의 계약조항 중 중요한 사항을 알리지 아니하는 행위를 금지함으로써 간접적으로 보험약관의 明示·說明義務를 강제하고 있다(保業 제156조).

만약 보험자가 보험약관의 交付·明示義務를 다하지 아니한 경우에는 보험계약자측에서 告知義務를 위반하였다고 하더라도 이를 이유로 보험계약을 해지할 수는 없다.[1)]

---

1) 大判 1996. 3. 8, 95 다 53546; 大判 1992. 3. 10, 91 다 31883; 大判 1996. 4. 12, 96 다 4893.

제 2 장
保 險 契 約

제 1 절　保險契約의 本質

Ⅰ. 保險契約의 意義

보험계약의 본질이 무엇인가에 관한 학설, 이른바 '보험학설'은 '어음이론'과 아울러 개념법학의 쌍벽[1]을 이룬다고 할 정도로 보험계약의 개념구성은 어렵고, 따라서 학설이 구구하게 나누어지고 있다. 보험계약의 통일적 정의가 어렵고, 억지로 통일적 정의를 내리는 경우에는 '色彩가 없고 內容이 없는' 추상적 정의가 되고 말기 때문에, 각종 보험계약의 특질을 밝히고 구체적 사안의 해결을 위하여 타당한 결론을 이끌어내는 노력을 할 수밖에 없다고 하는 '개념정립무용론'도 나오고 있다.[2] 그러나 보험계약의 의의를 정하는 것은 '보험에 관계있는 규정의 적용 내지 유추적용의 범위를 결정하기 위하여도'[3] 필요하다.

1. 保險契約에 관한 學說

(1) 一 元 論

1원론은 손해보험과 인보험을 통일적으로 설명하려는 학설인데, 이 가운데서

---

1) 朴元善(下) 49면.
2) 朴元善(下) 53면; 石井昭久, ≪商法(Ⅱ)≫, 1954, 269면; 小町谷操三・田邊庸平, ≪保險法講義≫, 1971, 17면.
3) 徐燉珏・鄭完溶(下) 338면; 鄭熙喆・鄭燦亨(下) 480면.

중요한 것을 들면 다음과 같다.

(가) 損害補償契約說

손해보상계약설은 보험계약을 '보험자가 보험계약자로부터 대가를 징수하고 보험사고로 인하여 보험계약자 또는 피보험자에게 생기는 손해를 보상할 것을 인수하는 계약'이라고 한다. 이 학설은 손해보험제도만이 있었던 사보험제도 발달의 초기에 지배적이었다.

그러나 生命保險制度가 발달함에 따라 손해보상의 개념만으로 양자를 설명하기가 어렵게 되자, ① '손해' 개념을 확장하여 생명보험에 있어서도 보험사고로 인하여 '一般的 · 抽象的 損害'가 발생한다고 하거나, '精神的 損害'가 발생한다고 하여 일원적인 설명을 시도하거나, ② 혹은 생명보험을 소비대차계약이라고 하여 그 보험성을 부정함으로써 보험계약의 손해보상계약성을 고수하려는 학설이 나오기도 했다.

(나) 需要充足說

수요충족설은 보험계약을 '보험자가 보험계약자로부터 보험료를 징수하고, 우연한 사고의 발생으로 인하여 상대방 또는 제3자에게 생긴 경제적 수요를 충족시킬 것을 인수하는 계약'이라고 한다.

(다) 技 術 說

기술설은 보험계약을 '보험자가 우연한 사고의 발생의 개연율에 따라 산출된 보험료를 받고 그 사고의 발생시에 일정한 금액을 상대방에게 지급할 것을 약정하는 계약'이라고 한다.[1)]

(라) 金額給與說

금액급여설은 보험계약을 '보험자가 대가를 받고 계약에 정한 사고발생을 조건으로 일정한 금액을 지급할 것을 약속하는 계약'이라고 한다.[2)]

(2) 二 元 論

이원론은 손해보험과 인보험을 일원적으로 설명하는 것을 포기하고 이원적(선택적)인 정의로서 만족하려는 학설이다. 이 학설에 의하면, 보험계약이란 '보험자가 보험료를 징수하고, 우연한 사고가 발생한 경우에 이로 인하여 상대방 또는 제3자에게 발생한 손해를 보상하거나, 혹은 약정한 금액을 상대방 또는 제

1) 蔡利植(下) 438면.

2) 徐燉珏 · 鄭完溶(下) 353면; 崔基元(下) 536면.

3자에게 지급할 것을 인수하는 계약'으로서, 전자를 손해보험계약, 후자를 생명보험계약이라고 한다(統一不能說 : 이원설).

(3) 各 學說의 缺陷

i) 손해보상계약설은 정액보험인 생명보험의 발달에 따라 '損害' 개념만으로 그 특수성을 해명할 수는 없게 되었다. 그러므로 '손해' 개념을 확장하는 견해도 무리한 의제이거나 지나치게 기교적이라는 비난을 면할 수 없다.

ii) 수요충족설은 수요충족이란 개념이 損害塡補란 개념보다는 넓은 개념이나, 생명보험계약에서 경제적 수요가 없는 경우에도 보험금이 지급되는 것을 설명할 수 없다.

iii) 기술설은 보험계약의 내용을 무시한 형식적 정의라든가, 보험제도의 경제학상의 의의의 설명은 될지 몰라도 보험계약의 법률학상의 정의로는 불충분하다는 비판을 받는다.

iv) 금액급여설은 내용이 없고, 추상적인 정의가 되어버려서, 도박과 같은 유사개념과의 구별이 어렵게 된다는 난점이 있다.

v) 이원설은 이원적으로 설명을 하는데, 선택적인 정의란 정의로서 불완전한 것임은 의문의 여지가 없다.

2. 保險契約에 관한 立法例

보험계약의 개념정립에 관한 각국의 입법태도를 보면, 세 가지로 분류할 수 있다. 즉, ① 보험계약법에서는 전혀 보험계약에 관한 개념규정을 두지 않는 경우(예컨대, 프랑스보험계약법, 스위스보험계약법), ② 이원론에 따라 손해보험과 인보험을 구별하여 규정하는 경우(예컨대, 의용상법, 일본상법, 독일보험계약법), ③ 손해보험과 인보험에 관한 통일적인 정의규정을 두는 경우(예컨대, 중국보험법)가 있는데, 우리 상법은 셋째 경우를 취하고 있다.

3. 保險契約에 관한 商法上의 定義

상법 제638조는 "保險契約은 당사자 일방이 약정한 保險料를 지급하고 상대방이 재산 또는 생명이나 신체에 관하여 不確定한 事故가 생길 경우에 일정한 보험금액 기타의 급여를 지급할 것을 약정함으로써 효력이 생긴다"고 하여 보험계약법의 모두에서 이른바 '金額給與說'에 따른 추상적인 정의를 내려놓고 있다.

Ⅱ. 保險契約의 性質

1. 諾成·不要式契約性

보험계약은 당사자의 의사표시가 합치함으로써 성립하므로(제638조), 要物契約도 要式契約도 아니다. 상법 제656조가 "보험자의 책임은 당사자간에 다른 약정이 없으면 최초의 보험료의 지급을 받은 때로부터 개시한다."고 한 것은 실무계의 약관을 성문화한 것으로서 보험자의 책임개시시기를 정한 것이지, 보험계약의 효력발생의 전제로서 보험료의 지급을 요한다는 뜻은 아니다. 실무계에서는 보험계약을 체결할 때 정형화된 보험계약청약서가 이용되고, 또 보험자는 보험증권의 작성·교부의무가 있으나(제640조), 이러한 것은 거래상의 편의를 위한 것이다.

2. 有償·雙務契約性

보험계약은 보험자가 보험사고가 발생하였을 때에 어떤 급여(손해보상 또는 일정금액의 지급)를 하고, 이에 대하여 보험계약자가 일정한 보수(保險料)를 지급하는 계약이므로 유상계약이다. 그리고 보험자의 급여의무는 보험사고의 발생에 달려 있으므로 불확정적이기는 하나 보험계약자의 급여의무와 대가관계에서 법률상의 구속상태에 있으므로 쌍무계약이며, 계약성립시에 계약의 효과가 완전히 발생하고 있으므로 조건부계약도 아니다.

3. 營業性

보험의 인수는 영업으로 하여야 한다. 영업적으로 체결하는 보험계약은 기본적 상행위(營業的 商行爲)(제46조 제17호)가 된다. 따라서, 영업과 관계없이 개별적으로 체결하거나, 혹은 영업을 위하여(부수하여) 체결하는 계약은 내용이 보험의 성격을 띠더라도(예컨대, 운송인이 고율의 운임을 받고 위험을 인수하는 것, 연금계약의 체결) 보험계약이 될 수 없다.

4. 射倖契約性

보험계약은 '우연한' 보험사고의 발생으로 인하여 보험금액의 지급 또는 그 액수가 정하여지므로, 이른바 사행계약이다. 사행계약이란 '계약당사자가 이행하여야 할 급여의무 또는 그 급여내용이 계약성립 당초부터 우연한 사정에 의존하여 있는 계약'인데(佛民 제1104조 · 제1964조, 伊民 제1102조), 사행계약이라는 典型契約을 인정하지 않는 우리 법제하에서는 논할 실익이 없다는 견해도 있다.[1] 그러나 사행계약이란 용어를 쓰든 안 쓰든 보험계약이 불확정한 사고에 관한 것임을 부정할 수는 없다. 보험사고의 불확정성은 주관적으로 불확정한 것인 한 객관적으로 확정되어 있어도 보험계약의 성립에 지장이 없다(제644조).

5. 附合契約性

보험계약은 보험자가 미리 정한 標準的 契約條項, 즉 普通保險約款에 따라서 체결하는 것이 보통이므로 부합계약에 속한다. 법은 공중을 보호하기 위하여, 보통보험약관을 주무관청의 승인을 받아 사용하도록 하고 있다(保業 제3조 제2항

---

1) 徐燉珏 · 鄭完溶(下) 356면.

제3호).

6. 繼續契約性

보험자의 보험금지급채무와 보험계약자의 보험료지급채무는 보험기간 중 계속 존속하는 것이므로, 보험계약은 계속적 계약이다. 따라서 보험료를 모두 지급한 보험계약자도 보험기간 중 通知義務(제652조) 등 일정한 보험계약상의 의무를 진다. 또 보험계약의 解止는 할 수 있어도(제649조 이하), 해제를 인정하지 않는다. 다만 보험계약자가 계약성립 후 2개월이 경과하도록 제1회 보험료를 지급하지 아니하면 그 계약은 해제된 것으로 본다(제650조 제1항).

7. 善意契約性

보험계약은 선의계약이다. 이에 대하여 '보험의 도박화를 방지하기 위하여 당사자의 상대방에 대한 선의를 확보하는 것이 요구되는 계약'이라는 의미에서 '最大善意의 契約'이라고 한다면, 그러한 '선의', 즉 '信義誠實의 原則'(民 제2조)은 오늘날에는 모든 법분야에 타당하는 기본원칙이라고 하여 보험계약의 선의성을 부정하는 견해도 있다.[1] 그러나 보험계약에 있어서는 다른 보통의 계약과는 달리 보험자나 피보험자가 자신에게 불리한 사실까지 보험자에게 알려야 하는 고지의무까지도 부담하고 있고, 보험계약의 단체성·계속성 및 사행성에 비추어 보통 계약 일반에서 요구되는 것 이상의 신의성실이 요구되는 것을 부인할 수 없다고 본다.[2]

---

1) 徐燉珏·鄭完溶(下) 356면; 鄭熙喆·鄭燦亨(下) 484면; 孫珠瓚(下) 498면.
2) 崔基元(下) 537면; 梁承圭(保) 87면; 蔡利植(下) 444면.

제2절 保險契約의 要素

보험계약은 보험제도의 성질과 관련하여 여러 가지 요소를 지니지만, 그것은 보험계약의 종류에 따라 약간의 차이가 있다.[1] 여기서는 먼저 보험계약의 공통적인 요소로서 보험계약의 당사자와 계약관계자, 보험사고, 보험의 목적, 보험료와 보험금액, 보험기간과 보험료기간 등에 관하여 살펴보고, 그 밖의 것은 인보험과 손해보험에 관하여 별도로 살펴보기로 한다.

Ⅰ. 保險契約關係者

1. 契約當事者

보험계약의 당사자는 보험자와 보험계약자이다.

(1) 保 險 者

보험자(insurer, underwriter, Versicherer)란 보험사고가 발생한 경우에 보험금의 지급 기타의 급여를 할 의무를 부담하는 자를 말한다. 보험자는 일정한 금액(300억원) 이상의 자본금 또는 기금을 가진 株式會社나 相互會社에 한하되, 주무관청의 허가를 얻어야 한다(保業 제5조·제6조). 또 외국보험회사도 일정한 영업기금을 가지고 금융감독위원회의 허가를 받아 보험사업을 영위할 수 있다(保業 제5조·제6조 제2항). 보험자가 허가를 받지 아니하고 보험사업을 한 경우에는 3년 이하의 징역 또는 2,000만원 이하의 벌금에 처하고(保業 제211조), 허가 없는 보험자와 보험계약을 체결한 자도 500만원 이하의 과태료의 처벌을 받는다(保業 제4조·제226조 제2항 제1호).

---

1) 예컨대, 피보험이익은 손해보험계약의 중심요소이며, 보험가액은 물건보험에서만 인정되는 관념이다.

(2) 保險契約者

보험계약자(insured, assured, Versicherungsnehmer)란 보험자와 보험계약을 체결하고 보험료지급의무를 부담하는 자를 말한다. 보험계약자는 자기 자신을 위하여 계약을 체결하지만, 타인을 위하여 보험계약을 체결할 수도 있는데, 이 때에도 보험계약의 당사자로 된다. 보험계약자의 자격에는 제한이 없고 自然人이든 法人이든, 또 1인이든 수인이든 상관없으며, 대리인으로 하여금 보험계약을 체결하도록 할 수도 있다(제646조 참조).

2. 契約關係者

보험계약의 당사자는 아니나, 보험계약에 관계되는 자로는 被保險者, 保險受益者, 保險者의 補助者가 있다.

(1) 被保險者

피보험자(insured, assured, Versicherte)는 손해보험과 인보험에 따라 의미가 다르게 해석되고 있다. 법문에서는 이 두 용어를 혼용하고 있기 때문에 주의해야 한다.

損害保險에 있어서 피보험자는 被保險利益의 主體로서 보험사고의 발생으로 생긴 재산상의 손해보상을 보험자에게 직접 청구할 수 있는 사람이다. 보험계약자와 피보험자가 같은 경우를 자기를 위한 손해보험, 다른 경우를 타인을 위한 손해보험이라 한다. 피보험자의 자격에는 제한이 없다.

人保險에 있어 피보험자는 보험의 목적으로서 생명 또는 신체에 관하여 보험에 붙여진 사람인데, 자연인에 한한다. 피보험자는 수인이어도 상관이 없으나(團體保險), 생명보험의 피보험자의 자격에는 제한이 있다. 즉, 타인의 사망을 보험사고로 하는 타인의 생명보험에 있어서는 피보험자의 동의를 얻어야 하고(제731조), 15세 미만인 자, 心神喪失者 또는 心神薄弱者의 사망보험계약은 무효로 하므로(제732조) 이들은 피보험자가 될 수 없다.

피보험자는 보험계약의 당사자가 아니어서 계약당사자로서의 권리·의무는 갖지 못하지만(예컨대, 제649조의 解止權 등), 同意權(제731조), 告知義務(제651조), 通知義務(제652조) 등의 권리·의무는 갖는다.

(2) 保險受益者

보험수익자(beneficiary, Begünstiger, Bezugberechtiger)는 보험계약에서 보험금 지급청구권을 갖는 사람으로서 원수나 자격에는 제한이 없다. 손해보험에서는 보험수익자가 바로 피보험자이므로 보험수익자라는 용어를 사용하지 않는다. 보험계약자가 동시에 보험수익자가 될 수도 있으나, 그렇지 않은 경우에는 보험계약자가 보험수익자의 지정·변경권을 갖는데(제733조), 특히 타인의 생명보험인 경우에는 피보험자의 동의를 얻어서 그 지정·변경권을 행사할 수 있다(제734조 제2항).

(3) 保險者의 補助者

보험자의 보조자(Hilfspersonen)로서는 保險代理店·保險仲介士·保險設計士 및 保險醫 등이 있다. 그러나 商法은 이들에 관하여 아무런 규정을 두고 있지 아니하므로 이들이 보험계약에 있어서 가지는 권한의 범위에 관하여 실무상 많은 문제가 발생하고 있다.

(가) 保險代理店

보험대리점(insurance agent, Versicherungsagent)이란 일정한 보험회사를 위하여 常時 그 영업부류에 속하는 보험계약의 체결을 대리하거나(締約保險代理店) 중개하는 것(仲介保險代理店)을 영업으로 하는 독립된 상인(제87조)으로서 보험대리상이라고도 한다. 보험업법 제2조 제9호는 '보험대리점'에 관하여 "보험회사를 위하여 보험계약의 체결을 대리하는 자(법인이 아닌 사단과 재단을 포함한다)로서 제87조의 규정에 의하여 등록된 자를 말한다"라고 정의하고 있어서 중개보험대리점 제도는 운용하지 않는다. 보험대리점은 일정한 자격을 갖춘 자연인 또는 법인으로서 금융감독위원회에 등록하여야 한다(保業 제87조, 保業施 제30조).

締約保險代理店은 보험자의 대리인으로서 보험계약체결권을 가지므로 告知受領權은 물론 보험료의 수령,[1] 보험계약의 변경·연기·해지 등에 관한 권한을 가진다. 보험대리점이 안 사유는 보험자가 안 것과 같은 효력이 있다(제90조, 제646조).

(나) 保險仲介士

보험중개사(insurance broker, Versicherungsmakler)는 보험자의 사용인이나 대리인이 아니면서 보험자와 보험계약자 사이의 보험계약의 체결을 중개하는 것을 영업으로 하는 독립된 상인이다(제93조·제46조 제11호). 이를 보험중개인이

1) 大判 1991. 12. 10, 90 다 10315 ; 同 1987. 12. 8, 87 다카 1793.

라고도 한다. 보험업법 제2조 제10호는 "보험중개사라 함은 독립적으로 보험계약의 체결을 중개하는 자(법인이 아닌 사단 및 재단을 포함한다)로서 제89조의 규정에 의하여 등록된 자를 말한다."고 규정하고 있다. 보험중개사는 보험계약의 체결을 중개하는 점에서는 중개보험대리상과 같으나, 특정한 보험자의 위임을 받아 그 보험자를 위하여 중개하는 것이 아닌 점에서 중개보험대리상과 다르다.[1] 보험중개사는 일정한 자격을 갖추어 금융감독위원회에 등록하여 영업을 할 수 있다(保業 제89조).

보험중개사는 보험계약의 체결권이 없고, 고지수령권 및 보험료수령권 등도 없다.

(다) 保險設計士

보험설계사(insurance salesman)는 보험자에게 종속되어 보험자를 위하여 보험계약의 체결을 중개하는 자로서 보험모집인 또는 보험외판원이라고도 한다. 保險業法 제2조 제8호는 "보험설계사라 함은 보험회사를 위하여 보험계약의 체결을 중개하는 자(법인이 아닌 사단 및 재단을 포함한다)로서 제84조의 규정에 의하여 등록된 자를 말한다."라고 규정하고 있다. 그러므로 보험설계사는 일정한 자격요건을 갖추어 금융감독위원회에 등록하여야 한다(保業 제84조). 보험설계사는 보험자에게 종속되어 보험모집에 임하고 있는 점에서, 독립된 지위에서 보험모집을 하고 있는 保險代理店(保業 제2조 제9호)이나 독립적으로 특정하지 아니한 보험자와 보험계약자 사이의 보험계약의 체결을 중개하는 保險仲介士(保業 제2조 제10호)와는 다르다.

보험설계사는 보험회사에 종속되어 보험계약의 체결을 중개하는 사실행위를 하는 자이므로 告知受領權 · 契約締結權 등 대리권이 인정되지 아니하나,[2] 제1회 보험료의 수령권은 있다고 본다.[3]

보험회사는 그 임원·직원·보험설계사 또는 보험대리점이 모집을 함에 있어서 보험계약자에게 가한 손해를 배상할 책임을 진다(保業 제102조 제1항 본문). 다만, 보험회사가 보험설계사 또는 보험대리점에 모집을 위탁함에 있어서 상당한 주의를 하였고 또한 이들이 행하는 모집에 있어서 보험계약자에게 가한 손해의 방지에 노력한 경우에는 그러하지 아니하다(保業 제102조 제1항 단서). 그러나 보

1) 梁承圭(保) 96면.
2) 大判 1979. 10. 30, 79 다 1234 ; 同 1998. 11. 27, 98 다 32564.
3) 大判 1989. 11. 28, 88 다카 33367.

험회사가 보험업법 제102조에 의하여 손해배상책임을 부담할 경우에도 보험계약자에게 과실이 있는 때에는 법원은 손해배상의 책임 및 그 금액을 정함에 있어 마땅히 이를 참작하여야 할 것이다.[1)]

(라) 保 險 醫

보험의(medical examiner, Untersuchungsarzt)는 생명보험계약에서 보험자가 위험의 인수 여부를 결정하도록 하기 위하여 피보험자의 신체검사를 맡아 위험측정자료를 수집, 의학적인 소견을 보험자에게 제공하여 주는 의사로서 診査醫라고도 한다. 보험의는 보험자의 고용 또는 위임에 의하여 피보험자의 신체검사 등의 방법으로 그 건강상태를 조사하여 그 자료(檢查書 또는 診查書)를 보험자에게 제공하여 주는 보조자로서 告知受領權을 가진다. 그러므로 보험의의 故意·重過失은 보험자의 故意·重過失과 같은 효력이 있는 것으로 인정될 경우가 많을 것이다. 그러나 보험의는 보험자의 의료적 보조기관이지만, 보험영업에 관한 대리권이 주어져 있지 아니하므로 상업사용인이 아니고 보험계약체결권도 없다. 保險醫가 중대한 과실로 인하여 고지의무사항을 알지 못한 경우, 保險醫의 不知는 보험자의 그것으로 보고, 보험자는 계약을 해지할 수 없다고 본다(通說)(제651조 단서).[2)]

Ⅱ. 保險事故

1. 保險事故의 意義

보험사고(risk covered, the event insured against, die versicherte Gefahr, Versicherungsfall)란 보험자의 급여의무를 구체화시키는 우연한 사고를 말한다.

1) 大判 2001. 11. 9, 2001 다 55499.
2) 大判 1976. 6. 22, 75 다 605.

2. 保險事故의 要件

(1) 不確定性(偶然性)

보험사고는 계약체결 당시에 확정되어야 하지만(保險契約의 限定性), 그 발생·시기·태양은 불확정적이어야 한다. 다만 사망보험에 있어서는 그 사고의 발생시기만이 불확정한 것이다. 상법 제644조는 "보험계약 당시에 보험사고가 이미 발생하였거나 또는 발생할 수 없는 것인 때에는 그 계약은 무효로 한다." 라고 규정하여 보험사고발생의 불확정성이 보험계약의 전제가 되고 있음을 나타내고 있다. 그러나 보험사고의 불확정성은 반드시 객관적임을 요하지 아니하고, 계약당사자들이 모두 계약 당시에 이미 보험사고가 발생하였거나 발생할 수 없는 것임을 주관적으로 알지 못한 때에는 보험계약의 성립에는 아무런 영향이 없다(제644조 단서 참조). 따라서 遡及保險(제643조)의 경우[1] 이미 보험사고가 발생하였음에도 보험계약자와 피보험자가 이를 알지 못하고 체결한 보험계약도 유효한 것이다.

(2) 可 能 性

보험사고는 발생가능성이 있는 것이어야 한다. 따라서 발생불능의 사고, 예컨대 이미 발생하였거나 물리적으로 발생이 절대로 불가능한 사고에 대한 보험계약은 무효이다(제644조). 그러나 계약성립 당시에는 발생이 가능하였으나 그 후에 불가능하게 되었다면 계약의 효력에는 영향이 없다.

(3) 適 法 性

보험사고의 기초가 되는 사실은 적법한 것이어야 한다. 예컨대, 密輸品運送에 있어서의 위험같은 것은 보험사고가 될 수 없다.

---

1) 소급보험(Rückwärtsversicherung)이란 보험계약의 성립 전의 어느 시기부터 보험기간이 시작되는 것으로 정한 보험을 말한다(제643조). 가령 海上積荷保險契約에서 이미 선박이 출항한 후 하물의 선적시부터 보험자의 책임이 개시되는 것으로 하거나, 보험자가 보험계약자의 청약에 대해서 승낙하면서 그 청약시로부터 보험기간이 시작되는 것으로 하는 것이 그것이다.

3. 保險事故의 限定性

보험사고는 일정한 목적에 대하여 일정한 기간 내에 일어나는 일정한 사고이어야 한다. 즉, 보험사고는 보험계약에서 정해진 보험의 목적에 관하여 보험기간중에 생긴 것이어야 하고, 그 사고의 범위는 특정되어 있어야 한다. 예컨대, 화재보험의 경우 홍수로 보험의 목적이 멸실되었다 하더라도 그것은 보험사고가 아니며, 傷害保險의 경우 피보험자가 질병의 치료를 위하여 수술을 받다가 사망한 경우에는 상해사망이 될 수 없다.1) 보험사고의 종류와 범위는 보험계약에서 구체적으로 결정되어야 한다.

Ⅲ. 保險의 目的

보험의 목적이란 보험사고발생의 객체가 되는 경제상의 재산 또는 자연인을 말한다. 즉, 보험사고가 발생할 대상을 말하는 것이며, 손해보험에서의 보험계약의 목적(被保險利益)과는 구별되는 개념이다.

보험의 목적은 손해보험에 있어서 물건보험의 경우에는 경제적 이익이 있는 재화, 즉 건물, 운송물, 선박, 기계 등이 이에 속하나, 재산보험에 있어서는 채권 또는 피보험자의 책임 등이 보험의 목적으로 될 수 있다.

보험의 목적이 물건인 경우에 單一物일 수도 있고, 集合物일 수도 있다. 집합물인 경우에도 그것이 처음부터 확정되어 있는 특정보험(제686조)과 수시로 바뀌는 것이 예정된 총괄보험(제687조)도 있다. 그리고 인보험에 있어서는 보험의 목적은 사람의 생명·신체이므로 자연인에 한하고, 특히 사망보험에 있어서는 15세 미만자, 心神喪失者 또는 心神薄弱者는 피보험자로 할 수 없다(제732조). 인보험의 경우에도 피보험자가 하나인 개인보험과 단체의 구성원이 모두 피보험자로 되는 단체보험이 있다.

---

1) 大判 1980. 11. 25, 80 다 1109(梁承圭, ≪判例敎材≫, 348면 판결이유 참조).

Ⅳ. 保險料와 保險金額

1. 保 險 料

보험료(premiums, Prämien)는 보험계약에서 보험자가 보험금지급책임을 지는 대가로서 보험계약자가 지급하는 금액이다. 보험계약자가 지급하게 되는 보험료는 大數의 法則에 따라 사고발생개연율에 의하여 산출되는 純保險料와 보험계약의 체결비용, 인건비, 그 밖의 사업비로서 부가하는 附加保險料로 구성되는데, 양자를 합산한 것이 營業保險料이다.

보험자는 보험사업의 허가를 받음에 있어 보험료 및 책임준비금 산출방법서를 금융감독위원회에 제출하여야 하고(保業 제5조 제3항 제4호), 보험자는 금융감독위원회의 인가를 받아 보험요율산출기관을[1] 설립할 수 있다(保業 제198조의 2).

2. 保險金額

보험금액(sum insured, Versicherungssumme)이란 보험사고가 발생하였을 때에 보험자가 피보험자 또는 보험수익자에게 지급하여야 할 금액을 말한다. 손해보험에서는 보험자가 지는 책임의 최고한도액을 말하는 것이 보통이나, 현실적으로 보험사고가 발생하여 보험자가 현실로 지급하는 손해보상액을 말하기도 한다. 그러나 생명보험과 같은 정액보험에서는 계약에서 보험사고발생시에 보험자가 지급하기로 정한 액이다. 이와 같이 당사자간에 보험금액에 관한 합의가 있는 경우를 旣評價保險이라고 하고, 합의가 없는 경우는 未評價保險이라 한다.[2]

보험금은 보험사고의 발생을 조건으로 현금으로 지급하는 것이 원칙이나, 現物給與 또는 그 밖의 給與(醫療行爲) 등의 방법으로 할 수도 있고, 일시에 금액을 지급하는 것이 보통이지만, 분할지급도 가능하다.

---

1) 현재 설립되어 있는 보험요율산출기관은 '사단법인 보험개발원'이다.
2) 大判 1991. 10. 25, 91 다 17429; 大判 1988. 2. 9, 86 다카 2933.

V. 保險期間과 保險料期間

1. 保險期間

보험기간(Versicherungsdauer, policy period)이란 보험자의 책임이 시작되어 끝날 때까지의 기간으로서, 이를 責任期間 또는 危險期間이라고도 한다. 이 보험기간은 보험계약이 성립하여 존속하는 기간인 보험계약기간과 반드시 일치하는 것은 아니고, 보험계약에 의하여 보험기간을 달리 정할 수도 있다. 보험기간은 다른 약정이 없는 한 최초의 보험료를 받은 때로부터(제656조) 그 종료일까지이다.

보험기간 전 또는 후에 생긴 보험사고에 대하여는 보험자는 책임이 없다.[1] 그러나 보험기간 내에 생긴 보험사고에 대하여는 그 기간의 경과 후에 손해가 발생하더라도 보험자가 책임을 져야 한다. 또 보험자는 보험기간 내에 보험사고가 수회 발생하더라도 원칙적으로 이를 모두 보상하여야 한다. 따라서 보험사고의 발생으로 보험자가 보험금액을 지급한 때에도 보험금액이 감액되지 아니하는 보험의 경우 보험계약자는 사고발생 후 보험계약을 해지할 수 있다(제649조 제2항).

2. 保險料期間

보험료기간(Versicherungsperiode)이란 보험료를 산출하는 기초가 되는 單位期間을 말한다. 실무에서는 대체로 1년을 단위로 하여 보험료율을 정하는 것이 일반적인데, 이 기간이 보험료기간이 된다. 보험계약에 따라서는 보험기간과 보험료기간이 일치하는 경우와 일치하지 않는 경우가 있다. 가령 1년을 보험기간으로 하는 화재보험에 있어서는 보험료기간과 보험기간이 일치하나, 운송보험에 있어서는 보험기간이 보험료기간보다 짧을 수 있고, 또 장기보험계약에 있어서는 보험기간이 몇 개의 보험료기간으로 나뉘어지기도 한다.

---

1) 大判 1997. 4. 11, 96 다 32263.

3. 保險料不可分의 原則

보험료불가분의 원칙(Prinzip der Unteilbarkeit der Prämien)이라 함은 보험료기간의 보험료는 관념상 하나로 보아야 한다는 원칙이다. 즉, 保險料不可分의 原則은 한 보험료기간의 보험료를 하나의 단위로 한다. 예컨대, 보험기간 중 계약이 실효되거나 해지됨으로써 보험자가 보험료기간의 일부에 대하여만 위험을 부담하였다 하더라도 그 보험료의 전액을 취득할 수 있다. 상법상 초과보험의 경우 "보험료의 감액은 장래에 대해서만 효력이 있다"(제669조 제1항 단서)든가, 보험료체납의 경우 "보험료의 지급을 받지 아니한 잔액이 있으면 그 지급기일이 도래하지 아니한 때라도 보상할 금액에서 이를 공제할 수 있다."(제677조)는 규정은 보험료불가분의 원칙을 반영한 것이라 할 수 있다. 그러나 이 원칙은 보험기술상 인정되는 것이므로 보험계약상 절대적인 것은 아니다. 상법상 보험사고발생 전에 보험계약을 임의로 해지하는 경우 미경과보험료의 반환을 명문으로 인정하고 있고(제649조 제3항), 실무에서도 보험료의 분할지급이 허용될 뿐 아니라, 보험계약이 해지된 경우에도 短期料率을 적용하거나 日割計算으로 보험료를 환급하는 경우가 많다.

제 3 절 保險契約의 締結

Ⅰ. 保險契約의 成立

보험계약은 불요식의 낙성계약으로서 청약과 승낙에 의하여 성립한다(제638조, 제51조, 제52조, 民 제527조~제531조). 일반적으로 보험대리점 또는 보험모집인에 의한 보험가입의 권유행위, 즉 청약의 誘引行爲가 있으면 이에 따라 보험계약자가 청약을 하고, 보험자가 그 청약에 의하여 승낙을 한다. 청약과 승낙의 효력은 일반원칙에 따른다(民 제527조 내지 제535조). 실제로는 보험가입희망자가 보험모집인 등의 권유에 따라 보험(가입)청약서에 보험료를 첨부하거나, 첨부하지 아니하고 이를 모집인에게 교부하면, 보험자(保險會社)가 보험의 목적을 검사하거나(손해보험의 경우), 피보험자의 신체를 診査하고(생명보험의 경우) 보험료영수증 또는 보험증권을 교부하는 것이 보통이다(그러나 보험계약청약서 · 보험증권 등의 교부가 계약의 성립요건은 아니다).

그런데 보험자의 보험인수여부에 대한 결정과정이 복잡하여 승낙을 하기까지 시간이 많이 소요되고, 승낙의 시점도 명확하지 아니한 경우가 많다. 또 민법에 의하면 보험자가 청약에 대하여 상당한 기간 내에 승낙의 통지를 발송하지 않으면 청약은 구속력을 잃게 되고 보험계약은 성립되지 않는다(民 제529조).[1] 물론 상법 제53조에 의하면 승낙자는 승낙에 대한 諾否通知義務를 부담하지만, 이것은 常時去來關係가 있는 경우에만 적용된다. 그러므로 보험계약자가 제1회 보험료의 전부 또는 일부를 납부하고 상당한 기간이 경과한 후에 보험사고가 발생한 경우, 보험자는 승낙이 없었음을 이유로 보험금지급을 거절하는 때가 있을 수 있다. 따라서 1991年의 개정상법은 보험자가 보험계약자로부터 보험계약의 청약과 함께 보험료상당액의 전부 또는 일부의 지급을 받은 때에는 다른 약정이 없으면 30일 내에 그 상대방에 대하여 낙부의 통지를 발송하여야 하고, 이 기간 내에 낙부의 통지를 해태한 때에는 승낙한 것으로 본다고 정하였다(제638조의 2 제1항 · 제2항). 그러나 인보험계약의 피보험자가 신체검사를 받아야 하는 경우에는 그 기간은 신체검사를 받은 날로부터 기산한다(제638조의 2 제1항 단서).

보험자가 승낙하면 유효한 보험계약이 성립한다. 그러나 보험자의 책임은 원칙적으로 (계약성립 후) 최초의 보험료를 지급받은 때로부터 개시된다(제656조). 그러나 현실적으로 보험계약의 청약과 함께 보험료의 전부 또는 일부를 지급하는 경우가 많고, 이 경우에는 보험자가 청약일로부터 승낙일까지는 위험을 인수함이 없이 보험료만 받게 되는 결과가 된다. 이에 상법은 보험자가 보험계약자로부터 보험계약의 청약과 함께 보험료상당액의 전부 또는 일부를 받은 경우에 그 청약을 승낙하기 전에 보험계약에서 정한 보험사고가 생긴 때에는 그 청약을 거절할 사유가 없는 한 보험자는 보험계약상의 책임을 진다고 규정하고 있다(제638조의 2 제3항). 이것은 종래 保險約款에서 인정되던 것을 1991년의 개정상법에서 입법화한 것이다. 다만 인보험계약의 피보험자가 신체검사를 받아야 하는 경우(有診査保險)에 그 검사를 받지 아니한 때에는 그러하지 아니하다(제

1) 大判 1976. 6. 22, 75 다 605.

638조의 2 제3항 단서).

Ⅱ. 保險證券

1. 保險證券의 意義

보험증권(insurance policy, Versicherungsschein)이란 보험계약의 성립과 그 내용을 증명하기 위하여 보험자가 발행하는 증권을 말한다(제640조).

2. 保險證券의 發行·交付

보험자는 보험계약이 성립한 때에는 지체없이 保險證券을 작성·교부하여야 하며, 다만 보험계약자가 보험료의 전부 또는 최초 보험료를 지급하지 아니한 때에는 보험증권의 교부를 거절할 수 있다(제640조 제1항). 기존의 보험계약을 연장하거나 변경한 경우에는 보험자는 그 보험증권에 그 사실을 기재함으로써 보험증권의 교부에 갈음할 수 있다(제640조 제2항). 보험증권은 기명식으로 발행하는 것이 보통이나, 예컨대 운송보험증권·해상보험증권과 같이 指示式 또는 無記名式으로 발행할 수도 있다.

보험증권의 기재사항은 법정되어 있으나, 엄격한 要式證券은 아니다. 그 기재사항은 모든 보험증권에 공통되는 필요적 기재사항(제666조, 제728조)과 화재보험증권(제685조)·운송보험증권(제690조)·해상보험증권(제695조)과 인보험증권(제728조, 제738조)에 각각 특별한 기재사항이 있다. 또 보험증권에는 印紙를 첨부하여야 하는데(印紙稅法 제1조 제1항 제12호), 이를 위반하여도 보험증권의 사법상의 효력에는 영향이 없다.

보험증권을 멸실 또는 현저하게 훼손한 때에는 보험계약자는 자기의 비용으로 그 재교부를 청구할 수 있지만(제642조), 지시식 또는 무기명식으로 발행되어 유가증권성이 인정되는 보험증권의 경우에는 公示催告의 절차(民訴 제496조 이하)를 거쳐야 한다고 본다.

3. 保險證券의 法的 性質

보험증권이 證據證券·免責證券·提示證券·相換證券임에는 의문이 없다. 보험증권은 증거증권이기 때문에 보험계약의 당사자는 보험증권의 교부가 있는 날로부터 1월을 내리지 않는 기간 안에 한하여 그 증권내용의 正否에 관한 이의를 제기할 수 있음을 약정할 수 있다(제641조). 이를 異議約款이라고 한다.

보험증권의 유가증권성, 특히 지시식 또는 무기명식 보험증권의 유가증권성 여부에 관하여는 학설이 나뉘고 있다. 부정설에 의하면 ① 보험금지급청구권은 증권 이외에도 보험료의 지급 등 여러 가지의 의무의 이행과 견련이 되어 있다는 점, ② 손해보험에서 보험의 목적을 도외시한 증권의 점유이전만으로는 권리가 이전되지 않는 점(제679조 참조), ③ 有價證券法定主義에 비추어 상법상 아무런 근거규정이 없는 보험증권은 유가증권이라 할 수 없다는 점에서, 지시식 또는 무기명식 보험증권의 유가증권성을 인정할 수 없다고 한다. 이에 대하여 긍정설은 ① 거래의 안전확보를 위하여 필요하다는 것, ② 권리의 행사에 증권의 점유를 필요로 한다는 것, ③ 민법상 금전채권은 원칙적으로 지시식 혹은 무기명식으로 될 수 있는데 보험금청구권에 한하여 이를 부인할 뚜렷한 이유가 없다는 것 등을 이유로 유가증권성을 인정한다.

생각건대, 보험금청구권의 양도에 있어서 피보험자의 동의를 얻어야 하는 인보험이나(제731조 제2항), 보험계약의 성질상 손해보상청구권만의 轉轉流通이 불가능한 화재보험 등의 일반손해보험에 있어서는 성질상 유가증권성을 인정할 수 없다. 그러나 運送保險 또는 海上積荷保險 등과 같은 손해보험에 있어서는 보험의 목적이 운송증권에 의하여 거래의 대상이 되고, 보험에 의하여 그 목적물의 경제적 가치가 보완되어, 보험의 목적물의 양도에 수반하여 보험에 의한 손해보상청구권도 동시에 이전될 것이 요청되므로, 그것이 지시식 또는 무기명식으로 발행된 경우에 한하여 유가증권성을 인정하여야 할 것이다(일부긍정설).

그러나 보험증권의 유가증권성을 인정하더라도 보험계약에 의거한 각종 항변(예컨대, 告知義務違反·保險料의 不支給 등)은 보험증권의 배서 또는 교부에 의하여 절단되지 않는다고 본다. 왜냐하면 보험증권이 운송증권 등과 함께 배서·교부되는 경우, 권리이전적 효력, 자격수여적 효력 및 면책적 효력은 인정되지만, 보험증권은 文言證券도 無因證券도 아니기 때문에 보험자는 보험계약에 기한 항변으로써 그 소지인에게 대항할 수 있다고 풀이되기 때문이다.

Ⅲ. 告知義務

1. 告知義務의 意義·性質

고지의무란 보험계약자 또는 피보험자가 보험계약체결 당시에 보험자에 대하여 중요한 사항을 告知하고, 또 중요한 사항에 관하여 부실고지를 하지 아니할 의무를 말한다. 이것은 계약체결 당시의 의무이기 때문에 계약체결 후의 危險增加의 通知義務(제652조)나 損害發生의 通知義務(제657조)와는 구별된다. 고지의무는 보험계약의 효과로서 인정하는 진정한 의무가 아니라, 보험계약의 (효력발생에 필요한) 전제조건이다. 즉, 보험자가 그 의무의 이행을 강제하거나 그 불이행에 대하여 손해배상을 청구할 수 있는 것이 아니라, 보험자의 해지권 행사로 인한 불이익을 면하기 위하여 보험계약자 또는 피보험자가 부담하는 일종의 구속이므로, 이른바 間接義務(自己義務)에 지나지 않는다.

2. 告知義務制度의 根據

고지의무제도의 근거에 대하여는 射倖說·善意說·擔保義務說·合意說·默示契約說 등 여러 학설이 대립하고 있으나, '보험제도의 기술적 구조의 특수성에 의거하여 법이 특별히 인정한 독자적 제도'라고 하는 危險測定說 내지 技術說이 정당하다고 생각한다.[1] 이 학설에 의하면,

> "보험제도의 합리적인 운영을 위하여는 보험사고 발생의 개연율의 통계적 계산을 기초로 하여, 다수계약에 있어서의 위험의 종합평균화에 의하여 지급할 보험금의 총액과 받을 보험료의 총액과의 사이에 평형을 유지할 필

---

1) 徐燉珏·鄭完溶(下) 372면; 孫珠瓚(下) 518면; 鄭熙喆·鄭燦亨(下) 498면; 朴元善(下) 80면.

요가 있다. 따라서 보험자는 각 계약에 관하여 그 위험률을 측정하여 이를 인수할 것이냐, 그 보험료를 얼마로 할 것이냐를 결정하여야 한다. 이른바 '危險의 選擇'의 자료가 될 사실은 본래는 위험을 인수하는 보험자가 스스로 자기의 책임하에 조사하여야 할 것이지만, 실제로 보험자가 그 전부를 적극적으로 조사하기는 곤란하다. 그리하여 법은 가입자로 하여금 이를 고지하도록 한 것이니, 위험의 선택의 자료가 되는 사실에 관하여 정확한 고지를 하지 않은 경우에 계약의 해지를 당하게 한 것은 불량의 위험을 배제하기 위한 것이다"

라고 한다.[1)]

3. 告知義務의 內容

(1) 告知當事者

고지당사자는 보험계약자 및 그 대리인(제646조 참조)뿐만 아니라, 타인의 생명·신체에 관한 인보험에 있어서는 피보험자, 타인을 위한 손해보험에 있어서는 피보험자도 포함한다(제651조). 대리인이 고지할 때에는 본인이 알고 있는 사실뿐 아니라 대리인 자신이 알고 있는 사항도 고지하여야 한다. 고지수령자, 즉 고지의 상대방은 보험자 또는 고지를 받을 대리권을 가진 자(保險代理店, 保險醫 등)이다. 그러나 保險仲介人 및 保險募集人은 고지수령권이 없다.

(2) 告知의 時期·方法

고지는 계약의 청약시가 아니라 계약성립시까지 하여야 한다. 고지의 방법에는 제한이 없으므로, 서면이든 구두이든, 명시적이든 묵시적이든 상관이 없다.

(3) 告知事項

(가) 重要한 事項

고지의무의 대상이 되는 사항은 '중요한 사항'이다. 중요한 사항이란 보험자가 사고발생의 위험률을 측정하여 보험의 引受與否 및 保險料額을 결정함에 있어서 합리적 판단에 영향을 미칠 만한 사실이니, 바꾸어 말하면 보험자가 그 사

1) 大森忠夫, ≪保險法≫, 1956, 118~119면.

실을 알고 있다면 계약을 체결하지 않거나 적어도 같은 조건으로는 계약을 체결하지 않을 것이라고 생각되는 사실을 말한다.

(나) 重要性의 判斷例

중요한 사실이냐 아니냐는 보험기술상 객관적 기준에 따라 결정할 것이지, 당사자의 주관적 판단에 따라 결정할 것은 아니다.

구체적 판단에 있어서 문제되는 것은 대체로 다음과 같은 것이다. 즉, 손해보험에 있어서는 보험의 목적의 물리적 성상 · 구조 · 사용목적 · 사용장소 등이고, 인보험에 있어서는 피보험자의 현재 또는 기왕의 중요한 病疾(예컨대, 암 · 결핵 · 뇌일혈 · 고혈압 · 신장염 등) · 피보험자의 환경(예컨대, 존속친의 유전적 질병의 유무 · 사망연령 · 死因, 배우자의 폐결핵 등) · 피보험자가 다른 보험회사로부터 청약을 거절당한 사실 등이다(그러나 軟性下疳 · 위장병 · 유산 · 편도선염 등은 중요한 사실이 아니라고 한다).

(다) 質問表의 慣用

중요성의 판단이 쉬운 일이 아니므로, 실무계에서는 질문표를 사용하는 것이 보통이다. 질문표란 보험자가 보험청약서에 質問欄을 두고 告知할 사항을 揭記하여 보험계약자로 하여금 이에 대한 해답을 기입하도록 한 것이다. 질문표는 전문적 지식을 가진 보험자가 작성한 것이므로, 보험자가 서면으로 질문한 사항은 중요한 사항으로 추정한다(제651조의 2, 獨保 제18조 참조).[1] 따라서 질문표에 기재되지 않은 사항의 不告知는 '惡意의 默祕'가 아닌 한 고지의무의 위반이 되지 않는다고 해석한다.

4. 告知義務違反의 要件

고지의무의 위반이 되려면 계약의 성립시에 다음과 같은 객관적 · 주관적 요건이 갖추어져야 한다(제651조 본문). 고지의무위반사실은 보험자가 입증하여야 한다.[2]

1) 大判 1969. 2. 18, 68 다 2082; 大判 1993. 4. 13, 92 다 52085 · 52092.
2) 梁承圭(保) 120면; 大判 1993. 4. 13, 92 다 52085 · 52092.

(1) 客觀的 要件

중요한 사실(告知事項)에 관한 고지의무자의 불고지 또는 부실고지가 고지의무위반의 객관적 요건이다. 불고지란 중요한 사실을 알고 있으면서 묵비한 것을 말하며, 부실고지란 사실과 달리 진술한 것(虛陳)을 말한다.

(2) 主觀的 要件

고지의무위반이 되려면, 고지사항의 불고지 또는 부실고지가 고지의무자의 고의 또는 중과실로 인하여야 한다. 고의란 '害意'가 아니라 고지사항에 대한 '知'를 의미한다. 따라서 고의로 인한 위반이란 ① 어떤 사실의 존재뿐만 아니라, ② 그 사실의 중요성과, ③ 고지하여야 한다는 당위성(告知事項 該當性)에 관한 인식을 하면서도, 고의로 묵비하거나 허위진술한 것을 말한다. 중과실로 인한 위반이란 조금만 주의하였더라면 ① 어떤 사실의 존재, ② 그 사실의 중요성 및 ③ 고지의 당위성에 관하여 알았을 것인데 부주의로 묵비 또는 허위진술한 것을 말한다. 이에 대하여 ① 사실의 존재 자체에 대한 不知는 중과실이 될 수가 없다고 생각한다. 왜냐하면 중과실로 인한 '사실의 부지'의 경우도 고지의무위반이 된다면, 보험계약자에게 알고 있는 사실에 관한 고지의무뿐만 아니라 사실의 탐지의무까지 부담시키는 가혹한 결과가 되기 때문이다. 이것은 본래 보험자가 스스로 조사하여야 할 사항임에도 불구하고, 법이 특별히 고지의무자에게 협조하도록 명한 告知義務制度의 취지에 어긋날 뿐만 아니라, 고지의무 자체도 점차 소극적 의무로 변화하여 실무계에서 질문표를 관용하는 것과 관련하여 볼 때도 부당하다고 생각한다.[1] 반대설은 고의의 경우와 같이 중요한 사항이 존재하는 것을 중대한 과실로 인하여 모르고 고지하지 않은 경우도 포함한다고 한다.[2]

1) 鄭熙喆(下) 502면.
2) 蔡利植(下) 462면.

5. 告知義務違反의 效果

(1) 解止權의 行使

(가) 解止權의 性質 및 行使方法

고지의무의 위반이 있는 경우에는 보험자는 계약을 해지할 수 있다(제651조 본문)(계약이 당연히 무효가 되는 것은 아니다). 이 해지권은 형성권이므로 보험자가 일방적으로 고지의무자에게 해지의 통지를 하면 된다.

(나) 解止權의 行使時期

해지권은 계약의 성립과 동시에 발생하므로 보험사고의 발생 전후를 불문하고 행사할 수 있다.

(다) 解止權의 行使效果

보험사고가 발생하기 전에 보험자가 보험계약을 해지한 때에는 계약은 그 통지가 도달한 때부터(民 제111조) 장래에 대하여 그 효력을 잃는다(民 제550조). 그리고 해지하기까지 이미 받은 보험료는 보험계약자에게 반환할 필요가 없다.

보험사고가 발생한 후에 계약을 해지한 때에는 특칙을 두어 지나간 보험료기간에 대한 보험료를 반환할 필요는 없어도, 보험자의 책임은 소급하여 소멸하므로 보험금액을 지급할 책임도 없고 이미 지급한 보험금액이 있다면 그 반환청구를 할 수 있게 하였다(제655조 본문). 그 취지는 惡性危險을 선택하게 한 보험계약자에 대한 일종의 제재를 가하는 동시에 계약소멸에 의하여 보험자에게 손실을 주지 않으려는 데 있다. 그러나 생명보험의 경우에는 保險受益者를 위한 적립금을 보험계약자에게 지급하여야 한다(제736조). 이는 생명보험이 保章性과 貯蓄性의 기능을 겸하고 있기 때문에 인정된 예외이다.

(2) 解止權의 排除

다음 경우에는 保險者는 계약을 解止할 수 없다.

(가) 保險者의 惡意 또는 重過失

보험자가 계약체결 당시 고지의무위반의 사실을 알았거나 중대한 과실로 인하여 알지 못한 때에는 보험자는 계약을 해지할 수 없다(제651조 단서). 왜냐하면 惡意(이 때는 묵시적인 해지의 포기라고도 볼 수 있다) 또는 중과실이 있는 보험자를 보호하기 위하여 보험계약자의 이익을 희생시키는 것은 형평의 이념에 어긋나기 때문이다.

(나) 除斥期間의 經過

보험자가 고지의무위반의 사실을 안 날로부터 1월, 계약을 체결한 날로부터 3년이 경과하면 계약을 해지할 수 없다(제651조 본문).[1] 이 기간은 시효기간이 아니라 除斥期間이다(이 기간을 不可爭期間이라고도 하며, 이를 정하는 약관을 '不可抗爭約款'이라 한다).

(다) 因果關係의 缺如

고지사항과 보험사고 사이에 상당한 인과관계가 없다는 것을 보험계약자측에서 입증한 때에는 보험금액을 지급하여야 한다(제655조 단서). 그 이유는 "보험자는 고지의무위반으로 인하여 결국 아무런 불이익도 받은 것이 없으므로, 보험계약자에도 불이익을 주어서는 아니된다는 데 있다."고 할 것이다.[2] 그러나 이에 대하여는,

> "① 고지의무제도가 보험자로 하여금 위험에 대한 정확한 평가를 내리고 불량위험을 배제시키기 위한 것이라면 보험사고발생의 원인을 사후적으로 문제삼는 것은 모순이고, ② 보험계약자가 사전에 올바로 고지하였더라면 계약이 맺어지지 아니한 경우와 균형이 맞지 아니하며, ③ 보험자가 보험계약 당시에 고지의무위반의 대상이 된 사항에 대하여 진실을 알았더라면 보험자는 적어도 동일한 계약내용으로는 보험계약을 맺지 않았을 것이고, 여기에 보험자에게 계약해지권을 인정하는 기초가 있다 할 것이므로, 고지의무위반사항과 보험사고가 인과관계가 없다는 이유로 보험자의 책임을 인정하는 것은 논리적으로 일관한 것이라 할 수는 없다. 이 때문에 입법론으로는 상법 제655조 단서를 삭제하거나, 아니면 해석론으로서 그 예외규정을 엄격하게 풀이하도록 하여야 한다."

는 비판이 가해지고 있다.[3] 인과관계 부존재사실은 고지의무자가 입증하여야 한다.[4]

---

1) 大判 1986. 11. 25, 85 다카 2578; 大判 1996. 3. 8, 95 다 28779.
2) 朴元善(下) 88면.
3) 梁承圭(保) 123면.
4) 大判 1992. 10. 23, 92 다 28259; 大判 1994. 2. 25, 93 다 52082.

(3) 解止權의 抛棄

해지권은 보험자의 이익을 위하여 인정된 것이므로 이를 포기할 수 있다. 포기의 의사표시는 명시적이든 묵시적이든(예컨대, 保險者가 告知義務違反을 알면서 保險證券을 교부하든가, 保險金을 지급하는 경우) 상관없다.

6. 約款說明義務違反과 告知義務違反의 關係

상법 제638조의 3 제2항은 "보험자가 제1항(교부·명시의무)의 규정에 위반한 때에는 보험계약자는 보험계약이 성립한 날부터 1월 내에 그 계약을 취소할 수 있다."고 규정하고 있다. 문제는 본조와 약관규제법 제3조 제3항과의 조화문제이다. 약관규제법 제3조 제3항은 "사업자가 약관의 명시·설명의무를 위반하여 계약을 체결한 때에는 그 약관을 계약의 내용으로 주장할 수 없다."고 한다. 이에 관하여는 학설이 갈린다.

(i) 상법적용설은 약관설명의무에 관한 한 상법 제638조의 3 제2항이 약관규제법 제3조 제3항의 특별규정이기 때문에 전자가 우선하여 적용됨으로써 후자는 그 적용이 없다고 한다(특칙설). 따라서 보험자가 약관설명의무를 위반하였더라도 "보험계약자가 1월 내에 그 계약을 취소하지 아니하였으면 더 이상 보험약관의 설명의무위반 문제를 거론할 수 없는 것"이라고 한다. 그러나 說明과 告知 간에 아무런 관계가 없어서 고지의무 위반은 의연히 다툴 수 있으므로 보험자는 상법 제651조(고지의무 위반으로 인한 계약해지)에 따라 보험계약을 해지할 수 있다고 한다.

(ii) 중첩적용설은 상법 제638조의 3은 약관규제법 제3조 제3항의 규정 외에 보험계약자에게 취소권을 하나 더 인정해 주는 규정으로 해석하여야 한다고 한다(취소권추가인정설).

(iii) 판례는 보험계약자의 취소권은 보험계약자에게 주어진 권리일 뿐 의무가 아니다고 하면서 중첩적용설을 취하고 있다.[1)]

(iv) 생각건대 중첩적용설이 옳다고 본다. 특칙설은 상법 제638조의 3의 규정을 보험단체를 위한 규정이라고 보고, 1개월 내 취소하지 않으면 보험단체를 위

---

1) 大判 1996. 3. 8, 95 다 53546; 大判 1992. 3. 10, 91 다 31883; 大判 1996. 4. 12, 96 다 4983; 大判 1998. 11. 27, 98 다 32564.

하여 보험계약자에게 더 이상 취소권이 인정될 수 없고, 그 계약은 유효하되, 고지의무위반은 별개의 문제라고 한다. 이 견해에 의하면 1개월 내에 취소하지 아니하면 보험자가 아무리 설명의무를 위반하였어도 상관없다고 하게 된다. 이러한 해석은 보험계약자 등을 보호하려는 규정이 오히려 벌칙을 수반하는 "1개월 내 보험약관 재확인 의무"를 부담시키는 가혹한 조항이 되고 만다. 이러한 해석은 보험계약자를 보호하기 위하여 본조를 신설한 입법취지에 반한다. 說明과 告知 간에 아무런 관련이 없다는 것도 납득하기 어렵다.

7. 告知義務違反과 錯誤·詐欺

보험계약자의 고지의무위반이 있는 경우에 보험자의 착오가 있거나 보험계약자의 사기가 있으면, 보험자는 상법상의 해지권 외에 民法上의 取消權도 행사할 수 있느냐에 관하여는 학설이 대립되고 있다. 즉, 첫째 견해는 상법의 告知義務와 민법의 錯誤·詐欺는 그 근거·요건·효과에 있어 서로 다른 것이므로 민·상법이 다같이 적용되어야 한다는 것이다.[1] 둘째 견해는 보험자에게 錯誤가 있는 경우에는(보험계약자에게 해의가 없으므로) 상법의 특칙에 따라 해지권만을 행사하나, 보험계약자의 詐欺가 있는 경우에는 害意 있는 보험계약자를 보호할 필요가 없으므로 보험자는 해지권뿐만 아니라 不可爭期間이 경과한 후에도 민법상의 취소권을 행사할 수 있다고 본다.[2] 셋째 견해에 의하면 상법이 해지권을 인정하는 것은 고지의무위반이 있는 경우에 보험계약이 그 체결 당시에 소급하여 무효로 되는 것을 피하려는 것이므로 민법의 적용을 배제하여야 하고, 상법의 규정에 따라 해결하는 것이 타당하다고 한다.[3]

생각건대, 고지의무는 보험계약의 善意性·團體性·技術性에 기하여 상법이 특별히 인정한 것이므로 이 의무위반에 대하여 민법을 무제한 적용한다는 것은 옳지 않다고 본다. 따라서 고지의무위반이 보험자의 착오로 인한 경우에는 상법의 규정에 따라서 해결한다. 즉, 보험자는 보험계약을 해지하거나(제651조 본문) 異議約款의 정함에 따라 이의를 제기할 수 있을 것이다(제641조 참조). 그러나

---

1) 蔡利植(下) 466면.
2) 梁承圭(保) 125면; 孫珠瓚(下) 531면
3) 崔基元(下) 563면; 徐燉珏·鄭完溶(下) 379면.

保險契約者의 詐欺로 인한 경우에는 민법을 적용하여 보험자는 해지권뿐만 아니라 불가쟁기간이 경과한 후에도 민법상의 취소권을 행사할 수 있다고 본다(제2설).[1] 다만 입법론으로는 사기로 인한 경우에는 그 계약 자체를 무효로 하여야 할 것이다. 그렇게 하여야만 사기에 의한 초과보험을 무효로 하는 상법 제669조 제4항 및 제672조 제3항과도 균형이 맞는다.

제 4 절 保險契約의 效果

Ⅰ. 保險者의 義務

1. 保險證券交付義務

보험자는 보험계약이 성립한 때에는 지체없이 保險證券을 작성하여 보험계약자에게 교부하여야 한다(제640조 제1항 본문). 다만 보험계약자가 보험료의 전부 또는 최초의 보험료를 지급하지 아니한 때에는 그러하지 아니하다(제640조 제1항 단서). 기존의 보험계약을 연장하거나 변경한 경우에는 보험자는 그 보험증권에 그 사실을 기재함으로써 보험증권의 교부에 갈음할 수 있다(제640조 제2항).

2. 保險金支給義務

보험자는 보험사고가 발생하면 다른 약정이 없으면 보험사고발생의 통지를 받은 후 지체없이 지급할 보험금액을 정하고 그 금액을 정한 날로부터 10일 내에(제658조) 被保險者 또는 保險受益者에게 보험금액을 지급하여야 한다(제638조). 타인을 위한 손해보험계약의 경우에는 보험계약자가 그 타인에게 손해를

1) 大判 1991. 12. 27, 91 다 1165.

배상한 때에는 그 타인의 권리를 해하지 않는 범위 내에서 보험자에게 보험금의 지급을 청구할 수 있다(제639조 제2항).

보험자의 보험금지급책임은 당사자간에 다른 약정이 없는 한 "최초의 보험료의 지급을 받은 때로부터 개시한다"(제656조). 어음이나 수표로 보험료를 지급받은 경우, 어음·수표금이 지급된 때가 아니라 어음·수표를 교부받은 때에 보험료를 지급받은 것으로 해석한다. 그 어음·수표가 부도된 경우에는 부도된 다음 보험자가 보험료지급을 청구했을 때 지체없이 보험료를 지급하지 않는 것을 解除條件으로 하여 지급된 것으로 추정한다.

보험금지급의무는 2년의 시효로 인하여 소멸한다(제662조).[1] 이 시효기간은 보험사고가 발생한 날로부터 기산하여야 하나,[2] 보험사고발생통지를 한 때에는 보험금액을 정한 후 보험금지급유예기간(10일)이 경과한 다음날로부터 기산한다.

법은 보험자의 보호요청 또는 형평의 이념 등의 이유로 보험자가 보험금액지급책임을 지지 않는 경우(免責事由)를 인정하고 있다. 보험자의 면책사유는 法定免責事由와 約定免責事由로 크게 분류할 수 있고, 법정면책사유는 다시 모든 보험에 공통되는 '일반적 면책사유'와 각종 보험에서 특별히 인정되는 '특수적 면책사유'(손해보험에서만 인정되는데, 손해보험 전반에 관한 것과 운송보험·해상보험 특유의 것이 있다)로 분류할 수 있다.

(1) 一般的 免責事由

(가) 保險事故의 誘發

보험사고가 보험계약자 또는 피보험자(손해보험의 경우)나 보험수익자(생명보험의 경우)의 고의 또는 중대한 과실로 인하여 생긴 때에는 보험자는 보험금액을 지급할 책임이 없다(제659조).[3] 보험사고를 유발한 자가 보험자에게 책임을 전가시키는 것은 信義誠實의 原則에 어긋나고 공익에 반하는(反社會性) 것으로 허용할 수 없기 때문이다. 그러나 사망보험에서는 보험계약자 또는 피보험자나 보험수익자의 중과실로 인하여 보험사고가 생긴 경우에도 보험자는 보험금액의 지급책임을 면하지 못한다(제732조의 2).[4]

1) 大判 2000. 3. 23, 99 다 66878.
2) 大判 1993. 7. 13, 92 다 39822.
3) 大判 1988. 12. 6, 88 나 25712; 大判 1991. 7. 12, 91 다 6351.
4) 다만 人保險의 경우에 상술한 바와 같이 '重過失'을 보험자의 면책사유에서 제외한 것은 보험정책상 재고할 여지가 있다. 그 이유는 사람의 생명이나 신체의 보호에는

(나) 戰爭危險

보험사고가 전쟁 기타의 변란으로 인하여 생긴 때에는 당사자간에 특약이 없는 한 보험자는 보험금액의 지급책임을 면한다(제660조). 여기서 전쟁이라 함은 선전포고유무는 묻지 않고 군사력에 의한 행위를 말한다. 전투훈련 중의 사고는 전쟁으로 풀이된다. 그리고 變亂은 통상의 경찰력으로는 통제할 수 없는 상태를 말한다. 전쟁위험에 대하여 면책하도록 한 것은 전쟁은 평상시에는 예상할 수 없는 것으로, 통상적 사정에 의한 '平均的 危險'을 기초로 산정한 보험료로는 그 막대한 손해를 전보할 수 없기 때문이다. 그러나 특약으로 전쟁위험(war risk)을 인수하는 것은 상관없다.

(다) 保險者의 契約解止

보험계약자 또는 피보험자의 의무[예컨대, 保險料支給義務(제650조), 告知義務(제651조), 危險變更·增加의 통지의무(제652조)]의 위반 또는 고의나 중과실로 인한 위험의 변경·증가(제653조)를 이유로 보험자가 계약을 해지한 때(이 때에는 보험자가 그 사실을 안 날로부터 1월 내에 보험료의 증액을 청구할 수도 있다)에는 보험자는 보험금액의 지급책임이 없고, 이미 지급한 보험금액의 반환도 청구할 수 있다(제655조 본문). 다만 생명보험에 있어서는 보험수익자를 위하여 적립한 금액을 보험계약자에게 지급하여야 한다(제736조 본문). 그러나 고지의무의 위반사실이나 위험의 현저한 변경·증가사항이 보험사고의 발생에 영향을 미치지 않았음이 증명된 때에는 보험자는 면책될 수 없다(제655조 단서). 보험자의 이러한 免責事由는 형평의 이념에 비추어 당연한 조치이다.

(2) 特殊한 免責事由

(가) 目的物 자체의 危險

손해보험의 목적인 물건 자체의 성질·하자 또는 自然消耗로 인한 손해(예컨대, 과실의 부패, 포장불충분으로 인한 운송물의 파손, 장기간의 사용으로 인한 기계의 노후화)는 보험자가 이를 보상할 책임이 없다(제678조)(이것은 손해보험의 일반적 면책사유로 규정되어 있으나 책임보험과 같은 재산보험에는 해당되지 않는다). 목적물

일반재화보다도 더 신중을 기하여야 하고, 또 보험계약상 도덕적 위험이 많은 것은 사망보험이고, 피보험자의 사망이 보험계약자 등의 고의로 인한 경우 당사자가 고의가 없었다고 주장한다면 이를 입증하기 곤란하며, 따라서 중대한 과실로 인한 사망도 역시 不道德的이며, 당사자간의 信義則에 어긋나는 것이라고 볼 수 있기 때문이다.

자체가 위험을 지니고 있는 것은 이미 객관적으로 위험의 발생이 확정되어 있는 것이므로(불확정성의 결여), 보험사고로 취급할 수 없기 때문에 이를 면책사유로 한 것이다.

(나) 送荷人·受荷人의 保險事故 誘發

육상운송보험에 있어서 보험사고가 送荷人 또는 受荷人의 고의 또는 중과실로 인하여 발생한 때에는 보험자는 그 손해의 보상책임을 지지 아니한다(제692조). 송하인 또는 수하인은 운송보조자로서 운송계약상 일정한 권리의무를 가지므로(제139조～제141조) 보험계약자 또는 피보험자의 경우(제659조)와 같이 보험자의 면책을 인정한 것이다.

(다) 海上保險 특유의 事由

해상보험자는 항해에 관한 사고로 인하여 생길 손해를 보상할 책임을 지는데(제693조), 해상운송의 특수성에 비추어 보험자의 면책범위도 넓히고 있다. 즉, 선박보험·운임보험에 있어서는 堪航能力의 흠결로 인한 손해(제706조 제1호), 적하보험에 있어서는 傭船者·送荷人 또는 受荷人의 고의 또는 중과실로 인한 손해(제706조 제2호), 導船料·入港料·燈臺料·檢疫料 기타의 선박 또는 적하에 관한 항해 중의 통상비용(제706조 제3호)(이른바 '小海損'으로서 운임에서 지급될 당연한 비용이기 때문이다)에 대하여는 책임을 지지 아니하고, 항해변경(제701조)·離路(제701조의 2)·발항 또는 항해의 지연(제702조)·선박변경(제703조) 후의 사고에 대하여도 책임을 지지 아니한다. 또 보험자의 동의없이 선박을 양도한 때(제703조의 2 제1호), 선박의 선급을 변경한 때(제703조의 2 제2호), 선박을 새로운 관리로 옮긴 때에는 보험계약이 종료하므로 그 후의 사고에 대하여는 보험자는 책임을 지지 않는다.

(라) 約款上의 免責事由

약관에 의해서 계약을 체결하는 보험계약의 실제에 있어서는 약관 속에 免責條項을 규정하는 일이 많다. 이 면책조항은 보험제도의 본질에 반하지 아니하고 公序良俗(民 제103조) 또는 信義則(民 제2조 제1항)에 반하지 않는 한 유효하다고 본다.

면책사유의 예를 들면, 피보험자와 특별관계에 있는 자의 사고유발, 법령위반행위 기타 지진·분화·폭동·정치적 모략 등이며, 이러한 사고로 인한 손해에 대해서는 보험자는 책임을 면한다.

3. 保險料返還義務

보험계약의 전부 또는 일부가 무효인 경우에 보험계약자와 피보험자 또는 보험수익자가 선의이며 중대한 과실이 없는 때에는 보험료의 전부 또는 일부를 반환하여야 한다(제648조).[1] 또 보험계약자가 보험사고가 발생하기 전에 계약을 해지한 때에는 未經過保險料의 납입이 있으면 보험계약자는 그 반환을 청구할 수 있다(제649조 제3항). 그러나 전술한 바와 같이 생명보험의 경우에는 보험자는 보험계약이 해지된 경우 保險料積立金을 반환하여야 한다(제736조). 보험자의 보험료반환의무도 2년의 시효로 인하여 소멸한다(제662조).

II. 保險契約者・被保險者・保險受益者의 義務

1. 保險料支給義務

(1) 意 義

보험계약자는 보험자에게 보험료를 지급하여야 한다(제638조). 보험료의 지급은 보험자의 책임의 전제이므로, 보험계약이 성립되었다고 하더라도 제1회 보험료의 지급이 없으면 다른 약정이 없는 한 보험자는 보험계약상의 책임을 지지 아니한다(제656조).[2]

(2) 保險料支給義務者

보험료지급의무자는 보험계약의 당사자인 보험계약자이다. 다만 타인을 위한

---

1) 상법은 보험계약체결 당시에 보험사고가 객관적으로 확정되어 있는 경우에도 보험계약당사자가 선의인 경우에는 보험계약의 효력을 인정하고 있고(제644조), 또 超過保險・重複保險의 경우에도 그 초과된 부분을 당연무효로 하고 있지 아니한 점(제669조, 제672조)에서, 보험계약 등이 선의이며 중대한 과실이 없는 때에는 보험계약이 무효로 되는 일은 거의 없을 것이다. 그러나 예컨대 도시계획으로 건물이 철거되어 보험의 목적이 존재하지 아니하여 화재보험계약이 무효로 되는 경우 등이 일어날 수 있을 것이다.

2) 大判 1974. 12. 10, 73 다 1591.

보험계약에서 보험계약자의 파산 또는 보험료의 지급지체가 있는 경우에는 피보험자 또는 보험수익자가 보험료를 지급하여야 한다(제639조 제3항 단서).

(3) 保險料減額請求權

보험료의 액은 계약체결시에 당사자의 합의에 의하여 정해지면 변경될 수 없는 것이지만, 보험계약의 당사자의 특별한 위험을 豫期하여 보험료의 액을 정한 경우에 보험기간 중 그 예기한 위험이 소멸한 때에는 보험계약자는 그 후의 보험료의 감액을 청구할 수 있다(제647조). 이 보험료감액청구권은 일종의 형성권이고, 그 특별위험의 소멸에 관한 입증책임은 보험계약자에게 있다.

초과보험의 경우 보험료의 감액에 관하여는 특칙이 있다(제669조: 후술).

(4) 保險料支給時期와 方法

보험계약자는 보험계약이 성립한 후 지체없이 보험료의 전부 또는 제1회 보험료를 지급하여야 한다(제650조 제1항). 繼續保險의 경우 계속보험료는 약정한 시기에 지급하여야 한다. 보험료지급의무는 1년의 시효로 인하여 소멸한다(제662조). 보험료지급방법은 일시지급방법과 분할지급방법이 있고, 어느 방법을 택하느냐는 보험계약에서 정한다. 손해보험의 경우에는 보험료의 지급을 받지 아니한 잔액이 있으면 그 지급기일이 도래하지 아니한 때라도 보상할 금액에서 이를 공제할 수 있다(제677조).

(5) 保險料支給義務懈怠의 效果

보험계약자가 계약체결 후 지체없이 보험료의 전부 또는 제1회 보험료를 지급하지 아니하는 경우에는 보험자가 이를 訴求할 수도 있으나, 이 경우 다른 약정이 없는 한 계약성립 후 2월이 경과하면 그 계약은 해제된 것으로 본다(제650조 제1항). 또 계속보험료가 약정한 시기에 지급되지 아니한 때에는 보험자는 상당한 기간을 정하여 보험계약자에게 최고하고 그 기간 내에 지급되지 아니한 때에는 그 계약을 해지할 수 있다(제650조 제2항).

그리고 타인을 위한 보험의 경우에는 그 타인에게도 상당한 기간을 정하여 보험료의 지급을 최고한 후가 아니면 그 계약을 해제 또는 해지하지 못한다(제650조 제3항).

보험계약이 해지되면 보험계약은 장래에 한하여 그 효력을 잃는다. 그러므로 기왕에 담보된 기간에 대한 보험자의 보험료청구권은 존속한다. 보험사고가 발생한 후에도 보험료의 부지급으로 보험자가 계약을 해지한 때에는 보험금액을 지급할 책임이 없고, 이미 지급한 보험금액의 반환을 청구할 수 있다(제655조).

(6) 失效約款의 效力

보험계약자가 보험료의 지급기일로부터 유예해 준 일정한 기간 안에 계속보험료를 지급하지 아니한 때에는 그 보험계약은 당연히 효력을 잃는다고 정한 보험약관의 조항을 失效約款이라 한다. 예컨대, 보험약관에서 제2회 이후의 보험료에 관하여 그 납입기일로부터 일정한 기간(보통 2주일 내지 1개월)이 경과할 때까지 보험료의 지급이 없으면 보험계약은 失效된다고 정한 경우, 이 약관조항이 상법 제663조의 보험계약자 등의 불이익변경금지에 위반되어 무효가 아닌가가 문제이다(이와 유사한 약관으로서 계속보험료를 미지급하고 있는 기간 동안에 발생한 보험사고에 대하여는 보험자는 보험금지급책임을 면한다고 정한 경우도 같다).

이러한 약관을 유효라고 보는 학설이 현재의 다수설이나,[1] 상법 제650조 제2항은 계속보험료가 약정한 시기에 지급되지 아니한 때에는 보험자는 ① 상당한 기간을 정하여, ② 催告하고, ③ 계약을 解止할 수 있다고 정하고 있으므로, 위 3단계의 해지절차 중 하나라도 결한 약관은 상법 제663조에 위배되어 무효이다.[2]

i) 먼저 실효약관 중에 보험료지급유예기간이 전혀 설정되어 있지 않은 것은 위 3단계의 절차를 모두 결한 것으로서 무효임은 당연하다.

ii) 2주일 또는 1개월 등의 상당한 기간을 정한 실효약관도 ② 최고 및 ③ 保險契約解止節次를 취하지 않은 경우에는 무효이다.

iii) 보험료지급을 최고하면서 동시에 약관에서 정한 상당한 기간 내에 보험료를 지급하지 아니하면 별도의 해지의 통지없이 바로 계약이 해지된다는 뜻을 통지하는 이른바 契約解止豫告附催告 역시 ③ 보험계약을 해지하는 절차를 생략하였으므로 무효이다. 해지의 의사표시는 보험계약자에게 도달한 때에 효력이 생기므로(民 제111조) 약관에서 정한 상당한 기간이 경과하였다고 하더라도

1) 崔基元(保) 218면; 梁承圭(保) 178면; 鄭熙喆・鄭燦亨(下) 523면; 大判 1977. 9. 13, 77 다 329; 大判 1987. 6. 23, 86 다카 2995; 大判 1992. 11. 27, 92 다 16218.

2) 同旨: 蔡利植(下) 484면; 大判 1992. 11. 24, 92 다 23629; 大判 1995. 10. 13, 94 다 19280・19297; 大判 1995. 11. 16, 94 다 56852; 大判 1996. 12. 20, 96 다 23818.

해지의 의사표시가 도달하기 전까지는 보험계약은 아직 유효하기 때문에 해지 절차를 생략하는 것은 보험계약자에게 불리한 것이다.

(7) 消滅時效

保險料請求權은 1年間 행사하지 아니하면 時效로 소멸한다(제662조).

2. 通知義務

(1) 事故發生의 通知

보험계약자 또는 피보험자(손해보험의 경우)나 보험수익자(생명보험의 경우)가 보험사고의 발생을 안 때에는 지체없이 보험자에게 그 통지를 발송하여야 한다(제657조). 이 통지의무의 법적 성질에 관하여는 보험자의 책임을 묻기 위한 전제조건이라는 학설과 보험계약상의 진정한 의무라는 학설도 있으나, 보험계약자 등에게 그 의무이행을 강제할 수는 없어도 보험금청구를 위한 전제조건인 동시에 보험자에 대한 진정한 의무라는 학설이 통설이다.[1] 이 통지가 있을 때까지는 보험자는 보험금액을 지급하지 아니하여도 이행지체로 되지 아니하고 또 통지를 해태함으로써 손해가 증가된 때에는 保險者는 그 증가된 손해를 보상할 책임이 없다(제657조 제2항).

(2) 危險變更·增加의 通知

보험계약자 또는 피보험자가 보험기간 중에 사고발생의 위험이 현저하게 변경 또는 증가된 사실을 안 때에는 지체없이 보험자에게 그 통지를 하여야 하고(제652조 제1항 제1문), 이 통지를 받은 보험자는 통지를 받은 날로부터 1개월 내에 계약을 해지하거나 보험료의 증액을 청구할 수 있다(제652조 제1항 제2문, 제652조 제2항). 이 통지의무의 법적 성질에 관하여도 이것이 계약성립 후에 생기는 것이므로 순수한 채무로서의 성질을 갖는다고 보는 학설도 있으나,[2] 고지의무와 마찬가지로 間接義務 또는 自己義務라고 본다.[3] 이 통지는 보험계약자 또

1) 梁承圭(保) 145면; 崔基元(下) 575면.
2) 孫珠瓚(下) 362면.
3) 徐燉珏(下) 367면; 梁承圭(保) 139면; 崔基元(下) 576면.

는 피보험자가 통지의무를 안 때에 하여야 하는 것이므로 보험자가 이미 위험의 변경·증가사실을 알고 있는 때에는 이를 통지할 필요가 없다고 본다. 이 통지를 해태한 때에는 보험자는 그 사실을 안 날로부터 1개월 내에 한하여 계약을 해지할 수 있다(제652조 제1항 제2문). 이 해지권은 보험사고발생 전후를 불문하고 행사할 수 있다. 이 기간은 除斥期間이다. 보험자는 계약을 해지한 때에도 해지 전까지의 기간에 대한 보험료를 청구할 수 있으며, 보험사고발생 후에 해지를 하는 경우에도 그 사고가 위험의 변경·증가사실과 인과관계가 없다는 증명이 없는 한 보험금지급책임을 지지 않는다(제655조).

한편 보험계약자, 피보험자 또는 보험수익자의 고의 또는 중대한 과실로 인하여 사고발생의 위험이 현저하게 변경 또는 증가된 때에도 보험자는 그 사실을 안 날로부터 1개월 내에 보험료의 증액을 청구하거나 계약을 해지할 수 있다(제653조).

(3) 기타의 **通知**

책임보험에서는 피보험자의 事故通知(제722조)·辨濟 등의 통지(제723조) 의무에 관한 특별규정이 있다.

제 5 절 保險契約의 無效·終了

Ⅰ. 保險契約의 無效

1. 契約 당시의 保險事故의 確定

보험계약체결 당시에 보험사고가 이미 발생하였거나 또는 발생할 수 없는 것인 때에는 그 계약은 무효가 된다(제644조 본문). 그러나 보험사고의 不確定性은 객관적인 것이 아니므로, 계약당사자 쌍방과 피보험자가 보험사고의 확정사실을 알지 못한 때에는 보험계약은 유효하게 성립한다(제644조 단서). 상법 제644

조 단서의 규정은 소급보험을 염두에 둔 규정이다.

보험계약이 무효인 경우에는 보험계약자, 피보험자 또는 보험수익자가 선의이며 중과실이 없는 때에 한하여 이미 지급한 보험료의 반환을 청구할 수 있다(제648조).

2. 詐欺로 인한 超過保險·重複保險

초과보험 또는 중복보험이 보험계약자의 사기로 인하여 체결된 때에는 그 계약은 무효가 된다(제669조 제4항 본문, 제672조 제3항). 그러나 보험자는 그 사실을 안 때까지의 보험료는 청구할 수 있다(제669조 제4항 단서, 제672조 제3항).

Ⅱ. 保險契約의 終了

1. 當然終了

(1) 保險期間의 滿了

보험기간이 만료되면 계약은 당연히 종료된다. 다만 보험계약에서는 기간만료시에 *次期保險料*를 지급하면 계약이 계속하는 것으로 정하는 일이 많다.

(2) 危險의 消滅

보험의 목적물이 상실되었을 경우, 예컨대 화재보험의 목적인 건물이 홍수로 유실된 경우와 같이 위험이 소멸되면 보험도 종료한다.

(3) 保險事故의 發生

보험사고가 발생하면 계약의 대상이 없어지므로 보험계약은 종료된다. 그러나 損害保險이나 責任保險에서는 사고건수의 제한이 없는 경우가 있고, 이 때에는 보험기간 동안 계약은 종료되지 아니한다.

(4) 保險料不支給으로 인한 解除擬制

보험계약자가 계약체결 후 지체없이 보험료의 전부 또는 제1회 보험료를 지급하지 아니하면 다른 약정이 없는 한 계약성립 후 2개월이 경과함으로써 그 계약은 해제된 것으로 본다(제650조 제1항).

(5) 保險契約의 失效

보험자가 파산선고를 받으면 보험계약자는 계약을 해지할 수 있으나(제654조 제1항), 보험계약자가 解止하지 아니하면 파산선고 후 이 3개월이 경과한 때 보험계약은 당연히 그 효력을 잃는다(제654조 제2항). 또 해상보험에서는 항해를 변경한 때(제701조 제1항), 離路(제701조의 2), 發航 또는 항해의 지연(제702조), 선박을 변경한 때(제703조), 보험자의 동의없이 선박을 양도할 때(제703조의 2 제1호), 선박의 船級을 변경한 때(제703조의 2 제2호), 선박을 새로운 관리로 옮긴 때(제703조의 2 제3호)에도 보험계약이 실효된다.

2. 任意解止

(1) 保險者의 解止

보험자는 ① 계속보험료가 약정한 시기에 지급되지 아니하여 보험자가 상당한 기간을 정하여 보험계약자에게 최고하였으나 그 기간 내에도 지급되지 아니한 때(제650조 제2항), ② 보험계약자 또는 피보험자가 告知義務를 위반한 때(제651조), ③ 보험계약자 또는 피보험자가 위험의 변경·증가통지의무를 해태한 때(제652조)에는 보험계약을 해지할 수 있다. 또 ④ 보험계약자·피보험자 또는 보험수익자의 고의 또는 중과실로 인하여 위험이 변경·증가된 때에는 보험자가 그 사실을 안 날로부터 1개월 내에 보험료의 증액을 청구하거나 보험계약을 해지할 수 있다(제653조). 위의 각 경우에 보험계약을 해지한 보험자는 보험금액의 지급책임이 없고, 이미 지급한 보험금액의 반환을 청구할 수 있다(제655조 본문). 다만 위험의 현저한 변경이나 증가된 사실이 보험사고의 발생에 영향을 미치지 아니한 때에는 보험금을 청구할 수 있다(제655조 단서).

특정한 타인을 위한 보험의 경우에 보험계약자가 보험료의 지급을 지체한 때에는 보험자는 그 타인에게도 상당한 기간을 정하여 보험료의 지급을 催告한 후가 아니면 그 계약을 해제 또는 해지하지 못한다(제650조 제3항). 이 밖에 ⑤ 계약의 규정에 의하여 보험계약을 해지하는 수가 있고, ⑥ 해상보험의 특칙으로서 선박미확정의 積荷豫定保險에서 보험계약자가 통지를 해태한 때에도 보험자는 그 사실을 안 날로부터 1개월 내에 계약을 해지할 수 있다(제704조 제2항).

(2) 保險契約者의 解止

보험계약자는 ① 보험사고발생 전에는 언제든지 보험계약의 전부 또는 일부를 해지할 수 있다(제649조 제1항 본문). 다만 타인을 위한 보험계약의 경우에는 보험계약자는 그 타인의 동의를 얻지 아니하거나 保險證券을 소지하지 아니하면 그 계약을 임의로 해지하지 못한다(제649조 제1항 단서). 보험사고의 발생 전에 보험계약자가 임의로 해지하는 경우에는 당사자간에 다른 약정이 없으면 보험계약자는 미경과보험료의 반환을 청구할 수 있다(제649조 제3항). 또 ② 보험사고의 발생으로 보험자가 보험금액을 지급한 때에도 보험금액이 감액되지 아니하는 보험의 경우에는 보험계약자는 그 사고발생 후에도 보험계약을 해지할 수 있다(제649조 제2항). 그리고 ③ 보험자가 파산선고를 받은 때에는 보험계약자가 계약을 해지할 수 있다(제654조 제1항).

Ⅲ. 保險契約의 復活

계속보험료 지급지체로 인하여 保險契約이 解止되고(제650조 제2항) 解止還給金이 지급되지 아니한 경우에는 보험계약자는 일정한 기간 내에 연체보험료에 약정이자를 붙여 보험자에게 지급하고 그 계약의 부활을 청구할 수 있다(제650조의 2 제1문). 이 때 보험계약자의 청구에 의하여 체결되는 계약을 復活契約이라 하고, 그 성질은 종래의 보험계약과 동일성을 유지하여 존속할 것을 목적으로 하는 특수한 계약으로 본다. 부활계약에 관하여는 보험계약의 성립에 관한 제638조의 2의 규정을 준용한다(제650조의 2 제2문).

제 6 절 他人을 위한 保險契約

I. 他人을 위한 保險契約의 意義

타인을 위한 보험계약이란 보험계약자가 타인을 보험의 수익자(손해보험에서는 被保險者, 인보험에서는 保險受益者)로 하여 자기명의로 체결하는 보험계약을 말한다(제639조). 이것은 보험계약자와 보험의 수익자가 동일인인 경우, 즉 '自己를 위한 保險契約'에 대한 개념이다.

타인을 위한 보험계약은 해상보험에서 발달한 것으로, 처음에는 거래관계를 비밀로 하기 위하여 이용되었다고 하나, 오늘날에는 보험계약자가 신용을 이용하여 신속하게 보험관계를 성립시키기에 편리하여 많이 활용되고 있다. 예컨대, 피보험자가 명료하지 않은 경우, 피보험자의 신용이 불충분한 경우, 또는 피보험자의 화물과 보험계약자나 타인의 화물이 혼동되어 분별하기 곤란한 경우에, 운송주선인·운송인 또는 창고업자가 자기가 보관하는 타인의 물건에 대하여 그 소유자를 위하여 보험계약을 체결하는 경우가 많다. 또한 격지자간의 매매에 있어서 매도인이 매수인을 위하여 운송 중의 매매목적물인 상품에 대하여 보험계약을 체결하는 경우(이른바 C.I.F. 賣買)도 있다. 특히 인보험에 있어서는 타인을 위한 보험계약(예컨대, 아버지가 아들을 보험수익자로 하여 자기의 사망에 대하여 보험계약을 체결하는 경우)이 오히려 일반적인 경우일 것이다.

II. 他人을 위한 保險契約의 法的 性質

타인을 위한 보험계약에서 계약당사자가 아닌 제3자가 계약상의 권리를 취득할 수 있는 이론적 근거에 관하여는 다음과 같이 학설이 나뉘나 제3자를 위한 계약설이 타당하다고 생각한다.

≪他人을 위한 保險契約의 性質에 관한 學說≫

(ⅰ) **代理說**: 대리설은 타인을 위한 보험계약은 보험계약자가 피보험자 또는 보험수익자의 대리인으로서 체결하는 것이라고 한다. 그러나 타인을 위한 보험계약은 보험계약자가 피보험자 또는 보험수익자의 대리인으로서 체결하는 것이 아니라, 자기가 보험계약의 당사자가 되어 자기의 명의로 체결하는 것이기 때문에 保險契約者를 被保險者의 代理人이라고 할 수는 없다.

(ⅱ) **特殊契約說**: 특수계약설은 타인을 위한 보험계약은 민법상의 제3자를 위한 계약이 아닌 상법상의 특수한 계약이라는 학설이다.[1] 이 학설은 민법의 제3자를 위한 계약은 제3자가 수익의 의사표시를 한 때에 계약의 효력이 생기지만(民 제539조 제2항), 타인을 위한 보험계약의 경우에는 피보험자 또는 보험수익자에 의한 수익의 의사표시가 없더라도 그 계약의 효력이 생긴다는 점에 착안하여, 이를 제3자를 위한 계약의 일종이 아닌 특수한 계약이라고 한다.

(ⅲ) **第三者를 위한 特殊한 契約說**: 타인을 위한 보험계약은 상법상의 제3자를 위한 특수한 계약이라고 하는 학설이 있다. 즉, 민법상의 제3자를 위한 계약에서는 당사자의 개성을 중시하는데, 주로 경제적 수요의 충족을 목적으로 하는 보험계약에서는 특히 수익자의 의사를 문제삼을 필요가 없다는 이유에서 인정된 특례라고 본다.[2]

(ⅳ) **第3者를 위한 契約說**: 제3자를 위한 계약설은 타인을 위한 보험계약을 민법상의 '제3자를 위한 계약'의 일종으로 본다. 현재의 통설이다.[3] 타인을 위한 보험계약에서는 보험계약자가 자기의 명의로 계약을 체결하되, 그 효과는 직접 피보험자 또는 보험수익자에 귀속된다는 것이 그 이유이다. 민법상의 '제3자를 위한 계약'의 경우에는 제3자의 수익의 의사표시가 있어야만 제3자의 권리가 생기는 데(民 제539조 제2항) 비하여, 타인을 위한 보험계약의 경우에는 그 성질상 피보험자 또는 보험수익자의 의사표시를 필요로 하지 않는다는 비판에 대하여는 민법상의 수익의 의사표시는 제3자를 위한 契約의 본질적 요건은 아니므로 이 점에 지나치게 집착할 필요가 없고, 또 타인을 위한 보험계약에 있어서 그 타인도 일정한 경우 보험료를 지급하여야 할 의무가 있으므로(제639조 제3항 단서 참조) 그의 의사를 전혀 도외시하는 것도 아니라고 설명한다. 통설이 타당하다고 본다. 위의 특수계약설과 제3자를 위한 특수한 계약설도 이 학설의 아류라 본다.

---

1) 孫珠瓚(下) 499면.
2) 梁承圭(保) 154면.
3) 徐燉珏(下) 372면; 鄭熙喆(下) 405면; 崔基元(下) 583면.

Ⅲ. 他人을 위한 保險契約의 成立要件

타인을 위한 보험계약이 성립하려면, 계약당사자 간에 타인을 위한 보험계약인 것에 대한 '合意'가 있어야 하고, 그 의사가 분명하지 못한 경우에는 '자기를 위한 보험계약'으로 推定하여야 할 것이다. 그리고 '제3자'(피보험자 또는 보험수익자)가 정해져야 한다. 그러나 제3자는 계약체결 당시에 정할 수도 있고, 계약성립 후 보험사고 발생 전에 정하여도 무방하다. 또한 제3자가 반드시 구체적으로 명시되어야 하는 것도 아니다. 따라서 손해보험사고발생시에 피보험이익의 주체가 되는 자를 피보험자로 하거나, 생명보험에서 피보험자나 보험계약자의 상속인을 보험수익자로 하는 등의 합의, 이른바 '불특정의 타인을 위한 보험'도 유효하다(제639조 제1항).

제3자를 위한 보험계약은 보험계약자가 피보험자나 보험수익자의 위임을 받은 경우는 물론, 위임을 받지 아니한 경우, 예컨대 단순한 事務管理가 되는 경우 또는 법률상 · 계약상의 의무의 이행으로서 보험계약을 체결하는 경우에도 체결할 수 있다.[1] 그러나 손해보험계약의 경우에 그 타인의 위임이 없는 때에는 보험계약자는 이를 보험자에게 告知하여야 하고, 그 고지가 없는 때에는 타인이 그 보험계약이 체결된 사실을 알지 못하였다는 사유로 보험자에게 대항하지 못한다(제639조 제1항 단서). 즉, 이 고지를 하지 않은 경우, 손해보험의 피보험자가 자기를 위한 보험계약체결을 위임하지 아니하였고, 따라서 자기를 피보험자로 하는 보험계약이 체결된 사실을 몰랐기 때문에 고지의무(제651조)를 이행하지 아니하였다는 항변을 할 수 없다.

1) 依用商法에서는 손해보험계약에 있어서, 보험계약자가 위임을 받지 아니하고 타인을 위하여 계약을 체결한 경우에 그 뜻을 보험자에게 고지하지 아니한 때에는 그 계약을 무효로 하였다(依商 제648조 제1항 · 제675조 참조).

Ⅳ. 他人을 위한 保險契約의 效果

1. 保險者와 保險契約者 간의 관계

(1) 保險契約者의 義務

보험계약자는 보험자에 대하여 보험료지급의무(제638조, 제639조 제3항 본문) 외에, 고지의무(제651조), 위험변경・증가의 통지의무(제652조), 위험유지의무(제653조), 보험사고발생통지의무(제657조)를 부담하고, 특히 손해보험에 있어서는 손해방지・경감의무(제680조)를 부담한다.

(2) 保險契約者의 權利

보험계약자는 보험자에 대하여 保險證券交付請求權(제640조), 보험료감액청구권(제647조), 보험료(보험적립금)반환청구권(제648조, 제649조 제3항, 제736조), 보험계약해지권(제649조 제1항)을 행사할 수 있다. 다만 해지권은 그 수익자의 동의를 얻지 아니하거나 보험증권을 소지하지 아니하면 행사할 수 없다(제649조 제1항 단서).

특히 인보험의 경우에는 보험계약자는 보험수익자의 지정・변경권(제733조)을 가진다. 또 손해보험계약의 경우에는 보험계약자가 피보험자에게 보험사고의 발생으로 생긴 손해의 배상을 한 때에는 보험계약자는 그 피보험자의 권리를 해하지 아니하는 범위 안에서 보험자에게 보험금지급청구권을 갖는다(제639조 제2항 제2문).

2. 保險者와 受益者 간의 관계

(1) 受益者의 義務

보험의 수익자, 즉 피보험자 또는 보험수익자는 보험사고발생통지의무(제657조), 경우에 따라서는(예컨대, 보험계약자가 파산선고를 받거나 보험료의 지급을 지체한 때에는) 그 권리를 포기하지 않는 한 보험료지급의무(제639조 제3항 단서)를 부담한다. 보험료의 지급이 지체된 경우에는 그 보험계약은 해지된 것으로 보거나(제650조 제1항), 보험자가 그 계약을 해지할 수 있으나(제650조 제2항), 특정한 타인을 위한 보험의 경우에는 보험계약자가 보험료의 지급을 지체하면 그 타인, 즉 보험수익자나 피보험자에게도 상당한 기간을 정하여 보험료의 지급을 催告한 후에만 그 계약을 해제 또는 해지할 수 있다(제650조 제3항).

이 밖에도 특히 손해보험에서는 告知義務(제651조), 危險變更·增加의 通知義務(제652조), 損害防止·輕減義務(제680조)를 부담한다.

(2) 受益者의 權利

수익자는 보험자에 대하여 수익의 의사표시를 하지 아니하더라도(民 제539조 제2항) '당연히' 보험금액지급청구권을 행사한다(제639조 제2항 제1문). 그러나 이 경우에 보험자는 보험계약자와 관계에 의거한 모든 사유[예컨대, 계약의 해지(제650조, 제651조)]로써 대항할 수 있다.

제 3 장
損 害 保 險

제 1 절 通　　則

Ⅰ. 損害保險契約의 意義

손해보험계약(Schadensversicherung, property insurance, assurance des dommages)이란 당사자의 일방(保險者)이 우연한 일정한 사고(保險事故)로 인하여 생길 財產上의 손해를 보상할 것을 약정하고, 상대방(保險契約者)이 이에 대하여 보수(保險料)를 지급할 것을 약정함으로써 효력이 생기는 계약이다(제638조, 제665조). 그리고 손해는 특정된 이익에 대하여 발생하여야 하는데, 이 특정이익을 被保險利益이라 하고, 그 주체를 피보험자라고 하며, 이 자가 손해의 보상을 받는 자이다.

Ⅱ. 人保險契約과의 差異

1. 分類基準의 不明確性

손해보험이란 보험자가 보험사고로 인하여 생길 피보험자의 재산상의 손해를 보상할 것을 목적으로 하는 보험(제665조)을 말하는 데 대하여, 인보험이란 보험자가 사람의 생명 또는 신체에 관하여 보험사고가 생길 경우에 보험계약에서 약정된 보험금액 기타의 급여를 할 것을 목적으로 하는 보험을 말한다(제727조). 의용상법에서는 보험을 크게 損害保險과 生命保險으로 나누었으나, 상법은 이를 損害保險과 人保險으로 구분하고 있다. 그러나 어느 경우이든 그 분류기준 자체가 명확한 것이 아니므로 논리적인 분류방법이 될 수는 없다. 즉, 인보험은 보험사고발생의 객체를 기준으로 하여 物保險 내지 財産保險과 구별되는 개념이며, 생명보험은 인보험 중에서 가장 중요한 한 종류임에 불과하다. 그리고 손해보험(부정액보험)은 보험사고 발생시에 지급되는 보험금의 액수를 정하는 방법을 기준으로 하여 정액보험과 구별되는 개념이다.

아무튼 상법은 인보험을 사람에 관한 보험으로 보아 생명보험과 상해보험으로 나누었고, 손해보험을 재화에 관한 보험으로 보아 火災保險, 運送保險, 海上保險, 責任保險 및 自動車保險으로 나누어 규정하고 있다.

2. 損害保險과 人保險의 差異

(1) 契約關係者

(가) 損害保險

손해보험의 계약당사자는 보험자와 보험계약자이고, 계약관계자로서 피보험자가 있다. 피보험자란 피보험이익의 주체로서 보험사고의 발생시 損害의 補償을 받을 자를 말하며, '자기를 위한 보험'에서는 보험계약자가 피보험자이고, '타인을 위한 보험'(제639조)에서는 보험계약자 이외의 제3자가 피보험자가 된다.

(나) 人 保 險

인보험의 계약당사자는 손해보험의 경우와 같다. 다만 인보험의 피보험자란 보험의 목적이 되어 있는 사람(즉, 그의 생명, 신체에 관하여 보험이 붙여진 자)으로서 피보험자는 보험금지급청구권이 없고 보험금을 지급받을 자는 保險受益者이다.

따라서 '자기를 위한 보험'에서는 보험계약자가 보험수익자이고, '타인을 위한 보험'에서는 제3자가 보험수익자이며, 보험계약자와 피보험자가 같은 경우를 '자기의 생명 · 신체의 보험'이라 하고, 보험계약자와 피보험자가 다른 경우를 '타인의 생명 · 신체의 보험'(제731조, 제739조)이라고 부른다.

(2) 保險의 目的

(가) 損害保險

손해보험의 목적, 즉 보험이 붙여진 경제상의 財貨(화재보험의 건물, 운송보험의 운송물, 해상보험의 선박·적하, 책임보험의 全財産)는 피보험이익이 인정되는 한 유체물이든 무체물이든 묻지 않는다. 그리고 그 목적의 양도도 인정된다(제679조).

(나) 人保險

인보험의 목적은 자연인에 한함은 당연하다. 특히 사망보험에 있어서는 15세 미만자, 心神喪失者 또는 心神薄弱者의 사망을 보험사고로 한 보험계약을 무효로 함으로써, 보험의 목적이 제한되고 있다(제732조).

(3) 保險事故

(가) 損害保險

손해보험의 보험사고는 보험자의 보상의무를 구체화시키는 사고로서, 자연적 사고일 수도 있고, 인간의 행위일 수도 있다. 그 사고의 형태는 다양하겠으나, 적어도 그 발생 자체·시기·방법 등의 어느 하나가 불확정해야 한다.

(나) 人保險

인보험은 사람의 생명·신체에 관한 보험이므로, 생명에 관한 보험사고는 '生死'이며, 신체에 관한 보험사고는 '傷害'이다. 상법은 인보험의 대표적인 것으로서 생명보험과 상해보험에 관한 규정을 두었으나, 교육·혼인·양로 등 특수한 종류의 보험이 많이 있으므로 그 보험사고도 각각 달라지게 될 것은 당연하다.

(4) 被保險利益과 保險價額

(가) 損害保險

손해보험은 손해의 보상을 목적으로 하므로 그 손해의 전제로서 어떤 이익, 즉 被保險利益을 필요로 한다. 그리고 이 피보험이익의 가액인 보험가액과 보험금액과의 관계에 따라 超過保險·重複保險·一部保險의 문제가 생기어 특별한 규제를 하게 된다.

(나) 人保險

인보험에서도 피보험이익을 인정하는 학설이 있기는 하나, 대체로 피보험이익을 인정하지 않는다. 따라서 保險價額도 없으므로 보험금액과의 관계도 문제될 여지가 없다.

(5) 保險金額

(가) 損害保險

손해보험에서의 보험금액은 손해보상의 방법으로서 보험자가 지급해야 할 금액의 최고한도를 말한다. 따라서 보험사고가 발생하였을 때, 보험자가 지급할 구체적인 보상액은 보험가액 및 보험금액의 한도 내에서 實損害額을 기준으로 하여 결정된다.

(나) 人 保 險

인보험에서는 보험사고가 발생하면 일정한 금액, 즉 약정된 '保險金額'을 지급하여야 한다(定額保險).

그러나 인보험 가운데 생명보험은 언제나 정액보험이지만, 상해보험은 보험사고의 발생으로 인한 상해의 정도에 따라 일정한 보험금액을 지급하는 정액보험의 경우와, 실제로 소요되는 치료비 기타의 비용을 부담하는 不定額保險의 경우가 있다.

(6) 保險契約關係者의 權利義務

(가) 損害保險

손해보험이든 인보험이든 보험계약관계자의 권리의무는 대체로 비슷하다[예컨대, ① 보험자의 보험금액지급의무(제638조, 제665조, 제730조)·보험증권교부의무(제640조)·보험료반환의무(제648조·제649조 제3항), ② 보험계약자·피보험자 또는 보험수익자의 보험료지급의무(제638조, 제639조 제3항)·위험변경증가의 통지의무(제652조)·사고발생의 통지의무(제657조)·보험료감액청구권(제647조) 등]. 그러나 손해보험계약자는 초과보험의 경우 보험료의 감액청구권(제669조 제1항)을 갖고, 보험계약자와 피보험자는 보험사고의 발생시에 손해방지·경감의무를 진다(제680조). 또 초과보험의 경우에는 보험자에게도 보험금액감액청구권이 인정된다(제669조 제1항).

(나) 人 保 險

인보험의 계약자에게는 보험수익자의 指定·變更權(제733조) 및 그 통지의무(제734조)가 있고, 보험자에게는 보험적립금반환의무(제736조 제1항 본문, 제739조)가 있으며, 특히 생명보험계약의 보험자는 약관에 의한 특수한 의무(예컨대, 利益配當義務·解約返還金返還義務)를 부담하는 경우도 있다.

(7) 保險期間

(가) 損害保險

손해보험에 있어서는 보험기간이 일반적으로 단기이고, 따라서 보험료 전액을 일시지급하는 경우가 많다(특히 화재보험에서).

(나) 人 保 險

인보험에서는, 특히 생명보험이나 혼합보험의 경우에는 보험기간이 장기에 걸치는 것이 많다. 따라서 보험료의 지급도 분할지급이 보통이다.

(8) 保險者代位

(가) 損害保險

보험자가 보험금액을 지급하면, 보험의 목적에 대한 피보험자의 권리를 취득하거나(제681조), 제3자에 대한 보험계약자 또는 피보험자의 권리를 취득한다(제682조)(保險者代位).

(나) 人 保 險

인보험에서는 보험자의 책임이 손해보상의 원칙에 근거를 둔 것이 아니므로 保險者代位가 금지되고 있다(제729조 본문). 다만 예외적으로 상해보험은 일종의 손해보험의 성질을 가지고 있기 때문에 보험자대위가 인정된다(제729조 단서).

(9) 기 타

보험계약을 체결할 때 인보험에 있어서는 保險醫에 의한 신체의 診査 등이 취해지는 것이 일반적이므로, 손해보험에 비하여 그 절차가 복잡·신중하다고 할 수 있다.

Ⅲ. 被保險利益

1. 被保險利益의 意義

피보험이익(insurable interests, versicherbare Interesse)이란 '被保險者가 손해를 입을 염려가 있는 利益'을 말하며, 상법은 '보험계약의 목적'(이것은 보험사고발생의 대상인 물건 또는 재산으로서 付保되는 경제상의 재화를 의미하는 '보험의 목적'과는 다른 개념이다)이라고 규정하고 있다(제668조, 제669조, 제672조).

피보험이익의 정의에 관하여는 학설이 구구하여, "피보험자가 보험사고의 발생으로 인하여 장래 손해를 받을 우려가 있는 지위에 있으나, 아직은 손해를 받지 아니하는 이익,"[1] "피보험자가 보험의 목적에 대하여 보험사고가 생기지 아니함으로 인하여 손해를 받지 아니하게 되는 이익,"[2] 또는 "보험사고의 발생여부에 관하여 피보험자가 가지는 경제상의 이해관계"[3]라고 정의하고 있다. 그러나 어떻게 설명을 하든 표현방법을 달리할 뿐 그 결과와 실익에는 큰 차이가 없으므로, 피보험이익의 요건을 명확히 하면 충분하다고 본다.

2. 被保險利益의 性質

피보험이익은 특정된 피보험자와 불가분의 관계가 있는 것이므로, 어디까지나 주관적이고 구체적인 존재이다. 그러나 보험의 목적에 대하여 피보험자가 그 개인적인 특수 사정을 무시하고 일반인으로서의 입장에서 가지는 일반적(객관적) 이익도 피보험이익으로 할 수는 있으며, 어떤 이익을 피보험이익으로 할 것이냐는 경우에 따라 결정할 해석론상의 문제이다.[4]

피보험이익은 이와 같이 특정인과 관계된 것이므로, 이론상으로는 '보험의 목적'을 양도하면 피보험자의 피보험이익도 소멸되어 보험계약도 그 효력을 상실할 것이다. 그러나 상법 제679조 제1항은 "피보험자가 보험의 목적을 양도한 때에는 양수인은 보험계약상의 권리와 의무를 승계한 것으로 추정한다."고 규정하여, 양도 후에도 보험관계의 동일성을 추정하고 있다. 이것은 保險(契約)關係는 "그 목적물에 부속한 것이므로 보험의 목적물의 양도와 더불어 보험관계도 승계된다고 추정하는 것이 당사자의 의사에 적합하다는 실제거래상의 필요에 기하여 인정되는 예외적인 현상이라고 보는 것이 타당할 것이다."[5]

---

1) 孫珠瓚(下) 565면.
2) 徐燉玨·鄭完溶(下) 404면; 李院錫(下) 157면.
3) 朴元善(下) 109면.
4) 大森忠夫, ≪保險法≫, 1957, 70면.
5) 梁承圭, "보험계약법에 있어서의 피보험이익", ≪保險學會誌≫ 創刊號, 122면~123면.

3. 被保險利益의 保險契約上의 地位

(1) 絶對的 要件

피보험이익은 손해보험계약에 있어서 불가결한 요소의 하나이다. 즉, 피보험이익은 '이익이 없으면 보험도 없다'(ohne Interesse keine Versicherung)고 할 만큼 손해보험계약에 있어서 제1차적인 요소로서 보험계약의 당연한 이론적 전제가 되고 있다(絶對主義, 客觀主義). 따라서 상법도 보험계약의 목적을 금전으로 산정할 수 있는 '이익'에 한정하고 있다(제668조).[1]

(2) 損害保險契約 특유의 要件

피보험이익은 손해보험계약 특유의 개념이므로 생명보험계약에서는 이 개념을 용인할 여지가 없다.[2]

4. 被保險利益의 要件

(1) 經濟的 利益

피보험이익은 '금전으로 산정할 수 있는' 經濟的 利益이어야 한다(제668조). 경제적 이익인 한 법률상의 권리관계(所有權, 債權)이든 사실상의 이해관계(화재에 의한 영업불능으로 입은 손실)이든, 적극적 이해관계이든 소극적 이해관계(타인의 물건을 보관하는 자가 그 물건이 훼손되지 않은 데 대하여 가지는 이익)이든, 현재의 이익이든 장래의 이익[希望利益(제698조)]이든, 현실적으로 입은 손해이든 상실한 이익이든 묻지 않는다. 다만 상법은 보험사고로 인하여 상실된 피보험자가

1) 그러나 피보험이익을 사행계약적 성격을 가진 손해보험계약의 도박화를 방지하기 위하여 정책적 견지에서 요구되는 외면적 전제조건으로 보는 견해(相對主義, 主觀主義)에 의하면, 피보험이익을 보험계약존립의 절대적 요건으로 보지 않고, 보험계약이 公序良俗에 반하지 않는 징표로 보게 된다(大森忠夫, ≪保險法≫, 1957, 73면; 小町谷操三・田邊康平, ≪保險法≫, 1971, 42면).

2) 孫珠瓚(下) 566면; 朴元善(下) 109면. 그러나 반대론은 피보험이익의 개념을 생명보험과 같은 인보험에서도 인정한다(梁承圭, 前揭論文, ≪保險學會誌≫ 創刊號, 118면).

얻을 이익이나 보수는 당사자 간에 다른 약정이 없으면 보험자가 보상할 손해액에 산입하지 않는 것으로 하였다(제667조).

(2) 利益의 適法性

피보험이익은 법의 보호를 받을 수 있는 이익이어야 한다. 따라서 脫稅·竊盜·賭博에 의하여 얻을 이익이나 淫亂한 도서의 판매에 의한 희망이익은 피보험이익이 될 수 없다. 적법성의 판단은 객관적으로 결정할 것이므로, 계약당사자의 선의·악의를 묻지 않는다.

(3) 利益의 確定性

피보험이익은 계약체결 당시 확정되어 있거나, 늦어도 보험사고가 발생할 때까지는 확정할 수 있어야 한다. 왜냐하면 그 때까지 이익이 확정되지 않으면 손해도 확정될 수 없고, 따라서 손해의 보상도 할 수 없기 때문이다. 이익은 확정할 수만 있다면 현재의 이익뿐만 아니라 장래의 이익·조건부이익 등을 보험계약의 목적으로 하여도 상관없다[예컨대, 包括保險(제687조), 希望利益保險(제689조 제2항, 제698조) 등].

5. 被保險利益의 機能(效用)

손해보험계약에 있어서 그 중심개념인 피보험이익을 인정하는 실익은 다음과 같다.

(1) 保險者의 責任範圍의 決定

손해보험의 피보험이익에 관하여 생긴 손해의 보상을 목적으로 하는 것이다. 그러므로 보험자의 책임은 피보험이익의 가액인 보험가액을 한도로 하여 결정된다.

(2) 保險의 賭博化 防止

보험계약의 사행성은 인정하더라도 피보험이익이 없으면 그 손해보험계약은 도박과 다를 것이 없으므로 무효가 된다. 따라서 피보험이익이라는 개념에 의하여 보험계약의 도박화를 방지할 수 있다.

(3) 超過保險·重複保險의 排除

보험은 이익을 주려는 제도는 아니다. 보험금이 피보험이익의 가액을 초과하는 경우에는 불로소득을 목적으로 하는 도박으로 악용될 염려가 있고, 또 인위적 위험을 초래할 수도 있다.

그러므로 보험가액을 기준으로 하여 보험금액이 이를 초과하는 超過保險이나(제669조), 동일한 피보험이익에 대하여 여러 개의 보험계약을 체결하여 그 보험금액의 총액이 보험가액을 초과하는 重複保險(제672조)을 인정하지 않고, 특별한 규제를 하고 있다.

(4) 一部保險의 補償額의 調整

보험금액이 보험가액에 미달하는 일부보험에서 손해가 피보험이익의 일부에 대해서만 발생한 때에는 보험가액이 확정됨으로써 그 보상액이 조정된다. 즉, 보험자의 보상액은 '보험금액의 보험가액에 대한 비율'에 따라 결정된다(제674조).

(5) 保險契約의 同一性의 判別

보험계약의 동일성을 판별하는 기준은 付保되는 재산 자체가 아니라 그 피보험이익이다. 따라서 피보험이익이 다른 경우에는 동일한 보험의 목적에 관하여 수개의 보험계약의 성립이 가능하게 된다. 예컨대, 특정한 건물에 대하여 그 소유권자와 저당권자는 각각 별개의 피보험이익을 가지므로 독립하여 보험계약을 체결할 수 있다.[1)]

---

1) 大判 1988. 2. 9, 86 다카 2924·2933·2935.

Ⅳ. 保險價額과 保險金額

1. 保險價額

(1) 保險價額의 意義

보험가액(Versicherungswert, insurable value)이란 보험계약의 목적, 즉 피보험이익의 가액을 말한다. 보험가액은 주관적인 피보험이익을 객관적인 입장에서 평가한 객관적 가액이다. 보험가액은 언제나 일정한 것은 아니고 경기에 따라 변동하는 것이지만, 손해보험 중에서도 책임보험과 같은 재산보험에 있어서는 보험가액이 없다.

(2) 保險價額의 決定

(가) 旣評價保險의 경우

보험가액을 사후에 평가하는 것은 실제에 있어서 반드시 쉬운 일이 아니고 당사자 간에 분쟁을 일으킬 염려가 있으므로 상법은 계약당사자 간에 미리 보험가액을 협정할 수 있는 것으로 하였다(제670조). 이 경우의 보험가액을 '協定保險價額'이라 하고 협정보험가액에 의한 보험계약을 旣評價保險契約이라고 한다.

상법은 당사자 간에 보험가액을 정한 때에는 그 가액은 사고발생시의 가액으로 정한 것으로 추정하고(제670조 본문), 협정보험가액이 사고발생시의 가액을 현저하게 초과할 때에는 사고발생시의 가액을 보험가액으로 한다(제670조 단서). 그리고 보험가액을 정한 때에는 그 가액을 보험증권에 기재하여야 한다(제685조, 제690조, 제695조, 제726조의 3).

(나) 未評價保險의 경우

당사자 간에 보험가액을 정하지 아니한 未評價保險의 경우에는 사고발생당시의 (그 장소의) 가액을 보험가액으로 한다(제671조).[1)]

그러나 일반적으로 보험기간이 짧고 손해발생의 시간과 장소를 결정하기 어려운 보험(예컨대, 運送保險 · 海上保險)에 있어서는 평가가 용이한 시점의 가액을

---

1) 大判 1991. 10. 25, 91 다 17429.

표준으로 하여 이를 전보험기간을 통하는 보험가액으로 한다(保險價額不變更主義). 운송보험(제689조)과 해상보험에 있어서의 선박보험·적하보험 및 희망이익보험(제696조~제698조)에 관한 특칙이 그 예이다.

한편 초과보험의 유무를 결정하는 때의 보험가액은 계약체결당시의 가액에 의한다(제669조 제2항).

2. 保險金額

보험금액이란 보험사고가 발생하였을 때에 보험자가 피보험자 또는 보험수익자에게 지급하여야 할 금액을 말하므로, 손해보험에 있어서의 보험자가 보상할 금액의 최고한도이며, 정액보험에 있어서는 계약에서 정해진 금액이다.

3. 兩者의 關聯性

손해보험에 있어서 당사자 간에 약정된 보험금액은 보험자가 지급한 보험금의 계약상의 최고한도이며, 보험가액은 보험자가 지급할 보험금의 법률상의 최고한도이다. 따라서 보험금액과 보험가액은 서로 다른 것으로서[그러나 해상보험의 희망이익보험에 있어서 보험가액의 협정이 없는 경우에는 보험금액을 보험가액으로 한 것으로 추정한다(제698조)], 일치할 수도 있으나(전부보험의 경우) 일치하지 않을 수도 있는데, 이 두 개념에 의해서 근대 손해보험법의 최고원칙이라고 할 수 있는 '實損害賠償의 原則'을 관철시킬 수 있는 것이다. 왜냐하면 이 두 개념의 구체적 수액이 결정됨으로써 실손해액이 결정될 수 있고, 보험자가 지급할 보상액이 확정될 수 있기 때문이다.[2)]

보험사고발생시의 보험자의 보상액·실손해액·보험금액·보험가액의 상관관계를 수식으로 나타내면 다음과 같다.

---

2) 野律 務, ≪保險法≫, 1937, 398면 참조.

[保險金의 算出]

보상액=보험가액×손해의 전 피보험이익 중에서 차지하는 분량적 비율

$$\times \frac{\text{보험금액}}{\text{보험가액}}$$

[諸概念의 相關關係]

전부보험의 경우……보상액=실손해액≦보험금액=보험가액

일부보험의 경우……보상액 <실손해액≦ 보험가액
<보험금액<

초과보험의 경우……보상액=실손해액≦보험가액<보험금액

중복보험의 경우……보상액=실손해액≦보험가액 ⟨ 보험금액
보험금액

4. 保險金額과 保險價額의 不一致

보험금액과 보험가액과의 관계에서 특히 문제되는 것은 양자가 일치하지 않는 경우이니, 즉 초과보험·중복보험 및 일부보험의 경우이다.

(1) 超過保險

(가) 超過保險의 意義

초과보험(over insurance, Überversicherung)이란 보험금액이 보험가액을 초과하는 보험을 말한다(예컨대, 시가 5,000만원의 가옥에 보험금액 7,000만원을 정하여 체결한 화재보험계약). 상법이 초과보험을 제한하는 취지는 보험의 도박화와 고의적인 보험사고의 유발을 방지하고 사기의 보험계약자를 응징하려는 데 있다.

초과보험은 경기의 변동 등으로 당사자의 의도와는 관계없이 생겨나는 단순한 超過保險과 보험계약자의 사기에 의해 이루어지는 詐欺的 超過保險으로 나눌 수 있고, 양자는 그 효력에 있어 차이가 있다.

(나) 超過保險의 要件

i) 초과보험이 성립하기 위해서는 보험금액이 보험가액을 '현저하게 초과'하여야 한다(제669조 제1항 본문). '顯著하게'란 사실문제로서 사회의 거래통념에 비추어 정상가액을 월등히 초과한 것을 말한다. 또 초과란 실질적으로 초과한 경

우(보험가액을 과대하게 협정하고 그 이하의 보험금액을 정하였으나, 그 보험금액이 객관적인 보험가액을 현저하게 초과한 경우)도 포함한다.

ii) 초과보험을 결정하는 보험가액의 산정시기는 원칙적으로 '契約當時'이다(제669조 제2항). 그러나 경제의 변동으로 보험가액이 보험기간 중 현저하게 감소된 때(물가의 하락)에는 '그 때' 를 기준으로 하여 가액을 평가하여야 한다(제669조 제3항).

(다) 超過保險의 效果

(a) 立法主義 : 보험금액이 보험가액을 초과하는 경우에 그것이 단순한 경우에는 보험금액과 보험료의 감액청구를 인정하고, 그것이 사기적인 경우에는 보험계약 자체를 무효로 하는 입법주의를 主觀主義라 하고(獨保 제51조, 佛保 제121조~제123조, 스위스保 제51조), 초과보험의 경우 그 초과부분을 당연히 무효로 하는 입법주의를 客觀主義라 한다(日商 제631조). 우리 상법은 주관주의를 취하고 있다.

(b) 단순한 超過保險의 경우 : 당사자가 선의인 경우에는 보험자 또는 보험계약자는 보험료와 보험금액의 감액을 청구할 수 있다(제669조 제1항 본문). 다만 보험료의 감액은 장래에 대하여서만 그 효력이 있다(제669조 제1항 단서).

(c) 詐欺的 超過保險의 경우 : 보험계약자의 사기로 인하여 초과보험의 계약이 체결된 경우에는 그 계약은 전체를 무효로 한다(제669조 제4항 본문). 이 규정은 사기에 의한 의사표시를 취소할 수 있게 한 민법의 일반원칙(民 제110조)에 대한 예외로 본다. 다만 보험자는 그 사실을 안 때까지의 보험료를 청구할 수 있다(제669조 제4항 단서). 여기서 '詐欺'란 상법 제648조(보험계약의 무효로 인한 보험료반환청구)와 관련하여 볼 때 악의 또는 중대한 과실이 있는 경우로 해석하여야 할 것이다.

(2) 重複保險

(가) 重複保險의 意義

중복보험(double insurance, Doppelversicherung)이란 광의로는 특정된 보험의 목적에 관하여 보험사고·피보험자 및 피보험이익이 동일하고 보험기간이 공통된 수개의 보험계약을 수인의 보험자와 동시에 또는 순차로 체결한 경우를 말하며, 협의로는 광의의 중복보험 중에서 각 계약의 보험금액의 총액이 보험가액을 초과하는 경우(고유의 중복보험)를 말한다(예컨대, 시가 5,000만원의 가옥을 甲

에게는 4,000만원, 乙에게는 2,000만원에 화재보험을 든 경우). 보험금액의 총액이 보험가액을 초과하는 협의의 중복보험(超過重複保險)의 경우에는 초과보험의 경우와 같이 남용 우려가 있으므로 특별한 규제를 하고 있다.

동일한 보험계약의 목적과 동일한 사고에 관하여 수개의 보험계약이 체결되었으나 보험금액의 총액이 보험가액을 초과하지 아니하는 경우가 있다. 이를 특히 倂存保險이라 한다. 병존보험의 경우는 각 보험자가 각자 일부보험자로서 책임을 진다.

(나) 重複保險의 要件

i) 중복보험이 되려면 수개의 보험계약이 수인의 보험자와 체결되어야 한다. 따라서 보험계약 또는 보험자가 단일이면 초과보험이 된다. 수인의 보험자(保險契約者도 數人일 수 있다)와 체결하는 한, 동시에 체결하든(同時重複保險) 순차로 체결하든(異時重複保險) 상관없다.

ii) 보험계약의 요소가 중복되어야 한다. 즉, 동일한 보험의 목적에 관하여 보험사고·피보험자 및 피보험이익이 동일하여야 하고, 보험기간도 동일하거나 중복되어야 한다.

iii) 보험금액의 총액이 보험가액을 초과하여야 한다. 그렇지 않은 경우에는 수개의 유효한 일부보험이 병존하게 되므로 별로 문제가 되지 않는다.

(다) 重複保險의 效果

(a) 立法主義: 입법례는 ① 동시중복보험의 경우에는 각 보험자의 부담은 각 보험금액의 총보험금액에 대한 비율에 따라서 결정하고, 이시중복보험의 경우에는 먼저 체결한 보험계약과 중복하는 범위에서 후에 체결한 계약을 무효로 하는 優先主義(佛商 제334조 제3항·제359조, 葡商 제252조·제277조), ② 각 보험자는 보험가액까지의 실손해에 대하여 연대책임을 지고 손해보상을 한 보험자는 보험금액의 총보험금액에 대한 비율에 따라서 다른 보험자에 대하여 구상권을 행사하게 하는 連帶主義(獨保 제59조, 英海保 제32조·제80조), ③ 동시중복보험과 이시중복보험을 구별하지 않고 각 보험자는 그 보험금액의 총보험금액에 대한 비율에 따라서 손해보상책임을 지는 比例主義(瑞保 제53조·제71조)로 분류할 수 있는데, 우리 상법은 비례주의를 원칙으로 하되, 연대주의를 가미하고 있다.

(b) 商法上의 規制: i) 동시중복보험이든 이시중복보험이든 이를 구별하지 않고, 보험자는 각자의 보험금액의 한도에서 연대책임을 진다(제672조 제

1항 제1문)(連帶主義). 이 경우 각 보험자의 보상책임은 각자의 보험금액의 비율에 따른다(제672조 제1항 제2문)(比例主義). 수개의 책임보험이 중복보험의 형태로 체결된 경우에도 같다(제725조의 2).

ii) 초과중복보험이든 병존보험이든 중복보험의 보험계약자는 각 보험자에 대하여 각 보험계약의 내용을 통지하여야 한다(제672조 제2항)(通知主義).

iii) 중복보험계약이 보험계약자의 사기로 인하여 체결된 경우에는 각 보험계약은 무효로 된다. 다만 보험자는 사기로 인한 중복보험임을 안 때까지의 보험료청구권은 행사할 수 있다(제672조 제3항, 제669조 제4항).

iv) 중복보험계약을 체결한 수인의 보험자 중 그 1인에 대한 권리의 포기는 다른 보험자의 권리의무에 영향을 미치지 아니한다(제673조).

(3) 一部保險

(가) 一部保險의 意義

일부보험(under insurance, Unterversicherung)이란 보험금액이 보험가액에 미달하는 보험을 말하며, 보험금액과 보험가액이 일치하는 '全部保險'에 대한 개념이다(예컨대, 시가 7,000만원의 가옥에 보험금액 5,000만원을 정하여 체결한 화재보험계약).

일부보험은 보험료의 절약, 또는 주의력의 이완방지(특히 책임보험·해상보험·자동차보험의 경우) 등의 목적으로 의식적으로 체결하는 경우(의식적 일부보험)와 계약성립 후 물가의 등귀로 보험가액에 변동이 생겨서 자연적으로 생기는 경우가 있다(自然的 一部保險).

(나) 一部保險의 要件

i) 보험금액이 보험가액보다 적어야 한다. 즉, 보험가액의 일부를 보험에 붙인 경우이다(제674조).

ii) 보험가액의 산정시기는 원칙적으로 '保險事故發生時'이다(제670조). 즉, 실제로 일부보험이냐 아니냐가 문제되는 것은 사고발생 후에 손해의 보상액을 결정할 때이므로 손해보상 당시의 보험가액(즉, 塡補價額)이 기준이 되는 것이다.

iii) 기평가보험의 경우에는 협정보험가액을 기준으로 하겠으나(제670조 본문), 협정보험가액이 사고발생시의 진정한 보험가액을 현저하게 초과할 경우에는 역시 사고발생시의 가액을 보험가액으로 한다(제670조 단서).

(다) 一部保險의 效果

(a) **比例負擔의 原則**: 일부보험의 '보험자는 보험금액의 보험가액에 대한 비율에 따라 보상할 책임'을 지는데(제674조 본문), 이것을 비례부담의 원칙이라 한다. 따라서 全損의 경우에는 보험금액의 전액을 지급하나, 分損의 경우에는 손해액의 일부분(보상액 = 손해액 × $\frac{\text{보험금액}}{\text{보험가액}}$)을 지급한다. 보상받지 못한 잔여손해액은 피보험자의 부담이 된다(이른바 자가보험).

(b) **第一次危險保險**: 일부보험의 계약당사자 간의 특약으로써 보험자가 보험금액의 범위 내에서 항상 손해액의 전액을 지급하기로 약정할 수 있는데(제674조 단서), 이것을 第一次危險保險 또는 實損害補償契約이라 한다. 예컨대, 보험가액이 1,000만원, 보험금액이 500만원인 일부보험에서 500만원 한도 내에서의 일차위험보험이 체결되면 그 물건에 50%의 손해가 생겼다고 하더라도 250만원이 아닌 500만원을 보험금으로 지급하게 된다.

(c) **比率保險**: 비율보험은 보험자의 손해보상한도를 보험가액의 일정 비율로 정하는 보험으로서 全價保險이므로 일부보험과는 다르다. 예컨대, 보험가액이 1,000만원인 경우 70%의 비율보험이 이루어지면 700만원까지는 완전보상을 받을 수 있다.

제 2 절 損害保險契約의 效果

I. 保險者의 義務

1. 序 說

보험자의 의무로는 保險證券交付義務(제640조)·保險金額支給義務(제638조)·保險料返還義務(제648조)가 있으나, 일반적인 것은 이미 언급하였으므로, 여기서는 손해보험계약에서의 특수한 것에 관하여만 설명하기로 한다.

2. 保險證券交付義務

보험자는 보험계약이 성립한 때에는 지체없이 보험증권을 작성하여 보험계약자에게 교부하여야 한다(제640조). 손해보험증권에는 다음의 사항을 기재하고 보험자가 기명날인 또는 서명하여야 한다(제666조). 즉, ① 보험의 목적, ② 보험사고의 성질, ③ 보험금액, ④ 보험료와 그 지급방법, ⑤ 보험기간을 정한 때에는 그 시기와 종기, ⑥ 무효와 실권의 사유, ⑦ 보험계약자의 주소와 성명 또는 상호, ⑧ 보험계약의 년월일, ⑨ 보험증권의 작성지와 그 작성년월일 등이다.

손해보험 중 화재보험증권에 관하여는 제685조에, 운송보험증권에 관하여는 제690조에, 해상보험증권에 관하여는 제695조에, 그리고 자동차보험증권에 관하여는 제726조의 3에 각각 특수한 법정기재사항이 규정되어 있다.

3. 保險金額支給義務(損害補償義務)

보험자는 보험사고로 인하여 생긴 피보험자의 재산상의 손해를 보상할 책임을 진다(제665조).

(1) 補償義務의 發生要件

(가) 保險事故의 發生

손해보험계약에서의 보험자의 책임은 당사자 간에 다른 약정이 없으면 최초의 보험료를 지급받은 때로부터 개시한다(제656조). 그러므로 보험계약에서 한정한 보험사고는 이 때부터 시작하여 약정 또는 법정된 보험기간 내에 발생하여야 한다. 따라서 사고가 발생하지 않고 보험기간이 경과하면 무사고 반환의 특약이 없는 한 보험자는 보험금액의 지급은 물론 취득한 보험료도 반환할 필요가 없다.

(나) 損害의 發生

보험계약의 목적인 피보험이익에 관하여 재산상의 결손이 생겨야 하고, 그러한 손해와 보험사고와의 사이에 相當因果關係가 있어야 한다.[1] 보험자가 보상

1) 梁承圭(保) 211면.

할 손해가 발생한 경우에는, 그 후에 보험자가 부담하지 아니하는 위험이 발생하여 그 목적이 멸실되더라도 보험자는 이미 생긴 손해의 보상책임을 면하지 못한다(제675조).

(2) 損害의 補償

(가) 補償額의 決定

보험자가 보상할 손해액의 산정은 그 손해가 발생한 때와 곳의 가액에 의하나(제676조 제1항 본문), 당사자 간에 다른 약정이 있는 때에는 그 新品價額에 의하여 손해액을 산정할 수 있다(新價保險)(제676조 제1항 단서). 그러나 예외적으로 운송물보험에 있어서는 발송한 때와 곳의 가액을(제689조 제1항), 선박보험에 있어서는 보험자의 책임이 개시될 때의 선박가액을(제696조 제1항), 積荷保險에 있어서는 선적한 때와 곳의 적하의 가액을(제697조) 각 보험가액으로 하므로, 이 보험가액이 보상액 결정의 기준이 된다.

손해액의 산정에 관한 비용은 보험자가 이를 부담한다(제676조 제2항). 또 보험사고로 인하여 상실된 피보험자가 얻을 이익이나 보수는 당사자 간에 다른 약정이 없으면 보험자가 보상할 손해액에 산입하지 아니한다(제667조).

손해보상의 범위는 보험가액(또는 協定保險金額)을 최고한도로 하며, 실손해액을 초과하지 못한다. 따라서 전부보험에 있어서 전손(被保險利益 全部의 滅失)의 경우에는 협정보험금액 또는 보험가액을 지급하고, 분손(被保險利益 일부의 멸실)의 경우에는 보험가액과 잔존가액과의 차액을 손해액으로서 보상하며, 일부보험에서는 보험금액의 보험가액에 대한 비율에 따라 보상한다(제674조 본문). 다만 일부보험에서 당사자 간에 다른 약정이 있는 때에는 보험자는 보험금액의 한도 내에서 그 손해를 보상할 책임을 진다(제674조 단서).

손해방지 · 경감비용은 보상액과의 합계액이 보험금액을 초과한 경우에도 보험자가 이를 부담한다(제680조 단서).

(나) 補償方法

손해보상의 방법은 금전으로 지급하는 것이 보통이나, 현물의 급여 또는 수선 등의 방법으로 하기로 약정하는 것은 상관없다.

보험자가 손해를 보상할 경우에 보험료의 지급을 받지 아니한 잔액이 있으면 그 지급기일이 도래하지 아니한 때라도 보상할 금액에서 이를 공제할 수 있다(제677조).

(다) 報償時期

보험자는 보험사고가 발생하면 다른 약정이 없으면 보험사고발생의 통지를 받은 후 지체없이 지급할 보험금액을 정하고, 그 금액을 정한 날로부터 10일 내에(제658조) 피보험자에게 보험금액을 지급하여야 한다(제638조).

Ⅱ. 保險契約者와 被保險者의 義務

1. 序　說

보험계약자 또는 피보험자는 보험료지급의무(제638조, 제639조 제2항 단서)·통지의무(제657조, 제652조, 제722조, 제723조)를 지나, 이에 관하여는 이미 언급하였다. 그러므로 여기서는 손해보험에 특수한 손해방지·경감의무에 관하여서만 설명하기로 한다.

2. 損害防止·輕減義務

(1) 損害防止·輕減義務의 意義

손해보험에 있어서의 손해방지·경감의무란 보험계약자와 피보험자가 보험사고가 발생한 경우에 손해의 방지와 경감을 위하여 노력하여야 할 의무를 말한다(제680조 제1항 본문).

손해방지·경감의무의 근거(이유)에 관하여는, 통설은 ① 보험자에 대한 信義誠實의 요청, 즉 보험계약관계자는 고의 또는 중과실로 보험사고를 유발하여도 안되지만, 이미 보험사고가 발생된 후라도 고의 또는 중과실로 인하여 보험자의 부담을 가중시키는 것은 不作爲에 의한 손해의 확대라고도 할 수 있다는 것과, ② 공익보호의 요청, 즉 손해방지·경감활동을 장려함으로써(財物保護) 국민경제상의 불이익을 면할 수 있다는 것을 들고 있으나,[1] ③ 보험계약자 또는 피보

1) 徐燉珏·鄭完溶(下) 416면; 孫珠瓚(下) 585면; 朴元善(下) 137면.

험자의 부작위에 의하여 확대된 손해는 우연한 사고에 의한 손해로 볼 수 없다는 것을 들기도 한다.[1)]

손해방지 · 경감의무는 피보험자도 부담하는 것이므로 계약상의 의무는 아니고, 보험계약의 사행계약적 성질에 비추어 법이 특히 인정한 의무라고 본다.

(2) 損害防止 · 輕減義務의 內容

(가) 損害의 發生 또는 擴大 防止와 損害의 輕減

보험계약상의 보험사고가 발생한 후에, 그 사고로 인한 손해의 발생이나 그 손해의 확대 방지 및 손해의 경감을 위하여 노력하여야 한다. 따라서 보험사고 자체의 발생을 방지할 의무는 없다.

(나) 努力의 程度

보험계약자나 피보험자는 자기의 이익에 대한 손해의 방지와 경감을 위하여 노력하는 경우와 같은 정도의 노력을 하여야 한다고 본다. 그리고 그 노력을 한 이상 손해방지 · 경감의 효과가 있느냐는 묻지 않는다.

(다) 保險者의 指示

손해방지 · 경감의무자는 사정이 허용되는 한 보험자의 지시를 받아 그에 따를 필요가 있다고 해석한다(獨保 제62조, 스위스保 제61조 참조).[2)]

(3) 損害防止 · 輕減義務違反의 效果

손해방지 · 경감의무위반의 효과에 관하여는 상법에 규정이 없어서 학설이 세 가지로 나뉜다.

第1說은 보험계약자와 피보험자의 경과실의 경우에는 불이익을 줄 수 없고, 고의 · 중과실의 경우에만 보험자는 손해보상액으로부터 방지 또는 경감할 수 있었을 손해의 액을 공제할 수 있다는 견해이다.[3)]

第2說은 보험계약자와 피보험자가 고의 또는 중과실로 인하여 손해방지 · 경감의무를 해태한 경우에는 보험자는 이와 상당인과관계가 있는 손해의 배상청구를 할 수 있고, 또 相計를 하여 지급할 손해보상액으로부터 방지 또는 경감할 수 있었을 손해의 액을 공제할 수 있다는 견해이다.[4)]

---

1) 鄭熙喆 · 鄭燦亨(下) 556면.
2) 孫珠瓚(下) 587면.
3) 孫珠瓚(下) 587면.

第3說은 보험계약자와 피보험자에게 경과실이 있는 경우와 고의 또는 중과실이 있는 경우로 나누어, 전자의 경우에는 손해배상을 청구하고 지급할 보험금에서 방지 또는 경감할 수 있었을 손해의 액을 공제할 수 있으나, 후자의 경우에는 보험자는 보상의무 자체를 면하되 다만 중과실이 있는 경우에는 그 손해의 정도가 의무를 이행하였더라도 동일하였을 경우는 예외로 본다는 견해이다.[1] 이 견해는 손해방지 · 경감의무는 신의성실의 원칙에 기하여 보험단체의 이익뿐만 아니라 공익보호라는 입법취지에서 이와 같이 해석하는 것이 정당하다고 한다.

생각건대, 우리 보험법은 보험계약자측의 경과실의 경우를 문제삼는 경우가 거의 없다. 따라서 보험계약자와 피보험자의 輕過失의 경우에는 不利益을 줄 수 없다는 점에서는 제1설도 정당하다고 본다. 한편 손해방지 · 경감의무를 보험자에 대한 보상청구의 전제조건으로 볼 것은 아니므로, 보험계약자와 피보험자의 고의 · 중과실로 인하여 손해방지 · 경감의무를 해태하였다고 하더라도 告知義務違反의 경우와 같이 보험자의 免責事由가 될 수 있는 것은 아니라고 본다. 즉, 보험계약자와 피보험자의 고의 · 중과실의 경우에는 보험자는 의무자의 不作爲에 대한 債務不履行으로 보아 이와 상당인과관계가 있는 손해의 배상청구를 할 수 있고, 또 相計를 하여 지급할 손해보상액으로부터 '방지 또는 경감할 수 있었을 손해의 액'을 공제할 수 있다고 본다. 결국 제2설이 정당하다고 생각된다. 법률상 명문의 규정도 없는데 공익보호라는 애매한 이유로 보험자의 책임을 전적으로 면하게 한다는 것은 가혹하고 부당하다.

손해방지 · 경감의무위반사실에 대한 입증책임은 보험자가 이를 부담한다.

(4) 損害防止 · 輕減費用의 償還

(가) 保險者의 費用償還義務

보험자는 손해방지 · 경감행위를 위하여 필요 또는 유익한 비용을 부담하여야 하는데,[2] 그 비용과 보상액의 합계액이 보험금액을 초과하는 경우에도 역시 이를 부담하여야 한다(제680조 제1항 단서). 이 비용상환의무는 보험자와 손해방지 · 경감의무자 간의 이익을 확보하고(民 제687조 · 제688조 참조), 나아가서 손해방지 · 경감행위를 장려하려는 데 그 취지가 있다.

---

4) 梁承圭(保) 224면.
1) 崔基元(保) 265면.
2) 大判 1993. 1. 12, 91 다 42777.

(나) 一部保險과 費用償還

일부보험의 경우에 보험자가 부담할 손해방지·경감비용은 보험금액의 보험가액에 대한 비율에 따라 결정한다(제674조). 따라서 보험자가 그 비율에 따라 부담하고 남은 비용은 보험계약자 또는 피보험자의 부담이 된다.

(다) 費用償還義務排除約款의 效力

실제 거래계에서는 約款에 의하여 손해방지·경감비용을 보험자가 전혀 부담하지 않거나 보험금액의 한도 내에서만 이를 부담한다고 정한 것이 더러 있다. 이와 같은 약관의 규정은 보험계약자 등의 不利益變更禁止의 原則(보험계약법의 相對的 强行法性: 제663조)에 위배되어 무효이다.

제 3 절 保險者의 代位

I. 序 說

1. 保險者代位의 意義

보험자의 대위(rights by subrogation, Subrogation)란 보험자가 보험금액을 지급한 경우에 피보험자 또는 보험계약자가 보험의 목적 또는 제3자에 대하여 가지는 권리를 법률상 당연히 취득하는 것(제681조, 제682조)을 말한다. 보험자의 대위는 보험의 목적에 관한 피보험자의 권리를 취득하는 殘存物代位의 경우와(제681조), 제3자에 대한 보험계약자 또는 피보험자의 권리를 취득하는 請求權代位의 경우(제682조)로 나눌 수 있다. 보험자대위는 손해보험에서만 인정되고, 인보험에서는 금지되고 있다(제729조 본문). 다만 인보험이라도 상해보험의 경우에는 청구권대위가 인정된다(제729조 단서).

2. 保險者代位의 근거

손해보험은 손해를 보상하는 것이 목적이지 이득을 주는 것을 목적으로 하지는 않는다(손해보험의 損害補償契約性). 그런데 피보험자 또는 보험계약자가 보험금액을 받고도 잔존목적물에 대한 소유권이나 제3자에 대한 손해배상청구권을 그대로 보유하게 된다면 그것은 불로의 이득을 보게 되어 손해보험제도의 경제적 기능을 초월하는 결과를 가져오게 되고, 도박적 행위로 악용될 위험성도 생긴다. 따라서 상법은 그러한 '二重利得'을 방지하고 보험사고에 대한 책임을 면하는 자가 없도록 하기 위하여[1] 민법상 손해배상자의 대위와 같은 취지로(民 제399조), 보험자의 대위를 인정한 것이다.

3. 保險者代位의 性質

보험자의 대위는 당사자 간의 의사표시에 의거한 양도행위의 효과가 아니라, 법률이 인정한 당연한 효과이다. 따라서 대위의 요건이 갖추어지면 당사자의 의사표시를 기다리지 않고 당연히 권리가 이전된다. 그러므로 보험자는 잔존물대위의 경우에 물권변동의 절차(民 제188조)가 필요하지 않으며, 청구권대위의 경우에도 채무자 기타의 제3자에게 대항하기 위한 특별한 요건(民 제451조)을 필요로 하지 아니한다.

이와 같이 보험자대위는 현실적으로 全損된 보험의 목적물에 관한 권리이전의 효과가 법률상 당연히 나타난다는 점에서, 보험의 목적이 전부 멸실한 것과 동일시되는 推定全損이 있는 경우 목적물에 관한 권리를 보험자에게 이전하되, 피보험자의 특별한 의사표시를 필요로 하는 '保險委付'(제710조 이하)와도 구별된다.[2]

---

1) 大判 1989. 4. 25, 87 다카 1669 참조.

2) 이 밖에도 保險委付의 경우에는 위부된 목적물이 피보험자에게 지급한 보험금액보다 큰 것이 입증되어도 보험자는 여전히 그 전부의 果實을 소유할 수 있으나, 보험자대위의 경우에는 이와 반대로 보험자는 피보험자에게 지급한 보험금액 이상으로 회복할 수 없다는 점도 다른 점이다[梁承圭(保) 231면].

Ⅱ. 殘存物代位(保險의 目的에 관한 權利의 取得)

1. 殘存物代位의 要件

보험자가 보험의 목적(잔존물)에 관한 권리를 취득하려면 보험의 목적의 전부가 멸실되고, 보험자가 보험금액의 전부를 지급해야 한다(제681조 본문).

(1) 全　損

i) 보험의 '目的의 全部'가 멸실되어야 한다. 전부의 멸실(전손)이란 그 종래의 용법에 따른 경제적 가치가 소멸한 것을 말한다. 따라서 잔존물이 어느 정도의 금전적 가치를 지니고 있더라도 전손으로 된다. 경제적 가치가 전손에 가까운 때, 예컨대 보험가액의 5분의 4 이상의 손해가 있을 때에 이를 전손으로 보기로 당사자 간에 특약을 하는 것은 무방하다(수선비가 선박의 가액의 4分의 3을 초과할 때: 제778조 제1항 제2호 참조).

一部保險의 경우에는 보험자는 보험금액의 보험가액에 대한 비율에 따라 보험의 목적에 관한 권리를 취득한다(제681조 단서).

ii) 分損의 경우에는 처음부터 잔존한 목적물의 가치를 공제하고 실손해액만을 산정하므로 보험대위의 문제가 생길 여지가 없다.

(2) 保險金額의 全部 支給

보험자가 보험금액의 전부를 지급하여야 한다. 여기서의 보험금액은 손해방지・경감비용(제680조)까지도 포함한다. 따라서 보험금액의 일부를 지급한 경우에는 지급액에 비례한 권리도 취득할 수가 없다.

2. 殘存物代位의 效果

보험자는 피보험자가 보험의 목적에 관하여 가졌던 권리를 취득한다(제681조 본문).

(1) 取得하는 權利의 內容

보험자가 취득하는 권리는 보험의 목적에 관한 권리, 예컨대 화재보험에 있어서 타고 남은 철재·석재, 선박보험에 있어서 전손된 선박의 철재·난파물의 소유권 등 잔존물에 대한 모든 권리이다.[1)]

(2) 取得하는 權利의 範圍

일부보험의 경우에는 보험자가 취득하는 권리는 보험금액의 보험가액에 대한 비율에 따라 정하므로(제681조 단서), 그 잔존물에 관하여 피보험자와 공유관계가 생길 수 있다.

(3) 權利取得의 時期

권리를 취득하는 시기는 보험사고가 발생한 때가 아니라, 보험금 전액을 지급한 때이다.

(4) 權利의 抛棄

잔존물에 대한 권리를 취득하는 경우, 보험자는 公法上의 殘存物除去義務[예컨대, 항로를 방해하는 침몰선의 제거의무(開秩 제28조)]를 지는 수가 있는데, 이것이 오히려 보험자에게 불이익을 가져오면 잔존물의 권리를 포기할 수도 있다. 이런 경우에 약관으로 공법상의 의무를 피보험자에게 전가할 수도 있다.

Ⅲ. 請求權代位(第三者에 대한 權利의 取得)

1. 請求權代位의 要件

보험자가 제3자에 대한 권리를 취득하려면 손해가 제3자의 행위로 인하여 생기고, 보험자가 보험금액을 지급하여야 한다(제682조).

---

1) 예컨대, 임차권은 목적의 전손과 동시에 소멸하지만, 가령 저당보험의 경우에는 보험의 목적이 전부멸실되어 저당권자인 피보험자에게 보험금 전부를 지급한 때에는 저당권자가 그의 채무자에 대하여 가지는 채권도 모두 포함한다[梁承圭(保) 233면].

(1) 第三者의 행위로 인한 損害의 發生

'제3자'란 보험자·보험계약자 또는 피보험자를 제외한 모든 사람을 말한다. 그러나 제3자의 범위에 대하여는 각종의 보험과 관련하여 구체적인 사건에 따라 결정하여야 할 것이다. 예컨대, 운송인이 荷主를 피보험자로 한 운송보험계약을 체결한 경우에 운송인의 과실로 운송물이 멸실되었다면 운송인은 운송보험계약자이나, 보험자대위의 관계에 있어서는 제3자가 된다.[1]

제3자의 '行爲'란 不法行爲(예컨대, 放火)뿐만 아니라 債務不履行(예컨대, 임차인의 失火로 인한 임차가옥의 반환불능의 경우) 또는 適法行爲[선장의 공동해손처분행위(제832조)]도 포함한다.

제3자가 피보험자의 同居家族이고 그 가족의 과실로 인하여 손해가 생긴 경우에는 상법상 규정은 없으나 보험자대위의 적용을 배제하여야 할 것이다(獨保 제67조 제2항, 佛保 L. 121-12조 제3항, 스위스保 제72조 제3항 참조).[2] 왜냐하면 가족의 과실행위에 대한 궁극적인 책임자는 피보험자가 될 것이므로, 보험자대위를 인정하면 피보험자로부터 보험의 이익을 박탈하는 결과가 되기 때문이다.

(2) 保險金額의 支給

보험자가 피보험자에게 보험금액을 지급하여야 한다. 보험금의 지급이 있기 전에는 피보험자 등은 제3자에 대한 권리를 행사하거나 처분할 수 있다. 보험금액의 지급은 전액지급이 아니더라도 상관없다. 이 점은 잔존물대위의 경우와 다르다.

2. 請求權代位의 效果

보험자는 지급한 보험금액의 한도에서 제3자에 대한 보험계약자 또는 피보험자의 권리를 취득한다(제682조 본문).

(1) 取得하는 權利의 內容

보험자가 취득하는 권리는 제3자에 대한 보험계약자 또는 피보험자의 권리,

---

1) 大判 1989. 4. 25, 87 다카 1669; 大判 1990. 2. 9, 89 다카 21965.
2) 孫珠瓚(下) 592면.

즉 불법행위 또는 채무불이행으로 인한 손해배상청구권 또는 공동해손분담청구권(제833조)이다. 따라서 제3자에 대한 권리가 발생하지 않는 경우, 예컨대 "失火責任에 관한 法律"에 의하여 중과실이 없는 실화자에게 불법행위로 인한 손해배상책임을 인정하지 않는 경우에는 보험자대위도 인정되지 아니한다. 제3자는 보통은 손해를 발생시킨 行爲者(債務者)이겠으나, 행위자 이외의 제3자일 수도 있다. 예컨대, 공동해손의 경우 공동해손처분은 선장이 하나, 공동해손분담채무자는 선장 아닌 제3자이다. '被保險者의 權利'뿐만 아니라 '保險契約者가 가진 權利'까지 포함시킨 것은, 예컨대 타인의 물건의 보관자가 타인을 위하여 보험계약을 체결한 경우에(제725조) 그 물건이 제3자의 행위로 인하여 멸실한 때에는 보관자인 보험계약자가 제3자에 대하여 손해배상청구권을 갖게 되는 것을 예상한 것이다.

(2) 取得하는 權利의 範圍

보험자가 취득하는 권리의 범위는 보험자가 '지급한 금액의 한도에서' 한정된다. 만약 보험금 지급 전에 피보험자 등이 제3자로부터 손해배상을 받았을 때에는 보험자는 지급할 보험금을 이에 따라 감액할 수도 있고, 또 피보험자 등이 제3자에 대한 권리를 포기하거나 처분한 경우에는 대위에 의하여 취득할 수 있었던 권리의 가액을 지급할 보험금으로부터 공제할 수 있다고 본다.

일부보험의 경우에는 상법 제681조 단서와 같은 규정이 없어서, 보험자가 취득하는 권리가 '支給額相當額'의 청구권인가, 아니면 比率按配의 法則에 따른 액의 청구권인가가 의문이지만, 잔존물대위의 경우와 같이 후자로 해석하는 것이 타당하다.

(3) 權利取得의 制限

보험자가 '지급한 금액의 한도에서' 권리를 취득하더라도, 그 권리는 피보험자의 권리를 해하지 아니하는 범위 내에서 행사할 수 있다(제682조 단서). 왜냐하면 보험금의 지급을 받았어도 제3자에 대한 보험계약자나 피보험자의 청구권의 금액이 커서 그 일부를 보존하게 되는 경우에는 피보험자를 보호할 필요가 있기 때문이다.[1]

1) 예컨대, 火災保險價額 1,000만원의 일부를 보험에 붙인 가옥이 방화로 전소된 경우에, 보험자가 500만원만 지급한 때에는 500만원의 한도에서만 피보험자에게 대위

상법 제682조 단서는 '보험자가 보상할 보험금액의 일부'를 지급한 때에 관하여서만 규정을 두고 있으나, 보험자가 보상액의 전부를 지급한 때에도 동일하게 해석하여야 할 것이며, 또 전부보험의 경우이든 일부보험의 경우이든 동일하게 적용하여야 할 것이다.

(4) 權利取得의 時期

보험자가 권리를 취득하는 시기는 잔존물대위의 경우와 같이 보험금을 지급한 때이다.

(5) 再保險과 請求權代位

재보험자는 原保險者에게 재보험금을 지급하고 그 한도에서 원보험자의 제3자에 대한 권리를 代位取得한다. 그러나 실무에서는 제3자에 대한 권리의 행사에 있어서는 원보험자가 자기명의로 재보험자의 수탁적 지위에서 행사하여 제3자로부터 회수된 금액을 再保險者에게 교부하는 商慣習이 있다.[1)]

제 4 절 損害保險關係의 變更·消滅

손해보험계약은 보험가액의 변동, 목적물의 멸실, 보험의 목적의 소유권이전 등으로 인하여 그 내용이 변경되고, 당사자에 의한 보험계약의 해지·보험사고

하게 된다. 이 경우에 방화자의 자력이 600만원에 불과한 경우에는, 만일 보험자가 500만원의 청구권 전부를 행사한다면 피보험자는 그 잔액 100만원 밖에 받지 못하므로, 결국 400만원의 손해를 보게 된다. 그러므로 이 경우에는 보상액의 부족액인 500만원은 피보험자로 하여금 방화자로부터 우선변제를 받게 하고, 보험자의 대위는 100만원에만 미친다.

1) 서울지방법원 1981. 12. 26, 80 가합 5524: 재보험자의 대위의 경우에는 보험자대위에 의한 권리의 귀속과 권리의 행사를 분리하여 재보험자는 이를 행사하지 아니하고 元受保險者가 자기명의로 재보험자의 수탁자로서의 지위에서 제3자에 대한 권리를 행사하여 회수한 금액을 재보험자에게 교부하는 상관습이 있는 바, 원수보험자는 재보험자가 취득한 持分에 관하여서도 그 수탁자의 지위에서 권리를 행사할 수 있다.

의 발생 등 보험계약일반의 종료사유에 따라 종료된다. 이 외에도 각종의 손해보험 특유의 변경·소멸사유가 있다.

보험가액의 변동의 경우, 즉 보험금액이 보험가액을 현저하게 초과한 때(超過保險의 경우)나 보험기간 중에 보험가액이 현저하게 감소된 때 보험자 또는 보험계약자는 보험금액 또는 보험료의 감액을 청구할 수 있다 함은 전술하였다(제669조 제1항·제3항). 그러므로 여기서는 피보험이익의 소멸과 보험의 목적의 양도에 관하여서만 언급한다.

Ⅰ. 被保險利益의 消滅

손해보험계약은 피보험이익을 전제로 하므로 피보험자가 보험의 목적에 대하여 피보험이익을 가지지 않으면 보험계약은 효력이 없다. 따라서 보험계약이 성립한 후 보험자의 책임개시 전후를 불문하고 보험기간 중에 보험사고 이외의 사유로 被保險利益을 잃게 되면 그 보험계약도 그 때부터 효력을 잃는다. 예컨대, 화재보험에 있어서의 보험의 목적의 유실·철거·운송보험에 있어서의 운송취득, 자동차보험에 있어서의 자동차의 폐차 등의 경우 피보험이익도 없어진다.

보험계약자와 피보험자가 선의이고 중대한 과실도 없이 보험자의 책임개시 전에 피보험이익이 소멸된 때에는 보험자는 보험료의 전부 또는 일부를 보험계약자에게 반환하여야 하고(제648조), 책임개시 후에는 보험자는 그 때까지의 보험료기간에 대한 보험료를 지급받을 수 있다(獨保 제68조 제2항 참조). 그러나 실무에 있어서는 短期料率에 의하여 보험료를 정산하는 것이 일반적이다.

Ⅱ. 保險의 目的의 讓渡

1. 序 說

(1) 保險의 目的의 讓渡의 意義

보험의 목적의 양도란 피보험자가 보험의 대상인 목적물을 그 의사표시에 의하여 타인에게 양도하는 것을 말한다. 개별적인 양도란 점에서 보험의 목적과 함께 보험계약상의 권리의무관계가 포괄적으로 승계되는 相續·會社의 合併과 구별되고, 목적물 자체의 양도란 점에서 목적물에 관하여 보험자에 대하여 갖는 損害補償請求權(保險金請求權)의 양도와도[1] 구별된다.

(2) 目的의 讓渡와 保險關係의 變更

이론상으로는 피보험자가 보험의 목적을 양도하면 그 목적에 관하여 가지고 있었던 피보험이익이 소멸하므로 그 보험계약은 효력을 상실하게 될 것이고, 또 양수인은 본래 보험자와는 아무런 관계도 없으므로 양자 사이에 보험계약관계가 생길 수도 없는 것이다.

그러나 실제로는 보험관계는 그 목적물에 부속한 법률관계로서 목적물의 양도와 동시에 이에 부수되어 승계된다고 보는 것이 당사자들의 합리적 의사와 부합할 것이다. 만약 보험관계의 승계를 인정하지 않는다면 양도인이 보험료를 지급한 보람이 없게 되고, 또 피보험이익이 일시적으로 無保險狀態에 놓일 우려가 있다. 따라서 목적물의 양수인에게 보험관계의 승계에 관한 취사선택의 여지를 남겨주고, 한편 보험자에게도 피보험자의 교체에서 오는 불이익을 배제할 수 있는 방법을 유보하는 한 보험계약을 당연히 무효로 할 것이 아니라, 보험의 목적(물)의 양수인에게 기존보험계약상의 이익을 승계시키는 것이 합리적이다. 상법 제679조 제1항이 "被保險者가 보험의 목적을 양도한 때에는 讓受人은 保險契約上의 권리와 의무를 승계한 것으로 推定한다."고 규정한 취지도 이러한 실제거래상의 요청을 고려한 것이다. 상호보험의 경우에는 보험의 목적을 양도하

---

1) 보험금청구권도 양도할 수 있다는 것이 통설이다. 그러나 생명보험의 경우에는 피보험자의 동의를 얻어야 한다(제731조 제2항).

였을 때 양수인이 상호회사의 승낙을 받지 아니하면 양도인의 권리·의무를 승계할 수 없다(保業 제57조 참조).

2. 權利讓渡의 推定의 要件

(1) 保險關係의 存在

상법 제679조 제1항에 의한 권리·의무양도의 추정을 받으려면 보험의 목적물이 양도될 당시에 양도인과 보험자 사이에 유효한 보험관계가 존재하여야 한다. 따라서 양도 당시에 이미 보험계약이 체결되어 있어도 조건·기한 등의 제한 때문에 그 효력이 발생하지 않은 경우에는 양수인은 보험관계상의 권리·의무를 승계할 수 없다. 또 보험계약이 존속하는 한 면책사유가 있어도 보험계약상의 권리·의무는 양수인에게 이전하되, 보험자는 양수인에 대하여 그 면책사유로써 대항할 수 있다.

(2) 物件의 付保

보험의 목적이 동산·부동산 등 물건이어야 한다. 물건은 유체물에 한하지 않고 무체재산권까지도 포함하나, 특정되고 개별화되어야 한다. 예컨대, 매점 안의 상품 전체를 목적으로 하는 集合保險(제687조 참조)에서 보험목적의 일부 양도는 포함되지 않는다. 그리고 선박보험에서 선박의 양도에는 보험자의 동의를 받아야 하고(제703조의 2), 자동차보험에서 자동차의 양도에도 보험자의 승낙을 받아야만 보험계약상의 권리와 의무를 승계하도록 규정하고 있으므로(제726조의 4), 선박과 자동차의 양도에는 상법 제679조가 적용되지 않는다. 물건에 관한 사고에 대한 보험이어야 하므로 일정한 지위에 있는 자, 예컨대 의사·변호사·공증인·고용주 등이 그 지위에서 생기는 책임에 관한 보험, 즉 직업위험의 책임보험에 있어서는 그 지위가 양도되어도 보험계약은 이전하지 아니한다.[1)]

(3) 物權的 移轉

보험의 목적이 이전되어야 한다. 따라서 양도하기로 하는 채권계약만으로는

---

1) 孫珠瓚(下) 597면; 梁承圭(保) 253면.

부족하고, 소유물이 양수인에게 이전되었을 때 비로소 보험관계가 이전된다. 보험목적의 물권적 이전이 있는 한 제3자에 대한 대항요건을 갖추고 있느냐는 묻지 않는다.[1)]

또 보험목적의 양도에는 영업의 양도도 포함되나, 개별적인 양도계약에 의한 것이므로 상술한 바와 같이 상속·합병 등 포괄적 승계의 경우는 포함되지 않는다. 이 때에는 보험목적의 이전과 함께 보험계약상의 권리의무도 법률상 당연히 이전한다. 강제집행의 결과 경락인에게 보험의 목적이 귀속된 경우에는 보험계약관계의 이전이 추정된다고 보아야 할 것이다.[2)]

3. 保險目的의 讓渡의 效果

(1) 保險契約上의 權利와 義務의 移轉

보험의 목적을 양도하면 양수인은 보험계약상의 권리와 의무를 승계한 것으로 추정된다(제679조 제1항). 이것은 타인을 위한 보험계약의 경우에는 피보험자인 지위가 양수인에게 이전하여 피보험자가 교체된다는 뜻이다. 그러나 자기를 위한 보험의 경우에는 양수인은 피보험자의 지위뿐 아니라, 보험계약자의 지위까지도 승계한다.

보험의 목적의 양도로써 이전되는 권리·의무로는 피보험자로서의 권리의무인 보험금청구권(제658조), 보험료감액청구권(제647조), 보험료반환청구권(제648조), 보험계약해지권(제649조)이 있고, 의무로는 보험료지급의무(제639조 제2항), 통지의무(제562조, 제657조), 손해방지·경감의무(제680조)가 있다.

(2) 讓渡의 推定과 保險契約關係

보험의 목적을 양도하면 양수인이 보험계약상의 권리·의무를 승계한 것으로 '추정'되는 데 그친다. 그러므로 권리양도의 의사가 없었다는 증명을 하면 권리이전의 효과가 생기지 않는다. 이 경우에는 보험계약도 그 효력을 상실하게

---

1) 민법상 형식주의를 취했더라도(民 제186조·제188조) 선박소유권의 이전에는 등기가 제3자대항요건이다(제743조).

2) 徐燉珏·鄭完溶(下) 425면; 孫珠瓚(下) 598면; 鄭熙喆·鄭燦亨(下) 570면; 獨保 제73조 참조.

된다.

(3) 對抗要件

권리의 양도가 추정되면 보험의 목적의 양도당사자 간에는 문제가 되지 않으나, 그 양도의 효과를 보험자 기타 제3자에 대하여 주장하는 데 대항요건을 갖출 필요가 있느냐에 관하여는 견해가 갈린다.

對抗要件必要說은 민법상 일반채권양도와 마찬가지로 승낙이나 통지가 있어야 보험자에 대항할 수 있고, 다만 보험증권이 발행된 경우에는 보험증권만 교부하면 보험자에 대하여도 양도의 효력이 발생한다고 한다.[1] 이에 대하여, 對抗要件不要說은 대항요건을 갖추지 않더라도 상법 제679조 제1항의 규정에 의하여 당연히 권리가 이전되고, 보험자는 채권의 準占有者에 대한 변제의 규정(民 제450조)에 의해 보호될 수 있다고 한다.[2] 대항요건불요설이 타당하다고 본다.

위에서 대항요건을 갖출 필요가 없다는 것은 보험계약상의 권리·의무의 이전에 있어 그러하다는 것이다. 이와는 별도로 본래의 보험계약상의 통지의무는 이행하여야 한다. 즉, 보험의 목적을 양도하였을 때에는 양도인 또는 양수인은 보험자에 대하여 지체없이 그 사실을 통지하여야 한다(제679조 제2항). 보험자에 대한 이 통지의무를 해태한 경우의 효과에 관하여는 법률상 특별한 정함은 없으나, 보험자가 선의로 양도인에게 보험금을 지급하더라도 유효한 지급으로 되며, 통지의 해태로 보험자에게 손해가 있으면 이를 배상하여야 한다고 본다.[3]

(4) 危險의 變更·增加와 契約解止權

보험의 목적의 양도로 인하여 위험이 현저하게 변경 또는 증가된 경우라도, 보험자는 보험계약의 실효를 주장할 수 없고, 다만 그 사실을 안 날로부터 1월 내에 보험료의 증액을 청구하거나 계약을 해지할 수 있을 뿐이다(제653조).[4]

---

1) 徐燉珏·鄭完溶(下) 428면; 鄭熙喆·鄭燦亨(下) 571면.
2) 孫珠瓚(下) 600면; 梁承圭(保) 257면; 蔡利植(下) 526면.
3) 蔡利植(下) 526면.
4) 大判 1996. 7. 26, 95 다 52505.

제 5 절 各種의 損害保險契約

제 1 관 火災保險契約

Ⅰ. 火災保險契約의 意義

화재보험계약(contract of fire insurance, Feuerversicherungsvertrag)이란 화재로 인하여 생길 손해의 보상을 목적으로 하는 손해보험계약을 말한다(제683조). 화재란 사회통념상 화재라고 인정할 수 있는 성질과 규모를 가진 화력의 燃燒作用이다. 그러나 특약에 의하여 火災의 개념을 한정할 수도 있다(保險負擔對象의 個別化).

Ⅱ. 火災保險契約에 관한 特則

1. 火災保險證券의 記載事項

화재보험증권에는 상법 제666조에 열거된 사항 외에도 ① 건물을 보험의 목적으로 한 때에는 그 소재지 · 구조와 용도, ② 동산을 보험의 목적으로 한 때에는 그 존치한 장소의 상태와 용도, ③ 보험가액을 정한 때에는 그 가액을 기재하여야 한다(제685조).

2. 火災保險의 目的

상법 제685조는 화재보험의 목적물로서 건물과 동산을 예상하고 있으나, 건물 이외의 부동산, 예컨대 橋梁·立木·森林 등도 등기유무를 묻지 않고 화재보험의 목적이 될 수 있다.

상법은 집합된 물건을 일괄하여 보험의 목적으로 한 때(집합보험)에는 피보험자의 가족과 사용인의 물건도 보험의 목적에 포함되는 것으로 하고, 이 경우에는 그 보험은 그 가족 또는 사용인을 위하여서도 체결한 것으로 보고 있다(제686조).

또한 집합된 물건을 일괄하여 보험의 목적으로 한 때에는 그 목적에 속한 물건이 보험기간 중에 수시로 교체된 경우에도(총괄보험) 보험사고가 발생한 때에 현존한 물건은 보험의 목적에 포함된 것으로 한다고 규정하고 있다(제687조). 국유건물 및 교육시설·백화점·시장·의료시설·숙박업소·공장·공동주택 등 특수건물의 소유자는 의무적으로 화재보험에 가입하여야 하며 손해보험회사는 보험계약체결을 거절하지 못하도록 하고 있다(화재로 인한 재해보상과 보험가입에 관한 법률 제5조).

3. 保險者의 損害補償義務

보험자는 화재로 인하여 생긴 손해에 관하여서는 (화재원인을 한정하는 특약이 없는 한) 원인여하를 불문하고 그 보상책임을 진다(제683조)(危險普遍의 原則). 따라서 예컨대, 가스의 폭발, 파열, 지진, 벼락 등에 의한 직접적 손해를 제외하고 이들로부터 화재가 발생하여 생긴 손해에 대하여는 보험자가 보상할 책임이 있다. 보상할 손해의 범위는 화재와 상당인과관계가 있는 모든 손해라고 하는 것이 통설이다. 그러나 화재시에 보험의 목적의 분실 또는 도난으로 인한 손해는 담보되지 않는 것이 보통이다.

保險者는 소방 또는 損害의 감소에 필요한 조치로 인하여 생긴 손해도 보상하여야 한다(제684조). 이러한 손해는 직접 화력의 연소로 인하여 생긴 것은 아니나, 일반적으로 화재의 경우에 당연히 발생한 손해이므로 의문이 생기지 않도록 규정한 것으로서 손해방지비용을 보험자가 부담하는 것(제680조 제1항 단서)과 같은 취지이다.

제 2 관 運送保險契約

I. 運送保險契約의 意義

운송보험계약(contract of transport insurance, Transportversicherungsvertrag)이란 육상운송에 있어서의 운송물에 관한 사고로 인하여 생길 손해의 보상을 목적으로 하는 손해보험계약을 말한다(제688조). 상법상 운송보험계약은 육상운송보험계약만을 가리키고, 실제에 있어서도 約款으로 육상·하천 또는 湖沼에서의 운송에 한정하고, 항만에서의 보험사고는 해상보험에 포함시키는 것이 보통이다.

II. 運送保險契約에 관한 特則

1. 運送保險證券의 記載事項

운송보험증권의 기재사항에 관하여는 손해보험증권의 일반적 기재사항(제666조) 외에도 ① 운송의 路順과 방법, ② 운송인의 주소와 성명 또는 상호, ③ 운송물의 수령과 인도의 장소, ④ 운송기간을 정한 때에는 그 기간, ⑤ 보험가액을 정한 때에는 그 가액을 기재하여야 한다(제690조).

2. 保險의 目的

운송보험의 목적은 '運送物'이므로(제688조), 여객(인보험)이나 운송수단 자체(예컨대, 자동차)를 보험의 목적으로 하는 보험계약은 운송보험이 아니다. 또 여기서의 운송물은 반드시 운송계약의 목적인 물건에 한하는 것이 아니며, 운송인이 자기 소유의 물건을 자기를 위하여 운송하는 경우에도 운송보험의 목적이 될 수 있다.

3. 保險事故

운송보험계약에서의 보험사고는 운송물에 관하여 생길 수 있는 모든 사고를 포함하는 것으로서, 운송 특유의 사고에 한하지 않는다. 예컨대, 화재·수해·도난·훼손 등 각종 사고를 말하며, 보통 이것을 運送危險이라고 한다. 그러나 약관으로써 특정사고를 보험사고에서 제외하는 것은 무방하다.

4. 被保險利益

운송보험에서의 피보험이익도 여러 가지이다. 즉, 운송물의 소유자로서 가지는 이익뿐만 아니라 운송물의 도착으로 인하여 얻을 이익(제689조 제2항)(希望利益保險), 또는 운송인의 운송에 관한 이익 등이다.

5. 保險期間

보험자는 운송인이 '運送物을 수령한 때로부터 受荷人에게 引渡할 때까지' 생길 손해를 보상하여야 한다(제688조). 이것은 실제로 운송하는 기간뿐만 아니라 운송인이 운송물을 보관하는 전기간을 보험기간으로 하는 것으로서 운송보험의 성질상 당연하다.

운송인이 운송물을 수령한 때 이후에 보험계약이 체결된 때에도 반대의 특약이 없는 한 보험자의 책임은 계약성립시로부터 소급한다고 본다.[1] 운송물을 수하인에게 인도할 수 없어서 供託 또는 競賣하는 경우에는(제142조, 제143조) 인도를 한 경우에 준하여 보험기간이 종료한다고 보아야 할 것이다(獨保 제134조 참조).

6. 保險價額

손해보험계약에서의 보험가액은 사고발생시의 가액에 의하는 것이 원칙이나(제670조, 제671조), 운송물의 보험에 있어서는 당사자 간에 협정이 없으면 운송물을 발송한 때와 곳의 가액과 도착지까지의 운임 기타의 비용을 보험가액으로 한다(제689조 제1항)(保險價額不變更主義). 이것은 손해가 생긴 때와 장소에 있어서의 실제 가액을 정확하게 산정하기 어렵기 때문에 취해진 조치이다. 또 운송물의 도착으로 인하여 얻을 이익, 즉 희망이익은 당사자 간에 약정이 있는 때에 한하여 보험가액 중에 산입한다(제689조 제2항).

7. 保險者의 免責事由

운송보험계약에 있어서는, 보험계약자 또는 피보험자 등의 고의 또는 중과실(제659조)로 인하여 보험사고가 발생한 때뿐만 아니라, '送荷人 또는 受荷人의 故意 또는 重過失'로 인하여 보험사고가 발생한 때에도 보험자는 이로 인한 손해보상책임을 면한다(제692조).

8. 保險契約의 變更

운송보험계약은 다른 약정이 없으면, 운송의 필요에 의하여 一時 運送을 중

---

1) 同旨: 孫珠瓚(下) 609면.

지하거나 운송의 路順 또는 방법을 변경한 경우에도 그 효력을 잃지 않는다(제691조). 그러나 운송의 路順 또는 방법을 변경한 결과 사고발생의 위험이 현저하게 변경 또는 증가된 경우에는 보험자는 보험료의 증액을 청구하거나 계약을 해지할 수 있다고 해석된다.[1] 실무에서도 약관으로 위험이 현저하게 변경 또는 증가된 경우에는 보험계약자나 피보험자가 이를 통지하여야 하고, 이 통지가 없으면 보험자는 계약을 해지할 수 있도록 하고 있다.

제 3 관 海上保險契約

I. 海上保險契約의 意義

해상보험계약(contract of marine insurance, Seeversicherungsvertrag)이란 해상사업에 관한 사고로 인하여 생긴 손해의 보상을 목적으로 하는 손해보험계약을 말한다(제693조). 해상보험은 선박과 적하에 대한 해상위험을 담보하는 보험이지만, 항해에 부수되는 內水 또는 육상에서의 위험까지도 담보한다. 해상보험은 근대보험의 효시를 이루고, 해상기업활동과 밀접한 관계가 있다. 오늘날 해상보험계약이 수반되지 아니한 국제무역거래는 생각할 수 없을 정도이다.

해상보험은 해상기업활동이 그러하듯이 국제성이 강하다. 특히 해상보험에 관하여는 영국해상보험업계의 영향을 받은 약관이 발달하고 있고, '이 보험계약은 영국의 法과 慣習에 따른다'는 約款의 準據法條項도 유효하다.[2]

---

1) 鄭熙喆・鄭燦亨(下) 580면; 梁承圭(保) 278면; 孫珠瓚(下) 610면.
2) 大判 1977. 1. 11, 71 다 2116; 서울 高判 1980. 8. 19, 77 다 340; 大判 1991. 5. 14, 90 다카 25314; 大判 1996. 3. 8, 95 다 28779; 大判 1996. 10. 11, 94 다 60332.

Ⅱ. 海上保險契約의 種類

1. 被保險利益에 의한 分類

(1) 船舶保險

선박보험은 보험의 목적인 선박의 소유자로서의 피보험이익에 관한 보험이다(제696조 참조). 선박보험의 대상은 海商法上의 선박으로 한정되지 않는다. 선박 이외에 屬具目錄에 기재된 물건은 선박의 종물로서(제742조), 반대의 약정이 없는 한 보험의 목적에 포함된다(제696조 제2항).

(2) 積荷保險

적하보험은 보험의 목적인 적하의 소유자로서의 피보험이익에 관한 보험이다(제697조 참조).

(3) 運賃保險

운임보험은 운송인이 荷物 또는 旅客을 무사히 운송한 경우에 얻을 운임(순운임이 아닌 총운임)에 대해서 가지는 피보험이익에 관한 보험이다(제706조 제1호 참조).

(4) 希望利益保險

희망이익보험은 보험의 목적인 적하의 도착으로 인하여 얻을 희망이익(예컨대, 매도인의 이윤, 운송주선인·중개인 등의 보수)의 주체로서의 피보험이익에 관한 보험이다(제698조 참조). 그러나 희망이익만의 보험은 드물고 적하보험과 결합하여, 예컨대 적하가액의 일정비율을 가산하는 방식으로 계약이 체결되는 것이 보통이다.

2. 保險期間에 의한 分類

(1) 航海保險

항해보험은 항해를 보험기간으로 하는 보험으로서(제699조 참조), 적하보험에 많이 이용된다. 적하보험에서의 항해보험은 본래 船積港에서 揚陸港까지의 위험을 담보하는 것이지만, 실제로는 운송개시시로부터 목적지에서 하물을 인도할 때까지를 보험기간으로 한다.

(2) 定時保險(期間保險)

정시보험은 일정한 기간을 보험기간으로 하는 보험으로서, 선박보험에 많이 이용된다.

(3) 混合保險

혼합보험은 일정한 기간과 항해를 보험기간으로 하는 보험으로서, 주로 선박보험에 이용된다.

Ⅲ. 海上保險契約에 관한 特則

1. 海上保險證券의 記載事項

해상보험증권의 기재사항에 관하여는 상법 제666조에 규정한 손해보험증권의 일반적 기재사항 이외에도 ① 선박보험에 있어서는 선박의 명칭·국적과 종류 및 항해의 범위, ② 적하보험에 있어서는 선박의 명칭·국적과 종류, 선적항, 양륙항 및 출하지와 도착지를 정한 때에는 그 지명, ③ 보험가액을 정한 때에는 그 가액을 기재하여야 한다(제695조).

2. 保險의 目的

해상보험계약에 있어 보험의 목적은 船舶 또는 積荷이다. 선박인 이상 영리선뿐만 아니라 國公有船·건조 중인 선박도 보험의 목적이 될 수 있다. 적하는 운송물을 말하는데, 底荷 기타 항해시의 소모품 등은 이에 포함되지 않는다.

3. 保險事故

해상보험계약에서의 보험사고는 해상사업에 관하여 생기는 모든 사고이다(제693조). 즉, 항해 특유의 사고(예컨대, 침몰·좌초·충돌 등)뿐만 아니라, 항해와 관련하여 생길 수 있는 모든 사고(예컨대, 화재·도난·폭발·투하·선적의 불안전·선원의 不法行爲 등), 기타 항해를 전후한 내수 또는 육상에서의 사고를 포함한다. 다만 약관에 의하여 보험사고의 범위를 확장하거나 특정사고를 보험사고에서 제외하는 것은 가능하다. 따라서 해상보험에서는 보험계약자 등의 不利益變更禁止의 原則도 적용되지 않는다(제663조 단서). 그러나 적하보험에서 그 적하를 실은 선박이 압류되어 법원의 명령에 따라 경매에 붙여지게 되어 적하를 매각함으로써 손해를 입은 경우는, 해상 고유의 위험으로 인한 손해라 할 수 없다.[1]

4. 保險期間

해상보험에서 기간보험의 경우에는 보험기간이 일정하게 정하여져 있어서 문제가 없으나, 항해보험의 형식을 취하는 선박보험·적하보험 및 희망이익보험에 관하여는 보험기간의 시기와 종기가 언제인가가 분명하지 않은 경우가 많다. 따라서 실제로는 약관에 의하여 특별한 규제를 하고 있지만, 상법은 다음과 같은 특별규정을 두고 있다.

---

1) 서울高判 1980. 8. 19, 77 나 340 ; 梁承圭, ≪判例敎材≫, 271면.

(1) 船舶保險의 경우

항해단위로 선박을 보험에 붙인 경우에는 보험기간은 荷物 또는 底荷의 선적에 착수한 때에 개시하고(제699조 제1항), 하물 또는 저하의 선적에 착수한 후에 보험계약이 체결된 때에는 계약이 성립한 때에 개시한다(제669조 제3항). 이 경우 보험기간은 도착항에서 하물 또는 저하를 양륙한 때에 종료한다(제700조 본문). 그러나 불가항력으로 인하지 아니하고 양륙이 지연된 때에는 그 양륙이 보통 종료될 때에 종료된 것으로 한다(제700조 단서). 또 보험자의 동의 없이 선박을 양도한 때, 선박의 선급을 변경한 때 및 선박을 새로운 관리로 옮긴 때에는 보험계약은 종료한다(제703조의 2).

(2) 積荷保險의 경우

적하를 보험에 붙인 경우(적하의 도착으로 인하여 얻을 이익 또는 보수를 보험에 붙인 경우에도 같다)에는 보험기간은 그 하물의 선적에 착수한 때에 개시하나(제699조 제2항 본문), 당사자가 出荷地를 따로 정한 경우에는 그 곳에서 운송에 착수한 때에 개시한다(제699조 제2항 단서). 보험계약이 하물 또는 저하의 선적에 착수한 후에 체결되었다면 계약성립시에 보험기간이 개시한다(제699조 제3항). 이 경우 보험기간은 양륙항 또는 도착지에서 하물을 인도한 때에 종료한다(제700조 본문). 그러나 불가항력으로 인하지 아니하고 양륙이 지연된 때에는 그 揚陸이 보통 종료될 때에 종료된 것으로 한다(제700조 단서).

5. 保險價額

해상보험에서도 보험가액의 산정이 어렵기 때문에 保險價額不變更主義의 특칙을 두고 있다. 즉, 선박보험에서는 '보험자의 책임이 개시될 때의 선박의 가액'으로 한다(제696조 제1항). 이 경우 선박의 속구·연료·양식 기타 항해에 필요한 모든 물건은 보험의 목적에 포함된 것으로 한다(제696조 제2항). 그리고 적하보험에서는 선적한 때와 곳의 적하의 가액과 선적 및 보험에 관한 비용(제697조), 희망이익보험에서는 보험가액의 협정이 없으면 '보험금액'(제698조)을 각각 보험가액으로 한다.

6. 保險者의 損害補償義務

(1) 損害補償의 範圍

보험자는 해상사업에 관한 사고로 인하여 생기는 모든 손해를 보상하는 것이 원칙인데(제693조), 특히 다음과 같은 경우가 문제된다.

(가) 共同海損으로 인한 損害

보험자는 피보험자가 지급할 共同海損의 分擔額을 보상하여야 한다(제694조 본문). 공동해손처분이 있는 경우(제832조 참조) 선박 또는 적하의 이해관계인이 共同海損分擔義務를 부담하는데(제833조), 이 자체가 하나의 손해이므로 이 손해를 보험에 붙일 수 있으나, 이러한 보험은 성질상 책임보험에 속하는 것이므로(제719조 참조) 이것이 선박보험이나 적하보험에서 담보되는지는 불분명하다. 따라서 상법은 이 점을 명백히 하여 공동해손분담액도 경제적으로는 선박 또는 적하 그 자체의 가치가 감손된 것으로 파악하도록 하였다.

보험의 목적의 공동해손분담가액이 보험가액을 초과할 때에는 그 초과액에 대한 분담액은 보상하지 아니한다(제694조 단서). 공동해손에 있어서는 선박 또는 적하의 가액계산은 선박의 도달 또는 적하의 양륙의 때와 곳의 가액에 의하지만(제834조), 보험금액은 책임개시시(제696조) 또는 선적의 때와 곳의 가액(제697조)에 의하므로 이와 같은 문제가 생길 수 있다.

공동해손처분 그 자체로 인하여 보험의 목적이 손해를 입은 경우(예컨대 선장의 처분행위로 인하여 목적이 멸실된 경우) 보험자는 그 손해의 전액을 기준으로 보상하여야 하며, 이 경우에는 보험자는 피보험자의 제3자에 대한 共同海損分擔請求權을 취득한다(제682조)(保險者代位).

(나) 衝突로 인한 損害

선박의 충돌로 인하여 보험의 목적에 생긴 손해는 당연히 보험자가 책임을 진다. 그러나 선박의 충돌로 인하여 생긴 타인에 대한 손해배상의무는 선박자체에 생긴 손해가 아니고, 間接損害로서 책임보험의 대상이므로 선박보험에서 당연히 담보되는 것은 아니고, '衝突約款'이 있는 경우에 한하여 보험자가 보상의무를 부담한다고 본다. 실무계에서도 그렇게 처리하고 있다.

(다) 救助料의 補償

보험자는 피보험자가 보험사고로 인하여 발생하는 손해를 방지하기 위하여 지급할 구조료를 보상할 책임이 있다(제694조의 2 본문). 그러나 보험의 목적물의 구조료분담가액이 보험가액을 초과할 때에는 그 초과액에 대한 분담액은 보상하지 아니한다(제694조의 2 단서).

(라) 特別費用의 補償

보험자는 보험의 목적의 안전이나 보존을 위하여 지급할 특별비용을 보험금액의 한도 내에서 보상할 책임이 있다(제694조의 3).

(2) 免責事由

(가) 法定免責

보험자는 손해보험계약 일반의 면책사유(제659조, 제660조, 제678조)에 따라 책임을 면함은 물론, 다음의 손해 또는 비용에 대해서도 보상책임이 없다.

(a) 堪航能力의 결여로 인한 損害: 선박보험 또는 운임보험의 경우에 발항당시 안전하게 항해를 하기에 필요한 준비를 하지 아니하거나(제787조 참조), 필요한 서류를 비치하지 아니하므로 인하여 생긴 손해(제706조 제1호)에 대하여는 보험자가 보상할 책임이 없다. 이것은 航海保險이든 期間保險이든 불문하며, 堪航能力의 흠결에 대한 보험계약자 또는 피보험자의 과실유무를 불문한다. 필요한 서류를 비치하지 아니하므로 인하여 생긴 손해란, 필요한 서류를 비치하지 아니하여 선박이 압류 또는 포획되거나 운임을 받지 못하게 된 경우 등을 말한다.

(b) 傭船者·送荷人·受荷人의 故意·重過失로 인한 損害: 적하보험의 경우에 보험의 목적을 관리하는 지위에 있는 傭船者·送荷人 또는 受荷人의 고의·중과실로 인하여 생긴 損害(제706조 제2호)에 대하여도 보험자는 보상할 책임이 없다.

(c) 導船料 기타 航海 중의 通常費用: 도선료·입항료·등대료·검역료 기타 선박 또는 적하에 관한 항해 중의 通常費用(제706조 제3호)(이른바 小海損)은 항해에 관하여 당연히 지출이 예상되는 비용으로서, 우연한 사고로 인한 손해라고 할 수 없고, 따라서 保險者가 책임을 지지 않는다.

(나) 約款에 의한 責任限定

항해에 관한 사고가 광범하기 때문에 실제로는 약관에 의하여 보상책임의 범위를 규정하는데, 그 내용은 ① 보험의 목적의 전손 및 이에 준할 保險委付의 경우에만 보상책임을 부담하는 全損만의 담보(total loss only, T.L.O.; free of all average, F.A.A.), ② 전손 이외에는 원칙으로 공동해손만에 의해서 보상책임을 부담하는 特擔分損不擔保(free from particular average, F.P.A), ③ 상법과 약관에 의한 면책사유에 속하는 손해 이외의 모든 손해에 대하여 보상책임을 부담하는 特擔分損擔保(with average, W.A.) 등의 약관이 널리 이용된다.

(3) 補償額의 算定

(가) 船舶의 全損 또는 分損의 경우

선박전손의 경우에는 보험금액 전액을 보상하여야 한다. 그 외에 손해산정비용(제676조 제2항), 손해방지・경감비용(제680조 제1항 단서) 등도 포함한다. 선박의 존부가 2개월간 분명하지 아니한 때에는 그 선박은 행방불명으로 하고, 전손으로 추정한다(제711조). 선박이 행방불명인 경우에는 적하도 전손으로 보아야 할 것이다.[1)]

선박분손의 경우에는 상법에 특별규정이 있다. 즉, ① 선박의 일부가 훼손되어 그 훼손된 부분의 전부를 수선한 경우에는 보험자는 수선에 따른 비용을 1회의 사고에 대하여 보험금액을 한도로 보상할 책임이 있다(제707조의 2 제1항). 보험기간 중 수회의 사고가 발생하면 각각 이와 같은 기준에 의하여 보상하여야 하고, 이 경우 각 보상액의 합계가 보험금액을 초과할 경우도 있을 수 있다. ② 선박의 일부가 훼손되어 그 훼손된 부분의 일부를 수선한 경우에는 보험자는 수선에 따른 비용과 수선을 하지 아니함으로써 생긴 감가액을 보상할 책임이 있다(제707조의 2 제2항). ③ 선박의 일부가 훼손되었으나 이를 수선하지 아니한 경우에는 보험자는 그로 인한 감가액을 보상할 책임이 있다(제707조의 2 제3항).

(나) 積荷의 毁損의 경우

적하가 전손된 경우에는 보험금액 전액을 보상하여야 한다. 적하가 훼손되어 揚陸港에 도착한 때에는, 보험자는 그 적하가 到着港에서 가지는 훼손된 상태의 가액과 훼손되지 않은 상태의 가액과의 비율에 따라 보험가액의 일부를 보상하여야 한다(제708조). 적하 일부의 훼손뿐 아니라 일부 멸실, 중량・수량의 감소의 경우도 같다.

일부보험의 경우에는 당사자 간에 약정이 없으면 보험금액의 보험가액에 대한 비율에 따라 보상하여야 한다(제674조).

---

1) 大判 1991. 5. 14, 90 다카 25314.

(다) 積荷를 賣却한 경우

항해 도중에 불가항력에 의하여 적하를 매각한 때에는 보험자는 그 대금에서 운임 기타의 필요한 비용을 공제한 금액과 보험가액과의 차액을 보상하여야 한다(제709조 제1항). 이것은 불가항력으로 인하여 적하를 매각한 경우는 적하는 훼손으로 인한 손해와 다름없기 때문에 취하여진 조치이다. 그러나 그 적하의 매수인이 대금을 지급하지 아니한 때에는 보험자는 그 대금을 지급하여야 하고, 피보험자의 매수인에 대한 권리를 취득한다(제709조 제2항).

일부보험의 경우에는 당사자 간에 다른 약정이 없으면 보험금액의 보험가액에 대한 비율에 따라 보상하여야 한다(제674조).

7. 保險契約의 變更

(1) 航海의 變更

항해의 변경, 즉 발항항 또는 도착항을 변경한 경우에는 보험자는 책임을 지지 않는다(제701조 제1항·제2항).

보험자의 책임개시 후라면 보험계약에서 정하여진 도착항이 변경된 경우에는 보험자는 그 항해의 변경이 결정된 때부터 책임을 지지 아니한다(제701조 제3항).

(2) 航路의 變更

선박이 정당한 사유(예컨대, 인명구조)없이 보험계약에서 정하여진 航路를 이탈한 경우에는 보험자는 그 때부터 책임을 지지 아니한다(제701조의 2 제1문). 선박이 손해발생 전에 원항로를 돌아온 경우에도 같다(제701조의 2 제2문).

(3) 航海遲滯

피보험자가 정당한 사유없이 發航 또는 航海를 지연한 때에는 보험자는 발항 또는 항해를 지체한 이후의 사고에 대하여 책임을 지지 아니한다(제702조).

(4) 船舶의 變更

적하보험에서 선박을 변경한 경우에 그 변경이 보험계약자 또는 피보험자의 책임있는 사유로 인한 경우에는 보험자는 그 변경 후의 사고에 대하여 책임을 지지 아니한다(제703조). 보험자의 책임개시 전후는 묻지 않는다.

또한 선박보험의 경우 보험자의 동의없이 선박을 양도한 때, 선박의 선급을 변경한 때, 선박을 새로운 관리로 옮긴 때에는 보험계약은 종료한다(제703조의 2).

Ⅳ. 豫定保險契約

1. 豫定保險契約의 意義

豫定保險(floating insurance, laufende Versicherung)契約이란 보험증권에 기재할 보험계약의 내용의 일부, 예컨대 하물을 적재할 선박, 적하의 종류, 보험금액 등이 계약체결 당시에 확정되어 있지 않은 보험계약을 말한다. 이에 대하여 보험계약의 내용이 전부 확정된 것을 確定保險契約이라 한다.

예정보험계약은 계약 자체는 성립한 것이므로 '保險契約의 豫約'과는 구별된다.

예정보험계약은 다른 종류의 보험계약에도 있을 수 있으나, 특히 적하보험에서 적하의 수량·보험금액 또는 적재할 선박 등이 미정인 경우에 많이 이용되며, 해상재보험에서도 이용된다.

2. 豫定保險契約의 種類

예정보험계약에는 개개의 보험의 목적에 대하여 체결하는 個別的 豫定保險契約과, 일정한 표준에 따라서 정하여지는 다수의 목적에 대하여 포괄적으로 체결하는 包括的(繼續的) 豫定保險契約이 있다. 예컨대, 포괄적 예정보험계약은 일정한 기간 내에 적출한 하물을 일정한 조건하에 포괄적·계속적으로 보험의 목적으로 하는 경우에 체결한다.

3. 船舶未確定의 積荷豫定保險

상법은 선박미확정의 적하예정보험(Versicherung unbestimmter Schiffe)에 관하여서만 규정을 두고 있다. 즉, 보험계약의 체결 당시에 하물을 적재할 선박을 지정하지 아니한 경우에, 보험계약자 또는 피보험자가 그 하물이 선적되었음을 안 때에는 지체없이 보험자에 대하여 그 선박의 명칭, 국적과 하물의 종류, 수량과 가액의 통지를 발송하여야 하며(제704조 제1항), 만약 그 통지를 해태한 때에는 보험자는 그 사실을 안 날로부터 1개월 내에 계약을 해지할 수 있다(제704조 제2항).

Ⅴ. 保險委付

1. 保險委付의 意義

보험위부(Abandon, abandonment)란 보험의 목적이 전부 멸실한 것과 동일시할 일정한 경우에 피보험자가 보험의 목적에 관한 자기의 모든 권리를 보험자에게 양도하고, 보험자에 대하여 보험금액의 전부를 청구하는 것을 말한다(제710조, 제718조).

海上保險에 있어서는 해상기업의 특수성으로 인하여 손해의 입증이 어려운 때, 예컨대 거의 全損과 동일시할 만한 정도의 손해가 생기거나 전손으로 추측되나 그 증명이 곤란한 경우가 있다. 이런 경우에는 법률상 전손과 같이 취급하여 보험금액의 전액을 청구할 수 있게 할 필요가 생긴다. 따라서 保險委付는 손해의 발생사실의 증명이나 손해액의 산정절차를 생략함으로써 보험관계자 간의 계산관계를 신속·간편하게 처리하게 하는 해상보험 특유의 제도이다.

2. 保險委付의 法的 性質

보험위부는 不要式 單獨行爲이고 위부권은 일종의 형성권이라고 보는 데 이론이 없다. 따라서 위부권을 행사함에는 보험자의 승낙을 필요로 하지 아니하나 피보험자도 위부 후에는 임의로 이를 철회하지 못한다.

3. 保險委付의 成立要件

(1) 實質的 要件(委付의 原因)

상법은 보험위부를 할 수 있는 경우를 열거하고 있다(제710조). 이 규정은 강행법규가 아니므로 約款으로 이를 제한할 수 있다.

(가) 船舶 · 積荷의 占有喪失

피보험자가 보험사고로 인하여 자기의 선박 또는 적하의 점유를 상실하여 이를 회복할 가능성이 없거나 회복하기 위한 비용이 회복하였을 때의 가액을 초과하리라고 예상될 경우 피보험자는 이를 委付할 수 있다(제710조 제1호). 점유상실의 원인은, 예컨대 선박의 침몰, 선박 또는 적하가 적국 기타 유사 단체에 포획되거나 관공서에 압류된 경우 등을 들 수 있다. 적하보험의 목적인 적하가 구조된 때에는 그 적하의 위부는 할 수 없다(제712조). 또한 선박 · 적하의 점유상실이 피보험자 · 용선자 · 송하인 · 수하인 등의 고의 · 중과실(제659조 제1항, 제706조 제2호) 또는 감항능력 담보의무위반(제706조 제1호)으로 인한 경우에는 위부할 수 없다.

선박이 실종되어 선박의 존부가 2개월간 분명하지 아니한 때에는 행방불명으로 하고, 전손으로 추정한다(제711조). 즉, 선박이 행방불명된 경우는 위부의 원인이 되는 것이 아니라 바로 전손으로 추정된다. 이 기간의 기산점은 사고의 발생시 또는 최후의 통신이 있었던 때이다.

(나) 船舶의 修繕不能

선박이 보험사고로 인하여 심하게 훼손되어 이를 수선하기 위한 비용이 수선하였을 때의 가액을 초과하리라고 예상될 경우 이를 위부할 수 있다(제710조 제2호). 적하보험에서는 선박이 수선불능으로 되어도 선장이 지체없이 다른 선박으로 적하의 운송을 계속한 때에는 피보험자는 그 적하를 위부할 수 없다(제712조).

(다) 積荷의 修繕不能

적하가 보험사고로 인하여 심하게 훼손되어서 이를 수선하기 위한 비용과 그 적하를 목적지까지 운송하기 위한 비용과의 합계액이 도착하는 때의 적하의 가액을 초과하리라고 예상될 경우에도 피보험자는 이를 위부할 수 있다(제710조 제3호).

(2) 形式的 要件(委付의 實行)

(가) 委付의 通知

피보험자가 委付를 하고자 할 때에는 상당한 기간 내에 보험자에 대하여 그 통지를 발송하여야 한다(제713조). 통지의 방식에는 제한이 없다. 피보험자가 상당한 기간 내에 위부의 통지를 발송하지 않으면 위부권은 상실하게 되나, 손해액을 입증하고 청구할 수 있는 보험금액청구권까지 상실하는 것은 아니다.

(나) 다른 保險契約 등에 관한 通知

피보험자가 위부를 할 때에는 보험자에 대하여 보험의 목적에 관한 다른 보험계약과 그 부담에 속한 채무의 유무와 그 종류 및 내용을 통지하여야 한다(제715조 제1항). 이것은 보험자로 하여금 중복보험의 유무를 알게 하고, 또 담보물권자의 권리행사에 대비하게 하기 위한 것이다. 보험자는 위의 통지를 받을 때까지 保險金額의 지급을 거부할 수 있다(제715조 제2항). 그리고 보험금액의 지급에 관한 기간의 약정이 있는 때에는 그 기간은 위의 통지를 받은 날로부터 기산한다(제715조 제3항).

(다) 委付의 單純性

委付는 無條件이어야 한다(제714조 제1항). 따라서 기한 또는 조건을 붙일 수 없다. 위부는 보험의 목적 전부에 대하여 하여야 한다(제714조 제2항 본문)(委付의 不可分性). 그러므로 보험의 목적의 일부만을 위부하고 남은 부분에 대하여는 손해배상을 청구할 수 없다. 그러나 위부의 원인이 일부에 대하여 생긴 때에는 그 부분에 대하여서만 위부를 할 수 있다(제714조 제2항 단서). 一部保險의 경우에는 보험금액의 보험가액에 대한 비율에 따라 위부할 수 있다(제714조 제3항). 이 때는 그 목적물에 대하여 보험자와 피보험자가 공유관계에 있게 된다.

4. 保險委付의 效果

위부의 통지가 보험자에게 도달하면 위부의 효과가 발생한다(형성권).

(1) 直接的 效果

보험자는 보험의 목적에 관한 被保險者의 모든 權利를 취득한다(제718조 제1항). 보험자가 권리를 취득하는 것은 의사표시상의 직접적 효력이다. 보험자가 취득하는 권리의 내용은 보험목적의 殘存物에 대한 소유권 이외에 質權·抵當權 기타의 物權을 포함한다는 점에는 이론이 없다. 그러나 제3자에 대한 권리, 예컨대 선박충돌로 인한 손해배상청구권 또는 공동해손분담청구권 등도 포함하느냐에 관하여는 견해가 대립되고 있다. 즉, 消極說은 "위부에 의하여 이전하는 권리는 보험의 목적 그 자체 위에 존재하는 권리에 한하고, 제3자에 대한 권리와 같이 보험의 목적에 관한 간접적인 권리의 이전은 따로 일반보험대위의 규정(제682조)의 효과로 解하는 것"이 타당하고, "따라서 제3자에 대한 권리의 이전은 보험자가 보험금액을 지급한 때에 그 지급한 금액의 한도에서 발생하는 것으로 해하여야 할 것이다."(제682조 참조)라고 한다.[1] 그러나 積極說은 "보험위부의 제도는 원래 보험의 목적물을 보험자에게 넘기고 그 목적물에 관한 완전한 손해의 보상을 전손의 증명없이 받고자 하는 것이므로 보험의 목적물에 관한 직접의 권리뿐만 아니라 보험의 목적물의 당연한 補充物이라고 볼 수 있는 것(손해배상청구권. 그러나 구조료·운임청구권은 보충물이 아님)은 이전되는 권리에 포함된다."고 한다.[2] 적극설이 타당하다고 본다.

보험의 목적에 부수하는 부담(예컨대, 抵當權·優先特權이 있는 경우), 기타 사법상·공법상의 채무[예컨대, 침몰선박제거의무(開秩 제28조)]를 이행하는 데 들어가는 비용에 관하여는, 실무계에서는 약관으로 부담의 형평을 기하기 위하여 피보험자가 부담하는 것(保險金에서 공제)으로 정하고 있다.

위부를 한 때에는 피보험자는 보험의 목적물에 관한 증서를 보험자에게 교부하여야 한다(제718조 제2항). 보험의 목적물에 관한 증서란 보험의 목적에 관한 권리관계를 알 수 있는 서류(예컨대, 선박국적증명서·등기증서, 담보권설정·임대차

1) 金容泰(下) 73면.
2) 鄭熙喆·鄭燦亨(下) 597면. 同旨: 孫珠瓚(下) 628면.

등의 계약서 따위)를 말한다. 물론 증서교부의무는 위부의 효과일 뿐 요건이 아니므로 서류교부의 해태가 위부의 효력에 영향을 미치는 것은 아니다.

(2) 間接的 效果

피보험자가 위부를 한 때에는 그 간접적 효과로서 피보험자는 보험자에 대하여 보험금액의 전부를 청구할 수 있다(제710조). 위부의 원인이 보험의 목적의 일부에 대하여 생긴 경우에 위부를 한 때에는(제714조 제2항 단서) 그 부분에 대한 보험금액의 전부를 청구할 수 있다. 일부보험의 경우에는 보험금액의 보험가격에 대한 비율에 따라 청구할 수 있다(제714조 제3항).

委付는 單獨行爲이므로, 보험자의 동의를 요하지 아니하고 효력을 발생한다. 그러나 보험자는 이에 대하여 이의를 할 수 있으므로, 보험자가 위부를 승인하지 아니하는 때에는 피보험자는 위부의 원인을 증명하지 아니하면 보험금액의 지급을 청구하지 못한다(제717조).

보험자가 위부를 승인한 때에는 피보험자는 위부의 원인을 증명할 필요가 없으며, 또 보험자는 후일 그 위부에 대하여 이의를 하지 못한다(제716조).

제 4 관 責任保險契約

Ⅰ. 序 說

1. 責任保險契約의 意義

책임보험계약(contract of liability insurance, Haftpflichtversicherungsvertrag)이란 피보험자가 보험기간 중의 사고로 인하여 제3자에게 배상할 책임을 진 경우에, 보험자가 被保險者의 責任履行으로 인하여 생길 손해를 보상할 것을 목적으로 하는 보험계약을 말한다(제719조). 책임보험에서의 책임은 民事責任만을 의미한다. 민사책임인 이상 법률상의 책임[예컨대, 피용자의 재해에 대한 사용자의 보상책임(勤基 제78조 이하)], 계약상의 책임, 불법행위 · 채무불이행으로 인한 손해배상책임, 보증인의 책임 등 무엇이나 책임보험의 대상이 된다. 형사책임은 그것이 벌금 · 과료 등 금전적 이익의 박탈을 목적으로 하는 경우라도 책임보험의 대상이 될 수 없다.

2. 責任保險契約의 性質

책임보험계약은 피보험자가 제3자에 대한 손해배상책임을 이행함으로써 생긴 재산상의 손해, 이른바 間接損害를 보상하는 보험계약이므로(消極保險性) '손해보험계약'의 일종이며(損害保險性), 보험사고로 인하여 가치가 감소되는 것은 피보험자의 전 재산관계(구체적인 물건이 아니다)이므로 재산보험의 일종이다(財産保險性).

3. 責任保險의 種類

책임보험은 ① 그 객체에 따라 對人賠償責任保險과 對物賠償責任保險으로, ② 피보험자의 대상에 따라 영업책임보험 · 전문직업인책임보험 · 개인책임보험으로, ③ 보험금액한도액의 유무에 따라 유한배상책임보험과 무한배상책임보험으로, ④ 보험가입의 강제성 여부에 따라 임의책임보험(예컨대, 자동차종합보험 등)과 강제책임보험(예컨대, 자동차손해배상책임보험 · 산업재해보상보험 등)으로 나눌 수 있다.

4. 責任保險制度의 社會的 機能

(1) 加害者의 自衛手段

경제생활이 복잡하여지고, 특히 산업 · 교통이 발달함에 따라 불가피하게 발생하는 위해의 가해자는 손해배상책임을 면하기 어렵게 된다. 따라서 가해자는 그 가중되는 위험부담을 책임보험제도에 의하여 보험자에게 전가시킬 수 있다.

(2) **被害者의 救濟手段**

책임보험제도를 이용하면 加害者의 無資力으로 인하여 피해자가 충분한 보상을 받지 못하게 될 우려도 배제되므로 책임보험제도는 피해자의 손해배상청구권을 강화하는 수단이 된다.

Ⅱ. 責任保險契約의 特色

1. 保險의 目的

일반손해보험은 특정물에 대한 직접·유형의 손해(예컨대, 가옥의 소실, 선박의 침몰)를 보상하는 데 대하여, 책임보험은 불특정의 전 재산에 대한 間接·無形의 손해를 보상하는 것이다. 따라서 보험의 목적도 일반손해보험의 경우에는 '특정물'이나, 책임보험에서는 피보험자의 '全財産'이다.

또 피보험자가 경영하는 사업에 관한 책임을 보험의 목적으로 한 때(영업책임보험)에는, 피보험자 자신의 (제3자에 대한) 책임뿐만 아니라 그 영업상의 보조자(대리인 또는 그 사업감독자)의 (제3자에 대한) 책임도 보험의 목적에 포함시킴으로써(제721조) 보험자의 책임을 확장하고 있다(獨保 제151조 제1항, 스위스保 제59조 참조).

2. 被保險利益

책임보험계약은 피보험자의 전 재산을 보험의 목적으로 하므로, 피보험이익은 재산의 현상유지에 관한 이익이다. 그러나 피보험이익은 있어도 어떠한 사고에 의하여 얼마만큼의 손해가 발생할지 불확정적이고, 보험사고발생시에 확정되기 때문에 그 피보험이익의 가액(보험가액)의 산정은 원칙적으로 불가능하다. 따라서 책임보험에서도 보험료를 산출하기 위하여 보험금액은 정하여지지만, 보험가액이 원칙적으로 불확정적이므로 보험가액과 보험금액의 불일치에서 생기는 초과보험·일부보험은 문제될 여지가 없다. 다만 예외적으로 물건보관자의 책임보험이나 재보험의 경우에는 그 물건의 가액 또는 元受保險者의 책임액이 보험가액이 되므로 보험가액과 보험금액의 불일치의 문제가 생길 수 있다.

책임보험에서도 重複保險의 문제는 생긴다. 즉, 피보험자가 동일한 사고로 제3자에게 배상책임을 짐으로써 입은 손해를 보상하는 수개의 책임보험계약이 동시 또는 순차로 체결된 경우에 그 보험금액의 총액이 피보험자의 제3자에 대한 손해배상액을 초과하는 때에는 각 보험자는 보험금액의 비율에 의하여 손해를 분담하되, 각 보험자는 보험금액의 범위 내에서 연대책임을 진다(제725조의 2, 제672조, 제673조).

3. 保險事故

책임보험의 보험사고가 무엇이냐에 관하여는 당사자 간에 약정된 손해사고를 보험사고로 보는 損害事故說,[1] 피보험자에게 법률상의 책임이 발생할 때 이것을 보험사고로 보는 法律上責任發生說,[2] 피해자인 제3자로부터 피보험자에게 청구가 있었을 때 그것을 보험사고로 보는 損害賠償請求說,[3] 피보험자가 손해배상의무를 이행하였을 때 그 이행을 보험사고로 보는 損害賠償責任履行說 등으로 학설이 나뉘어져 있다.

i) 손해사고설은 손해를 일으킨 사고 자체를 보험사고로 보게 되나, 이러한 사고는 당연히 피보험자의 책임을 가져오게 하는 것이 아니므로 보험사고로 보기 어렵다.

ii) 법률상 책임발생설은 상법 제719조에는 합치하지만, 피보험자가 제3자의 청구에 응소하여 승소한 경우에는 책임부담이 되는 보험사고의 발생이 없는 것이 되어 응소비용을 손해방지·경감비용으로 청구할 수 없다는 결점이 있다.

iii) 손해배상청구설에 따르면 상법 제722조와 합치하고 응소비용은 보험자가 부담하게 되어 타당하지만, 보험사고의 발생시기가 제3자의 청구에 의하여 주관적으로 좌우된다고 하는 것이 난점으로 지적될 수 있다.

iv) 손해배상책임이행설은 상법 제724조 제1항의 취지에는 합치되는 것으로

1) 徐燉珏·鄭完溶(下) 463면; 鄭熙喆·鄭燦亨(下) 603면.
2) 蔡利植(下) 599면.
3) 崔基元(下) 638면.

풀이되나, 피보험자가 제3자에게 손해를 배상할 자력이 없는 경우에는 보험사고가 발생하지 아니한다고 하는 부당한 결과가 나오게 된다.

생각건대, 어느 학설에도 난점은 있다. 그러나 우리 상법의 해석론으로는 法律上責任發生說에 의거한 입법이라고 보아야 할 것이다. 왜냐하면 상법은 "… 보험자는 피보험자가 … 제3자에게 배상할 책임을 진 경우에 이를 보상할 책임이 있다."(제719조)고 규정하였기 때문이다. 그리고 상법 제720조가 피보험자가 지출한 방어비용을 보험의 목적에 포함시킨 것은 피보험자를 보호하기 위한 특별규정으로 보아야 할 것이다. 이러한 해석은 각종의 責任保險約款(예컨대, 배상책임보험보통약관, 자동차손해배상책임보험약관, 자동차종합보험보통약관 등) 및 특별법(예컨대, 화재로 인한 재해보상과 보험가입에 관한 법률, 자동차손해배상보장법 등)과도 합치한다.

4. 保險者의 義務

상법은 책임보험자의 補償責任(제719조)을 인정하되, 그 보상할 손해의 범위와 손해보상의 지급시기에 관한 특별규정을 두고 있다.

(1) 損害補償範圍

보험자는 피보험자가 제3자에게 배상한 손해, 즉 제3자에 대한 辨濟·承認·和解 또는 재판으로 인하여 확정된 債務(제723조 제1항 참조)[1] 외에, 피보험자가 제3자의 청구를 방어하기 위하여 지출한 裁判上(소송비용·변호사에 대한 보수) 또는 裁判外의 必要費用(제720조 제1항 제1문)을 보상하여야 하며(이 비용의 先給을 청구할 수도 있다)(제720조 제1항 제2문), 재판의 집행을 면하기 위한 담보제공 또는 공탁의 비용은 보험금액의 한도 내에서 보상할 책임이 있다(제720조 제2항). 그리고 피보험자의 방어행위와 담보제공·공탁행위가 보험자의 지시에 의한 것인 때에는 그 금액에 손해액을 가산한 금액이 보험금액을 초과하여도 이를 보상하여야 한다(제720조 제3항).

---

1) 大判 1995. 9. 26, 94 다 28093.

(2) 損害補償期間

보험자는 원칙적으로 보험금액이 정하여진 날로부터 10일 내에 보험금액을 지급하여야 하나(제658조), 책임보험에 있어서는 피보험자의 채무확정의 통지를 받은 때로부터 10일 내에 보험금액을 지급하여야 한다(제723조 제2항). 그러나 보험자는 피보험자가 제3자에 대하여 배상을 하기 전에는 피보험자에게 보험금액을 지급하지 못한다(제724조 제1항).

5. 被保險者의 義務

(1) 通知義務

피보험자가 제3자로부터 손해배상의 청구를 받은 때에는 지체없이 보험자에게 그 통지를 발송하여야 한다(제722조). 상술한 바와 같이 보험사고에 관하여 손해배상청구설을 취할 때에는 상법 제722조는 특별한 의의가 있는 규정이 된다. 또 피보험자는 제3자에 대한 변제·승인·화해 또는 재판으로 인하여 채무가 확정된 때에도 보험자에게 지체없이 그 통지를 발송하여야 한다(제723조 제1항). 이것은 일반보험계약에 있어서의 보험사고발생의 통지의무(제657조)와 그 취지가 같다.

(2) 協議義務

피보험자는 손해배상채무를 승인함(辨濟·承認 또는 和解)에 있어서 보험자의 동의를 얻어야 한다(제723조 제3항, 獨保 제154조 제2항, 佛保 제52조 참조). 그러나 보험자의 동의가 없었더라도 피보험자의 채무승인행위가 '현저하게 부당한' 경우에만 보험자는 보상책임을 면한다(제723조 제3항 참조).

6. 第三者의 直接請求權

(1) 意 義

책임보험계약은 자기를 위한 보험계약이므로 피해자인 제3자와 보험자 간에는 아무런 권리의무관계도 없어야 할 것이다. 그러나 상법은 제3자의 권리를 보

호하기 위하여 그에게 보험자에 대하여 보험금액을 직접 청구할 수 있도록 하였다.[1)]

(2) 先支給禁止

보험자는 피보험자가 책임을 질 사고로 인하여 생긴 손해에 대하여 제3자가 그 배상을 받기 전에는 보험금액의 전부 또는 일부를 피보험자에게 지급하지 못한다(제724조 제1항).

(3) 第三者의 直接請求權

제3자는 피보험자가 책임을 질 사고로 입은 손해에 대하여 보험금액의 한도 내에서 보험자에게 직접 보상을 청구할 수 있다(제724조 제2항 본문). 그러나 보험자는 피보험자가 그 사고에 관하여 가지는 抗辯으로써 제3자에게 대항할 수 있다(제724조 제2항 단서).

보험자가 제3자로부터 직접 청구를 받은 때에는 지체없이 被保險者에게 이를 통지하여야 한다(제724조 제3항). 이 경우에 피보험자는 보험자의 요구가 있을 때에는 필요한 서류·증거의 제출, 증언 또는 증인의 출석에 협조하여야 한다(제724조 제4항). 제3자의 直接請求權은 청구권이 확정된 날로부터 2년의 시효로 소멸한다.[2)]

Ⅲ. 保管者의 責任保險

1. 意　義

賃借人, 倉庫業者, 質權者 기타 타인의 물건을 보관하는 자가 그 지급할 손해배상을 위하여 그 물건을 보험에 붙인 경우에, 이것을 보관자의 책임보험이라고 한다. 보관자의 책임보험계약은 물건의 소유자를 피보험자로 하는 '타인을 위한 보험계약'이 아니라, 보관자 자신을 피보험자로 하는 '자기를 위한 책임보험계

1) 大判 1994. 5. 27, 94 다 6819; 大判 1995. 7. 25, 94 다 52911.
2) 大判 1993. 4. 13, 93 다 3622.

약'의 일종이다.

2. 保險者와 所有者와의 관계

보관자의 책임보험계약에서 피보험자는 보관자이지만 보관자의 무자력·파산 등으로 소유자가 손해배상을 받지 못할 경우가 있을 것이므로, 상법 제725조는 물건의 소유자를 보호하기 위하여 소유자가 보험자에 대하여 직접 손해의 보상을 청구할 수 있게 하였다. 따라서 보관자와 소유자는 다 같이 보험자에 대하여 손해배상청구권을 가지나, 보관자가 소유자에게 손해배상을 하지 아니하는 한, 소유자는 보관자에 우선하여 보상을 받을 수 있다고 보아야 할 것이다.

Ⅳ. 再保險契約

1. 再保險契約의 意義

재보험계약(contract of reinsurance, Rückversicherungsvertrag)이란 어떤 보험자가 인수한 보험계약상의 책임의 전부 또는 일부를 다른 보험자에게 인수시키는 보험계약이다. 재보험계약에 대하여 제일의 보험계약을 原保險契約(元受保險契約·主保險契約)이라고 하며, 원보험계약은 손해보험계약이든 생명보험계약이든 상관없다.

재보험은 원보험자가 인수한 위험의 전부 또는 일부를 분산시키는 기능(위험의 量的 分散機能), 원보험자가 인수한 보험종목 중 특히 위험률이 높은 것을 분산시키는 기능(위험의 質的 分散機能), 외국에 재보험함으로써 위험을 장소적으로 분산시키는 기능(위험의 場所的 分散機能)을 갖는다.

재보험계약에 관하여는 책임보험에 관한 상법의 규정을 준용한다(제726조). 그러나 보험법의 상대적 강행규정성을 정한 상법 제663조 본문의 규정은 재보험에 대하여는 적용되지 않는다(제663조 단서).

2. 再保險契約의 法的 性質

재보험계약의 법적 성질에 관하여는 크게 組合契約說과 保險契約說로 나눌 수 있다. 전자는 재보험계약의 당사자는 위험의 분산·이익의 획득에 있어서 공동목적을 가지므로 그 성질은 조합이라는 것이다. 보험계약설은 다시 原保險契約說과 責任保險契約說로 나누어지며, 전자는 재보험을 원보험과 같은 성질을 가진 보험이라 하고, 후자는 재보험계약은 책임보험계약의 일종이라 한다. 책임보험계약설이 통설이다.[1] 상법은 책임보험에 관한 규정을 재보험계약에 준용하고 있으므로(제726조) 책임보험계약설의 입장을 취하고 있다. 그러므로 원보험이 손해보험이든 인보험이든 그 재보험은 책임보험, 즉 손해보험이 된다.

3. 再保險契約의 種類

(1) 任意的 再保險과 義務的 再保險

임의적 재보험(特定再保險·個別的 再保險)은 원보험자가 필요하다고 인정한 경우에, 그 때마다 임의로 재보험을 체결하는 것이며, 의무적 재보험(一般的 再保險·包括的 再保險)은 원보험자와 재보험자가 미리 담보할 위험 기타의 조건에 관하여 포괄적으로 합의를 하여 두고, 원보험자가 원보험계약을 체결하면 자동적으로 재보험관계가 생기는 것이다. 후자가 많이 이용되고 있다.

(2) 比例特約再保險과 超過額特約再保險

의무적 재보험계약은 다시 두 가지로 나누어진다. 比例特約再保險(比例契約)은 각 원보험계약의 보험금액에 대하여 재보험자가 반드시 관여하고 일정한 비율로 위험을 인수할 권리와 의무를 가지는 것이며, 超過額特約再保險(超過契約)은 각 보험계약에 있어서 일정한도 내의 손해는 원보험자만이 부담하고, 재보험자는 이에 관여하지 않는 재보험제도이다. 즉, 원보험자가 재보험계약에서 정하여진 협정액을 초과하여 손해보상의무를 부담한 경우에만 재보험자에 대하여

---

1) 徐燉珏·鄭完溶(下) 468면; 鄭熙喆·鄭燦亨(下) 615면; 崔基元(下) 652면. Sieveking, *Das deutsche Seeversicherungsrecht*, §779 Anm. 37.

손해보상청구권을 취득한다.

4. 當事者間의 法律關係

(1) 原保險者의 義務

원보험자는 재보험료의 지급 이외에 보험계약자 또는 피보험자가 부담하는 각종의 의무를 가진다. 즉, 告知義務(제651조), 각종의 通知義務(제722조, 제723조 제1항, 제652조), 損害防止·輕減義務(제680조, 제720조 참조) 등을 부담하며, 이 밖에도 재보험계약에 따른 사무를 집행할 의무를 부담한다. 재보험계약은 당사자의 쌍방에 최대선의를 요구하는 계약이므로 원보험자는 성의껏 그 의무의 이행에 노력하여야 한다.

(2) 再保險者의 義務

재보험자는 損害補償義務를 진다. 이 때 재보험자의 보험금지급의무의 발생시기가 문제되는데, 이것은 재보험사고의 발생시기를 어느 때로 보아야 하느냐 하는 문제와 같은 문제이다. 재보험계약의 성질을 통설과 같이 책임보험계약의 일종으로 본다면, 책임보험사고를 어떻게 보느냐에 따라서 견해가 달라진다. 앞서 본 바와 같이 법률상책임발생설이 옳다고 보면 원보험의 피보험자가 법률상 제3자에 대하여 책임 내지 의무를 지게 됨으로써 원보험자가 자기의 피보험자에게 보상책임을 지게 된 때에 재보험자의 재보험금액지급의무가 생긴다고 보아야 할 것이다.

(3) 再保險者의 保險代位

재보험계약이 체결된 경우에 재보험자는 원보험자에게 재보험금을 지급한 한도에서 피보험자 등의 제3자에 대하여 가지는 권리를 代位取得한다. 그러나 이 경우에는 권리의 귀속과 권리의 행사를 분리하는 관습이 있어서, 제3자에 대한 권리를 원보험자가 자기의 명의로써 재보험자의 수탁자적 지위에서 행하는 것이 보통이다.

5. 原保險契約과 再保險契約의 관계

원보험계약과 재보험계약은 법률상 별개의 계약이다. 따라서 재보험계약은 원보험계약의 효력에 영향을 미치지 아니한다(제661조). 또한 원보험의 피보험자도 보험사고가 발생한 경우 직접 재보험자에 대하여 보험금지급청구권을 가지지 않는다.

재보험계약에는 책임보험에 관한 규정이 준용되므로(제726조) 원보험계약의 피보험자가 재보험자에게 保險金直接請求權(제724조 제2항)을 행사할 수도 있다고 본다. 그러나 실무에서는 피보험자가 외국의 재보험자에게 우리 상법에 따라 보험금직접청구권을 행사하기는 매우 어려울 것이다.[1] 어떻든 원보험계약의 피보험자가 재보험자에게 보험금직접청구권(제724조 제2항)을 행사할 수 있다.

제 5 관 自動車保險

Ⅰ. 自動車保險契約의 意義

자동차보험계약(contract of car insurance, Kraftfahrzeugvericherungsvertrag)이란 피보험자가 자동차를 소유·사용·관리하는 동안에 발생한 사고로 인하여 생긴 손해의 보상을 목적으로 하는 보험계약을 말한다(제726조의 2).

---

1) 徐燉珏·鄭完溶(下) 469면; 孫珠瓚(下) 649~650면; 梁承圭(保) 378면; 崔基元(下) 652면.

Ⅱ. 自動車保險의 種類와 法的 性質

1. 自動車責任保險

자동차책임보험은 피보험자동차의 사고로 인하여 피보험자가 제3자에게 책임을 짐으로써 발생하는 손해의 보상을 목적으로 하는 보험이다. 자동차책임보험은 다시 自動車對人賠償責任保險과 自動車對物賠償責任保險으로 나눌 수 있다. 자동차대인배상책임에 관하여는 특별법인 자동차손해배상보장법이 있다. 이는 강제보험으로서 자동차의 운행으로 인하여 타인을 사상케 한 경우의 손해를 일정 범위 내에서 보상할 것을 보장한다.

자동차책임보험은 책임보험의 일종이므로 상법의 자동차보험에 관한 규정외에 책임보험에 관한 규정(제719조~제725조의 2)도 적용된다.

2. 車輛保險

차량보험이란 일정한 사고로 인하여 피보험자동차 자체에 생긴 손해의 보상을 목적으로 하는 보험으로서 物保險이다. 차량보험에 관하여는 손해보험 통칙규정(제665조 내지 제682조)과 자동차보험에 관한 규정이 적용된다.

3. 自損事故保險

자손사고보험이란 피보험자동차의 사고로 피보험자의 생명이나 신체에 생긴 인적 손해의 보상을 목적으로 하는 보험으로서 인보험의 일종이다.

4. 自動車綜合保險

위에서 본 바와 같이 자동차보험은 여러 가지 측면이 있다. 위의 여러 종류의 보험의 전부 또는 일부의 가입을 목적으로 하는 보험을 통칭 자동차종합보험이라 한다. 자동차종합보험은 任意保險이다.

Ⅲ. 自動車保險契約에 관한 特則

1. 自動車保險證券의 記載事項

자동차보험증권에는 상법 제666조에 규정한 사항 외에도, ① 자동차소유자와 그 밖의 보유자의 성명과 생년월일 또는 상호, ② 피보험자동차의 登錄番號, 車臺番號, 車型年式, 機械裝置, ③ 차량가액을 정한 때에는 그 가액을 기재하여야 한다(제726조의 3).

2. 保險事故

(1) 責任保險의 경우

책임보험에서의 보험사고는 피보험자동차의 사고로 인한 법률상 손해배상책임의 발생이다.

(2) 車輛保險의 경우

차량보험에서의 보험사고는 차량의 멸실・훼손・도난 등 차량 자체에 관하여 생길 수 있는 모든 사고이다.

(3) 自損事故保險의 경우

자손사고보험에서의 보험사고는 피보험자동차의 사고로 입은 피보험자 등의 사망·상해이다.

3. 損害補償範圍

자동차보험계약의 보험자는 피보험자가 자동차 소유, 사용 또는 관리하는 동안에 발생한 사고로 인하여 생긴 손해를 보상할 책임이 있다(제726조의 2). 그러나 구체적인 損害補償範圍는 約款으로 규정하는 것이 보통이다. 책임보험에서는 약관에 규정된 보험료지급기준에 따라 산출한 금액이 보상금액이 되나, 訴가 제기된 경우에는 판결금액이 보상금액이며, 이 때 변호사비 등 각종 비용도 보상된다. 차량보험에서는 감가액 또는 수리비, 자손사고보험에서는 약정보험금이 보상된다.

4. 免責事由

면책사유에 관하여도 약관에 규정을 두는 것이 보통인데, 그 내용은 보험계약자, 피보험자, 피보험자의 사용자, 친족 등의 고의로 인한 손해, 전쟁·천재지변으로 인한 손해, 무현허운전,[1] 음주운전, 마약 등의 영향하의 운전 중에 생긴 손해, 범죄목적으로 사용 중의 손해, 근로기준법에 의해 재해보상을 받을 수 있는 손해 등에 대하여는 보험자에게 책임이 없다는 것이다. 그리고 차량보험에서는 보통 일정한 控除金額(小損害免責約款)이 있다.

5. 自動車의 讓渡

피보험자의 보험기간 중에 자동차를 양도한 때에는 양수인은 보험자의 승낙을 얻은 경우에 한하여 보험계약으로 인하여 생긴 권리와 의무를 승계한다(제726조의 4 제1항).

1) 大判 1990. 6. 22, 89 다카 32965; 大判 1990. 6. 26, 89 다카 28287; 大判 1992. 1. 21, 90 다카 20654.

보험자가 양수인으로부터 양수사실을 통지받은 때에는 지체없이 낙부를 통지하여야 하고, 통지받은 날로부터 10일 내에 낙부의 통지가 없을 때에는 승낙한 것으로 본다(제726조의 4 제2항).

제 4 장
人 保 險

제 1 절 通 則

Ⅰ. 人保險契約의 意義

인보험계약(contract of person insurance, Personenversicherungsvertrag)이란 당사자의 일방(保險者)이 상대방 또는 제3자의 생명이나 신체에 관하여 보험사고가 생길 경우에 보험금액 기타의 급여를 할 것을 약정하고, 상대방(保險契約者)이 이에 대하여 보수를 지급할 것을 약정함으로써 효력이 생기는 계약이다(제727조). 상법은 인보험을 생명보험과 상해보험으로 나누고 있다.

Ⅱ. 人保險의 特性

인보험은 ① 보험의 목적이 사람이고, 사람의 생명·신체에 관한 사고를 보험사고로 하는 점, ② 보험계약을 체결하는 동기가 손해의 보상이 아닌 점에서 정액보험인 점(그러나 오늘날의 상해·질병보험은 반드시 정액보험인 것은 아니다), ③ 피보험이익의 관념을 인정할 수 없고, 따라서 초과보험·중복보험·일부보험의 문제가 없는 점 등의 특색이 있다.

본래 보험계약을 체결할 때 보험자가 보험료를 받고 30일 내에 보험계약자의 청약에 대한 낙부의 통지를 발송하지 아니하면 보험계약이 성립된 것으로 보지만(제638조의 2 제1항 본문・제2항), 인보험에서 피보험자가 신체검사를 받아야 하는 경우(이른바 有診査保險)에는 이 30일의 기간은 신체검사를 받은 날로부터 기산한다(제638조의 2 제1항 단서). 또 보험자가 보험료를 받은 후 승낙 전에 보험사고가 발생한 때에도 보험계약자의 청약을 거절할 사유가 없는 한 보험자가 책임을 져야 하는 것이 원칙이지만, 유진사보험의 경우에는 피보험자가 신체검사를 받지 않은 때에는 보험자가 책임을 지지 않는다(제638조의 2 제3항).

Ⅲ. 人保險證券의 記載事項

인보험증권에는 손해보험증권의 일반적 기재사항(제666조) 이외에 보험계약의 종류, 피보험자의 주소・성명 및 생년월일, 보험수익자를 정한 때에는 그 주소・성명 및 생년월일을 기재하여야 한다(제728조).

Ⅳ. 保險者代位의 制限

인보험에 있어서는 보험계약의 목적이 손해보상에 있는 것이 아니므로 보험자는 보험사고로 인하여 생긴 보험계약자 또는 보험수익자의 제3자에 대한 권리(예컨대, 不法行爲로 인한 損害賠償請求權)를 대위하여 행사하지 못한다(제729조 본문). 다만 상해보험계약의 경우에 당사자 간에 다른 약정이 있는 때에는 보험자는 피보험자의 권리를 해하지 아니하는 범위 내에서 그 權利를 代位하여 행사할 수 있다(請求權代位)(제729조 단서). 醫療費 등의 지급을 목적으로 하는 상해보험의 경우는 생명보험의 경우와는 달리 일종의 손해보험의 성질을 가지고 있으므로, 보험자대위를 인정하는 것이 타당하기 때문이다.

제2절 生命保險契約

Ⅰ. 生命保險契約의 意義

생명보험계약(contract of life insurance, Lebensversicherungsvertrag)이란 피보험자의 생명에 관한 보험사고가 생길 경우에 약정한 금액을 지급할 것을 목적으로 하는 인보험계약을 말한다(제730조).

Ⅱ. 生命保險契約의 種類

1. 保險事故에 따른 分類

(1) 死亡保險

사망보험은 피보험자의 사망을 보험사고로 하는 보험계약이며, 이것은 다시 終身保險과 定期保險으로 나뉜다. 종신보험에서는 피보험자의 사망시까지 계약의 효력이 존속하고, 사망을 보험사고로 하여 보험금액을 지급한다. 정기보험에서는 피보험자가 일정한 기간 내에 사망한 경우에 보험금액을 지급한다.

사망보험계약에 있어서는 사고가 보험계약자 또는 피보험자나 보험수익자의 중대한 과실로 인하여 생긴 경우에도 보험자는 보험금액을 지급할 책임을 면하지 못한다(제732조의 2). 이는 피보험자가 고의가 아닌 중과실로 사망한 경우 그 유족 등 보험수익자를 보호하기 위하여 정책적인 배려를 한 것이다.

(2) 生存保險

생존보험은 피보험자가 일정한 연령까지 생존할 것을 보험사고로 하는 보험계약이며, 敎育資金保險·婚姻資金保險이 이에 속한다.

(3) 混合保險

혼합보험은 일정한 연령까지 생존하면 보험금액을 지급하는 동시에 일정한 연령 전에 사망한 경우에도 보험금액을 지급하는 보험계약이다. 養老保險(제735조)이 그 예이다.

2. 被保險者의 數에 따른 分類

(1) 單獨保險

단독보험은 피보험자 1인의 생사를 보험사고로 하는 보험계약이다.

(2) 連生保險 · 生殘保險

연생보험이란 피보험자 2인 중의 1인이 사망한 경우에 다른 1인이 보험금액의 지급을 받는 보험을 말하고, 생존보험이란 2인 중 특정한 1인이 사망한 경우에 다른 1인이 생존할 것을 조건으로 하여 보험금액의 지급을 받는 보험을 말한다.

(3) 團體保險

단체보험은 어떤 단체가 규약에 따라 구성원의 전부 또는 일부를 피보험자로 하는 생명보험계약이다(제735조의 3 제1항). 단체보험도 타인의 생명의 보험이기는 하나, 이 경우에는 타인의 생명보험계약에 필요한 피보험자의 동의가 필요없다(제735조의 3 제1항, 제731조).

단체보험계약이 체결된 때에는 보험자는 보험계약자에 대하여서만 보험증권을 교부한다(제735조의 3 제2항).

3. 保險金額의 支給方法에 따른 分類

(1) 資金保險

자금보험은 보험사고가 발생한 때에 보험금액의 전부를 지급하는 보험계약이다.

(2) 年金保險

연금보험은 보험금액을 연금으로 분할하여 순차로 지급하는 보험계약이며(제735조의 2), 終身年金保險과 定期年金保險이 있다.

4. 利益配當의 有無에 따른 分類

(1) 利益配當附保險

이익배당부보험이란 보험료 산정시 기초가 되는 예정률(예정이율, 예정사망률, 예정사업비율)과 추후 실제율(실제이율, 실제사망률, 실제사업비율)과의 차이로 인하여 이익이 발생한 경우 그 이익을 보험계약자에게 배당하기로 약정한 보험을 말한다. 통상 예정율은 보험기간이 장기인 생명보험의 특성상 보수적으로 산출하여 역마진에 따른 보험자의 경영악화를 방지하는 기능을 하는데 그 대신 사후적으로 이익이 발생하게 되면 보험계약자에게 이를 배당금으로 분배하는 것이다.

(2) 無利益配當保險

무배당보험이란 이익배당부보험과는 달리 이익을 배당하지는 않으나 예정율을 실제율에 근접하게 산출함으로써 동일한 내용을 보장하는 이익배당부보험에 비해 보험료가 저렴하다.

Ⅲ. 他人의 生命의 保險契約

1. 意 義

타인의 생명의 보험(Versicherung auf fremdes Leben)계약이란 보험계약자 이외의 제3자를 피보험자로 한 생명보험계약을 말하며, 他人保險이라고도 한다.

2. 制 限

타인의 생명의 보험계약을 무제한적으로 인정한다면, 도박화할 우려도 있고 피보험자의 생명에 위해를 가할 염려도 있어서, 나라마다 이를 제한하고 있다. 그 제한방법으로는, 피보험자인 타인의 생사에 관하여 어떠한 이익 또는 재산상의 이익을 가지는 자만이 이 보험계약을 체결할 수 있게 하는 利益主義(英·美·벨기에 등)와, 이익을 문제시하지 않고 단지 피보험자의 동의를 요구하는 동의주의(獨·佛·스위스 등)의 입법례가 있으나, 우리 상법 제731조는 同意主義를 취하고 있다.

3. 被保險者의 同意

(1) 同意가 필요한 경우

i) '타인의 사망을 보험사고로 하는 보험계약', 즉 死亡保險 또는 혼합보험의 경우에는 보험계약 체결시에 그 타인의 서면에 의한 동의를 얻어야 한다(제731조 제1항).[1)]

그러나 피보험자가 15세 미만자·心神喪失者 또는 心神薄弱者인 경우에는 자주적인 동의를 기대할 수 없고, 법정대리인에 의한 代理同意도 동의주의의 취지에 적합하지 아니하므로, 그러한 보험계약은 무효로 하였다(제732조).

ii) 보험계약으로 인하여 생긴 권리를 피보험자가 아닌 자에게 양도하는 경우에도 피보험자의 동의를 얻어야 한다(제731조 제2항).

보험계약자가 계약체결 후에 보험수익자를 지정 또는 변경함에는 피보험자의 동의를 얻어야 한다(제734조 제2항).

(2) 同意의 性質

피보험자의 동의는 계약의 효력발생요건이지 성립요건은 아니다. 동의의 배제특약은 무효이며(强行法規性), 동의는 계약에 대하여 이의가 없다는 의사의 표

1) 孫珠瓚(下) 665면.

명이므로 그 법적 성질은 準法律行爲이다.

(3) 同意의 方式·時期·撤回

동의의 방식은 반드시 서면에 의하여야 한다.[1] 동의는 계약성립 전에는 철회할 수 있으나 계약성립 후에는 보험수익자, 보험계약자의 동의가 있어야 철회할 수 있다.

Ⅳ. 他人을 위한 生命保險契約

1. 意 義

타인을 위한 생명보험계약이란 보험계약자 이외의 제3자를 보험수익자로 한 生命保險契約을 말한다. 이 경우 보험계약자와 보험수익자가 별개인이 된다. '타인을 위한 보험계약'은 이미 설명하였으므로 여기서는 보험수익자의 지정·변경에 관하여서만 설명하기로 한다.

2. 保險受益者의 指定·變更

(1) 指定·變更權의 行使

생명보험계약은 존속기간이 장기인 것이 보통이므로 사정변경에 따라 계약체결 후에 보험수익자를 지정하거나 변경할 수 있는 권리를 보험계약자에게 인정하였다(제733조 제1항). 이 指定·變更權은 形成權의 일종이므로 일방적 의사표시에 의하여 효력이 발생한다. 지정된 보험수익자가 보험존속 중에 사망한 때에는 보험계약자에게 再指定權이 있으며, 이 경우에 보험계약자마저 사망하였다면 보험수익자의 상속인을 보험수익자로 한다(제733조 제3항).

---

1) 大判 1996. 11. 22, 96 다 37084.

(2) 保險契約者의 死亡과 保險受益者의 地位

보험계약자가 보험수익자의 지정권을 행사하지 아니하고 사망한 때에는 피보험자를 보험수익자로 하고, 또 보험계약자가 보험수익자의 변경권을 행사하지 아니하고 사망한 때에는 보험수익자의 권리가 확정된다(제733조 제2항 본문). 다만 보험계약자가 사망한 때에는 그 승계인이 지정·변경권을 행사할 수 있다는 특약이 있는 경우에는 그러하지 아니하다(제733조 제2항 단서).

(3) 指定權行使 전의 保險事故의 發生

보험계약자가 지정권을 행사하기 전에 보험사고가 생긴 경우에는 피보험자 또는 보험수익자의 상속인을 보험수익자로 한다(제733조 제4항). 즉, 보험사고로 피보험자가 사망하였으므로 그 상속인이, 또 본래 지정된 보험수익자가 있었으나 그도 사망한 경우에는 그 相續人이 保險受益者가 된다.

3. 指定·變更의 通知

보험계약자가 계약체결 후에 보험수익자를 지정 또는 변경할 때에는 보험자에게 그 통지를 하지 아니하면 보험자에게 대항하지 못한다(제734조 제1항). 또 전술한 바와 같이 '타인의 生命의 保險'의 경우에는 보험자에 대한 통지 이외에 그 타인의 서면에 의한 동의를 얻어야 한다(제734조 제2항, 제731조 제1항).

Ⅴ. 保險者의 義務

1. 保險金額支給義務

본래 보험금액은 보험사고가 발생하여야 지급하는 것이다. 그러나 피보험자의 사망을 보험사고로 하는 보험계약에서는 사고의 발생없이 보험기간이 종료한 때에도 보험금액을 지급하기로 약정할 수 있다(제735조)(養老保險). 보험수익자가 보험금의 수령을 거부하는 때에는 보험계약자를 위한 생명보험계약이 된다.

2. 保險料積立金返還義務

상법 第649조, 第650조, 第651조 및 第652조 내지 第655조의 규정에 의하여 보험사고발생 전에 보험자가 임의로 계약을 해지한 경우나, 보험료의 불지급·고지의무위반·위험의 변경 또는 증가·보험계약자 등의 고의나 중과실로 인한 위험증가로 인하여 보험자가 계약을 해지한 경우, 그리고 보험자가 파산선고를 받아서 보험계약자가 계약을 해지한 때와 第659조 및 第660조의 규정에 의하여 보험금액의 지급이 면제된 때에는, 보험자는 보험수익자를 위하여 적립한 금액(이른바 責任準備金)을 보험계약자에게 지급하여야 한다(제736조 제1항 본문). 그러나 보험사고가 보험계약자의 고의 또는 중대한 과실에 의하여 생긴 결과, 보험자가 보험금액의 지급책임을 면하는 경우에는(제659조) 다른 약정이 없으면 보험자는 보험료적립금의 지급의무를 지지 않는다(제736조 제1항 단서). 보험자의 보험료적립금반환의무는 2년의 시효로 인하여 소멸한다(제662조).

3. 기타 義務

보험자는 약관에 의하여 이익배당의무·해약환급금반환의무 또는 保險證券貸付義務를 부담하는 경우도 있다. 보험증권대부의무란 보험계약자가 보험증권을 담보로 하여 해약반환금의 범위 내에서 보험자에 대하여 대부를 받으면 보험자가 후일 보험금액 또는 해약반환금을 지급할 경우에 지급할 금액으로부터 위의 貸付金額과 일정한 이자를 공제하는 것을 말한다. 보험증권대부의 법적 성질에 관하여는 해약반환금의 일부선급으로 보는 견해와,[1] 특수한 금전소비대차로 보는 견해가 있으나,[2] 이자의 계산 및 보험기간 중에 이자가 변제되는 점 등으로 미루어 후설이 정당하다고 본다.

---

1) 鄭熙喆·鄭燦亨(下) 651면.
2) 梁承圭(保) 454면 ; 崔基元(下) 672면.

제 3 절 傷害保險契約

Ⅰ. 傷害保險契約의 意義

상해보험계약(Unfallversicherungsvertrag, contract of personal accident insurance)이란 피보험자의 신체의 상해에 관한 보험사고가 생길 경우에 보험금액 기타의 급여를 할 것을 목적으로 하는 인보험계약을 말한다(제737조). 그러나 보험사고를 기준으로 본다면 상해보험은 단순한 신체상해사고의 담보를 의미하는 것이 아니라, 외부적인 급격한 원인에 의한 사고로 인하여 인체가 상해를 입을 수 있는 위험을 담보하는 것이다.[1]

Ⅱ. 傷害保險의 性質

생명보험은 어느 경우에나 정액보험이지만, 상해보험은 定額保險(상해의 태양에 따라 일정한 보험금액을 지급하는 경우)일 수도 있고, 不定額保險(치료비를 지급하는 경우)일 수도 있다.

Ⅲ. 傷害保險證券의 記載事項

상해보험증권의 기재사항은 인보험증권의 기재사항(제728조)과 같다. 그러나 피보험자와 보험계약자가 동일인이 아닐 때에는 '피보험자의 주소·성명' 및 생

1) 大判 1980. 11. 25, 80 다 1109.

년월일에 갈음하여 피보험자의 직무 또는 직위만을 기재할 수 있다(제738조).

Ⅳ. 傷害保險의 保險事故

상해보험의 보험사고는 ① 외부로부터 생긴, ② 급격하고도, ③ 우연한 사고이어야 한다. 같은 인보험에 속하는 것으로서 疾病保險이 있으나, 질병보험은 상해보험과는 달리 그 원인이 외부로부터의 급격한 사고에 있는 것이 아니고, 오로지 피보험자의 내부적인 원인에 의하여 발생한 것인 점에서 상해보험과 구별된다.

Ⅴ. 生命保險契約規定의 準用

생명보험에 관한 규정을 상해보험에 준용하되, 15세 미만자 등을 피보험자로 하는 계약을 금지하는 상법 제732조의 규정은 제외한다(제739조).

Ⅵ. 保險者代位의 許容

생명보험에서와는 달리 상해보험에서는 당사자 간에 다른 약정이 있는 때에는, 보험자는 피보험자의 권리를 害하지 아니하는 범위 내에서 그 권리를 대위행사할 수 있다(請求權代位)(제729조 단서). 또 특별법으로서 산업재해보상보험법(同法 제54조), 국민건강보험법(同法 제53조) 등에서도 청구권대위가 인정된다.

제 5 편
海 商 法

제 1 장
緖　　論

Ⅰ. 海商法의 意義

형식적 意義의 海商法이란 '상행위나 그 밖의 영리를 목적으로 항해에 사용하는 선박'(제740조)을 적용대상으로 하고 있는 상법전 제5편 海商編을 말한다. 종래 公・私法이 혼재되어 있는 해법으로부터 해상법을 분리시켜 상법에 규정한 것은 1807년 프랑스商法이 그 효시였다. 그 후 1861년의 獨逸舊商法이 이러한 立法例를 繼受하였고, 이어서 대륙법계 諸國의 상법도 해상법을 그 일부로 규정하게 되었다.

실질적 意義의 해상법이란 海上企業에 관한 관계주체의 이익의 조정을 위한 법규의 전체라고 할 수 있다. 海商法은 私法이므로 주로 私法法規로 구성되어 있으나,[1] 私法法規의 시행을 위한 公法法規도 포함한다. 따라서 실질적 의의의 해상법은 주로 상법 제5편에 규정되어 있으나, 그 밖에 조약・특별법령・관습법 등의 형식으로도 존재한다.

Ⅱ. 海商法의 地位

海商法은 상법의 일부문으로서, 해상기업생활관계를 규제하는 法이다. 기업일반을 그 규제대상으로 하는 상법에 대하여는 특별법으로서의 지위를 차지한

1) 세계적으로 볼 때 오늘날에는 해상법이 변질하여 공・사법을 다 포함하는 일반해법으로 발전해 가는 경향이 있다(네덜란드・중국・스칸디나비아 諸國). 獨逸海商法은 해운과 어업 양자를 포함하는 一般營利航海法으로 되어 있다.

다. 따라서 해상기업에 관한 법률사실에 관하여는 海商編의 규정 외에 상법총칙편·상행위편·민법 등의 규정이 보충적으로 적용된다(제1조 참조).

Ⅲ. 海商法의 特異性

1. 特異性과 自主性의 區別

(1) 해상법의 자주성(독립성)이란 해상법이 민법이나 (육)상법에 대해서 어느 정도 독립된 법분야로서 연구될 수 있는 실질적인 가치를 말하며, 海商法의 특이성(특수성)이란 해상법의 자주성을 인정하는 원인이 되는 특질을 말한다.

(2) 생각건대, 해상법의 특이성은 곧 그 규제대상인 해상기업의 특이성이 법적 규제의 면에 반영된 것이라고 할 수 있으므로, 해상기업의 특이성으로부터 해상법의 특수한 법적 규제가 요청되고, 해상법이 그 특이성을 지니므로 해상법의 자주성이 인정된다.

2. 海上企業의 특수한 技術的 性格

(1) 해상기업이란 직접 해양을 무대로 하여 선박에 의하여 영위되는 기업을 말한다. 그 대표적인 것은 해상운송기업이지만, 海難救助企業·漁業·海上曳船企業같은 것도 해상기업에 속한다. 海事에 관련된 기업으로서 海上保險業·海上賣買業·海上金融業같은 것도 있으나, 이런 것은 해상기업을 전제로 하거나 혹은 해상기업에 부수되는 것이므로 해상기업은 아니고, 다만 해상기업적 특색을 나타내는 데 불과할 뿐이다.

(2) 해상기업의 특이성은 기업 자체의 물리적·경제적·사회적 성질, 즉 해상기업의 기술적 성격에서 오는 것이나, 해상기업 특유의 절대적인 것은 아니며(상대적 의미에서의 특이성), 전체적·포괄적 경향으로 나타나는 것으로서(구체적으로 열거할 수는 없으나) 막연하게 '바다(海洋)의 色彩'라고 표현할 수 있는 것이다(海洋의 廣大性·危險性, 船舶의 大資本性·危險團體性 등이 중요한 특색이기는 하

나, 이것만으로 표현하기에 충분한 것은 아니다.).

3. 特異性의 內容

해상법의 특이성은 해상기업의 여러 가지 측면에서 찾아볼 수 있다. 즉, ① 기업조직면에서 보면 공동기업의 소박한 형태인 선박공유제도(제756조~제768조), 선박소유자 및 해난구조자의 유한책임제도(제769조~제776조), 法定된 선장의 대리권(제749조~제753조) 등을 들 수 있고, ② 企業去來面에서 보면 운송물의 船積·積付·保管·揚陸에 관한 기술적 배려(제794조 이하), 여객의 안전을 도모하기 위한 특수한 규제(제817조 이하) 등을 들 수 있으며, ③ 海上航行面에서 보면 海上航行의 기술성이나 선박의 고립성이 반영된 선박충돌(제876조~제881조), 공동해손(제865조~제875조), 해난구조(제882조~제895조)에 관한 특수한 규제 등을 들 수 있다.

4. 海商法의 傾向

해상법은 특히 그 통일적 경향이 상법의 다른 부분보다도 더 뚜렷한 것이 특색이라고 할 수 있으나, 통일성 이외에도 관습적 起源性, (정치적으로 영향을 받지 않는다는 의미의) 不動性의 경향을 들 수 있다.

Ⅳ. 海商法의 統一運動

운송도구인 선박과 그 조종방법, 선원의 조직같은 것은 대개 각국이 동일하며, 선박은 다같이 공통된 해상위험에 놓여져 있는데, 각국의 해상법이 서로 내용이 다르면 각 이해관계인에게 많은 불편을 주게 된다. 따라서 해상법은 한 국가·민족의 풍속·전통 기타의 사정과 밀접한 관계를 가지는 民法에 비하여 국제적 통일성이 강하며, 이러한 경향은 상법의 다른 분야보다도 더 적극적이다.

만약에 해상법이 세계적 흐름에 따라가지 못하는 낡은 것일 때에는 실무가들은 自國의 해상법을 외면할 수밖에 없게 되며, 선하증권을 통하여 현실에 맞는, 즉 해운선진국에서 사용하고 있는 법규 또는 조약을 수용하게 되고 동시에 자국의 해상법을 사문화시키게 된다. 따라서 해상법 분야에 있어서의 국제적 흐름을 파악한다는 것은 매우 중요하다. 그리고 이러한 법규의 통일은 주로 조약에 의하여 이루어지고 있다. 여기서는 지금까지 성립된 해상운송관계 조약 중 중요한 것들을 살펴보고, 구체적인 것은 해당되는 각 부분에서 설명하기로 한다.

(1) 해상법의 통일운동은 1860년 英國의 社會科學振興協會(The National Association for the Promotion of Social Science)에 의하여 소집된 그라스고會議에서 공동해손법의 통일에 관한 이른바 그라스고 규칙(Glasgow Resolutions)을 정한 것이 그 시초이다. 그 후 國際法協會(International Law Association, ILA), 國際海事委員會(萬國海法會)(Comité Maritime International, CMI), 政府間 海事協議機構(International Maritime Consultative Organization, IMCO), 國際聯合貿易開發會議(UN Conference on Trade and Development, UNCTAD) 및 國際聯合國際去來法委員會(UN Commission on International Trade Law, UNCITRAL) 등의 노력에 의하여 각종의 통일조약과 규칙이 성립되었다.

(2) 현재까지 성립된 해상운송관계 주요 규칙으로는 공동해손에 관한 요크·앤트워프 규칙(York-Antwerp Rules)(그라스고 규칙을 기초로 하여, 1864년에 제정된 이후 1877년, 1924년, 1950년, 1974년, 1990년, 1994년에 개정되었음)과 바르샤바·옥스퍼드 규칙(Warsaw Oxford Rules)(C.I.F. 약관의 통일을 목적으로 하는 규칙으로서 1928년의 바르샤바 규칙을 기초로 하여 1932년에 옥스퍼드 회의에서 수정작성되었음) 등이 있다. 이들 규칙들은 조약이 아니고 당사자의 합의에 의한 원용이 있을 때만 효력이 있는 통일규칙에 불과하지만, 현재 세계 각국의 해운·보험업자들이 약관으로 이 규칙을 적용하고 있다.

(3) 한편 주요 국제조약으로는 ① 1910년의 선박충돌에 관한 통일조약(International Convention for the Unification of Certain Rules of Law with respect to Collisions between Vessels, Brussels, Sep. 23, 1910, 1913년 발효), ② 해상에 있어서의 救援救助에 관한 통일협약(Convention for the Unification of Certain Rules of Law respecting Assistance and Salvage at Sea, Brussels, Sep. 23, 1910, 1913년 발효)(1967. 5. 27. 개정, 1977년 발효), ③ 1924년의 선박소유자의 책임제한에 관한 통일조약(International Convention for the Unification

of Certain Rules relating to the Limitation of the Liability of Owners of Sea-going Vessels, Brussels, Aug. 25, 1924, 1931년 발효)(1957년 개정 : 1957년 신조약, 1968년 발효, 1976년 改正 : 海事債權責任制限條約, 1986년 발효), ④ 1924년의 선하증권에 관한 통일협약(International Convention for the Unification of Certain Rules of Law relating to Bills of Lading, Brussels on Aug. 25, 1924 : The Hague Rules, 1931년 발효)(1968. 2. 23. 改正 : The Hague-Visby Rules, 1977년 발효) (1978. 3. 31. 改正 : 국제연합해상물건운송조약)(Hamburg Rules, 1992. 11. 발효), ⑤ 1926년의 해상우선특권 및 저당권에 관한 통일협약(International Convention for the Unification of Certain Rules of Law relating to Maritime Liens and Mortgages, Brussels, Apr. 10, 1926, 1931년 발효)(1967. 5. 27. 개정, 1987년 발효, 1993. 5. 6. 신협약), ⑥ 1926년의 국유선박의 면책에 관한 통일협약(International Convention for the Unification of Certain Rules concerning the Immunity of Stateowned Ships, signed at Brussels, Apr. 10, 1926), ⑦ 1952년의 船舶衝突民事裁判管轄協約(International Convention on Certain Rules Concerning Civil Jurisdiction in Matters of Collision, Brussels, May 10, 1952), ⑧ 1952년의 船舶衝突刑事裁判管轄協約(International Convention for the Unification of Certain Rules relating to Penal Jurisdiction in Matters of Collision or Other Incidents of Navigation, Brussels, May 10, 1952), ⑨ 1952년의 船舶假押留協約(International Convention relating to the Arrest of Sea-going Ships, signed at Brussels, May 10, 1952, 1956년 발효), ⑩ 1957년의 密航者協約(International Convention relating to Stowaways, Brussels, Oct. 10, 1957), ⑪ 1961년의 海上旅客運送協約(International Convention for the Unification of Certain Rules relating to the Carriage of Passengers by Sea, Apr. 29, 1961, 1965년 발효) ［1974년 개정 : 海上旅客・手荷物運送條約(아테네條約), 1987년 발효, 1990년, 2002년 개정］, ⑫ 1962년의 原子力船運航者責任協約(Convention on the Liability of Operation of Nuclear Ships, May 25, 1962), ⑬ 1967년의 海上旅客手荷物運送協約(International Convention for the Unification of Certain Rules relating to Carriage of Passenger Luggage by Sea, Brussels, May 27, 1963) ［1974년 改正 : 海上旅客・手荷物運送條約(아테네條約), 1987년 발효］, ⑭ 1967년의 建造중의 선박에 관한 권리의 등기에 관한 협약(International Convention relating to Registration of Rights in Respect of Vessels under Construction, Brussels,

May 27, 1967), ⑮ 1969년의 油類汚染損害에 대한 民事責任에 관한 국제협약(International Convention on Civil Liability for Oil Pollution Damage, Nov. 29, 1969, 1975년 발효)(1984년, 1992년 개정), ⑯ 1971년의 核物質海上運送分野에 있어서의 민사책임에 관한 협약(Convention relating to Civil Liability in the Field of Maritime Carriage of Nuclear-Material, Brussels, Dec. 17, 1971, 1975년 발효), ⑰ 1971년의 油類汚染損害賠償을 위한 국제기금설치에 관한 국제협약(International Convention on the Establishment of an International Fund for Compensation for Oil Pollution Damage, 1971, 1978년 발효)(1984년, 1992년, 2003년 개정) 및 ⑱ 1980년의 UN국제복합물건운송협약(UN Convention on International Multimodal Transport of Goods, 1980) 등이 있다. 한편 UNCITRAL에서는 2008. 7. 해상운송을 포함하는 'door to door' 운송에 기반한 새로운 국제운송법협약(Convention on the carriage of goods wholly or partly by sea)을 성립시켰다.

(4) 위의 각 조약 중 우리 상법이 그 내용을 受容하고 있는 조약은 ① 1910년의 선박충돌조약, ② 1910년의 해난구조조약, ③ 1976년의 해사채권책임제한조약,[1] ④ 국제연합 해상물건운송조약(함부르크 규칙)[2] 및 ⑤ 1926년 해상우선특권·저당권조약 등이다.

(5) 우리나라가 가입한 조약은 ① 1954년 油類에 의한 해양의 오염방지에 관한 국제조약(International Convention for the Prevention of Pollution of the Sea by Oil, 1954)(1954. 5. 12. 성립, 1958. 7. 26. 발효, 1978. 10. 30. 한국발효), ② 1966년 滿載吃水線에 관한 국제협약(International Convention on Load Lines, 1966)(1966. 4. 5. 성립, 1968. 7. 21. 발효, 1969. 10. 10. 한국발효), ③ 위 ⑮에서 언급한 1969년 油類汚染損害에 대한 민사책임에 관한 국제협약(1969. 11. 29. 成立, 1975. 6. 19. 발효, 1979. 3. 18. 한국발효, 1984년 개정), ④ 1969년 船舶噸數測定에 관한 국제협약(International Convention on Tonnage Measurement of Ship, 1969)[1969. 6. 23. 성립, 1982. 7. 18. 발효(한국 포함)], ⑤ 위 ⑰에서 언급한 1971년 油類汚染損害賠償을 위한 국제기금설치에 관한 국제협약(1971. 12. 18. 성립, 1978. 10. 16. 발효, 1993. 3. 8. 한국발효), ⑥ 1972년 國際海上衝突豫防規則協約(Convention on

1) 舊商法에서는 1924년의 선주책임제한조약을 수용하였으나, 1991. 12. 31. 개정상법에서 변경되었다.

2) 舊商法에서는 1924년의 선하증권조약(헤이그 규칙)을 수용하였으나, 1991. 12. 31. 개정상법에서 변경되었다.

the International Regulations for Preventing Collisions at Sea, 1972)(1972. 10. 20. 성립, 1977. 7. 15. 발효, 1977. 7. 29. 한국발효), ⑦ 1972년 안전한 컨테이너를 위한 국제협약(International Convention for the Safe Containers)(1972년. 12. 2. 성립, 1977. 9. 6. 발효, 1979. 12. 18. 한국발효), ⑧ 1974년 해상에서의 인명안전에 관한 국제협약(International Convention for the Safety of Life at Sea, 1974)(1974. 11. 1. 성립, 1980. 5. 25. 발효, 1981. 3. 31. 한국발효) 등이다.

우리나라는 주로 조약의 내용을 국내법에 수용하는 입장을 취한다. 그러나 前述한 바와 같이 海法의 국제적인 성격에 비추어 우리나라도 가급적이면 세계적으로 효력이 인정되는 각 조약에의 직접적인 가입에 인색해서는 안될 것이다.

Ⅴ. 우리나라의 海商法

1. 1962년 新商法

1962년에 공포되어, 1963년 1월 1일부터 시행된 商法典은 이전까지 사용되어 오던 依用商法이 해상보험규정을 해상편에 편제하던 것과는 달리 이를 보험편으로 옮겼다. 당시 해상편은 1924년의 선주유한책임조약과 선하증권통일조약(헤이그 규칙), "선박충돌에 관한 규칙" 등 통일조약을 수용하여, 의용상법에 비해 진취적인 모습을 보였다.

2. 1991년의 改正

신상법은 해상운송계약을 용선계약을 중심으로 규율하였고, 정기용선계약에 대한 규정이 미비하였으며, 근래의 국제조약을 반영하지 못하였다. 이에 따라 해상물건운송에 관한 1968년 헤이그 비스비 규칙과 1978년 함부르그 규칙, 선박소유자의 책임제한에 관한 1976년의 런던 해사채권책임제한조약 등을 수용한 개정법이 1991년 국회를 통과하여 1993년 1월 1일부터 시행되었다. 1991년 개정 해상법은 이 밖에도 해상운송관계인간의 합리적인 이해관계의 조정 및 해운

실무에 적합하지 아니한 규정의 정비 등 손질을 가하였다. 1999. 2. 5., 법률 제5809호로 공포된 '해난심판법 중 개정법률'은 종래의 '해난심판법'의 명칭을 '해양사고의 조사 및 심판에 관한 법률'로 개정하면서 그 부칙 제6조 제7항에서 상법 중 '海難救助'라는 용어를 '海洋事故 救助'로 변경하였다.

3. 2007년의 改正

2007년에 개정하여 2008년부터 시행된 개정해상법은 세계 주요 해운국의 해상법 체계를 참조하여 해상법의 전반적인 체계를 근대화하였다. 즉, 상법 제5편 해상편을 제1장 해상기업 관련 규정(총칙적 규정 및 선박 물권에 관한 규정),[1] 제2장 운송과 용선에 관한 규정(상행위법적 규정으로서 운송계약 관련 규정), 제3장 공동해손 등 해상 고유의 위험에 관한 규정(불법행위 등 비계약적 규정)으로 분류하였다. 제2장에서도 현대 해운업의 영업형식을 고려하여 기업활동을 운송과 용선으로 구분하고, 운송은 개품운송과 여객운송으로 구분하였는데, 개품운송의 말미에 복합운송인의 책임에 관한 한 개의 조문을 신설하였다. 용선은 항해용선, 정기용선 및 선체용선으로 각각 분리하여 규정하였다. '船體傭船'이라는 용어는 과거 '裸傭船'을 변경한 것이다. 운송증서에 관한 절을 새로이 창설하여, 선하증권, 전자선하증권 및 해상화물운송장을 규정하였다. 무엇보다도 해상운송인의 책임제한규정을 보완하여, 선주책임제한제도를 유지하는 바탕 위에, 포장단위당 책임제한의 한도액을 헤이그 비스비 규칙에 따라 소폭 인상하였고(현행 500 SDR에서 666.67 SDR로), 중량에 따른 책임제한제도(중량당 2 SDR)를 새로이 도입하였다(중량에 따른 책임제한은 부칙 제1조에 따라 2011년부터 시행). 해상위험과 관련하여 특기할 것은 '해양사고 구조'라는 용어가 다시 '해난구조'로 변경된 것이다.

1) 상법을 기업법이라고 보는 것이 오늘날 한국의 통설이나, 상법 자체에서는 "기업"이라는 용어를 사용하지 아니하였는데, 2007년 상법은 "해상기업"이라는 용어를 직접 사용하고 있다. 상법에 "기업"이라는 용어를 지접 사용할 것인가에 대한 학계의 진지한 고민이 없이 도입된 것이 아닌가 의문이다.

제 2 장
海上企業

제 1 절　船　　舶

Ⅰ. 序　　說

해상법은 海上企業에 관한 法이다. 그리고 해상기업에서는 선박이 필요불가결의 물적 설비이며, 선박의 운항을 전제로 하여 여러 가지 법률관계가 생긴다. 따라서 선박개념은 해상법상의 모든 문제의 법적 기초가 된다. 즉, 선박개념을 확정함으로써 해상법의 적용범위가 한정되고(제740조 · 제741조), 선박소유자 · 선박공유자 · 선박임차인 등 주요 개념도 선박개념에 의하여 밝혀지며, 여러 가지 법률관계(海産 · 船舶債權 · 선박소유자의 책임제한 · 선박충돌 · 공동해손 · 해난구조 등에 관련된 법률관계)도 선박개념을 떠나서는 해결될 수 없다. 반면에, 예컨대 海上賣買業이나 해상보험업 등은 해상기업과 관련된 영업이기는 하지만, 직접 선박에 의하여 영위되는 기업이 아니므로 고유의 의미에서 해상기업이 아니다. 그러므로 海上賣買法이나 海上保險法은 해상법에 속하지 않는다. 상법은 "이 법에서 선박이라 함은 상행위 그 밖의 영리를 목적으로 항해에 사용하는 선박을 이른다."(제740조)라고 규정하고 있으나, 이것은 해상법이 적용될 선박의 범위를 밝혔을 뿐 선박개념 자체에 대해서 해명한 것은 아니다. 그러므로 넓은 의미의 선박개념은 사회통념에 의하여 결정하는 수밖에 없다.

Ⅱ. 船舶의 意義

1. 廣義의 船舶

廣義의 선박이란 '水上航行에 사용되는 構造物'을 말한다. 따라서 사회통념상 선박으로 인정되려면, 浮揚性・積載性・移動性이 있어야 한다.

(1) 水上航行用

水上이란 水面과 水中(潛水商船)을 포함하나, 水上飛行機나 비행선은 선박이 아니다. 航行性이 있어야 하므로, 장소의 이동을 전제로 한다. 따라서 특정 장소에 고정되어 있는 것(예컨대, 浮標・燈臺船・水上호텔・水上倉庫・浮浴場・浮船渠), 또는 특정 장소에서 浚渫作業을 하는 浚渫船(준설물의 운반도 하면 제외된다.)은 선박이 아니다. 또 항행용이더라도 사용을 폐지하면 선박이 아니다.

(2) 航行能力

선박은 항행에 사용하는 것이므로 항행할 수 없는 선박, 즉 구조불능의 難破船, 引揚不能의 침몰선은 특별한 경우(제710조)를 제외하고는 선박으로 취급되지 않는다. 또 건조중인 선박도 특별한 경우(제790조)를 제외하고는 선박으로 취급되지 않으며, 進水 후 항행할 수 있는 정도가 될 때에 (완성 전이라도) 선박이 된다. 항행할 수 있는 한 獨航能力을 필요로 하지는 않는다. 그러나 난파・소실・구조불능의 침몰・좌초 등에 이르면 선박의 개념을 잃게 된다.

(3) 構 造 物

사람 또는 물건을 積載하여 운반하기에 적합한 구조물이어야 한다. 그러므로 그 자체를 운반하기 위한 떼(筏)는 선박이 아니다.

2. 海商法上의 船舶

해상법이 적용될 수 있는 해상법상의 선박, 즉 狹義의 선박이란 '商行爲 그 밖의 영리를 목적으로 항해에 사용되는 선박으로서, 短艇 또는 주로 櫓 또는 상앗대로 운전하는 선박이 아닌 것'을 말한다(제740조·제741조 제 2 항). 이를 分說하면 다음과 같다.

(1) 商行爲 기타 營利를 목적으로 하는 船舶(營利船要件)

상행위 그 밖의 영리목적이라 함은 선박의 운항에 의하여 상법 제46조에 속하는 행위를 함으로써 해상기업을 영위하는 것을 말한다. 상행위를 목적으로 하는 商船(예컨대, 운송선·공작선·救助作業船·導船船·商人用船舶)뿐만 아니라 기타의 영리를 위하여 사용하는 선박(예컨대, 어선)에 대하여도 商法이 적용된다.

(2) 航海에 사용하는 船舶(海船要件)

(가) 항해란 海上의 航行이고, 해상이란 湖川·港灣 이외의 수면을 말한다. 호천·항만의 범위는 平水區域에 의하여 정하고(商施規 제3조), 평수구역은 선박안전법시행령 제2조에 의하면 호수·하천 및 항내의 수역(항만법에 의하여 항만구역이 지정된 항만에 있어서는 그 구역)과 해양수산부령이 정하는 수역을 말한다[航行區域은 ① 平水區域(內水), ② 沿海區域, ③ 近海區域, ④ 遠洋區域으로 나누고, 원양·근해·연해를 항행하는 것을 航海라 한다]. 따라서 평수구역, 즉 內水를 항행하는 선박(내수선)에는 해상법이 적용되지 않는다(제125조).

(나) 그러나 항해선과 내수항행선 간의 선박충돌(제876조)·해난구조(제882조)의 경우에 있어서는 내수항행선에도 해상법을 적용한다. 運航裝置(推進器)가 있는 浚渫船은 廣義의 선박이긴 하나 항해가 목적이 아니므로 해상법상의 선박은 아니다. 내수와 항해 양쪽 모두에 사용되는 선박의 경우에는 평소의 항해구역에 따라 결정되어야 할 것이다.

(3) 社會通念上의 船舶(船舶要件)

사회통념상 선박이란, 광의의 선박을 말하는 것으로서 水上 또는 水中을 航行하는 데 사용하는 구조물이다. 廣義의 선박인 한 그 구조·형태·동력같은 것

은 문제되지 않는다. 또 獨航能力, 즉 自力으로 항행할 수 있는 능력이 필요한 것도 아니다.[1)]

(4) 特定船舶의 例外

(가) 항해선이라도 櫓櫂船과 公用船에 대해서는 해상법이 적용 또는 준용되지 않는다. 로도선, 즉 短艇 또는 주로 櫓 또는 상앗대로 운전하는 소규모의 선박(제741조 제2항)에 대해서 기술적인 해상법을 적용하는 것은 오히려 그 소유자에게 가혹하기 때문이다. 그러나 櫓櫂船과 航海船 간의 선박충돌·해난구조의 경우에 있어서는 櫓櫂船에도 해상법을 적용하여야 할 것이다.

(나) 船舶法 제29조는 公用船, 즉 國有 또는 公有의 선박(公船, 예컨대 軍艦·警備船·測量船)에 대하여는 해상법을 準用하지 않는다는 뜻을 규정하고 있으나, 이것은 '公用'에 제공된 국유 또는 공유의 선박으로 해석하여야 할 것이다.[2)] 그러나 公用船에 대하여도 해난구조·선박충돌의 경우에는 해상법을 적용한다(제876조·제882조).

(5) 準海商船

船舶法 제29조는 國有 또는 公有의 선박을 제외한 일반 항행선(私船, 예컨대 탐험선·유람선·학술연구선)에 대하여도 營利船은 아니지만 상법 해상편을 준용하도록 하였다. 따라서 해상법 중 특히 일반 航行法的 規定(선박·선장·해원·충돌·구조)이 준용될 것이다.

---

1) 이에 대하여 大判 1973. 5. 30, 73 다 142·143 및 同 1987. 11. 24, 87 누 593은, "항진기관이나 항진추진기가 없이 다른 선박에 의하여 예인되는 부선(艀船)은 그 톤수여하에 불구하고, 또 상행위 기타 영리를 목적으로 항해에 사용된다고 하더라도 이를 등기할 선박이 아니라고 해석함이 상당하다."고 하여 총톤수 298톤의 대형부선이 독항능력이 없으므로 선박이 아니라고 판결하고 있으나, 그 타당성은 의문이다. 大決 1998. 5. 18, 97 마 1788 : 예인부선은 압항부선, 해저조망부선을 제외하고는 그 톤수 여하에 관계없이 등기할 선박에 해당하지 아니한다.

2) 그러므로 國有船이라도 민간에 貸付되어 私用으로 사용하는 경우는 私船으로서 해상법의 준용을 받을 것이며, 民有船이라도 임대차계약 또는 정기용선계약 등으로 국가가 公用으로 사용하는 경우에는 준용이 배제될 것이다.

Ⅲ. 船舶의 性質

1. 不動産類似性

(1) 動産으로서의 船舶

민법상 土地 및 定着物 이외의 物件은 動産이다(民 제99조). 그러므로 海上을 航行移動하고 소유권 기타 권리의 객체가 되는 선박은 動産임이 명백하다.

(2) 不動産的 取扱

(가) 선박은 動産이지만 경제적으로는 그 가격이 高價이고, 또한 운송용구로서 이용하면서 擔保化할 필요가 있으며, 法律技術的으로도 선박은 명칭·국적·船籍港·자격·등급·톤수 등에 의하여 개별화됨으로써 登記簿上 동일성의 인지가 용이하다는 특수성이 있기 때문에 대체로 不動産과 같이 취급된다.[1)]

(나) 總噸數 20톤 이상의 선박에 관해서는 商法上 船舶登記制度(제743조), 船舶抵當權制度(제787조·제790조)·선체용선에 대한 등기제도(제849조)가 인정되고, 또한 節次法上 강제집행과 경매는 대체로 부동산의 경우와 같다(民執 제172조). 따라서 등기선박에 관한 한 선박을 동산으로 보는 實益이 적다. 또 刑法上 선박을 저택·건조물과 같이 취급하는 경우도 있다(刑 제319조).

(다) 한편 선박의 소유자는 선박을 등기한 후 선적항을 관할하는 해운관청에 그 선박의 등록을 신청하여 船舶原簿에 등재하고 船舶國籍證書를 교부받아야 한다(船 제8조).

---

1) 선박의 개별화를 이유로 선박의 성질로서 인격자유사성을 들기도 하나[徐燉珏·鄭完溶(下) 511면], 이것은 부동산유사성의 내용 내지 그로 인한 제2차적 특성으로 보는 것이 타당하지 않을까 생각한다.

2. 合成物로서의 船舶

(1) 船 舶

선박은 船體·甲板·帆檣·汽罐·客室·船艙 등 각 부분으로 구성되어 있으나, 단순한 集合物(예컨대, 거래의 편의상 일괄하여 다루는 공장 안의 기계, 창고 안의 상품 등)은 아니고, 통합된 한 개의 물건, 즉 合成物이다.

(2) 屬 具

(가) 屬具란 선박의 常用에 제공된 부속물이다. 따라서 선박 자체와는 별개의 물건이다. 예컨대, 羅針盤·測程器·救命袋·海圖·短艇·돛(帆)·닻(錨)·起重機 등은 선박의 구성부분이 아닌 독립물이면서 선박에 부속된 속구이다〔일반적 소모품인 양식·석탄·탄약·底荷(Ballast)와 같은 것은 속구가 아니다〕.[1] 특히 닻이나 기중기같이 선체에 부착된 것은 선박의 구성부분이냐 별개의 물건이냐의 구별이 문제된다. 선체와의 결합도 여하와 선박의 목적에 비추어 본 필수성 여하의 두 점을 중심으로 결정되어야 할 것이다.

(나) 속구는 선박 내에 비치하는 속구목록(선원법시행규칙 제13조 제2항 제4호·제14조 제4호)에 기재된 것에 한하여 선박의 종물로 추정된다(제742조). 따라서 속구는 민법상의 종물(民 제100조)과는 다르나, 속구목록에 기재되면 그것이 선박소유자의 소유물이 아니라는 반증이나 다른 특약이 없는 한 선박과 법률적 운명을 같이 한다.

Ⅳ. 船舶의 個性

1. 意 義

선박은 權利主體的 性質이 있기 때문에 公法上의 통제관계 및 私法上의 거래

1) 울산地判 1998. 9. 3, 98 가단 16905 판결 : 오징어 채낚이 어선에 설치된 자동조상기 등 어구(漁具)는 종물이다.

목적을 위하여 그 개성을 식별할 필요가 있다. 선박의 個性은 船名·國籍·船籍港·船級·噸數 등에 의하여 식별된다.

2. 船 名

선박은 등기선이든 비등기선이든, 船名을 붙여야 한다(船 제11조). 다만 總噸數 20톤 미만의 船艀·端舟 또는 櫓櫂만으로 운전하는 선박은 그러하지 아니하다(船 제26조).

3. 船舶의 國籍

선박의 國籍(nationality of ships, nationalité du navire)은 國際海商法上의 주요 準據法으로서 旗國法이 적용되고, 또 각국법은 대개 自國船과 外國船을 차별대우하고 있으므로 중요한 의미가 있다. 특히 韓國國籍船舶에 대하여는 ① 대한민국 국기를 게양할 수 있고(船 제5조), ② 不開港場에의 寄港과 국내 각 港間에서의 운송이 허용되며(船 제6조), ③ 登錄 및 國籍證書交付請求資格이 주어지고(船 제8조), ④ 船舶奬勵金을 받을 수 있는 등의 특권이 인정된다.

4. 船 籍 港

선박은 사람의 本籍·住所 또는 상인의 영업소와 같은 선적항을 갖는다. 총톤수 20톤 이상의 한국선박의 소유자는 대한민국에 선적항을 정하여야 한다(船 제7조 제1항). 선적항은 법률상 두 가지 의미가 있다. 하나는 航行法上의 등기 또는 登錄港(Registerhafen, port of registry)이고, 다른 하나는 商法上 海上企業의 本據港(Heimathafen, home port)이라는 뜻이다.[1] 양자는 일치하는 것이 보통이지만, 반드시 일치하여야 할 필요는 없다. 登錄港(船 제8조)은 주로 선박을

1) 大判 1991. 12. 24, 91 다 30880 : 선적항은 선박의 등기 또는 등록을 한 등록항의 뜻 외에 해상기업의 본거항의 뜻도 갖는다.

통제하기 위한 것이지만, 민사소송법상 관할의 기준이 된다(民訴 제13조). 본거항은 당해선박에 의한 기업경영의 중심지인 港으로서 마치 상인의 주소인 영업소와 같은 것이지만, 선박이 常時 發港 또는 귀항하는 航海基地와는 다른 개념이다.[1] 상법에서 선적항이라 할 때에는 본거항의 뜻으로 사용하는 경우가 많다(제749조 · 제753조).

5. 船舶의 資格 · 船級

(1) 선박의 안전운항을 위하여 해운수산부는 정기검사를 통하여 선박의 구조 · 재료 · 공사 및 현황에 따라 일정한 길이 및 속력을 표준으로 하여 항행능력을 측정하고, 그 능력에 따라 등급을 분류하는데 이 등급을 선박의 자격이라 한다. 선박의 자격에 따라 항행구역이 제한된다. 선박의 자격은 항행의 안전을 목적으로 한 선박의 분류이다.

(2) 한편 公認된 船級協會가 선박을 검사하여 그 선박의 堪航能力에 따라 등급을 정한 것을 船級(Klasse, ship's class)이라 한다. 선급의 명칭은 각 선급협회에 따라 복잡하게 나뉜다. 선급협회로서 세계적인 권위가 있는 것으로는 영국의 Lloyd's Register와 British Corporation, 프랑스의 Bureau Veritas, 獨逸의 Deutscher Lloyd, 이탈리아의 Registro Italiano, 미국의 American Bureau of Shipping 등이 있다. 선급은 해상보험계약상 중요한 의의가 있으며, 또 公法上으로도 韓國船級協會의 검사를 받아 선급을 등록한 선박은 선체 · 기관 기타의 船舶施設 및 滿載吃水線에 관하여 海運行政廳의 검사에 합격한 것으로 간주된다(船安 제8조의 2).

6. 船舶의 噸數 · 吃水 · 速力

(1) 톤수는 선박의 容積을 나타내는 것과 貨物積載能力을 나타내는 것 두 가지가 있다. 前者에는 총톤수(gross tonnage : G.T.)와 순톤수(net tonnage :

---

1) 竹田 廉, 海商法, 1937, 77면.

N.T.)가 있다. 총톤수는 선박 내부의 總容積을 말하고, 순톤수는 여객이나 화물의 운송용으로 제공되는 船內容積을 말한다(船 제3조 제1항 제2호·제3호). 貨物積載能力을 나타내는 것은 載貨重量噸數라고 하는데, 이것은 항행의 안전을 확보할 수 있는 한도 내에서 선박의 最大積載量을 나타낸다(船 제3조 제1항 제4호). 한국선박의 소유자는 선적항을 관할하는 해운관청에 선박의 총톤수의 측정을 신청하여야 한다(船 제7조 제1항).

(2) 이 외에도 주로 국제항해에 종사하는 선박에 대하여는 "1969年 船舶噸數測定에 관한 協約" 및 同協約의 부속서에 의거하여 측정한 國際總噸數가 있다(船 제3조 제1항 제1호). 길이 24미터 이상의 한국선박의 소유자는 해양수산부장관으로부터 국제톤수증서를 교부받아 선박에 비치하여야 당해 선박을 국제항해에 종사시킬 수 있다(船 제13조 제1항).

(3) 吃水(draught, draft)란 배의 아랫 부분이 물에 잠기는 깊이나 정도를 말하고, 吃水線이란 船腹이 물에 잠기는 한계선을 말한다. 吃水는 滿載平均吃水와 空船平均吃水가 있고, 항행할 곳의 水深과 밀접한 관계가 있다. 속력은 보통 평온한 해상에서 滿載한 선박의 1시간의 속력을 말한다.

Ⅴ. 船舶의 公示

(1) 선박에 관하여는 船籍을 확인하고 항해 및 선박의 관리를 쉽게 하려는 公法上의 필요에서 선박등록제도를 채택하고, 권리관계를 명확하게 하려는 私法上의 필요에서 소유권(제743조)·선체용선권(제849조) 및 저당권(제787조·제790조) 등의 선박등기제도를 채택하고 있다. 즉, 선박소유자는 선박등기법의 정하는 바에 따라 船籍港을 관할하는 지방법원, 同支院 또는 등기소에서 일정한 사항을 등기하여야 하고(船登 제4조~제6조), 선적항을 관리하는 海務官廳에 비치한 선박원부에 등록을 하고 선박국적증서의 교부를 받아야 한다(船 제8조·제18조 이하)(외국에서 선박을 취득한 경우에는 假船舶國籍證書, 船 제9조 제2항). 다만 총톤수 20톤 미만의 선박에는 등기를 인정하지 않는다(제754조, 船 제26조).[1] 총톤

1) 大判 1975. 11. 11, 74 다 112 : 총톤수 20톤 미만의 선박이나 단주 또는 노도만으로 운전하는 선박 및 항진기관이나 항진추진기가 없이 다른 선박에 의하여 예인되는 부선은 등기할 선박이 아니다.

수 20톤 미만의 기선, 총톤수 5톤이상 20톤 미만의 범선 및 총톤수 20톤 이상 100톤 미만의 부선(다만, 선박계류용·저장용 등으로 사용하기 위하여 수상에 고정하여 설치하는 부선을 제외한다) 등의 소형선박은 선적항을 관할하는 지방청장에게 해양수산부령이 정하는 바에 따라 선적증서원부의 기재를 신청할 수 있다(船 제26조의 2 제1항, 船施 제4조 · 제5조).

(2) 한국선박은 법령에 따로 정한 경우를 제외하고, 선박국적증서 또는 假船舶國籍證書를 교부받아 이를 船內에 비치하지 아니하면 대한민국 국기를 게양하거나 또는 항행할 수 없다(船 제10조).

(3) 선박등기가 부동산등기와 다른 점은 ① 선박소유권등기가 강제적인 점(船 제8조), ② 비등기선의 예외가 인정되고(船 제26조), ③ 선박관리인의 등기가 요구되며(제764조 제2항), ④ 등기와 선박국적증서에의 기재가 없으면 제3자에 대하여 선박에 관한 권리의 대항력이 생기지 않는 점(제743조 단서) 등이다.

VI. 船舶所有權

1. 船舶所有權의 得喪

선박소유권의 취득원인은 일반 동산과 대체로 같다. 따라서 증여 · 교환 · 매매 · 대물변제 · 상속 · 합병 · 시효 등으로 취득하게 되나(선박의 선의취득은 성질상 등기선박에는 인정할 수 없다.), 다음과 같은 특수원인에 의한 경우도 있다. 즉, 公法上의 취득원인으로 국제법상의 포획, 선박법 위반으로 인한 몰수(船 제32조 제3항) 및 收用 등이 있다. 私法上의 취득원인으로 造船 외에 상법상 특유한 것으로 保險委付(제710조), 異議 있는 선박공유자의 지분의 매수청구(제761조 제1항), 선박의 국적상실로 인한 선박공유자의 持分買受 또는 경매처분(제760조), 선장이 하는 매각(제753조)이 있다.

선박소유권의 상실원인은 대개 취득원인의 반면이나, 그 밖에 沈沒 · 解撤(解體)을 들 수 있다.

2. 船舶所有權의 讓渡

(1) 船舶所有權讓渡의 方法

총톤수 20톤 미만의 비등기선(船 제26조)에는 상법 제743조가 적용되지 않으므로(제744조 제2항),[1] 그 권리이전에는 민법상의 동산물권변동의 일반원칙에 따라서 '引渡'를 하여야 한다(民 제188조 제1항).[2]

등기선은 당사자간에 無方式의 합의(의사표시)만 있으면 양도할 수 있으며(제743조 본문), 보통 매도증서를 작성하나, 이것은 거래관행에 불과한 것이고 법률상의 효력발생요건은 아니다. 따라서 양도에 따른 이전등기와 선박국적증서의 명의개서는 이전의 대항요건이다(제743조 단서). 형식주의를 취한 민법의 일반원칙(民 제186조)을 등기선박에 적용한다면, 航海 중의 선박은(登記船은 대체로 규모가 크고 장기간 遠洋航海를 하는 것이 보통인데) 양도할 수 없는 불편이 생길 우려가 있으므로 이 불편을 덜기 위하여 의사표시라는 중대한 예외를 인정한 것이다.

(2) 船舶所有權讓渡의 效果

양도행위의 효과로 다른 특별한 의사표시가 없는 한 선박소유권의 이전과 함께 그 屬具의 소유권도 이전한다.

항해 중인 선박이나 그 지분을 양도한 경우에는 당사자 사이에 다른 약정이 없으면 그 항해로부터 생긴 손익은 양수인에게 귀속된다(제763조).

3. 建造 중의 船舶

건조 중의 선박은 선박저당권의 목적이 될 수는 있으나(제787조 · 제790조), 저당권의 설정 이외의 경우에는 동산에 관한 일반원칙에 따른다.

---

1) 大判 1967.12. 19, 67 다 1591 : 총톤수 20톤 미만의 소형선박은 등기능력이 없다.

2) 大判 1966. 12. 20, 66 다 1554 : 총톤수 20톤 미만의 소형선박에 관한 권리의 이전은 당사자 간의 합의만으로써는 그 효력을 발생할 수 없는 것이고 일반 동산의 예에 따라 그 인도를 받지 아니하면 그 소유권을 취득할 수 없는 것이다. 同旨 : 大判 1969. 7. 29, 68 다 2236 ; 同 1999. 6. 22, 99 다 7602(항진추진기가 없어서 선박등기의 대상이 되지 아니하는 부선에 대한 물권의 양도는 인도하여야 효력이 발생한다).

제2절 船　　長

Ⅰ. 總　　說

1. 海上企業의 補助者

(1) 해상기업보조자에는 陸上補助者(상업사용인·선박대리점·선박중개인)와 海上補助者가 있다.

(2) 육상보조자는 상사에 관한 보조자로서 본점·지점 등의 영업조직(지배인 기타의 상업사용인)과 선박대리점·운송주선인·선박중개인 등이 있다.

(3) 해상보조자는 선박의 운항에 관한 보조자로서 선장·선원 기타의 해원 및 선박사용인이 있다. 선원법상 선원이란 "임금을 받을 목적으로 선박 안에서 근로를 제공하기 위하여 고용된 자로서, 선장·해원 및 예비원(승무 중이 아닌 자를 말한다)"을 말한다(船員 제3조 제1호). 船長이란 "해원을 지휘·감독하며 선박의 운항관리에 관하여 책임을 지는 선원"을 말한다(船員 제3조 제2호). 그리고 海員이란 "선박 안에서 근무하는 선장이 아닌 선원"을 말한다(船員 제3조 제3호).

(4) 해상법은 육상보조자에 대하여는 상법총칙·상행위법의 규정에 미루고, 해상보조자 가운데 선원, 특히 선장의 대리권에 관한 규정만을 두고 있다. 선원에 대하여는 선장의 직무·권한에 관한 규정 외에 주로 선원에 관한 행정법 및 노동법적 규정을 내용으로 한 선원법이 있다.

≪海員·船舶使用人·導船士≫

1. 海　　員

해원이란 선박소유자의 피용자로서 특정 선박에 승선하여 선장의 지휘·감독하에 항해상의 업무에 종사하는 자로서 선장 이외의 자를 말한다. 해원으로는 항해사, 기관사, 통신사, 기타 노무에 종사하는 선원이 있다. 해원은 선박소유자의 대리인이 아니므로 기업보조자가 아니다. 다만 선원법 및 선박직원법에서 주로 노동관계 및 행정적 감독에 관하여 규정한다.

2. 船舶使用人

선박사용인이란 임시로 선박상의 노무에 종사하기 위하여 고용된 자를 말한다. 광의로는 해원을 포함하나, 상법에서 말하는 선박사용인은 해원은 포함하지 아니한다(제774조 · 제795조 참조). 曳船業者(tug operator) · 도선사(pilot) · 적하감독인 · 檢收人(tally man) 등이 있다. 선박사용인도 선박소유자의 경우와 동일하게 책임을 제한할 수 있으며(제774조 제1항 제3호), 이 자의 운송계약상의 운송물에 관한 고의 · 과실로 인하여 운송인이 손해배상책임을 지는 경우가 있다(제795조 제1항).

3. 導 船 士

도선사란 일정한 구역(導船區)에서 도선업무를 할 수 있는 도선사 면허를 받은 자를 말한다(導船 제2조 제2호). 導船이란 도선구에서 도선사가 선박을 안전한 수로로 안내하는 것을 말한다(導船 제2조 제1호). 도선은 도선박을 사용하여 하는 수도 있고 선박에 탑승하여 하는 수도 있다. 항구에 따라서는 도선사에 의한 도선이 강제되는 수도 있고(强制導船區) 그렇지 않은 경우도 있다(任意導船區). 도선은 자격자가 면허를 얻어 하여야 하는데, 항만관리청 소속 직원일 수도 있고 도선업의 영업자인 경우도 있다. 도선사는 선장의 보조자이므로 도선사의 과실에 대하여는 선박소유자가 사용자책임을 지나(예컨대, 선박충돌 : 제880조), 이 책임은 제한할 수 있다(제774조 제1항 제3호).

2. 船長의 意義

廣義의 선장(master, Kapiän, Schiffer)이란 특히 선박의 항해지휘자를 말한다. 따라서 광의의 선장에는 선박소유자 또는 선박공유자로서 동시에 선장인 자(同時船長, 自船船長)도 포함한다.

협의의 선장(상법상의 선장)이란 선박소유자의 피용자로서 특정선박의 항해를 지휘하고, 그 대리인으로서 사법상 · 공법상의 직무권한을 가진 자를 말한다.

3. 船長의 地位의 特殊性

(1) 선장은 기업거래조직상 선박소유자의 기업대리인으로서의 지위에 있을 뿐만 아니라, 항해조직상 생활공동체 내지 위험공동체인 선박의 운항지휘자로서의 지위에 있으므로(복합적 지위), 사법상·공법상의 특수한 규제를 받게 된다.

(2) 선장은 기업거래조직상 선박소유자의 피용자로서 법률상 정형적·포괄적이며(제733조 제1항) 함부로 제한할 수 없는 대리권한을 가지는 점에서, 지배인·이사·선박관이인 등과 비슷하다. 그러나 ① 특정선박의 지휘자이고, ② 그 지위에 있어서 선원법상의 船舶權力(Schiffsgewalt)이 부여되어 있으며, ③ 그 대리권의 범위가 항해단위로 정하여지는 등의 점에서 그들과 다르다.

(3) 상법상의 선장(狹義)은 다른 법률상의 선장과 반드시 일치하는 것은 아니다. 예컨대, 선원법상의 선장은 광의의 선장이어서 선박소유자의 피용자로서 대리권을 가짐을 요건으로 하지 않으므로 선박의 지휘자는 모두 선장이다. 상법 제748조의 代船長은 상법상의 선장이다.

(4) 선장의 지위는 15세기 이후에 선박소유자로부터 분화되기는 하였으나, 선박소유자와 함께 해상기업의 공동경영자로서 강력한 권한을 행사할 수 있었고, 그 책임 또한 매우 엄격하였다. 한편 선박의 운항지휘자로서의 선장의 권한, 즉 船舶權力은 해원에 대한 刑罰權까지 포함하는 강대한 것이었다. 그러나 18세기에 와서 모든 형벌권은 국가에 귀속되게 됨에 따라 선장은 해원의 지휘명령권과 징계권만 보유하게 되었고, 20세기에 와서는 이 징계권도 민주화되었다. 현대에 와서는 교통·통신의 발달과 지점·대리점의 발달로 선장에게 그와 같은 강력한 권한과 책임을 부여할 필요가 없어진 결과, 권한과 책임이 축소되어 선장은 선박소유자의 단순한 상업사용인의 지위로 전락하였다. 1991년의 개정상법은 이점을 고려하여 선장의 직무상의 주의의무에 관한 규정과 해원의 선임감독책임에 관한 규정(1991년 개정전 상법 제770조 및 제771조)을 삭제하였다.

Ⅱ. 船長의 選任·終任

1. 船長의 選任

선장은 선박소유자(제745조)·선박관리인(제765조 제1항) 또는 선체용선자(제850조 제1항 참조)가 선임한다. 선장이 불가항력으로 인하여 그 직무를 집행하기가 불능한 때에는 法令에 다른 규정이 없으면 타인을 선정하여 선장의 직무를 집행하게 할 수 있는데, 이를 代(位)船長이라 하고, 代(位)船長은 선장이 자기책임하에 선임한다(제748조). 선장의 자격에 관하여는 상법에 정함이 없으나 선박직원법상 해당선박과 항행구역에 맞는 海技士 免許를 가진 자이어야 한다(동법 제4조·제11조). 선장 선임계약의 법적 성질은 고용과 위임의 혼합계약인 경우가 대부분이다.[1)]

2. 船長의 終任

(1) 선장의 지위는 고용 또는 위임기간의 만료, 선장의 사임·사망·파산·금치산선고 등에 의하여 종료되나, 해상법의 특이성 때문에 선박의 멸실·침몰·수선불능·운항불능·포획·1개월 이상의 존부불명의 경우에도 종임된다. 또 선박소유자는 언제든지 선장을 해임할 수도 있다(제745조). 다만 정당한 사유없이 해임한 경우에는 선장의 손해배상청구권이 인정된다(제746조).

(2) 선장이 선박공유자인 경우에(동시선장), 그 의사에 반하여 해임된 때에는 다른 공유자에 대하여 상당한 가액으로 그 지분을 매수할 것을 청구할 수 있으며(제762조 제1항), 이 경우에는 선장은 지체없이 다른 공유자 또는 선박관이인에 대하여 그 통지를 발송하여야 한다(제762조 제2항). 선장이 항해 중에 해임 또는 임기가 만료된 경우에도 다른 선장이 그 업무를 처리할 수 있을 때 또는 그 선박이 선적항에 도착할 때까지 그 직무를 집행할 책임이 있다(제747조).

---

1) 孫珠瓚(下) 774면.

Ⅲ. 船長의 企業去來組織上의 地位

1. 企業代理人으로서의 代理權

(1) 船長의 代理權

(가) 기업대리인으로서의 선장은 선박소유자의 授權行爲에 의하여 대리권을 갖게 되나, 그 대리권의 범위는 한정되어 있고, 그 대리권에 가한 제한은 선의의 제3자에게 대항하지 못하는 것이 특색이다(제751조).

(나) 선장의 대리권의 법정 범위에 관한 입법주의로는 ① 선박이 선박소유자 또는 그 대리인의 소재지에 있느냐 없느냐를 구별하여, 그 소재지에 있으면 특별한 授權을 요한다고 하는 선주소재지주의(佛法主義, 佛商 제232조), ② 행위의 종류에 따라 구별하여, 중요행위 이외의 선박이용에 관한 모든 행위에 대리권이 미친다고 하는 선장행위주의(英法主義), ③ 선박의 선적항의 내외에 따라 구별하여, 선적항 내에서는 그 권한을 축소하는 반면에 선적항 외에서는 그 권한을 확대하고, 특정한 경우에는 선박소유자의 소재지를 불문한다고 하는 선적항주의(獨法主義, 獨商 제526조·제527조) 등이 있으나, 우리 상법은 선적항주의를 채택하였다.

(다) 선주소재지주의는 선박소유자가 변동할 때마다 선장의 권한도 변동하므로 거래의 안전을 기할 수 없고, 선장행위주의는 어떤 행위가 중요행위인지 식별이 어려운 경우가 많으므로 선적항주의가 가장 합리적이다.

(2) 船籍港內에서의 代理權

선적항에서는 선장은 특히 위임을 받은 경우 이외에는 해원의 고용과 해고를 할 권한만을 가진다(제749조 제2항).[1)]

1) 大判 1968. 5. 28, 67 다 2422 : 선박에 승무하는 해원의 고용은 선장 고유의 대리권에 속한다. 大判 1991. 12. 24, 91 다 30880 : 本據港에서 선장이 체결한 구조계약은 선장에게 계약체결 대리권이 없어서 효력이 없다.

(3) 船籍港內外에서의 代理權

선장은 선박소유자의 위임이 있으면 선하증권의 발행(제852조 제3항) · 적하의 인도 · 운임 기타 체당금의 수령 · 운송물의 유치(제807조 제2항) · 운송물의 공탁(제803조) 등을 선적항의 내외를 불문하고 할 수 있다. 그러나 선장의 이와 같은 적하취급에 관한 권한은 육상기업보조자에 의하여 대부분 처리되므로 실제로는 선장이 이러한 권한을 행사할 수 있는 여지는 거의 없고, 오직 연혁적인 유물로 남아 있을 뿐이다.

(4) 船籍港外에서의 代理權

(가) 通常代理權

선적항 외에서는 선장은 자기가 지휘하는 선박의 항해를 위해서 필요한 재판상 또는 재판 외의 모든 행위를 할 수 있다(包括 · 定型的)(제749조 제1항). 이 대리권에 대한 제한은 선의의 제 3 자에게 대항하지 못한다(제751조). 선장의 대리권은 특정 선박의 특정 항해, 즉 선적항을 출발하여 그곳에 복귀할 때까지의 전 항해에 필요한 행위에 한정된다. 재판상의 행위란 소송행위이며, 재판외의 행위란 다음과 같은 것이 있다.

(a) **運航行爲**: 해원의 고용 · 해고 · 도선사의 사용 · 선박의 艤裝 · 항해필수품의 조달 · 선박의 수선 · 구원구조계약의 체결 등 운항에 필요한 행위이다.

(b) **運送行爲**: 선장은 선적과 양륙을 지시하고 운송물을 선적하며, 운임을 지급받기 위하여 유치권을 행사하고, 운송물을 수하인에게 인도하며, 수령불능시에 운송물을 공탁하는 등 운송행위를 할 권한이 있다. 또한 위법 또는 위험한 운송물을 처분할 권한이 있다(제800조, 제801조).

(c) **營利行爲**: 선장의 선적항 외에서의 운송계약을 체결하는 등 영리행위를 할 권한이 있는가에 관하여는 견해가 나뉜다. 부정설은 영리행위는 통상 육상에서 대리인을 통하여 이루어지는데다가, 본래 선장의 운송에 관한 권한은 항해에 관련된 것에 한정되기 때문에 이를 부정하여야 한다고 한다.[1] 그러나 다수설과 판례는[2] 거래의 안전을 고려하고, 선장의 해상기업의 보조자라는 지위에서 볼 때 그 권한을 인정하는 것이 타당하다고 한다.[3]

---

1) 崔基元(海) 113면 ; 孫珠瓚(下) 781면.
2) 大判 1975. 12. 23, 75 다 83 : 선장의 대리권에는 개품운송계약체결권도 포함한다.
3) 蔡利植(Ⅳ) 261면 ; 徐燉珏 · 鄭完溶 571면 ; 鄭燦亨(下) 731면 ; 鄭東潤(下) 746면 ;

(나) 非常代理權

선장의 광범한 법정대리권은 선박소유자의 경제적 이익을 고려하여 다음과 같이 제한 또는 확장되기도 한다.

(a) 신용행위의 대리권은 제한된다. 즉, 선장은 선박수선료·해난구조료 기타 항해의 계속에 필요한 비용(예컨대, 양식이나 식료품의 구입비·曳船料·導船料 등)을 지급하여야 할 경우 이외에는 ① 선박 또는 屬具를 담보에 제공하는 일, 借財하는 일, ② 적하의 전부나 일부를 처분하는 일은 하지 못한다(제744조 제1항). 적하의 처분이란 법률행위에 의한 처분행위(예컨대, 적하의 매각·입질)이든 사실상의 처분행위(예컨대, 적하인 석탄을 연료로, 양식을 食料로 사용하는 것)이든 불문하나, 이것은 선박소유자의 대리인으로서 처분하는 것이므로 [이것은 적하의 이해관계인을 위한 적하처분의무(제752조)와는 구별된다.], 선박소유자는 적하의 이해관계인에게 손해배상책임을 진다. 그 손해배상액은 정형화되어 적하가 도달할 시기의 揚陸港의 가격에 의하여 정하되(제750조 제2항 본문), 그 배상액 중에서 수하인이 지급을 요하지 아니하는 비용(예컨대, 관세·양육비용)은 공제하여야 한다(제750조 제2항 단서).

(b) 선박의 긴급매각권이 인정된다. 즉, 선적항 외에서 선박이 수선불능이 된 때에는 선장은 해무관청의 인가를 얻어 선박을 경매할 수 있다(제753조). 수선불능에 관하여 상법은 의제규정을 두고 있다. 즉, 사실상의 수선불능인 경우, 그것이 절대적 불능이라면 문제가 없으나, 상대적 불능이라면 의문이 생기므로, '선박이 그 현재지에서 수선을 받을 수 없으며, 또 그 수선을 할 수 있는 곳에 도달하기 불가능한 때'는 수선불능으로 보고(제754조 제1항 제1호)(지리적 불능), 수선비가 선박의 가액[항해중 훼손된 경우에는 발항시의 가액, 기타의 경우에는 훼손 전의 가액(제754조 제2항)]의 4분의 3을 초과하는 경제적 불능도 수선불능으로 보고 있다. 지리적 불능에는 사실상의 불능과 시간적 불능을 포함하며, 경제적 불능에는 수선에 관한 직접·간접의 비용과 회항비를 포함한다.

2. 企業代理人으로서의 義務

선장은 항해에 관한 중요사항을 지체없이 선박소유자에게 보고하여야 하고

李基秀(保·海) 363면.

(보고의무)(제755조 제1항), 매항해를 종요한 때에는 그 항해에 관한 계산서를 지체없이 선박소유자에게 제출하여 그 승인을 얻어야 한다(계산의무)(제755조 제2항). 또 선박소유자가 청구하면 언제든지 항해에 관한 사항과 계산의 보고를 하여야 한다(제755조 제3항).

Ⅳ. 船長의 航行組織上의 地位

1. 船舶運航責任者로서의 職務權限의 特色

선박운항책임자로서의 선장은 선박 내의 질서유지와 안전확보를 위하여 강대한 권한을 행사할 뿐만 아니라 특수한 의무를 부담하도록 법정되어 있는 것이 특색인데, 주로 선원법에서 규정하고 있다. 이 권한은 선박소유자의 기업거래적 이익의 보호와는 관계없이 선박운명공동체의 안전이란 공동의 이익을 위하여 선장 자신의 합리적인 판단과 책임하에 행사된다.

2. 船員法上의 職務權限

선장은 선박이라는 고립된 생활공동체·위험공동체의 책임자이기 때문에 선박소유자에 대하여 가지는 ① 급식청구권(船員 제74조), ② 비용·수당지급청구권(船員 제60조·제75조·제87조·제88조·제90조·제92조), ③ 송환 또는 송환수당청구권(船員 제41조~제42조), ④ 강대한 선박권력(Schiffsgewalt)(船員 제6조·제24조~제26조, 司職 제7조)을 행사한다.[1] 뿐만 아니라, 특수한 의무로서, ① 해원감독의무(船員 제6조), ② 감항능력검사의무(船員 제7조), ③ 항해성취의무(船員 제8조), ④ 직접지휘의무(船員 제9조), ⑤ 在船義務(船員 제10조), ⑥ 선박위험시의

1) 선박권력(Schiffsgewalt)이란, ① 선박 및 선상의 적하 기타 모든 물건에 미치는 가택권적 지배권(船員 제11조), ② 해원·여객 기타 선박에 있는 사람에 대한 명령권(船員 제6조, 제25조 제2항·제3항, 제26조), ③ 선박을 영토의 연장으로 하여 선장에게 부여된 일부 국권의 행사(사법경찰관리의 직무를 행할 자와 그 직무범위에 관한 법률 제7조) 등을 내용으로 한다.

조치의무(船員 제11조), ⑦ 구조의무(船員 제12조~제13조), ⑧ 이상기상 등의 통보의무(船員 제14조), ⑨ 비상배치표의 게시 및 비상훈련실시의무(船員 제15조), ⑩ 사망시의 조치의무(死體의 水葬 및 유류품 보관 등)(船員 제17조~제18조). ⑪ 재외국민의 송환의무(船員 제19조), ⑫ 선박서유비치의무(船員 제20조), ⑬ 항해에 관한 보고의무(船員 제21조), ⑭ 승무원명부의 公認申請義務(船員 제44조), ⑮ 호적사항의 기재・통지의무(戶 제49조 제2항・제54조・제94조) 등이 있다.

3. 船長의 積荷・手荷物處分義務

(1) 積荷處分義務

i) 선장은 상술한 공법상의 의무 외에, 상법 제752조 제1항에 의하여 "항해 중에 적하를 처분하는 경우에는 이해관계인의 이익을 위하여 가장 적당한 방법으로 하여야 한다."는 적하처분의무를 부담하고 있다.

ii) 선장이 적하처분을 한 결과 적하의 가격 이상의 채무를 적하이해관계인에게 부담시키는 것은 부당하므로, 그 이해관계인은 적하의 가액을 한도로 하여 채권자에게 책임을 진다(제752조 제2항 본문). 즉, 인적 유한책임을 인정한 것이다. 다만 선장의 그 처분이 적하이해관계인의 과실로 인하여 발생한 경우에는 적하이해관계인은 채권자에 대하여 책임제한을 주장하지 못한다(제752조 제2항 단서). 따라서 적하의 가액과는 상관없이 완전배상책임을 진다.

(2) 携帶手荷物處分義務

선장은 여객이 사망한 때에는 선內에 있는 유류품에 대하여 보관 기타 필요한 조치를 취하여야 하나(船員 제18조), 사망자의 휴대수하물은 그 상속인에게 가장 이익이 되는 방법으로 처분하여야 한다(제824조).

4. 船長의 共同海損・海難救助・違法積荷物에 관한 權限

(1) 船長의 共同海損處分權

선장은 선박과 적하의 공동위험을 면하기 위하여 선박 또는 적하에 대한 처분을 하고, 이 처분행위로 인하여 생긴 손해와 비용을 이해관계인에게 분담시킬 수 있다(제865조 · 제866조). 이러한 공동해손처분권을 선장에게 부여한 것은, 고립된 위험공동체인 선박의 운항책임자라는 지위로 보아 임기응변의 신속한 조치를 취함으로써 해상위험을 극복하도록 하기 위한 것이다.

(2) 船長의 救助料支給에 관한 權限

선장은 해난구조가 있는 경우에는 구조료채무자를 대신하여 그 지급에 관한 재판상 또는 재판 외의 모든 행위를 할 권한이 있다(제894조 제1항). 선장이 선박의 운항책임자란 점에서 법정대리권을 인정하여 구조료채권자로 하여금 채무자(선박 및 적하의 소유자)를 상대로 따로따로 권리를 행사하게 하는 데서 오는 불편을 덜어준 것이다. 선장이 소송행위를 한 경우에, 그 확정판결의 효력은 구조료채무자에게도 미친다(제894조 제2항).

(3) 船長의 違法積荷物 · 危險物處分權

(가) 선장은 법령 또는 계약에 위반하여 선적한 운송물 또는 수하물을 언제든지 양륙할 수 있고, 그 운송물 또는 수하물이 선박이나 다른 운송물에 危害를 미칠 염려가 있는 때에는 언제든지 이를 포기할 수 있다(제800조 제1항 · 제826조 제2항). 선장은 위법적하물이라도 이를 운송하는 때에는 선적한 곳에서의 동종 운송물의 최고운임의 지급을 청구할 수 있다(제800조 제2항). 이와 같은 운송물 · 수하물에 대한 처분권의 행사와 운임의 청구는 운송인, 그 밖의 이해관계인의 손해배상청구에 영향을 미치지 않는다(제800조 제3항).

(나) 또 引火性, 爆發性, 그 밖의 위험성이 있는 운송물 또는 위탁수하물은 운송인이 그 성질을 알고 선적한 경우에도 그 운송물이 다른 운송물에 危害를 미칠 위험이 있는 때에는 선장이 언제든지 이를 양륙, 파괴 또는 무해처분할 수 있다(제801조 제1항, 제826조 제2항). 이 때 그 운송물에 발생한 손해에 대하여는 공동해손분담금을 제외하고 그 배상책임이 없다(제801조 제2항 · 제826조 제2항).

V. 船長의 責任

1. 任務懈怠로 인한 責任

선장은 선박소유자에 대하여 위임관계에 있으므로 선량한 관리자의 주의로써 그 업무를 처리하여야 할 의무가 있고, 선장이 이 의무에 위반하여 선박소유자에게 손해를 가한 때에는 채무불이행으로 인한 손해배상책임을 져야 한다(民 제390조).

2. 海員의 監督責任

선장은 사용자인 선주에 갈음하여 사무를 감독하는 자이므로 피감독자인 해원이 직무집행 중 타인에게 가한 손해를 배상하여야 할 책임이 있다(民 제756조 제2항). 해원은 선장 자신이 고용한 경우이든(제749조 제2항), 선박소유자가 고용한 경우이든 불문한다.

3. 繼續職務執行의 責任

선장은 항해 중에 해임되거나 임기가 만료되더라도 다른 선장이 그 업무를 처리할 수 있는 때, 또는 그 선박이 선적항에 도착할 때까지는 그 직무를 계속 집행할 책임이 있다(제747조).

4. 代船長의 選任責任

선장이 불가항력으로 인하여 그 직무를 집행할 수 없는 때에는 법령에 다른 규정이 있는 경우를 제외하고 자기의 책임하에 타인을 선정하여 선장의 직무를 집행하게 할 수 있다(제748조). 대선장은 민법상의 復代理人과 비슷하지만, 선장은 대선장의 선임에 관하여만 책임을 지는 점에서 다르다(民 제121조 제1항 참조).

제 3 절 船舶共有

Ⅰ. 總 說

1. 船舶共有制度

선박공유제도는 해운업이 과거 거대한 자본이 요구되고, 고도의 위험이 수반되던 모험사업이었던 때 널리 이용되던 제도이었으나, 오늘날에는 회사제도를 이용하면 마찬가지의 유한책임의 이익을 향수할 수 있고, 선박의 운항도 매우 안전하여졌으므로 이 제도가 잘 이용되지 않는 실정이다.

2. 船舶共有者의 意義

선박공유자(Mitreeder)란 廣義로는 선박을 共有하는 자를 말하고, 狹義로는 공동의 해상기업활동을 목적으로 공유하는 선박을 항해에 사용하는 자(해상법상의 선박공유자)를 말한다. 전자에 대하여는 민법의 공유에 관한 규정(民 제262조 이하)을 따르면 되므로, 상법은 후자에 대하여만 특별한 규정을 두고 있다. 상법은 1척의 선박의 공유를 전제로 하므로 數人이 2척 이상의 선박을 공유하여 해상기업을 경영하는 경우에도 상법규정의 적용에 있어서는 각 선박마다 별개의 공유관계가 생기게 된다.

Ⅱ. 船舶共有의 性質

선박공유는 조합관계를 수반하나, 민법의 조합제도와는 관계없이 발달한 것이며, 인적 요소가 경시되어 있으므로 조합이나 인적 회사보다는 물적 회사에 가깝다고 할 수 있다. 그와 같이 보는 이유는 선박공유가 ① 공유자의 탈퇴 · 제명의 불인정, ② 지분다수결에 의한 의사결정(제756조 제1항), ③ 지분가격에 비례한 비용 및 손익분담(제757조 · 제758조), ④ 지분양도의 자유(제759조), ⑤ 소수지분권자의 지분매수청구권인정(제761조), ⑥ 선박관리인의 선임 · 등기(제764조) 등에서 물적 회사의 경우와 유사하기 때문이다.

Ⅲ. 船舶共有의 法律關係

1. 船舶共有의 內部關係

선박공유는 일종의 조합이므로 그 내부관계에 관한 상법의 규정은 원칙적으로 임의규정이다. 따라서 선박공유의 내부관계에 관하여 먼저 정관이 적용되고, 다음으로 상법이 적용되며, 상법에 규정이 없으면 민법의 조합에 관한 규정이 적용된다.

(1) 業務執行

(가) 공유선박의 이용에 관한 사항은 공유자의 지분의 가격에 따라 그 과반수로 결정한다(제756조 제1항). 이것은 선박의 이용, 즉 선박을 상행위 기타의 영리목적으로 항해에 사용하는 것에 한하며, 선박공유에 관한 계약을 변경하는 사항(목적변경 · 양도 등)은 공유자의 전원일치로 결정한다(제756조 제2항).

(나) 선박공유는 일종의 기업조직이므로 그 업무집행기관으로서 선박관리인을 선임하여야 하는데(제764조), 선박관리인은 특별한 내부적인 제한이 없으면(제766조), 선박의 이용에 관한 裁判上 또는 裁判外의 모든 행위를 할 권한이 있

다(제765조 제1항).

(2) 費用分擔·損益分配

선박공유자는 그 지분의 가격에 따라 선박의 이용에 관한 비용을 분담하고(제757조), 每航海의 종료 후에 그 손익을 분배한다(제758조).

(3) 少數持分權者의 持分買受請求

(가) 신항해의 개시 또는 선박의 대수선을 결의한 경우 이의가 있는 소수지분권자는 일정한 기간 내에 다른 공유자에 대하여 상당한 가액으로 자기의 지분을 매수할 것을 청구할 수 있다(제761조 제1항). 지분매수의 청구를 하고자 하는 者 중 결의에 참가한 공유자는 그 결의가 있은 날로부터 3일 내에, 또 결의에 참가하지 아니한 공유자는 그 결의의 통지를 받은 날로부터 3일 내에, 다른 공유자 또는 선박관리인에 대하여 그 통지를 발송하여야 한다(제761조 제2항). 이 지분매수청구권은 상대방의 승낙의 여부를 불문하고 당연히 상당한 가액으로 그 지분을 매수할 의무를 부담시키는 것이므로, 그 성질은 형성권의 일종이다.

(나) 또 선박공유자인 선장이 그 의사에 반하여 해임된 때에도 다른 공유자에 대하여 상당한 가액으로 그 지분을 매수할 것을 청구할 수 있다(제762조 제1항). 이 경우에는 지체없이 다른 공유자 또는 선박관리인에게 통지를 발송하여야 한다(제762조 제2항).

(4) 持分의 讓度와 殘留共有者의 持分買受請求

지분의 양도는 선박관리인의 경우를 제외하고는 자유로이 할 수 있다(제759조). 또 선박공유자의 지분이전 또는 국적상실로 인하여 선박이 대한민국의 국적을 상실하게 될 때에는 다른 공유자는 상당한 대가로 그 지분을 매수청구하거나 그 경매를 법원에 청구할 수 있다(제760조).

2. 船舶共有의 外部關係

(1) 船舶共有者의 責任

선박공유자는 선박의 이용에 관하여 생긴 채무에 대하여는 그 지분의 가격에 따라 변제책임을 진다(持分責任主義)(제757조, 民法 제712조는 均一分擔主義이다).[1] 선박공유자도 선박소유자의 책임제한에 관한 규정(제746조 이하)에 따라 유한책임을 질 수 있다. 이와 같이 상법이 선박공유자에게 연대책임(제57조 제1항)을 지우는 등 책임을 엄격하게 묻지 아니하고 주주유한책임의 경우(제331조)와 마찬가지로 소유지분에 따른 지분책임주의를 취한 것은 해상기업의 특수성을 고려하여 선박공유자의 책임을 경감함으로써 해상기업을 보호·육성하기 위한 것이다.

(2) 船舶管理人

(가) 選任·解任

선박공유자는 지분의 가격의 과반수에 의하여 선박관리인(ship's husband, managing owner, Korrespondentreeder)을 선임할 수 있으나, 공유자 아닌 자를 선박관리인으로 선임하는 경우에는 공유자 전원의 동의가 있어야 한다(제764조 제1항). 선박관리인은 선박이용에 관한 대리인으로서, 국가의 감독권 행사를 용이하게 하고 거래의 편의를 위하여 인정된 것이다. 선박관리인의 해임에 관하여는 규정이 없으나 역시 持分의 가격의 과반수에 의한다. 공유자 아닌 선박관리인의 경우에도 같다. 선박관리인의 선임과 대리권의 소멸은 등기하여야 한다(제764조 제2항).

(나) 法的 地位

i) 선박관리인은 법정권한을 가지는 임의대리인이다. 따라서 선박이용에 관한 재판상 또는 재판외의 모든 행위를 할 권한이 있으며(定型化)(제765조 제1항), 그 대리권에 대한 제한은 선의의 제 3 자에 대항하지 못한다(제765조 제2항). 다만 선박관리인이라도 ① 선박을 양도·임대 또는 담보에 제공하는 일, ② 신항해를 개시하는 일, ③ 선박을 보험에 붙이는 일, ④ 선박을 大修繕하는 일, ⑤ 借財하는 일은 선박공유자의 서면위임이 없으면 하지 못한다(제766조).

ii) 선박관리인은 선박공유자를 위하여 선박의 이용에 관한 업무를 집행하는 대리인이므로 위임에 관한 민법의 규정이 적용되는 한편, 업무집행에 관한 장부의 비치·기재의무(제767조)와, 매항해의 경과상황과 계산에 관한 서면보고의무(제768조)를 부담한다.

---

1) 이 지분책임주의에 대하여 외부에서 선박공유자의 지분비율을 알 수 없다는 점을 이유로 상법의 일반원칙인 연대책임주의로 새기는 것이 타당하다는 비판이 있다 : 蔡利植(下) 690면.

3. 船舶共有의 解散 · 淸算

선박공유자는 선박의 침몰 · 멸실 · 양도 또는 이용의 폐지 등 독특한 사유로써 해산하나, 상법에는 선박공유의 해산과 청산에 관한 규정이 없으므로 민법의 조합에 관한 규정(民 제719조 이하)에 따라 청산을 한다.

제 4 절 船舶所有者 等의 責任制限

Ⅰ. 總 說

1. 海上企業主體로서의 船舶所有者

해상기업의 주체에 관하여 해상법은 해상운송인을 중심으로 규정하고 있으나, 이 밖에 선박소유자, 선박공유자 · 선박임차인 및 정기용선자가 있다. 선박소유자와 선박공유자는 자기소유의 선박을 이용하여 기업활동을 하는 自船艤裝者이며, 선박임차인과 정기용선자는 타인의 선박을 이용하여 자기 명의로 기업활동을 하는 他船艤裝者이다.

2. 船舶所有者의 意義

선박소유자란 廣義로는 선박의 소유권자를 말하고, 狹義로는 자기가 소유하는 선박을 해상기업활동의 목적으로 항해에 사용하는 자(商法上의 선박소유자), 즉 船舶艤裝者를 말한다.

II. 海上企業의 責任制限制度

1. 序 說

해상기업의 주체 또는 그 보조자는 기업활동과 관련하여 다양한 원인으로 제3자에게 손해를 가하게 되는데, 이 경우 해상기업의 주체와 그 보조자, 즉 선박소유자 등이 일정한 손해에 관한 채권에 대해서는 일정한 한도로 그 책임을 제한할 수 있다. 이를 선박소유자의 책임제한 또는 유한책임이라고 한다. 선박소유자의 책임제한제도는 배상책임액을 포괄적으로 일정한 범위로 제한한다는 점에서 이를 總體的 責任制限制度(global limitation of liability)라고 한다. 해상법상 責任制限制度로는 이 외에도 해상물건운송인의 책임(제797조), 적하이해관계인의 책임(제752조 제2항), 공동해손분담의무자의 책임(제868조), 해난구조료채무자의 책임(제884조 제1항) 등과 같이 해상기업관계자와 그 상대방과의 개별적인 채권·채무를 제한하는 책임제한제도도 있으니, 이를 個別的 責任制限制度라고 한다. 개별적 책임제한제도는 개별적인 운송계약에서 운송물의 단위 또는 포장을 기준으로 운송인의 책임을 일정액으로 제한하는 제도이다. 선박소유자의 책임제한제도는 세계각국이 오래 전부터 이를 인정하고 있다. 다만 그 제한방법과 범위에는 다소 차이가 있었으나 오늘날에는 거의 통일되어 가고 있다.

2. 責任制限의 方法(立法主義)과 그 批判

(1) 序 說

선박소유자의 책임제한에 관하여는 세계 주요 해운국이 1976년의 해사채권책임제한조약을 채택하거나 이를 국내법화하여 사용하고 있으므로 종래의 입법주의는 연혁적인 의미밖에 없다.

(2) 委付主義(佛法主義: Abandonsystem)

(가) 선박소유자는 원칙으로 인적 무한책임을 부담하나, 채권자에 대하여 海

產(그 航海終末에 있어서의 선박 · 운임 · 손해배상청구권 · 보수청구권 등 船主의 海上의 영업재산)(Seevermögen)을 위부하여 책임을 면할 수 있다(일종의 任意債務). 여기서 委付라 함은 선박소유자의 일방적 의사표시에 의한 소유권의 이전을 의미한다. 선박소유자의 책임을 每航海의 종말에 있어서의 海產에 한정하므로 항해주의라고도 한다.

(나) 위부주의는 결과적으로 선박소유자에게 인적 무한책임과 물적 유한책임 중에서 선택권을 갖도록 한 것이다. 프랑스法系(改正前 佛商 제216조 제2항), 일본상법(改正前 日商 제690조) 및 우리나라의 의용상법(依商 제690조)이 이에 속한다.

(다) 그러나 위부주의는 ① 위부재산의 가액이 채권액을 초과하는 경우에도 그 초과액을 반환받을 수 없으므로 채권총액과 책임재산액을 조사해야 하는 불편이 있으며, 선박소유자가 위부권의 행사를 신중히 함으로써 채권자의 구제가 지연될 수 있고, ② 海產이 零 또는 부채로 남는 경우에는 선박소유자가 전혀 책임을 지지 않는 결과가 되고, ③ 위부의 효력이 유효한가 아니한가에 관하여 분쟁이 일어나기 쉬우며, ④ 선박소유자가 채권자의 동의없이 다시 항해를 한 때에는 委付權을 상실하므로 위부권의 상실을 꺼려 선박을 오랫동안 놀리는 폐단이 있다. 따라서 委付主義는 執行主義와 더불어 과거의 組合的 企業 내지 한 항해를 모험적 기업으로 본 시대에는 적합하였으나 오늘날에는 불합리한 제도이다. 그리하여 프랑스는 1967년의 "船舶 및 海上建造物의 地位에 관한 法律" 및 同年의 데크레(décret)에 의하여 1957년 브뤼셀 외교회의에서 성립한 "선박소유자의 책임제한에 관한 통일협약"에 의거한 금액책임주의를 입법화하였고, 일본도 1975년 "선박소유자 등의 책임의 제한에 관한 법률"을 제정하여 1957년 조약에 따른 금액책임주의를 취함과 동시에 상법을 개정하여 위부주의를 폐지한 후 다시 1976년의 통일조약에 따른 개정을 하였다. 그러나 멕시코를 비롯한 南美의 많은 국가가 아직도 위부주의를 유지하고 있는 것으로 알려져 있다.

(3) 執行主義(獨法主義 : Exekutionssystem)

(가) 집행주의 아래서는 선박소유자는 원칙적으로 무한책임을 지지만, 선박소유자의 책임은 특별한 의사표시 없이 '당연히' 海產에 한정되고(물적 유한책임), 채권자는 당해 해산에 대해서만 강제집행을 할 수 있다(위부주의는 委付權行使로 해산의 소유권이 채권자에게 이전되지만, 집행주의는 위부행위와 소유권의 이전은 없어도 처음부터 당연히 채권자가 해산을 경매할 권리만을 취득한다.). 그 결과는 자연히

항해주의로 된다. 독일(改正前 獨商 제486조) 및 스칸디나비아 諸國이 취한 입법주의이다.

(나) 집행주의는 책임이 해산에 제한되기는 하지만 선박소유자가 여전히 선박을 사용할 수 있다는 점에서 편리하다. 그러나 ① 선박소유자가 집행의 대상인 선박의 관리를 소홀히 하거나 방치함으로써 선박의 가액이 감소할 가능성이 크고, 채권발생 후의 해산의 위험을 채권자가 부담하여야 하는 점에서 채권자에게 가혹하며, ② 해산이 적을 때에는 (위부주의와 같이) 채권자에게 지나치게 불리하고, ③ 강제집행의 절차가 번잡하여 실용적 가치가 적으므로 독일에서도 잘 이용되지 않았다고 한다. 그리하여 독일은 1972년에 商法을 개정하고 海事配當節次法을 제정하여 1957년조약을 국내법화함으로써 금액책임주의를 취하였으며, 1986년에는 다시 1976년의 통일조약에 따른 개정을 하였다. 다만 內水船에 대하여는 집행주의에 의한다.

(4) 船價責任主義(改正前의 美國法主義 : Werthaftungssystem)

(가) 선가책임주의 아래서는 선박소유자도 원칙으로 航海末에 있어서의 선박의 가액 및 그 선박에 의하여 생긴 채권액, 즉 해산의 가액을 한도로 하는 인적 유한책임을 진다. 따라서 항해주의이다. 이 입법주의 하에서는 해산은 책임한도액을 정하는 기준이 될 뿐, 위부주의나 집행주의처럼 선박 자체가 책임제한과 직접적인 관련이 있는 것은 아니다.

(나) 종래 미국법은 선박소유자의 책임을 해산에 제한하면서도 예외적으로 선가에 의한 책임을 면하고자 하는 때에는 해산을 위부할 수 있도록 하였다(선가책임주의와 위부주의의 병용). 그런데 1935년에 人命死傷의 경우에는 위부주의의 선택권을 폐지하고 금액책임주의에 따르도록 함으로써 1924년의 조약에 접근하는 결과가 되었다. 그럼에도 미국법은 여전히 위부주의와 선가책임주의 및 금액책임주의가 혼용된 입법이라고 할 수 있다.

(다) 선가책임주의는 ① 선가에 관하여 분쟁이 생기기 쉽고, 선가의 급격한 하락으로 채권자의 이익이 침해될 소지가 크다는 결함이 있고, ② 개정 전의 미국법에서는 위부권을 행사할 수 있으므로 위부주의의 결함이 남게 된다. 그러나 ① 인적 유한책임을 지므로 채권자에게 유리하고, ② 선박소유자는 선가를 공탁하고 자유로이 선박을 이용할 수 있다는 장점이 있다.

(5) 金額責任主義(英國法主義 : Summenhaftungssystem)

(가) 금액책임주의는 선박소유자의 책임액을 사고마다 정하고(사고주의), 손해는 물적 손해와 인적 손해로 구별하여 당해 선박의 積量噸數에 따라 산출된 일정한 금액(책임최고한도액)의 범위 내로 책임을 한정한다. 금액책임주의는 선박자체와는 무관하게 선박소유자의 인적 책임을 일정 한도로 제한하고 있다는 점에서 선가책임주의와 마찬가지로 인적 유한책임제도라고 할 수 있다.

(나) 금액책임주의의 단점으로는 ① 사고주의를 취하므로 사고가 생길 때마다 계산하게 되어 船舶企業經營上 계산의 기초가 확실하지 못할 뿐만 아니라, ② 항해 중 여러 번 사고가 발생하면 책임제한의 보람이 없는 결과가 될 수도 있다는 점이다.

(다) 그러나 위의 세 입법주의에 의하면 선박의 상태, 성능, 가액 등에 따라서 책임한도액이 다르지만 금액책임주의에 의하면 ① 선박의 톤수에 따라서만 책임한도액이 정해지기 때문에 항상 책임한도액이 일정하여 船價決定에 분쟁이 없어 책임의 범위가 명백하고, ② 해산의 멸실로 선주의 책임이 零이 되는 일이 없으며(채권자와 선주간의 이익의 조화), ③ 금액책임주의는 선가책임주의보다도 優秀船의 소유자에게 유리하므로 책임의 경감을 위하여 의식적으로 사용하는 '惡船'을 구축할 수 있다는 장점이 있어 합리적이라 할 수 있다. 1924년의 네덜란드 商法과 1957년조약이 이 主義를 채택하였다. 따라서 1957년조약을 국내법화한 영국의 1958년 改正商船法, 프랑스의 1967년법, 독일의 1972년법 및 일본의 1975년법 등이 모두 이 입법주의를 채택하고 있다. 1976년 책임제한조약은 책임한도금액단위를 종래 포앙카레 프랑에서 國際通貨基金(IMF)의 특별인출권(SDR)에 의하여 산정하도록 하고, 1957년 조약의 미비점을 개선·보완하였다.

(6) 選擇主義

(가) 선박소유자의 책임을 원칙적으로 무한책임으로 하되, 委付主義·船價責任主義 또는 금액책임주의(당해 선박의 積量 매 톤당 200프랑의 비율로 산정한 額)를 병행하여 선박소유자에게 그 선택권을 준다. 그러나 어느 경우이든 전부 航海主義이다.

(나) 1907년의 萬國海法會議(베니스)에서 결의한 결의안에 따라 벨기에 해상법과 그리스法이 이 主義를 채용하였다. 선택주의는 위부주의·선가책임주의 또는 금액책임주의를 병용하여 절충할 수 있는 장점이 있으나, 특히 위부주의를

선택할 수 있다는 점에서 위부주의의 결함이 그대로 남게 된다.

(7) 統一條約主義

(가) 併用主義(1924年 條約)

1924년 브뤼셀외교회의에서 성립한 "선박소유자의 책임제한에 관한 통일협약"이 채택한 主義로서 선가책임주의를 원칙으로 하고, 금액책임주의를 병용한 것이다. 즉, 선박소유자의 물적 손해에 대한 배상책임은 해산을 한도로 하고(선가책임), 구조료·공동해손 등을 제외한 다른 채권에 관해서는 선박의 積量每噸當 英貨 8 파운드의 비율로 산출한 금액으로 제한한다(금액책임의 가미)(同條約 제1조). 1928년의 벨기에 개정해상법, 1935年의 미국 개정법이 이 주의에 따라 국내법화하였고, 1939년의 이탈리아 선주유한책임법도 대체로 이에 따르고 있으며, 1936년에는 프랑스도 이를 비준하였다. 우리나라의 1961년 舊商法도 이 조약의 입장을 수용한 것이었다.

(나) 金額責任主義(1957年 條約)

1957년 브뤼셀외교회의에서 성립한 선주유한책임통일협약이 채택한 주의로서, 선박소유자의 책임액을 사고마다 정하고(사고주의), 그 책임액을 당해 선박의 積量噸數(300톤 미만의 선박은 300톤으로 간주된다.)에 따라서 산출한 일정한 金額(責任最高限度額)으로 제한하는 금액책임주의이다. 즉, 법정사고가 물적 손해만을 발생시킨 경우에는 매 톤당 1,000프랑(여기서 프랑이란 이른바 포앙카레 프랑 Poincaré franc)을 말하는 것으로서, 1포앙카레 프랑은 純分 1000분의 900의 金 65.5mg을 말한다.)의 비율로 산출한 금액, 또 인적 손해만을 발생시킨 경우에는 매 톤당 3,100프랑의 비율로 산출한 금액으로 책임을 제한한다. 그러나 동일사고에 의하여 인적 손해와 물적 손해가 동시에 발생한 경우에는 선박 每噸當 3,100프랑의 비율로 산출한 책임기금으로 책임액을 한정하되, 인적 손해에 대하여는 每噸當 2,100프랑의 비율로 산출한 금액을 우선적으로 배정하고, 물적 손해에 대하여는 每噸當 1,000프랑의 비율로 산출한 금액을 배정하며, 만약 인적 손해에 대한 채권을 완전히 변제받지 못한 경우에는 그 부족액의 채권은 물적 손해에 대한 채권과 경합하여 물적 손해에 대한 책임기금액에서 변제받게 된다(同協約 제3조 제1항 a·b·c).

이 조약의 다른 특징은 선주책임제한의 절차로서 制限基金의 형성 및 분배에 관한 규정을 두었다는 점이다.

前述한 바와 같이 영국의 1958년의 개정상선법, 프랑스의 1967년법, 독일의 1972년법 및 일본의 1975년 및 1982년법 등이 이를 채택하고 있다.

(다) 1976년 海事債權責任制限協約

i) 이 조약은 1976년 11월 런던에서의 전권외교회의에서 정부간해사협의기구(IMCO)의 주관 아래 성립한 조약으로서 1957년조약을 개정하기 위한 것이다. 그 내용은 ① 각국의 물가상승으로 책임한도액을 인상한다는 것, ② 책임한도액의 기준이 되는 화폐단위로서 이미 폐화된 포앙카레 프랑 대신에 가치의 변동이 적은 국제통화기금(IMF)의 특별인출권(SDR)을 도입하며, ③ 구조선을 떠나서 구조작업에 종사하는 해난구조자에게도 책임제한을 인정하는 것 등이다.

ii) 이 조약은 1986년 12월 1일에 국제조약으로서 발효하였는데, 세계의 주요 해운국은 이 조약을 채택하였다. 영국은 1979년 이 조약을 수용하여 1986. 12. 1.부터 시행하고 있고, 일본도 1982년에 선주책임제한법을 개정, 1984. 5. 20.부터 시행하고 있으며, 독일도 1986년의 第2海商法改正法律에서 이 조약을 채택하였다. 우리나라는 이 조약을 비준하지 않았으나 1991년의 개정 상법에서는 동조약의 내용을 수용하였다.

(라) 原子力船運航者와 海水油濁에 관한 船主責任制限

원자력을 이용한 선박에 의한 방사능 누출사고와 대형유조선에 의한 油類汚染事故(oil pollution)의 경우에는 그 피해가 엄청나게 큰 것이 일반적이므로 그 선박의 운항자의 책임을 가중시킬 필요가 있다. 그리하여 1962년 브뤼셀의 海事法外交會議에서 "원자력선운항자의 책임에 관한 협약"이 성립되었는데, 이 협약은 운항자의 책임을 1사고당 15억 포앙카레 프랑으로 제한하였다. 또한 1969년에는 政府間海事協議機構(IMCO)의 주관 아래 브뤼셀에서 "유류오염손해에 대한 민사책임에 관한 국제조약"이 성립되었다. 이 협약은 油槽船主의 책임을 엄격하게 정하고, 책임한도액은 톤당 2,000 포앙카레 프랑으로 하되 최고한도액은 2억 1,000만 포앙카레 프랑을 한도로 하면서, 책임보험의 가입을 강제하였다.

3. 商法上의 金額責任主義

우리나라는 위에서 말한 조약 그 자체를 국회의 비준·동의를 얻어 국내법으로 공포하는 방식을 쓰지 아니하고 조약의 내용을 상법전에 수용하는 방법을 쓰고 있다. 1991. 12. 31. 개정 전의 우리 상법은 의용상법의 위부주의(依商 제890조)를 버리고, 1924년 통일조약에 따라 선가책임주의와 금액책임주의를 병용하는 입법주의를 채택하였다. 그 이유는 금액책임주의는 이를 국내법화한 나라가 얼마 되지 않아(모로코 비준, 영국은 1958년 개정 상선법으로 국내법화) 우리나라만 앞질러 이를 국내법화한다는 것이 법률기술상 어려울 뿐 아니라 시기적으로도 너무 빠른 느낌이 있는 까닭이다. 다만 금액책임주의에 관한 규정에서 그 금액과 책임원인을 정함에 있어서 1957년 통일조약의 내용을 참작하였었다. 그러나 舊商法의 선가주의하에서는 선박의 가격을 평가하기가 쉽지 아니하였고, 금액책임주의를 병용한다고 하나, 이에 따른 책임한도액도 지나치게 소액이라는 등의 비판을 받아 왔다. 개정법에서는 순서대로 한다면 먼저 1957년 조약에 따라 규정하여야 할 것이나, 국제적 추세에 따라 1957년 조약을 뛰어 넘어 이미 1986년부터 발효되고 있는 1976년 조약을 수용하였다. 다만 파손선박 및 적하제거의무 등은 책임제한채권에서 제외하는 등 약간의 수정을 가하였다. 그리고 원자력운항자의 책임에 관한 조약에는 가입하지 않았고, 국내법으로 수용하고 있지도 아니하다.

Ⅲ. 責任制限의 主體

1. 船舶所有者 등

책임제한을 주장할 수 있는 자는 ① 선박소유자(제769조), ② 선체용선자, 용선자, 선박관리인, 선박운항자(제850조, 제774조 제1항 제1호), ③ 위 ①과 ②에 규정된 者가 法人(합명·합자회사)인 때 그 무한책임사원(제774조 제1항 제2호), ④ 자기의 행위로 인하여 위 ①과 ②에 규정된 자가 책임을 지는 경우에 그 행위자인 선장, 해원, 도선사 및 ①과 ②에 규정된 자의 사용인 또는 대리인(제774조 제1항 제3호) 등이다.

(1) 船舶所有者 等

선박소유자란 소유선박을 해상기업에 이용하는 自船艤裝者만을 의미한다. 용선자는 해상기업의 주체로서의 정기용선자와 해상기업의 주체는 아니나 재운송계약의 운송용선자(기간용선자 및 항해용선자) 등 자기명의로 재운송 등을 하는 자를 포함한다. 선박관리자는 해상기업의 주체는 아니지만 감독자로서 손해배상책임을 제한받을 필요가 있다. 그리고 선박운항자는 해상기업주체로서 선박임차인, 사용대차·사무관리 등에 의하여 타인선박의 점유를 취득하여 운항하는 선박운항의 수탁자 및 어선운항자 등을 포함한다.

(2) 無限責任社員

선박소유자가 인적 회사인 때 그 무한책임사원이 회사에 대하여 무한책임을 부담하는 경우 그 무한책임사원도 책임제한을 주장할 수 있다.

(3) 船長·海員·導船士 기타 船舶使用人

선장·해원·도선사 기타 선박사용인 등의 행위로 인하여 선박소유자 등이 책임을 지고 선장 등도 책임을 지는 경우, 선박소유자보다 자력이 약한 선장 등도 책임제한을 주장할 수 있게 하였다.

(4) 同一한 事故로 인한 責任의 競合

동일한 사고에서 발생한 선박소유자의 책임과 용선자, 선박관리인 및 선박운항자의 책임이 경합하는 경우에 그 책임의 총액은 선박마다 법정책임한도액(제770조)을 초과하지 못한다. 무한책임사원과 그가 속한 법인 또는 인적 회사의 책임이 경합하는 경우 및 선박소유자 등의 책임과 선장 등의 책임이 경합하는 경우에도 같다(제774조 제2항).

2. 海難救助者

해난구조자 또는 그 피용자의 ① 구조활동과 직접 관련하여 발생한 사람의 사망·신체의 상해, 재산의 멸실이나 훼손으로 인하여 생긴 손해에 관한 채권(다만 救助船 자체에 대한 손해는 제외), ② 구조계약상 권리 외의 타인의 권리의 침해로 인하여 생긴 손해에 관한 채권 및 ③ 위 ①과 ②에서 말한 손해를 방지 혹은 경감하기 위한 조치에 관한 채권 또는 그 조치의 결과로 인하여 생긴 손해에 관한 채권에 대하여는 구조자도 책임을 제한할 수 있다(제775조 제1항). 구조활동은 구조선에서 하든 被救助船에서 하든 또는 선박을 사용하지 아니하고 하든 상관이 없다. 특히 구조선에서 하는 경우에는 상법 제769조 제1호(선박 내에서 또는 운항과 관련하여 생긴 인적·물적 손해에 관한 채권 : 後述)에도 해당된다. 구조자의 이행보조자나 피용자 등 사용자도 책임제한을 주장할 수 있다고 본다(제774조 제1항 제3호의 유추적용).

3. 其　他

(1) 선박소유자 등 책임제한권자를 피보험자로 하는 책임보험의 보험자도 피보험자와 같이 책임제한을 주장할 수 있다.[1] 책임보험에서는 제3자(채권이 제한되는 자)는 보험자에 대한 직접청구권이 있고(제724조 제2항 본문), 이 때 보험자는 피보험자가 그 사고에 관하여 가지는 항변으로써 그 제3자에게 대항할 수 있으므로(제724조 제2항 단서), 보험자는 피보험자의 책임제한 역시 주장할 수 있다. 따라서 보험자는 제한채권자로부터 청구를 받은 때에는 지체없이 피보험자에게 이를 통지하여야 하며(제724조 제3항), 피보험자는 보험자의 요구가 있으면 책임제한절차의 개시에 필요한 서류·증거의 제출·증언 또는 증인의 출석에 협조하여야 한다(제724조 제4항).

(2) 한편 운송주선인은 책임제한을 주장할 수 없으나, 운송주선약관에서 선박소유자 등과 동일한 책임을 지는 것으로 정하는 것이 대부분이다.

Ⅳ. 責任이 制限되는 債權

1. 序　說

선박소유자 등은 다음에 열거하는 채권에 대해서는 청구원인의 여하에 불구하고 商法 제770조에 규정한 금액을 한도로 책임을 진다(제769조 본문). 여기서

1) 崔基元(海) 73면 ; 鄭熙喆·鄭燦亨(下) 701면. 1976年 조약 제1조 제6항에서는 明文으로 보험자도 책임제한의 주체에 포함시키고 있으나, 우리 상법에는 명문의 규정이 없다.

'청구원인의 여하에 불구하고'(however founded)란 책임제한채권은 채무불이행으로 인한 것이든 불법행위로 인한 것이든 묻지 아니하고 제한된다는 의미로서[1] 종래의 청구권경합론의 론쟁의 여지를 없앴다.[2] 선박소유자 등은 사고를 단위로 모든 제한대상채권에 대한 책임을 책임한도액으로 제한할 수 있으므로 각 채권은 책임한도액에 대하여 각 채권액의 비율로 경합한다(제707조 제3항).

2. 一般制限債權

(1) 船舶內에서 또는 運航과 관련하여 생긴 人的·物的 損害에 관한 債權

(가) 선박 내에서 또는 선박의 운항과 직접 관련하여 발생한 사람의 사망, 신체의 상해 또는 (그 선박 이외의) 물건의 멸실 또는 훼손으로 인하여 생긴 손해에 관한 채권은 제한된다(제769조 제1호). 선박 내에서 생긴 손해란, 예컨대 승객이나 전송하기 위하여 나온 사람, 荷役人夫의 사상 또는 적하, 수하물, 荷役施設의 멸실·훼손 등으로 인한 손해를 말한다. 그러나 운항과 직접 관련이 없는 손해, 예컨대 어선상에서 어로작업에 의하여 생긴 손해는 선박 내의 손해라도 책임이 제한되지 않는다.

(나) 한편 선박 외에서의 손해라도 운항과 직접 관련된 것이면 책임이 제한된다. 선박 외에서의 손해란 그 선박 자체에 대한 손해를 제외하고,[3] 예컨대 선박의 충돌의 경우 상대방 선박의 승객, 선원, 선체, 적하, 어업시설 등에 대한 손해를 말한다. 港의 築造物, 碇泊施設, 水路 또는 항로시설 등에 대한 손해도 운항과 직접 관련된 것이면 이에 포함된다고 본다.[4] 그러나 침몰선박 제거비용채권

1) 大決 1995. 6. 5, 95 마 325 : 선박충돌 사고로 인한 손해배상채권은 불법행위를 원인으로 하는 것이라 하여도 '청구원인의 여하에 불구하고' 책임을 제한할 수 있다.

2) 1991. 12. 31. 상법개정전의 판례에 의하면 선주책임제한은 채권자가 선박소유자에게 계약上의 책임을 묻는 경우에만 적용되었고, 불법행위책임을 묻는 경우에는 적용되지 않았다 : 大判 1987. 6. 9, 87 다카 34 ; 同 1989. 11. 24, 88 다카 16294 ; 同 1990. 5. 8, 88 다카 7641 ; 同 1990. 8. 28, 88 다카 30085. 이와 같은 견해는 상법의 선주책임제한제도 자체를 유명무실하게 만드는 결과가 되었다. 이를 시정하고자 학설은 法條競合說 및 그 발전이론을 전개하였으나, 개정법에서 이를 입법적으로 해결하였다.

3) 이를 제외하는 이유는 선박임차인, 선장 등의 선박소유자에 대한 손해배상채권을 책임제한의 대상에서 제외하기 위한 것이다.

4) 同旨 : 蔡利植(下) 711면 ; 鄭熙喆·鄭燦亨(下) 702면.

은 제한되지 않는다. 운항도중 수리 혹은 검사 중인 선박도 운항중인 선박으로 본다.[1)]

(2) 運送物·旅客 등의 運送遲延에 관한 債權

운송물, 여객 또는 수하물의 운송의 지연으로 인하여 생긴 손해에 관한 채권도 책임이 제한된다(제769조 제2호). 운송지연으로 인하여 생긴 손해에 관한 책임을 제한하지 않는다면 운송물 멸실의 경우보다 책임이 무거워질 우려가 있어 마련된 규정이다. 물건운송의 경우 운송지연에 관하여는 商法 제797조(책임의 한도)도 동시에 적용되므로, 선박소유자 등은 두 가지의 책임제한 중 유리한 것을 주장할 수 있다.

(3) 기타 他人의 權利侵害로 인하여 생긴 債權

상법 제769조 제1호 및 제2호 이외에 선박의 운항과 직접 관련하여 발생한 계약상의 권리 외의 타인의 권리의 침해로 인하여 생긴 손해에 관한 채권에 대하여도 책임이 제한된다(제769조 제3호). 예컨대, 선박의 운항과 관련하여 어업권 침해, 他船舶內의 매점의 영업권 침해나 타선박의 입출항 방해로 인한 손해배상채권 등 불법행위로 인한 채권, 또는 開港秩序法 등 법률의 규정에 의한 행위로 인한 채권이 이에 해당된다. 그러나 그 타인과의 계약상의 채무불이행책임은 제한되지 않는다. 또 선박의 운항과 관련이 없는 채권은, 예컨대 선하증권과 관련된 채권도 그것이 불법행위에 기한 것일지라도 책임제한이 되지 않는다.[2)]

(4) 損害防止措置에 관한 債權 및 措置의 결과 생긴 損害에 관한 債權

商法 제769조 제1호부터 제3호까지에서 규정한 책임제한채권의 원인이 된 손해를 방지 또는 경감하기 위한 조치에 관한 채권 또는 그 조치의 결과로 인하여 생긴 손해에 관한 채권도 책임제한의 대상이 된다(제769조 제4호). 손해방지조치란 사고선박에서 기름이 유출된 경우 그 제거비용 등을 말하며, 조치의 결과로 생긴 손해란 그 기름을 제거하는 과정에서 漁場이나 적하에 미친 손해를 말한다.

1) 蔡利植(下) 712면.
2) 蔡利植(下) 713면.

3. 海難救助者 등의 制限債權

해난구조자 또는 그 피용자의 구조활동과 직접 관련하여 발생한 채권에 대한 책임도 제한된다함은 전술하였다(제775조 제1항, 제774조 제1항 제3호). 책임이 제한되는 채권, 즉 구조활동과 직접 관련하여 발생한 채권이란, ① 구조활동과 직접 관련하여 발생한 사람의 사망 · 신체의 상해, 재산의 멸실이나 훼손으로 인하여 생긴 손해에 관한 채권(다만 救助船 자체에 대한 손해는 제외), ② 구조계약상 권리 외의 타인의 권리의 침해로 인하여 생긴 손해에 관한 채권 및 ③ 위 ①과 ②에서 말한 손해를 방지 혹은 경감하기 위한 조치에 관한 채권 또는 그 조치의 결과로 인하여 생긴 손해에 관한 채권 등을 말한다. 다만 운송물, 여객 또는 수하물의 운송의 지연으로 인하여 생긴 손해에 관한 채권(제769조 제2호) 및 여객의 사망 또는 신체의 상해로 인한 손해에 관한 채권에 대한 책임(제770조 제1항 제2호)에 대하여는 책임제한규정이 적용되지 아니한다(제775조 제1항). 그리고 後述하는 바와 같이 구조료채권은 책임제한의 대상이 아니다(제773조 제2호).

4. 同一한 事故로 인한 反對債權額의 控除

선박소유자 등이 책임의 제한을 받는 채권자에 대하여 동일한 사고로 인하여 생긴 손해에 관한 채권을 가지는 경우에는 그 채권액을 공제한 잔액에 한하여 책임의 제한을 받는다(제771조). 이로써 선박소유자 등의 책임이 반대채권만큼 축소하여 제한되므로 결과적으로 책임이 확대된다. 이로써 다른 채권자의 배당비율이 낮아지는 것이 방지되는 효과가 있다.

V. 責任을 制限할 수 없는 債權

1. 故意 등으로 인한 損害賠償債權

(1) 선박소유자 자신의 '고의 또는 손해발생의 염려가 있음을 인식하면서 무모하게 한 작위 또는 부작위'(act or omission…done…recklessly and with knowledge that damage would probably result)로 인하여 생긴 손해에 관한 채권은 제한되지 않는다(제769조 단서). 선박소유자 이외의 사용인의 무모한 작위·부작위로 인한 손해에 관하여는 책임제한을 주장할 수 있다. 여기서 '무모하게 한 작위 또는 부작위'란 일정결과(손해)의 발생가능성을 인식하면서도 이를 개의치 아니하고 무모하게 한 작위 또는 부작위로서 고의에 가까운 작위·부작위를 말한다.

(2) 책임제한이 배제되는 경우는 어디까지나 선박소유자나 용선자 등 그 자신이 無謀하게 作爲·不作爲를 하였어야 하며, 선박소유자가 아닌 그 사용인 등이 무모하게 작위·부작위를 행한 경우에는 책임이 제한된다.[1)]

2. 使用人 등에 대한 職務와 관련된 債權

선장, 해원 기타의 사용인으로서 그 직무가 선박의 업무에 관련된 자 또는 그 상속인, 피부양자 기타의 이해관계인에 대한 채권에 대하여도 책임이 제한되지 않는다(제773조 제1호).[2)] 이는 사용자 등에 대한 사회보장적 측면을 고려한 것이다.

---

1) 大決 1995. 6. 5, 95 마 325 : 책임제한이 배제되는 경우는 선박소유자나 자신이 무모하게 작위·부작위를 한 경우에 한한다. 同旨 : 大決 1995. 3. 24, 94 마 2431.

2) 大判 1987. 6. 23, 86 다카 2228 : 선박소유자의 사용인에 대한 채권에 대하여는 책임이 제한되지 않는다.

3. 共同海損分擔債權 또는 海難救助로 인한 救助料 債權

공동해손분담에 관하여는 상법 제5편 제3장 제1절에, 그리고 해난구조에 관하여는 제5편 제3장 제3절에 각각 독자적으로 책임한도를 정하는 규정을 두고 있으므로 이들 채권에 대한 책임은 제한대상에서 제외되었다(제773조 제2호). 공동해손분담채권의 경우는 선박소유자와 각 적하이해관계인이 동등한 취급을 받아야 할 것이며, 선박소유자만이 책임제한의 특혜를 받아서는 아니되기 때문이다. 또 구조료채권이 제한된다고 하면 구조활동이 위축될 우려가 있기 때문이다.

4. 油類汚染損害에 관한 債權

1969년 11월 29일 성립한 유류오염손해에 대한 민사책임에 관한 국제조약(International Convention on Civil Liability for Oil Pollution Damage)(1979. 3. 18. 한국발효) 또는 그 조약의 개정조항(1984년과 1992년 改正)이 적용되는 유류오염손해에 관한 채권은 책임이 제한되지 않는다(제773조 제3호). 이 조약의 책임제한 규정이 상법의 특별법이기 때문이다. 유류오염방지에 관하여는 해양오염방지법(1991. 3. 8. 법률 제4365호)도 있다. 그러나 1971년에 성립하여 1984년, 1992년 및 2003년에 개정된 "유류에 의한 오염손해의 보상을 위한 국제기금의 설립에 관한 국제조약"(International Convention on the Establishment of an International Fund for Compensation for Oil Pollution Damage)(1993. 3. 8. 한국발효)의 발효와 함께 우리나라는 "유류오염손해배상보장법"을 제정하여 선박소유자의 책임을 제한한다.

5. 破損物 除去 등에 관한 債權

沈沒, 難破, 坐礁, 遺棄, 그 밖의 해양사고를 당한 선박 및 그 선박 안에 있거나 있었던 적하 그 밖의 물건의 인양·제거·파괴 또는 무해조치에 관한 채권에 대한 책임은 제한되지 않는다(제773조 제4호)(1979년 통일조약 제2조 제1항 d호 및 제18조 참조).[1] 본래 이러한 조치는 개항질서법, 行政代執行法, 해상교통안전법 등에 의거하여 선주 등이 하여야 한다. 선주 등이 이를 할 수 없으면 국가가 代執行한 후 그 비용을 구상청구하게 된다. 이 때 국가의 구상권은 법률에 기한 채권이지 손해배상채권이 아니므로 제한될 수 없다.

6. 原子力損害에 관한 債權

원자력손해에 관하여는 1962年 원자력선운항자의 책임에 관한 조약이 성립되어 있고, 이 조약에 의하여 책임이 제한된다. 우리나라는 아직 이에 가입하지 아니하였으나, 가입에 대비하여 책임제한채권에서 제외하였다(제773조 제5호). 이 밖에 원자력손해에 관하여는 "원자력손해배상법"의 규제를 받는다.

Ⅵ. 責任의 限度

1. 序　說

상법은 책임제한방식에 관하여 전술한 바와 같이 1976년 條約上의 遞減的 톤數比例(sliding scale)의 금액주의와 사고주의로 一元化하여 그 구체적인 책임한도액을 규정한다(제770조 제1항 내지 제4항). 따라서 선박소유자 등의 책임한도액은 조약의 그것과 같고, 그 책임은 선박마다, 또 사고마다 금액으로 제한된다(제774조 제2항). 이와 관련된 基準톤數는 외항선의 경우는 선박법상의 국제총톤수이며, 내항선의 경우에는 총톤수이다(제772조). 해난구조자의 책임의 한도액도 사고마다 구조선 단위로 정하나, 다만 구조활동을 선박에 의하지 않거나 피구조선에서만 한 경우에는 구조자 단위로 정한다(제775조 제3항). 금액은 계산단위로 표시하고, 계산단위란 국제통화기금(IMF)의 특별인출권(SDR : Special Drawing Rights)에 상당하는 금액을 말한다(제770조 제1항 제1호).[2] 상법은 ① 여객사상

1) 大判 2000. 8. 22, 99 다 9646 · 9653 · 9660 · 9677.

2) 大判 2001. 4. 27, 99 다 71528 : 국제통화기금의 1 특별인출권(SDR)에 상당하는 금

손해, ② 비여객사상손해, ③ 기타의 물적 손해로 나누어 규정한다.

2. 旅客死傷損害

여객이란 해상여객운송계약에 따라 운송되는 자를 말하겠으나, 1976년 통일조약에 의하면 운송인의 동의를 얻어 물건운송계약에 따라 운송되는 차량 또는 생동물을 호송하는 자도 여객에 포함된다(동조약 제7조 제2항 제a호 및 제b호 참조.). 여객의 사망 또는 신체의 상해로 인한 손해에 관한 채권에 대한 책임의 한도액은 그 선박의 선박검사증서에 기재된 여객의 定員에 175,000 계산단위를[1] 곱하여 얻은 금액으로 한다(제770조 제1항 제1호).[2] 선박검사증서는 해무관청이 발행한다(船舶安全法 제9조).

3. 非旅客死傷損害

(1) 여객 외의 사람이란 여객을 제외한 모든 사람으로서, 예컨대 여객을 전송하기 위하여 나온 사람, 荷役人夫 등을 말한다. 여객 이외의 사람의 사망 또는 신체의 상해로 인한 손해에 관한 채권에 대한 책임의 한도액은 그 선박의 톤수에 따라서, ① 3백톤 미만의 선박의 경우에는 16만 7천 계산단위에 상당하는 금액, ② 5백톤 이하의 경우에는 33만 3천 계산단위에 상당하는 금액, ③ 5백톤을 초과하는 선박의 경우에는 ②의 5백톤에 해당하는 금액에 5백톤을 초과하여 3천톤까지의 부분에 대하여는 매 톤당 5백 계산단위, 3천톤을 초과하여 3만톤까지의 부분에 대하여는 매 톤당 333 계산단위, 3만톤을 초과하여 7만톤까지의 부

액인 계산단위를 국내통화로 환산하는 시점은 사실심 변론종결일이다.

1) 다만 개정해상법 시행 후 3년간, 즉 2008. 8. 4.부터 2011. 8. 3.까지 발생하는 사고에 대한 해상여객운송인의 책임한도액은 선박검사증서에 기재된 여객정원에 87,500 계산단위를 곱한 금액으로 한다(부칙 제4조).

2) 1996. 5. 2. IMO 런던회의에서 채택된 1976년 통일조약 개정안에 의하면 여객에 대한 책임제한은 여객의 정원에 대하여 175,000SDR로 인상하고 최대책임한도액은 삭제하면서(동조약 제7조), 체약국의 국내법이 이러한 책임한도를 초과하는 경우에는 이에 따르도록 하고 있다(동조약 제15조).

분에 대하여는 매 톤당 250 계산단위 및 7만톤을 초과한 부분에 대하여는 매 톤당 167 계산단위를 각각 곱하여 얻은 금액을 순차로 가산한 금액으로 한다(제770조 제1항 제2호)(제1차적 책임한도액). 이와 같이 선박의 톤數가 증가할수록 계산단위는 체감된다. 이는 대형선박의 경우 책임한도액이 거액이 되어 실제로 책임이 제한되지 아니하는 결과가 되는 것을 피하기 위한 것이다.

(2) 선박의 톤수는 국내항해에 종사하는 선박의 경우에는 선박법이 정한 국제총톤수(船舶法 제3조 제1항 제1호)로 하고, 그 밖의 선박에 대하여는 同法이 정하는 총톤수(船舶法 제3조 제1항 제2호)로 한다(제772조).

비여객의 사상손해에 대한 책임한도액(제770조 제1항 제2호)이 실제 발생한 인적 손해로 인한 채권의 변제에 부족한 때에는 물적 손해에 대한 한도액(제770조 제1항 제3호)을 그 잔액변제에 충당한다(제770조 제4항 제1문)(제2차적 책임한도액). 이는 인적 손해만 발생한 경우에도 같다. 비여객에 대한 死傷을 일으킨 사고에서 물적 손해에 의한 채권도 동시에 발생한 경우에는 이 채권과 비여객의 인적 손해의 잔액채권은 물적 손해의 책임한도액(제770조 제1항 제3호)에 대하여 각 채권액의 비율로 競合한다(제770조 제4항 제2문).

≪船舶所有者·救助者의 責任限度≫ (단위 : SDR)

船舶의 噸數	人的 損害에 대한 限度額	物的 損害에 대한 限度額
300톤 미만	167,000	83,000
300～500톤	333,000	167,000
501～3,000톤	333,000+(초과톤수×500)	167,000+(초과톤수×167)
3,001～30,000톤	3,000톤 한도액+(초과톤수×333)	
30,001～70,000톤	30,000톤 한도액+(초과톤수×250)	30,000톤 한도액+(초과톤수×125)
70,000톤 초과	167,000+(초과톤수×167)	70,000톤 한도액+(초과톤수×83)
구조선에 의하지 않은 구조자	333,000+(1,000×500)=833,000	167,000+(1,000×167)=334,000

4. 기타의 物的 損害

인적 손해 이외의 물적 손해에 대하여는 선박의 톤수에 따라, ① 3백톤 미만의 선박의 경우에는 83,000 계산단위에 상당하는 금액, ② 5백톤 이하의 선박의 경우에는 167,000 계산단위에 상당하는 금액, ③ 5백톤을 초과하는 선박의 경우에는 ②의 5백톤의 해당금액에, 5백톤을 초과하여 3만톤까지의 부분에 대하여는 매 톤당 167 계산단위, 3만톤을 초과하여 7만톤까지의 부분에 대하여는 매 톤당 125 계산단위, 7만톤을 초과하는 부분에 대하여는 매 톤당 83 계산단위로 각각 곱하여 얻은 금액을 순차로 가산한 금액으로 한다(제770조 제1항 제3호).[1)]

5. 救助者의 責任限度

(1) 구조선에 의한 구조자는 선박톤수를 기준으로 산출한 금액의 책임을 진다(제775조 제1항 · 제770조 제1항). 구조선에 의하지 않은 구조자 및 피구조선에서 구조활동을 한 구조자는 기준이 될 선박이 존재하지 아니하므로 일반적인 구조선의 크기인 1,500톤의 선박에 의한 구조자로 보아 금액을 산출한다(제775조 제2항). 비여객에 대한 인적 손해에 관한 변제가 부족한 잔액채권에 대하여는 물적 손해의 책임한도액으로써 충당하는 점 및 인적 손해와 물적 손해가 병존하는 경우 변제충당비율 등에 관하여는 위의 비여객 사상손해에서 설명한 것과 같다.

(2) 이와 관련하여 1976년 조약은 제1조에서 책임제한주체로서 선박소유자는 물론 구조자도 포함시키면서 책임한도액에 관하여는 양자를 달리 규정한다. 즉, 모든 책임제한주체가 공통적으로 부담할 책임한도액에 관하여는 '一般限度'로서 제6조에 인적 손해와 물적 손해 두 가지로 나누어 규정한다. 다만 선박소유자에 대하여는 특히 제7조에서 '여객의 채권에 대한 한도'로서 여객의 死傷損害에 대한 책임한도액을 규정한다. 따라서 구조자의 책임은 제6조에 따라 ① 인적 손해와 ② 물적 손해로 나누어 그 책임한도액을 계산하면 충분하다. 그런데 우리 商法은 구조자의 책임한도액에 관하여 선박소유자 등의 책임한도액에 관한 제770조의 규정을 준용토록 함으로써(제775조) 결과적으로 구조자도 ① 여객의 사상손해, ② 비여객의 사상손해, ③ 기타의 물적 손해 세 가지로 나누어 그 책임한도액을 계산한다. 우리 상법이 1976년도 조약을 수용하면서도, 모든 책임제한주체의 책임원인을 원칙적으로 두 가지로 분류하고, 선박소유자에 대하여만

---

1) 大決 1998. 3. 25, 97 마 2758 : 예인선 선박 소유자의 책임한도액은 예인선과 피예인선에 대하여 각각 상법 제747조 제1항 제3호에 따라 산정한 금액을 합한 금액이다.

예외적으로 세 가지로 분류하는 조약의 태도와는 달리, 모든 책임제한주체의 책임원인을 일괄적으로 세 가지로 나눈 것은 立法의 착오로 보인다. 어떻든 상법은 조약과는 달리 明文으로 여객의 사상손해와 비여객사상손해 및 물적 손해로 구분하고 있으므로 이에 따를 수밖에 없다.

(3) 복수의 구조선이 책임을 지는 경우에는 구조선마다 한도액을 산출하고, 구조선에 의하지 아니한 경우에는 1,500톤의 선박을 기준으로 산출하며, 이 한도액들은 동일한 사고로 인하여 생긴 모든 채권에 미친다(제775조 제3항).

Ⅶ. 責任制限의 節次

(1) 책임제한절차개시의 신청, 책임제한의 基金의 형성, 공고, 참가, 배당 기타 필요한 사항은 선박소유자 등의 책임제한절차에 관한 법률(1991. 12. 31. 법률 제4471호)에[1] 정하여져 있다.

(2) 책임제한절차법의 제정 이전에는 선주가 책임제한을 받으려면 통상의 소송에서 항변으로써만 이를 주장하여야 하였다.[2] 따라서 선박소유자가 제한채권의 총액과 책임제한액을 주장, 입증하여야 하고, 또 어느 채권자에 대하여 그 책임제한에 성공한다고 해도 旣判力이 다른 채권자에게 미치지는 않았다. 동일한 사고에서 발생한 다수의 채권이 경합하는 경우에 채권자들의 선택에 따라 각기 다른 법원에 소송이 제기되어 법원마다 그 판결이 다를 수 있었고, 여러 소송이 동시 다발적으로 제기되어 비용과 시간을 낭비하는 요인이 되었다. 또한 선박소유자 등이 스스로 기금을 형성하여 선박의 압류로부터 벗어날 수도 없었다.[3] 이러한 문제는 1991년 선박소유자 등의 책임제한절차에 관한 법률을 제정함으로써 해결되었다. 책임제한절차에 관하여는 위의 절차법 외에도 민사소송법에 규정되어 있다.

---

1) 1976년 조약에서는 책임제한에 관한 실체법과 절차법이 모두 규정되어 있는 반면, 우리 법체계는 실체법과 절차법 규정을 따로 두고 있기 때문에 이와 같은 법률이 필요하게 된 것이다.
2) 李基秀(保・海) 433면.
3) 宋相現・金炫 198면.

제 5 절 船 舶 擔 保

I. 序 說

(1) 해상기업은 조선비용·운항자금이 방대하고 不意의 위험에 직면하게 되므로 제 3 자로부터 자금의 공급을 받을 필요성은 더욱 절실하다. 선박금융의 法律形態로서 가장 많이 이용된 것은 이른바 冒險貸借(해산을 담보로 한 금전소비대차로서, 선박의 안전한 항해의 종료를 변제의 조건으로 하되 이율이 높다)인데, 19세기 후반 이래 이에 갈음하여 나타난 것이 선박우선특권과 선박저당권이다.

(2) 선박우선특권은 선박의 建造·艤裝 또는 修繕 혹은 航海의 계속을 위하여 발생한 채권, 즉 선박채권에 관하여 그 채권자에게 船舶·屬具·附屬物로부터 다른 채권자보다 우선변제를 받을 특권을 인정함으로써 그 채권자를 보호하기 위한 것이나, 결국은 해상기업금융의 원활화를 도모하는 것이므로 해상운송인의 반사적 이익에도 기여하게 된다.

≪船舶債權에 관한 統一條約≫

선박채권자의 우선권을 인정하는 범위와 그 공시방법 등에 관하여 각국의 입법이 서로 달라 섭외적 관계에서 불편이 적지 않았다. 그리하여 1885년 이래 통일법 제정을 위한 수차례의 국제회의 결과, 1926년의 브뤼셀 외교회의에서 통일조약이 성립되었다. 이것이 '해상우선특권 및 저당권에 대한 규정의 통일에 관한 협약'이고, 우리나라 상법도 이 조약의 영향을 받았다. 이 통일법조약은 1967년 브뤼셀 해사법외교회의에서 개정되어 "해상우선특권 및 저당권에 관한 통일협약"(International Convention for the Unification of Certain Rules relating to Maritime Liens and Mortgages)이 되었고, 1993. 5. 6.에는 再改正되었다. 우리 상법도 1991. 12. 31. 개정에서 선박저당권의 보호를 위하여 피담보채권의 범위를 제한함으로써 1967년 협약의 취지를 반영하였다.

Ⅱ. 船舶優先特權

1. 船舶優先特權의 意義

선박우선특권(maritime lien, Schiffsgläubigerrecht, gesetzliches Pfandrecht)이란 일정한 법정채권에 대하여 그 채권자가 선박과 그 부속물로부터 우선변제를 받을 수 있는 해상법상의 특수한 담보물권이다(제777조). 선박우선특권에 대하여는 그 성질에 반하지 않는 한 민법의 저당권에 관한 규정이 준용된다(제777조 제2항). 선박우선특권은 특수한 채권자에게 법률상 당연히 부여되는 법정담보물권인 점에서 당사자간의 저당권설정계약에 의해 성립하는 저당권과 다르지만, 목적물에 대하여 우선변제권을 갖는 他物權이며, 부종성·불가분성을 갖는 점 등에서 양자의 성질이 같다.

2. 船舶優先特權의 被擔保債權

(1) 限 定 性

선박우선특권은 그 공시방법은 없어도 선박저당권에 우선하므로(제788조), 상법은 선박저당권자를 보호하기 위하여 선박우선특권을 발생하게 하는 채권의 범위를 한정적으로 열거하고 있다.

(2) 種 類

피담보채권의 例로는 ① 채권자의 공동이익을 위한 소송비용, 항해에 관하여 선박에 課한 諸稅金, 導船料와 曳船料, 최후 입항 후의 선박과 그 屬具의 保存費와 檢査費(제777조 제1항 제1호), ② 선원 기타 선박사용인의 고용계약으로 인한 채권(제777조 제1항 제2호), ③ 선박에 대한 해난구조로 인한 구조료채권과 공동해손의 분담에 관한 채권(제777조 제1항 제3호), ④ 선박의 충돌 그 밖의 항해사고로 인한 손해, 항해시설·港灣施設 및 航路에 대한 손해와 선원이나 여객의 생명·신체에 대한 손해배상채권(제777조 제1항 제4호)이 있다.

3. 船舶優先特權의 目的物

(1) 船舶 및 그 屬具

그 선박의 이용에 관하여 상법 제777조에 열거한 채권이 발생한 선박 자체와 그 屬具를 말한다(제777조 제1항 본문). 여기서 선박이란 建造 중인 선박도 포함하고(제790조 참조), 難破된 경우에는 그 난파물에도 우선특권이 미친다. 속구는 속구목록에 기재된 것을 말한다.

(2) 運　賃

운임에 대한 우선특권의 행사는 그 우선특권이 생긴 항해의 운임, 즉 지급을 받지 아니한 운임(未收運賃, 즉 運賃請求權), 지급을 받은 운임이라도 선박소유자나 그 대리인이 소지하고 있는 금액에 한한다. 그러나 선원 기타의 선박사용인의 고용계약으로 인한 채권(제777조 제1항 제2호)은 사회정책적 견지에서 고용계약 존속 중의 모든 항해로 인한 운임의 전부에 대하여 우선특권을 행사하도록 규정하였다(제781조).

(3) 附隨債權

부수채권이란 선박과 운임에 부수한 채권으로서, ① 선박 또는 속구가 멸실·훼손된 경우 또는 운임이 손실된 경우, 그로 인하여 선박소유자 등이 제 3자에 대하여 가지는 손해배상청구권〔예컨대, 선박충돌로 인한 손해배상청구권(제878조·제879조)〕, ② 공동해손으로 인한 선박 또는 운임의 손실에 대하여 선박소유자가 가지고 있는 보상청구권(공동해손분담청구권 등), ③ 해난구조로 인하여 선박소유자가 갖는 보수청구권 등이다(제778조).

그러나 선박소유자 등이 수령할 보험금·장려금·보조금 등에 대하여서는 위의 우선특권을 행사할 수 없다(제780조).

4. 船舶優先特權의 順位

(1) 船舶優先特權 相互間의 順位

(가) 동일항해로 인한 채권의 우선특권이 경합하는 때에는 상법 제777조 제1항 각호의 순서에 따라서 그 순위를 결정한다(제782조 제1항). 그러나 상법 제777조 제1항 제3호(구조료채권과 공동해손분담채권)의 채권이 경합하는 때에는 후에 생긴 채권이 전에 생긴 채권에 우선한다(제782조 제2항 제1문). 그리고 동일한 사고로 인한 채권은 동시에 생긴 것으로 본다(제782조 제2항 제2문).

(나) 數回의 항해에 관한 채권의 우선특권이 경합하는 때에는 후의 항해에 관한 채권이 전의 항해에 관한 채권에 우선한다(제783조 제1항)(後發優先主義). 그러나 선원 등의 고용계약으로 인한 채권에 대한 우선특권은 최후의 항해에 관한 다른 채권과 동일한 순위로 한다(제783조 제2항).

(다) 동일순위의 우선특권이 경합하는 때에는 각 채권액의 비율에 따라 변제를 받는다(제784조).

(2) 船舶優先特權과 다른 擔保物權의 順位

선박우선특권은 선박에 관한 질권과 저당권에 우선한다(제788조). 이것은 저당권이나 질권은 당사자의 임의로 설정할 수 있는 약정담보물권이어서 이들을 우선시키면 선박우선특권의 실익이 없어지기 때문이다. 유치권에 대하여도 당연히 우선하지만, 유치권자는 사실상 선박을 유치할 수 있으므로 선박우선특권자는 이것을 먼저 변제하고 그 유치권을 소멸시키는 수밖에 없고, 따라서 실제에 있어서는 유치권이 우선하게 된다.

5. 船舶優先特權의 效力

(1) 優先辨濟權 · 競賣權

선박우선특권자는 목적물에 대한 경매권(民執 제269조)과 우선변제권(제777조 제2항, 民 제363조)이 있다. 이 경우에는 그 성질에 반하지 아니하는 한 민법의 저당권에 관한 규정이 준용된다(제777조 제2항 제2문). 따라서 우선특권자는 집행권

원이 없이도 당해 선박을 압류하여 換價할 수 있다. 그러므로 선박을 가압류할 이익도 없다.[1]

(2) 追 及 權

선박우선특권자는 선박소유권의 이전으로 영향을 받지 않고 권리를 행사할 수 있다(제785조).[2] 따라서 선박의 양수인은 선의·무과실인 경우에도 선박우선특권자에게 대항할 수 없다.[3]

6. 船舶優先特權의 消滅

(1) 短期의 除斥期間

선박채권자의 우선특권은 그 채권이 생긴 날로부터 1년 이내에 실행하지 아니하면 소멸한다(제786조 제1항)(제척기간). 이 기간은 당사자간의 합의로 연장할 수도 없다. 이 점에서 정기용선계약상의 채권(제846조), 운송인의 채권·채무(제814조), 공동해손채권(제875조), 선박충돌채권(제881조), 해난구조료채권(제895조) 등과 다르다. 이것은 항해마다 우선특권이 발생할 수 있으므로 조속히 해결하는 것이 바람직하기 때문이다.

(2) 抵當權消滅原因에 의한 消滅

선박우선특권에 관하여는 그 성질에 반하지 아니하는 한 민법의 저당권에 관한 규정이 준용되므로(제777조 제2항 제2문) 선박우선특권은 저당권의 소멸원인에 의하여서도 소멸한다. 예컨대, 저당권은 피담보채권이 소멸하면 소멸하므로, 이때 선박우선특권도 소멸한다.

---

1) 大判 1988. 11. 22, 87 다카 1671 ; 同 1982. 7. 13, 80 다 2318.

2) 大決 1976. 6. 24, 76 마 195 : 선박우선특권 있는 채권자는 추급권이 있으므로 채권을 보전하기 위하여 그 선박에 대한 가압류를 할 필요가 없다. 同旨 : 大判 1982. 7. 13, 80 다 2318.

3) 大判 1974. 12. 10, 74 다 176 : 선박우선특권을 가진 선박채권자라 하더라도 선박을 양수한 사람에게 채무의 변제를 청구할 수는 없다.

7. 建造 중의 船舶

建造 중의 선박은 완성된 선박이 아니고, 따라서 해상법상의 선박으로 취급할 수 없기 때문에 선박우선특권에 관한 규정을 준용하도록 하고 있다(제790조).

Ⅲ. 船舶抵當權

1. 船舶抵當權의 意義

(1) 선박저당권(ship mortgage, Schiffshypothek)이란 등기선박을 목적으로 계약에 의하여 설정되는 해상법상의 특수한 저당권이다(제787조 제1항). 선박은 동산이지만 그 부동산유사성으로 인하여 인정된 담보물권이므로, 민법의 부동산저당권의 규정이 선박저당권에 준용된다(제787조 제3항).

(2) 선박우선특권은 公示의 방법이 없고, 법률에 규정되어 있는 채권에 대하여서만 인정되는 것인 데 대하여(제777조 내지 제781조), 선박저당권은 선박등기법에 의하여 등기할 수 있고 또 당사자의 계약에 의하여 임의로 설정할 수 있는 것이므로, 선박금융의 법률형태로서 가장 적합한 것이며, 그 경제성에 있어서 선박우선특권보다 오히려 우수한 것이다. 그러나 선박저당권이 우선특권과 경합하는 경우에 우선특권보다 후순위에 서게 된다는 것(제788조)이 단점이라 하겠다.

2. 船舶抵當權의 目的物

(1) 船 舶

선박저당권의 목적물은 등기선에 한하며(제787조 제1항), 총톤수 20톤 미만의 비등기선은 질권의 목적이 될 수 있을 뿐이다. 그러나 등기선은 질권의 목적으로 하지 못한다(제789조).

(2) 屬 具

선박저당권은 그 속구에도 미친다(제787조 제2항). 속구목록에 기재된 것이든 아니든, 종물이든 아니든 불문한다. 속구의 범위를 결정하는 시기는 실제상의 편의로 인하여 저당권 실행시로 본다.

(3) 共有持分

선박공유자의 지분은 선박관리인의 지분이 아닌 한 각각 저당권의 목적으로 할 수 있다(제759조).

3. 船舶抵當權의 順位

(1) 船舶抵當權 相互間의 順位

선박저당권 상호간의 순위는 등기의 전후에 의하여 결정한다(제787조 제3항, 民 제370조 · 제333조).

(2) 船舶抵當權과 船舶優先特權 간의 順位

선박저당권과 선박우선특권 간의 순위는 선박우선특권이 선박저당권에 우선한다(제788조).

(3) 船舶抵當權과 留置權 간의 順位

선박저당권과 유치권 간의 순위는 법률상 선박저당권이 유치권에 우선하나, 사실상은 유치권이 우선한다.

(4) 船舶抵當權과 船體傭船權 간의 順位

선박저당권과 선체용선권 간의 순위는 등기의 전후에 의하여 결정한다(제849조).

4. 船舶抵當權의 效力

선박저당권의 효력은 부동산의 저당권에서와 같이 선박과 속구에 대한 경매권과 우선변제권이다(제787조 제3항, 民 제356조·제363조).

5. 建造 중의 船舶

건조 중에 있는 선박에 대하여도 금융의 편의와 채권자 보호를 위하여 선박저당권의 규정이 준용된다(제790조). 다만 이때에는 선박이 미완성 상태이므로 특별등기부에 소유권등기 없이 저당권등기만 하였다가 선박이 완성된 후 선박저당권 등기의무자가 소유권보존등기와 함께 선박등기부로 옮겨야 한다.

Ⅳ. 船舶質權

선박은 비등기선(20톤 미만)과 미등기선에 한하여 질권의 목적으로 할 수 있다(제787조 제3항·제789조 참조). 선박질권은 동산질권에 관한 民法의 규정(民 제329조 이하)에 의한다.

Ⅴ. 船舶에 대한 强制執行

1. 船舶에 대한 强制執行節次

선박에 대한 강제집행은 ① 일반채권의 실현을 위한 경우와, ② 선박우선특권, 선박저당권 및 선박유치권 등의 선박담보권을 실행하는 경우로 나눌 수 있다. 보통 전자의 경우 압류할 수 있는 선박은 채무자소유의 선박으로 채무의 발생과 관련이 있을 필요가 없는 반면 후자의 경우는 압류의 대상이 되는 선박은 특정한 선박, 예컨대 선박우선특권이나 유치권을 발생시킨 선박 또는 선박저당권이 설정된 선박에 한한다. 양자에 대하여 상법 외에도 민사집행법(民執 제172조 내지 제173조)이 규정하고 있다.

2. 船舶에 대한 押留와 假押留

(1) 선박에 대한 강제집행은 우선 채권자가 강제경매신청을 하고 법원의 강제경매개시결정에 의하여 선박을 압류함으로써 개시한다. 선박은 동산이지만 저당권을 설정할 수 있는 바와 같이 부동산유사성을 띠므로 선박에 대한 강제집행에 관하여는 일반의 동산집행과는 달리 법원이 집행기관이 되고 부동산의 강제경매절차와 유사한 절차에 따라 경매절차를 진행한다(民執 제269조). 그러나 선박은 동산임에 틀림이 없고 이동성을 가지므로 선박에 대하여 부동산과 같이 등기부상 압류의 취지를 기재하는 것만으로는 집행절차에서 압류채권자의 지위가 불완전하다. 따라서 선박집행의 개시결정을 함에 있어서 선박의 출항을 금지함과 동시에 집행관에게 선박국적증서 그 밖에 선박의 운행에 필요한 문서를 선장으로부터 받아 집행법원에 제출하도록 하고(民執 제174조 제1항), 당해 선박을 관할구역 내에 정박시키도록 하고 있다(民執 제176조). 법원은 채권자의 신청에 의하여 선박의 감수와 보존을 위하여 필요한 처분을 할 수 있는데(民執 제178조 제1항 · 제295조), 법원의 이러한 처분은 개시결정의 송달 전에도 압류의 효력이 있다(民執 제178조 제2항).

(2) 그런데 선박은 운행에 의하여 비로소 수익을 얻을 수 있는데 선박경매가 개시되어 출항을 금지당하면 채무자 또는 소유자는 막대한 손해를 입게된다. 따라서 선박소유자의 정상적인 영업활동을 보장하기 위하여 선박의 운행허가제도 및 보증의 제공에 의한 경매절차의 취소제도를 인정하여 쌍방의 이해관계를 조정하고 있다(民執 제181조 · 제268조).

3. 航海準備를 完了한 船舶 · 屬具에 대한 押留 또는 假押留 禁止

(1) 原 則

선박채권자라 하더라도 항해준비를 완료한 선박과 그 속구에 대하여는 압류 또는 가압류를 하지 못한다(제744조 제1항 본문). 등기선이든 미등기선이든 불문한다. 압류 또는 가압류를 금지하는 이유는 ① 선박의 항해는 일반공중의 이해에 중대한 영향이 있는데, 소수의 채권자의 이익을 위하여 공중의 이익을 희생할 수 없으며(다수의 이해관계인 보호), ② 많은 시간과 비용을 요하며 또 공시되는 발항준비의 종료 전에 채권자가 충분히 자기의 채권담보를 위하여 선박을 압류할 수 있었음에도 불구하고 이를 해태한 경우에 그러한 채권자까지 보호할 필요는 없다는 것(채권자측의 권리행사의 해태)이다.[1] 여기서 항해준비의 완료라 함은 艤裝·선원의 승선·필요서류의 비치·화물의 선적·려객의 승선 등이 완료된 상태, 즉 선박소유자·선장·해원이 사실상 및 법률상 선박이 발항하는 데 필요한 모든 준비를 완료한 것을 말한다(船員 제7조 참조).[2] 항해준비를 완료한 선박에 대하여는 '항해의 종료시까지' 압류 또는 가압류를 하지 못하므로, 이러한 선박이 중간항 또는 피난항에 寄港하여도 압류 또는 가압류를 할 수 없다.[3]

(2) 例　外

(가) 항해를 준비하기 위하여 생긴 채무(예컨대, 연료·식료품 대금, 수선비 등)에 대하여는 채권자가 그 선박 및 속구를 압류 또는 가압류할 수 있다(제744조 제1항 단서). 이와 같은 예외를 인정하는 이유는, ① 그 채무에 의하여 선박이 비로소 발항할 수 있게 되었고, ② 선박소유자에게 발항준비를 위한 금융의 편의를 제공할 필요가 있으며, ③ 그러한 채무는 발항준비의 종료시가 보통 변제기이므로 그 이전에는 압류할 수 없다는 점 등이다.[4]

(나) 또한 총톤수 20톤 미만의 소형선박에 대해서도 압류금지규정은 적용되지 않는다(제744조 제2항). 따라서 아무런 제한 없이 이러한 선박을 압류 또는 가압류 할 수 있다. 소규모선박의 발항에 관하여는 이해관계인이 그다지 많지 아니할 것이기 때문이다.

---

1) 그러나 이와 같은 논리가 정당한지는 의문이다. ① 채권자가 과실없이 발항준비를 몰랐거나 채권의 존부와 압류·가압류의 결정 여부를 알 수 없었던 경우도 있고, ② 선박금융의 편의를 위해서도 압류를 금지하는 것이 바람직하지 않으며, ③ 압류를 인정하더라도 발항준비를 완료한 선박의 경우에는 일정액을 공탁하고 압류를 해제하는 방법도 있기 때문이다.

2) 孫珠瓚(下) 898면 ; 李基秀(保·海) 573면 ; 鄭熙喆·鄭燦亨(下) 809면.

3) 李基秀(保·海) 573면 ; 鄭熙喆·鄭燦亨(下) 809면.

4) 孫珠瓚(下) 899면 ; 鄭熙喆·鄭燦亨(下) 809면.

제 3 장
運　　送

제 1 절　總　　說

Ⅰ. 海上運送의 意義

해상운송(carriage by sea, Seebeförderung)이란 해상에서 선박에 의하여 물건 또는 여객의 장소적 이동을 하는 것을 말한다. 해상이란 湖川·港灣 이외의 수면을 말한다.

해상운송기업의 주체는 선박소유자·선박임차인·정기용선자·항해용선자·운송용선자·재운송인·운송주선인 등이다.

Ⅱ. 海上運送契約의 性質

해상운송인은 운송의 인수를 영업으로 하므로 해상운송계약은 기본적 상행위이다(제46조 제13호). 해상운송계약은 당사자의 일방이 운송이라는 일의 완성을 목적으로 하고, 이에 대하여 상대방이 보수를 지급하기로 약속하는 것이므로 민법상의 도급계약(民 제664조)에 속한다. 그러나 해상운송에 관하여는 상법의 규정이 자세하고, 상관습법과 각종 약관이 발달하고 있어 민법의 도급규정이 적용될 여지는 적다. 또 해상운송계약은 약관에 의하여 체결되는 경우가 일반적이므로 附合契約이며, 불요식의 낙성계약이 원칙이고, 유상·쌍무계약이다.

Ⅲ. 海上運送契約의 種類

1. 個品運送契約

개품운송계약(carriage in general ship, Stückgütervertrag)이란 운송인이 개개의 물건을 해상에서 선박으로 운송할 것을 인수하고, 송하인이 이에 대하여 운임을 지급하기로 약정하는 운송계약이다(제791조). 개품운송계약은 용선계약과는 달리 선박 또는 船腹에 중점이 있는 것이 아니라 각 운송물과 운송의 결과에 중점이 있고, 그 성질은 역시 도급계약이다.

2. 旅客運送契約

해상여객운송계약은 운송인이 특정한 여객을 출발지에서 도착지까지 해상에서 선박으로 운송할 것을 인수하고, 이에 대하여 상대방이 운임을 지급하기로 약정함으로써 그 효력이 생기는 일종의 도급계약이다(제817조).

3. 기타의 運送契約

(1) 複合運送

(가) 複合運送의 意義

연락운송 중 陸·海 또는 陸·海·空運送과 같이 두 개 이상의 운송수단의 협동에 의하여 실행되는 운송을 복합운송(combined transport, transport combiné) 또는 협동일관운송(intermodal transport)이라고 한다. 복합운송에서는 異種의 運送手段이 이용되는 점에서 단순히 복수의 운송수단이 이용되는 통운송계약과 다르나, 1枚의 운송증권이 발행되고 송하인은 운송구간마다 운송계약을 체결할 필요가 없는 점은 통운송계약과 같다. 오늘날 컨테이너(container)의 개발과 함께 그 이용이 크게 증가하고 있으며, 1980년에는 복합운송의 법률관계를 해결하

기 위하여 國際聯合(U.N.)의 國際複合運送條約이 성립되었으나 발효되지 못하고 있다.[1)]

(나) 複合運送人의 責任

2007년 개정 해상법은 최근 복합운송의 발달을 배경으로 복합운송에 관한 1개의 조문(제816조)을 신설하였다. 운송인이 인수한 운송에 해상 외의 운송구간이 포함된 경우 운송인은 손해가 발생한 운송구간에 적용될 법에 따라 책임을 진다(제816조 제1항). 따라서 육상운송구간에서 손해가 발생한 경우에는 육상운송인의 책임에 관한 상법의 규정이 적용되고, 항공운송구간에서 발생한 손해에 대하여는 항공운송에 관한 법률(국제항공운송의 경우에는 1999년 몬트리올협약)이 적용된다.

어느 운송구간에서 손해가 발생하였는지 불분명한 경우 또는 손해의 발생이 성질상 특정한 지역으로 한정되지 아니하는 경우에는 운송인은 운송거리가 가장 긴 구간에 적용되는 법에 따라 책임을 진다(제816조 제2항 본문). 따라서 해상운송이 포함된 경우에는 대체로 상법의 해상편이 적용될 것이다. 다만 운송거리가 같거나 가장 긴 구간을 정할 수 없는 경우에는 운임이 가장 비싼 구간에 적용되는 법에 따라 책임을 진다(제816조 제2항 단서). 상법 제816조의 규정은 강행규정이므로 운송인의 책임을 경감 또는 면제하기로 하는 당사자 사이의 특약은 효력이 없다고 본다(제799조 제1항 유추적용).

(2) 再運送契約

(가) 再運送契約의 意義

i) 용선자가 다시 제 3 자와 운송계약을 체결하는 경우에 최초의 용선계약을 주(운송)계약(original charter, Hauptfrachtvertrag)이라 하고, 용선자와 제 3 자와의 계약을 재운송계약(sub-charter, Unterfrachtvertrag)이라 한다.[2)] 재운송계약은 개품운송계약인 경우가 많으나 용선계약(재용선계약)일 수도 있다.

ii) 재운송계약은 주운송계약과 독립한 第二의 운송계약이며, 이것에 의하여 용선자는 선박소유자 등에게 지급할 용선료와 자기가 재운송계약에 의하여 취

---

1) U.N.국제복합운송조약에 관하여는 崔埈璿, 국제거래법, 2004, 353면 이하 참조.

2) 大判 2004. 10. 27, 2004 다 7040 : 재용선계약 등에 의하여 복수의 해상운송 주체가 있는 경우, 용선계약에 의하여 그로부터 운송을 인수한 자가 누구인지에 따라 운송인이 확정되는 것이고, 선하증권의 발행사실만으로 당연히 운송인의 지위가 인정되는 것은 아니다.

득할 운임과의 차액을 이득하게 된다. 실제에 있어서는 재운송계약과 운송주선인에 의한 운송계약을 구별하기 어려운 경우가 많으나, 재운송계약에서 용선자는 화물의 운송 자체를 인수하는 자이지만 운송주선인은 단지 주선행위만을 하는 점에서 兩者는 구별된다.

(나) 再運送契約의 效力

i) 선박소유자 등과 용선자(항해용선자이든 정기용선자이든 불문한다.)와의 관계는 용선계약이 정하는 바에 따르며, 용선자는 반대의 특약이 없고, 선박소유자 등의 이익에 반하지 않는 한 재운송계약을 체결할 때 선박소유자 등의 승낙을 필요로 하지 않는다.

ii) 용선자와 그 상대방(다른 용선자 또는 송하인)과의 관계는 재운송계약에 의하여 정하여지며, 용선자는 그 상대방에 대하여 운임청구권 등 운송계약상의 권리를 갖는다. 따라서 재운송계약의 상대방에 대한 용선자의 운송계약상의 의무에 관하여는 용선자가 그 책임을 져야 할 것이다. 그러나 운송계약의 이행이 선장의 직무범위 내의 것인 경우에는 선박소유자도 그 제3자에 대하여 堪航能力注意義務(제794조)와 운송물에 관한 주의의무(제795조)에 의한 책임을 진다(제809조). 이 때 선박소유자와 용선자는 부진정연대책임을 진다. 이 규정에 의하여 선박소유자가 책임을 지는 경우에도 그 책임은 商法 제769조의 규정에 의하여 제한된다. 이 때 용선자도 운송인으로서 책임제한을 주장할 수 있고(제797조), 선박소유자의 유한책임의 경우와 동일하게 자기의 책임제한을 주장할 수 있다(제774조 제1항 제1호).

이와 같이 선박소유자와 용선자가 유한책임을 주장하는 경우 동일한 사고에서 발생한 선박소유자 및 용선자의 책임제한의 총액은 선박마다 법정한도액(제770조)을 초과할 수 없다(제774조 제2항).

iii) 선박소유자 등과 재용선자 또는 송하인과의 관계에 관하여는 선박소유자 등이 상법 제809조에 의하여 책임을 지는 것 외에는 선박소유자 등은 송하인에 대하여 직접적인 관계를 갖지 않는다. 따라서 선박소유자 등은 재운송계약의 송하인에 대하여 운임의 청구를 할 수 없다.[1] 그러나 재운송계약의 송하인이 용선자에게 운임을 지급한 경우에도 선박소유자 등은 운송계약에 있어서의 용선료의 지급을 받을 때까지 운송물을 유치할 수 있다(제807조 제2항).

---

1) 大判 1998. 1. 23, 97 다 31441.

(3) 連絡運送契約(通運送契約)

(가) 連絡運送契約의 意義

i) 연락운송계약(contract of through carriage, Durchfrachtvertrag)이란 해상운송인이 자기 담당구간뿐만 아니라 연결된 다른 운송인의 운송수단(선박·철도·자동차·항공기 등)에 의하여 목적지에 이르기까지의 전운송구간의 운송을 引受하는 계약을 말한다. 이는 법전상의 개념은 아니나 복수운송인의 연락운송이라는 점에서 상법의 순차운송(제138조)과 비슷하고, 복수의 운송수단에 의하여 운송하는 점에서 積替約款(transshipment clause)附 單純運送과 비슷하지만, 연락운송계약은 하나의 계약에 의하여 처음부터 사람과 운송수단의 복수가 예정되어 있는 점에 그 특이성이 있다.

ii) 연락운송계약은 ① 운송구간마다 운송계약을 변경함으로써 생기는 적하의 손상과 시간의 낭비를 피할 수 있고, ② 중간운송주선인의 운송주선의 수고와 비용을 절약할 수 있으며, ③ 전운송과정에 소요되는 운임 기타의 비용을 미리 정확하게 알 수 있으므로, C.I.F. 매매계약의 경우에 편리하고, ④ 또 송하인은 통선하증권(through bill of lading, Durchkonnossement, connaissement direct)으로서 荷(貨)換을 이용하여 적하의 발송과 동시에 자금을 회수하는 한편, 수하인도 적하의 도착 전에 그 증권에 의하여 운송물을 처분할 수 있다는 장점이 있다.

(나) 連絡運送契約의 種類

연락운송계약에는 第一運送人만이 송하인에 대하여 당사자로서 계약하는 單獨(單純)連絡運送契約(einfacher Durchvertrag)(하청운송)과 第一運送人뿐만 아니라 전운송인이 공동으로 송하인에 대하여 당사자로서 계약하는 共同連絡運送契約(gemeinschaftlicher Durchfrachtvertrag)(동일운송)이 있다. 선하증권이 발행되지 않은 경우에는 그 효력이 대체로 陸上의 경우와 다름이 없으나(제815조·제138조), 선하증권이 발행된 경우에는 대개 책임한도약관이나 분할책임약관이 삽입되어 있어서 실제로는 각 운송인은 그 담당운송구간에서 생긴 손해에 대해서만 책임을 지게 된다.

(4) 繼續運送契約

계속운송계약(Dauerfrachtvertrag)이란 해상운송인이 송하인에 대하여 일정한 장기간, 일정한 運賃率로써 일정한 종류의 적하의 不特定多數量을 수시 부분적으로 계속하여 운송할 것을 약속하고, 그 매회의 적하의 수량, 선적의 때와 곳, 揚陸港의 결정같은 것을 보통 송하인에게 留保하기로 하는 계약을 말한다. 이것은 주로 정기운송인이 低率의 운임으로 운송을 독점하고, 동시에 송하인으로서도 장기간 안정된 운송을 할 수 있다는 장점이 있다.

(5) 混合船積契約

혼합선적계약(Meng-od. Bulkladungsvertrag)이란 해상운송에서 서로 다른 용선자 또는 송하인이 자기의 적하를 동종·동질의 다른 운송물과 혼합하는 것을 승인하고 체결하는 물건운송계약을 말한다. 散貨積契約이라고 하며, 穀物 또는 석유를 운송할 경우에 많이 쓰인다. 선박소유자 등은 이로써 船腹을 완전히 이용할 수 있고, 보관·관리를 단일화할 수 있으며, 용선자나 송하인도 저렴한 운임으로 운송할 수 있다는 장점이 있다.

(6) 曳船契約

예선계약이란 선박소유자가 보수(曳船料)를 받고 선박(曳船)에 의하여 타인의 선박(被曳船)을 일정한 지점까지 曳航하기로 하는 계약이다. 피예선에 대한 예선의 지휘감독권이 있는 경우는 운송계약의 일종이라 할 수 있으나, 예선이 단순히 피예선에 대하여 동력을 공급하거나 그 운항을 보조하는 데 그치는 경우에는, 그것은 민법의 도급계약 또는 고용계약에 지나지 않는다.

제2절 個品運送

I. 個品運送契約의 意義

개품운송계약(carriage in general ship, Stückgütervertrag)이란 운송인이 개개의 물건을 해상에서 선박으로 운송할 것을 인수하고, 송하인이 이에 대하여 운임을 지급하기로 약정하는 운송계약이다(제791조). 개품운송계약은 용선계약과는 달리 선박 또는 船腹에 중점이 있는 것이 아니라 각 운송물과 운송의 결과에 중점이 있고, 그 성질은 역시 도급계약이다.

≪海上物件運送에 관한 統一條約≫

해상물건운송과 관련하여 1924년의 선하증권통일협약(International Convention for the Unification of Certain Rules of Law relating to Bills of Lading, Brussels, Aug. 25, 1924 : Hague Rules)이 1931년부터 발효되었고, 이 1924년 조약은 그 후 1968년의 선하증권통일조약 개정의정서(Protocol done at Brussels on Feb. 23, 1968 to amend the International Convention for the Unification of Certain Rules of Law relating to Bills of Lading, Brussels, Aug. 25, 1924 : Hague-Visby Rules)에 의하여 개정되어 1977년부터 발효되었다. 1978년에는 위의 1924년 조약을 대체할 "국제연합 해상물건운송협약"(United Nations Convention on the Carriage of Goods by Sea, 1978 : Hamburg Rules)이 제정되어 1992년 11월부터 발효되었다. 우리나라는 위의 어느 조약에도 가입하지 아니하였다. 다만 우리 상법은 1991. 12. 31. 개정전에는 위 1924년 조약의 내용 중 책임원인에 관한 조항만 수용한 바 있으나, 개정법에서는 1968년의 비스비규칙 및 1978년의 함부르크규칙 중 특히 해상운송인의 책임에 관한 규정을 대폭 수용하였다. 2007년의 개정에서는 해상화물운송인의 손해배상책임한도액을 1968년 비스비규칙의 그것과 일치시켰다.

Ⅱ. 個品運送契約의 成立

1. 個品運送契約의 當事者

(1) 개품운송계약의 당사자는 운송인수인과 운송위탁자이며, 전자는 선박소유자 외에도 선박임차인 · 정기용선자 · 용선자(재운송인) 등이고, 후자는 송하인이다.[1] 그리고 계약관계자로는 운송주선인 · 선적인(shipper, Ablader) · 수하인

1) 大判 2000. 3. 10, 99 다 55052 : 선하증권상에 송하인으로 기재되어 있다는 것만으로 그 선하증권에 의한 운송계약의 상대방이라고 단정할 수는 없다. 大判 1974. 9. 10, 74 다 457 : 실질적인 당사자가 계약상의 당사자이다.

(consignee, Empfänger)이 있다. 선적인이란 운송인과 송하인 사이의 운송계약에 의하여 자기의 명의로 물건을 선적하는 자이다.

(2) 실무에서는 운송인이 운송물 도착을 알려야 할 통지처 또는 통지수령인(notify party)을 정하는 것이 보통이다. 이는 상업신용장을 발행한 은행이 미리 지급한 물품대금의 償還을 확보하기 위하여 자신을 수하인으로 정하고, 실수입업자는 통지수령인으로 정하는 상관습에 따른 것이다. 이 통지수령인은 운송계약의 당사자는 아니나, 상법은 위와 같은 실무계의 요청에 부응하여 운송인이 선하증권에 기재된 통지수령인에게 운송물에 관한 통지를 한 때에는 송하인 및 선하증권소지인 기타 수하인에게 통지한 것으로 보도록 하였다(제853조 제4항).

2. 個品運送契約의 締結

(1) 諾成·不要式契約

(가) 본래 해상물건운송계약은 帆船時代에는 주로 선장이 체결하였으나(依商 제767조 참조), 오늘날에는 해상운송인의 본점·지점·대리점 또는 선박중개인 등을 통하여 체결한다.

(나) 개품운송계약은 낙성계약이므로 청약과 승낙의 합치로써 성립하며, 그 내용·방식은 원칙적으로 자유이다. 그러나 실무에서 대부분의 개품운송계약은 부합계약이다. 당사자는 운송계약에서 약관을 특정하고, 그것을 계약의 내용으로 편입하는 취지의 합의를 한다.

(다) 해상운송인은 운송물을 수령한 후 송하인의 청구에 따라 一通 또는 數通의 선하증권을 교부하여야 한다(제852조 제1항). 선하증권은 유가증권이다.

(2) 商法規定의 相對的 强行規定性

(가) 개품운송계약을 체결함에 있어 상법 제794조(감항능력주의의무), 제795조와 제796조(운송물에 관한 주의의무와 그 면책사유), 제797조(책임의 한도), 제798조(비계약적 청구에 대한 적용) 등의 규정에 위반하여 운송인의 의무 또는 책임을 경감 또는 면제하는 당사자 사이의 특약은 효력이 없다(제799조 제1항 제1문). 즉, 상법 제794조 내지 제798조의 규정은 상대적 강행규정이다.

(나) 운송물에 관한 보험의 이익을 운송인에게 양도하는 약정 또는 이와 유사

한 약정도 역시 효력이 없다(제799조 제1항 제2문). 다만 위험성이 아주 높은 산動物의 운송 및 선하증권 기타 운송계약을 증명하는 문서의 표면에 甲板積으로 운송할 취지를 기재하여 갑판적으로 행하는 운송에 대하여는 商法 제799조 제1항의 규정을 적용하지 아니한다(제799조 제2항).

Ⅲ. 個品運送契約의 效力

1. 個品運送人의 義務

(1) 個品運送人의 運送準備義務

(가) 船舶提供義務

해상운송인은 운송계약의 취지에 따라 특정선박을 송하인에게 제공하여야 한다. 개품운송계약에서는 일반적으로 代船約款·積替約款이 이용되고 있다.

(나) 堪航能力注意義務

개품운송인은 송하인에 대하여 발항 당시 선박이 안전하게 항해를 감당할 수 있는 능력, 즉 감항능력(seaworthiness, See-und Ladungstüchtigkeit)에 관한 주의의무를 부담한다(제794조).

감항능력주의의무의 내용은 ① 선박 자체가 안전하게 항해를 할 수 있을 것(船體能力, 狹義의 堪航能力)(제794조 제1호), ② 필요한 선원의 승선, 船舶艤裝과 필요품의 보급에 부족함이 없을 것(運航能力)(제794조 제2호), ③ 선창·냉장실 기타 운송물을 적재할 선박의 부분을 운송물의 수령·운송과 보존을 위하여 적합한 상태에 둘 것(堪荷能力)(제794조 제3호)을 말한다. 운송인은 이에 관한 주의를 해태하지 아니하였음을 증명하지 아니하면 운송물의 멸실, 훼손 또는 연착으로 인한 손해를 배상할 책임이 있다(제794조 본문).

감항능력에 관한 주의시기는 발항당시인데(제794조 본문), 발항 '當時'란 선적을 개시한 때로부터 발항할 때까지로 넓게 해석해야 하며, '發航'이란 선적항의 발항으로 해석하여야 한다.

개품운송인이 감항능력에 관한 주의를 해태하여 운송물에 손해가 발생한 경우에는 손해배상책임을 진다. 다만 그 책임은 운송물의 멸실·훼손·연착으로 인한 손해에 한한다(제794조 본문).

개품운송인의 감항능력 주의의무위반으로 인한 손해배상책임을 경감하는 당사자 사이의 면책특약은 그 효력이 없다. 또한 운송물에 관한 보험의 이익을 운송인에게 양도하는 약정 또는 이와 유사한 약정도 같다(제799조 제1항). 다만 산동물의 운송 및 선하증권 기타 운송계약을 증명하는 문서의 표면에 갑판적으로 운송할 취지를 기재하여 갑판적으로 행하는 운송에 대하여는 이 의무 또는 책임을 면제·경감하는 당사자 사이의 특약은 유효하다(제799조 제2항).

개품운송인의 감항능력 주의의무위반으로 인한 손해에 대하여는 해상보험자도 그 보상책임을 면한다(제706조 제1호).

(다) 積荷의 受領·積付義務

(i) 송하인은 당사자 사이의 합의 또는 선적항의 관습에 의한 때와 곳에서 개품운송인에게 운송물을 제공하여야 한다(제792조 제1항). 송하인이 이와 같은 합의 또는 관습에 따른 때와 곳에서 운송물을 제공하지 아니한 경우에는 계약을 해제한 것으로 본다(제792조 제2항 제1문). 이 경우 선장은 즉시 발항할 수 있고, 송하인은 운임의 전액을 지급하여야 한다(제792조 제2항 제2문). 송하인은 선적기간 내에 운송에 필요한 서류를 선장에게 교부하여야 한다(제793조)

(ii) 송하인이 위에서 말한 대로 운송물을 제공하면 개품운송인은 그 운송물을 수령하여야 하고, 수령한 운송물을 船內의 적당한 장소에 積付하여야 한다.[1] 운송물의 수령은 船側(alongside)에서 하고, 적부는 특약이나 다른 관습이 없는 한 갑판적을 할 수 없고 船艙에 하여야 한다.

(iii) 선장은 법령 또는 계약에 위반하여 선적한 운송물은 언제든지 이를 양륙할 수 있고, 그 운송물이 선박 또는 다른 운송물에 위해를 미칠 염려가 있는 때에는 이를 포기할 수 있다(제800조 제1항). 그러나 만약 선장이 그 물건을 운송하는 때에는 선적한 때와 곳에서의 동종 운송물의 최고운임의 지급을 청구할 수 있다(제800조 제2항). 이때 송하인측에 과실이 있는지는 불문한다. 그러나 송하인측에 과실이 있으면 개품운송인 그 밖의 이해관계인은 계약불이행 또는 불법행위를 원인으로 한 손해배상을 청구할 수 있다(제800조 제3항).

(iv) 한편 인화성·폭발성 그 밖의 위험성이 있는 운송물은 운송인이 그 성질을 알고 선적한 경우에도 그 운송물이 선박이나 다른 운송물에 위해를 미칠 위

1) 大判 2003. 1. 10, 2000 다 70064.

험이 있는 때에는 선장은 언제든지 이를 揚陸, 破壞 또는 無害措置를 할 수 있다(제801조 제1항). 이로 인하여 그 운송물에 발생한 손해에 대하여는 공동해손분담책임을 제외하고 그 배상책임을 면한다(제801조 제2항). 이때에도 송하인측에 과실이 있으면 운송인은 그로 인한 손해배상을 청구할 수 있다고 본다.

(라) 船荷證券交付義務

(i) 해상운송인은 운송물을 수령한 후 송하인의 청구에 따라 1通 또는 數通의 선하증권을 교부하여야 한다(제852조 제1항). 선하증권에는 운송물의 수령 후에 발행하는 수령선하증권과 선적 후에 발행하는 선적선하증권이 있는데, 운송인은 운송물을 선적한 후 송하인의 청구가 있으면 1通 또는 數通의 선적선하증권을 교부하거나 수령선하증권에 선적의 뜻을 표시하여야 한다(제852조 제2항).

(ii) 선하증권의 교부는 선장 기타의 사용인에게 위임할 수 있다(제852조 제3항). 선하증권의 교부를 받은 송하인은 證據保全을 위하여 발행자(운송인)가 등본의 교부를 청구한 때에는 선하증권의 등본에 기명날인 또는 서명하여 교부하여야 한다(제856조).

(2) 個品運送人의 運送實行義務

(가) 發航義務

(i) 개품운송인은 운송물의 선적이 완료된 때에는 지체없이 발항하여야 한다(船員 제8조 참조). 발항시기는 공시된 발착시간표에 따른다.

(ii) 송하인이 운송물의 제공을 懈怠한 때에는 선장이 즉시 발항할 수 있으며, 송하인은 운임 전액을 지급하여야 한다(제792조 제2항).

(나) 直航義務

개품운송인은 필요한 경우(예컨대, 공동위험의 회피, 인명 또는 재산의 구조, 감항능력의 회복) 외에는 발항항에서 도착항까지 예정항로를 변경하지 않고 항행하여야 한다(제796조 제2항 제8호, 船員 제8조 참조).

(다) 運送物의 保管·處分義務

개품운송인은 운송물의 수령시부터 인도시까지 선량한 관리자의 주의로써 운송물을 보관하여야 하고(제795조 제1항), 위급한 때에는 적당한 방법으로 운송물을 처분할 의무가 있다(제752조). 또 개품운송인은 송하인 또는 선하증권소지인이 운송의 중지·운송물의 반환 기타의 처분을 청구할 때에는 그 지시에 따라야 한다(제815조·제139조 제1항 제1문).

(3) 個品運送人의 運送終了 후의 義務

(가) 揚陸에 관한 義務

개품운송인은 운송계약상 예정된 양륙항 또는 발항 후 송하인이 지정하는 양륙항에 입항하고, 일정한 양륙장소에 선박을 정박하여야 한다.

운송물이 목적지에 도착한 때에는 개품운송인은 운송물을 揚陸하여야 한다.

(나) 運送物引渡義務

운송물이 목적지에 도착한 때에는 개품운송인은 수하인에게 운송물의 도착통지를 하여야 하며, 운송물의 도착통지를 받은 수하인은 당사자 사이의 합의 또는 양륙항의 관습에 의한 때와 곳에서 지체 없이 운송물을 수령하여야 한다(제802조). 운송물의 인도는 보통 적하의 양륙과 동시에 하는 것이나, 반드시 일치하는 것은 아니다. 운송인은 수하인이 운임·부수비용·체당금·체선료, 운송물의 가액에 따른 공동해손 또는 해난구조로 인한 부담액 등의 지급과 상환하지 아니하면 운송물을 인도할 의무가 없고(제807조 제2항), 이들 금액을 지급받기 위하여 법원의 허가를 얻어 운송물을 경매할 수도 있다(제808조 제1항).

船荷證券이 발행되지 않은 경우에 운송물을 수령할 자는 운송계약에서 수하인으로 지정된 者이다. 운송물이 양륙항에 도착하면 수하인은 운송물인도청구권을 취득하므로(제815조, 제140조) 송하인이 운송물의 처분을 청구하지 않는 한 운송인은 수하인에게 인도하여야 한다(제815조, 제139조).

船荷證券이 발행된 경우, ⅰ) 수하인은 선하증권의 정당한 소지인이다. 따라서 해상운송인은 선하증권과 상환하여 증권소지인에게 운송물을 인도하여야 한다(제861조, 제129조). 해상운송인이 선하증권 소지인이 아닌 자에게 운송물을 인도하면 고의 또는 중과실로 인한 불법행위[1] 또는 선하증권소지인의 선하증권에 의한 운송물인도청구권의 이행불능으로[2] 인한 손해를 배상할 책임이 있다. 이때에는 운송인의 책임이 제한되지 않는다. 물론 해상운송인이 선하증권 소지인의 인도지시[3] 내지 승낙에 따라 운송물을 제3자에게 인도한 경우, 그 선하증

1) 大判 1991. 8. 27, 91 다 8012 ; 同 1991. 12. 10, 91 다 14123 ; 同 2001. 4. 10, 2000 다 46795 ; 同 2004. 10. 15, 2004 다 2137(이른바 '선상도'의 방식으로 인도 약정을 한 경우); 同 2007. 6. 28, 2007 다 16113.

2) 大判 1996. 3. 12, 94 다 55057; 同 1990. 2. 13, 88 다카 23735.

3) 大判 2005. 2. 18, 2002 다 2256 : 수하인이 보세장치장 설영자에게 운송물 전체에 대한 화물인도지시서를 제시하여 그 운송물 중 일부만을 출고하고 나머지는 자신의 사정으로 후에 출고할 의사로 그대로 둔 경우, 그 시점에서 운송인은 운송물 전

권 소지인에 대한 손해배상책임을 지지 않는다.[1)]

ii) 數通의 선하증권이 발행된 경우에는 2人 이상의 소지인이 경합할 수 있는데, 양륙항에서는 어느 한 통의 증권소지인이 운송물의 인도청구를 하더라도 선장은 인도를 거부하지 못하며(제857조 제1항), 또한 그 소지인이 운송물을 수령한 때에는 다른 선하증권은 그 효력을 잃는다(제857조 제2항). 만약 2人 이상의 선하증권소지인이 운송물의 인도청구를 한 때에는, 선장은 지체없이 운송물을 공탁하고, 각 청구자에게 통지를 하여야 한다(제859조 제1항). 양륙항에서 1通의 소지인에게 운송물의 一部를 인도한 후(제857조 제1항), 다른 소지인이 운송물의 인도를 청구한 경우에는 그 殘餘運送物에 대하여서도 동일하다(제859조 제2항).

iii) 운송물이 공탁된 경우의 선하증권소지인 간의 권리에 있어서는 數人의 소지인에게 공통되는 전 소지인으로부터 먼저 교부를 받은 증권의 소지인이 다른 소지인에 우선하여 그 권리를 행사한다(제860조 제1항). 隔地者에 대하여 발송한 선하증권은 그 발송한 때를 교부받은 때로 본다(제860조 제2항).

iv) 한편, 양륙항 외에서는 선장은 선하증권의 각 통의 반환을 받지 아니하면 운송물을 인도하지 못한다(제858조).

(다) 供託義務

개품운송계약의 경우 운송물의 도착통지를 받은 수하인은 당사자간의 합의 또는 양륙항의 관습에 의한 때와 곳에서 지체없이 운송물을 수령하여야 한다(제802조). 그러나 수하인이 운송물의 受領을 게을리한 때에는 선장은 이를 공탁하거나 세관 그 밖에 법령으로 정한 관청의 허가를 받은 곳에 인도할 수 있다(제803조 제1항 제1문). 이 경우에는 지체없이 수하인에게 그 통지를 발송하여야 한다(제803조 제1항 제2문). 수하인을 확실히 알 수 없거나 수하인이 운송물의 수령을 거부한 때에는 선장은 운송물을 공탁하거나 세관 그 밖에 법령으로 정한 관청의 허가를 받은 곳에 인도하고 지체없이 용선자 또는 송하인 및 알고 있는 수하인에게 그 통지를 발송하여야 한다(제803조 제2항). 공탁하거나 세관 그 밖

체의 인도의무를 다하였다고 볼 수 있다.

1) 大判 1997. 6. 24, 95 다 40953 : 해상운송인이 선하증권 소지인의 인도 지시 내지 승낙에 따라 운송물을 제3자에게 인도한 경우에는 그 제3자가 선하증권을 제시하지 않았다 하더라도 해상운송인이 그와 같은 인도 지시 내지 승낙을 한 선하증권 소지인에 대하여 운송물인도의무 불이행이나 불법행위로 인한 손해배상책임을 진다고 할 수 없다. 同旨 : 大判 1974. 12. 10, 74 다 376.

에 법령으로 정한 관청의 허가를 받은 곳에 인도한 때에는 선하증권소지인 그 밖의 수하인에게 운송물을 인도한 것으로 본다(제803조 제3항).

2. 個品運送人의 權利

(1) 個品運送人의 運賃請求權

(가) 原　則

개품운송인은 자기가 인수한 운송을 완성한 때에는 그 보수인 운임을 청구할 수 있다. 운임지급의무자는 송하인이지만, 운송물수령 후에는 수하인도 운임지급의무를 부담한다(제807조 제1항).[1)]

운송물이 목적지에 도착하지 아니한 때에는 운임청구권은 발생하지 아니한다. 운송물의 전부 또는 일부가 송하인의 책임없는 사유로 인하여 멸실한 때에도 운송인은 그 운임을 청구하지 못하고, 이때 운송인이 이미 그 운임의 전부 또는 일부를 받은 때에는 이를 반환하여야 한다(제815조, 제134조 제1항).[2)]

(나) 例　外

개품운송인은 예외적으로 다음의 경우에는 운송물이 목적지에 도착하지 아니한 때라도 운임청구권을 행사할 수 있다.

① 送荷人 등의 過失

운송물의 전부 또는 일부가 그 성질이나 瑕疵 또는 송하인의 과실로 인하여 멸실된 때에는 개품운송인은 운임의 전액을 청구할 수 있다(제815조·제134조 제2항). 송하인에게 과실이 있는 경우, 운송인은 그 밖의 손해가 있으면 그 손해의 배상도 청구할 수 있다.

② 積荷의 處分

선장이 항해의 계속에 필요한 비용을 지급하기 위하여 운송물을 처분한 경우(제750조 제1항), 또는 운송물에 대하여 공동해손처분을 한 경우(제865조)에는 개품운송인은 운임의 전액을 청구할 수 있다(제813조). 이들 경우에는 송하인이 선박소유자나 공동해손분담채무자에 대하여 배상을 청구할 수 있으며, 이 배상액

1) 大判 1998. 1. 23, 97 다 31441 : 선박이 재용선된 경우 선주는 직접 재용선자 또는 수하인에 대하여 주된 운송계약의 운임을 청구할 수 없다.

2) 大判 1996. 2. 9, 94 다 27144.

중에는 운임도 가산되어 있기 때문이다.

③ **船積의 遲滯**

송하인이 선적을 해태하여 선장이 발항한 때에는 송하인은 운임의 전액을 지급하여야 한다(제792조).

④ **運送不能**

(a) 항해 중에 선박의 침몰·멸실·수선불능·포획이 발생하여 운송계약이 종료되거나(제810조 제1항 제1호 내지 제3호), 항해 또는 운송이 법령을 위반하게 되거나, 그 밖에 불가항력으로 인하여 계약의 목적을 달성할 수 없게 되어 계약을 해지한 때에는(제811조 제1항), 개품운송인은 운송의 비율에 따라 운송물의 가액의 한도에서 운임을 청구할 수 있다(제810조 제2항·제811조 제2항). 이 비율은 단지 운송거리의 비율에 한하지 않고 항해의 難易·비용·시간·노력 등을 참작하여 정한다.

(b) 운송물의 일부가 선적 전에 불가항력으로 인하여 멸실하거나, 운송물의 일부에 대하여 항해 또는 운송이 법령을 위반하게 되거나 기타 불가항력으로 인하여 계약의 목적을 달성할 수 없게 된 때에는 송하인은 운송인의 책임이 가중되지 아니하는 범위 안에서 다른 운송물을 선적할 수도 있다(代荷船積權 : 제812조 제1항). 이때 송하인은 지체 없이 운송물의 양륙 또는 선적을 하여야 하며, 그 양륙 또는 선적을 게을리한 때에는 운임의 전액을 지급하여야 한다(제812조 제2항).

(다) 運賃額의 計算

운임은 당사자간의 계약에 의하여 정하나, 상법은 운임계산에 관한 보충규정을 두고 있다. 즉, 운송물의 중량 또는 용적으로 운임을 정한 때에는 운임액은 운송물을 인도하는 때의 중량 또는 용적에 의하여 정한다(제805조). 기간으로 운임을 정한 때에는 운임액은 원칙으로 운송물의 선적을 개시한 날로부터 양륙을 종료한 날까지의 기간에 의하여 정한다(제806조 제1항). 그러나 불가항력으로 인하여 선박이 선적항이나 항해 도중에 정박한 기간 또는 항해 도중 선박수선에 소요된 기간은 이에 산입하지 아니한다(제806조 제2항).

(2) 個品運送人의 기타 權利

개품운송인의 그 밖의 권리로는 ① 운송물제공청구권(제792조 제1항 참조)이 있다. ② 개품운송계약과 용선계약에 공통적인 것으로서 발항권(제831조 제2항,

제792조 제2항), 운송에 필요한 서류교부청구권(제793조, 제841조 제1항), 위법선적물[1] 또는 위험물에 대한 조치권(제800조, 제801조, 제841조 제1항), 송하인이나 용선자가 운송물의 전부 또는 일부를 선적하고 운송계약을 해제 또는 해지한 경우 선적과 양륙비용의 청구권(제835조), 송하인 또는 용선자에 대한 선하증권등본 교부청구권(제856조) 등이 있으나, 이에 관하여는 대부분 旣述하였다. 이곳에서는 그 밖의 권리로서 대박료청구권, 체당금 기타 비용청구권, 유치권·경매권·공탁권에 관하여만 보기로 한다.

(가) 待泊料請求權

선적기간 또는 양륙기간을 경과한 후에 선적 또는 양륙을 위하여 선박을 정박시킨 경우(超過碇泊期間)에는 개품운송인은 수하인에 대하여 滯船料(待泊料·碇泊料)를 청구할 수 있다. 체선료의 법적 성질은 손실을 전보하기 위한 법정의 특별보수이며,[2] 따라서 선박소유자의 과실상계의 대상이 되지 아니한다.[3] 수하인이 운송물을 수령한 때에는 수하인은 체선료를 지급하여야 할 의무가 있다(제807조 제1항).

(나) 替當金 기타 費用請求權

개품운송인은 당해 운송에 부수하여 발생한 附隨費用(예컨대, 倉庫의 保管料·積換費用·供託費用) 또는 체당금(예컨대, 관세·과태료·검역검사비용·구조료·공동해손분담금 등)을 양륙항에서 수하인에게 청구할 수 있다(제807조 제1항).

(다) 留 置 權

개품운송인은 운임 기타 附隨債權의 지급을 받기 위하여 운송물에 대하여 유치권을 행사할 수 있다(제807조 제2항). 개품운송인의 유치권은 피담보채권과 유치의 목적물인 운송물과의 牽連關係를 요하며, 유치의 목적물은 운송물로 제한되고 그 운송물의 소유자는 누구인지 묻지 아니하는 점 등에서 민사유치권(民 제320조)과 같고 일반상사유치권(제53조)과는 다르다.

(라) 競 賣 權

개품운송인은 운임 기타 부수채권의 지급을 받기 위하여 법원의 허가를 얻어

---

1) 大判 1996. 6. 14, 95 다 46036 : 약관상 '화물이 불법한 것으로 드러난 경우'란, 해상화물운송계약상의 법률관계에 비추어 화물 자체가 수입금지품목 등에 해당되는 경우만을 예정한 것이 아니라 화주 또는 수하인이 화물의 적법한 통관절차를 거치지 않고 밀수입하는 경우도 포함되는 것으로 해석함이 상당하다.
2) 大判 1994. 11. 25, 93 도 3274 ; 同 2005. 7. 28, 2003 다 12083.
3) 大判 1994. 6. 14, 93 다 58547 ; 同 2005. 7. 28, 2003 다 12083.

운송물을 경매하여 우선변제를 받을 수 있으며(제808조 제1항), 선장이 수하인에게 운송물을 인도한 후에도 그 인도일로부터 30일을 경과하지 않았거나 제3자가 그 운송물의 점유를 취득하지 않은 동안은 그 운송물을 경매하여 우선변제를 받을 수 있다(제808조 제2항). 개품운송인의 경매권은 법원의 허가를 반드시 필요로 하는 점 그리고 운송물의 인도 전후를 불문하는 점에서 민법상 유치권자의 경매권(民 제332조 제1항)과 구별된다. 물론 개품운송인이 이 경매권을 행사하여도 운임 기타 채권의 충당에 부족한 때에는 그 부족액을 송하인에게 청구할 수 있다.

(마) 供 託 權

개품운송인은 수하인이 운송물의 수령을 게을리하는 경우 운송물을 공탁하거나 세관 그 밖에 법령이 정하는 관청의 허가를 받은 곳에 인도할 수 있으며, 이때에는 지체 없이 수하인에게 그 통지를 하여야 한다(제803조 제1항).

(3) 個品運送人의 債權·債務의 消滅

(가) 債權·債務의 除斥期間

개품운송인의 송하인 또는 수하인에 대한 채권 및 채무는 그 청구원인의 여하에 불구하고 운송인이 수하인에게 운송물을 인도한 날 또는 인도할 날부터 1년 이내에 재판상 청구가 없으면 소멸한다(제814조 제1항 본문). 이 기간은 제척기간이다. 다만 이 기간은 당사자의 합의에 의하여 연장할 수 있다(제814조 제1항 단서).

(나) 제3자에게 運送을 再委託한 경우의 除斥期間

운송인이 인수한 운송을 다시 제3자에게 위탁한 경우 그 제3자에 대한 운송인의 채권·채무는 송하인 또는 수하인이 운송인과 배상 합의를 하거나 운송인에게 재판상 청구를 한 날(운송인이 제3자에게 재판상 청구를 받은 날로부터 3개월 이내에 소송고지를 한 경우에는 그 재판이 확정되거나 그 밖에 종료된 날)로부터 3개월이 경과하기 이전에는 소멸하지 아니한다(제814조 제2항·제3항). 이는 1년의 제척기간 내에 배상 합의를 하거나 재판상 청구가 있는 경우는 물론이고, 운송인과 그 제3자 사이에 기간연장의 약정이(제814조 제1항 단서) 있는 경우에도 또한 같다(제814조 제2항 제2문).

(다) 訴訟告知의 許容

운송이 재위탁된 경우에 있어서 재판상 청구를 받은 운송인이 그로부터 3개월 이내에 그 제3자에 대하여 소송고지를 하면 3개월의 기간은 그 재판이 확정되거나 그 밖에 종료된 때부터 기산한다(제814조 제3항). 이는 제소시 인지대 등 막대한 비용이 소요되는 점을 고려하여 제소 대신에 소송고지를 하는 방안을 강구한 것이다.

Ⅳ. 個品運送人의 損害賠償責任

1. 序　說

상법은 개품운송인의 손해배상책임에 관하여 육상물건운송인의 책임규정을 준용하고 있으므로(제815조·제134조·제136조 내지 제140조) 개품운송인의 책임은 육상물건운송인의 책임과 대체로 같다. 그러나 해상운송의 특수성에 비추어 약간의 특별규정을 두고 있다. 즉, 상법은 과실책임주의를 원칙으로 하면서 과실을 航海過失과 商事過失로 나누어 항해과실 및 선박화재에 대하여는 운송인의 책임을 면제하고(제795조 제2항), 일정한 사항에 대하여는 입증책임을 경감하며(제796조), 손해배상책임을 제한하는가 하면(제797조), 면책약관의 제한에 관한 규정을 두어(제799조) 해상기업의 보호와 이해관계인의 이익의 조화를 도모하고 있다.

2. 責任負擔의 主體

손해배상책임을 지는 주체가 되는 개품운송인이라 함은 개품운송인 스스로는 물론 그 사용인 또는 대리인, 책임보험자 및 실제운송인과 그 사용인 또는 대리인 등을 가리킨다.[1] 다만 독립적인 계약자는 운송인의 '사용인 또는 대리

1) 大判 2002. 5. 28, 2001 다 12621 : 선박의 운행 중 사고로 인한 손해배상에 대하여 그 선박의 이용자가 손해배상을 부담하기 위하여는 그 이용자가 사고 선박의 선장·선원에 대한 실질적인 지휘·감독권이 있어야 한다. 同 2001. 7. 10, 99 다 58327: 정기용선자로부터 선복을 용선받은 재용선자가 송하인과 운송계약을 체결한 사안에서, 정기용선자는 운송계약상 책임을 지는 운송인의 지위에 있지 않다 ;

인'이 아니다.[1] 이밖에 상법상의 선박소유자(즉, 利用船主), 선박공유자, 선박임차인, 정기용선자로서 자기명의로 개품운송을 하는 자를 포함한다. 책임부담의 주체인 개품운송인은 후술하는 책임제한의 주체가 될 수 있는 자이기도 하다(제797조 제1항).

3. 商事過失로 인한 損害賠償責任

(1) 損害賠償責任의 原因

(가) 過失責任主義

상법은 개품운송인은 "… 주의를 해태하지 아니하였음을 증명하지 아니하면 운송물의 멸실·훼손 또는 연착으로 인한 손해를 배상할 책임이 있다."(제794조 본문, 제795조 제1항)라고 규정하여, 육상운송인(제135조)의 경우와 같이 과실책임주의를 기본원칙으로 하고 있다.

(나) 堪航能力注意義務 違反

前述한 바와 같이 개품운송인은 자기 또는 선원 기타의 선박사용인이 발항당시 ① 선박이 안전하게 항해를 할 수 있게 하여야 하고(狹義의 堪航能力), ② 필요한 선원의 승선·선박 의장과 필요품을 보급하여야 하며(運航能力), ③ 선창, 냉장실 기타 운송물을 적재할 선박의 부분을 운송물의 수령, 운송과 보존을 위하여 적합한 상태에 두어야 한다(堪荷能力). 개품운송인은 이에 관하여 주의를 해태하지 아니하였음을 증명하지 아니하면 운송물의 멸실, 훼손 또는 연착으로 인한 손해를 배상할 책임이 있다(제794조).

(다) 商事過失

(i) 개품운송인의 고의·과실로 인하여 운송물의 멸실·훼손 또는 연착이 일어나야 하는데, 과실책임자의 범위는 "운송인 … 또는 선원 기타 선박사용인"이다. 즉, 해상운송인 자신뿐만 아니라 운송채무를 이행하기 위하여 사용한 모든 사용인을 말한다. 보세창고업자는 운송인의 사용인이 아니다.[2]

同 1992. 9. 8, 92 다 23292: 선박의 설치관리상의 하자로 그 선박에 실려 있던 장비가 바다에 가라앉아 유실되는 등의 사고가 발생하였다면 그 선장은 불법행위자로서, 선박소유자는 위 선장 등의 사용자 겸 소유자로서 각자 손해배상책임이 있다.

1) 大判 2004. 2. 13, 2001 다 75318.

2) 大判 1997. 9. 9, 96 다 20093 : 운송인의 의뢰로 운송물을 보관한 보세창고업자와

(ii) 상법은 개품운송인의 과실을 航海過失(海技過失)과 商事過失(商業過失)로 구분한다. 항해과실에 대하여는 운송인은 면책된다.

상사과실은 운송수단에 대한 주의해태와 운송물 자체에 대한 주의해태를 따로 규정하고 있다. 운송수단에 대한 주의해태는 발항당시 선박의 감항능력, 즉 협의의 감항능력·운항능력에 관한 법정사항에 대한 주의해태를 말한다(제794조). 운송물 자체에 대한 주의해태의 경우 주의사항의 범위는 "운송물의 수령·선적·적부·운송·보관·양륙과 인도"에 미치나(제795조 제1항),[1] 이것은 예시적이다.

(라) 擧證責任

개품운송인은 자기 또는 이행보조자가 선박의 감항능력이나 운송물에 관하여 '상당한 주의'를 다하였음을 입증하여야 한다(제794조·제795조 제1항). 이행보조자의 선임·감독에 대한 무과실의 입증만으로는 책임을 면할 수 없다.

(2) 損害賠償責任의 範圍

(가) 一般原則

개품운송인의 손해배상의 범위는 육상운송인의 그것과 같다. 즉, 해상운송인도 정액배상주의원칙에 따라 도착지가격에 의한 배상을 하고, 손해가 운송인의 고의·중과실로 인한 때에는 모든 손해를 배상하여야 하며, 운송물의 멸실 또는 훼손으로 인하여 지급을 요하지 아니하는 운임 기타 비용은 배상액에서 공제한다(제815조에 의한 제137조 準用). 상법은 이 밖에 1968년의 헤이그 비스비 규칙(Hague-Visby Rules) 및 1978년의 함부르그 규칙(Hamburg Rules)을 참조하여 해상운송인의 책임제한규정을 두고 있다.

(나) 責任의 個別的 制限

(i) 개품운송인은 운송물에 관한 손해가 운송인 자신의 고의 또는 그 손해가 생길 염려가 있음을 認識하면서 無謀하게 한 作爲 또는 不作爲로 인하여 생긴 것인 경우를 제외하고 그 운송물의 每包裝當 또는 船積單位當 666과 100분의 67 계산단위의 금액과 중량 1 킬로그램당 2 계산단위의 금액 중 큰 금액을 한도

운송인 사이에는 지휘·감독관계가 없으므로 운송인은 보세창고업자에 대해 민법상의 사용자 배상책임을 지지 않는다. 同旨 : 서울高判 2001. 7. 24, 2001 나 11385 [확정].

1) 大判 1983. 3. 22, 82 다카 1533.

로 제한할 수 있다(제797조 제1항). 따라서 운송인은 ① 물건의 도착지가격과 ② 운송물의 매포장당 또는 선적단위당 666과 100분의 67 계산단위의 금액과 중량 1 킬로그램당 2 계산단위의 금액 중 큰 금액을 비교하여(즉, ①의 금액과 ②의 금액을 비교) 그 중 적은 금액으로 손해배상을 하면 된다. 만약 물건의 도착지 가격이 운송물의 매포장당 또는 선적단위당 666과 100분의 67 계산단위의 금액과 중량 1 킬로그램당 2 계산단위의 금액 중 큰 금액보다 저액일 때는 도착지가격에 의하여 배상한다.

(ii) 운송물의 포장 또는 선적단위는 컨테이너 그 밖에 이와 유사한 운송용기가 운송물을 통합하기 위하여 사용하는 경우에 그러한 운송용기에 내장된 운송물의 포장 또는 선적단위의 수를 선하증권 그 밖에 운송계약을 증명하는 문서에 기재한 때에는 그 각 포장 또는 선적단위를 하나의 포장 또는 선적단위로 보고, 그 기재가 없는 때에는 이러한 운송용기 내의 운송물 전부를 하나의 포장 또는 선적단위로 본다(제797조 제2항 제1호).[1] 또 운송인이 아닌 자가 공급한 운송용기 자체가 멸실 또는 훼손된 경우에는 그 容器를 별개의 포장 또는 선적단위로 본다(제797조 제2항 제2호).

(iii) 그리고 운송물에 관한 손해배상청구가 운송인의 사용인 또는 대리인에 대하여 제기된 경우에는 그 손해가 그 사용인 또는 대리인의 직무집행에 관하여 생긴 것인 때에는 그 사용인 또는 대리인도 운송인이 주장할 수 있는 항변과 책임제한을 원용할 수 있다(제798조 제2항 본문).[2] 다만 그 손해가 그 사용인 또는 대리인의 고의 또는 운송물의 멸실, 훼손 또는 연착이 생길 염려가 있음을 인식하면서 무모하게 한 작위 또는 부작위로 인하여 생긴 것인 때에는 그러하지 아니하다(제798조 제2항 단서). 운송물에 관한 손해배상청구가 운송인 이외의 실제운송인 또는 그 사용인이나 대리인에 대하여 제기된 경우에도 같다(제798조

---

1) 大判 2004. 7. 22, 2002 다 44267 : 컴퓨터 2,496대를 24대씩 104개의 pallet에 적재한 다음 1개의 container에 26개의 pallet를 적재하였고, 운송 도중 1개의 컨테이너 안에 든 화물 전체(26 팰리트 = 624 상자)가 침수된 사안에서 포장단위란 container를 말하는가, pallet를 말하는가, 아니면 컴퓨터 1대를 말하는가가 쟁점이 된 사안에서, 원심법원은 손상된 pallet 단위로 손해배상액을 계산하였지만 대법원은 이를 파기환송하였다. 즉, 대법원은 선하증권에 기재된 대로 컴퓨터 2,496 units가 손상을 입은 것으로 판단하였다.

2) 釜山地判 2006. 3. 27, 2005 가단 42886[항소] : 히말라야 약관(Himalaya Clause)은 해상운송인의 책임을 경감하는 결과를 가져오는 것은 아니므로 상법 제790조 제1항에 반하지 아니하여 유효하다.

제4항).

(ⅳ) 또한 책임보험에서 피보험자가 책임을 질 사고로 입은 손해에 대하여 제3자가 보험자에게 직접 보상을 청구하는 경우에 보험자는 피보험자가 그 사고에 관하여 가지는 항변으로써 그 제3자에게 대항할 수 있으므로(제724조), 책임보험자도 운송인의 면책사유나 책임제한을 주장할 수 있다.

(ⅴ) 이와 같은 개품운송인의 책임제한은 예외적으로 송하인이 개품운송인에게 운송물을 인도할 때에 그 종류와 가액을 고지하고 선하증권 기타 운송계약을 증명하는 문서에 이를 기재한 경우에는 적용하지 아니한다. 그러나 송하인이 운송물의 종류 또는 가액을 고의로 현저하게 不實한 告知를 한 때에는 운송인은 자기 또는 그 사용인이 악의인 경우를 제외하고 운송물의 손해에 대하여 책임을 면한다(제797조 제3항).

(다) 責任制限의 排除

개품운송인은 운송물에 관한 손해가 운송인 자신의 고의 또는 손해발생의 염려가 있음을 認識하면서 無謀하게 한 作爲 또는 不作爲(act or omission … done … recklessly and with knowledge that damage would probably result)로 인하여 생긴 경우에는 책임의 제한을 주장할 수 없고, 모든 손해를 배상하여야 한다(제797조 제1항 단서). "손해발생의 염려가 있음을 인식하면서 무모하게 한 작위 또는 부작위"란 선주책임제한에 관하여 설명한 것과 같이 一定結果(손해)의 發生可能性을 인식하면서도 이를 개의치 아니하고 무모하게 한 작위 또는 부작위로서 고의에 가까운 작위·부작위를 말한다. 여기서 개품운송인 자신의 고의 또는 그 손해발생의 염려가 있음을 인식하면서 무모하게 한 작위 또는 부작위의 경우에 한하여 운송인의 책임제한이 배제되므로, 운송인 이외의 선원 기타의 선박사용인의 무모한 행위에 대하여는 여전히 운송인의 책임은 제한된다.[1] 그러나 운송인이 법인인 경우에는 법인의 대표기관뿐만 아니라 법인의 내부적 업무분장에 따라 당해 법인의 관리 업무의 전부 또는 특정부분에 관하여 대표기관에 갈음하여 사실상 회사의 의사결정 등 모든 권한을 행사하는 사람도 그가 이사회의 구성원 또는 임원이 아니더라도 그의 행위를 운송인인 회사 자신의 행위로 봄이 상당하다는 대법원 판례가 있어 주목을 받고 있다.[2]

---

1) 大判 1996. 12. 6, 96 다 31611; 同 2001. 4. 27, 99 다 71528.
2) 大判 2006. 10. 26, 2004 다 27082.

(라) 船主責任制限規定과의 관계

개품운송인의 개별적 책임제한에 관한 商法 제797조 제1항 내지 제3항의 규정은 총체적인 선주책임제한에 관한 규정(제769조 내지 제776조)의 적용에 영향을 미치지 않는다(제797조 제4항).

(3) 順次物件運送人의 連帶責任

數人이 순차로 운송할 경우에는 각 운송인은 운송물의 멸실·훼손·연착으로 인한 손해를 연대하여 배상할 책임을 진다(제815조·제138조 제1항). 운송인 중의 1인이 손해를 배상한 때에는 그 손해의 원인이 된 행위를 한 운송인에게 구상권을 갖지만(제138조 제2항), 그 원인이 된 행위를 한 운송인을 알 수 없는 때에는 각 운송인이 운임의 비율로 손해를 분담한다. 그러나 그 손해가 자기의 운송구간에서 발생하지 않았음을 증명한 운송인은 손해분담책임이 없다(제138조 제3항).

(4) 責任의 短期消滅

(1) 운송인 또는 그 사용인이 악의인 경우를 제외하고, 수하인이 운송물의 일부 멸실 또는 훼손을 발견한 때에는 수령 후 지체없이 그 概要에 관하여 운송인에게 서면에 의한 통지를 발송하여야 하고, 이 통지가 없는 경우에는 운송물이 멸실 또는 훼손 없이 수하인에게 인도된 것으로 추정한다. 그 멸실 또는 훼손이 즉시 발견할 수 없는 것인 때에는 수령한 날로부터 3일 내에 그 통지를 발송하여야 한다(제804조 제1항 내지 제3항).

(2) 通知하지 아니하면 운송인은 선하증권에 기재된 내용대로 화물을 인도한 것으로 추정한다.[1] 따라서 통지를 게을리하였다 하여 곧 운송인에게 지워질 운송계약상의 책임이 면제되는 것은 아니고, 통지하지 아니한 수하인은 운송물의 멸실 또는 훼손에 관하여 입증하고 운송인의 책임을 물을 수 있다.

(3) 운송물의 멸실 또는 훼손이 발생하였거나 그 의심이 있는 경우에는 개품운송인과 수하인은 서로 운송물의 검사를 위하여 필요한 편의를 제공하여야 한다(제804조 제4항). 위의 규정(제804조 제1항 내지 제4항)에 반하여 한 수하인에게 불리한 당사자 사이의 특약은 효력이 없다(제804조 제5항).

---

1) 大判 1988. 9. 27, 87 다카 2131.

(5) 責任의 消滅

개품운송인의 송하인 또는 수하인에 대한 채권 및 채무는 그 청구원인의 여하에 불구하고 운송인이 수하인에게 운송물을 인도한 날 또는 인도할 날부터 1년 이내에 재판상 청구가 없으면 소멸한다(제814조 제1항 본문).[1] 이 기간은 제척기간이다. 이 기간의 기산점은 운송물을 인도한 날 또는 인도할 날이다. 이 기간은 당사자의 합의에 의하여 연장할 수 있다(제814조 제1항 단서).

4. 法定免責事由

(1) 船員의 航海過失

개품운송인은 선장·선원·도선사 기타의 선박사용인의 항해 또는 선박의 관리에 관한 행위(航海過失)로 인하여 생긴 운송물의 손해에 대하여는 배상책임을 지지 아니한다(제795조 제2항).[2]

航海過失이란 '항행상의 과실'(errors of navigation)과 '선박관리(management of the ship)상의 과실'을 의미한다.

(가) 항행상의 과실이란 선박의 조종에 관한 일체의 航海技術上의 행위에 관한 과실, 즉 선박운항의 실행상의 과실을 말한다.

(나) 선박의 관리란 선박 자체의 안전항해를 위하여 선박에 대하여 하는 행위이다. 예컨대, 推進機·汽罐 등의 검사에 관한 과실, 通風機·窓·舷門 등의 관리에 관한 과실, 甲板上의 排水에 관한 과실은 선박관리에 관한 과실이다. 따라서 오로지 운송물의 안전한 수송을 위하여 선박이나 屬具를 이용하는 것(예컨대, 冷藏室의 冷氣維持, 起重機의 操縱)은 선박의 관리라고 할 수 없다.

(다) 그러나 상법 제795조 제2항은 강행규정이 아니므로 항해과실에 대하여 운송인이 책임을 지기로 하는 당사자 사이의 특약도 유효하다.[3]

(2) 船舶에서의 火災

개품운송인은 선박에서의 화재로 인하여 생긴 운송물의 손해에 대하여도 배

---

1) 大判 2007. 6. 28, 2007 다 16113.
2) 大判 2004. 7. 8, 2004 다 8494.
3) 大判 1975. 12. 23, 75 다 83.

상책임을 지지 아니한다(제795조 제2항 본문).[1] 그러나 운송인 자신의[2] 고의 또는 과실로 인하여 화재가 발생한 경우에는 면책되지 아니한다(제795조 제2항 단서).

(3) 高價物에 대한 免責

화폐, 유가증권 기타의 고가물에 대하여는 송하인이 운송을 위탁할 때에 그 종류와 가액을 명시한 경우에 한하여 운송인이 손해를 배상할 책임이 있으므로(제815조 · 제136조), 이를 명시하지 아니한 경우에는 운송인은 책임이 없다. 또한 송하인이 운송인에게 운송물을 인도할 때에 그 종류와 가액을 고지하고 선하증권 기타 운송계약을 증명하는 문서에 이를 기재한 경우에는 운송인의 책임이 제한되지 않는데(제797조 제3항 본문), 송하인이 운송물의 종류 또는 가액을 고의로 현저하게 不實의 告知를 한 때에는 운송인은 자기 또는 그 사용인이 악의인 경우를 제외하고 운송물의 손해에 대하여 책임을 면한다(제797조 제3항 단서). 송하인이 고가물임을 명시하지 아니하였으나 운송인이 우연히 고가물임을 안 경우에는 보통의 주의를 기울인 운송인은 보통물로서의 책임만을 부담한다. 만약 이때 고가물임이 밝혀지거나 송하인이 고가물임을 주장하면 운송인은 아무런 책임도 부담하지 않는다(제136조의 반대해석). 그러나 이때 운송인이 고의 · 중과실로 보통물로서의 주의마저도 게을리한 때(고가물임을 간파한 운송인이 고의 · 중과실로 운송물을 멸실시킨 경우 등)에는 보통물에 대한 책임이 아니라 고가물에 대한 책임을 부담하여야 한다.[3]

(4) 기타 免責事由

(가) 法定免責事由의 種類

개품운송인은 상법 제796조 각호의 사실이 있었다는 것과 운송물에 관한 손해가 그 사실로 인하여 보통 생길 수 있는 것임을 증명한 때에는 이를 배상할 책임을 면한다. 상법 제796조 각호의 면책사유는, ① 海上 그 밖에 항행할 수 있는

1) 大判 2002. 12. 10, 2002 다 39364.
2) 상법 제788조 제2항 단서에서의 '운송인'이란 문언대로 운송인 자신 또는 이에 준하는 정도의 직책을 가진 자만을 의미할 뿐이고, 선원 기타 선박사용인 등의 고의 또는 과실은 여기서의 면책제외사유에 해당하지 아니한다 : 大判 2002. 12. 10, 2002 다 39364.
3) 崔埈璿, 상법총칙 · 상행위법, 2008, 344~345면.

수면에서의 위험 또는 사고(예컨대, 폭풍·충돌·坐礁·沈沒 등)(제1호), ② 불가항력〔예컨대, 落雷·結氷 등 자연현상에 의한 災害, 즉 天災(act of God)〕(제2호), ③ 전쟁·폭동 또는 내란(제3호), ④ 해적행위 그 밖에 이에 준하는 행위〔이른바, 통일조약의 公敵行爲(act of public enemy)〕(제4호),[1] ⑤ 재판상의 압류, 檢疫上의 제한, 그 밖에 公權에 의한 제한(제5호), ⑥ 송하인 또는 운송물의 소유자나 그 사용인의 행위(제6호), ⑦ 동맹파업 그 밖의 爭議行爲 또는 船舶閉鎖(제7호), ⑧ 해상에서의 인명이나 재산의 구조행위 또는 이로 인한 항로이탈이나 그 밖의 정당한 이유로 인한 항로이탈(제8호),[2] ⑨ 운송물의 포장의 불충분 또는 기호의 표시의 불완전(제9호),[3] ⑩ 운송물의 특수한 성질 또는 숨은 瑕疵(과실의 부패, 蟲害, 液體의 漏失 등)(제10호), ⑪ 선박의 숨은 하자(제11호) 등이다.

(나) 立證責任의 輕減

상법 제796조 각호의 면책사유에 관하여는 개품운송인의 입증책임을 경감하고 있다. 즉, 개품운송인은 그 면책사유에 해당하는 사실이 있었다는 것과, 운송물에 관한 손해가 그 사실로 인하여 보통 생길 수 있는 것임을 증명한 때에는 그 손해에 대한 책임을 면한다(제796조 본문). 따라서 그 손해와 사실 사이의 인과관계의 존재(또는 그 손해에 관한 자기 또는 사용인의 무과실)까지 증명할 필요는 없다. 그러나 이러한 것을 개품운송인이 주장하더라도, 개품운송인이 주장하는 면책사유와 손해발생과의 사이에 인과관계가 없다는 것, 또는 인과관계가 있다 하더라도 그 손해가 개품운송인의 감항능력 주의의무위반으로 인하여 생긴 것(제794조) 또는 상사과실로 인하여 생긴 것(제795조 제1항)임을 적하이해관계인이 증명한 때에는, 개품운송인은 손해배상책임을 면하지 못한다.

5. 責任輕減의 禁止

감항능력주의의무(제794조)나 운송물에 관한 주의의무(제795조)를 경감하거나,

1) 大判 1999. 12. 10, 98 다 9038 : 육상운송 도중 강도로 인한 운송물의 멸실은 그 자체로서 불가항력으로 인한 운송인의 면책사유가 되지 않는다.
2) 大判 1998. 2. 10, 96 다 45054(레이더 장비의 노후화에 따른 성능유지를 위하여 필요한 일상적인 점검을 목적으로 이로한 것이 정당한 이로에 해당하지 않는다).
3) 大判 2006. 05. 12, 2005 다 21593 : 운송물의 특수한 성질 또는 숨은 하자에 의하여 해상운송인의 책임이 면책된다고 한 사례.

법정면책사유(제796조)를 확장하여 개품운송인의 책임을 면하는 당사자 사이의 특약(면책특약)은 그 효력이 없고,[1] 책임의 한도(제797조) 및 비계약적 청구에 대한 적용(제798조)을 배제하는 당사자간의 특약도 효력이 없다(제799조 제1항 제1문). 또 운송물에 관한 보험의 이익을 운송인에게 양도하는 약정 또는 이와 유사한 약정도 또한 같다(제799조 제1항 제2문). 이것은 개품운송인과 적하이해관계인과의 이해의 조화와 균형을 도모하기 위하여, 개품운송인의 책임을 경감하는 한편, 부당한 減免을 방지하는 것이다. 그러나 당사자가 손해배상액을 예정하는 것은 허용된다.[2] 前述한 바와 같이 이러한 제한은 항해상 위험이 큰 산 동물운송 및 甲板積運送에는 원칙적으로 적용되지 않는다(제799조 제2항).

6. 運送契約上의 責任과 不法行爲責任의 競合

(1) 개품운송인이 고의·과실로 운송계약을 불이행하였고 동시에 그 운송인의 행위가 민법상의 불법행위의 요건도 함께 충족하는 경우, 운송인은 계약불이행책임만 지면 충분한 것인지, 아니면 불법행위책임도 경합하여 져야 하는 것인지 舊法下에서는 크게 다투어졌었다. 만약에 兩責任의 경합을 인정하여 개품운송인의 불법행위책임을 묻는다면 계약책임에서 인정되는 책임제한, 면책약관, 단기시효 등에 의한 책임의 면제 또는 경감을 인정한 상법의 규정은 무의미해진다. 請求權競合說은 양책임의 요건과 효과가 다르다는 것과 피해자를 두터이 보호한다는 점에서 양책임의 경합을 인정한다. 이에 대하여 法條競合說은 위에서 말한 상법의 특별규정을 무의미하게 만든다는 것을 이유로 양책임의 경합을 부정한다.

(2) 1991년의 개정상법은 제5편 제4장(2007년 개정상법 제5편 제2장 제1절 개품운송) 운송인의 책임에 관한 규정은 운송인의 불법행위로 인한 손해배상책임에도 적용하도록 정하였다(개정 전 제789조의 3 제1항, 개정 후 제798조 제1항). 이는 함부르크규칙 제7조 제1항을 수용한 것이다. 이는 前述한 바와 같이 선주책임제한에 관한 규정이 청구원인의 여하에 불구하고 적용되도록 한 것(제769조 본문)과

1) 大判 1990. 11. 27, 89 다카 21149; 同 1988. 9. 27, 86 다카 2377 ; 同 1995. 4. 25, 94 다 47919 ; 同 1987. 10. 13, 83 다카 1046.

2) 大判 1974. 8. 30, 74 다 353.

도 균형이 맞는다. 또한 여객의 수하물운송의 경우(제826조 제2항·제3항) 및 항해용선계약의 경우(제841조 제1항)에도 본조가 준용된다.

(3) 운송인의 책임의 제척기간과 관련하여서도 '운송인의 … 채권 및 채무는 청구원인의 여하에 불구하고' 1년 이내에 재판상 청구가 없으면 소멸하되, 이 기간은 당사자의 합의에 의하여 연장할 수 있다고 정하여(제814조 제1항), 민법의 불법행위법상의 손해배상청구권의 소멸시효(3년 또는 10년 : 民 제766조)를 적용시킬 여지가 없어졌다.1)

(4) 제798조 제1항의 규정은 운송물에 관한 손해배상청구가 운송인 이외의 實際運送人 또는 그 사용인이나 대리인에 대하여 제기된 경우에도 이를 적용한다(제798조 제4항).

7. 運送人의 使用人 또는 代理人

(1) 운송기업이 그 대리인 및 사용인을 두지 아니하고는 운송업 자체를 영위할 수 없다. 그럼에도 만약 법률이 운송인 자체의 책임면제 및 경감을 규정하고 여러 가지 항변사유까지 마련하면서 그 대리인 및 사용인에 대하여는 방치하여 둔다면 피해자는 직접 손해를 가한 운송인의 대리인 및 사용인에게 직접 손해배상을 청구하는 사태가 벌어질 것이다. 운송인의 대리인 및 사용인이 운송인보다 자력이나 변제능력이 더 낫다는 것은 기대하기 어렵다면 결국 피해의 보상도 충분히 되지 않으면서 운송인의 대리인 및 사용인이 크게 궁박한 처지에 몰리게 된다. 이와 같은 문제는 해상법에서도 똑같이 발생하여 해상법의 영역에서는 일찍이 히말라야약관(Himalaya clause)을 허용하고 있다.

≪히말라야약관(Himalaya Clause)≫

히말라야 약관은 영국의 Adler v. Dickson 사건의 판결에서2) 비롯되었다. 이 사건을 보면, 지중해를 항해하던 여객선 히말라야 호(the S.S.

---

1) 大判 1997. 4. 11, 96 다 42246; ; 同 1997. 9. 30, 96 다 54850 ; 同 1999. 10. 26, 99 다 41329; 同 2000. 5. 30, 2000 다 8748; 서울民地判 1997. 9. 11, 96 가합 44704 [확정].

2) [1954] 2 Lloyd's Rep. 267, [1955] 1 Q.B. 158 (C.A.), [1954] 3 W.L.R. 696, [1954] 3 All E.R. 397.

Himalaya)의 승객이었던 Adler 부인이 선원의 과실로 선박의 현문에서 추락하여 중상을 입었다. Adler 부인은 선박소유자가 아닌 선장 Dickson과 갑판장을 상대로 불법행위책임을 묻는 소를 제기하였다. 선박소유자는 승선권에 면책조항을 삽입하고 있었기 때문이다. 이에 선장과 갑판장이 선박소유자의 면책조항을 원용하여 자신들도 면책될 수 있다고 주장하였다. 영국의 항소심에서는 선장과 갑판장은 계약의 당사자가 아니라는 이유에서 이들의 항변을 배척하고, 원고 승소판결을 내렸다. 승선권에 운송인의 사용인 또는 대리인에게도 운송인의 면책약관이 적용된다는 사실이 명시되어 있지 않는 한 운송인의 사용인 등은 이를 주장할 수 없다는 것이다. 결과적으로는 운송인보다 이행보조자가 더 큰 책임을 부담하는 불합리한 경우가 발생하였다. 이 판결 이후, 해운회사들과 선주상호보험조합(Protection and Indemnity Insurance Club: P&I Club)은 선주의 면책과 책임제한의 이익을 그들의 고용인 또는 대리인 등 이행보조자에게도 원용할 수 있다는 취지의 약관을 새롭게 작성하여 선하증권에 삽입하게 되었다. 이 약관을 히말라야 약관이라 한다. 헤이그 비스비 규칙 및 함부르그 규칙에서도 독립계약자를 제외한 이행보조자의 책임제한을 규정하고 있다. 우리 판례도 히말라야 약관의 유효성을 인정한다.[1)]

(2) 1991년 改正 海商法은 함부르크규칙 제7조 제2항 및 제3항도 수용하였다. 즉, 운송물에 관한 손해배상청구가 운송인의 사용인 또는 대리인에 대하여 제기된 경우에 그 손해가 그 사용인 또는 대리인의 직무집행에 관하여 생긴 것인 때에는 그 사용인 또는 대리인도 운송인이 주장할 수 있는 항변과 책임제한을 원용할 수 있다(제798조 제2항 본문). 그러나 그 손해가 그 사용인 또는 대리인의 고의 또는 운송물의 멸실, 훼손 또는 연착이 생길 염려가 있음을 인식하면서 무모하게 한 작위 또는 부작위로 인하여 생긴 것인 때에는 그러하지 아니하다(제798조 제2항 단서).

(3) 운송인과 그 사용인 또는 대리인의 운송물에 대한 책임제한금액의 총액은 상법상 운송인의 책임한도액(제797조 제1항)을 초과하지 못한다(제798조 제3항).

(4) 위의 각 규정은 운송물에 관한 손해배상청구가 운송인 이외의 實際運送人 또는 그 사용인이나 대리인에 대하여 제기된 경우에도 이를 적용한다(제798조 제4항).

---

1) 大判 2007. 4. 27, 2007 다 4943.

Ⅴ. 個品運送契約의 終了

개품운송계약은 운송의 완료 또는 계약의 해제 등에 의하여 당연히 종료되지만 해상운송의 특성에 따라 그 밖의 종료원인으로서 다음과 같은 것이 있다.

1. 運送委託者의 任意解除 또는 解止

개품운송계약의 경우 운송위탁자의 운송계약의 임의해제 또는 임의해지에 관하여는 상법에 규정이 없다. 따라서 육상운송의 경우와 같이 민법상 계약의 일반이론에 따라 운송위탁자의 임의해제 또는 해지로 인하여 운송인에게 손해를 미쳤다면 그 손해를 배상하여야 한다.

2. 不可抗力으로 인한 當事者의 任意解除 또는 解止

(1) 發航 전의 任意解除

항해 또는 운송이 법령에 위반되거나 기타 불가항력으로 인하여 운송계약의 목적을 달성할 수 없게 된 때에는 각 당사자는 계약을 해제할 수 있다(제811조 제1항). 위의 법정사유가 운송물의 일부에만 발생한 경우에는 송하인은 개품운송인의 책임이 가중되지 아니하는 범위 내에서 다른 운송물을 선적할 수 있다(代荷船積權)(제812조 제1항). 이 경우에는 지체없이 운송물의 양륙 또는 선적을 하여야 하고, 이것을 해태한 때에는 운임 전액을 지급하여야 한다(제812조 제2항).

(2) 發航 후의 解止

발항 후 항해 도중에 불가항력으로 인하여 계약의 목적을 달성할 수 없는 사유가 발생한 경우에는 각 당사자는 계약을 해지할 수 있으나, 송하인은 비율운임을 지급하여야 한다(제811조 제2항).

(3) 不可抗力으로 인한 契約의 當然終了

개품운송계약은 ① 선박의 침몰 또는 멸실, ② 선박의 수선불능, ③ 선박의 捕獲, ④ 운송물의 불가항력으로 인한 멸실 등의 경우에는 법률상 당연히 종료한다(제810조 제1항). 이상은 모두 불가항력으로 인한 것이어야 한다.

① 내지 ③의 사유가 항해 중에 발생한 때에는 송하인은 비율운임을 지급하여야 하나(제810조 제2항), ④의 사유가 발생한 때에는 운임을 지급할 필요가 없다(제815조·제134조 제1항). ④의 사유가 발생한 때에도 송하인은 代荷船積權이 있고, 그 권리를 해태한 때에는 운임 전액을 지급하여야 한다(제812조 제2항).

제3절 旅客運送

I. 海上旅客運送契約의 意義

(1) 해상여객운송계약이란 운송인이 특정한 여객을 출발지에서 도착지까지 해상에서 선박으로 운송할 것을 인수하고, 이에 대하여 상대방이 운임을 지급하기로 약정함으로써 그 효력이 생기는 일종의 도급계약이다(제817조). 해상여객운송계약에도 물건운송의 경우와 같이 용선계약의 경우와 개별운송계약의 경우가 있으나, 주로 後者가 많이 이용된다. 용선계약은 移民運送을 하거나(移民船) 단체유람 등을 위하여 이용된다.

(2) 해상여객운송에 관하여는 육상여객운송규정 및 개품운송에 관한 많은 규정이 준용되며(제826조), 여객운송을 목적으로 하는 항해용선계약에 관하여는 그 성질에 반하지 아니하는 한 물건운송을 목적으로 하는 항해용선계약에 관한 규정을 준용한다(제827조 제2항).

≪海上旅客運送에 대한 統一條約≫

국제해상여객운송에 관하여는 1961년 브뤼셀(Brussels) 해사법외교회의에서 "해상여객운송에 관한 규칙의 통일을 위한 국제조약"(International

Convention for the Unification of Certain Rules relating to the Carriage of Passengers by Sea)이 성립되었고(1965년 발효), 1967년에는 "해상여객수하물운송에 관한 규칙의 통일을 위한 국제조약"(International Convention for the Unification of Certain Rules relating to Carriage of Passenger Luggage by Sea, done at Brussels)이 성립하였다(미발효). 그 후 1974년 12월 정부간해사협의기구(IMCO)의 주관 아래 아테네에서 열린 해사법외교회의에서 위의 양 협약을 수정·통합하는 새로운 협약(Athens Convention relating to the Carriage of Passengers and their Luggage by Sea, Dec. 13, 1974)이 성립되었다(1987년 발효). 이 협약에 따르면 국제해상여객운송인은 여객의 사상에 대하여 여객 1인당 70만 포앙카레 프랑을 한도로 책임을 지고, 여객의 휴대수하물의 멸실·훼손에 대하여도 여객 1인당 12,500 포앙카레 프랑을 한도로 책임을 진다(동협약 제7조·제8조). 그러나 이 협약에서 사용된 계산단위인 포앙카레 프랑은 1976년의 London 추가의정서에 의하여 국제통화기금(IMF)의 특별인출권(SDR)으로 전환되었다. 아테네협약은 1990년 및 2002년에 각각 개정되면서 운송인의 책임한도액이 크게 인상되었다.

Ⅱ. 海上旅客運送契約의 成立

1. 契約當事者

해상여객운송계약의 당사자는 해상운송인(선박소유자·선박임차인·용선자 등)과 운송계약의 객체인 여객 자신이며, 때로는 용선자가 운송계약자인 경우도 있다(제827조 제2항 참조).

2. 契約의 締結

(1) 해상여객운송계약도 개품운송계약의 경우와 같이 낙성·불요식의 계약이다. 따라서 일반적으로 사용되는 船票(乘船票, passage ticket, Überfahrtbillet)의 발행이나 용선계약서의 작성(제827조 제2항·제828조)은 계약의 성립요건은

아니다. 船票는 여객운송계약의 성립을 증명하는 것으로서 기명식으로 발행한 경우에는 타인에게 양도하지 못하고(제818조), 무기명식으로 발행한 경우에는 발항 전에는 양도 가능한 유가증권이지만 발항 후에는 단순한 증거증권이다. 여객운송을 위하여 용선계약이 체결된 경우에는 당사자 일방은 상대방에 대하여 용선계약서의 交付를 청구할 수 있다(제827조 제2항·제828조).

(2) 해상여객운송도 보통거래약관에 의한 정형적이고 부합계약성을 띤다. 그러나 여객운송의 경우 여객은 상인이 아니어서 면책약관을 제한할 필요성은 물건운송의 경우보다 크다. 따라서 상법의 규정에 반하여 운송인의 의무 또는 책임을 경감 또는 면제하는 당사자 사이의 특약은 효력이 없다(제827조 제2항·제799조 제1항 제1문).

Ⅲ. 海上旅客運送契約의 效力

1. 序　說

해상여객운송계약은 운송의 객체가 운송인이 점유할 수 없는 여객이라는 점 외에는 운송계약이라는 공통성 때문에 개품송계약이나 육상여객운송계약과 같은 점이 많으므로, 양자에 관한 규정을 해상여객운송인에게도 준용하고 있다(제826조·제827조 제2항). 이밖에 해상여객운송인은 개품운송인의 경우와 마찬가지로 감항능력주의의무를 진다(제826조 제1항·제794조). 이는 용선계약에 의한 여객운송의 경우에도 같다(제827조 제2항·제794조).

개별적 여객운송계약에 있어 위탁수하물에 관하여도 운송인은 감항능력주의의무를 지고(제826조 제2항·제794조), 운송물에 관한 주의의무를 부담한다(제826조 제2항·제795조). 이밖에도 위탁수하물에 관하여는 물건운송에 있어서의 면책사유(제796조), 책임의 한도(제797조), 비계약적 청구(운송인의 불법행위책임)에 대한 적용(제798조) 등이 준용된다(제826조 제2항). 여객의 휴대수하물에 관하여는 개품운송인의 책임의 한도(제797조), 비계약적 청구에 대한 적용(제798조) 등이 준용된다(제826조 제3항).

위의 해상여객운송인의 각 의무와 책임에 관한 규정은 상대적 강행규정이므로 당사자는 특약으로 이를 경감할 수 없다(제826조 · 제827조 제2항 · 제799조). 감항능력주의의무(제794조)와 탁송수하물에 관한 주의의무(제795조)는 재운송계약의 경우에는 주운송인이 공동으로 부담한다(제809조 · 제826조 제1항 · 제2항).

2. 海上旅客運送人의 義務

운송인은 자기 또는 사용인이 운송에 관한 주의를 해태하지 아니하였음을 증명하지 아니하면 여객의 운송으로 인하여 받은 손해를 배상할 책임이 있다.[1] 이때 법원은 손해배상액을 정함에 있어 피해자와 그 가족의 정상을 참작하여야 한다(제826조 · 제148조). 해상운송인의 여객의 손해에 대한 책임은 5년의 소멸시효에 걸린다. 수하물에 대한 책임은 1년 내에 재판상의 청구가 없으면 소멸하되, 이 기간은 당사자의 합의에 의하여 연장할 수 있다(제826조 제2항 · 제814조). 그 밖에 해상여객운송에 관한 특별규정을 보면 다음과 같다.

(1) 食事提供義務

해상운송인은 다른 약정이 없으면 항해 중 여객의 식사를 제공하여야 한다(제819조 제1항).

(2) 船舶修繕 중의 居處 · 食事提供義務

항해의 중도에서 선박을 수선하는 경우에는, 해상운송인은 그 수선 중 여객에게 상당한 거처와 식사를 제공하여야 한다. 그러나 여객의 권리를 해하지 아니하는 범위 내에서 상륙항까지의 운송의 편의를 제공한 때에는 그러하지 아니하다(제819조 제2항). 이 경우 여객은 항해의 비율에 따른 운임을 지급하고 계약을 해지할 수 있다(제819조 제3항).

(3) 手荷物無賃運送義務

여객이 계약에 의하여 선내에 휴대할 수 있는 수하물에 대하여는 해상운송인은 다른 약정이 없으면 별도로 운임을 청구하지 못한다(제820조).

---

1) 大判 1987. 10. 28, 87 다카 1191.

(4) 手荷物處分義務

여객이 사망한 때에는 선장은 그 상속인에게 가장 이익이 되는 방법으로 사망자가 휴대한 수하물을 처분하여야 한다(제824조).

3. 海上旅客運送人의 權利

해상여객운송인의 권리로서 가장 중요한 것은 운임청구권 및 발항권이다. 이 외에도 수하물에 대한 공탁권·경매권이 있고(제826조 제2항·제149조 제2항), 여객이 위법한 휴대품을 반입한 경우 손해배상청구권도 갖는다(제826조 제2항·제801조 참조). 운송인의 권리도 1년 내에 재판상의 청구가 없으면 소멸한다(제826조 제2항·제3항, 제814조).

(1) 運賃請求權

해상운송인은 여객에 대하여 운임을 청구할 수 있다. 운임은 운임표에 따라 船票와 상환으로 선급하는 것이 보통이다.

(2) 發 航 權

여객이 승선시기까지 승선하지 아니한 때에는 선장은 즉시 발항할 수 있다. 항해 도중의 정박항에서도 또한 같다(제821조 제1항 제1문). 이 경우에는 해상운송인은 여객에 대하여 운임전액을 청구할 수 있다(제821조 제2항).

Ⅳ. 海上旅客運送契約의 終了

1. 旅客의 任意解除 또는 解止

여객은 발항 전에는 운임의 반액을, 발항 후에는 운임의 전액을 지급하고 계약을 해제할 수 있다(제822조). 또 항해의 중도에서 선박을 수선하는 경우에는 비율운임을 지급하고 계약을 해지할 수 있다(제819조 제3항).

2. 不可抗力으로 인한 當事者의 任意解除 또는 解止

항해 또는 운송이 법령에 위반하게 되거나 기타 불가항력으로 인하여 해상물건운송계약의 목적을 달성할 수 없게 된 때에는 각 당사자는 계약을 해제할 수 있고, 운송 도중에 그러한 사유가 생긴 때에는 비율운임을 지급하여야 한다는 규정(제811조)은 위탁수하물에 관하여만 준용된다(제826조 제2항). 그러나 여객운송에 있어서도 마찬가지로 해석하여야 할 것이다. 그밖에 해상여객운송 특유의 규정으로서, 여객이 발항 전에 사망·질병 기타의 불가항력으로 인하여 항해를 할 수 없게 된 때에는 운임의 10분의 3을, 발항 후에 그 사유가 생긴 때에는 운송인의 선택으로 운임의 10분의 3 또는 비율운임을 지급하고 각각 계약을 해지할 수 있다(제823조).

3. 不可抗力으로 인한 契約의 當然終了

해상여객운송계약도 개품운송의 경우와 같이 선박의 침몰 또는 멸실, 수선불능, 포획 등 법정사유로 인하여 종료한다. 항해 도중에 이러한 사유가 생긴 때에는 여객은 비율운임을 지급하여야 한다(제825조).

제 4 장
傭　　船

제 1 절 總　　說

Ⅰ. 傭船契約의 意義

(1) 용선계약(charter party, Chartervertrag)이란 해상운송인이 선박의 일부 또는 전부의 船腹을 운송에 제공하여 이것에 積載된 물건을 운송할 것을 약속하고, 상대방인 용선자(charterer, Charterer)가 이에 대하여 보수를 지급할 것을 약속하는, 이른바 船腹運送契約(Raumfrachtvertrag)을 말한다.

(2) 용선계약에 있어서는 상대방의 청구에 의하여 용선계약서를 교부하여야 하고(제828조), 운송인은 송하인의 청구에 의하여 선하증권을 교부하여야 하나(제852조), 이것이 계약의 성립요건은 아니다.

Ⅱ. 傭船契約의 種類

(1) 용선계약은 항해를 단위로 계약을 체결하는가, 기간을 단위로 계약을 체결하는가에 따라 항해용선계약과 기간용선계약(정기용선계약 포함)으로 나눈다. 항해용선계약과 정기용선계약의 경우는 용선자가 선박의 점유를 취득하지 못하는 점에서 후술하는 선체용선계약과 다르다.

(2) 船腹의 범위에 따라 전부용선과 일부용선으로 나누기도 한다.[1)]

(3) 용선자가 다시 제3자와 용선계약을 체결하는 경우, 기본이 되는 용선계약을 주용선계약이라 하고, 용선자와 제3자의 용선계약을 재용선계약이라고 한다.

(4) 그리고 (선박소유자가 아니라) 용선자가 선박을 관리·지배하기로 하고 용선자가 선박소유자로부터 운항을 목적으로 선박을 임차하는 것을 船體傭船(裸傭船)이라 한다.

제2절 航 海 傭 船

I. 航海傭船契約의 成立

1. 航海傭船契約의 意義

(1) 항해용선계약은 특정한 항해를 할 목적으로 선박소유자가 용선자에게 선원이 승무하고 항해장비를 갖춘 선박의 전부 또는 일부를 물건의 운송에 제공하기로 약정하고 용선자가 이에 대하여 운임을 지급하기로 약정하는 계약이다(제827조). 선박소유자 등이 선장을 점유보조자로 하여 선박을 점유·감독하며, 항해의 지휘는 물론 영업도 하므로 도급계약의 성질을 갖는다.

(2) 항해용선은 개품운송계약과 구조가 같기 때문에 종래 이를 따라 설명하지 아니하고 개품운송계약과 함께 설명하여 왔다. 그러나 2007년 개정상법에서 운송과 용선을 분리한 입법취지에 따라 본서에서는 이를 분리하여 설명하기로 한다.

---

1) 전부용선계약과 일부용선계약을 상법상 달리 취급하는 예로는 제832조(전부용선의 발항전의 계약해제 등)와 제833조(일부용선과 발항전의 계약해제 등)가 있다.

2. 航海傭船契約의 當事者

항해용선계약의 당사자는 운송인수인과 운송위탁자이며, 전자는 선박소유자 외에도 선박임차인 · 정기용선자 · 용선자(재운송인) 등이고, 후자는 용선자이다. 그리고 계약관계자로는 운송주선인 · 선적인(shipper, Ablader) · 수하인(consignee, Empfänger)이 있다. 선적인이란 운송인과 용선자 사이의 운송계약에 의하여 자기의 명의로 물건을 선적하는 자이다.

3. 航海傭船契約의 締結

(1) 諾成 · 不要式契約

개품운송계약과 마찬가지로 항해용선계약도 낙성계약이므로 청약과 승낙의 합치로써 성립하며, 그 내용 · 방식은 원칙적으로 자유이나, 실무에서 대부분의 항해용선계약은 부합계약이다. 선박소유자는 용선자의 청구에 따라 용선계약서를 교부하여야 하고(제828조), 선박소유자는 용선자의 청구에 의하여 선하증권을 교부하여야 하나(제852조), 이들 증서의 작성 · 교부가 계약의 성립요건은 아니며, 이것은 하나의 증거증서에 불과하다.

(2) 商法規定의 相對的 强行規定性

(가) 항해용선계약을 체결함에 있어 상법 제794조(감항능력주의의무)에 반하여 선박소유자의 의무 또는 책임을 경감 또는 면제하는 당사자 사이의 특약은 효력이 없다(제839조 제1항 제1문). 즉, 상법 제794조의 규정은 상대적 강행규정이다.

(나) 운송물에 관한 보험의 이익을 선박소유자에게 양도하는 약정 또는 이와 유사한 약정도 역시 효력이 없다(제839조 제1항 제2문). 다만 위험성이 아주 높은 산 動物의 운송 및 선하증권 기타 운송계약을 증명하는 문서의 표면에 甲板積으로 운송할 취지를 기재하여 갑판적으로 행하는 운송에 대하여는 商法 제799조 제1항의 규정을 적용하지 아니한다(제839조 제2항).

Ⅱ. 航海傭船契約의 效力

1. 船舶所有者의 義務

(1) 船舶所有者의 運送準備義務

(가) 船舶提供義務

선박소유자는 운송계약의 취지에 따라 특정선박을 용선자에게 제공하여야 한다. 개품운송계약에서는 일반적으로 代船約款・積替約款이 이용되고 있으나, 선박의 개성이 중요시되는 용선계약에서는 선박을 특정한 후에는 선박소유자는 용선자의 동의 또는 급박한 위험이 있는 경우를 제외하고는 선박의 변경 또는 積換을 하지 못한다(獨商 제566조 제1항 참조).

(나) 堪航能力注意義務

(i) 선박소유자는 용선자에 대하여 발항 당시 선박이 안전하게 항해를 감당할 수 있는 능력, 즉 감항능력(seaworthiness, See- und Ladungstüchtigkeit)에 관한 주의의무를 부담한다(제841조 제1항, 제794조). 그리고 운송인의 감항능력주의의무에 관한 제794조에 반하여 선박소유자의 의무 또는 책임을 경감 또는 면제하는 당사자 사이의 특약은 효력이 없으므로(제839조 제1항 제1문) 감항능력주의의무에 관한 상법의 규정은 편면적 강행규정이다. 운송물에 관한 보험의 이익을 선박소유자에게 양도하는 약정 또는 이와 유사한 약정도 효력이 없다(제839조 제1항 제2문). 용선계약의 경우 선박소유자의 다른 의무에 관한 상법 규정은 임의규정으로 정하였으나, 선박소유자의 감항능력주의의무에 관하여는 용선자를 위하여 강행규정으로 정하였다.

(ii) 감항능력주의의무의 내용은 개품운송계약에서 설명한 것과 같다. 즉, ① 선박 자체가 안전하게 항해를 할 수 있을 것(船體能力, 狹義의 堪航能力)(제794조 제1호), ② 필요한 선원의 승선, 船舶艤裝과 필요품의 보급에 부족함이 없을 것(運航能力)(제794조 제2호), ③ 선창・냉장실 기타 운송물을 적재할 선박의 부분을 운송물의 수령・운송과 보존을 위하여 적합한 상태에 둘 것(堪荷能力)(제794조 제3호)을 말한다. 선박소유자는 이에 관한 주의를 해태하지 아니하였음을 증명하지 아니하면 운송물의 멸실, 훼손 또는 연착으로 인한 손해를 배상할 책임

이 있다(제841조 제1항, 제794조 본문).

(iii) 그 밖에 주의의 정도, 주의의 시기, 감항능력주의의무 위반의 효과 등은 개품운송계약에서 설명한 것과 같다.

(다) 船積에 관한 義務

① 船舶回航義務

선박소유자는 운송물의 선적을 위하여 약정한 선적항(선적지)으로 선박을 정박시켜야 한다. 선적항을 약정하지 않은 경우에는 용선자에게 그 선정권이 있는 것이 보통이다.

② 船積準備完了通知義務

선박소유자는 운송물을 선적함에 필요한 준비가 완료된 때에는 지체없이 용선자에게 그 통지를 발송하여야 한다(제829조 제1항). 용선자가 제 3 자를 선적인으로 지정하였을 때에는 선적인에게 통지하여야 하고, 선장이 그 자를 확인할 수 없거나 그 자가 운송물을 선적하지 아니한 때에는 선장은 곧 용선자에 대하여 그 통지를 발송하여야 한다(제830조 제1문). 이 경우에는 선적기간 내에 한하여 용선자가 운송물을 선적할 수 있다(제830조 제2문).

(라) 待泊義務

(i) 선박소유자는 선적준비완료통지를 발송한 때로부터 일정한 선적기간 중 선박을 정박하여 용선자의 선적을 기다릴 의무(Wartepflicht)가 있다. 이 선적기간은 보통 계약에 의하여 정하여지지만, 약정이 없으면 관습에 따라 정한다. 운송물을 선적할 기간의 약정이 있는 경우에는 그 기간은 선적준비완료통지가 오전에 있은 때에는 그 날의 오후 1시부터, 오후에 있은 때에는 다음날 오전 6시부터 기산한다(제829조 제2항 제1문). 이 기간에는 불가항력으로 인하여 선적할 수 없는 날과 그 港의 관습상 선적작업을 하지 아니하는 날을 산입하지 아니한다(제829조 제2항 제2문).

(ii) 용선자가 선적기간 내에 운송물 전부를 선적하지 않을 때에는 선박소유자는 초과정박기간에 대한 상당한 정박료를 청구할 수 있고 손해배상을 청구할 수도 있으며, 상당한 보수를 청구할 수도 있다(제829조 제3항, 제831조 제3항). 이 경우 용선자는 선박소유자의 청구가 있으면 상당한 담보를 제공하여야 하고(제831조 제3항), 선장은 즉시 발항할 수도 있다(제831조 제2항). 또한 용선자가 선적기간 내에 선적을 하지 않을 때에는 계약을 해제 또는 해지한 것으로 본다(제836조).

(마) 積荷의 受領·積付義務

(i) 선박소유자는 계약에 따라 인도된 운송물을 수령하여야 하고, 수령한 운송물을 船內의 적당한 장소에 積付하여야 한다. 운송물의 수령은 船側(alongside)에서 하고, 적부는 특약이나 다른 관습이 없는 한 갑판적을 할 수 없고 船艙에 하여야 한다. 용선자는 선적기간 내에 운송에 필요한 서류를 선장에게 교부하여야 한다(제841조 제1항, 제793조).

(ii) 그 밖에 위법선적물의 처분 및 위험물의 처분에 관하여는 개품운송계약에서 설명한 것과 같다(제841조 제1항, 제800조, 제801조).

(바) 船荷證券交付義務

(i) 용선자의 청구가 있는 경우 선박소유자는 운송물을 수령한 후에 1通 또는 數通의 선하증권을 교부하여야 한다(제855조 제1항, 제852조 제1항). 선하증권에는 운송물의 수령 후에 발행하는 수령선하증권과 선적 후에 발행하는 선적선하증권이 있는데, 선박소유자는 운송물을 선적한 후 용선자의 청구가 있으면 1通 또는 數通의 선적선하증권을 교부하거나 수령선하증권에 선적의 뜻을 표시하여야 한다(제855조 제1항, 제852조 제2항).

(ii) 선하증권의 교부는 선장 기타의 사용인에게 위임할 수 있다(제855조 제1항, 제852조 제3항). 선하증권의 교부를 받은 용선자는 證據保全을 위하여 발행자(선박소유자)가 등본의 교부를 청구한 때에는 선하증권의 등본에 기명날인 또는 서명하여 교부하여야 한다(제856조).

(iii) 선하증권이 발행된 경우 선박소유자는 선하증권에 기재된 대로 운송물을 수령 또는 선적한 것으로 추정한다(제855조 제2항).

(iv) 제3자가 선의로 선하증권을 취득한 경우 선박소유자는 선하증권에 기재된 바에 따라 운송인으로서 권리와 의무가 있다(제855조 제3항 제1문, 제854조 제2항). 용선자의 청구에 따라 선박소유자가 제3자에게 선하증권을 발행한 경우에도 또한 같다(제855조 제3항 제2문). 이 경우 그 제3자는 일부용선과 발항 전의 계약해제 등(제833조), 부수비용·체당금 등의 지급의무(제834조), 선적·양륙비용의 부담(제835조), 발항 후의 계약해지(제837조) 등과 관련하여서는 송하인으로 본다(제855조 제4항). 또한 이 경우 선박소유자는 운송인의 책임경감금지에 관한 제799조를 위반하여 운송인으로서의 의무와 책임을 감경 또는 면제하는 특약을 하지 못한다(제855조 제5항).

(2) 船舶所有者의 運送實行義務

① 發航義務

(i) 선박소유자는 운송물의 선적이 완료된 때에는 지체없이 발항하여야 한다(船員 제8조 참조). 발항시기는 보통 용선계약의 경우에는 계약에서 정한다.

(ii) 용선자는 운송물의 전부를 선적하지 않은 경우에도 선장에게 발항을 청구할 수 있다(제831조 제1항). 또 선장은 선적기간경과 후에는 운송물 전부의 선적이 완료하기 전이라도 즉시 발항할 수 있다(제831조 제2항). 다만 이 두 경우에 용선자는 운임의 전액과 운송물의 전부를 선적하지 아니함으로 인하여 생긴 비용(예컨대, 초과정박기간에 대한 상당한 정박료, 底荷의 積入費用 등)을 지급하고, 선박소유자의 청구가 있으면 상당한 담보를 제공하여야 한다(제831조 제3항).

② 直航義務

선박소유자는 개품운송인과 같은 직항의무를 부담한다(제841조 제1항, 제796조 제2항 제8호, 船員 제8조 참조).

③ 運送物의 保管·處分義務

선박소유자는 운송물의 수령시부터 인도시까지 선량한 관리자의 주의로써 운송물을 보관하여야 하고(제841조 제1항, 제795조 제1항), 위급한 때에는 적당한 방법으로 운송물을 처분할 의무가 있다(제752조).

(3) 船舶所有者의 運送終了 후의 義務

(가) 揚陸에 관한 義務

해상운송인은 운송계약상 예정된 양륙항 또는 발항 후 용선자가 지정하는 양륙항에 입항하고, 일정한 양륙장소에 선박을 정박하여야 한다.

선장은 운송물의 양륙준비가 완료된 때에는 지체없이 용선자 또는 수하인에게 그 통지를 발송하여야 한다(제838조 제1항).

선박소유자는 원칙적으로 船側에서 운송물을 용선자 또는 수하인에게 인도하여야 하므로, 자기의 위험과 비용으로 船艙에서 船側까지 운송물을 반출하여야 한다.

용선계약의 경우 해상운송인은 양륙준비완료통지를 발송한 때로부터 일정한 양륙기간 중 특별한 보수없이 양륙을 위하여 정박하여야 한다. 양륙기간은 선적시와 마찬가지로, 양륙준비완료통지가 오전에 있은 때에는 그 날의 오후 1시부터 기산하고, 오후에 있은 때에는 다음날 오전 6시부터 기산한다(제838조 제2항,

제829조 제2항). 양륙기간을 초과한 정박기간에 대하여는 선박소유자는 상당한 보수를 청구할 수 있다(제838조 제3항).

(가) 運送物引渡義務

(a) 선박소유자는 용선자 또는 수하인에게 운송물을 인도하여야 한다. 인도는 보통 적하의 양륙과 동시에 하는 것이나, 반드시 일치하는 것은 아니다. 선박소유자는 용선자 또는 수하인이 운임·부수비용·체당금·체선료, 운송물의 가액에 따른 공동해손 또는 해난구조로 인한 부담액 등의 지급과 상환하지 아니하면 운송물을 인도할 의무가 없고(제841조 제1항, 제807조 제2항), 이들 금액을 지급받기 위하여 법원의 허가를 얻어 운송물을 경매할 수도 있다(제841조 제1항, 제808조 제1항).

(b) 운송물의 인도란 운송물에 대한 사실상의 지배상태인 점유가 운송인으로부터 벗어나는 것을 말하므로, 용선자 또는 수하인뿐만 아니라 운송물이 세관당국의 관장 하에 들어간 것도 인도에 해당한다 (제841조 제1항, 제803조, 함부르크규칙 제4조 제2항 (b) 참조).

선박소유자의 운송물 인도방법은 개품운송계약에 설명한 것과 같다(제841조 제1항, 제140조, 제861조, 제129조).

(나) 供託義務

(i) 선박소유자의 공탁의무 역시 개품운송인의 공탁의무와 같다(제841조 제1항, 제803조).

(ii) 선박소유자가 용선자에게 수통의 선하증권을 발행한 경우 2인 이상의 선하증권 소지인이 운송물의 인도를 천구한 때에는 선박소유자(선장)은 지체없이 운송물을 공탁하고 각 청구자에게 통지를 발송하여야 한다(제859조 제1항).

2. 船舶所有者의 權利

(1) 船舶所有者의 運賃請求權

(가) 原　　則

선박소유자는 개품운송인의 경우와 같이 자기가 인수한 운송을 완성한 때에는 용선자 또는 수하인에게 그 보수인 운임을 청구할 수 있다(제841조 제1항, 제807조 제1항, 제134조 제1항).

(나) 例　外

(i) 선박소유자는 예외적으로 傭船者 등의 過失(제841조 제1항, 제134조 제2항), 積荷의 處分(제750조 제1항), 공동해손처분(제865조)(후 2자의 경우에는 선박소유자는 운임의 전액을 청구할 수 있다: 제841조 제1항, 제813조). 船積의 遲滯(제831조), 運送不能(제841조 제1항, 제810조 제1항 제1호~제3호 · 제2항, 제811조, 제841조 제1항, 제812조) 등의 사유가 있는 경우에는 운송물이 목적지에 도착하지 아니한 때라도 운임청구권을 행사할 수 있다.

(ii) 이 외에 용선계약에 관한 특칙으로서 전부용선자가 발항 전에 용선계약을 해제한 때에는 운임의 반액을 지급하여야 하고(제832조 제1항), 왕복항해의 용선계약인 경우 전부용선자가 그 回航 전에 계약을 해지한 때 및 선박이 他港에서 선적항에 항행하여야 할 경우에 선적항에서 발항하기 전에 계약을 해지하는 때에는 운임의 3분의 2를 지급하여야 한다(제832조 제2항 · 제3항). 일부용선자나 송하인이 발항 전에 계약을 해제 또는 해지를 한 때에도 운임의 전액을 지급하여야 한다(제833조 제2항).

(다) 運賃額의 計算

(i) 운임액의 계산에 관하여도 개품운송계약에서 설명한 것과 같다(제841조 제1항, 제805조, 제806조).

(ii) 특히 항해용선과 관련하여, 제806조의 운임을 계산함에 있어서 제829조 제2항이 정한 선적기간 또는 제838조 제2항이 정한 양륙기간이 경과한 후에 운송물을 선적 또는 양륙한 경우에는 그 기간경과 후의 선적 또는 양륙기간은 선적 또는 양륙기간에 산입하지 아니하고 제829조 제3항 및 제838조 제3항의 규정에 따라 별도로 보수를 정한다(제841조 제2항).

(2) 船舶所有者의 기타 權利

(가) 선박소유자의 그 밖의 권리로는 용선자에 대한 용선계약서의 교부청구권(제828조)과 선적청구권(제829조 제1항 참조)이 있다. 그 밖에 용선계약과 개품운송계약에 공통적인 것에 관하여는 개품운송계약에서 설명하였다.

(나) 특히 용선계약과 관련하여서는 상법은 待泊料請求權에 관하여 상세히 규정하고 있다. 즉, 선적기간 또는 양륙기간을 경과한 후에 선적 또는 양륙을 위하여 선박을 정박시킨 경우(超過碇泊期間)에는 선박소유자는 용선자에 대하여 滯船料(待泊料 · 碇泊料)를 청구할 수 있다(제829조 제3항, 제838조 제3항). 체선료의

법적 성질은 손실을 전보하기 위한 법정의 특별보수이며,[1] 따라서 선박소유자의 과실상계의 대상이 되지 아니한다.[2] 수하인이 운송물을 수령한 때에는 수하인도 체선료를 지급하여야 할 의무가 있다(제841조 제1항, 제807조 제1항).

(다) 체당금 기타 비용청구권(제841조 제1항, 제807조 제1항), 유치권(제841조 제1항, 제807조 제2항), 경매권(제841조 제1항, 제808조), 공탁권(제841조 제1항, 제803조 제1항) 등은 개품운송계약에서 설명한 것과 같다.

(3) 船舶所有者의 債權·債務의 除斥期間

선박소유자의 용선자 또는 수하인에 대한 채권 및 채무는 그 청구원인의 여하에 불구하고 선박소유자가 운송물을 인도한 날 또는 인도할 날부터 2년 이내에 재판상 청구가 없으면 소멸한다(제840조 제1항 제1문). 이 기간은 제척기간이다. 다만 이 기간은 당사자의 합의에 의하여 연장할 수 있다(제840조 제1항 제2문, 814조 제1항 단서). 이 기간을 단축하는 선박소유자와 용선자의 약정은 이를 운송계약에 명시적으로 기재하지 아니하면 그 효력이 없다(제840조 제2항).

Ⅲ. 船舶所有者의 損害賠償責任

1. 序 說

상법은 선박소유자의 용선자에 대한 손해배상책임에 관하여 육상물건운송인의 책임규정을 준용하고 있으므로(제841조 제1항, 제136조·제137조·제140조) 선박소유자의 책임은 육상물건운송인의 책임과 대체로 같다. 그러나 해상운송의 특수성에 비추어 약간의 특별규정을 두고 있다. 즉, 상법은 과실책임주의를 원칙으로 하면서 과실을 航海過失과 商事過失로 나누어 항해과실 및 선박화재에 대하여는 선박소유자의 책임을 면제하고(제841조 제1항, 제795조), 일정한 사항에 대하여는 입증책임을 경감하며(제841조 제1항, 제796조), 손해배상책임을 제한하는가 하면(제841조 제1항, 제797조), 면책약관의 제한에 관한 규정을 두어(제839

1) 大判 1994. 11. 25, 93 도 3274 ; 同 2005. 7. 28, 2003 다 12083.
2) 大判 1994. 6. 14, 93 다 58547 ; 同 2005. 7. 28, 2003 다 12083.

조), 해상기업의 보호와 이해관계인의 이익의 조화를 도모하고 있다.

2. 責任負擔의 主體

손해배상책임을 지는 주체가 되는 선박소유자라 함은 선박소유자 스스로는 물론 그 사용인 또는 대리인 및 책임보험자 등을 가리킨다. 다만 독립적인 계약자는 운송인의 '사용인 또는 대리인'이 아니다. 이 밖에 선박공유자, 선박임차인, 정기용선자로서 자기명의로 항해용선계약을 체결한 자를 포함한다. 책임부담의 주체인 선박소유자는 후술하는 책임제한의 주체가 될 수 있는 자이기도 하다(제841조 제1항, 제797조 제1항).

3. 商事過失로 인한 損害賠償責任

(1) 損害賠償責任의 原因

손해배상책임의 원인으로서 過失責任主義(제841조 제1항, 제794조 본문, 제795조 제1항)를 취하며, 선박소유자는 감항능력주의의무를 부담하고(제841조 제1항, 제794조), 선박소유자의 과실을 航海過失(海技過失)과 商事過失(商業過失)로 구분하여 항해과실에 대하여는 선박소유자는 면책된다(제841조 제1항, 제794조, 제795조 제1항)는 것, 그리고 擧證責任은 선박소유자에게 있다는 것(제841조 제1항, 제794조·제795조 제1항). 등은 개품운송계약에서 설명한 것과 같다.

(2) 損害賠償責任의 範圍

선박소유자의 손해배상의 범위는 육상운송인의 그것과 같은 점(제841조 제1항, 제137조), 責任의 個別的 制限(제841조 제1항, 제797조, 제798조 제2항) 등은 개품운송계약에서 설명한 것과 같다. 다만 항해용선의 경우에는 실제운송인에 대한 규정을 준용되지 않는다(제841조 제1항에서 제798조 제4항이 준용되지 않음).

(3) 責任의 短期消滅

책임의 단기소멸에 관하여도 개품운송계약엣 설명한 것과 같으나(제841조 제1

항, 제804조 제1항 내지 제4항), 다만 항해용선계약의 경우에는 위의 규정(제804조 제1항 내지 제4항)에 반하여 한 용선자 또는 수하인에게 불리한 당사자 사이의 특약도 효력이 있다(제841조 제1항은 제804조 제5항을 준용하지 않음).

(4) 責任의 消滅

선박소유자의 용선자 또는 수하인에 대한 채권 및 채무는 그 청구원인의 여하에 불구하고 선박소유자가 운송물을 인도한 날 또는 인도할 날부터 2년 이내에 재판상 청구가 없으면 소멸한다(제840조 제1항 제1문). 이 기간은 제척기간이다. 이 기간의 기산점은 운송물을 인도한 날 또는 인도할 날이다. 이 기간은 당사자의 합의에 의하여 연장할 수 있다(제840조 제1항 제2문, 제814조 제1항 단서).

4. 法定免責事由

(1) 船員의 航海過失

선박소유자는 개품운송인의 경우와 마찬가지로 선장·선원·도선사 기타의 선박사용인의 항해 또는 선박의 관리에 관한 행위(航海過失)로 인하여 생긴 운송물의 손해에 대하여는 배상책임을 지지 아니한다(제841조 제1항, 제795조 제2항). 航海過失이란 '항행상의 과실'(errors of navigation)과 '선박관리(management of the ship)상의 과실'을 의미한다는 점도 개품운송에 관하여 설명한 것과 같다. 또한 상법 제795조 제2항은 강행규정이 아니므로 항해과실에 대하여 선박소유자가 책임을 지기로 하는 당사자 사이의 특약도 유효하다.

(2) 船舶에서의 火災

선박소유자는 개품운송인의 경우와 마찬가지로, 선박에서의 화재로 인하여 생긴 운송물의 손해에 대하여도 배상책임을 지지 아니한다(제841조 제1항, 제795조 제2항 본문). 그러나 선박소유자 자신의 고의 또는 과실로 인하여 화재가 발생한 경우에는 면책되지 아니한다(제841조 제1항, 제795조 제2항 단서).

(3) 高價物에 대한 免責

선박소유자의 고가물에 대한 면책은 개품운송계약의 경우와 같다(제841조 제1

항, 제136조, 제797조 제3항).

(4) 기타 免責事由

선박소유자의 법정면책사유의 종류 및 입증책임의 경감은 개품운송인의 그 것과 같다(제841조 제1항, 제796조).

5. 責任輕減의 禁止

(1) 감항능력주의의무(제794조)에 반하여 선박소유자의 의무 또는 책임을 경감 또는 면제하는 당사자 사이의 특약(면책특약)은 효력이 없다(제839조 제1항 제1문). 운송물에 관한 보험의 이익을 선박소유자에게 양도하는 약정 또는 이와 유사한 약정도 또한 같다(제839조 제1항 제2문). 다만 이와 같은 제한은 항해상 위험이 큰 산 동물운송 및 甲板積運送에는 원칙적으로 적용되지 않는다(제839조 제2항, 제799조 제2항).

(2) 선박소유자가 용선자의 청구에 따라 용선자에게 선하증권을 발행하고, 제3자가 선의로 그 선하증권을 취득하거나 선박소유자가 용선자의 청구에 의하여 제3자에게 선하증권을 발행한 경우에도 제799조(운송인의 책임경감금지)를 위반하여 운송인으로서의 의무와 책임을 감경 또는 면제하는 특약을 하지 못한다(제855조 제5항).

6. 運送契約上의 責任과 不法行爲責任의 競合

선박소유자가 고의·과실로 용선계약을 불이행하였고 동시에 그 선박소유자의 행위가 민법상의 불법행위의 요건도 함께 충족하는 경우, 선박소유자는 계약불이행책임만 지면 충분한 것인지, 아니면 불법행위책임도 경합하여 져야 하는 것인지의 문제, 즉 청구권경합문제가 있다. 이 문제는 이미 개품운송계약에서 충분히 설명하였는데, 그 설명은 항해용선계약에도 똑같이 적용된다. 즉, 운송인의 책임에 관한 규정은 운송인의 불법행위로 인한 손해배상책임에도 적용하도록 정하였다(제841조 제1항, 제798조 제1항). 선박소유자의 책임의 제척기간과 관련하여서도 “선박소유자의 … 채권 및 채무는 청구원인의 여하에 불구하고” 2년 이내에 재판상 청구가 없으면 소멸하되, 이 기간은 당사자의 합의에 의하여 연장할 수 있으며(제840조 제1항, 제814조 제1항 단서), 이 기간을 단축하는 선박소유자와 용선자의 약정은 이를 운송계약에 명시적으로 기재하지 아니하면 그 효력이 없다고 정하여(제840조 제2항), 민법의 불법행위법상의 손해배상청구권의 소멸시효(3년 또는 10년 : 民 제766조)를 적용시킬 여지가 없어졌다.

7. 船舶所有者의 使用人 또는 代理人

개품운송계약에서 설명한 바와 같이 이른바 히말라야 약관은 항해용선의 경우에도 똑같이 인정된다. 즉, 운송물에 관한 손해배상청구가 선박소유자의 사용인 또는 대리인에 대하여 제기된 경우에 그 손해가 그 사용인 또는 대리인의 직무집행에 관하여 생긴 것인 때에는 그 사용인 또는 대리인도 운송인이 주장할 수 있는 항변과 책임제한을 원용할 수 있다(제841조 제1항, 제798조 제2항 본문). 그러나 그 손해가 그 사용인 또는 대리인의 고의 또는 운송물의 멸실, 훼손 또는 연착이 생길 염려가 있음을 인식하면서 무모하게 한 작위 또는 부작위로 인하여 생긴 것인 때에는 그러하지 아니하다(제841조 제1항, 제798조 제2항 단서). 선박소유자와 그 사용인 또는 대리인의 운송물에 대한 책임제한금액의 총액은 상법상 선박소유자의 책임한도액(제797조 제1항)을 초과하지 못한다(제841조 제1항, 제798조 제3항).

Ⅳ. 航海傭船契約의 終了

항해용선계약은 운송의 완료 또는 계약의 해제 등에 의하여 당연히 종료되지만 해상운송의 특성에 따라 그 밖의 종료원인으로서 다음과 같은 것이 있다.

1. 運送委託者의 任意解除 또는 解止

(1) 發航 전의 任意解除 또는 解止

(가) 全部傭船契約의 경우

(i) 용선자는 발항 전에는 운임·양륙비용·부수비용·체당금 등을 지급하고 계약을 해제할 수 있으며, 그 운임은 반액의 지급이 원칙이다. 그러나 ① 往復航海의 경우 그 회항 전에 계약을 해지하거나, ② 선박이 타항에서 선적항에 항행하여야 할 경우 선적항에서 발항하기 전에 계약을 해지하는 때에는 운임의 3분의 2를 지급하여야 한다(제832조, 제834조, 제835조). 또 ①과 ②의 경우에는 운송물의 가액에 따라 공동해손 또는 해난구조로 인하여 부담할 금액을 지급하여야 한다(제834조 제2항).

(ii) 용선자가 선적기간 내에 운송물을 선적하지 아니한 때에는 계약을 해제 또는 해지한 것으로 본다(제836조). 송하인이 합의 또는 관습에 의한 때와 곳에서 운송물을 제공하지 아니한 경우에도 계약을 해제한 것으로 본다(제792조 제2항 제1문).

(나) 一部傭船契約의 경우

일부용선자 또는 송하인(여기서 송하인은 제855조 제4항에서 말하는 송하인, 즉 선박소유자가 발행한 선하증권을 선의로 취득한 제3자를 포함한다.)은 다른 용선자와 송하인 전원과 공동으로 하는 경우에 한하여 전부용선의 경우와 같은 효과로써 계약의 해제나 해지를 할 수 있다(제833조 제1항). 만일 그렇지 않으면 발항 전에 계약을 해제 또는 해지한 때에도 운임의 전액을 지급하여야 한다(제833조 제2항). 이와 같이 계약을 해제 또는 해지하는 경우에 지급하는 운임을 空績運賃 또는 空船運賃이라 하는데, 그 법적 성질은 法定解約金의 일종이다.[1] 또 발항 전이라도 일부용선자나 송하인이 운송물의 전부 또는 일부를 이미 선적한 경우에는 다른 용선자와 송하인의 동의를 얻지 않으면 계약을 해제 또는 해지하지 못한다(제833조 제3항). 이상의 어느 경우이든 운송물의 선적과 양륙의 비용은 용선자나 송하인이 부담한다(제835조).

---

1) 徐燉珏·鄭完溶(下) 629면 ; 崔基元(海) 175면.

(2) 發航 후의 任意解止

발항 후에는 용선자나 송하인은 운임의 전액·체당금·체선료·공동해손 또는 해난구조의 부담액을 지급하고, 양륙을 위하여 발생하는 손해를 배상하거나 또는 이에 상당하는 담보를 제공하지 아니하면 계약을 해지하지 못한다(제837조).

2. 不可抗力으로 인한 當事者의 任意解除 또는 解止

(1) 發航 전의 任意解除

항해 또는 운송이 법령에 위반되거나 기타 불가항력으로 인하여 운송계약의 목적을 달성할 수 없게 된 때에는 각 당사자는 계약을 해제할 수 있다(제841조 제1항, 제811조 제1항). 항해용선의 경우에 이와 같은 사정이 생기면 空積運賃(제832조·제833조 참조)을 부담할 필요가 없으며, 당사자는 임의로 운송계약을 해제할 수 있다.

위의 법정사유가 운송물의 일부에만 발생한 경우에는 용선자는 선박소유자의의 책임이 가중되지 아니하는 범위 내에서 다른 운송물을 선적할 수 있다(代荷船積權)(제841조 제1항, 제812조 제1항). 이 경우에는 지체없이 운송물의 양륙 또는 선적을 하여야 하고, 이것을 해태한 때에는 운임 전액을 지급하여야 한다(제841조 제1항, 제812조 제2항).

(2) 發航 후의 解止

발항 후 항해 도중에 불가항력으로 인하여 계약의 목적을 달성할 수 없는 사유가 발생한 경우에는 각 당사자는 계약을 해지할 수 있으나, 용선자는 비율운임을 지급하여야 한다(제841조 제1항, 제811조 제2항).

3. 不可抗力으로 인한 契約의 當然終了

항해용선계약은 불가항력으로 인하여 당연히 종료하는데, 그 사유는 개품운송계약에 설명한 것과 같다(제841조 제1항, 제810조, 제812조 제2항).

제 3 절 定 期 傭 船

Ⅰ. 定期傭船者의 意義

(1) 정기용선자(time charterer)란 일정기간 타인소유의 선원부선박을 임차하여 해상기업활동의 목적으로 항해에 사용하는 자를 말한다. 그리고 정기용선계약이란 선박소유자가 용선자에게 선원이 승무하고 항해장비를 갖춘 선박을 일정한 기간동안 항해에 사용하게 할 것을 약정하고 용선자가 이에 대하여 기간을 정한 용선료를 지급하기로 약정함으로써 그 효력이 생기는 계약이다(제842조).

(2) 정기용선계약에 의하면 ① 정기용선자는 기업조직을 확대하지 않고 선박수요의 증감에 따라 손쉽게 경영할 수 있으며(기업규모의 신축성), 선박의 자유사용과 항해지휘권을 얻어 자신이 해상기업주체의 지위에서 선박의 운용을 할 수 있고, 선원의 선임 및 선박관리에 따르는 위험 및 비용의 부담을 선주에게 전가할 수 있다. ② 한편, 선박소유자에게도 자기가 육성한 선장·해원을 선박과 함께 보유함으로써 종래의 기업조직을 해체하지 않고 후일 자기가 경영할 때에 대비할 수 있고, 자기가 임용한 선원을 통하여 선박관리를 보다 잘 할 수 있으며, 자본이자인 용선료도 취득할 수 있다는 잇점이 있다. 정기용선은 期間傭船의 일종이다.

Ⅱ. 定期傭船契約의 法的 性質

정기용선계약의 법적 성질에 관하여는 종래 혼합계약설, 특수계약설, 운송계약설, 해기·상사구별설 등으로 학설이 나뉘어져 왔는데, 어느 학설을 취하느냐에 따라 정기용선자가 제 3 자에 대하여 상법 제850조 제1항(선체용선과 제 3 자에 대한 법률관계)의 책임을 지느냐 그렇지 않느냐의 차이가 있다. 운송계약설이 타당하다고 생각한다.

Ⅲ. 定期傭船者의 地位

1. 內部關係

(1) 定期傭船者의 權利·義務

(가) 船長指揮權

정기용선자는 약정한 범위 안의 선박의 사용을 위하여 선장을 지휘할 권리가 있다(제843조 제1항).

(나) 損害賠償請求權

선장, 해원 기타의 선박사용인이 정기용선자의 정당한 지시에 위반하여 정기용선자에게 손해가 발생한 경우에는 정기용선자는 선박소유자에게 그 손해배상을 청구할 수 있다(제843조 제2항). 지시의 부당성에 관한 입증책임은 선박소유자 등에게 있다.

(다) 傭船料支給義務

정기용선자는 선박을 일정기간 항해에 사용하는 대가로 선박소유자에게 약정한 용선료를 지급하여야 한다(제842조).

(2) 船舶所有者 등의 權利·義務

(가) 留置權·競賣權

(i) 정기용선자가 용선료, 체당금 기타 이와 유사한 정기용선계약상의 채무를 이행하지 않는 경우에 선박소유자는 운송물에 대하여 유치권을 행사하거나 법원의 허가를 얻어 경매할 수 있다(제844조 제1항·제807조 제2항·제808조).

(ii) 선장이 수하인에게 운송물을 인도한 후에도 운송인은 그 운송물을 경매할 수 있지만, 운송물을 인도한 날로부터 30일을 경과하거나 제3자가 그 운송물에 점유를 취득한 때에는 그러하지 아니하다(제844조 제1항·제808조 제2항). 그리고 선박소유자가 유치권·경매권을 행사할 경우, 선박소유자는 정기용선자가 발행한 선하증권을 취득한 선의의 제3자에게 대항하지 못한다(제844조 제1

항 단서). 이 유치권·경매권은 정기용선자가 운송물에 관하여 약정한 용선료 또는 운임의 범위를 넘어서 이를 행사하지 못한다(제844조 제2항).

(나) 契約解除·解止權

정기용선자가 용선료를 약정기일에 지급하지 아니한 때에는 선박소유자는 계약을 해제 또는 해지할 수 있다(제845조 제1항). 그러나 항해중에 선박소유자가 계약을 해제 또는 해지한 때에는 선박소유자가 적하이해관계인에 대하여 정기용선자와 동일한 운송의무를 부담한다(제845조 제2항). 이는 적하이해관계인을 보호하기 위한 것이다. 이때 선박소유자가 계약의 해제 또는 해지 및 운송계속의 뜻을 적하이해관계인에게 서면에 의한 통지를 한 때에는 선박소유자의 정기용선자에 대한 용선료, 체당금 기타 이와 유사한 정기용선계약상의 채권을 담보하기 위하여 정기용선자가 적하이해관계인에 대하여 가지는 용선료 또는 운임의 채권을 목적으로 질권을 설정한 것으로 본다(질권설정의 의제 : 제845조 제3항). 이는 선박소유자 등에게 운송의무를 부담시키는 대신에 정기용선자에 대한 채권을 확보시켜 주기 위한 것이다. 선박소유자가 이와 같은 권리를 행사했다고 하더라도 자기 또는 적하이해관계인의 정기용선자에 대한 손해배상청구에 영향을 미치지 않는 것은 물론이다(제845조 제4항).[1)]

(다) 損害賠償責任

선장, 해원 기타의 선박사용인이 정기용선자의 정당한 지시에 위반하여 정기용선자에게 손해가 발생한 경우에는 선박소유자 등은 이를 배상할 책임이 있다(제843조 제2항).

(3) 債權의 除斥期間

정기용선계약에 관하여 발생한 당사자간의 채권은 선박이 선박소유자에게 반환된 날로부터 2년 내에 재판상 청구가 없으면 소멸한다(제846조 본문). 그러나 이 기간은 당사자간의 합의에 의하여 연장할 수 있다(제846조 단서, 제814조 제1항 단서).

---

1) 大判 2005. 7. 28, 2003 다 12083.

2. 外部關係

(1) 정기용선자는 荷主 등 제 3 자와의 외부관계에 있어서는 해상기업의 주체로서 선체용선자와 같은 지위가 인정되어야 할 것이다. 따라서 선체용선자에 관한 상법 제850조를 유추적용하여 선박의 이용에 관한 사항에 있어서는 제 3 자에 대하여 선박소유자와 동일한 권리의무를 가지게 되고, 해상기업주체로서 상법 제769조 이하의 규정에 의한 책임제한을 주장할 수도 있다.[1)]

(2) 그러나 용선된 선박이 다른 선박과 충돌하는 등 정기용선 선장의 불법행위에 대하여는, 선주가 선장을 임명하고 항행 및 관리에 관련된 海技的인 사항에 관하여 선주에게 지휘·감독권이 있으므로, 선주가 책임을 부담하여야 한다.[2)]

(3) 한편 선박소유자와 제 3 자는 아무런 관계가 없는 것이 원칙이나, 다만 예외적으로 선박소유자 등도 일정한 경우에 적하이해관계인에 대하여 정기용선자와 동일한 운송의무를 부담하고(제845조 제2항), 정기용선자가 적하이해관계인에 대하여 가지는 운임 등의 채권에 대하여 선박소유자 등이 정기용선자에 대한 채권을 위하여 질권이 설정된 것으로 의제하는 경우(제845조 제3항)에는 선박소유자 등과 제 3 자인 적하이해관계인이 관계를 갖게 된다. 그리고 정기용선자에 의한 선박의 이용에 관하여 생긴 우선특권은 그 우선특권자가 그 이용이 계약에 반함을 알지 못한 경우에는 우선특권자를 보호하기 위하여 선박소유자에게도 그 효력이 미친다고 볼 수 있고(제850조 제2항의 유추적용), 이때에도 선박소유자와 제 3 자인 우선특권자가 관계를 가진다.

---

1) 大判 1994. 1. 28, 93 다 18167. 다만 大判 2001. 7. 10, 99 다 58327 참조(정기용선자로부터 선복을 용선받은 재용선자가 송하인과 운송계약을 체결한 사안에서, 정기용선자는 운송계약상 책임을 지는 운송인의 지위에 있지 않다).
2) 大判 2003. 8. 22, 2001 다 65977.

제 4 절 船 體 傭 船

Ⅰ. 船體傭船者의 意義

(1) 선체용선자(temporary owner, Ausrüster)란 광의로는 타인의 선박을 임차한 자를 말하고, 협의로는 임차한 타인의 선박을 해상기업활동을 목적으로 항해에 사용하는 자(해상법상의 선박임차인)를 말한다.[1] 그리고 선체용선계약은 용선자의 관리·지배 하에 선박을 운항할 목적으로 선박소유자가 용선자에게 선박을 제공할 것을 약정하고 용선자가 이에 따른 용선료를 지급하기로 약정함으로써 그 효력이 생긴다(제847조 제1항). 선박소유자가 선장과 그 밖의 해원을 공급할 의무를 지는 경우에도 용선자의 관리·지배하에서 해원이 선박을 운항하는 것을 목적으로 하면 이를 선체용선계약으로 본다(제847조 제2항).

(2) 선체용선자는 선박에 대한 직접적인 물권적 지배·관리권을 갖는 점에서 船腹의 전부 또는 일부의 사용권만을 얻어서 적하 또는 여객을 운송하는 항해용선자(제827조), 그리고 선원부선박의 사용수익권만을 일정기간 얻어 자기의 해상기업을 경영하는 정기용선자(제842조 이하)와는 구별하여야 한다.

(3) 선체를 용선한 자로서 상행위 기타의 영리 이외의 목적으로 항해에 사용하는 자에 대하여도 상법 제850조의 규정이 준용된다(船 제29조). 또 선체용선 이외의 원인, 예컨대 사용대차나 사무관리 등에 의하여 타인의 선박의 점유를 취득하여 이를 이용하는 자에 대하여도 상법 제850조를 유추적용하여야 할 것이다. 그리고 선체용선과 제3자의 법률관계를 정한 제850조의 규정은 항해선에 적용되고, 호천이나 항만을 항행하는 내수선에는 적용되지 않는다.[2]

---

1) 大判 1975. 3. 31, 74 다 847: 선박소유자가 그 소유선박을 임대하고 사용하지 않는 경우에는 임대차등기에 관계없이 선박사용인이 제3자에게 가한 손해에 대하여는 임대선주는 책임이 없고 그 선박사용인인 임차인이 책임을 져야 한다.

2) 大判 1991. 1. 15, 90 다 5641 : 선박임차인에 관한 상법 제766조의 규정은 항해에 사용하는 선박, 즉 해수를 항해하는 항해선에 한하여 적용되고 호천이나 항만을 항행하는 내수선에는 적용되지 않는다.

(4) 선박의 임차는 2차대전 중 미국정부가 수용이나 징발 대신 사유선을 대량 임차하여 전략물자를 수송하였던 것이 두드러진 利用例였다. 실무에서는 선박만의 임차는 裸傭船이라 하고, 船員附船舶賃貸借는 거의 정기용선으로 대체되고 있다.

Ⅱ. 船體傭船의 法的 性質

(1) 선체용선은 2007년 개정 전 해상법에서는 선박임차라고 하였던 것이고, 실무에서는 裸傭船이라 하던 것이다. 선체용선은 본질이 선원이 공급되지 않는 선박만의 임차이다. 따라서 상법은 선체용선계약에 있어 그 성질에 반하지 아니하는 한 민법상 임대차에 관한 규정을 준용하도록 하였다(제848조 제1항).

(2) 그리고 실무에서 흔히 이용되는 것으로서, 용선기간이 종료된 후에 용선자가 선박을 매수 또는 인수할 권리를 가지는 경우 및 금융의 담보를 목적으로 채권자를 선박소유자로 하여 선체용선계약을 체결한 경우에도 용선기간 중에는 당사자 사이에서는 선체용선 관련 규정에 따라 권리와 의무가 정하여 진다(제848조 제2항).

Ⅲ. 船體傭船의 法律關係

1. 船舶傭船의 內部關係

선체용선자와 선박소유자와의 관계는 선체용선계약(제847조)에 따르나, 기본적으로 민법상 임대차계약관계이므로 선체용선자는 용선한 선박을 사용·수익할 수 있고, 선박소유자는 용선료를 청구할 수 있다(제847조, 民 제618조). 그 밖의 선체용선자와 선박소유자 간의 내부관계는 선체용선계약에 의하고, 특약이 없으면 해사관습 또는 민법의 임대차에 관한 규정에 의하여 정한다.

선체용선자는 선박소유자에 대하여 선체용선등기에 협조할 것을 청구할 수 있다(제849조 제1항, 民 제621조 제1항).

2. 船體傭船의 外部關係

(1) 船體傭船者와 第三者의 관계

선체용선자는 '선박의 이용에 관한 사항'에는 제 3 자에 대하여 선박소유자와 동일한 권리의무가 있다(제850조 제1항).[1] 그러므로 선박의 이용에 관한 사항이 아닌 것, 예컨대 선박의 양도나 저당권설정 등에 있어서는 선박소유자로 취급받지 않는다. 선박소유자로 취급받는 한 해상기업자로서 상법 제769조 이하의 규정에 의한 책임제한을 주장할 수도 있다(제850조 제1항). 또 선체용선자가 선체용선등기를 한 때에는 그 선박에 관하여 물권을 취득한 제 3 자에 대하여도 그 효력이 있다(제849조 제2항). 그러나 이 규정은 비등기선에는 적용되지 않는다.

(2) 船舶所有者와 第三者의 관계

선박소유자는 제 3 자와 아무런 직접적 관계는 없으나,[2] 선박의 이용에 관하여 생긴 우선특권은 선박소유자에 대하여도 그 효력이 있다(제850조 제2항 본문). 이것은 선박소유자가 직접 선박을 이용하는 경우 그 선박이 선박채권자의 우선특권의 목적이 되는 것(제777조)과 균형을 맞춘 것으로서, 선의의 채권자를 보호하기 위한 특별규정이므로, 우선특권을 가진 채권자가 그 채무의 발생원인이 되는 선박의 이용이 선체용선계약의 취지에 반함을 알고 있는 경우에는 선박에 대한 우선특권을 취득하지 못한다(제850조 제2항 단서).

---

1) 광주高判 2003. 7. 16, 2002 나 10553 [확정].
2) 大判 1975. 3. 31, 74 다 847.

제 5 장
運送證書

제 1 절 總 說

Ⅰ. 運送證書의 意義

운송에 수반하는 서류로서 운송계약에 관한 내용을 기재한 증서를 운송증서라고 한다. 2007년 개정해상법은 제2장(운송과 용선) 제6절에 운송증서를 규정하였다. 종래의 종이선하증권 외에 전자선하증권을 규정하였다. 나아가 오늘날 그 사용빈도가 점차 높아지고 있는 해상화물운송장을 새로이 규정하였다. 이는 해상운송의 고속화 등 해상운송 환경의 변화에 따른 업계의 요구를 수용한 것이다. 그리고 선하증권의 기재사항에 운송인의 성명 또는 상호 및 운송인의 주된 영업소 소재지를 추가하였고, 선하증권기재의 효력 부분을 보완하였으며, 용선계약과 선하증권에 관한 규정을 신설하였다.

Ⅱ. 運送證書의 種類

상법은 운송증권의 종류로서 선하증권, 해상화물운송장을 규정하였다. 선하증권은 법무부 장관이 지정하는 등록기관에 등록함으로써 전자적(전자선하증권)으로도 발행할 수 있도록 하였다.

제2절 船荷證券

Ⅰ. 船荷證券의 意義

선하증권(bill of lading, Konnossement)이란 해상운송인이 운송물의 수령 또는 선적을 증명하고, 양륙항에서 이것과 상환으로 운송물을 인도할 의무를 부담하는 유가증권이다.

Ⅱ. 船荷證券의 機能

선하증권은 그 형식과 기능이 약간씩 변해왔지만 해운산업에서 필수불가결한 문서로 인정되어 왔다. 이와 같이 선하증권이 널리 사용되다 보니, 그 형식과 기능에 대한 표준화 작업이 필요하게 되었다. 선하증권의 표준화로 인하여 국제해운산업이 효과적으로 발전할 수 있게 되었다. 표준화된 선하증권은 ① 운송물을 수령하였다는 영수증으로서 화물수령증(receipt), ② 운송계약의 내용을 증명하는 증거증권으로서 운송계약서(contract of carriage), ③ 운송물을 대표하는 인도증권으로서의 권리증서(document of title, 權原證券) 등 세 가지의 기능을 갖는다.

Ⅲ. 船荷證券의 性質

선하증권은 운송물인도청구권을 표창하는 물품증권으로서, 그 법률상의 성질로는 채권증권성 · 법률상 당연한 지시증권성 · 요식증권성 · 요인증권성 · 문언증권성 · 제시증권성 · 상환증권성 · 인도증권성 · 처분증권성 등을 갖는다.

Ⅳ. 船荷證券의 發行

1. 證券의 發行

선하증권은 운송물을 수령한 후에 송하인(또는 운송주선인) 또는 항해용선자의 청구에 따라 해상운송인 〔선체용선자도 동일함(제850조 제1항)〕 (제852조 제1항) 또는 선박소유자(제855조 제1항)가 발행하는 것이나, 경우에 따라 선장 또는 그 밖의 대리인에게[1] 그 발행이나 '船積'의 표시를 위임할 수 있다(제852조 제2항)(이하 항해용선계약의 경우에는 운송인을 선박소유자로 읽어야 한다). 운송인은 數通의 선하증권을 발행할 수도 있다(제852조 제1항). 數通의 선하증권을 발행한 때에는 그 數를 선하증권에 기재하여야 한다(제853조 제10호).

2. 船荷證券의 記載事項

(1) 法定記載事項

(가) 선하증권에는 ① 선박의 명칭, 국적과 톤수, ② 송하인이 서면으로 통지한 운송물의 종류, 중량 또는 용적, 포장의 종별, 개수와 기호, ③ 운송물의 외관상태, ④ 용선자 또는 송하인의 성명 · 상호, ⑤ 수하인 또는 통지수령인의 성명 · 상호, ⑥ 선적항, ⑦ 양륙항, ⑧ 운임, ⑨ 발행지와 그 발행년월일, ⑩ 수통의 선하증권을 작성한 때에는 그 수, ⑪ 운송인의 성명 또는 상호, ⑫ 운송인의 주된 영업소 소재지를 기재하고, 운송인이 기명날인 또는 서명하여야 한다(제853조 제1항, 제855조 제1항). 선하증권은 어음이나 수표와 같은 엄격한 요식성을 요구하지는 않으므로 위의 기재사항이 모두 기재되어 있지 않더라도 본질적인 것이 아니면 그 선하증권도 유효하다.

---

1) 大判 1997. 6. 27, 95 다 7215 : 선하증권은 대리인에 의하여 발행될 수 있다.

(나) 선하증권의 교부를 받은 용선자 또는 송하인은 발행자의 청구가 있는 때에는 선하증권의 등본에 기명날인 또는 서명하여 교부하여야 한다(제856조). 이는 운송인이 증거를 보존하기 위한 것이다.

(다) 위의 기재요건 중 중요한 몇 가지만 부가하여 설명하면 다음과 같다.

위 ②의 기재 중 운송물의 중량, 용적, 갯수 또는 記號가 운송인이 실제로 수령한 운송물을 정확하게 표시하고 있지 아니하다고 의심할 만한 상당한 이유가 있는 때 또는 이를 확인할 적당한 방법이 없는 때에는 그 기재를 생략할 수 있다(제853조 제2항, 제855조 제1항). 이는 海運實務慣行에서 이용되고 있는 이른바 不知約款(unknown clause)의 사용을 인정한 것이다. 또한 송하인은 자신이 서면으로 통지한 위 ②의 기재사항이 정확함을 운송인에게 담보한 것으로 보므로(제853조 제3항, 제855조 제1항), 그 통지내용의 부실로 운송인에게 손해가 생긴 때에는 이를 배상하여야 한다. 그리고 운송인이 선하증권에 기재된 통지수령인에게 운송물에 관한 통지를 한 때에는 송하인 및 선하증권소지인과 그 밖의 수하인에게 통지한 것으로 본다(제853조 제4항, 제855조 제1항).

(라) 그리고 위 ⑤의 기재 중 통지수령인(notify party)이란 운송물이 목적지에 도착하였을 때 그 도착통지를 받을 자를 말하며, 이 자에게 운송물에 관한 통지를 하면 송하인 및 선하증권소지인과 그 밖의 수하인에게 통지한 것으로 본다(제853조 제4항, 제855조 제1항).

(2) 任意的 記載事項

실제 선하증권을 보면 위의 법정 기재사항 외에도 많은 내용의 기재가 있고, 이들은 대부분 운송인의 책임을 면제하거나 경감하는 면책약관으로서 그 내용은 상법 제797조(책임의 한도) 및 제798조(비계약적 청구에 대한 적용) 등의 내용을 담고 있다.

3. 複本의 發行

선하증권은 용선자 또는 송하인의 청구에 따라서 數通을 교부할 수 있으므로(제852조 제1항, 제855조 제1항) 그 법률관계가 다소 복잡한데, 商法은 이에 관한 특별규정을 두고 있다. 즉, 양륙항에서 수통의 선하증권 중 1통을 소지한 자는 운송물의 인도를 청구할 수 있고(제857조 제1항), 그 1통의 소지인이 운송물의 인도를 받은 때에는 다른 선하증권은 그 효력을 잃는다(제857조 제2항). 그러나 양륙항 외에서는 모든 선하증권을 제시하여야 한다(제858조). 운송물의 인도 전에 2인 이상의 선하증권소지인이 운송물의 인도를 청구한 때 또는 운송물의 일부를 인도한 후 다른 소지인이 운송물의 인도를 청구한 때에는 선장은 지체없이 운송물을 공탁하고 각 청구자에게 그 통지를 발송하여야 한다(제859조 제1항·제2항). 공탁한 운송물에 대하여는 數人의 선하증권소지인에게 공통되는 전 소지인으로부터 먼저 교부를 받은 증권소지인의 권리가 다른 소지인의 권리에 우선한다(제860조 제1항). 隔地者에 대하여 발송한 선하증권은 그 발송한 때를 교부받은 때로 본다(제860조 제2항).

V. 船荷證券의 種類

1. 船積船荷證券 · 受領船荷證券

선적선하증권(shipped B/L, Abladekonnossement)이란 운송물을 선적한 후에 발행한 선하증권을 말하고, 수령선하증권(received B/L, Übernahmekonnossement)이란 운송물을 수령한 후에 발행한 선하증권으로서, 선적이 끝나면 다시 선적선하증권을 발행하거나 수령선하증권에 '船積'의 뜻을 표시한다(제852조 제2항, 제855조 제1항).[1] 운송인은 선장 또는 기타의 대리인에게 선하증권의 교부 또는 선적의 표시를 위임할 수 있다(제852조 제3항, 제855조 제1항).

2. 기타의 船荷證券

상법은 선적선하증권에 관하여만 규정하고 있으나, 분류방법에 따라 다음과

1) 大判 1989. 12. 22, 88 다카 8668.

같은 종류의 선하증권이 있다.

(1) 記名式船荷證券 · 指示式船荷證券 · 無記名式船荷證券

수하인을 표시하는 방법에 따라서 선하증권을 분류하면, 기명식선하증권(straight bill of lading)은 수하인의 성명만이 증권상에 기재된 선하증권이고, 지시식선하증권(order bill of lading)은 선하증권상의 수하인 또는 그 지시인에게 운송물을 인도할 수 있도록 한 선하증권이며, 무기명식(소지인출급식)선하증권(bearer bill of lading)은 수하인의 기재가 없거나 소지인을 수하인으로 정한 선하증권을 말한다. 그러나 기명식선하증권도 법률상 당연한 지시증권으로서(제861조 · 제130조) 배서에 의하여 양도할 수 있으므로 지시식선하증권과 구별할 실익은 없다.[1)]

(2) 連絡船荷證券

연락선하증권(통선하증권)(through bill of lading, Durchkonnossement)이란 연락운송에서 최초의 해상운송인이 전운송구간에 대하여 발행하는 선하증권이다. 이것은 최초의 운송인만이 기명날인 또는 서명을 하는 단독연락선하증권과 중간운송을 담당하는 전운송인이 기명날인 또는 서명을 하는 공동연락선하증권으로 나뉘는데, 특히 단독연락운송계약에서 중간의 운송인이 자기의 운송구간에 대해서 발행하는 선하증권을 중간선하증권(local bill of lading ; Zwischenkonnossent Lokalkonnossement)이라고 한다.

(3) 赤船荷證券

적선하증권(red bill of lading)이란 적색문자로 인쇄된 선하증권을 말하며, 이것에는 해상운송인이 법령 또는 약관에 의하여 면책될 손해에 대해서도 책임을 지는 특약을 하는 것과, 해상운송인이 보험자의 대리인으로서 보험계약까지 체결하는 것이 있다.

---

1) 大判 2001. 3. 27, 99 다 17890 : 배서금지문구가 기재된 선하증권은 일반 지명채권 양도의 방법에 의하여서만 이를 양도할 수 있다. 同旨 : 大判 2003. 1. 10, 2000 다 70064.

(4) 無故障船荷證券

무고장선하증권(무유보선하증권 : clean bill, reines Konnossement)이란 송하인의 부탁이 있을 때 不知約款(unknown clause)의 기재에 의한 유보 없이 발행된 선하증권을 말한다. 보통 선적시에 운송물이 외관상 양호한 상태(in apparent good order and condition)라는 인쇄가 되어 있고, 그 밖에 첨가하여 기재된 것이 없으면 무고장선하증권이다. 이 경우에는 운송물의 수량·포장상태 등을 일일이 점검하지 않았기 때문에 운송인이 입은 손해를 전보하기 위하여 송하인이 保證狀(letter of guarantee)을 제출하는 것이 보통이다. 부지약관이 기재된 선하증권으로서는 貨(荷)換어음의 할인이 용이하지 않기 때문에 貨換어음의 할인을 용이하게 하고, 대량의 운송물을 일일이 점검하는 불편을 덜기 위하여 무고장선하증권이 이용되는데, 송하인이 운송물의 내용에 대하여 확신이 있을 때 사용된다.

(5) 事故船荷證券

사고선하증권(foul or dirty bill of lading)이란 船積貨物에 사고가 있어서 그것이 remark로 기재된 경우의 선하증권을 말한다.

(6) 기타의 船荷證券

이 밖에도 운송계약의 주요 내용은 별도의 약관이나 서면에 의하기로 하여 약식으로 발행된 略式船荷證券(short form bill of lading), 환적조건이 기재된 換積船荷證券(transshipment bill of lading), 2인 이상의 荷主의 화물을 통합하여 하나의 선하증권으로 발행되는 統合船荷證券(groupage bill of lading) 등이 있다.

Ⅵ. 船荷證券의 效力

선하증권도 화물상환증과 같이 채권적 효력과 물권적 효력이 있다(제861조, 제129조, 제130조, 제132조, 제133조).[1]

1) 大判 2003. 1. 10, 2000 다 70064.

1. 債權的 效力

(1) 선하증권은 해상물건운송계약의 내용을 증명하고 운송인이 운송물수령사실을 증명하는 증거증권이며, 동시에 운송물인도청구권을 표창하는 채권증권이다.[1] 그러므로 선하증권의 소지인은 그 증권과 상환으로 운송물의 인도를 청구할 수 있다(제861조, 제129조). 또 선하증권은 법률상 당연한 지시증권이기 때문에 배서금지의 문언이 없는 한 배서양도할 수 있다(제861조, 제130조). 선하증권이 제 3 자에게 양도된 때 소지인과 운송인 사이의 법률관계는 선하증권에 기재된 바에 의한다(문언증권성). 1991년 개정 전 상법에서는 화물상환증의 문언증권성에 관한 제131조를 선하증권에 준용하도록 하였기 때문에(舊商 제820조), 선하증권의 요인증권성과 문언증권성의 모순을 둘러싸고 불법행위설과 채무불이행설 및 절충설이 대립하였었다.

(2) 불법행위설(요인증권성설)은 선하증권의 요인성을 강조하여 운송계약이 존재하고 운송물을 수령하여야만 비로소 운송물인도청구권이 생기고, 만약 空券이 발행되면 그 선하증권은 무효이며 이때 운송인은 불법행위책임을 진다고 한다. 채무불이행설(문언증권성설)은 선하증권의 문언증권성을 강조하여 운송인은 선하증권에 기재된 운송계약에 따라 운송물을 인도하지 아니하면 운송계약의 불이행으로 인한 손해배상책임을 져야 한다고 하며, 요인증권성은 증권발행의 원인이 된 운송관계가 기재되어 있으면 충분하다고 한다. 절충설은 운송계약이 전혀 없는 경우 선하증권은 무효이되, 선의의 제3자에 대하여는 외관에 따라 책임을 부담한다고 한다. 판례는 空券을 무효로 본다.[2]

(3) 그런데 1991. 12. 31. 개정상법은 이 문제를 立法的으로 해결하기로 하고 선하증권의 경우에 화물상환증의 문언증권성에 관한 준용규정을 삭제하는(제861조, 제131조 참조) 한편, "선하증권이 발행된 경우에는 운송인이 그 증권에 기재된 대로 운송물을 수령 또는 선적한 것으로 추정한다. 그러나 (반증이 있더라도) 운송인은 선하증권을 선의로 취득한 제3자에 대항하지 못한다."(舊商 제814조의 2, 비스비규칙 제3조 제4항 참조)라고 규정하였다. 나아가 2007년 개정상법은 본조를 더욱 명확하게 규정하여 제854조 제1항은 "제853조 제1항에 따라 선하

1) 大判 1997. 7. 25, 97 다 19656.
2) 大判 2005. 3. 24, 2003 다 5535; 同 1982. 9. 14, 80 다 1325.

증권이 발행된 경우 운송인과 송하인 사이에 선하증권에 기재된 대로 개품운송계약이 체결되고 운송물을 수령 또는 선적한 것으로 추정한다."고 규정하고, 제2항에서는 "제1항의 선하증권을 선의로 취득한 소지인에 대하여 운송인은 선하증권에 기재된 대로 운송물을 수령 혹은 선적한 것으로 보고 선하증권에 기재된 바에 따라 운송인으로서 책임을 진다."고 규정하였다. 따라서 선하증권이 발행된 경우에는 운송인이 그 증권에 기재된 대로 운송물을 수령 또는 선적한 것으로 추정되므로, 증권에 기재된 물건과 실제로 수령·선적한 물건이 相違한 경우 또는 空券이 발행된 경우는 운송인은 반증이 없는 한 채무불이행책임을 져야 한다(제854조 제1항, 제855조 제2항). 또한 증권의 선의취득자에게는 운송인은 반증이 있다고 하더라도 이를 허용하지 아니하고 선하증권에 기재된 대로 운송물을 수령 혹은 선적한 것으로 간주하여 선하증권에 기재된 바에 따라 운송인으로서 책임을 져야 한다(제854조 제2항, 제855조 제3항). 그러나 반대로 소지인이 원래의 운송계약과 운송물을 증명하여 권리를 행사하는 것은 상관없다.

요컨대, 상법 제854조는 선하증권 기재의 효력을 ① 운송인과 선하증권의 선의취득자 사이에서는 운송인이 책임을 지고(제854조 제2항, 제855조 제3항), ② 운송인과 선의취득자 이외의 자(악의의 취득자)에 대하여는 반증을 허용하는 推定的 效力을 인정하고 있다(제854조 제1항, 제855조 제2항). 결국 개정상법은 운송인과 선의의 소지인 사이에서만 선하증권의 문언성을 인정하는 절충설을 취하고 있다.

(4) 한편 실무에서는 대량의 운송물을 취급하는 운송인이 선하증권에 기재된 대로 책임을 지기가 곤란하기 때문에 '내용불명'(contents unknown)·'計量未濟'(shipper's load and count ; freight purpose only) 등과 같은 부지약관이 많이 이용된다.[1] 그런데 운송인이 이와 같은 부지약관을 남용하여 책임을 회피하는 것을 방치하면 선하증권소지인 또는 선의취득자의 이익을 害할 우려가 크다. 따라서 1991년 개정상법은 제814조에 제2항(2007년 개정상법 제853조 제2항, 제855조 제1항)을 신설하여, 선하증권의 기재사항 중 운송물의 重量, 容積, 個數 또는 기호가 운송인이 실제로 수령한 운송물을 정확하게 표시하고 있지 아니하다고 의심할만한 상당한 이유가 있는 때 또는 이를 확인할 적당한 방법이 없는 때 그 기재를 생략할 수 있다고 정함으로써 부지약관의 존재를 명문으로 인정함과 동

1) 大判 2001. 2. 9, 98 다 49074.

시에 그 인정의 한계를 어느 정도 획정하였다. 이로써 무제한적이고 막연한 부지약관의 남용을 막아 어느 정도 선하증권소지인 및 선의취득자를 보호하고 있다.

2. 物權的 效力

선하증권에 의하여 운송물을 받을 수 있는 자(선하증권의 適法한 所持人)에게 선하증권을 교부한 때에는 그 교부는 운송물 위에 행사하는 권리(소유권·질권)의 취득에 관하여 운송물을 인도한 것과 동일한 효력을 갖는다(제861조, 제133조)(인도증권성).[1] 선하증권의 물권적 효력에 관한 법률적 이론구성은 화물상환증의 그것과 꼭 같다. 다만 운송인이 수통의 선하증권을 발행한 경우 누구에게 운송물을 인도하여야 할 것인가에 관하여는 특칙이 있음(제857조 내지 제860조)은 前述하였다.

제 3 절 電子船荷證券

Ⅰ. 電子船荷證券의 發行

운송인은 제852조 또는 제855조에서 정한 (종이)선하증권을 발행하는 대신에 송하인 또는 용선자의 동의를 받아 법무부장관이 지정하는 등록기관에 등록을 하는 방식으로 전자선하증권(electronic bill of lading)을 발행할 수 있다(제862조 제1항 제1문). 전자선하증권에는 제853조 제1항(선하증권의 기재사항) 각 호의 정보가 포함되어야 하며, 운송인이 전자서명을 하여 송신하고 용선자 또는 송하인이 이를 수신하여야 그 효력이 생긴다(제862조 제2항).

---

1) 大判 1998. 9. 4, 96 다 6240; 同 1997. 7. 25, 97 다 19656.

Ⅱ. 電子船荷證券의 讓渡

전자선하증권의 권리자는 배서의 뜻을 기재한 전자문서를 작성한 다음 전자선하증권을 첨부하여 지정된 등록기관을 통하여 상대방에게 송신하는 방식으로 그 권리를 양도할 수 있다(제862조 제3항). 제3항에서 정한 방식에 따라 배서의 뜻을 기재한 전자문서를 상대방이 수신하면 (종이)선하증권을 배서하여 교부한 것과 동일한 효력이 있고, 제862조 제2항 및 제3항이 규정한 방식으로 전자문서를 수신한 권리자는 (종이)선하증권을 교부받은 소지인과 동일한 권리를 취득한다(제862조 제4항).

Ⅲ. 電子船荷證券의 效力

전자선하증권은 제852조 및 제855조가 정한 (종이)선하증권과 동일한 법적 효력을 갖는다(제862조 제1항 제2문).

Ⅳ. 細部事項의 委任

전자선하증권의 등록기관의 지정요건, 발행 및 배서의 전자적인 방식, 운송물의 구체적인 수령절차와 그 밖에 필요한 사항은 대통령령으로 정한다(제862조 제5항).

제 4 절 海上貨物運送狀

Ⅰ. 海上貨物運送狀의 意義

근래 해상화물운송이 매우 신속하게 이루어짐에 따라 종래의 선하증권을 이용하면 매우 불편한 경우가 있다. 즉, 화물이 이미 목적지에 도착하였음에도 상환증권인 선하증권이 아직 도착하지 아니하여 도착지에서 창고료를 부담하여가면서 화물을 인수할 수 없는 경우가 흔히 있다. 이와 같은 경우에는 수하인의 신분만을 확인하고 바로 운송물을 수려할 수 있게 하는 것이 편리하다. 해상화물운송장(sea waybill)이란 운송인이 송하인 또는 용선자의 청구에 의하여 운송물의 수령 또는 선적 및 운송조건을 증명하기 위하여 발행하는 서면을 말한다. 국제적으로는 CMI 해상화물운송장통일규칙(1990년)이 성립되어 있다.

Ⅱ. 海上貨物運送狀의 性質

해상화물운송장은 요인증권성(제863조 제1항)·요식증권성(제863조)·면책증권성(제864조 제2항)이 있으나, 상환증권성(제861조, 제129조)·문언증권성(제854조)·법률상 당연한 지시증권성(제861조, 제130조)·인도증권성(제861조, 제133조)·처분증권성(제861조, 제132조)은 없으므로 유가증권이 아니다.

Ⅲ. 海上貨物運送狀의 發行

항해용선계약에서의 용선자 또는 개품운송계약에서의 송하인의 청구가 있으면 선박소유자(용선계약의 경우) 또는 운송인(개품운송의 경우)은 제852조 또는 제855조의 선하증권을 발행하는 대신 해상화물운송장(sea waybill)을 발행할 수 있다. 해상화물운송장은 당사자 사이의 합의에 따라 전자식으로도 발행할 수 있다(제863조 제1항). 해상화물운송장에는 해상화물운송장임을 표시하는 외에 제853조 제1항 각호 사항(선하증권의 기재사항)을 기재하고 운송인이 기명날인 또는 서명하여야 한다(제863조 제2항). 기재사항 중 운송물의 중량・용적・개수 또는 기호가 운송인이 실제로 수령한 운송물을 정확하게 표시하고 있지 아니하다고 의심할 만한 상당한 이유가 있는 때 또는 이를 확인할 적당한 방법이 없는 때에는 그 기재를 생략할 수 있다(제863조 제3항, 제853조 제2항). 운송인이 선하증권에 기재된 통지수령인에게 운송물에 관한 통지를 한 때에는 송하인 및 선하증권소지인과 그 밖의 수하인에게 통지한 것으로 본다(제863조 제3항, 제853조 제4항).

Ⅳ. 海上貨物運送狀의 效力

1. 推定的 效力

제863조 제1항의 규정에 따라 해상화물운송장이 발행된 경우 운송인(또는 선박소유자)이 그 운송장에 기재된 대로 운송물을 수령 또는 선적한 것으로 추정한다(제864조 제1항). 해상화물운송장은 유가증권이 아니어서 유통을 예정하고 있지 아니하므로 선의취득자 문제는 발생하지 아니한다.

2. 免責的 效力

운송인(선박소유자)은 본래 해상화물운송장에 기재된 수하인의 신분을 확인하고 그 자에게 운송물을 인도하면 운송이 종료된다. 그런데 실제로는 무권리자가 운송물의 인도를 요구한 경우에도 운송인은 합리적인 주의를 다하여 운송물을 인도하면 면책시킬 필요가 있다.[1] 따라서 상법은 운송인(선박소유자)이 인도함에 있어서 수령인이 해상화물운송장에 기재된 수하인 또는 그 대리인이라고 믿을만한 정당한 사유가 있는 때에는 수령인이 권리자가 아니라고 하더라도 운송인(선박소유자)은 그 책임을 면한다고 규정하였다(제864조 제2항).

1) CMI 해상화물운송장통일규칙(1990년) 제7조 참조.

제 6 장
海上危險

제 1 절 總 說

I. 海上航行의 法的 規制

해상기업활동은 해상항행이라는 사실적 활동을 수반하고, 해상항행에는 해상위험이 반드시 따르게 마련이다. 따라서 그 위험대책으로는 해상항행 자체의 안전확보를 목적으로 하는 公法的(行政法的) 규제(예컨대, 海上衝突豫防法 · 航路標識法 등)도 있으나, 해상위험에 따른 경제적 손해의 조정을 목적으로 하는 私法的 규제가 있으며, 후자가 해상법상의 위험대책이다.

II. 海商法上의 危險對策

상법은 해상위험을 극복하기 위한 적극적 대책으로서 공동해손 · 해난구조를, 소극적 대책으로서 선박충돌 · 해상보험에 관한 규정을 두고 있으나, 해상보험은 손해보험의 일종으로 '保險'편에서 다루고 있다.

제 2 절 共 同 海 損

I. 序　　說

1. 共同海損의 意義

공동해손(general average, groβe Haverie, gemeinschaftliche Haverie)이란 선박과 적하의 공동위험을 면하기 위하여 선장이 행한 선박 또는 적하에 대한 처분행위로 인하여 생긴 손해와 비용(제865조), 혹은 이러한 손해와 비용을 이해관계인에게 분담시키는 제도를 말한다. 이에 대하여 선박 또는 적하만에 대한 사고로 생기는 海損을 單獨海損(particular average, besondere Haverie)이라 하고, 단독해손은 그 물건(선박 또는 적하)의 소유자가 이를 부담한다.

≪共同海損制度의 沿革과 요크·앤트워프規則≫

공동해손제도는 서기 3세기경 그리스의 로오드海法에서 처음 인정된 것으로 전해지는데, 이에 의하면 선박과 적하의 공동위험을 면하기 위하여 선장이 돛을 절단하든가 적하를 바다에 투하하고 이로 인해 위험을 면한 선박과 적하의 소유자가 그 손해를 분담하는 제도였다고 한다. 이것은 投荷法이라고 알려졌는데, 로마法에 계수되어 海損을 不當利得返還原理에 의하여 해결하였으며, 中世에 들어서는 선박과 적하의 소유자가 위험공동체를 구성하는 조합으로 보았다. 그 후 게르만法은 위험공동체이론으로, 프랑스法은 부당이득이론으로, 영국에서는 衡平理論으로, 미국에서는 代理理論으로 해결함으로써 공동해손의 요건·효력에 관하여 서로 다른 발전을 하여 왔다. 이와 같이 각국의 법률이 달라 해상기업의 실무에 있어서 불편이 많았으므로, 공동해손법의 통일운동이 전개되었다. 그리하여 1860년의 그라스고會議 이후 1864년의 요크會議(요크規則)와, 1887년의 앤트워프會議(앤트워프규칙)를 거쳐 1890년의 리버풀國際統一會議에서 요크·앤트워프규칙이 성립하였다. 이것은 해운업자에게 널리 이용되었으나, 그 후 1903년에 追補되고, 다시 1924년 스톡홀름會議 및 1949년 암스테르담萬國海法會議에서 각각 개정되었다. 이 1950년 요크·앤트워프規則(York-Antwerp Rules, 1950)은 國際海事委員會(Comité Maritime International : CMI)의 주관하에 1974년, 1990년, 1994년에 각각 개정되어 오늘에 이르고 있다.

2. 共同海損制度의 根據

공동해손제도의 근거에 관하여는 衡平의 이념에 의하여, 또는 衡平과 共同危險團體의 두 관념에 의하여 설명하기도 하나,[1] 공동위험단체의 관념에 의하여 설명하는 것이[2] 타당하다.

3. 共同海損制度의 法的 性質

共同해손제도의 법률상의 성질에 대하여는 事務管理·不當利得·共同代理 등 민법상의 旣成概念을 가지고 설명하려는 학설이 있으나, '海上法上의 특수한 法律要件'으로서, 법률행위가 아니고 하나의 사건이라고 본다.[3]

Ⅱ. 共同海損의 成立要件

1. 危險要件

선박과 적하의 공동위험을 면하기 위한 것이어야 한다.

---

1) 徐燉珏·鄭完溶(下) 649면.
2) 孫珠瓚(下) 851면 ; 鄭熙喆·鄭燦亨(下) 778면.
3) 孫珠瓚(下) 866면 ; 崔基元(海) 219면 ; 李基秀(保·海) 514면 ; 蔡利植(下) 808면 ; 鄭熙喆·鄭燦亨(下) 777면.

(1) 危險의 共同性

(가) 위험은 선박과 적하에 공통된 것이어야 한다. 즉, 인명에 대한 위험이나 선박만의 위험 또는 적하만의 위험은 해당되지 않는다. 이것은 곧 위험의 발생원인의 동일성을 의미한다. 예컨대, 선박은 捕獲될 위험이 있고, 적하는 腐敗될 위험이 있는 경우는 공동위험이 아니다. 그러나 위험의 强度나 性質의 동일성을 의미하는 것은 아니다(예컨대, 동일한 暴風雨로 인한 것이면, 선박에는 毁損, 적하에는 멸실의 위험이라도 무방하다.).

(나) 위험의 발생원인이 동일하면 되므로, 어떠한 원인에 기인했는가는 불문한다. 따라서 天災로 인한 것이든 인간의 행위로 인한 것이든, 또 제 3 자의 과실로 인한 것이든 불문한다. 다만 그 공동위험이 선박 또는 적하의 瑕疵나 기타 과실있는 행위로 인하여 생긴 경우에는 공동해손의 분담자는 그 책임있는 자(過失者)에 대하여 求償權을 행사할 수 있다(제870조, 요크・앤트워프규칙 D조).

(2) 危險의 現實性

위험이 현실적으로 존재하여야 하므로, 장래의 위험에 대비하여 한 처분은 포함되지 않는다. 위험이 현실적으로 존재한다는 것은 위험이 切迫한 것을 의미하며, 急迫한 것을 의미하는 것은 아니다.

(3) 目的의 消極性

공동해손은 공동위험을 면하기 위한 것이지, 적극적으로 공동이익을 도모하기 위한 것은 아니다.

(4) 危險의 客觀性

위험이 '객관적'으로 존재하여야 한다. 객관적으로는 위험이 없어도 선장이 주관적으로 위험의 존재를 인식하고 합리적 판단에 의하여 처분한 경우에는 공동해손이 성립한다고 보아야 한다는 학설도 있으나,[1] 商法은 공동해손에 관하여 처분과 손해 간에 인과관계의 존재를 요하므로(제865조), 위험은 객관적인 것이어야 한다. 그러나 처분과 보존 간의 인과관계는 요하지 않는다(제866조).[2]

1) 徐燉珏・鄭完溶(下) 650면.
2) 同旨 : 鄭熙喆・鄭燦亨(下) 779면.

2. 處分要件

선박 또는 적하에 관하여 선장의 고의적 非常處分(共同海損行爲)이 있어야 한다.

(1) 船長의 故意

선장[代船長(제748조) 및 선장의 의뢰를 받은 자 포함]의 고의의 처분, 즉 의식적인 행위가 있어야 한다. 따라서 불가항력에 의한 것(예컨대, 폭풍에 의한 돛대의 절단), 또는 선장 아닌 자에 의한 처분은 공동해손행위가 될 수 없다.

(2) 非常處分

선장의 비상처분으로 인한 손해 또는 비용이 있어야 하므로, 운송계약상의 정상적 항해비용은 공동해손이 될 수 없다. 처분의 목적물은 선박 또는 적하이나, 이것은 손해가 선박 또는 적하에 관하여 발생하는 것을 의미하지는 않는다. 처분행위는 작위이든 부작위(停船·發船延期)이든, 사실행위(投荷·入渠)이든, 법률행위(적하의 賣却·救助契約)이든 불문한다.

(3) 正當한 處分

처분의 정당성이 인정되어야 한다. 선장은 이해관계인의 이익에 가장 적합한 방법으로 처분하여야 할 것이므로 정당성이 결여된 처분에 대해서는 선장이 책임을 져야 할 것이다. 요크·앤트워프규칙 A조는 '정당하게' 처분된 경우에 공동해손의 성립을 인정한다.

(4) 主要한 處分(共同海損行爲)

선장의 처분행위의 구체적 내용에 관해서는 상법상 규정한 바 없다. 그러나 공동해손의 정산을 간단·신속하게 結了하려면 정형적인 것을 들어 규정할 필요가 있다. 요크·앤트워프규칙에 따라 주요한 것을 들어보면 다음과 같다.

(가) 損害가 생기는 處分

선박 또는 적하에 손해가 생기는 처분행위로서는, 投荷(적하를 船外로 投棄하는 것), 換積(적하를 艀船 또는 다른 선박에 옮겨 쌓는 것), 양륙, 적하의 매각(해난에 遭遇하여 소요되는 船舶修繕費에 충당하기 위하여 매각하는 것), 消火行爲, 적하 등의

使用(糧食·燃料의 缺乏, 應急修繕의 필요에 따라서 적하·屬具·貯藏品 등을 본래의 목적과 달리 사용하는 것), 任意坐礁(선박을 고의로 해안이나 암초에 좌초시키는 것), 帆 등의 處分[帆·帆柱·錯鎖(닻줄)를 절단하여 버리는 것], 汽罐의 强用(汽罐을 무리하게 사용하는 것)을 들 수 있다.

(나) 費用이 생기는 處分

선박 또는 적하를 危難으로부터 구출하기 위하여 비용을 지출하게 하는 처분행위로는, 선박의 浮揚, 避難 [避難費의 중요한 것으로는, 避難地로 가는 항행비·입항비·정박중의 비용(선원의 급료·양식·거주비 등)·적하의 양륙비와 창고보관료·재선적비 등 避難行爲와 상당인과관계가 있는 것을 들 수 있다.], 代替行爲[共同危險을 극복하기 위하여 대체비용(예선료·환적비·轉送費·假修繕費 등)을 지급하게 되는 행위], 비용조달행위[상술한 비용을 조달하는 데 소요된 비용도 공동해손이므로 그 조달행위도 처분행위에 포함된다]를 들 수 있다.

3. 損害·費用要件

손해 또는 비용이 생겨야 한다.

(1) 非常的 損害 또는 費用

선장의 비상적 처분행위로 인하여 발생된 손해 또는 비용 일체를 말하며, 손해 또는 비용 자체가 비상적인 것을 의미하지는 않는다. 손해는 '선박 또는 적하'의 어느 일방 또는 그 양자에 생긴 것만을 말하는 것은 아니고, 처분행위로 인하여 사람 또는 제 3 자의 물건에 발생한 손해도 포함된다.

(2) 處分과 損害의 因果關係

손해 또는 비용은 처분으로 인하여 발생한 것이어야 하므로, 양자 간에는 相當인과관계가 있어야 한다. 따라서 처분의 결과가 아니고 위험 자체에 의해서 생긴 손해(難破物의 처분, 浸水되어 무가치하게 된 적하의 投棄)는 공동해손이 되지 않는다. 손해 또는 비용의 범위를 정하는 데는 세 가지 입법주의가 있다.

(가) 共同安全主義(common safety system)는 공동안전을 위하여, 즉 위험에서 구출하기 위하여 생긴 손해비용만을 공동해손으로 한다. 이에 의하면 避難港

入港費는 공동해손이 되나 체선료·출항비는 포함되지 않는다.

(나) 共同利益主義(common benefit system)는 항해의 완료를 위하여 생긴 손해·비용 일체를 공동해손으로 한다. 이에 의하면 피난항출입비·체선료뿐만 아니라 항해계속을 위한 수선비까지도 포함한다.

(다) 犧牲主義(Opfersystem)는 공동안전이나 공동이익과는 관계없이 선장의 처분과 상당인과관계가 있는 犧牲損失에 대해서만 공동해손을 인정한다. 이에 의하면 避難港出入費·체선료는 공동해손이 되나, 수선비는 배제된다. 商法은 중간적인 희생주의를 취하고 있다.

4. 保存要件

선박 또는 적하가 잔존하여야 한다(제866조).

(1) 殘存主義

처분의 주효 여부를 불문하고 처분 후 선박이나 적하가 잔존하기만 하면 된다(獨商 제703조, 요크·앤트워프규칙 A조·C조 참조. 依用商法 제789조는 인과주의를 취하여 처분과 보존과의 사이에 인과관계가 있는 경우에만 공동해손을 인정하였다. 따라서 선장이 긴급한 경우에 적절한 처분을 하는 데 지장을 초래한다는 비판이 가해졌었다.).

(2) 殘存種類不問主義

잔존목적물의 범위에 관하여는 ① 船舶殘存主義[선박의 잔존을 필요로 하는 것(佛法主義)], ② 併存主義[선박과 적하의 쌍방의 전부 또는 일부가 잔존되어야 하는 것(獨法主義)], ③ 殘存種類不問主義[선박 또는 적하의 어느 일방의 전부 또는 일부가 잔존하면 된다는 것(英美主義, 요크·앤드워프규칙주의)]가 있으나, 商法은 殘存目的物의 종류를 불문하는 입장을 취하고 있다.

Ⅲ. 共同海損의 效果

1. 共同海損債權

(1) 共同海損分擔請求權者(債權者)

공동해손의 채권자는 선장의 공동해손처분으로 인하여 손해를 입었거나 비용을 지출한 선박소유자(선박임차인 · 정기용선자 · 재운송인) 또는 적하의 이해관계인이다. 선박소유자나 적하의 이해관계인의 배상청구권을 '共同海損分擔請求權'이라 하고 그 입은 손해와 지출한 비용을 '共同海損分擔請求財團'(能動的 財團)이라고 한다. 공동해손분담청구권에는 선박우선특권이 부여된다(제777조 제1항 제3호).

(2) 損害額(共同海損分擔請求財團)의 範圍

(가) 原 則

선장의 처분행위로 인하여 입은 손해와 지출한 비용은 전부 공동해손분담청구재단을 이루어 분담의무자로부터 배상받을 수 있는 것이 원칙이다.

(나) 例 外

다음에 드는 특정물에 대한 손해는 예외적으로 공동해손분담청구재단으로부터 제외된다. 손해액의 범위를 명확히 하고, 일종의 制裁措置를 강구하려는 정책적인 이유에서 특칙을 둔 것이다(제872조). 즉, ① 屬具目錄에 기재하지 아니한 속구, ② 선하증권 그 밖의 적하의 가격을 정할 수 있는 서류 없이 선적한 荷物, ③ 종류와 가액을 명시하지 아니한 화폐나 유가증권 그 밖의 고가물, ④ 갑판에 적재한 荷物(그러나 갑판에 선적하는 것이 관습상 허용되는 경우와 그 항해가 연안항행에 해당되는 제외된다.)에 대한 손실은 배상받지 못한다. 그러나 이러한 특정물이 보존된 경우에는 공동해손분담재단에 산입된다.

(3) 損害額의 算定基準

(가) 原 則

공동해손의 손해액은 해손처분의 때와 곳에서의 가액에 의해서 산정하여야 할 것이지만, 사실상 불가능에 가까우므로 편의상 특칙을 두어 그 산정기준을 명시하고 있다. 즉, 선박의 가액은 도달의 때와 곳의 가액으로, 적하의 가액은 양륙의 때와 곳의 가액으로 산정하고(제869조 본문), 다만 적하의 가액에 관해서는 그 손실로 인하여 지급을 면하게 된 비용을 공제하여야 한다(제869조 단서). 운임은 공제하지 않는다(제813조 제2호).

(나) 例 外

선하증권 그 밖에 적하의 가격을 정할 수 있는 서류에 적하의 實價보다 저액을 기재하거나 적하의 가격에 영향을 미칠 사항을 허위기재를 하였다가 그 荷物이 손실된 때에는 그 기재액을 손해액으로 한다(제873조, 요크·앤트워프규칙 제19조).

(다) 精算 중의 利子

공동해손인 손해 또는 이것에 기한 분담청구권에 대하여는 공동해손의 精算이 종료될 때까지 법정이자를 가산하여야 한다.

(라) 分擔請求權者의 擔保物權

① 船舶優先特權

공동해손분담청구권자는 선박소유자의 선박, 屬具, 그 채권이 생긴 항해의 운임, 그 선박과 운임에 부수한 채권에 대하여 우선특권을 가진다(제777조 제1항 제3호).

② 留 置 權

共同海손분담청구권자는 적하이해관계인의 운송물에 대해서도 선장을 통하여 유치권을 행사할 수 있다(제807조). 그러나 실제로는 선장은 적하이해관계인으로부터 보증금이나 적하보험자의 보증장을 받고서 또는 共同海損盟約書에 기명날인을 시키고서 荷渡를 하는 것이 보통이다.

(마) 共同海損債權의 消滅

공동해손으로 인하여 생긴 채권 및 책임있는 자에 대한 求償權은 그 계산이 종료된 날로부터 1년 내에 재판상 청구가 없으면 소멸한다(제875조)(제척기간). 그러나 이 기간은 당사자의 합의에 의하여 연장할 수 있다(제875조 단서, 제814조 제1항 단서).

2. 共同海損債務

(1) 共同海損分擔義務者

공동해손분담의무자는 공동위험단체의 구성원이다. 즉, 선박소유자와 적하이해관계인이다. 공동해손을 분담하는 재산, 즉 공동해손분담의무자에게 귀속된 재산을 '공동해손분담재단'(수동적 재단)이라고 한다.

(2) 共同海損分擔財團의 範圍

(가) 共同海損을 分擔하는 財產

상법은 공동해손을 분담하는 재산으로 위험을 면한 선박·적하의 가액과 운임의 반액과 공동해손의 액과의 비율에 따라 각 이해관계인이 이를 분담한다고 규정하고 있으나(제866조), 여기서의 선박·적하·운임 등은 예시적인 것이다.

(나) 共同海損을 分擔하지 않는 財產

선박에 비치한 武器, 선원의 급료, 선원과 여객의 糧食과 衣類는 보존된 경우에도 공익상 또는 정책상의 이유로 인해 수동적 재단으로부터 제외되어서 그 가액을 공동해손의 분담에 산입하지 않는다. 그러나 이러한 것이 손실된 경우에는 그 가액을 공동해손청구재단에 산입하여 이해관계인이 분담한다(제871조). 우편물과 그 취급에 필요한 물건은 공익상 특히 이를 보호하기 위하여 海損을 분담하지 않게 되어 있다(郵 제7조 제3항).

(3) 共同海損分擔財產의 評價

(가) 原 則

선박의 가액은 도달의 때와 곳의 가액으로, 적하의 가액은 양륙의 때와 곳의 가액으로 산정한다(제867조 본문). 다만 적하의 가액에 관해서는 그 가액 중에서 멸실로 인하여 지급을 면하게 된 운임 기타의 비용을 공제하여야 한다(제867조 단서). 운임은 편의상 그 반액으로 한다(제866조).

(나) 例 外

선하증권 그 밖에 적하의 가격을 정할 수 있는 서류에 적하의 실가보다 고액을 기재하거나, 적하의 가격에 영향을 미칠 사항에 허위기재를 하였다가 그 荷物이 보존된 때에는 그 기재액을 적하의 가액으로 하고, 그에 따라서 공동해손을 분담한다(제873조).

(4) 共同海損分擔額의 算出

공동해손의 분담청구재단과 분담재산의 범위 및 가액이 확정되면, 그 비율에 따라서 각 이해관계인의 분담액이 산출된다. 상법 제866조는 "공동해손은 그 위험을 면한 선박 또는 적하의 가액과 운임의 반액과 공동해손의 액과의 비율에 따라 각 이해관계인이 이를 분담한다."고 규정하였는데, 이 규정에 의하면 공동해손인 손해액을 분담재단에 속하는 재산의 가액과 손해액의 합산액으로 나눈 액을 분모의 각 항에 곱해서 나온 數額이 그 각 항의 이해관계인이 분담하는 액이 된다.

(5) 共同海損分擔義務者의 有限責任

공동해손분담의무자는 선박이 도달하거나 적하를 인도한 때에 현존하는 가액의 한도에서 그 책임을 진다(제868조). 이는 처분으로 인한 이익의 한도에서 지는 인적 유한책임이다.

3. 共同海損의 精算

(1) 精算義務者

공동해손의 계산을 精算이라 한다. 정산의무자는 별다른 특약이나 관습이 없는 한 선장이며, 선장은 항해가 종료한 후 共同海損精算書를 작성하여야 한다. 그러나 실제로는 정산사무가 전문적·기술적인 것이므로 전문적인 공동해손정산인에게 맡기는 것이 보통이다.

(2) 精 算 地

共同海손의 정산지는 특약이 없는 한 항행종료의 地, 즉 선박과 적하가 종국적으로 분리되는 최후의 적하양륙항이다(제867조, 제869조).

(3) 精算時期

상법 제807조에서 해손분담액의 지급과 상환하지 아니하면 운송물의 인도를 할 의무가 없다고 정한 것을 보면, 늦어도 최후의 양륙항에 이르기까지는 정산을 완료하여야 할 것이지만, 실제로는 장시간이 소요되므로 대개 보증금을 공탁시키거나 보증장을 제출케 하고 운송물을 미리 인도한 다음 정산은 후일에 한다.

(4) 數回의 共同海損의 精算

동일항해 중 수회의 공동해손행위가 있을 때에는 후의 공동해손부터 정산하여야 한다. 상법상 명문의 규정은 없으나, 항해종료지에서의 잔존재산으로 해손을 분담하는데, 후의 공동해손을 먼저 계산하지 않으면 잔존재산의 가액을 정할 수 없기 때문이다.

(5) 精算 후 損害의 회복과 分擔金返還義務

선박소유자 · 용선자 · 송하인 기타의 이해관계인이 공동해손의 額을 분담한 후 선박 · 속구 또는 적하의 전부나 일부가 소유자에게 복귀된 때에는 그 소유자는 償金(자기의 분담액을 공제하고 실제로 배상받은 금액이 아니라 자기가 입은 손해액을 말한다.)으로 받은 금액에서 구조료와 일부손실로 인한 손해액을 공제하고 그 잔액을 반환하여야 한다(제874조). 반환된 금액은 분담률(제866조)에 따라 각 이해관계인(損害物의 소유자도 포함)에게 분배된다. 선박과 적하의 공동위험이 선박 또는 적하의 瑕疵 기타 과실 있는 행위로 인하여 생긴 때에는 공동해손분담자는 책임있는 자에 대하여 구상할 수 있다(제870조). 이 구상권도 1년 이내에 재판상의 청구가 없으면 소멸하고, 이 기간도 당사자의 합의에 의하여 연장할 수 있다(제875조 · 제814조 제1항 단서).

제 3 절 船 舶 衝 突

Ⅰ. 船舶衝突의 意義

선박충돌(collision, Schiffszusammenstoβ)이란 2척 이상의 선박이 그 운용상

작위 또는 부작위로 선박 상호 간에 다른 선박 또는 선박 내에 있는 사람 또는 물건에 손해를 생기게 하는 것을 말하며, 직접적인 접촉의 유무를 묻지 아니한다(제876조 제2항).

(1) 선박충돌은 2척 이상의 독립된 선박간의 충돌을 말하며, 적어도 일방은 航海船이어야 한다(제876조 제1항). 曳船과 被曳船과의 충돌은 서로 독립적인 관계가 없으므로 상법상의 선박충돌이라고 할 수 없다.

(2) 충돌은 선박과 선박이 접촉하는 것이다. 따라서 선박이 埠頭와 같은 港灣施設과 충돌하거나, 다른 선박과의 충돌을 피하려 하다 坐礁한 것은 선박충돌이 아니다.

(3) 수면에서의 접촉인 한 海上이든 平水區域 내이든, 水上이든 水中이든, 진행중이든 정박중이든, 접촉장소에 제한이 없다.

(4) 충돌은 과실의 개념을 기초로 하므로, 과실과 충돌 간에는 인과관계가 있어야 한다.

(5) 충돌과 손해 간에도 상당한 인과관계가 있어야 하고, 그 손해는 선박 또는 선박 내에 있는 물건이나 사람에 관하여 생긴 것에 한하되(제876조 제1항), 선박충돌로 인한 직접적인 손해뿐 아니라 변호사비와 같은 간접손해 및 적하소유자·여객 등에게 지출할 간접비용도 포함한다. 그러나 파손된 港口施設에 대한 복구비용, 油類汚染損害로 인한 비용 등은 선박 또는 선박 내에 있는 물건이나 사람에 관한 손해가 아니므로 제외된다.

(6) 상법은 선박충돌에 관하여 선박충돌이 불가항력으로 인한 경우(제877조), 일방의 과실로 인한 경우(제878조), 쌍방의 과실로 인한 경우(제879조), 도선사의 과실로 인한 경우(제880조) 등에 관하여만 규정하고 있으나, 상법 외에도 해상교통안전법, 선박안전법, 선원법 등에 안전항행 및 선장의 구조의무에 관한 규정이 있다.

≪船舶衝突에 관한 統一條約≫

선박의 충돌은 동일국적선박 상호간 뿐만 아니라 국적이 다른 선박간에서도 자주 일어나는 것이므로, 충돌을 예방하고 그에 대처하는 海法의 국제적 통일이 필요하였다. 그리하여 19세기 말엽부터 여러 국제회의에서 국제적 통일을 위한 노력이 진행되어, 1910년 브뤼셀外交會議에서 "선박충돌에 관한 규정의 통일을 위한 협약"(International Convention for the Unification of Certain Rules of Law with respect to Collisions between Vessels, Brussels, Sept. 23, 1910)이 성립되었다. 1952년에는 "충돌 및 항해상의 기타의 사고에 대한 형사재판관할에 관한 약간의 규정의 통일을 위한 국제협약"(International Convention for the Unification of Certain Rules relating to Penal Jurisdiction in Matters of Collision or Other Incidents of Navigation, Brussels, May 10, 1952)과 "충돌에 대한 민사재판관할에 관한 약간의 규정의 통일을 위한 국제협약"(International Convention on Certain Rules concerning Civil Jurisdiction in Matters of Collision, Brussels, May 10, 1952)이 성립하였다. 선박안전법 제16조의 2 제2항은 해상충돌예방에 관한 국제조약에 따를 것을 전제로 한 규정을 두고 있다.

Ⅱ. 船舶衝突로 인한 損害賠償關係

상법은 선박충돌로 인한 손해 중 '선박 또는 선박 내에 있는 물건이나 사람에 관하여 생긴 손해'의 배상에 한하여 적용된다(제876조 제1항). 그 밖의 손해에 관하여는 민법의 일반원칙에 따라 해결한다.

1. 衝突船舶의 所有者 간의 관계

(1) 不可抗力 또는 原因不明

선박의 충돌이 불가항력의 사유로 인하여 발생하거나, 그 원인이 명백하지 않은 경우에는 피해자는 각자 그 손해를 부담한다(제877조). "天災는 소유자의 부담으로 한다"(res perit domini)는 원칙상 당연한 결과이다.

(2) 一方的 過失

선박의 충돌이 일방의 선원의 과실로 인하여 발생한 경우에는 과실 있는 선박의 소유자가 他船의 손해에 대한 배상책임을 진다(제878조). 여기서 선원이란 선박소유자 및 그 모든 피용자를 포함하는 넓은 개념이다. 도선사의 과실도 선박소유자의 과실로 본다(제880조). 선박소유자는 선원 기타 피용자의 선임・감독에 상당한 주의를 하였다고 하더라도(民 제756조 제1항 참조) 손해배상책임을 면할 수 없다. 다만 상법 제769조 이하의 선주책임제한에 관한 규정은 선박충돌의 경우에도 적용된다고 본다.

가해선박의 과실 및 손해의 발생은 피해선박이 입증하여야 한다. 가해선박이 국제해상충돌예방규칙 및 해상교통안전법에 위반하여 선박이 충돌한 경우에는 과실이 사실상 추정된다.

(3) 雙方的 過失

선박의 충돌이 쌍방의 선원의 과실로 인하여 발생한 경우에는 그 과실의 輕重에 따라 각 선박의 소유자가 손해배상책임을 분담하고, 그 경중을 판정할 수 없는 때에는 각 선박의 소유자가 均分하여 손해배상책임을 진다(제879조 제1항).[1] 이때 충돌은 一個의 사실이라도 쌍방이 서로 손해배상책임을 지고 相計할 수 있는 지위에 놓인다고 본다. 이를 交叉責任(cross liability)說이라고 한다. 이에 대하여 單一責任(single liability)說은 충돌이라는 불법행위를 하나로 보고 이것으로 인하여 생긴 손해도 一團으로 보아 각 피해액과 과실의 정도에 따라 계산한 결과 피해가 많은 선박소유자에게만 한 개의 손해배상청구권이 생긴다고 보는 견해이다. 충돌이라는 사실은 하나이지만 이론상 또 실제로 과실있는 쌍방에게 각자의 불법행위가 성립하므로 交叉責任說이 타당하다고 본다. 실무에서도 交叉責任約款이 사용되고 있다. 그러나 상법은 선주유한책임과 관련하여 상대방에 대하여 동일한 사고로 인하여 채권을 가지는 경우, 그 채권액을 공제한 잔액이 책임제한의 대상이 되는 채권이 되는 것으로 정하여 單一責任主義를 취하고 있다.[2]

2. 衝突船舶의 第三者에 대한 관계

(1) 一方的 過失

일방 선박의 과실로 인하여 충돌이 발생한 경우에는 과실 있는 선박의 소유자는 자기 선박상의 하주·여객에 대하여는 채무불이행으로 인한 손해배상책임

1) 大判 1985. 12. 24, 84 추 3.
2) 蔡利植(下) 825면.

을 지고, 과실 없는 선박의 하주·여객에 대하여는 불법행위로 인한 손해배상책임을 진다(제878조). 그러나 운송인은 운송물에 관한 손해에 대하여는 자신의 과실이 없는 한 선장·해원·도선사 기타 선박사용인의 항해과실에 대하여 면책되고(제795조 제2항), 이는 운송인의 불법행위책임을 묻는 경우에도 같다(제798조).

(2) 雙方的 過失

쌍방 선박의 과실로 인하여 충돌이 발생한 경우에는, 여객 등 제 3 자의 死傷으로 인한 손해에 대하여서만은 쌍방 선박의 소유자가 연대하여 [공동불법행위 ; 民 제760조)] 배상책임을 진다(제879조 제2항). 적하의 소유자 등 제 3 자의 재산상의 손해에 대하여는 그 과실의 경중에 따라 배상책임을 분담하되, 과실의 輕重을 판단할 수 없을 때에는 均分하여 부담한다(제879조 제1항)(分割責任主義).[1] 이것은 민법의 일반원칙인 연대책임주의의 예외이다. 한편 적하의 소유자는 운송인의 운송계약상의 책임을 물을 수 있고, 이때는 선박소유자는 책임의 분할을 주장할 수는 없으나 면책약관을 원용할 수는 있다.

(3) 免責約款의 援用

쌍방과실로 인하여 쌍방 선박소유자가 제 3 자에 대하여 연대하여 손해배상책임을 지는 경우에, 일방 선박소유자와 제 3 자 간에 면책약관이 있는 때에는 민법 제419조의 취지에 따라 他方 선박소유자도 그 면책약관을 원용할 수 있다는 것이 다수설이다.[2] 그러나 他方 선박소유자는 운송계약의 당사자가 아닐 뿐더러 상법이 여객의 인적 손해에 대해서만 쌍방 선박소유자의 연대배상책임을 인정한 것이라고 본다면(제879조 제2항), 선박소유자와 적하소유자 간에 면책약관이 있는 때에는 그 면책약관을 원용할 수 있다고 보는 데에는 의문의 여지가 있다.[3]

---

1) 大判 1972. 6. 13, 70 다 213 ; 同 1975. 6. 24, 75 다 356.
2) 崔基元(海) 236면 ; 徐燉珏·鄭完溶(下) 662면 ; 朴元善(下) 392면.
3) 同旨 : 蔡利植(下) 823면.

Ⅲ. 導船士의 過失로 인한 船舶衝突의 경우

앞에서 설명한 바와 같이 선박충돌이 도선사의 과실로 인하여 발생한 경우에도, 선박소유자의 손해배상책임의 부담관계는 선원의 과실로 인하여 발생한 경우와 같이 해결한다(제880조).

Ⅳ. 優先特權

선박의 충돌로 인한 항해시설·항만시설 및 항로에 대한 손해와 선원이나 여객의 생명·신체에 대한 배상채권에 관하여는 채권자는 그 충돌선박에 대한 선박우선특권을 갖는다(제777조 제1항 제4호).

Ⅴ. 時　　效

선박의 충돌로 인하여 발생한 손해배상의 청구는 2년 내에 재판상의 청구가 없으면 소멸한다(除斥期間)(제881조 본문). 그 기산점은 충돌이 있은 날이다. 이 기간은 당사자의 합의로 연장할 수 있다(제881조 제2문, 제814조 제1항 단서). 선박충돌의 경우는 불법행위책임만이 문제되므로 2년의 소멸시효는 충돌로 인한 인적손해이든 물적손해이든 불문하고 적용된다.[1)]

---

1) 서울高判 1990. 9. 21, 90 나 29359[확정].

제 4 절 海 難 救 助

Ⅰ. 序 說

1. 海難救助의 意義

광의의 해난구조란 해난에 遭遇한 선박 또는 적하를 구조하는[1] 것을 말한다. 특히 당사자간에 구조계약 없이, 즉 의무없이 구조하는 경우를 협의의 해난구조라 한다. 상법상 해난구조라 함은 협의의 해난구조를 말하는 것으로서, 항해선 또는 그 적하 그 밖의 물건이 어떠한 수면에서 危難에 遭遇한 경우에 의무 없이 이를 구조하는 것을 말한다(제882조).

2. 海難救助의 性質

협의의 해난구조의 법적 성질에 관하여는 準契約說·不當利得說·事務管理說 등이 있으나, 이는 해상법상의 특수한 법률요건으로서의 사건이며, 구조계약에 의한 경우에는 도급계약이다.

3. 海難救助의 沿革

古代 및 中世 유럽에서는 외국인을 적대시하는 사상 때문에 遭難船舶의 구조

---

1) 大陸法은 救援(assistance, Hilfsleistung)과 구조(salvage, Bergung)를 구별하고, 前者는 선박 또는 적하를 선원이 점유하는 경우의 구조이며, 後者는 완전히 선원의 점유를 떠난 것을 구하는 것이라고 한다. 그러나 통일조약과 우리 상법은 이를 구별하지 않는다.

보다는 오히려 遭難物의 掠奪이 자행되었는데, 이에 대하여 로마法이 遭難物의 소유권이 해난에 의하여 상실되지 않음을 선언하고 遭難物을 占取한 자를 盜人으로서 罰하였던 것이 해난구조의 기원이 되었다. 중세에 와서는 沿岸地의 領主는 沿岸權(Strandrecht, droit de coét)이라는 명목하에 조난물을 占取하여 이것을 歲入財源의 하나로 삼았다고 한다. 이에 대하여 근세초기의 교회가 맹렬히 반대하여 올레론 海法과 루이 14세의 1681년 해사칙령은 遭難物의 보호를 위하여 그에 대한 점유권의 행사를 금하였다. 그 후 해난구조에 관하여 선박충돌통일조약과 더불어 만국해법회의 統一法議題가 되어, 1910년의 브뤼셀회의에서 "해난에 있어서의 구원구조에 관한 규정의 통일을 위한 협약"(Convention for the Unification of Certain Rules of Law respecting Assistance and Salvage at Sea, signed at Brussels, Sept. 23, 1910)이 성립하였다. 우리 상법도 대체로 통일조약을 따르고 있다. 이 해난구원구조통일협약은 1967년에 개정되었고, 1989년 4월에 런던에서 개최된 만국해법회(CMI)(국제해사위원회) 총회에서는 새로운 해난구조에 관한 국제조약이 성립되었다. 그러나 오늘날에는 현실적으로 대부분의 해난구조는 전문적인 구조회사 또는 해양경찰에 의하여 행하여진다. 구조회사는 대개 구조약관(보통 Lloyd's Open Form : LOF)에 따라, 그리고 해양경찰은 水難救護法(1961. 11. 1. 법률 제761호)에 따라 구조를 한다.

Ⅱ. 海難救助의 成立要件

협의의 해난구조가 성립하려면, 선박 또는 적하의 전부 또는 일부가 어떠한 수면에서 危難에 遭遇한 경우에 의무없이 이를 구조하여야 한다(제882조).

1. 海難要件

해난에 遭遇하여야 한다. 해난이란 항해에 관한 위난을 말한다. 위난은 선박 또는 적하의 멸실·훼손의 蓋然性이 있는 상태로서 자력만으로는 극복할 수 없는 것이어야 하며, 그 발생장소는 어떠한 수면(海上뿐만 아니라, 湖川·港灣에서도)

이든 상관없다. 위난은 반드시 急迫함을 요하지 아니하나 현실적으로 예견할 수 있어야 하고, 그 발생의 원인도 제한이 없으므로 인위적인 사고이더라도 상관이 없다.

2. 目的物要件

해난구조의 목적물은 선박 · 적하 기타 屬具 · 旅客의 手荷物 등의 전부 또는 일부이다. 선박은 航海船 · 內水船을 불문하며, 동일소유자의 선박이더라도 무방하다. 그러나 내수선 상호간의 구조나 櫓櫂船 상호간의 구조 또는 공용에 제공된 國 · 公有船의 구조는 상법상의 해난구조가 아니다. 적하는 반드시 운송계약의 목적물만을 의미하지 않고, 선박장비 · 식량 · 의류 등의 구조도 포함한다. 인명만의 구조는 해난구조가 아니다. 이것은 인명구조는 인간애의 발로에 맡기는 것이 온당하고, 또 해난구조의 보수는 구조된 海產으로부터 변제되어야 한다는 낡은 이론의 잔재이다. 그러나 數人이 공동으로 선박이나 적하의 구조와 동시에 인명을 구조한 경우에는 인명구조에 대한 구조료를 청구할 수 있다(제888조 제2항).

3. 救助要件

(1) 해난구조는 '구조자'가 '의무 없이' '구조활동'을 하여 해난으로부터 구조하는 것이다. 여기서 '구조자'란 구조활동에 직접 관련된 용역을 제공한 자를 말하며, '구조활동'이란 해난구조 시의 구조활동은 물론 침몰 · 난파 · 좌초 · 유기, 그 밖의 해양사고를 당한 선박 및 그 선박 안에 있거나 있었던 적하와 그 밖의 물건의 인양·제거·파괴 또는 무해조치 및 이와 관련된 손해를 방지 또는 경감하기 위한 모든 조치를 말한다(제775조 제4항).

(2) 또한 여기서 '의무'라 함은 私法上의 의무를 말한다. 따라서 遭難船의 선원의 救助行爲 · 도선사의 그 引導船舶의 救助 · 曳船의 被曳船 救助 등은 원칙적으로 해난구조가 아니다(제890조). 다만 曳船契約이나 導船契約의 이행이라고 볼 수 없는 특별한 노력을 제공한 경우에는 구조료청구권이 있다. 승객이 한 救

助行爲는 일반적으로 구조행위라고 할 수 없으나, 위험을 무릅쓰고 특별히 구조행위를 하였다면 해난구조로 볼 수도 있을 것이다. 그리고 사법상의 의무가 없는 한 선원법이나 수난구호법과 같은 공법상의 구호의무를 부담하는 자(예컨대, 선장)의 구조는 해난구조이다. 그러나 해상감시선의 구조는 해난구조가 될 수 없다.

(3) 해난구조로서 구조료청구권이 발생하려면 구조가 奏效하였어야 한다(제882조). 이것은 구조를 假裝하는 폐단을 방지하기 위하여 노력주의가 아닌 결과주의를 받아들인 것이다. 그러나 不奏效無報酬의 원칙을 고수하면 구조의 결과가 불확실할 경우 구조를 기피하거나 주저하게 할 우려가 있으므로 입법론적으로는 재검토의 여지가 있다.

(4) 구조자가 구조과정에서 오히려 피구조자에게 손해를 발생시킨 경우 구조자는 이를 배상하여야 한다. 그러나 선박소유자는 이 책임에 대하여도 책임제한을 받을 수 있다(제775조).

Ⅲ. 海難救助의 效果

1. 救助料請求權

(1) 救助料請求權의 取得

(가) 해난구조의 요건을 갖추면 구조자는 구조료청구권을 취득한다(제882조). 구조료청구권자는 선박소유자 · 선장 · 해원 등 구조자이고, 구조선박소유자도 구조로 인한 선박의 손해액과 그 소요비용을 지급받는다(제889조 제1항). 동일한 소유자에 속하는 선박 상호간에 있어서도 구조에 종사한 자는 상당한 구조료를 청구할 수 있다(제891조).

(나) 구조료청구권의 상대방은 구조된 목적물의 이해관계인으로서, 예컨대 구조된 선박 또는 적하의 소유자 · 질권자 · 저당권자 · 우선특권자 및 이들과 계약상 이해관계를 가진 자 등이다.

(다) 구조료는 구조행위에 대하여 법률상 인정되는 보수이지만, 이것에는 구조자가 지출한 비용도 포함된다(제883조). 前述한 바와 같이 인명구조의 경우에

는 보수청구권이 인정되지 않으나, 재산구조와 경합하는 경우에는 船主나 荷主에 대하여 보수청구권을 갖는다(제888조 제2항).

(2) 救助料請求權의 阻却事由

다음에 열거하는 자는 구조료를 청구하지 못한다(제892조). 즉, ① 구조받은 선박에 종사하는 자, ② 고의 또는 과실로 인하여 해난사고를 야기한 자, ③ 정당한 거부에도 불구하고 구조를 강행한 자, ④ 구조된 물건을 감추거나 정당한 이유 없이 처분한 자 등이다.

(3) 救助料請求權의 擔保

(가) 優先特權

선박 또는 적하를 구조한 자는 그 구조료청구권을 담보하기 위하여 피구조선, 그 屬具, 운임 등에 대하여 우선특권을 갖는다(제777조 제1항 제3호, 제782조, 제893조 제1항 본문). 다만 적하에 대한 우선특권만은 구조료채무자가 그 적하를 第三取得者에게 인도한 후에는 그 적하에 대하여 행사하지 못한다(제893조 제1항 단서). 그 밖에 구조자의 우선특권에는 그 성질에 반하지 아니하는 한 선박채권자의 우선특권에 관한 규정을 준용한다(제893조 제2항). 따라서 이 우선특권은 그 선박소유권의 이전으로 인하여 영향을 받지 아니한다(優先特權의 追及權)(제785조). 이 우선특권은 권리발생시부터 1년 이내에 실행하지 아니하면 소멸한다(제786조).

(나) 留 置 權

구조료채권자가 구조의 목적물을 占有하는 때에는 구조료를 지급할 때까지 유치권을 행사할 수 있다(民 제320조).

(4) 時 效

구조료청구권은 구조가 완료된 날로부터 2년 내에 재판상 청구가 없으면 소멸하는데, 이 기간은 당사자간의 합의로 연장할 수 있다(제895조 · 제814조 제1항 단서).

2. 救助料의 決定

(1) 救助料額의 決定

당사자가 미리 구조계약을 하고 그 계약에 따라 구조가 이루어진 경우 구조료에 관한 특약이 있으면 그것에 따르되, 이 경우에도 그 성질에 반하지 아니하는 한 구조계약에서 정하지 아니한 사항은 상법이 정한 바에 의한다(제887조 제1항). 따라서 해난 당시에 구조료의 금액에 대해 약정을 한 경우에도 그 금액이 현저하게 부당한 때에는 (당사자의 청구에 따라) 법원은 제883조의 사정을 참작하여 그 금액을 증감할 수 있다(제887조 제2항). 구조의 보수에 관한 약정이 없는 경우에 그 액에 대하여 당사자 사이에 합의가 성립하지 아니한 때에는 법원은 당사자의 청구에 의하여 구조된 선박·재산의 가액, 위난의 정도, 구조자의 노력과 비용, 구조자나 그 장비가 조우했던 위험의 정도, 구조의 효과, 환경손해방지를 위한 노력, 그 밖의 제반사정을 참작하여 그 액을 정한다(제883조). 여기서 환경손해라 함은 유류오염손해와 같은 생태계에 미치는 손해를 말한다.

(2) 救助料額의 限度

구조의 보수액은 다른 약정이 없는 한 구조된 목적물의 가액을 초과하지 못한다(제884조 제1항)(구조료지급의무자의 인적 유한책임).

先順位의 우선특권이 있는 때에는 구조의 보수액은 선순위의 우선특권자의 채권액을 공제한 잔액을 초과하지 못한다(제884조 제2항).

3. 救助料의 分配

(1) 共同救助의 경우

공동으로 구조활동을 한 선박간에 구조료분배의 비율에 관하여 특약이 있으면 그것에 따르나, 구조의 보수에 관한 약정이 없는 경우에 그 액에 대하여 당사자 사이에 합의가 성립하지 아니한 때에는 법원은 당사자의 청구에 의하여 구조된 선박·재산의 가액, 위난의 정도, 구조자의 노력과 비용, 구조자나 그 장비가 조우했던 위험의 정도, 구조의 효과, 환경손해방지를 위한 노력, 그 밖의 제반사정을 참작하여 그 액을 정한다(제888조 제1항 · 제883조).

공동구조의 경우에는 인명구조자도 선박 또는 적하의 구조를 전제로 하여 선박 또는 적하의 소유자(피구조자)에 대하여 재산구조자와 함께 직접 구조료의 분배에 참여할 수 있다 함은 前述하였다(제888조 제2항). 이때 인명구조자가 분배받을 구조료는 피구조자가 부담하는 것이 아니라 구조된 물건의 소유자가 부담한다.

(2) 單獨救助의 경우

구조선 내부의 구조료 분배에 있어서는, 먼저 구조선박의 손해액과 구조비용을 구조료에서 공제하여 선박소유자에게 지급하고, 그 잔액을 절반하여 선장과 해원에 지급한다(제889조 제1항). 여기서 구조선박의 손해액이란 실제 발생된 손해 및 선박을 임차하였을 경우에 소요되었을 것으로 예상되는 貸料를 포함한다고 본다.[1]

해원에게 지급할 구조료의 분배는 선장이 하는데, 선장은 각 해원의 노력 및 그 효과와 기타 사정을 참작하여 그 항해의 종료 전에 분배안을 작성하여 해원에게 고시하여야 한다(제889조 제2항).

4. 救助料의 支給

(1) 救助料支給義務者

前述한 바와 같이 구조료의 지급의무자는 구조된 목적물의 이해관계자이다. 선박소유자는 특약이 없는 한 운송물에 관한 구조료를 지급할 필요가 없다. 재산구조와 함께 인명구조가 있은 경우에는 인명의 피구조자는 구조료지급의무를 지지 아니한다. 피구조자인 선박소유자는 구조료청구에 대하여 선주유한책임을 주장할 수 없다(제769조 참조).

(2) 船長의 權限

선장은 구조료채무자를 갈음하여 그 지급에 관한 재판상 · 재판외의 모든 행

---

1) 蔡利植(下) 836면 참조.

위를 할 권한이 있다(제894조 제1항). 선장은 구조료에 관한 소송에서 자신이 원고 또는 피고로 될 수 있고, 그 확정판결의 효력은 구조료채무자 전원에게 미친다(제894조 제2항). 이것은 선장이 구조에 관한 사정을 가장 잘 알고 있을 뿐만 아니라, 채무자나 채권자가 다수인 경우에 권리행사의 편의를 도모할 수 있기 때문이다.

제 6 편
어음法 · 手票法

제 1 장
緖　論

제 1 절　有價證券法

Ⅰ. 序　說

기업법으로서의 상법이 기업조직과 기업활동에 관한 법이라면, 유가증권법은 기업활동의 수단에 관한 법이다. 물론 기업활동의 수단으로 이용되는 것 중에도 상업장부·회사의 재무제표라든가 상호계산제도 등 여러 가지가 있으나, 無形의 權利를 物體化시킨 有價證券이 매우 중요한 역할을 하게 된다.

현대의 경제생활이 고도로 발전함에 따라 권리도 하나의 가치물로서 거래의 목적물이 되고 있음은 자연적인 요청이다. 이러한 요청에 적응하기 위해서는 권리가 안전하고 확실하게 유통될 수 있어야 하고, 그 권리의 행사가 용이하여야 한다. 이를 위하여는 무형의 권리 자체를 기준으로 하지 않고, 이 무형의 권리를 有形의 證券(物件)에 결합시켜 이 증권에 物權法的 原則이 적용되도록 하여야 한다. 이와 같이 권리의 유통성을 높이기 위한 법기술적 제도가 바로 유가증권제도이다. 즉, 유가증권제도는 화폐제도의 존재를 전제로 하여 근대 자본주의 경제가 산출한 교묘한 법기술적 제도로서 그 제도적 의의는 권리와 증권을 결합시키고 그 증권에 독립된 법적 의미를 주어, 일체의 권리의무관계를 증권을 기준으로 하여 신속·정확하게 결정하고 처리함으로써 그 '流通性'을 확보하려는 데 있는 것이다.

현대의 자본주의경제하에서는 이러한 유가증권제도를 이용함으로써 모든 재산권의 유통을 가능하게 하여 자본의 조달(株式·社債)·지급의 확실·편의화

(어음·수표)를 실현하였고, 또 재화의 경제적 가치의 이용에 관한 시간적·공간적 장애를 극복하여 재화의 자본환원을 가능하게 하였다(貨物相換證·船荷證券·倉庫證券). 특히 오늘날 유가증권의 사용이 일반화되어 다액의 금전지급은 수표 특히 自己앞手票로 지급하는 것이 상식처럼 되어 있고, 상인 간의 대금결제는 約束어음에 의해 이루어지며, 국제거래에서는 일반적으로 換어음이 이용되고 있다. 심지어는 일반인도 家計手票를 이용하거나 주식·사채에의 투자를 통하여 유가증권과 쉽게 접근할 수 있게 되었으므로 유가증권제도가 현대생활에 있어서 큰 비중을 차지하고 있음은 의심할 바 없다. 따라서 유가증권제도가 현대의 사법체계에 있어서도 얼마나 중요한 지위에 있는가를 알 수 있다.

이와 같이 유가증권의 기능은 증권에 化體되지 않은 권리의 처분에 수반하는 많은 위험과 불안을 제거함으로써 권리의 양도를 간편하게 하여 그 유통성을 제고한다는 데 있으나, 이와 같은 유가증권의 기능은, 적어도 株券과 社債券 등에 있어서는 증권보관전문기관에 의한 證券의 混藏任置(Sammelverwahrung)의 경향으로 인하여 점차 상실되어 가고 있음을 주목하여야 한다.

증권의 혼장임치란 증권보관전문기관이 동일한 종류의 증권을 권리자별로 분리하여 보관하지 않고 혼합하여 보관하는 것이다. 따라서 각 권리자는 특정증권을 소유하는 것이 아니라 보관기관이 보관하고 있는 총증권에 대한 共有權 내지 觀念的 持分權만을 가지며, 증권을 소지하는 것이 아니라 총증권에 대한 간접적 공동점유를 하도록 하는 제도이다. 이러한 제도가 필요한 이유는 증권의 현실적인 제시나 교부가 지나치게 번잡하거나 불가능하기 때문이다. 예컨대, 하루에도 보통 수천만株가 거래되는 주식거래의 경우 실제로 주권을 제시·교부한다거나, 주주총회에서의 의결권의 행사를 위해 모든 주주가 보관시킨 무기명주권을 일시에 인출하여 회사에 제출하여야 한다는 것은 불가능하거나 가능하다고 해도 지극히 번잡한 일이다. 따라서 이 경우에도 주권의 현실적인 제시·교부 없이 주권을 보관기관에 보관하였다는 보관증명서의 제출이나 예치증의 양도로 대치되고 있고, 이익배당이나 사채이자의 지급도 점차 보관기관의 증명만으로 가능하게 되고 있다. 더욱이 보관기관이 증명서를 발행함에 있어서는 개개의 유가증권의 존재를 실사하지 않고 자기의 장부상의 기재에 의거하여 이를 발행하고 있는 실정에 이르렀다. 증권예탁원에 의한 유가증권의 대체결제도 그 예이다(證去 제173조 이하). 證券預託院은 예치증을 발행하여 이를 유가증권의 *受渡決濟* 등에 사용한다. 또 증권거래법은 증권예탁원이 유가증권을 혼합보관할 수 있다고 규정하고 있다(證去 제174조 제4항).

그러므로 이제는 일부 증권의 경우 증권상의 권리를 양도함에 있어 증권의 제시나 소지조차도 필요없게 되었고, 증권으로 권리를 化體한다는 관념도 희박해졌다. 요컨대, 자본시장의 증권에 관한 한 권리의 행사와 양도를 편리하게 하여 거래의 안전을 꾀하려던 유가증권제도 본래의 기능은 상당히 퇴색하게 되었다.

이와 같은 유가증권의 기능상실현상은 고전적인 유가증권인 어음·수표에 관하여도 부분적으로 나타나고 있음을 간과할 수 없다. 즉, 새로운 지급수단, 예컨대 은행지로(bank giro), 自動移替處理制度(Electronic Fund Transfer System： EFTS) 및 크레디트 카드(credit card) 등의 발달로 어음·수표의 지급기능은 현저히 감소되고 있고, 이들 새로운 경제현상을 어떻게 법적으로 규율할 것이냐는 법학의 중요한 과제가 되고 있다.[1)]

이와 같은 유가증권의 일부 기능상실에도 불구하고 어음·수표 등 유가증권은 현재 많이 이용되고 있고, 또 장래에도 결코 폐지되지는 아니할 제도이므로 이에 대한 법규의 중요성은 조금도 감소되지 않고 있다.

Ⅱ. 有價證券의 槪念

1. 有價證券槪念의 多樣性

'有價證券'이란 용어는 독일어의 Wertpapier에서 온 것으로서, 우리 나라에서는 법전상의 용어로 널리 쓰이고 있다. 이 밖에 상거래의 목적으로 주로 상인 사이에서 쓰인다는 뜻에서 '商業證券'(commercial paper)이란 용어를 쓰기도 한다(제73조).

유가증권이란 용어는 상법뿐만 아니라 민사소송법·파산법·형법·증권거래법 등 여러 법률에서 쓰이고 있으나, 그 定義 規定은 없어서 그 입법목적에 따라 달리 쓰이고 있다. 따라서 유가증권의 본질을 통찰하여 그 학문상의 개념을 먼저 정립하고, 그것을 기초로 하여 구체적인 법규정에 대한 해석을 하여야 할

1) 鄭東潤(어) 41면.

것이다.

2. 有價證券에 관한 學說

유가증권의 정의에 관하여는 여러 가지로 견해가 나뉘어져 있다. 즉, 유가증권이란 ① "재산적 가치가 있는 私權(財産權)이 표창된 증권으로서, 그 권리의 발생·행사·이전의 전부 또는 일부를 증권에 의하여 하게 되는 것",[1] ② "재산권을 표창하는 증권으로서 그 권리의 이전에 관하여 증권을 필요로 하는 것" 또는 "化體한 권리 또는 법률상의 지위의 이전에 證書의 소지의 이전을 필요로 하는 것",[2] ③ "재산적 가치가 있는 私權을 表彰하는 증권으로서, 그 권리의 행사 및 이전에 증권을 필요로 하는 것",[3] ④ "私法상의 권리를 표창하는 증권으로서 권리의 행사를 위하여 증권의 점유를 필요로 하는 것"[4] 등 그 표현이 다양하다.

이상의 네 가지의 대표적 정의에서 유가증권이란 사권을 표창하는 증권이라고 하는 점에 관하여는 이론이 없으나, 다만 사권과 증권 사이의 특별한 결합은 어떠한 것이어야 하는가에 관하여만 학설이 대립되어 있음을 알 수 있다.

생각건대, ①설의 정의에서는 '권리의 발생·행사·이전의 전부 또는 일부'에 증권을 필요로 한다고 하는데, 이에 대해서는 다음과 같은 비판을 하고 있다. 즉, '전부 또는 일부'라고 선택적인 표현을 하였으므로 이원적 개념파악을 시도하고 있는데, 권리의 발생에만 증권을 필요로 하고 권리의 행사·이전에 증권을 필요로 하지 않는 유가증권은 있을 수 없는데도 불구하고 '권리의 발생'에만 증권을 요하고 권리의 행사·이전에는 증권을 요하지 않는 유가증권도 있는 듯한 오해를 낳게 하고, 또 권리의 행사에는 증권을 요하지만 권리의 이전에는 증권을 요하지 않는 유가증권도 있을 수 있는 것처럼 정의한 것은 부당하며, 유가증권의 특징을 단순히 외면적으로 파악하였을 뿐 그 이론적 근거가 박약하다는 것이다.

②설의 정의는 권리의 유통성에 착안하여 유가증권의 개념을 일원적으로 파

---

1) 徐燉珏·鄭完溶(下) 59면; 孫珠瓚(下) 8면.
2) 崔基元(어) 18면; Ulmer, *Das Recht der Wertpapiere*, 1938, S. 21.
3) 姜渭斗(어) 6면; 林泓根(行) 309면.
4) 鄭熙喆·鄭燦亨(下) 4면; 鄭東潤(어) 42면; Hueck/Canaris, *Recht der Wertpapiere*, 11. Aufl., 1977, S. 2 ff.; W. Zöllner, *Wertpapierrecht*, 13. Aufl., 1982, S. 17; Baumbach-Hefermehl, *Wechselgesetz und Scheckgesetz*, 15. Aufl., 1986, Rdn. 6.

악하려 한 점은 좋으나, 권리의 이전에 증권이 필요한 것은 권리의 행사에 증권이 필요하기 때문이라는 상호간의 이론적 관계를 간과하였다는 비판을 받고 있다. 그리고 상속이나 회사의 합병 등 包括承繼의 경우에는 증권상의 권리의 이전에 증권을 필요로 하지도 않는다는 점을 설명할 수 없다.

그리고 ③설 역시 비판을 받고 있다. 즉, 권리의 행사에 증권을 필요로 한다면 필연적으로 권리의 이전에도 증권이 필요하게 될 것이므로 행사와 이전을 대등하게 취급할 필요는 없을 것이다. 뿐만 아니라 앞서 말한 바와 같이 상속이나 회사합병 등 포괄승계의 경우에는 권리가 이전됨에도 불구하고 증권을 필요로 하지 않는다.

따라서 ④설의 견해가 가장 타당하다고 생각된다. 권리의 행사, 즉 권리의 주장에 증권의 소지를 필요로 하는 것이라는 정의가 거의 모든 유가증권에 공통되는 특징을 가장 잘 설명할 수 있다고 본다. 다만 ④설에 대한 비판으로는 기명주권의 경우에는 증권 없이도 株主權을 행사할 수 있으므로 기명주권을 포함하는 한 부당하다고 한다. 그러나 기명주권의 경우에는 주주명부상의 명의에 의거해서 권리행사를 하는 것은 사실이나, 名義改書를 하려면 주권의 제시가 필요하므로 편의상 권리행사 때마다 직접 주권의 제시를 요구하지 않을 뿐, 간접적인 방법으로 주주권 행사에 주권의 제시가 요구되고 있는 것이다.

3. 有價證券槪念의 分析

위에 든 ④설의 정의를 분설하면 다음과 같다.

i) '재산적 가치가 있는 私權을 표창하는' 증권이어야 한다. 그 재산권은 債權이든, 物權이든(현행법상 순수한 물권증권은 없다), 社員權이든 상관없다(그러나 순수한 인격권이나 신분권과 같이 재산적 가치가 없거나 경제적 거래의 대상이 될 수 없는 권리는 이에 포함될 수 없다). '표창한다'는 것은 권리와 증권의 결합관계를 말하는 것이다. 즉, 유형적인 증권의 점유가 무형적인 권리를 행사하는 조건이 되어 있는 상태를 말하며, 권리가 증권에 化體(embody, verkörpern)되었다고도 한다.

ii) 표창된 권리의 행사에 '증권의 소지'를 필요로 한다. 그러나 유가증권에 있어서 본체를 이루는 것은 실질적 권리이므로 증권의 소지를 필요로 하지 않는 예외적인 경우도 있는 것이며, 또한 증권의 소지는 권리의 행사에 필요한 최소한의 요건일 뿐이고 다른 요건이 첨가되어도 유가증권의 효력에는 상관이 없다. 즉, 그 부가요건의 내용에 따라 無記名證券·提示證券·記名證券으로 유형을 달리하게 될 뿐이다.

iii) 권리의 '행사'에 증권을 필요로 한다. 권리의 행사(와 이전)에만 증권의 점유를 필요로 하는 증권을 不完全(相對的) 有價證券(화물상환증·선하증권·창고증권·무기명주식 등), 권리의 발생·행사·이전 전부에 증권의 점유를 필요로 하는 증권을 完全(絶對的) 有價證券(어음·수표 등)이라고도 한다.

4. 類似概念과의 구별

(1) 證據證券(證明證書)

증거증권(Beweisurkunde)은 실질적인 법률관계의 유무나 내용을 증명하는 자료로서 의미가 있는 증서이지, 그 법률관계의 유무나 내용 자체와 서면의 유무와는 관계가 없는 것이다(예컨대, 借用證書, 賣買契約書, 賃貸借證書, 領收證書). 어떤 종류의 유가증권이든 일정한 법률관계를 증명하는 기능이 있다는 의미에서 증거증권으로서의 성질도 가지고 있으나, 반대로 모든 증거증권이 유가증권인 것은 아니다. 증거증권과 유가증권의 구별표준은 증권과 私權이 결합되어 있는지의 여부이다.

(2) 免責證券(資格證券)

면책증권(Legitimationspapiere, Ausweispapiere)이란 채무자가 증권의 정당한 소지인에게 변제를 하면 악의(詐欺) 또는 중과실이 없는 한 면책의 효력을 발생하는 증권을 말한다. 이것은 본질적으로는 증거증권이지 권리를 표창하는 증권이 아니므로 그 증권의 양도에 의하여 권리 자체를 양도할 수는 없는 것이다. 따라서 일단 문제가 생긴 경우에는 권리자는 증권을 소지하였다는 한 가지 사실만으로는 권리를 행사할 수 없고, 또한 권리를 입증할 수 있으면 증권 없이도 권리를 행사할 수 있다(예컨대, 각종의 預置票, 鐵道手荷物相換證, 預金證書 등).

많은 유가증권은 동시에 면책증권이다. 그러나 예컨대 기명식화물상환증이나 기명식선하증권은 유가증권이지만 면책증권은 아니다. 왜냐하면 증서에 기명되어 있는 자 이외의 자에게 선의로 화물을 인도하였다고 하더라도 면책은 되지 않기 때문이다. 반대로 면책증권이지만 유가증권이 아닌 것도 있다. 예컨대, 신발표나 보관증, 예금증서같은 것이 이에 속한다. 왜냐하면 권리자는 증권이 없어도 자기가 정당한 권리자임을 증명하면 권리를 행사할 수 있기 때문이다.

(3) 金(額)券

금(액)권이란 그 자체가 법률상 특정한 가치를 보유하는 증권을 말한다(예컨대, 郵票, 收入印紙, 紙幣 등). 이것은 발행자에 대한 청구권을 표창하는 것이 아니므로 유가증권이 아니고 그 자체가 금전에 갈음하는 효력이 있다. 따라서 이것은 유가증권의 경우와는 달리 그 자체의 물리적 멸실에 의하여 그 가치가 소멸하고, 除權判決節次에 의하여 권리행사의 가능성을 회복할 수는 없다.

Ⅲ. 有價證券의 種類 및 屬性

1. 有價證券法定主義

(1) 意　義

유가증권은 무형의 권리를 有體化시켜 그 권리의 존재와 내용을 확실하게 함과 동시에 법의 특별한 보호를 부여한 것으로서 유가증권의 종류와 내용을 제한할 필요가 있다. 왜냐하면 유가증권의 종류와 내용을 제한하지 않으면 유가증권제도가 남용될 염려가 크기 때문이다. 따라서 유가증권의 종류와 내용에 일정한 제한을 두어 法이 인정하는 경우에만 유가증권으로 보게 되는데, 이 제도를 有價證券法定主義(Der Numerus clausus der Wertpapiere)라고 한다. 이것은 마치 민법상의 物權法定主義와 같은 것이다.

(2) 制限의 內容

(가) 證券上의 權利의 成立에 관한 制限

(a) 權利의 종류에 관한 制限 :　증권에 화체될 권리는 재산권에 한한다. 즉, 債權・社員權 등이며, 신분권・명예권 등은 유가증권화될 수 없고, 사원권 중에도 유한회사의 사원의 持分은 지시식・무기명식으로 유가증권화되는 것을

금지한다(제555조).

(b) **方式에 관한 制限**: 유가증권은 그 유통성으로 인하여 방식이 법정되어 일정한 증권기재사항이 요구되고 있다(要式證券性).

(c) **내용에 관한 制限**: 증권상의 권리의 내용은 증권의 문언만으로 정하여지고, 당사자는 증권에 기재되지 않은 사항으로써 그 문언의 뜻을 변경하거나 보충하지 못한다(文言證券性).

(나) **證券上의 權利者에 관한 制限**

(a) **指定方法의 制限**: 증권상의 권리자의 지정방법으로는 기명식 이외에 무기명식, 지시식, 선택무기명식만이 인정된다.

(b) **權利者推定**: 무기명증권의 소지인, 배서가 연속된 지시증권의 소지인은 적법한 권리자로 추정됨으로써 비록 무권리자로부터 취득하였더라도 무권리자임을 몰랐거나 모른 데 대하여 중대한 과실이 없으면 善意取得者로서 보호를 받게 된다.

(다) **權利의 讓渡方法에 관한 制限**

무기명식의 유가증권은 교부의 방법으로, 지시식의 유가증권은 증권의 背書나 交付의 방법으로 양도할 수 있다(어 제12조·제13조, 手 제15조·제16조, 商 제65조, 民 제510조).

(라) **權利의 行使에 관한 制限**

(a) **提示 및 相換의 强制**: 지시채권 또는 무기명채권의 채무자는 그 이행에 관하여 기한의 정함이 있는 때에는 그 기한이 도래한 후 소지인이 그 증권을 제시하여 이행의 청구를 한 때부터 지체의 책임을 진다(제65조, 民 제517조)(提示證券性). 그리고 증권채무를 변제하는 경우 채무자는 증권과 상환하지 아니하고는 채무의 이행을 할 필요가 없다(相換證券性).

(b) **權利行使의 場所에 관한 制限**: 지시채권 및 무기명채권의 이행은 채무자의 현영업소에서, 만일 영업소가 없으면 그 주소에서 하여야 한다.

또 어음에 지급장소를 기재한 경우, 즉 第三者方支給文句를 기재한 경우에는 그 지급장소가 제시장소인 동시에 이행장소가 된다. 어음·수표의 경우에는 어음교환소에서의 제시도 유효하다.

(c) **抗辯의 制限**: 유가증권은 유통성을 보호하기 위하여 채무자가 증권양도인에게 대항할 수 있는 항변을 증권의 선의취득자에게 대항할 수 없게 하고 있다(人的 抗辯의 切斷).

(마) 辨濟에 관한 制限

(a) 免責力의 强化 :　　본래 채무자는 변제수령자격이 없는 자에게는 변제하더라도 그 채무를 면할 수 없으므로(民 제472조) 변제수령의 자격에 관하여 조사할 필요가 있다. 그러나 지시증권에 관하여는 증권의 유통성을 강화하기 위하여 채무자는 배서의 연속여부를 조사할 의무가 있기는 하나, 이 경우에도 배서인의 기명날인 또는 서명의 眞僞나 소지인의 眞僞를 조사할 권리는 있지만 의무는 없다고 하여 채무자를 보호하고 있다(民 제518조). 또 채무자는 소지인이 권리자가 아님을 알았거나 중대한 과실로 알지 못한 경우를 제외하고 不眞正한 債權者에게 변제하였더라도 그 변제는 유효한 것으로 하고 있다(民 제518조 단서). 이것은 무기명채권 · 지명소지인출급채권에 있어서도 같다(民 제524조 · 제525조). 다만 어음에 관하여는 특별규정이 있어 무권리자에게 지급한 경우라도 사기 또는 중대한 과실이 없는 한 채무자는 면책이 된다(어 제40조 제3항 · 제77조). 수표에는 이에 관한 규정이 없으나 같게 해석하여야 할 것이다.

(b) 短期時效 :　　유가증권의 종류에 따라 단기시효의 규정이 있어 채무자에게 유리하게 되어 있다(어 제70조, 手 제51조 등).

2. 有價證券의 種類

유가증권은 그 분류기준에 따라 여러 가지로 나눌 수 있다.

(1) 讓渡(流通)의 方式에 의한 分類

증권을 양도할 때 권리자를 어떻게 지정하느냐에 따른 분류방식으로서, 다음과 같이 네 가지로 나뉜다.

(가) 記名(指名)證券(Rektapapiere, Namenspapiere)

기명증권이란 증권상에 특정인을 권리자로 기재한 증권을 말한다. 증권상에 기재된 특정인 및 그로부터 보통의 指名債權讓渡의 방법으로 증권을 양수한 자만이 권리를 행사할 수 있을 뿐 배서양도가 허용되지 않는다. 예컨대, 記名債券(제479조), 背書禁止된 어음(어 제11조 제2항 · 제77조 제1항 제1호), 배서가 금지된 貨物相換證 · 倉庫證券 · 船荷證券 등이 이에 속한다.

(나) 指示證券(Oderpapiere)

지시증권이란 증권상에 기재된 자 또는 그가 지시하는 자를 권리자로 하는 증권을 말한다. 이 지시는 보통 배서에 의하여 행해지므로 이를 배서증권이라고도 한다.

지시증권이 되기 위하여는 원칙적으로 증권상에 지시문언이 있어야 하지만 그러한 문언이 없이도 법률상 당연히 배서에 의하여 양도할 수 있는 증권도 있는데, 이를 법률상 당연한 지시증권(geborene Oderpapiere)이라고 한다. 예컨대, 어음, 手票, 貨物相換證, 倉庫證券, 船荷證券, 株券 등이다(어 제11조 제1항·제77조 제1항 제1호, 手 제14조 제1항, 商 제130조, 제157조, 제820조, 제336조).

(다) 無記名證券(Inhaberpapiere)

무기명증권이란 증권상에 권리자로서의 특정인을 지정하지 아니하고 증권의 정당한 소지인을 권리자로 취급하는 증권을 말하고, 所持人出給式證券이라고도 한다. 실제로 많이 이용되는 것은 手票(手 제5조 제1항 제3호), 社債券(제478조 제2항 제2호), 商品券(商品 제6조) 등이고, 換어음(어 제1조 제6호)과 約束어음(어 제75조 제5호)은 무기명식이 인정되지 않는다.

(라) 選擇無記名式證券(alternative Inhaberpapiere)

선택무기명식증권이란 증권상에 특정인을 권리자로 지정하고 있으면서 동시에 증권의 정당한 소지인도 권리자로 인정하는 증권을 말한다. 이를 指名所持人出給證券 또는 選擇所持人出給證券이라고도 한다. 이것은 무기명증권과 동일한 효력이 있으므로(手 제5조 제2항, 民 제525조) 역시 어음에는 인정되지 않는다.

(2) 證券에 化體된 權利의 性質에 의한 分類

증권이 어떤 권리를 표창하느냐에 따른 분류방식으로서, 다음 세 가지가 있다.

(가) 債權證券(schuldrechtliche Wertpapiere od. forderungsrechtliche Wertpapiere)

채권증권이란 채권을 표창하는 유가증권이다. 채권 중에서도 금전지급청구권을 표창하는 것을 金錢證券(예컨대, 어음·수표), 물건인도청구권을 표창하는 것을 物品證券(예컨대, 화물상환증, 창고증권, 선하증권)이라고도 한다.

한편 수표나 인수되지 않은 환어음은 지급인에 대한 권리를 표창하지 않으므로 이를 채권증권과 구별하여 權限證券이라고 하기도 하나,[1] 이것은 적어도 발

1) 鄭熙喆·鄭燦亨(下) 19면; 崔基元(어) 30면.

행인 또는 배서인에 대한 遡求權(償還請求權)을 표창하고 있으므로 이것 역시 채권증권에 속한다고 본다.2)

(나) **物權證券**(sachenrechtliche Wertpapiere)

물권증권이란 물권을 표창하는 유가증권으로서, 우리 나라에는 예가 없다. 독일의 抵當證券(Hypothekenbrief), 土地債務證券(Grundschuldbrief), 定期土地債務證券(Rentenschuldbrief) 등이 이에 속한다.

(다) **社員權證券**(Mitgliedschaftspapiere, Mitgliedspapiere od. mitgliedschaftsrechtliche Papiere)

사원권증권이란 사단에 있어서의 사원의 지위, 즉 사원권을 표창하는 유가증권으로서 株劵이 그 대표적인 예이다.

(3) 그 밖의 分類

위에 든 분류 외에도 ① 유가증권의 경제적 목적에 따라 수표나 어음과 같은 '지급 및 신용거래의 유가증권', 주권이나 사채와 같은 '자본시장의 유가증권', 화물상환증・선하증권・창고증권과 같은 '재화유통의 유가증권'으로 분류하기도 하고, ② 증권상의 권리가 발생하려면 증권의 발행행위 외에 원인관계가 필요한가에 따라서 無因證券(abstrakte Papiere)(不要因證券, 抽象證券이라고도 하며, 어음・수표가 그 대표적인 예이다)과 有因證券(kausale Wertpapiere)(要因證券이라고도 하며, 어음・수표를 제외한 대부분의 유가증권이 이에 속한다)으로, ③ 증권상의 권리관계가 증권기재의 문언에 의하여 결정되는가에 따라서 형식권적 유가증권(skripturrechtliche od. schriftrechtliche Wertpapiere)(文言證券, 예컨대 어음・수표, 화물상환증, 선하증권, 창고증권)과 실질권적 유가증권(nichtskripturrechtliche Wertpapiere)(非文言證券, 예컨대 주권)으로, ④ 증권의 작성으로 인하여 비로소 그 증권에 표창되어 있는 권리가 창설되는가, 또는 기존의 권리가 증권화되는데 그치는가에 따라서 設權證券(konstitutive Wertpapiere)(예컨대, 어음・수표)과 非設權證券(宣言證券)(deklaratorische Wertpapiere)으로 구분되기도 한다.

(4) 기타의 **有價證券**

(가) **乘車券・乘船券・航空券**

보통의 無記名乘車券과 無記名乘船券은 開札 전후를 불문하고 운송청구권을

2) 鄭東潤(어) 61면; Hueck/Canaris, *Recht der Wertpapiere*, 11. Aufl., 1977, S. 20; Zöllner, *Wertpapierrecht*, 13. Aufl., 1982, S. 9.

표창하는 유가증권이라고 보는 것이 통설이다. 개찰 후에는 특정인을 운송할 의무를 지므로 양도가 허용되지 않을 뿐이다.

回數乘車券은 통용구간 또는 통용기한의 지정이 있는 경우에는 포괄적 운송계약상의 권리를 표창하는 유가증권이다.

항공권이나 외항선의 승선권은 우리 나라에서는 기명식만 인정되고 있고 양도성이 없으므로 운송약관에는 證據證券이라고 규정하고 있으나, 권리의 행사에 증권의 제시를 필요로 한다는 점에서 역시 유가증권으로 본다. 學生割引乘車券, 記名式定期乘車券도 마찬가지이다.

(나) 商 品 券

상품권은 물품을 판매하는 상인이 소지인에 대하여 그 상인이 취급하는 상품의 일정량을 급여한다는 약속을 기재하여 발행한 一覽出給의 無記名有價證券이다. 왜냐하면 상품권은 상품소지인이 상품권발행인으로부터 상품의 인도를 받을 권리를 나타내고 있기 때문이다.

3. 有價證券의 屬性

(1) 要式證券性

요식증권성이란 증권의 형식이 법정되어 일정한 증권기재사항이 요구되는 것을 말한다. 주권(제356조) · 화물상환증(제128조 제2항) · 창고증권(제156조 제2항) · 선하증권(제814조 제1항) · 환어음(어 제1조) · 약속어음(어 제75조) · 수표(手 제1조)는 모두 요식증권이며, 특히 어음 · 수표는 '嚴格한 要式證券'(絶對的 要式證券)이다.

(2) 文言證券性

문언증권성이란 증권상의 권리의 내용이 증권의 문언에 따라 정하여지는 것을 말한다(제131조, 제157조). 이것은 증권의 의무자는 증권의 취득자에 대하여 증권의 문언으로부터 알 수 없는 사항, 즉 증권에 기재되지 아니한 사항을 가지고 대항할 수 없다는 뜻이다.

(3) 提示證券性

제시증권성이란 증권상의 권리를 행사하는 데 증권을 제시하여야 하는 것을 말한다. 따라서 증권의 제시가 없는 한 채무자는 履行遲滯의 책임을 지지 않는다(어 제38조·제77조 제1항 제3호, 手 제28조, 民 제517조·제524조). 어음·수표는 물론 그 밖의 지시식 또는 무기명식의 유가증권(貨物相換證·倉庫證券·船荷證券)은 보통 이 성질을 가지나, 기명주권은 그러하지 아니하다.

(4) 相換證券性(還受證券性)

상환증권성이란 증권과 상환하지 않고는 채무의 변제를 할 필요가 없는 것을 말한다(제129조, 제157조, 제820조, 어 제39조·제77조 제1항 제3호, 手 제34조). 어음·수표, 화물상환증·창고증권·선하증권은 모두 이 성질을 가지나, 주권은 상환증권이 아니다. 다만 화물상환증·창고증권·선하증권은 증권과 상환하지 않고서도 화물을 인도하는 商慣習(保證渡·空渡)이 있다.

(5) 免責證券性

면책증권성이란 증권의 정당한 소지인에게 변제를 하면 악의 또는 중대한 과실이 없는 한 그 증권소지인이 무권리자라고 하더라도 채무자가 채무를 면하는 것을 말한다.

(6) 法律上 당연한 指示證券性

법률상 당연한 지시증권성이란 증권상의 지시에 의하여 권리자를 지정할 수 있다는 문언이 없더라도 법률상 당연히 증권상에 권리자를 지시할 수 있는 것을 말한다.

(7) 設權證券性

설권증권성이란 증권상의 권리가 증권의 작성에 의하여 비로소 발생하는 것을 말한다. 어음·수표 이외의 유가증권은 이미 발생한 권리를 증권에 표창하는데 불과하므로 설권증권이 아니다.

(8) 無因證券性·要因證券性

無因證券性(抽象證券性)이란 증권상의 권리가 원인관계로부터 분리되어 증권취득자의 권리가 확보되는 것을 말하며, 要因證券性(有因證券性)이란 증권상의 권리가 원인관계와 견련되어 원인관계의 하자로 인해 영향을 받는 것을 말한다. 어음 · 수표는 無因證券이다.

(9) **處分證券性**

처분증권성이란 증권상의 권리를 처분하려면 반드시 증권으로써 하여야 하는 것을 말한다.

Ⅳ. 有價證券法의 概念

1. 有價證券法의 意義

有價證券制度는 재화의 경제적 가치를 이용함에 있어 그 공간적 · 시간적 장해를 극복하고 자본의 조달 · 지급의 편의확실화 · 자본의 환원 등의 여러 요청을 만족시켜 주기 위한 제도인 것이며, 이 유가증권으로 하여금 유통성이 확보되어 그 기능을 다하도록 규제하는 데 필요한 모든 법규를 유가증권법이라 한다.

2. 有價證券法의 地位

유가증권법은 증권채무에 관한 여러 법규를 통합고찰하기 위하여 이론상 형성되는 법역으로서, 형식적인 의의의 '有價證券法'이 제정되어 있는 것은 아니다.

유가증권은 이미 기업의 전유물이 아니고 일반인에게 널리 개방되어 있는 제도이다. 그러므로 유가증권법은 기업법인 상법에 속한다고 할 수 없는 한편, 유가증권에 화체된 권리를 단순히 물권법과 채권법의 지배하에만 둘 수도 없는 특수한 점이 많으므로 이를 민법에 포함시킬 수도 없다. 따라서 유가증권법은 사법체계 중 財産法의 1분야라고 해야 할 것이다.

입법례를 보면, 스위스의 채무법(제965조 이하), 터키의 상법전(제557조 이하) 및 미국의 통일상법전(제3편)에서와 같이 유가증권에 관한 통일적 규정을 두고 있는 나라도 있으나, 우리 나라에서는 유가증권 전체를 포괄적으로 규율하는 법률은 없고, 유가증권 중 중요한 것을 개별적으로 규율한다. 즉, 어음에 관하여는 어음법(1962년 법률 제1001호), 수표에 관하여는 수표법(1962년 법률 제1002호)이 있고, 주권·사채권·화물상환증·선하증권 및 창고증권에 관하여는 상법에 규정이 있으며(제355조~제360조, 제478조~제480조, 제128조~제133조, 제813조~제820조, 제155조~제159조), 무기명증권과 지시증권에 관하여는 민법에 규정이 있다(民 제523조~제526조·제508조~제522조). 이들 법규 중에서 어음법과 수표법이 가장 핵심을 이루고 있다.

3. 有價證券法의 特異性

'流通性의 確保'란 기본이념을 구현하기 위하여 유가증권법은 다음과 같은 특이성을 나타내게 된다.

(1) 强行法的 性質

증권 자체가 형식적으로 정형화되어 있을 뿐만 아니라, 모든 법률관계가 강행법규에 의하여 엄격하게 규제되어 있어 당사자의 私的 自治의 여지가 극히 적다.

(2) 技術的 性質

유가증권제도는 합리적 고려하에 안출해 낸 법기술적 제도이므로 유가증권법의 여러 규정은 비윤리적·기술적 성격을 띠고 있다.

(3) 形式的 性質

실질적 법률관계의 해결수단인 유가증권의 법률관계는 증권을 중심으로 하여 형식적으로 해결해야 하므로 유가증권법도 형식적인 특색을 지니게 된다.

(4) 統一的 性質

유가증권의 법률관계는 형식적·기술적인 해결을 필요로 할 뿐만 아니라 국가 간의 거래관계에서 유가증권이 이용될 때에는 그 법적 규제의 통일성도 필요하다. 그러므로 유가증권법은 어느 법분야보다도 통일적 성격이 뚜렷하게 된다.

제2절 어음法·手票法

Ⅰ. 어음·手票의 意義

1. 換 어 음

(1) 換어음의 意義

환어음이란 어음의 작성자(發行人)가 제3자(支給人)에 대하여 증권상에 기재된 금액을 일정일에 증권상의 권리자(受取人 또는 그 指示人)에게 지급할 것을 무조건으로 위탁하는 증권, 즉 金錢支給委託證券이다.

(2) 換어음의 特質

환어음은 증권과 권리의 결합관계가 밀접하여 그 권리의 발생·행사·이전의 전부에 증권을 필요로 하는 完全有價證券으로서, 다음과 같은 특질을 지니고 있다. 즉, 金錢債權證券性·設權證券性·無因證券性·文言證券性·絶對的 要式證券性·법률상 당연한 指示證券性·提示證券性·還受證券性(相換證券性)·處分證券性을 들 수 있는데, 설권증권성·무인증권성·절대적 요식증권성은 어음과 수표에서만 찾아볼 수 있는 특질이다.

2. 約束어음

(1) 約束어음의 意義

약속어음이란 發行人 자신이 一定日에 일정 금액을 수취인 또는 그 지시인에게 지급할 것을 무조건으로 약속하는 증권, 즉 金錢支給約束證券이다.

(2) 約束어음의 特質

약속어음도 완전유가증권으로서 환어음과 똑같은 특질을 지니고 있다. 신용기능을 주된 기능으로 하는 경제적 기능도 똑같고, 다만 법적 형식이 환어음은 3당사자 간의 지급위탁임에 대하여, 약속어음은 양당사자 간의 지급약속이란 점이 다를 뿐이다. 따라서 약속어음에는 引受·參加引受란 어음행위가 없다.

3. 手　票

(1) 手票의 意義

수표란 발행인이 지급인(銀行)에 대하여 수취인 또는 그 밖의 정당한 소지인에게 일정한 금액을 지급할 것을 위탁하는 증권, 즉 金錢支給委託證券이다.

(2) 手票의 特質

수표는 금전지급위탁증권이란 점에서 약속어음과는 다르나, 환어음과는 똑같은 법적 형식과 특질을 지니고 있다. 다만 수표는 본질적인 기능이 信用機能이 아니라 支給機能(支給手段)이란 점에서 支給人을 은행에 한정하고, 一覽出給性으로 하는 등 수표법에 의해 특수한 규제를 받게 된다.

4. 換어음·約束어음·手票의 比較

(1) 換어음·約束어음·手票의 共通點

환어음·약속어음·수표는 일정한 금액의 지급을 목적으로 하는 유가증권이며, 화폐제도로는 이루지 못하는 경제적 기능을 수행하기 위하여 안출된 기술적 제도이므로, 3자는 다같이 지급증권으로서의 성질을 갖는다. 또 이 3자에 공통된 법률적 성질로서는 유가증권 일반이 갖는 성질 외에 금전채권증권성, 설권증권성, 무인증권성, 절대적 요식증권성 등의 특질이 있다.

우리 나라에서는 어음법과 수표법을 따로 제정하였으나, 적용법규에 있어서 다음과 같은 공통점이 있다.

① 어음·手票行爲 獨立의 原則(어 제7조·제77조 제2항, 手 제10조)

② 어음·수표의 僞造·變造(어 제7조·제69조·제77조 제1항 제7호·제77조 제2항, 手 제10조·제50조)

③ 어음·수표행위의 代理(어 제8조·제77조 제2항, 手 제11조)

④ 白地어음·白地手票(어 제10조·제77조 제2항, 手 제13조)

⑤ 어음·수표의 善意取得(어 제16조·제77조 제1항 제1호, 手 제21조)

⑥ 어음·수표항변의 절단(어 제17조·제77조 제1항 제1호, 手 제22조)

⑦ 시효중단의 효력(어 제71조·제77조 제1항 제8호, 手 제52조)

⑧ 기간의 계산(어 제72조·제77조 제1항 제9호, 手 제60조)

⑨ 恩惠日의 불허(어 제74조·제77조 제1항 제9호, 手 제62조)

⑩ 利得償還請求權(어 제79조, 手 제63조) 등.

(2) 換어음·約束어음·手票의 差異點

(가) 經濟的 機能의 差異

환어음은 送金手段, 推尋手段 및 信用利用手段으로서 이용되고, 약속어음은 주로 신용이용수단으로서 사용되는 데 대하여, 수표는 신용이용수단으로서의 기능은 없고 송금수단 및 지급수단으로만 이용된다.

(나) 支給形式의 差異

환어음과 수표는 제3자인 지급인에 대하여 지급을 위탁하는 위탁증권이다. 이에 대하여 약속어음은 발행인 자신이 지급을 약속하는 약속증권이다.

(다) 主債務者의 差異

환어음은 지급인이 인수를 하기 전에는 假定的인 債務者에 불과하고, 인수를 하여야만 비로소 이 지급인이 主債務者로 확정된다(어 제28조). 이에 대하여 약속어음은 발행인이 처음부터 주채무자로 된다(어 제78조 제1항).

수표의 경우에는 주채무자가 없다. 즉, 지급인이 支給保證을 한 경우에도 지급보증인이 주채무자로 되지 아니하고, 다만 소구의무자에 불과하다.

(라) 當事者의 差異

환어음은 증권상 發行人·受取人·支給人의 3당사자가 예정되어 있으나, 약속어음은 발행인·수취인의 2당사자뿐이다(어 제1조·제75조).

수표는 기명식·지시식의 경우에는 3당사자로 되지만, 소지인출급식의 경우에는 발행인·지급인의 2당사자의 기재만이 요건이고, 수취인의 기재는 요건이 아니다(手 제1조·제5조).

(마) 遡求義務者의 差異

소구제도는 3자에 공통하지만, 환어음과 수표에 있어서는 발행인이 소구의무자임에 대하여, 약속어음의 경우에는 발행인은 주채무자이지 소구의무자가 아니다. 따라서 그 책임이 권리보전절차의 흠결로 인하여 소멸되지 아니한다. 수표의 지급보증인은 수표의 주채무자가 아니고 최후의 소구의무자에 불과하다(手 제39조·제55조 제1항).

(바) 滿期의 差異

어음의 만기는 一覽出給·一覽後定期出給·確定日出給·發行日字後定期出給의 4종이 있다(어 제33조·제77조 제1항 제2호).

그러나 약속어음에 있어서는 그 성질에 비추어 실제상 일람출급은 거의 없다. 또 일람후정기출급의 경우의 일람의 의의도 환어음의 그것과 다르다. 즉, 환어음의 일람은 인수제시를 가리키는 데 대하여, 약속어음의 일람은 인수제도가 없으므로 만기를 정하기 위한 제시를 의미할 뿐이다.

수표는 지급증권인 본질상 신용증권화를 방지하기 위하여 오직 일람출급만을 인정한다(手 제28조).

(사) 證券行爲의 差異

發行·背書·保證 등의 행위는 3자에 공통되지만, 인수와 참가인수는 환어음에서만 인정된다(어 제21조 이하·제77조 제1항 제5호). 다만 참가인수는 학설상 약속어음에서도 인정된다. 지급보증은 수표에서만 인정된다(手 제55조 제1항).

(아) 支給人의 資格에 관한 差異

환어음은 지급인의 신용을 이용하는 신용증권이므로 누구든지 신용있는 자를 지급인으로 할 수 있다. 그러나 수표는 지급증권인 성질상 전문적인 금융기관을 지급인으로 하는 것이 적당하므로 수표의 지급인은 은행 또는 이와 同視할 수 있는 자에 한하여 인정한다(手 제3조·제8조·제59조). 지급인이 없는 약속어음에는 문제될 것이 없다.

(자) 資金關係의 重要性의 差異

수표는 지급증권인 성질상 자금이 중요시된다. 즉, 발행인이 처분할 수 있는 수표자금이 지급인인 은행에 있어야 하며, 그 자금을 수표에 의하여 처분할 때에는 수표계약에 의한다. 이에 위반하여도 수표의 효력에는 영향이 없으나(手 제3조), 과태료의 제재가 있다(手 제67조). 이에 대하여 어음은 신용증권이므로 만기에 가서 자금이 마련되면 충분하고, 환어음의 경우에는 지급인이 지급한 후 발행인이 보상할 수도 있다(補償關係). 또 어음은 어음예약에 따라서만 발행할 수 있는 것도 아니다.

(차) 所持人出給式發行에 관한 差異

환어음·약속어음은 신용증권의 성질상 수취인의 기재를 요건으로 하므로 소지인출급식의 발행을 인정하지 않는다(어 제1조 제6호·제75조 제5호). 이에 대하여 수표는 지급기능을 강화하기 위하여 所持人出給式·記名所持人出給式의 발행을 인정하고 있다(手 제5조). 실제로 소지인출급식수표가 보통이다.

(카) 複製制度에 관한 差異

환어음의 경우에는 장기간의 유통 중 분실에 대비하기 위하여(안전을 위한 효용), 혹은 다른 複本으로써 인수를 얻기 위하여(편리를 위한 효용) 이를 인정하고 있다.

약속어음에 있어서는 謄本制度가 있을 뿐이다. 이는 약속어음에 있어서는 원격지까지 인수를 위한 송부의 필요가 없고, 만일 이를 인정한다면 발행인은 각 통에 대하여 각각 어음상의 책임을 지게 되는 위험이 있다(어 제65조 제1항 단서). 등본도 실제로 필요한 경우가 드물다.

반대로 수표에는 등본제도는 없고 복본만이 인정된다(手 제48조 이하). 그리고 인수제도가 없으므로 인수를 위한 복본도 필요없다. 단지 발행지와 지급지가 원거리인 경우, 특히 국제간인 경우에 수표의 분실에 대비하기 위하여 이용될 뿐이다. 또한 소지인출급식수표의 경우에는 복본이 인정되지 아니한다(手 제48조). 즉, 지시 또는 지시금지의 수표에 한하여 복본이 인정된다. 왜냐하면 만일 소지인출급식수표에 복본을 인정하면 각 복본이 별도로 양도된 때에 수표상에 양도인이 표시되지 아니하므로 그 책임이 모두 발행인에게 돌아가는 부당한 결과가 생기기 때문이다.

(타) 提示期間·時效期間에 관한 差異

수표의 지급증권성에 비추어 어음의 경우보다 각종 기간이 단축된다. 즉, 일람출급의 환어음·약속어음은 그 지급제시기간이 원칙상 1년임에 대하여(어 제34조, 어 제77조 제1항 제2호), 수표는 國內手票일 경우에는 10일, 지급지의 국과 다른 국에서 발행하는 수표일 경우에는 發行地와 支給地가 同一州이면 20일, 다른 주이면 70일이다(手 제29조). 소멸시효기간에 있어서도 어음의 경우에는 6월 이상 3년까지로 되어 있으나(어 제70조·제77조 제1항 제8호), 수표의 경우에는 6월이다(手 제51조 제1항·제2항).

(파) 拒絶證明의 方法에 관한 差異

지급거절로 인한 소구에 있어서 거절증명의 방법으로 어음의 경우에는 公正證書가 인정될 뿐이다(어 제44조 · 제77조 제1항 제4호). 수표의 경우에는 공정증서 외에, 지급인의 선언과 교환소의 선언의 방법을 인정하였다(手 제39조). 이는 수표의 지급증권성에 비추어 지급거절의 증명방법을 가능한 한 간편하게 하려는 취지이다.

(하) 기타 手票에만 특유한 制度

지급증권인 수표는 현금과 같이 다루어지므로 수표의 도난 · 분실 기타 부정하게 사용될 위험이 크다. 따라서 수표법은 수표의 부정을 미리 방지하기 위하여 橫線手票制度(手 제37조 제1항 · 제2항, 手 제38조)를 두는 동시에, 그 사후대책으로서 지급위탁취소의 제도(手 제32조)를 두었다.

수표의 경우에는 인수제도가 없으므로 滿期前遡求制度(어 제43조)가 없으며, 또한 어음에서 인정되는 것과 같은 逆어음(어 제52조 · 제77조 제1항 제4호)에 의한 복잡한 소구방법을 인정하지 않는다.

어음에 있어서는 일람출급 · 일람후정기출급의 경우에 한하여 이자문구의 기재를 인정하는 데 대하여(어 제5조 · 제77조 제2항), 수표의 경우에는 이자약정을 인정하지 않는다(手 제7조).

어음에서는 지급인 기타 어음채무자가 하는 還背書가 인정되는 데 대하여, 수표의 지급인이 한 배서는 무효이다(手 제15조 제3항).

그리고 수표에서는 入質背書와 引受無擔保背書 등이 없으므로 배서에 있어 어음과 많은 차이가 있다.

5. 어음 · 手票의 例示

어음 · 수표를 예시하면 다음과 같다. 當座手票는 은행과 발행인 간의 당좌계정약정에 따라 은행이 그 용지를 교부하며, 어음의 경우도 지급장소가 은행으로 되어 있는 것은 은행이 어음용지를 당좌거래자에게 교부한다.

(a) 換어음의 표면

No. 123⑯

환 어 음①a

인수⑰ 2004년 9월 9일 ⑱
丙 印⑲

서울특별시 강남구 삼성동 1 ⑬
丙⑩ 귀하

金壹百萬원整②a
₩ 1,000,000②b
위의 금액을 이 환어음①b과 상환하여
乙⑧ 또는 그 지시인에게 ⑮a 지급하여
주십시오⑨a

거절증서 작성 불요⑭

지급기일 2004년 11월 11일 ③
지 급 지 서울특별시 강남구④
지급장소 A은행 강남지점⑪

발행일 2004년 8월 8일⑤
발행지 불광동⑥
주 소 서울특별시 서대문구
불광동 1⑫

발행인 甲 印⑦

(b) 約束어음의 표면

No. 123⑯

약 속 어 음①a

서울특별시 종로구 이화동 1
乙⑧ 귀하

金壹百萬원整②a ₩ 1,000,000②b
위의 금액을 귀하 또는 귀하의 지시인에게 ⑮a
이 약속어음 ①b과 상환하여 지급하겠습니다⑨b

지급기일 2004년 12월 12일 ③
지 급 지 서울특별시 강남구④
지급장소 A은행 강남지점⑪

발행일 2004년 8월 8일⑤
발행지 강남구⑥
주 소 서울특별시 강남구
삼성동 1⑫

발행인 丙 印⑦

(c) 換어음·約束어음의 이면

<table>
<tr><td>앞면에 적은 금액을 丁㉑ 또는 그 지시인 ⑮b에게 지급하여 주십시오㉒
(목적 또는 부기)

거절증서의 작성의무를 면제함⑭
印
2004년 9월 9일 ㉓
주소 서울특별시 중구 광희동 1가 1㉔
성명 乙 印⑳</td></tr>
<tr><td>앞면에 적은 금액을 戊㉕ 또는 그 지시인 ⑮b에게 지급하여 주십시오
(목적 또는 부기)

거절증서의 작성의무를 면제함⑭

2004년 10월 10일 ㉓
주소
성명 丁 印㉖</td></tr>
<tr><td>앞면에 적은 금액을 ㉗ 또는 그 지시인 ⑮b에게 지급하여 주십시오
(목적 또는 부기)

거절증서의 작성의무를 면제함⑭

2004년 11월 11일 ㉓
주소
성명 戊 印㉘</td></tr>
<tr><td>앞면에 적은 금액을 틀림없이 받았음

년 월 일
주소
성명 印</td></tr>
</table>

①ab는 어음문구, ②ab는 어음금액, ③은 만기, ④는 지급지, ⑤는 발행일, ⑥은 발행지, ⑦은 발행인의 기명날인, ⑧은 수취인, ⑨a는 지급위탁문구, ⑨b는 지급약속문구이며, ⑩은 지급인인데, 이것들은 기본어음으로서 갖추어야 할 요건, 즉 필요적 기재사항이다(약속어음에는 ⑩은 없다).

⑪은 지급장소(第三者方支給文句), ⑫는 발행인의 명칭에 부기한 지, ⑬은 지급인의 명칭에 부기한 지, ⑭는 무비용상환문구인데, 이것들은 유익적 기재사항이다.

⑮ab는 지시문구, ⑯은 어음번호인데, 이것들은 무익적 기재사항이다.

⑰은 인수문구, ⑱은 인수일자, ⑲는 인수인의 기명날인이고, ⑳은 제1배서의 배서인의 기명날인, ㉑은 제1배서의 피배서인, ㉒는 배서문구, ㉓은 배서일자, ㉔는 배서인의 주소, ㉕는 제2배서의 피배서인, ㉖은 제2배서의 배서인의 기명날인, ㉗은 제3배서의 피배서인란(白地背書의 경우), ㉘은 제3배서의 배서인의 기명날인이다.

(d) 수표의 표면

No. ⑩ 당 좌 수 표①a

서울특별시⑧

주식회사 A은행 강남지점 앞⑨

금壹百萬원整②a ₩ 1,000,000②b

위의 금액을 이 수표 ①b와 상환하여 소지인에게③ 지급하여 주십시오④

2004년 8월 8일 ⑤

발행지 서울특별시 서대문구 불광동 1⑥
발행인 甲 印⑦

(e) 수표의 이면

서울특별시 종로구 이화동 1⑪
乙 印 ⑫

①ab는 수표문구, ②ab는 수표금액, ③은 소지인출급문구, ④는 지급위탁문구, ⑤는 발행일, ⑥은 발행지, ⑦은 발행인의 기명날인, ⑧은 지급지, ⑨는 지급인인데, 이것들은 수표의 필요적 기재사항이다.
⑩은 수표번호, ⑪은 배서인의 주소, ⑫는 배서인의 기명날인이다.

Ⅱ. 어음·手票의 經濟的 機能

1. 어음·手票의 有用性

어음·수표는 일정 금액의 지급을 목적으로 하는 金錢債權證券으로서 유통성을 그 생명으로 한다. 따라서 法도 流通證券으로서의 특징을 살릴 수 있도록 양도방법의 간편성, 양수인의 보호, 지급의 확실성의 보장 등 유통성의 보장조치를 강구하고 있다.

유통증권으로서의 어음·수표에 관한 법적 규제가 엄격하므로 이에 힘입어 어음·수표는 경제생활에 있어서 필요불가결한 用具로서 이용되고 있으니, 즉 지급의 용구로서, 신용의 용구로서, 송금의 용구로서, 추심의 용구로서, 담보의 용구로서의 기능을 다하고 있다.

(1) 支給機能

수표의 주된 기능은 현금의 대용물, 즉 지급의 용구로 쓰이는 것이다. 가령 매매대금을 지급하는 경우에, 현금으로 지급하려면 불편과 위험이 따르기 때문에, 미리 '當座計定約定書'에 의해서 은행과 당좌거래계약[그 내용은 당좌예금계약(이와 함께 當座貸越契約을 체결하기도 한다), 수표계약, 상호계산계약으로 되어 있다]을 체결해 놓고 당좌수표를 발행하거나, 혹은 자기앞수표(保證手票)를 만들어 두었다가 그것을 현금 대신 교부하는 경우에는 매우 간편하게 대금결제를 끝낼 수가 있다. 특히 수표법도 이 지급기능을 고려하여 모든 수표를 一覽出給性(手 제28조)으로 하고, 지급제시기간을 짧게 제한하고 있다(手 제29조·제32조).

어음도 지급의 용구로 쓰일 수 있다. 가령 현금매매가 아니고 외상매매를 하는 경우에는 대금지급기일을 만기로, 매매대금을 어음금액으로 한 약속어음(또는 인수한 자기앞환어음)을 발행하면 된다(이런 경우는 어음의 신용기능과 결합하여 지급기능을 다하고 있는 것이다). 어음의 수취인으로서는 지급의 확실성이 보장되어 안전할 뿐만 아니라, 다시 그 어음으로 지급을 하거나 어음할인을 할 수 있어 간편하다. 이렇게 하여 하나의 어음이 수회의 지급에 이용될 수도 있으므로 Einert가 '商人의 紙幣'라고 할 정도로 현금 대신 간편하게 쓰이고 있다.

(2) 信用機能

수표는 신용증권화하는 것을 法이 막고 있으나, 어음은 신용기능이 가장 중요한 기능이다.

(가) 商品의 資金化手段

외상매매를 하는 경우 매수인에게 신용을 준 매도인의 자본은 그 동안 死藏(固定化)된다. 이런 경우 위에서 설명한 바와 같이 매수인의 어음(상업어음)을 받아 은행에서 割引을 받으면 현금매매를 한 것과 같은 경제적 효과를 거둘 수 있다. 이와 같이 어음할인을 하면 매매대금의 결제에 따르는 시간적 장애를 극복하고 장래의 금전을 현재의 금전으로 변화시킴으로써, 매도인은 상품을 즉시 자금화하고, 매수인은 그 동안 自己資本을 활용할 수 있으며, 한편 은행측으로도 短期與信業務로서 자금의 효율적 운용이 된다.

(나) 金融手段

어음은 채권담보를 위해 쓰이기도 한다. 가령 은행이 융자를 해줄 때 차용증서 대신에 어음을 받아 두면(어음貸付) 훨씬 유리하다. 또 당좌대월계약이나 고용계약 등에 의하여 장래 발생할 채무의 이행을 담보하기 위하여 어음이 발행되는 경우(根擔保어음 또는 供託어음)도 있다. 현실적인 상거래가 없이 발행하는 융통어음을 할인하여 금융수단으로 이용할 수도 있다.

(3) 送金機能

격지자 간에 현금으로 지급하려면 공간적 장애로 인하여 그 불편과 위험이 가중되는데, 어음·수표를 이용하면 손쉽게 해결이 된다. 국내에서의 송금에는 어음·수표 어느 것이나 이용될 수 있으나, 대개 수표를 이용하고(郵便換·電信換 등의 방법도 있다), 국가 간의 송금에는 환어음이 이용된다. 수표의 송금기능을 보면 송금을 하는 자가 자기의 당좌수표를 우송할 수도 있겠으나, 대개 은행에 '送金手票'의 발행을 의뢰하여 이를 우송하는 것이 보통이다. 이 때 횡선수표로 하면 더욱 안전하다.

국가 간의 송금기능을 보면, 가령 한국의 甲이 미국의 乙에게 송금을 하는 경우에는, 甲이 한국에 있는 자기의 거래은행에 대하여 현금을 납입하고, 미국에 있는 그 은행의 지점이나 거래은행이 지급인으로 된 환어음을 매수하여, 이것을 乙에게 송부하면 된다. 이것을 '送金換'이라고 하며, 그 시세가 換時勢이다.

(4) 推尋機能

추심기능은 환어음에만 있고, 특히 국가 간의 거래에서 이용되고 있다. 가령 한국의 甲이 미국의 乙에게 상품을 수출하고 대금을 추심코자 하는 경우에, 甲은 乙을 지급인으로 한 환어음을 발행하여 자기의 거래은행으로부터 할인받아 수금목적을 달성하고, 甲의 거래은행은 미국에 있는 자기은행 지점이나 거래은행에 환어음을 송부하여 乙에게 지급제시를 하게 된다.

그러나 국가 간의 거래에 있어서는 甲이 발행한 환어음의 지급성이 보장될 수 없기 때문에 운송증권이라는 물적 담보를 결부시킨 '荷換어음' 또는 그 하환어음에다 다시 은행의 인적 담보를 결부시킨 '商業信用狀'을 이용하는 것이 보통이다.

(5) 擔保機能

민법상의 일반채권에 비하여 어음채권은 그 지급이 확실하다는 것이 특색이다. 따라서 일반금전채권을 어음화하면 지급확보적 기능이 강화된다. 어음과 수표는 지급을 확보하기 위하여 支給拒絶(不渡)의 경우 어음교환소 규약에 의하여 거래정지처분을 받는다. 즉, 교환소에 가입된 모든 은행으로부터 2년간 당좌계정거래를 비롯한 모든 대부거래가 전부 정지되는 불이익을 받는다(어交規 제78조 · 제79조). 또 수표의 경우에는 不正手票團束法에 의한 형사처벌을 받게 되므로 부도가 나지 아니하도록 적극적인 노력을 하기 마련이다.

어음채권은 부도가 발생하는 경우 제1차적인 지급이 확보되지 않으면 제2차적인 구제책으로 소구제도가 인정되어 어음채권이 보호받는다. 이 외에도 어음소지인이 제시기간내의 제시 또는 권리보전절차를 취하지 못하였거나 소멸시효로 인하여 소구권조차 소멸한 경우, 어음소지인은 이로 인하여 이득을 본 자에게 그 이득상환을 청구할 수 있다(어 제79조, 手 제63조).

2. 어음 · 手票의 濫用

'어음은 강자에게 유리하고 약자에게 불리한 것'이라고 비난할 만큼 남용되기도 한다. 그러나 어음 · 수표의 병리현상 때문에 그 효용성을 부정할 수 없음은 물론이다. 그 남용의 구체적 예를 들어보면 다음과 같다.

(1) 어음嚴正의 濫用

(가) 抽象性의 濫用

어음소지인은 원인관계에 구애됨이 없이 권리행사를 할 수 있으므로, 불법적인 목적을 달성하기 위하여 어음을 발행하는 경우에는 어음상의 권리는 보호받을 수 있다. 예컨대, 도박, 고리대금, 폭리행위로 인한 대금지급의 경우, 어음의 無因證券性을 이용하여 어음을 작성시켜서 수취한 후 제3자에게 양도하여 그 자로 하여금 청구를 하게 하면, 어음채무자는 어음발행원인이 公序良俗에 위반하여 무효가 된다는 항변(民 제103조)을 주장할 수 없게 되어 위법행위가 합리화된다. 이러한 폐해는 배서 등의 경우에도 생길 수 있다. 즉, 어음과 수표의 지식이 없는 자를 배서에 이용한 후 부도로 인한 償還責任을 강요하는 경우이다. 배서인은 담보책임이 없다고 주장하여도 무담보문언을 어음과 수표상에 기재하지 아니한 이상 人的 抗辯事由로써 대항할 수 없다. 어음소지인이 악의인 경우에는 인적 항변사유가 되나, 실제로는 악의의 입증이 쉽지 않으므로 이러한 병폐로 피해를 입는다.

(나) 要式性의 濫用

어음과 수표는 가장 엄격한 절대적 요식증권이므로 그 요식이 흠결되면 무효가 되는 것이 원칙이다(어 제2조, 手 제2조). 이러한 점을 기화로 어음과 수표에 대한 지식이 부족한 자에게 고의로 어음요건이 흠결된 어음이나 수표를 발행·교부한 후 어음소지인의 청구가 있을 때 어음요건의 흠결을 이유로 지급을 거절할 수 있다. 예컨대, 법정 만기 이외의 방법으로 만기를 정한 어음은 효력이 없음을(어 제33조) 이용하여 고의로 어음을 발행하고 이러한 어음에 대한 청구가 있으면 무효를 주장하는 경우이다. 또 회사가 어음을 발행하는 경우 법인명을 표시하고 代表者가 記名捺印 또는 署名을 하여야 하는데, 법인명을 기재하고 법인인만 압날한 어음을 발행하고 후에 어음청구를 무효로 주장하는 경우이다. 또한 '100만원 또는 200만원'과 같이 금액을 선택적으로 기재하거나 '200만원 이하' 또는 '200만원 이상'과 같은 최고액 또는 최저액의 기재, 분할지급문구 또는 금전 이외의 물건이나 유가증권으로 변제할 것을 기재하는 등 유해적 기재사항을 기재한 후 사후에 무효를 주장하는 경우도 있다.

(다) 抗辯切斷의 濫用

어음법과 수표법은 어음과 수표의 소지인을 일반채권자보다(民 제450조) 두터이 보호하기 위하여 원인관계를 비롯한 여러 가지 항변사유가 있더라도 그것을 선의의 소지인에게 대항하지 못하게 항변을 절단하고 있다(어 제17조·제77조 제1호, 手 제33조). 다만 소지인이 악의인 경우에는 대항할 수 있으나, 실제로 악의를 입증하기는 매우 어려우므로 채무자가 이를 입증하지 못하면 결국은 어음소지인은 선의로 추정되어 악의자를 법률상 보호하는 병폐가 생긴다. 예컨대, 남에게 보이기만 하고 행사를 하지 않겠다는 조건으로 어음을 발행하게 한 수취인이 이러한 약속을 위반하고 어음할인을 받아 유통시켜 만기에 어음소지인으로부터 지급청구를 받게 한다면, 발행인이 수취인과의 약속을 이유로 지급거절의 항변을 하여도 이를 알지 못한 선의의 어음소지인에게는 抗辯切斷이 생긴다. 이러한 경우 설사 어음소지인이 그 사실을 알고 있는 악의의 어음소지인이라고 하더라도 발행인이 이러한 악의를 입증하지 못하는 한 발행인은 그 책임을 면하지 못한다. 또한 매매에 있어 매수인이 대금을 지급하기 위하여 어음이나 수표를 발행하였으나 후에 매매계약이 해제된 경우라도, 매도인이 그 어음이나 수표를 제3자에게 背書讓渡하였다면 매수인은 어음소지인의 지급청구에 대하여 원인관계에 관한 항변으로써 대항하지 못한다.

어음과 수표의 요건 중 어느 것을 공백으로 하고 후에 이것을 보충하기로 한 白地어음의 경우도 또한 동일하다. 예컨대, 어음소지인이 300만원을 보충하기로 한 약속을 어기고 3,000만원을 보충한 후 이 어음을 선의의 제3자에게 양도한 경우, 발행인은 어음소지인의 補充權濫用을 이유로 항변을 할 수 없다.

어음과 수표의 僞造, 變造, 無權代理, 無能力 등에 관하여도 꼭같은 문제가 있다.

(2) 信用機能의 濫用

(가) 融通어음

실제 상거래를 원인관계로 하지 아니하고 자금융통을 위하여 발행되는 어음을 융통어음이라 하는데(자세한 것은 後術함), 商業어음에 대응하는 것이다. 융통어음은 약속어음이 보통이나, 발행인과 수취인이 동일인으로 되는 환어음의 경우도 있다. 즉, 무자력한 상인 갑과 을이 運轉資金을 얻기 위해 공모하여 거래없이 空어음 또는 空手票를 남발하는 경우, 甲이 발행한 어음을 乙이 인수하고 乙이 발행한 어음을 甲이 그 지급인으로서 이를 인수하여 각각 제3자에게 할인하여 그 대가를 받아 사용하고 지급기일에 부도를 내면, 어음소지인을 해할 뿐만 아니라 경제사회질서를 문란케 한다. 또 약속어음에 의하여 융통어음을 발행하는 경우 발행인이 수취인으로 하여금 제3자인 피배서인으로부터 할인을 받아서 융통을 얻도록 하는 것이 대부분인데, 그 약속어음은 제3자에게 교부되게 마련이고, 그 제3자는 그 어음이 상업어음이 아니고 融通어음이란 것을 알면서 이를 취득한 경우에도 어음발행인은 이것을 抗辯事由로 지급을 거절할 수 없다.1)

(나) 虛無어음(Kellerwechsel)

허무어음은 발행인이나 지급인·인수인 또는 배서인을 假設人으로 한 어음을 말한다. 이러한 실재하지 아니하는 자를 발행인이나 지급인 또는 배서인 등으로 한 어음은, 결국 어음소지인에게 손해를 주게 되어 어음의 信用機能을 저해한다.

(다) 騎乘어음(Reitwechsel)

기승어음은 두 사람이 각각 상대방을 지급인으로 한 환어음을 발행하고 서로 인수한 후 이것을 가지고 거래은행에서 할인을 받거나 제3자에게 양도하는 어음이다. 영국에서는 이를 kite(연)라 한다. 예컨대, 자금을 필요로 하는 甲이 역시 자금을 필요로 하는 乙과 합의하여 甲을 발행인, 乙을 지급인으로 한 환어음을 발행하여 乙로 하여금 인수시킨 후 이를 은행에 할인하여 자금을 얻고, 또 乙이 甲을 지급인으로 한 환어음을 발행한 후 甲의 인수를 받고 할인한 다음 그 자금을 만기일까지 활용한 후 만기일에 그 어음을 결제하는 순으로 되풀이하는 어음이다.

Ⅲ. 어음·手票의 經濟的인 分類

1. 어음의 種類

어음이 발행되는 경제적 목적에 따라 또는 어음이 사용되는 경제적 관계와 관련하여, 다음과 같이 여러 가지 명칭으로 불리기도 한다. 그러나 어음으로서의 법률적 성질은 변하지 아니한다.

---

1) 大判 1979. 10. 30, 79 다 479.

(1) 委託어음

위탁어음이란 발행인이 타인(委託者)의 계산으로 발행한 어음이다.

(2) 延期어음

연기어음이란 이미 발행된 어음의 만기가 도래하였을 때, 당사자의 합의하에 그 지급을 연기하기 위하여 발행한 어음이다. 改書어음(Prolongations wechsel)이라고도 한다. 그리고 이러한 행위를 어음의 개서라고 한다.

(3) 貸付어음

대부어음이란 金錢消費貸借에 있어 그 지급을 확보하고 또 차용증서로 대용하기 위하여 차주가 대주에게 교부하는 어음이다.

(4) 商業어음(Handelswechsel)

상업어음이란 실제상거래가 원인이 되어 발행되는 어음이다. 眞正어음 또는 實어음이라고도 하는데, 그 배후에 상품의 수수가 있으므로 '商品어음'(Warenwechsel)이라고도 한다. 이것은 융통어음에 대응하는 명칭이다.

(5) 單名어음

단명어음이란 어음상의 채무자의 수가 한명뿐인 어음이며, 보통 어음대부의 경우처럼 담보 없이 자금을 융통하는 수단으로 이용된다. 약속어음의 경우는 발행인 한 사람만이 어음채무자이고 수취인은 은행이며 배서가 없는 경우를 가리키고, 환어음의 경우는 발행인이 동시에 지급인이면서 인수인인 어음으로서 은행이 수취인인 경우이다. 이에 대하여 어음채무자가 다수인 어음을 複名어음이라 한다.

(6) 擔保어음(Kautionswechsel od. Depotwechsel)

담보어음이란 현재의 채무 또는 장래 발생할지도 모르는 채무의 이행을 담보하기 위하여 발행되는 어음이며, 供託어음이라고도 한다. 보통 배서금지의 기재를 하고 수취인에게 교부한다. 이것과 어음금지급을 확보하기 위하여 물적 담보가 있는 '擔保附어음'은 구별하여야 한다.

(7) 貨換어음

화환어음이란 운송 중의 화물을 담보로 하여 발행된 어음으로서 일종의 擔保附어음이다. 이에 대하여 물적 담보 없는 어음을 clean bill이라고 하여 貨換어음과 구별한다. 이것은 격지자 사이의 매매거래에 있어서 매도인이 신속하게 자금을 회수할 수 있기 때문에 많이 이용되고 있다. 화환어음에는 화물을 대표하는 서류만이 첨부된 것과, 이것에 상업신용장과 같은 인적 담보를 부여하는 증권이 첨부된 것의 두 가지가 있다.

(8) 不渡어음

부도어음이란 환어음의 인수인, 지급인 또는 약속어음의 발행인이 지급을 거절한 어음이다.

(9) 融通어음(Gefälligkeitswechsel od. Finanzwechsel)

융통어음의 의미는 광의·협의 두 가지 의미가 있다. 광의의 융통어음이란 어음수수당사자 사이에 어음수수 이외에 어음을 수수하게 되는 원인이 되는 별도의 상거래가 없는 모든 어음을 말한다. 이는 어음발행과 원인행위와의 관계에 의한 분류이다. 협의의 융통어음이라 함은 광의의 융통어음 중에서도 상대방에게 신용을 공여하고 상대방이 이를 이용하여 자금을 융통할 수 있도록 하기 위하여 제공되는 어음만을 말한다. 융통어음은 舊債를 메우기 위하여 또는 자금의 일시 융통을 위하여 이러한 어음이 발행되는 일이 많다. 이것을 財政어음이라고도 하고, '빈어음'·'貸어음'·'借어음'이라고 부르기도 한다.

또 他人에게 신용을 줄 목적으로 발행·배서·인수 등의 행위를 한 경우, 예컨대 은행이나 친족·친지 등이 好意引受(Gefälligkeitsakzept)·好意背書를 하거나 위탁어음을 발행하는 경우, 이 어음을 신용어음(Kreditwechsel)이라고 부르기도 하는데, 이것도 융통어음이다.

(10) 割引어음

할인어음이란 할인받은 어음이다. 할인이라 함은 만기미도래어음의 소지인이 어음금액에서 할인료를 공제한 금액을 지급받고 그 권리를 양도하는 거래를 말한다. 양수인은 보통 은행이 된다. 일단 할인한 어음을 다시 할인하는 경우, 이 어음을 '再割引어음'이라고 하며, 중앙은행에 의하여 再割引받을 수 있는 어음을 '適格어음'이라고 한다.

(11) 預金어음

예금어음은 어음이라는 문자를 사용하고 있기는 하나, 어음법상의 어음은 아니다. 주로 은행에서 예금을 찾아 그 현금을 타인에게 교부하고자 할 때, 이에 따르는 위험과 번잡을 덜기 위하여, 預金相當金額의 證書를 받는데 이를 예금어음이라 한다.

(12) CP어음(commercial paper)

CP어음이란 기업자금의 조달을 위하여 발행되는 약속어음으로서 상거래의 뒷받침이 없는 融通어음이기 때문에 상업어음이라 하지 않고, 속칭 企業어음 또는 新種企業어음이라 한다. 이것은 은행・증권회사 및 종합금융회사 등의 금융기관에서 기업의 신용을 조사하여 우량적격업체로 선정된 기업의 어음을 매입하여 고객에게 매출한 것이기 때문에 이들 금융기관의 신용으로 유통된다고 볼 수 있다. 그러나 종합금융회사가 무담보배서를 한 경우에는 부도가 나도 종합금융회사의 책임은 없으므로 주의할 필요가 있다.[1] 신종기업어음은 액면금이 3천만원 이상, 지급기일이 91일 이상 180일 이내, 중도해약불가조건하에 실세금리에 따른 先利子 및 諸稅金을 공제한 가격으로 매출한다는 특색이 있다.

(13) 양도성예금증서(C.D.)

양도성예금증서(certificate of deposit: C.D.)는 금융통화운영위원회가 제정한 "양도성예금증서 발행업무와 수신이율 및 부대조건"에 의거하여 발행되는데, 최고이율은 각 금융기관이 자율적으로 정할 수 있고, 만기는 30일 이상이며 발행형식은 무기명 할인식이다. 양도성예금증서는 권리의 이전・행사에 증서가 필요하고, 은행이 지급을 약속한 증서로서 약속어음과 유사한 유가증권이다.

1) 大判 1977. 9. 13, 77 다 1136은 어음上의 책임이 아니라, 발행인의 신용도에 대한 조사에 과실이 있을 경우의 손해배상책임의 발생가능성을 시사하고 있다.

2. 手票의 種類

(1) 委託手票

위탁수표란 발행인이 제3자의 계산으로 발행한 수표이다.

(2) 延 手 票

연수표란 실제 발행된 일자보다 후의 날을 발행일자로 한 수표이다. 先日字手票라고도 하며, 수표에는 만기의 표시를 하지 못하므로 그 불편을 덜기 위하여 거래상 많이 이용되기는 하나 수표를 신용증권화할 위험성도 있다. 선일자수표라도 기재된 발행일자의 도래 전에 지급을 위한 제시를 한 경우 지급인은 이를 지급하여야 한다.

(3) 當座手票

당좌수표란 個人手票라고도 하며 自己앞手票, 즉 속칭 保證手票에 대한 말이다. 은행과 당좌거래가 있는 사람이 은행에 예탁한 수표자금의 범위 내에서 은행에서 교부된 수표용지에 발행인으로 기명날인 또는 서명을 한다.

(4) 保證手票

보증수표란 '自己앞手票'를 말하는데, 발행인 자신을 지급인으로 하여 발행한 수표이다. 은행이 발행인과 지급인을 겸하고 있어 지급이 확실하기 때문에 이러한 명칭이 생긴 것이다. '保手'라고 약칭하기도 한다.

(5) 送金手票

송금수표란 은행이 그 본·지점 간 또는 그 거래은행을 상대로 발행하는 수표이다. 송금의 구실을 하기 때문에 이러한 명칭이 생겼으나, 이것은 법률상의 용어는 아니다. 보증수표와 송금수표는 은행이 발행하는 것이므로 '銀行發行手票'라고도 한다.

(6) 家計手票

가계수표란 은행에 가계당좌예금구좌를 개설하고 있는 개인이 발행하는 수표로서, 당좌예금을 하고 있는 자가 발행하는 당좌수표와 흡사하다. 다만 개인이 발행하고 수표금액에 제한이 있으며, 은행이 일정한 금액까지 지급을 보증하는 점에 그 특색이 있다.

(7) 郵便對替手票(Postscheck)

우편대체수표란 郵便對替計座의 가입자가 지급행위로서 발행하는 수표를 말하며, 우편대체법에 규정된 것을 제외하고는 수표법의 규정이 적용되기는 하나(郵便對替法 제14조 제4항), 수표법에 의한 수표는 아니다. 그러나 그 성질은 일반수표와 같으므로 수표의 일종으로 보아야 할 것이다.

(8) 쿠퐁(coupont)

쿠퐁이란 소액의 정액 자기앞수표를 한 묶음으로 한 手票綴을 말한다. 이것 자체가 수표의 종류는 아니다.

(9) 旅行者手票(traveller's check, Reisescheck)

여행자수표는 해외여행자들이 외국에서 현금 휴대에 따른 도난·분실 등의 위험을 덜기 위하여 이용하는 수표인데, 그 법률적 성질이 수표인가 약속어음인가 또는 환어음인가에 대하여는 의견이 갈리고 있다. 그러나 副書를 통해서 신원이 확인되는 한 일종의 수표라고 보아야 할 것이다.

(10) 國庫手票(Schatzscheck)

국고수표란 정부재정지출의 방법으로서 한국은행이 발행한 자기앞수표이다.

Ⅳ. 어음法·手票法의 槪念

1. 어음法·手票法의 意義

어음법·수표법은 광협 두 가지의 의의가 있다. 광의(또는 실질적 의의)의 어음법·수표법이란 어음·수표에 관한 私法法規의 全體를 말한다. 이에 대하여 협의(또는 형식적 의의)의 어음법·수표법이란 어음·수표의 특질 및 그 거래의 필요에 응하기 위하여 제정된 어음·수표에 특유한 규정을 말한다. 이를 고유한 어음법·수표법이라고도 한다.

형식적 의의의 어음법·수표법은 1961년 1월 20일 법률 제1001호로 공포된 어음법과, 같은 날 법률 제1002호로 공포된 수표법을 말한다. 실질적 의의의 어음법·수표법에는 위에 말한 형식적 의의의 어음법·수표법 외에 일반민상법의 규정으로서 어음·수표에 적용되는 것(能力, 表見代理, 意思表示, 權利의 一般消滅事由 등에 관한 것), 즉 民事어음법·수표법과 거절증서령(1970. 4. 15. 大統領令 제4919호)이 포함된다.

어음·수표의 거래를 규율하는 법규는 위에 말한 사법 외에도 刑法(유가증권위조에 관한 규정, 刑 제214조~제217조), 不正手票團束法(법률 제645호), 민사소송법(어음에 관한 소의 특별재판적에 관한 규정, 어음·수표에 관한 가집행선고에 관한 규정, 공시최고절차에 관한 규정, 증권상의 채권의 강제집행에 관한 규정, 민소 제7조·제198조 제1항 단서·제446조 이하·제566조 등), 파산법(破 제48조·제65조), 涉外私法(涉私 제34조~제43조) 등에도 존재하지만, 이것들은 어음수표법에 포함되지 아니한다.

2. 어음法·手票法의 地位

(1) 어음法·手票法과 商法의 관계

상법상 어음행위를 상행위로 보지 않고[依用商法에서는 어음 기타 상업증권에 관한 행위가 絶對的 商行爲로 되어 있었다(依商 제501조 제4호)], 또 실질적으로도 어음·수표는 기업거래가 아닌 일반인의 경제생활에도 널리 이용되고 있으므로 기업법으로서의 상법 속에 어음법·수표법을 포함시킬 수는 없다. 오히려 '유가증권법으로서 私法體系 중에 특수한 지위'를 차지한다고 보아야 할 것이다.[1]

(2) 어음法·手票法과 民法의 관계

어음법·수표법은 '金錢債權'에 관한 법이고, 한편 '證券'에 관한 법이기 때문

1) 徐燉珏·鄭完溶(하) 55면.

에 채권법적 규정과 물권법적 규정을 가지고 있다. 따라서 그것은 민법의 채권법 및 물권법의 원칙을 어음거래의 특별한 수요에 따르게 하기 위하여 보충·변경한 특별법이다.

3. 어음法·手票法의 特異性

어음법·수표법은 유가증권법의 기본이 되는 법이므로 그 특이성은 대체로 유가증권법의 그것과 같다고 할 수 있다. 즉, 强行法的·技術的·形式的·統一的 성질을 지니고 있는데, 이 밖에 수단적·성문법적 성질을 더 지적하기도 한다.

제 2 장
어음法 總論

제 1 절 어음行爲

제 1 관 어음行爲의 意義 및 種類

Ⅰ. 어음行爲의 意義

1. 어음行爲定義의 困難性

어음行爲(Wechselerklärung)를 정의하기란 매우 어려운 일이다. 학설을 대체로 정리하여 보면 ① "記名捺印 또는 署名하는 것을 불가결한 요건으로 하는 요식의 書面行爲"라고 하여 형식적으로 파악하려는 입장,[1] ② "기명날인 또는 서명을 요건으로 하는 요식의 서면행위로서 그 행위의 결과 어음上의 채무를 부담하게 되는 행위"라고 하여 어음행위를 형식적·실질적 양면에서 정의하려는 입장,[2] ③ "실질적으로는 어음(수표)상의 법률관계의 구성요건인 법률행위를 가리키며, 형식적으로는 증권상에 그 의사표시의 내용을 기재하고, 표의자가 이에 기명날인 또는 서명함으로써 하는 요식의 서면행위"라고 하여 어음행위의 형식적 의의와 실질적 의의를 분리하여 설명하려는 입장,[3] 그리고 ④ 다음과 같이

1) 徐燉珏·鄭完溶(下) 63면; 同旨: 鄭熙喆·鄭燦亨(下) 63면.
2) 徐廷甲(어) 85면.
3) 孫珠瓚(下) 36면.

실질적으로 파악하여 정의를 내리는 입장으로 크게 분류할 수 있다.

2. 어음行爲의 定義

어음행위의 실질적 내용을 검토하여 볼 때, 어음행위란 "어음상의 債務의 발생원인이 되는 法律行爲"라고 정의할 수 있다. 물론 배서나 환어음의 발행은 채무부담을 직접적인 목적으로 하는 것은 아니지만 제2차적인 효과로서 償還義務를 부담하게 되므로 모든 어음행위가 채무의 발생원인이 된다고 할 수 있다.

이에 대해서 상환의무라는 제2차적 효과는 배서인이나 환어음 발행인의 의사와는 '관계없이' 유통성확보를 위하여 정책적으로 인정한 법적 효과에 불과하다고 하는 반박도 있으나, 법은 오히려 채무부담의 의사를 전제로 하고 예외적으로 그 의사를 결한 경우에도 꼭같이 취급하려고 규정을 둔 것이라고 볼 수 있다.[1)]

Ⅱ. 어음行爲의 種類

어음행위의 종류는 約束어음에는 發行 · 背書 · 保證의 3종(학설상은 參加引受까지 4종), 換어음에는 發行 · 背書 · 保證 · 引受 · 參加引受의 5종(수표에는 발행 · 배서 · 보증 · 지급보증의 4종)이 있으며, 이 중에서 발행은 기본어음을 창조하는 행위이므로 기본적 어음행위(Hauptwechselakt)라 하고, 다른 행위는 부속적 어음행위(akzessorischer Wechselakt)라고 한다. 부속적 어음행위는 기본어음행위를 그 자체의 요건으로 하므로 기본어음이 그 요건의 흠결로 인하여 무효가 되면, 그 행위 위에 행하여진 부속적 어음행위도 모두 무효가 된다.[2)]

---

1) 鈴木竹雄, ≪手形法 · 小切手法≫, 1957, 114면.
2) 鄭東潤(어) 129면.

제2관 어음行爲의 成立要件

Ⅰ. 어음行爲의 形式的 要件(證券의 作成)

어음행위가 유효하게 성립하려면, 우선 어음상[배서나 보증은 어음 자체뿐만 아니라 補箋이나 謄本에 기재하여도 된다(어 제13조 제1항·제31조·제67조 제3항·제77조)]에 법정사항을 기재하고 기명날인 또는 서명을 하여 證券的 法律行爲로서의 형식을 갖추어야 한다.

1. 어음行爲의 方式

각 어음행위에는 고유한 방식이 정해져 있다(어 제1조·제13조·제25조·제31조·제57조·제75조·제77조). 그러나 한 어음행위가 다른 어음행위를 전제로 하는 경우에는 그 고유한 방식 외에 전제가 되는 행위의 방식도 갖추어져 있어야 하며, 그 중 어느 하나가 갖추어지지 않아도 그 어음행위는 무효가 된다. 모든 어음행위에 공통된 요건은 어음행위자를 표시하는 방식인 記名捺印 또는 署名이다.

2. 어음의 記名捺印 또는 署名

(1) 意　義

기명날인이란 행위자의 명칭을 직접 쓰거나 어떠한 방법(예컨대, 타이프, 인쇄, 고무印)으로 기재하고, 행위자의 의사에 의하여 그의 인장을 찍는 것을 말한다. 1995년 개정 전의 어음법·수표법에서는 외국인의 경우를 제외하고[外國人의 署名捺印에 관한 法律(1958. 7. 12 法律 제488호)] 自署는 인정하지 않았는데,[1)] 상거래의 국제화 추세에 맞추어, 1995년 상법개정시에 어음법 및 수표법도 함께 개정하여 기명날인과 서명을 선택적으로 사용할 수 있게 하였다.

기명날인을 요구하는 이유로는 ① 어음행위자로 하여금 어음상의 책임을 질 것을 자각하게 하려는 주관적 이유와 ② 어음행위자의 고유한 필적이나 印影을 어음면에 나타내어 어음취득자로 하여금 어음행위자가 누구임을 분명히 알게 하는 한편 ③ 어음행위의 위조를 방지하려는 객관적 이유를 들 수 있다.

(2) 自然人의 記名捺印 또는 署名

자연인의 기명날인 또는 서명은 행위자의 의사에 의한 것인 한 타인에게 代行시킬 수 있다. 행위자를 표시하는 명칭은 성명·상호·아호·통칭 등 거래계에서 누구인지 알 수 있는 것이면 상관없다.[2] 印章은 기명자의 명칭과 일치할 필요는 없고, 기명자의 '同一性'이 감별될 수 있는 것이면 무엇이든 상관없다.[3] 이 외에 자연인의 기명날인 또는 서명과 관련하여 문제가 되는 것은 다음과 같다.

i) 전술한 바와 같이 어음행위자의 記名만 있고 捺印이 없는 경우에는 그 어음행위는 무효이나, 날인만 하고 기명이 없는 경우도 무효이다.[4] 다만 기명이

1) 孫珠瓚(下) 55면; 徐廷甲(어) 98면; 鄭東潤(어) 131면.

2) 우리 나라 대법원도 "약속어음의 발행에 있어 발행인의 기명이 반드시 그 본명과 일치하여야 하는 것은 아니다"라고 한다. 大判 1969. 7. 22, 69 다 742. 同旨: 日最判 1906. 10. 4(通稱의 경우 인정); 日最判 1921. 7. 13(타인의 성명과 동일한 명칭을 사용한 경우 인정).

3) 同旨: 鄭熙喆·鄭燦亨(下) 67면; 孫珠瓚(下) 53면. 이에 대하여 기명자와 날인자의 거래상의 동일성이 인정되는지의 여부를 불문하고 불일치를 긍정하는 견해가 있다[鄭東潤(어) 131면 참조]. 기명자의 명의는 '황택임'이고 인장의 명의는 '서상길'로 기명날인되어 발행된 약속어음에 대하여, 우리 대법원은 "어음법상의 기명날인이라는 것은 기명된 자와 여기에 압날된 인영이 반드시 합치됨을 요구한다고 볼 근거는 없는 것이므로 본건에서 원심이 인정한 바와 같이 위 약속어음에 피고 황택임의 기명이 있고 거기에 어떤 인장이 압날되어 있는 이상 그 인영이 '서상길'로 되어 있어 비록 그 기명과 일치되지 않는다 할지라도 이 약속어음의 문면상으로는 기명과 날인이 있는 것이 되어 외관상 날인이 전혀 없는 경우와는 구별이 되어야 할 것이다"고 판시하여, 기명자의 명의와 인장의 명의가 거래상 동일성이 인정되는가의 여부에 불문하고 불일치를 긍정하고 있다. 大判 1978. 2. 28, 77 다 2489. 그러나 이 때에 어음소지인은 위 어음의 진정성립, 즉 위 서상길이라는 인영이 피고 황택임의 의사에 기하여 顯出된 것이라는 데 대한 입증책임이 있다고 보아야 할 것이다(朴泰範, "記名捺印의 代行", ≪어음·手票法에 관한 諸問題(上)≫, 法院行政處, 1986, 161면 註 15).

4) 鄭熙喆·鄭燦亨(下) 67면; 大判 1961. 1. 31, 4294 民上 200.

흠결된 어음행위에서 소지인이 이를 보충할 수 있다고 보는 것이 판례의 태도이다.[1] 기명이 서명으로 인정될 경우에는 날인이 별도로 필요없다.

ii) 拇印에 관하여는 대체로 학설은 그 眞否를 육안으로 식별할 수 없다는 이유로 무효설[2]을 취하고 있으며, 판례도 같은 태도이다.[3]

(3) 法人의 記名捺印 또는 署名

법인의 기명날인 또는 서명은 법인의 명칭과 代表關係를 표시하고 대표자의 기명날인 또는 서명을 하여야 한다. 따라서 ① 본인(會社名)의 표시를 缺한 경우는 본인의 책임이 없다.[4] ② 대표관계를 표시하지 않은 경우에도 본인의 어음행위로서는 무효이나,[5] 판례는 'Y株式會社A'라고 표시하고 등록된 '代表理事A印'이라는 직인을 사용한 경우 회사에 책임이 있다고 한다.[6] 이와 관련하여 대표이사 대신에 '理事'로만 쓴 경우, 이것이 대표기관에 의한 어음행위는 아니지만 회사의 대표기관의 표시로서 적법하다고 하며,[7] 재단법인의 '幹事'로 표시된 어음행위도 법인의 어음행위로 인정된다고 한다.[8] ③ 마지막으로 회사인만 날인되고 대표기관의 기명날인 또는 서명이 없는 경우도 법인의 어음행위로서는 무효이

1) 大判 1980. 3. 11, 79 다 1999.
2) 徐燉珏·鄭完溶(下) 67면; 孫珠瓚(下) 54면; 鄭東潤(어) 131면 등.
3) 大判 1956. 4. 26, 1955 民上 424; 大判 1962. 11. 1, 62 다 604.
4) 大判 1979. 3. 27, 78 다 2477: 약속어음의 발행인 명의가 회사 대표이사인 개인 甲으로만 되어 있고, 동인이 회사를 위하여 발행하였다는 뜻이 표시되어 있지 아니한 이상, 그 명의하에 날인된 인영이 회사의 대표이사 직인이라고 할지라도 그 어음은 동인이 회사를 대표하여 발행한 것이라고 볼 수 없다.
5) 大判 1959. 8. 27, 4291 民上 287. 同旨: 鄭東潤(어) 133면. 그러나 1979년의 대법원 판례를 보면, "이 약속어음이 Y회사에 의하여 발행된 것이라는 원고의 주장사실을 자백한 바가 있었던 사실과, 이 어음이 Y회사의 대표이사 A에 의하여 그 재직 중 피고회사명칭인 Y주식회사 A로 발행되었고 또 지급장소도 피고회사로 되어 있는 점 등을 종합하여, 이 어음에 대표이사자격표시가 없고 또 A의 개인도장이 찍혀있다 하더라도, 이는 Y회사 대표이사인 A 개인이 발행한 것이 아니고 그가 Y회사 대표이사자격에서 이를 발행한 것이라고 인정한 원심판단은 정당하다"고 판시하여 Y회사의 책임을 인정하였다(大判 1979. 3. 13, 79 다 15).
6) 大判 1969. 9. 23, 69 다 930; 大判 1979. 3. 13, 79 다 15; 大判 1994. 10. 11, 94 다 24626.
7) 大判 1973. 12. 26, 73 다 1436. 그러나 회사부사장, 전무이사, 상무이사 등의 표시는 상법 제395조에 의하여 대표자격의 표시로서 적법하다는 견해가 있다(朴泰範 "記名捺印의 代行", ≪어음·手票法에 관한 諸問題(上)≫, 法院行政處, 1986, 164면).
8) 大判 1968. 5. 28, 68 다 480.

다.[1] 이 경우는 대표이사의 기명날인 또는 서명이 없으므로 개인적으로도 책임이 없게 되어 이 어음행위에 대하여는 아무도 책임을 부담하지 않게 된다.

(4) 法人格 없는 團體의 記名捺印 또는 署名

組合이 어음행위를 할 때에는 이론상으로는 조합원 전원이 기명날인 또는 서명하여야 하나, 실제의 관행은 代表組合員이 대표자격을 표시하고 전조합원을 대리하여 기명날인 또는 서명을 한다.[2] 권리능력 없는 사단[3]과 재단[4]의 경우도 같다. 학교법인의 명의가 아닌 대학장의 명의의 기명날인 또는 서명은 학교법인의 어음행위로서는 효력이 없다.[5]

Ⅱ. 어음行爲의 實質的 要件

어음행위가 유효하게 성립하려면 어음능력자의 하자 없는 의사에 의하여 한 것이어야 한다.

1. 어음能力(Wechselfähigkeit)

(1) 어음權利能力(Wechselrechtsfähigkeit)

私法上의 權利能力者는 모두 어음권리능력자이다. 법인의 어음행위는 모두 법인의 목적범위 내의 행위로 풀이되지만(民 제34조), 어음행위가 법인의 목적범위 외의 행위라고 하더라도 어음행위의 추상성 때문에 원인관계인 실질적 행위에 의거하여 인적 항변의 문제가 생길 뿐이지 어음행위 자체의 효력에는 영향

---

1) 大判 1964. 10. 30, 63 다 1168. 同旨: 鄭熙喆·鄭燦亨(下) 94면(그러나 어음행위독립의 원칙의 적용에 있어서는 기명날인이 형식상은 있는 것으로 보아 긍정하여야 한다); 徐燉珏·鄭完溶(下) 67면; 孫珠瓚(下) 56면; 鄭東潤(어) 134면.
2) 大判 1970. 8. 31, 70 다 1360.
3) 孫珠瓚(下) 57면; 崔基元(어) 112면.
4) 徐燉珏·金泰柱, ≪註釋 어음法·手票法≫, 1981, 78면.
5) 大判 1975. 10. 23, 75 다 1222. 同旨 : 大判 1956. 9. 22, 56 다 276; 大判 1971. 2. 23, 70 다 2981.

이 없다.

민법상의 조합이나 권리능력 없는 사단의 명의로 어음행위가 행하여진 경우에는 무효라는 학설과[1] 유효라는 학설이 있으나, 代表組合員 등 대표자의 명의로 행하여진 것은 그 단체의 구성원의 이름으로 행한 것으로 보아 유효한 것으로 보는 것이 옳다고 생각한다.

(2) 어음行爲能力

어음행위능력이 없는 意思無能力者의 어음행위는 무효이고, 禁治産者의 어음행위는 별다른 규정이 없는 한 언제나 취소할 수 있다. 법정대리인의 동의를 얻지 아니하고 한 미성년자와 한정치산자의 어음행위는 취소할 수 있다. 미성년자나 한정치산자가 권리만을 얻거나 의무를 면하는 행위에 관하여는 법정대리인의 동의가 필요없지만(民 제5조 제1항 단서·제10조), 어음행위는 항상 채무부담 또는 채무양도를 내용으로 하므로 이 단서에 해당하지 않는다고 본다.[2] 영업의 허가를 얻은 미성년자나 한정치산자(民 제8조·제10조)는 그 영업에 관한 한 어음행위능력도 가지는 것으로 해석된다. 또한 특정재산의 처분을 허락받은 미성년자는 그 재산에 관하여 어음행위능력을 가진다고 보는 것이 통설이다.

어음행위가 처음부터 무효인 경우는 물론, 행위자의 무능력을 이유로 어음행위가 취소된 경우에도 취소의 효과는 遡及하여 처음부터 무효이고(民 제141조), 무능력자는 어음상의 책임을 지지 아니한다. 무능력을 이유로 한 어음행위의 무효 또는 취소의 효과는 절대적이므로 어음취득자의 선의·악의를 묻지 않는, 이른바 物的 抗辯事由에 속한다.

어음행위능력의 유무는 어음행위시(기명날인 또는 서명 후 교부시)를 기준으로 하여 결정한다. 무능력으로 인하여 취소될 어음행위는 법정대리인 또는 행위능력을 취득한 본인이 追認할 수 있다(民 제143조·제144조). 민법에서는 의사표시의 취소 또는 추인은 취소할 행위의 직접 상대방에 대하여 하도록 되어 있으나(民 제142조·제143조 제2항), 어음행위의 취소 또는 추인의 상대방은 어음행위의 직접 상대방뿐만 아니라 현재의 어음소지인도 어음행위의 취소 또는 추인에 관하여 직접 이해관계를 가지므로 무방하다고 생각한다. 어떠한 어음행위가 무능력을 이유로 하여 무효 또는 취소된 경우에도, 그 어음에 기명날인 또는 서명을

---

1) 鄭熙喆·鄭燦亨(下) 70면.
2) 鄭東潤(어) 137면; Zöllner, *Wertpapierrecht*, 13. Aufl., 1982. S. 61.

한 다른 사람의 어음상의 채무에는 아무런 영향이 없다(어 제7조).

2. 意思表示의 瑕疵

민법의 의사표시에 관한 규정은 어음행위에도 적용되나, 어음은 유통증권이므로 善意의 제3자보호라는 요청에 의해서 약간의 수정을 받아야 한다. 非眞意表示(民 제107조), 虛僞表示(民 제108조), 錯誤로 인한 意思表示(民 제109조), 詐欺·强迫에 의한 意思表示(民 제110조)에 관한 규정은 모두 어음행위에 적용된다. 그러나 公序良俗 기타 사회질서에 반하는 법률행위를 무효로 하는 민법 제103조와 不公正한 법률행위를 무효로 하는 민법 제104조는 어음행위에 적용될 여지가 없다.[1] 왜냐하면 정형화된 어음 자체는 無色的·抽象的인 것이어서, 원인관계의 반사회성·불공정성은 당사자간의 인적 항변사유가 되는 데 그치기 때문이다.

Ⅲ. 어음證券의 交付

1. 어음學說의 焦點

어음학설(Wertpapierrechtstheorie) 내지 어음이론이란 어음채무의 발생원인에 관한 종합적인 이론구성을 말한다. 따라서 어음학설의 중심 문제는 어음채무(어음상의 권리)가 언제 성립하느냐 하는 성립시기를 밝혀내는 데 있으며, 이것은 곧 어음행위의 성립요건으로서 증권의 교부가 필요한가 아니한가의 문제와도 관련된다.

---

1) 徐燉珏·鄭完溶(下) 71면; 孫珠瓚(下) 51면; 鄭煕喆·鄭燦亨(下) 69면. 反對說: 鄭東潤(어) 141면.

2. 어음學說

어음학설은 14세기 이래 어음법학의 중심 문제가 되어 왔고, 특히 19세기에 와서 그 절정을 이루었으나, 오늘날에는 대립되는 학설의 상호 접근으로 그 빛을 잃어가고 있다.[1] 그러나 어음학설이 전혀 무의미한 것은 아니므로, 오늘날의 중요한 학설을 정리하여 보면 다음과 같다.

(1) 契約說과 創造說

계약설은 어음채무도 일반채무와 같이 당사자간의 계약에 의하여 발생하지만, 이 계약은 어음의 授受가 따르는 要式行爲라고 하며, Thöl의 交付契約說 이래의 전통적인 견해이다. 이 계약설과 더불어 어음이론의 2대주류를 이루고 있는 창조설은 어음상의 채무의 발생원인을 상대방의 협력을 요하지 않는 채무자의 일방적 행위에 돌리는 학설이다. 이것은 Kuntze가 주창한 것으로서 어음행위는 채무자가 방식을 갖춘 증권에 서명함으로써 성립한다고 한다. 이 학설은 현재에도 독일과 일본의 유력설이다.

요컨대, 계약설에 의하면 어음행위가 성립하는 데 증권의 교부가 필요하나, 창조설에 의하면 증권의 교부가 필요하지 않고, 증권의 작성시에 불특정다수인에 대한 의사의 도달이 있다고 본다. 그러므로 가령 완성된 어음이 작성자의 의사에 반하여 유통된 경우(예컨대, 훔친 어음을 교부하거나, 보관하고 있는 타인의 어음을 함부로 교부한 경우)에는 계약설에 의하면 작성자의 교부가 없어서 어음채무가 성립하지 않고, 따라서 제3취득자가 보호받지 못한다는 결점이 있으나, 창조설에 의하면 어음채무가 성립하였으므로 제3취득자는 보호를 받지만 거래의 안전을 보호하는 나머지 작성자의 책임이 가혹하게 무거워진다는 결점이 있다.

(2) 權利外觀說과 發行說

계약설과 창조설을 수정하여 서로 접근시킨 학설 중 가장 유력한 것이 Jacobi의 권리외관설과 Stobbe, Jolly 등의 발행설이다. 權利外觀說은 계약설과 외관이론을 결부시켜, 어음행위의 성립에는 교부계약이 필요하지만 교부계약이 없

---

1) 徐燉珏 · 鄭完溶(下) 92면; 徐廷甲(어) 100면.

더라도 어음채무를 부담하는 듯한 外觀(증권의 작성행위)을 나타낸 경우에는 그 表見的 사실을 믿은 제3자에게 외관대로의 책임을 져야 한다고 한다. 이에 대하여 發行說은 어음행위의 성립에 교부계약은 필요하지 않으나, 어음을 교부한 때에 어음채무가 발생한다고 하므로 창조설을 교부계약설에 접근시킨 것이다. 판례는 발행설 중 '상대방 있는 단독행위설'을 취한다.[1)]

(3) 各學說에 대한 檢討

여기서 각 학설의 장단점을 살펴보기로 한다.

먼저 창조설은 거래의 안전보호에는 가장 우수한 학설이다. 그러나 창조설은 다음과 같은 이론적·실제적 난점이 있다.

① 창조행위의 순간에 누가 化體된 權利(어음상의 권리)의 귀속자인가가 불분명하다. 즉, 어음이 수취인에게 교부되기 전에는 작성자 자신에 대한 채권, 권리자 미정의 어음채무 또는 休止하고 있는 채권이 생긴다고 하는데 이는 논리상 근거가 궁색하다.

② 어음의 작성이라는 書面行爲(Skripturakt)를 일방적 법률행위라고 보는 점도 문제이지만, 이와 같은 단독행위에 의해 채무가 성립한다는 것은 법률행위에 의한 채무는 계약에 의하여 성립한다는 일반원칙에 반한다.

③ 단독행위에 대한 추인은 그 행위자만이 할 수 있기 때문에 행위무능력자나 무권대리인에 의한 증권의 발행은 추인할 수도 없게 된다(民 제136조, 獨民 제111조·제180조 참조).

④ 발행인이 증권의 점유를 잃은 경우 증권의 습득자나 악의의 취득자까지도 보호된다.

⑤ 단독행위인 창조행위 자체에 하자가 있는 경우는 발행행위 자체가 취소되어 善意取得者조차도 보호되지 못한다.[2)]

다음, 發行說은 창조설의 亞流로서 창조설에 대한 비판이 그대로 적용되고 있다.

① 증권이 수취인에게 도달하기 전(예컨대, 우송의 경우)에는 창조설과 마찬가지로 자기 자신에 대한 채권, 권리자 미정의 어음채무 또는 휴지하고 있는 채권 등을 인정하여야 한다.

---

1) 大判 1989. 10. 24, 88 다카 24766.
2) 鄭東潤(어) 118면.

② 증권이 기명날인자 또는 서명자의 의사에 기하여 점유를 이전하면 그 단계에서 어음상의 채권·채무가 발생하는 근거가 명백하지 못하다.

③ 점유이전 전에 어음을 상실한 경우 선의의 제3취득자가 보호받지 못한다.

④ 발행행위 자체에 하자가 있는 경우에도 선의의 제3취득자는 보호받지 못한다는 결점이 있다.[1)]

그리고 權利外觀說은 ① 기명날인자 또는 서명자에게 어느 정도의 귀책사유가 있으면 책임이 발생하는가가 불분명하고, ② 선의자 보호의 주관적 요건은 무엇인지, ③ 선의에 관한 입증책임은 누구에게 있는지 등이 불명확하다는 비판을 받고 있다.

결국 이론적으로는 契約說이 가장 타당한 학설이다. 왜냐하면 권리의 설정을 위해서는 계약이 필요하다는 일반적 원칙에 합치하기 때문이다. 다만 계약설은 교부의 흠결이 있는 경우 선의의 제3취득자를 보호할 수 없어 거래의 안전을 기할 수 없다는 단점이 있다. 그러나 선의의 제3자보호의 문제는 계약설만의 문제가 아니고 창조설, 발행설도 같은 문제를 안고 있으므로 이것은 善意取得制度 내지 外觀理論에 의하여 보충되어야 한다고 본다.

제 3 관 어음行爲의 特性

Ⅰ. 어음行爲의 特性

어음행위의 특성으로는 ① 無因性(抽象性), ② 文言性, ③ 要式性과 書面性, ④ 手段性과 協同性, ⑤ 獨立性 등을 드는 것이 보통이다. 이 중에서 독립성을 '어음행위독립의 원칙'으로 다루기도 하므로 이것은 다음 항에서 상론하기로 하고, 먼저 나머지 특성에 관하여 설명하기로 한다.

---

1) 鄭東潤(어) 119면.

1. 無因性(抽象性)

어음행위는 그 원인이 되는 實質關係로부터 분리되어 그 원인관계의 유무나 무효 또는 취소에 의하여 영향을 받지 않는 無因行爲이다. 이를 어음행위의 무인성 또는 추상성(Abstraktkeit)이라 한다. 예컨대, 어음행위의 무인성으로 인하여, 어음授受의 원인이 되는 實質關係인 매매 · 대차 등이 무효가 되더라도 어음행위의 효력에는 영향이 없다. 다만 이 경우에는 그 원인관계가 직접적인 당사자 간 또는 악의의 취득자에 대한 관계에서만 인적 항변사유가 되는 데 불과하다(어 제17조 · 제77조 제1항, 手 제22조).

어음행위의 무인성은 어음행위 자체의 목적이 금전의 지급 또는 지급받을 지위의 유통에만 있기 때문에 인정되는 것으로서, 이로 인하여 어음의 유통성이 강화된다.

2. 文 言 性

어음은 원래 지역적으로 제한없이 불특정다수인 간에 유통될 가능성을 전제로 하여 발행되는 증권이다. 따라서 어음행위도 불특정의 다수인에 대한 의사표시를 내용으로 하는 법률행위이다. 그러므로 어음행위에 있어서는 행위자의 의사표시의 내용 내지 어음상의 법률관계는 오로지 어음상에 기재된 문언에 따라 결정할 수밖에 없게 되는데, 이를 어음의 文言性이라고 한다.

어음의 문언성에 의하여 증권상의 기재가 사실과 다르거나 증권에 기재하지 아니한 사실이 존재한다고 하더라도 이로써 행위자의 의사를 추정하거나 기재를 변경 또는 보완할 수 없다. 이 경우 그 문언과 진실과의 불일치는 직접 당사자 간 또는 악의의 취득자에 대한 관계에서만 인적 항변사유가 될 뿐이다. 예컨대, 법인의 대표자가 법인을 위한다는 의사로써 어음행위를 하였고, 또 그러한 의사가 어음외의 어떤 증거로써 입증된다고 하더라도 법인의 어음행위로서의 방식을 갖추지 아니한 이상 법인의 어음행위로 인정되지 아니하고 대표자 개인의 어음행위로 간주된다.

어음의 문언성 역시 어음의 유통성 강화에 이바지한다.

3. 要式性과 書面性

어음행위는 요식의 서면행위이다. 즉, 어음행위는 반드시 법정사항을 서면에 기재하고 행위자가 기명날인 또는 서명하여야만 성립하는 요식행위이다. 어음행위의 要式性과 書面性으로 인하여 누구든지 쉽게 어음의 존재 및 내용을 파악할 수 있게 되므로 결과적으로 그 유통이 원활하게 된다.

어음행위의 방식은 각 어음행위의 종류에 따라 다르지만 모든 어음행위에 공통되는 요건은 記名捺印 또는 署名이다. 이와 같이 어음행위의 방식이 엄격하게 법정되어 있으므로 그 한도에서는 일반법률행위에 적용되는 사적 자치의 원칙이 제한을 받는다.

4. 手段性과 協同性

"어음행위는 매매·대차 기타의 실질적 거래에 의하여 생기는 법률관계를 결제하기 위한 금전지급의 수단에 관한 행위로서, 그 자체가 수단적 성질을 가진다."[1] 물론 어음행위의 원인이 되는 실질적 거래인 매매나 대차 등도 어떤 목적을 위한 수단이 되는 것이지만, 어음행위는 일반적으로 실질적 거래관계의 결제수단이라는 점이 두드러지게 나타난다. 어음이 고도의 기술성을 가지는 것도 이 때문이다.[2] 그러나 이에 대하여 수단성이란 일반법률관계에도 존재한다는 것을 이유로 이것을 어음행위의 특성 중의 하나로 열거하는 데 의문을 나타내는 견해도 있다.[3]

한편 모든 어음행위는 일정한 금액(어음금)의 지급과 그 지급을 받을 지위의 유통성을 확보한다는 공동의 목적을 가지고 있으며, 또한 이러한 목적에 봉사하기 위한 수단이므로 協同的 性質을 갖게 된다.[4] 어음채무의 連帶性(어 제47조, 手 제43조)이나 어음단체의 구성, 어음에 있어서의 당사자자격의 兼併 등은 바로

1) 孫珠瓚(下) 40면.
2) 同旨: 孫珠瓚(下) 40면.
3) 鄭東潤(어) 164면.
4) 鄭熙喆·鄭燦亨(下) 81면; 同旨: 孫珠瓚(下) 41면.

이 協同性을 나타내는 것이다.

어음단체란 어음관계에 있어서는 어음채권자인 소지인을 중심으로 발행인·배서인·인수인·보증인·참가인수인 등이 합동적인 지급책임을 지는 하나의 단체로 볼 수 있다는 것이다.

그러나 이에 대하여 어음채무의 合同性이나 당사자자격의 兼併을 설명하기 위하여 반드시 그 협동성을 전제로 하여야 하는지 의문이라고 하여 이를 어음행위의 특성의 하나로 열거하는 데 대하여 비판하는 견해도 있다.[1]

Ⅱ. 어음行爲獨立의 原則

1. 어음行爲獨立原則의 意義

어음행위독립의 원칙(Grundsatz der Selbständigkeit od. Unabhängigkeit der Wechselerklärungen)이란 동일한 어음 위에 한 각개의 행위는 각각 獨立하여 그 效力을 발생하고, 그 전제가 되는 다른 행위의 實質的 效力의 유무에 따라서 영향을 받지 아니하는 원칙을 말한다. 바꾸어 말하면, 어음행위독립의 원칙이란 수개의 어음행위 중에 先行行爲의 形式的 無效는 後續行爲에 영향을 미치나 선행행위의 실질적 무효는 후속행위에 영향을 미치지 아니하고 각 어음행위는 독립하여 효력이 발생한다는 원칙이다.

2. 어음行爲獨立原則의 具體的 內容

(1) 어음債務負擔의 獨立性

모든 어음행위가 어음채무의 부담을 목적으로 하는 것은 아니지만, 의사표시의 내용 또는 법률상의 효과로서 어음상의 채무가 발생하게 되므로 어음상의 채무부담의 원인인 행위가 된다는 점에서 볼 때, 어음행위독립의 원칙의 내용은

---

1) 鄭東潤(어) 164면.

곧 '어음債務(負擔)獨立의 原則'이라고 할 수 있다.

어떤 어음행위가 다른 후속행위의 이론적 전제가 된다는 것은 ① 背書는 발행 또는 前者의 배서를, ② 保證은 주채무자의 어음행위를, ③ 參加引受는 被參加人의 어음행위를 각각 전제로 하는 것을 말한다.

(2) 具體的 規定

어음법상 어음행위독립의 원칙을 표현한 규정으로는 다음의 규정을 들 수 있다.

(가) 어음法 제7조

환어음에 無能力者의 기명날인 또는 서명, 僞造의 기명날인 또는 서명, 假設人의 기명날인 또는 서명, 그리고 기타의 사유로 인하여 환어음의 기명날인자 또는 서명자 자신이나 그 본인에게 의무를 부담하게 할 수 없는 기명날인 또는 서명(의사무능력자의 기명날인 또는 서명, 무권대리인의 기명날인 또는 서명)이 있는 경우에도 그 환어음에 기명날인 또는 서명을 한 자의 채무는 그 효력에 영향을 받지 않는다(어 제77조 제2항, 手 제10조).

(나) 어음法 제32조 제2항

어음보증은 담보된 채무가 그 방식에 하자가 있는 경우 외에는 어떠한 사유로 인하여 무효가 된 때에도 그 효력이 있다(어 제32조 제2항, 手 제27조 제2항).

(다) 어음法 제65조·제69조의 問題

어음법 제65조·제69조도 어음행위독립의 원칙을 표현한 규정이라고 보기도 하나,[1] 이 條文은 관계가 없는 것이라고 생각한다.

i) 複本 각통에 인수를 하거나 배서를 한 자가 반환받지 아니한 각통에 대해서 책임을 진다는 것은(어 제65조), 어음행위자는 자기가 기명날인 또는 서명한 이상 어음상의 문언에 따라 책임을 짐으로써 선의의 讓受人(所持人)을 보호하자는 취지이기 때문이다. 복본 각통의 어음행위 사이에 선행행위·후속행위라는 논리적 전제관계가 있기 때문에 각통에 대해서 책임을 지는 것은 아니므로 어음행위독립의 원칙과는 관계가 없다고 본다.

ii) 어음법 제69조에 있어서도 어음이 變造된 경우에 변조 전에 기명날인 또는 서명한 자가 원문언에 따라 책임을 지는 것은 일단 생긴 어음채무의 내용이

---

1) 鄭熙喆·鄭燦亨(下) 82면; 孫珠瓚(下) 66면.

제3자가 후에 문언을 변경했다고 하여 변경되거나 소멸될 수 없는 것이기 때문에 당연한 것이고, 변조 후에 기명날인 또는 서명을 한 자가 변조된 문언에 따라서 책임을 지는 것은 그 문언이 자기의 어음행위의 내용을 이루는 것이기 때문에 당연한 것이다. 변조 전의 어음행위와 변조 후의 어음행위 사이에 논리적 전제관계가 있다 하더라도 선행행위나 후속행위가 각각 실질적으로나 형식적으로나 하자가 없는 행위이므로, 변조 후의 어음행위가 어음행위독립의 원칙에 따라서 유효한 것은 아니라고 생각한다.[1)]

3. 어음行爲獨立原則의 理論的 根據

어음행위독립원칙의 이론적 근거에 관하여는 학설이 나뉘어지고 있다.

(1) 學說의 內容

제1설은 어음행위독립의 원칙을 일반원칙에 대한 예외로 보고, 그 표현규정의 성격을 특별규정이라고 한다. 즉, 어떠한 법률행위가 다른 법률행위를 전제로 하는 경우에 그 前提行爲가 무효가 되면 그 後續行爲도 무효가 되는 것이 원칙이지만, 이 법리를 어음행위에 적용하는 경우에는 어음의 외관만으로는 알 수 없는 사유로 말미암아 어음행위가 무효로 되고, 이것은 어음취득자를 불안하게 만든다. 따라서 어음법이 어음거래의 안전을 확보하기 위하여 선행행위의 실질적 무효가 후속행위의 효력에 영향을 미치지 않도록 예외적인 特別規定을 둔 것이라고 한다.[2)]

제2설은 어음행위독립의 원칙은 당연한 원칙이며, 그 표현규정도 주의적 규정에 불과하다고 한다. 왜냐하면 한 개의 어음상에 여러 개의 어음행위가 행하여진다 할지라도 각 어음행위는 어음상의 기재문언을 그 의사표시의 내용으로 한 별개의 債務負擔行爲이며, 본래 다른 어음행위와 아무 관계가 없는 것이기 때문이라고 한다. 즉, 이 원칙은 어음행위의 문언성에서 오는 당연한 귀결이라고 한다.[3)]

제3설은 배서 이외의 어음행위에 대하여는 당연한 사리이나 배서에 대하여서

---

1) 鈴木竹雄, ≪手形法・小切手法≫, 1957, 122면.
2) 徐燉珏・鄭完溶(下) 85면; 孫珠瓚(下) 67면 참조.
3) 徐廷甲(어) 89면 참조.

만은 이 원칙은 적용되지 아니한다고 한다.[1)]

(2) 學說의 批判

제2설은 "獨立原則을 전법률적으로 시인하는 데에 난점이 존재하는 것"이라는 비판을 받는다.[2)] 생각건대, 제2설이 이 원칙을 당연한 것이라고 하는 것은 어음행위의 성질상 당연하다는 의미이지 일반법상의 원칙과 비교할 때 당연한 원칙이라는 의미는 아닐 것이다. 즉, 제2설은 어음법의 관점에서 당연한 것이라는 뜻이겠고, 제1설은 일반법의 관점에서 예외적이란 뜻일 것이다. 그렇다면 결국 관점의 차이에서 오는 표현의 차이가 아닌가 생각한다. 제3설은 제2설과 비슷하고, 다만 제3설에서는 배서에 관하여 어음행위독립의 원칙을 적용하지 않는다는 점이 문제인데, 그 부당성에 관하여는 다음의 '背書와 獨立原則'에서 검토한다.

이렇게 볼 때 제1설이 무난하다고 생각한다. 요컨대, 어음행위독립의 원칙은 어음채무부담을 강화하여 어음상의 권리를 보장함으로써 어음의 신용과 유통성을 확보하기 위하여 일반법상의 원칙에 대한 예외를 인정한 특칙으로서의 성격을 지니고 있다고 할 것이다.

4. 어음行爲獨立原則의 適用範圍

(1) 어음債務의 消滅과 獨立原則

어음행위독립의 원칙은 어음행위의 효력의 발생에 관한 원칙이므로 일단 유효하게 성립한 어음채무가 소멸한 때에는 적용되지 않는다. 따라서 주채무자가 辨濟·供託·相計·混同·更改·消滅時效 등으로 그 責任을 면한 때에는 遡求義務者도 전부 책임을 면한다.

(2) 先行行爲의 形式的 無效와 獨立原則

선행행위가 형식적 무효인 때(예컨대, 拇印한 어음상의 배서 또는 보증)에는 어음행위독립의 원칙은 당연히 적용되지 않고, 어음취득자는 보호받을 수 없다.

1) 大隅建一郞, ≪手形法·小切手法講義≫, 1954, 29면 참조.
2) 徐燉珏·鄭完溶(下) 85면.

왜냐하면 선행행위의 형식적 하자는 후속행위 그 자체의 형식적 하자라 할 수 있기 때문이다. 다시 말하면, 후속행위를 한 자는 선행행위자의 의사표시의 내용을 자기의 의사표시의 내용으로 한 것이므로 선행행위의 형식적 하자가 후속행위에 영향을 미치지 않는다는 것은 어음행위의 요식성과 모순되기 때문이다.

(3) 어음行爲 간의 聯關性과 獨立原則

수개의 어음행위 중 어떠한 어음행위가 다른 행위의 전제로 되지 않을 때에는, 어음행위독립의 원칙은 적용될 여지가 없으므로 그 어음행위의 실질적·형식적 무효가 다른 행위의 효력에 영향을 미치지 아니한다(예컨대, 인수가 형식적 무효라도 發行人과 背書人의 책임에는 영향이 없다).

(4) 惡意取得者에 대한 適用與否

(가) 適用肯定說

악의취득자에 대한 적용을 긍정하는 견해도 둘로 나뉜다. 먼저 ① 당연법칙설은 어음행위는 각각의 어음상의 기재를 각자의 의사표시 내용으로 하는 법률행위이므로 행위자는 그 문언에 따라서 그 책임을 부담하고, 타인의 행위의 유효·무효에 의하여 영향을 받지 않는 것은 당연하다. 따라서 어음취득자가 선행행위의 무효에 대하여 악의인 경우에도 이 원칙이 적용된다고 한다.[1)]

이에 대하여 ② 예외법칙설은 어음행위독립의 원칙이란 선의자를 보호하기 위한 것만이 아니라, 더 나아가 어음행위의 확실성을 보호(장)하며 어음의 신용을 높이기 위한 제도이므로 소지인의 선의·악의에 관계없이 어음행위독립의 원칙이 적용되어야 한다고 주장한다.[2)]

(나) 適用否定說

한편 적용부정설은 어음행위독립의 원칙의 이론적 근거로서 예외법칙설(정책설)을 취하면서, 이 법칙은 어음거래의 안전을 고려한 특례인만큼, 악의의 취득자에 대하여는 거래의 안전을 고려할 필요가 없고, 따라서 어음행위독립의 원칙이 적용되지 않는다고 본다.[3)]

---

1) 徐廷甲(어) 91면.
2) 孫珠瓚(下) 53면; 梁承圭(어) 112면; 姜渭斗(어) 138면; 鄭東潤(어) 138면; 鄭燦亨(어) 141면.
3) 崔基元(어) 108면, 李哲松(어) 64면.

(다) 私　見

생각건대 어음행위독립의 원칙은 선행하는 어음행위의 실질적 하자에도 불구하고 형식상 완전한 어음에 한 어음행위에 대하여 독립적인 어음채무를 부담시키는 점에서 채무부담의 면이므로, 권리귀속의 면인 선의취득과는 명백히 구별된다. 따라서 어음행위독립의 원칙은 어음취득자가 악의인 경우에도 적용된다고 보는 적용긍정설이 타당하다.

(5) 背書에의 適用與否

어음행위독립의 원칙이 배서의 경우에도 적용되는지 여부에 관하여 학설은 적용부정설과 적용긍정설로 나뉜다.

(가) 適用否定說

적용부정설에 의하면 배서는 권리이전을 내용으로 하는 어음행위인데, 권리이전의 면에서는 전의 배서가 무효인 때에는 그 후의 배서인에게는 이전할 권리가 없으므로 후의 배서도 무효가 된다는 점에서 어음행위독립의 원칙이 적용되지 않는다고 한다. 그럼에도 불구하고 前의 배서가 무효인 때에는 그 뒤의 배서가 무효로 되지 않는 것은 어음법 제16조 제2항의 선의취득이 적용되는 결과라고 한다(일본의 소수설).

(나) 適用肯定說

적용긍정설에 의하면 배서야말로 어음행위독립의 원칙을 가장 필요로 하는 행위이고, 어음법 제16조 제2항은 배서행위의 유효를 전제로 하여 어음취득자의 권리취득을 인정한 것으로서 배서에 있어서 선의취득이 어음행위독립의 원칙에 갈음하는 것은 아니라고 한다.

(다) 判　例

한편 판례는 어음의 최종소지인은 그 어음의 최초의 발행행위가 위조되었다고 하더라도, 어음행위독립의 원칙상, 그 뒤에 유효하게 배서한 배서인에 대하여는 소구권을 행사할 수 있다고 하여 적용긍정설을 취하였다(위 사례의 판결).

(라) 私　見

생각건대 적용긍정설이 타당하다고 본다.[1] 그 이유는 첫째, 어음행위독립의 원칙은 그 실질적인 내용 면에서 어음채무부담의 독립성에 관한 것으로서 배서

---

1) 李哲松(어) 62면; 鄭燦亨(어) 138면 등. 일본의 통설.

의 담보적 효력과 관련하여 설명되어야 한다. 그럼에도 동 원칙을 배서의 권리이전적 효력과 관련시켜 배서에는 동 원칙이 적용되지 않는다거나 또는 배서의 자격수여적 효력과 관련시켜 선의취득이 인정되는 경우에는 예외적으로 동 원칙이 적용되는 것과 동일한 결과가 된다는 설명은 옳지 않다고 생각된다. 둘째, 선의취득제도에 의하면 선행하는 배서가 무효인 때에도 그 이후의 선의취득자가 어음상의 권리를 취득할 수 있다는 점은 설명할 수 있으나, 발행무효로 배서도 무효로 보는 경우 그 무효인 배서의 배서인이 선의취득자에 대하여 담보책임을 지는 점은 어음행위독립의 원칙에 의하지 않고는 설명될 수 없다.

제 4 관 他人에 의한 어음行爲

Ⅰ. 어음行爲의 代理

1. 序　　說

어음행위는 재산법적 법률행위로서 대리인에 의하여 할 수 있음은 물론이다. 어음법도 어음행위의 대리의 가능성(適合性)을 전제로 하였으나, 無權代理人의 책임(어 제8조 · 제77조 제2항)과 推尋委任背書(어 제18조 · 제77조 제1항)에 관한 규정만을 두었을 뿐이므로 그 방법 · 효력 등에 관하여는 민법의 일반원칙에 의하여 해결하되, 어음의 문언성 때문에 약간의 수정을 받게 된다.

2. 어음行爲代理의 方法

어음행위의 대리가 효력을 발생하려면 그 형식적 요건으로서, 대리인이 본인을 위하여 하는 것임을 어음 위에 표시하고 기명날인 또는 서명을 하여야 한다.

(1) 本人의 表示

(가) 顯名主義

어음행위의 효과를 본인에게 귀속시키려면 그 본인을 어음 위에 밝혀야 한다. 이러한 顯名主義의 요청은 상행위법상의 非顯名主義에 대한 예외로서, 민법상의 일반원칙과 같다. 그러나 어음행위의 대리에 있어서의 현명주의는 민법 규정(民 제114조·제115조)을 적용한 결과는 아니고, 어음행위의 증권적 행위로서의 특질, 즉 어음행위의 書面性·文言性에 근거를 둔 것이다. 따라서 어음법상의 현명주의는 민법의 경우보다 더 엄격하게 적용되어야 한다. 예컨대, 민법에서는 본인의 이름을 표시하지 않고 대리행위를 한 경우에도, 상대방이 대리인으로서 한 것임을 알거나 알 수 있었을 때에는 그 행위의 효력이 본인에 대하여 미치지만(民 제115조 但書), 이 규정은 어음행위의 대리에는 적용되지 않는다.

(나) 本人의 表示方法

본인의 표시는 특정인(본인의 동일성)을 인식할 수 있는 정도의 기재가 되어 있으면 된다. 따라서 본인의 명칭은 正式名稱(호적상 또는 등기부상의 명칭)이 아닌 商號·通稱·略稱·雅號·筆名이라도 상관없다. 표시된 본인은 자연인이든, 법인이든, 조합이든 상관없고, 실재하지 않는 자라도 어음행위 자체의 효력에는 차이가 없다(자칭대리인의 책임이 문제될 뿐이다). 復代理人이 어음행위를 하는 경우에는 자기에 대하여 대리권을 수여한 대리인을 표시할 필요는 없고, 본인만을 표시하면 된다.

(다) 本人表示의 欠缺

본인의 표시가 없으면 실제로는 본인이 대리인으로서 기명날인 또는 서명한 자에게 代理權을 주었다 하더라도 본인은 어음상의 책임을 지지 않는다. 또 본인의 표시가 없는 한 어음행위의 상대방이 대리인으로서 한 것임을 알았거나 알 수 있었을 때에도(民 제115조 단서 참조), 본인은 어음상의 책임을 지지 않는다.

(2) 代理關係의 表示

(가) 表示方法

대리관계가 증권면에 명백하게 표시되어야 한다. 그 표시방법은 '甲(의) 代理人 乙'이라고 표시하는 것이 보통이겠으나, 반드시 대리라는 용어를 사용하여야 하는 것은 아니고, 支配人·支店長·營業部長·理事·親權者 등 일반적으로 대리인의 자격으로 그 행위를 하는 것이라고 인정할 수 있는 기재가 있으면 된다.

대리관계를 표시하는 곳도 대개 대리인의 명칭 위나 옆에 부기하는 것이 보통이겠으나, 명칭 아래의 職印(예컨대, '甲 株式會社 乙 支店長의 印')에 의하여 표시되어도 상관없다는 견해도 있다.[1)]

(나) 代理關係表示의 欠缺

대리관계를 표시하지 아니하고 대리인이 기명날인 또는 서명을 하면 대리인의 의사와는 관계없이 대리인 자신의 어음행위로 된다(民 제115조 본문, 물론 동조 단서가 적용되지 않는다).

(3) 代理人의 記名捺印 또는 署名

(가) 記名捺印 또는 署名

어음행위는 기명날인 또는 서명을 요건으로 하므로 대리의 경우에도 대리인이 기명날인 또는 서명을 하여야 한다. 복대리인의 경우에는 복대리인 자신의 대리자격을 표시하고 기명날인 또는 서명하면 된다. 대리인이 기명날인 또는 서명을 하지 않으면 어음행위로서는 무효이기 때문에, 대리인은 물론 본인도 책임을 지지 않는다.

(나) 記名捺印의 代行

기명날인의 대행은 代理人이 직접 본인을 위하여 기명하고 본인의 날인을 하는 것을 말하는데 다음 두 가지로 구분될 수 있다.

하나는 자신의 재량으로 어음행위를 할 권한은 없이 본인이 지시하는 대로 어음행위를 하는 경우인데(固有의 代行), 이 경우는 당연히 본인의 행위로 보아야 할 것이다.

다른 하나는 본인이 권한을 부여한 범위 내에서 대리인이 자기의 의사결정에 따라 본인의 명의로 기명날인하는 경우인데(代理的 代行), 이것은 실질적으로는 어음행위의 대리이지만 어음면상 대리인의 표시가 없으므로 역시 본인의 기명날인으로 보아야 할 것이다.

서명의 대행은 인정되지 않는다고 본다.

---

1) 孫珠瓚(下) 75면.

3. 어음行爲의 代理權의 範圍

(1) 代理權의 存在

어음행위의 대리가 효력을 발생하려면 그 실질적 요건으로서 본인을 위하여 어음행위를 할 수 있는 권한, 즉 대리권이 존재하여야 하고, 그 대리권의 범위를 벗어나지 않아야 한다. 대리권은 본인이 수여하는 것이 보통이나(任意代理權), 법규에 의해서, 또는 법원의 지정·선임행위에 의해서 발생하는 경우도 있다(法定代理權).

(2) 法定代理權의 範圍

재산관리에 관한 법정대리권이 인정되는 경우에는, 어음행위도 재산관리의 한 수단이기 때문에 그 재산관리권의 범위 내에서는 어음행위의 대리권도 인정된다.

(3) 任意代理權의 範圍

임의대리권의 범위는 수권행위에 의해서 구체적으로 결정된다. 본인은 특정된 어음행위에 한정한 개별대리권을 수여할 수도 있고, 일정한 범위 내의 일체의 어음행위를 포함하는 包括的 代理權을 수여할 수도 있다. 또 명백한 授權行爲에 의하지 않고 다른 법률행위의 대리권에 부수해서 어음행위의 대리권이 수여될 수도 있다. 대리권을 수여한 사실은 본인이 이것을 어음상에 기재할 필요도 없고, 어음 외의 어떠한 자료에 의하여 판단할 수 있으면 된다.

4. 어음行爲의 代理權의 制限

형식적으로는 대리권의 범위 내의 행위이지만 특별한 이유로 인하여 금지·제한되는 경우가 있다.

(1) 民法 제124조

동일한 법률행위에 있어서 상대방의 대리인이 되거나 당사자 쌍방의 대리인이 될 수 없다는, 이른바 自己去來 또는 雙方代理의 금지규정이 어음행위의 대리에도 적용되는가에 관해서는 학설이 나누어지고 있다. 부정설은 민법 제124조는 이익의 충돌을 전제로 하여 본인의 이익을 보호하기 위한 규정인데, 어음행위는 이익충돌의 염려가 없는 수단적·무색적인 행위이기 때문에 동조를 적용할 여지가 없다고 한다.[1] 이에 대하여 긍정설은 어음행위는 '원인관계를 청산하여 이해관계가 없는 상태를 만들어 낸다기보다는 원인관계보다 더 강력한 무조건의 지급의무를 발생케 하여 한층 더 이해관계의 충돌을 가져오므로' 당연히 민법 제124조가 적용되어야 한다고 한다.[2]

생각건대, 어음행위를 證券作成行爲와 증권의 交付行爲로 나누어 본다면, 전자는 불특정의 상대방에 대한 단독행위이기 때문에 이해상반의 여지가 없고, 따라서 민법 제124조가 적용되지 않으나, 후자, 즉 어음의 교부행위가 이루어지면 특정인에 대한 어음채무가 발생하기 때문에 당사자간의 이익은 충돌된다. 즉, 어음행위에 의한 어음채무에 대하여는 ① 抗辯의 切斷이 인정되고, ② 立證責任이 경감되어 있으며, ③ 특히 銀行渡어음의 경우에는 부도처분의 제재를 받을 염려가 있고, ④ 어음채무에 대하여는 담보의 제공 없이 假執行을 할 수 있음을 선고하게 되어 있는 점(民訴 제199조 제1항 단서) 등 어음행위는 그 원인관계상의 채무에 비하여 행위자에게 많은 불이익을 가져다 주기 때문이다. 따라서 民法 제124조는 어음행위에도 적용된다고 본다. 다만, 동조위반의 어음행위의 효력이 문제이나, 상법 제398조 위반의 경우와 마찬가지로 상대적 무효설이 타당하다고 생각한다.

(2) 商法 제199조·제398조

회사의 무한책임사원 또는 이사가 자기 또는 제3자의 계산으로 회사와 거래를 함에는 다른 사원의 과반수의 결의 또는 이사회의 승인을 얻어야 한다는 自己去來의 禁止規定이 어음행위의 대리에 적용되는가에 관해서도, 민법 제124조의 경우와 같은 이유로 부정설[3]과 긍정설[4]이 나누어지고 있으나, 긍정설이 타당하다고 본다. 본조위반의 경우의 효력에 관하여는 무효설, 유효설, 상대적 무

1) 徐燉珏·鄭完溶(下) 79면.
2) 徐廷甲(어) 109면; 孫珠瓚(下) 87면.
3) 徐燉珏·鄭完溶(下) 79면.
4) 徐廷甲(어) 109면; 孫珠瓚(下) 87면.

효설 등이 대립하고 있으나 相對的 無效說이 타당하다. 이에 의하면 이사회의 승인을 받지 아니한 회사와 이사 간의 어음거래는 이들 두 당사자간에는 무효를 주장할 수 있지만, 이 어음이 일단 제3자에게 양도된 경우에는 어음거래의 안전을 위하여 회사가 어음행위에 관하여 이사회의 승인이 없었던 점 및 그 제3자가 이에 관하여 악의였음을 주장·입증하여야만 제3자에 대하여 그 어음행위의 무효를 주장할 수 있게 된다.

5. 어음行爲의 無權代理

(1) 無權代理의 意義

어음행위의 대리는 형식적 요건이 갖추어졌다 하더라도 실질적으로 대리권이 없다면 이른바 무권대리가 되어 본인에게 직접 그 효과가 귀속되지 않는다. 무권대리는 대리권이 없어 본인이 책임을 지지 않는 '狹義의 無權代理'와 대리권은 없지만 본인이 표현책임을 지는 '表見代理'로 나눌 수 있다.[1] 협의의 무권대리의 경우는 무권대리행위에 관하여 본인의 추인이 없는 한 무권대리인(自稱代理人) 스스로 어음상의 책임을 진다(어 제8조, 手 제11조). 이는 어음의 선의취득자를 보호함으로써 어음의 신용을 높이고 그 유통을 보호하기 위한 것으로서, 이 책임의 성질은 대리권이 있다는 뜻의 표시에 기하여 법률상 부담하는 담보책임이다.

(2) 狹義의 無權代理

(가) 無權代理人의 責任要件

i) 自稱代理人(無權代理人)이 대리의 방식을 갖추어 자신의 기명날인 또는 서명을 했어야 한다. 따라서 대리관계의 표시가 없으면 무권대리인이 될 수 없고, 타인의 기명날인 또는 서명을 권한없이 대행했으면 어음의 僞造가 된다.

ii) 자칭대리인이 대리권을 입증할 수 없어야 하며, 무권대리행위에 관한 본인의 추인도 받을 수 없어야 한다. 대리권의 흠결에 관한 擧證責任은 어음 소지

1) 협의의 무권대리를 대리권이 전혀 없는 경우와 대리권의 범위를 초월한 경우로 나누어, 이를 협의의 무권대리와 월권대리라고 하기도 한다[徐燉珏·鄭完溶(下) 78면 이하 참조].

인이 지지 않지만, 본인의 지급거절 또는 추인거절의 사실은 입증하여야 한다. 대리권의 흠결은 전부의 흠결일 수도 있고 일부의 흠결(越權代理의 경우)일 수도 있다. 본인이 추인을 한 경우에도 그 추인의 효력에 관하여는 견해가 달라질 수 있다. 즉, 그 추인이 이미 발생한 무권대리인의 책임의 소멸원인인가(다수설: 해제조건설), 또는 그 책임이 발생하지 않았음을 확인하는 것인가(따라서 추인을 거절한 때에 책임이 발생하는가)(소수설: 정지조건설)에 관하여 학설이 대립하고 있다. 생각건대, 어음법 제8조가 특칙으로서 민법 제135조 제1항을 배제한다고 보면[1)] 본인의 추인이나 추인거절 전에 이미 무권대리인의 책임이 성립했다고 보아야 하고, 따라서 어음소지인은 무권대리의 사실을 입증하여 처음부터 無權代理人의 책임을 추궁할 수 있다고 본다.[2)]

iii) 본인이 표현대리의 책임을 지지 아니하여야 한다. 무권대리인의 어음행위가 표현대리의 요건을 갖추면 본인이 책임을 져야 한다. 이 때 표현대리인은 책임을 면하는가가 문제이나, 당연히 면책되는 것은 아니라고 본다.[3)] 이와 같이 무권대리인도 책임을 져야 할 경우 어음소지인은 본인과 무권대리인에 대하여 동시에 중첩적 또는 선택적으로 어음상의 권리를 행사할 수 있다고 본다.[4)]

iv) 상대방 또는 어음취득자가 선의이어야 한다. 어음취득자가 악의인 경우에는 보호할 필요가 없으므로 선의로 취득한 때에만 무권대리인이 책임을 진다.

v) 대리행위 자체에는 하자가 없어야 한다. 본인이 실재하지 않거나 어음능력을 결한 경우에도 무권대리인은 어음법 제8조의 책임을 져야 하지만, 대리인 자신이 무능력자인 경우에는 자칭대리인은 책임을 지지 않는다고 본다.[5)]

(나) 無權代理人의 責任內容

無權代理人은 "그 어음에 의하여 의무를 부담한다"(어 제8조). 이것은 만일 대

---

1) 徐廷甲(어) 111면 참조.
2) 반대설은 어음법 제8조가 어음취득자의 信賴利益을 보호하는 규정인 만큼 자칭대리인의 책임은 어음소지인의 신뢰가 배반당하였을 때, 즉 추인이 거절되었을 때부터 발생한다고 하나[孫珠瓚(下) 85면], 본인의 '追認拒絶'이 명백히 나타나기 전이라도 어음소지인의 신뢰가 배반당할 수는 있고, 그 때는 직접 무권대리인의 책임을 추궁할 수 있어야 할 것이다.
3) 孫珠瓚(下) 79면; 鄭東潤(어) 178면.
4) 반대설은 일단 본인에게 책임을 지운 이상 어음소지인의 신뢰는 충분히 보호되었으므로 무권대리인에게 거듭 책임을 지울 필요가 없다고 하나[鄭東潤(어) 178면], 어음의 유통보호와 무권대리제도의 취지에 따라 소지인을 두터이 보호하는 것이 옳다고 본다.
5) 鄭熙喆 · 鄭燦亨(下) 104면.

리권이 있었더라면 본인이 부담하게 되었을 책임과 '동일한 책임'이다. 무권대리인에게 상대방의 선택에 좇아 이행 또는 손해배상의 책임을 지우는 민법 제135조 제1항은 배제되므로 무권대리인은 당연히 어음상의 책임(履行責任)을 진다. 무권대리인이 책임을 지는 경우에는, 有權代理이어서 본인이 책임을 지는 경우라면 행사할 수 있었을 抗辯權을 무권대리인이 대신 행사할 수 있다. 그러나 그 어음행위 또는 그 실질관계 이외의 사정으로 본인이 주장할 수 있었던 항변사유까지도 무권대리인이 주장할 수 있는 것은 아니다. 무권대리인은 본인의 항변사유 이외에 자기 자신의 항변권으로 대항할 수 있음은 물론이다.

(다) 越權代理의 경우와 責任의 範圍

대리권이 전혀 없는 경우에는 어음상의 문언 그대로 책임을 지는 것이 당연하나, 일부에 대해서만 대리권이 없는 경우(월권대리의 경우)에는 책임의 범위에 관하여 학설이 나누어질 수 있다. 예컨대, 500만원 범위 내에서 어음을 발행할 수 있는 대리인이 700만원의 어음을 발행한 경우,[1] 어음의 문언증권성을 중시하여 대리인만이 어음금 전액에 대하여 책임을 진다는 제1설(本人無責任說)과, 어음불가분의 원칙과 권리행사의 간편성을 고려하여 대리인은 어음금 전액에 대해서 책임을 지고 본인도 대리권을 수여한 범위(500만원) 내에서는 책임을 진다는 제2설(全額責任說)과, 일부인수·일부보증 및 변조의 경우와 동일하게 생각하여 본인은 대리권을 수여한 범위 내에서 책임을 지고, 대리인은 월권부분(200만원)에 대해서만 책임을 지면 된다는 제3설(越權部分說)이 있을 수 있다. 어음은 문언증권인 점과 어음금액불가분의 원칙을 고려하고 어음의 유통보호를 위하여 대리인에게 어음금 금액에 대한 책임을 지우고, 본인에게는 그 授權의 범위 내에서 책임을 지도록 하는 제2설이 가장 타당한 견해라고 생각한다.

(라) 無權代理人의 責任의 保全

무권대리인이 약속어음의 발행이나 환어음의 인수를 무권대리로 한 경우에는, 그 책임이 絶對的 責任(主債務)이므로 3년의 소멸시효기간 내에 무권대리인의 책임을 추궁하거나 시효중단의 절차를 밟으면 된다. 무권대리인이 배서나 환어음의 발행을 무권대리하였다면, 그 책임은 상환의무이므로 지급거절증서 작

---

1) 엄격하게 말하면, 월권의 경우는 만기를 단축하거나 지급장소를 불편한 곳으로 하는 것도 포함되겠으나, 이런 경우는 어음채무의 내용이라기보다 채무이행의 조건이라 할 수 있으므로 이것을 물적 항변사유로 할 것이 아니고, 상대방이 선의인 한 광범하게 본인의 표현책임을 인정하는 것이 옳을 것이다.

성 등 소정의 권리보전절차를 밟아야 한다.

(마) 責任履行한 無權代理人의 地位

어음법 제8조에 의하면 무권대리인이 어음금액을 지급한 때에는 본인과 동일한 권리를 가진다. 이것은 본인이 그 전자에 대하여 가지는 어음상의 권리이다. 즉, 再遡求權을 갖는다. 따라서 재소구권이 문제되지 않는 약속어음의 발행이나 환어음의 인수를 무권대리한 경우에는 그 규정이 적용될 여지가 없고, 배서나 보증의 경우와 같이 책임을 이행한 후 전자에 대한 권리가 잔존하는 어음행위의 무권대리에만 적용된다.

책임을 이행한 무권대리인이 전자에 대한 권리를 행사하는 경우에 어음채무자는 당해 어음행위와 관련하여 본인에 대하여 가지고 있는 항변권으로 대항할 수 있다. 그리고 무권대리인에 대한 항변사유는 무엇이든지 주장할 수 있다.

(바) 本人의 無權代理人에 대한 權利

본인이 어음상의 권리를 갖지 않는 경우, 예컨대 인수의 무권대리의 경우에는 본인은 아무런 손해도 없고 후일 무권대리인이 어음상의 의무를 이행하여 어음상의 권리자가 되더라도 본인과는 아무런 관계가 없다. 그러나 무권대리인이 배서를 무권대리한 경우에는 본인은 어음의 소지를 상실하는 까닭에, 후일 무권대리인이 어음상의 의무를 이행하여 어음상의 권리자가 되었을 때에는, 본인은 전에 가졌었던 자기의 권리에 의거하여 무권대리인에 대한 어음의 반환청구권을 가지게 된다.

(3) 表見代理

(가) 表見代理의 意義 및 成立要件

어음행위의 표현대리에 관한 어음법상의 규정은 없으나, 어음행위의 문언성·서면성에 비추어 보아 당연히 민법상의 규정을 적용 또는 유추적용하여 본인의 표현책임을 인정하여야 한다.

무권대리인이 어음행위의 대리를 한 경우에 제3자가 어음행위자에게 대리권이 있다고 믿었고, 그 믿을 만한 사정이 생긴 데에 본인에게 귀책사유가 있는 경우[민법에 의하면 代理權授與의 표시에 의한 경우(民 제125조), 권한을 넘은 경우(民 제126조), 대리권소멸후의 경우(民 제129조)]에는 표현대리관계가 성립한다.

타인이 본인의 어음행위를 대행하는 경우에 본인의 지시 또는 수권에 의한 경우에는 본인의 행위로 인정하여 당연히 본인이 책임을 진다. 그리고 권한없이 대행을 한 경우는 곧 어음행위의 '僞造'가 되어 피위조자인 본인은 책임을 지지 않는다. 그러나 어음행위의 無權代行이라도 제3자가 권한이 있다고 믿고(혹은 대행자를 본인 자신이라고 믿고), 제3자가 그렇게 믿은 데 본인(피위조자)의 귀책사유가 있다면, 실질적으로 표현대리의 경우와 유사한 관계가 생기므로 표현대리의 규정을 유추적용하여 본인의 표현책임을 인정함이 제3자의 신뢰를 보호하는 길일 것이다.

상법의 表見支配人(제14조), 또는 不實證記된 支配人의 어음행위에 대한 영업주의 책임(제39조), 표현대표이사의 어음행위에 대한 회사의 책임 등도 제3자의 外觀信賴를 보호하기 위한 표현책임제도이기는 하나, 이것은 영업주만의 절대적 책임을 인정한 것으로서, 역시 구별하는 것이 옳다고 생각한다.

어음행위의 대리권자가 그 권한을 남용한 경우(예컨대, 본인의 매매대금결제를 위하여 발행할 어음을 대리인 자신의 가구를 사기 위하여 발행하는 경우)는 본인이 제3자에 대하여 악의라는 抗辯(人的 抗辯)을 제기할 수는 있어도, 본인이 당연히 어음상의 책임을 지므로 무권대리 또는 표현대리의 문제가 생기지 않는다.

(나) 表見代理의 效果

표현대리관계가 성립하면 본인은 당연히 어음상의 책임을 져야 한다. 본인이 표현책임을 지는 경우에는 표현대리인은 무권대리인임에 틀림이 없으므로 어음상의 책임을 진다(어 제8조). 따라서 어음소지인은 본인과 표현대리인에 대하여 동시에 중첩적으로 또는 선택적으로 어음상의 권리를 행사할 수 있다.[1)]

표현대리가 성립하는 경우에, 民法 제125조의 '第三者'는 표현대리인의 직접 상대방뿐만 아니라 그 후의 어음소지인 전부를 포함하는지, 그리고 民法 제126조의 '權限이 있다고 믿을 만한 정당한 이유'도 반드시 표현대리인의 직접 상대방에게 있어야만 하는 것은 아니고 그 후의 어음소지인에게 있으면 되는지에 관하여는 학설이 갈린다. 제3취득자 포함설은 이를 긍정하나, 직접상대방한정설은 이를 부정하고 '第三者'는 표현대리인의 직접 상대방에 한한다고 한다(判例).[2)] 민법상의 표현대리이론을 어음행위에 유추적용하는 한 민법에 충실하게 해석하여 직접상대방한정설이 옳다고 본다. 본래 표현책임은 표현대리와 그 상대방 사이에 구체적인 사정을 참작함으로써 성립될 수 있는 것이지, 표현대리와

1) 徐廷甲(어) 113면 참조.

2) 大判 1986. 9. 9, 84 다카 2310; 大判 1991. 6. 11, 91 다 3994; 大判 1994. 5. 27, 93 다 21521; 大判 1997. 11. 28, 96 다 21751.

직접 거래하지 아니하였던 제3자가 표현책임을 물을 수 있다고 하는 것은 의사표시이론의 한계를 벗어나는 것이라 본다.

Ⅱ. 어음行爲와 名義貸與

1. 어음名義貸與者의 責任

타인에게 自己의 姓名 또는 商號를 사용하여 영업을 할 것을 허락한 자는 자기를 영업주로 오인하여 거래한 제3자에 대하여 그 타인과 연대하여 변제할 책임이 있다(제24조). 타인에게 영업 전반에 관하여 명의를 대여한 자는 그 타인의 어음행위에 대하여도 당연히 책임을 져야 할 것이다. 이 때 명의 借用者는 名義貸與者의 이름으로 어음行爲를 한 것이어서 책임을 져야 하므로 양자의 책임관계는 合同責任으로 본다.

2. 어음行爲를 위한 名義貸與

어음행위의 기초가 되는 영업에 관한 명의대여는 단순히 어음행위만을 위한 명의대여의 경우에도 상법 제24조가 적용되는지 의문이다. 생각건대, 어음행위 자체만 가지고는 상법 제24조에서 말하는 '營業'이라고 하기는 어려운 점 및 어음의 문언성에 비추어 명의차용자에게 어음상의 채무를 부담시키기는 어려울 것이다. 따라서 이 경우에는 상법 제24조가 적용되지 않고 名義貸與者만이 어음의 文言性 및 表見法理(禁反言의 法理 또는 外觀理論)에 따라 책임을 져야 하는 것이 원칙이다. 다만 어음행위자가 자기를 표시하기 위하여 타인의 명의를 사용한 경우는 그 어음행위자, 즉 명의차용자도 책임을 져야 할 것이다. 그러나 이 때 명의대여자와 명의차용자의 책임관계는 連帶責任이라고 본다.

Ⅲ. 어음의 僞造·變造

1. 어음의 僞造·變造의 意義

(1) 어음의 僞造의 意義

어음의 위조란 권한없이 타인의 記名捺印 또는 署名을 僞作하여 어음행위를 하는 것을 말한다. 위조의 방법은 印章을 위조하여 어음행위를 하든, 진정한 印章을 도용하여 어음행위를 하든, 혹은 타인의 기명날인 또는 서명이 되어 있는 紙片을 이용하여 어음행위를 하든 상관없다.

(2) 어음의 變造의 意義

어음의 변조란 권한없이 기명날인 또는 서명 이외의 기재사항을 변경하는 것을 말한다. 변경은 어음요건뿐 아니라 有益的 記載事項의 변경도 포함된다. 변조의 방법은 기존문언의 變改이든, 抹消이든, 새로운 문언의 記入이든 상관없다. 새로운 문언의 기입이더라도 그것이 무익적 기재사항인 경우에는 어음의 내용과 효력에 아무런 변동이 생기지 않으므로 변조가 아니다. 말소의 방법에도 제한이 없으니, 예컨대 어음의 유익적 기재사항 위에 印紙를 붙여 이를 보이지 않게 한 것도 말소가 된다. 그러나 변조 후에도 기본어음으로서의 형식적 요건은 구비하여야 한다.

(3) 어음의 僞造와 變造의 差異

어음의 위조와 변조는 허위의 기재라는 점에서는 같으나, 위조는 어음채무의 성립(어음債務者의 名義)에 관한 허위인 데 대하여, 변조는 어음채무의 내용에 관한 허위이다(그러므로 被變造者란 개념도 없다). 따라서 위조란 특정된 피위조자만의 문제이나, 변조는(객관적인 어음의 내용이 변경되므로) 그 어음상의 기명날인 또는 서명을 한 모든 자의 책임에 관계되는 문제이다. 또 기명날인 또는 서명의 변경에 관하여는 僞造說도[1] 있으나, 진정한 기명날인 또는 서명에 대하여는 변

---

1) 徐燉珏·鄭完溶(下) 88면.

조가 되고, 새로 변경된 기명날인 또는 서명에 대하여는 위조가 된다고 하는 僞造·變造說이 타당하다고 생각한다.[1)]

2. 어음의 僞造·變造의 效果

(1) 어음僞造의 效果

(가) 僞造者의 責任

위조자는 어음상에 자기 자신의 기명날인 또는 서명을 하지 않았으므로 어음상의 책임은 없으나,[2)] 민법상의 不法行爲責任(民 제750조)이나, 형법상의 有價證券僞造罪(刑 제214조)의 형벌을 면할 수는 없다.

그러나 최근에는 위조자가 어음상의 책임을 져야 한다는 견해가 유력하게 주장되고 있다.[3)] 다만 그 근거에 관하여는 학설이 갈리는데, 제1설(무권대리규정 유추적용설)은 어음법 제8조 소정의 무권대리인의 책임을 위조자에게도 유추적용하여야 한다는 것이고, 제2설(위조자행위설)은 위조자가 피위조자의 명칭을 자기를 표시하는 명칭으로 어음에 기명날인 또는 서명을 하였으므로 어음상의 책임을 지는 것이라고 한다. 제2설의 입장에서는 무권대리에 관한 규정은 대리방식을 전제로 하고 있으므로 대리방식을 취하지 않은 어음의 위조의 경우에 이를 적용하는 것은 부당하다고 하고 있으나, 제1설은 무권대리와 위조는 권한없는 자가 대리의 방식으로 어음행위를 하였는가 대행의 방식으로 하였는가의 차이가 있을 뿐이고 양자는 기본적으로 같다고 한다.[4)]

(나) 被僞造者의 責任

피위조자는 스스로 기명날인 또는 서명을 한 것이 아니므로 누구에 대해서도 어음상의 책임은 지지 않는다.[5)]

위조의 경우라도 제3자가 위조자에게 권한이 있다고 믿을 만하고, 그 신뢰에 피위조자의 귀책사유를 인정할 수 있는 경우에는(예컨대, 회사의 經理課長이 권한

---

1) 徐廷甲(어) 119면.
2) 孫珠瓚(下) 96면; 姜渭斗(어) 125면; 李哲松(어) 140면.
3) 日最判 1974. 6. 28, 民集 28.3.655; Hueck/Canaris, *Recht der Wertpapiere,* 11. Aufl., 1977, S. 52f.; W. Zöllner, *Wertpapierrecht*, 13. Aufl., 1982, S.63f.
4) 同旨, 朴鍾允, "어음의 僞造", ≪司法論集 5≫, 1974, 494면; 鄭東潤(어) 198면.
5) 大判 1965. 10. 10, 65 다 1726.

을 남용하여 보관중인 대표이사의 인장으로 위조하거나 被傭者가 보관 중인 주인의 인장을 남용한 경우) 피위조자에게 표현대리의 경우에 준해서 표현책임을 인정하는 것이 옳다는 견해가 근래에는 유력하게 주장되고 있다.[1)]

또 위조자가 피용자인 경우 그 위조행위로 인하여 제3자가 손해를 입은 경우에 被僞造者가 使用者로서의 不法行爲責任(民 제756조)을 지는 것은 별개의 문제라고 생각한다.

(다) 僞造어음 위에 記名捺印 또는 署名을 한 者의 責任

위조어음 위에 기명날인 또는 서명을 한 자는 어음문언에 따라 책임을 지고(어음行爲獨立의 원칙), 위조자라도 소지인이 되면 진정하게 기명날인 또는 서명을 한 전자에 대해서 어음상의 권리를 행사할 수 있다.

(라) 僞造의 追認

피위조자가 위조를 추인하면 무권대리의 경우와 같이 소급하여 어음상의 책임을 진다.[2)] 반대설은 위조는 위조자의 이익을 위한 것이고 무권대리의 경우와 같이 타인을 위한다는 효과의사가 없다는 점, 위조는 非倫理的이라는 점에서 그 추인을 부인하고, 다만 새로운 어음행위를 한 것으로 보아 추인한 때로부터 효력이 발생한다고 한다.[3)]

그러나 전술한 바와 같이 무권대리와 어음의 위조는 代理方式을 취하였는가 代行方式을 취하였는가의 차이밖에 없으므로 무권대리의 추인에 관한 규정을 어음 위조에 유추적용할 수 있다고 본다. 또 행위자의 의사에 비추어 볼 때 무권대리의 경우도 반드시 본인을 위한다고 할 수는 없고, 오히려 어음상의 표시에서 보면 무권대리보다도 더욱 명료하게 本人(被僞造者)을 위한 것으로 되어 있으며, 윤리적인 면에서 보더라도 무권대리라고 비난의 여지가 없는 것은 아니라고 본다.

(마) 立證責任

위조의 입증책임에 관하여 종래에는 학설이 나뉘었고, 판례는 위조의 입증책임은 被僞造者가 부담하여야 한다고 하였다.[4)] 그러나 대법원은 1993. 8. 24. 선

---

1) 金敎昌, ≪商事法의 연구≫, 1977, 153면; 徐廷甲(어) 116면; 鄭熙喆·鄭燦亨(下) 117면; 鈴木竹雄, ≪手形法·小切手法≫, 1957, 166면; 大判 1968. 7. 3, 68 다 334, 345; 大判 1971. 5. 24, 71 다 471.

2) 金敎昌, ≪商事法의 研究≫, 1977, 156면; 徐廷甲(어) 116면; 鄭東潤(어) 193면; 鄭熙喆·鄭燦亨(下) 117면.

3) 孫珠贊(下) 93면; 姜渭斗(어) 120면.

고, 93 다 4151판결에서 종래의 태도를 변경하여 소지인이 이를 입증하여야 한다고 한다.[1] 피위조자가 부담하여야 한다는 학설은 그 근거로서, ① 본래 권리를 주장하는 자가 그 권리를 입증하여야 한다는 점, ② 피위조자가 위조사실을 입증하기 용이한 점, ③ 피위조자가 이를 입증하도록 하여야만 어음의 거래보호와 流通性이 강화될 수 있다는 점 등을 든다.[2] 이에 대하여 소지인이 입증책임을 부담하여야 한다는 학설의 근거는 소지인은 자기의 危險負擔下에 어음관계에 관여하게 된 자인 데 반하여 피위조자는 어음의 위조와 전혀 무관한 자일 수도 있다는 것이다.[3] 생각건대, 피위조자와 소지인 중 누가 위조의 사실을 입증하기 용이한가, 또 피위조자가 위조와 어느 정도 관련성이 있는가(예컨대, 피위조자의 사용인에 의하여 위조된 경우) 등은 구체적 사건마다 달라질 수밖에 없다. 따라서 僞造의 立證責任은 구체적 사안에 따라 被僞造者의 歸責事由 여하와 過責의 정도 및 立證의 難易度 등을 고려하여 결정하여야 할 것이며, 이를 일률적으로 획일화하여 판단할 것은 아니라고 본다.

(2) 어음變造의 效果

(가) 變造者의 責任

변조자가 단순히 변조만 하였을 뿐 어음행위를 하지 않는 경우에는 민법상·형법상의 책임은 별문제로 하고, 어음상의 책임은 지지 않는다. 그러나 변조와 동시에 어음행위를 하면 변조 후의 다른 기명날인 또는 서명을 한 자와 같이 그 변조된 문언에 따라 책임을 진다.

(나) 變造 전에 記名捺印 또는 署名을 한 者의 責任

변조 전에 기명날인 또는 서명을 한 자는 原文言에 따라 책임을 진다(어 제69조·제77조 제1항 제7호).[4] 변조 전에 기명날인 또는 서명을 한 자가 변조 후의 문언에 따라서 책임을 질 이유가 없는 것은 물론이지만, 변조로 인하여 일단 발생한 책임이 면제될 이유도 없기 때문이다.

---

4) 鈴木竹雄, ≪手形法·小切手法≫, 1957, 166면; 徐廷甲(어) 116면; 大判 1987. 7. 7, 86 다카 2154.

1) 大判 1993. 8. 24, 93 다 4151; 大判 1998. 2. 10, 97 다 31113.
2) 李基秀, "僞造있는 어음의 立證責任", ≪商事法研究≫, 제12집(1993), 206면 이하.
3) 孫珠瓚(下) 91면; 鄭東潤(어) 199면; 崔基元(어) 159면.
4) 大判 1987. 3. 24, 86 다카 37; 大判 1996. 2. 23, 95 다 49936.

(다) 變造 후에 記名捺印 또는 署名을 한 者의 責任

변조 후에 기명날인 또는 서명을 한 자는 變造된 文言에 따라서 책임을 진다(어 제69조·제77조 제1항 제7호). 그 문언이 자기의 어음행위의 내용을 이루는 것이기 때문이다.

(라) 立證責任

일반 원칙에 따라 변조 사실을 주장하는 자(채무자)가 立證責任을 진다.[1] 그러나 외관상 변조의 흔적이 분명한 경우에는 어음소지인이 기명날인 또는 서명을 한 자에 대하여 변조 후의 문언에 의한 책임을 추궁하려면 변조 후에 기명날인 또는 서명을 한 것임을 입증하여야 한다.[2]

(마) 追　　認

위조어음의 추인에 관한 이론은 변조어음에 관하여도 그대로 적용될 것이다.

(3) 어음의 僞造者와 變造者의 어음上의 權利

본래 위조자나 變造者는 僞造·變造의 사실에 의하여는 어음상 아무런 권리를 취득하지 못하나, 어음상의 의무를 이행하고 어음을 환수한 위조자나 변조자도 어음법 제8조를 유추적용하여, 支給을 한 無權代理人에게 본인과 동일한 권리를 주는 경우에 준하여 어음상의 권리를 취득한다고 본다.[3]

1) 大判 1985. 11. 22, 85 다카 131.
2) 大判 1987. 3. 24, 86 다카 37.
3) 朴種允, "어음의 僞造", ≪司法論集 5≫, 1974, 496면; 鄭熙喆·鄭燦亨(下) 130면.

제 2 절 어음上의 權利

제 1 관 어음上의 權利와 證券의 관계

Ⅰ. 어음上의 權利의 意義

1. 어음上의 權利

어음상의 권리란 일정한 금액의 지급이라는 어음의 목적을 달성하기 위하여 부여된 권리와 이것에 갈음할 권리를 말한다. 전자는 어음金支給請求權(어 제28조 제1항 · 제78조 제1항)이고, 후자는 遡求權(償還請求權)(어 제9조 · 제15조 · 제77조 제1항 제1호) · 보증인이나 참가인수인에 대한 권리(어 제32조 · 제58조 · 제77조 제3항) · 어음금을 지급한 보증인이나 참가지급인이 갖는 권리(어 제32조 제3항 · 제63조 제1항 · 제77조 제1항 제5호 · 제77조 제3항) 등이다.

어음법에서는 어음상의 권리라는 말을 쓰지 않고, '환어음에서 생기는 모든 권리'(어 제14조 제1항 · 제18조 제1항 · 제19조 제1항), '어음으로부터 생기는 권리'(어 제32조 제3항 · 제63조 제1항), '환어음 또는 약속어음에서 생긴 권리'(어 제79조), '어음상의 청구권'(어 제70조 제1항)이라고 표현하고 있다.

이에 대하여 '어음債務'(어 제7조), '어음상의 債務'(어 제32조 제3항 · 제63조 제1항)는 이에 대응하는 의무이다.

어음상의 권리는 어음증권에 표창되어 있기 때문에 그 권리의 발생 · 이전 · 행사에는 증권의 작성 · 교부 · 소지를 필요로 한다. 또 어음상의 다른 권리에 비하여 보다 강한 보호를 받는 반면, 단기시효가 적용되고(어 제70조 · 제77조 제1항 제8호) 절차의 흠결에 의하여 소멸된다(어 제53조 · 제77조 제1항 제4호)는 특징이 있다.

2. 어음法上의 權利

'어음법상의 권리'란 어음금액의 지급을 직접적인 목적으로 하지 않고, 다만 어음법이 어음관계의 원만한 진전을 위하여 보조적·부수적으로 인정한 권리로서, '어음상의 권리'와는 구별하여야 한다. 어음법상의 권리는 어음증권에 표창한 권리가 아니므로 그 행사에는 어음증권을 필요로 하지 않는다.

어음법상의 권리에는 ① 악의 또는 중과실로 인한 어음취득자에 대한 어음返還請求權(어 제16조 제2항·제77조 제1항 제1호), ② 利得償還請求權(어 제79조), ③ 遡求通知懈怠로 인한 손해배상청구권(어 제45조 제6항·제77조 제1항 제4호), ④ 複本交付請求權(어 제64조 제3항), ⑤ 복본 또는 원본반환청구권(어 제66조 제1항·제68조 제1항) 등이 있다.

Ⅱ. 어음上의 權利와 證券의 관계

1. 權利와 證券의 結合關係

어음은 무형의 금전채권을 어음이라는 종잇장(證券)으로 바꾸어 놓은 가장 완전한 유가증권이다. 어음상의 권리와 증권과의 결합관계는 어음상의 권리의 존재의 면과 그 귀속의 면으로 나누어 고찰할 수 있다. 전자의 경우에는 어음상의 권리가 발생하는 데 있어서 증권의 존재가 불가결의 요건인가, 또 그 권리의 내용은 어떻게 결정되는가 하는 것이 문제이며, 후자의 경우에는 그 권리가 누구에게 귀속하느냐, 그 귀속 문제의 결정에 있어서 증권은 어떠한 작용을 하느냐 하는 것이 문제되고 있다.

2. 어음上의 權利의 發生과 證券

(1) 權利의 發生

(가) 設權證券性

어음상의 권리는 어음을 작성함으로써 비로소 발생한다. 즉, 어음증권의 존재 여부가 어음상의 권리의 유무(발생여부)를 결정하는 기준되고 있다. 어음은 증권이 작성됨으로써 비로소 어음상의 권리가 창설된다는 점에서, 이미 생긴 株主權을 표창하는 株券이나, 이미 생긴 任置物返還請求權을 표창하는 倉庫證券 따위와는 구별된다.

그러나 어음상의 권리가 어음증권의 작성에 의해서 창설되지만 그 증권자체(재료)의 소유권의 귀속과는 관계가 없다고 본다. 즉, 권리가 본체이고 증권은 그 권리를 표창하기 위한 수단에 불과한 것이므로 어음상의 권리의 취득에 필요한 것은 증권의 소지뿐이지 그 소유권을 꼭 취득하여야 하는 것은 아니다. 그렇지 않으면 본체를 이루는 증권상의 권리가 수단에 불과한 증권에 대한 권리에 추종한다는 결과가 되어 이론상 모순이며, 뿐만 아니라 어음증권의 소유권을 상실하여도 어음상의 권리를 잃지 않고, 반대로 어음증권의 소유권을 취득하여도 어음상의 권리를 취득하지 못하는 경우도 생기기 때문이다.

(나) 無因證券性

어음상의 권리는 증권의 작성에 의해서 창조된 권리이기 때문에 그 증권을 작성하는 원인이 된 실질관계와는 아무런 관계가 없다. 따라서 어음을 작성하게 된 원인인 법률관계, 예컨대 賣買契約이 무효이거나 취소되거나, 혹은 유효이긴 하되 동시이행의 관계에 있다 하더라도 어음상의 권리는 적어도 그 어음 자체가 유효하게 작성된 이상 賣買代金請求權과는 별개의 독립된 권리로서 창조된 것이므로 유효하게 존속하고 이전될 수도 있다. 요컨대, 어음상의 권리의 유무는 증권의 유무에 따라서 결정되고, 그 어음의 적법한 소지인은 매매계약의 유효성이나 그 내용을 증명할 필요도 없으며, 또 그 계약상의 사유로 인하여 어음상의 권리의 행사를 거부당하지도 않는다(이와 같은 어음은 어음 작성의 원인이 된 실질적인 법률관계로부터 완전히 분리된 추상적인 권리를 표창하는 것이기 때문에 抽象證券이라고도 한다).

(2) 權利의 內容決定

어음이 표창하는 권리는 증권 외에 존재하는 실질적 법률관계와는 상관없이 증권 자체의 작성에 의해서 창조된 것이기 때문에 그 권리의 내용은 당연히 증권상의 기재에 의해서 결정된다(文言證券性). 어음상의 권리의 내용은 증권을 기준으로 하여 결정되므로 어음의 양수인이 문언의 기재를 신뢰하고 어음을 취득하였다면 그 이상 실질관계를 조사할 필요가 없다.

(3) 證券的 效力의 限界

(가) 物的 抗辯의 경우

어음에 특수한 효력을 인정하여 어음상의 권리의 유무 및 내용을 어음증권을 기준으로 하여 결정하는 데는 일정한 한계가 있다. 즉, 어음의 특수한 증권적 효력은 어음 자체가 유효하게 작성된 경우에만 인정되는 것이므로 가령 어음이 위조된 것이거나 무능력자에 의해서 작성된 것이면 외관상 유효한 증권이 존재하여도 어음의 소지인은 어음상의 권리를 취득하지 못한다(어 제7조·제77조 제2항).

(나) 人的 抗辯(惡意의 抗辯)의 경우

증권의 外觀을 존중하여 어음상의 권리의 유무 및 내용을 증권에 의하여 결정하는 것은 권리의 이전을 전제로 하여 그 유통성을 확보하기 위한 것이므로 아직 유통과정에 놓이지 않고 당사자의 수중에 있다든가, 혹은 제3자에게 이전되었더라도 어음소지인이 그 채무자를 해할 것을 알고 어음을 취득한 경우에는 어음상의 권리는 어음증권 외의 실질관계에 의해서 영향을 받는다. 즉, 어음상의 채무자는 실질관계상의 사유를 들어 권리의 행사에 대항할 수 있다(어 제17조·제77조 제1항 제1호).

3. 어음上의 權利의 行使·移轉과 證券

(1) 權利者의 決定

어음상의 권리가 누구에게 귀속되느냐 하는 문제도 오로지 증권을 기준으로 하여 결정하게 된다.

(가) 權利의 推定

권리와 증권이 결합되어 있으므로, 곧 증권의 소지인을 권리자로 추정하고(證

券의 積極的 作用), 증권을 소지하지 않으면 권리자로 인정하지 않는다(證券의 消極的 作用). 본래 권리와 증권과는 별개의 것이므로 증권의 所持와 권리의 귀속이 반드시 일치하는 것은 아니다(예컨대, 어음의 紛失者나 盜取者의 경우). 그러나 대체로 증권을 가진 자는 진정한 권리자이기 때문에 그 개연성에 착안하여 일단 권리의 외관을 갖춘 증권의 소지인을 권리자로 추정하는 것이다. 따라서 어음증권만을 소지하면 자기가 권리자라는 것을 증명할 필요도 없이 어음금액을 청구할 수 있고, 반면에 어음을 제시하지 않고는 권리자라도 어음금액을 청구할 수 없게 된다(民 제517조, 제65조). 어음채무자도 어음의 소지인에게 지급한 이상 그가 진정한 권리자가 아니었다 하더라도 채무를 면하고 이중변제를 할 염려가 없다.

(나) 背書의 連續

어음상의 권리의 행사에 있어서 어음의 소지인이 권리자로 추정되는 것은 적법한 소지의 경우에 한한다. 적법한 소지란 어음상에 수취인으로 기재된 자의 소지를 말하며, 그것이 이전된 경우에는 배서에 의하여 권리의 이전경로가 끊임없이 표시된 것(背書의 連續)을 의미한다. 따라서 어음상의 권리의 이전에도 반드시 증권이 필요한 것이니, 어음에 배서하여 교부함으로써 최종의 소지인까지 배서가 연속되기만 하면 당연히 권리자로 인정되는 것이다(어 제16조 제1항 참조).

(다) 善意取得

배서가 연속된 어음의 소지가 어음상의 권리자의 결정의 기준이 되는 것은 어음상의 권리자와 채무자 사이에서 뿐만 아니라 제3자와의 관계에서도 같다. 즉, 제3자가 배서의 연속이 된 어음의 소지인으로부터 어음을 양수받은 경우에 악의 또는 중대한 과실이 없는 한 그 양도인이 무권리자라 하더라도 어음상의 권리를 취득한다(어 제16조 제2항 · 제77조 제1항 제1호).

(2) 證券的 效力의 限界

어음상의 권리의 행사 · 이전에 어음이라는 증권을 필요로 하게 된 것은 오로지 그 유통성을 확보하기 위한 것이므로 절대적인 것은 아니다. 어음을 소지하는 경우에는 권리를 행사할 수 있는 형식적인 자격을 인정받는 것이지 종국적으로 실질적인 권리를 부여받는 것은 아니다. 따라서 어음에 인정된 증권적 효력에도 다음과 같은 예외가 있다.

(가) 反證을 드는 경우

어음의 소지인에 대해서라도 그가 진정한 권리자가 아니라는 반증을 들면 어음채무자는 그 권리의 행사에 대항할 수 있으며, 만약 어음채무자가 詐欺 또는 중대한 過失로 인하여 진정한 권리자가 아닌 어음소지인에게 지급을 한 경우에는 어음채무를 면하지 못한다(어 제40조 제3항). 또 배서가 연속되지 않았다 하더라도 자기가 어음상의 권리자라는 것을 입증하면 어음상의 권리를 행사할 수 있다.

(나) 除權判決을 받은 경우

어음을 상실하였다 하더라도 除權判決을 받은 경우에는 증권 없이 권리를 행사할 수 있는 것도 당연하다(民訴 제446조 이하).

(다) 抹消·毁損의 경우

증권의 소지인에게 증권문언에 따른 권리행사를 보장하는 것도 그 증권이 형식상 완전한 경우에 한한다. 따라서 기재사항의 일부가 말소되거나 혹은 증권의 일부가 훼손된 경우에는 증권적 효력은 발생할 수 없게 된다. 그러므로 그 소지인은 말소 또는 훼손 전의 문언을 증명하여야만 권리를 행사할 수 있게 된다.

제2관 어음上의 權利의 取得

Ⅰ. 序 說

어음법은 어음상의 권리의 취득방법으로서 背書(어 제11조 제1항·제77조 제1항 제1호), 指名債權讓渡에 관한 方式(어 제11조 제2항·제77조 제1항 제1호), 단순한 交付(어 제14조 제2항 제3호·제77호 제1항 제1호), 善意取得(어 제16조 제2항·제77조 제1항 제1호), 어음보증인의 保證債務履行에 의한 취득(어 제32조 제3항·제77조 제3항), 參加支給에 의한 취득(어 제63조 제1항·제77조 제1항 제5호)의 6종을 규정하고 있으나, 이 밖에 相續·會社의 合併·轉付命令·제3자의 辨濟 등 여러 가지 경우가 있다. 그러나 여기서는 善意取得에 관하여서만 설명하기로 한다.

Ⅱ. 어음의 善意取得

1. 어음善意取得의 意義

어음의 선의취득(Gutglaubenserwerb)이란 형식적 資格者로부터 背書받은 어음의 양수인이 惡意 또는 重過失이 없는 한 그 양도인의 행위가 실질적으로 無效라 하더라도 어음상의 권리를 취득하게 되는 효과를 말한다.

선의취득제도는 선의의 어음 취득자의 지위를 보호함으로써 어음의 유통성을 확보하는 데 있다. 민법에서도 거래의 동적 안전을 도모하기 위하여 동산의 선의취득제도를 인정하고 있거니와, 고도의 유통성을 그 기능적 특색으로 하는 어음에 있어서는 선의자보호의 요청이 한층 더 강조되고 있다. 따라서 어음법 제16조 제2항은 민법 제249조보다도 선의취득의 요건을 완화하여[1] 어음거래의 안전을 도모하고 있다.

2. 어음善意取得의 要件

(1) 어음法的 流通方法에 의한 取得

현재의 어음소지인이 배서에 의해서(최후의 배서가 白地式背書이면 引渡) 어음을 양수하였어야 한다. 왜냐하면 배서에 의한 양수가 아니면 소지인까지의 배서의 연속을 인정할 수 없기 때문이다. 따라서 어음법적 流通方法(背書) 이외의 권리이전방법, 즉 債權讓渡·相續·合併·轉付命令 등에 의하여 어음을 취득한 경우에는 선의취득은 인정되지 아니한다. 또한 배서에 의한 경우이더라도 期限後背書(期限後交付)는 지명채권양도의 효력밖에 없고, 推尋委任背書도 추심위임을 목적으로 하므로 선의취득이 인정되지 않는다고 본다.[2]

---

1) 어음의 선의취득에 있어서는, ① 輕過失의 경우에 보호받으며, ② 盜品·遺失物에 대한 特例規定(民 제250조·제251조)이 없고, ③ 민법에서는 무권리자로부터의 선의취득을 인정하는 데 비하여 어음법에서는 그 외의 경우도 인정하는 것이 일반적인 견해이다. 이 밖에 平穩·公然이란 요건을 필요로 하지 않는다는 학설도 있으나, 대체로 당연한 요건으로 인정한다[徐廷甲(어) 182면].

(2) 形式的 資格者로부터의 取得

형식적 자격자로부터 어음을 취득하기는 하였으나, 양도인이 실질적 무자격자인 경우에 그 외관을 신뢰한 양수인을 보호하려는 것이 바로 선의취득제도이다. 형식적 자격자라 함은 배서가 연속되어 있는 어음의 마지막 피배서인을 말한다.

현재의 소지인은 배서에 의하여 양수하였으나, 그 전의 배서가 단절된 경우에는, 그 단절부분에 관하여 권리이전관계(채권양도·상속·합병·전부명령 등)를 증명하면 배서의 단절은 架橋된다고 본다.

(3) 背書의 實質的 瑕疵

선의취득은 형식적 자격자로부터 배서에 의하여 어음을 양수하였으나 어음의 양도인이 무권리자로서 '그 배서의 효력이 발생할 수 없는 하자'가 있어야 한다. 그러나 양도인이 무권리자 이외의 경우에도 선의취득이 인정되는지에 관하여는 학설이 갈리고 있다.

≪善意取得으로 인하여 治癒되는 瑕疵의 範圍≫

선의취득으로 인하여 치유되는 하자의 범위, 즉 양도인에게 어떠한 사유가 있으면 선의취득이 인정되는지에 관한 학설을 보면 다음과 같다. 이 문제는 무권리자 이외의 경우에도 선의취득이 인정되는지 여부에 관한 문제이다.

(1) 第1說(無權利者 限定說)

과거 일본 및 우리 나라의 통설이었으나 현재는 소수설인 무권리자 한정설은 선의취득에 의하여 보완될 수 있는 하자란 민법상의 선의취득(民 제249조)에서와 같이 '무권리자'로부터 취득한 경우에 한정하되, 실질적 권리자가 증권의 점유를 잃은 사유는 盜難·遺失 등 무엇이든 불문한다. 그러나 양도인에게 무능력·대리권의 흠결·의사표시의 하자 등의 사유가 있는 경우에는 선의취득을 인정하지 아니한다.[1] 무권리자 한정설의 논거는, ① 선의취득은 배서의 자격수여적 효력에 기하여 배서의 연속이라는 형식적 자격을 신뢰한 자를 보호하려는 제도일 뿐, 양도인의 능력·대리권을

2) 鄭東潤(어) 214면; 鄭熙喆·鄭燦亨(下) 296면; 崔基元(어) 424면.

1) 徐燉珏·鄭完溶(下) 104면; 孫珠瓚(下) 109면; 蔡利植(下) 100면; 木村暎, ≪手形法·小切手法要論≫, 1992, 170면.

신뢰한 자를 보호하기 위한 제도가 아니고, ② 이 경우까지 선의취득을 인정하면 무능력·무권대리·의사표시의 하자에 관한 민법의 규정이 적용되지 않는 결과가 되는데, 이것은 민법상 金錢·銀行券·社債券의 경우에는 양도인이 무권리자인 경우에만 보호되는 것과 균형이 맞지 않는 것이며, ③ 연혁적으로 보더라도 이 규정은 게르만法上의 'Hand wahre Hand'의 원칙에서 유래한 것인데, 이는 본래 유효한 양도행위를 전제로 한다는 것 등이다.

(2) 第二說

第二說은 선의취득에 의하여 보완될 수 있는 하자를 '무권리자'로부터 취득한 경우에 한정하지 아니하고 보다 다양한 여러 경우에도 선의취득의 성립을 인정하는 견해로서 다음 세 가지 견해로 나뉜다.

(a) **無制限說**: 과거 우리 나라와 일본의 소수설이었지만 현재는 다수설이고, 독일의 통설인 무제한설은 하자의 범위를 넓게 해석하여, 양도인이 무권리자인 경우뿐만 아니라 배서인측의 사유로 인하여 배서가 무효로 되거나 취소되는 경우에도 선의취득을 인정한다. 따라서 예컨대, 양도인의 무능력, 무처분권, 의사표시의 하자(교부의사의 흠결), 대리권의 흠결, 또는 어음에 기재된 피배서인과 실제의 양도인이 동일인이 아닌 경우에도 선의취득을 인정한다.[1)]

무제한설의 논거는, ① 양도인의 무능력·대리권의 흠결·배서인의 인적 동일성(Indentität)의 흠결은 어음의 외형으로부터 알 수 없는 사유이므로 어음거래의 안전이라는 관점에서 악의 또는 중대한 과실이 있는 경우에만 권리취득을 부인하여야 할 것이며, ② 이들 경우에까지 선의취득을 인정한다고 하더라도 무능력자·무권대리인의 본인 등은 어음을 소지하지 않으므로 어음상의 권리를 가질 수는 없지만 그렇다고 어음상의 책임을 부담하는 것도 아니므로 무능력자 등의 보호규정이 완전히 沒却되는 것도 아니라고 한다.[2)]

(b) **無能力者 除外說**: 무능력자 제외설은 무제한설과 같은 입장이나, 다만 양도인이 무능력자인 경우에는 선의취득이 인정되지 않는다고 한다.[3)]

---

1) 金敎昌, ≪商事法의 硏究≫, 1977, 174면; 徐廷甲 183면; 崔基元(어) 365면; 李基秀(어) 245면; 鄭燦亨(어) 485면; 梁承圭(어) 165면; 鈴木竹雄, ≪手形法·小切手法≫, 1957, 252면; 平出慶道, ≪手形法·小切手法≫, 1990, 43면 이하; 服部榮三, ≪手形·小切手法≫, 1990, 54면.

2) 徐廷甲(어) 184면; 鄭燦亨(어) 485면.

(c) **部分的 制限說**: 부분적 제한설은 어음의 선의취득이 무한정 인정되는 것은 아니고, 이것이 인정되는 것은 양도인이 무권리자인 경우 외에, ① 대리권의 흠결·무처분권의 경우와, ② 어음에 기재된 피배서인과 실제의 양도인과 동일인이 아닌 경우(인적 동일성의 흠결)까지만 그 범위가 미친다고 하는 학설이다. 따라서 무능력, 의사표시의 하자(교부의사의 흠결)의 경우에는 선의취득이 인정되지 아니한다고 한다.[1]

(3) 私 見

部分的 制限說이 타당하다고 생각한다. 그 이유를 정리해 본다면, ① 선의취득은 民法上 動産의 선의취득에서 유래한 것이므로, 沿革的으로는 第一說(無權利者 限定說)이 정당하나, 연혁적인 이유가 당연히 결정적인 근거가 될 수는 없으며, 오히려 ② 어음法 제16조 제2항(手 제21조)은 국제적 협정에 의한 民法 제249조의 例外規定으로 보는 것이 정당하다. 뿐만 아니라, ③ 民法 제249조와는 달리, 어음法 제16조 제2항(手 제21조)의 '事由의 여하를 불문하고 어음(手票)의 占有를 잃은 者'라 함은 반드시 無權利者를 한정한 것으로 축소해석할 필요가 없고, ④ '背書의 連續에 의하여 權利를 證明한 때' 라는 것도 現所持人이 연속하는 배서의 최후의 피배서인이 되면 충분하고, 반드시 그에 대한 양도인의 無權利를 전제로 하는 것이 아니다. 물론 ⑤ 善意取得은 背書의 資格授與的 效力에 기하여 背書의 연속이라는 형식적 資格을 신뢰한 자를 보호하려는 제도일 뿐, 어음양도인의 能力·代理權을 신뢰한 자를 보호하기 위한 제도가 아니고, 이 경우까지 선의취득을 인정하면 無能力·無權代理·意思表示의 瑕疵에 관한 民法의 규정이 적용되지 않는 결과가 되는 것이라는 비난이 있으나, 部分的 制限說에 의하면 無權代理에 관한 民法과 어음·手票法의 규정도 중첩적으로 적용될 수 있다고 보므로 아무런 문제가 없다. 양도인에게 의사표시의 하자가 있는 경우나 양도인이 무능력자인 경우 민법이 적용되는 결과 선의취득이 인정되지 아니한다.

생각건대 部分的 制限說이 타당하다. 그 이유를 정리해 본다면, ① 선의취득은 민법상 동산의 선의취득에서 유래한 것이므로, 연혁적으로는 第一說(無權利者 限定說)이 정당하나, 연혁적인 이유가 당연히 결정적인 근거가 될 수는 없으며, 오히려 ② 어음법 제16조 제2항(手 제21조)은 국제적 협정에 의한 민법 제249조의 예외규정으로 보는 것이 정당하다. 뿐만 아니라, ③ 민법 제249조와는 달리, 어음법 제16조 제2항(手 제21조)의 '事由의 여하

3) 鄭熙喆·鄭燦亨(下) 296면.
1) 鄭東潤(어) 183, 184면.

를 불문하고 어음(수표)의 占有를 잃은 者'라 함은 반드시 무권리자를 한정한 것으로 축소해석할 필요가 없고, ④ '背書의 連續에 의하여 權利를 證明한 때'라는 것도 現所持人이 연속하는 배서의 최후의 피배서인이 되면 충분하고, 반드시 그에 대한 양도의 무권리를 전제로 하는 것이 아니다. 물론 ⑤ 선의취득은 배서의 자격수여적 효력에 기하여 배서의 연속이라는 형식적 자격을 신뢰한 자를 보호하려는 제도일 뿐, 어음양도인의 능력·대리권을 신뢰한 자를 보호하기 위한 제도가 아니고, 이 경우까지 선의취득을 인정하면 무능력·무권대리·의사표시의 하자에 관한 민법의 규정이 적용되지 않는 결과가 되는 것이라는 비난이 있으나, 부분적 제한설에 의하면 무능력·의사표시의 하자(교부의사의 흠결)에 관한 민법과 어음·수표법의 규정도 중첩적으로 적용될 수 있다고 보므로 아무런 문제가 없다.

(4) 惡意 또는 重過失이 없을 것

어음취득자에게 악의 또는 중과실이 없어야 한다.[1] 惡意란 양도인이 무권리자라는 것을 알고 있음을 말하며(惡意를 인정하는 실제적 표준은 상당한 對價를 지급했느냐 않았느냐에 따라 결정한다), 重過失이란 무권리자임을 모른 데 대한 부주의의 정도가 현저한 것을 말한다. 악의 또는 중과실이 없는 사정은 어음을 취득한 당시에 있으면 되고, 또 자기의 직접 전자에 대한 관계에만 있으면 충분하다. 따라서 자기에게 양도한 배서인이 선의취득자라고 믿었다면, 그 배서인의 전자 중에 무권리자가 있었다는 것을 알고 있어도 선의취득이 된다. 악의·중과실의 거증책임은 어음의 반환청구자에게 있다.

(5) 어음取得者에게 獨立된 經濟的 利益이 있을 것

어음취득자인 피배서인에게 대리권밖에 없는 추심위임배서의 경우에는 피배서인이 독립된 경제적 이익을 갖지 못하므로 선의취득의 규정이 적용될 여지가 없다. 숨은추심위임배서의 경우에도 같다. 그러나 입질배서의 경우에는 피배서인이 독립된 경제적 이익을 가지므로 선의취득이 인정된다.

---

1) 大判 1993. 9. 24, 93 다 32118(법인대표자 개인의 목도장으로 배서를 위조한 경우 중과실이 인정됨); 大判 1995. 8. 22, 95 다 10945(금액이 백지인 가계수표를 발행인에게 확인 않고 취득한 경우 어음법 제10조 단서의 중과실이 인정됨).

3. 어음善意取得의 效果

어음의 양수인은 양도인이 무권리자라 하더라도 어음상의 권리를 原始的으로 취득한다. 따라서 그 누구에게도 '어음을 반환할 의무가 없다'(어 제16조 제2항 본문·제77조 제1항 제1호). 盜難·遺失 기타의 사유로 인하여 자기의 의사에 반하여 어음의 점유를 잃은 어음상의 권리자는 그 권리를 상실하게 된다.

어음이 선의취득된 경우라도 피위조자·어음행위를 취소한 무능력자·무권대리의 본인 등은 누구에게 대하여도 어음상의 책임을 지지 않는다.

4. 어음善意取得의 適用範圍

(1) 숨은 推尋委任背書의 경우

선의취득제도는 취득자의 고유한 경제적 이익을 전제로 하는 것이므로 무권리자로부터 숨은 推尋委任背書를 받은 피배서인은 악의·중과실이 없어도 선의취득은 할 수 없다.

(2) 期限後背書의 경우

기한후배서는 담보적 효력도 없고 抗辯의 切斷效力도 없으므로 유통성을 보호하려는 선의취득제도는 적용되지 않는다고 본다.

(3) 入質背書의 경우

입질배서의 피배서인도 보호를 받아야 할 것이므로 질권의 선의취득은 인정된다.

(4) 白地어음의 경우

白地어음도 배서에 의한 양도가 인정되는 한 선의취득이 인정되어야 할 것이다.

(5) 除權判決과의 관계

어음의 제권판결이 있으면, 公示催告期間 중에 異議申請을 하지 않은 선의취득자는 증권상의 권리를 행사할 수 없게 된다.

제3관 어음上의 權利의 行使

I. 序 說

유통증권이라는 어음의 특성 때문에 어음상의 권리자는 권리를 행사할 때 반드시 證券을 제시하여 相換하여야 하고, 지급이 거절된 경우에 遡求權을 행사하려면 權利保全節次를 취하여야만 하는 반면에, 어음채무자는 채권자에 대한 항변이 일정한 경우로 제한되어 일반채무자보다 불리한 지위에 놓이게 된다. 이러한 어음채무의 엄격성을 '어음嚴正'이라고 하는데, 어음엄정은 형식적 엄정과 실질적 엄정으로 나누어 볼 수 있다.

형식적 嚴正은 세 가지의 내용을 포함하는데, ① 어음의 형식요건이 엄격하게 준수되어야 하고 흠결된 요건은 어음 외의 사정에 의하여 보충되어서도 안된다는 것, ② 기간 및 법률행위의 엄정으로서 소구권행사를 위해서는 지급제시기간 및 거절증서에 관한 규정을 준수하여야 한다는 것, ③ 어음에 특유한 간이·신속한 소송절차, 즉 어음소송제도를 마련하여 어음상의 권리를 쉽게 행사하도록 하는 것 등이다. 우리 나라에서는 어음소송제도는 없으나, 민사소송법에서 어음소송에 관하여 약간의 특칙을 두고 있고(民訴 제199조), 公證人法에 의하여 공증된 어음(手票)은 그 채무자에 대하여는 채무명의로 보게 되어(公證人法 제56조의 2 제4항) 執行證書가 된다(民訴 제519조 제4호 참조).

한편 실질적 嚴正이란 어음채무의 내용은 어음증권의 문언에 따라 결정되어야 하며, 그 해결 내지 보충을 위하여 어음 외의 사정, 즉 어음증권으로부터 알 수 없는 사정이 고려되어서는 안된다는 것이다. 이것은 어음채무의 추상성 및 어음항변의 제한 등으로 나타난다.

Ⅱ. 어음抗辯

1. 어음抗辯의 意義

어음항변(Einwendung, Einrede, exception, defence)이란 어음상의 청구를 받은 자가 그 청구를 거부할 수 있는 모든 사유 또는 그 사유의 주장을 말한다. 이 어음항변은 실체법상의 항변에 속하지만 일반적인 실체법상의 항변[예컨대, 催告의 抗辯(民 제437조), 檢索의 抗辯(民 제437조), 同時履行의 抗辯(民 제536조)]과 같이 상대방의 권리를 시인하면서 그 채무의 이행을 거절하는 것(협의의 항변, 권리항변)뿐만 아니라, 상대방의 권리의 불성립 또는 소멸을 이유로 하여 권리 자체를 부정하는 광의의 항변까지도 포함한다. 어음항변은 '어음債務者'가 제출하는 것으로서 主債務者 또는 遡求義務者(發行人, 背書人, 保證人 등)가 어음에 의해 청구를 하는 자에 대하여 갖는 권리이다. 그러므로 어음 채무자가 아닌 환어음의 지급인·지급담당자·수표의 지급은행이 소지인에게 형식적 자격 또는 실질적 권리가 없다는 것을 이유로 또는 어음 자금이 없다는 것을 이유로 지급을 거절하는 것은 어음항변이 아니다. 어음항변권은 形成權의 일종이다.

2. 어음抗辯의 分類

어음항변은 항변의 효력에 따라, 항변의 성립요건에 따라, 그리고 권리외관론에 따라 분류할 수 있다.[1]

(1) 抗辯의 效力에 따른 分類

우리 나라의 통설은 어음항변을 보통 人的 抗辯(相對的 抗辯)과 物的 抗辯(絶對的 抗辯)으로 분류한다. 그것은 항변의 대항을 받는 인적 범위를 기준으로 한 것이나, 실은 무엇이 인적 항변이냐는 법문상 밝혀지지 않고 있다. 따라서 어음

---

1) 鄭東潤(어) 226면 이하.

채무자의 보호 요청과 어음 거래의 원활·안전화 요청을 較量하여 개별적·구체적으로 결정하는 수밖에 없을 것이다. 다만 물적 항변의 확정은 비교적 용이하고, 한편 그 범위를 가급적 좁힐 필요가 있기 때문에, 먼저 물적 항변사유를 결정하고 그 밖의 것을 인적 항변사유로 하는 것이 보통이다.

(가) 物的 抗辯

물적 항변이란 피청구자가 모든 청구자에 대하여 대항할 수 있는 항변이다. 이것은 어음상의 권리의 객관적 존재에 관한 항변으로서, 크게 다음의 세 가지로 분류할 수 있다.1)

(a) **어음의 記載로부터 생기는 抗辯**: 이 항변은 증권상에 명백히 나타나는 것으로서 취득자를 해치는 것이 아니다. 예컨대, ① 어음要件欠缺의 항변(어 제2조 제1항·제76조 제1항), ② 滿期未到來의 항변(어 제38조·제40조 제2항·제77조 제1항 제3호), ③ 어음面上 명료한 支給畢·一部支給(어 제39조 제1항·제3항, 어 제77조 제1항 제3호)·免除·相計의 항변, ④ 支給場所의 약정을 지키지 않았다는 항변 따위이다.

(b) **어음行爲의 유효한 성립을 부정하는 抗辯**: 이 항변은 어음의 기재상으로는 명백하지 않아서 어음취득자에게는 불리하다. 예컨대, ① 交付欠缺의 抗辯, ② 어음의 僞造(어 제7조·제77조 제2항)·變造(어 제69조·제77조 제1항 제7호)의 항변, ③ 無權代理의 항변(어 제88조·제77조 제2항), ④ 無能力으로 인한 무효·취소의 항변(어 제7조·제77조 제2항) 따위이다.

(c) **어음債務의 消滅 또는 어음의 失效에 관한 抗辯**: 이 항변은 어음상의 기재와 관계없는 항변이다. 예컨대, ① 供託의 항변(어 제42조·제77조 제1항 제3호), ② 除權判決에 의한 어음失效의 항변(民訴 제446조 이하), ③ 時效消滅의 항변(어 제70조·제77조 제1항 제8호), ④ 權利保全節次欠缺의 항변(어 제53조·제56조 제2항·제60조 제1항·제66조 제2항·제68조 제2항·제77조 제1항 제4호) 따위이다.

(나) 人的 抗辯

인적 항변이란 피청구자가 특정한 청구자에 대하여서만 대항할 수 있는 항변이다. 이것은 어음상의 권리의 객관적 존재와는 관계없고, 어음채무자와 특정

---

1) 물적 항변을 ① 당사자 여하를 불문하고 주장할 수 있는 항변과, ② 특정 채무자가 총채권자에게 주장할 수 있는 항변으로 분류하기도 한다[鄭熙喆·鄭燦亨(下) 355면 참조].

소지인과의 특수한 인적 관계에서 발생하는 항변이다.

(a) **實質關係에 기인한 抗辯**: 실질관계에 기인한 항변은 ① 原因關係의 무효·취소 또는 해제의 항변, ② 不法原因에 의거한 어음행위라는 항변, ③ 割引金不交付의 항변, ④ 推尋의 목적으로 양도배서하였다는 항변, ⑤ 融通어음이라는 항변 따위이다.

≪融通어음의 抗辯≫

우리 나라의 통설과 판례에 따르면 융통어음의 항변은 인적 항변에 속하기는 하지만 이를 알고 있는 제3자에게는 대항할 수 없다고 한다. 따라서 융통어음의 항변에는 어음법 제17조 단서가 적용되지 않고 항변이 절단된다. 그 근거는 융통어음이라는 것을 알고 어음을 취득하였더라도 채무자를 해할 것을 알고 취득한 것은 아니기 때문이라는 것이다.[1] 이에 대하여 소수설은 융통어음의 항변은 절단이 불필요한 항변이라는 학설,[2] 인적 항변이라고 할 수 없다는 학설,[3] 일반적인 어음항변 어디에도 속하지 않는다는 학설[4] 등으로 나뉜다.

(b) **어음行爲成立의 瑕疵로 인한 抗辯**: 이 항변은 ① 意思表示의 흠결 또는 하자로 인한 항변, ② 白地補充權濫用의 항변 따위이다.

(c) **어음上의 權利가 消滅하였다는 抗辯**: 이 항변은 ① 어음과 상환하지 아니한 지급, ② 채무의 免除·相計 따위로 인한 권리소멸의 항변이다.

(d) **無權利의 抗辯**: 무권리의 항변은 ① 어음의 拾得 또는 盜取, ② 背書連續의 欠缺 따위로 인한 권리부정의 항변이다.

(2) **抗辯의 成立要件(存在形式)에 따른 分類**

독일과 우리 나라의 일부 학설은[5] 항변사유의 존재형식에 따라 어음항변을 證券上의 抗辯(urkundliche Einwendungen)(基本어음의 要件欠缺 등), 非證券的 有效性의 抗辯(nichturkundliche Gültigkeitseinwendungen)(僞造·無能力·無權

---

1) 徐燉珏(下) 103면; 崔基元(어) 485면; 蔡利植(下) 386면; 大判 1968. 8. 31, 65 다 1217; 大判 1979. 10. 30, 69 다 479.
2) 鄭東潤(어) 240면.
3) 鄭熙喆·鄭燦亨(下) 362면.
4) 鄭燦亨(어) 574면.
5) W. Zöllner, *Wertpapierrecht*, 13. Aufl., 1982, S. 125ff.; 鄭熙喆(下) 255면.

代理 등), 人的 抗辯(어음수수의 원인관계에서 발생하는 항변 등)으로 나눈다. 또 독일의 Hefermehl 교수도 어음항변을 증권상의 항변, 효력에 관한 항변, 인적 항변의 세 가지로 분류하고 있다.[1]

(3) 權利外觀論에 따른 分類

권리외관론에 따른 분류는 독일의 Canaris 교수의[2] 분류방법에 기초를 둔 것으로서, 이를 주장하는 견해는 종래 우리 나라의 통설인 2분법을 다음과 같이 비판한다.[3] 즉, ① 어음항변의 2분법은 어음항변 가운데는 제한이 가능한 것과 제한이 불가능한 것의 두 가지가 있다는 것을 밝히는 것 이상의 아무런 가치가 없고, ② 어음항변론의 중심과제는 일정한 항변은 왜 이를 제한할 수 있는가를 탐구하는 데에 있는데, 통설이 취하는 2분법은 이 점에 관하여 아무런 해답을 주지 못하고 있으며, ③ 어음항변 가운데에는 종래의 통설이 말하는 物的 抗辯과 人的 抗辯의 어느 것에도 속하지 않는 것들(融通어음의 항변, 交付契約欠缺의 항변 등)이 있는데, 종래의 2분법은 이를 설명할 수가 없다는 것이다. 그리고 항변의 성립요건에 따른 분류법도 어음항변분류의 표준이 되는 실질적 근거나 정당성의 기준을 충분히 밝히지 못하고, 특히 권리외관주의와의 상관관계가 명백하지 아니하다는 점 등을 비판하고 있다.

Canaris 교수는 권리외관론에 따라 어음항변을 여섯 가지로 분류하고 있다. 즉, 直接的 抗辯(상속, 지명채권양도의 방법에 의한 양도 등), 內容的 또는 證券上의 抗辯(어음요건의 흠결 등), 歸責可能性에 관한 항변(위조·변조, 무능력, 무권대리 등), 어음債務의 유효성에 관한 항변(교부계약의 흠결 등), 人的 抗辯(원인관계로부터 발생하는 항변 등), 排除不要의 항변(융통어음의 항변) 등이 그것이다. 이에 대하여 우리 나라에서 이 학설을 따르는 견해는 Canaris 교수의 분류 중 직접적 항변은 어음항변제한의 법칙이 적용되는 범위의 문제로 보아 이를 항변의 분류에서 제외하고 나머지 다섯 가지로 분류하는 것이 타당하다고 하면서, 이를 신어음항변론의 하나라고 한다.[4]

---

1) Baumbach/Hefermehl, *Wechselgesetz und Scheckgesetz*, 14 Aufl., 1984, Art. 17 W.G. Rdn. 5 ff.

2) Hueck/Canaris, *Recht der Wertpapiere*, 11. Aufl., 1977, S. 133ff.

3) 鄭東潤(어) 231면 이하; 同, "어음항변의 이분법에 대한 반성(이른바 신항변이론과 관련하여)", ≪商事法의 現代的 課題≫(椿江 孫珠瓚 博士 華甲紀念) 1984, 481~498면.

생각건대, 어음항변의 분류에서 중요한 것은 어떠한 항변이 모든 어음소지인에 대하여 대항할 수 있는 항변, 즉 절단되지 않는 항변이며, 어떠한 항변이 특정한 소지인에 대해서만 대항할 수 있는 항변, 즉 절단될 수 있는 항변인가 또는 예외적으로 언제 절단되지 않게 되는가를 확정하는 것이지, 그 이론구성에 있는 것이 아닐 것이다. 그렇다면 '언제나 절단될 수 없는 항변'을 物的 抗辯으로 보고 '절단될 수 있는 항변'을 人的 抗辯으로 보는 통설이 타당할 것이다. 다만 통설에 반대하는 견해는 융통어음의 항변, 교부흠결의 항변 및 의사표시의 하자에 관한 항변 등에는 어음법 제17조 단서가 적용되지 않는다고 하여, 이는 인적 항변사유에도 속하는 것이 아니고 또 물적 항변사유에도 속하는 것이 아니기 때문에 통설인 2분법으로는 설명할 수 없고, 별도의 항변사유로 분류해야 한다고 주장한다. 그러나 인적 항변사유를 어음법 제17조에 국한시키지 않고 그 외에 '절단될 수 있는 항변사유'를 포함시킨다면 이를 인적 항변사유로 보는 데 아무런 문제가 없을 것이다.

3. 어음抗辯의 制限

(1) 人的 抗辯의 制限

어음法 제17조 본문은 "換어음에 의하여 청구를 받은 자는 발행인 또는 종전의 소지인에 대한 인적 관계로 인한 항변으로써 소지인에게 대항하지 못한다"고 규정하여 '인적 관계로 인한 항변', 즉 人的 抗辯을 제한하고 있다.

원래 권리의 양수인은 양도인이 가졌던 것보다 더 큰 권리를 취득할 수 없으므로 채무자는 양도인에게 대항할 수 있었던 항변사유로써 양수인에게도 대항할 수 있는 것이 원칙이다(民 제451조). 이 이론을 어음관계에 그대로 적용한다면, 최후의 양수인은 전자 전원에 대하여 성립한 항변사유에 의하여 어음채무자로부터 대항받게 되고, 이것은 결과적으로 어음양수인의 지위를 매우 불안정하게 만들고, 어음의 유통성을 크게 해치게 된다. 이에 어음법은 어음의 유통성을 확보증진하기 위하여, 유통과정에 있어서의 전자에게 대항할 수 있는 항변 중 양수인이 손쉽게 알 수 없는 것은 양수인(후자)에 대해서는 대항하지 못하도록

4) 鄭東潤(어) 234면; 鄭東潤, 上揭論文 494~498면.

切斷(制限)한 것이니, 이는 權利外觀理論에 따라 법이 정책적으로 인정한 특칙이라 할 수 있다.[1)]

(2) 人的 抗辯의 對抗力

인적 항변은 특정한 소지인에 대한 항변이므로 그 소지인으로부터 어음을 양수한 자에 대해서는 대항하지 못하나, 일단 유통되었다가 후일에 還背書(어 제11조 제3항 · 제77조 제1항 제1호)나 償還還受(어 제46조 · 제50조 · 제77조 제1항 제4호) 등에 의하여 다시 어음소지인이 된 경우에는 대항할 수 있다.

4. 어음抗辯制限의 適用範圍

인적 항변을 제한하여 당사자 이외의 자에 대하여 대항할 수 없게 한 것은 어음의 유통보호를 위한 것이므로 어음의 유통보호와 관계가 없는 다음과 같은 경우에는 어음항변제한의 법리가 적용될 여지가 없다.

(1) 惡意의 抗辯(害意의 取得者)

(가) 意　　義

악의의 항변이란 '債務者를 害할 것을 알고 어음을 취득한' 所持人에 대한 人的 抗辯을 말한다(어 제17조 단서 · 제77조 제1항 제1호). 항변의 절단을 인정하여 피배서인을 보호할 필요가 있는 것은 피배서인이 선의인 경우에 한한다. 따라서 이미 항변이 부착되어 있는 줄 알고 채무자를 해할 것도 알면서 어음을 취득한 자, 즉 害意의 취득자에 대해서는 어음항변제한의 법리(어 제17조 본문)를 적용하지 않고, 전자에 대한 항변사유를 승계시키려는 것이 惡意의 抗辯을 인정한 사유이다.[2)]

(나) 惡意의 內容

악의의 내용에 관하여서는 통일어음법회의에서도 상당히 논의되었는데, 대체

---

1) 鄭東潤(어) 226면; 鄭熙喆 · 鄭燦亨(下) 354면.

2) 그러나 어음항변은 본래 승계될 수 없는 것이고, 항변제한도 어음에 내재하는 당연한 특성이라고 보고서, 악의의 항변이란 어음채무자의 이익과 소지인의 이익과의 형평을 확보하기 위하여 법이 특별히 인정한 '특수한 인적 항변'이라고 보는 견해도 있다(高鍬利一, ≪手形 · 小切手法≫, 1982, 119면 참조).

로 세 가지 입장으로 분류할 수 있다. 제1설은 악의의 내용을 가장 좁게 해석하여, '채무자를 해할 의사로써 하는 共謀'(fraudulent understanding)를 요한다고 한다(英 어 제29조 제3항, 美 流 제58조 참조). 제2설은 악의의 내용을 가장 넓게 해석하여, '抗辯存在의 사실을 아는 것'(bad faith)으로써 충분하다고 한다(日本의 舊어음法). 제3설은 통일어음법회의에서 채택한 타협안으로서, 항변사유의 인식만으로는 부족하고, 그 밖에 자기가 어음을 취득함으로써 항변이 절단되고, 그 결과 '채무자가 해를 입는다는 것을 알면서'(knowingly to the detriment of the debtor) 구태여 취득하는 것이라고 한다.

우리 어음법 제17조 단서는 제3설의 입장을 취하여 "소지인이 그 債務者를 해할 것을 알고 어음을 취득한 때에는 그러하지 아니하다"라고 규정하고 있다.[1)]

(다) 惡意抗辯의 適用範圍

악의이 유무를 결정하는 시기는 어음(또는 白地어음)을 취득한 때이다. 그러나 항변사유의 존재시기는 어음을 취득한 때가 아니고, 만기 또는 어음상의 권리를 행사하는 때이다. 따라서 어음취득시에는 항변사유가 존재하지 않았으나 만기 또는 권리행사의 시기에 그 항변사유가 성립할 것을 예견할 수 있는 때(예컨대, 편취된 어음임을 알면서 이를 취득하고, 후에 사기를 이유로 계약이 취소된 경우)에는 악의의 항변이 성립할 수 있다. 여기서 말하는 취득에는 逆背書(還背書)에 의한 취득은 포함되지 않는다.

악의의 항변을 받는 것은 취득자가 직접 전자인 배서인에 대한 인적 항변사유를 알고 있는 경우에 한한다. 따라서 그 전의 背書人(前前者)에 대한 인적 항변사유를 알고 있는 경우에는 악의의 항변은 성립하지 않는다. 왜냐하면 所持人의 前者가 善意取得을 하여 그 항변은 제한받기 때문이다.

어음취득자에게 선의에 관하여 중과실이 있느냐의 여부는 문제되지 않는다. 따라서 중과실이 있는 경우에도 소지인은 항변의 대항을 받지 않는다. 또 融通어음 · 改書어음이라는 사실을 알고 어음을 취득하더라도 악의의 항변은 성립되지 않는다.

(2) 獨立된 經濟的 利益을 갖지 않는 取得者

인적 항변의 절단은 취득자의 이익의 보호를 목적으로 하는 것이므로, 독립

---

1) 大判 1995. 9. 15, 94 다 54856; 大判 1996. 5. 14, 96 다 3449.

된 경제적 이익을 갖지 않는 어음취득자(예컨대, 推尋委任背書의 被背書人)에 대하여는 그 선의·악의를 불문하고 전자에 대한 인적 항변사유를 가지고 대항할 수 있다.

(3) 非어음法的 流通方法에 의한 取得者

어음본래의 유통방법(背書)에 의하지 않고 어음을 취득한 者(예컨대, 相續·合併·轉付命令·指名債權讓渡方法에 의한 取得者)에 대해서는 전자, 즉 양도인에 대한 인적 항변사유로서 대항할 수 있다. 또한 기한후배서(어 제20조·제77조 제1항 제1호)에도 인적 항변의 절단 효력은 인정되지 않는다. 이것은 어음이 유통증권으로서의 기능을 발휘하는 본래의 유통기간을 경과한 후의 배서이기 때문이다.

제 4 관 어음上 權利의 消滅

I. 序 說

어음상의 권리는 채권일반의 소멸원인인 辨濟(支給)·供託(어 제42조·제77조 제1항 제3호)·代物辨濟·相計·更改·免除 등으로 인하여 소멸하나, 還背書가 인정되므로(어 제11조 제3항·제77조 제1항 제1호) 混同에 의해서는 소멸하지 않는다. 어음상의 권리는 증권화한 권리이므로 증권을 회수하거나 증권상에 기재하여 두지 않으면 위의 원인으로 소멸하더라도 그것은 인적 항변사유가 될 뿐 선의의 취득자에게 대하여는 책임을 면하지 못한다(어 제39조·제77조 제1항 제3호).

또한 어음상의 권리는 어음법상 규정된 특별소멸원인으로 인하여도 소멸한다. 즉, ① 權利保全節次의 欠缺(어 제53조·제25조 제2항·제56조 제2항·제60조 제2항·제77조 제1항 제4호·제5호), ② 一部支給의 거절(어 제39조 제2항·제77조 제1항 제1호), ③ 參加支給의 거절(어 제61조·제77조 제1항 제5호), ④ 거절할 수 있는 參加引受의 승낙(어 제56조 제3항), ⑤ 참가지급의 경합이 있는 경우 자기에게 우선하는 참가지급인이 있는 것을 알면서 한 參加支給(어 제63조 제3항·제77조 제1

항 제5호), ⑥ 短期消滅時效(어 제70조·제77조 제1항 제8호) 등이 있다.

그리고 어음의 말소·훼손·상실의 경우 어음상의 권리가 소멸되는 수가 있다. 또 어음·수표의 소지인이 소구권보전절차의 흠결 또는 시효기간의 경과로 말미암아 어음·수표상의 권리가 소멸한 경우의 구제수단으로서 利得償還請求權을 인정한다.

위의 각 소멸사유는 각기 해당되는 곳에서 설명하기로 하고, 여기서는 소멸시효, 어음의 말소·훼손·상실, 이득상환청구권에 대하여만 설명한다.

Ⅱ. 어음上 權利의 消滅時效

1. 時效期間

(1) 어음金額請求權

주채무자에 대한 청구권(환어음의 인수인 및 약속어음의 발행인, 이들의 보증인·참가인수인 및 무권대리인에 대한 권리)은 만기일로부터 3년의 시효로 인하여 소멸한다(어 제70조 제1항·제77조 제1항 제8호). 만기일이 휴일인가 아닌가, 만기일에 지급제시를 하였는가 아니하였는가를 묻지 않는다. 어음의 改書 또는 어음관계자 전원의 합의에 의한 만기변경의 경우에는 새로운 만기일이 시효의 기산점이 된다.

(2) 遡 求 權

遡求義務者(背書人, 換어음의 發行人 및 이들의 保證人·無權代理人)에 대한 소구권은 거절증서작성일로부터, 또는 그 작성이 면제된 때에는 만기일로부터 1년의 시효로 인하여 소멸한다(어 제70조 제2항·제77조 제1항 제8호). 이중으로 거절증서를 작성할 필요가 있는 경우(어 제60조·제65조 제2항)에는 후에 작성한 거절증서의 일자를 표준으로 한다.

(3) 再遡求權

再遡求義務者에 대한 재소구권은 상환을 한 背書人(保證人·參加支給人도 같다)이 어음을 환수한 날로부터, 또는 제소된 날로부터 6개월의 시효로 인하여 소멸한다(어 제70조 제3항 · 제77조 제1항 제8호).

2. 時效期間의 計算

초일은 시효기간에 산입하지 않으며(어 제73조 · 제77조 제1항 제9호), 기간의 말일은 소정기간 후의 초일의 대응일이다.

3. 確定判決에 의한 時效

어음(수표)상의 권리가 확정판결에 의하여 확정된 때에는 위의 시효기간에 관계없이 일률적으로 그 때부터 다시 10년이 경과되어야만 소멸시효가 완성한다(民 제165조 제1항).

4. 時效의 中斷

시효의 중단사유에 관하여 어음법은 '訴訟의 告知'(어 제80조)만을 규정하고 있으나, 민법상의 사유, 즉 請求 · 承認(民 제168조)에 의하여도 시효가 중단된다.

청구는 재판상의 청구와 재판 외의 청구 두 가지가 있으나, 어느 경우이든 어음의 제시 또는 소지는 필요없다는 것이 통설 · 판례이다. 왜냐하면 시효중단사유인 청구는 채권자가 권리 위에 잠자고 있지 않다는 것을 나타내는 것으로서 청구 그 자체로도 충분하며, 또 예컨대 어음이 압수된 경우에는 이를 제시하거나 소지할 수도 없기 때문이다.

어음채무의 승인에 의한 시효의 중단에도 어음의 제시는 필요치 않다.

다른 배서인 및 환어음의 발행인에 대한 배서인의 청구권, 즉 재소구권은 그 자가 제소된 때에는 그 전자에 대하여 소송고지를 함으로써 시효중단의 효력이 발생한다(어 제80조).

어음채무는 각각 독립된 것으로서 각 채무에 대한 소멸시효도 독립하여 진행하고 완성하므로 시효중단의 효력도 중단사유가 생긴 자에 대하여서만 발생하며, 그 이외의 자에 대해서는 중단의 효력이 미치지 아니한다(어 제71조·제77조 제1항 제8호).

5. 主債務의 時效消滅과 償還義務의 관계

遡求權이 시효로 인하여 소멸하더라도 그것이 주채무자에 대한 어음금액청구권에는 영향을 미치지 않는다. 그러나 주채무자에 대한 권리가 시효로 인하여 소멸한 경우에는 遡求權도 소멸한다고 본다. 왜냐하면 소구권을 행사함에는 유효한 어음을 반환하여야 하고(어 제50조·제77조 제1항 제4호), 소구권은 어음금액청구권이 변화한 것이기 때문이다.

Ⅲ. 어음의 抹消·毁損

1. 어음의 抹消

(1) 어음抹消의 意義

어음의 말소(Ausstreichen, Streichung)란 어음요건의 기재사항을 塗抹·削除·化學的 腐蝕·貼付 등의 방법으로 제거하는 것을 말한다(협의의 말소)(이에 대하여 광의의 말소는 어음상의 기재사항을 제거하는 것을 의미하나, 어음요건 이외의 기재사항을 권한없이 말소하는 것은 '어음의 變造'가 된다). 어음의 말소방법에는 제한이 없으며, 어음의 동일성을 해칠 정도의 말소는 '어음의 喪失'이 된다.

(2) 어음抹消의 效果

(가) 流通 후의 抹消

(a) 어음要件의 抹消 : 어음상의 권리가 일단 유효하게 성립한 후에는 어음요건을 말소하더라도 어음상의 권리는 소멸하지 않는다. 어음의 요식증권성을 강조할 때는 말소에 의하여 권리가 소멸될 것도 같으나, 어음의 요식성은

어음상의 권리가 발생하는 데 필요한 것이지, 그 존속에 필요한 것은 아니다. 이것은 어음이 變造된 경우에도 변조 전에 記名捺印 또는 署名을 한 자가 변조 전의 문언에 따라 책임을 지는 것(어 제69조), 또 어음을 상실한 소지인이 제권판결을 얻어 그 권리를 행사할 수 있는 것(民訴 제463조 이하)으로도 알 수 있다. 그러나 어음의 정당한 소지인(어음상의 권리자)이 고의로 어음요건을 말소한 때에는, 그것은 채무의 면제 또는 권리의 포기라고 보아야 할 것이므로 어음상의 권리는 소멸한다고 본다. 따라서 어음이 말소된 경우에 어음상의 권리를 행사하려는 자는, 그것이 소지인의 고의적인 말소가 아니라는 것을 입증하여야 하고, 말소 전의 문언이 불명한 경우에는 그 문언의 내용도 입증하여야 한다.

(b) 어음要件 아닌 記載事項의 抹消: 어음요건 이외의 기재사항(예컨대, 第三者方支給의 기재)이 말소된 경우에는, 어음채무자의 책임내용이 변경될 것이다. 그러나 그 말소가 어음채무자의 동의 없이 無權限者에 의하여 된 경우에는, 그것은 어음의 변조가 되므로 말소 전에 기명날인 또는 서명을 한 자의 책임에는 영향이 없고, 말소 후의 기명날인 또는 서명을 한 자만 文言에 따라 책임을 지게 된다(어 제69조).

(나) 流通 전의 抹消

어음행위자가 기명날인 또는 서명을 한 후 어음을 교부하기 전에 말소한 경우에는 말소된 기재사항이 어음요건이면 어음상의 권리가 발생하지 않거나 소멸하게 될 것이며, 그것이 어음요건 이외의 기재사항이면 처음부터 기재가 없었던 것으로 되어 어음채무의 내용에 변경이 생기지 않는다.

(3) 어음背書의 抹消

(가) 意　義

배서의 말소란 배서의 요건이 塗抹 또는 削除 등의 방법에 의하여 소멸되는 것을 말한다.

배서의 말소는 정당한 권리자에 의한 것이냐 아니냐, 또는 고의로 한 것이냐 과실로 한 것이냐를 불문하고, 배서의 연속에 관하여는 배서의 기재가 없는 것으로 본다(어 제16조 제1항 제3문 · 제77조 제1항 제1호).

(나) 抹消할 수 있는 경우

(a) 어음을 還受한 背書人의 背書抹消權: 상환의무를 이행하고 어음을 환수한 배서인은 자기 및 후자의 배서를 말소할 수 있다(어 제50조 제2항 · 제77조

제1항 제4호). 이 권리는 자기의 배서가 남용되어 이중지급의 강요를 당할 위험을 방지하기 위하여 법이 특별히 인정한 권리이다.

(b) **還背書를 할 背書人의 背書抹消權**: 어음소지인이 어음채무자에 대하여 어음을 양도하는 경우 還背書를 하는 대신 피배서인이 될 자에 이르기까지의 전자의 배서를 말소하여 상대방에게 교부할 수 있다(消極的 背書). 이러한 방법은 법이 인정하는 것이 아니지만, 당사자 간에 편리하며, 제3자에게 손해를 줄 위험도 없으므로 당사자의 의사대로 그 효과를 인정하는 것이 옳다고 보아 그 적법성을 인정한다.

2. 어음毁損의 意義·效果

어음의 훼손(Abreißung)이란 절단·마멸 기타의 방법에 의하여 어음증권의 일부에 물리적 손상을 일으키는 것을 말하며, 어음의 동일성을 해칠 정도의 훼손은 '어음의 喪失'이 된다. 훼손의 효과는 말소의 경우와 같다(다만 배서의 훼손에 관한 특별규정은 없으므로 말소의 경우의 일반원칙에 따른다).

Ⅳ. 어음의 喪失

1. 어음喪失의 意義

어음의 상실이란 어음증권의 물리적 멸실뿐만 아니라, 소지인의 점유이탈(盜難·遺失의 경우) 또는 말소·훼손으로 증권의 동일성을 잃은 경우 등을 말한다.

2. 公示催告에 의한 除權判決

어음을 상실한 경우, 어음의 최후의 被背書人 또는 所持人은 민사소송법상의 公示催告節次에 따라 除權判決(Ausschlussurteil)을 받을 수 있다(民訴 제446조

이하). 상실된 白地어음에 관하여도 공시최고·제권판결의 제도가 적용된다고 본다.[1]

(1) 公示催告

공시최고라 함은 불특정 또는 행방불명된 상대방에 대하여 일정한 기간 내(3개월 이상: 民訴 제452조)에 신고를 하지 않으면 失權한다는 경고를 하면서 그 권리의 신고를 최고하는 법원의 공고를 말한다(民訴 제446조). 어음을 상실한 경우에는 공시최고기간 내에 신고가 없으면 그 증권을 무효로 하는 除權判決을 한다.

공시최고기간 중에도 제3자가 어음을 선의취득하는 것은 가능하고, 어음의 제시자에게 어음채무자가 선의로 지급하면 그 지급은 유효하다. 다만 공시최고신청인은 채무자로 하여금 어음金額을 供託하게 할 수 있고, 또는 상당한 담보를 제공하고 지급을 받을 수도 있다(民 제522조, 제65조).

(2) 除權判決

공시최고기간 내에 권리의 신고가 없는 때에는 법원은 제권판결을 선고한다. 제권판결에는 소극적 효력과 적극적 효력이 있다. 먼저 소극적 효력으로서 제권판결에 의하여 어음증권은 무효가 된다(民訴 제467조). 이것은 증권만을 무효로 하는 것이고 어음상의 권리 자체를 무효로 하는 것이 아니다. 다만 적극적 효력으로서 제권판결이 선고되면 공시최고신청인은 어음상의 채무자에 대하여 증권 없이도 어음상의 권리를 행사할 수 있다(民訴 제468조).

분실된 어음에 관하여 공시최고가 있어도 그 공시최고기간 중에 제3자가 어음을 善意取得하는 것은 가능하다. 그러나 이러한 선의취득자가 공시최고기간 중에 권리의 신고를 하지 아니하여 除權判決이 선고된 경우에, 선의취득자와 제권판결신청인 가운데 누가 우선하는가가 문제된다. 이 문제에 관하여는 除權判決取得者優先說, 善意取得者優先說, 制限的 善意取得者保護說 등으로 학설이 나뉜다.

---

1) 同旨: 鄭東潤(어) 289면. 다만 백지어음의 소지인은 백지를 보충하기 전에는 어음상의 권리를 행사할 수 없으므로 백지어음에 관하여 제권판결을 얻어도 곧 어음상의 권리를 행사할 수는 없고, 백지어음의 재발행을 청구하여 여기에 백지보충을 한 다음에 어음상의 권리를 행사할 수 있을 것이다.

제권판결취득자우선설은 제권판결제도의 실효성을 확보하고자 하는 취지에서 주장되고 있다. 그리고 선의취득자우선설은 ① 현재의 공시최고에 있어서의 공고는 매우 불완전하고 형식적이므로 권리를 신고하지 않은 선의취득자의 권리를 상실시키는 것이 지나치게 가혹하고, ② 제권판결 그 자체도 그 신청인의 형식적 자격, 즉 증권의 소지인과 동일한 지위를 회복시켜줄 뿐, 신청인을 어음상의 권리자로 확정시키는 제도는 아니라는 점에서 선의취득자가 우선하여 보호받아야 한다고 한다. 그리고 제한적 선의취득자보호설은 선의취득자 가운데 除權判決宣告前에 지급제시 등 적법하게 권리를 행사한 자만이 제권판결취득자에 우선한다고 하나, 여기서 말하는 적법한 권리의 행사는 제권판결취득자우선설에서의 권리의 신고나 다름이 없으므로 역시 제권판결우선설과 같은 결과가 된다.

생각건대, 제권판결은 선의취득자의 권리를 상실시키는 것은 아니나 증권자체의 효력을 상실시키는 것이므로[1] 어음債務者로서는 除權判決取得者에게 지급하여야 한다. 다만 선의취득자는 제권판결취득자에 대하여 除權判決 正本의 반환을 청구하거나 不當利得返還請求權을 행사할 수는 있을 것이다. 이렇게 해석하면 제권판결을 받은 자가 우선하는 결과가 된다.

제권판결신청인이 제권판결을 받은 후에 어음의 재발행을 청구할 수 있는가 의문이다. 주권에 관하여는 이를 인정하는 명문규정(商 제360조 제2항)이 있으나, 어음·수표에 관하여는 아무런 규정이 없기 때문에 문제이다. 이에 관하여는, 주권은 계속적인 권리관계를 표창하고 있으므로 그 재발행이 인정되지만, 어음·수표는 1회적 내지 단기간의 권리관계를 표창하는 것이므로 그 재발행을 허용할 필요가 없다고 하는 부정설이 있다.[2] 그러나 어음·수표가 비교적 단기간에 종료하는 권리관계를 표창하는 증권이기는 하지만, 그 재발행을 인정하여도 특별히 불합리한 것도 아니고 도리어 편리하므로 이를 긍정하는 것이 타당하다고 하겠다.[3] 상법 제360조는 例外規定이 아니라 例示規定으로 보아야 할 것이다.

---

1) 大判 1994. 10. 11, 94 다 18614.
2) 孫珠瓚(下) 137면; 日最判 1976. 4. 3, 民集 30. 3. 183.
3) 同旨: 鄭東潤(어) 284면.

(3) 除權判決不服의 訴

제권판결에 대하여는 상소할 수 없으나, 제권판결의 절차에 하자가 있거나 詐僞 또는 부정한 방법으로 제권판결을 받는 등 실체적인 사유가 있는 경우에도 催告法院에 원고가 제권판결이 있음을 안 날로부터 1월 내에 제권판결불복의 소를 제기할 수 있다(民訴 제461조·제462조). 제권판결의 취소판결이 확정되면 제권판결의 효력은 소급하여 소멸한다.

Ⅴ. 利得償還請求權

1. 利得償還請求權의 意義

(1) 意 義

이득상환청구권(Bereicherungsanspruch)이란 어음·수표의 소지인이 소구권보전절차의 흠결 또는 시효기간의 경과로 말미암아 어음·수표상의 권리를 상실한 경우, 그 所持人이 증권상의 채무자가 지급을 면함으로써 받는 이득의 반환을 청구할 수 있는 어음법·수표법상의 특수한 청구권이다(어 제79조, 手 제63조)(이하 어음을 중심으로 설명한다).

(2) 立法理由

어음채무자의 책임의 엄격성을 완화하기 위해서 어음법은 어음상의 권리의 소멸원인으로 단기소멸시효와 소구권보전절차의 흠결을 규정하였다. 그러나 그 결과 어음채무자가 어음금액의 지급채무를 면하는데도 불구하고, 한편 어음의 수수에 따른 원인관계상의 대가나 어음자금을 계속 보유하게 된다는 것은 불공평한 일이다. 특히 '지급에 갈음하여' 어음을 수수한 경우에는 원인관계상의 청구권도 없기 때문에 소지인에게 너무 가혹한 결과가 된다. 이에 어음법은 對價關係나 資金關係와 같은 실질관계를 고려하여 채무자가 받은 이익의 한도 내에서 소지인에게 상환하게 한 것이다. 즉, 이득상환청구권은 형평의 관념에 입각해서 어음법의 기술적·형식적 해결에 대한 상식적·실질적 수정을 시도한 것으로써 獨法系 어음법에 특유한 제도이다.

2. 利得償還請求權의 法的 性質

이득상환청구권의 법적 성질에 관해서는 종래 不當利得返還請求權說, 損害賠償請求權說, 어음상 권리의 殘存物說, 어음상의 권리의 變形物說 등 많은 학설이 있었으나, 오늘날에는 特殊請求權說에 견해를 모으고 있다.

생각건대, 이것은 법률상의 원인이 없는 것이 아니고, 절차의 흠결 또는 시효의 완성 등 법률상의 원인에 기인하여 이득한 것이며, 또 발행인 등의 이득이 소지인의 재산 또는 노무로 인하여 된 것이 아니며, 더욱이 이익이 현존하는가 않는가를 불문하므로 부당이득반환청구권이 아니고, 채무자의 채무불이행이나 불법행위도 없으므로 손해배상청구권도 아니며, 어음失效 후에 발생하는 것이므로 어음상의 권리의 잔존물도 아니다. 또 어음상의 권리의 변형물설은 변형물의 본질이 무엇인지 분명하지 못하다. 따라서 어음의 형식적 엄격성을 완화하기 위하여 형평의 견지에서 어음법이 특별히 인정한 특수한 청구권, 즉 어음법상의 권리이지 어음상의 권리는 아니고, 지명채권의 일종이라고 보는 학설이 무난한 것이다.[1)]

그리고 이득상환청구권은 손해배상청구권도 부당이득반환청구권도 아니므로 어음소지인은 원인관계에 기한 소 또는 어음상의 소에서 패소한 뒤에도 이득상환청구의 소를 제기할 수 있다고 본다.

3. 利得償還請求權의 當事者

(1) 權 利 者

이득상환청구권자는 어음상의 권리가 소멸한 당시의 정당한 어음소지인이다. 소지인인 한 최후의 피배서인뿐만 아니라, 상환의무를 이행하고 어음을 환수한 소지인도 포함하며, 相續 · 合併 · 指名債權讓渡 · 轉付命令 · 競落 등에 의하여 권리를 취득한 자도 포함한다. 다만 지명채권양도의 방법에 의하는 경우에는 그 대항요건 등 양도의 절차를 밟아야 한다.[2)]

---

1) 同旨: 鄭東潤(어) 264면.
2) 大判 1970. 3. 10, 69 다 1379.

(2) 義 務 者

이득상환의무자는 발행인 · 인수인 또는 배서인이다(어 제79조). 그러나 보증인 · 참가인수인 · 지급인 · 지급담당자는 의무자가 되지 않는다.

4. 利得償還請求權의 成立要件

(1) 어음上의 權利의 存在

어음상의 권리가 유효하게 존재하여야 한다. 따라서 어음요건이 불비된 불완전 어음이나 물적 항변이 부착한 어음과 같이, 시효기간의 경과나 소구권보전절차의 흠결이 없었다 하더라도 어음상의 권리를 행사할 수 없었던 어음에 대해서는 이득상환청구권이 생기지 않는다. 白地어음은 미완성어음으로서 권리행사를 할 수 없기 때문에 이득상환청구권이 생기지 않는다는 것이 다수설이다.[1] 그러나 백지어음의 경우에도 이득상환청구권제도의 근저를 이루고 있는 형평의 이념에 비추어 볼 때 이득상환청구권의 성립(어음채권의 시효소멸 후 백지를 보충함으로써)을 인정하는 것이 타당할 것이다.

(2) 어음上의 權利의 消滅

유효하게 존재하고 있던 어음상의 권리가 보전절차의 흠결 또는 시효로 인하여 소멸하였어야 한다. 이 두 가지 사유 이외의 사유로 소멸한 경우에는 이득상환청구권이 인정되지 않는다. 소지인의 과실의 유무는 묻지 아니한다.

여기서 문제가 되는 것은 어음상의 권리가 소멸할 당시에 이득상환청구권자가 어음증권을 소지하고 있어야 하는가이다. 이득상환청구권을 어음상의 권리의 *殘存物* 내지 *變形物*로 보는 견해에서는 이중지급의 위험을 방지하기 위하여 이를 긍정한다. 그러나 이득상환청구권을 법이 형평의 견지에서 인정한 특수한 청구권이고 指名債權의 일종이라고 보면 당연히 이를 부정한다.

또 다른 문제는, ① 소지인에게 민법상 · 어음법상의 다른 구제방법이 없어야 하는가,[2] ② 적어도 다른 어음채무자에 대한 어음상의 권리가 전부 소멸하였어야 하는가,[3] 또는 ③ 이득상환을 청구하고자 하는 상대방에 대한 어음상의 권리

---

1) 鄭熙喆 · 鄭燦亨(下) 384면; 徐廷甲(어) 245면.
2) 大判 1959. 9. 10, 4291 民上 717; 大判 1963. 5. 15, 63 다 155.

가 소멸하였으면 충분한가[1]라는 점이다. 생각건대, 이론상 이득상환청구권은 어음상의 권리와 전혀 무관한 것은 아니고, 채권자에 대한 어음법상의 보호와 민법상의 보호가 현저히 다르므로 ①설은 채권자에게 너무 가혹하다고 본다. 또 ③설에 의하면 어음소지인이 어음상의 권리를 행사할 수 있음에도 불구하고 특정인에 대해서는 이득상환청구권을 행사하게 되므로 어음상의 권리가 소멸된 경우에 채권자를 특별히 보호하기 위하여 인정한 이득상환청구권의 입법취지에 어긋난다. 따라서 ②설이 타당하다고 본다.

(3) 어음債務者의 利得

(가) 利得의 意義

이득이란 어음상의 권리가 소멸하여 그 지급을 면하게 된 것 자체를 의미하는 것이 아니라, 어음授受의 原因關係에서 그 대가로 재산상의 이익을 얻은 것을 말한다. 그 이득의 형태는 적극적으로 금전의 교부를 받는 경우이든, 소극적으로 기존채무를 면제받는(債務履行에 갈음하여 어음을 발행함으로써) 경우이든 상관없다(그러나 증여의 목적으로 발행 또는 인수한 어음의 채무를 면한 경우에는 이득이 있다고 볼 수 없다). 또 이득이 현존하여야 할 필요도 없고, 소지인의 손실로 인한 이득일 필요도 없다.

(나) 利得의 有無

환어음의 발행인이 대가를 받고 또는 지급에 갈음하여 어음을 발행하였는데 인수 전에 어음상의 권리가 소멸한 경우, 환어음의 발행인이 인수인에게 자금을 공급하였으나 그 자금의 반환청구권이 있는 경우에는 이득이 있다(환어음의 발행인이 인수인에게 자금을 공급하지 않았더라도 인수인이 발행인에 대한 채무의 지급에 갈음하여 또는 지급을 위하여 인수를 했다면 발행인의 이득은 없다). 약속어음의 발행인이 지급에 갈음하여 어음을 교부한 경우에는 이득이 있다. 다만 판례에 의하면 '지급을 확보하기 위하여' 어음이 발행된 경우에는 이득이 없다고 한다.[2]

인수인이 자금을 공급받은 경우, 인수인이 발행인에 대한 채무의 지급에 갈음하여 또는 지급을 위하여 인수를 한 경우에는 이득이 있다.

---

3) 鄭東潤(어) 267면; 鄭熙喆 · 鄭燦亨(下) 384면; 徐廷甲(어) 247면.

1) 徐燉珏 · 鄭完溶(下) 127면; 孫珠瓚(下) 140면.

2) 大判 1974. 7. 23, 74 다 131; 大判 1992. 3. 31, 91 다 40443; 大判 1993. 3. 23, 92 다 50942; 大判 1993. 10. 22, 93 다 26991; 大判 2000. 5. 26, 2000 다 10376.

배서인의 계산하에 발행인으로부터 약속어음 또는 환어음의 교부를 받아(委託어음) 이것을 대가를 받고 다시 배서양도한 후 자금을 제공하고 있지 않은 경우에는 배서인은 이득이 있다. 그러나 보통 배서인은 대가를 지급하고 어음을 취득하여 다시 대가를 받고 양도하므로 이득이 없고, 지급한 대가가 받은 대가보다 적더라도 그것은 商才의 문제이지 이득은 아니다.

5. 利得償還請求權의 行使

(1) 證券의 所持問題

이득상환청구권을 행사하는 데 증권의 소지 또는 제권판결을 필요로 하느냐가 크게 문제되고 있으나, 이득상환청구권은 일종의 指名債權으로서 어음上의 권리가 아니고(特殊請求權說), 실효된 어음은 하나의 증거증서에 불과하므로 어음을 소지하지 않고 권리를 행사할 수 있다고 본다.

(2) 기타의 問題

(가) 債務의 履行地

이득상환채무는 推尋債務로 보아 상환의무자의 영업소 또는 주소를 이행장소로 할 것이다(民 제516조).

(나) 據證責任

이득상환청구권의 성립요건과 채무자가 받은 이득의 한도를 권리자 측에서 전부 입증하여야 한다.

(다) 債務者의 抗辯

이득상환의무자는 어음상의 권리자에 대하여 가지고 있던 항변권을 이득상환청구권자에게도 행사할 수 있다.

(라) 消滅時效

이득상환청구권은 어음상의 권리도 아니고 상행위로 인하여 발행한 채권도 아니므로 그 消滅時效期間은 10년이다.[1] 시효기간은 어음상의 권리가 소멸한

---

1) 徐廷甲(어) 244면; 孫珠瓚(下) 148면. 그러나 鄭熙喆 敎授는 이득상환청구권이 "어음(수표)상의 권리의 잔존물로 보는 입장에서, 어음의 경우에는 어음채권과 같이 3년, 수표의 경우에는 최장시효기간인 1년으로 보는 것이 어음(수표)관계의 조속한

때, 즉 이득상환청구권을 행사할 수 있을 때로부터 起算한다. 따라서 어음의 시효기간만료일의 익일 또는 소구의 경우에는 거절증서작성기간 만료일의 익일부터 진행한다.

(마) 遲延利子

이득상환채무는 추심채무이므로 그 청구가 있는 때로부터 이행지체에 빠진다. 이득상환청구권의 성질상 지연이율은 민사법정이율인 연5푼으로 본다.

(바) 擔保權의 移轉問題

이득상환청구권은 어음상의 권리가 아닌 어음법상의 권리이므로 어음상의 권리를 위하여 설정된 質權·抵當權·保證 등의 담보권이 있더라도 그것은 이득상환청구권 위에 당연히 이전하지는 않는다.

6. 利得償還請求權의 讓渡

(1) 讓渡方法

이득상환청구권은 ① 어음·수표상의 권리가 소멸할 당시의 정당한 소지인으로부터,[1] ② 배서에 의하지 아니하고 지명채권양도의 방법에 의하여 양도하여야 한다.[2] ③ 따라서 대항요건도 갖추어야 한다. 다만 수표의 경우 자기앞수표는 은행에 제시하면 양도의 통지를 한 것이 되어 대항요건을 갖춘 것으로 본다.[3]

(2) 證券의 交付問題

이득상환청구권의 행사에 증권의 소지를 필요로 한다는 학설은 그 양도에도 증권의 교부를 필요로 하나, 이득상환청구권의 행사에 증권의 소지가 필요하다고 보지 않으므로 그 양도에도 증권의 교부는 필요하지 않다고 본다.

결말을 짓고자 하는 어음(수표)제도의 취지에 맞을 것이다"라고 한다[鄭熙喆·鄭燦亨(下) 390면].

1) 大判 1978. 3. 28, 77 다 2497; 大判 1981. 9. 23, 81 다 167.
2) 大判 1983. 3. 8, 83 다 40.
3) 大判 1976. 1. 13, 70 다 2462.

제 3 절 어음의 實質關係

Ⅰ. 序 說

어음관계 이외의 법률관계로서 어음관계와 밀접한 연관성이 있는 것을 어음의 실질관계라고 한다.

어음의 실질관계는 어음 수수의 당사자 간에서 어음수수의 원인이 되는 原因關係, 발행인·지급인 간에서 지급이나 인수의 기초가 되는 資金關係, 어음수수의 당사자 간에서 어음관계의 준비단계를 이루는 어음豫約의 세 가지로 나뉜다. 이하에서는 이 세 가지 및 이와 관련이 있는 문제(貨換어음, 商業信用狀, 어음改書, 어음割引, 어음貸付)를 다루기로 한다.

Ⅱ. 어음의 原因關係

1. 어음의 原因關係의 意義

어음의 원인관계(Kausalverhältnis)란 어음 수수의 원인이 되는 법률관계를 말한다. 어음의 수수에는 반대급부, 즉 대가가 있는 것이 보통이므로(다만 融通어음의 경우는 예외임) 이것을 對價關係(Valutaverhältnis)라고도 한다. 원인관계는 채무의 변제·채권의 추심·채무의 담보·증여·어음상의 권리의 매매(어음割引)·신용의 부여(융통어음)·어음채무의 지급연기(연기어음)·어음改書 등 여러 가지 경우가 있을 수 있다.

2. 어음關係와 原因關係의 關係

(1) 어음關係의 抽象性(無因性)과 그 限界

어음상의 권리는 抽象的(無因的) 權利이다. 즉, 어음관계는 그 원인관계로부터 분리하여 취급된다. 이것은 곧 어음상의 권리의 발생은 원인행위의 존부·유효·무효에 의하여 영향을 받지 않으며, 원인관계와 어음관계는 각각 독자적인 법률관계를 이룬다는 것(따라서 각각 독자적으로 양도될 수 있다는 것)을 의미한다. 예컨대, 원인관계와 어음관계의 분리에 관한 실정법적 근거로는 ① 원인관계가 어음의 절대적 기재사항이 아닌 것(어 제1조·제77조, 手 제1조), ② 원인관계는 기재하더라도 그것은 무익적 기재사항이 될 뿐이고 어음의 효력을 원인관계에 의존시킬 때에는 그 어음은 무효로 되는 것(어 제1조 제2호·제75조 제2호), ③ 인수는 무조건이어야 하고 이에 위반할 때에는 무효인 것(어 제26조 제1항), 그리고 ④ 배서를 함에 있어서도 조건을 붙인 때에는 이를 기재하지 않은 것으로 보는 것(어 제12조 제1항) 등은 어음의 무인증권성이 구체화된 규정들이다.

이와 같이 어음행위의 무인성은 어음거래의 안전을 꾀하고 어음의 유통성을 확보해 주는 한편 어음수수의 직접 당사자 사이에서 입증책임의 전환을 가져와, 어음채무자 측에서 원인관계에 하자가 있다는 것을 주장·입증하여야만 원인관계에 기한 항변이 가능하게 된다. 그러나 어음관계와 원인관계를 엄격히 분리시키는 것은 어음의 유통성을 조장·확보하려는 데 그 목적이 있는 것이지 어음자체의 수단적 성격을 부인하는 것은 아니므로 어음의 유통성을 저해하지 않는 범위 내에서는 어음관계와 원인관계의 牽連性을 고려하여 어음의 抽象性과 手段性을 조화할 수 있는 법적 조치가 필요하다.

(2) 原因關係가 어음關係에 미치는 영향

원인관계를 고려하여 인정한 어음법상의 조치는 다음과 같다.

(가) 人的 抗辨의 許容

원인관계의 당사자가 어음상의 債權者·債務者인 경우에는 원인관계상의 사유를 항변으로 주장할 수 있다(어 제17조·제77조 제1항 제1호). 왜냐하면 이를 인정하여도 어음의 유통성확보에 아무런 지장을 주지 않고 도리어 당사자간의 구체적 형평에 합치하기 때문이다. 따라서 당사자 간에 있어서는 어음관계의 추상성이란 결국 입증책임의 전환을 의미하게 된다. 즉, 어음채권자는 형식상 유효한 어음을 소지하기만 하면 되고, 그 원인을 증명할 필요가 없으나, 채무자는 원인관계에서 생기는 항변사유를 입증하여야만 채권자의 청구에 대항할 수 있게 된다.

(나) 遡 求 權

어음의 소지인은 만기에 지급이 거절되거나 만기 전이라도 지급의 가능성이 현저하게 적어진 때에는, 전자(償還義務者)에 대하여 일정한 금액의 상환청구를 할 수 있다(어 제43조 이하 · 제77조 제1항 제4호). 이 소구권은 어음수수의 원인관계에 의거한 담보책임이 어음법상의 제도로 엄격화된 것이다.

(다) 利得償還請求權

어음상의 권리가 보전절차의 흠결 또는 시효로 인하여 소멸한 경우에도 어음소지인은 利得者[발행인 · 배서인 · 인수인(수표의 경우 지급보증을 한 지급인도 포함)]에 대하여 그 받은 이익의 범위 내에서 상환청구를 할 수 있다(어 제79조, 手 제63조). 이 이득상환청구권도 형평의 관념에 입각하여 원인관계 또는 자금관계를 고려한 어음법상의 어음소지인 보호조치이다.

(3) 어음關係가 原因關係에 미치는 영향

어음관계는 전부 원인관계에 영향을 미치는 것이 원칙이다. 어음수수가 이루어지는 원인은 어음 자체, 즉 어음상의 권리 자체의 매매를 목적으로 하는 경우(예컨대, 어음할인)와 기존채무의 지급을 목적으로 하는 경우가 있다.[1] 전자의 경우에는 어음관계의 성립에 의하여 바로 원인관계상의 목적을 달성할 수 있어서 하자담보책임의 문제를 제외하면 특별히 문제될 것이 없으므로 후자의 경우에 어음의 수수가 기존채무에 미치는 영향만을 검토하여 본다.

(가) 旣存債務가 소멸하지 않는 경우

(a) 支給을 위하여 어음이 수여되는 경우 : 기존채무를 결제하기 위하여 어음이 수수된 경우에는, 당사자 간의 특약이 없는 한 지급에 갈음하여 어음이 수수되었다고 해석할 수는 없으므로 '지급을 위하여' 또는 '지급을 담보하기 위하여' 授受되었다고 추정한다.[2] 따라서 기존채무의 지급을 위하여 어음이 수

1) 그 기존채무가 어음채무인 경우에는 어음의 발행은 '어음의 개서'가 되고, 발행된 신어음을 '延期어음'이라고 한다.

2) 大判 1976. 11. 23, 76 다 1391.

수되었다고 보는 경우에는 기존채무와 어음채무는 병존하고,[1] 어느 한 채무를 이행함으로써 양자가 함께 소멸한다.

지급을 위하여 어음이 수수되어 어음채권과 기존채권이 병존하더라도, 당사자간의 특약이 없으면 어음채권자는 먼저 어음상의 권리를 행사하고, 그것으로써 만족을 얻지 못할 때에 비로소 기존채권을 행사하여야 한다.[2] 따라서 어음상의 권리보전절차를 懈怠하여 어음상의 권리를 상실한 때에는, 이 때문에 채무자가 손해를 입지 않았음을 증명하지 않고는 채권자는 기존채권을 행사할 수 없다. 어음채권자는 만기를 기다려 지급제시를 하는 대신 만기 전에 어음을 할인받아 채무의 변제에 충당할 수도 있으나, 이 경우에도 채권자가 어음상의 상환채무를 면할 때까지는 기존채무는 소멸하지 아니한다.

원인채권을 행사하는 경우 반드시 어음을 반환하여야 하는가 문제이다. 제1설은 어음의 반환은 필요없고 채무자는 원인채무를 변제한 후 어음의 반환을 청구할 수 있을 뿐이라 한다(返還不要說). 이 학설은 채권자에게는 유리하나 채무자는 이중지급의 위험과 불이익이 있다. 제2설은 어음의 반환이 없으면 원인채권을 행사할 수 없다는 견해이다(返還必要說).

생각건대, 원인채권을 먼저 행사하려고 할 때에는 어음(수표)을 채무자에게 반환하여야 한다고 본다. 그렇게 하지 않으면 원인채권의 변제를 받은 채권자가 어음(수표)을 제3자에게 양도한 때에 그 어음(수표)의 선의취득자에게 채무자가 이중지급하여야 하며, 동시에 채무자의 전자에게 소구권을 행사할 수 없게 되어 부당하다. 다만 이중지급의 위험이 없는 경우, 예컨대 어음채무자의 전자가 존재하지 않고 어음이 물리적으로 멸실되었으며, 멸실 당시에 채권자가 어음을 소지하고 있었던 경우에는 채무자의 어음相換의 抗辯은 인정되지 않는다고 본다.

(b) **旣存債務의 擔保를 위하여 어음이 授受되는 경우:** 지급의 담보를 위하여 어음이 수수된 때에는, 기존채무는 소멸하지 않고 양채무가 병존하므로 채권자는 어음상의 권리와 기존채권 중 어느 것이나 먼저 행사할 수 있다. 왜냐하면 이 경우에는 채무자로서는 어음상의 권리가 먼저 행사된다고 하더라도 어떠한 불이익도 받지 않기 때문이다. 그러나 기존채권을 먼저 행사하는 경우에는 채권자는 채무자에게 어음을 반환하여야 한다. 어음을 반환받지 않은 채무자는 이중지급의 위험을 부담하므로 어음채무의 이행을 거절할 수 있다.[3]

1) 大判 1992. 2. 25, 91 다 14192.
2) 大判 1989. 5. 9, 88 다카 7733.

(나) 旣存債務가 소멸하는 경우

당사자의 특약에 의하여 '지급을 갈음하여' 어음이 수수된 때에는 기존채권은 소멸한다. 따라서 특약이 없는 한 기존채권을 위하여 설정된 擔保權·保證 등은 그 효력을 잃게 되며, 채권자는 어음에 의하지 않고는 그 권리를 행사할 수 없다.

그 소멸원인에 관한 이론구성에는 종래 更改說, 代物辨濟說, 折衷說이 대립되어 있었으나, 어음채권은 무인채권이므로 대물변제설이 타당하다. 만일 이를 경개로 풀이하는 경우에는 구채무가 존재하지 아니하면 신채무(어음채무)도 발생하지 않는 것으로 되어 어음의 무인성과 모순되기 때문이다.

Ⅲ. 어음의 資金關係

1. 資金關係의 意義와 法的 性質

어음의 자금관계(Deckungsverhältnis, Provision)(수표에도 자금관계는 있으나, 약속어음에는 없다)란 發行人과 支給人(또는 위탁어음의 경우에는 자금의무자인 제3자) 사이의 관계, 즉 지급인이 어음의 인수 또는 지급을 하는 원인이 되는 실질관계를 말한다. 자금관계는 발행인이 미리 자금을 지급인에게 교부하여 지급하게 하는 것이 보통이겠으나(자금의 교부없이 채무를 소멸시킬 수도 있다), 자금의 교부없이 지급한 자금을 사후에 보상청구하는 경우도 있다(補償關係).

어음의 자금관계의 법적 성질은 자금관계의 態樣에 따라 달라진다. 발행인이 지급인에게 미리 지급자금을 제공하고 지급을 위탁한 경우에는 그 자금관계의 법적 성질은 委任이 될 것이나, 지급인이 아무런 자금관계 없이 지급한 경우에는 事務管理가 된다. 또 계속적인 거래관계에 있는 채무자를 지급인으로 지정한 경우에는 채권의 추심이 된다.

---

3) 담보를 위하여 배서한 경우 민법상의 보증채무도 부담하는지의 여부. 부정: 大判 1964. 10. 20, 64 다 865; 大判 1987. 12. 8, 87 다카 1105; 大判 1993. 11. 23, 93 다 23459. 肯定: 大判 1986. 7. 22, 86 다카 783; 大判 1989. 7. 25, 88 다카 19460.

2. 어음關係와 資金關係의 관계

(1) 兩關係의 分離

어음관계와 자금관계는 분리되어, 어음관계는 자금관계에 영향을 받지 않는 것이 원칙이다. 따라서 발행인은 지급인에게 자금을 교부하지 않고도 어음을 발행할 수 있으며, 자금을 교부했다고 하여 발행인으로서의 상환의무를 면하는 것도 아니다. 또 지급인도 인수를 한 이상 자금을 받지 못했다고 지급을 거절할 수 없으며, 자금을 받았다고 하여 인수를 하여야 할 어음상의 의무가 있는 것도 아니다.

(2) 兩關係의 牽連

어음관계와 자금관계는 전혀 별개의 것이나, 후자는 전자의 기초가 되는 것이므로 자금관계의 존재를 전제로 한 어음법상의 제도가 있다. 예를 들면, 어음관계의 직접 당사자 간의 人的 抗辯의 허용(어 제17조), 발행인의 인수인에 대한 償還請求權(어 제28조 제2항 제2문), 발행인의 인수인에 대한 利得償還請求權(어 제79조)이 있다.

3. 準資金關係

인수인 또는 약속어음의 발행인과 지급담당자, 보증인과 주채무자, 참가지급인 또는 참가인수인과 피참가인 사이에도 자금관계와 비슷한 관계가 생기는데, 이를 준자금관계라 한다.

Ⅳ. 어음豫約

1. 어음豫約의 意義

어음예약(Wechselschluß, Wechselvorvertrag)이란 어음관계가 발생하도록 준비하는 계약(예컨대, 어음의 종류·금액·만기 등 어음행위의 내용을 미리 정하는 합의)을 말한다. 특히 書面化한 어음豫約을 '假어음'(Interimwechsel)이라고 한다.

2. 어음豫約의 效力

어음예약은 원인관계와 어음관계의 중간에 위치하는 것이라고 할 수 있다. 어음예약에 의해서 당사자의 일방이 어음행위를 할 의무가 발생하지만 이것은 어음관계로부터 독립된 것이다. 반드시 어음예약이 있어야만 어음이 발행되는 것도 아니며, 또 어음예약을 위반하고 발행한 어음이라도 유효하고, 다만 당사자간의 인적 항변사유가 될 뿐이다.

Ⅴ. 貨換어음

1. 貨換어음의 意義

화환어음(Dokumentenwechsel, traite documentaire, documentary draft)이란 어음상의 권리가 운송 중의 물건에 의해서 담보되어 있는 환어음을 말한다. 이를 荷換어음이라고도 한다.

2. 貨換어음의 法的 性質

화환어음의 법적 성질은 보통의 환어음과 다를 바 없다. 그것은 특별한 환어음의 일종이 아니라, 다만 그 권리가 運送物(貨物相換證 또는 船荷證券)에 의하여 담보되어 있으므로 그 어음이 이용되는 경제적 목적에 착안하여 거래상 화환어음이라고 부르는 데 불과하다.

3. 貨換어음의 利用關係

(1) 經濟的 機能

화환어음을 이용함으로써 격지매매의 원활화를 도모할 수 있다. ① 격지매매거래에 있어서 대금지급에 따르는 현금수송의 위험성·번잡성이 없어지고, 매매당사자 간에 급여의 동시이행이 실현될 뿐만 아니라, ② 매도인은 매매대금을 즉시 받는 결과가 되어 시간적 장벽을 극복하는 데 도움이 되고, ③ 매수인으로서도 트러스트 리시트(trust receipt: 輸入貨物擔保保管證, 輸入貨物貸渡申請書)를 은행에 차입함으로써 환어음의 인수만을 하고 운송증권을 교부받아 어음금액(매매대금) 지급 전에 운송물을 매도할 수도 있게 된다.

(2) 貨換어음의 種類

화환어음은 그 이용방법에 따라 할인화환어음과 추심화환어음으로 나눌 수 있다.

(가) 割引貨換어음

화환어음이 이용되는 가장 전형적인 절차는 다음과 같다. 즉, ① 매도인은 매수인을 지급인으로 하고 자기 또는 자기의 거래은행을 수취인으로 한(매매대금에 상당하는 금액의) 환어음을 발행하고, ② 매매목적물을 운송위탁하여 운송인으로부터 자기 또는 매수인을 수취인으로 하는 船荷證券이나 貨物相換證을 교부받아서, ③ 거래은행에 교부한다. 이 때 환어음의 수취인이 매도인이면 거래은행에 배서양도하고, 거래은행이 수취인이면 그대로 교부하며, 이와 함께 담보로 첨부되는 선하증권이나 화물상환증은 그 수취인이 매도인이면 白地背書를 하고, 수취인이 매수인이면 그대로 은행에 교부함으로써(이 운송증권은 발행인의 소구의무의 담보가 된다), 할인을 받아 매매대금을 지급받게 된다. ④ 거래은행은 이 화환어음을 매수인 소재지의 지점(또는 거래은행)에 보내고, ⑤ 그 지점은 매수인에게 환어음을 제시하여 인수를 받거나 지급을 받고서 선하증권이나 화물상환증을 매수인에게 교부한다. ⑥ 매수인은 그 증권을 운송인에게 제시하여 운송물을 인도받음으로써 매매 및 대금의 결제가 끝난다. ⑦ 만약 매수인이 환어음의 인수나 지급을 거절하면 은행은 어음에 의해서 발행인인 매도인에게 소구권을 행사하여 어음할인대금을 회수하든가, 직접 그 선하증권이나 화물상환증을 처분하든가, 혹은 그 증권으로 운송물을 인도받아 처분하든가 하여 어음할인대금의 회수에 충당한다. 상술한 바 이용관계는 은행으로부터 할인받아 지급기일 전에 대금을 회수하므로 그 경우를 割引貨換어음이라고 한다.

(나) 推尋貨換어음

어음발행인이 매수인으로부터 대금추심을 확실하게 할 목적으로 거래은행에 대하여 환어음에(양도배서를 하지 않고) 推尋委任背書(또는 숨은 추심위임배서)를 하는 경우에는 이를 추심화환어음이라고 한다.

4. 貨換어음의 法律關係

(1) 賣渡人과 銀行의 關係

매도인과 은행의 관계는 대체로 貨換約定書 또는 擔保差入證에 의하여 결정되는 것인데, 이를 환어음을 중심으로 한 법률관계와 운송증권(화물상환증 또는 선하증권)을 중심으로 한 법률관계로 나누어 볼 수 있다.

(가) 어음關係

화환어음을 은행에 교부하고 할인을 받은 경우에는, 은행은 어음상의 권리자가 되고, 매수인에게 제시를 하여 지급을 받으면 그 (지급) 수령금액은 은행에 귀속되고, 만약 인수 또는 지급이 거절되면 매도인에 대하여 소구권을 행사하게 된다.

매도인이 할인을 받지 않은 경우에는 은행은 추심위임배서의 피배서인에 불과하므로 매수인으로부터 어음금액을 지급받으면 이를 발행인에게 교부하고 추심에 따른 비용 및 수수료를 받는 데 그친다. 따라서 매수인이 거절하더라도 소구권이 생기지 않고, 화환어음을 매도인에게 반환하고 그 동안의 비용 및 수수료를 청구하게 된다.

(나) 運送證券關係

할인화환어음의 경우 매도인을 수취인으로 한 운송증권을 배서교부받은 은행은 환어음이 지급거절되는 경우의 소구권의 담보로서 운송물을 목적으로 한 질권을 취득하거나(質權設定說), 운송물의 신탁적 양도를 받는다(信託的 讓渡說). 은행은 운송증권을 매수인에게 제공할 채무를 부담하나 어음이 지급거절된 경우에는 증권에 의해서 운송물을 처분할 수 있다. 그러나 운송증권상 매수인이 수취인으로 되어 있는 경우에는 은행은 운송물 위에 질권을 취득할 수 없고, 다만 그 증권을 유치하여 매수인의 어음금액지급을 간접적으로 강제할 수 있을 뿐이다.

추심화환어음의 경우에는 은행은 증권상의 권리를 취득하지 못함은 물론 매도인과의 위임관계에 따라서 운송증권을 매수인에게 교부하여야 하고, 어음이 지급거절되면 그 어음과 운송증권을 매도인에게 반환하지 않으면 안된다.

(2) 賣渡人과 買受人의 關係

(가) 賣買代金 支給債務의 消滅時期

매도인이 거래은행으로부터 할인에 의하여 매매대금 상당액을 지급받았다 하더라도 매수인의 대금지급채무는 소멸하지 않는다. 또한 매수인이 어음의 인수를 하는 데 그친 경우도 같다. 따라서 대금지급채무는 매수인이 어음금액을 지급한 때에 소멸한다.

(나) 運送物의 所有權의 移轉時期

운송물의 소유권은 매수인이 어음의 지급과 상환하여 운송증권을 취득한 때에 매수인에게 이전된다. 따라서 그 소유권은 매수인에게 이전될 때까지는 할인은행에 의한 운송증권의 취득이 動産質의 취득인 경우에는 매도인에게 귀속되고, 信託的 讓渡인 경우에는 할인은행에 귀속된다.

은행은 전자의 경우에는 매도인의 위탁 취지에 따라 그의 대리인 또는 기관으로서 운송증권에 의하여 대표된 매도인의 물건을 가지고 매수인에 대하여 매매계약의 이행을 하는 셈이고, 후자의 경우에는 자기의 소유에 속하는 물건을 가지고 매도인의 매수인에 대한 債務(引渡)를 이행하는 것이다.

(3) 貨換어음과 同時履行

貨換어음附賣買에 있어서는 매도인은 거래은행을 통해서 화환어음과 운송증권을 매수인에게 제공하고, 매수인은 이를 대금지급과 상환으로 수령하게 된다. 따라서 특별한 합의 또는 관습이 없는 한 매도인이 먼저 매매의 목적물을 발송하고 운송증권을 첨부한 화환어음을 발행·지급제시할 의무를 가지는 것이므로 대금지급의무는 운송증권의 교부의무와 동시에 이행하여야 한다.

VI. 商業信用狀

국제상사매매에 있어서는 대체로 은행신용을 이용하는 상업신용장(commercial documentary letter of credit)에 의하여 대금의 결제를 하도록 약정되어 있다. 따라서 상업신용장의 개입없이 선하증권(또는 화물상환증)과 상환으로 환어음의 인수 또는 지급이 이루어진다는 것은 오늘날의 국제거래에 있어서는 예외적인 경우로 되어 있다.

상업신용장이라 함은 매수인의 거래은행이 매도인에 대하여 그 은행 앞으로 환어음을 발행할 권한을 부여하는 동시에, 그 어음이 제시될 때에는 이를 지급·인수 또는 매입할 것을 약정하는 증서이다. 요컨대, 신용장은 은행이 그 거래처의 요청에 따라 일정한 한도의 신용을 부여하고, 그 신용을 보증하기 위한 증서인데, 실무에 있어서는 L/C로 약칭, 관용되고 있다.

상업신용장에 의한 매매대금의 결제는 다음과 같이 이루어진다. 우선 매매당사자 사이에서 매매계약의 일부로서 매수인의 대금채무의 지급에 관하여 상업신용장이 이용되어야 한다는 것과 더불어 상업신용장의 조건 및 내용을 약정한다. 매매계약에 있어서 상업신용장의 개설의무를 부담한 매수인은 자기의 거래은행에 대하여 매도인과의 계약에서 약정한 조건 및 내용의 상업신용장의 개설을 의뢰하고, 은행은 이에 따라 상업신용장을 개설한다. 이 은행을 開設銀行이라 한다. 매수인과 개설은행 사이의 信用狀開設契約에 있어서 매수인의 보상의무 등이 약정된다. 신용장개설계약이 성립하면, 개설은행은 상업신용장의 수익자인 매도인에 대하여 직접 또는 매도인의 소재지 거래은행을 통해서 상업신용장의 개설을 통지한다. 이 은행을 通知銀行이라고 한다. 상업신용장개설의 통지를 받은 매도인은 상업신용장이 요구하는 선하증권(또는 화물상환증) 기타의 서류를 준비하고 여기에 상업신용장에서 약정하는 환어음을 첨부하여 개설은행 또는 그 수권을 받은 자(은행)에 대하여 화환어음의 인수·지급을 구하거나, 혹은 상업신용장이 요구하는 선하증권(또는 화물상환증) 기타의 서류를 상업신용장에서 규정하는 지급청구서에 첨부하여 개설은행 또는 그 수권을 받은 자에 대하여 매매대금의 지급을 청구한다. 그리고 통지은행이 개설은행의 위탁에 따라서 상업신용장에 의하여 발행된 화환어음의 인수·지급 또는 매입의 채무를 부담할 것을 확인하는 수가 있는데, 그와 같은 확인을 얻은 상업신용장을 確認信用狀이라 한다.

상업신용장은 매매계약의 이행과 관련해서 약정되는 것이지만, 그 자체는 매매계약으로부터 독립한 추상적인 은행의 신용공여이며, 이로써 개설은행은 그 수익자인 매도인에 대하여 매수인의 대금채무와는 별개로 직접 채무를 부담한다. 물론 상업신용장에 근거를 두는 개설은행의 매도인에 대한 채무는 매수인의 대금채무를 원인채무로 한다.

Ⅶ. 어음改書

1. 어음改書의 意義

어음의 개서(Wechselprolongation)란 법문상의 용어가 아닌 실무상의 용어인데 광·협 두 가지 뜻으로 쓰인다. 광의의 어음의 개서는 이미 발행한 어음(구어음)에 관하여 그 지급을 하지 아니하고 구어음상의 어음요건 중 일부를 變更(改書)하여 발행한 새로운 어음(신어음)을 발행하는 것을 말한다. 예컨대, 파손 또는 오기된 어음을 새 어음으로 교체발행한 경우, 어음의 병합 또는 분할을 위하여 새 어음이 발행된 경우 등 구어음의 지급 전에 그 어음과 관련하여 발행된 신어음은 모두 광의의 개서어음이라고 할 수 있다. 그러나 협의의 일반적인 용례로서의 어음의 개서는 어음금의 지급을 유예하기 위하여 그 어음을 지급하는 대신 만기를 변경하여 새 어음을 발행하는 것을 말하고, 이 경우의 새 어음을 延期어음(Prolongationswechsel)이라고도 말한다. 협의의 개서어음은 주로 어음금의 지급연기를 목적으로 하여 발행되지만, 이 외에도 채무의 분할변제, 신용기간의 연장, 시효의 중단 및 부도처분의 회피 등을 위하여 이용되기도 한다.

2. 어음改書契約

개서어음은 民事契約인 개서계약에 따라 발행하는 것이 보통이다. 개서계약에 관하여도 특별규정이 없으므로 당사자가 그 방식과 내용을 임의로 정할 수 있다. 개서의 특약은 보통 어음상에 기재되지 않지만, 어음상에 이를 기재하더라도 어음상 효력이 없는 무익적 기재사항에 불과한 것이다. 다만 개서계약의 당사자간에서는 어음 외의 계약의 존재에 대한 증거가 될 수는 있다.

개서계약이 성립하면 그 효과로서 어음의 지급기일이 연기되고, 어음채무자는 새로운 지급기일을 기재한 신어음을 작성·교부하여야 하며, 소지인은 이를 수령하여야 할 의무가 있다. 따라서 발행인은 개서계약의 당사자인 소지인에 대하여 이러한 사유를 인적 항변사유로써 주장할 수 있다. 또 제3자가 期限後背書에 의해 개서어음을 양수한 경우에는 지명채권을 양수한 것과 동일한 효력을 갖게 되므로 인적 항변이 부착된 어음채권을 취득한 것이 되며, 따라서 이 경우에도 어음채무자는 개서계약으로써 대항할 수 있다. 그러나 기한 전의 배서에 의한 어음의 양수인은 개서계약이 어음상에 기재되어 있다고 할지라도, 채무자를 해할 것을 알고 어음을 취득한 것이 아닌 한(어 제17조) 그 지급기일에 보통의 어음과 마찬가지로 그 권리를 행사할 수 있다.

개서계약을 체결할 때 또는 개서어음을 발행할 때, 舊어음을 채무자가 회수할 것인지, 아니면 소지인이 舊어음과 改書어음을 모두 보유할 것인지를 결정한다. 우리 나라와 일본에서는 전자의 방법이, 미국이나 독일에서는 후자의 방법이 많이 이용된다고 한다.[1] 배서인·보증인의 일부가 개서어음 발행에 동의하지 않는 경우에는 후자의 방법을 쓸 수밖에 없고, 증거확보 및 위조방지의 필요가 있는 때에도 이 방법이 효과적이다. 뿐만 아니라, 구어음은 후술하는 바와 같이 이득상환, 선의취득의 시기 등에 관하여도 중요한 의미가 있으므로 소지인에게는 후자의 방법이 유리하다. 그러나 반대로 이 방법은 구어음이 만기 전에 양도되어

1) 鄭熙喆, ≪判例教材≫, 244면.

제3자가 선의취득하게 되면(이를 방지하기 위하여는 어음상에 배서금지의 문언을 기재하면 된다) 이중변제의 위험이 있는 등 채무자에게는 불리한 면이 있다.

3. 새 어음의 發行

개서어음은 그 발행목적이 구어음채무의 지급연기에 있는 만큼, 개서어음은 구어음을 기초로 하여 작성된다는 점이 보통의 어음발행의 경우와 다르다. 따라서 구어음상에 기재되어 있는 어음요건은 대부분 그대로 신어음에 옮겨적되, 구어음과 비교하여 약간의 변경이 가해지는 것은 불가피하다. 즉, 구어음상의 지급기일이 연기됨은 당연한 것이고, 이에 따른 이자의 가산 또는 어음금의 일부변제로 어음금이 변경될 수도 있고, 배서인 및 보증인의 전부 또는 일부가 변경·추가·제외될 수도 있다. 어느 경우이든 新·舊어음 간에 후술하는 바와 같이 동일성이 인정되는 한 그 신어음은 개서어음으로 인정된다.

한편 개서어음을 발행함에 있어서도 상법 제398조의 理事의 自己去來에 관한 규정이 적용되는가 하는 문제가 있다. 회사와 이사 간의 어음거래일반에 관하여는 원칙적으로 동조가 적용된다고 보는 것이 우리 나라의 다수설의 입장이다.

개서어음을 발행하는 경우에는 신·구어음이 실질적으로 동일한 것이므로 일견 理事會의 승인은 불필요한 것처럼 보인다. 그러나 이 경우에도 이사와 회사 간에 이해충돌의 소지가 있기 때문에 이사회의 승인은 필요하다고 본다. 다만 어음개서계약 중에 거래적 요소가 없어 이해충돌의 염려가 없는 경우, 예컨대 회사가 이사에게 발행해 준 어음을 개서할 경우에는 이사회의 승인을 다시 받을 필요는 없다고 본다.

4. 어음改書의 效果

(1) 어음上의 權利의 行使

(가) 新·舊 어음의 同一性

개서어음이 유효하게 발행되면 이 개서어음과 구어음 사이에는 어음채무 또는 어음상의 권리관계가 동일성을 유지한다.[1] 개서어음이 구어음과 동일성을 유지하는 이론적 근거에 관하여는 法律的 同一性說, 經濟的 同一性說, 實質的 同一性說 등 학설이 나뉘어져 있으나,[1] 어느 학설에 의하든 신·구어음의 동일성이 인정되는 결과 어음을 개서하면 다음과 같은 법적 효과가 나타난다.

(나) 權利行使와 新·舊어음의 所持

개서어음상의 권리를 행사하는 방법은 개서어음을 발행하면서 구어음을 회수하느냐 않느냐에 따라 약간의 차이가 있다.

구어음을 회수하는 경우에는 어음개서의 법적 성질에 관하여 更改說, 代物辨濟說, 信義則說 등 학설이 나뉘고 있음에도 불구하고,[2] 어느 학설에 의하든 개서로 인한 신어음채무의 성립에 의해(다만 신의칙설에 따르면 구어음의 반환만으로는 부족하고 이를 회수하여 파기함으로써) 구어음채무는 소멸한다고 한다. 따라서 채권자는 개서어음으로써 어음상의 권리를 행사하여야 한다.

한편 구어음을 회수하지 않는 경우는 다시 두 가지 경우로 나눌 수 있다.

i) 구어음을 반환하기로 약정하였으나 이를 어기고 반환하지 아니한 경우이다. 이 경우는 당사자의 원래의 의사에 따라 원칙적으로 구어음채무는 소멸한다고 본다. 따라서 채권자는 개서어음으로써만 권리를 행사할 수 있다. 다만 구어음의 만기 전에 제3자가 이를 선의취득한 때에는 어음채무자는 구어음채무에 대한 책임을 면할 수 없다. 또한 채무자는 개서어음에 대한 지급청구가 있으면 구어음의 반환을 요구할 수 있으나, 개서어음만을 선의취득한 제3자에게는 구어음 미반환을 이유로 개서어음금의 지급을 거절할 수 없다.

ii) 처음부터 구어음을 반환하지 아니하고 新·舊 양어음을 채권자의 수중에 두기로 한 경우이다. 이 경우에는 양어음채권은 병존한다. 따라서 채권자는 구어음과 개서어음 어느 것으로도 권리를 행사할 수 있고, 어느 한 어음에 지급이 있으면 나머지 어음상의 권리도 소멸한다. 다만 신어음의 만기 전에 구어음의 지급청구를 받은 경우에는 채무자가 지급유예의 인적 항변을 제기할 수 있다.

---

1) 大判 1967. 12. 19, 64 다 935.

1) 吉永榮助, "手形の書替", 鈴木竹雄·大隅健一郎 編, ≪手形法·小切手法講座(4)≫, 1965, 193면; 朴仁鎬, "어음改書", ≪어음·手票法에 관한 諸問題(上)≫, 法院行政處, 1986, 647면.

2) 吉永榮助, 上揭論文, 185면; 鄭東潤(어) 328면; 朴仁鎬, 上揭論文, 640면. 이렇게 학설이 대립하는 이유는 구어음채무의 소멸에도 불구하고 구어음에 부착된 항변 및 담보가 개서어음으로 승계되는 것을 무리없이 설명하려는 데 있다. 그러나 후술하는 바와 같이 실제에 있어서는 어느 학설을 취하든 결과에 차이가 없다.

그리고 채무자는 어음금의 지급에 있어 이중지급의 위험을 피하기 위하여 신·구 양어음의 반환을 청구할 수 있고, 양어음의 반환과 어음금 지급을 同時履行의 抗辯으로 주장할 수도 있다. 다만 구어음에 의한 이중지급의 위험이 없는 경우에는 개서어음만으로도 그 지급을 청구할 수 있다고 본다.

(2) 擔保 및 保證의 移轉

개서어음을 발행하면서 구어음을 회수하는 경우의 어음개서의 법적 성질을 경개나 대물변제로 보면 구어음채무에 관한 담보나 보증은 구어음채무의 소멸에 따라 소멸하는 것으로 보는 것이 事理에 맞는 것이지만, 경개설과 대물변제설 모두 이를 부정하고 구어음채무에 대한 담보나 보증은 신어음상의 채무에 그대로 존속한다고 본다. 그 이유는 구어음은 소멸하여도 원인관계인 채무는 그대로 존속하고 있고, 신어음은 이 원인채무의 이행을 위하여 발행한 것이므로 담보는 소멸하지 않는다고 하거나, 신·구어음채무는 실질적으로 동일하기 때문이라고 한다. 따라서 어느 학설에 의하든, 명백한 반대의 특약이 없는 한 구어음채무에 대하여 제3자가 어음 외에서 제공한 抵當權이나 質權과 같은 物的 擔保나 保證 또는 連帶保證과 같은 人的 擔保는 구어음채무의 목적(채무액)의 한도 내에서 개서어음채무를 위하여 존속한다.[1] 이 때 제3자의 승낙은 필요없다. 다만 어음보증과 같이 형식을 필요로 하는 경우에는, 개서어음에도 그 형식을 갖추어야 한다.

한편 구어음을 회수하지 않는 경우에는 신·구 양어음상의 채권은 병존하기 때문에 구어음채무는 개서어음에 이전하지 아니한다. 따라서 구어음에 붙은 담보나 보증도 개서어음에 이전되지 아니하고 구어음상 채무의 담보 및 보증으로 존속한다.

배서인의 담보책임 유무는 각 어음을 기준으로 판단한다. 먼저 구어음을 회수하는 경우에 구어음의 배서인이 개서어음에 배서하지 않았거나 無擔保背書를 한 경우에는 그 배서인은 개서어음채무에 대하여는 담보책임이 없다. 개서어음에 관하여는 개서어음상의 배서의 유무 및 그 효력만이 문제되기 때문이다.

구어음을 회수하지 않는 경우에도 신·구 양어음은 법률상 별개의 존재이기 때문에, 구어음의 배서인이 개서어음에 다시 배서하지 아니하는 한 개서어음에

---

1) 日大判 1920. 3. 24, 民錄 26輯 392면; 日大判 1934. 5. 21, 民集 13卷 842면.

대한 담보책임은 없으나, 채권자가 구어음으로써 권리를 행사하는 경우에는 담보책임을 면하지 못한다.

(3) 抗辯·善意取得

구어음을 회수하는 경우에는 구어음에 관하여 대항할 수 있는 인적 항변은 개서어음에 대하여도 개서의 직접 당사자 간에 이로써 대항할 수 있다. 구어음을 회수하지 않는 경우에도 개서어음은 구어음채무를 원인으로 그 지급을 위해 발행한 것이므로 구어음에 부착된 抗辯을 개서어음의 원인관계상의 항변으로 대항할 수 있다. 다만 구어음에 대해 존재하는 항변이 어음시효의 항변인 경우에는 항변의 승계는 인정되지 않는다고 본다.

그리고 구어음을 회수하든 아니하든 불문하고 구어음을 취득함에 있어 인적 항변사유를 알지 못하였던 자에 대하여는 그 후 그 사정을 알면서 개서어음을 취득하였다고 할지라도 악의의 항변을 주장할 수는 없다.[1] 신·구어음상의 채무가 동일성을 가지기 때문에 인적 항변에 대한 선의·악의의 판단도 구어음 취득시를 기준으로 하여야 하기 때문이다.

(4) 利得償還請求權 문제

개서어음소지인의 어음상의 권리가 시효 등에 의하여 소멸한 경우, 소지인에게 이득상환청구권이 있는가를 판단하는 기준으로서 어음채무자에게 이득이 존재하느냐의 여부는 개서어음의 발행이 아니라 구어음의 발행에 대해 채무자가 재산상의 이득을 얻었는지의 여부로서 판단하여야 한다. 왜냐하면 구어음과 개서어음은 실질적으로 동일성을 유지할 뿐만 아니라, 개서어음이 발행되었다고 하더라도 채무자로서는 어음상의 현실적 이득관계에는 변동이 없기 때문이다.[2]

5. 어음改書의 無效

구어음은 유효하게 발행되었으나 개서어음에는 無效原因이 존재하는 경우가 있다. 예컨대, 구어음을 유효하게 발행하였던 자가 개서어음을 발행할 당시에는

1) 日最判 1960. 2. 11, 民集 14卷 2號 184면.
2) 同旨: 日最判 1916. 1. 31, 民錄 22輯, 99면.

意思無能力者로 된 경우, 개서어음이 위조된 경우, 구어음 발행 당시에는 단독대표권을 가졌던 회사대표가 공동대표로 변경되었음에도 계속 단독대표의 명의로 개서어음을 발행한 경우 등이다. 이들 경우에는 개서어음은 무효가 된다. 이때 어음소지인은 개서어음과 상환으로 구어음을 반환하였던 행위 자체를 법률행위의 중요부분의 錯誤로 보아 취소할 수 있고, 매도인의 瑕疵擔保責任規定(民제580조)을 준용하여 개서계약을 해제한 다음 구어음상의 권리를 행사할 수 있다. 이 경우 구어음이 이미 채무자의 점유하에 있는 때에는 채권자는 구어음의 소지 없이도 구어음상의 권리를 행사할 수 있다. 구어음을 회수하지 않은 경우에는 구어음으로써 직접 권리를 행사할 수 있으므로 이러한 문제가 발생할 여지가 없다.

Ⅷ. 어음割引

1. 어음割引의 意義

어음할인(Diskontogeschäft, discount)이란 어음소지인이 어음의 만기 전에 이를 換價하기 위하여 금융기관에 그 어음을 양도하고 어음금액에서 만기일까지의 利子(割引料)를 공제한 금액을 받는 것을 말한다. 즉, 만기가 도래하지 않은 어음을 대가로 지급하고 매수하는 것을 말한다. 실제에 있어서는 금융기관이 거래처에 금전을 교부할 때에 거래처가 권리자로서 소지하고 있는 어음을 양수하고, 이에 대하여 어음금액에서 만기까지의 이자를 공제한 금액을 거래처에 교부한 후 어음의 만기일에 어음을 추심한다. 이 경우에 금융기관은 거래처에 교부한 금액을 할인어음이란 항목으로 장부에 기재하고 어음금을 추심한 때에는 할인어음의 수입으로 처리하는 것이 보통이다. 그리고 금융기관은 할인한 어음을 만기에 추심하거나 또는 만기 전에 이를 다른 금융기관에 양도하여(재할인) 자금을 회수할 수도 있다. 위와 같은 전형적인 경우뿐만 아니라, 새로 약속어음을 발행한다든가 또는 발행한 어음에 인수를 하여 이를 수취인에 교부하는 등의 방법에 의하여 자금을 융통하는 경우에도 어음할인이라 하기도 한다.

어음할인의 대상이 되는 어음은 商業어음, 銀行引受어음, 貸換어음 등이 있으나, 상업어음의 할인이 대부분이다.

2. 어음割引의 法的 性質

어음할인의 법적 성질에 관하여 다수설과 판례는 어음할인을 어음의 賣買로 보는 데 대하여, 금융실무가 측에서는 消費貸借로 보는 경향이 있으며, 또 매매와 소비대차의 혼합형태로 보는 견해도 있다. 어음할인의 법적 성질을 논의하는 이유는 매매설을 취하면 어음할인에 상계가 허용되지 아니하고, 만기 후의 지연손해금에 할인율이 적용되며, 어음상의 권리가 시효로 소멸하면 이득상환청구권도 생긴다고 보지만, 소비대차설에 의하면 모두 반대로 해석되기 때문이다.

i) 어음할인을 소비대차로 본다면 할인의뢰인은 할인금액의 수령과 동시에 은행에 대하여 어음을 반환할 의사가 있어야 할 것이다. 그러나 실제에 있어서는 할인의뢰인이 어음을 할인하기 위하여 은행에 어음을 양도할 때에 그것을 다시 반환받을 의사가 없는 것이 보통이다. 다만 어음이 예외적으로 부도가 된 경우에만 그 뒤 처리가 남을 뿐이다.

ii) 混合契約說은 어음할인에는 어음의 매매와 소비대차가 병존한다는 학설이나, 할인의뢰인에게 금전을 지급하는 것을 매매대금의 지급인 동시에 소비대차로서의 대금의 교부로 보는 것은 불가능하다.

iii) 無名契約說은 어음할인에 관하여는 그 내용을 일률적으로 정할 수 없고, 구체적으로 당사자의 의사 내지 관습에 따라 그 내용을 결정하여야 할 것이므로 어음할인은 소비대차도 아니고 매매도 아닌 일종의 무명계약이라 한다. 그러나 이 학설은 그 내용을 개개의 경우에 당사자의 의사와 관습을 탐구하여 결정하자는 것으로서 결국 어음할인에 관한 통일적 설명을 포기한 것이라 할 수 있다.

iv) 끝으로 매매설에 의하면 은행 측의 내심적 의사는 별문제로 하고 적어도 할인의뢰인의 기본의사는 자기가 소지하고 있는 어음을 양도하고 할인대금을 받는다는 것 뿐이기 때문에 이것은 곧 매매라고 한다.

위에서 본 바와 같이 어음할인에 관하여는 학설이 네 가지로 나누어져 있으나, 다수설은 어음할인을 어음의 매매로 보고 있다.[1] 어음할인을 법적으로 보면

---

1) 金泰柱, "어음割引의 法律關係", 韓國商事法學會, ≪商事法硏究≫ 第2輯, 1982, 380면; 孫珠瓚(下) 162면; 崔基元(어) 243면; 大隅健一郎, ≪手形法・小切手法講義≫,

당사자의 의사는 어음금액으로부터 할인료를 공제한 금액을 대가로 받고 어음상의 권리를 이전하는 데 있다고 볼 수 있으며, 어음취득자가 권리의 행사 또는 재할인에 의하여 어음금액을 수령한 경우를 보더라도 그것이 할인의뢰인의 소비대차채무의 변제에 충당되는 것으로는 볼 수 없다. 이러한 점에서 보아 매매설이 정당하다.[1] 이 매매설을 취함으로써 어음할인은 어음貸出과 구별된다. 다만 어음할인을 당사자 간의 특약으로 소비대차임을 명확하게 정하고 있는 경우, 당사자의 의사를 합리적으로 해석한 결과 소비대차로 볼 수 있는 경우, 그리고 소비대차로 취급하는 상관습이 있는 경우에는 예외로 소비대차로 보아 어음의 할인은 어음을 추심하여 대금채무의 변제에 충당할 목적으로 양도한 것이라 해석할 수 있을 것이다.

3. 還買請求權

(1) 還買請求權의 意義

할인어음의 還買請求權(Zurückbelastungsrecht)이라 함은 할인의뢰인인 거래처 또는 주채무자에게 신용의 악화를 나타내는 일정한 사실이 발생하거나 당해 어음에 관하여 채권보전의 필요가 있다고 인정되는 때에, 은행이 할인의뢰인인 거래처에 대하여 할인어음의 환매를 청구할 수 있는 권리를 말한다. 이러한 환매청구권에 관하여는 할인의뢰인과 은행 간의 약정서에서 그 발생원인과 행사요건을 명확하게 규정하고 있는데, 그 내용은 할인어음 자체가 不渡가 되었을 때 뿐만 아니라, 수 통의 할인어음 중 1통이 부도가 되면 다른 수 통의 어음이 만기 전이라도 금융기관이 그 어음의 환매청구를 할 수 있고, 또 어음에 법적 결함이 있는 경우에도 환매청구를 할 수 있다는 것 등이다. 따라서 은행은 어음상의 遡求權 행사의 절차를 밟지 않고도 또 그 요건이 구비되어 있지 않아도 할인대가의 반환을 청구할 수 있다.

1954, 66면; 田中誠二, "手形割引の法的性質についての比較法的考察", <手形法硏究> 2卷 10號 6면 이하 참조; Baumbach/Hefermehl, *Wechselgesetz und Scheckgesetz*, 14. Aufl., 1984, Art. 11 Rdn. 11.

1) 大判 1984. 11. 15, 84 다카 1227; 同, 1985. 2. 13, 84 다카 1832.

(2) 還買請求權의 法的 性質

어음이 부도가 된 경우에 어음할인을 어음의 매매로 본다면 은행은 할인의뢰인에 대하여 상환청구밖에 할 수 없으므로 어음법 제43조에 열거되어 있는 경우에 한하여 상환청구를 할 수 있을 뿐이다. 따라서 할인의뢰인이나 약속어음을 할인한 경우의 발행인이 破産宣告를 받거나 지급을 정지한 것이 아니고 단순히 그 자산상태가 악화되기만 한 경우에는 상환청구권은 발생하지 않는다. 이 경우에는 금융기관에 할인의뢰인의 예금이 있어도 그 예금채권과 부도의 경우의 상환청구권과를 상계할 수 없고, 예금채권을 假押留하는 수밖에 없다. 그러나 어음할인을 소비대차로 본다면 이러한 경우에는 일반적으로 거래약정서에 정하여져 있는 期限利益의 喪失約款에 의하여, 할인어음의 지급기일 이전이라도 금융기관은 소비대차상의 채무의 이행을 청구하여 할인의뢰인의 예금과 상계할 수 있다. 이 점에 있어서 어음의 할인을 소비대차로 보는 편이 금융기관에 대하여 유리하며, 금융기관실무가가 소비대차설을 취하는 이유도 여기에 있다 할 수 있다.

그러나 실제에 있어서는 어음이 부도가 된 경우에는 할인의뢰인이 어음을 還買할 것을 약정하는 것이 보통인데, 이 경우의 환매는 법률상 어떠한 성질을 가진 것인가가 문제된다. 어음할인을 어음의 매매로 본다면 어음의 환매는 상환의무의 이행과는 별개의 것으로서 還買約款附어음賣買라 할 수 있다. 그러므로 어음매매설의 입장에서도 할인의뢰인은 상환의무 이외에 어음 환매의무를 지게 된다. 그리고 할인의뢰인이 상환의무와 환매의무 중 어느 하나를 이행하면 다른 의무는 소멸한다. 다만 이 경우의 어음의 환매는 민법의 환매(民 제590조~제595조)와는 다르다. 왜냐하면 민법상의 환매는 매매계약의 해제권으로서 그것을 매도인이 가지는 데 대하여, 어음의 환매에 있어서는 환매청구권은 은행 측에 있기 때문이다. 또 민법상의 환매권은 환매시에 수령한 대금과 매수인이 부담한 매매비용을 반환하면 되는 데 대하여, 어음의 환매는 할인대금이 아니고 어음面記載金額으로 還買하기 때문이다. 따라서 민법상의 환매에 있어서와 같이 매매계약의 해제가 아니고 再賣買의 계약으로 보아야 한다. 다만 이 경우의 재매매계약은 어음할인과 동시에 효력이 생기는 것이 아니고 일정한 사실이 생겼을 때에 당연히, 또는 은행의 청구에 의하여 재매매의 효력이 생기므로 再賣買의 豫約 또는 停止條件附再賣買契約으로 보아야 한다.

(3) 還買請求權의 範圍

금융기관의 환매청구에 의하여 할인의뢰인이 지급하여야 할 채무의 범위는 당초의 할인대가가 아니고 어음에 기재된 금액이다(民 제590조 제1항 참조). 만기 후의 환매에 있어서는 그 이외에 만기의 다음날부터 환매일까지의 지연이자를 지급하여야 하며, 그 이율은 할인율과 동률이거나 또는 특약한 이율에 의한다. 만기 전의 환매에 있어서는 명문의 규정은 없으나, 위와는 반대로 미경과분의 이자를 금융기관이 할인의뢰인에게 반환하여야 한다.

(4) 還買請求權의 發生과 實行

환매청구권의 발생사유는 약정서에 자세히 정하여져 있으나, 대체로 할인의뢰인 또는 어음의 주채무자의 신용이 악화된 때 또는 금융기관의 채권보전을 위하여 필요하다고 인정되는 때 두 가지 경우이다. 환매청구권은 성립과 동시에 변제기가 도래하므로 이를 곧 실행할 수 있으나, 환매청구권이 발생하였어도 이를 실행하지 않고 있는 경우도 많으며, 割引依賴人의 預金과 相計하는 경우가 많다. 은행은 상계를 위하여 미리 거래약정서에 상계할 수 있다는 뜻을 정하고, 그 예금에 대한 제3자의 押留가 불가능하도록 하고 있다.

환매청구권은 어음상의 청구권이 아닌 계약상의 채권이므로 이를 행사함에 있어 어음의 제시와 교부를 필요로 하지 않는다. 그러나 환매청구권은 할인어음과 밀접한 관련이 있으므로 어음의 반환은 동시이행으로 이루어져야 할 것이다(다만 현재 예금과 환매청구권을 상계하는 경우에는 약정서에 의해 동시이행항변권이 배제되고 있다).

(5) 還買請求權의 消滅時效

환매청구권은 시효에 의하여서도 소멸한다. 시효기간은 이 권리가 일정한 사실의 발생으로 인하여 당연히 생기는 때에는 그 발생시로부터 5년, 의사표시에 의하여 발생하는 때에는 은행이 청구한 때부터가 아니고 청구할 수 있는 상태가 된 때로부터 5년이다(商事債權의 消滅時效). 어음상의 권리가 시효로 소멸한 경우 매매설에 의하면 이득상환청구권이 생긴다.

IX. 어음貸付(어음貸出)

1. 어음貸付의 意義

어음貸付란 금전을 대부함에 있어서 차주로부터 차용증서를 받는 대신 또는 이것과 함께 채권을 확보하기 위하여 어음을 담보로 받고 행하는 대부를 말하는데, 이 때 교부되는 어음을 대부어음이라고 하며, 보통 약속어음이 발행된다. 또 어음대부에 있어서는 대부금의 일부를 은행이 정기예금으로 묶어두는 경우가 있는데, 이를 兩建預金이라 한다.

2. 어음貸付와 어음割引

어음대부에 있어서는 어음은 소비대차의 증서에 대신하여 또는 그것과 함께 소비대차상의 채권을 확보하기 위하여 발행된 것인 데 대하여, 어음할인에 있어서의 어음은 제3자에 대한 기존의 거래관계상의 채권(眞性어음)을 전제로 한다. 어음금의 지급이 확실한 점에서는 할인의 대상이 되고 있는 어음이 월등하다 할 수 있다. 따라서 어음할인에 있어서의 어음은 어음대부에 있어서의 어음보다 타인에 양도하여 자금화하기가 용이하며, 이율에 있어서도 어음할인의 이율이 어음대부의 이율보다 낮을 뿐만 아니라, 어음대부에 있어서의 어음에는 담보가 제공되어 있는 것이 보통이다. 또 어음할인을 어음의 매매로, 어음대출을 소비대차로 본다면 어음상의 권리가 소멸시효 또는 권리보전절차의 흠결로 인하여 소멸한 때에는, 후자에 있어서는 채권자는 소비대차상의 청구권에 의하여 채권을 회수할 수 있는 데 대하여, 전자에 있어서는 환매청구권 이외에도 이득상환청구권을 행사할 수 있는 등, 적용될 법규 또는 그 취급에 있어서 상당한 차이가 있다.

어음할인과 어음대부의 구별에 관하여는 견해가 나뉘어져 있다.[1] 제1설은 어

---

1) 田中誠二, ≪銀行取引法≫, 1970, 143면 이하; 伊澤孝平, ≪手形法・小切手法≫, 1949, 384면 이하 참조.

음작성시기가 어음거래를 하기 전인가, 후인가에 의하여 구별하는 학설이다. 즉, 대부시에 그 증거 또는 채권보전의 수단으로서 어음을 받는 경우를 어음대부라 하고, 어음이 상거래 기타의 원인에 기하여 은행과의 할인계약 이전에 작성되어 있는 경우에는 어음할인이라고 한다. 제2설은 어음의 발행원인을 표준으로 하여 그 어음이 융통어음인 경우에는 어음대부로 보고 상업어음인 경우에는 어음할인으로 보는 학설이다. 제3설은 어음을 수수하는 원인관계에 의하여 구별하자는 것으로서, 소비대차가 존재하고 그 변제의 담보를 위하여 어음이 수수된 경우에는 어음대부이고, 어음 자체를 매매한 경우에는 어음할인이라 하는 학설이다. 제1설에서 말하는 어음작성시기는 어음대부와 어음할인을 구별하는 하나의 기준이 될 수는 있으나, 이것만이 유일한 기준이 된다고는 볼 수 없다. 또 제2설에 따르면 융통어음과 상업어음을 구별하는 한계 자체가 명확하지 않으므로 이러한 불명확한 기준에 의하여 어음대부와 어음할인을 구별하는 것은 적당하다 할 수 없다. 결국 제3설이 정당하다고 생각한다.[1)]

3. 어음貸付의 法律關係

어음대부의 원인관계는 消費貸借契約이고 이 계약상의 채무이 이행을 담보 내지 확보하기 위하여 어음의 교부가 이루어지므로 금융기관은 소비대차상의 채권과 어음상의 채권을 가진다. 따라서 금융기관은 어음상의 권리와 원인채권 중 어느 것을 행사하든 자유이고, 어느 하나에 의해 변제되면 다른 하나의 채권은 소멸된다. 다만 금융기관이 지급담당자로 지정되어 있는 第三者方出給 어음이나 인수되지 아니한 환어음의 경우에는 어음상의 채권이 먼저 행사되어야 할 것이다.

어음채권이 시효나 보전절차의 흠결로 소멸한 경우에 원인채권의 운명이 어떻게 되는가에 관하여는 논란이 있으나, 대부어음이 借主에 의하여 발행되어 은행에 바로 교부된 것이라면 원인채권의 행사를 허용하여도 무방할 것이다.[2)]

---

1) 同旨: 伊澤孝平, ≪手形法・小切手法≫, 1949, 385면; 西原寬一, "手形割引", 鈴木竹雄・大隅健一 郎 編, ≪手形法・小切手法講座 (3)≫, 1965, 296면.

2) 同旨: 鄭東潤(어) 339면; 鄭熙喆, ≪判例敎材≫, 240면

제 3 장
어음法 各論

제 1 절 換 어 음

제 1 관 換어음의 發行

Ⅰ. 換어음 發行의 意義

환어음의 발행(Ausstellung, issue)이란 환어음으로서의 法定要件(어음要件)을 갖춘 증권을 작성하여 수취인에게 교부함으로써 성립하는 어음행위이다. 작성된 어음증권의 교부행위란 '발행인이 그 증권을 수취인에게 도달할 수 있는 상태에 놓는 것'을 의미하며, 따라서 그 효력발생시기는 수취인에게 도달한 때가 아니라 發送한 때가 될 것이다.

환어음 발행의 목적은 지급의 위탁이며, 발행에 의하여 환어음의 발행인은 부수적인 담보책임을 진다. 발행에 의하여 창조된 어음을 基本어음(原型어음)이라고 하고, 발행행위는 다른 어음行爲(附屬的 어음行爲)의 기초가 되므로 基本的 어음行爲라고 한다.

Ⅱ. 換어음 發行의 性質

환어음은 金錢支給委託證券이다. 따라서 그 발행의 법적 성질에 관하여는 어음학설과 관련하여 여러 가지로 견해가 나누이고 있으나, 대체로 환어음의 발행은 '支給指示'(Anweisung)라고 한다.1)

그러나 지급지시의 본질이 무엇이냐에 관하여는 피지시인에게 지시인의 계산으로 지급을 할 권한을 수여하고 수취인에게 지급을 수령할 권한을 수여하는 二重授權(Doppelermächtigung)이라고 설명하기도 하고,2) 지급인의 지급권한은 실질관계상의 지급인의 권한(어음에 표창될 성질의 것이 아니다)이므로 어음 외의 관계인 자금관계를 어음관계와 결부시키는 것은 어음관계의 抽象性에 비추어 부당하다고 하면서 이 때의 지급지시는 수취인에게만 지급수령권한을 주는 것이라고 설명하기도 한다.3) 그러나 환어음이 유효한 지급을 할 수 있는 것은 환어음상에 기재되어 있는 지급위탁문언에 의한 것이라고 볼 수 있으므로 환어음의 발행은 지급수령권뿐 아니라 지급권한의 수여도 포함한다고 보는 支給指示說이 타당하다고 본다.

Ⅲ. 基本어음의 作成

1. 어음의 作成方法

어음은 증권에 어음요건을 기재하고 발행인이 記名捺印 또는 署名을 함으로써 작성된다. 어음증권의 재료·기재방법(기재재료·용어와 문자·기재체제 등)에

---

1) 徐燉珏·鄭完溶(下) 179면; 孫珠瓚(下) 204면; 鄭東潤(어) 348면; Hueck/Canaris, *Recht der Wertpapiere*, 11. Aufl., 1977, S. 33 ; Zöllner, *Wertpapierrecht*, 13. Aufl., 1982, S. 45.

2) 徐燉珏·鄭完溶(下) 180면; 孫珠瓚(下) 204면; 鄭東潤(어) 348면; 崔基元(어) 252면 참조.

3) 鄭熙喆·鄭燦亨(下) 182면 참조.

는 아무런 제한이 없으므로 법정요건을 갖춘 의사표시가 나타나기만 하면 된다. 어음요건의 하나라도 결하면 '不完全어음'으로서 무효가 된다.

2. (基本)어음要件(必要的 記載事項)

기본어음요건이란 기본어음으로서 반드시 기재하여야 할 사항이며(어 제1조 각호), 보충규정(어 제2조 제2항 · 제3항 · 제4항)이 없는 한 그 사항 중 하나라도 결하면 어음으로서의 효력이 발생하지 않는다(어 제2조 제1항 본문).

(1) 어음文句(어 제1조 제1호)

어음문구(Wechselklausel, denomination)란 '증권의 본문 중에 그 증권의 작성에 사용하는 국어로 換어음임을 표시하는 文字'를 기재하는 것을 말한다. '증권의 본문'이란 支給委託文句를 말하며, '환어음임'을 표시하는 문자란 換 · 換證書 · 換어음證書이든, bill of exchange, letter de change, gezogener Wechsel 등 무엇이든 상관없으나, 증권에 작성되는 국어로 기재하여야 한다. 만약 한개의 어음에 수개국어를 혼용하여 기재한 경우에는 지급위탁문구 또는 지급약속문구에 사용된 국어로 어음문구를 기재하여야 한다.[1]

(2) 一定金額의 支給委託(어 제1조 제2호)

환어음은 지급위탁증권이므로 일정한 금액을 지급할 뜻을 기재한 문구, 즉 支給委託文句(Zahlungsanweisung, order to pay)가 환어음의 중심이 된다. 어음금액은 일정하여야 하므로 선택적 기재(예컨대, 100만원 또는 200만원)나 浮動的 記載(예컨대, 만기에 있어서의 換時勢에 의한 미화 200불 상당의 韓貨額, 100만원 이상 500만원 이하)는 무효이다. 일정한 금액이어야 하므로 물건의 급여를 기재할 수는 없으며, 금액인 한 표시되는 통화에는 제한이 없다(어 제41조 참조). 따라서 法貨가 아닌 것이라도 거래상 화폐의 역할을 하는 것이면 충분하다. 또한 어음금액은 원칙적으로 단일하여야 하므로 원본과 이자를 미리 합산하지 않고 원본과 이자를 나누어서 기재하는 것(예컨대, '100만원＋연 50%의 이자' 따위)은 허용되

1) 徐燉玨 · 鄭完溶(下) 150면; 鄭東潤(어) 355면; 鄭煕喆 · 鄭燦亨(下) 190면.

지 않고, 이러한 기재는 기재하지 않은 것으로 본다(어 제5조 제1항 제2문). 다만 一覽出給 또는 一覽後定期出給어음의 경우에는 이율을 기재하고 이자의 약정을 할 수 있다(어 제5조). 이 때 이율의 기재가 없으면 이자의 약정도 기재하지 않은 것으로 본다.

중복기재한 어음금액이 일치하지 않는 경우에, 문자에 숫자로 병기한 경우에는 문자로 기재한 금액을 표준으로 하고, 문자와 문자, 숫자와 숫자로 중복기재한 경우에는 최소금액을 어음금액으로 한다(어 제6조). 지급위탁은 무조건이어야 하므로 지급의 방법·시기·자금 등 제한을 하면 무효가 된다.

(3) 支給人의 名稱(어 제1조 제3호)

지급인(Bezogener, drawee)의 명칭은 환어음에만 필요한 요건으로서 이것이 기재되지 않은 환어음은 무효이다. 지급인이 虛無人인 경우에는 그 환어음을 虛無어음이라 하고, 무효는 아니지만 인수인이 없고, 다만 발행인이나 배서인은 담보책임을 진다. 지급인의 명칭은 통칭·아호·예명·별명 등 어떠한 것이든 동일성을 인식할 수 있는 한 기재방법에 제한이 없고, 회사의 경우에는 반드시 그 대표자명까지 표시할 필요는 없다.

지급인의 복수적 기재에 관하여는 重疊的 記載(예컨대, 甲과 乙)와 順次的 記載(예컨대, 第1支給人 甲, 第2支給人 乙)는 허용하나,[1] 選擇的 記載(예컨대, 甲 또는 乙)만은 지급인이 확정될 수 없어 허용하지 않는다. 중첩적 기재의 경우에는 인수거절로 인한 만기 전 소구를 제외하고 그 지급인의 전부가 지급을 거절하여야만 지급거절로 인한 소구를 할 수 있다.

어음관계의 당사자는 협동사무를 分掌하고 있는 자이고(협동성), 또한 형식적·추상적 관념에 불과하므로 당사자자격의 겸병이 인정된다. 따라서 지급인 자격과 발행인 자격의 겸병(어 제3조 제2항)(자기앞 환어음)뿐만 아니라 지급인 자격과 수취인 자격의 겸병, 발행인 자격과 수취인 자격의 겸병(어 제3조 제1항)(자기지시어음), 3자격의 겸병(單名어음)도 무방하다.

(4) 滿期의 表示(어 제1조 제4호)

만기(Verfallzeit, maturity)란 어음금액이 '지급되어야 할 날'로 어음상에 기

1) 제2지급인을 예비지급인으로 하는 취지로 해석하나, 순차적 기재를 인정하지 않는 반대설도 있다[金容泰(下) 241면].

재된 일자를 말하며, 만기의 날(어 제70조 제1항), 또는 支給期日이라고도 한다. 만기는 '지급을 할 날'(어 제38조 제1항 · 제44조 제3항) 또는 '지급의 날'(어 제41조 제1항)과는 다르다. 만기가 휴일이면 이에 이은 제1의 거래일이 '지급을 할 날'(어 제72조 제1항)이 되고, '지급의 날'은 현실로 지급이 행해진 날을 말한다.

만기와 관련하여 지급준비를 위한 기간, 즉 恩惠日은 인정되지 않는다(어 제74조). 이를 인정하면 만기의 명확성을 해할 우려가 있기 때문이다. 다만 1일간의 고려기간은 인정된다(어 제24조 제1항).

만기는 단일하여야 하므로 어음금액의 일부마다 각별로 수개의 만기를 정하는 분할출급어음(Ratenwechsel, bill of exchange payable by installments)은 허용되지 않는다(어 제33조 제2항). 만기는 확정될 수 있는 날이어야 하고 지급이 가능한 날이어야 한다. 따라서 先日字를 만기로 하는 어음은 무효이다.[1] 그러나 달력에 없는 날, 예컨대 2월 30일, 4월 31일 등으로 만기를 표시한 경우는 무효가 아니라 2월 말일 및 4월 말일을 만기로 한 것으로 보아야 할 것이다.[2]

만기는 확정일 또는 확정할 수 있는 날이어야 하므로 어음법은 4종의 만기만을 허용한다. 즉, ① 確定日出給, ② 發行日字後定期出給, ③ 一覽出給, ④ 一覽後定期出給의 어음만을 인정한다.

만기가 기재되지 않았거나, 만기의 기재가 없는 것과 동일시되는 경우에는 일람출급어음으로 본다는 보충규정(어 제2조 제2항)이 있다. 그러나 부적법한 기재는 그러하지 아니하다.

(가) 確定日出給

확정일출급은 확정된 날을 만기로 하는 어음으로서(예컨대, 1993년 9월 1일, 1993년 한글날)(어 제33조 제1항 제4호) 가장 널리 쓰이는 만기이다. 만기의 표시로서 월일만 기재하고 연도를 누락한 때에도 어음상의 다른 기재로부터 연도를 추정할 수 있으면 유효한 기재로 본다.[3] 반대로 연도만 기재되어 있는 경우에는 월 · 일을 보충시킬 의사로써 발행된 백지어음이라고 보아야 할 것이다. 또 월초, 월중, 월종으로 만기를 표시한 경우에는 그 달의 1일, 15일 및 말일을 말한다(어 제36조 제3항).

---

1) 大判 2000. 4. 25, 98 다 59682; 서울民地判 1975. 12. 10, 75 가 5759.
2) 孫珠瓚(下) 187면; 鄭東潤(어) 372면; 鄭熙喆 · 鄭燦亨(下) 194면; 崔基元(어) 271면; 大判 1981. 7. 28, 80 다 1295.
3) 徐燉珏 · 鄭完溶(下) 165면; 孫珠瓚(下) 187면; 鄭東潤(어) 375면; 崔基元(어) 271면.

(나) 發行日字後定期出給

발행일자후정기출급은 발행일자로부터 일정기간이 경과한 날을 만기로 하는 방법으로서(어 제33조 제1항 제3호)(예컨대, 발행일자후 3개월 등), 주로 어음채무자에게 자금을 준비하는 기간을 주기 위하여 이용된다. 기간의 계산에 관하여는 민법의 규정(民 제156조 이하) 외에 어음法이 상세히 규정하고 있다. 즉, 기간이 날(日)로써 정하여진 때에는 초일은 산입하지 아니하나(어 제73조), 기간 중의 휴일은 산입한다(어 제72조 제2항). 발행일자 후 1개월 또는 수개월에 지급할 어음은 지급할 달의 대응일을 만기로 하고, 대응일이 없는 때에는 그 달의 말일을 만기로 한다(어 제36조 제1항). 또한 기간이 월과 일로 정해진 때에는 먼저 전월을 계산한 후 여기에 날을 가산한 末日이 만기가 된다(어 제36조 제2항). 半月이란 15일간을 의미하고(어 제36조 제5항), 8일 또는 15일이라 함은 1주 또는 2주가 아니라 만8일 또는 만15일을 의미한다(어 제36조 제4항). 발행지와 지급지의 歲曆이 다른 경우에는 어음의 文言 기타의 기재에 의하여 다른 의사를 알 수 있는 때가 아니면 발행일자를 지급지의 세력의 대응일로 환산하고, 그에 의하여 만기를 정한다(어 제37조 제2항·제4항).

(다) 一覽出給

일람출급은 어음의 소지인이 지급을 위하여 어음을 제시한 날을 만기로 하는 것이다(어 제34조 제1항 제1문). 보통 '어음提示즉시' 또는 '一覽즉시(또는 請求즉시)' 지급하여 주십시오 등으로 표시한다.

일람출급어음에 있어서 장기간 지급제시가 없으면 어음채무자가 오랫동안 채무를 벗어날 수 없으므로 어음법은 지급을 위한 제시기간은 원칙적으로 발행일자로부터 1년으로 정하고(어 제34조 제1항 제2문), 발행인은 이 기간을 단축 또는 연장할 수 있지만, 배서인은 단축만 할 수 있도록 하였다(어 제34조 제1항 제3문). 발행인이 정한 제시기간은 모든 어음관계자에 대하여 그 효력이 있으나, 배서인이 정한 기간은 그 배서인에 한하여 이를 원용할 수 있다(어 제53조 제3항).

일람출급어음은 발행일자로부터 언제든지 지급을 청구할 수 있지만, 발행인은 일정한 기일까지 支給提示를 금할 수 있고, 이 때 지급제시기간은 그 기일로부터 개시한다(어 제34조 제2항). 발행지와 지급지의 歲曆이 다른 경우에는 지급지의 세력이 기준이 된다(어 제37조 제3항·제4항).

(라) 一覽後定期出給

일람후정기출급은 일람 후 일정기간을 경과한 날을 만기로 하는 것으로서(어

제33조 제1항 제2호), 예컨대 '一覽後 2月', '어음제시 후 8일이 경과한 날' 등으로 표시한다. 환어음의 경우에는 일람을 위한 제시란 인수를 위하여 제시가 있었던 날을 의미한다(어 제22조 제1항 · 제2항 단서 참조)[약속어음에 있어서는 인수제도가 없으므로 만기를 정하기 위하여 제시한 날, 즉 일람을 위하여 제시한 날을 의미한다(어 제78조 제2항)]. 그러므로 일람후정기출급어음의 만기는 일람까지의 기간, 즉 인수제시까지의 기간과 일람 후의 일정기간에 의하여 결정된다. 일람을 위한 제시기간은 발행일자로부터 1년간이지만 발행인은 이를 단축 또는 연장할 수 있고, 배서인은 단축만 할 수 있다(어 제23조).

일람후의 기간의 계산은 ① 지급인이 인수를 하고 일자를 기재한 때에는 그 일자를 기준으로 하고, 수인의 인수인이 서로 다른 인수일자를 기재한 때에는 가장 빨리 도래하는 일자, ② 일자를 기재하지 않고 인수한 때에는 인수일자거절증서의 일자, ③ 인수거절의 경우에는 引受拒絶證書의 일자(어 제35조 제1항), 거절증서의 작성이 면제된 경우에 인수를 하고 일자를 기재하지 아니한 때에는 인수인에 대한 관계에 있어서는 제시기간의 말일을 초일로 하여 일람 후의 기간을 계산하여 만기를 정한다(어 제35조 제2항). 제시의 장소는 지급인의 주소이며, 제시는 어음의 소지인이나 단순한 점유자도 할 수 있다(어 제21조). 제시를 절대적으로 금할 수는 없으나, 일정기일까지 금지하는 것은 가능하다(어 제22조 제2항 · 제3항).

(5) 支給地(어 제1조 제5호)

지급지(Zahlungsort, place of payment)란 어음금액이 지급될 일정한 지역을 말하며, 지급이 행하여질 지점인 支給場所(어 제4조 · 제27조 제2항)와는 구별된다.

지급지의 표시는 최소독립행정구역을 기재하는 것이 보통이겠으나, 사회적으로 통용되는 地域名(예컨대, 청량리, 여주)이라도 상관없다. 그러나 지나치게 광범위한 지역, 예컨대 영남 · 호남 등의 기재는 어음을 무효로 하고, 반대로 지급지의 번지까지 기재한 경우, 동 · 리 · 번지는 무익적 기재사항으로 본다. 지급지로서 실재하지 않는 지명을 기재한 경우는 어음상의 권리행사가 불가능하므로 그 어음은 무효라고 본다.[1] 지급지의 기재는 단일적 · 확정적이어야 하므로 선택적

---

1) 徐燉珏 · 鄭完溶(下) 158면; 孫珠瓚(下) 189면; 鄭東潤(어) 381면; Hueck/Canaris, *Recht der Wertpapiere*, 11. Aufl., 1977, S. 58; Zöllner, *Wertpapierrecht*, 13. Aufl., 1982, S. 71.

또는 중첩적 기재는 무효이다.

지급지의 흠결에 관하여도 보충규정이 있어서 지급인의 명칭에 부기한 지가 지급지이며, 지급인의 주소지로 본다(어 제2조 제3항).

지급지와 발행지가 같은 어음을 '同地어음', 다른 어음을 '他地어음'이라 하고, 지급지가 지급인의 주소지와 같은 어음을 '同地出給어음', 다른 어음을 '他地出給어음'이라고 한다.

(6) 受取人의 名稱(어 제1조 제6호)

수취인(Wechselnehmer, payee)이란 지급을 받을 자 또는 지급을 받을 자를 지시할 자를 말한다. 수취인의 명칭도 동일성을 인식할 수 있는 한 기재방법에 제한이 없고, 실재하지 않는 자를 기재하여도 어음 자체는 유효하며, 성명에 誤字·脫字가 있더라도 전체로서 수취인을 특정할 수 있으면 유효하다. 수취인의 명칭은 백지어음을 제외하고 반드시 기재되어야 하므로 수취인의 기재가 없는 無記名式(所持人出給式)어음이나 선택무기명식어음은 인정되지 않는다(手 제5조 제1항 제3호·제3항 참조).[1] 수취인의 복수적 기재는 지급인의 경우와 달라서 중첩적이든 선택적 또는 순차적이든 허용된다. 다만 수취인을 중첩적으로 기재한 때에는 모든 수취인은 共同受取人(Kollektivremittenten)으로서 전원이 공동으로 권리를 행사하여야 하며, 배서를 함에 있어서도 전원의 명의로 하여야 할 것이다.

발행인과 수취인의 당사자자격의 兼併이 인정되나(自己指示어음)(어 제3조 제1항), 교부계약설에 따르면 자기지시어음은 배서·인수 기타의 어음행위를 하지 않고 발행인의 수중에 보관하고 있는 동안에는 아직 어음의 효력이 생기지 않는다.

(7) 發行日(어 제1조 제7호)

발행일(Ausstellungsdatum)이란 어음이 발행된 날로서 어음에 기재된 일자를 말한다. 발행일은 실제로 발행한 날과 반드시 일치하여야 하는 것도 아니고, 선일자 또는 후일자의 기재라도 유효하다. 그러나 발행일이 만기보다 뒤인 경우에는 불가능한 어음으로서 무효라고 본다.[1]

---

1) 다만 선택무기명식어음은 제시식어음과 동일시하여 효력을 인정하는 견해도 있다. 孫珠瓚(下) 192면; 鄭熙喆·鄭燦亨(下) 201면.

발행일은 발행일자후정기출급어음의 만기(어 제36조 제1항 · 제2항), 일람출급어음의 지급제시기간(어 제34조 제1항), 일람후정기출급어음의 인수제시기간(어 제23조) 등을 산정하는 기초가 되므로 단일 · 확정적이어야 한다. 그러나 확정일출급어음에 있어서는 발행일이 별로 큰 의미가 없으므로 이를 어음요건으로 볼 필요가 없다는 견해도 있으나, 이 경우에도 발행일은 발행인의 능력, 대리권의 유무를 정하는 기준이 되고, 법이 明文으로 이를 어음요건으로 하고 있는 이상 발행일은 확정일출급어음에 있어서도 필요불가결한 어음요건이라고 본다.[2]

(8) 發行地(어 제1조 제7호)

발행지(Ausstellungsort)란 어음이 발행된 곳으로서 어음에 기재된 지역을 말하며, 실제로 발행된 地를 의미하는 것은 아니다. 발행지는 발행행위의 準據法을 정하는 기초가 될 뿐이므로(國際私法 제53조 제1항 · 제2항), 지급지의 경우와 같이 최소독립행정구역을 기재하지 않아도 상관없다. 따라서 준거법의 단일적 추정을 해치는 결과가 되지 않는 한 그 발행지의 표시방법에도 제한이 없고, 발행지의 복수기재도 허용된다.

발행지에 관하여도 보충규정이 있어서, 발행인의 명칭에 부기한 지를 발행지로 본다(어 제2조 제4항).

발행지도 絶對的 기재사항이므로 이를 기재하지 아니한 어음은 불완전어음 또는 미완성어음으로서 효력이 없다는 것이 종래의 판결이었다.[3] 그런데 근래에 국내어음의 경우 발행지의 기재를 缺하였더라도 이를 무효인 어음으로 볼 수 없다는 판결이 나왔다.[4] 따라서 판례에 의하면 국내어음의 경우 발행지의 기재가 흠결되어 있더라도 무효인 어음이 아니고, 발행지가 누락된 상태로 지급제시하였더라도 유효한 지급제시가 되어 소구권을 보전할 수 있다.

(9) 發行人의 記名捺印 또는 署名(어 제1조 제8호)

발행인(Aussteller, drawer)이란 '발행'이라는 어음행위를 하는 자이다. '기명날인 또는 서명'에 관하여는 앞에서 설명한 바와 같으나, 발행인의 기명날인 또

1) 大判 2000. 4. 25, 2000 다 11102; 서울民地判 1975. 12. 10, 75 다 5759.
2) 大判 1979. 8. 14, 79 다 1189; 鄭東潤(어) 377면.
3) 大判 1991. 4. 23, 90 다카 7958.
4) 大判 1998. 4. 23, 95 다 36466. 수표에 관하여도 같다: 大判 1999. 8. 19, 99 다 23383.

는 서명은 진정한 것이어야만 하는 것은 아니고, 실재하지 않는 자의 기명날인 또는 서명이어도 상관없으며, 기명날인이 僞造된 것이라도 무방하다. 발행인의 기명날인 또는 서명 앞에 '保證人으로서' 또는 '證人으로서' 등의 부가어를 기재한 어음은 무효이고, 환어음의 발행인이 지급을 담보하지 아니한다는 뜻을 기재한 것은 이를 기재하지 아니한 것으로 본다(어 제9조 제2항 제2문).

발행인의 기명날인 또는 서명은 보충지 또는 등본에는 할 수 없고 어음 자체에 하여야 한다.

어음은 수인이 공동발행할 수도 있다. 공동발행의 유형은 중첩적·선택적·순차적 발행 등이 있으나, 선택적·순차적 발행은 어음관계의 확정성과 소구조건의 一定性에 반하므로 무효라고 본다.[1)]

공동발행의 경우에는 발행인 각자가 발행인임을 표시하고 어음면에 각각 기명날인 또는 서명을 하여야 하나 1인의 대리인에게 위임하여 어음을 발행하게 할 수도 있다. 상법이 어음행위를 상행위로 하고 있지 아니할 뿐만 아니라, 공동발행인은 각자 독립하여 어음문언에 따른 어음행위를 하는 것이므로 공동발행인의 책임은 '合同責任'(어 제47조)이라고 해석한다. 이렇게 해석하면 공동발행인 중의 1인이 어음금을 지급하면 다른 발행인도 어음상의 책임을 면한다는 데는 의문이 없으나, 공동발행인 간의 구상관계는 부정된다. 그러므로 공동발행인 사이의 구상관계는 민법의 규정에 따라 해결하여야 할 것이다.[2)]

공동발행인은 합동책임을 지므로 1인에 대한 이행청구, 소멸시효의 중단, 混同이나 更改 등은 다른 사람에게는 영향이 없다.

3. 有益的 記載事項

유익적 기재사항이란 필요적 기재사항은 아니나, 어음에 기재하면 어음상의 효력이 발생하는 사항을 말한다. 어음법에 규정되어 있는 유익적 기재사항은 다음과 같다.

---

1) 同旨: 鄭東潤(어) 367면; 鄭熙喆, ≪判例敎材≫, 289면.

2) 이에 대하여 일본에서는 공동발행은 다수인에 의해 이루어지는 상행위이므로(日商 제501조 제4호에 의하면 어음에 관한 행위는 절대적 상행위이다) 공동발행인사이에 연대책임을 지며 구상권도 인정된다는 견해도 있다. 小橋一郎, ≪新版 手形法·小切手法講義≫, 1982, 125면 이하 참조.

(1) 發行人 또는 支給人의 名稱에 附記한 地(어 제2조 제3항 · 제4항)

발행인 또는 지급인의 명칭에 부기한 地(肩書地)는 발행지 또는 지급지의 기재가 없는 경우에 각각 그 흠결을 보충하는 효력을 갖는다. 또한 지급인의 명칭에 부기한 지는 지급인의 주소지로 본다(어 제2조 제3항). 어음상의 주소와 사실상의 주소가 다른 경우에는 어음의 제시 등은 어음상의 주소를 표준으로 하면 되나, 사실상의 주소에서 제시하여도 상관없다.

(2) 第三者方支給文句(어 제4조 · 제27조)

第三者方支給文句란 제3자의 주소에서(支給場所) 또는 제3자(支給擔當者)가 지급한다는 뜻의 기재를 말하며, 제3자방지급문구가 있는 어음을 '他所出給어음' 또는 '第三者方出給어음'(Zahlstellenwechsel, Drittzahlerwechsel)이라고 한다. 어음법에서 '제3자방'(어 제4조 · 제22조 제2항 · 제27조 제1항) 또는 '지급장소'(어 제27조 제2항)라고 할 때에는 지급담당자와 지급장소의 양자를 함께 의미한다. 지급장소는 지급지 내에 있어야 하므로 이를 위반한 기재(예컨대, 지급지: 포항시, 지급장소: 서울특별시)는 무효이고 지급장소의 기재가 없는 것으로 본다.[1] 따라서 어음소지인은 지급지 내에 있는 주채무자의 영업소 · 주소에서 지급제시하여야 하나, 어음에 기재된 지급장소에서 지급제시할 수 있다고 본다.

第三者方支給文句는 발행인 또는 지급인이 기재할 수 있는데, 그 기재의 실익은 지급인의 거래은행을 지급담당자로 하여 지급사무의 편의를 도모하고, 지급장소를 발행인 또는 발행인의 거래은행으로 함으로써 추심채무인 어음채무를 持參債務로 하고, 부도의 경우에 상환을 쉽게 할 수 있으며, 지급인이 僻地에 있는 경우에 추심의 편의를 도모할 수 있는 데 있다.

第三者方出給어음의 인수제시는 반드시 지급인에게 하여야 하나, 그 지급제시 및 지급거절증서의 작성은 반드시 제3자방에서 하여야 한다.

지급지 · 지급장소의 기재는 지급제시기간 내에 어음의 제시가 있을 것을 전제로 한다. 따라서 지급제시기간 경과 후에는 지급장소와 지급지의 기재는 모두 효력을 잃으므로 소지인은 주채무자의 영업소 · 주소에서 어음을 제시하고 어음채무의 이행을 받아야 한다.

---

1) 大判 1970. 7. 24, 70 다 965.

(3) 利子文句(어 제5조)

一覽出給어음 또는 一覽後定期出給어음에만 이자약정의 기재를 할 수 있는데(어 제5조 제1항), 이 때는 어음에 반드시 이율을 기재하여야 한다(어 제5조 제2항), 이자계산의 기산일에 관하여 기재가 없는 경우에는 발행일로부터 기산하며, 만기의 도래와 더불어 약정이자는 그치고, 법정이자(어 제48조 제1항 제2호)가 이에 갈음하여 진행하게 된다.

(4) 기타 記載事項

위에 설명한 것 이외의 유익적 기재사항을 들어보면 ① 引受無擔保文句(어 제9조 제2항 본문), ② 背書禁止文句(어 제11조 제2항), ③ 引受提示의 命令文句(어 제22조 제1항), ④ 引受提示禁止文句(어 제22조 제2항·제3항), ⑤ 一覽後定期出給어음의 인수를 위한 제시기간의 단축 또는 연장의 문구(어 제23조 제2항), ⑥ 일람출급어음의 지급제시기간의 단축 또는 연장의 文句(어 제34조 제1항), ⑦ 일정기일 전의 지급제시금지문구(어 제34조 제2항), ⑧ 준거할 歲曆指定文句(어 제37조 제4항), ⑨ 外國通貨換算率指定文句(어 제41조 제2항), ⑩ 外國通貨現實支給文句(어 제41조 제3항), ⑪ 拒絶證書作成免除(無費用償還)文句(어 제46조), ⑫ 逆어음發行禁止文句(어 제52조 제1항), ⑬ 예비지급인의 기재(어 제55조 제1항), ⑭ 복본의 번호(어 제64조 제2항), ⑮ 복본불발행문구(어 제64조 제3항) 등이다.

4. 無益的 記載事項

무익적 기재사항이란 어음에 기재하든 아니하든 어음의 효력에 영향을 미치지 아니하는 사항을 말한다.

어음법상 규정이 있는 사항으로는 ① 일람출급 또는 일람후정기출급어음에 있어서 이율의 기재가 없는 이자의 약정(어 제5조 제1항 제1문·제5조 제2항 제2문)과 그 외의 환어음에 있어서의 이자의 약정(어 제5조 제1항 제2문), ② 발행인의 支給無擔保文句(어 제9조 제2항 제2문), ③ 指示文句(어 제11조 제1항), ④ 破毁文句(어 제65조 제1항), ⑤ 위탁어음문구(어 제3조 제3항)가 있으며, 어음법상 규정이 없는 사항으로는 ① 對價文句(예컨대, '對價現金受領'이란 기재), ② 資金文句(예컨대, 본인의 '계산으로 지급하여 주시압'이라는 기재), ③ 通知文句(예컨대, '본인의 통지에 따라' 또는 '본인의 통지가 없더라도' 지급한다는 뜻의 기재), ④ 提示文句(예컨대, '제시가 있을 때' 지급하라는 뜻의 기재), ⑤ 상환문구(예컨대, '어음과 상환으로 지급하시압'이라는 기재), ⑥ 번호, ⑦ 위약금문구 등을 들 수 있다.

5. 有害的 記載事項

유해적 기재사항은 어음에 기재하면 어음 자체가 무효가 되는 사항을 말한다.

어음법상 규정이 있는 사항으로는 ① 법정만기(어 제33조 제1항)와 다른 만기의 기재(어 제33조 제2항), ② 분할출급문구(어 제33조 제2항)가 있으며, 어음법상 규정이 없는 사항으로는 ① 어음상의 효력을 원인관계와 관련시키는 문구(예컨대, '매매대금으로 지급하시압'), ② 條件附支給委託의 문구(예컨대, '화물이 도착한 때에 지급하시압'), ③ 반대급여문구(예컨대, '白米 100가마와 교환하여 지급하시압'), ④ 지급방법한정문구(예컨대, '갑은행 발행의 자기앞수표로 지급하시압') 등이 있다.

Ⅳ. 換어음 發行의 效力

1. 換어음 發行의 本質的 效力

환어음이 발행되면 수취인은 자기명의로 어음금액의 지급을 받을 권리를 취득한다. 그러나 이 권리는 假定的 債務者의 지위에 있는 지급인이 인수를 할 때까지는 일종의 期待權에 불과하고, 확정적인 어음금액청구권은 아니다(물론 지급인이 인수를 하고 지급을 하면 그 결과를 발행인의 계산으로 돌릴 수 있으나, 이것은 자금관계상의 문제이다). 따라서 지급인이 인수하기 이전의 환어음에는 확정적인 주채무자는 없고, 환어음의 발행에 의하여 인수를 조건으로 어음금지급청구권이 발생한다고 볼 수 있다.

2. 換어음 發行의 附隨的 效力

환어음 발행의 부수적 효력으로는 ① 발행인의 담보책임(어 제9조·제43조), ② 복본교부의무(어 제64조 제3항), ③ 이득상환의무(어 제79조)를 드는 것이 보통이다. 특히 종국적인 상환의무자인 발행인이 지는 인수담보책임·지급담보책임이 의사표시상의 효력인가 어음법상의 효력인가에 관하여는 학설이 대립되고 있으나, 어음의 원활한 유통을 도모하기 위해 인정한 어음법상의 효력으로 본다.[1] 왜냐하면 발행인의 지급무담보기재만이 무익적 기재사항으로 되어 있고(어 제9조 제2항), 환어음의 발행인은 단순히 지급위탁만 하는 것이므로 발행인의 의사표시는 원래 자신의 지급의무를 목적으로 하는 것이 아니기 때문이다.

3. 支給指示의 撤回

우리 어음법상 명문의 규정은 없으나 환어음의 발행의 본질은 지급지시이므로 지급인이 인수 또는 이행을 하지 않은 동안에는 지시인이 지급인에 대하여 언제든지 지급지시를 撤回할 수 있다.[2] 철회의 결과 지급인이 지급을 않는 경우에도 발행인의 遡求義務는 남는다. 수표법은 지급지시의 철회를 제한하는 특칙을 두고 있다(手 제32조).

Ⅴ. 白地어음

1. 白地어음의 意義

백지어음(Blankowechsel; incomplete or inchoate instrument)이란 "후일 그 소지인으로 하여금 어음要件의 전부 또는 일부를 보충시킬 의사로써, 이를 기재

1) 鄭熙喆·鄭燦亨(下) 184면; 徐燉珏·鄭完溶(下) 181면; 孫珠瓚(下) 205면; 徐廷甲(어) 256면; 鄭東潤(어) 350면.
2) 徐燉珏·鄭完溶(下) 182면; 鄭東潤(어) 351면; 鄭熙喆·鄭燦亨(下) 184면. 反對說: 崔基元(어) 256면.

하지 않고 백지 그대로 記名捺印 또는 署名을 하여 교부한 未完成어음"을 말한다. 이와 같이 어음요건을 갖추지 않은 '미완성어음'(unfertiger Wechsel)이란 점에서 무효인 '不完全어음'(unvollständiger Wechsel)과 구별된다. 백지어음은 어음행위의 종류에 따라, 어음행위자의 기명날인 또는 서명만 있는 백지발행, 백지인수, 백지배서, 백지보증 등으로 나눌 수 있고, 또 백지로 되어 있는 어음요건을 기준으로 하여 기명날인 또는 서명 이외의 어음요건 전부가 백지로 되어 있는 것, 그 일부가 백지로 되어 있는 것, 요건 중 하나만이 백지로 되어 있는 것, 그리고 하나의 요건 중의 일부가 백지로 되어 있는 것 등 태양이 다양하다.

2. 白地어음의 經濟的 效用

백지어음은 어음의 원인관계상 어음의 금액·만기 또는 수취인 등을 어음교부시에 확정할 수 없는 경우에 잘 이용된다. 따라서 어음법은 백지어음의 유효성을 전제로 하여 백지어음의 補充權濫用에 관한 규정(어 제10조)을 두고 있다.

3. 白地어음의 要件

(1) 白地어음行爲者의 記名捺印 또는 署名

백지어음이 되려면 적어도 1개의 기명날인 또는 서명이 있어야 한다. 백지어음은 발행인이 未完成어음을 발행하는 경우(白地發行, 협의의 백지어음)가 보통이겠으나(어음법 제10조에서는 '미완성으로 발행한'이라고 규정하였으나 반드시 백지발행의 경우에 한하는 것은 아니다), 배서인이 미리 어음이 될 지편에 기명날인 또는 서명을 하는 경우(배서인의 白地記名捺印), 인수인의 기명날인 또는 서명만 있는 경우(白地引受), 보증인의 기명날인 또는 서명만 있는 경우(白地保證)도 포함한다.

(2) 어음要件의 欠缺

어음요건의 전부 또는 일부의 기재가 없어야 한다(어 제1조 참조). 그 요건흠결의 정도에는 아무런 제한이 없다.

흠결된 어음요건이 어음법 제2조 제2항 이하의 규정에 의하여 구제될 수 있는 것이라도 상관없다. 따라서 만기의 기재가 없는 어음은 일람출급으로 간주되나, 만기의 기재에 관하여도 보충권이 수여되면 백지어음이 될 수 있다. 판례는 만기가 기재되지 않은 어음을 백지어음으로 추정한다.[1]

(3) 白地補充權의 存在

흠결된 어음요건을 보충할 권리(白地補充權)를 타인에게 수여하여야 한다. 이 보충권의 수여 여부에 따라서 백지어음과 불완전어음이 구별된다. 그러나 이 백지보충권은 어음관계 외의 당사자간의 계약에 의해서 수여되는 것이므로 실제로는 보충권이 수여된 백지어음이냐 아니냐를 구별하는 것은 매우 어려운 일이다. 따라서 학설도 세 가지로 나누어지고 있다.

(가) 主 觀 說

주관설은 보충권의 유무를 記名捺印 또는 署名을 한 자의 의사를 기준으로 하여 결정한다.[2] 그러나 백지어음의 유효성이 오로지 기명날인 또는 서명을 한 자의 주관적 의사에 따라서 결정될 때에는 어음취득자는 어음 외에서 나타난 사실, 즉 補充權을 수여하는 意思를 입증하여야 하므로 어음거래의 안전을 크게 해치게 된다. 그러므로 주관설도 선의취득자에 대해서만은 기명날인 또는 서명을 한 자가 불완전어음이라는 항변을 제출할 수 없다고 한다.

(나) 客 觀 說

객관설은 기명날인 또는 서명을 한 자의 主觀(具體的 意思)을 불문하고 어음의 외관만을 기준으로 하여 외관상 보충이 예견되면 백지어음이라고 한다. 그러나 객관설에 의하면 어음거래의 안전은 확보되지만 기명날인 또는 서명을 한 자의 의사를 전혀 무시하게 되어 부당하다. 왜냐하면, 이 학설에 의하면 인쇄된 어음용지에 일부요건을 기재하지 않은 것은 모두 백지어음으로 간주될 것이고, 발행인이 어음용지가 아닌 백지에 기명날인 또는 서명만 하고 다른 모든 어음요건을 보충시킬 의사로써 교부한 경우에는 백지어음으로 인정되지 않게 되어 부당하다.

(다) 折 衷 說

절충설에 의하면 백지어음은 기명날인 또는 서명을 한 자가 후일 흠결된 요건을 보충시킬 의사로 작성·교부하여야 한다. 다만 어음외관상 欠缺된 要件의

---

1) 大判 1976. 3. 9, 75 다 984.

2) 田中耕太郎, ≪手形法·小切手法概論≫, 1937, 308면.

보충이 예정되어 있는 것으로 인정될 경우(어음用紙를 사용한 경우, 어음문구가 기재되어 있는 경우 등)에는 그러한 서면임을 인식하고 또 인식할 수 있는 사정 하에서 이에 기명날인 또는 서명을 한 이상 당연히 백지어음이 된다.[1]

(라) 私 見(主觀說의 妥當性)

위에서 검토한 바와 같이, 주관설·객관설에는 모두 결함이 있고, 절충설은 양설의 결함을 다 지니게 되어 일관성 있는 이론구성이 곤란하다. 그러므로 주관설을 택하되 다만 요건흠결의 어음을 선의로 취득한 자에 대하여는 表見理論 내지 權利外觀理論에 따라 기명날인 또는 서명을 한 자는 불완전어음이라는 항변을 제출할 수 없다고 하는 것이 무난하다고 생각한다.

판례도 부동문자로 인쇄된 어음·수표 용지에 어음·수표요건의 일부를 적지 아니하고 발행하거나 유통시킨 때에는 백지어음·수표로 추정하고[2] 만약에 백지어음·수표가 아니라 불완전어음·수표로서 무효라는 주장을 하려는 자가 있다면 불완전어음·수표라는 사실을 스스로 입증하여야 한다라고 함으로써[3] 절충설을 취한 것으로 보인다.

결국 은행 소정의 어음용지와 미리 인쇄된 어음용지상에 어음요건을 기재하지 않고 기명날인한 어음은 백지어음으로 추정되고, 그 기명날인자가 보충권을 수여하지 아니하였음을 스스로 입증한 경우에 한하여 무효인 어음이 된다고 본다.

(4) 未完成인 채로 流通되었을 것

백지어음의 성립도 완성어음의 성립과 마찬가지로 交付契約이 필요하다고 본다(交付契約說). 다만 교부계약이 흠결된 경우라도 어음거래의 안전을 위하여 선의취득자에 대하여 백지어음작성자가 권리외관이론에 따라 책임을 지는 경우가 있음은 물론이다.

4. 白地어음의 法的 性質

백지어음의 법적 성질에 관하여는 학설이 나뉜다. 제1설은 白地어음은 보충

1) 徐廷甲(어) 153면; 孫珠瓚(下) 208면.
2) 大判 1965. 5. 25, 64 다 1647; 大判 1966. 10. 11, 66 다 1646; 大判 1976. 3. 9, 75 다 984.
3) 大判 1984. 5. 22, 83 다카 1585; 大判 1967. 2. 28, 66 다 2351.

권 및 그 보충권을 행사하면 언제든지 완성어음이 된다는 기대권이 표창되었을 뿐 아직 금전채권이 표창된 어음이라고 할 수 없고, 또 어음법 제10조는 백지어음을 어음의 일종으로 본 것이 아니고, 백지어음의 유통성을 인정하여 유통상에서만 어음과 같이 취급한다는 취지인 것이다고 하여,[1] 백지어음은 어음이 아닌 특수한 有價證券이라 한다(通說).[2] 이 학설에 의하면 유통에 관한 완성어음의 규정은 당연히 백지어음에 적용될 이론적 근거는 없고, 다만 상관습법에 의하여 같은 방법의 유통이 인정되는 것이라 한다.[3] 이에 대하여 제2설은 ① 어음법 제10조는 백지어음을 일단 어음으로 보는 전제 아래 그 補充權濫用問題를 규정한 것으로 볼 수 있고, ② 이것은 만기, 지급지, 발행지 등이 흠결된 경우에도 이를 보충하여 그 어음을 유효로 하는 명문규정이 있는 점과도 균형이 맞으며, ③ 완성어음에 고유한 규정만을 제외하고 다른 규정을 백지어음에 적용하기 위해서도 백지어음을 하나의 어음으로 보는 것이 타당하다고 한다(少數說).[4] 생각건대, 백지어음은 경제적 수요에 따라 인정되는 것이기는 하지만 본래 어음요건을 완전히 구비한 것이 아니므로 엄격한 의미에서 어음이라 할 수 없다. 특수한 유가증권이라는 견해가 옳다고 본다.

백지어음에 표창된 백지어음상의 권리에 관하여도 이것이 '어음상의 權利'라는 학설도 있으나, 어음상의 권리를 발생시킬 수 있는 '期待權'(停止條件附의 어음상의 권리)이 표창되어 있고 부수적으로 '補充權'이 부착되어(숨어)있다고 본다.

5. 白地어음의 流通

백지어음은 相續·會社合併·債權讓渡 등 一般私法上의 이전방법에 의해서 유통될 수 있음은 물론이다. 뿐만 아니라 백지어음은 미완성어음이므로 완전한 어음에 고유한 규정(예컨대, 지급제시·지급거절에 관한 규정)은 적용되지 않으나, 백지어음은 유통상 어음과 같이 취급되므로 유통에 관한 규정(예컨대, 배서·인적 항변의 절단·선의취득·제권판결에 관한 규정)이 적용된다. 따라서 수취인이 기

1) 鄭熙喆·鄭燦亨(下) 396면.
2) 孫珠瓚(下) 211면; 鄭東潤(어) 396면.
3) 崔基元(어) 300면.
4) 朴元善(下) 494면.

재되어 있는 백지어음은 배서의 방법에 의하여 양도할 수 있고, 수취인이 백지로 되어 있는 경우에는 자기를 수취인으로 보충하여 배서하거나 또는 보충하지 않고 교부하여 양도할 수도 있다.

6. 白地어음에 의한 權利行使

(1) 白地補充과 權利保全

백지를 보충하기 전에는 권리의 행사 및 보전이 인정되지 않는다. 즉, 백지어음에 의한 지급제시는 무효이므로 어음채무자는 이행지체가 되지 않고, 또 상환의무자에 대한 상환청구권을 보전할 수도 없다. 다만 전술한 바와 같이 판례에 의하면[1] 발행지가 백지인 국내어음의 경우는 백지를 보충하지 않고 지급제시하였더라도 적법한 지급제시가 된다.

또 지급제시 후에 어음요건을 보충하더라도 소급효는 없다. 백지어음에 의하여 소를 제기하더라도 백지를 보충하지 않으면 승소할 수 없으나, 소송 중이라고 하더라도 변론종결시까지는 유효하게 보충할 수 있고, 이를 보충하면 그 때부터 이행지체에 빠지고 지연이자가 발생한다.

백지를 보충하지 아니한 상태에서 소를 제기한 경우 時效中斷의 효력이 있는가가 문제이다. ① 긍정설은 이 때에도 시효중단의 효력이 있다고 한다.[2] ② 이에 대하여 일부긍정설은 어음상의 권리의무의 내용과 관계없는 사항, 예컨대 수취인 또는 확정일출급어음의 발행일 등이 백지인 어음에 관하여 소를 제기하면 시효중단의 효력을 인정하여도 무방할 것이나, 그 외의 사항, 예컨대 금액이 백지인 어음과 만기가 백지인 어음 등에 관하여는 시효중단의 효력이 부정되어야 한다고 한다.[3] ③ 그러나 백지어음에 의한 소의 제기에는 시효중단의 효력이 없다고 생각한다(부정설). 백지어음은 미완성어음이므로, 백지어음인 상태로 어음金請求訴訟을 제기하더라도 청구로 인정되지 아니한다. 다만 소송 중에 백지를 보충하면 그 때 어음상의 청구가 있게 된다. 백지어음에 기한 소의 제기는 청구가 되지 아니하는 만큼, 시효도 중단되지 아니한다고 보아야 한다. 백지를

1) 大判 1998. 4. 23, 95 다 36466.
2) 鄭東潤(어) 403면.
3) 崔基元(어) 330면.

보충하여야 비로소 시효중단의 효력이 생긴다.

한편 대법원은 재판상의 청구에는 시효중단의 효력을 인정하지만,[1] 백지를 보충하지 아니한 상태에서의 재판 외의 청구나 어음채무자의 채무승인에 대하여는 시효중단의 효력을 인정하지 아니한다.[2]

(2) 白地어음의 善意取得과 抗辯의 切斷

백지어음도 유통상 완전어음과 같이 취급되므로 어음의 양도방법에 의한 백지어음의 善意取得도 인정되며(어 제16조 제2항·제77조 제1항 제1호 참조),[3] 人的抗辯의 절단도 인정된다(어 제17조·제77조 제1항 제1호).

(3) 白地어음과 利得償還請求權

백지어음의 소지인은 적법한 기간 내에 백지를 보충하지 않는 한 원칙적으로 이득상환청구권(어 제79조)을 취득하지 못한다. 그러나 수취인이 백지인 경우 정당한 어음소지인의 이득상환청구권은 인정되어야 할 것이다.

(4) 白地어음의 除權判決

백지어음을 상실한 경우에도 완전어음과 마찬가지로 공시최고절차에 의한 제권판결이 가능하다고 본다.

7. 白地어음의 完成

(1) 補充權의 意義와 性質

미완성어음인 백지어음은 보충에 의하여 완성된다. 백지어음의 흠결된 요건을 보충하여 완전한 어음으로 할 수 있는 권리를 補充權(Ausfüllungsbefugnis, Ausfüllungsermächtigung)이라 한다. 보충권은 백지어음행위자가 어음관계 이외의 일반사법상의 계약에 의하여 이를 상대방에게 수여하고 기명날인 또는 서명함으로써 생기는 권리로서 일종의 形成權이다.[4]

---

1) 大判 1962. 1. 13, 4294 민상 110·111.
2) 大判 1962. 12. 20, 62 다 680.
3) 大判 1985. 5. 28, 85 다카 192; 大判 1987. 6. 9, 86 다카 2079.

이에 대하여 형성권은 보통 그 권리자와 상대방 사이에서 법률효과를 발생시키는 법인데, 백지보충권은 보충자와 보충권을 부여한 者(백지어음행위자) 사이에서는 흔히 아무런 법률효과를 발생시키지 아니하고 오히려 보충권을 수여한 자와 제3자(최후의 소지인) 사이에서 법률효과를 발생시키는 점을 설명해 주지 못하여 타당하지 못하다는 것을 이유로, 보충권은 代理權(代理權說) 또는 授權(Ermächtigung: 法的 地位說)이라고 한다. 그러나 대리권설은 보충권 행사를 어음행위대리의 원칙인 顯名主義에 의하지 아니하는 이유를 설명하지 못하고, 수권설도 일반적으로 수권이라는 개념에는 의무를 지운다는 요소가 없는데, 보충권수여의 경우에는 보충권자는 오직 보충권수여계약에서 정한 범위 내에서만 보충할 의무까지도 부담하므로 타당하지 않다고 하면서 백지보충권을 하나의 특수한 권한(eine Befugnis; sui generis)이라고 보는 견해도 있다.[1]

(2) 補充權의 行使期間

백지보충시기에 관하여 특약이 없는 경우에는(특약이 있는데 이를 위반하면 보충권의 부당행사가 된다) 다음과 같은 기간 내에 보충하여야 한다. 즉, 만기 이외의 요건이 백지인 경우에는 主債務者, 즉 인수인(또는 약속어음의 발행인)에 대한 관계에서는 滿期부터 3년 내(어 제70조 제1항 · 제78조 제1항 · 제77조 제1항 제8호), 상환의무자에 대한 관계에서는 支給拒絶證書作成期間 내에(어 제44조 제3항) 白地를 보충하여야 한다.

그러나 만기가 백지인 경우에는 그 시효기간에 관하여 백지보충권을 형성권으로 보아 20年이라는 학설(民 제162조 제2항), 이를 채권과 같은 것으로 보아 10년이라는 학설(民 제162조 제1항), 보충권의 행사를 어음에 관한 행위로서 상행위로 보아 5년이라는 학설(제64조), 백지어음의 소지인은 언제든지 백지를 보충하여 지급을 청구할 수 있으므로 만기가 도래한 어음과 같이 주된 채무자에 대하여는 3년의 시효에 걸린다는 학설(어 제70조 제1항),[2] 보충권은 형성권이고, 형성권은 제척기간에 걸리는 권리이므로 3년의 제척기간에 걸린다는 학설,[3] 그리고

---

4) 徐燉珏 · 鄭完溶(下) 174면; 孫珠瓚(下) 212면; 鄭熙喆 · 鄭燦亨(下) 139면; 崔基元(어) 310면.

1) 鄭東潤(어) 408면.

2) 현재 우리나라의 다수설이다. 姜渭斗(어) 344면; 鄭東潤(어) 413면; 崔基元(어) 316면.

3) 李哲松(어) 264면.

일람출급어음의 제시기간과 같이 발행일로부터 1년의 시효에 걸린다는 학설(어 제34조 제1항) 등이 있다.

생각건대, 보충권은 형성권이어서 소멸시효가 아닌 제척기간에 걸리는 권리이고, 또한 형성권의 제척기간은 원인채권에 따라 결정되는 것이 통설이다. 백지어음과 관련된 보충권의 경우, 원인채권은 바로 어음채권인데, 이 어음채권의 소멸시효는 만기로부터 3년이다. 만기 이외의 요건이 백지인 경우는 만기로부터 3년 내에 보충권을 행사하여야 할 것이나, 만기가 백지인 경우는 보충권의 행사가 법률상 가능한 때로부터 기산하여야 한다. 결국 보충권은 그 행사가 법률상 가능한 때로부터 3년의 제척기간에 걸린다고 보는 것이 타당하다.

(3) 補充權行使의 效果

보충권을 행사하면 모든 어음행위의 효력이 보충된 문언에 따라 발생한다. 백지어음행위는 정지조건부행위이므로 민법 제147조의 준용을 받아, 보충의 효과는 條件成就時(補充한 때)부터 장래에 향하여 발생하며, 행위시에 소급하지 않는다. 그러나 어음행위 및 보충권 자체는 행위시에 이미 성립한 것이므로 그 실질적 효력(행위자의 대리권·능력의 유무)은 어음행위 성립시를 기준으로 하여 결정할 것이다.

(4) 白地補充權의 濫用

(가) 不當補充된 어음의 取得者 保護

어음 외의 관계인 보충권수여계약에 의하여 한정된 범위를 넘어서 소지인이 부당보충을 한 경우(예컨대, 50만원 이하의 보충권을 가진 자가 100만원으로 기입한 경우. 이 경우 백지어음행위자는 인적 항변을 제기할 수 있다) 그 보충된 어음(완성어음)을 다른 사람이 선의이고 또 중과실 없이 양수하였다면 그 선의의 취득자는 어음거래의 안전을 위해서 당연히 보호를 받아야 한다. 바꾸어 말하면 백지어음행위자는 '미리 한 합의와 달리 보충이 된 경우'라도 보충권이 남용된 어음을 양수한 그 후의 취득자에게 '악의 또는 중대한 과실'이 없는 한 그 위반으로써 소지인에게 대항하지 못하고(어 제10조·제77조 제2항), 기재된 문언대로 책임을 져야 한다. 악의·중과실은 백지어음의 취득시에만 없으면 되고, 보충시에는 보충권남용을 알았더라도 상관이 없다고 본다.

부당보충에 관하여 어음취득자에게 악의 또는 중과실이 있었다는 것을 백지어음행위자가 입증한 경우에는 백지어음행위자는 문언대로 책임을 지지 않는다. 그러나 부당보충의 항변에 의하여 완성어음이 백지어음으로 다시 환원하는 것은 아니고, 일단 수여한 보충권의 범위 내에서는 부당보충자나 선의의 취득자에 대해서 책임(정당하게 보충되었더라면 생겼을 어음상의 책임)을 진다. 증권의 문언과 다른 채무를 부담한다는 점에서 변조 전의 기명날인 또는 서명을 한 자의 책임(어 제69조)과 같다.[1)]

(나) 補充權의 範圍에 관한 善意者의 保護

어음법 제10조는 일단 부당하게 보충된 어음을 선의·무중과실로 취득한 자에 대한 항변제한 규정이다. 따라서 보충되지 않은 백지어음을 선의·무중과실로 취득한 자에게도 어음법 제10조가 적용되느냐에 관해서는 조문상으로는 분명하지 않다. 즉, 중대한 과실 없이 일정범위의 보충권이 있는 줄로 믿고 백지어음을 취득한 자가 스스로 그 범위 내에서 보충을 하였으나 사실은 객관적으로는 보충권의 범위를 벗어났다고 하는 경우에, 백지어음행위자가 不當補充의 抗辯을 할 수 있는가 하는 점은 의문이다.

이 점에 관하여는 아직 보충되지 않아 외관상 백지의 존재가 명백한 경우에는 어음법 제10조는 적용될 여지가 없는 것이고, 따라서 그 취득자는 스스로 不當補充抗辯의 危險을 부담하여야 한다는 학설도 있다.[2)] 그러나 보충권의 범위에 관한 선의의 취득자에게 위험을 부담시키는 것은 백지어음의 유통성을 크게 해치는 결과가 되므로 선의의 취득자에 대해서 백지어음행위자가 책임을 진다고 보는 것이 타당하다.[3)] 그러나 대법원판결은 어음의 금액난이 백지인 경우 그 발행인에게 보충권의 범위를 조회하지 않고 그 어음을 취득하는 자는 어음법 제10조 단서의 중과실에 의한 어음의 취득이 되어 보호를 받지 못한다고 한다.[4)]

---

1) 그러나 백지어음의 선의취득자에 대해서는 문언대로 책임을 지는데, 변조에 있어서는 변조 전의 기명날인 또는 서명을 한 자는 변조 후의 문언에 따라 책임을 지지 않는 점은 다르다.

2) 鈴木竹雄, ≪手票法·小切手法≫, 1957, 214면 참조. 日本의 少數說.

3) 徐廷甲(어) 150면; 鄭熙喆·鄭燦亨(下) 141면.

4) 어음금액이 백지인 어음을 취득하면서 보충권한을 부여받은 자의 지시에 의하여 어음금액란을 보충하는 경우 보충권의 내용에 관하여 어음기명날인자에게 직접 조회하지 않았다면 특별한 사정이 없는 한 취득자에게 중대한 과실이 있다: 大判 1978. 3. 14, 77 다 2020; 大判 1995. 8. 22, 95 다 10945). 그러나 최후의 배서가 백지인 어음을 최후의 배서인에게 조회·확인하지 아니하고 단순한 교부만으로 양수한

8. 準白地어음

어음요건(필요적 기재사항)은 발행인이 전부 기재하였으나 유익적 기재사항(예컨대, 利子文句 · 第三者方支給文句)의 기재만을 장래의 소지인으로 하여금 보충시킬 의사로써 완성어음을 발행할 수도 있다. 이러한 어음은 백지어음은 아니다. 그러나 기재사항의 보충권을 인정한다는 점에서 백지어음과 공통된 성질을 가지고 있으므로 이러한 어음을 준백지어음이라 하여 어음법 제10조를 준용한다.

제 2 관 어음의 背書

Ⅰ. 어음背書의 意義

배서(Indossament, indorsement)란 어음상의 권리의 양도를 목적으로 하는 어음행위이다. 이것은 어음의 유통성을 조장하기 위하여 법이 특별히 인정한 양도방법이다. 어음상의 권리는 배서 이외의 방법, 즉 지명채권의 양도방법 · 상속 · 회사의 합병 · 경매 또는 전부명령에 의하여서도 이전할 수 있다. 특히 어음상의 권리는 지명채권양도방법에 의하여서도 이전할 수 있다는 것이 통설[1] · 판례[2]인데, 다만 이 때에는 반드시 어음을 교부하여야 하고,[3] 민법 소정(제450조)의 대항요건을 갖추어야 한다.[4] 그리고 배서 이외의 방법에 의하여 취득한 어

양수인의 선의취득은 인정된다: 大判 1987. 6. 9, 86 다 2079.

1) 崔基元(어) 383면; 孫珠瓚(하) 221면; 李基秀(어) 223면; 鄭東潤(어) 460~463면; 徐憲濟(어) 425~426면; Baumbach/Hefermehl, WG Art, 11 Rdnr. 5; Zöllner, S. 83; Hueck/Canaris, S. 81. 否定說: 鄭燦亨(어) 376~379면.
2) 大判 1989. 10. 24, 88 다카 20774; 大判 1996. 4. 26, 94 다 9764; 大判 2000. 2. 11, 99 다 58877; 大判 2000. 12. 8, 2000 다 33737.
3) 崔基元(어) 384면; 鄭東潤(어) 462면; 李基秀(어) 223면; Baumbach/Hefermehl, WG Art. 11 Rdnr. 5; Zöllner, S. 86; Hueck/Canaris, S. 81.
4) 崔基元(어) 385면; 孫珠瓚(어) 221면; 鄭東潤(어) 463면.

음상의 권리를 다시 배서에 의하여 양도할 수도 있다.

Ⅱ. 어음背書의 性質

배서의 성질에 관하여는 크게 두 가지로 학설이 나뉘고 있다. 그 하나는 배서는 어음상의 권리, 즉 채권을 이전하는 방법이라고 하는 債權讓渡說이고, 다른 하나는 피배서인이 어음소유권을 취득함으로써 어음채권을 원시적으로 취득한다고 하는 所有權取得說이다.

소유권취득설에 의하면 어음의 善意取得, 抗辯의 切斷, 背書의 人的 擔保 등을 설명하기 용이하다. 그러나 ① 당사자의 합리적인 의사는 어음상의 권리를 양도하는 데 있다고 볼 수 있고, ② 어음법이 명문으로(어 제11조 제1항 · 제2항 · 제14조 제1항 · 제18조 제1항) 어음으로부터 생기는 모든 권리를 이전한다고 규정하고 있는 것은 채권양도행위설이 가장 유리하다고 할 수 있으며, ③ 어음의 선의취득, 항변의 절단, 배서인의 담보책임 등은 어음의 유통을 조장하기 위하여 법률정책상 인정된 것이라고 볼 수도 있다. 따라서 채권양도설이 타당하다고 본다.

Ⅲ. 指示禁止(背書禁止)의 어음

지시금지어음(背書禁止어음 또는 禁轉어음)이란 발행인이 '지시금지' 또는 이것과 동일한 뜻을 가지는 문언을 기재한 어음을 말한다(어 제11조 제2항). 지시금지어음은 어음의 지시성을 배제한 것이므로 지명채권의 양도에 관한 방법에 따라서만, 그리고 그 효력으로써만 양도할 수 있다(어 제11조 제2항). 이는 후술하는 바와 같이 어음의 배서성을 박탈하는 背書禁止背書(어 제15조 제2항 · 제77조 제1항 제1호)와는 구별하여야 한다.

지시금지어음은 발행인이 수취인에 대한 항변의 유보를 원하거나 배서가 계속되어 상환금액이 증대되는 것을 막기 위하여 이용되는데 담보어음(특히 根擔保어음)에 많이 이용된다.

어음면상 지시문구와 指示禁止文句가 병존하는 경우, 예컨대 어음용지에 지시문구를 말소하지 않고 지시금지문구를 기재한 경우는 ① 어음 자체가 무효로 된다는 학설, ② 보통의 어음과 같이 지시식어음이 된다는 학설, ③ 지시금지어음이 된다는 학설 등이 있으나, 지시문구는 인쇄된 일반적인 것이고 지시금지문구는 개별적인 특약이라고 볼 수 있으므로 ③설이 타당하다고 본다.[1] 지시문구만을 말소하고 지시금지문구는 기재하지 아니한 경우는 지시금지어음이 아니다. 어음은 법률상 당연한 지시증권이므로 지시문구는 원래 없어도 되는 것이기 때문이다.

지시금지어음은 어음의 指示性을 배제한 것이므로 지명채권의 양도에 관한 방법(民 제450조)에 따라서만, 그리고 그 효력으로써만 양도할 수 있다(어 제11조 제2항·제77조 제1항 제1호). 이와 같이 지시금지어음의 성질은 기명증권이고 지명채권양도방법으로 양도되는 이상, 증권의 소지인에게 資格授與的 效力(어 제16조 제1항)이 인정되지 아니하며, 善意取得(어 제16조 제2항), 어음抗辯制限의 법리(어 제17조) 등 어음법적 보호가 인정되지 아니하며 제권판결 등도 인정되지 않는다. 그러나 지시금지어음도 하나의 어음(유가증권)이므로 그 양도에 있어서는 지명채권양도의 대항요건(民 제450조)을 구비하는 외에 어음을 인도하여야 한다.[2] 뿐만 아니라 어음의 제시증권성(어 제38조), 상환증권성(어 제39조), 推尋委任背書(어 제18조), 入質背書(어 제19조), 발행인의 담보책임(어 제9조) 등도 인정된다.

Ⅳ. 어음背書의 方式

1. 어음背書의 方式

어음에 배서를 하려면 민법상의 일반지시채권의 배서와 같이 어음의 本紙나 이에 결합된 補箋(附箋, 補充紙) 또는 謄本에 일정한 사항을 기재하고, 배서인이 기명날인 또는 서명하여 교부하여야 한다(어 제13조 제1항·제67조 제3항). 배서는

---

1) 日最判 1978. 4. 24; 大判 1987. 4. 28, 86 다카 2630.
2) 大判 1989. 10. 24, 88 다카 20774.

어음의 표면에도 할 수 있는데, 이 경우에는 반드시 배서임을 명시하여야 하고, 그렇지 않으면 어음보증(어 제31조 제3항) 또는 인수(어 제25조 제1항 제3문)로 보게 된다. 그러나 어음背書欄에 있는 단순한 기명날인 또는 서명은 백지식 배서로 본다(어 제13조 제2항 후문). 배서의 연속, 배서의 일자 등은 배서의 요건이 아니다.

수인의 수취인이 중첩적으로 기재된 때에는 모든 수취인이 배서인으로서 기명날인 또는 서명을 하여야 하나, 그 중 1인 또는 제3자가 대리관계를 표시하고 대리인으로서 배서할 수 있다. 수인의 수취인이 선택적인 때에는 그 중 1인이 기명날인 또는 서명을 하면 된다.

2. 어음背書의 形式

(1) 記名式背書

기명식 배서(Namensindossament)는 배서인의 기명날인 또는 서명 외에 피배서인의 명칭을 기재하는 배서이며, 正式背書 또는 完全背書라고도 한다. 실제에 있어서는 부동문자로 인쇄된 어음용지를 사용하는 것이 보통이므로 그 양면에 있는 배서란의 "앞면에 적은 금액을 ○○○ 또는 그 지시인에게 지급하여 주십시오"라는 배서문구 중의 공백 부분에 피배서인의 이름을 기입한다. 피배서인의 표시에 관하여는 어음요건 중 수취인의 기재에 관하여 설명한 것이 대체로 그대로 적용된다.

(2) 白地式背書

백지식 배서(Blankoindossament)는 被背書人의 명칭을 기재하지 않는 배서이며, 無記名背書, 略式背書 또는 白地背書라고도 한다. 이것은 다시 배서문구의 기재는 있어도 피배서인의 기재가 없는 것과 배서문구조차도 기재하지 않고 배서인의 기명날인 또는 서명만 있는 경우로 나뉘는데, 특히 후자의 경우를 簡略白地式背書라고 한다. 간략백지식 배서는 인수 또는 보증과의 혼동을 피하기 위하여 어음 또는 등본의 이면이나 보전에만 할 수 있게 하였다(어 제13조 제2항 · 제67조 제3항).

백지식 배서에 의하여 어음을 취득한 소지인은 ① 자기 또는 타인의 명칭으로 백지를 보충할 수도 있고(어 제14조 제2항 제1호), ② 백지의 보충없이 다시 배서할 수도 있으며(어 제14조 제2항 제2호), ③ 백지의 보충이나 배서도 하지 않고 단순히 제3자에게 교부하여 어음을 양도할 수도 있다(어 제14조 제2항 제3호). 백지식 배서인도 담보책임을 지나, 백지를 보충하지 않고 그대로 교부만 한 자는 담보책임을 지지 않는다.

(3) 所持人出給式背書

소지인출급식 배서란 어음의 소지인에게 어음상의 권리를 양도한다는 뜻의 기재가 있는 배서를 말한다. 이 배서는 효용성에 있어서 백지식 배서와 같고, 피배서인의 기재가 없는 점에서도 같으므로 어음법은 이에 백지식 배서와 동일한 효력을 인정하였다(어 제12조 제3항).

(4) 指名所持人出給式背書(選擇無記名式背書)

지명소지인출급식 배서란 "甲 또는 所持人에게 支給하여 주시압"이라는 뜻을 기재한 배서인데, 어음법에는 규정이 없다. 따라서 이 배서는 "어음관계를 불명확하게 하므로 허용될 수 없다"고 하는 학설도 있으나,[1] 수표법 제5조 제2항의 취지에 따라 소지인출급식 배서로 보아야 할 것이다.[2]

3. 어음背書의 記載事項

(1) 有益的 記載事項

배서는 무조건이어야 하고, 배서에 붙인 조건은 기재하지 아니한 것으로 보나(어 제12조 제1항), 다음 사항의 기재는 유익적 기재사항으로서 그 효력이 인정된다. 즉, ⓐ 소지인출급식 배서문구(어 제12조 제3항), ⓑ 무담보문구(어 제15조 제1항), ⓒ 배서금지문구(어 제15조 제2항), ⓓ 추심위임문구(어 제18조 제1항), ⓔ 입질문구(어 제19조), ⓕ 배서일자(어 제20조 제2항), ⓖ 인수제시 명령문구(어 제22조 제4항), ⓗ 인수제시기간 단축문구(어 제23조 제3항·제53조 제3항), ⓘ 지급제시기간 단축문구(어 제34조 제1항), ⓙ 배서인의 처소(어 제45조 제3항), ⓚ 거절증서작성 면제문구(어 제46조 제1항), ⓛ 예비지급인(어 제55조 제1항), ⓜ 등본에만

---

1) 金容泰(下) 261면.
2) 徐燉珏·鄭完溶(下) 188면; 孫珠瓚(下) 228면; 鄭東潤(어) 473면; 崔基元(어) 367면.

배서하라는 문구(어 제68조 제3항)를 들 수 있다.

(2) 無益的 記載事項

무익적 기재사항으로는 ① 배서에 붙인 조건(어 제12조 제1항 제2문), ② 대가문구, ③ 제시문구 등을 들 수 있으며 이를 기재하여도 어음법상의 효력이 생기지 않는다.

(3) 有害的 記載事項

어음금액의 일부에 대한 배서문구(어 제12조 제2항)는 어음의 단일성을 해하기 때문에 배서 자체를 무효로 만드나, 일부지급이 있은 후(어 제39조 제2항) 그 잔액에 대한 배서는 상관없다.

Ⅴ. 어음背書의 效力

1. 權利移轉的 效力

(1) 權利移轉的 效力의 意義

권리이전적 효력(Übertragungswirkung)이란 어음上의 모든 권리가 被背書人에게 이전하는 것을 말한다(어 제14조 제1항). 따라서 배서인에 갈음하여 어음상의 권리자로 되는데, 피배서인은 스스로 어음상의 권리를 행사할 수 있음은 물론, 다시 배서에 의하여 타인에게 어음을 양도할 수도 있다. 이 효력은 배서인의 의사표시로 인하여 생기는 것으로서, 배서의 본질적 효력이다.

(2) 權利移轉的 效力의 內容

(가) 어음上의 모든 權利

배서에 의하여 이전하는 권리는 어음이 표창하는 모든 권리이다. 즉, 지급인으로부터 지급을 받을 권리는 물론 어음보증인에 대한 권리 등 모든 권리이다. 다만 환어음의 발행인이나 배서인에 대한 遡求權(償還請求權)은 배서에 의하여 이전되는 것이 아니라, 배서인의 담보책임의 반사적 효과로서 인정된다.

(나) 人的 抗辯의 切斷

배서에 의하여 피배서인은 어음 외의 사유로부터 절단된 어음상의 권리 그 자체를 취득한다. 즉, 피배서인은 전자에 대한 인적 관계에 기인한 항변으로써 대항받지 아니하며(抗辯의 切斷, 背書의 權利强化的 또는 權利淨化的 效力), 다만 피배서인이 채무자를 해칠 것을 알고 취득하였을 때만 악의의 항변으로써 대항받게 될 뿐이다(어 제17조).

(다) 從된 權利의 移轉問題

어음상의 권리가 아니고 어음에 부속된 권리, 즉 배서인을 위해서 설정된 질권·저당권 같은 擔保權, 보증계약상의 권리, 違約金請求權, 배서인이 가지는 원인관계·자금관계상의 권리 등도 이전하는가는 문제되고 있으나, 이것은 어음상의 권리는 아니므로 당연히 이전하지는 않는다고 본다.[1]

(라) 善意取得의 문제

배서의 권리이전적 효력 중에 선의취득도 포함시키는 일부 학설이 있다.[2] 배서를 하면 악의 또는 중과실이 없는 피배서인이 결과적으로 어음상의 권리를 취득하기는 하지만 이것이 권리이전적 효력인가는 의문이다. 본래 배서의 권리이전적 효력은 배서인의 권리가 유효함을 전제로 하여 이 권리가 배서에 의하여 피배서인에게 이전되는 것임에 비하여, 선의취득의 효과로서 피배서인이 취득하는 어음상의 권리는 배서인이 무권리자이므로 원시취득인 것이다. 그러므로 양자는 이론적 전제가 다르다. 배서의 권리이전적 효력으로서 선의취득도 인정된다고 하는 학설은 논리적으로 옳지 않다. 따라서 선의취득은 배서의 자격수여적 효력에 속하는 것이며, 권리이전적 효력과는 무관하다고 본다.

2. 擔保的 效力

(1) 擔保的 效力의 意義

배서인은 배서에 의하여 피배서인과 그 후자 전원에 대하여 어음의 引受와

---

1) 徐燉珏·鄭完溶(下) 191면; 徐廷甲(어) 171면; 崔基元(下) 252면. 반대설은 배서에 의한 양도는 지명채권양도방법보다 더 강력한 효력이 인정되어야 할 것을 이유로 이를 긍정한다[鄭東潤(어) 478면].

2) 崔基元(어) 318면; 鄭東潤(어) 477면; 李基秀(어) 233면.

支給을 담보하는 의무를 지는데(어 제15조 제1항), 이것을 배서의 담보적 효력이라고 한다. 이 효력은 배서인의 의사에 근거를 둔 것으로서 이를 의사표시상의 효력이라고 보는 학설도 있으나,[1] 배서당사자 간에 보통 수수되는 대가관계를 고려하고 어음의 유통성을 촉진시키기 위하여 법이 정책적으로 인정한 특별한 효력이라고 본다.[2] 따라서 어음법과 같은 명문의 규정이 없는 민법의 지시채권의 배서나 상법상의 지시채권의 배서에는 이를 인정할 수 없다.

(2) 擔保的 效力의 內容

담보책임의 구체적 내용은 어음의 종류에 따라 다르다. 환어음의 배서인은 인수와 지급에 대하여 전적으로 담보책임을 진다(어 제15조 제1항).

공동배서의 경우에 수인의 배서인은 각각 어음금 전액에 대하여 책임을 지는데, 이것은 連帶責任이 아니라 合同責任이다.

(3) 擔保的 效力의 排除

담보적 효력은 정책적으로 특별히 인정한 효과이며, 양도배서의 본질적 효력이 아니므로 특별한 의사표시(기재)에 의해서 그 효력의 전부 또는 일부를 배제할 수 있다. 즉, 후술하는 바와 같이 ① 無擔保背書의 배서인은 그 후자 전원에 대하여(어 제15조 제1항), ② 背書禁止背書의 배서인은 그 피배서인을 제외한 후자에 대하여(어 제15조 제2항) 담보책임을 지지 않으며, ③ 期限後背書(어 제20조), ④ 推尋委任背書(어 제18조)에는 담보적 효력이 인정될 여지가 없다.

(4) 擔保背書의 效力

담보배서(Garantieindossament)란 어음을 양도한다는 목적은 없이 오직 배서인으로서의 담보책임(어 제15조)만을 부담할 목적으로 어음에 배서의 기명날인 또는 서명을 하는 것을 말한다.

이와 같은 목적은 어음보증에 의하여서도 달성될 수 있으나, 어음보증은 어음채무자의 지급능력이 불완전한 듯한 인상을 주기 때문에 담보배서제도가 이용된다. 어음보증과 다른 점은, 담보배서의 배서인은 자기의 후자에 대하여서만 담보책임을 부담하는 데 반하여, 어음보증에 있어서는 원칙적으로 전자를 위하

1) 鄭熙喆・鄭燦亨(下) 256면.
2) 同旨: 鄭東潤(어) 486면; 崔基元(어) 373면.

여도 효력을 미칠 수 있다는 점(어 제32조 제1항·제31조 제4항 제2문 참조)이다.

담보배서의 담보적 효력은 양도배서의 경우와는 달리 法定의 효력이 아니라 당사자의 의사표시에 따른 효력이다. 따라서 담보배서에는 그 의도한 바에 따라 담보적 효력은 있으나, 권리이전적 효력은 없다고 본다.[1] 또 담보배서의 배서인에게는 그 전자에 대하여 어음법 제47조 제3항 및 제49조에 의한 遡求權도 인정된다고 본다.[2]

3. 資格授與的 效力

(1) 資格授與的 效力의 意義

배서가 연속된 어음의 소지인은 어음상의 권리자라고 추정되는데(어 제16조 제1항), 이것을 배서의 資格授與的 效力(Legitimationswirkung)이라고 한다. 이것은 어음의 법률관계를 외관(형식적인 기재사항)에 의해 결정함으로써 어음유통의 원활화와 권리행사의 간편화를 기하기 위하여 법이 인정한 특별한 효과이다.

(2) 資格授與的 效力의 內容

(가) 適法性의 推定

배서가 연속되면 어음소지인은 적법한 소지인, 정당한 權利者로 추정을 받는다(어 제16조 제1항). 따라서 어음의 소지인은 자기가 유효하게 권리를 취득한 사실을 입증할 필요없이 당연히 권리를 행사할 수 있다. 그러나 소지인은 무권리자임을 채무자가 입증할 수 있으면 그 권리행사를 거부할 수 있다[자격수여적 효력이라면 보통 적법성의 추정을 의미하지만, 다음에 드는 (나), (다)의 효과까지를 포함한 넓은 의미로 쓰기도 한다].

(나) 善意支給(支給의 免責力)

연속된 배서의 효과로서 소지의 적법성이 추정되는 결과, 지급인도 詐欺 또는 중대한 過失 없이 만기에 어음소지인에게 지급을 하면 소지인이 진정한 권리자가 아니었다 하더라도 책임을 면한다(어 제40조 제3항).

---

1) 同旨: 鄭東潤(어) 488면.
2) 同旨: 崔基元(어) 376면.

(다) 善意取得

배서가 연속된 어음의 소지인은 적법한 소지인으로 추정되므로 그로부터 배서에 의하여 어음을 취득한 피배서인은 그 배서인이 무권리자이었다 하더라도 악의 또는 중대한 과실이 없는 한 어음상의 권리를 취득한다(어 제16조 제2항).

(3) 背書의 連續

(가) 意 義

자격수여적 효력은 배서의 연속을 전제로 한다. 배서의 연속이란 어음의 수취인이 제1배서인이 되고, 제1배서의 피배서인이 제2배서의 배서인이 되는 것과 같이 어음이 수취인으로부터 최후의 피배서인인 현재의 소지인에 이르기까지 차례로 배서가 중단됨이 없이 연속되고 있는 것을 말한다. 그러나 약속어음 또는 환어음의 발행인의 수취인에 대한 제1차배서는 무의미한 것으로서 배서의 연속을 판단함에 있어서는 그 기재가 없는 것으로 본다.

(나) 形式的 連續

배서의 연속은 어음의 기재상 형식적으로 연속되어 있어야 하고 또 이것으로 충분하다. 따라서 수취인과 제1배서인이 실질적으로 동일인이라고 하더라도, 예컨대 성명으로 어음을 교부받은 자가 商號로써 배서한 때에는 배서의 연속이 인정되지 않는다. 이 때 어음소지인이 실질관계를 증명하여 권리를 행사할 수 있으나, 이것은 별개의 문제이다. 반면에 배서 중에 假設人의 배서, 僞造의 배서, 無權代理人의 배서, 취소에 의하여 무효가 된 배서가 있거나 수취인과 제1배서인이 다르더라도 기재에서 볼 때 연속에 흠결이 없다면 배서의 연속은 인정된다. 記名拇印背書는 배서의 연속에 관하여 무효로 본다. 말소한 배서는 배서의 연속에 관하여는 배서의 기재가 없는 것으로 본다(어 제16조 제1항 제3문).

수취인 또는 전의 배서의 피배서인과 후의 배서의 배서인의 명칭의 동일성여부는 사회통념상 동일인의 명칭이라고 판단될 정도이면 충분하고 반드시 완전히 일치하여야 하는 것은 아니라고 본다.[1)]

(다) 白地背書의 경우

백지식 배서 이후에 다른 배서가 있는 경우(예컨대, 甲→乙, 乙→◎, 丙→丁)에는 그 배서의 배서인은 백지식 배서의 피배서인으로 볼 수 있고(어 제16조 제1항 제4

---

1) 同旨: 鄭東潤(어) 482면.

문), 최후의 배서가 백지식인 때(예컨대, 甲→乙, 乙→丙, 丙→◎, 所持人 丁)에는 배서가 연속된 경우와 마찬가지로 형식적 자격이 인정되어 어음소지인이 권리자로 추정된다(어 제16조 제1항 제2문). 그러나 백지식 배서를 한 배서인 자신도 소지인으로서 권리를 행사할 수도 있다.

(라) 背書連續의 判定時點

배서연속 여부를 판정하는 시점은 어떠한 효력이 문제되어 있는가에 따라 다르다. 예컨대, 어음의 주채무자에 대한 권리행사의 경우에는 구두변론종결시에 배서의 연속이 있으면 된다. 그러므로 소제기시에는 배서의 연속이 없더라도 이후에 배서의 말소 등에 의하여 배서의 연속이 이루어지면 어음소지인은 권리행사를 위한 형식적 자격이 인정된다. 그리고 선의취득에 관하여는 어음의 취득시점이, 또 지급인의 지급의 면책에 관하여는 만기에 지급하는 시점이 각각 기준이 된다(어 제16조 제2항 · 제77조 제1항 제1호 · 제40조 제3항 · 제77조 제1항 제3호).

(마) 背書連續의 效果

배서가 연속된 어음의 所持人은 權利者로 추정된다(어 제16조 제2항). 따라서 소지인은 ① 자기가 진정한 권리자임을 증명할 필요없이 어음상의 권리를 행사할 수 있다. 다만 채무자는 어음소지인이 무권리자임을 증명하여 권리의 행사를 거절할 수 있다. ② 채무자는 사기 또는 중대한 과실 없이 배서가 연속된 어음의 소지인에게 지급을 한 때에는 그 자가 진정한 권리자가 아닌 경우에도 免責된다(어 제40조 제3항). ③ 일반원칙에 의하면 배서가 실질적으로 유효인 때에만 被背書人이 權利를 취득하는 것이지만, 배서가 연속된 어음의 소지인으로부터 배서에 의하여 어음을 취득한 때에는 배서가 실질적으로 무효인 경우에도 악의 또는 중대한 과실이 없는 한 피배서인은 권리를 취득한다(어 제16호 제2항)(어음의 善意取得).

(4) 背書의 不連續

배서의 연속이 흠결된 경우에는 어음의 정당한 소지인이라고 하더라도 권리자로 추정받지 못한다. 따라서 배서의 연속이 단절된 부분에 관하여 자격수여적 효력은 소멸된다. 다만 그 흠결된 부분에 관하여 실질적 權利承繼의 존재를 증명하여 架橋하면 어음소지인이 어음상의 권리를 행사할 수 있다고 보는 것이 통설이다.[1]

---

1) 同旨: 徐燉珏 · 鄭完溶(下) 195면; 孫珠瓚(下) 236면; 鄭熙喆 · 鄭燦亨(下) 264면.

또 배서의 연속이 흠결된 부분에 대하여 실질적 권리를 증명한 때에는 권리이전적 효력도 생기고 선의취득이나 인적 항변의 절단도 가능하다고 본다.

배서의 불연속이 실질적 권리에 의하여 架橋된 경우 자격수여적 효력과 권리이전적 효력이 인정되는 이상 담보적 효력도 긍정하여야 할 것이다. 다만 배서의 연속이 단절되어 형식적 자격도 없을 뿐만 아니라 실질적 권리도 증명할 수 없는 자의 배서에 대하여서도 담보적 효력을 인정할 것이냐는 의문이나, 이 경우의 양도배서는 이전적 효력이 없으므로 담보적 효력도 없고, 다만 그 배서가 순수한 담보배서인 경우에만 담보적 효력이 있다고 본다.[1)]

(5) 背書의 抹消

(가) 意　義

배서의 말소란 어음의 기재 중에서 배서를 제거하는 것을 말한다. 말소의 방법에는 제한이 없으므로 塗抹·削除 등 어느 것이라도 무방하다. 또 배서 전부의 말소이든 그 일부의 말소이든 불문하며, 고의로 인한 것이든 과실로 인한 것이든 불문한다.

(나) 效　力

배서의 말소가 있으면 말소권의 유무나 그 방법·시기(拒絶證書作成期間의 전·후를 불문한다)와[2)] 관계없이 배서의 연속에 있어서는 그 배서는 존재하지 않는 것으로 본다(어 제16조 제1항 제3문). 원래 말소권자가 아닌 자에 의한 말소는 어음의 變造가 되지만, 거래의 안전과 원활을 위하여 배서의 연속에 관하여는 모두 권한이 있는 자에 의한 적법한 말소가 있는 것으로 擬制하는 것이다. 그 결과 배서가 말소됨으로써 연속이 절단되기도 하고, 배서의 연속이 회복 또는 지속되기도 한다. 배서의 말소는 배서의 자격수여적 효력의 전제인 배서의 연속, 즉 형식적 자격에 관하여 배서의 기재가 없는 것으로 볼 뿐이므로 어음에 대한 실질적 권리에는 영향을 미치지 않는다. 그러므로 과실로 인하여 배서가 말소되어 연속이 중단된 경우에도 어음소지인은 실질적 권리를 증명하여 배서의 중단을 架橋시킴으로써 권리를 행사할 수 있다.

(다) 一部抹消

피배서인의 성명이나 상호만이 말소된 경우, 배서일자만이 말소된 때, 추심위

---

1) 同旨: 鄭熙喆·鄭燦亨(下) 263면; 崔基元(어) 382면.
2) 大判 1964. 5. 12, 63 다 55.

임문구를 말소한 경우와 같이 배서의 기재 중의 일부가 말소된 때에는 배서의 기재의 효력은 어떠한지 의문이다.

記名式背書의 被背書人의 성명이나 상호만이 말소된 경우에는 첫째, 말소의 권한이 있는 자가 말소한 때에는 백지식 배서로 보고, 말소의 권한이 없는 자가 말소한 경우에는 그 효력이 없으므로 기재된 대로의 피배서인에 대한 기명식 배서라고 하는 權限考慮說,[1] 둘째, 이 경우는 의사표시로서 완전한 일체로서의 배서가 아닌 이상 배서전부의 말소로 보아야 한다는 全部抹消說,[2] 셋째, 피배서인이 말소된 경우에는 배서의 연속에 관하여 말소권의 유무와 관계없이 말소된 부분만 기재가 없는 것으로 보아 백지식 배서로 인정한다는 白地式背書說[3] 등이 있다.

생각건대, 權限考慮說은 실질적 권한의 유무에 따라 배서연속의 유무를 판단하므로 타당하지 않다. 또 全部抹消說에 따라 배서의 전부가 말소된 것으로 보면 어음소지인은 자기의 실질적 권리를 증명하여야 하므로 어음의 유통상 불편은 있으나 부정이용의 위험은 적어지는 장점이 있고, 白地式背書說에 의하면 어음의 유통이 원활하게 되기는 하지만 소지인은 언제든지 피배서인의 성명만을 말소함으로써 쉽게 자기가 권리자라는 형식적 자격을 작출할 수 있게 되어 부정이용의 위험이 커진다. 그러나 보통 피배서인의 성명이나 상호만이 말소할 때에는 새로운 피배서인을 기재하기 위하여 이를 말소하는 것이라 봄이 합리적이고, 말소하는 자의 의사에도 합치할 것이다. 따라서 白地式背書說에 찬성한다.

한편 추심위임문구만이 말소된 경우에는 단순한 배서로 인정된다. 즉, 기명식 배서로 본다. 그리고 추심위임문구와 피배서인을 말소한 때에는 배서전부의 말소로 본다.

---

1) 伊澤孝平, ≪手形法·小切手法≫, 1949, 378면.
2) 鄭熙喆·鄭燦亨(下) 262면.
3) 大隅健一郎·河本一郎, ≪註釋 手形法·小切手法≫, 1977, 177면.

VI. 特殊背書

1. 無擔保背書

(1) 無擔保背書의 意義

무담보배서(qualified indorsement, Indossament ohne Oblige)란 배서인이 어음상의 책임을 지지 않는다는 뜻을 기재한 배서이다. 배서인은 引受擔保責任과 支給擔保責任을 지는데, 발행인의 경우(어 제9조 제2항)와 달리 종국적 의무자가 아니므로 인수무담보뿐만 아니라 지급무담보의 뜻을 기재할 수도 있다(어 제15조 제1항). 그리고 그 책임을 어음금액의 일부로 제한하는 기재 또는 지급담보만을 제한하는 기재도 할 수 있음은 물론이다.

(2) 無擔保背書의 效力

무담보배서를 한 배서인은 인수 또는 지급이 없는 경우에도 무담보문구에 따라서 상환의무를 지지 않는다. 피배서인에게 뿐만 아니라 그 후자 전원에 대하여 담보책임을 지지 않는다. 담보책임배제의 효력은 무담보문구를 기재한 배서인에 대해서만 생긴다. 무담보배서도 담보적 효력 외의 효력은 보통의 배서에 있어서와 같다. 그러나 무담보배서는 어음의 지급이 불확실하다는 것을 공표하는 결과가 되기 때문에 실제로는 잘 쓰이지 않고, 먼저 白地式背書를 받아 어음을 취득한 후 아무런 기재없이 이를 다시 양도함으로써 무담보배서와 같은 효과를 얻고 있다.

2. 背書禁止背書(禁轉背書)

(1) 背書禁止背書의 意義

배서금지배서(restrictive indorsement, Rektaindossament)란 새로운 배서를 금지하는 뜻을 기재한 배서이다(어 제15조 제2항). 백지식배서를 할 때에도 금전문구를 기재할 수 있다.

(2) **背書禁止背書의 效力**

禁轉背書를 하여도 피배서인이 다시 배서양도할 수는 있다. 이 점에서 발행인이 배서를 금지한 '背書禁止어음'의 경우 어음 자체의 배서성이 박탈되어 지명채권으로 변하는 것(어 제11조 제2항)과 다르다. 다만 금전배서의 배서인은 자기의 직접적인 피배서인을 제외한 그 후의 피배서인에 대하여 담보책임을 지지 않을 뿐이다(어 제15조 제2항 제2문).[1)]

배서인(A)의 금전배서에도 불구하고 피배서인(B)이 다시 배서양도한 경우에는 그 후의 피배서인(C)은 배서인(A)에 대하여 遡求할 수 있는가 의문이다. 다수설은 어음법 제15조 제2항 "배서인은 다시 하는 배서를 금지할 수 있다. 이 경우에 그 배서인은 어음의 그 후의 배서인에 대하여 담보의 책임을 지지 아니한다"는 문언에 따라 A는 B를 제외한 후자 전원에 대하여 소구의무를 부담하지 않는다고 한다.[2)] 이에 대하여 소수설은 피배서인(B)이 다시 배서양도한 경우에는 그 피배서인(B)이 갖는 소구권이 어음에 化體되어 그 후의 피배서인(C)에게 이전하였다고 볼 수 있으므로 그 후의 피배서인(C)도 禁轉背書人(A)에 대하여 직접 상환청구를 할 수 있다고 본다. 다만 금전배서인이 그 직접적인 피배서인에 대하여 가지고 있었던 인적 항변사유에 대항받게 된다고 본다.[3)]

어음법이 禁轉背書의 경우에는 禁轉背書人(A)이 禁轉被背書人(B)을 제외한 그 후자(C) 전원에 대하여 擔保責任이 발생하지 아니하도록 정하고 있으므로 다수설의 입장이 타당하다고 본다. 본래 遡求權은 담보책임의 반사적 효과로서 인정되는 것이다. 그런데 금전피배서인(B)의 피배서인(C)에 대하여는 금전배서인(A)이 담보책임을 지지 아니하므로 금전피배서인의 피배서인(C)이 금전배서인(A)에 대하여 소구권을 가진다는 것은 논리적으로도 모순이다. 소수설은 이미 발생한 금전피배서인(B)의 소구권이 금전피배서인의 피배서인(C)에게 이전한다고 하나, 背書에 의하여 遡求權까지 이전되는 것인지 의문이다. 피배서인의 소구권은 배서에 의하여 이전되는 것이 아니라, 배서하면 배서인이 담보책임을 지는 것이고, 그 반사적 효과로서 발생하는 것이다. 금전배서인이 담보책임을 지지 아니하는 자에 대하여는 소구권이 발생하지 않는다.

---

1) 鄭熙喆 · 鄭燦亨(下) 268면.
2) 孫珠瓚(下) 238면; 崔基元(어) 391면; 蔡利植(下) 107면; 李基秀(下) 251면; 鄭燦亨(어) 443면.
3) 鄭熙喆 · 鄭燦亨(下) 268면; 鄭東潤(어) 499면.

금전배서의 피배서인이 자기의 후자로부터 어음을 환수하여 재소구를 하는 경우에는 그 피배서인이 배서를 한 결과 생긴 通知費 및 기타의 費用(어 제48조 · 제49조)은 당연히 소구금액으로부터 공제하여야 한다. 금전배서도 배서이므로 담보적 효력에 제한이 있을 뿐이고, 權利移轉的 效力과 資格授與的 效力은 보통의 배서에 있어서와 같다.

3. 還背書(逆背書)

(1) 還背書의 意義

환배서(Rückindossament, reindorsement)란 어음상의 채무자(引受人 · 發行人 · 背書人 · 保證人 · 參加引受人)를 피배서인으로 하는 배서이다.

(2) 還背書의 經濟的 效用

환배서를 받은 어음소지인은 다시 그 어음을 타인에게 양도배서함으로써 전자의 담보책임을 활용하여 어음의 신용을 높일 수 있고, 한편 자기가 새로 어음을 발행하여야 할 수고를 덜 수 있는 편의를 얻게 된다.

(3) 還背書의 法律構成

환배서를 하면 어음채무자가 소구권자로 되므로 마치 민법의 混同理論에 의하여 어음채권이 소멸할 것 같이 생각되나, 혼동이 생기지 아니한다.

그 법적 이론구성에 있어서는 어음채권에도 혼동이론의 적용은 있으나 어음의 유통성을 보호하고자 하는 정책적 이유에서 어음이 유통성을 상실하기 전(즉, 支給拒絶證書作成日 또는 그 作成期間內)에 한하여 그 적용을 배제한 특별규정이라고 하는 학설도 있으나, 어음행위의 협동적 성질에 의한 ① 당사자자격의 兼併이 인정된다는 점, ② 유가증권은 자기에 대한 채권을 표창하는 것이라도 한 개의 객관적 재산권으로서 유효하게 취득할 수 있다는 점에서, 민법의 혼동이론은 적용되지 아니한다는 학설이 타당하다.[1] 따라서 환배서의 규정(어 제11조 제3항)은 주의적 규정이라고 본다.

---

1) 徐燉珏 · 鄭完溶(下) 197면; 鄭熙喆 · 鄭燦亨(下) 269면; 孫珠瓚(下) 240면.

(4) 還背書의 效力

환배서의 피배서인은 어음상의 권리자이면서 동시에 의무자이므로 자기자신에 대하여 어음상의 권리를 행사할 수 없을 뿐만 아니라, 의무자로서의 자기와 권리자로서의 자기와의 중간에 존재하는 의무자에 대하여는 원칙적으로 어음상의 권리를 행사할 수 없다. 환배서의 피배서인의 지위는 구체적으로 다음과 같다.

i) 환어음의 발행인이 還背書에 의하여 어음을 취득하였을 때에는(약속어음의 발행인은 주채무자이므로 인수인의 경우 참조) 인수인에 대하여서만 권리를 행사할 수 있다.

ii) 인수인 또는 약속어음 발행인이 피배서인이 되었을 때에는 누구에게도 권리를 행사하지 못한다. 그러나 어음상의 권리는 소멸하지 아니하므로 인수인이 다시 어음에 배서양도한 때에는 그 피배서인은 모든 전자에 대하여 아무런 반대채권의 대항을 받지 않는 완전한 권리를 취득한다. 다만 어음의 주된 채무자가 환배서에 의해 어음을 취득하고서도 거절증서작성 후 또는 작성기간경과 후까지 어음을 그대로 보유하고 있거나 혹은 거절증서작성 후 또는 그 작성기간경과 후에 환배서를 받은 경우에는 어음상의 권리는 예외적으로 혼동에 의하여 소멸한 것으로 본다.[1]

iii) 배서인은 환배서에 의하여 어음을 취득하였을 때에는 引受人·發行人 및 전자(자기의 배서를 표준으로 하여)인 배서인에 대하여는 반대채권의 대항을 받지 않고 어음상의 권리를 행사할 수 있다.

iv) 참가인수인 또는 보증인이 환배서에 의하여 어음을 취득하였을 때에는 각각 피참가인 또는 주채무자에 대한 환배서와 같이 피참가인 또는 주채무자의 후자에 대하여는 어음상의 권리를 행사할 수 없다.

v) 인수를 하지 아니한 지급인에 대하여 배서를 하였다면 그것은 환배서가 아니므로 어음법 제11조 제3항은 당연한 사유를 규정한 것이다.[2]

---

1) 同旨: 孫珠瓚(下) 241면; 崔基元(어) 402면.
2) 수표법 제15조 제3항·제5항이 지급인이 한 배서를 무효로 하고, 지급인에 대한 배서를 영수증의 효력만 인정하는 것과는 달리, 어음법에서는 그러한 취급을 하지 않는다는 정도의 존재의의가 있을 뿐이다.

4. 期限後背書(後背書 · 滿期後背書)

(1) 期限後背書의 意義

기한후배서(Nachindossament)란 지급거절증서작성 후의 배서 또는 지급거절증서작성기간경과 후의 배서이며, 단순한 만기 후의 배서를 말하는 것이 아니다(어 제20조 제1항). 즉, 滿期後에 背書가 이루어지더라도 支給拒絶證書作成前 또는 支給拒絶證書作成期間經過前에 행하여진 배서는 만기전의 배서와 동일한 효력을 가진다. 기한후배서는 이미 소구단계에 들어간 어음에 한 배서이므로 보통의 배서와 같이 강력한 효력을 인정할 필요가 없기 때문에, 어음법은 이에 관한 특별규정을 두고 있다.

(2) 期限後背書 與否의 決定

기한후배서인가의 여부는 어음에 기재된 일자가 아니라 실제로 배서 또는 교부한 날을 기준으로 하여 결정한다.[1] 배서에 일자가 기재되어 있으면 그날에 배서한 것으로 추정되지만, 일자의 기재가 없으면 기한 전의 배서로 추정된다(어 제20조 제2항 · 제77조 제1항 제1호, 手 제24조 제2항).

引受拒絶證書(어 제44조) 작성 후의 배서에 관하여도 명문의 규정은 없으나, 어음면상 이미 소구를 개시할 수 있는 어음임이 명백하므로 기한후배서로 보아야 할 것이다. 그러나 인수인이나 지급인이 파산한 경우에는 만기 전의 소구는 가능하지만 파산개시의 사실이 어음면상에 명료하지 않으므로 이러한 어음의 배서는 기한후배서라고 할 수 없다. 또 일람출급어음에 있어서는 어음법 제34조 소정의 제시기간 내에 배서되면 역시 기한후배서가 아니며, 거절증서의 작성이 면제된 경우에는 지급거절되었다는 사실만으로는 부족하고 거절증서작성기간까지도 경과한 후의 배서인 경우에만 기한후배서가 된다.

(3) 期限後背書의 效力

기한후배서는 지명채권양도의 효력만이 있다(어 제20조 제1항 단서). 즉, 기한후배서에는 유통성을 강화하기 위하여 인정되는 특별한 효력을 인정할 필요가

---

1) 大判 1965. 4. 13, 64 다 1726; 同 1968. 7. 23, 68 다 911.

없으므로 권리이전적 효력·자격수여적 효력은 있어도 擔保的 效力은 없고, 또 善意取得·抗辯制限 등 선의자의 보호제도가 인정되지 않는다(通說). 따라서 기한후배서의 피배서인은 배서인이 가졌던 권리만을 취득한다. 어음이 인수되어 있는 때에는 인수인에 대하여 권리를 취득하고 거절증서가 작성되어 있는 때에는 전자에 대하여 상환청구권을 가진다. 그러나 이 때 배서인의 권리에 부착된 하자는 전부 승계된다.

일자의 기재가 없는 배서는 지급거절증서작성기간경과 전에 한 것으로 추정하므로(어 제20조 제2항), 기한후배서라는 거증책임은 주장하는 자가 지게 된다.

5. 推尋委任背書(委任背書·代理背書·權限背書)

(1) 推尋委任背書의 意義

추심위임배서란 배서인이 피배서인에게 어음상의 권리를 행사하는 代理權을 부여할 목적으로 하는 배서이다. 이와 같이 어음에 추심위임문구를 기재하여 배서하는 것을 '公然한 推尋委任背書'(어 제18조 제1항)라고 하고, 추심위임의 목적으로 보통의 양도배서의 형식을 취한 배서를 '숨은 推尋委任背書'라고 한다. 추심위임배서는 피배서인의 성명을 기재하지 않고 할 수도 있으나 추심위임문구는 반드시 기재하여야 하므로 이른바 簡略白地式背書(어 제13조 제2항)는 하지 못한다. 추심위임배서에는 권리이전적 효력이 없으므로 지시금지어음(어 제11조 제2항)에 대하여도 이를 할 수 있다(통설).

(2) 推尋委任背書의 效力

추심위임배서는 성질상 권리이전적 효력은 없고, 대리권수여적 효력만이 있다. 따라서 그 피배서인은 양도배서는 할 수 없고, 단지 추심위임배서만을 다시 할 수 있을 뿐이다(어 제18조 제1항 단서). 추심위임배서에는 담보적 효력은 없으나 자격수여적 효력은 있으므로 당연히 추심대리권의 범위 내에서 권리를 행사할 수 있다. 推尋委任背書의 피배서인의 대리권은 어음상의 권리 등을 행사하는데 필요한 일체의 包括的 代理權이므로 재판상·재판 외의 모든 행위를 할 수 있고, 어음상의 권리뿐만 아니라 利得償還請求權 등 어음법상의 권리도 포함한다. 그러나 피배서인은 어음상의 권리자가 아니므로 면제·화해 등 권리의 처분을 하지 못한다. 그리고 피배서인은 배서인의 권리를 행사하는 것이므로 어음채무자는 배서인에 대한 항변으로 피배서인에게 대항할 수 있고, 이와 반대로 피배서인에 대한 인적 항변사유로서 대항할 수 없다(어 제18조 제2항). 즉, 추심위임배서에는 인적 항변의 절단은 인정되지 않는다. 그리고 선의취득도 인정되지 않는다.

추심위임배서의 배서인은 배서를 하였어도 어음상의 실질적·형식적 권리자임은 변함이 없다. 따라서 배서인은 그 배서를 말소하거나 환배서를 받지 않더라도 그 어음을 회수하여 권리를 행사할 수 있고, 양도배서를 하면 배서가 연속된다.

추심위임배서의 피배서인이 어음을 다시 배서양도한 경우에는 이를 再推尋委任背書로 본다.[1] 이 때에는 復代理人의 선임이라 할 것이다.[2] 다만 민법상의 복대리인은 본인의 허락이 필요하나(民 제120조 참조), 再推尋委任背書의 경우에는 본인(배서인)의 허락이 필요없는 점에서 민법상의 복대리인과 다르다.

추심위임배서의 배서인과 피배서인 간의 내부관계는 일반사법상의 위임이지만, 어음법은 어음거래의 안전을 보호하기 위하여 위임자인 배서인의 사망 또는 무능력에 의하여 추심의 대리권이 소멸하지 않는 것으로 규정하였다(어 제18조 제3항·제77조 제1항 제1호). 그러나 대리권의 제한, 철회 등은 추심위임배서의 말소에 의하여 어음상에 표시되지 아니한 한 선의의 제3자에게 대항할 수 없다.

(3) 숨은 推尋委任背書

(가) 숨은 推尋委任背書의 意義

숨은 추심위임배서란 추심위임을 목적으로 한 양도배서를 말한다. 실제 거래에 있어서는 공연한 추심위임배서보다는 숨은 추심위임배서를 더 많이 이용한다. 왜냐하면 공연한 추심위임배서의 추심위임문구가 피배서인에 대한 불신임을 표명하는 듯이 생각되는 것을 피하기 위한 것이다. 그 외에도 공연한 추심위임배서제도를 모르고 있는 경우, 특수한 배서의 번잡함을 피하고자 하는 경우, 어음소지인이 자기의 일신에 생기는 항변을 절단할 목적이 있는 경우 등에 이

1) 同旨: 徐燉珏·鄭完溶(下) 203면; 孫珠瓚(下) 248면; 鄭熙喆·鄭燦亨(下) 279면; 鄭東潤(어) 512면.

2) 同旨: 徐燉珏·鄭完溶(下) 203면; 孫珠瓚(下) 248면; 鄭熙喆·鄭燦亨(下) 279면; 鄭東潤(어) 513면.

용된다.

숨은 추심위임배서의 배서인은 배서할 의사는 있기 때문에 민법상의 通情虛僞表示(民 제108조)가 아니고, 따라서 유효하다고 보는 것이 통설이다.

(나) 숨은 推尋委任背書의 性質

숨은 추심위임배서는 그 實質(推尋委任)과 形式(讓渡背書)이 일치하지 않으므로 그 법적 성질에 관하여 논란이 있다.

i) 資格授與說은 숨은 추심위임배서의 실질을 중요시하여 어음상의 권리는 배서인에게 남아 있고, 피배서인은 다만 자기의 명의로(이 점이 대리와 다르다) 배서인의 계산으로 어음상의 권리를 행사할 자격 · 권한을 취득하는 데 불과하다고 하는 학설이다.

ii) 信託的 讓渡說은 숨은 추심위임배서의 형식을 중요시하여 어음상의 권리는 피배서인에게 완전히 이전하고, 피배서인은 배서인에 대하여 추심의 목적을 위하여만 권리를 행사할 대인적 채무를 부담하는 데 불과하다는 학설이다.

iii) 折衷說은 숨은 추심위임배서는 신탁적 양도인 경우도 있고 자격수여인 경우도 있으므로 이 중 어느 것인가는 당사자의 의사에 따르되 당사자의 의사가 불분명할 때에는 자격수여로 추정할 것이라는 학설이다.[1)]

생각건대, 어음관계에 있어서는 외관주의의 원칙상 형식과 표시를 존중하여야 하므로 신탁적 양도설이 옳다고 본다.[2)]

(다) 숨은 推尋委任背書의 效力

숨은 추심위임배서의 성질을 신탁적 양도설에 따라 파악하면 피배서인은 交付契約의 내용에 따라 어음의 소유자이며 채권자가 되므로 어음채무자에 대하여 채권자로서의 권리를 가지고 배서인에 대하여는 추심의 목적을 위하여만 권리를 행사할 의무를 부담한다. 그러므로 피배서인은 배서인에 대하여 소구권을 행사하지는 못한다. 그리고 배서인이 피배서인으로부터 어음을 회수한 경우에는 다시 어음상의 권리를 취득하지만, 공연한 추심위임배서의 경우와는 달리, 피배서인으로부터 다시 배서를 받거나 그 배서를 말소하지 않는 이상 배서는 연속하지 않는 것으로 된다. 또 피배서인에게 선의취득의 문제는 생길 여지가 없게 된다.

---

1) 崔基元(어) 414면.

2) 徐燉珏 · 鄭完溶(下) 205면 ; 孫珠瓚(下) 251면 ; 鄭熙喆 · 鄭燦亨(下) 281면 ; 鄭東潤(어) 516면.

이 외에도 ① 어음채무자는 배서인에 대항할 수 있는 항변으로 피배서인에게 대항할 수 없다(資格授與說의 입장에서는 이를 긍정한다). 다만 채무자가 숨은 추심위임배서임을 입증하는 경우에는 대항할 수 있다. ② 어음채무자는 피배서인 자신에 대한 항변사유만을 가지고 피배서인에게 대항할 수 있다(자격수여설에서는 이를 부정한다). ③ 피배서인이 破産宣告를 받은 때에는 그 어음은 파산재단에 속하고 배서인은 還取權을 행사하지 못하게 되고(破 제79조 참조), 반대로 배서인이 파산한 경우에는 그 어음은 파산재단에 들어가지 않는다(자격수여설에 의하면 이와 반대로 해석하게 된다). ④ 피배서인이 추심위임의 취지에 반하여 어음을 배서양도한 경우 양수인은 선의·악의를 불문하고 당연히 어음상의 권리를 취득하나, 다만 악의의 양수인에 대하여는 악의의 항변으로써 대항할 수 있다(어 제17조)(자격수여설에 의하면 이 경우는 무권리자에 의한 배서가 되어 양수인에게 악의·중과실이 없으면 선의취득이 인정된다).

6. 入質背書

(1) 入質背書의 意義

입질배서(Pfandindossament)란 어음소지인이 자기 또는 타인의 旣存債務를 擔保할 목적으로 어음상의 권리에 질권을 설정한다는 취지를 기재하는 배서이다(어 제19조). 어음법은 '公然한 入質背書'에 관하여서만 규정을 두었으나(어 제19조), 숨은 입질배서가 있을 수 있다.

(2) 入質背書의 效力

피배서인은 어음상의 권리에 질권을 취득하므로 어음상의 권리 자체를 처분할 수는 없다. 즉, 입질배서에는 권리이전적 효력은 없다. 따라서 추심위임배서는 할 수 있어도 양도배서나 입질배서는 할 수 없다(어 제19조 제1항 단서). 피배서인은 독립된 경제적 이익을 가지고 있어서 어음채무자로부터 배서인에 대한 인적 항변사유로써 대항받지 않으며(어 제19조 제2항), 질권의 선의취득도 인정된다. 입질배서에는 자격수여적 효력이 있다. 따라서 피배서인은 질권자로서 어음상의 권리를 행사할 수 있고, 어음채무자에게도 선의지급이 인정된다(어 제40조 제3항). 또 어음거래의 신속성에 비추어 어음의 만기가 도래한 이상 피담보채권의 액이나 변제기도래 여부와 상관없이 피배서인은 무조건 어음금의 추심권이 인정된다. 따라서 입질채권의 추심제한에 관한 민법 제353조는 적용되지 않는다. 입질배서의 담보적 효력에 관하여는 학설이 나누이나, 배서인은 반대의 문언이 없는 한 인수와 지급을 담보하는 것이므로(어 제15조 제1항) 이것을 인정하여야 할 것이다.[1)]

(3) 숨은 入質背書

숨은 입질배서란 보통의 양도배서의 형식을 취하면서 실질적으로는 입질을 목적으로 하는 배서를 말한다. 어음법상으로는 권리이전적 효력이 생기고, 입질관계는 인적 항변사유가 될 뿐이다. 이 경우에는 숨은 입질피배서인이 實質關係上 獨自的·經濟的 利益을 가지고 있으므로 실질과 형식의 相違로 인한 법률상의 곤란한 문제는 생기지 않는다. 즉, 피배서인은 배서인에 대한 항변사유로 대항받지 않으며, 또 배서인파산의 경우에도 당연히 別除權을 가지나(破 제84조), 피배서인이 파산한 경우에는 배서인은 還取權을 갖지 못한다(破 제79조).

제3관 換어음의 引受

I. 引受의 意義·性質

1. 引受의 意義

어음의 인수(Annahme, Akzept, acceptation, acceptance)란 지급인이 어음금액의 지급의무를 부담할 것을 목적으로 하는 환어음 특유의 어음행위를 말한다. 환어음에서는 지급인이 인수를 함으로써 비로소 主債務者가 확정되고 어음金支給請求權이 확정적으로 발생한다. 인수가 되기 전의 환어음에는 단지 금전지급

1) 徐燉珏·鄭完溶(下) 208면; 金容泰(下) 273면; 孫珠瓚(下) 256면; 徐廷甲(어) 196면·197면. 反對說: 鄭熙喆·鄭燦亨(下) 287면.

수령권한 또는 지급거절이나 인수거절이 발생하지 않을 것을 조건으로 한 금전채권이 化體되어 있을 뿐이다.

2. 引受의 性質

인수는 어음채무부담을 목적으로 하는 단독행위라는 학설이 있으나,[1] 인수에 의하여 발생하는 채무부담의 효력은 인수인의 의사표시상의 효력이므로 인수도 계약이라고 본다.[2] 다시 말하면 인수의 효력이 발생하기 위하여는 인수인이 어음상의 인수의 의사표시를 할 뿐만 아니라, 어음소지인(발행인, 수취인, 배서인 등)에게 어음을 반환하고, 이를 상대방이 승낙할 의사를 가지고 수령하여야 하기 때문이다(어 제29조 제1항). 인수인의 채무부담의 효력은 의사표시에 의한 것이란 점에서 환어음의 발행인이나 배서인의 채무가 법률의 규정에 따라 발생하는 것과 다르다.

Ⅱ. 引受의 抹消

어음의 지급인은 인수의 기재와 기명날인 또는 서명을 하였더라도 어음을 반환하기 전에는 자유로이 말소할 수 있으며, 이 경우에는 인수를 거절한 것으로 본다(어 제29조 제1항 제1문). 그리고 인수의 말소는 어음을 반환하기 전에 한 것으로 추정한다(어 제29조 제1항 제2문). 즉, 유효한 말소로 추정된다.

그러나 인수의 말소에도 불구하고 지급인이 소지인 또는 어음에 기명날인 또는 서명을 한 자에게 서면으로 인수의 통지를 한 때에는 그 통지한 상대방에 대하여 인수의 문언에 따라 책임을 진다(어 제29조 제2항). 인수의 통지를 받은 자는 인수가 될 것으로 믿고서 만약 인수가 거절되었더라면 취하였을 자기방어수단을 강구할 기회를 놓치게 되므로 이를 구제하기 위한 것이다.

---

1) 徐燉珏・鄭完溶(下) 209면; 孫珠瓚(下) 259면.
2) 同旨: 鄭東潤(어) 420면; 鄭熙喆・鄭燦亨(下) 222면.

Ⅲ. 引受提示

1. 引受提示의 意義

인수제시란 환어음을 지급인에게 제시하여 어음의 인수를 청구하는 행위를 말한다. 어음소지인이 引受提示를 하여 어음의 인수가 있으면 환어음은 확정적인 금전채권을 化體하게 되어 어음의 신용이 높아지는 반면, 인수가 거절되면 만기 전이라도 소구를 할 수 있게 된다. 또 지급인은 인수제시를 받음으로써 자기를 지급인으로 하는 환어음이 발행된 것을 알고 지급을 준비할 수 있게 되며, 一覽後定期出給어음에 있어서는 인수제시로 만기가 확정된다(어 제22조 제1항·제2항 단서).

인수제시를 할 수 있는 자는 정당한 소지인뿐만 아니라 단순한 점유자도 상관없으며(어 제21조), 피제시자는 항상 지급인 또는 그 대리인이고, 第三者方出給어음의 경우에도 같다. 지급인이 수인인 때에는 그 전원이 피제시자이고, 이중 1인이라도 인수를 거절하면 곧바로 소구할 수 있다고 본다.

2. 引受提示自由의 原則

어음소지인은 만기의 전일까지 거래일의 거래시간(어 제72조 제1항 제2문, 제63조) 내에는 언제든지 지급인에게 그 주소(營業所)에서 인수제시를 할 수 있으며(어 제21조), 인수를 거절하면 遡求權을 행사할 수 있다. 그러나 다음과 같이 인수제시의 자유가 제한되는 경우도 있다.

(1) 引受提示의 禁止

환어음의 발행인은 일정한 기일 전에는 인수제시를 금지하는 뜻을 어음에 기재할 수 있으며(어 제22조 제3항)(引受提示의 相對的 禁止), 第三者方出給어음(他所出給어음)·他地出給어음 및 一覽後定期出給어음의 경우를 제외하고는 기간을 정하지 아니하고 인수를 위한 제시를 금지하는 뜻을 기재할 수도 있다(어 제22

조 제2항)(引受提示의 絶對的 禁止). 제3자방출급어음에 있어서는 지급인에게 지급의 준비를 시키고 제3자의 신용의 남용을 막을 필요가 있으며, 他地出給어음의 경우에는 지급인에게 지급담당자를 기재할 기회를 줄 필요가 있는 점(어 제27조 제1항), 그리고 일람후정기출급어음에 있어서는 만기를 정할 필요가 있는 점에서 이들 어음에서는 인수제시를 절대적으로 금지할 수는 없도록 하였다.

인수제시의 절대적 금지 또는 제한은 소용없는 인수거절의 발생을 미연에 방지하기 위한 것이므로 이를 어기고 제시를 함으로써 인수거절이 생겨도 소지인은 인수거절로 인한 소구권을 행사하지 못한다.

(2) 引受提示命令

발행인은 기간을 정하거나 정하지 아니하고 인수를 제시하여야 할 뜻을 기재할 수 있다(어 제22조 제1항). 기간을 정하지 아니한 때에는 만기의 전일까지 제시하여야 한다(어 제21조). 引受提示命令文句는 발행인이 인수제시를 금지하지 아니한 한 배서인도 기재할 수 있다(어 제22조 제4항). 이것은 지급인에게 자기를 지급인으로 하는 어음이 발행되었다는 것을 알게 하여 지급의 준비를 하게 하고, 아울러 어음소지인으로 하여금 지급인의 지급의사의 유무를 미리 알 수 있도록 하기 위한 것이다.

발행인 또는 배서인이 기재한 인수제시기간 내에 인수제시를 하지 아니하면 소지인은 모든 소구의무자에 대하여 인수거절 또는 지급거절로 인한 소구권을 행사하지 못한다(어 제53조 제1항 본문 · 제2항). 그러나 기간 경과 후의 인수제시도 금지되는 것은 아니다. 다만 발행인이 기재한 문언에 의하여 引受擔保義務만을 면하고자 하는 의사가 있었음을 알 수 있는 때에는 지급거절로 인한 소구권을 상실하지 아니한다(어 제53조 제2항 단서).

일람후정기출급어음에 있어서는 발행일자로부터 1년 내에 인수제시를 하여야 하므로(어 제23조 제1항) 소지인이 이 기간 내에 제시를 하지 아니하면 인수인 이외의 전자에 대한 소구권을 상실한다(어 제53조 제1항 제1호). 이것은 만기의 산정을 위하여 필요하기 때문이다. 그리고 발행인은 이 1년의 기간을 단축 또는 연장할 수 있고(어 제23조 제2항), 배서인은 그 법정제시기간 또는 발행인이 정한 제시기간을 단축할 수도 있다(어 제23조 제3항).

3. 猶豫期間(熟慮期間·考慮期間)

인수제시를 받은 지급인은 제1제시의 翌日에 제2제시를 할 것을 청구할 수 있는데(어 제24조 제1항 제1문), 이 1일의 기간을 猶豫期間이라고 한다. 이것은 지급인으로 하여금 장부조사·발행인에 대한 조회 등을 할 수 있는 시간적 여유를 줌으로써 즉시인수주의에서 오는 필요없는 인수거절을 피하기 위한 것이다. 지급인이 제2인수제시를 청구하는 경우에 소지인은 제1제시시에 어음을 교부할 필요가 없다(어 제24조 제2항).

지급인이 제2인수제시를 청구하는 경우에, 제시인은 제1인수의 거절증서를 작성하고, 익일에 제2인수제시를 하여도 거절하면 다시 제2인수의 거절증서를 작성해야 한다. 그렇지 않으면 전자에 대한 소구권을 행사하지 못한다(어 제24조 제1항 제2문). 지급인이 제2인수제시를 청구하는 때에는 그 뜻을 引受拒絶證書에 기재하여야 하다(어 제24조 제1항 본문). 만약 이러한 기재가 없으면 제1의 제시에 대한 거절증서에 의하여 소구할 수 있으며, 그러한 뜻의 기재가 있는 때에만 이해관계인은 그 청구에 응한 제2의 제시가 없었다는 것을 주장할 수 있다(어 제24조 제1항 제2문). 제1제시에서의 거절증서작성비용은 지급인이 부담한다.

Ⅳ. 引受의 方式

1. 引受의 要件

인수를 함에는 환어음에 '引受' 기타 이것과 동일한 의의를 가진 문자(引受文句)를 기재하고, 지급인이 기명날인 또는 서명을 하여야 한다(어 제25조 제1항 제2문)(正式引受). 그러나 인수문구는 인수의 절대적 요건은 아니므로 어음의 표면에 지급인의 단순한 기명날인 또는 서명만 있으면 이를 인수로 본다(어 제25조 제1항 제3문)(略式引受). 어음의 이면의 기명날인 또는 서명에 의한 약식인수를 인정하지 않는 것은 백지식배서와의 혼동을 피하기 위한 것이다(어 제13조 제2항 참조). 引受는 반드시 어음 本紙에 하여야 하고, 謄本 또는 補箋에는 할 수 없다

(어 제25조 제1항 제1문). 인수는 반드시 지급인이 하여야 하는데 인수인과 지급인과의 동일성은 거래관념상 동일성이 인정되면 충분하다. 이에 대하여 양자의 표시가 동일하지 않더라도(예컨대, 상호로 지정된 지급인이 성명을 가지고 인수한 경우), 실제상 동일하면 충분하다는 반대설이 있다.[1)]

2. 要件 이외의 記載事項

인수는 무조건이어야 하나(어 제26조 제1항 본문) 다음과 같은 예외의 경우가 법정되어 있다.

(1) 引受日字

인수일자는 인수의 요건은 아니나, 일람후정기출급어음(어 제23조) 또는 인수제시명령 있는 어음(어 제22조 제1항·제4항)에 있어서는 소지인이 제시일자의 기재를 청구한 경우 외에는 인수를 한 일자를 기재하여야 한다(어 제25조 제2항 제1문). 지급인이 제2제시를 요구한 경우에는 소지인은 제1제시의 날을 기재하도록 요구할 수 있다(어 제25조 제2항 제2문). 만약 인수일자의 기재가 없는 때에는 소지인은 적법한 시기에 작성시킨 거절증서에 의하여 그 기재가 없었음을 증명하지 아니하면 배서인과 발행인에 대한 소구권을 상실한다(어 제25조 제2항 제2문). 거절증서의 작성이 면제되어 있거나 이를 작성하지 아니한 때에는 인수인에 대하여는 인수제시기간의 말일에 인수한 것으로 본다(어 제35조 제2항). 거절증서의 작성이 면제된 경우에는 발행인과 배서인에 대하여도 어음법 제35조 제2항을 유추적용하여 제시기간의 말일에 인수제시가 있었던 것으로 본다.

(2) 第三者方支給의 記載

발행인이 타지출급어음에 第三者方支給의 기재를 하지 아니한 때에는, 지급인은 인수시에 그 제3자를 정할 수 있다(어 제27조 제1항 제1문). 만약 지급인이 이것을 정하지 아니한 때에는 지급지에서 인수인 자신이 지급할 의무를 부담한 것으로 본다(어 제27조 제1항 제2문).

---

1) 徐廷甲(어) 270면.

(3) 支給場所의 記載

지급인의 주소에서 지급될 것으로 한 어음(동지출급어음)에 있어서는, 지급인은 인수를 함에 있어서 지급지에서의 지급장소를 정할 수 있다(어 제27조 제2항).

3. 不單純引受

다음의 기재사항을 변경하거나 조건 또는 제한을 부기한 인수를 불단순인수라고 한다.

(1) 變更引受

어음의 내용을 변경하여 하는 인수는 引受拒絶로 본다(어 제26조 제2항 본문). 따라서 소지인은 전자에 대하여 소구권을 행사할 수 있다. 다만 변경인수를 곧 무효로 할 필요는 없으므로 인수인에 대하여는 만기를 기다려 인수문구대로 지급을 청구할 수도 있다(어 제26조 제2항 단서). 背書禁止引受의 경우에도 그 어음은 배서양도될 수 있고, 이 때 인수인은 그 문언에 따라 책임을 져야 하지만, 소지인의 후자에 대하여 소지인에게 대항할 수 있었던 항변으로써 대항할 수 있다.

(2) 條件附引受

인수인의 책임에 조건을 붙여서 하는 인수를 條件附引受라고 하는데, 인수는 무조건이어야 하므로(어 제26조 제1항 본문) 조건부인수가 있으면 어음소지인은 인수거절이 있는 것으로 보아 소구권을 행사할 수 있다. 이 때 인수인은 어음법 제26조 제2항 단서가 유추적용되어 인수의 문언에 따라 책임을 지느냐가 문제이다. 어음의 유통보호와 거래상의 실익을 고려하여 변경인수의 경우와 같이 인수인이 그 조건에 따라 책임을 져야 한다는 학설도 있으나,[1] 이 학설의 주장은 어음법 제26조의 구성과 체계적인 순서로 보아 무리이고(변경인수는 어음법 제26조 제2항에 규정되어 있어서 이것이 동법 제26조 제1항에 규정되어 있는 조건부 인수의 효력에 영향을 미치지 못한다), 어음면에 나타나지 않은 조건을 인정하는 것이 되어 어음의 文言證券性에도 반하므로 이를 부정하여야 할 것이다.[2]

---

1) 孫珠瓚(下) 269면; 徐燉珏·鄭完溶(下) 217면.
2) 同旨: 鄭東潤(어) 431면; 崔基元(어) 346면.

(3) 一部引受와 超過引受

지급인이 어음금액의 일부에 제한하여 인수한 경우에는(어 제26조 제1항 단서)(一部引受), 인수한 어음금액의 한도 내에서는 단순인수의 효력이 나타나고, 인수없는 잔액에 대하여만 인수거절이 된다. 어음금액을 초과하여 인수한 때(超過引受)에는 어음금액의 한도 내에서 인수가 있는 것으로 보고 유효하게 취급하여야 할 것이다.

Ⅴ. 引受의 效力

1. 引受人의 第一次的 支給義務

지급인이 인수를 하면 引受人(主債務者)이 되어, 만기에 어음금액을 지급할 의무를 부담한다(어 제28조 제1항). 인수인의 지급의무는(償還義務와 달라서) 第一次的·無條件的·絶對的·最終的인 支給義務이므로 인수인은 최후의 소지인에 대하여서 뿐만 아니라 상환의무를 이행하고 어음을 환수한 소지인과 발행인 등에 대하여도 위의 의무를 부담한다(어 제28조 제2항). 이 의무는 소멸시효의 경우(어 제70조 제1항)를 제외하고는 保全節次의 흠결(예컨대, 지급제시기간 내에 적법한 지급제시를 하지 아니한 경우)이 있더라도 면할 수 없다(어 제53조 제1항 단서).

인수인이 수인일 때에도 각자가 전부의 지급의무를 부담하며, 이 때의 인수인들의 책임은 合同責任이다.

2. 支 給 額

인수인이 지급할 금액은 만기에는 어음금액과 이자액이지만, 만기에 지급하지 않아 償還請求權이 생기면 상환금액(어 제48조·제49조)과 같은 금액이 된다.

제4관 어음保證

I. 어음保證의 意義

1. 어음保證

어음보증(Wechselbürgschaft, Aval)이란 주된 어음행위에 의하여 발생한 채무를 담보할 목적으로 이와 동일한 내용의 어음채무를 부담하는 부속적 어음행위이다. 어음보증의 법적 성질은 債務負擔의 單獨行爲라는 것이 우리 나라의 다수설이지만,[1] 어음보증의 경우에도 交付契約이 필요하다고 본다.[2]

어음보증은 어음채무자에 대한 불신을 어음 위에 공표하는 결과가 되어 잘 이용되지 않고 오히려 보증의 목적으로 배서·발행·인수를 하는데, 이러한 경우를 '숨은 어음보증'이라 한다.

2. 民法上의 保證과의 差異

어음보증과 민법상의 보증의 차이점은 다음과 같다.

① 민법상의 보증은 계약이지만 어음보증은 다수설에 의하면 單獨行爲이다. ② 전자는 대인적이어서 특정된 채무자를 위하여 특정된 채권자에 대하여 책임을 지나, 후자는 어음관계적이어서 주채무자가 분명하지 않아도 되며[이 때는 발행인을 위하여 한 것으로 본다(어 제31조 제4항)], 불특정한 어음소지인에 대하여도 책임을 진다. ③ 전자는 주채무의 성립이 보증채무의 성립요건이지만(附從性), 후자는 담보된 채무자 방식의 하자 이외의 사유로 실질상 무효인 경우에도 유효하게 성립한다(어 제32조 제2항), ④ 전자는 보증인이 催告·檢索의 항변권을 가지

---

1) 徐燉珏·鄭完溶(下) 219면; 孫珠瓚(下) 272면.

2) 同旨: 鄭東潤(어) 435면.

나(民 제437조: 補充性), 후자의 경우에는 그것이 인정되지 않고, 보증인은 피보증인과 동일한 책임을 진다(어 제32조 제1항). ⑤ 전자는 방식의 제한이 없으나, 후자는 要式行爲이다(어 제31조). ⑥ 민법상의 공동보증인은 分別의 利益이 있으나, 어음보증에는 그것이 없다. ⑦ 또 소멸시효기간에도 장단의 차이가 있다.

Ⅱ. 어음保證의 成立要件

1. 當 事 者

(1) 保 證 人

보증인의 자격에는 제한이 없다. 제3자는 물론 어음상의 채무자도 상관이 없다(어 제30조 제2항 제2문 · 제77조 제3항). 전자가 후자의 보증인이 되거나, 인수인이 보증인이 되는 것은 무의미하지만, 상환의무자가 주채무자의 보증인이 되는 것은 의의가 있기 때문이다.

(2) 被保證人

피보증인은 어음채무자(發行人 · 引受人 · 背書人 · 參加引受人)이다. 따라서 어음채무자가 아닌 자, 예컨대 환어음의 지급인, 지급담당자, 무담보배서의 배서인 등을 위한 보증은 무효이다(通說).

2. 어음保證의 方式

(1) 正式保證

어음보증은 어음 · 補箋 또는 등본에 하되(어 제31조 제1항), '保證' 또는 이와 동일한 의의가 있는 文言을 기재하고, 보증인이 기명날인 또는 서명하여야 하며(어 제31조 제2항), 被保證人의 명칭을 표시하는 것이 원칙이다(어 제31조 제4항 제1문).

(2) **略式保證**

약식보증은 피보증인의 지정없이 保證文句만을 기재하고 기명날인 또는 서명을 하거나, 보증문구마저도 기재하지 아니하고 기명날인 또는 서명만 함으로써 할 수 있는데, 이 약식보증은 發行人을 위한 것으로 보며(어 제31조 제4항 제2문), 어음의 표면에만 할 수 있다(어 제31조 제3항). 그러나 어음 표면에 있는 지급인의 단순한 기명날인 또는 서명은 引受로 보며(어 제25조 제1항 제3문), 또 발행인의 단순한 기명날인 또는 서명은 발행의 의사표시로 볼 수밖에 없고, 발행인 또는 지급인이 자기를 위하여 보증한다는 것은 무의미하므로 지급인이나 발행인은 약식보증을 할 수 없다. 어음 이면의 단순한 기명날인 또는 서명은 배서로 인정된다.

3. 어음保證의 內容

어음보증은 어음금액의 일부에 대하여도 할 수 있으며(어 제30조 제1항), 또 보증인은 拒絶證書作成免除(어 제46조 제1항)와 豫備支給人(어 제55조 제1항)의 기재를 할 수 있다.

한편 條件附 어음保證에 관하여는 견해가 나뉜다. ① 어음보증은 어음법상 무조건이어야 한다는 명문의 규정이 없고, 어음보증에 조건을 붙여도 어음소지인에게 불리할 것은 없으므로 조건부 어음보증도 유효하다는 견해(판례),[1] ② 배서의 조건이 무익적 기재사항으로 되어 있는 것(어 제12조 제1항 단서·제77조 제1항 제1호)과 같이 條件附 어음보증은 보증으로서는 유효하나, 그 조건은 무효로 된다는 견해,[2] ③ 조건의 기재를 유해적 기재사항으로 보아 어음보증 자체를 무효로 한다는 견해,[3] ④ 制限附保證과 순수한 條件附保證을 구별하여 전자의 경우는 유효하나 후자의 경우는 그 조건이 기재되지 아니한 것으로 본다는 견해[4] 등이 있다. 생각건대, 어음보증도 어음행위로서 어음 외의 사정인 조건에 영향을 받아서는 아니되겠기에 제2설에 찬성한다.

---

1) 鄭東潤(어) 441면; 大判 1986. 3. 11, 85 다카 1600.
2) 孫珠瓚(下) 277면; 崔基元(어) 553면.
3) 姜渭斗(어) 426면.
4) 鄭熙喆·鄭燦亨(下) 407면.

4. 어음保證의 時期

어음보증을 할 수 있는 시기에 관하여는 아무런 규정이 없으나, 滿期後 또는 拒絶證書作成 후나 時效完成 후에도 이를 할 수 있다고 본다.

이에 대하여 어음채무가 보전절차의 흠결 또는 소멸시효에 의하여 소멸된 후에는 보증의 대상이 없어 보증이 성립할 여지가 없으므로 무의미한 것이라는 학설이 있으나,[1] 시효의 완성은 항변의 사유가 될 뿐인 점에서 소멸시효의 완성 후에도 보증은 가능하다고 본다.[2]

Ⅲ. 어음保證의 效果

1. 어음保證人의 責任

(1) 責任의 從屬性

보증인은 피보증인과 '동일한 책임'을 진다(어 제32조 제1항). 따라서 피보증채무가 지급·상계·면제·시효 등으로 인하여 소멸하면 보증채무도 소멸하고, 소구의무가 권리보전절차의 흠결로 인하여 소멸하면 그 보증채무도 소멸한다. 피보증인이 거절증서작성의무를 면제했거나, 또는 일부인수 등 피보증채무에 제한을 가한 경우에는, 각각 보증채무에 그 효과가 미친다. 다만 주채무와 보증채무는 별개의 채무이므로 시효의 중단조치는 피보증인과 보증인에게 따로따로 취하여야 한다.

(2) 責任의 合同性

보증인은 피보증인과 '合同하여 책임'을 진다(어 제47조 제1항). 따라서 어음소지인은 양자에 대하여(보증인이 수인인 때에도 전원에 대하여) 따로따로 또는 동시에 어음상의 권리를 행사할 수 있으며(어 제47조 제2항), 보증인도 催告·檢索의

1) 鄭東潤(어) 441면.
2) 同旨: 崔基元(어) 555면.

항변권을 행사할 수 없다.

(3) 責任의 獨立性

어음보증은 독립된 어음행위이다. 따라서 어음行爲獨立의 原則이 적용되어, 피보증인의 채무가 실질적 사유로 무효가 되는 경우라도 형식상 하자가 없는 경우에는 보증채무는 유효하므로 보증인은 문언대로의 책임을 진다(어 제32조 제2항). 이 점에서 민법의 보증에 있어서는 피보증채무가 무효이든가 취소된 때에는 보증채무의 附從性에 따라 무효라고 해석되는 것과 다르다.

(4) 被保證人이 가지는 人的 抗辯의 援用의 可否

피보증인이 어음소지인에 대하여 가지고 있는 인적 항변을 원용하여 보증인도 대항할 수 있느냐 하는 문제에 관하여는 종래의 통설은 어음보증의 독립성을 근거로 이를 부정하였으나(다수설),[1] 근래에는 原因關係의 不存在·無效·取消의 抗辯은 어음보증인도 어음소지인에게 대항할 수 있다는 일본의 판례가 있고, 이에 동조하는 우리 학자도 있다.[2] 우리 대법원 판례도 어음소지자의 보증인에 대한 청구가 권리남용인 경우에 한하여 보증인도 피보증인이 소지인에 대하여 가지는 인적 항변을 원용할 수 있다고 한다.[3]

2. 어음保證債務 履行의 效果

(1) 主債務의 消滅

보증인이 그 채무를 이행하면 보증채무는 물론 피보증인의 채무도 소멸한다.

(2) 保證人의 求償權

보증인이 어음의 지급을 한 때에는 피보증인과 그 피보증인의 채무자에 대하여 어음으로부터 생기는 권리를 취득한다(어 제32조 제3항). 이를 보증인의 求償權이라 한다. 이 권리는 법에 의하여 독립적·원시적으로 취득하는, 문언 그대

---

1) 徐燉珏·鄭完溶(下) 222면; 孫珠瓚(下) 279면; 徐廷甲(어) 236면.
2) 鄭東潤(어) 444면.
3) 大判 1988. 8. 9, 86 다카 1858.

로의 어음채권으로서, 보증인은 악의가 없는 한(어 제17조의 類推適用), 피보증인이 그 소지인 또는 그 피배서인에 대하여 가지는 인적 항변으로서 대항받지 아니한다. 또 이 권리는 피보증인과 그 전자에 대한 권리뿐만 아니라, 소지인의 인수인에 대한 권리도 포함한다.

보증인의 구상권취득은 承繼取得이 아니라 法定取得이므로 보증인이 어음의 교부를 받지 않고서도 지급만 하면 어음상의 권리를 취득한다. 따라서 어음보증인은 그 취득한 권리에 기하여 어음증권의 교부를 청구할 수 있고, 어음을 교부받아 비로소 자기의 채무자에게 구상할 수 있게 된다.

일부보증을 한 보증인은 보증채무를 이행하여도 어음의 교부를 받을 수 없으므로 그 지급한 뜻을 어음상에 기재하고 영수증의 교부를 청구할 수 있지만, 그것만으로는 피보증인 및 그 전자인 어음채무자에 대한 권리를 행사할 수 없다. 이 경우에는 자기의 어음상의 채무자가 잔액을 지급하고 어음을 환수하는 것을 기다려 어음상의 권리를 행사하든가, 또는 자신이 어음금 전액을 어음소지인에게 지급하고 어음을 환수하여 권리를 행사하는 수밖에 없다. 앞의 경우는 이미 어음채무자가 어음을 환수하여 점유하고 있을 것이므로 보증인은 어음을 소지·제시하지 않고도 권리를 행사할 수 있다.

보증인은 어음상의 구상권 외에 실질관계에 의거한 자기의 채무자에게 사법상의 구상권을 행사할 수도 있다.

(3) 保證人 相互間의 求償權

동일인을 위하여 여러 사람의 보증인이 있는 경우에, 보증채무를 이행한 보증인과 다른 보증인 간의 구상관계는 민법의 일반원칙에 따른다(民 제448조 제2항·제425조).

제 5 관 換어음의 支給

Ⅰ. 어음支給의 意義

어음의 지급(Zahlung, payment)이란 어음관계를 전부 소멸시키는 효과를 가지는 변제를 말한다. 따라서 引受人·支給人 또는 支給擔當者가 하는 지급을 말하며, 발행인·배서인·보증인·참가인수인 등이 하는 광의의 지급은 구상관계가 존속하므로 여기서 제외한다.

Ⅱ. 어음의 支給提示(支給請求)

1. 支給提示의 意義

어음의 지급제시(Vorlegung zur Zahlung)란 어음의 소지인(또는 그 대리인)이 지급을 청구하기 위하여 약속어음의 발행인, 환어음의 지급인·인수인(또는 그 대리인) 또는 지급담당자에게 어음을 제시하는 것을 말한다. 소지인은 支給提示期間 내에 제시를 하여야만 전자에 대한 遡求權을 보전할 수 있으며(어 제53조), 인수인은 지급제시가 있은 때로부터 이행지체의 책임을 진다(제65조, 民 제517조). 지급제시는 인수제시와는 달리 어음의 단순한 점유자에 의하여는 할 수 없다. 약속어음의 발행인이 數人이 있는 때에는 그 전원에 대하여 제시하여야 소구할 수 있다.

2. 支給提示의 期間

주채무자인 약속어음의 발행인이나 환어음의 인수인에 대하여는 지급되어야 할 날(만기) 이후 3년의 소멸시효기간 내에 지급제시를 하면 된다.

그러나 소구권 보전을 위한 지급제시기간은 어음의 종류에 따라 다르다. 즉, ① 確定日出給어음 · 發行日字後定期出給어음 및 一覽後定期出給어음에 있어서는 원칙으로 '지급을 할 날 또는 이에 이은 2거래일 내'에 지급제시를 하여야 한다(어 제38조 제1항). '지급을 할 날'은 보통의 만기의 날이나, 만기의 날이 법정휴일(어 제81조)에 해당하는 때에는 이에 이은 제1의 거래일에 지급을 청구할 수 있으므로(어 제72조 제1항), 이 제1의 거래일이 지급을 할 날이 된다. ② 一覽出給어음에 있어서는 발행일자로부터 1년 내에(어 제34조 제1항 제2문) 또는 발행인이 일정한 기일 전의 지급제시를 금하였을 때에는 그 기일로부터 1년 내에 지급제시를 하여야 한다(어 제34조 제2항). 발행인은 일람출급어음의 지급제시기간을 단축 또는 연장할 수 있고, 배서인은 그 기간을 단축할 수 있다(어 제34조 제1항 제3문).

지급제시기간의 계산에 있어서는 초일을 산입하지 아니하며, 그 기간의 말일이 법정휴일인 때에는 이에 이은 제1의 거래일까지 기간을 연장한다. 그러나 기간 중의 휴일은 그 기간에 산입한다(어 제72조 제1항 · 제2항).

3. 支給提示의 場所

지급제시는 지급지에 있어서의 지급인의 영업소 또는 주소에서 하는 것을 원칙으로 하나(民 제516조 참조), 지급장소의 기재가 있는 경우에는 그 장소에서 하여야 한다(어 제4조 · 제27조), 그러나 어음교환소에서 하는 제시는 지급제시의 효력을 가진다(어 제38조 제2항 · 제83조).

4. 支給提示의 方法

제시자는 완전한 어음을 현실로 피제시자에게 제시하여야 한다. 그러므로 등본이나 보충 전의 白地어음을 제시하여도 지급제시의 효력이 없다. 지급인이 지급거절을 할 것이 명백한 경우에도 적법한 지급제시를 하여야 하며, 적법한 제시에 필요하고 가능한 절차를 취한 이상 정당한 시기와 장소에 피제시자가 없어서 현실의 제시를 하지 못한 경우에도 적법한 제시를 한 것이라고 보아야 한다. 적법한 지급제시가 있었다는 증명방법에 관하여는 인수인에 대한 관계에 있어서는 특별한 제한이 없으나, 償還義務者에 대한 관계에 있어서는 지급거절증서의 작성이 유일한 증명수단이다(어 제44조).

5. 支給提示의 效果

지급제시를 함으로써 어음의 소지인은 ① 어음금지급을 적법하게 수령할 수 있고, 지급이 없는 경우에는 주채무자를 이행지체에 빠뜨린다. 지급제시기간내에 지급제시가 거절된 경우에는 주채무자는 소구의무자와 동일한 책임을 지고(어 제28조 제2항・제78조 제1항), 지급제시기간경과 후에 지급제시한 경우라도 그 때부터 年 6푼의 지연이자를 지급하여야 한다(어 제28조 제2항・제48조 제1항 제2호의 유추적용). ② 지급제시기간 내에 지급제시를 한 소지인은 그 전자에 대한 償還請求權(遡求權)을 보전할 수 있게 된다(어 제43조・제77조 제1항 제4호). 그러나 지급제시기간 내에 지급제시를 하지 아니하면 모든 소구의무자에 대한 소구권을 상실한다(어 제53조 제1항・제77조 제1항 제4호).

Ⅲ. 어음의 支給時期

1. 滿期 전의 支給

만기 전에는 어음소지인은 지급을 청구할 수 없고, 또 지급을 받아야 할 의무도 없다(어 제40조 제1항). 어음소지인이 만기 전의 지급에 동의한 경우에는 그 지급이 유효하기는 하나, 지급에 따른 위험은 지급인이 부담한다(어 제40조 제2항). 즉, 소지인이 진정한 권리자가 아닌 경우에 지급의 免責力이 없고(어 제40조 제3항 참조), 또 지급위탁이 취소된 경우에 자금관계상의 구상권의 행사가 곤란하다.

2. 滿期의 支給

본래 어음은 만기(또는 지급을 할 날)에 지급을 하도록 되어 있으나 만기 후에도 支給提示期間經過 전(支給拒絶證書作成期間經過前)에는 어음소지인은 인수인 또는 지급인에 대하여 지급청구를 할 수 있고, 인수인 또는 지급인도 유효한 지급을 할 수 있으며(善意支給), 그 지급의 결과를 자금의무자에게 귀속시킬 수 있다.

3. 滿期 후의 支給

지급제시기간 경과 후(지급거절증서작성기간경과후)에도 시효기간 내에는 인수인은 만기지급의 경우와 같이 유효한 지급을 할 수 있으나, 인수를 하지 않은 지급인은 특약이 없는 한 지급을 하여도 그 지급의 결과를 資金義務者에게 귀속시킬 수 없다(수표의 경우와 다르다).

4. 支給의 猶豫 또는 延期

(1) 當事者의 意思에 의하는 경우

어음관계자 전원의 동의가 있으면 만기를 변경할 수 있고, 만기연기를 위하여 舊어음에 갈음하여 만기만을 변경한 新어음(延期어음)을 발행할 수도 있다(어음의 改書). 또 어음의 지급에 관하여 당사자가 어음 외에서 지급유예의 특약을 할 수도 있다. 그러나 이러한 특약은 당사자 사이의 인적 항변이 되는 데 불과하다.

(2) 法律의 규정에 의하는 경우

전쟁 · 지진 · 홍수 · 공황 기타 전국 또는 一地方의 사변 등이 발생한 경우에 국가권력의 발동에 의하여 어음채무의 지급이 유예되는 수가 있다(어 제54조)(moratorium).

Ⅳ. 어음支給人의 調査義務

1. 調査義務의 輕減

실질적으로 정당한 변제수령권자에게 채무를 변제하지 않는 한 유효한 변제가 될 수 없다는 민법의 일반원칙(民 제472조)에 따른다면, 轉轉流通하는 증권상의 채무자는 극히 불리한 지위에 서게 되어, 증권상의 외관만을 신뢰하고 신속하게 증권채무를 이행할 수 없게 될 것이다. 따라서 어음법은 증권채무자의 조사의무를 경감함으로써 증권의 유통성을 확보, 촉진하고 있다.

2. 滿期支給人의 調査義務

(1) 調査義務의 內容

만기에 지급하는 자는 형식적 資格者(지시어음에 있어서는 연속된 배서의 최후의 피배서인, 백지식배서가 있는 때에는 그 점유자, 배서금지어음에 있어서는 수취인)에게 지급하면 된다. 그러나 지급인이 이중변제의 책임을 면하려면 詐欺 또는 중대한 過失이 없어야 하며, 배서의 연속의 整否를 조사하여야 하되, 배서인의 기명날인 또는 서명까지 조사할 의무는 없다(어 제40조 제3항).

(가) 調査事項

지급인이 조사하여야 할 조사사항은 소지인의 형식적 자격의 유무이다.

(a) 背書의 연속의 整否: 배서의 연속이란 제1배서는 수취인이 하고, 제2배서는 제1배서의 피배서인이 하고, 이와 같이 하여 차례로 최후의 배서에 이르기까지 끊어지지 아니함을 말한다.

배서의 불연속으로 형식적 자격이 인정되지 않더라도 그 부분에 관해서 實質的 權利移轉(相續·會社合併·競賣 등 民事的 承繼)이 있었음을 소지인이 입증하는 경우에 배서의 단절이 架橋된다고 볼 것이다.

(b) 어음方式의 適否: 어음이 그 법정형식(어 제1조)을 갖추지 않은 경우에는 불완전어음으로서 그 어음에 대한 지급도 당연무효이기 때문이다.

(c) **자기의 記名捺印 또는 署名의 眞否 :** 기명날인 또는 서명의 조사는 실질적 조사이지만 자기의 기명날인 또는 서명의 진부를 가리어 낸다는 것은 어려운 일이 아니며, 또 당연히 자기 자신이 하여야 할 것이기 때문에 지급하는 자의 조사사항이 되고 있다.

상술한 조사사항 이외의 것, 즉 ① 소지인의 실질적 자격(어음法 제40조 제3항 제2문은 '背書人의 기명날인 또는 서명'의 眞僞라고 표현하고 있다), ② 소지인의 지급 수령능력(무능력자 혹은 파산자가 아닌가?), ③ 대리수령의 경우라면 그 대리권, ④ 소지인의 동일성(어음상 권리자로 기재된 자와 실질적으로 동일인인가?)에 대해서는 어음지급결제의 신속과 안전을 기하기 위하여 지급인은 조사의무를 부담하지 않는다고 본다.

(나) **注意의 程度**

지급인이 소지인의 형식적 자격을 조사하는 경우에 다하여야 할 '주의의 정도'는 詐欺 또는 重過失이 없는 주의이다. 이와 같이 지급인의 주의의무를 경감하는 것은 증권의 외관에 대한 선의의 신뢰를 보호하려는 것이므로 소지인의 실질적 자격이나 동일성의 흠결에 관해서 사기 또는 중대한 과실이 있는 지급인은 보호할 필요가 없다(어 제40조 제3항 제1문).

사기란 어음법 제16조 제2항의 惡意(事實의 認識, 즉 '知')와는 다른 것이니, 즉 지급제시자에게 변제수령의 권한이 없음을 알고 있을 뿐만 아니라 소송상 이러한 사실을 입증할 확실한 증거방법을 가지고 있는 데도 불구하고 지급한 경우를 말한다. 왜냐하면 지급인은 제시자가 무권리라는 것을 알았다 하더라도 확실한 증거방법이 없는 한 어음금청구소송에서 패소하여 막대한 신용상의 손실을 입을 우려가 있기 때문이다.

중과실이란 지급인이 보통의 주의를 하여 조사를 하였더라면 쉽게 위에서 말한 의미의 사기가 없었을 것인데, 그 주의를 하지 않은 것을 말한다. 즉, 보통의 주의로써 조사를 하기만 하였더라도 제시자가 무권리자임을 알았을 것이고, 또 무권리자임을 입증할 자료도 확실히 얻었을 것인데, 그 정도의 주의도 하지 않았기 때문에 무권리자임을 알지 못하고 지급한 경우이다.

(2) 實質的 資格의 調査權 問題

형식적 자격에 대한 조사의무가 있는 지급인은 그 조사사항에 관한 한 조사권이 있음은 물론이다. 그러나 실질적 자격의 유무에 관한 조사권에 대해서는 견해가 일치하지 않고 있다.

민법 제518조를 유추적용하여 支給人의 實質的 資格에 대한 조사권을 인정하는 학설은 그 조사에 필요한 기간은 履行遲滯의 책임도 지지 않는다고 한다.[1] 그러나 지급인의 실질적 자격의 조사권은 인정할 수 없다고 본다. 왜냐하면 그 조사권을 인정하면 지급인이 조사권을 남용하여 부당하게 지급이 지체될 우려가 있기 때문이다. 따라서 배서가 연속된 어음소지인에 대해서는 즉시 지급을 하여야 하고, 만약 의문이 있어 그 실질적 자격을 조사했으나 결국 실질적 권리자가 아닌 것을 입증하지 못했을 경우에는 지급인은 지급제시를 받은 때로부터 이행지체의 책임을 져야 한다.

(3) 調査義務履行의 效果

지급인이 조사의무를 이행하여 사기 또는 중과실 없이 형식적 자격자에게 지급을 한 경우에는, 가령 진정한 권리자가 아닌 자에게 지급을 하였다 하더라도 그 책임을 면한다(어 제40조 제3항)(免責力).

'책임을 면한다'는 의미는 일반적으로 넓게 해석하고 있다. 즉, 지급의무를 부담하는 자(환어음의 인수인, 약속어음의 발행인)가 채무를 면하여 이중지급의 위험을 부담하지 않을 뿐만 아니라, 지급의무를 부담하지 아니하는 자(인수하지 않은 환어음의 지급인, 지급담당자)가 지급의 결과를 자금관계상 유효하게 자금의무자에게 귀속시킬 수 있는 것을 의미한다.

(4) 僞造 · 變造어음의 支給效果

위조 · 변조어음을 지급인이 고의 · 과실 없이 지급한 경우 누가 그 손실을 부담하여야 할 것인가에 관하여는 發行人(被僞造者 또는 變造前 記名捺印者)負擔說과 支給人負擔說로 나뉘고 있다. 다수설은 어음법 제40조 제3항의 지급면책은 어음 자체가 유효한 것을 전제로 하므로 특약이 없는 한 위조어음에 관하여는 지급인이 그 손실을 부담하여야 한다고 풀이하는 데 대하여,[2] 소수설은 선의 · 무과실의 지급자에게 손해를 부담시킬 수 없으므로 위험을 예방할 수 있는 지위에 있는 피위조자가 손해를 부담하여야 한다고 한다.[3]

---

1) 同旨： 孫珠瓚(下) 297면 참조.
2) 徐燉珏 · 鄭完溶(下) 232면; 徐廷甲(어) 211면; 孫珠瓚(下) 301면; 鄭熙喆 · 鄭燦亨(下) 326면.

생각건대, 이론상은 피위조자에게 귀책사유가 없는 한 지급인부담설이 타당하다 하겠으나, 실제로는 은행이 지급인 또는 지급담당자인 경우가 보통일 것이고, 그 때에는 당좌계정약정서에 의해 은행이 보통의 주의를 하고 지급한 이상 면책된다는 특약을 하게 되므로 두 학설이 거의 같은 결과가 된다.

3. 滿期前 支給人의 調査義務

만기 전에는 소지인은 지급청구권이 없음은 물론 지급수령의무도 없다(어 제40조 제1항). 따라서 소지인의 동의 하에 지급인의 '危險負擔으로' 지급하게 된다(어 제40조 제2항)(任意支給). 임의지급에는 어음법 제40조 제3항이 적용될 여지가 없기 때문에 지급인은 실질적 자격의 조사의무도 부담한다. 그러므로 가령 형식적 자격자에게 지급하였으나 실질적 자격자가 아닌 경우에는 지급인이 선의·무과실이라도 지급의 면책력(善意支給의 效果)은 없기 때문에 이중지급을 하게 된다. 다만 일반 민사법적 구제, 예컨대 準占有者에 대한 변제(民 제470조), 領收證所持者에 대한 변제(民 제471조), 表見代理(民 제135조·제126조·제129조) 등에 관한 규정에 의한 보호를 받을 수 있을 뿐이다. 그러나 만기 전의 소구가 허용되는 경우는 예외이다.

V. 어음支給의 目的物(支給할 貨幣)

1. 어음金額이 內國貨幣로 기재된 경우

어음금액을 지급할 화폐의 종류(예컨대, 1만원권)를 특정할 수는 없으므로 지급인의 선택에 따라 각종의 통화로 지급할 수 있다.

---

3) 鄭燦亨, "위조·변조된 어음·수표를 지급한 지급인의 책임", 警察大 論文集, 1985, 355~362면.

2. 어음金額이 外國貨幣로 기재된 경우

지급지의 통화가 아닌 外國通貨로 어음금액을 어음에 기재한 경우에는 지급인의 선택에 따라 지급지의 통화로 지급할 수도 있다(어 제41조 제1항 제1문). 이 때 외국통화의 가격은 만기의 날의 지급지의 慣習(보통의 換時勢)에 의하여 정하되(어 제41조 제2항), 발행인이 그 환산율을 어음에 기재한 경우에는 그에 따른다. 어음채무자가 지급을 지체한 때에는 소지인은 그 선택에 따라 만기의 날 또는 지급의 날의 환시세에 의하여 지급지의 통화로 어음금액을 지급할 것을 청구할 수 있다(어 제41조 제1항 제2문).

3. 外國通貨現實支給文句가 기재된 경우

발행인이 특정 외국통화로 지급할 뜻을 기재한 경우에는 그 외국화폐로 지급하여야 한다(어 제41조 제3항). 支給委託의 單純性에 어긋나는 유일한 예외이다.

4. 어음金額의 同名異價의 貨幣로 기재된 경우

발행국과 지급국에서 同名異價를 가진 통화(예컨대, 프랑스·스위스의 프랑, 미국·멕시코의 불)에 의하여 어음금액을 정한 때에는 지급지의 통화에 의하여 정한 것으로 추정한다(어 제41조 제4항).

Ⅵ. 어음支給의 方法(態樣)

1. 어음의 還受

지급인은 지급을 할 때에는 어음과 상환하고(相換證券性), 어음에 영수를 증명하는 기재를 할 것을 청구할 수 있다(어 제39조 제1항). 이것은 支給畢의 증명을 확실하게 하고 이중지급의 위험을 피하기 위한 것이다.

지급자가 이미 어음을 점유하고 있는 때에는 어음의 교부를 청구할 수 없고, 지급자가 어음을 파기하여 멸실시킨 경우에는 소지인은 제권판결 없이도 어음상의 권리를 행사할 수 있다.[1]

약속어음의 발행인이 어음을 환수하지 아니하고 지급을 한 경우에는 어음상의 권리는 소멸하고, 이른바 '어음債務의 有效性에 관한 抗辯'이 성립한다는 학설도 있으나,[2] 이 경우에는 어음상의 권리는 소멸하지 않고 지급의 사실은 단지 발행인과 소지인 사이의 인적 항변으로 될 뿐이라고 생각한다.[3]

2. 一部支給

지급인은 어음금액의 일부지급을 할 수 있으며, 소지인은 이를 거절하지 못한다(어 제39조 제2항). 만일 소지인이 이를 거절하면 그 부분에 대한 소구권을 상실한다. 다만 제시기간경과 후에는 이미 소구권이 상실되었으므로 이 경우에는 소지인은 일부지급을 거절할 수 있다. 일부지급의 경우에는 지급인은 소지인에 대하여 어음에 일부지급의 뜻을 기재하고 영수증을 교부할 것을 청구할 수 있다(어 제39조 제3항). 어음에 일부지급의 기재가 있으면 증권상의 항변으로서 物的 抗辯이 되지만, 그 기재가 없으면 人的 抗辯이 된다.

3. 어음金額의 供託

소지인이 지급제시기간 내에 지급제시를 하지 아니한 때에는 어음채무자는 소지인의 비용과 위험부담으로 어음금액을 관할관서에 공탁하고 그 채무를 면할 수 있다(어 제42조). 인수를 하지 아니한 換어음의 지급인도 채무자는 아니지만 공탁을 할 수 있다고 본다.

---

1) 日最判 1966. 4. 22.
2) 鄭東潤(어) 538면.
3) 同旨 : 徐廷甲(어) 179면.

제6관 어음의 遡求(償還請求)

Ⅰ. 遡求의 意義

어음의 遡求(Rückgriff, Regreß, recourse) 또는 償還請求란 만기에 지급이 거절되었을 때와 만기 전이라도 지급의 가능성이 현저하게 감소되었을 때, 어음의 소지인이 전자인 배서인과 발행인에 대하여 본래의 지급에 갈음하여 어음금과 기타 비용의 변상을 청구하는 것이다.

어음거래의 원활화를 위해서는 지급의 확실성을 신뢰한 어음소지인에게 지급받지 못할 사태가 발생한 경우에, 지급받은 것과 같은 경제적 효과를 거둘 수 있도록 보장해 줄 필요가 있다. 따라서 소구제도는 어음의 유통성을 확보하기 위하여 대가관계를 고려하여 賣渡人의 瑕疵擔保責任과 같은 정신을 어음법적으로 일반화하고 엄격화한 제도이다.

소구제도에 관한 입법주의로는 二權主義·一權主義·選擇主義가 있다. 2권주의는 인수거절시나 기타 지급불확실시에는 擔保請求權, 지급거절시에는 償還請求權을 인정하는 주의이다(獨·伊·日의 舊法). 1권주의는 인수거절시든 지급거절시든 상환청구권만을 인정하는 주의이다(제네바통일법·英·中·日·우리 나라). 그리고 선택주의는 지급거절시에는 상환청구권을 인정하나, 인수거절시에는 상환청구권과 담보청구권 중에서 소구의무자(佛舊法) 또는 소구권자(스칸디나비아 舊法)에게 선택권을 인정하는 주의이다.

Ⅱ. 遡求의 要件

1. 滿期 전의 遡求

(1) 實質的 要件(遡求原因)

(가) 引受의 전부 또는 일부의 拒絶(어 제43조 제1호)

어음 소지인이 소정기간 내에(어 제21조~제23조) 인수제시를 하였으나 지급인이 인수를 거절하였어야 한다. 지급인이 인수를 적극적으로 거절한 경우뿐만 아니라, 不單純引受(어 제26조 제2항)·지급인의 所在不明·지급인의 사망과 상속인의 불명도 거절의 경우로 본다. 인수의 일부거절의 경우는 그 부분에 관하여 소구할 수 있다. 예비지급인(어 제56조 제2항) 또는 수인의 지급인이 기재된 경우에는 기재된 모든 사람이 인수거절을 하여야 한다.

(나) 引受人 또는 支給人의 破産, 支給停止, 또는 그 재산에 대한 强制執行의 不奏效(어 제43조 제2호) 및 引受提示禁止어음의 發行人의 破産(어 제43조 제3호)

파산은 어음발행 전후를 불문하며, 破産宣告의 決定이 있으면 충분하고, 그 확정을 요하지 않는다. 和議節次 또는 會社整理節次 등은 파산에 갈음하는 절차이므로 이들 절차가 개시된 때에도 파산의 선고가 있는 것과 같이 보아야 할 것이다. 지급정지란 채무자가 적극적으로 지급불능을 표명한 경우뿐만 아니라 이를 추측케 하는 행위를 포함하고,[1] 지급정지의 사실유무는 파산법상의 지급정지(破 제116조 제2항)를 표준으로 하여 판정한다. 또 강제집행의 불주효는 누구에 의한 것이든 상관없고, 그 사실만 있으면 충분하다.

(2) 形式的 要件

(가) 拒絶證書의 作成

거절증서작성면제(어 제46조)의 경우를 제외하고는 어음소지인은 반드시 引受拒絶證書에 의하여 인수거절의 사실을 입증하여야 한다(어 제44조 제1항). 인수

---

1) 大判 1984. 7. 10, 84 다카 424·425.

거절증서작성기간은 인수제시기간과 같다(어 제44조 제2항). 지급인이 지급을 정지한 경우 또는 그 지급인의 재산에 대한 강제집행이 주효하지 아니한 경우에도 소지인은 지급인에 대하여 일단 지급제시를 하고 지급거절증서를 작성하여 입증하여야 한다(어 제44조 제5항). 그러나 거절증서의 작성은 소구의 절대적 요건은 아니므로 소구의무자는 거절증서의 작성비용의 부담을 면하고 지급거절 또는 인수거절의 사실이 공표되는 것을 방지하기 위하여 이를 면제할 수 있다(어 제46조). 發行人이 이를 면제하면 모든 소구의무자에 대하여 효력이 있으나, 그 이외의 背書人 · 保證人 등이 한 면제는 그 자에 대하여만 효력이 있다(어 제46조 제3항 제1문). 발행인이 거절증서작성을 면제하였음에도 불구하고 소지인이 이를 작성한 경우 그 비용은 소지인이 부담하여야 하지만, 발행인 이외의 자가 면제한 경우에는 소지인은 면제하지 아니한 자에 대하여는 거절증서를 작성하여야 하므로 그 비용은 면제자를 포함하여 모든 소구의무자가 부담하여야 한다(어 제46조 제3항 제2문). 거절증서의 작성면제가 있더라도 어음의 지급제시 및 지급거절의 통지는 필요하다. 다만 이 경우에는 법정기간 내에 지급제시가 있었던 것으로 추정되므로 기간의 불준수는 이를 주장하는 자가 입증하여야 한다(어 제46조 제2항 제2문).

(나) 破産決定書의 提出

인수인 · 지급인 · 인수제시금지어음의 발행인이 破産한 경우에는 어음소지인은 파산결정서를 제출하면 된다(어 제44조 제6항). 和議開始의 경우에는 화의개시결정서를, 회사정리절차개시의 경우에는 회사정리개시결정서를 제출하면 된다.

(다) 不可抗力과 期間의 延長

피할 수 없는 장애, 즉 불가항력으로 인하여 어음소지인이 법정기간 내에 제시 또는 거절증서의 작성을 할 수 없게 된 때에는 그 기간은 연장된다(어 제54조 제1항). 여기서 不可抗力이라 함은 어음상의 권리의 보전절차를 방해하는 사건으로서, 일반적으로 기대되는 최선의 주의를 다하였더라도 피할 수 없는 것을 말한다. 지진 · 홍수 · 전쟁 · 폭동 · 지역봉쇄 등은 물론, 내외국의 법령에 의한 禁制도 불가항력에 속한다(어 제54조 제1항). 반드시 다수인에게 영향이 있는 일반적 재해에 한하지 않지만, 단순한 인적 사유(예컨대, 질병 등)는 포함되지 않는다(어 제54조 제6항). 그리고 불가항력은 보전절차를 취할 법정기간의 종기에 존재하여야 하고 또 그로써 충분하다.

불가항력이 발생한 때에는 소지인은 자기의 배서인에 대하여 지체없이 이를 통지하고, 또 어음 또는 補箋에 그 통지한 뜻을 기재하고 일자를 附記하여 記名捺印 또는 署名하여야 한다(어 제54조 제2항). 또 불가항력이 종지된 때에는 소지인은 지체없이 인수 또는 지급을 위하여 어음을 제시하여야 하고, 필요한 경우에는 거절증서를 작성시켜야 한다(어 제54조 제3항). 그러나 불가항력이 만기로부터 30일을 넘어 계속하는 때에는 어음의 제시 또는 거절증서의 작성이 면제되므로 소지인은 그러한 절차를 밟을 필요없이 遡求權을 행사할 수 있다(어 제54조 제4항 · 제77조 제1항 제4호). 이 30日의 기간은 確定日出給어음과 發行日字後定期出給어음에 있어서는 만기의 날을 초일로 하여 계산하지만, 일람출급어음과 일람후정기출급어음에 있어서는 제시가 있음으로써 만기가 정하여지므로 소지인은 불가항력의 통지를 한 날을 초일로 하여 계산한다(어 제54조 제5항 · 제77조 제1항 제4호).

2. 滿期 후의 遡求

(1) 實質的 要件

적법한 기간 내에 소지인이 완전한 어음을 지급제시하였는데, 지급인이 어음금액의 전부 또는 일부의 지급을 하지 않아야 한다(어 제43조). 요건이 흠결된 어음은 지급제시하였더라도 지급제시로서의 효력이 없고, 소구권도 행사할 수 없다.[1)]

만기의 소구원인에도 적극적인 지급거절뿐만 아니라 지급인의 부재 또는 소재불명도 포함된다. 지급거절증서작성이 면제된 경우 또는 지급인이 미리 지급거절의 의사표시를 한 경우에도 지급제시는 하여야 한다(어 제46조 제2항 제1문).

예비지급인 · 참가인수인이 있거나(어 제60조 제1항)(이 때는 제시기간은 1일 연장된다), 수인의 지급인이 있는 경우에는 전원에 대하여 지급제시를 하여 거절되어야 한다.

(2) 形式的 要件

어음소지인은 지급의무가 있는 모든 사람에게 지급제시를 하여 지급거절증

---

1) 大判 1985. 8. 13, 85 다카 123; 大判 1992. 2. 28, 91 다 42579.

서를 작성하여야 한다(어 제44조 제1항·제60조 제1항). 그러나 지급거절증서작성면제의 경우(어 제46조), 인수거절증서를 이미 작성한 경우(어 제44조 제4항), 불가항력으로 인하여 30일 이상 거절증서를 작성할 수 없는 경우(어 제54조 제4항·제5항)에는 거절증서를 작성할 필요가 없다.

거절증서작성기간은 확정일출급·발행일자후정기출급 또는 일람후정기출급의 어음에 있어서는 '지급할 날에 이은 2거래일 내'이며(어 제44조 제3항 제1문), 一覽出給어음에 있어서는 어음법 제34조에 정하는 제시기간 내이다.

미완성의 백지어음에 의한 지급제시는 무효이므로 그와 같은 지급제시 후에는 소구권도 인정되지 않는다.[1] 다만 발행지가 흠결된 국내어음의 경우는 그러하지 아니하다.[2]

Ⅲ. 遡求의 節次

1. 遡求當事者

(1) 遡求權利者

소구권리자는 어음의 최후의 정당한 소지인(어 제43조)과 소구의무를 이행하고 어음을 환수하여 새로이 어음의 소지인이 된 자, 즉 담보의무를 이행한 배서인(어 제49조), 보증인(어 제32조 제3호), 참가지급인(어 제63조 제1항), 어음채무를 변제한 무권대리인(어 제8조) 등이다.

(2) 遡求義務者

소구의무자는 換어음의 發行人, 背書人, 이들의 保證人이다. 약속어음의 발행인, 환어음의 인수인은 주된 債務者이고 소구의무자가 아니다. 특수한 경우로서 無權代理人도 소구의무자가 될 수 있다(어 제8조·제77조 제2항). 반면 배서인일지라도 무담보배서인, 추심위임배서인, 기한후배서의 배서인은 담보책임을 지지 아니하므로 소구의무자가 아니다.

1) 大判 1992. 2. 28, 91 다 42579; 大判 1993. 11. 23, 93 다 27765.
2) 大判 1998. 4. 23, 95 다 36466.

각 소구의무자는 배서의 순서에 관계없이(선택적 · 도약적 소구)(어 제47조 제2항) 각자가 합동하여 소구권리자인 후자에 대하여 책임을 진다(合同責任)(어 제47조 제1항 · 제77조 제1항 제4호). 이 合同責任은 連帶責任과 다음의 점에서 차이가 있다. ① 연대책임은 그 발생원인이 전채무자에 대하여 동일하고 또 그 책임의 범위도 같으나, 합동책임에 있어서는 발생원인과 책임의 범위가 각 채무자(인수인 · 발행인 · 배서인 · 일부인수인 · 일부보증인 · 월권대리인 등)마다 다르다. ② 연대채무에 있어서는 채무자의 1인에 의한 채무의 이행은 다른 채무자의 채무도 소멸시키지만, 합동책임에 있어서는 1인의 채무의 이행은 그 자 및 그 후자의 채무를 소멸시킬 뿐이고, 그 전자 및 주채무자의 채무에 영향을 미치지 아니한다.[1] ③ 연대채무자의 1인에 대한 청구는 다른 채무자에 대하여도 그 효력이 미치지만(民 제416조), 합동책임에 있어서는 소구의무자의 1인 또는 주채무자에 대한 청구는 다른 의무자에 대하여 효력이 생기지 않는다(어 제47조 제4항). ④ 연대책임의 경우에는 채무자 간에 부담부분이 존재하나(民 제424조 이하), 소구의무자 간에는 부담부분이 존재하지 아니하므로 그 1인에 대하여 채무의 면제 또는 시효완성이 있더라도 그 채무자의 부담만큼 다른 채무자의 부담부분이 줄어들지 않는다.

2. 遡求通知

(1) 通知의 意義

소구통지는 상환청구의 통지 또는 거절의 통지라고도 한다. 소구통지는 소구의무자에게 소구원인의 발생 사실을 알림으로써, 상환준비를 시키고, 신속하게 상환하여 상환금액의 증가를 방지할 기회를 주는 데 그 취지가 있다.

(2) 通知를 要하는 경우

통지를 요하는 경우에는 인수 또는 지급의 거절이 있었던 모든 경우이다. 지급인의 지급정지 또는 지급인에 대한 强制執行不奏效의 경우에도 지급거절증서를 작성시켜(어 제44조 제5항) 통지를 하여야 한다. 그러나 파산 · 화의 및 회사정

---

1) 大判 1989. 2. 28, 87 다카 1356 · 1357.

리절차가 개시된 경우에는 공고가 되므로(破 제133조, 和 제28조, 會整 제47조) 통지를 할 필요가 없다. 반면에 지급거절증서의 작성면제가 있더라도 통지면제의 특약이 없는 한 통지의무를 면제하는 것은 아니다(어 제46조 제2항). 다만 어음참가가 있는 경우에는 그 참가에 의하여 소구가 저지되는 범위에서는 통지를 요하지 아니한다.

(3) 通知의 當事者

통지의무자는 어음의 최후의 소지인 및 후자로부터 소구의 통지를 받은 배서인이고, 피통지자는 발행인·배서인 및 이들의 보증인이다(어 제45조 제1항·제2항). 소지인은 발행인과 자기의 직접의 배서인 및 이들의 보증인에 대하여 통지를 하여야 하고, 후자로부터 통지를 받은 배서인은 그 전자에 통지를 하여야 하며, 이것이 순차 발행인에게 미치게 하여야 한다(順次通知主義). 그러나 보증인은 다시 통지할 의무가 없다. 다만 배서인이 그 處所를 기재하지 아니하거나 그 기재한 처소가 분명하지 아니한 경우에는 그 배서인의 직접의 전자에게 통지하면 된다(어 제45조 제3항). 무담보배서인이 있는 경우에도 마찬가지이다. 그러나 처소를 명기하지 아니한 배서인이나 무담보배서인도 통지를 받은 때에는 이들도 통지를 할 의무가 있다고 본다.

(4) 通知期間

소지인은 거절증서작성일 또는 이에 이은 4거래일 내에, 거절증서작성이 면제되어 있는 경우에는 어음제시일 또는 이에 이은 4거래일 내에, 또 배서인은 통지를 받은 날 또는 이에 이은 2거래일 내에 통지를 하여야 한다(어 제45조 제1항).

어음법이 이 통지에 관하여 發信主義를 취하는가 또는 到達主義에 의하는가는 분명하지 않아서 이를 도달주의로 보는 견해도 있으나,[1] 실제에 있어서 통지를 받은 날에 이은 2거래일 내에 통지가 도달하기 어려울 경우가 많을 것을 생각하면 발신주의로 보는 것이 타당할 것이다. 기간 중에는 휴일을 산입하지 아니한다.

1) 徐燉珏·鄭完溶(下) 250면.

(5) 通知有無의 立證責任

통지가 기간 내에 행하여졌다는 사실은 통지의무자가 이를 입증하여야 하나, 이 기간 내에 통지의 서면을 우편(內容證明郵便)으로 부친 때에는 그 기간을 준수한 것으로 본다(어 제45조 제5항).

(6) 通知의 方法과 內容

통지의 방법에는 제한이 없고, 구두에 의하든 서면에 의하든 상관없다. 단순한 어음의 반환으로써도 이를 할 수 있다(어 제45조 제4항).

통지의 내용은 인수 또는 지급의 거절이 있은 사실을 통지하면 된다. 다만 통지를 받은 배서인은 前通知者 전원의 명칭과 처소를 표시하고 자기가 받은 통지를 자기의 배서인에게 통지하여야 한다(어 제45조 제1항 제2문).

(7) 通知義務懈怠의 效果

통지의무를 해태하여도 소구권을 상실하지는 않는다(어 제45조 제6항 본문). 그러나 과실로 인하여 손해가 생긴 때에는 어음금액의 한도 내에서 후자 전원에 대하여 손해배상책임을 부담한다(어 제45조 제6항 단서).

3. 遡求金額

(1) 滿期 후

만기 후에 소지인이 상환청구한 금액은 다음과 같다(어 제48조 제1항). 즉, 인수 또는 지급되지 않은 금액과 이자의 기재가 있으면 그 이자, 年 6푼의 이율에 의한 만기 이후의 이자, 거절증서작성비용·통지비용과 기타의 비용의 합계액이 된다.

(2) 滿期 전

만기 전에 소구권을 행사하는 경우에도 상환청구할 금액은 만기 후나 마찬가지겠으나, 다만 이 경우에는 소지인이 만기에 이르기까지의 중간이자를 부당하게 이득하는 일이 있을 것이므로 이 때에는 割引에 의하여 어음금액이 감해지게 된다(어 제48조 제2항 제1문). 그 할인이율은 소지인의 주소지에 있어서의 소구일의 公正割引率(銀行率)에 의한다(어 제48조 제2항 제2문).

4. 償還方法

(1) 償 還 權

소구채무자는 자진하여 상환할 수 있다(어 제50조 제1항). 이를 償還權이라 하고, 소구권자는 이 권리의 행사를 거절할 수 없다. 수인의 소구의무자가 상환권을 행사하는 경우는 가장 다수의 소구의무자의 의무를 면하게 할 수 있는 자(예컨대, 발행인)의 상환을 받아야 한다(어 제63조 제3항 유추적용).

(2) 償還方法

상환방법으로는 소구의무자가 소구금액을 지급하는 것이 보통이겠으나, 代物辨濟 또는 相計 등을 할 수 있으며, 또 소구권자가 소구의무자를 지급인으로 한 換어음(逆어음)을 발행할 수도 있다(어 제52조). 소구의무자가 상환을 할 때에는 어음, 거절증서 및 계산서의 교부를 상환 청구할 수 있다(어 제50조 제1항). 이것은 이중상환의 위험을 피하는 한편 어음상의 권리를 되찾기 위하여 필요한 것이다. 소구의무를 이행하여 어음을 환수한 자는 어음상 자기와 후자의 배서를 말소할 수 있다(어 제50조 제2항). 어음을 상실한 경우는 除權判決에 의하여 어음과 相換하지 아니하고 償還을 받을 수 있다.

일부인수 후 인수되지 않은 어음금액에 대하여 소구하는 경우에는 상환의무자는 어음상에 일부지급의 뜻을 기재할 것과, 계산서, 어음의 증명등본 및 거절증서의 교부를 청구할 수 있다(어 제51조). 그러나 일부지급을 받은 뒤 잔액에 대하여 소구하는 경우에는 어음이 소지인의 수중에 있으므로 상환방법은 보통의 경우와 같다.

Ⅳ. 再 遡 求

1. 再遡求의 意義

재소구란 상환을 한 소구의무자가 다시 자기의 전자에 대하여 하는 소구를 말한다.

2. 再遡求의 要件

재소구를 하려면 상환의무를 이행하고 어음을 환수하여야 하며(實質的 要件), 상환한 어음·거절증서 및 계산서를 재소구의무자에게 교부하여야 한다(어 제50조 제1항)(形式的 要件).

3. 再遡求의 節次

(1) 當 事 者

재소구권자는 상환의무를 이행한 배서인(어 제47조 제3항·제49조) 또는 담보의무를 이행한 보증인이다(어 제32조 제3항).[1)]

재소구의무자는 환어음의 發行人·背書人 및 이들의 保證人이다.

(2) 遡求金額

어음을 환수한 자의 소구금액은 자기가 상환한 총금액(어 제48조)과, 그 금액에 대하여 年 6푼의 이율로 계산한 지급일 이후의 이자와 자기가 지출한 비용(通知費用·催告費用. 그러나 訴訟費用은 제외)의 합계금액이다(어 제49조).

---

1) 大判 1990. 10. 26, 90 다카 9435 : 소구의무를 부담하지 않는 자가 어음소지인의 상환요구에 응하여 어음금을 지급하고 어음을 취득한 경우에는 前背書人에 대하여 재소구할 수 없다.

(3) 償還方法

재소구의무자의 상환권 및 상환방법은 제1소구의 경우와 다를 바 없다.

제7관 參 加

I. 序 說

1. 參加의 意義

참가(Ehreneintritt, intervention for honour)란 어음소지인이 소구권을 행사할 수 있는 모든 경우에, 제3자가 어음관계에 개입하여 인수 또는 지급을 함으로써 소구권의 행사를 저지하는 것을 말한다. 참가는 소구의무자의 상환금액의 증대를 방지하고, 그 신용을 유지하기 위한 제도이다. 참가에는 참가인수와 참가지급이 있으며, 참가지급은 어음행위가 아니다. 手票에는 參加制度가 없다.

2. 參加의 當事者

(1) 被參加人

피참가인이란 참가에 의하여 직접 이익을 받을 특정 遡求義務者를 말하며, 피참가인이 될 수 있는 자는 모든 소구의무자와 그 보증인이다. 인수인·지급인·무담보배서인은 소구의무자가 아니므로 피참가인이 될 수 없다. 따라서 이들을 위한 참가인수는 효력이 없으며, 이들을 위한 참가지급은 어음의 주채무의 변제가 된다.

(2) 參 加 人

참가인이란 참가를 하는 사람을 말하며, 그 자격에 제한이 없다. 따라서 제3

자 · 지급인 또는 이미 어음채무를 부담하고 있는 환어음의 발행인 · 배서인 · 보증인도 참가인이 될 수 있으나(제55조 제3호), 약속어음의 발행인, 환어음의 인수인과 이들의 보증인은 참가인이 될 수 없다. 주채무자가 참가인이 된다는 것은 무의미하기 때문이다. 참가인에는 피참가인인 발행인 · 배서인 또는 보증인이 사전에 어음에 지정하는(어 제55조 제1항) 指定參加人(豫備支給人)과 사전에 지정되지 않은 任意參加人이 있다. 지급인 또는 인수인은 소구의무자가 아니므로 예비지급인을 지정할 수 없다. 예비지급인으로 될 수 있는 자는 참가인이 될 수 있는 자이다. 따라서 지급인, 환어음의 발행인, 배서인 등도 예비지급인이 될 수 있다.

지급인을 예비지급인으로 지정할 경우에 그 지급인이 참가지급을 한 때에는 지급인으로서 지급할 경우와는 달리 피참가인과 그 전자에 대한 어음상의 권리를 취득하게 되는 이점이 있다.

3. 參加의 通知

참가인은 피참가인에 대하여 2거래일 내에 그 참가의 통지를 하여야 하고, 이 통지기간을 준수하지 아니한 경우에 과실로 인하여 손해가 생긴 때에는 참가인은 어음금액의 한도 내에서 그 배상책임을 진다(어 제55조 제4항). 이것은 피참가인으로 하여금 參加人의 求償(어 제63조 제1항)을 피하기 위하여 신속히 償還權(어 제58조 제2항)을 행사하고, 참가인에 대한 상환의 준비를 하게 하기 위한 것이다.

Ⅱ. 參加引受(榮譽引受)

1. 參加引受의 意義

참가인수(Ehrenannahme, acception par intervention)란 만기 전의 소구를 저지하기 위하여 어음의 지급을 약속하는 어음행위를 말한다. 참가인수를 할 수 있는 자는 제3자 · 지급인 · 배서인 · 보증인 등이다(어 제55조 제3항). 지급인이 인수가 아닌 참가인수를 하면 발행인에 대하여는 책임을 지지 않고, 피참가인의 후자에 대하여만 의무를 부담하는 실익이 있다.

참가인수의 법적 성질은 遡求義務의 인수라고 본다. 왜냐하면 참가인수인은 피참가인과 동일한 의무를 부담하며(어 제58조 제1항), 피참가인은 소구의무자이므로(어 제55조 제2항) 결국 참가인수인은 소구의무를 인수하는 것이 되기 때문이다. 그 결과 참가인수인의 채무의 소멸시효기간은 인수인과 같은 3년이 아니라 피참가인의 그것과 같고, 참가인수인은 이득상환의무자도 아니며(어 제79조), 참가인수인의 파산은 만기 전 소구의 원인으로 되지도 않는다(어 제43조 참조).

2. 引受와 參加引受의 差異

인수와 참가인수의 차이는 다음과 같다.

① 참가인수인은 피참가인과 동일한 의무를 부담하고(어 제58조 제1항), 피참가인은 소구의무자에 한정되므로(어 제55조 제2항) 참가인수인의 의무는 상환의무인 데 대하여, 인수인은 어음상의 주채무자이다. ② 참가인수인의 지급의무는 지급인이 지급하지 않는 경우에만 부담하는 조건적인 것이지만, 인수인의 지급의무는 무조건·최종적이다. ③ 참가인수인은 피참가인의 후자에 대하여만 지급의무를 지지만, 인수인은 모든 어음상의 권리자에게 지급의무를 진다. ④ 참가인수인은 소구권보전절차의 흠결로 인하여 면책되지만, 인수인은 이에 불구하고 지급의무를 진다. ⑤ 참가인수가 있어도 어음소지인은 피참가인의 전자에 대하여 여전히 만기 전의 소구를 할 수 있지만(어 제56조 제3항·제58조 제2항), 인수가 있는 경우에는 원칙적으로 만기 전 소구를 할 수 없다(어 제43조 참조). ⑥ 참가인수인이 지급을 한 때에는 피참가인과 그 채무자에 대하여 어음상의 권리를 취득하지만, 인수인이 지급을 한 경우에는 실질관계상의 청구권은 별문제로 하고, 아무런 어음상의 권리를 취득하지 못한다.

3. 參加引受의 要件

참가인수를 함에는 만기 전에 소구원인이 발생하고, 거절증서의 작성이 면제된 경우를 제외하고 그 사실이 인수거절증서에 의하여 확정되어 있어야 한다(어 제56조 제1항). 그러나 인수제시금지어음(어 제22조 제2항)에 대하여는 참가인수를 하지 못한다(어 제56조 제1항). 참가인수는 만기 전의 소구요건이 구비된 때로부터 만기까지의 사이에 할 수 있다.

4. 參加引受의 方法

참가인수는 어음 자체에(그러나 배서인 또는 보증인을 위하여서도 할 수 있으므로 등본 또는 보전에 하여도 무방하다) 기재하고 참가인수인이 기명날인 또는 서명을 함으로써 한다(어 제57조 제1문). 그러나 참가인수인은 피참가인이 누구인지를 표시하여야 하나, 그 표시가 없으면 발행인을 위하여 한 것으로 본다(어 제57조 제2문 · 제3문). 예비지급인의 참가인수는 그 지정자를 위하여 한 것으로 보아야 할 것이다.[1]

참가인수는 단순하여야 하지만 일부인수가 있었던 경우에는 그 잔액에 대한 참가인수가 허용된다.[2] 그러나 그 밖의 경우에 일부참가인수는 허용되지 않는다고 본다(어 제59조 제2항 참조).

5. 參加引受人의 選擇

어음소지인은 자기가 신용할 수 없는 제3자의 참가로 인하여 소구권을 상실할 우려가 있기 때문에 참가인수를 거절할 수 있다(어 제56조 제3항). 그러나 지급지에 주소를 가지는 예비지급인의 기재가 있는 경우에는 그 참가를 거절할 수 없으며, 소지인은 우선 그에게 제시하여 그 사실을 증명하지 않으면 그 기재를 한 자 및 그 후자에 대하여 만기 전의 소구권을 상실한다(어 제56조 제2항). 예비지급인이 수인인 때에는 그 전원에 대하여 제시하여야 하고 제시기간은 만기까지이다.

참가인수를 할 자가 수인이 있는 경우에는 지급지에 있는 예비지급인이 우선

---

1) 徐燉珏 · 鄭完溶(下) 259면; 鄭東潤(어) 579면; 鄭熙喆 · 鄭燦亨(下) 418면.
2) 徐燉珏 · 鄭完溶(下) 259면; 鄭東潤(어) 579면.

하고, 이러한 예비지급인이 수인이 있는 경우에는 가장 많은 의무자를 면책시키는 자가 우선한다(어 제56조 제2항·제63조 제3항 참조). 만약 이러한 사정을 알면서도 이 규정에 위반하여 참가인수를 한 경우에는 어음소지인은 전순위 참가인수에 의하여 의무를 면할 수 있었던 자에 대하여 만기 전의 소구권을 상실한다. 그러나 지급지 외에 있는 수인의 예비지급인과 제3자와의 사이에서는 소지인은 그 중의 어느 자에게 참가인수를 시키든 자유이다. 또 이들 전원의 참가인수를 거절할 수도 있으나, 이를 수락한 때에는 피참가인과 그 후자에 대하여 만기 전에 행사할 수 있는 소구권을 잃는다(어 제56조 제3항).

6. 參加引受의 效力

(1) 參加引受人의 義務

참가인수인은 어음소지인과 피참가인의 후자에 대하여 피참가인과 동일한 의무를 부담한다(어 제58조 제1항). 즉, 이 의무는 지급인이 지급하지 않는 경우의 제2차적 의무이며, 지급할 금액도 피참가인의 상환금액과 같다. 그러므로 소지인은 참가인수인에게 청구하기 전에 먼저 지급인에게 지급청구를 하고, 그 지급을 받지 못한 때에는 지급거절증서작성 등의 소구권보전절차(어 제38조·제43조·제44조 제1항·제3항)를 밟아야 한다. 이미 인수거절증서를 작성하였더라도 이는 참가인수에 의하여 실효되므로 어음법 제44조 제4항은 적용되지 않는다. 또 지급지에 주소가 있는 참가인수인에 대한 권리를 보전하기 위하여는 다시 어음법 제60조 제1항에 의한 소정의 절차(참가지급거절증서의 작성)를 밟아야 한다. 그렇지 않으면 피참가인과 그 후자에 대한 권리를 상실하고(어 제60조 제2항), 그 결과 피참가인과 동일한 의무를 부담하는 참가인수인에 대한 권리도 상실한다. 그러나 피참가인의 의무가 실질적 이유로 인하여 무효인 때에도 어음행위독립의 원칙에 의하여 참가인수인의 어음채무에는 아무 영향을 미치지 아니한다.[1)]

1) 徐燉珏·鄭完溶(下) 260면; 鄭東潤(어) 581면; 鄭熙喆·鄭燦亨(下) 420면.

(2) 被參加人과 그 後者의 免責

참가인수가 있는 때에는, 소지인은 피참가인과 그 후자에 대하여 만기 전의 소구권을 잃는다(어 제56조 제3항 제2문). 그러나 피참가인의 전자에 대하여 만기 전이라도 소구권을 행사할 수 있다.

(3) 被參加人과 그 前者의 償還權

참가인수에 있어서도 피참가인의 전자는 소구의무를 면할 수 없고, 또 피참가인도 만기 전의 소구의무는 면하지만 참가인수인이 참가지급을 한 때에는 이에 대하여 상환을 하여야 한다. 그러므로 피참가인이나 그 전자는 참가인수에 불구하고 자진하여 소지인에 대하여 소구금액(어 제48조)의 지급과 상환으로 어음을 환수할 수 있으며, 이 때 거절증서와 수령을 증명하는 계산서가 있으면 그 교부도 청구할 수 있다(어 제58조 제2항).

Ⅲ. 參加支給(榮譽支給)

1. 參加支給의 意義

참가지급(Ehrenzahlung, paiement par intervention)이란 만기 또는 만기 전의 소구권행사의 요건이 구비되었을 경우에 그 소구를 저지하기 위하여 지급인 이외의 자가 하는 지급을 말한다.

참가지급은 제2차적 지급이며, 피참가인의 후자의 의무를 소멸시키는데 그치므로 본래의 지급과 다르고, 소구의무자가 한 상환과 비슷한 관계가 생기는 데 지나지 않는다. 또 참가지급은 어음상의 기명날인 또는 서명을 요하지 아니하므로 참가인수와는 달리 어음행위가 아니다.

2. 參加支給의 要件

참가지급은 소지인이 만기 또는 만기 전에 소구권을 행사할 수 있는 모든 경우에 할 수 있다(어 제59조 제1항). 그리고 참가지급을 하기 위하여는 소구의 실질적 요건(만기전 또는 만기후의 소구원인 발생)과 형식적 요건(거절증서작성)을 갖추어야 한다.

3. 參加支給의 提示 및 拒絶

참가지급인이 될 수 있는 자는 참가인수인·예비지급인 기타의 제3자(협의의 참가지급인)이며, 인수인은 참가지급인이 되지 못한다(어 제55조 제3항). 지급지에 주소를 가진 참가인수인(同地參加支給人) 또는 예비지급인(同地豫備支給人)의 기재가 있는 경우에는 소지인은 그 전원에 대하여 어음을 제시하여야 한다(어 제60조). 소지인은 참가인수(어 제56조 제3항 제1문)의 경우와 달라서 제3자(협의의 참가지급인)의 참가지급을 거절하지 못한다. 만약 거절할 때에는 그 지급으로 인하여 의무를 면할 수 있었던 자, 즉 피참가인과 그 후자에 대한 소구권을 잃는다(어 제61조).

4. 參加支給의 方法

(1) 時　期

참가인수인은 원칙적으로 지급거절증서 작성기간의 익일까지 참가지급을 하여야 하지만(어 제60조 제1항), 참가인수인은 그에 대한 보전절차가 밟아진 때에는(적법기간 내에 참가인수인에게 어음을 제시하였으나, 참가지급을 하지 않는 경우) 거절증서 작성기간의 익일이 경과했다고 하여 지급의무를 면하는 것이 아니므로(어 제60조 제2항) 피참가인이 지급을 할 때까지는 참가지급을 할 수 있는 것으로 본다.[1] 예비지급인 기타 제3자의 참가지급은 만기의 전후를 불문하고 할 수 있으나, 지급거절증서 작성기간의 최종일의 익일까지는 하여야 한다(어 제59조 제3항·제60조 제1항).

---

1) 孫珠瓚(下) 347면; 鄭東潤(어) 584면; 崔基元(어) 569면.

(2) 金　　額

참가지급의 금액은 피참가인이 지급할 금액이며(어 제59조 제2항), 소지인은 일부지급의 경우(어 제39조 제2항)와는 달리 일부참가지급을 거부할 수 있다(어 제59조 제2항 참조). 일부참가지급은 소구권의 행사를 저지할 수 없기 때문이다. 소지인이 일부참가지급을 수령하더라도 참가지급인은 어음법 제53조에 의한 어음상의 권리를 취득하지 못한다.

(3) 方　　式

참가지급을 하려면 다음에 피참가인을 표시하고 그 영수를 증명하는 문언을 기재시켜야 한다(어 제62조 제1항 제1문). 피참가인의 표시가 없는 경우에는 발행인을 위하여 참가지급을 한 것으로 본다(어 제62조 제1항 제2문). 또 소지인은 어음을 참가지급인에게 교부하여야 하고, 거절증서를 작성시킨 때에는 이것도 교부하여야 한다(어 제62조 제2항).

(4) 參加支給의 競合

상이한 피참가인을 위하여 수인의 참가지급 희망자가 있는 경우에는 그 참가지급 희망자가 누구이든 상관없이 항상 가장 많은 수의 어음채무자로 하여금 의무를 면하게 하는 자가 우선하며(어 제63조 제3항 제1문), 이러한 사정을 알면서 이에 위반하여 참가지급을 한 자는 의무를 면할 수 있었던 자에 대한 소구권을 잃게 된다(어 제63조 제3항 제2문).

5. 參加支給의 效力

(1) 所持人의 權利의 消滅

참가지급으로 인하여 소지인의 어음상의 권리는 모든 어음채무자에 대한 관계에서 소멸한다(本質的 效力).

(2) 被參加人의 後者의 免責

참가지급으로 인하여 피참가인의 후자(피참가인은 제외)는 소구의무를 면한다(어 제63조 제2항)(免責的 效力). 그러나 피참가인은 의무를 면하지 못하며, 참가지급인에 대하여 의무를 진다(어 제63조 제1항).

(3) 參加支給人의 權利取得

참가지급인은 피참가인과 그 전자 및 인수인 그리고 이들을 위한 보증인에 대하여 어음상의 권리를 취득한다(어 제63조 제1항 본문). 이 권리취득은 소지인의 권리를 승계 또는 대위하는 것이 아니라, 소지인 또는 피참가인에 대한 항변이 부착되지 아니한 독립된 권리를 법정의 효력으로서 어음의 교부없이 原始取得하는 것이다. 그러나 참가지급인은 다시 그 어음에 배서를 하지는 못한다(어 제63조 제1항 단서).

참가지급인은 이 외에도 일반 사법상의 관계(예컨대, 委任 또는 事務管理)에 의하여 보상청구권을 가질 수 있고, 참가지급인은 이 두 가지 권리를 선택적으로 행사할 수 있다.

제8관 어음의 複本과 謄本

I. 어음의 複本

1. 複本의 意義

어음의 복본(Wechselduplikate, Ausfertigungen)이란 동일한 어음상의 권리를 표창하기 위하여 발행된 수통의 어음증권을 말한다(약속어음에는 복본제도가 없다). 복본은 어음증권의 상실에 대비하기 위하여(安全複本), 또는 인수를 위하여 어음을 송부한 경우에 그 양도를 위하여(便利複本) 작성한다.

2. 複本의 發行

(1) 複本의 發行方式

어음의 복본은 각통의 내용이 거래의 통념상 동일하여야 하고(어 제64조 제1항), 증권의 본문 중에 번호를 붙여야 한다(어 제64조 제2항 제1문). 번호가 없으면 수통의 복본은 각각 별개의 환어음으로 본다(어 제64조 제2항 제2문).

(2) 複本의 發行節次

발행인만이 발행시에 수통의 복본을 발행할 수 있다(어 제64조 제1항). 그리고 발행인이 어음에 1통만을 발행한다는 뜻을 기재한 경우를 제외하고는, 어음소지인은 자기의 비용으로 복본의 교부를 청구할 수 있다(어 제64조 제3항 제1문). 복본교부를 청구하는 소지인이 수취인이 아닌 경우에는 배서의 차례에 따라 발행인에게까지 이른다(어 제64조 제3항 제2문). 이리하여 原어음을 첨부하여 복본청구를 받은 발행인이 복본을 작성하여 수취인에게 교부하면, 수취인은 새로운 복본에 다시 배서를 再記하여 교부함으로써(어 제64조 제3항 제3문) 차례로 소지인에게 이르게 된다.

복본교부청구권은 어음법상의 권리이나 어음상의 권리는 아니므로 소지인이 이 권리를 행사함에는 반드시 원어음을 제시할 필요는 없다. 그러나 1통이 먼저 발행된 후에는 먼저 발행된 어음에 복본번호를 붙여야 하므로 먼저 발행된 어음의 제시가 필요하고, 만약 원어음을 상실하였으면 복본청구는 할 수 없다.

3. 複本의 效力

(1) 複本一體의 原則

복본은 각통마다 어음의 효력을 가지나, 동일한 어음채권을 표창하므로 소지인이 수통의 복본을 소지하더라도 취득하는 권리는 하나이다. 따라서 어음의 제시나 상환청구도 1통으로써 하면 되고, 또 1통에 대하여 지급 또는 상환을 하면 그 효력은 다른 수통에도 미친다(어 제65조 제1항 본문). 이것은 복본 위에 특히 1통에 대한 지급이 있으면 다른 복본은 무효로 한다는 취지의 기재(破毁文句)가 없는 때에도 같다.

(2) 例 外

(가) 引受責任의 獨立性

수통의 복본에 인수를 한 인수인이 지급시에 그 수통을 환수하여 두지 아니하면 환수하지 아니한 복본에 대한 지급책임을 면하지 못한다(어 제65조 제1항 단서). 그러나 1통의 복본에만 인수를 한 경우에도 인수 없는 복본에 대하여 지급을 하고 인수한 복본을 환수하여 두지 아니하면 그 환수하지 아니한 引受畢複本의 소지인에 대하여 책임을 져야 한다. 이 규정은 선의의 소지인을 보호하기 위한 것이므로 위 두 경우에 인수인은 선의의 소지인에 한하여 책임을 진다.

(나) 背書責任의 獨立性

소지인이 수통의 복본을 수인에게 따로따로 배서양도한 때에는 그 배서인과 그 후의 배서인은 반환받지 아니한 각자의 기명날인 또는 서명이 있는 복본에 대하여 책임을 진다(어 제65조 제2항). 여기서 '반환받지 아니한 복본'이란 지급인이 반환받지 않은 것을 뜻한다. 즉, 이 경우에는 각 배서인은 그 배서한 1통에 대하여 상환의무를 부담하여야 하고, 다른 1통에 대한 인수 또는 지급이 있었다고 하여 책임을 면할 수는 없다. 그러나 각별로 배서한 자의 전자는 복본소지인 중의 임의의 1인에 대하여 상환하면 그 책임을 면한다.

4. 引受를 위한 複本의 送付

복본소지인이 인수를 위하여 그 1통(送付複本)을 송부한 경우에는 다른 각통(流通複本)에 그 송부한 복본의 보유자의 명칭을 기재하여야 한다(어 제66조 제1항 제1문). 따라서 유통복본의 소지인은 송부복본의 보유자에 대하여 그 반환을 청구할 수 있다(어 제66조 제1항 제2문).

송부복본의 보유자가 그 복본의 반환을 거절하면, 다른 복본, 즉 유통복본의 소지인은 거절증서에 의하여 송부복본의 교부청구가 거절되었다는 사실과, 자기가 소지하는 유통복본으로써 인수 또는 지급을 받을 수 없었다는 사실을 증명하지 아니하면, 전자에 대한 소구권을 행사하지 못한다(어 제66조 제2항).

그런데 유통복본에 송부복본의 보유자의 기재가 없는 경우에는 유통복본을 소지하는 자는 그 송부를 무시하고 유통복본에 의하여 인수 또는 지급의 청구를 하고, 그것이 거절된 때에는 복본반환거절증서의 작성없이 소구권보전절차(지급거절증서작성)를 취하여 즉시 소구할 수 있다.

송부복본을 송부하는 경우 어음의 배서란에 사선을 그어두면 배서양도할 수 없게 된다.

Ⅱ. 어음의 謄本

1. 謄本의 意義

어음의 등본(Wechselabschrift, Kopie)이란 어음의 원본(Urschrift, Originalwechsel)을 등사한 것을 말한다. 등본은 복본과 함께 어음複製에 속하나, ① 복본제도는 환어음에만 있으나 등본제도는 약속어음에도 인정되고(어 제77조 제1항 제6호), ② 복본은 발행인만이 작성할 수 있으나 등본은 모든 어음 소지인이 작성할 수 있으며, ③ 복본에는 인수도 할 수 있으나 등본에는 배서 · 보증만 할 수 있고, ④ 등본에는 遮斷文言制度(어 제68조 제3항)가 있으나 복본에는 이것이 없다.

등본은 어음의 유통성을 조장하기 위하여 작성된다. 예컨대, 환어음의 소지인이 인수를 위하여 어음을 원격지에 송부하는 경우에, 복본발행의 번잡을 피하여 등본에 의하여 배서양도하거나 또는 어음의 원본은 보관하여 두고 등본에 보증을 받는 경우 등이다.

2. 謄本의 發行

어음의 등본은 어음소지인이 임의로 작성할 수 있다(어 제67조 제1항). 등본에는 배서 기타 원본에 기재한 모든 사항을 정확히 再記하고, 그 말미에 표시하는 문구[예컨대, '이상 謄寫'(境界文句)]를 기재하여야 한다(어 제67조 제2항). 등본에는 原本의 保持者(Verwahrer)를 표시하여야 한다(어 제68조 제1항). 그리고 그 원본의 보지자는 등본의 정당한 소지자에 대하여 그 원본을 교부하여야 한다(어 제68조 제1항 제2문). 그러나 등본에 원본의 보지자를 기재하지 아니한 경우에도 등본이 그 효력을 잃는 것은 아니다.

3. 謄本의 效力

(1) 謄本에 의한 背書 또는 保證

등본에는 원본과 동일한 방법에 의하여 동일한 효력으로 배서 또는 보증을 할 수 있다(어 제67조 제3항). 따라서 등본에 배서를 한 경우 원본이 부당하게 유통되는 것을 방지하기 위하여, 어음소지인은 등본작성 전에 한 최후의 배서의 뒤에 '이후의 배서는 등본에 한 것만이 효력이 있다'는 문언 또는 이와 동일한 의의가 있는 문언(遮斷文言 : Sperrvermerk)을 원본에 기재할 수 있는데, 이 경우에는 원본에 기재한 그 후의 배서는 효력이 없다(어 제68조 제3항).

그러나 등본은 그 자체가 어음이 아니므로 등본으로 인수 또는 지급을 청구할 수 없으며, 어음상의 권리를 행사함에는 항상 원본이 있어야 한다.

(2) 謄本所持人의 原本返還請求權과 遡求權

등본의 소지인이 인수를 받기 위하여 원본을 송부한 경우에는 등본에 그 원본의 保持者(送付處)를 기재하여야 하며(어 제68조 제1항 제1문), 등본의 소지인은 원본의 보지자에 대하여 그 반환을 청구할 수 있다(어 제68조 제1항 제2문). 만약 원본의 보지자가 그 반환을 거절할 때에는 등본의 소지인은 원본반환거절증서에 의하여 원본의 반환을 거절당한 사실을 증명하여 등본에 배서 또는 보증을 한 자에 대하여 소구권을 행사할 수 있다(어 제68조 제2항).

원본보지자의 기재가 없는 경우에 등본에 배서 또는 보증을 한 자에 대하여 소구권을 행사할 수 있는가에 관하여는 학설이 나뉘고 있다. 원본을 가진 자를 탐지하여 原本返還拒絶證書를 작성시킬 수 있는 경우에는 이를 작성케 하여 소구권을 행사할 수 있다는 점에는 이론이 없으나, 그것이 불가능한 경우에 있어서는 거절증서를 작성할 수 없으므로 소구권의 행사를 하지 못한다고 하는 학설[1]과 원본반환거절증서의 작성없이 소구권의 행사를 할 수 있다고 하는 학설

1) Baumbach/Hefermehl, *Wechselgesetz und Scheckgesetz*, 13. Aufl., 1981, Art. 68,

이 있다.[1] 생각건대, 이러한 등본의 소지인도 소구권은 가지지만, 소구권행사의 형식적 요건인 거절증서라는 증명방법이 없으므로 결국 소구권을 행사할 수 없다고 본다.[2]

제 9 관 拒絶證書

Ⅰ. 拒絶證書의 意義

거절증서(Protest, protest)란 어음상의 권리의 행사 또는 보전에 필요한 행위를 적법하게 하였다는 것과, 그 결과를 증명하는 유일한 公正證書이다. 우리 어음법은 통일조약에 따라 거절증서의 작성을 항상 권리보전의 조건으로 하는 동시에, 그 작성에 관한 사항은 따로 拒絶證書令(1970. 4. 15. 大統領令 제4919호)으로 정하고 있다.

거절증서는 증거방법으로서 증명증서이고 요식증서이며, 어음으로부터 독립한 증서이다. 다만 수표에 관하여는 거절자 자신의 증명 또는 어음교환소의 증명도 거절증서와 동일한 효력이 인정된다(手 제39조 제2호 · 제3호).

Ⅱ. 拒絶證書의 作成

거절증서를 작성하여야 할 경우 ① 인수거절(어 제44조 제1항 · 제2항 · 제26조 제2항 · 제51조), ② 제시일자 또는 인수일자의 기재거절(어 제25조 제2항 · 제78조 제2항), ③ 제2제시의 청구(어 제24조 제1항), ④ 지급거절(어 제44조 제1항 · 제3

Rdn. 1.

1) 金容泰(下) 374면.

2) 同旨： 孫珠瓚(下) 357면; 鄭東潤(어) 596면; 鄭熙喆 · 鄭燦亨(下) 430면.

항·제54조 제3항·제77조 제1항 제4호), ⑤ 지급인의 자력불확실(어 제44조 제5항), ⑥ 참가인수거절(어 제56조 제2항), ⑦ 참가지급거절(어 제60조 제1항·제2항·제77조 제1항 제5호), ⑧ 복본반환거절(어 제66조 제2항), ⑨ 원본반환거절(어 제68조 제2항·제77조 제1항 제6호)의 경우 등이다.

그러나 ① 거절증서의 작성이 면제된 경우(어 제46조), ② 인수거절증서의 작성 후에 지급을 거절하는 경우(어 제44조 제4항), ③ 파산결정서가 있는 경우(어 제44조 제6항), ④ 불가항력으로 인한 면제의 경우(어 제54조 제4항)에는 거절증서를 작성하지 않고 소구권을 행사할 수 있다.

거절증서는 어음소지인 또는 그 대리인의 위탁에 따라 공증인, 執行官, 法務法人, 公證認可合同法律事務所가 작성한다(拒令 제 2 조, 執行官法 제 5 조 제 3 호, 辯 제39조·제48조의 2). 거절증서는 청구를 한 장소에서 작성하는 것이 원칙이나, 거절자의 승낙이 있는 때에는 다른 장소에서도 작성할 수 있으며, 청구할 장소를 알 수 없는 때에는 관공서 또는 작성자의 사무소에서 작성할 수도 있다(拒令 제8조 제2항). 거절증서는 어음 또는 附箋에 작성자가 자신의 경험에 의하여 확인한 일정한 사항을 기재하고 작성자가 기명날인 또는 서명을 함으로써 작성한다(拒令 제3조 제4항).

거절증서의 작성기간은 각 거절증서에 관하여 어음법에 규정되어 있다. 예컨대, 확정일출급, 발행일자후정기출급 또는 일람후정기출급어음의 지급거절증서는 지급을 할 날에 이은 2거래일 내이다(어 제44조 제3항 제1문).

제 2 절 約束어음

I. 序 說

약속어음(eigener Wechsel, promissory note)은 金錢債務證券이며, 信用機能을 그 주된 경제적 기능으로 한다는 점에서 환어음과 비슷한 점이 많다. 따라서 통일어음法의 형식에 따른 우리 어음법은 환어음을 중심으로 하여 규제를 하고

(換어음中心主義), 약속어음에 관하여는 약간의 특별규정을 두었을 뿐, 성질이 허용하는 한 환어음에 관한 규정을 이에 준용하고 있다(어 제77조).

그러나 환어음이 3당사자 간의 金錢支給委託證券인 데 대하여, 약속어음은 양당사자 간의 金錢支給約束證券이라는 형식상의 본질적인 차이 때문에 몇가지 특수한 규제를 필요로 한다.

Ⅱ. 換어음과 約束어음의 差異點

1. 經濟的 機能上의 差異

'信用의 用具'로서 쓰인다는 점에서 환어음과 약속어음은 본질적으로는 같으나, 약속어음은 매매거래의 대금지급의 방법이나(商業어음), 할인·융자의 방법으로(割引어음, 貸付어음) 주로 국내거래에서 이용되는 데 대하여, 환어음은 격지자 간의 송금·대금추심의 방법으로, 특히 국제거래에서 이용되는 점에서 그 기능을 달리한다.

2. 法律上의 差異

(1) 發　行

기본어음의 형식에 있어서 양자는 전혀 다르다. 즉, 환어음은 어음요건으로 '환어음임을 표시하는 문자'(어 제1조 제1호)를 기재할 뿐만 아니라 일정금액의 무조건의 지급 '위탁'을 하여야 하므로(어 제1조 제2호) 반드시 '지급인의 명칭'(어 제1조 제2호)을 기재하여야 한다. 그러나 약속어음은 '約束어음임을 표시하는 문자'(어 제75조 제1호)를 기재하되 일정금액의 무조건의 지급 '約束'을 발행인 자신이 하는 것이므로(어 제75조 제2호) 제3당사자인 지급인을 기재할 수 없다.

'發行'의 성질 및 효력에 있어서도 양자는 전혀 다르다. 즉, 환어음의 발행은 지급지시로서, 수취인은 어음금액의 지급수령권한(일종의 期待權)을 취득하고, 발행인은 종국적 상환의무자로서 담보책임을 지는 데 대하여, 약속어음의 발행은 어음채무부담의 의사표시로서 수취인은 어음금지급청구권을 취득하고 발행인은 주채무자로서 '환어음의 인수인과 동일한 의무를 부담한다'(어 제78조 제1항)(따라서 약속어음에 발행인의 免責文句를 기재하면 어음 자체가 무효로 된다).

(2) 引 受

약속어음에는 '인수'가 있을 수 없다. 다만 약속어음에도 一覽後定期出給어음은 존재하므로(어 제77조 제1항 제2호·제33조 제1항 제2호), 그 만기를 정하는 기준에 관하여 특별규정을 두고 있다. 즉, 일람후정기출급의 약속어음은 소지인이 제시기간 내에(어 제23조) 발행인에게 일람을 위하여 제시하여야 하고(어 제78조 제2항 제1문), 일람 후의 기간은 발행인이 어음에 일람의 뜻을 기재하고 일자를 附記하여 기명날인한 날로부터 진행한다(어 제78조 제2항 제2문). 만약 발행인이 일람의 뜻과 일자의 기재를 거절하면 거절증서에 의하여 이를 증명하여야 하고(어 제73조 제2항 제3문), 이 때 그 일자는 일람 후의 기간의 초일로 한다(어 제78조 제2항 제4문).

(3) 引受拒絶로 인한 遡求

약속어음에는 인수제도가 없으므로 인수거절로 인한 소구도 있을 수 없다.

(4) 複 本

약속어음에서는 인수를 위하여 어음을 송부할 필요도 없으므로 등본의 규정은 약속어음에 준용되지만(어 제77조 제1항 제6호·제67조·제68조), 복본의 규정은 준용되지 않는다.

(5) 參加引受의 問題

약속어음에는 인수제도가 없으므로 참가인수제도도 없다는 학설이 있으나, 참가인수는 만기 전에 소구할 수 있는 모든 경우에 인정되므로 약속어음에서도 만기 전의 소구를 인정하는 한 참가인수를 인정할 수 있다는 학설이 우리 나라의 다수설이다.[1)]

---

1) 徐燉珏·鄭完溶(下) 283면; 孫珠瓚(下) 371면.

Ⅲ. 換어음과 約束어음의 共通點

1. 證券의 性質 · 機能

환어음이나 약속어음이나 金錢債權證券이고 신용의 용구인 '어음'이란 점에서 같으며, 증권의 여러 가지 법적 성질도 같다.

2. 適用範圍

우리 어음법은 환어음중심주의의 입법이므로 환어음에 관한 규정을 약속어음에 준용하고 있다. 즉, ① 어음채무의 독립성(어 제7조 · 제77조 제2항), 무권대리인의 책임(어 제8조 · 제77조 제2항), 변조(어 제69조 · 제77조 제1항 제7호)에 관한 규정 등 어음행위일반에 관한 규정, ② 第三者方支給의 기재(어 제4조 · 제77조 제2항), 이자의 약정(어 제5조 · 제77조 제2항), 어음금액의 중복기재(어 제6조 · 제77조 제2항), 白地어음(어 제10조 · 제77조 제2항)에 관한 규정 등 어음의 발행과 방식에 관한 규정, ③ 배서(어 제11조~제20조 · 제77조 제1항 제1호), ④ 만기(어 제33조~제37조 · 제77조 제1항 제2호)에 관한 규정, ⑤ 지급(어 제38조~제42조 · 제77조 제1항 제3호)에 관한 규정, ⑥ 지급거절로 인한 소구(어 제43조~제50조 · 제52조~제54조 · 제77조 제1항 제4호)에 관한 규정, ⑦ 참가지급(어 제55조 · 제59조~제63조 · 제77조 제1항 제5호)에 관한 규정, ⑧ 등본(어 제67조 · 제68조 · 제77조 제1항 제6호)에 관한 규정, ⑨ 시효(어 제70조 · 제71조 · 제77조 제1항 제8호)에 관한 규정, ⑩ 휴일 · 기간의 계산과 恩惠日의 금지(어 제72조~제74조 · 제77조 제1항 제9호)에 관한 규정, ⑪ 보증(어 제30조~제32조 · 제77조 제3항)에 관한 규정은 약속어음에 준용된다.

다만 약속어음의 특수성으로 인하여 다음과 같은 점에 주의하여야 한다. 즉, ① 어음법 제77조 제2항은 동 제27조도 준용하고 있으나 약속어음에는 인수제도가 없으므로 이를 제외하여야 할 것이고, ② 약속어음의 발행인은 소구의무자가 아니므로 소구통지를 받을 권리도(어 제45조) 없으며, 예비지급인을 기재할 수도 없다(어 제55조 제1항). ③ 또 피보증인의 표시가 없는 경우에는 약속어음의 발행인을 위하여 보증한 것으로 본다(어 제77조 제3항 제2문). ④ 참가인수를 약속어음에서도 인정할 것인가에 관하여 학설이 대립하고 있는 것은 전술한 바와 같다.

제 4 장
手 票 法

제 1 절 手票法 總論

제 1 관 手票와 換어음의 比較

Ⅰ. 序 說

1. 現行法上 手票의 槪念

수표와 환어음은 발행인이 지급인에 대해서 일정한 금액의 지급을 위탁하는 금전지급위탁증권이란 점에서 같고, 금전지급약속증권인 약속어음과 구별된다. 이와 같이 증권의 형식 및 성질에 있어서 수표와 환어음은 아주 유사하고, 다만 증권의 본문 중에 기재된 '手票'(手 제1조 제1호) · '환어음'(어 제1조 제1호)에 의해서 구별될 뿐이다.

2. 어음 · 手票 分離主義의 根據

수표를 어음과 분리하여 규제하는 입법례는 우리 나라를 비롯해서 일본 · 독일 · 프랑스 및 제네바의 통일법 등을 들 수 있는데, 그 근거는 경제적 기능이라는 실질적 차이점에 둔 것이다. 이와는 달리 형식적 동일성을 중시하는 경우에는 수표는 환어음의 일종으로 보아 함께 규제하게 된다(英·美).

Ⅱ. 手票와 어음의 共通點

1. 證券의 性質

수표나 환어음이나 '금전채권증권'이란 점에서 같고, 증권의 여러 가지 법적 성질(完全有價證券性·設權證券性·無因證券性·文言證券性·要式證券性·法律上 당연한 指示證券性·提示證券性·還受證券性)도 같다.

2. 證券의 形式

수표나 환어음이나 금전의 '支給委託證券'이다. 따라서 구체적으로 다음과 같은 유사점을 들 수 있다.

(1) 3當事者

지급위탁증권이므로 발행인·지급인·수취인의 3당사자를 필요로 한다(어 제1조, 手 제1조·제5조)(소지인출급식수표에서는 수취인의 기재가 필요없지만 실질적으로 3당사자가 전제되어 있는 점에는 틀림이 없다).

(2) 主債務者의 不確定

수표는 주채무자가 없고, 환어음은 지급인이 인수를 하여야 확정되므로(어 제28조), 양자가 다 발행 당시에는 주채무자가 확정되지 않는다.

(3) 發行人의 地位

발행인은 소구의무자에 불과하다.

(4) 所持人의 地位

수표나 환어음이 발행됨과 동시에 당연히 지급인이 금전지급채무를 부담하는 것은 아니다. 따라서 수표나 환어음은 지급수령권한(일종의 기대권)을 표창하는 유가증권이고(약속어음은 어음금지급청구권을 표창한다), 그 소지인은 지급수령권한자에 불과하다.

3. 適用法條

우리 나라는 분리주의 원칙에 따라 어음법과 수표법을 따로 제정하였으나, 같은 내용의 법조문을 찾아볼 수 있다. 이에 관하여는 이미 전술하였다(제1장 제2절 어음법 · 수표법 참조).

Ⅲ. 手票와 어음의 差異點

1. 經濟的 機能上의 差異

수표의 주된 경제적 기능은 '支給의 用具'로서의 작용인 데 대하여, 환어음의 주된 경제적 기능은 '信用의 用具'로서의 작용이다. 바꾸어 말하면, 수표는 자금이 있는 자가 현금의 지급 대신으로 이용하는 증권이고, 환어음은 자금이 없는 자가 신용을 이용하는 증권이다. 이러한 경제적 기능의 차이로부터 다음과 같은 법률상의 차이가 생긴다.

2. 法律上의 差異

수표가 지급증권이기 때문에 수표법은 '支給의 迅速 · 簡易化'의 요청과 '지급의 확실 · 안전화'의 요청에 따라 특수한 규정을 두어 신용증권화하는 것을 적극 방지하고 있으므로 신용증권으로서 장기간 유통되기를 바라고 조장하는 환어음에 관한 규제와는 다른 점이 많이 있다.

(1) 支給의 迅速·簡易化措置

(가) 一覽出給性

수표는 당연히 一覽出給이고, 이에 위반되는 기재는 기재하지 아니한 것으로 본다(手 제28조 제1항). 따라서 先日字手票는 기재된 발행일자 도래 전이라도 제시하면 지급하여야 한다(手 제28조 제2항).

환어음은 신용증권이므로 확정일출급, 발행일자후정기출급, 일람후정기출급으로 만기를 기재할 수 있으며, 또 일람출급으로도 기재할 수 있으나 수표의 경우와는 다르다.

(나) 提示期間

수표의 지급제시기간은 짧고, 이를 임의로 신축할 수 없다. 즉, 국내에서 발행하고 지급할 수표는 발행일자로부터 10일이고(手 제29조 제1항·제4항), 발행지와 지급지가 나라나 지역을 달리하는 수표는 그 거리에 따라서 제시기간이 연장된다(20日 또는 70日)(手 제29조 제2항~제4항).

환어음의 경우에는 일람출급어음은 원칙적으로 발행일자로부터 1년이고(어 제34조 제1항), 확정일출급어음, 발행일자후정기출급어음, 일람후정기출급어음은 '지급을 한 날 또는 이에 이은 2거래일'인데(어 제38조 제1항), 수표의 경우보다 제시기간이 긴 것이 보통이고, 또 그 기간을 신축할 수 있는 여지가 있다.

(다) 時效期間

수표는 시효기간도 단축되어서, '제시기간경과 후' 수표를 환수한 날, 또는 제소된 날로부터 6개월 간 소구권을 행사하지 않으면 소멸시효가 완성한다(手 제51조).

환어음의 경우에는 인수인에 대한 지급청구권은 만기일로부터 3년(어 제70조 제1항), 소지인의 전자(배서인, 발행인)에 대한 소구권은 거절증서의 작성일 또는 만기일(거절증서작성의무가 면제된 경우)로부터 1년(어 제70조 제2항), 상환한 배서인의 전자에 대한 소구권은 어음을 환수한 날 또는 그 자가 제소된 날로부터 6개월(어 제70조 제3항)이 지나면 소멸시효가 완성한다.

(라) 約定利子文句 기재의 不許

수표는 속히 현금화할 것이므로 이자의 약정을 기재하더라도 이를 인정하지 않는다(手 제7조).

환어음에 있어서는 일람출급·일람후정기출급의 경우에 한하여 이자의 약정을 기재할 수 있다(어 제5조).

(마) 引受의 禁止

수표는 장기간 유통시킬 필요가 없으므로 인수를 하지 못한다(手 제4조). 따라서 지급보증의 경우를 제외하고는 수표금액을 지급할 主債務者도 없다. 그러나 환어음의 경우에는 인수를 하면 그 때에 인수인이 주채무자로 확정되고(어 제28조), 따라서 그 환어음은 어음금지급청구권을 표창하는 유가증권이 된다.

(바) 參加引受의 禁止

수표는 인수를 금지하므로 참가인수(어 제56조 이하)를 할 여지가 없다.

(사) 支給人의 背書의 禁止

수표의 지급인에 대한 배서는 영수증의 효력만이 있다(手 제15조 제5항 본문). 따라서 수표의 지급인이 한 배서도 무효로 한다(手 제15조 제3항). 지급인에게 담보책임을 지우면 수표에 인수를 금지한 취지에 어긋나기 때문이다(환어음의 지급인은 피배서인이 될 수도 있고, 다시 이를 배서할 수도 있다)(어 제11조 제3항).

(아) 支給人의 手票保證의 禁止

수표지급인의 배서금지와 같은 취지에서 지급인은 수표의 보증을 할 수 없다(手 제25조 제2항, 어 제30조 제2항 참조).

(자) 入質背書·引受無擔保背書의 缺如

입질배서를 인정하지 않는 것은 수표의 제시기간이 지극히 짧기 때문이며, 인수제도가 없으므로 인수를 전제로 한 引受無擔保란 것이 있을 수 없다.

(차) 謄本·複本制度의 制限

수표에서는 주로 인수를 위해 필요한 등본제도는 없고, 복본도 분실의 염려가 있는 국제간 또는 원격지에 송부하는 경우에 한하여 인정한다(手 제48조).

(카) 所持人의 不特定 許用

수표에서는 지급기능을 강화하기 위하여 소지인출급식수표가 허용되며(手 제5조), 실제로 가장 많이 이용되는 것이나, 환어음에서는 소지인이 특정되어야 한다(어 제1조 제6호).

(타) 遡求方法의 制限

수표에서는 만기 전의 소구제도와 역어음에 의한 소구방법이 없다. 왜냐하면 전자는 인수제도가 없기 때문이며, 후자는 소구방법의 복잡화를 피하기 위해서이다.

(파) 支給拒絶證明의 簡易化

수표에서는 지급거절증명의 방법으로 公正證書뿐만 아니라(手 제39조 제1호·제44조 제1항 참조), 지급인의 선언(手 제39조 제2호), 어음교환소의 선언(手 제39조 제3호)에 의한 간편한 방법을 인정하고 있다.

(하) 參加支給의 禁止

수표에서는 지급기능의 강화를 위해서 참가인수와 더불어 참가지급도 인정하지 않는다.

(2) 支給의 確實·安全化措置

(가) 支給人의 資格規定

수표에서는 지급의 확실화를 기하기 위하여 지급인의 자격을 은행 또는 법령에 의하여 은행과 동시되는 사람 또는 시설에 한정하고 있으나(手 제3조·제8조·제59조), 환어음에서는 신용이 있는 자인 한 아무라도 상관이 없다.

(나) 手票資金·手票契約의 必要性

수표의 경우에는 지급의 확실·안전화를 위해서 지급인과 발행인 간에 지급인은 발행인이 발행한 수표를 반드시 지급하여야 한다는 계약(手票契約)이 있어야 하고, 수표제시를 할 때까지 발행인은 수표자금을 예금하여야 한다(手 제3조 본문). 그러나 환어음의 경우에는 발행인과 지급인 사이에 미리 자금관계가 있어야 하는 것도 아니고, 지급인이 반드시 지급하여야 할 의무를 지는 것도 아니다.

(다) 發行人에 대한 制裁

수표의 경우에는 수표계약이나 수표자금이 없이 수표를 발행한 자에게는 50만원 이하의 과태료를 물리고(手 제67조), 不正手票團束法에 의한 형사책임까지도 지운다(手團 제2조·제3조).

(라) 支給保證

수표는 인수를 할 수 없고, 따라서 주채무자도 없다. 그러므로 수표지급의 불확실성에 대한 보완책으로서(지급인에게 수표상의 의무를 부담시킬 필요가 생기는 경우를 고려하여) 手票의 支給保證制度가 있다(手 제53조 제1항). 그리고 신용증권화를 방지하기 위하여 제시기간 내에서만 지급의무를 부담하도록 그 효력을 제한하고 있다(手 제55조 제1항).

(마) 橫線制度

수표는 지급용구로서 현금같이 사용되므로 도난 또는 분실로 인하여 소지인이 입을 손해를 피하기 위해서 橫線手票制度가 고안되었으나(手 제37조·제38조), 환어음에는 횡선제도가 없다.

(바) 支給委託取消의 制限

수표의 상실 또는 도난에 대비한 지급위탁의 취소는 제시기간경과 후에만 인정된다(手 제32조). 즉, 支給委託取消制度는 수표의 발행인을 보호하기 위한 것이나, 제시기간 내에는 지급위탁의 취소를 하지 못하게 함으로써 지급의 확실성을 보장하고 있다.

제2관 手票에 관한 通則

I. 手票行爲

수표행위란 '수표상의 채무의 발생원인이 되는 법률행위'로서, 어음행위와 같이 이해할 수 있다. 다만 수표행위에는 發行·背書·保證 및 支給保證의 4종뿐이고, 인수와 참가인수는 없다.

수표행위의 성립요건, 특성, 수표행위의 대리, 수표의 위조·변조에 관하여도 어음행위의 경우와 같이 취급된다.

II. 手票上의 權利

수표상의 권리와 증권과의 관계, 수표상의 권리의 취득·행사·소멸에 관하여도 대체로 어음상의 권리에 관한 이론이 그대로 적용된다. 다만 ① 소멸시효기간은 짧아서 소지인의 전자에 대한 소구권과 재소구권은 6개월(手 제51조), 지급보증을 한 지급인에 대한 청구권은 1년(手 제58조)으로 규정되어 있으며, ② 이득상환의무자 중에는 발행인과 배서인 외에 지급보증을 한 지급인이 포함되는 점(手 제63조)이 다르다.

Ⅲ. 手票의 實質關係

수표의 실질관계도 어음의 실질관계와 대체로 같으나, 수표의 지급기능을 강화하기 위하여 후술하는 바와 같이 수표자금·수표계약의 필요(手 제3조), 지급위탁의 취소의 제한(手 제32조), 발행인의 사망·능력상실의 경우의 수표의 효력(手 제33조) 등에 관하여 특별규정을 두고 있다.

제 2 절 手票法 各論

제 1 관 手票의 發行

Ⅰ. 手票發行의 意義 및 性質

수표의 발행이란 基本手票를 작성하여 수취인에게 교부함으로써 성립하는 수표행위를 말한다. 기본수표를 작성하는 행위는 수표요건을 기재하고 발행인이 기명날인 또는 서명을 하는 것을 말한다.

수표발행의 법적 성질은 환어음의 경우와 같이 '支給指示'(Anweisung)라 본다.

Ⅱ. 基本手票의 作成

1. 手票證券의 作成

수표는 수표요건을 기재하고 발행인이 기명날인 또는 서명을 하되 창조되는 수표의 방식은 발행인이 선택할 수 있다(手 제5조). 그러나 실제에 있어서는 수표계약에 의하여 발행인이 지급인인 은행으로부터 교부받은 수표용지를 사용하게 되고, 그 수표용지는 所持人出給式으로 되어 있는 것이 보통이므로 내국수표에 관하여는 지시수표나 지시금지의 기명수표가 발행되는 경우는 거의 없다.

2. (基本)手票要件(必要的 記載事項)

수표요건은 ① 수표문구(手 제1조 제1호), ② 일정금액의 지급위탁(手 제1조 제2호), ③ 지급인의 명칭(手 제1조 제3호), ④ 지급지(手 제1조 제4호), ⑤ 발행일(手 제1조 제5호), ⑥ 발행지(手 제1조 제5호), ⑦ 발행인의 기명날인 또는 서명(手 제1조 제6호)으로서, 대체로 환어음의 경우와 비슷하다. 다만 수표의 一覽出給性으로 인하여(手 제28조) 만기(어 제1조 제4호)의 표시는 있을 수 없고, 수표는 소지인출급식(手 제5조 제1항 제3호)이 원칙이므로 수취인의 명칭(어 제1조 제6호)이 필요하지 않다. 또 수표의 支給人은 銀行(우체국, 농업협동조합, 수산업협동조합, 축산업협동조합 등 포함)에 한정되나(手 제3조 · 제59조), 지급인을 은행 이외의 자로 한 수표도 무효는 아니고, 발행인에 대한 과태료의 제재가 있을 뿐이다(手 제67조). 수표는 발행인 자신을 지급인으로 하여 발행할 수 있으며(自己앞手票)(trassiert-eigener Scheck)(手 제6조 제3항), 실제에 있어서 동일영업의 본 · 지점간 또는 지점 상호간에서 널리 사용되고 있다.

지급지의 기재가 없는 수표도 무효는 아니며, 지급인의 명칭에 부기한 地를 지급지로 보고, 지급인의 명칭에 수개의 지를 부기한 때, 이를테면 수개의 영업소의 소재지의 기재가 있는 때에는 初頭에 기재한 지를 지급지로 한다(手 제2조 제2항). 이러한 附記地도 없는 때에는 발행지를 지급지로 보게 된다(手 제2조 제3항).

수표에 기재할 발행일자는 사실상 발행된 날과 일치하여야 하는 것은 아니며, 이것은 환어음의 경우와 같다. 실제에 있어서 사실상의 발행일보다 장래의 일자를 기재한 先日字手票(postdated cheque, vordatierter Scheck)가 많이 이용된다. 수표법은 이러한 수표에 있어서도 그 소지인은 기재상의 발행일자가 도래하기 전에 지급제시를 할 수 있도록 하고 있다(手 제28조 제2항).

발행지의 기재가 없는 수표는 발행인의 명칭에 부기한 지에서 발행한 것으로 보며(手 제2조 제4항), 이것은 환어음의 경우(어 제2조 제4항)와 같으나, 발행지와 발행인의 명칭에 부기한 지가 모두 없는 수표는 수표로서의 효력이 없음이 원칙이다. 그러나 판례는 국내수표의 경우 발행지가 없는 수표도 유효한 수표로 인정한다.[1] 발행인은 지급인인 은행에 처분할 수 있는 자금을 가진 자라야 한다(手 제3조).

3. 有益的 記載事項

수표의 유익적 기재사항으로는 ① 수취인의 표시(手 제5조), ② 지급인의 명칭에 부기한 지(手 제2조 제2항), ③ 발행인의 명칭에 부기한 지(手 제2조 제4항), ④ 제3자방지급문구(手 제8조), ⑤ 배서금지문구(手 제5조 제1항 제2호·제14조 제2항), ⑥ 외국통화 환산율 지정문구(手 제36조 제2항), ⑦ 외국통화 현실지급문구(手 제36조 제3항), ⑧ 횡선(手 제37조), ⑨ 거절증서작성 면제문구(手 제42조), ⑩ 복본의 번호(手 제48조)를 들 수 있다.

특히 수취인의 표시방식에는 ① 기명식, ② 지시식, ③ 기명식으로서 '指示禁止'의 문자 또는 이와 동일한 의의가 있는 문언을 기재한 것(背書禁止手票), ④ 소지인출급식(無記名式), ⑤ 기명식수표에 '또는 소지인에게'의 문자 또는 이와 동일한 의의가 있는 문언을 기재한 것(指名所持人出給式, 選擇無記名式), ⑥ 전혀 수취인의 기재가 없는 것의 6종이 있다(手 제5조). 또 제3자방지급문구의 기재에 있어서도 그 기재는 발행인만이 할 수 있고, 제3자는 은행이어야 하는 점이 환어음의 경우와 다르다.

---

1) 大判 1999. 8. 19, 99 다 23383.

4. 無益的 記載事項

수표법에 규정이 있는 사항으로는 ① 이자약정문구(手 제7조), ② 발행인의 지급무담보문구(手 제12조), ③ 일람출급 이외의 만기의 표시(手 제28조 제1항), ④ 위탁수표문구(手 제6조 제2항)가 있으며, 수표법상 규정이 없는 사항으로는 ① 대가문구·자금문구, ② 통지문구, ③ 담보부문구, ④ 위약금문구 등을 들 수 있다.

5. 有害的 記載事項

수표의 유해적 기재사항은 수표법상 규정된 것은 없으나 환어음의 경우와 같다.

6. 白地手票

수표법에서도 白地手票가 인정되며(手 제13조), 백지어음(어 제10조)에 관하여 설명한 바와 같다.

Ⅲ. 手票發行의 效力

수표의 발행인은 지급담보책임, 즉 수표가 부도되는 경우에는 소구의무를 진다. 발행인의 지급무담보문언은 이를 기재하여도 기재하지 아니한 것으로 본다(無益的 記載事項)(手 제12조 제2문).

수표에는 인수제도가 없고, 수표의 발행인은 소구의무를 질 뿐이므로 환어음의 인수인이나 약속어음의 발행인에 대응하는 확정적인 주채무자가 없다. 이와 같이 수표에는 주채무자가 없고 그 지급이 불확실하므로 이를 보충하는 제도로서 지급인인 銀行의 支給保證이 있다. 은행이 지급보증을 하면, 제시기간경과 전에 수표를 제시한 소지인에게 수표금을 지급할 의무를 부담한다(手 제55조 제2

항). 그러나 지급보증을 한 은행은 제시기간경과 전에 지급제시를 하는 것을 조건으로 하여 지급의무를 부담하는 것이므로 환어음의 인수인과 같이 무조건 지급의무를 부담하는 주채무자가 되는 것은 아니다.[1)]

그리고 수표의 발행 후에 발행인이 사망하거나 능력을 잃더라도 수표의 효력에는 영향이 없다(手 제33조).

Ⅳ. 手票發行의 制限

1. 發行制限의 必要性

수표는 지급증권으로서 지급의 확실성이 요구되는데도 불구하고 지급인은(引受制度가 없으므로 원칙적으로 주채무자가 될 수 없다) 원칙적으로 수표법상 지급의무를 부담하지 않으므로 오로지 발행인의 신용에 의하여 유통되게 마련이다. 따라서 수표의 지급성을 보장하여 수표소지인의 안전을 가급적 확보하려면, 수표의 발행 자체를 엄격히 제한하여 부정수표의 남발을 억제하는 수밖에 없을 것이다.

2. 發行制限措置의 內容

(1) 支給人의 資格

수표의 발행은 은행을 지급인으로 한 경우만 허용된다(手 제3조 본문). '은행'이란 법령에 의하여 은행과 同視되는 사람 또는 시설을 포함하는데(手 제59조), 이에는 우체국·군농업협동조합·농업협동조합중앙회·어업협동조합·수산업협동중앙회 등이 있다('手票法의 적용에 있어서 銀行과 同視되는 사람 또는 施設의 指定에 관한 規程', 大統領令 제4920호).

지급인의 자격을 은행으로 한정한 것은 금전을 전문적으로 취급하며, 사회적으로 公信力이 있는 기관으로 하여금 지급사무를 담당하게 함으로써, 금전지급의 신속·간이화와 확실·안전화를 도모하려는 데 그 목적이 있다.

1) 鄭東潤(어) 579면.

(2) 手票資金

수표는 은행을 지급인으로 하되, 그 은행에 지급제시를 한 때에 발행인이 처분할 수 있는 자금이 있어야 한다(手 제3조 본문). 이러한 수표자금은 수표의 지급제시를 하는 때에 있어야 하며, 또 이때까지 자금이 제공되면 되고, 발행시부터 수표자금을 확보할 필요는 없다.

수표자금의 공급에 있어서는 당좌예금계약에 의해서 발행인이 미리 지급인에게 자금을 공급하여 둠으로써 지급하는 경우도 있고, 당좌대월계약에 의해서 발행인이 자금을 미리 공급하지 않았더라도 지급인이 일정한 범위 내에서 지급을 하고, 후에 발행인이 이를 보상하는 경우도 있다.

(3) 手票契約

발행인과 지급인 사이에는 자금계약 외에 수표계약이 있어야 한다. 수표계약이란 '發行人이 그 자금을 수표에 의하여 처분할 수 있는 명시 또는 묵시의 계약'(手 제3조 본문)을 말한다. 본래 지급인은 발행인의 지시에 따라서 지급을 할 권한을 가질 뿐이지 수표법상의 지급의무를 지는 것은 아니다. 다만 이 수표계약에 의해서 지급인은 발행인이 발행한 수표를 예치된 수표자금을 가지고 지급할 의무를 발행인에 대하여 지게 된다.

수표계약이 없이 발행된 수표도 무효는 아니다. 그러나 이 경우 은행은 지급을 거절할 것이고, 발행인은 과태료의 처분을 받는다(手 제67조).

제3자의 계산으로 수표가 발행되는 경우, 즉 委託手票에 있어서는(手 제6조 제2항), 자금관계와 수표계약은 지급인인 은행과 제3자 사이에 존재하고, 발행인은 수표를 발행하여 그 제3자의 자금을 처분할 수 있으면 된다.

手票契約의 법적 성질에 관하여는 다툼이 있으나, 수표의 지급사무를 위탁하는 委任契約으로 보는 견해가 통설이다.

3. 制限措置違反의 效果

(1) 手票의 效力

수표법이 규정한 발행제한조치를 위반하여 수표를 발행하더라도 手票自體의 효력에는 영향을 미치지 않는다(手 제3조 단서). 즉, 지급인의 자격을 은행으로 하지 않은 경우라든가, 은행을 지급인으로 하였으나 자금 없이 수표를 발행할 경우라도 수표가 유효함은 물론(無因性), 수표계약 없이 발행한 수표라도 유효하며, 한편 수표계약이 있다고 하여 지급인이 수표소지인에 대하여 수표의 지급의무를 지는 것도 아니다.

(2) 發行人의 責任

수표의 발행제한 규정을 위반한 발행인은 50만원 이하의 과태료에 처한다(手 제67조).

4. 特別法上의 發行制限

유통증권인 수표의 지급성을 확보하기 위하여 不正手票團束法이 제정되었는데, 동법은 소정의 부정수표를 발행한 자는 5년 이하의 징역 또는 수표금액의 10배 이하의 벌금에 처하게 함으로써(手團 제2조 제1항) 간접적으로 수표발행의 제한조치를 강화하고 있다.

제 2 관 手票의 譲渡

Ⅰ. 手票의 譲渡方法

수표의 양도방법은 배서에 한하지 않고, 오히려 證券의 교부에 의하는 것이 보통이다. 즉, ① 배서금지수표의 경우에는 지명채권의 양도방식에 따라서, 그리고 그 효력으로서만 양도할 수 있고(手 제14조 제2항), ② 記名式手票·指示式手票의 경우에는 배서에 의하여 양도할 수 있으며(手 제14조 제1항), ③ 所持人出給式手票·指名所持人出給式(選擇無記名式) 手票의 경우에는 증권의 교부에 의하여 양도할 수 있다(民 제523조).

Ⅱ. 手票의 背書

1. 手票背書의 特色

수표의 배서는 그 종류·방식·효력 등이 대체로 어음의 배서와 같고, 다만 그 지급증권성에 비추어 다음과 같은 특칙을 두고 있는 점이 다르다.

2. 어음背書와의 差異點

(1) 支給人에 대한 背書禁止

수표의 지급인에 대하여 한 배서는 배서로서의 효력이 없고, 영수증으로서의 효력만이 있다(手 제15조 제5항). 만일 지급은행이 지급을 하지 아니하고 수표의 배서양도를 받을 수 있게 한다면, 수표자금이 없는 경우에도 대가를 지급할 수 있는 길이 열리게 되고, 이와 같은 방법은 수표자금을 필요로 하는 수표법 제3조의 규정에 위반하기 때문이다. 다만 지급은행의 영업소가 수개인 경우에 그 수표가 지급될 곳으로 된 영업소 이외의 영업소에 대한 배서는 유효하다(手 제15조 제5항 단서).

(2) 支給人의 背書禁止

수표의 지급인이 한 배서는 무효이다(手 제15조 제3항). 지급인에 대한 배서를 인정하지 아니하므로 지급인은 피배서인이 될 수도 없지만, 만약 배서를 인정한다면 담보적 효력으로 인하여 지급인이 지급담보책임을 부담하여 실질적으로 인수를 한 것과 같은 결과가 되고, 수표가 신용증권화하게 될 것이므로 수표법은 이를 금지하고 있다.

(3) 入質背書의 不認定

어음에는 입질배서가 인정되나(어 제19조·제77조 제1항 제1호), 수표는 지급증권이므로 입질배서를 인정하지 않는다.

(4) 背書人의 引受擔保責任의 不認定

수표에는 인수제도가 없으므로 배서인은 지급담보책임만을 질 뿐이며, 인수담보책임을 인정할 여지가 없다.

(5) 豫備支給人의 기재의 不認定

수표에는 참가제도가 없으므로 배서인이 예비지급인의 기재를 하지 못한다.

(6) 謄本에 의한 背書의 不認定

수표에는 등본제도가 없으므로 등본에 의한 배서도 있을 수 없다.

(7) 所持人出給式手票의 背書의 特色

소지인출급식수표의 경우 그 교부만으로도 양도를 할 수 있으나, 배서를 하는 경우도 있으므로 수표법은 특별규정을 두었다. 즉, 소지인출급식수표의 배서는 담보적 효력은 있어도 權利移轉的 效力과 資格授與的 效力은 없다(手 제20조 본문). 또 소지인출급식수표에 배서를 하였다고 하여 지시식수표로 변하는 것도 아니다(手 제20조 단서). 따라서 배서 후에도 수표는 교부만에 의하여 양도되고, 수표의 소지인은 배서의 연속을 필요로 하지 않고, 증권의 소지만으로써도 정당한 권리자라는 추정을 받는다.[1)]

배서인은 소구에 관한 규정에 따라서 책임을 지게 되므로(手 제20조) 상환의무를 이행하고 수표를 환수한 배서인이 자기의 전자에게 재소구하려면 배서의 전후관계를 명백히 하여야 하는데, 이것은 실제로 배서를 한 때를 표준으로 하여 결정하여야 한다. 다만 배서기재의 순서로써 배서시기의 전후를 추정할 수는 있을 것이다.

수인의 배서인이 있는 경우에 소지인에게 상환을 한 배서인은 자기의 전자에 대하여 소구를 할 수 있으나, 그 背書人은 被請求者가 자기의 전자라는 것을 입증하여야 한다.

거절증서나 지급거절선언의 작성 후 또는 지급지시기간경과 후 소지인출급식수표의 배서(期限後背書)나 교부에 의한 양도는 지명채권양도의 효력밖에 없다.

---

1) 大判 1965. 11. 30, 65 다 1966.

제3관 手票保證

Ⅰ. 手票保證의 意義

수표보증(Scheckbürgschaft, Aval)이란 주된 수표행위에 의하여 발생한 채무를 담보할 것을 목적으로 하는 종된 수표행위를 말한다.

Ⅱ. 手票保證의 特色

수표보증의 성립요건 · 효력 등 그 규제내용은 대체로 어음보증의 경우와 같다. 다만 수표의 신용증권화를 방지하기 위하여 수표의 인수제도를 인정하지 아니한 취지를 관철하기 위하여 지급인 자신이 수표의 보증을 할 수는 없게 하였다(手 제25조 제2항).

제4관 手票의 支給保證

Ⅰ. 序 說

1. 支給保證의 意義

지급보증이란 제시기간 내에 수표가 제시된 경우 지급인이 그 수표금액의 지급채무를 부담하기로 하는 지급인의 수표행위를 말한다. 수표는 一覽出給性이고(手 제28조), 지급제시기간이 짧으며(手 제29조), 引受가 금지되므로(手 제4조) 그 대신 지급보증에 의하여 지급의 확실성을 보장하고 있다.

그런데 실제에 있어서는 수표의 소지인이 은행에 대하여 지급보증을 청구하면 은행은 지급보증을 하는 대신, 수표발행인의 當座計定으로부터 그 금액을 공제하고 은행의 自己앞手票를 발행하여 교부한다. 그러므로 현재 수표법상의 지급보증제도는 사실상 시행되고 있지 않다.

2. 手票保證과 支給保證의 差異

수표보증은 수표상의 채무(償還義務)를 담보하기 위한 종된 수표행위이나, 지급보증은 수표상의 주채무를 부담하기 위한 독립된 수표행위란 점에서 서로 다를 뿐만 아니라, 그 방식·주체(지급보증은 지급인만이 할 수 있으나 수표보증은 지급인을 제외하고 누구든 할 수 있다)·채무의 범위·효력·소멸시효기간 등 많은 차이점을 찾아볼 수 있다.

3. 引受와 支給保證의 差異

환어음의 인수와 수표의 지급보증은 지급인이 일정금액의 지급채무를 (主債務者로서) 확정적으로 부담하는 행위란 점에서는 같으나, 다음과 같은 많은 차이점을 찾아볼 수 있다.

(1) 支給人의 義務

인수인의 의무는 절대적인 의무이나, 지급보증인은 지급보증의 효력에서 설명하는 바와 같이 상대적인 의무이다.

(2) 拒絶의 效果

환어음의 소지인에게는 인수제시의 권리가 있어서 인수가 거절되면 소구권을 행사할 수 있으나, 수표의 소지인에게는 지급보증의 청구권은 없고, 따라서 이를 거절당해도 소구권을 행사할 수 없다.

(3) 一部支給保證

인수는 일부인수가 인정되나, 수표금액의 일부만에 대한 지급보증은 인정되지 아니한다(手 제54조 제2항 참조).

(4) 消滅時效期間

인수인의 의무는 3년(어 제70조 제1항), 지급보증인의 의무는 1년(手 제58조)의 시효에 의하여 소멸한다.

(5) 猶豫期間

인수에는 유예기간이 인정되나(어 제24조 제1항 제1문), 지급보증에는 이를 인정할 여지가 없다.

Ⅱ. 支給保證의 方式

지급보증은 수표의 표면에 '支給保證' 기타 지급을 할 뜻을 기재하고 일자를 부기하여 지급인이 기명날인 또는 서명을 하여야 한다(手 제53조 제2항). 이 점에서 수표보증이 수표 또는 보전에 이를 하고 일자의 기재를 요하지 않는 것과 다르다(手 제26조 제1항). 또 수표보증에서는 피보증인의 표시를 하여야 하고, 이 표시가 없으면 발행인을 위하여 한 것으로 보게 되나(手 제26조 제4항), 지급보증에서는 이러한 표시가 있을 수 없다. 지급보증도 무조건이어야 하며(手 제54조 제1항), 지급보증에 의하여 수표의 기재사항에 변경을 가하여도 그 변경의 기재는 없는 것으로 본다(手 제54조 제2항). 따라서 일부의 지급보증은 전액의 지급보증으로 보게 된다. 지급보증의 청구자에는 제한이 없으며, 발행인·배서인 등은 모두 이를 할 수 있으나, 실제에 있어서는 발행인이 보통 이를 한다.

Ⅲ. 支給保證의 效力

1. 支給保證人의 意義

(1) 第一次的 支給義務

지급보증을 한 지급인은 제시기간경과 전에 수표를 제시한 경우에 한하여(제1차적) 지급의무를 부담한다(手 제55조 제1항)(相對的 義務). 이 점에서 환어음의 인수인이 어음제시의 유무를 불문하고 지급의무를 지는 것과 다른 점이다. 따라서 수표소지인은 지급거절증서 또는 이와 동일한 효력을 가지는 지급인 또는 교환소의 선언에 의하여 적법한 제시를 하였으나 거절당하였다는 사실을 증명하지 아니하면, 전자에 대한 소구권뿐만 아니라 지급보증인에 대한 권리도 잃는다(手 제55조 제2항).

(2) 支 給 額

지급보증인이 지급할 금액은 원래는 수표금액이나, 권리보전절차를 밟은 경우에는 소구의무자가 지급한 금액(手 제44조·제45조)과 같다(手 제55조 제3항).

(3) 消滅時效

지급보증인에 대한 수표상의 청구권은 제시기간경과 후 1년간 행사하지 아니하면 소멸시효가 완성한다(手 제58조).

2. 發行人 등의 義務

발행인 기타 수표상의 채무자는 지급보증으로 인하여 그 책임을 면하지 못한다(手 제56조). 따라서 지급보증인과 발행인 등 수표상의 채무자는 소지인에 대하여 合同責任을 지게 된다(手 제43조 제1항).

제5관 手票의 提示와 支給

Ⅰ. 手票의 支給提示

1. 手票의 一覽出給性

수표는 지급증권이므로 일람출급에 한하고, 이에 위반되는 모든 기재(예컨대, 확정만기의 기재)는 기재하지 않은 것으로 본다(手 제28조 제1항).

2. 先日字手票

선일자수표(vordatierter Scheck, postdated cheque)란 실제의 발행일보다 후일(장래의 일자)의 발행일자로 기재한 수표를 말한다. 이와는 반대로 실제의 발행일보다 이전의 日字(過去의 日字)를 발행일로 하여 기재한 수표를 後日字手票(rückdatierter od. nachdatierter Scheck, ante-dated cheque)라 한다. 모든 수표는 一覽出給性을 가지므로 선일자수표라도 소지인은 발행일자의 도래 전이라도 수표제시를 할 수 있으며, 지급인은 그 제시일에 수표금의 지급을 하여야 한다(手 제28조 제2항). 그러므로 발행일자 전에 제시하여 지급이 거절된 때에는 소지인은 보전절차(手 제39조)를 밟고 소구권을 행사할 수 있다. 그러나 선일자수표의 발행에 관한 대리권의 유무 등은 수표에 기재된 발행일자가 아니고, 사실상의 발행일자에 따라서 결정하여야 할 것이다.

선일자수표의 발행인과 수취인 간에 한 발행일 이전에는 제시하지 않는다는 특약을 위반하여 소지인이 발행일 이전에 제시함으로써 발행인에게 손해가 생긴 경우에는, 수표법 제28조에 따라 그러한 특약 자체가 무효라고 하는 학설도 있으나,[1] 수취인에게 발행인과 수취인 간의 수표예약의 債務不履行으로서의 책

1) 鈴木竹雄, ≪手形法・小切手法≫, 1957, 363면.

임을 부담시켜야 할 것으로 본다.[1)]

3. 通知後支給手票

통지후지급수표란 발행인과 지급인 사이에 통지가 있을 때까지 지급을 하지 않는다는 특약을 한 수표를 말하며, 주로 사기방지를 위하여 이용된다. 그러나 수표상에 '通知後支給'의 뜻을 표시한 경우에도 무익적 기재사항으로서 수표법상의 효력은 없다.

4. 支給提示期間

지급제시기간은 당사자가 임의로 신축할 수 없으며(어 제34조 참조), 그 기산일은 수표에 기재된 발행일이나(手 제29조 제4항), 초일은 산입하지 아니한다(手 제61조). 또 歲歷을 달리하는 兩地間에서 발행한 수표는 발행일자를 지급지의 歲歷의 대응일로 환산하여(手 제30조), 이것을 표준으로 하여 제시기간을 계산한다. 내국수표와 외국수표는 제시기간을 달리한다.

(1) 內國手票

국내에서 발행하고 지급할 수표는 수표에 기재된 발행일자로부터 10일 내에 지급제시를 하여야 한다(手 제29조 제1항·제4항).

(2) 外國手票

지급지의 나라와 다른 나라에서 발행한 수표는 발행지와 지급지가 同一洲에 있는 경우에는 20일 내에, 다른 洲에 있는 경우에는 70일 내에 제시하여야 한다(手 제29조 제2항). 그러나 유럽주의 일국에서 발행하여 지중해연안의 일국에서 지급할 수표, 또는 지중해연안의 일국에서 발행하여 유럽주의 일국에서 지급할 수표는 同一洲 내에서 발행하고 지급할 것으로 본다(手 제29조 제3항).

---

1) 鄭東潤(어) 655면; 鄭熙喆·鄭燦亨(下) 435면; 崔基元(어) 760면.

(3) 支給提示場所

수표의 지급제시는 원칙적으로 지급인인 은행의 영업소에서, 第三者方支給의 手票의 경우에는 제3자(은행)의 영업소에서 하여야 하나, 어음교환소에서 제시하여도 지급제시의 효력이 있다(手 제31조).

5. 支給提示懈怠의 效果

수표소지인이 제시기간 내에 지급제시를 하지 아니하면 전자에 대한 소구권(手 제39조)과 지급보증을 한 지급인에 대한 권리(手 제55조 제1항)를 잃고 다만 이득상환청구권만을 행사할 수 있게 된다. 또 제시기간을 도과한 때에는 지급위탁의 취소의 효력이 생긴다(手 제32조 제1항). 그러나 제시기간경과 후에도 지급위탁의 취소가 없는 한 지급인은 발행인의 계산에서 지급할 수 있으나(手 제32조 제2항), 당사자 간의 특약으로 이를 금할 수도 있다.

Ⅱ. 手票의 支給

1. 支給人의 調査義務

수표지급인의 조사의무는 '만기'에 지급하는 어음지급인의 조사의무(어 제40조 제3항 제2문)와 같다. 즉, '背書로 양도할 수 있는 手票'의 지급인은 배서의 연속의 整否(形式的 資格)를 조사할 의무는 있으나, 배서인의 기명날인 또는 서명(실질적 자격)을 조사할 의무는 없다(手 제35조). 다만 수표법 제35조에는 어음법 제40조 제3항 제1문과 같은 규정("…지급인은 사기 또는 중대한 과실이 없으면 그 책임을 면한다")이 없으나, 이러한 취지는 수표의 경우에도 다를 바 없을 것이다.

소지인출급식수표에서는 배서연속의 문제가 생기지 아니하므로 수표요건만을 갖춘 수표라면 그 소지인에게 지급할 수 있다.

2. 支給方法

수표의 지급방법은 대체로 환어음의 경우와 같다(手 제34조·제36조, 어 제39조·제41조 대조). 다만 수표에는 인수제도가 없으므로 지급인의 공탁권(어 제42조)은 없고, 만기가 없으므로 외화수표의 지급에 있어서 제시기간 내에는 지급의 날의 가격에 의하여 지급지의 통화로 지급할 수 있고, 제시기간 내에 제시를 하여도 지급이 없을 경우에는 소지인은 그 선택에 따라 제시한 날이나 지급하는 날의 換時勢에 의하여 지급지의 통화로 지급할 것을 청구할 수 있다(手 제36조 제1항, 어 제41조 제1항 대조).

Ⅲ. 支給委託의 取消

1. 支給委託取消의 意義

지급위탁의 취소란 수표를 발행함으로써 지급인에게 부여한 지급권한(발행인의 계산으로 지급할 수 있는)을 撤回하는 것을 말하며, 수표계약의 취소와는 다르다. 지급위탁의 취소는 발행인과 지급인 간의 관계이기 때문에 소지인에 대한 관계에서 수표의 효력에 영향을 미치는 것이 아니며, 수표를 무효로 하는 것도 아니다.[1)]

자기앞수표는 발행인과 지급인이 동일한 은행이어서 수표계약 없이 발행되는 것이고, 따라서 지급위탁의 취소가 있을 수 없으므로 手票發行依賴人이 은행에 대하여 발행 후 발행위탁의 취소를 하는 것은 지급위탁의 취소가 아니며, 사고신고의 의미밖에 없다.[2)] 따라서 은행은 발행의뢰인의 발행위탁의 취소가 있더라도 수표의 소지인에게 지급할 수 있으며, 사기·중과실이 없는 한 면책이 된다.

---

1) 徐燉珏·鄭完溶(下) 310면; 鄭東潤(어) 646면.
2) 鄭東潤(어) 648면; 崔基元(어) 769면.

2. 支給委託取消의 方法

지급위탁의 취소의 방법에는 서면이든 구두이든 제한이 없으며, 그 통지가 도달한 때에 효력이 발생한다.

3. 支給委託取消의 制限

지급위탁의 취소를 무제한으로 허용하면 수표소지인의 期待利益을 해치고 나아가 수표의 유통성을 저해하게 되므로 수표법은 제시기간경과 후에만 지급위탁을 취소할 수 있게 하였다(手 제32조 제1항). 따라서 지급인은 제시기간 내에는 이러한 취소가 있는 경우에도 수표의 지급을 하고, 그 결과를 발행인에게 귀속시킬 수 있다. 이 규정은 강행규정이므로 이에 반하는 특약은 무효이다. 다만 지급인은 수표상의 의무자가 아니고 지급여부는 그의 임의이므로 제시기간 내의 위탁취소가 무효임에도 지급을 거절한다고 하여 소지인이 지급을 강요할 수 없는 것이며, 결국 전자에 대하여 소구하는 수밖에 없다. 따라서 도난·유실의 경우 그 범위 내에서 발행인이 보호받는다.

한편 제시기간이 지났더라도 지급위탁의 취소가 없는 한 지급인은 유효한 지급을 할 수 있다(手 제32조 제2항).

Ⅳ. 發行人의 死亡 또는 能力喪失과 手票의 效力

수표를 발행한 후 발행인이 사망하거나 무능력자가 된 경우라도 수표의 효력에는 영향을 미치지 아니한다(手 제33조). 따라서 발행인의 능력상실로 인하여 지급위탁관계가 소멸되지 않고, 은행은 발행인 또는 상속인의 계산으로 지급할 수 있다.

제6관 自己앞手票

Ⅰ. 自己앞手票의 意義

自己앞手票(trassiert-eigener Scheck, chéque de banque, cashier's check)라 함은 발행인이 지급인을 겸하는 수표를 말한다. 즉, 발행인이 자기 자신을 지급인으로 하여 발행하는 수표이다(手 제6조 제3항). 수표의 지급인은 은행 기타 금융기관에 한정되므로(手 제3조) 결국 이 수표는 은행발행의 자기앞수표가 된다. 수표에 있어서도 어음에서와 같이 당사자 겸병이 인정되기 때문에 자기앞수표의 발행도 가능한 것이다.

자기앞수표는 발행인이 수취인을 겸하는 自己指示手票(Scheck an eigene Order)와 구별된다(手 제6조 제1항). 자기지시수표는 은행에 예금을 한 자가 이를 인출하는 방법으로 발행하는 수가 많다.

우리 나라에서는 은행의 자기앞수표를 속칭 '保證手票' 또는 '保手'라고 부르고 있다. 이것은 자기앞수표가 은행이 지급보증한 보증수표와 다름이 없는 수표라는 뜻이다. 그리고 우리 나라에서는 수표의 지급보증은 실제로는 거의 이용되지 않고, 대신 법률관계가 간편하면서도 현금대용으로 쓸 수도 있는 자기앞수표가 널리 이용되고 있다 함은 전술하였다. 자기앞수표를 제공하면 현금을 제공한 것과 같이 채무의 내용에 좇은 이행의 제공이 된다.[1)]

우리 나라에서는 발행인과 지급인이 동일한 은행점포인 자기앞수표가 주로 발행되고 있으나, 반드시 동일한 점포가 아니어도 상관없다(手 제6조 제3항 참조).

---

1) 大判 1960. 5. 19, 4292 民上 784.

Ⅱ. 自己앞手票의 法律關係

1. 發行依賴人과 銀行의 關係

자기앞수표는 고객이 은행에 수표자금을 제공하고 수표의 발행을 의뢰하면, 이에 따라 은행이 이를 발행·교부한다. 그러나 의뢰인은 수표상의 당사자는 아니므로 수표상의 의무는 없다.

발행의뢰인과 은행 사이의 법률관계는 이를 일종의 委任契約이라 보는 견해와, 의뢰인의 현금교부에 대하여 은행이 자기앞수표로 代物辨濟를 한다는 견해가 있으나, 은행이 고객에게 자기앞수표라는 유가물을 매매하는 것으로 보는 賣買說이 유력하다.[1] 실질관계에 있어서는 발행의뢰인이 지급위탁자가 되지만, 수표관계에서는 발행은행이 지급위탁자가 된다. 따라서 발행의뢰인이 자기앞수표를 분실 또는 도난당하여 은행에 대하여 수표금의 지급의 중지를 요구하더라도 그것은 수표법상의 지급위탁의 취소가 아니라, 다만 사고신고의 의미밖에 없다고 하는 것은 전술하였다.

2. 所持人과 銀行의 關係

자기앞수표를 발행한 은행은 소지인에 대하여 발행인의 지위와 지급인의 지위를 겸하여 가진다. 먼저 지급인으로서의 은행은 지급제시기간이 경과한 때에도 지급위탁의 취소가 없는 동안은 소지인에게 수표금을 지급할 수 있다. 그러나 다른 수표에 있어서와 마찬가지로 수표소지인이 은행에 대하여 지급을 청구할 권리는 없다.

그리고 발행인으로서의 은행은 지급제시기간 내에 지급거절이 된 때에는 수표의 소지인에 대하여 소구의무를 부담한다(手 제39조). 그러나 제시기간이 경과한 후에는 발행인으로서의 은행은 소구의무가 없다. 그러므로 자기앞수표의 소

---

1) 鄭東潤(어) 662면.

지인도 보통의 수표의 소지인과 같이 지급제시기간 내에 발행인(銀行)에 대하여 수표금지급의 소구권이 있는 것이다. 그러나 은행은 자기앞수표를 발행할 때에 그 자금을 확보하고 있으므로 예금부족으로 不渡(支給拒絶)될 염려가 없고, 제시기간경과 후에도 지급위탁의 취소가 있을 수 없으므로 실제상으로는 자기앞수표의 소지인은 그 수표의 지급이 확실하게 보장되어 있다.

제 7 관 横線手票

I. 序 說

1. 横線手票의 意義

횡선수표(gekreuzter Scheck, crossed cheque)란 수표의 표면에 두 줄의 평행선을 그은 수표를 말한다(手 제37조 제2항).

수표는 보통 一覽出給性이고 所持人出給式이므로 수표를 도난당하거나 분실한 경우에는 그 악의의 소지인이 지급받을 위험성이 대단히 많다. 이러한 경우에는 제시기간이 지난 뒤에 발행인이 수표의 지급위탁을 취소하거나(手 제32조 제1항), 지급수령자격을 제한함으로써 그 위험을 면할 수 있는데, 횡선수표는 후자를 이용한 것이다. 즉, 횡선수표의 지급인은 은행이나 지급인의 거래처에 대해서만 지급할 수 있으므로(手 제38조 제1항) 무권리자에게 지급되더라도 쉽게 그 수령자를 알아낼 수 있고, 따라서 피해자에게는 손해배상청구 등 구제의 길이 확보된다.

2. 横線手票의 效力

횡선수표제도는 영국에서 안출해 낸 것이다. 그러나 독일에서는 위험방지의 목적으로 현금지급을 금지하고, 移替·相計 등 記帳(Gutschrift)의 방법으로만 결제를 하는 計算手票(Verrechnungsscheck, cheque payable in account)制度를 이용하고 있다.

우리 나라 수표법은 횡선수표제도만을 인정하고 있다(手 제37조·제38조). 그러나 계산수표를 인정하는 외국에서 우리 나라를 지출지로 하는 계산수표가 발행된 경우에는 그 계산수표는 일반횡선수표와 같은 효력이 인정된다(手 제65조, 涉私 제42조).

Ⅱ. 橫線手票의 種類 및 橫線의 記載

1. 橫線手票의 種類

(1) 一般橫線手票

일반횡선수표란 수표의 표면에 두 줄의 평행선을 긋고 그 안에 아무것도 기재하지 아니하든가, 또는 '은행' 혹은 이와 같은 뜻이 있는 문자(예컨대, '銀行渡'·'Bank'·'and Co.')를 기재한 수표를 말한다(手 제37조 제2항·제3항 제1문).

(2) 特定橫線手票

특정횡선수표란 두 줄의 평행선 내에 특정한 은행명을 기재한 수표를 말한다(手 제37조 제2항 제2문·제3항).

2. 橫線의 記載

(1) 橫線의 記載者

횡선을 그을 수 있는 사람은 手票의 發行人 또는 所持人이다(手 제37조 제1항 제1문).

(2) 橫線의 變更

지급수령자격을 제한하려는 횡선제도의 취지로 보아서 수령자의 자격을 엄격하게 하는 것은 상관없으나, 이를 완화하는 것은 허용되지 않는다. 즉, 일반횡선수표를 특정횡선수표로 변경할 수는 있으나, 특정횡선수표를 일반횡선수표, 또는 나아가서 일반횡선수표를 보통의 수표로 변경할 수는 없다(手 제37조 제4항).

(3) 橫線의 抹消

일반횡선의 말소 또는 특정횡선에 있어서의 被指定銀行名의 말소는 이를 하지 아니한 것으로 본다(手 제37조 제5항). 왜냐하면 횡선의 말소는 한편으로는 수령자격의 완화를 의미하고, 다른 한편으로는 그 말소가 정당한 권한 있는 사람에 의해서 이루어진 것인지 아닌지를 확인하기가 어렵기 때문이다.

Ⅲ. 橫線手票의 效力

1. 支給의 制限

(1) 一般橫線手票의 支給制限

일반횡선수표의 경우 지급인이 지급할 수 있는 상대방은 은행 또는 지급인의 거래처 뿐이다. 지급인의 거래처에 대한 지급을 허용한 것은, 신원이 분명한 거래처에 대한 지급이 횡선제도의 취지에 어긋나지 않을 뿐만 아니라, 횡선수표의 소지인의 지급은행이 자기의 거래은행인 경우에도 다른 은행을 거쳐야만 지급받을 수 있다는 불합리한 결과가 되기 때문이다.

여기서 문제가 되는 것은 '去來處'의 개념이다. 횡선제도의 취지로 보아서 현재 그 지급은행과 거래관계가 있고, 그 거래관계를 통해서 그 신원을 파악할 수 있는 거래자를 의미한다고 본다. 그 거래관계의 범위는 當座去來뿐만 아니라 어음去來(貸付나 割引)나 定期預金·普通預金의 거래라도 상관없다. 그러나 지급할 수 있는 거래처이냐 아니냐는 결국 거래관계의 계속성·예금액과의 균형관계 등을 이 제도의 목적과 관련시켜서 구체적으로 결정하여야 할 것이다.

(2) 特定橫線手票의 支給制限

특정횡선수표의 지급인은 피지정은행에 대해서만 지급할 수 있으며, 피지정은행이 지급인인 경우에는 자기의 거래처에 대해서만 지급할 수 있다(手 제38조 제2항). 그리고 피지정은행은 자기가 현실로 지급을 받을 수도 있으나, 추심위임배서를 하여 다른 은행으로 하여금 수표금액을 추심하게 할 수 있다(手 제38조 제2항 단서).

수개의 특정횡선이 있는 경우에는 지급인은 지급하지 못한다(手 제38조 제4항). 왜냐하면 이러한 수표의 지급을 인정하는 것은 특정횡선의 취지에 어긋나고, 또한 부정취득자가 추심하기 위하여 다른 특정횡선을 부기하여 이용할 염려가 있기 때문이다. 그러나 어음교환소에서 추심하기 위하여 제2의 특정횡선을 긋는 것은 상관없다(手 제38조 제4항 단서). 이것은 어음교환소에 가입하지 않은 은행이 피지정은행으로 되어 있는 수표에 대하여 어음교환소에서의 추심의 길을 열어 주기 위한 것이다.

2. 取得의 制限

은행은 자기의 거래처 또는 다른 은행으로부터만 橫線手票를 취득할 수 있고, 또한 이러한 자 이외의 자를 위하여 횡선수표의 추심을 하지도 못한다(手 제38조 제3항). 왜냐하면 이와 같은 제한을 두지 아니하면 횡선수표의 부정소지인은 그 수표를 은행에 양도하거나 또는 은행에 추심을 위임하여 쉽게 수표의 지급을 받거나 또는 지급받은 것과 같은 목적을 달성할 수 있기 때문이다.

3. 制限違反과 損害賠償責任

횡선수표의 취득·지급의 제한규정을 위반한 지급은행은 이로 인하여 생긴 손해에 대하여 수표금액의 한도 내에서 無過失의 損害賠償責任을 진다(手 제38조 제5항). 이 배상책임은 手票法上의 특별책임이므로 民法上의 배상책임을 배제하는 것은 아니다. 따라서 손해액이 수표금액을 초과한 때에는 不法行爲로 인한 損害賠償請求를 할 수도 있다.

Ⅳ. 橫線效力의 排除

횡선의 말소는 할 수 없으나, 발행인과 지급인 사이에 수표소지인에게 지급해도 좋다는 특약이 있는 경우에는 횡선의 효력은 배제된다고 본다. 그러나 橫線排除의 특약은 發行人의 損害賠償請求權의 포기를 의미하는 것으로서 인적항변사유에 불과하기 때문에, 수표법 제38조 제5항의 배상책임이 발행인 이외의 실질적 권리자에게도 배제되는 것은 아니다.

제 8 관 遡　　求

Ⅰ. 序　　說

수표의 소구와 환어음의 소구와는 대체로 비슷하다. 다만 수표가 일람출급성의 지급증권이란 점에서 몇 가지 차이점을 볼 수 있다.

Ⅱ. 手票의 遡求와 換어음의 遡求의 差異點

1. 遡求原因

환어음에서는 만기 전의 소구원인이 있으나, 수표에는 인수거절 기타 만기전의 소구원인은 없고, 지급인의 지급거절의 경우에만 소구할 수 있다. 또 수표는 일람출급식이므로 지급인의 파산, 그 지급의 정지 또는 이에 대한 강제집행의 불주효도 특별한 소구원인이 되지 않는다.

2. 支給拒絶의 證明方法

換어음에서는 특수한 경우를 제외하고는 拒絶證書를 작성하여 지급거절 사실을 증명하여야 하는데, 수표의 경우에는 ① 공정증서인 지급거절증서를 작성하여 증명하는 방법 외에, ② 수표에 제시의 날을 기재하고 일자를 부기한 지급인의 선언과, ③ 적법한 시기에 수표를 제시하였으나 지급이 없었던 뜻을 증명하고 일자를 부기한 어음交換所의 선언에 의하면 간편하게 지급거절을 증명할 수 있다(手 제39조).

지급인의 선언은 수표에 기재하여야 하고, 보전에 기재한 것은 효력이 없다. 수표에는 그 이면에 기재하여도 效力이 있다.

지급거절증서 또는 이에 갈음할 선언은 제시기간의 경과 전에 작성시켜야 하나, 제시기간의 말일에 제시한 경우에는 이에 이은 제1의 거래일에 작성시킬 수 있다(手 제40조).

3. 不可抗力의 存續期間

환어음에서는 불가항력이 만기로부터 30일 이상 계속하는 때에는 지급의 제시 또는 지급거절증서의 작성없이 소구권을 행사할 수 있으나(어 제54조 제4항), 수표에서는 소지인이 불가항력의 통지를 한 날로부터 15일 이상 계속하는 때에는, 제시기간경과 전에 그 통지를 한 경우에도 권리보전절차(수표의 제시 또는 거절증서나 이와 동일한 효력이 있는 선언) 없이 소구권을 행사할 수 있다(手 제47조 제4항).

4. 遡求金額의 計算

환어음의 경우에는 법정소구금액 중에 이자의 기재가 있는 때에는 그 이자까지 포함하고(어 제48조 제1항 제1호), 법정이자의 계산은 만기 이후의 것을 가산한다(어 제48조 제1항 제2호). 그러나 수표의 경우에는 약정이자의 계산은 필요가 없고, 法定利子計算의 기산일도 제시일로 되어 있다(手 제44조 제2호).

5. 逆어음制度

환어음의 경우에는 상환방법으로 逆어음을 발행할 수 있으나(어 제52조), 수표의 경우에는 지급인의 자격이 한정되어 있으므로 소구의무자를 지급인으로 하는 수표를 발행할 수가 없다.

6. 遡求權의 時效期間

환어음의 경우에는 소지인의 소구권은 1년(어 제70조 제2항), 배서인의 재소구권은 6개월의 시효로 소멸하나(어 제70조 제3항), 수표의 경우에는 소지인의 소구권이나 배서인의 재소구권이나 다 같이 6개월의 시효로 소멸한다(手 제51조 제1항 · 제2항).

7. 기　　타

換어음에는 引受制度가 있으므로 이와 관련된 인수거절의 통지, 인수거절증서 작성의 면제, 만기전소구의 경우의 상환금액, 일부인수의 경우의 소구에 관한 규정 등 특별규정이 있으나(어 제45조 제1항 · 제44조 제1항 · 제46조 제1항 · 제48조 제2항 · 제51조), 인수제도가 없는 手票에 그러한 규정이 필요없는 것은 당연하다.

제9관 手票의 複本

Ⅰ. 複本을 作成할 수 있는 경우

수표의 복본은 발행지와 지급지가 멀리 떨어져 있고(타국간 또는 본국과 해외영토간), 所持人出給式이 아닌 경우에만 작성할 수 있다(手 제48조 제1문).

Ⅱ. 複本의 發行

복본은 발행인이 발행하나, 소지인에게 복본교부청구권은 없다. 각 복본에는 그 본문 중에 번호를 붙여야 하며(手 제48조 제2문), 번호가 없는 경우에는 數通의 복본을 각각 별개의 수표로 본다(手 제48조 제3문).

Ⅲ. 複本의 效力

복본의 1통에 대한 지급이 있는 때에는 그 지급이 다른 복본을 무효로 하는 뜻의 기재가 없는 경우에도 의무를 면하게 된다(手 제49조 제1항). 그리고 수통의 복본을 수인에게 따로따로 양도한 배서인과 그 후의 배서인은 그 기명날인 또는 서명을 한 각통 중 반환받지 않은 것에 대하여 책임을 지는 것은 어음의 경우와 다를 바 없다(手 제49조 제2항).

제 10 관 手票의 時效

수표소지인의 배서인·발행인 기타의 채무자에 대한 소구권은 제시기간경과 후 6개월로써 소멸시효가 완성하고(手 제51조 제1항), 상환을 한 자의 재소구권은 그 자가 수표를 환수한 날 또는 제소된 날로부터 6개월로써 소멸시효가 완성한다(手 제51조 제2항). 또한 지급보증을 한 지급인에 대한 수표상의 청구권은 제시기간경과 후 1년이 경과하면 소멸시효가 완성한다(手 제58조).

제 11 관 利得償還請求權

수표의 利得償還請求權도 대체로 어음의 경우와 같다. 다만 의무자의 범위가 發行人, 背書人 및 支給保證人의 3자로서, 환어음과 비교하여 보면 인수인 대신에 지급보증인이 포함되어 있는 점이 다르다.

어음의 경우와 마찬가지로 자기앞수표에 있어서도 지급제시기간 내에 지급제시를 하지 아니하면 수표소지인은 수표상의 권리를 상실하므로, 이 때에는 그 발행인인 은행에 대하여 이득상환청구를 할 수밖에 없다. 그러나 실제로는 지급제시기간이 경과하여도 지급위탁의 취소가 있을 때까지는 지급인이 유효한 지급을 할 수 있으므로(手 제32조 제2항), 발행의뢰인으로부터 도난·분실 등의 신고가 없으면 지급제시기간 경과 후에도 은행은 자기앞수표를 지급한다. 다만 이것은 은행이 임의로 지급하는 것일 뿐, 수표소지인에게 수표상의 권리가 있기 때문은 아니다 함은 전술하였다.

이 점, 즉 자기앞수표의 지급제시기간경과 후에도 지급위탁의 취소가 없는 한 지급인이 지급할 수 있는 점과 관련하여, 언제 이득상환청구권이 발생하는 것으로 볼 것인가 하는 문제가 자기앞수표와 관련하여 주요 논점으로 되고 있다. 우리 나라의 통설과 판례에 의하면 수표의 이득상환청구권은 지급제시기간의 경과로 그 익일에 발생하되, 그 후 지급위탁의 취소가 없어서 유효한 지급을 하였을 때에는 이미 발생한 이득상환청구권이 소멸한다고 한다(解除條件說).[1] 이에 대하여 소수설은 지급위탁을 취소한 날 또는 지급을 거절한 날의 경과로 그 익일에 발생한다고 한다(停止條件說).[2]

수표법 제32조 제2항에 지급제시기간이 경과한 후에도 지급위탁의 취소가 있을 때까지는 지급인이 유효한 지급을 할 수 있다고 정한 것을 보면 정지조건설이 정당한 것처럼 보이나, 제32조 제2항은 지급인의 임의의 권한을 규정한 것일 뿐이므로 이로써 지급인이 지급할 의무를 부담하는 것은 아니다. 따라서 수표소지인의 소구권은 지급제시기간이 경과하면 확정적으로 소멸하고 이득상환청구권도 그 때 발생하는 것이며, 다만 후에 수표금이 지급되면 그것이 소멸한다고 보는 해제조건설이 정당하다고 본다.

한편 이득상환청구권의 양도에 관하여는 大法院 判例에 의하면 이득상환청구권은 어음의 이득상환청구권의 양도에 관하여 설명한 바와 같이, ① 어음·수표상의 권리가 소멸할 당시의 정당한 소지인으로부터[3] ② 배서에 의하지 아니하고 지명채권양도의 방법에 의하여 양도하여야 하고,[4] 따라서 ③ 대항요건도 갖추어야 하지만, 자기앞수표의 경우는 은행에 제시하면 양도의 통지를 한 것이 되어 대항요건을 갖춘 것으로 본다.[5] 즉, 판례는 제시기간 경과 후의 자기앞수표의 양도는 당연히 이득상환청구권의 양도와 그 양도통지의 권능의 양도를 동반한다고 하면서, 자기앞수표의 양수인이 은행에 이를 제시한 때에 讓渡人을 代位하여 讓渡의 通知를 하는 것으로 보고 있다. 그러나 이득상환청구권은 수표상의 권리가 소멸한 당시의 정당한 권리자로부터 양도받아야 한다고 하므로, 제시기간경과시 수표의 소지인이 정당한 권리자였음을 확인하지 아니하고 이를 취득하면 이득상환청구권을 취득할 수 없는 결과가 된다.[6] 그런데 교부에 의하여 유통되는 자기앞수표에 있어서 수표상의 권리소멸당시의 정당한 소지인이 누구였는가를 확인하는 것은 사실상 불가능하므로, 결국 제시기간경과 후의 자기앞

1) 鄭熙喆·鄭燦亨(下) 392면; 孫珠瓚(下) 431면; 崔基元(어) 611면; 鄭東潤(어) 228면; 蔡利植(下) 301면; 李基秀(어) 533면; 大判 1964. 12. 15, 64 다 1030; 大判 1983. 9. 27, 83 다 429.

2) 梁承圭, "利得償還請求權", 서울대 ≪法學≫ 제12권 제1호, 1970, 101면 이하.

3) 大判 1978. 3. 28, 77 다 2497; 大判 1981. 9. 23, 81 다 167.

4) 大判 1983. 3. 8, 83 다 40.

5) 大判 1976. 1. 13, 70 다 2462.

6) 大判 1978. 6. 13, 78 다 568; 大判 1983. 3. 8, 83 다 30; 大判 1983. 9. 27, 83 다 429.

수표를 취득하는 사람은 위험을 감수하고 이를 취득하는 수밖에 없다.[1)]

제12관 罰　　則

Ⅰ. 手票法上의 罰則

수표의 발행인이 수표자금 및 수표계약 없이 수표를 발행한 때에는 50만원 이하의 과태료에 처한다(手 제67조).

Ⅱ. 不正手票團束法上의 制裁

수표의 경우에는 '국민의 경제생활의 안전과 유통증권의 수표의 기능을 보장' 하기 위하여 제정된 不正手票團束法에 의하여 벌칙이 강화되고 있다. 부정수표, 즉 假設人의 各義로 발행한 수표(手團 제2조 제1항 제1호), 금융기관과의 수표계약 없이 발행하거나 금융기관으로부터 거래정지처분을 받은 후에 발행한 수표(手團 제2조 제1항 제2호), 금융기관에 등록한 것과 상위한 署名 또는 記名捺印으로 발행한 수표(手團 제2조 제1항 제3호) 등을 발행하거나 작성자 및 예금부족·거래정지처분이나 수표계약의 해제 또는 해지로 인하여 제시기일에 수표가 지급되지 아니하게 한 자(手團 제2조 제2항)는 5년 이하의 징역 또는 수표금액 10배 이하의 벌금에 처하고(手團 제2조 제1항), 과실로 인하여 上記한 죄를 범한 자도 3년 이하의 금고 또는 수표금액의 5배 이하의 벌금에 처한다(手團 제2조 제3항). 그러나 상기의 각 죄는 수표를 발행하거나 작성한 자가 그 수표를 회수하거나, 회수하지 못하였을 경우라도 수표소지인이 명시한 의사에 반하여 각 공소

---

1) 同旨: 鄭東潤(어) 664면.

를 제기할 수 없다(手團 제2조 제4항).

또 수표금액의 지급 또는 거래정지처분을 면할 목적으로 금융기관에 허위신고를 한 자는 10년 이하의 징역 또는 20만원 이하의 벌금에 처하여(手團 제4조), 수표를 위조 또는 변조한 자는 1년 이상의 유기징역과 수표금액 10배 이하의 벌금에 처한다(手團 제5조).

또 금융기관에 종사하는 자는 직무상 위 不正手票團束法 제2조 제1항 각 호(발행인이 법인 기타 단체인 경우 포함) 또는 제5조에 규정된 수표를 발견한 때에는 48시간 내에(手團 제7조 제1항), 그리고 부정수표단속법 제2조 제2항(발행인이 법인 기타 단체인 경우 포함)에 규정된 수표를 발견한 때에는 30일 내에 수사기관에 이를 고발하여야 하며, 이 고발을 하지 아니한 때에는 100만원 이하의 벌금의 처벌을 받는다(手團 제7조 제2항). 시간의 기산점은 영업시간내이냐 아니냐, 공휴일이냐 아니냐를 불문하고 발견한 때로부터 진행한다.

부　록

상 법

[시행 2010.5.29] [법률 제9746호, 2009.5.28, 일부개정]

제1편 총 칙

제1장 통 칙

제1조 (상사적용법규) 상사에 관하여 본법에 규정이 없으면 상관습법에 의하고 상관습법이 없으면 민법의 규정에 의한다.

제2조 (공법인의 상행위) 공법인의 상행위에 대하여는 법령에 다른 규정이 없는 경우에 한하여 본법을 적용한다.

제3조 (일방적상행위) 당사자중 그 1인의 행위가 상행위인 때에는 전원에 대하여 본법을 적용한다.

제2장 상 인

제4조 (상인-당연상인) 자기명의로 상행위를 하는 자를 상인이라 한다.

제5조 (동전-의제상인) ① 점포 기타 유사한 설비에 의하여 상인적 방법으로 영업을 하는 자는 상행위를 하지 아니하더라도 상인으로 본다.

② 회사는 상행위를 하지 아니하더라도 전항과 같다.

제6조 (무능력자의 영업과 등기) 미성년자 또는 한정치산자가 법정대리인의 허락을 얻어 영업을 하는 때에는 등기를 하여야 한다.

제7조 (무능력자와 무한책임사원) 미성년자 또는 한정치산자가 법정대리인의 허락을 얻어 회사의 무한책임사원이 된 때에는 그 사원자격으로 인한 행위에는 능력자로 본다.

제8조 (법정대리인에 의한 영업의 대리) ① 법정대리인이 미성년자, 한정치산자 또는 금치산자를 위하여 영업을 하는 때에는 등기를 하여야 한다.

② 법정대리인의 대리권에 대한 제한은 선의의 제삼자에게 대항하지 못한다.

제9조 (소상인) 지배인, 상호, 상업장부와 상업등기에 관한 규정은 소상인에게 적용하지 아니한다.

제3장 상업사용인

제10조 (지배인의 선임) 상인은 지배인을 선임하여 본점 또는 지점에서 영업을 하게 할 수 있다.

제11조 (지배인의 대리권) ① 지배인은 영업주에 갈음하여 그 영업에 관한 재판상 또는 재판외의 모든 행위를 할 수 있다.

② 지배인은 지배인이 아닌 점원 기타 사용인을 선임 또는 해임할 수 있다.

③ 지배인의 대리권에 대한 제한은 선의의 제3자에게 대항하지 못한다.

제12조 (공동지배인) ① 상인은 수인의 지배인에게 공동으로 대리권을 행사하게 할 수 있다.

② 전항의 경우에 지배인 1인에 대한 의사표시는 영업주에 대하여 그 효력이 있다.

제13조 (지배인의 등기) 상인은 지배인의 선임과 그 대리권의 소멸에 관하여 그 지배인을 둔 본점 또는 지점소재지에서 등기하여야 한다. 전조 제1항에 규정한 사항과 그 변경도 같다.

제14조 (표현지배인) ① 본점 또는 지점의 영업주임 기타 유사한 명칭을 가진 사용인은 본점 또는 지점의 지배인과 동일한 권한이 있는 것으로 본다. 그러나 재판상의 행위에 관하여는 그러하지 아니하다.

② 전항의 규정은 상대방이 악의인 경우에는 적용하지 아니한다.

제15조 (부분적 포괄대리권을 가진 사용인) ① 영업의 특정한 종류 또는 특정한 사항에 대한 위임을 받은 사용인은 이에 관한 재판외의 모든 행위를 할 수 있다.

② 제11조 제3항의 규정은 전항의 경우에 준용한다.

제16조 (물건판매점포의 사용인) ① 물건을 판매하는 점포의 사용인은 그 판매에 관한 모든 권한이 있는 것으로 본다.

② 제14조 제2항의 규정은 전항의 경우에 준용한다.

제17조 (상업사용인의 의무) ① 상업사용인은 영업주의 허락없이 자기 또는 제삼자의 계산으로 영업주의 영업부류에 속한 거래를 하거나 회사의 무한책임사원, 이사 또는 다른 상인의 사용인이 되지 못한다.

② 상업사용인이 전항의 규정에 위반하여 거래를 한 경우에 그 거래가 자기의 계산으로 한 것인 때에는 영업주는 이를 영업주의 계산으로 한 것으로 볼 수 있고 제3자의 계산으로 한 것인 때에는 영업주는 사용인에 대하여 이로 인한 이득의 양도를 청구할 수 있다.<개정 1962.12.12>

③ 전항의 규정은 영업주로부터 사용인에 대한 계약의 해지 또는 손해배상의 청구에 영향을 미치지 아니한다.

④ 제2항에 규정한 권리는 영업주가 그 거래를 안날로부터 2주간을 경과하거나 그 거래가 있은 날로부터 1년을 경과하면 소멸한다.

제 4 장　상　호

제18조 (상호선정의 자유) 상인은 그 성명 기타의 명칭으로 상호를 정할 수 있다.

제19조 (회사의 상호) 회사의 상호에는 그 종류에 따라 합명회사, 합자회사, 주식회사 또는 유한회사의 문자를 사용하여야 한다.

제20조 (회사상호의 부당사용의 금지) 회사가 아니면 상호에 회사임을 표시하는 문자를 사용하지 못한다. 회사의 영업을 양수한 경우에도 같다.

제21조 (상호의 단일성) ① 동일한 영업에는 단일상호를 사용하여야 한다.

② 지점의 상호에는 본점과의 종속관계를 표시하여야 한다.

제22조 (상호등기의 효력) 타인이 등기한 상호는 동일한 특별시·광역시·시·군에서 동종영업의 상호로 등기하지 못한다. <개정 1984.4.10, 1994.12.22, 1995.12.29>

제22조의2 (상호의 가등기) ① 주식회사 또는 유한회사를 설립하고자 할 때에는 본점의 소재지를 관할하는 등기소에 상호의 가등기를 신청할 수 있다.

② 회사는 상호나 목적 또는 상호와 목적을 변경하고자 할 때에는 본점의 소재지를 관할하는 등기소에 상호의 가등기를 신청할 수 있다.

③ 회사는 본점을 이전하고자 할 때에는 이전할 곳을 관할하는 등기소에 상호의 가등기를 신청할 수 있다.

④ 상호의 가등기는 제22조의 적용에 있어

서는 상호의 등기로 본다.
⑤ 삭제<2007.8.3>
[본조신설 1995.12.29]

제23조 (주체를 오인시킬 상호의 사용금지) ① 누구든지 부정한 목적으로 타인의 영업으로 오인할 수 있는 상호를 사용하지 못한다.
② 제1항의 규정에 위반하여 상호를 사용하는 자가 있는 경우에 이로 인하여 손해를 받을 염려가 있는 자 또는 상호를 등기한 자는 그 폐지를 청구할 수 있다.<개정 1984.4.10>
③ 제2항의 규정은 손해배상의 청구에 영향을 미치지 아니한다.<개정 1984.4.10>
④ 동일한 특별시·광역시·시·군에서 동종영업으로 타인이 등기한 상호를 사용하는 자는 부정한 목적으로 사용하는 것으로 추정한다.<개정 1984.4.10, 1994.12.22, 1995.12.29>

제24조 (명의대여자의 책임) 타인에게 자기의 성명 또는 상호를 사용하여 영업을 할 것을 허락한 자는 자기를 영업주로 오인하여 거래한 제3자에 대하여 그 타인과 연대하여 변제할 책임이 있다.

제25조 (상호의 양도) ① 상호는 영업을 폐지하거나 영업과 함께 하는 경우에 한하여 이를 양도할 수 있다.
② 상호의 양도는 등기하지 아니하면 제3자에게 대항하지 못한다.

제26조 (상호불사용의 효과) 상호를 등기한 자가 정당한 사유없이 2년간 상호를 사용하지 아니하는 때에는 이를 폐지한 것으로 본다.

제27조 (상호등기의 말소청구) 상호를 변경 또는 폐지한 경우에 2주간내에 그 상호를 등기한 자가 변경 또는 폐지의 등기를 하지 아니하는 때에는 이해관계인은 그 등기의 말소를 청구할 수 있다.

제28조 (상호 부정사용에 대한 제재) 제20조와 제23조 제1항에 위반한 자는 200만원 이하의 과태료에 처한다.<개정 1984.4.10, 1995.12.29>

제 5 장　상업장부

제29조 (상업장부의 종류·작성원칙) ① 상인은 영업상의 재산 및 손익의 상황을 명백히 하기 위하여 회계장부 및 대차대조표를 작성하여야 한다.
② 상업장부의 작성에 관하여 이 법에 규정한 것을 제외하고는 일반적으로 공정·타당한 회계관행에 의한다.
[전문개정 1984.4.10]

제30조 (상업장부의 작성방법) ① 회계장부에는 거래와 기타 영업상의 재산에 영향이 있는 사항을 기재하여야 한다.
② 상인은 영업을 개시한 때와 매년 1회 이상 일정시기에, 회사는 성립한 때와 매 결산기에 회계장부에 의하여 대차대조표를 작성하고, 작성자가 이에 기명날인 또는 서명하여야 한다.<개정 1995.12.29>
[전문개정 1984.4.10]

제31조 (자산평가의 원칙) 회계장부에 기재될 자산은 다음의 방법에 의하여 평가하여야 한다.
1. 유동자산은 취득가액·제작가액 또는 시가에 의한다. 그러나 시가가 취득가액 또는 제작가액보다 현저하게 낮은 때에는 시가에 의한다.
2. 고정자산은 취득가액 또는 제작가액으로부터 상당한 감가액을 공제한 가액에 의하되, 예측하지 못한 감손이 생긴 때에도 상당한 감액을 하여야 한다.

[전문개정 1984.4.10]

제32조 (상업장부의 제출) 법원은 신청에 의하여 또는 직권으로 소송당사자에게 상업장부 또는 그 일부분의 제출을 명할 수 있다.

제33조 (상업장부등의 보존) ① 상인은 10년간 상업장부와 영업에 관한 중요서류를 보존하여야 한다. 다만, 전표 또는 이와 유사한 서류는 5년간 이를 보존하여야 한다. <개정 1995.12.29>

② 전항의 기간은 상업장부에 있어서는 그 폐쇄한 날로부터 기산한다.

③ 제1항의 장부와 서류는 마이크로필름 기타의 전산정보처리조직에 의하여 이를 보존할 수 있다.<신설 1995.12.29>

④ 제3항의 규정에 의하여 장부와 서류를 보존하는 경우 그 보존방법 기타 필요한 사항은 대통령령으로 정한다.<신설 1995.12.29>

제 6 장 상업등기

제34조 (통칙) 본법에 의하여 등기할 사항은 당사자의 신청에 의하여 영업소의 소재지를 관할하는 법원의 상호등기부에 등기한다.

제34조의2 삭제 <2007.8.3>

제35조 (지점소재지에서의 등기) 본점의 소재지에서 등기할 사항은 다른 규정이 없으면 지점의 소재지에서도 등기하여야 한다.

제36조 삭제 <1995.12.29>

제37조 (등기의 효력) ① 등기할 사항은 이를 등기하지 아니하면 선의의 제3자에게 대항하지 못한다.

② 등기한 후라도 제3자가 정당한 사유로 인하여 이를 알지 못한 때에는 제1항과 같다.

[전문개정 1995.12.29]

제38조 (지점소재지에서의 등기의 효력) 지점의 소재지에서 등기할 사항을 등기하지 아니한 때에는 전조의 규정은 그 지점의 거래에 한하여 적용한다.

제39조 (부실의 등기) 고의 또는 과실로 인하여 사실과 상위한 사항을 등기한 자는 그 상위를 선의의 제3자에게 대항하지 못한다.

제40조 (변경, 소멸의 등기) 등기한 사항에 변경이 있거나 그 사항이 소멸한 때에는 당사자는 지체없이 변경 또는 소멸의 등기를 하여야 한다.

제 7 장 영업양도

제41조 (영업양도인의 경업금지) ① 영업을 양도한 경우에 다른 약정이 없으면 양도인은 10년간 동일한 특별시·광역시·시·군과 인접 특별시·광역시·군에서 동종영업을 하지 못한다.<개정 1984.4.10, 1994.12.22, 1995.12.29>

② 양도인이 동종영업을 하지 아니할 것을 약정한 때에는 동일한 특별시·광역시·시·군과 인접 특별시·광역시·시·군에 한하여 20년을 초과하지 아니한 범위내에서 그 효력이 있다.<개정 1984.4.10, 1994.12.22, 1995.12.29>

제42조 (상호를 속용하는 양수인의 책임) ① 영업양수인이 양도인의 상호를 계속 사용하는 경우에는 양도인의 영업으로 인한 제3자의 채권에 대하여 양수인도 변제할 책임이 있다.

② 전항의 규정은 양수인이 영업양도를 받은 후 지체없이 양도인의 채무에 대한 책임이 없음을 등기한 때에는 적용하지 아니한다. 양도인과 양수인이 지체없이 제3자에 대하여 그 뜻을 통지한 경우에 그 통지를

받은 제3자에 대하여도 같다.

제43조 (영업양수인에 대한 변제) 전조 제1항의 경우에 양도인의 영업으로 인한 채권에 대하여 채무자가 선의이며 중대한 과실없이 양수인에게 변제한 때에는 그 효력이 있다.

제44조 (채무인수를 광고한 양수인의 책임) 영업양수인이 양도인의 상호를 계속사용하지 아니하는 경우에 양도인의 영업으로 인한 채무를 인수할 것을 광고한 때에는 양수인도 변제할 책임이 있다.

제45조 (영업양도인의 책임의 존속기간) 영업양수인이 제42조 제1항 또는 전조의 규정에 의하여 변제의 책임이 있는 경우에는 양도인의 제3자에 대한 채무는 영업양도 또는 광고후 2년이 경과하면 소멸한다.

제2편 상 행 위

제1장 통 칙

제46조 (기본적 상행위) 영업으로 하는 다음의 행위를 상행위라 한다. 그러나 오로지 임금을 받을 목적으로 물건을 제조하거나 노무에 종사하는 자의 행위는 그러하지 아니하다.<개정 1995.12.29>

1. 동산, 부동산, 유가증권 기타의 재산의 매매
2. 동산, 부동산, 유가증권 기타의 재산의 임대차
3. 제조, 가공 또는 수선에 관한 행위
4. 전기, 전파, 까스 또는 물의 공급에 관한 행위
5. 작업 또는 노무의 도급의 인수
6. 출판, 인쇄 또는 촬영에 관한 행위
7. 광고, 통신 또는 정보에 관한 행위
8. 수신・여신・환 기타의 금융거래
9. 객의 집래를 위한 시설에 의한 거래
10. 상행위의 대리의 인수
11. 중개에 관한 행위
12. 위탁매매 기타의 주선에 관한 행위
13. 운송의 인수
14. 임치의 인수
15. 신탁의 인수
16. 상호부금 기타 이와 유사한 행위
17. 보험
18. 광물 또는 토석의 채취에 관한 행위
19. 기계・시설 기타 재산의 물융에 관한 행위
20. 상호・상표등의 사용허락에 의한 영업에 관한 행위
21. 영업상 채권의 매입・회수 등에 관한 행위

제47조 (보조적 상행위) ① 상인이 영업을 위하여 하는 행위는 상행위로 본다.

② 상인의 행위는 영업을 위하여 하는 것으로 추정한다.

제48조 (대리의 방식) 상행위의 대리인이 본인을 위한 것임을 표시하지 아니하여도 그 행위는 본인에 대하여 효력이 있다. 그러나 상대방이 본인을 위한 것임을 알지 못한 때에는 대리인에 대하여도 이 이행의 청구를 할 수 있다.

제49조 (위임) 상행위의 위임을 받은 자는 위임의 본지에 반하지 아니한 범위 내에서 위임을 받지 아니한 행위를 할 수 있다.

제50조 (대리권의 존속) 상행위의 위임에 의한 대리권은 본인의 사망으로 인하여 소멸하지 아니한다.

제51조 (대화자간의 청약의 구속력) 대화자간의 계약의 청약은 상대방이 즉시 승낙하지 아니한 때에는 그 효력을 잃는다.

제52조 (격지자간의 청약의 구속력) ① 격

지자간의 계약의 청약은 승낙기간이 없으면 상대방이 상당한 기간내에 승낙의 통지를 발송하지 아니한 때에는 그 효력을 잃는다.

② 민법 제530조의 규정은 전항의 경우에 준용한다.

제53조 (청약에 대한 낙부통지의무) 상인이 상시 거래관계에 있는 자로부터 그 영업부류에 속한 계약의 청약을 받은 때에는 지체없이 낙부의 통지를 발송하여야 한다. 이를 해태한 때에는 승낙한 것으로 본다.

제54조 (상사법정이율) 상행위로 인한 채무의 법정이율은 연6분으로 한다.<개정 1962.12.12>

제55조 (법정이자청구권) ① 상인간에서 금전의 소비대차를 한 때에는 대주는 법정이자를 청구할 수 있다.

② 상인이 그 영업범위 내에서 타인을 위하여 금전을 체당한 때에는 체당한날 이후의 법정 이자를 청구할 수 있다.

제56조 (지점거래의 채무이행장소) 지점에서의 거래로 인한 채무이행의 장소가 그 행위의 성질 또는 당사자의 의사표시에 의하여 특정되지 아니한 경우에는 특정물의 인도이외의 채무의 이행은 그 지점을 이행장소로 본다.

제57조 (다수채무자간 또는 채무자와 보증인의 연대) ① 수인이 그 1인 또는 전원에게 상행위가 되는 행위로 인하여 채무를 부담한 때에는 연대하여 변제할 책임이 있다.

② 보증인이 있는 경우에 그 보증이 상행위이거나 주채무가 상행위로 인한 것인 때에는 주채무자와 보증인은 연대하여 변제할 책임이 있다.

제58조 (상사유치권) 상인간의 상행위로 인한 채권이 변제기에 있는 때에는 채권자는 변제를 받을 때까지 그 채무자에 대한 상행위로 인하여 자기가 점유하고 있는 채무자소유의 물건 또는 유가증권을 유치할 수 있다. 그러나 당사자간에 다른 약정이 있으면 그러하지 아니하다.

제59조 (유질계약의 허용) 민법 제339조의 규정은 상행위로 인하여 생긴 채권을 담보하기 위하여 설정한 질권에는 적용하지 아니한다.

제60조 (물건보관의무) 상인이 그 영업부류에 속한 계약의 청약을 받은 경우에 견품 기타의 물건을 받은 때에는 그 청약을 거절한 때에도 청약자의 비용으로 그 물건을 보관하여야 한다. 그러나 그 물건의 가액이 보관의 비용을 상환하기에 부족하거나 보관으로 인하여 손해를 받을 염려가 있는 때에는 그러하지 아니하다.

제61조 (상인의 보수청구권) 상인이 그 영업범위내에서 타인을 위하여 행위를 한 때에는 이에 대하여 상당한 보수를 청구할 수 있다.

제62조 (임치를 받은 상인의 책임) 상인이 그 영업범위내에서 물건의 임치를 받은 경우에는 보수를 받지 아니하는 때에도 선량한 관리자의 주의를 하여야 한다.

제63조 (거래시간과 이행 또는 그 청구) 법령 또는 관습에 의하여 영업시간이 정하여져 있는 때에는 채무의 이행 또는 이행의 청구는 그 시간내에 하여야 한다.

제64조 (상사시효) 상행위로 인한 채권은 본법에 다른 규정이 없는 때에는 5년간 행사하지 아니하면 소멸시효가 완성한다. 그러나 다른 법령에 이보다 단기의 시효의 규정이 있는 때에는 그 규정에 의한다.

제65조 (유가증권과 준용규정) 금전, 물건 또는 유가증권의 지급을 목적으로 하는 유가증권에는 민법 제508조 내지 제525조의 규정을 적용하는 외에 어음법 제12조 제1

항, 제2항의 규정을 준용한다.<개정 1962. 12.12>

제66조 (준상행위) 본장의 규정은 제5조의 규정에 의한 상인의 행위에 준용한다.

제 2 장 매 매

제67조 (매도인의 목적물의 공탁, 경매권) ① 상인간의 매매에 있어서 매수인이 목적물의 수령을 거부하거나 이를 수령할 수 없는 때에는 매도인은 그 물건을 공탁하거나 상당한 기간을 정하여 최고한후 경매할 수 있다. 이 경우에는 지체없이 매수인에 대하여 그 통지를 발송하여야 한다.

② 전항의 경우에 매수인에 대하여 최고를 할 수 없거나 목적물이 멸실 또는 훼손될 염려가 있는 때에는 최고없이 경매할 수 있다.

③ 전2항의 규정에 의하여 매도인이 그 목적물을 경매한 때에는 그 대금에서 경매비용을 공제한 잔액을 공탁하여야 한다. 그러나 그 전부나 일부를 매매대금에 충당할 수 있다.

제68조 (확정기매매의 해제) 상인간의 매매에 있어서 매매의 성질 또는 당사자의 의사표시에 의하여 일정한 일시 또는 일정한 기간내에 이행하지 아니하면 계약의 목적을 달성할 수 없는 경우에 당사자의 일방이 이행시기를 경과한 때에는 상대방은 즉시 그 이행을 청구하지 아니하면 계약을 해제한 것으로 본다.

제69조 (매수인의 목적물의 검사와 하자통지의무) ① 상인간의 매매에 있어서 매수인이 목적물을 수령한 때에는 지체없이 이를 검사하여야 하며 하자 또는 수량의 부족을 발견한 경우에는 즉시 매도인에게 그 통지를 발송하지 아니하면 이로 인한 계약해제, 대금감액 또는 손해배상을 청구하지 못한다. 매매의 목적물에 즉시 발견할 수 없는 하자가 있는 경우에 매수인이 6월내에 이를 발견한 때에도 같다.

② 전항의 규정은 매도인이 악의인 경우에는 적용하지 아니한다.

제70조 (매수인의 목적물보관, 공탁의무) ① 제69조의 경우에 매수인이 계약을 해제한 때에도 매도인의 비용으로 매매의 목적물을 보관 또는 공탁하여야 한다. 그러나 그 목적물이 멸실 또는 훼손될 염려가 있는 때에는 법원의 허가를 얻어 경매하여 그 대가를 보관 또는 공탁하여야 한다. <개정 1984.4.10>

② 제1항의 규정에 의하여 매수인이 경매한 때에는 지체없이 매도인에게 그 통지를 발송하여야 한다.<개정 1984.4.10>

③ 제1항 및 제2항의 규정은 목적물의 인도장소가 매도인의 영업소 또는 주소와 동일한 특별시·광역시·시·군에 있는 때에는 이를 적용하지 아니한다.<개정 1995. 12.29>

제71조 (동전-수량초과등의 경우) 전조의 규정은 매도인으로부터 매수인에게 인도한 물건이 매매의 목적물과 상위하거나 수량이 초과한 경우에 그 상위 또는 초과한 부분에 대하여 준용한다.

제 3 장 상호계산

제72조 (의의) 상호계산은 상인간 또는 상인과 비상인간에 상시 거래관계가 있는 경우에 일정한 기간의 거래로 인한 채권채무의 총액에 관하여 상계하고 그 잔액을 지급할 것을 약정함으로써 그 효력이 생긴다.

제73조 (상업증권상의 채권채무에 관한 특칙) 어음 기타의 상업증권으로 인한 채권채

무를 상호계산에 계입한 경우에 그 증권채무자가 변제하지 아니한 때에는 당사자는 그 채무의 항목을 상호계산에서 제거할 수 있다.

제74조 (상호계산기간) 당사자가 상계할 기간을 정하지 아니한 때에는 그 기간은 6월로 한다.

제75조 (계산서의 승인과 이의) 당사자가 채권채무의 각 항목을 기재한 계산서를 승인한 때에는 그 각 항목에 대하여 이의를 하지 못한다. 그러나 착오나 탈루가 있는 때에는 그러하지 아니하다.

제76조 (잔액채권의 법정이자) ① 상계로 인한 잔액에 대하여는 채권자는 계산폐쇄일 이후의 법정이자를 청구할 수 있다.

② 전항의 규정에 불구하고 당사자는 각 항목을 상호계산에 계입한 날로부터 이자를 붙일 것을 약정할 수 있다.

제77조 (해지) 각 당사자는 언제든지 상호계산을 해지할 수 있다. 이 경우에는 즉시 계산을 폐쇄하고 잔액의 지급을 청구할 수 있다.

제 4 장 익명조합

제78조 (의의) 익명조합은 당사자의 일방이 상대방의 영업을 위하여 출자하고 상대방은 그 영업으로 인한 이익을 분배할 것을 약정함으로써 그 효력이 생긴다.

제79조 (익명조합원의 출자) 익명조합원이 출자한 금전 기타의 재산은 영업자의 재산으로 본다.

제80조 (익명조합원의 대외관계) 익명조합원은 영업자의 행위에 관하여서는 제3자에 대하여 권리나 의무가 없다.

제81조 (성명, 상호의 사용허락으로 인한 책임) 익명조합원이 자기의 성명을 영업자의 상호중에 사용하게 하거나 자기의 상호를 영업자의 상호로 사용할 것을 허락한 때에는 그 사용 이후의 채무에 대하여 영업자와 연대하여 변제할 책임이 있다.

제82조 (이익배당과 손실분담) ① 익명조합원의 출자가 손실로 인하여 감소된 때에는 그 손실을 전보한 후가 아니면 이익배당을 청구하지 못한다.

② 손실이 출자액을 초과한 경우에도 익명조합원은 이미 받은 이익의 반환 또는 증자할 의무가 없다.

③ 전2항의 규정은 당사자간에 다른 약정이 있으면 적용하지 아니한다.

제83조 (계약의 해지) ① 조합계약으로 조합의 존속기간을 정하지 아니하거나 어느 당사자의 종신까지 존속할 것을 약정한 때에는 각 당사자는 영업연도말에 계약을 해지할 수 있다. 그러나 이 해지는 6월 전에 상대방에게 예고하여야 한다.

② 조합의 존속기간의 약정의 유무에 불구하고 부득이한 사정이 있는 때에는 각 당사자는 언제든지 계약을 해지할 수 있다.

제84조 (계약의 종료) 조합계약은 다음의 사유로 인하여 종료한다.

1. 영업의 폐지 또는 양도
2. 영업자의 사망 또는 금치산
3. 영업자 또는 익명조합원의 파산

제85조 (계약종료의 효과) 조합계약이 종료한 때에는 영업자는 익명조합원에게 그 출자의 가액을 반환하여야 한다. 그러나 출자가 손실로 인하여 감소된 때에는 그 잔액을 반환하면 된다.

제86조 (준용규정) 제272조, 제277조와 제278조의 규정은 익명조합원에 준용한다.

제 5 장 대 리 상

제87조 (의의) 일정한 상인을 위하여 상업사용인이 아니면서 상시 그 영업부류에 속하는 거래의 대리 또는 중개를 영업으로 하는 자를 대리상이라 한다.

제88조 (통지의무) 대리상이 거래의 대리 또는 중개를 한 때에는 지체없이 본인에게 그 통지를 발송하여야 한다.

제89조 (경업금지) ① 대리상은 본인의 허락없이 자기나 제3자의 계산으로 본인의 영업부류에 속한 거래를 하거나 동종영업을 목적으로 하는 회사의 무한책임사원 또는 이사가 되지 못한다.

② 제17조 제2항 내지 제4항의 규정은 대리상이 전항의 규정에 위반한 경우에 준용한다.

제90조 (통지를 받을 권한) 물건의 판매나 그 중개의 위탁을 받은 대리상은 매매의 목적물의 하자 또는 수량부족 기타 매매의 이행에 관한 통지를 받을 권한이 있다.

제91조 (대리상의 유치권) 대리상은 거래의 대리 또는 중개로 인한 채권이 변제기에 있는 때에는 그 변제를 받을 때까지 본인을 위하여 점유하는 물건 또는 유가증권을 유치할 수 있다. 그러나 당사자간에 다른 약정이 있으면 그러하지 아니하다.

제92조 (계약의 해지) ① 당사자가 계약의 존속기간을 약정하지 아니한 때에는 각 당사자는 2월 전에 예고하고 계약을 해지할 수 있다.

② 제83조 제2항의 규정은 대리상에 준용한다.

제92조의2 (대리상의 보상청구권) ① 대리상의 활동으로 본인이 새로운 고객을 획득하거나 영업상의 거래가 현저하게 증가하고 이로 인하여 계약의 종료 후에도 본인이 이익을 얻고 있는 경우에는 대리상은 본인에 대하여 상당한 보상을 청구할 수 있다. 다만, 계약의 종료가 대리상의 책임있는 사유로 인한 경우에는 그러하지 아니하다.

② 제1항의 규정에 의한 보상금액은 계약의 종료 전 5년간의 평균년보수액을 초과할 수 없다. 계약의 존속기간이 5년 미만인 경우에는 그 기간의 평균년보수액을 기준으로 한다.

③ 제1항의 규정에 의한 보상청구권은 계약이 종료한 날부터 6월을 경과하면 소멸한다.

[본조신설 1995.12.29]

제92조의3 (대리상의 영업비밀준수의무) 대리상은 계약의 종료 후에도 계약과 관련하여 알게 된 본인의 영업상의 비밀을 준수하여야 한다.

[본조신설 1995.12.29]

제 6 장 중 개 업

제93조 (의의) 타인간의 상행위의 중개를 영업으로 하는 자를 중개인이라 한다.

제94조 (중개인의 급여수령대리권) 중개인은 그 중개한 행위에 관하여 당사자를 위하여 지급 기타의 이행을 받지 못한다. 그러나 다른 약정이나 관습이 있으면 그러하지 아니하다.

제95조 (견품보관의무) 중개인이 그 중개한 행위에 관하여 견품을 받은 때에는 그 행위가 완료될 때까지 이를 보관하여야 한다.

제96조 (결약서교부의무) ① 당사자간에 계약이 성립된 때에는 중개인은 지체없이 각 당사자의 성명 또는 상호, 계약년월일과 그 요령을 기재한 서면을 작성하여 기명날인 또는 서명한 후 각 당사자에게 교부하여

야 한다.<개정 1995.12.29>
② 당사자가 즉시 이행을 하여야 하는 경우를 제외하고 중개인은 각 당사자로 하여금 제1항의 서면에 기명날인 또는 서명하게 한 후 그 상대방에게 교부하여야 한다. <개정 1995.12.29>
③ 제1항 및 제2항의 경우에 당사자의 일방이 서면의 수령을 거부하거나 기명날인 또는 서명하지 아니한 때에는 중개인은 지체없이 상대방에게 그 통지를 발송하여야 한다.<개정 1995.12.29>

제97조 (중개인의 장부작성의무) ① 중개인은 전조에 규정한 사항을 장부에 기재하여야 한다.
② 당사자는 언제든지 자기를 위하여 중개한 행위에 관한 장부의 등본의 교부를 청구할 수 있다.

제98조 (성명, 상호묵비의 의무) 당사자가 그 성명 또는 상호를 상대방에게 표시하지 아니할 것을 중개인에게 요구한 때에는 중개인은 그 상대방에게 교부할 제96조 제1항의 서면과 전조 제2항의 등본에 이를 기재하지 못한다.

제99조 (중개인의 이행책임) 중개인이 임의로 또는 전조의 규정에 의하여 당사자의 일방의 성명 또는 상호를 상대방에게 표시하지 아니한 때에는 상대방은 중개인에 대하여 이행을 청구할 수 있다.

제100조 (보수청구권) ① 중개인은 제96조의 절차를 종료하지 아니하면 보수를 청구하지 못한다.
② 중개인의 보수는 당사자 쌍방이 균분하여 부담한다.

제 7 장 위탁매매업

제101조 (의의) 자기명의로써 타인의 계산으로 물건 또는 유가증권의 매매를 영업으로 하는 자를 위탁매매인이라 한다.

제102조 (위탁매매인의 지위) 위탁매매인은 위탁자를 위한 매매로 인하여 상대방에 대하여 직접 권리를 취득하고 의무를 부담한다.

제103조 (위탁물의 귀속) 위탁매매인이 위탁자로부터 받은 물건 또는 유가증권이나 위탁매매로 인하여 취득한 물건, 유가증권 또는 채권은 위탁자와 위탁매매인 또는 위탁매매인의 채권자간의 관계에서는 이를 위탁자의 소유 또는 채권으로 본다.

제104조 (통지의무, 계산서제출의무) 위탁매매인이 위탁받은 매매를 한 때에는 지체없이 위탁자에 대하여 그 계약의 요령과 상대방의 주소, 성명의 통지를 발송하여야 하며 계산서를 제출하여야 한다.

제105조 (위탁매매인의 이행담보책임) 위탁매매인은 위탁자를 위한 매매에 관하여 상대방이 채무를 이행하지 아니하는 경우에는 위탁자에 대하여 이를 이행할 책임이 있다. 그러나 다른 약정이나 관습이 있으면 그러하지 아니하다.

제106조 (지정가액준수의무) ① 위탁자가 지정한 가액보다 염가로 매도하거나 고가로 매수한 경우에도 위탁매매인이 그 차액을 부담한 때에는 그 매매는 위탁자에 대하여 효력이 있다.
② 위탁자가 지정한 가액보다 고가로 매도하거나 염가로 매수한 경우에는 그 차액은 다른 약정이 없으면 위탁자의 이익으로 한다.

제107조 (위탁매매인의 개입권) ① 위탁매매인이 거래소의 시세있는 물건의 매매를 위탁받은 때에는 직접 그 매도인이나 매수인이 될 수 있다. 이 경우의 매매대가는 위탁매매인이 매매의 통지를 발송한 때의 거

래소의 시세에 의한다.
② 전항의 경우에도 위탁매매인은 위탁자에 대하여 보수를 청구할 수 있다.

第108조 (위탁물의 훼손, 하자등의 효과) ① 위탁매매인이 위탁매매의 목적물을 인도받은 후에 그 물건의 훼손 또는 하자를 발견하거나 그 물건이 부패할 염려가 있는 때 또는 가격저락의 상황을 안 때에는 지체없이 위탁자에게 그 통지를 발송하여야 한다.
② 전항의 경우에 위탁자의 지시를 받을 수 없거나 그 지시가 지연되는 때에는 위탁매매인은 위탁자의 이익을 위하여 적당한 처분을 할 수 있다.

第109조 (매수물의 공탁, 경매권) 제67조의 규정은 위탁매매인이 매수의 위탁을 받은 경우에 위탁자가 매수한 물건의 수령을 거부하거나 이를 수령할 수 없는 때에 준용한다.

第110조 (매수위탁자가 상인인 경우) 상인인 위탁자가 그 영업에 관하여 물건의 매수를 위탁한 경우에는 위탁자와 위탁매매인간의 관계에는 제68조 내지 제71조의 규정을 준용한다.

第111조 (준용규정) 제91조의 규정은 위탁매매인에 준용한다.

第112조 (위임에 관한 규정의 적용) 위탁자와 위탁매매인간의 관계에는 본장의 규정외에 위임에 관한 규정을 적용한다.

第113조 (준위탁매매인) 본장의 규정은 자기명의로써 타인의 계산으로 매매 아닌 행위를 영업으로 하는 자에 준용한다.

제 8 장 운송주선업

第114조 (의의) 자기의 명의로 물건운송의 주선을 영업으로 하는 자를 운송주선인이라 한다.

第115조 (손해배상책임) 운송주선인은 자기나 그 사용인이 운송물의 수령, 인도, 보관, 운송인이나 다른 운송주선인의 선택 기타 운송에 관하여 주의를 해태하지 아니하였음을 증명하지 아니하면 운송물의 멸실, 훼손 또는 연착으로 인한 손해를 배상할 책임을 면하지 못한다.

第116조 (개입권) ① 운송주선인은 다른 약정이 없으면 직접 운송할 수 있다. 이 경우에는 운송주선인은 운송인과 동일한 권리의무가 있다.
② 운송주선인이 위탁자의 청구에 의하여 화물상환증을 작성한 때에는 직접 운송하는 것으로 본다.

第117조 (중간운송주선인의 대위) ① 수인이 순차로 운송주선을 하는 경우에는 후자는 전자에 갈음하여 그 권리를 행사할 의무를 부담한다.
② 전항의 경우에 후자가 전자에게 변제한 때에는 전자의 권리를 취득한다.

第118조 (운송인의 권리의 취득) 전조의 경우에 운송주선인이 운송인에게 변제한 때에는 운송인의 권리를 취득한다.

第119조 (보수청구권) ① 운송주선인은 운송물을 운송인에게 인도한 때에는 즉시 보수를 청구할 수 있다.
② 운송주선계약으로 운임의 액을 정한 경우에는 다른 약정이 없으면 따로 보수를 청구하지 못한다.

第120조 (유치권) 운송주선인은 운송물에 관하여 받을 보수, 운임, 기타 위탁자를 위한 체당금이나 선대금에 관하여서만 그 운송물을 유치할 수 있다.

第121조 (운송주선인의 책임의 시효) ① 운송주선인의 책임은 수하인이 운송물을 수령한 날로부터 1년을 경과하면 소멸시효가 완성한다.

② 전항의 기간은 운송물이 전부 멸실한 경우에는 그 운송물을 인도할 날로부터 기산한다.<개정 1962.12.12>

③ 전2항의 규정은 운송주선인이나 그 사용인이 악의인 경우에는 적용하지 아니한다.

제122조 (운송주선인의 채권의 시효) 운송주선인의 위탁자 또는 수하인에 대한 채권은 1년간 행사하지 아니하면 소멸시효가 완성한다.

제123조 (준용규정) 운송주선인에 관하여는 본장의 규정 외에 위탁매매인에 관한 규정을 준용한다.

제124조 (동전) 제136조, 제140조와 제141조의 규정은 운송주선업에 준용한다.

제 9 장 운 송 업

제125조 (의의) 육상 또는 호천, 항만에서 물건 또는 여객의 운송을 영업으로 하는 자를 운송인이라 한다.

제 1 절 물건운송

제126조 (화물명세서 〈개정 2007.8.3〉) ① 송하인은 운송인의 청구에 의하여 화물명세서를 교부하여야 한다.<개정 2007.8.3>

② 화물명세서에는 다음의 사항을 기재하고 송하인이 기명날인 또는 서명하여야 한다.<개정 1995.12.29, 2007.8.3>

1. 운송물의 종류, 중량 또는 용적, 포장의 종별, 개수와 기호
2. 도착지
3. 수하인과 운송인의 성명 또는 상호, 영업소 또는 주소
4. 운임과 그 선급 또는 착급의 구별
5. 화물명세서의 작성지와 작성년월일

제127조 (화물명세서의 허위기재에 대한 책임 〈개정 2007.8.3〉) ① 송하인이 화물명세서에 허위 또는 부정확한 기재를 한 때에는 운송인에 대하여 이로 인한 손해를 배상할 책임이 있다.<개정 2007.8.3>

② 전항의 규정은 운송인이 악의인 경우에는 적용하지 아니한다.

제128조 (화물상환증의 발행) ① 운송인은 송하인의 청구에 의하여 화물상환증을 교부하여야 한다.

② 화물상환증에는 다음의 사항을 기재하고 운송인이 기명날인 또는 서명하여야 한다.<개정 1995.12.29>

1. 제126조 제2항 제1호 내지 제3호의 사항
2. 송하인의 성명 또는 상호, 영업소 또는 주소
3. 운임 기타 운송물에 관한 비용과 그 선급 또는 착급의 구별
4. 화물상환증의 작성지와 작성년월일

제129조 (화물상환증의 상환증권성) 화물상환증을 작성한 경우에는 이와 상환하지 아니하면 운송물의 인도를 청구할 수 없다.

제130조 (화물상환증의 당연한 지시증권성) 화물상환증은 기명식인 경우에도 배서에 의하여 양도할 수 있다. 그러나 화물상환증에 배서를 금지하는 뜻을 기재한 때에는 그러하지 아니하다.

제131조 (화물상환증의 문언증권성) 화물상환증을 작성한 경우에는 운송에 관한 사항은 운송인과 소지인간에 있어서는 화물상환증에 기재된 바에 의한다.

제132조 (화물상환증의 처분증권성) 화물상환증을 작성한 경우에는 운송물에 관한 처분은 화물상환증으로써 하여야 한다.

제133조 (화물상환증교부의 물권적효력) 화물상환증에 의하여 운송물을 받을 수 있는 자에게 화물상환증을 교부한 때에는 운송물위에 행사하는 권리의 취득에 관하여

운송물을 인도한 것과 동일한 효력이 있다.

제134조 (운송물멸실과 운임) ① 운송물의 전부 또는 일부가 송하인의 책임없는 사유로 인하여 멸실한 때에는 운송인은 그 운임을 청구하지 못한다. 운송인이 이미 그 운임의 전부 또는 일부를 받은 때에는 이를 반환하여야 한다.

② 운송물의 전부 또는 일부가 그 성질이나 하자 또는 송하인의 과실로 인하여 멸실한 때에는 운송인은 운임의 전액을 청구할 수 있다.

제135조 (손해배상책임) 운송인은 자기 또는 운송주선인이나 사용인 기타 운송을 위하여 사용한 자가 운송물의 수령, 인도, 보관과 운송에 관하여 주의를 해태하지 아니하였음을 증명하지 아니하면 운송물의 멸실, 훼손 또는 연착으로 인한 손해를 배상할 책임을 면하지 못한다.

제136조 (고가물에 대한 책임) 화폐, 유가증권 기타의 고가물에 대하여는 송하인이 운송을 위탁할 때에 그 종류와 가액을 명시한 경우에 한하여 운송인이 손해를 배상할 책임이 있다.

제137조 (손해배상의 액) ① 운송물이 전부멸실 또는 연착된 경우의 손해배상액은 인도한 날의 도착지의 가격에 의한다.

② 운송물이 일부멸실 또는 훼손된 경우의 손해배상액은 인도한 날의 도착지의 가격에 의한다.

③ 운송물의 멸실, 훼손 또는 연착이 운송인의 고의나 중대한 과실로 인한 때에는 운송인은 모든 손해를 배상하여야 한다.

④ 운송물의 멸실 또는 훼손으로 인하여 지급을 요하지 아니하는 운임 기타 비용은 전3항의 배상액에서 공제하여야 한다.

제138조 (순차운송인의 연대책임, 구상권) ① 수인이 순차로 운송할 경우에는 각운송인은 운송물의 멸실, 훼손 또는 연착으로 인한 손해를 연대하여 배상할 책임이 있다.

② 운송인중 1인이 전항의 규정에 의하여 손해를 배상한 때에는 그 손해의 원인이 된 행위를 한 운송인에 대하여 구상권이 있다.

③ 전항의 경우에 그 손해의 원인이 된 행위를 한 운송인을 알 수 없는 때에는 각운송인은 그 운임액의 비율로 손해를 분담한다. 그러나 그 손해가 자기의 운송구간내에서 발생하지 아니하였음을 증명한 때에는 손해분담의 책임이 없다.

제139조 (운송물의 처분청구권) ① 송하인 또는 화물상환증이 발행된 때에는 그 소지인이 운송인에 대하여 운송의 중지, 운송물의 반환 기타의 처분을 청구할 수 있다. 이 경우에 운송인은 이미 운송한 비율에 따른 운임, 체당금과 처분으로 인한 비용의 지급을 청구할 수 있다.

② 삭제 <1995.12.29>

제140조 (수하인의 지위) ① 운송물이 도착지에 도착한 때에는 수하인은 송하인과 동일한 권리를 취득한다.

② 운송물이 도착지에 도착한 후 수하인이 그 인도를 청구한 때에는 수하인의 권리가 송하인의 권리에 우선한다.<신설 1995.12.29>

제141조 (수하인의 의무) 수하인이 운송물을 수령한 때에는 운송인에 대하여 운임 기타 운송에 관한 비용과 체당금을 지급할 의무를 부담한다.

제142조 (수하인불명의 경우의 공탁, 경매권) ① 수하인을 알 수 없는 때에는 운송인은 운송물을 공탁할 수 있다.

② 제1항의 경우에 운송인은 송하인에 대하여 상당한 기간을 정하여 운송물의 처분에 대한 지시를 최고하여도 그 기간내에 지시를 하지 아니한 때에는 운송물을 경매할 수

있다.<개정 1995.12.29>
③ 운송인이 제1항 및 제2항의 규정에 의하여 운송물의 공탁 또는 경매를 한 때에는 지체없이 송하인에게 그 통지를 발송하여야 한다.<개정 1995.12.29>
제143조 (운송물의 수령거부, 수령불능의 경우) ① 전조의 규정은 수하인이 운송물의 수령을 거부하거나 수령할 수 없는 경우에 준용한다.
② 운송인이 경매를 함에는 송하인에 대한 최고를 하기 전에 수하인에 대하여 상당한 기간을 정하여 운송물의 수령을 최고하여야 한다.<개정 1995.12.29>
제144조 (공시최고) ① 송하인, 화물상환증소지인과 수하인을 알 수 없는 때에는 운송인은 권리자에 대하여 6월이상의 기간을 정하여 그 기간내에 권리를 주장할 것을 공고하여야 한다.
② 제1항의 공고는 관보나 일간신문에 2회 이상 하여야 한다.<개정 1984.4.10>
③ 운송인이 제1항 및 제2항의 규정에 의한 공고를 하여도 그 기간내에 권리를 주장하는 자가 없는 때에는 운송물을 경매할 수 있다.<개정 1984.4.10>
제145조 (준용규정) 제67조 제2항과 제3항의 규정은 전3조의 경매에 준용한다.
제146조 (운송인의 책임소멸) ① 운송인의 책임은 수하인 또는 화물상환증소지인이 유보없이 운송물을 수령하고 운임 기타의 비용을 지급한 때에는 소멸한다. 그러나 운송물에 즉시 발견할 수 없는 훼손 또는 일부멸실이 있는 경우에 운송물을 수령한 날로부터 2주간내에 운송인에게 그 통지를 발송한 때에는 그러하지 아니하다.
② 전항의 규정은 운송인 또는 그 사용인이 악의인 경우에는 적용하지 아니한다.
제147조 (준용규정) 제117조, 제120조 내지 제122조의 규정은 운송인에 준용한다.

제 2 절　여객운송

제148조 (여객이 받은 손해의 배상책임) ① 운송인은 자기 또는 사용인이 운송에 관한 주의를 해태하지 아니하였음을 증명하지 아니하면 여객이 운송으로 인하여 받은 손해를 배상할 책임을 면하지 못한다.
② 손해배상의 액을 정함에는 법원은 피해자와 그 가족의 정상을 참작하여야 한다.
제149조 (인도를 받은 수하물에 대한 책임) ① 운송인은 여객으로부터 인도를 받은 수하물에 관하여는 운임을 받지 아니한 경우에도 물건운송인과 동일한 책임이 있다.
② 수하물이 도착지에 도착한 날로부터 10일내에 여객이 그 인도를 청구하지 아니한 때에는 제67조의 규정을 준용한다. 그러나 주소 또는 거소를 알지 못하는 여객에 대하여는 최고와 통지를 요하지 아니한다.
제150조 (인도를 받지 아니한 수하물에 대한 책임) 운송인은 여객으로부터 인도를 받지 아니한 수하물의 멸실 또는 훼손에 대하여는 자기 또는 사용인의 과실이 없으면 손해를 배상할 책임이 없다.

제 10 장　공중접객업

제151조 (의의) 극장, 여관, 음식점 기타 객의 집래를 위한 시설에 의한 거래를 영업으로 하는 자를 공중접객업자라 한다.
제152조 (공중접객업자의 책임) ① 공중접객업자는 객으로부터 임치를 받은 물건의 멸실 또는 훼손에 대하여 불가항력으로 인함을 증명하지 아니하면 그 손해를 배상할 책임을 면하지 못한다.
② 공중접객업자는 객으로부터 임치를 받지 아니한 경우에도 그 시설내에 휴대한 물

건이 자기 또는 그 사용인의 과실로 인하여 멸실 또는 훼손된 때에는 그 손해를 배상할 책임이 있다.

③ 객의 휴대물에 대하여 책임이 없음을 게시한 때에도 공중접객업자는 전2항의 책임을 면하지 못한다.

제153조 (고가물에 대한 책임) 화폐, 유가증권 기타의 고가물에 대하여는 객이 그 종류와 가액을 명시하여 임치하지 아니하면 공중접객업자는 그 물건의 멸실 또는 훼손으로 인한 손해를 배상할 책임이 없다.

제154조 (공중접객업자의 책임의 시효) ① 전2조의 책임은 공중접객업자가 임치물을 반환하거나 객이 휴대물을 가져간 후6월을 경과하면 소멸시효가 완성한다.

② 전항의 기간은 물건이 전부 멸실한 경우에는 객이 그 시설을 퇴거한 날로부터 기산한다.

③ 전2항의 규정은 공중접객업자나 그 사용인이 악의인 경우에는 적용하지 아니한다.

제11장 창 고 업

제155조 (의의) 타인을 위하여 창고에 물건을 보관함을 영업으로 하는 자를 창고업자라 한다.

제156조 (창고증권의 발행) ① 창고업자는 임치인의 청구에 의하여 창고증권을 교부하여야 한다.

② 창고증권에는 다음의 사항을 기재하고 창고업자가 기명날인 또는 서명하여야 한다.<개정 1995.12.29>

1. 임치물의 종류, 품질, 수량, 포장의 종별, 개수와 기호
2. 임치인의 성명 또는 상호, 영업소 또는 주소
3. 보관장소
4. 보관료
5. 보관기간을 정한 때에는 그 기간
6. 임치물을 보험에 붙인 때에는 보험금액, 보험기간과 보험자의 성명 또는 상호, 영업소 또는 주소
7. 창고증권의 작성지와 작성년월일

제157조 (준용규정) 제129조 내지 제133조의 규정은 창고증권에 준용한다.

제158조 (분할부분에 대한 창고증권의 청구) ① 창고증권소지인은 창고업자에 대하여 그 증권을 반환하고 임치물을 분할하여 각 부분에 대한 창고증권의 교부를 청구할 수 있다.

② 전항의 규정에 의한 임치물의 분할과 증권교부의 비용은 증권소지인이 부담한다.

제159조 (창고증권에 의한 입질과 일부출고) 창고증권으로 임치물을 입질한 경우에도 질권자의 승낙이 있으면 임치인은 채권의 변제기전이라도 임치물의 일부반환을 청구할 수 있다. 이 경우에는 창고업자는 반환한 임치물의 종류, 품질과 수량을 창고증권에 기재하여야 한다.

제160조 (손해배상책임) 창고업자는 자기 또는 사용인이 임치물의 보관에 관하여 주의를 해태하지 아니하였음을 증명하지 아니하면 임치물의 멸실 또는 훼손에 대하여 손해를 배상할 책임을 면하지 못한다.

제161조 (임치물의 검사, 견품적취, 보존처분권) 임치인 또는 창고증권소지인은 영업시간내에 언제든지 창고업자에 대하여 임치물의 검사 또는 견품의 적취를 요구하거나 그 보존에 필요한 처분을 할 수 있다.

제162조 (보관료청구권) ① 창고업자는 임치물을 출고할 때가 아니면 보관료 기타의 비용과 체당금의 지급을 청구하지 못한다. 그러나 보관기간 경과 후에는 출고 전이라도 이를 청구할 수 있다.

② 임치물의 일부출고의 경우에는 창고업자는 그 비율에 따른 보관료 기타의 비용과 체당금의 지급을 청구할 수 있다.

제163조 (임치기간) ① 당사자가 임치기간을 정하지 아니한 때에는 창고업자는 임치물을 받은 날로부터 6월을 경과한 후에는 언제든지 이를 반환할 수 있다.

② 전항의 경우에 임치물을 반환함에는 2주간 전에 예고하여야 한다.

제164조 (동전-부득이한 사유가 있는 경우) 부득이한 사유가 있는 경우에는 창고업자는 전조의 규정에 불구하고 언제든지 임치물을 반환할 수 있다.

제165조 (준용규정) 제67조 제1항과 제2항의 규정은 임치인 또는 창고증권소지인이 임치물의 수령을 거부하거나 이를 수령할 수 없는 경우에 준용한다.

제166조 (창고업자의 책임의 시효) ① 임치물의 멸실 또는 훼손으로 인하여 생긴 창고업자의 책임은 그 물건을 출고한 날로부터 1년이 경과하면 소멸시효가 완성한다.

② 전항의 기간은 임치물이 전부 멸실한 경우에는 임치인과 알고 있는 창고증권소지인에게 그 멸실의 통지를 발송한 날로부터 기산한다.

③ 전2항의 규정은 창고업자 또는 그 사용인이 악의인 경우에는 적용하지 아니한다.

제167조 (창고업자의 채권의 시효) 창고업자의 임치인 또는 창고증권소지인에 대한 채권은 그 물건을 출고한 날로부터 1년간 행사하지 아니하면 소멸시효가 완성한다.

제168조 (준용규정) 제108조와 제146조의 규정은 창고업자에 준용한다.<개정 1962.12.12>

제3편 회 사

제1장 통 칙

제169조 (의의) 본법에서 회사라 함은 상행위 기타 영리를 목적으로 하여 설립한 사단을 이른다.

제170조 (회사의 종류) 회사는 합명회사, 합자회사, 주식회사와 유한회사의 4종으로 한다.

제171조 (회사의 법인성, 주소) ① 회사는 법인으로 한다.

② 회사의 주소는 본점소재지에 있는 것으로 한다.

제172조 (회사의 성립) 회사는 본점소재지에서 설립등기를 함으로써 성립한다.

제173조 (권리능력의 제한) 회사는 다른 회사의 무한책임사원이 되지 못한다.

제174조 (회사의 합병) ① 회사는 합병을 할 수 있다.

② 합병을 하는 회사의 일방 또는 쌍방이 주식회사 또는 유한회사인 때에는 합병 후 존속하는 회사 또는 합병으로 인하여 설립되는 회사는 주식회사 또는 유한회사이어야 한다.

③ 해산후의 회사는 존립중의 회사를 존속하는 회사로 하는 경우에 한하여 합병을 할 수 있다.

제175조 (동전-설립위원) ① 회사의 합병으로 인하여 신회사를 설립하는 경우에는 정관의 작성 기타 설립에 관한 행위는 각 회사에서 선임한 설립위원이 공동으로 하여야 한다.

② 제230조, 제434조와 제585조의 규정은 전항의 선임에 준용한다.

제176조 (회사의 해산명령) ① 법원은 다음

의 사유가 있는 경우에는 이해관계인이나 검사의 청구에 의하여 또는 직권으로 회사의 해산을 명할 수 있다.
1. 회사의 설립목적이 불법한 것인 때
2. 회사가 정당한 사유없이 설립후 1년내에 영업을 개시하지 아니하거나 1년이상 영업을 휴지하는 때
3. 이사 또는 회사의 업무를 집행하는 사원이 법령 또는 정관에 위반하여 회사의 존속을 허용할 수 없는 행위를 한때

② 전항의 청구가 있는 때에는 법원은 해산을 명하기 전일지라도 이해관계인이나 검사의 청구에 의하여 또는 직권으로 관리인의 선임 기타 회사재산의 보전에 필요한 처분을 할 수 있다.
③ 이해관계인이 제1항의 청구를 한 때에는 법원은 회사의 청구에 의하여 상당한 담보를 제공할 것을 명할 수 있다.
④ 회사가 전항의 청구를 함에는 이해관계인의 청구가 악의임을 소명하여야 한다.

제177조 (등기기간의 기산점) 본편의 규정에 의하여 등기할 사항으로서 관청의 허가 또는 인가를 요하는 것에 관하여는 그 서류가 도달한 날로부터 등기기간을 기산한다.

제 2 장 합명회사

제 1 절 설 립

제178조 (정관의 작성) 합명회사의 설립에는 2인 이상의 사원이 공동으로 정관을 작성하여야 한다.

제179조 (정관의 절대적기재사항) 정관에는 다음의 사항을 기재하고 총사원이 기명날인 또는 서명하여야 한다.<개정 1995.12.29>
1. 목적
2. 상호
3. 사원의 성명·주민등록번호 및 주소
4. 사원의 출자의 목적과 가격 또는 평가의 표준
5. 본점의 소재지
6. 정관의 작성년월일

제180조 (설립의 등기) 합명회사의 설립등기에 있어서는 다음의 사항을 등기하여야 한다.<개정 1995.12.29>
1. 제179조제1호 내지 제3호 및 제5호의 사항과 지점을 둔 때에는 그 소재지. 다만, 회사를 대표할 사원을 정한 때에는 그외의 사원의 주소를 제외한다.
2. 사원의 출자의 목적, 재산출자에는 그 가격과 이행한 부분
3. 존립기간 기타 해산사유를 정한 때에는 그 기간 또는 사유
4. 회사를 대표할 사원을 정한 때에는 그 성명
5. 수인의 사원이 공동으로 회사를 대표할 것을 정한 때에는 그 규정

제181조 (지점설치의 등기) ① 회사의 설립과 동시에 지점을 설치하는 경우에는 설립등기를 한 후 2주간내에 지점소재지에서 제180조 각호의 사항(다른 지점의 소재지를 제외한다)을 등기하여야 한다.<개정 1995.12.29>
② 회사의 성립 후에 지점을 설치하는 경우에는 본점소재지에서는 2주간내에 그 지점소재지와 설치년월일을 등기하고, 그 지점소재지에서는 3주간내에 제180조 각호의 사항(다른 지점의 소재지를 제외한다)을 등기하여야 한다.<개정 1995.12.29>
③ 삭제 <1995.12.29>

제182조 (본점, 지점의 이전등기) ① 회사가 본점을 이전하는 경우에는 2주간내에 구소재지에서는 신소재지와 이전년월일을,

신소재지에서는 제180조 각호의 사항을 등기하여야 한다.<개정 1995.12.29>

② 회사가 지점을 이전하는 경우에는 2주간내에 본점과 구지점소재지에서는 신지점소재지와 이전년월일을 등기하고, 신지점소재지에서는 제180조 각호의 사항(다른 지점소재지를 제외한다)을 등기하여야 한다.<개정 1995.12.29>

③ 삭제<1995.12.29>

제183조 (변경등기) 제180조에 게기한 사항에 변경이 있는 때에는 본점소재지에서는 2주간내, 지점소재지에서는 3주간내에 변경등기를 하여야 한다.

제183조의2 (업무집행정지가처분 등의 등기) 사원의 업무집행을 정지하거나 직무대행자를 선임하는 가처분을 하거나 그 가처분을 변경·취소하는 경우에는 본점 및 지점이 있는 곳의 등기소에서 이를 등기하여야 한다.

[본조신설 2001.12.29]

제184조 (설립무효, 취소의 소) ① 회사의 설립의 무효는 그 사원에 한하여, 설립의 취소는 그 취소권있는 자에 한하여 회사성립의 날로부터 2년내에 소만으로 이를 주장할 수 있다.

② 민법 제140조의 규정은 전항의 설립의 취소에 준용한다.

제185조 (채권자에 의한 설립취소의 소) 사원이 그 채권자를 해할 것을 알고 회사를 설립한 때에는 채권자는 그 사원과 회사에 대한 소로 회사의 설립취소를 청구할 수 있다.

제186조 (전속관할) 전2조의 소는 본점소재지의 지방법원의 관할에 전속한다.

제187조 (소제기의 공고) 설립무효의 소 또는 설립취소의 소가 제기된 때에는 회사는 지체없이 공고하여야 한다.

제188조 (소의 병합심리) 수개의 설립무효의 소 또는 설립취소의 소가 제기된 때에는 법원은 이를 병합심리하여야 한다.

제189조 (하자의 보완등과 청구의 기각) 설립무효의 소 또는 설립취소의 소가 그 심리중에 원인이 된 하자가 보완되고 회사의 현황과 제반사정을 참작하여 설립을 무효 또는 취소하는 것이 부적당하다고 인정한 때에는 법원은 그 청구를 기각할 수 있다.

제190조 (판결의 효력) 설립무효의 판결 또는 설립취소의 판결은 제3자에 대하여도 그 효력이 있다. 그러나 판결확정 전에 생긴 회사와 사원 및 제3자간의 권리의무에 영향을 미치지 아니한다.

제191조 (패소원고의 책임) 설립무효의 소 또는 설립취소의 소를 제기한 자가 패소한 경우에 악의 또는 중대한 과실이 있는 때에는 회사에 대하여 연대하여 손해를 배상할 책임이 있다.

제192조 (설립무효, 취소의 등기) 설립무효의 판결 또는 설립취소의 판결이 확정된 때에는 본점과 지점의 소재지에서 등기하여야 한다.

제193조 (설립무효, 취소판결의 효과) ① 설립무효의 판결 또는 설립취소의 판결이 확정된 때에는 해산의 경우에 준하여 청산하여야 한다.

② 전항의 경우에는 법원은 사원 기타의 이해관계인의 청구에 의하여 청산인을 선임할 수 있다.

제194조 (설립무효, 취소와 회사계속) ① 설립무효의 판결 또는 설립취소의 판결이 확정된 경우에 그 무효나 취소의 원인이 특정한 사원에 한한 것인 때에는 다른 사원전원의 동의로써 회사를 계속할 수 있다.

② 전항의 경우에는 그 무효 또는 취소의 원인이 있는 사원은 퇴사한 것으로 본다.

③ 제229조 제2항과 제3항의 규정은 전2항의 경우에 준용한다.

제 2 절　회사의 내부관계

제195조 (준용법규) 합명회사의 내부관계에 관하여는 정관 또는 본법에 다른 규정이 없으면 조합에 관한 민법의 규정을 준용한다.

제196조 (채권출자) 채권을 출자의 목적으로 한 사원은 그 채권이 변제기에 변제되지 아니한 때에는 그 채권액을 변제할 책임을 진다. 이 경우에는 이자를 지급하는 외에 이로 인하여 생긴 손해를 배상하여야 한다.

제197조 (지분의 양도) 사원은 다른 사원의 동의를 얻지 아니하면 그 지분의 전부 또는 일부를 타인에게 양도하지 못한다.

제198조 (사원의 경업의 금지) ① 사원은 다른 사원의 동의가 없으면 자기 또는 제3자의 계산으로 회사의 영업부류에 속하는 거래를 하지 못하며 동종영업을 목적으로 하는 다른 회사의 무한책임사원 또는 이사가 되지 못한다.

② 사원이 전항의 규정에 위반하여 거래를 한 경우에 그 거래가 자기의 계산으로 한 것인 때에는 회사는 이를 회사의 계산으로 인한 것으로 볼 수 있고 제3자의 계산으로 한 것인 때에는 그 사원에 대하여 회사는 이로 인한 이득의 양도를 청구 할 수 있다. <개정 1962.12.12>

③ 전항의 규정은 회사의 그 사원에 대한 손해배상의 청구에 영향을 미치지 아니한다.

④ 제2항의 권리는 다른 사원과반수의 결의에 의하여 행사하여야 하며 다른 사원의 1인이 그 거래를 안 날로부터 2주간을 경과하거나 그 거래가 있은 날로부터 1년을 경과하면 소멸한다.

제199조 (사원의 자기거래) 사원은 다른 사원과반수의 결의가 있는 때에 한하여 자기 또는 제삼자의 계산으로 회사와 거래를 할 수 있다. 이 경우에는 민법 제124조의 규정을 적용하지 아니한다.

제200조 (업무집행의 권리의무) ① 각 사원은 정관에 다른 규정이 없는 때에는 회사의 업무를 집행할 권리와 의무가 있다.

② 각 사원의 업무집행에 관한 행위에 대하여 다른 사원의 이의가 있는 때에는 곧 행위를 중지하고 총사원 과반수의 결의에 의하여야 한다.

제200조의2 (직무대행자의 권한) ① 제183조의2의 직무대행자는 가처분명령에 다른 정함이 있는 경우 외에는 법인의 통상업무에 속하지 아니한 행위를 하지 못한다. 다만, 법원의 허가를 얻은 경우에는 그러하지 아니하다.

② 직무대행자가 제1항의 규정에 위반한 행위를 한 경우에도 회사는 선의의 제3자에 대하여 책임을 진다.

[본조신설 2001.12.29]

제201조 (업무집행사원) ① 정관으로 사원의 1인 또는 수인을 업무집행사원으로 정한 때에는 그 사원이 회사의 업무를 집행할 권리와 의무가 있다.

② 수인의 업무집행사원이 있는 경우에 그 각사원의 업무집행에 관한 행위에 대하여 다른 업무집행사원의 이의가 있는 때에는 곧 행위를 중지하고 업무집행사원과반수의 결의에 의하여야 한다.

제202조 (공동업무집행사원) 정관으로 수인의 사원을 공동업무집행사원으로 정한 때에 그 전원의 동의가 없으면 업무집행에 관한 행위를 하지 못한다. 그러나 지체할 염려가 있는 때에는 그러하지 아니하다.

제203조 (지배인의 선임과 해임) 지배인의

선임과 해임은 정관에 다른 정함이 없으면 업무집행사원이 있는 경우에도 총사원 과반수의 결의에 의하여야 한다.

제204조 (정관의 변경) 정관을 변경함에는 총사원의 동의가 있어야 한다.

제205조 (업무집행사원의 권한상실선고) ① 사원이 업무를 집행함에 현저하게 부적임하거나 중대한 의무에 위반한 행위가 있는 때에는 법원은 사원의 청구에 의하여 업무집행권한의 상실을 선고할 수 있다.

② 전항의 판결이 확정된 때에는 본점과 지점의 소재지에서 등기하여야 한다.

제206조 (준용규정) 제186조의 규정은 전조의 소에 준용한다.

제 3 절 회사의 외부관계

제207조 (회사대표) 정관으로 업무집행사원을 정하지 아니한 때에는 각사원은 회사를 대표한다. 수인의 업무집행사원을 정한 경우에 각 업무집행사원은 회사를 대표한다. 그러나 정관 또는 총사원의 동의로 업무집행사원중 특히 회사를 대표할 자를 정할 수 있다.

제208조 (공동대표) ① 회사는 정관 또는 총사원의 동의로 수인의 사원이 공동으로 회사를 대표할 것을 정할 수 있다.

② 전항의 경우에도 제삼자의 회사에 대한 의사표시는 공동대표의 권한이 있는 사원 1인에 대하여 이를 함으로써 그 효력이 생긴다.

제209조 (대표사원의 권한) ① 회사를 대표하는 사원은 회사의 영업에 관하여 재판상 또는 재판외의 모든 행위를 할 권한이 있다.

② 전항의 권한에 대한 제한은 선의의 제삼자에게 대항하지 못한다.

제210조 (손해배상책임) 회사를 대표하는 사원이 그 업무집행으로 인하여 타인에게 손해를 가한 때에는 회사는 그 사원과 연대하여 배상할 책임이 있다.

제211조 (회사와 사원간의 소에 관한 대표권) 회사가 사원에 대하여 또는 사원이 회사에 대하여 소를 제기하는 경우에 회사를 대표할 사원이 없을 때에는 다른 사원 과반수의 결의로 선정하여야 한다.

제212조 (사원의 책임) ① 회사의 재산으로 회사의 채무를 완제할 수 없는 때에는 각 사원은 연대하여 변제할 책임이 있다.

② 회사재산에 대한 강제집행이 주효하지 못한 때에도 전항과 같다.

③ 전항의 규정은 사원이 회사에 변제의 자력이 있으며 집행이 용이한 것을 증명한 때에는 적용하지 아니한다.

제213조 (신입사원의 책임) 회사성립 후에 가입한 사원은 그 가입 전에 생긴 회사채무에 대하여 다른 사원과 동일한 책임을 진다.

제214조 (사원의 항변) ① 사원이 회사채무에 관하여 변제의 청구를 받은 때에는 회사가 주장할 수 있는 항변으로 그 채권자에게 대항할 수 있다.

② 회사가 그 채권자에 대하여 상계, 취소 또는 해제할 권리가 있는 경우에는 사원은 전항의 청구에 대하여 변제를 거부할 수 있다.

제215조 (자칭사원의 책임) 사원이 아닌 자가 타인에게 자기를 사원이라고 오인시키는 행위를 하였을 때에는 오인으로 인하여 회사와 거래한 자에 대하여 사원과 동일한 책임을 진다.

제216조 (준용규정) 제205조와 제206조의 규정은 회사의 대표사원에 준용한다.

제 4 절 사원의 퇴사

제217조 (사원의 퇴사권) ① 정관으로 회사의 존립기간을 정하지 아니하거나 어느 사

원의 종신까지 존속할 것을 정한 때에는 사원은 영업년도말에 한하여 퇴사할 수 있다. 그러나 6월전에 이를 예고하여야 한다.

② 사원이 부득이한 사유가 있을 때에는 언제든지 퇴사할 수 있다.

제218조 (퇴사원인) 사원은 전조의 경우 외에 다음의 사유로 인하여 퇴사한다.

1. 정관에 정한 사유의 발생
2. 총사원의 동의
3. 사망
4. 금치산
5. 파산
6. 제명

제219조 (사원사망시 권리승계의 통지) ① 정관으로 사원이 사망한 경우에 그 상속인이 회사에 대한 피상속인의 권리의무를 승계하여 사원이 될 수 있음을 정한 때에는 상속인은 상속의 개시를 안 날로부터 3월내에 회사에 대하여 승계 또는 포기의 통지를 발송하여야 한다.

② 상속인이 전항의 통지 없이 3월을 경과한 때에는 사원이 될 권리를 포기한 것으로 본다.

제220조 (제명의 선고) ① 사원에게 다음의 사유가 있는 때에는 회사는 다른 사원 과반수의 결의에 의하여 그 사원의 제명의 선고를 법원에 청구 할 수 있다.

1. 출자의 의무를 이행하지 아니한 때
2. 제198조제1항의 규정에 위반한 행위가 있는 때
3. 회사의 업무집행 또는 대표에 관하여 부정한 행위가 있는 때, 권한없이 업무를 집행하거나 회사를 대표한 때
4. 기타 중요한 사유가 있는 때

② 제205조 제2항과 제206조의 규정은 전항의 경우에 준용한다.

제221조 (제명사원과 회사간의 계산) 제명된 사원과 회사와의 계산은 제명의 소를 제기한 때의 회사재산의 상태에 따라서 하며 그때부터 법정이자를 붙여야 한다.

제222조 (지분의 환급) 퇴사한 사원은 노무 또는 신용으로 출자의 목적으로 한 경우에도 그 지분의 환급을 받을 수 있다. 그러나 정관에 다른 규정이 있는 때에는 그러하지 아니하다.

제223조 (지분의 압류) 사원의 지분의 압류는 사원이 장래이익의 배당과 지분의 환급을 청구하는 권리에 대하여도 그 효력이 있다.

제224조 (지분압류채권자에 의한 퇴사청구) ① 사원의 지분을 압류한 채권자는 영업년도말에 그 사원을 퇴사시킬 수 있다. 그러나 회사와 그 사원에 대하여 6월 전에 그 예고를 하여야 한다.

② 전항 단서의 예고는 사원이 변제를 하거나 상당한 담보를 제공한 때에는 그 효력을 잃는다.

제225조 (퇴사원의 책임) ① 퇴사한 사원은 본점소재지에서 퇴사등기를 하기 전에 생긴 회사채무에 대하여는 등기 후 2년내에는 다른 사원과 동일한 책임이 있다.

② 전항의 규정은 지분을 양도한 사원에 준용한다.

제226조 (퇴사원의 상호변경청구권) 퇴사한 사원의 성명이 회사의 상호중에 사용된 경우에는 그 사원은 회사에 대하여 그 사용의 폐지를 청구할 수 있다.

제 5 절 회사의 해산

제227조 (해산원인) 회사는 다음의 사유로 인하여 해산한다.

1. 존립기간의 만료 기타 정관으로 정한 사유의 발생
2. 총사원의 동의

3. 사원이 1인으로된 때
4. 합병
5. 파산
6. 법원의 명령 또는 판결

제228조 (해산등기) 회사가 해산된 때에는 합병과 파산의 경우 외에는 그 해산사유가 있은 날로부터 본점소재지에서는 2주간내, 지점소재지에서는 3주간내에 해산등기를 하여야 한다.

제229조 (회사의 계속) ① 제227조 제1호와 제2호의 경우에는 사원의 전부 또는 일부의 동의로 회사를 계속할 수 있다. 그러나 동의를 하지 아니한 사원은 퇴사한 것으로 본다.
② 제227조 제3호의 경우에는 새로 사원을 가입시켜서 회사를 계속할 수 있다.
③ 전2항의 경우에 이미 회사의 해산등기를 하였을 때에는 본점소재지에서는 2주간내, 지점소재지에서는 3주간내에 회사의 계속등기를 하여야 한다.
④ 제213조의 규정은 제2항의 신입사원의 책임에 준용한다.

제230조 (합병의 결의) 회사가 합병을 함에는 총사원의 동의가 있어야 한다.

제231조 삭제 <1984.4.10>

제232조 (채권자의 이의) ① 회사는 합병의 결의가 있은 날부터 2주내에 회사채권자에 대하여 합병에 이의가 있으면 일정한 기간내에 이를 제출할 것을 공고하고 알고 있는 채권자에 대하여는 따로따로 이를 최고하여야 한다. 이 경우 그 기간은 1월이상이어야 한다.<개정 1984.4.10, 1998.12.28>
② 채권자가 제1항의 기간내에 이의를 제출하지 아니한 때에는 합병을 승인한 것으로 본다.<개정 1984.4.10>
③ 이의를 제출한 채권자가 있는 때에는 회사는 그 채권자에 대하여 변제 또는 상당한 담보를 제공하거나 이를 목적으로 하여 상당한 재산을 신탁회사에 신탁하여야 한다.

제233조 (합병의 등기) 회사가 합병을 한때에는 본점소재지에서는 2주간내, 지점소재지에서는 3주간내에 합병 후 존속하는 회사의 변경등기, 합병으로 인하여 소멸하는 회사의 해산등기, 합병으로 인하여 설립되는 회사의 설립등기를 하여야 한다.

제234조 (합병의 효력발생) 회사의 합병은 합병 후 존속하는 회사 또는 합병으로 인하여 설립되는 회사가 그 본점소재지에서 전조의 등기를 함으로써 그 효력이 생긴다.

제235조 (합병의 효과) 합병 후 존속한 회사 또는 합병으로 인하여 설립된 회사는 합병으로 인하여 소멸된 회사의 권리의무를 승계한다.

제236조 (합병무효의 소의 제기) ① 회사의 합병의 무효는 각 회사의 사원, 청산인, 파산관재인 또는 합병을 승인하지 아니한 회사채권자에 한하여 소만으로 이를 주장할 수 있다.
② 전항의 소는 제233조의 등기가 있은 날로부터 6월내에 제기하여야 한다.

제237조 (준용규정) 제176조 제3항과 제4항의 규정은 회사채권자가 전조의 소를 제기한 때에 준용한다.

제238조 (합병무효의 등기) 합병을 무효로 한 판결이 확정된 때에는 본점과 지점의 소재지에서 합병 후 존속한 회사의 변경등기, 합병으로 인하여 소멸된 회사의 회복등기, 합병으로 인하여 설립된 회사의 해산등기를 하여야 한다.

제239조 (무효판결확정과 회사의 권리의무의 귀속) ① 합병을 무효로 한 판결이 확정된 때에는 합병을 한 회사는 합병 후 존속한 회사 또는 합병으로 인하여 설립된 회사의 합병 후 부담한 채무에 대하여 연대하여 변제할 책임이 있다.

② 합병 후 존속한 회사 또는 합병으로 인하여 설립한 회사의 합병 후 취득한 재산은 합병을 한 회사의 공유로 한다.

③ 전2항의 경우에 각 회사의 협의로 그 부담부분 또는 지분을 정하지 못한 때에는 법원은 그 청구에 의하여 합병당시의 각 회사의 재산상태 기타의 사정을 참작하여 이를 정한다.

제240조 (준용규정) 제186조 내지 제191조의 규정은 합병무효의 소에 준용한다.

제241조 (사원에 의한 해산청구) ① 부득이한 사유가 있는 때에는 각사원은 회사의 해산을 법원에 청구할 수 있다.

② 제186조와 제191조의 규정은 전항의 경우에 준용한다.

제242조 (조직변경) ① 합명회사는 총사원의 동의로 일부사원을 유한책임사원으로 하거나 유한책임사원을 새로 가입시켜서 합자회사로 변경할 수 있다.

② 전항의 규정은 제229조 제2항의 규정에 의하여 회사를 계속하는 경우에 준용한다.

제243조 (조직변경의 등기) 합명회사를 합자회사로 변경한 때에는 본점소재지에서는 2주간내, 지점소재지에서는 3주간내에 합명회사에 있어서는 해산등기, 합자회사에 있어서는 설립등기를 하여야 한다.

제244조 (조직변경에 의하여 유한책임사원이 된 자의 책임) 합명회사사원으로서 제242조 제1항의 규정에 의하여 유한책임사원이 된 자는 전조의 규정에 의한 본점등기를 하기 전에 생긴 회사채무에 대하여는 등기 후 2년내에는 무한책임사원의 책임을 면하지 못한다.

제6절 청 산

제245조 (청산중의 회사) 회사는 해산된 후에도 청산의 목적범위내에서 존속하는 것으로 본다.

제246조 (수인의 지분상속인이 있는 경우) 회사의 해산 후 사원이 사망한 경우에 그 상속인이 수인인 때에는 청산에 관한 사원의 권리를 행사할 자 1인을 정하여야 한다. 이를 정하지 아니한 때에는 회사의 통지 또는 최고는 그중의 1인에 대하여 하면 전원에 대하여 그 효력이 있다.

제247조 (임의청산) ① 해산된 회사의 재산처분방법은 정관 또는 총사원의 동의로 이를 정할 수 있다. 이 경우에는 해산사유가 있는 날로부터 2주간내에 재산목록과 대차대조표를 작성하여야 한다.

② 전항의 규정은 회사가 제227조 제3호 또는 제6호의 사유로 인하여 해산한 경우에는 이를 적용하지 아니한다.

③ 제232조의 규정은 제1항의 경우에 준용한다.

④ 제1항의 경우에 사원의 지분을 압류한 자가 있는 때에는 그 동의를 얻어야 한다.

⑤ 제1항의 회사는 그 재산의 처분을 완료한 날부터 본점소재지에서는 2주간내에, 지점소재지에서는 3주간내에 청산종결의 등기를 하여야 한다.<신설 1995.12.29>

제248조 (임의청산과 채권자보호) ① 회사가 전조 제3항의 규정에 위반하여 그 재산을 처분함으로써 회사채권자를 해한 때에는 회사채권자는 그 처분의 취소를 법원에 청구할 수 있다.

② 제186조와 민법 제406조 제1항 단서, 제2항 및 제407조의 규정은 전항의 취소의 청구에 준용한다.

제249조 (지분압류채권자의 보호) 회사가 제247조 제4항의 규정에 위반하여 그 재산을 처분한 때에는 사원의 지분을 압류한 자는 회사에 대하여 그 지분에 상당하는 금액의 지급을 청구할 수 있다. 이 경우에는 전

조의 규정을 준용한다.

제250조 (법정청산) 제247조 제1항의 규정에 의하여 회사재산의 처분방법을 정하지 아니한 때에는 합병과 파산의 경우를 제외하고 제251조 내지 제265조의 규정에 따라서 청산을 하여야 한다.

제251조 (청산인) ① 회사가 해산된 때에는 총사원 과반수의 결의로 청산인을 선임한다.

② 청산인의 선임이 없는 때에는 업무집행사원이 청산인이 된다.

제252조 (법원선임에 의한 청산인) 회사가 제227조 제3호 또는 제6호의 사유로 인하여 해산된 때에는 법원은 사원 기타의 이해관계인이나 검사의 청구에 의하여 또는 직권으로 청산인을 선임한다.

제253조 (청산인의 등기) ① 청산인이 선임된 때에는 그 선임된 날로부터, 업무집행사원이 청산인이 된 때에는 해산된 날로부터 본점소재지에서는 2주간내, 지점소재지에서는 3주간내에 다음의 사항을 등기하여야 한다.<개정 1995.12.29>

1. 청산인의 성명·주민등록번호 및 주소. 다만, 회사를 대표할 청산인을 정한 때에는 그외의 청산인의 주소를 제외한다.
2. 회사를 대표할 청산인을 정한 때에는 그 성명
3. 수인의 청산인이 공동으로 회사를 대표할 것을 정한 때에는 그 규정

② 제183조의 규정은 제1항의 등기에 준용한다.<개정 1995.12.29>

제254조 (청산인의 직무권한) ① 청산인의 직무는 다음과 같다.

1. 현존사무의 종결
2. 채권의 추심과 채무의 변제
3. 재산의 환가처분
4. 잔여재산의 분배

② 청산인이 수인인 때에는 청산의 직무에 관한 행위는 그 과반수의 결의로 정한다.

③ 회사를 대표할 청산인은 제1항의 직무에 관하여 재판상 또는 재판 외의 모든 행위를 할 권한이 있다.

④ 민법 제93조의 규정은 합명회사에 준용한다.

제255조 (청산인의 회사대표) ① 업무집행사원이 청산인으로 된 경우에는 종전의 정함에 따라 회사를 대표한다.

② 법원이 수인의 청산인을 선임하는 경우에는 회사를 대표할 자를 정하거나 수인이 공동하여 회사를 대표할 것을 정할 수 있다.

제256조 (청산인의 의무) ① 청산인은 취임한 후 지체없이 회사의 재산상태를 조사하고 재산목록과 대차대조표를 작성하여 각 사원에게 교부하여야 한다.

② 청산인은 사원의 청구가 있는 때에는 언제든지 청산의 상황을 보고하여야 한다.

제257조 (영업의 양도) 청산인이 회사의 영업의 전부 또는 일부를 양도함에는 총사원 과반수의 결의가 있어야 한다.

제258조 (채무완제불능과 출자청구) ① 회사의 현존재산이 그 채무를 변제함에 부족한 때에는 청산인은 변제기에 불구하고 각 사원에 대하여 출자를 청구할 수 있다.

② 전항의 출자액은 각 사원의 출자의 비율로 이를 정한다.

제259조 (채무의 변제) ① 청산인은 변제기에 이르지 아니한 회사채무에 대하여도 이를 변제할 수 있다.

② 전항의 경우에 이자없는 채권에 관하여는 변제기에 이르기까지의 법정이자를 가산하여 그 채권액에 달할 금액을 변제하여야 한다.

③ 전항의 규정은 이자있는 채권으로서 그 이율이 법정이율에 달하지 못하는 것에 이

를 준용한다.

④ 제1항의 경우에는 조건부채권, 존속기간이 불확정한 채권 기타 가액이 불확정한 채권에 대하여는 법원이 선임한 감정인의 평가에 의하여 변제하여야 한다.

제260조 (잔여재산의 분배) 청산인은 회사의 채무를 완제한 후가 아니면 회사재산을 사원에게 분배하지 못한다. 그러나 다툼이 있는 채무에 대하여는 그 변제에 필요한 재산을 보류하고 잔여재산을 분배할 수 있다.

제261조 (청산인의 해임) 사원이 선임한 청산인은 총사원 과반수의 결의로 해임할 수 있다.

제262조 (동전) 청산인이 그 직무를 집행함에 현저하게 부적임하거나 중대한 임무에 위반한 행위가 있는 때에는 법원은 사원 기타의 이해관계인의 청구에 의하여 청산인을 해임할 수 있다.

제263조 (청산인의 임무종료) ① 청산인은 그 임무가 종료한 때에는 지체없이 계산서를 작성하여 각 사원에게 교부하고 그 승인을 얻어야 한다.

② 전항의 계산서를 받은 사원이 1월내에 이의를 하지 아니한 때에는 그 계산을 승인한 것으로 본다. 그러나 청산인에게 부정행위가 있는 경우에는 그러하지 아니하다.

제264조 (청산종결의 등기) 청산이 종결된 때에는 청산인은 전조의 규정에 의한 총사원의 승인이 있은 날로부터 본점소재지에서는 2주간내, 지점소재지에서는 3주간내에 종결의 등기를 하여야 한다.

제265조 (준용규정) 제183조의2 · 제199조 · 제200조의2 · 제207조 · 제208조 · 제209조 제2항 · 제210조 · 제382조 제2항 · 제399조 및 제401조의 규정은 청산인에 준용한다.

[전문개정 2001.12.29]

제266조 (장부, 서류의 보존) ① 회사의 장부와 영업 및 청산에 관한 중요서류는 본점소재지에서 청산종결의 등기를 한 후 10년간 이를 보존하여야 한다. 다만, 전표 또는 이와 유사한 서류는 5년간 이를 보존하여야 한다.<개정 1995.12.29>

② 제1항의 경우에는 총사원 과반수의 결의로 보존인과 보존방법을 정하여야 한다. <개정 1995.12.29>

제267조 (사원의 책임의 소멸시기) ① 제212조의 규정에 의한 사원의 책임은 본점소재지에서 해산등기를 한 후 5년을 경과하면 소멸한다.

② 전항의 기간경과 후에도 분배하지 아니한 잔여재산이 있는 때에는 회사채권자는 이에 대하여 변제를 청구할 수 있다.

제 3 장　합자회사

제268조 (회사의 조직) 합자회사는 무한책임사원과 유한책임사원으로 조직한다.

제269조 (준용규정) 합자회사에는 본장에 다른 규정이 없는 사항은 합명회사에 관한 규정을 준용한다.

제270조 (정관의 절대적 기재사항) 합자회사의 정관에는 제179조에 게기한 사항 외에 각 사원의 무한책임 또는 유한책임인 것을 기재하여야 한다.

제271조 (등기사항) 합자회사의 설립등기에 있어서는 제180조 각호의 사항 외에 각 사원의 무한책임 또는 유한책임인 것을 등기하여야 한다.

[전문개정 1995.12.29]

제272조 (유한책임사원의 출자) 유한책임사원은 신용 또는 노무를 출자의 목적으로 하지 못한다.

제273조 (업무집행의 권리의무) 무한책임

사원은 정관에 다른 규정이 없는 때에는 각자가 회사의 업무를 집행할 권리와 의무가 있다.

제274조 (지배인의 선임, 해임) 지배인의 선임과 해임은 업무집행사원이 있는 경우에도 무한책임사원과반수의 결의에 의하여야 한다.

제275조 (유한책임사원의 경업의 자유) 유한책임사원은 다른 사원의 동의없이 자기 또는 제삼자의 계산으로 회사의 영업부류에 속하는 거래를 할 수 있고 동종영업을 목적으로 하는 다른 회사의 무한책임사원 또는 이사가 될 수 있다.

제276조 (유한책임사원의 지분양도) 유한책임사원은 무한책임사원전원의 동의가 있으면 그 지분의 전부 또는 일부를 타인에게 양도할 수 있다. 지분의 양도에 따라 정관을 변경하여야 할 경우에도 같다.

제277조 (유한책임사원의 감시권) ① 유한책임사원은 영업년도말에 있어서 영업시간내에 한하여 회사의 회계장부·대차대조표 기타의 서류를 열람할 수 있고 회사의 업무와 재산상태를 검사할 수 있다. <개정 1984.4.10>

② 중요한 사유가 있는 때에는 유한책임사원은 언제든지 법원의 허가를 얻어 제1항의 열람과 검사를 할 수 있다.<개정 1984.4.10>

제278조 (유한책임사원의 업무집행, 회사대표의 금지) 유한책임사원은 회사의 업무집행이나 대표행위를 하지 못한다.

제279조 (유한책임사원의 책임) ① 유한책임사원은 그 출자가액에서 이미 이행한 부분을 공제한 가액을 한도로 하여 회사채무를 변제할 책임이 있다.

② 회사에 이익이 없음에도 불구하고 배당을 받은 금액은 변제책임을 정함에 있어서 이를 가산한다.

제280조 (출자감소의 경우의 책임) 유한책임사원은 그 출자를 감소한 후에도 본점소재지에서 등기를 하기 전에 생긴 회사채무에 대하여는 등기 후 2년내에는 전조의 책임을 면하지 못한다.

제281조 (자칭무한책임사원의 책임) ① 유한책임사원이 타인에게 자기를 무한책임사원이라고 오인시키는 행위를 한 때에는 오인으로 인하여 회사와 거래를 한 자에 대하여 무한책임사원과 동일한 책임이 있다.

② 전항의 규정은 유한책임사원이 그 책임의 한도를 오인시키는 행위를 한 경우에 준용한다.

제282조 (책임을 변경한 사원의 책임) 제213조의 규정은 유한책임사원이 무한책임사원으로 된 경우에, 제225조의 규정은 무한책임사원이 유한책임사원으로 된 경우에 준용한다.

제283조 (유한책임사원의 사망) ① 유한책임사원이 사망한 때에는 그 상속인이 그 지분을 승계하여 사원이 된다.

② 전항의 경우에 상속인이 수인인 때에는 사원의 권리를 행사할 자 1인을 정하여야 한다. 이를 정하지 아니한 때에는 회사의 통지 또는 최고는 그중의 1인에 대하여 하면 전원에 대하여 그 효력이 있다.

제284조 (유한책임사원의 금치산) 유한책임사원은 금치산의 선고를 받은 경우에도 퇴사되지 아니한다.

제285조 (해산, 계속) ① 합자회사는 무한책임사원 또는 유한책임사원의 전원이 퇴사한 때에는 해산된다.

② 전항의 경우에 잔존한 무한책임사원 또는 유한책임사원은 전원의 동의로 새로 유한책임사원 또는 무한책임사원을 가입시켜서 회사를 계속할 수 있다.

③ 제213조와 제229조 제3항의 규정은 전항의 경우에 준용한다.

제286조 (조직변경) ① 합자회사는 사원전원의 동의로 그 조직을 합명회사로 변경하여 계속할 수 있다.

② 유한책임사원전원이 퇴사한 경우에도 무한책임사원은 그 전원의 동의로 합명회사로 변경하여 계속할 수 있다.

③ 전2항의 경우에는 본점소재지에서는 2주간내, 지점소재지에서는 3주간내에 합자회사에 있어서는 해산등기를, 합명회사에 있어서는 설립등기를 하여야 한다.

제287조 (청산인) 합자회사의 청산인은 무한책임사원과반수의 결의로 선임한다. 이를 선임하지 아니한 때에는 업무집행사원이 청산인이 된다.

제 4 장 주식회사

제 1 절 설 립

제288조 (발기인) 주식회사를 설립함에는 발기인이 정관을 작성하여야 한다.
[전문개정 2001.7.24]

제289조 (정관의 작성, 절대적 기재사항) ① 발기인은 정관을 작성하여 이에 다음의 사항을 기재하고 각 발기인이 기명날인 또는 서명하여야 한다.<개정 1984.4.10, 1995.12.29, 2001.7.24>

1. 목적
2. 상호
3. 회사가 발행할 주식의 총수
4. 1주의 금액
5. 회사의 설립시에 발행하는 주식의 총수
6. 본점의 소재지
7. 회사가 공고를 하는 방법
8. 발기인의 성명·주민등록번호 및 주소
9. 삭제<1984.4.10>

② 회사의 설립시에 발행하는 주식의 총수는 회사가 발행할 주식의 총수의 4분의 1 이상이어야 한다.<개정 1984.4.10>

③ 회사의 공고는 관보 또는 시사에 관한 사항을 게재하는 일간신문에 하여야 한다. 다만, 회사는 그 공고를 정관으로 정하는 바에 따라 전자적 방법으로 할 수 있다.<개정 2009.5.28>

④ 회사는 제3항에 따라 전자적 방법으로 공고할 경우 대통령령으로 정하는 기간까지 계속 공고하고, 재무제표를 전자적 방법으로 공고할 경우에는 제450조에서 정한 기간까지 계속 공고하여야 한다. 다만, 공고기간 이후에도 누구나 그 내용을 열람할 수 있도록 하여야 한다.<신설 2009.5.28>

⑤ 회사가 전자적 방법으로 공고를 할 경우에는 게시 기간과 게시 내용에 대하여 증명하여야 한다.<신설 2009.5.28>

⑥ 회사의 전자적 방법으로 하는 공고에 관하여 필요한 사항은 대통령령으로 정한다.<신설 2009.5.28>

제290조 (변태설립사항) 다음의 사항은 정관에 기재함으로써 그 효력이 있다.

1. 발기인이 받을 특별이익과 이를 받을 자의 성명
2. 현물출자를 하는 자의 성명과 그 목적인 재산의 종류, 수량, 가격과 이에 대하여 부여할 주식의 종류와 수
3. 회사성립 후에 양수할 것을 약정한 재산의 종류, 수량, 가격과 그 양도인의 성명
4. 회사가 부담할 설립비용과 발기인이 받을 보수액

제291조 (설립당시의 주식발행사항의 결정) 회사설립시에 발행하는 주식에 관하여 다음의 사항은 정관에 다른 정함이 없으면 발기인전원의 동의로 이를 정한다.

1. 주식의 종류와 수
2. 액면이상의 주식을 발행하는 때에는 그 수와 금액

제292조 (정관의 효력발생) 정관은 공증인의 인증을 받음으로써 효력이 생긴다. 다만, 자본금 총액이 10억원 미만인 회사를 제295조 제1항에 따라 발기설립(發起設立)하는 경우에는 제289조 제1항에 따라 각 발기인이 정관에 기명날인 또는 서명함으로써 효력이 생긴다.
[전문개정 2009.5.28]

제293조 (발기인의 주식인수) 각 발기인은 서면에 의하여 주식을 인수하여야 한다.

제294조 삭제 <1995.12.29>

제295조 (발기설립의 경우의 납입과 현물출자의 이행) ① 발기인이 회사의 설립시에 발행하는 주식의 총수를 인수한 때에는 지체없이 각 주식에 대하여 그 인수가액의 전액을 납입하여야 한다. 이 경우 발기인은 납입을 맡을 은행 기타 금융기관과 납입장소를 지정하여야 한다.<개정 1995.12.29>
② 현물출자를 하는 발기인은 납입기일에 지체없이 출자의 목적인 재산을 인도하고 등기, 등록 기타 권리의 설정 또는 이전을 요할 경우에는 이에 관한 서류를 완비하여 교부하여야 한다.

제296조 (발기설립의 경우의 임원선임) ① 전조의 규정에 의한 납입과 현물출자의 이행이 완료된 때에는 발기인은 지체없이 의결권의 과반수로 이사와 감사를 선임하여야 한다.
② 발기인의 의결권은 그 인수주식의 1주에 대하여 1개로 한다.

제297조 (발기인의 의사록작성) 발기인은 의사록을 작성하여 의사의 경과와 그 결과를 기재하고 기명날인 또는 서명하여야 한다.<개정 1995.12.29>

제298조 (이사·감사의 조사·보고와 검사인의 선임청구) ① 이사와 감사는 취임 후 지체없이 회사의 설립에 관한 모든 사항이 법령 또는 정관의 규정에 위반되지 아니하는지의 여부를 조사하여 발기인에게 보고하여야 한다.
② 이사와 감사중 발기인이었던 자·현물출자자 또는 회사성립 후 양수할 재산의 계약당사자인 자는 제1항의 조사·보고에 참가하지 못한다.
③ 이사와 감사의 전원이 제2항에 해당하는 때에는 이사는 공증인으로 하여금 제1항의 조사·보고를 하게 하여야 한다.
④ 정관으로 제290조 각호의 사항을 정한 때에는 이사는 이에 관한 조사를 하게 하기 위하여 검사인의 선임을 법원에 청구하여야 한다. 다만, 제299조의2의 경우에는 그러하지 아니하다.
[전문개정 1995.12.29]

제299조 (검사인의 조사, 보고) ① 검사인은 제290조 각호의 사항과 제295조의 규정에 의한 현물출자의 이행을 조사하여 법원에 보고하여야 한다.<개정 1995.12.29>
② 검사인은 전항의 조사보고서를 작성한 후 지체없이 그 등본을 각 발기인에게 교부하여야 한다.
③ 검사인의 조사보고서에 사실과 상위한 사항이 있는 때에는 발기인은 이에 대한 설명서를 법원에 제출할 수 있다.

제299조의2 (현물출자등의 증명) 제290조 제1호 및 제4호에 기재한 사항에 관하여는 공증인의 조사·보고로, 제290조 제2호 및 제3호의 규정에 의한 사항과 제295조의 규정에 의한 현물출자의 이행에 관하여는 공인된 감정인의 감정으로 제299조 제1항의 규정에 의한 검사인의 조사에 갈음할 수 있다. 이 경우 공증인 또는 감정인은 조사 또

는 감정결과를 법원에 보고하여야 한다. <개정 1998.12.28>
[본조신설 1995.12.29]

제300조 (법원의 변경처분) ① 법원은 검사인 또는 공증인의 조사보고서 또는 감정인의 감정결과와 발기인의 설명서를 심사하여 제290조의 규정에 의한 사항을 부당하다고 인정한 때에는 이를 변경하여 각 발기인에게 통고할 수 있다.<개정 1998.12. 28>
② 제1항의 변경에 불복하는 발기인은 그 주식의 인수를 취소할 수 있다. 이 경우에는 정관을 변경하여 설립에 관한 절차를 속행할 수 있다.<개정 1998.12.28>
③ 법원의 통고가 있은 후 2주내에 주식의 인수를 취소한 발기인이 없는 때에는 정관은 통고에 따라서 변경된 것으로 본다.<개정 1998.12.28>

제301조 (모집설립의 경우의 주식모집) 발기인이 회사의 설립시에 발행하는 주식의 총수를 인수하지 아니하는 때에는 주주를 모집하여야 한다.

제302조 (주식인수의 청약, 주식청약서의 기재사항) ① 주식인수의 청약을 하고자 하는 자는 주식청약서 2통에 인수할 주식의 종류 및 수와 주소를 기재하고 기명날인 또는 서명하여야 한다.<개정 1995.12. 29>
② 주식청약서는 발기인이 이를 작성하고 다음의 사항을 기재하여야 한다.<개정 1962.12.12, 1984.4.10, 1995.12.29>
1. 정관의 인증년월일과 공증인의 성명
2. 제289조 제1항과 제290조에 게기한 사항
3. 회사의 존립기간 또는 해산사유를 정한 때에는 그 규정
4. 각 발기인이 인수한 주식의 종류와 수
5. 제291조에 게기한 사항
5의2. 주식의 양도에 관하여 이사회의 승인을 얻도록 정한 때에는 그 규정
6. 개업 전에 이자를 배당할 것을 정한 때에는 그 규정
7. 주주에게 배당할 이익으로 주식을 소각할 것을 정한 때에는 그 규정
8. 일정한 시기까지 창립총회를 종결하지 아니한 때에는 주식의 인수를 취소할 수 있다는 뜻
9. 납입을 맡을 은행 기타 금융기관과 납입장소
10. 명의개서대리인을 둔 때에는 그 성명·주소 및 영업소

③ 민법 제107조 제1항 단서의 규정은 주식인수의 청약에는 적용하지 아니한다.

제303조 (주식인수인의 의무) 주식인수를 청약한 자는 발기인이 배정한 주식의 수에 따라서 인수가액을 납입할 의무를 부담한다.

제304조 (주식인수인 등에 대한 통지, 최고) ① 주식인수인 또는 주식청약인에 대한 통지나 최고는 주식인수증 또는 주식청약서에 기재한 주소 또는 그 자로부터 회사에 통지한 주소로 하면 된다.
② 전항의 통지 또는 최고는 보통 그 도달할 시기에 도달한 것으로 본다.

제305조 (주식에 대한 납입) ① 회사설립시에 발행하는 주식의 총수가 인수된 때에는 발기인은 지체없이 주식인수인에 대하여 각 주식에 대한 인수가액의 전액을 납입시켜야 한다.
② 전항의 납입은 주식청약서에 기재한 납입장소에서 하여야 한다.
③ 제295조 제2항의 규정은 제1항의 경우에 준용한다.

제306조 (납입금의 보관자등의 변경) 납입금의 보관자 또는 납입장소를 변경할 때에는 법원의 허가를 얻어야 한다.

제307조 (주식인수인의 실권절차) ① 주식

인수인이 제305조의 규정에 의한 납입을 하지 아니한 때에는 발기인은 일정한 기일을 정하여 그 기일내에 납입을 하지 아니하면 그 권리를 잃는다는 뜻을 기일의 2주간 전에 그 주식인수인에게 통지하여야 한다.
② 전항의 통지를 받은 주식인수인이 그 기일내에 납입의 이행을 하지 아니한 때에는 그 권리를 잃는다. 이 경우에는 발기인은 다시 그 주식에 대한 주주를 모집할 수 있다.
③ 전2항의 규정은 그 주식인수인에 대한 손해배상의 청구에 영향을 미치지 아니한다.
제308조 (창립총회) ① 제305조의 규정에 의한 납입과 현물출자의 이행을 완료한 때에는 발기인은 지체없이 창립총회를 소집하여야 한다.
② 제363조 제1항・제2항, 제364조, 제368조 제3항・제4항, 제368조의2, 제369조 제1항, 제371조 제2항, 제372조, 제373조, 제376조 내지 제381조와 제435조의 규정은 창립총회에 준용한다.<개정 1984.4.10>
제309조 (창립총회의 결의) 창립총회의 결의는 출석한 주식인수인의 의결권의 3분의 2이상이며 인수된 주식의 총수의 과반수에 해당하는 다수로 하여야 한다.
제310조 (변태설립의 경우의 조사) ① 정관으로 제290조에 게기한 사항을 정한 때에는 발기인은 이에 관한 조사를 하게 하기 위하여 검사인의 선임을 법원에 청구하여야 한다.
② 전항의 검사인의 보고서는 이를 창립총회에 제출하여야 한다.
③ 제298조 제4항 단서 및 제299조의2의 규정은 제1항의 조사에 관하여 이를 준용한다.<신설 1995.12.29>
제311조 (발기인의 보고) ① 발기인은 회사의 창립에 관한 사항을 서면에 의하여 창립총회에 보고하여야 한다.
② 전항의 보고서에는 다음의 사항을 명확히 기재하여야 한다.
1. 주식인수와 납입에 관한 제반상황
2. 제290조에 게기한 사항에 관한 실태
제312조 (임원의 선임) 창립총회에서는 이사와 감사를 선임하여야 한다.
제313조 (이사, 감사의 조사, 보고) ① 이사와 감사는 취임 후 지체없이 회사의 설립에 관한 모든 사항이 법령 또는 정관의 규정에 위반되지 아니하는지의 여부를 조사하여 창립총회에 보고하여야 한다.<개정 1995.12.29>
② 제298조 제2항 및 제3항의 규정은 제1항의 조사와 보고에 관하여 이를 준용한다.<개정 1995.12.29>
③ 삭제 <1995.12.29>
제314조 (변태설립사항의 변경) ① 창립총회에서는 제290조에 게기한 사항이 부당하다고 인정한 때에는 이를 변경할 수 있다.
② 제300조 제2항과 제3항의 규정은 전항의 경우에 준용한다.
제315조 (발기인에 대한 손해배상청구) 전조의 규정은 발기인에 대한 손해배상의 청구에 영향을 미치지 아니한다.
제316조 (정관변경, 설립폐지의 결의) ① 창립총회에서는 정관의 변경 또는 설립의 폐지를 결의할 수 있다.
② 전항의 결의는 소집통지서에 그 뜻의 기재가 없는 경우에도 이를 할 수 있다.
제317조 (설립의 등기) ① 주식회사의 설립등기는 발기인이 회사설립시에 발행한 주식의 총수를 인수한 경우에는 제299조와 제300조의 규정에 의한 절차가 종료한 날로부터, 발기인이 주주를 모집한 경우에는 창립총회가 종결한 날 또는 제314조의 규정에 의한 절차가 종료한 날로부터 2주간내에 이

를 하여야 한다.

② 제1항의 설립등기에 있어서는 다음의 사항을 등기하여야 한다.<개정 2009.1.30>

1. 제289조 제1항 제1호 내지 제4호, 제6호와 제7호에 게기한 사항
2. 자본의 총액
3. 발행주식의 총수, 그 종류와 각종 주식의 내용과 수

3의2. 주식의 양도에 관하여 이사회의 승인을 얻도록 정한 때에는 그 규정

3의3. 주식매수선택권을 부여하도록 정한 때에는 그 규정

3의4. 지점의 소재지

4. 회사의 존립기간 또는 해산사유를 정한 때에는 그 기간 또는 사유
5. 개업 전에 이자를 배당할 것을 정한 때에는 그 규정
6. 주주에게 배당할 이익으로 주식을 소각할 것을 정한 때에는 그 규정
7. 전환주식을 발행하는 경우에는 제347조에 게기한 사항
8. 사내이사, 사외이사, 그 밖에 상무(常務)에 종사하지 아니하는 이사, 감사의 성명과 주민등록번호
9. 회사를 대표할 이사의 성명·주민등록번호 및 주소
10. 수인의 대표이사가 공동으로 회사를 대표할 것을 정한 때에는 그 규정
11. 명의개서대리인을 둔 때에는 그 상호 및 본점소재지
12. 감사위원회를 설치한 때에는 감사위원회 위원의 성명 및 주민등록번호

③ 주식회사의 지점설치 및 이전시 지점소재지 또는 신지점소재지에서 하는 등기에 있어서는 제2항 제1호·제4호·제9호 및 제10호의 규정에 의한 사항을 등기하여야 한다.<신설 1995.12.29>

④ 제181조 내지 제183조의 규정은 주식회사의 등기에 준용한다.

제318조 (납입금 보관자의 증명과 책임) ① 납입금을 보관한 은행이나 그 밖의 금융기관은 발기인 또는 이사의 청구를 받으면 그 보관금액에 관하여 증명서를 발급하여야 한다.

② 제1항의 은행이나 그 밖의 금융기관은 증명한 보관금액에 대하여는 납입이 부실하거나 그 금액의 반환에 제한이 있다는 것을 이유로 회사에 대항하지 못한다.

③ 자본금 총액이 10억원 미만인 회사를 제295조 제1항에 따라 발기설립하는 경우에는 제1항의 증명서를 은행이나 그 밖의 금융기관의 잔고증명서로 대체할 수 있다.

[전문개정 2009.5.28]

제319조 (권리주의 양도) 주식의 인수로 인한 권리의 양도는 회사에 대하여 효력이 없다.

제320조 (주식인수의 무효주장, 취소의 제한) ① 회사성립 후에는 주식을 인수한 자는 주식청약서의 요건의 흠결을 이유로 하여 그 인수의 무효를 주장하거나 사기, 강박 또는 착오를 이유로 하여 그 인수를 취소하지 못한다.

② 창립총회에 출석하여 그 권리를 행사한 자는 회사의 성립 전에도 전항과 같다.

제321조 (발기인의 인수, 납입담보책임) ① 회사설립시에 발행한 주식으로서 회사성립 후에 아직 인수되지 아니한 주식이 있거나 주식인수의 청약이 취소된 때에는 발기인이 이를 공동으로 인수한 것으로 본다.

② 회사성립 후 제295조 제1항 또는 제305조 제1항의 규정에 의한 납입을 완료하지 아니한 주식이 있는 때에는 발기인은 연대하여 그 납입을 하여야 한다.

③ 제315조의 규정은 전2항의 경우에 준용

한다.

제322조 (발기인의 손해배상책임) ① 발기인이 회사의 설립에 관하여 그 임무를 해태한 때에는 그 발기인은 회사에 대하여 연대하여 손해를 배상할 책임이 있다.

② 발기인이 악의 또는 중대한 과실로 인하여 그 임무를 해태한 때에는 그 발기인은 제삼자에 대하여도 연대하여 손해를 배상할 책임이 있다.

제323조 (발기인, 임원의 연대책임) 이사 또는 감사가 제313조 제1항의 규정에 의한 임무를 해태하여 회사 또는 제삼자에 대하여 손해를 배상할 책임을 지는 경우에 발기인도 책임을 질 때에는 그 이사, 감사와 발기인은 연대하여 손해를 배상할 책임이 있다.

제324조 (발기인의 책임면제, 주주의 대표소송) 제400조와 제403조 내지 제406조의 규정은 발기인에 준용한다.

제325조 (검사인의 손해배상책임) 법원이 선임한 검사인이 악의 또는 중대한 과실로 인하여 그 임무를 해태한 때에는 회사 또는 제삼자에 대하여 손해를 배상할 책임이 있다.

제326조 (회사불성립의 경우의 발기인의 책임) ① 회사가 성립하지 못한 경우에는 발기인은 그 설립에 관한 행위에 대하여 연대하여 책임을 진다.

② 전항의 경우에 회사의 설립에 관하여 지급한 비용은 발기인이 부담한다.

제327조 (유사발기인의 책임) 주식청약서 기타 주식모집에 관한 서면에 성명과 회사의 설립에 찬조하는 뜻을 기재할 것을 승낙한 자는 발기인과 동일한 책임이 있다.

제328조 (설립무효의 소) ① 회사설립의 무효는 주주·이사 또는 감사에 한하여 회사성립의 날로부터 2년내에 소만으로 이를 주장할 수 있다.<개정 1984.4.10>

② 제186조 내지 제193조의 규정은 제1항의 소에 준용한다.<개정 1984.4.10>

제2절 주 식

제1관 주식과 주권

제329조 (자본의 구성, 주식의 권면액) ① 삭제 <2009.5.28>

② 주식회사의 자본은 이를 주식으로 분할하여야 한다.

③ 주식의 금액은 균일하여야 한다.

④ 1주의 금액은 100원 이상으로 하여야 한다.<개정 1984.4.10, 1998.12.28>

제329조의2 (주식의 분할) ① 회사는 제434조의 규정에 의한 주주총회의 결의로 주식을 분할할 수 있다.

② 제1항의 경우에 분할 후의 1주의 금액은 제329조 제4항의 규정에 의한 금액 미만으로 하지 못한다.

③ 제440조 내지 제444조의 규정은 제1항의 규정에 의한 주식분할의 경우에 이를 준용한다.

[본조신설 1998.12.28]

제330조 (액면미달발행의 제한) 주식은 액면미달의 가액으로 발행하지 못한다. 그러나 제417조의 경우에는 그러하지 아니하다.

제331조 (주주의 책임) 주주의 책임은 그가 가진 주식의 인수가액을 한도로 한다.

제332조 (가설인, 타인의 명의에 의한 인수인의 책임) ① 가설인의 명의로 주식을 인수하거나 타인의 승락없이 그 명의로 주식을 인수한 자는 주식인수인으로서의 책임이 있다.

② 타인의 승락을 얻어 그 명의로 주식을 인수한 자는 그 타인과 연대하여 납입할 책임이 있다.

제333조 (주식의 공유) ① 수인이 공동으로 주식을 인수한 자는 연대하여 납입할 책임이 있다.

② 주식이 수인의 공유에 속하는 때에는 공유자는 주주의 권리를 행사할 자 1인을 정하여야 한다.

③ 주주의 권리를 행사할 자가 없는 때에는 공유자에 대한 통지나 최고는 그 1인에 대하여 하면 된다.

제334조 (주주의 회사에 대한 상계금지) 주주는 납입에 관하여 상계로써 회사에 대항하지 못한다.

제335조 (주식의 양도성) ① 주식은 타인에게 이를 양도할 수 있다. 다만, 주식의 양도는 정관이 정하는 바에 따라 이사회의 승인을 얻도록 할 수 있다. <개정 1995.12. 29>

② 제1항 단서의 규정에 위반하여 이사회의 승인을 얻지 아니한 주식의 양도는 회사에 대하여 효력이 없다.<신설 1995.12. 29>

③ 주권발행 전에 한 주식의 양도는 회사에 대하여 효력이 없다. 그러나 회사성립 후 또는 신주의 납입기일 후 6월이 경과한 때에는 그러하지 아니하다.<개정 1984.4. 10>

제335조의2 (양도승인의 청구) ① 주식의 양도에 관하여 이사회의 승인을 얻어야 하는 경우에는 주식을 양도하고자 하는 주주는 회사에 대하여 양도의 상대방 및 양도하고자 하는 주식의 종류와 수를 기재한 서면으로 양도의 승인을 청구할 수 있다.

② 회사는 제1항의 청구가 있는 날부터 1월이내에 주주에게 그 승인여부를 서면으로 통지하여야 한다.

③ 회사가 제2항의 기간내에 주주에게 거부의 통지를 하지 아니한 때에는 주식의 양도에 관하여 이사회의 승인이 있는 것으로 본다.

④ 제2항의 양도승인거부의 통지를 받은 주주는 통지를 받은 날부터 20일내에 회사에 대하여 양도의 상대방의 지정 또는 그 주식의 매수를 청구할 수 있다.

[본조신설 1995.12.29]

제335조의3 (양도상대방의 지정청구) ① 주주가 양도의 상대방을 지정하여 줄 것을 청구한 경우에는 이사회는 이를 지정하고, 그 청구가 있은 날부터 2주간내에 주주 및 지정된 상대방에게 서면으로 이를 통지하여야 한다.

② 제1항의 기간내에 주주에게 상대방지정의 통지를 하지 아니한 때에는 주식의 양도에 관하여 이사회의 승인이 있는 것으로 본다.

[본조신설 1995.12.29]

제335조의4 (지정된 자의 매도청구권 〈개정 2001.7.24〉) ① 제335조의3 제1항의 규정에 의하여 상대방으로 지정된 자는 지정통지를 받은 날부터 10일 이내에 지정청구를 한 주주에 대하여 서면으로 그 주식을 자기에게 매도할 것을 청구할 수 있다.

② 제335조의3 제2항의 규정은 주식의 양도상대방으로 지정된 자가 제1항의 기간내에 매도의 청구를 하지 아니한 때에 이를 준용한다.

[본조신설 1995.12.29]

제335조의5 (매도가액의 결정 〈개정 2001.7.24〉) ① 제335조의4의 경우에 그 주식의 매도가액은 주주와 매도청구인간의 협의로 이를 결정한다.<개정 2001.7.24>

② 제374조의2 제4항 및 제5항의 규정은 제335조의4 제1항의 규정에 의한 청구를 받은 날부터 30일 이내에 제1항의 규정에 의한 협의가 이루어지지 아니하는 경우에 이를 준용한다.<개정 2001.7.24>

[본조신설 1995.12.29]

제335조의6 (주식의 매수청구) 제374조의2

제2항 내지 제5항의 규정은 제335조의2 제4항의 규정에 의하여 주주가 회사에 대하여 주식의 매수를 청구한 경우에 이를 준용한다.<개정 2001.7.24>
[본조신설 1995.12.29]

제335조의7 (주식의 양수인에 의한 승인청구) ① 주식의 양도에 관하여 이사회의 승인을 얻어야 하는 경우에 주식을 취득한 자는 회사에 대하여 그 주식의 종류와 수를 기재한 서면으로 그 취득의 승인을 청구할 수 있다.
② 제335조의2 제2항 내지 제4항, 제335조의3 내지 제335조의6의 규정은 제1항의 경우에 이를 준용한다.
[본조신설 1995.12.29]

제336조 (주식의 양도방법) ① 주식의 양도에 있어서는 주권을 교부하여야 한다.
② 주권의 점유자는 이를 적법한 소지인으로 추정한다.
[전문개정 1984.4.10]

제337조 (기명주식의 이전의 대항요건) ① 기명주식의 이전은 취득자의 성명과 주소를 주주명부에 기재하지 아니하면 회사에 대항하지 못한다.
② 회사는 정관이 정하는 바에 의하여 명의개서대리인을 둘 수 있다. 이 경우 명의개서대리인이 취득자의 성명과 주소를 주주명부의 복본에 기재한 때에는 제1항의 명의개서가 있는 것으로 본다.<신설 1984. 4.10>

제338조 (기명주식의 입질) ①기명주식을 질권의 목적으로 하는 때에는 주권을 질권자에게 교부하여야 한다.
② 질권자는 계속하여 주권을 점유하지 아니하면 그 질권으로써 제삼자에게 대항하지 못한다.

제339조 (질권의 물상대위) 주식의 소각, 병합, 분할 또는 전환이 있는 때에는 이로 인하여 종전의 주주가 받을 금전이나 주식에 대하여도 종전의 주식을 목적으로 한 질권을 행사할 수 있다.<개정 1998.12.28>

제340조 (기명주식의 등록질) ① 기명주식을 질권의 목적으로 한 경우에 회사가 질권설정자의 청구에 의하여 그 성명과 주소를 주주명부에 부기하고 그 성명을 주권에 기재한 때에는 질권자는 회사로부터 이익이나 이자의 배당, 잔여재산의 분배 또는 전조의 규정에 의한 금전의 지급을 받아 다른 채권자에 우선하여 자기채권의 변제에 충당할 수 있다.
② 민법 제353조 제3항의 규정은 전항의 경우에 준용한다.
③ 제1항의 질권자는 회사에 대하여 전조의 주식에 대한 주권의 교부를 청구할 수 있다.

제340조의2 (주식매수선택권) ① 회사는 정관이 정한 바에 따라 제434조의 규정에 의한 주주총회의 결의로 회사의 설립·경영과 기술혁신등에 기여하거나 기여할 수 있는 회사의 이사·감사 또는 피용자에게 미리 정한 가액(이하 "주식매수선택권의 행사가액"이라 한다)으로 신주를 인수하거나 자기의 주식을 매수할 수 있는 권리(이하 "주식매수선택권"이라 한다)를 부여할 수 있다. 다만, 주식매수선택권의 행사가액이 주식의 실질가액보다 낮은 경우에 회사는 그 차액을 금전으로 지급하거나 그 차액에 상당하는 자기의 주식을 양도할 수 있다. 이 경우 주식의 실질가액은 주식매수선택권의 행사일을 기준으로 평가한다.
② 다음 각호의 1에 해당하는 자에 대하여는 제1항에 규정된 주식매수선택권을 부여할 수 없다.
1. 의결권없는 주식을 제외한 발행주식 총수의 100분의 10 이상의 주식을 가진 주주

2. 이사·감사의 선임과 해임등 회사의 주요경영사항에 대하여 사실상 영향력을 행사하는 자
3. 제1호와 제2호에 규정된 자의 배우자와 직계존·비속

③ 제1항의 규정에 의하여 발행할 신주 또는 양도할 자기의 주식은 회사의 발행주식총수의 100분의 10을 초과할 수 없다.

④ 제1항에 규정한 주식매수선택권의 행사가액은 다음 각호의 가액 이상이어야 한다.

1. 신주를 발행하는 경우에는 주식매수선택권의 부여일을 기준으로 한 주식의 실질가액과 주식의 권면액중 높은 금액
2. 자기의 주식을 양도하는 경우에는 주식매수선택권의 부여일을 기준으로 한 주식의 실질가액

[본조신설 1999.12.31]

제340조의3 (주식매수선택권의 부여) ① 제340조의2 제1항의 주식매수선택권에 관한 정관의 규정에는 다음 각호의 사항을 기재하여야 한다.

1. 일정한 경우 주식매수선택권을 부여할 수 있다는 뜻
2. 주식매수선택권의 행사로 발행하거나 양도할 주식의 종류와 수
3. 주식매수선택권을 부여받을 자의 자격요건
4. 주식매수선택권의 행사기간
5. 일정한 경우 이사회결의로 주식매수선택권의 부여를 취소할 수 있다는 뜻

② 제340조의2 제1항의 주식매수선택권에 관한 주주총회의 결의에 있어서는 다음 각호의 사항을 정하여야 한다.

1. 주식매수선택권을 부여받을 자의 성명
2. 주식매수선택권의 부여방법
3. 주식매수선택권의 행사가액과 그 조정에 관한 사항
4. 주식매수선택권의 행사기간
5. 주식매수선택권을 부여받을 자 각각에 대하여 주식매수선택권의 행사로 발행하거나 양도할 주식의 종류와 수

③ 회사는 제2항의 주주총회 결의에 의하여 주식매수선택권을 부여 받은 자와 계약을 체결하고 상당한 기간내에 그에 관한 계약서를 작성하여야 한다.

④ 회사는 제3항의 계약서를 주식매수선택권의 행사기간이 종료할 때까지 본점에 비치하고 주주로 하여금 영업시간내에 이를 열람할 수 있도록 하여야 한다.

[본조신설 1999.12.31]

제340조의4 (주식매수선택권의 행사) ① 제340조의2 제1항의 주식매수선택권은 제340조의3 제2항 각호의 사항을 정하는 주주총회 결의일부터 2년 이상 재임 또는 재직하여야 이를 행사할 수 있다.

② 제340조의2 제1항의 주식매수선택권은 이를 양도할 수 없다. 다만, 동조 제2항의 규정에 의하여 주식매수선택권을 행사할 수 있는 자가 사망한 경우에는 그 상속인이 이를 행사할 수 있다.

[본조신설 1999.12.31]

제340조의5 (준용규정) 제350조 제2항, 제350조 제3항 후단, 제351조, 제516조의8 제1항·제3항·제4항 및 제516조의9 전단의 규정은 주식매수선택권의 행사로 신주를 발행하는 경우에 이를 준용한다.

[본조신설 1999.12.31]

제341조 (자기주식의 취득) 회사는 다음의 경우 외에는 자기의 계산으로 자기의 주식을 취득하지 못한다.<개정 1984.4.10, 1995.12.29>

1. 주식을 소각하기 위한 때
2. 회사의 합병 또는 다른 회사의 영업전부의 양수로 인한 때

3. 회사의 권리를 실행함에 있어 그 목적을 달성하기 위하여 필요한 때
4. 단주의 처리를 위하여 필요한 때
5. 주주가 주식매수청구권을 행사한 때

제341조의2 (주식매수선택권부여목적등의 자기주식취득) ① 회사는 제340조의2 제1항의 규정에 의하여 자기의 주식을 양도할 목적으로 취득하거나 퇴직하는 이사·감사 또는 피용자의 주식을 양수함으로써 자기의 주식을 취득함에 있어서는 발행주식 총수의 100분의 10을 초과하지 아니하는 범위안에서 자기의 계산으로 자기의 주식을 취득할 수 있다. 다만, 그 취득금액은 제462조 제1항에 규정된 이익배당이 가능한 한도이내이어야 한다.

② 회사가 제1항의 주식을 발행주식 총수의 100분의 10 이상의 주식을 가진 주주로부터 유상으로 취득하는 경우에는 다음 각호의 사항에 관하여 제434조의 규정에 의한 주주총회의 결의가 있어야 한다. 이 경우 회사는 주주총회 결의 후 6월 이내에 주식을 취득하여야 한다.

1. 주식을 양도하고자 하는 주주의 성명
2. 취득할 주식의 종류와 수
3. 취득할 주식의 가액

③ 회사가 제1항의 규정에 의하여 자기의 주식을 취득한 경우에는 상당한 시기에 이를 처분하여야 한다.

④ 제433조 제2항의 규정은 제2항의 주주총회에 관하여 이를 준용한다.

[본조신설 1999.12.31] [종전 제341조의2는 제341조의3으로 이동<1999.12.31>]

제341조의3 (자기주식의 질취) 회사는 발행주식 총수의 20분의 1을 초과하여 자기의 주식을 질권의 목적으로 받지 못한다. 그러나 제341조 제2호 및 제3호의 경우에는 그 한도를 초과하여 질권의 목적으로 할 수 있다.

[본조신설 1984.4.10][제341조의2에서 이동<1999.12.31>]

제342조 (자기주식의 처분) 회사는 제341조 제1호의 경우에는 지체없이 주식실효의 절차를 밟아야 하며 동조 제2호 내지 제5호와 제341조의3 단서의 경우에는 상당한 시기에 주식 또는 질권의 처분을 하여야 한다. <개정 1984.4.10, 1995.12.29, 1999.12. 31>

제342조의2 (자회사에 의한 모회사주식의 취득) ①다른 회사의 발행주식의 총수의 100분의 50을 초과하는 주식을 가진 회사(이하 "모회사"라 한다)의 주식은 다음의 경우를 제외하고는 그 다른 회사(이하 "자회사"라 한다)가 이를 취득할 수 없다.<개정 2001.7.24>

1. 주식의 포괄적 교환, 주식의 포괄적 이전, 회사의 합병 또는 다른 회사의 영업전부의 양수로 인한 때
2. 회사의 권리를 실행함에 있어 그 목적을 달성하기 위하여 필요한 때

② 제1항 각호의 경우 자회사는 그 주식을 취득한 날로부터 6월 이내에 모회사의 주식을 처분하여야 한다.

③ 다른 회사의 발행주식의 총수의 100분의 50을 초과하는 주식을 모회사 및 자회사 또는 자회사가 가지고 있는 경우 그 다른 회사는 이 법의 적용에 있어 그 모회사의 자회사로 본다.<개정 2001.7.24>

[본조신설 1984.4.10]

제342조의3 (다른 회사의 주식취득) 회사가 다른 회사의 발행주식 총수의 10분의 1을 초과하여 취득한 때에는 그 다른 회사에 대하여 지체없이 이를 통지하여야 한다.

[본조신설 1995.12.29]

제343조 (주식의 소각) ① 주식은 자본감소에 관한 규정에 의하여서만 소각할 수 있다.

그러나 정관의 정한 바에 의하여 주주에게 배당할 이익으로써 주식을 소각하는 경우에는 그러하지 아니하다.

② 제440조와 제441조의 규정은 주식을 소각하는 경우에 준용한다.

제343조의2 (총회의 결의에 의한 주식소각) ① 회사는 제343조의 규정에 의하는 경우 외에 정기총회에서 제434조의 규정에 의한 결의에 의하여 주식을 매수하여 이를 소각할 수 있다.

② 제1항의 규정에 의한 총회의 결의에서는 매수할 주식의 종류, 총수, 취득가액의 총액 및 주식을 매수할 수 있는 기간을 정하여야 한다.

③ 제2항의 경우에 매수할 수 있는 주식의 취득가액의 총액은 대차대조표상의 순자산액에서 제462조 제1항 각호의 금액을 공제한 액을 초과하지 못한다.

④ 제2항의 경우에 주식을 매수할 수 있는 기간은 제1항의 결의 후 최초의 결산기에 관한 정기총회가 종결한 후로 정하지 못한다.

⑤ 회사는 당해 영업연도의 결산기에 대차대조표상의 순자산액이 제462조 제1항 각호의 금액의 합계액에 미치지 못할 우려가 있는 때에는 제1항의 규정에 의한 주식의 매수를 하여서는 아니된다.

⑥ 당해 영업연도의 결산기에 대차대조표상의 순자산액이 제462조 제1항 각호의 금액의 합계액에 미치지 못함에도 불구하고 회사가 제1항의 규정에 의하여 주식을 매수하여 소각한 경우 이사는 회사에 대하여 연대하여 그 미치지 못한 금액을 배상할 책임이 있다. 이 경우 제462조의3 제4항 단서의 규정을 준용한다.

[본조신설 2001.7.24]

제344조 (수종의 주식) ① 회사는 이익이나 이자의 배당 또는 잔여재산의 분배에 관하여 내용이 다른 수종의 주식을 발행할 수 있다.

② 제1항의 경우에는 정관으로 각종의 주식의 내용과 수를 정하여야 하며, 이익배당에 관하여 우선적 내용이 있는 종류의 주식에 대하여는 정관으로 최저배당률을 정하여야 한다.<개정 1995.12.29>

③ 회사가 수종의 주식을 발행하는 때에는 정관에 다른 정함이 없는 경우에도 주식의 종류에 따라 신주의 인수, 주식의 병합·분할·소각 또는 회사의 합병·분할로 인한 주식의 배정에 관하여 특수한 정함을 할 수 있다.<개정 1998.12.28>

제345조 (상환주식) ① 전조의 경우에는 이익배당에 관하여 우선적 내용이 있는 종류의 주식에 대하여 이익으로써 소각할 수 있는 것으로 할 수 있다.

② 전항의 경우에는 상환가액, 상환기간, 상환방법과 수를 정관에 기재하여야 한다.

제346조 (전환주식의 발행) ① 회사가 수종의 주식을 발행하는 경우에는 정관으로 주주는 인수한 주식을 다른 종류의 주식으로 전환을 청구할 수 있음을 정할 수 있다. 이 경우에는 전환의 조건, 전환의 청구기간과 전환으로 인하여 발행할 주식의 수와 내용을 정하여야 한다.

② 제344조 제2항의 규정에 의한 수종의 주식의 수중 전환으로 인하여 발행할 주식의 수는 전항의 기간내에는 그 발행을 보류하여야 한다.

제347조 (전환주식발행의 절차) 제346조 제1항의 경우에는 주식청약서 또는 신주인수권증서에 다음의 사항을 기재하여야 한다.<개정 1984.4.10>

1. 주식을 다른 종류의 주식으로 전환할 수 있다는 뜻

2. 전환의 조건
3. 전환으로 인하여 발행할 주식의 내용
4. 전환을 청구할 수 있는 기간

제348조 (전환으로 인하여 발행하는 주식의 발행가액) 전환으로 인하여 신주식을 발행하는 경우에는 전환 전의 주식의 발행가액을 신주식의 발행가액으로 한다.

제349조 (전환의 청구) ① 주식의 전환을 청구하는 자는 청구서 2통에 주권을 첨부하여 회사에 제출하여야 한다.
② 제1항의 청구서에는 전환하고자 하는 주식의 종류, 수와 청구년월일을 기재하고 기명날인 또는 서명하여야 한다.<개정 1995.12.29>
③ 삭제 <1995.12.29>

제350조 (전환의 효력발생) ① 주식의 전환은 그 청구를 한 때에 효력이 생긴다.
② 제354조 제1항의 기간중에 전환된 주식의 주주는 그 기간중의 총회의 결의에 관하여는 의결권을 행사할 수 없다.
③ 제1항의 전환권을 행사한 주식의 이익이나 이자의 배당에 관하여는 그 청구를 한 때가 속하는 영업년도말에 전환된 것으로 본다. 이 경우 신주에 대한 이익이나 이자의 배당에 관하여는 정관이 정하는 바에 따라 그 청구를 한 때가 속하는 영업년도의 직전 영업년도말에 전환된 것으로 할 수 있다.
[전문개정 1995.12.29]

제351조 (전환의 등기) 주식의 전환으로 인한 변경등기는 전환을 청구한 날이 속하는 달의 말일부터 2주간내에 본점소재지에서 이를 하여야 한다.
[전문개정 1995.12.29]

제352조 (주주명부의 기재사항) ① 기명주식을 발행한 때에는 주주명부에 다음의 사항을 기재하여야 한다.<개정 1984.4.10>
1. 주주의 성명과 주소
2. 각 주주가 가진 주식의 종류와 그 수
2의2. 각 주주가 가진 주식의 주권을 발행한 때에는 그 주권의 번호
3. 각주식의 취득년월일
② 무기명식의 주권을 발행한 때에는 주주명부에 그 종류, 수, 번호와 발행년월일을 기재하여야 한다.
③ 제1항 및 제2항의 경우에 전환주식을 발행한 때에는 제347조에 게기한 사항도 주주명부에 기재하여야 한다.<개정 1984.4. 10>

제352조의2 (전자주주명부) ① 회사는 정관으로 정하는 바에 따라 전자문서로 주주명부(이하 "전자주주명부"라 한다)를 작성할 수 있다.
② 전자주주명부에는 제352조 제1항의 기재사항 외에 전자우편주소를 적어야 한다.
③ 전자주주명부의 비치·공시 및 열람의 방법에 관하여 필요한 사항은 대통령령으로 정한다.
[본조신설 2009.5.28]

제353조 (주주명부의 효력) ① 주주 또는 질권자에 대한 회사의 통지 또는 최고는 주주명부에 기재한 주소 또는 그 자로부터 회사에 통지한 주소로 하면 된다.
② 제304조 제2항의 규정은 전항의 통지 또는 최고에 준용한다.

제354조 (주주명부의 폐쇄, 기준일) ① 회사는 의결권을 행사하거나 배당을 받을 자 기타 주주 또는 질권자로서 권리를 행사할 자를 정하기 위하여 일정한 기간을 정하여 주주명부의 기재변경을 정지하거나 일정한 날에 주주명부에 기재된 주주 또는 질권자를 그 권리를 행사할 주주 또는 질권자로 볼 수 있다.<개정 1984.4.10>
② 제1항의 기간은 3월을 초과하지 못한다.<개정 1984.4.10>
③ 제1항의 날은 주주 또는 질권자로서 권

리를 행사할 날에 앞선 3월내의 날로 정하여야 한다.<개정 1984.4.10>

④ 회사가 제1항의 기간 또는 날을 정한 때에는 그 기간 또는 날의 2주간 전에 이를 공고하여야 한다. 그러나 정관으로 그 기간 또는 날을 지정한 때에는 그러하지 아니하다.

제355조 (주권발행의 시기) ① 회사는 성립 후 또는 신주의 납입기일 후 지체없이 주권을 발행하여야 한다.

② 주권은 회사의 성립 후 또는 신주의 납입기일후가 아니면 발행하지 못한다.

③ 전항의 규정에 위반하여 발행한 주권은 무효로 한다. 그러나 발행한 자에 대한 손해배상의 청구에 영향을 미치지 아니한다.

제356조 (주권의 기재사항) 주권에는 다음의 사항과 번호를 기재하고 대표이사가 기명날인 또는 서명하여야 한다.<개정 1995.12.29>

1. 회사의 상호
2. 회사의 성립년월일
3. 회사가 발행할 주식의 총수
4. 1주의 금액
5. 회사의 성립 후 발행된 주식에 관하여는 그 발행년월일
6. 수종의 주식이 있는 때에는 그 주식의 종류와 내용

6의2. 주식의 양도에 관하여 이사회의 승인을 얻도록 정한 때에는 그 규정

7. 상환주식이 있는 때에는 제345조 제2항에 정한 사항
8. 전환주식이 있는 때에는 제347조에 게기한 사항

제357조 (무기명식의 주권의 발행) ① 무기명식의 주권은 정관에 정한 경우에 한하여 이를 발행할 수 있다.

② 주주는 언제든지 무기명식의 주권을 기명식으로 할 것을 회사에 청구할 수 있다.

제358조 (무기명주주의 권리행사) 무기명식의 주권을 가진 자는 그 주권을 회사에 공탁하지 아니하면 주주의 권리를 행사하지 못한다.

제358조의2 (주권의 불소지) ① 주주는 정관에 다른 정함이 있는 경우를 제외하고는 그 기명주식에 대하여 주권의 소지를 하지 아니하겠다는 뜻을 회사에 신고할 수 있다.

② 제1항의 신고가 있는 때에는 회사는 지체없이 주권을 발행하지 아니한다는 뜻을 주주명부와 그 복본에 기재하고, 그 사실을 주주에게 통지하여야 한다. 이 경우 회사는 그 주권을 발행할 수 없다.

③ 제1항의 경우 이미 발행된 주권이 있는 때에는 이를 회사에 제출하여야 하며, 회사는 제출된 주권을 무효로 하거나 명의개서대리인에게 임치하여야 한다.

④ 제1항 내지 제3항의 규정에 불구하고 주주는 언제든지 회사에 대하여 주권의 발행 또는 반환을 청구할 수 있다.

[전문개정 1995.12.29]

제359조 (주권의 선의취득) 수표법 제21조의 규정은 주권에 관하여 이를 준용한다.

[전문개정 1984.4.10]

제360조 (주권의 제권판결, 재발행) ① 주권은 공시최고의 절차에 의하여 이를 무효로 할 수 있다.

② 주권을 상실한 자는 제권판결을 얻지 아니하면 회사에 대하여 주권의 재발행을 청구하지 못한다.

제 2 관 주식의 포괄적 교환

<신설 2001.7.24>

제360조의2 (주식의 포괄적 교환에 의한 완전모회사의 설립) ① 회사는 이 관의 규정에 의한 주식의 포괄적 교환에 의하여 다른 회사의 발행주식의 총수를 소유하는 회사

(이하 "완전모회사"라 한다)가 될 수 있다. 이 경우 그 다른 회사를 "완전자회사"라 한다.

② 주식의 포괄적 교환(이하 이 관에서 "주식교환"이라 한다)에 의하여 완전자회사가 되는 회사의 주주가 가지는 그 회사의 주식은 주식을 교환하는 날에 주식교환에 의하여 완전모회사가 되는 회사에 이전하고, 그 완전자회사가 되는 회사의 주주는 그 완전모회사가 되는 회사가 주식교환을 위하여 발행하는 신주의 배정을 받음으로써 그 회사의 주주가 된다.

[본조신설 2001.7.24]

제360조의3 (주식교환계약서의 작성과 주주총회의 승인) ① 주식교환을 하고자 하는 회사는 주식교환계약서를 작성하여 주주총회의 승인을 얻어야 한다.

② 제1항의 승인결의는 제434조의 규정에 의하여야 한다.

③ 주식교환계약서에는 다음 각호의 사항을 기재하여야 한다.

1. 완전모회사가 되는 회사가 주식교환으로 인하여 정관을 변경하는 경우에는 그 규정
2. 완전모회사가 되는 회사가 주식교환을 위하여 발행하는 신주의 총수·종류와 종류별 주식의 수 및 완전자회사가 되는 회사의 주주에 대한 신주의 배정에 관한 사항
3. 완전모회사가 되는 회사의 증가할 자본의 액과 자본준비금에 관한 사항
4. 완전자회사가 되는 회사의 주주에게 지급할 금액을 정한 때에는 그 규정
5. 각 회사가 제1항의 결의를 할 주주총회의 기일
6. 주식교환을 할 날
7. 각 회사가 주식교환을 할 날까지 이익을 배당하거나 제462조의3의 규정에 의하여 금전으로 이익배당을 할 때에는 그 한도액
8. 제360조의6의 규정에 의하여 회사가 자기의 주식을 이전하는 경우에는 이전할 주식의 총수·종류 및 종류별 주식의 수
9. 완전모회사가 되는 회사에 취임할 이사와 감사 또는 감사위원회의 위원을 정한 때에는 그 성명 및 주민등록번호

④ 회사는 제363조의 규정에 의한 통지와 공고에 다음 각호의 사항을 기재하여야 한다.

1. 주식교환계약서의 주요내용
2. 제360조의5 제1항의 규정에 의한 주식매수청구권의 내용 및 행사방법
3. 일방회사의 정관에 주식의 양도에 관하여 이사회의 승인을 요한다는 뜻의 규정이 있고 다른 회사의 정관에 그 규정이 없는 경우 그 뜻

[본조신설 2001.7.24]

제360조의4 (주식교환계약서 등의 공시) ① 이사는 제360조의3제1항의 주주총회의 회일의 2주전부터 주식교환의 날 이후 6월이 경과하는 날까지 다음 각호의 서류를 본점에 비치하여야 한다.

1. 주식교환계약서
2. 완전자회사가 되는 회사의 주주에 대한 주식의 배정에 관하여 그 이유를 기재한 서면
3. 제360조의3 제1항의 주주총회의 회일(제360조의9의 규정에 의한 간이주식교환의 경우에는 동조 제2항의 규정에 의하여 공고 또는 통지를 한 날)전 6월 이내의 날에 작성한 주식교환을 하는 각 회사의 최종 대차대조표 및 손익계산서

② 제1항의 서류에 관하여는 제391조의3 제3항의 규정을 준용한다.

[본조신설 2001.7.24]

제360조의5 (반대주주의 주식매수청구권) ① 제360조의3 제1항의 규정에 의한 승인사항에 관하여 이사회의 결의가 있는 때에 그 결의에 반대하는 주주는 주주총회 전에 회사에 대하여 서면으로 그 결의에 반대하는 의사를 통지한 경우에는 그 총회의 결의일로부터 20일 이내에 주식의 종류와 수를 기재한 서면으로 회사에 대하여 자기가 소유하고 있는 주식의 매수를 청구할 수 있다.

② 제360조의9 제2항의 공고 또는 통지를 한 날부터 2주내에 회사에 대하여 서면으로 주식교환에 반대하는 의사를 통지한 주주는 그 기간이 경과한 날부터 20일 이내에 주식의 종류와 수를 기재한 서면으로 회사에 대하여 자기가 소유하고 있는 주식의 매수를 청구할 수 있다.

③ 제1항 및 제2항의 매수청구에 관하여는 제374조의2 제2항 내지 제5항의 규정을 준용한다.

[본조신설 2001.7.24]

제360조의6 (신주발행에 갈음할 자기주식의 이전) 완전모회사가 되는 회사는 주식교환을 함에 있어서 신주발행에 갈음하여 회사가 소유하는 자기의 주식으로서 제342조의 규정에 의하여 상당한 시기에 처분하여야 할 주식을 완전자회사가 되는 회사의 주주에게 이전할 수 있다.

[본조신설 2001.7.24]

제360조의7 (완전모회사의 자본증가의 한도액) ① 완전모회사가 되는 회사의 자본은 주식교환의 날에 완전자회사가 되는 회사에 현존하는 순자산액에서 다음 각호의 금액을 공제한 금액을 초과하여 증가시킬 수 없다.

1. 완전자회사가 되는 회사의 주주에게 지급할 금액
2. 제360조의6의 규정에 의하여 완전자회사가 되는 회사의 주주에게 이전하는 주식의 회계장부가액의 합계액

② 완전모회사가 되는 회사가 주식교환 이전에 완전자회사가 되는 회사의 주식을 이미 소유하고 있는 경우에는 완전모회사가 되는 회사의 자본은 주식교환의 날에 완전자회사가 되는 회사에 현존하는 순자산액에 그 회사의 발행주식 총수에 대한 주식교환으로 인하여 완전모회사가 되는 회사에 이전하는 주식의 수의 비율을 곱한 금액에서 제1항 각호의 금액을 공제한 금액의 한도를 초과하여 이를 증가시킬 수 없다.

[본조신설 2001.7.24]

제360조의8 (주권의 실효절차) ① 주식교환에 의하여 완전자회사가 되는 회사는 주주총회에서 제360조의3 제1항의 규정에 의한 승인을 한 때에는 다음 각호의 사항을 주식교환의 날 1월 전에 공고하고, 주주명부에 기재된 주주와 질권자에 대하여 따로따로 그 통지를 하여야 한다.

1. 제360조의3 제1항의 규정에 의한 승인을 한 뜻
2. 주식교환의 날의 전날까지 주권을 회사에 제출하여야 한다는 뜻
3. 주식교환의 날에 주권이 무효가 된다는 뜻

② 제442조 및 제444조의 규정은 제360조의3 제1항의 규정에 의한 승인을 한 경우에 이를 준용한다.

[본조신설 2001.7.24]

제360조의9 (간이주식교환) ① 완전자회사가 되는 회사의 총주주의 동의가 있거나 그 회사의 발행주식 총수의 100분의 90 이상을 완전모회사가 되는 회사가 소유하고 있는 때에는 완전자회사가 되는 회사의 주주총회의 승인은 이를 이사회의 승인으로 갈음

할 수 있다.

② 제1항의 경우에 완전자회사가 되는 회사는 주식교환계약서를 작성한 날부터 2주내에 주주총회의 승인을 얻지 아니하고 주식교환을 한다는 뜻을 공고하거나 주주에게 통지하여야 한다. 다만, 총주주의 동의가 있는 때에는 그러하지 아니하다.

[본조신설 2001.7.24]

제360조의10 (소규모 주식교환) ① 완전모회사가 되는 회사가 주식교환을 위하여 발행하는 신주의 총수가 그 회사의 발행주식총수의 100분의 5를 초과하지 아니하는 경우에는 그 회사에서의 제360조의3 제1항의 규정에 의한 주주총회의 승인은 이를 이사회의 승인으로 갈음할 수 있다. 다만, 완전자회사가 되는 회사의 주주에게 지급할 금액을 정한 경우에 그 금액이 제360조의4 제1항 제3호에서 규정한 최종 대차대조표에 의하여 완전모회사가 되는 회사에 현존하는 순자산액의 100분의 2를 초과하는 때에는 그러하지 아니하다.

② 제360조의6의 규정에 의하여 완전자회사가 되는 회사의 주주에게 이전하는 주식은 제1항의 규정을 적용함에 있어서 이를 주식교환을 위하여 발행하는 신주로 본다.

③ 제1항 본문의 경우에는 주식교환계약서에 완전모회사가 되는 회사에 관하여는 제360조의3 제1항의 규정에 의한 주주총회의 승인을 얻지 아니하고 주식교환을 할 수 있는 뜻을 기재하여야 하며, 동조 제3항 제1호의 사항은 이를 기재하지 못한다.

④ 완전모회사가 되는 회사는 주식교환계약서를 작성한 날부터 2주내에 완전자회사가 되는 회사의 상호와 본점, 주식교환을 할 날 및 제360조의3 제1항의 승인을 얻지 아니하고 주식교환을 한다는 뜻을 공고하거나 주주에게 통지하여야 한다.

⑤ 완전모회사가 되는 회사의 발행주식 총수의 100분의 20 이상에 해당하는 주식을 가지는 주주가 제1항 본문의 규정에 의한 주식교환에 반대하는 의사를 통지한 때에는 이 조에 의한 주식교환을 할 수 없다.

⑥ 제1항 본문의 경우에 완전모회사가 되는 회사에 관하여 제360조의4 제1항의 규정을 적용함에 있어서는 동조동항 각호외의 부분중 "제360조의3 제1항의 주주총회의 회일의 2주전" 및 동조 동항 제3호중 "제360조의3 제1항의 주주총회의 회일"은 각각 "이 조 제4항의 규정에 의한 공고 또는 통지의 날"로 한다.

⑦ 제1항 본문의 경우에는 제360조의5의 규정은 이를 적용하지 아니한다.

[본조신설 2001.7.24]

제360조의11 (단주처리 등에 관한 규정의 준용) ① 제443조의 규정은 회사의 주식교환의 경우에 이를 준용한다.

② 제339조 및 제340조 제3항의 규정은 주식교환의 경우에 완전자회사가 되는 회사의 주식을 목적으로 하는 질권에 이를 준용한다.

[본조신설 2001.7.24]

제360조의12 (주식교환사항을 기재한 서면의 사후공시) ① 이사는 다음 각호의 사항을 기재한 서면을 주식교환의 날부터 6월간 본점에 비치하여야 한다.

1. 주식교환의 날
2. 주식교환의 날에 완전자회사가 되는 회사에 현존하는 순자산액
3. 주식교환으로 인하여 완전모회사에 이전한 완전자회사의 주식의 수
4. 그 밖의 주식교환에 관한 사항

② 제1항의 서면에 관하여는 제391조의3 제3항의 규정을 준용한다.

[본조신설 2001.7.24]

제360조의13 (완전모회사의 이사·감사의 임기) 주식교환에 의하여 완전모회사가 되는 회사의 이사 및 감사로서 주식교환 전에 취임한 자는 주식교환계약서에 다른 정함이 있는 경우를 제외하고는 주식교환 후 최초로 도래하는 결산기에 관한 정기총회가 종료하는 때에 퇴임한다.

[본조신설 2001.7.24]

제360조의14 (주식교환무효의 소) ① 주식교환의 무효는 각 회사의 주주·이사·감사·감사위원회의 위원 또는 청산인에 한하여 주식교환의 날부터 6월내에 소만으로 이를 주장할 수 있다.

② 제1항의 소는 완전모회사가 되는 회사의 본점소재지의 지방법원의 관할에 전속한다.

③ 주식교환을 무효로 하는 판결이 확정된 때에는 완전모회사가 된 회사는 주식교환을 위하여 발행한 신주 또는 제360조의6의 규정에 의하여 이전한 주식의 주주에 대하여 그가 소유하였던 완전자회사가 된 회사의 주식을 이전하여야 한다.

④ 제187조 내지 제189조, 제190조 본문, 제191조, 제192조, 제377조 및 제431조의 규정은 제1항의 소에, 제339조 및 제340조 제3항의 규정은 제3항의 경우에 각각 이를 준용한다.

[본조신설 2001.7.24]

제 3 관 주식의 포괄적 이전

<신설 2001.7.24>

제360조의15 (주식의 포괄적 이전에 의한 완전모회사의 설립) ① 회사는 이 관의 규정에 의한 주식의 포괄적 이전(이하 이 관에서 "주식이전"이라 한다)에 의하여 완전모회사를 설립하고 완전자회사가 될 수 있다.

② 주식이전에 의하여 완전자회사가 되는 회사의 주주가 소유하는 그 회사의 주식은 주식이전에 의하여 설립하는 완전모회사에 이전하고, 그 완전자회사가 되는 회사의 주주는 그 완전모회사가 주식이전을 위하여 발행하는 주식의 배정을 받음으로써 그 완전모회사의 주주가 된다.

[본조신설 2001.7.24]

제360조의16 (주주총회에 의한 주식이전의 승인) ① 주식이전을 하고자 하는 회사는 다음 각호의 사항을 기재한 주식이전계획서를 작성하여 주주총회의 승인을 얻어야 한다.

1. 설립하는 완전모회사의 정관의 규정
2. 설립하는 완전모회사가 주식이전에 있어서 발행하는 주식의 종류와 수 및 완전자회사가 되는 회사의 주주에 대한 주식의 배정에 관한 사항
3. 설립하는 완전모회사의 자본의 액 및 자본준비금에 관한 사항
4. 완전자회사가 되는 회사의 주주에 대하여 지급할 금액을 정한 때에는 그 규정
5. 주식이전을 할 시기
6. 완전자회사가 되는 회사가 주식이전의 날까지 이익을 배당하거나 제462조의3의 규정에 의하여 금전으로 이익배당을 할 때에는 그 한도액
7. 설립하는 완전모회사의 이사와 감사 또는 감사위원회의 위원의 성명 및 주민등록번호
8. 회사가 공동으로 주식이전에 의하여 완전모회사를 설립하는 때에는 그 뜻

② 제1항의 승인결의는 제434조의 규정에 의하여야 한다.

③ 제360조의3 제4항의 규정은 제1항의 경우의 주주총회의 승인에 이를 준용한다.

[본조신설 2001.7.24]

제360조의17 (주식이전계획서 등의 서류의 공시) ① 이사는 제360조의16 제1항의 규정에 의한 주주총회의 회일의 2주전부터 주식이전의 날 이후 6월을 경과하는 날까지 다음 각호의 서류를 본점에 비치하여야 한다.

1. 제360조의16 제1항의 규정에 의한 주식이전계획서
2. 완전자회사가 되는 회사의 주주에 대한 주식의 배정에 관하여 그 이유를 기재한 서면
3. 제360조의16 제1항의 주주총회의 회일전 6월 이내의 날에 작성한 완전자회사가 되는 회사의 최종 대차대조표 및 손익계산서

② 제1항의 서류에 관하여는 제391조의3 제3항의 규정을 준용한다.

[본조신설 2001.7.24]

제360조의18 (완전모회사의 자본의 한도액) 설립하는 완전모회사의 자본은 주식이전의 날에 완전자회사가 되는 회사에 현존하는 순자산액에서 그 회사의 주주에게 지급할 금액을 공제한 액을 초과하지 못한다.

[본조신설 2001.7.24]

제360조의19 (주권의 실효절차) ① 주식이전에 의하여 완전자회사가 되는 회사는 제360조의16 제1항의 규정에 의한 결의를 한 때에는 다음 각호의 사항을 공고하고, 주주명부에 기재된 주주와 질권자에 대하여 따로 따로 그 통지를 하여야 한다.

1. 제360조의16 제1항의 규정에 의한 결의를 한 뜻
2. 1월을 초과하여 정한 기간내에 주권을 회사에 제출하여야 한다는 뜻
3. 주식이전의 날에 주권이 무효가 된다는 뜻

② 제442조 및 제444조의 규정은 제360조의16 제1항의 규정에 의한 결의를 한 경우에 이를 준용한다.

[본조신설 2001.7.24]

제360조의20 (주식이전에 의한 등기) 주식이전을 한 때에는 설립한 완전모회사의 본점의 소재지에서는 2주내에, 지점의 소재지에서는 3주내에 제317조 제2항에서 정하는 사항을 등기하여야 한다.

[본조신설 2001.7.24]

제360조의21 (주식이전의 효력발생시기) 주식이전은 이로 인하여 설립한 완전모회사가 그 본점소재지에서 제360조의20의 규정에 의한 등기를 함으로써 그 효력이 발생한다.

[본조신설 2001.7.24]

제360조의22 (주식교환 규정의 준용) 제360조의5, 제360조의11 및 제360조의12의 규정은 주식이전의 경우에 이를 준용한다.

[본조신설 2001.7.24]

제360조의23 (주식이전무효의 소) ① 주식이전의 무효는 각 회사의 주주·이사·감사·감사위원회의 위원 또는 청산인에 한하여 주식이전의 날부터 6월내에 소만으로 이를 주장할 수 있다.

② 제1항의 소는 완전모회사가 되는 회사의 본점소재지의 지방법원의 관할에 전속한다.

③ 주식이전을 무효로 하는 판결이 확정된 때에는 완전모회사가 된 회사는 주식이전을 위하여 발행한 주식의 주주에 대하여 그가 소유하였던 완전자회사가 된 회사의 주식을 이전하여야 한다.

④ 제187조 내지 제193조 및 제377조의 규정은 제1항의 소에, 제339조 및 제340조 제3항의 규정은 제3항의 경우에 각각 이를 준용한다.

[본조신설 2001.7.24]

제 3 절 회사의 기관

제 1 관 주주총회

제361조 (총회의 권한) 주주총회는 본법 또는 정관에 정하는 사항에 한하여 결의할 수 있다.

제362조 (소집의 결정) 총회의 소집은 본법에 다른 규정이 있는 경우 외에는 이사회가 이를 결정한다.

제363조 (소집의 통지, 공고) ① 주주총회를 소집할 때에는 주주총회일의 2주 전에 각 주주에게 서면으로 통지를 발송하거나 각 주주의 동의를 받아 전자문서로 통지를 발송하여야 한다. 다만, 그 통지가 주주명부상 주주의 주소에 계속 3년간 도달하지 아니한 경우에는 회사는 해당 주주에게 총회의 소집을 통지하지 아니할 수 있다.

② 제1항의 통지서에는 회의의 목적사항을 적어야 한다.

③ 회사가 무기명식 주권을 발행한 경우에는 주주총회일의 3주 전에 총회를 소집하는 뜻과 회의의 목적사항을 공고하여야 한다.

④ 제1항 및 제3항에도 불구하고 자본금 총액이 10억원 미만인 회사가 주주총회를 소집하는 경우에는 주주총회일의 10일 전에 각 주주에게 서면으로 통지를 발송하거나 각 주주의 동의를 받아 전자문서로 통지를 발송할 수 있고, 무기명식의 주권을 발행한 경우에는 주주총회일의 2주 전에 주주총회를 소집하는 뜻과 회의의 목적사항을 공고할 수 있다.

⑤ 자본금 총액이 10억원 미만인 회사는 주주 전원의 동의가 있을 경우에는 소집절차 없이 주주총회를 개최할 수 있고, 서면에 의한 결의로써 주주총회의 결의를 갈음할 수 있다. 결의의 목적사항에 대하여 주주 전원이 서면으로 동의를 한 때에는 서면에 의한 결의가 있는 것으로 본다.

⑥ 제5항의 서면에 의한 결의는 주주총회의 결의와 같은 효력이 있다.

⑦ 서면에 의한 결의에 대하여는 주주총회에 관한 규정을 준용한다.

⑧ 제1항부터 제5항까지의 규정은 의결권 없는 주주에게는 적용하지 아니한다.

[전문개정 2009.5.28]

제363조의2 (주주제안권) ① 의결권 없는 주식을 제외한 발행주식 총수의 100분의 3 이상에 해당하는 주식을 가진 주주는 이사에게 주주총회일(정기주주총회의 경우 직전 연도의 정기주주총회일에 해당하는 그 해의 해당일. 이하 이 조에서 같다)의 6주 전에 서면 또는 전자문서로 일정한 사항을 주주총회의 목적사항으로 할 것을 제안(이하 '주주제안'이라 한다)할 수 있다.<개정 2009.1.30>

② 제1항의 주주는 이사에게 주주총회일의 6주 전에 서면 또는 전자문서로 회의의 목적으로 할 사항에 추가하여 당해 주주가 제출하는 의안의 요령을 제363조에서 정하는 통지와 공고에 기재할 것을 청구할 수 있다.<개정 2009.1.30>

③ 이사는 제1항에 의한 주주제안이 있는 경우에는 이를 이사회에 보고하고, 이사회는 주주제안의 내용이 법령 또는 정관을 위반하는 경우와 그 밖에 대통령령으로 정하는 경우를 제외하고는 이를 주주총회의 목적사항으로 하여야 한다. 이 경우 주주제안을 한 자의 청구가 있는 때에는 주주총회에서 당해 의안을 설명할 기회를 주어야 한다.<개정 2009.1.30>

[본조신설 1998.12.28]

제364조 (소집지) 총회는 정관에 다른 정함이 없으면 본점소재지 또는 이에 인접한 지에 소집하여야 한다.

제365조 (총회의 소집) ① 정기총회는 매년 1회 일정한 시기에 이를 소집하여야 한다.
② 연 2회이상의 결산기를 정한 회사는 매기에 총회를 소집하여야 한다.
③ 임시총회는 필요있는 경우에 수시 이를 소집한다.
제366조 (소수주주에 의한 소집청구) ① 발행주식 총수의 100분의 3 이상에 해당하는 주식을 가진 주주는 회의의 목적사항과 소집의 이유를 적은 서면 또는 전자문서를 이사회에 제출하여 임시총회의 소집을 청구할 수 있다.<개정 2009.5.28>
② 제1항의 청구가 있은 후 지체없이 총회소집의 절차를 밟지 아니한 때에는 청구한 주주는 법원의 허가를 얻어 총회를 소집할 수 있다.<개정 1998.12.28>
③ 제1항 및 제2항의 규정에 의한 총회는 회사의 업무와 재산상태를 조사하게 하기 위하여 검사인을 선임할 수 있다.<개정 1998.12.28>
제366조의2 (총회의 질서유지) ① 총회의 의장은 정관에서 정함이 없는 때에는 총회에서 선임한다.
② 총회의 의장은 총회의 질서를 유지하고 의사를 정리한다.
③ 총회의 의장은 고의로 의사진행을 방해하기 위한 발언·행동을 하는 등 현저히 질서를 문란하게 하는 자에 대하여 그 발언의 정지 또는 퇴장을 명할 수 있다.
[본조신설 1999.12.31]
제367조 (검사인의 선임) 총회는 이사가 제출한 서류와 감사의 보고서를 조사하게 하기 위하여 검사인을 선임할 수 있다.
제368조 (총회의 결의방법과 의결권의 행사) ① 총회의 결의는 이 법 또는 정관에 다른 정함이 있는 경우를 제외하고는 출석한 주주의 의결권의 과반수와 발행주식 총수의 4분의 1 이상의 수로써 하여야 한다. <개정 1995.12.29>
② 무기명식의 주권을 가진 자는 회일의 1주간 전에 그 주권을 회사에 공탁하여야 한다.
③ 주주는 대리인으로 하여금 그 의결권을 행사하게 할 수 있다. 이 경우에는 그 대리인은 대리권을 증명하는 서면을 총회에 제출하여야 한다.
④ 총회의 결의에 관하여 특별한 이해관계가 있는 자는 의결권을 행사하지 못한다.
제368조의2 (의결권의 불통일행사) ① 주주가 2 이상의 의결권을 가지고 있는 때에는 이를 통일하지 아니하고 행사할 수 있다. 이 경우 주주총회일의 3일전에 회사에 대하여 서면 또는 전자문서로 그 뜻과 이유를 통지하여야 한다.<개정 2009.5.28>
② 주주가 주식의 신탁을 인수하였거나 기타 타인을 위하여 주식을 가지고 있는 경우외에는 회사는 주주의 의결권의 불통일행사를 거부할 수 있다.
[본조신설 1984.4.10]
제368조의3 (서면에 의한 의결권의 행사) ① 주주는 정관이 정한 바에 따라 총회에 출석하지 아니하고 서면에 의하여 의결권을 행사할 수 있다.
② 회사는 총회의 소집통지서에 주주가 제1항의 규정에 의한 의결권을 행사하는데 필요한 서면과 참고자료를 첨부하여야 한다.
[본조신설 1999.12.31]
제368조의4 (전자적 방법에 의한 의결권의 행사) ① 회사는 이사회의 결의로 주주가 총회에 출석하지 아니하고 전자적 방법으로 의결권을 행사할 수 있음을 정할 수 있다.
② 회사는 제363조에 따라 소집통지나 공고를 할 때에는 주주가 제1항에 따른 방법으

로 의결권을 행사할 수 있다는 내용을 통지하거나 공고하여야 한다.
③ 회사가 제1항에 따라 전자적 방법에 의한 의결권행사를 정한 경우에 주주는 주주 확인절차 등 대통령령으로 정하는 바에 따라 의결권을 행사하여야 한다. 이 경우 회사는 의결권행사에 필요한 양식과 참고자료를 주주에게 전자적 방법으로 제공하여야 한다.
④ 동일한 주식에 관하여 제1항 또는 제368조의3 제1항에 따라 의결권을 행사하는 경우 전자적 방법 또는 서면 중 어느 하나의 방법을 선택하여야 한다.
⑤ 회사는 의결권행사에 관한 전자적 기록을 총회가 끝난 날부터 3개월간 본점에 갖추어 두어 열람하게 하고 총회가 끝난 날부터 5년간 보존하여야 한다.
⑥ 주주 확인절차 등 전자적 방법에 의한 의결권행사의 절차와 그 밖에 필요한 사항은 대통령령으로 정한다.
[본조신설 2009.5.28]
제369조 (의결권) ① 의결권은 1주마다 1개로 한다.
② 회사가 가진 자기주식은 의결권이 없다.
③ 회사, 모회사 및 자회사 또는 자회사가 다른 회사의 발행주식의 총수의 10분의 1을 초과하는 주식을 가지고 있는 경우 그 다른 회사가 가지고 있는 회사 또는 모회사의 주식은 의결권이 없다.<신설 1984.4. 10>
제370조 (의결권이 없는 주식) ① 회사가 수종의 주식을 발행하는 경우에는 정관으로 이익배당에 관한 우선적 내용이 있는 종류의 주식에 대하여 주주에게 의결권없는 것으로 할 수 있다. 그러나 그 주주는 정관에 정한 우선적배당을 받지 아니한다는 결의가 있는 총회의 다음 총회부터 그 우선적 배당을 받는다는 결의가 있는 총회의 종료시까지에는 의결권이 있다.
② 전항의 의결권없는 주식의 총수는 발행주식의 총수의 4분의 1을 초과하지 못한다.
제371조 (정족수, 의결권수의 계산) ① 총회의 결의에 관하여는 의결권없는 주주가 가진 주식의 수는 발행주식의 총수에 산입하지 아니한다.
② 총회의 결의에 관하여는 제368조 제4항의 규정에 의하여 행사할 수 없는 의결권의 수는 출석한 주주의 의결권의 수에 산입하지 아니한다.
제372조 (총회의 연기, 속행의 결의) ① 총회에서는 회의의 속행 또는 연기의 결의를 할 수 있다.
② 전항의 경우에는 제363조의 규정을 적용하지 아니한다.
제373조 (총회의 의사록) ① 총회의 의사에는 의사록을 작성하여야 한다.
② 의사록에는 의사의 경과요령과 그 결과를 기재하고 의장과 출석한 이사가 기명날인 또는 서명하여야 한다.<개정 1995.12.29>
제374조 (영업양도, 양수, 임대등) ① 회사가 다음의 행위를 함에는 제434조에 정하는 결의가 있어야 한다.<개정 2001.7.24>
1. 영업의 전부 또는 중요한 일부의 양도
2. 영업전부의 임대 또는 경영위임, 타인과 영업의 손익전부를 같이하는 계약 기타 이에 준할 계약의 체결, 변경 또는 해약
3. 다른회사의 영업전부의 양수
4. 회사의 영업에 중대한 영향을 미치는 다른 회사의 영업 일부의 양수
② 제1항의 행위에 관한 주주총회의 소집의 통지 또는 공고를 하는 때에는 제374조의2 제1항 및 제2항의 규정에 의한 주식매수청구권의 내용 및 행사방법을 명시하여야 한다.<신설 1995.12.29>

제374조의2 (반대주주의 주식매수청구권) ① 제374조의 규정에 의한 결의사항에 반대하는 주주는 주주총회 전에 회사에 대하여 서면으로 그 결의에 반대하는 의사를 통지한 경우에는 그 총회의 결의일부터 20일내에 주식의 종류와 수를 기재한 서면으로 회사에 대하여 자기가 소유하고 있는 주식의 매수를 청구할 수 있다.
② 회사는 제1항의 청구를 받은 날부터 2월이내에 그 주식을 매수하여야 한다.
③ 제2항의 규정에 의한 주식의 매수가액은 주주와 회사간의 협의에 의하여 결정한다.<개정 2001.7.24>
④ 제1항의 청구를 받은 날부터 30일 이내에 제3항의 규정에 의한 협의가 이루어지지 아니한 경우에는 회사 또는 주식의 매수를 청구한 주주는 법원에 대하여 매수가액의 결정을 청구할 수 있다.<개정 2001.7. 24>
⑤ 법원이 제4항의 규정에 의하여 주식의 매수가액을 결정하는 경우에는 회사의 재산상태 그 밖의 사정을 참작하여 공정한 가액으로 이를 산정하여야 한다.<신설 2001.7.24>
[본조신설 1995.12.29]

제375조 (사후설립) 제374조의 규정은 회사가 그 성립 후 2년내에 그 성립 전부터 존재하는 재산으로서 영업을 위하여 계속하여 사용하여야 할 것을 자본의 100분의 5 이상에 해당하는 대가로 취득하는 계약을 하는 경우에 이를 준용한다.<개정 1998.12.28>

제376조 (결의취소의 소) ① 총회의 소집절차 또는 결의방법이 법령 또는 정관에 위반하거나 현저하게 불공정한 때 또는 그 결의의 내용이 정관에 위반한 때에는 주주·이사 또는 감사는 결의의 날로부터 2월내에 결의취소의 소를 제기할 수 있다. <개정 1984.4.10, 1995.12.29>
② 제186조 내지 제188조, 제190조 본문과 제191조의 규정은 제1항의 소에 준용한다. <개정 1984.4.10, 1995.12.29>

제377조 (제소주주의 담보제공의무) ① 주주가 결의취소의 소를 제기한 때에는 법원은 회사의 청구에 의하여 상당한 담보를 제공할 것을 명할 수 있다. 그러나 그 주주가 이사 또는 감사인 때에는 그러하지 아니하다.<개정 1984.4.10>
② 제176조 제4항의 규정은 제1항의 청구에 준용한다.<개정 1984.4.10>

제378조 (결의취소의 등기) 결의한 사항이 등기된 경우에 결의취소의 판결이 확정된 때에는 본점과 지점의 소재지에서 등기하여야 한다.

제379조 (법원의 재량에 의한 청구기각) 결의취소의 소가 제기된 경우에 결의의 내용, 회사의 현황과 제반사정을 참작하여 그 취소가 부적당하다고 인정한 때에는 법원은 그 청구를 기각할 수 있다.

제380조 (결의무효 및 부존재확인의 소) 제186조 내지 제188조, 제190조 본문, 제191조, 제377조와 제378조의 규정은 총회의 결의의 내용이 법령에 위반한 것을 이유로 하여 결의무효의 확인을 청구하는 소와 총회의 소집절차 또는 결의방법에 총회결의가 존재한다고 볼 수 없을 정도의 중대한 하자가 있는 것을 이유로 하여 결의부존재의 확인을 청구하는 소에 이를 준용한다.<개정 1984.4.10, 1995.12.29>

제381조 (부당결의의 취소, 변경의 소) ① 주주가 제368조 제4항의 규정에 의하여 의결권을 행사할 수 없었던 경우에 결의가 현저하게 부당하고 그 주주가 의결권을 행사하였더라면 이를 저지할 수 있었을 때에는 그 주주는 그 결의의 날로부터 2월내에 결

의의 취소의 소 또는 변경의 소를 제기할 수 있다.

② 제186조 내지 제188조, 제190조 본문, 제191조, 제377조와 제378조의 규정은 제1항의 소에 준용한다.<개정 1998.12.28>

제 2 관 이사와 이사회

제382조 (이사의 선임, 회사와의 관계 및 사외이사) ① 이사는 주주총회에서 선임한다.

② 회사와 이사의 관계는 「민법」의 위임에 관한 규정을 준용한다.

③ 사외이사(社外理事)는 해당 회사의 상무(常務)에 종사하지 아니하는 이사로서 다음 각호의 어느 하나에 해당하지 아니하는 자를 말한다. 사외이사가 다음 각 호의 어느 하나에 해당하는 경우에는 그 직을 상실한다.

1. 회사의 상무에 종사하는 이사 및 피용자 또는 최근 2년 이내에 회사의 상무에 종사한 이사·감사 및 피용자
2. 최대주주가 자연인인 경우 본인과 그 배우자 및 직계 존속·비속
3. 최대주주가 법인인 경우 그 법인의 이사·감사 및 피용자
4. 이사·감사의 배우자 및 직계 존속·비속
5. 회사의 모회사 또는 자회사의 이사·감사 및 피용자
6. 회사와 거래관계 등 중요한 이해관계에 있는 법인의 이사·감사 및 피용자
7. 회사의 이사 및 피용자가 이사로 있는 다른 회사의 이사·감사 및 피용자

[전문개정 2009.1.30]

제382조의2 (집중투표) ① 2인 이상의 이사의 선임을 목적으로 하는 총회의 소집이 있는 때에는 의결권없는 주식을 제외한 발행주식 총수의 100분의 3 이상에 해당하는 주식을 가진 주주는 정관에서 달리 정하는 경우를 제외하고는 회사에 대하여 집중투표의 방법으로 이사를 선임할 것을 청구할 수 있다.

② 제1항의 청구는 주주총회일의 7일 전까지 서면 또는 전자문서로 하여야 한다.<개정 2009.5.28>

③ 제1항의 청구가 있는 경우에 이사의 선임결의에 관하여 각 주주는 1주마다 선임할 이사의 수와 동일한 수의 의결권을 가지며, 그 의결권은 이사 후보자 1인 또는 수인에게 집중하여 투표하는 방법으로 행사할 수 있다.

④ 제3항의 규정에 의한 투표의 방법으로 이사를 선임하는 경우에는 투표의 최다수를 얻은 자부터 순차적으로 이사에 선임되는 것으로 한다.

⑤ 제1항의 청구가 있는 경우에는 의장은 의결에 앞서 그러한 청구가 있다는 취지를 알려야 한다.

⑥ 제2항의 서면은 총회가 종결될 때까지 이를 본점에 비치하고 주주로 하여금 영업시간내에 열람할 수 있게 하여야 한다.

[본조신설 1998.12.28]

제382조의3 (이사의 충실의무) 이사는 법령과 정관의 규정에 따라 회사를 위하여 그 직무를 충실하게 수행하여야 한다.

[본조신설 1998.12.28]

제382조의4 (이사의 비밀유지의무) 이사는 재임중 뿐만 아니라 퇴임 후에도 직무상 알게 된 회사의 영업상 비밀을 누설하여서는 아니된다.

[본조신설 2001.7.24]

제383조 (원수, 임기) ① 이사는 3명 이상이어야 한다. 다만, 자본금 총액이 10억원 미만인 회사는 1명 또는 2명으로 할 수 있

다.<개정 2009.5.28>

② 이사의 임기는 3년을 초과하지 못한다. <개정 1984.4.10>

③ 제2항의 임기는 정관으로 그 임기중의 최종의 결산기에 관한 정기주주총회의 종결에 이르기까지 연장할 수 있다.<개정 1984.4.10>

④ 제1항 단서의 경우에는 제302조 제2항 제5호의2, 제317조 제2항 제3호의2, 제335조 제1항 단서 및 제2항, 제335조의2 제1항·제3항, 제335조의3 제1항·제2항, 제335조의7 제1항, 제340조의3 제1항 제5호, 제356조 제6호의2, 제397조 제1항·제2항, 제398조, 제416조 본문, 제461조 제1항 본문 및 제3항, 제462조의3 제1항, 제464조의2 제1항, 제469조, 제513조 제2항 본문 및 제516조의2 제2항 본문(준용되는 경우를 포함한다) 중 "이사회"는 각각 "주주총회"로 보며, 제360조의5 제1항 및 제522조의3 제1항 중 "이사회의 결의가 있는 때"는 "제363조 제1항에 따른 주주총회의 소집통지가 있는 때"로 본다.<개정 2009.5.28>

⑤ 제1항 단서의 경우에는 제390조, 제391조, 제391조의2, 제391조의3, 제392조, 제393조 제2항부터 제4항까지, 제399조 제2항, 제526조 제3항, 제527조 제4항, 제527조의2, 제527조의3 제1항 및 제527조의5 제2항은 적용하지 아니한다.<개정 2009.5.28>

⑥ 제1항 단서의 경우에는 각 이사(정관에 따라 대표이사를 정한 경우에는 그 대표이사를 말한다)가 회사를 대표하며 제362조, 제363조의2 제3항, 제366조 제1항, 제368조의4 제1항, 제393조 제1항 및 제412조의3 제1항에 따른 이사회의 기능을 담당한다.<개정 2009.5.28>

제384조 삭제 <1995.12.29>

제385조 (해임) ① 이사는 언제든지 제434조의 규정에 의한 주주총회의 결의로 이를 해임할 수 있다. 그러나 이사의 임기를 정한 경우에 정당한 이유없이 그 임기만료 전에 이를 해임한 때에는 그 이사는 회사에 대하여 해임으로 인한 손해의 배상을 청구할 수 있다.

② 이사가 그 직무에 관하여 부정행위 또는 법령이나 정관에 위반한 중대한 사실이 있음에도 불구하고 주주총회에서 그 해임을 부결한 때에는 발행주식의 총수의 100분의 3 이상에 해당하는 주식을 가진 주주는 총회의 결의가 있은 날부터 1월내에 그 이사의 해임을 법원에 청구할 수 있다.<개정 1998.12.28>

③ 제186조의 규정은 전항의 경우에 준용한다.

제386조 (결원의 경우) ① 법률 또는 정관에 정한 이사의 원수를 결한 경우에는 임기의 만료 또는 사임으로 인하여 퇴임한 이사는 새로 선임된 이사가 취임할 때까지 이사의 권리의무가 있다.

② 제1항의 경우에 필요하다고 인정할 때에는 법원은 이사, 감사 기타의 이해관계인의 청구에 의하여 일시이사의 직무를 행할 자를 선임할 수 있다. 이 경우에는 본점의 소재지에서 그 등기를 하여야 한다.<개정 1995.12.29>

제387조 (자격주) 정관으로 이사가 가질 주식의 수를 정한 경우에 다른 규정이 없는 때에는 이사는 그 수의 주권을 감사에게 공탁하여야 한다.

제388조 (이사의 보수) 이사의 보수는 정관에 그 액을 정하지 아니한 때에는 주주총회의 결의로 이를 정한다.

제389조 (대표이사) ① 회사는 이사회의 결의로 회사를 대표할 이사를 선정하여야 한다. 그러나 정관으로 주주총회에서 이를 선

정할 것을 정할 수 있다.
② 전항의 경우에는 수인의 대표이사가 공동으로 회사를 대표할 것을 정할 수 있다.
③ 제208조 제2항, 제209조, 제210조와 제386조의 규정은 대표이사에 준용한다.<개정 1962.12.12>

제390조 (이사회의 소집) ① 이사회는 각 이사가 소집한다. 그러나 이사회의 결의로 소집할 이사를 정한 때에는 그러하지 아니하다.
② 제1항 단서의 규정에 의하여 소집권자로 지정되지 않은 다른 이사는 소집권자인 이사에게 이사회 소집을 요구할 수 있다. 소집권자인 이사가 정당한 이유없이 이사회 소집을 거절하는 경우에는 다른 이사가 이사회를 소집할 수 있다.<신설 2001.7. 24>
③ 이사회를 소집함에는 회일을 정하고 그 1주간 전에 각 이사 및 감사에 대하여 통지를 발송하여야 한다. 그러나 그 기간은 정관으로 단축할 수 있다.<개정 1984.4.10>
④ 이사회는 이사 및 감사전원의 동의가 있는 때에는 제3항의 절차없이 언제든지 회의할 수 있다.<개정 1984.4.10, 2001.7. 24>

제391조 (이사회의 결의방법) ① 이사회의 결의는 이사 과반수의 출석과 출석이사의 과반수로 하여야 한다. 그러나 정관으로 그 비율을 높게 정할 수 있다.
② 정관에서 달리 정하는 경우를 제외하고 이사회는 이사의 전부 또는 일부가 직접 회의에 출석하지 아니하고 모든 이사가 동영상 및 음성을 동시에 송·수신하는 통신수단에 의하여 결의에 참가하는 것을 허용할 수 있다. 이 경우 당해 이사는 이사회에 직접 출석한 것으로 본다.<신설 1999.12. 31>
③ 제368조 제4항 및 제371조 제2항의 규정은 제1항의 경우에 이를 준용한다.
[전문개정 1984.4.10]

제391조의2 (감사의 이사회출석·의견진술권) ① 감사는 이사회에 출석하여 의견을 진술할 수 있다.
② 감사는 이사가 법령 또는 정관에 위반한 행위를 하거나 그 행위를 할 염려가 있다고 인정한 때에는 이사회에 이를 보고하여야 한다.
[본조신설 1984.4.10]

제391조의3 (이사회의 의사록) ① 이사회의 의사에 관하여는 의사록을 작성하여야 한다.
② 의사록에는 의사의 안건, 경과요령, 그 결과, 반대하는 자와 그 반대이유를 기재하고 출석한 이사 및 감사가 기명날인 또는 서명하여야 한다.<개정 1995.12.29, 1999.12.31>
③ 주주는 영업시간내에 이사회의사록의 열람 또는 등사를 청구할 수 있다.<신설 1999.12.31>
④ 회사는 제3항의 청구에 대하여 이유를 붙여 이를 거절할 수 있다. 이 경우 주주는 법원의 허가를 얻어 이사회의사록을 열람 또는 등사할 수 있다.<신설 1999.12.31>
[본조신설 1984.4.10]

제392조 (이사회의 연기·속행) 제372조의 규정은 이사회에 관하여 이를 준용한다.
[전문개정 1984.4.10]

제393조 (이사회의 권한) ① 중요한 자산의 처분 및 양도, 대규모 재산의 차입, 지배인의 선임 또는 해임과 지점의 설치·이전 또는 폐지 등 회사의 업무집행은 이사회의 결의로 한다.<개정 2001.7.24>
② 이사회는 이사의 직무의 집행을 감독한다.
③ 이사는 대표이사로 하여금 다른 이사 또는 피용자의 업무에 관하여 이사회에 보고할 것을 요구할 수 있다.<신설 2001.7.24>

④ 이사는 3월에 1회 이상 업무의 집행상황을 이사회에 보고하여야 한다.<신설 2001.7.24>
[전문개정 1984.4.10]
제393조의2 (이사회내 위원회) ① 이사회는 정관이 정한 바에 따라 위원회를 설치할 수 있다.
② 이사회는 다음 각호의 사항을 제외하고는 그 권한을 위원회에 위임할 수 있다.
1. 주주총회의 승인을 요하는 사항의 제안
2. 대표이사의 선임 및 해임
3. 위원회의 설치와 그 위원의 선임 및 해임
4. 정관에서 정하는 사항
③ 위원회는 2인 이상의 이사로 구성한다.
④ 위원회는 결의된 사항을 각 이사에게 통지하여야 한다. 이 경우 이를 통지받은 각 이사는 이사회의 소집을 요구할 수 있으며, 이사회는 위원회가 결의한 사항에 대하여 다시 결의할 수 있다.
⑤ 제386조 제1항·제390조·제391조·제391조의3 및 제392조의 규정은 위원회에 관하여 이를 준용한다.
[본조신설 1999.12.31]
제394조 (이사와 회사간의 소에 관한 대표) ① 회사가 이사에 대하여 또는 이사가 회사에 대하여 소를 제기하는 경우에 감사는 그 소에 관하여 회사를 대표한다. 회사가 제403조 제1항의 청구를 받음에 있어서도 같다.
② 제415조의2의 규정에 의한 감사위원회의 위원이 소의 당사자인 경우에는 감사위원회 또는 이사는 법원에 회사를 대표할 자를 선임하여 줄 것을 신청하여야 한다.<신설 1999.12.31>
[전문개정 1984.4.10]
제395조 (표현대표이사의 행위와 회사의 책임) 사장, 부사장, 전무, 상무 기타 회사를 대표할 권한이 있는 것으로 인정될만한 명칭을 사용한 이사의 행위에 대하여는 그 이사가 회사를 대표할 권한이 없는 경우에도 회사는 선의의 제삼자에 대하여 그 책임을 진다.
제396조 (정관등의 비치, 공시의무) ① 이사는 회사의 정관, 주주총회의 의사록을 본점과 지점에, 주주명부, 사채원부를 본점에 비치하여야 한다. 이 경우 명의개서대리인을 둔 때에는 주주명부나 사채원부 또는 그 복본을 명의개서대리인의 영업소에 비치할 수 있다.<개정 1984.4.10, 1999.12.31>
② 주주와 회사채권자는 영업시간내에 언제든지 제1항의 서류의 열람 또는 등사를 청구할 수 있다.<개정 1984.4.10>
제397조 (경업금지) ① 이사는 이사회의 승인이 없으면 자기 또는 제삼자의 계산으로 회사의 영업부류에 속한 거래를 하거나 동종영업을 목적으로 하는 다른 회사의 무한책임사원이나 이사가 되지 못한다.<개정 1995.12.29>
② 이사가 제1항의 규정에 위반하여 거래를 한 경우에 회사는 이사회의 결의로 그 이사의 거래가 자기의 계산으로 한 것인 때에는 이를 회사의 계산으로 한 것으로 볼 수 있고 제삼자의 계산으로 한 것인 때에는 그 이사에 대하여 이로 인한 이득의 양도를 청구할 수 있다.<개정 1962.12.12, 1995.12.29>
③ 제2항의 권리는 거래가 있은 날로부터 1년을 경과하면 소멸한다.<개정 1995.12.29>
제398조 (이사와 회사간의 거래) 이사는 이사회의 승인이 있는 때에 한하여 자기 또는 제삼자의 계산으로 회사와 거래를 할 수 있다. 이 경우에는 민법 제124조의 규정을 적용하지 아니한다.

제399조 (회사에 대한 책임) ① 이사가 법령 또는 정관에 위반한 행위를 하거나 그 임무를 해태한 때에는 그 이사는 회사에 대하여 연대하여 손해를 배상할 책임이 있다.
② 전항의 행위가 이사회의 결의에 의한 것인 때에는 그 결의에 찬성한 이사도 전항의 책임이 있다.
③ 전항의 결의에 참가한 이사로서 이의를 한 기재가 의사록에 없는 자는 그 결의에 찬성한 것으로 추정한다.

제400조 (회사에 대한 책임의 면제) 전조의 규정에 의한 이사의 책임은 총주주의 동의로 면제할 수 있다.

제401조 (제삼자에 대한 책임) ① 이사가 악의 또는 중대한 과실로 인하여 그 임무를 해태한 때에는 그 이사는 제삼자에 대하여 연대하여 손해를 배상할 책임이 있다.
② 제399조 제2항, 제3항의 규정은 전항의 경우에 준용한다.

제401조의2 (업무집행지시자 등의 책임) ① 다음 각호의 1에 해당하는 자는 그 지시하거나 집행한 업무에 관하여 제399조·제401조 및 제403조의 적용에 있어서 이를 이사로 본다.
1. 회사에 대한 자신의 영향력을 이용하여 이사에게 업무집행을 지시한 자
2. 이사의 이름으로 직접 업무를 집행한 자
3. 이사가 아니면서 명예회장·회장·사장·부사장·전무·상무·이사 기타 업무를 집행할 권한이 있는 것으로 인정될 만한 명칭을 사용하여 회사의 업무를 집행한 자

② 제1항의 경우에 회사 또는 제3자에 대하여 손해를 배상할 책임이 있는 이사는 제1항에 규정된 자와 연대하여 그 책임을 진다.
[본조신설 1998.12.28]

제402조 (유지청구권) 이사가 법령 또는 정관에 위반한 행위를 하여 이로 인하여 회사에 회복할 수 없는 손해가 생길 염려가 있는 경우에는 감사 또는 발행주식의 총수의 100분의 1 이상에 해당하는 주식을 가진 주주는 회사를 위하여 이사에 대하여 그 행위를 유지할 것을 청구할 수 있다. <개정 1984.4.10, 1998.12.28>

제403조 (주주의 대표소송) ① 발행주식의 총수의 100분의 1이상에 해당하는 주식을 가진 주주는 회사에 대하여 이사의 책임을 추궁할 소의 제기를 청구할 수 있다. <개정 1998.12.28>
② 제1항의 청구는 그 이유를 기재한 서면으로 하여야 한다.<개정 1998.12.28>
③ 회사가 전항의 청구를 받은 날로부터 30일내에 소를 제기하지 아니한 때에는 제1항의 주주는 즉시 회사를 위하여 소를 제기할 수 있다.
④ 제3항의 기간의 경과로 인하여 회사에 회복할 수 없는 손해가 생길 염려가 있는 경우에는 전항의 규정에 불구하고 제1항의 주주는 즉시 소를 제기할 수 있다.<개정 1998.12.28>
⑤ 제3항과 제4항의 소를 제기한 주주의 보유주식이 제소 후 발행주식 총수의 100분의 1 미만으로 감소한 경우(발행주식을 보유하지 아니하게 된 경우를 제외한다)에도 제소의 효력에는 영향이 없다.<신설 1998.12.28>
⑥ 제3항과 제4항의 소를 제기한 경우 당사자는 법원의 허가를 얻지 아니하고는 소의 취하, 청구의 포기·인락·화해를 할 수 없다.<신설 1998.12.28>
⑦ 제176조 제3항, 제4항과 제186조의 규정은 본조의 소에 준용한다.

제404조 (대표소송과 소송참가, 소송고지) ① 회사는 전조 제3항과 제4항의 소송에 참

가할 수 있다.
② 전조 제3항과 제4항의 소를 제기한 주주는 소를 제기한 후 지체없이 회사에 대하여 그 소송의 고지를 하여야 한다.

제405조 (제소주주의 권리의무) ① 제403조 제3항과 제4항의 규정에 의하여 소를 제기한 주주가 승소한 때에는 그 주주는 회사에 대하여 소송비용 및 그 밖에 소송으로 인하여 지출한 비용중 상당한 금액의 지급을 청구할 수 있다. 이 경우 소송비용을 지급한 회사는 이사 또는 감사에 대하여 구상권이 있다.<개정 1962.12.12, 2001. 7.24>
② 제403조 제3항과 제4항의 규정에 의하여 소를 제기한 주주가 패소한 때에는 악의인 경우 외에는 회사에 대하여 손해를 배상할 책임이 없다.

제406조 (대표소송과 재심의 소) ① 제403조의 소가 제기된 경우에 원고와 피고의 공모로 인하여 소송의 목적인 회사의 권리를 사해할 목적으로써 판결을 하게한 때에는 회사 또는 주주는 확정한 종국판결에 대하여 재심의 소를 제기할 수 있다.
② 전조의 규정은 전항의 소에 준용한다.

제407조 (직무집행정지, 직무대행자선임) ① 이사선임결의의 무효나 취소 또는 이사해임의 소가 제기된 경우에는 법원은 당사자의 신청에 의하여 가처분으로써 이사의 직무집행을 정지할 수 있고 또는 직무대행자를 선임할 수 있다. 급박한 사정이 있는 때에는 본안 소송의 제기 전에도 그 처분을 할 수 있다.
② 법원은 당사자의 신청에 의하여 전항의 가처분을 변경 또는 취소할 수 있다.
③ 전2항의 처분이 있는 때에는 본점과 지점의 소재지에서 그 등기를 하여야 한다.

제408조 (직무대행자의 권한) ① 전조의 직무대행자는 가처분명령에 다른 정함이 있는 경우 외에는 회사의 상무에 속하지 아니한 행위를 하지 못한다. 그러나 법원의 허가를 얻은 경우에는 그러하지 아니하다.
② 직무대행자가 전항의 규정에 위반한 행위를 한 경우에도 회사는 선의의 제삼자에 대하여 책임을 진다.

제 3 관　감사 및 감사위원회

<개정 1999.12.31>

제409조 (선임) ① 감사는 주주총회에서 선임한다.
② 의결권없는 주식을 제외한 발행주식의 총수의 100분의 3을 초과하는 수의 주식을 가진 주주는 그 초과하는 주식에 관하여 제1항의 감사의 선임에 있어서는 의결권을 행사하지 못한다.<개정 1984.4.10>
③ 회사는 정관으로 제2항의 비율보다 낮은 비율을 정할 수 있다.<신설 1984.4.10>
④ 제1항, 제296조 제1항 및 제312조에도 불구하고 자본금의 총액이 10억원 미만인 회사의 경우에는 감사를 선임하지 아니할 수 있다.<신설 2009.5.28>
⑤ 제4항에 따라 감사를 선임하지 아니한 회사가 이사에 대하여 또는 이사가 그 회사에 대하여 소를 제기하는 경우에 회사, 이사 또는 이해관계인은 법원에 회사를 대표할 자를 선임하여 줄 것을 신청하여야 한다. <신설 2009.5.28>
⑥ 제4항에 따라 감사를 선임하지 아니한 경우에는 제412조, 제412조의2 및 제412조의4 제1항·제2항 중 "감사"는 각각 "주주총회"로 본다.<신설 2009.5.28>

제409조의2 (감사의 해임에 관한 의견진술의 권리) 감사는 주주총회에서 감사의 해임에 관하여 의견을 진술할 수 있다.
[본조신설 1995.12.29]

제410조 (임기) 감사의 임기는 취임후 3년

내의 최종의 결산기에 관한 정기총회의 종결시까지로 한다. <개정 1995.12.29>
[전문개정 1984.4.10]

제411조 (겸임금지) 감사는 회사 및 자회사의 이사 또는 지배인 기타의 사용인의 직무를 겸하지 못한다.<개정 1995.12.29>

제412조 (직무와 보고요구 · 조사의 권한) ① 감사는 이사의 직무의 집행을 감사한다.
② 감사는 언제든지 이사에 대하여 영업에 관한 보고를 요구하거나 회사의 업무와 재산상태를 조사할 수 있다.
[전문개정 1984.4.10]

제412조의2 (이사의 보고의무) 이사는 회사에 현저하게 손해를 미칠 염려가 있는 사실을 발견한 때에는 즉시 감사에게 이를 보고하여야 한다.
[본조신설 1995.12.29]

제412조의3 (총회의 소집청구) ① 감사는 회의의 목적사항과 소집의 이유를 기재한 서면을 이사회에 제출하여 임시총회의 소집을 청구할 수 있다.
② 제366조 제2항의 규정은 감사가 총회를 소집하는 경우에 이를 준용한다.
[본조신설 1995.12.29]

제412조의4 (자회사의 조사권) ① 모회사의 감사는 그 직무를 수행하기 위하여 필요한 때에는 자회사에 대하여 영업의 보고를 요구할 수 있다.
② 모회사의 감사는 제1항의 경우에 자회사가 지체없이 보고를 하지 아니할 때 또는 그 보고의 내용을 확인할 필요가 있는 때에는 자회사의 업무와 재산상태를 조사할 수 있다.
③ 자회사는 정당한 이유가 없는 한 제1항의 규정에 의한 보고 또는 제2항의 규정에 의한 조사를 거부하지 못한다.
[본조신설 1995.12.29]

제413조 (조사 · 보고의 의무) 감사는 이사가 주주총회에 제출할 의안 및 서류를 조사하여 법령 또는 정관에 위반하거나 현저하게 부당한 사항이 있는지의 여부에 관하여 주주총회에 그 의견을 진술하여야 한다.
[전문개정 1984.4.10]

제413조의2 (감사록의 작성) ① 감사는 감사에 관하여 감사록을 작성하여야 한다.
② 감사록에는 감사의 실시요령과 그 결과를 기재하고 감사를 실시한 감사가 기명날인 또는 서명하여야 한다.<개정 1995.12.29>
[본조신설 1984.4.10]

제414조 (감사의 책임) ① 감사가 그 임무를 해태한 때에는 그 감사는 회사에 대하여 연대하여 손해를 배상할 책임이 있다.
② 감사가 악의 또는 중대한 과실로 인하여 그 임무를 해태한 때에는 그 감사는 제삼자에 대하여 연대하여 손해를 배상할 책임이 있다.
③ 감사가 회사 또는 제삼자에 대하여 손해를 배상할 책임이 있는 경우에 이사도 그 책임이 있는 때에는 그 감사와 이사는 연대하여 배상할 책임이 있다.

제415조 (준용규정) 제382조 제2항, 제382조의4, 제385조, 제386조, 제388조, 제400조, 제401조와 제403조 내지 제407조의 규정은 감사에 준용한다.<개정 1984.4.10, 2001.7.24>

제415조의2 (감사위원회) ① 회사는 정관이 정한 바에 따라 감사에 갈음하여 제393조의2의 규정에 의한 위원회로서 감사위원회를 설치할 수 있다. 감사위원회를 설치한 경우에는 감사를 둘 수 없다.
② 감사위원회는 제393조의2 제3항에도 불구하고 3명 이상의 이사로 구성한다. 다만, 사외이사가 위원의 3분의 2 이상이어야 한

다.<개정 2009.1.30>

③ 감사위원회의 위원의 해임에 관한 이사회의 결의는 이사 총수의 3분의2 이상의 결의로 하여야 한다.

④ 감사위원회는 그 결의로 위원회를 대표할 자를 선정하여야 한다. 이 경우 수인의 위원이 공동으로 위원회를 대표할 것을 정할 수 있다.

⑤ 감사위원회는 회사의 비용으로 전문가의 조력을 구할 수 있다.

⑥ 감사위원회에 대하여는 제393조의2 제4항 후단을 적용하지 아니한다.<신설 2009.1.30>

⑦ 제296조 · 제312조 · 제367조 · 제387조 · 제391조의2 제2항 · 제394조 제1항 · 제400조 · 제402조 내지 제407조 · 제412조 내지 제414조 · 제447조의3 · 제447조의4 · 제450조 · 제527조의4 · 제530조의5 제1항제9호 · 제530조의6 제1항 제10호 및 제534조의 규정은 감사위원회에 관하여 이를 준용한다. 이 경우 제530조의5 제1항 제9호 및 제530조의6 제1항 제10호중 "감사"는 "감사위원회 위원"으로 본다.<개정 2009. 1.30>

[본조신설 1999.12.31]

제4절　신주의 발행

제416조 (발행사항의 결정) 회사가 그 성립후에 주식을 발행하는 경우에는 다음의 사항으로서 정관에 규정이 없는 것은 이사회가 이를 결정한다. 그러나 본법에 다른 규정이 있거나 정관으로 주주총회에서 결정하기로 정한 경우에는 그러하지 아니하다.<개정 1984.4.10>

1. 신주의 종류와 수
2. 신주의 발행가액과 납입기일
3. 신주의 인수방법
4. 현물출자를 하는 자의 성명과 그 목적인 재산의 종류, 수량, 가액과 이에 대하여 부여할 주식의 종류와 수
5. 주주가 가지는 신주인수권을 양도할 수 있는 것에 관한 사항
6. 주주의 청구가 있는 때에만 신주인수권증서를 발행한다는 것과 그 청구기간

제417조 (액면미달의 발행) ① 회사가 성립한 날로부터 2년을 경과한 후에 주식을 발행하는 경우에는 회사는 제434조의 규정에 의한 주주총회의 결의와 법원의 인가를 얻어서 주식을 액면미달의 가액으로 발행할 수 있다.<개정 1962.12.12>

② 전항의 주주총회의 결의에서는 주식의 최저발행가액을 정하여야 한다.

③ 법원은 회사의 현황과 제반사정을 참작하여 최저발행가액을 변경하여 인가할 수 있다. 이 경우에 법원은 회사의 재산상태 기타 필요한 사항을 조사하게 하기 위하여 검사인을 선임할 수 있다.

④ 제1항의 주식은 법원의 인가를 얻은 날로부터 1월내에 발행하여야 한다. 법원은 이 기간을 연장하여 인가할 수 있다.

제418조 (신주인수권의 내용 및 배정일의 지정 · 공고) ① 주주는 그가 가진 주식 수에 따라서 신주의 배정을 받을 권리가 있다.<개정 2001.7.24>

② 회사는 제1항의 규정에 불구하고 정관에 정하는 바에 따라 주주 외의 자에게 신주를 배정할 수 있다. 다만, 이 경우에는 신기술의 도입, 재무구조의 개선 등 회사의 경영상 목적을 달성하기 위하여 필요한 경우에 한한다.<신설 2001.7.24>

③ 회사는 일정한 날을 정하여 그 날에 주주명부에 기재된 주주가 제1항의 권리를 가진다는 뜻과 신주인수권을 양도할 수 있을 경우에는 그 뜻을, 그 날의 2주간 전에 공고하여야 한다. 그러나 그 날이 제354조제1항

의 기간중인 때에는 그 기간의 초일의 2주간 전에 공고하여야 한다.<신설 1984.4.10>

제419조 (신주인수권자에 대한 최고) ① 회사는 신주의 인수권을 가진 자에 대하여 그 인수권을 가지는 주식의 종류 및 수와 일정한 기일까지 주식인수의 청약을 하지 아니하면 그 권리를 잃는다는 뜻을 통지하여야 한다. 이 경우 제416조 제5호 및 제6호에 규정한 사항의 정함이 있는 때에는 그 내용도 통지하여야 한다.

② 회사가 무기명식의 주권을 발행한 때에는 제1항의 사항을 공고하여야 한다.

③ 제1항의 통지 또는 제2항의 공고는 제1항의 기일의 2주간 전에 이를 하여야 한다.

④ 제1항의 통지 또는 제2항의 공고에도 불구하고 그 기일까지 주식인수의 청약을 하지 아니한 때에는 신주의 인수권을 가진 자는 그 권리를 잃는다.

[전문개정 1984.4.10]

제420조 (주식청약서) 이사는 주식청약서를 작성하여 다음의 사항을 기재하여야 한다.<개정 1984.4.10>

1. 제289조 제1항 제2호 내지 제4호에 게기한 사항
2. 제302조 제2항 제7호·제9호 및 제10호에 게기한 사항
3. 제416조 제1호 내지 제4호에 게기한 사항
4. 제417조의 규정에 의한 주식을 발행한 때에는 그 발행조건과 제455조의 규정에 의한 미상각액
5. 주주에 대한 신주인수권의 제한에 관한 사항 또는 특정한 제삼자에게 이를 부여할 것을 정한 때에는 그 사항
6. 주식발행의 결의연월일

제420조의2 (신주인수권증서의 발행) ① 제416조 제5호에 규정한 사항을 정한 경우에 회사는 동조 제6호의 정함이 있는 때에는 그 정함에 따라, 그 정함이 없는 때에는 제419조 제1항의 기일의 2주간 전에 신주인수권증서를 발행하여야 한다.

② 신주인수권증서에는 다음 사항과 번호를 기재하고 이사가 기명날인 또는 서명하여야 한다.<개정 1995.12.29>

1. 신주인수권증서라는 뜻의 표시
2. 제420조에 규정한 사항
3. 신주인수권의 목적인 주식의 종류와 수
4. 일정기일까지 주식의 청약을 하지 아니할 때에는 그 권리를 잃는다는 뜻

[본조신설 1984.4.10]

제420조의3 (신주인수권의 양도) ① 신주인수권의 양도는 신주인수권증서의 교부에 의하여서만 이를 행한다.

② 제336조 제2항 및 수표법 제21조의 규정은 신주인수권증서에 관하여 이를 준용한다.

[본조신설 1984.4.10]

제420조의4 (신주인수권증서에 의한 청약) ① 신주인수권증서를 발행한 경우에는 신주인수권증서에 의하여 주식의 청약을 한다. 이 경우에는 제302조 제1항의 규정을 준용한다.

② 신주인수권증서를 상실한 자는 주식청약서에 의하여 주식의 청약을 할 수 있다. 그러나 그 청약은 신주인수권증서에 의한 청약이 있는 때에는 그 효력을 잃는다.

[본조신설 1984.4.10]

제421조 (주식에 대한 납입) 이사는 신주의 인수인으로 하여금 그 배정한 주수에 따라 납입기일에 그 인수한 각주에 대한 인수가액의 전액을 납입시켜야 한다.

제422조 (현물출자의 검사) ① 현물출자를 하는 자가 있는 경우에는 이사는 제416조제4호의 사항을 조사하게 하기 위하여 검사인의 선임을 법원에 청구하여야 한다. 이 경우

공인된 감정인의 감정으로 검사인의 조사에 갈음할 수 있다.<개정 1998.12.28>

② 법원은 검사인의 조사보고서 또는 감정인 감정결과를 심사하여 제1항의 사항을 부당하다고 인정한 때에는 이를 변경하여 이사와 현물출자를 한 자에게 통고할 수 있다.<개정 1998.12.28>

③ 전항의 변경에 불복하는 현물출자를 한 자는 그 주식의 인수를 취소할 수 있다.

④ 법원의 통고가 있은 후 2주내에 주식의 인수를 취소한 현물출자를 한 자가 없는 때에는 제1항의 사항은 통고에 따라 변경된 것으로 본다.<개정 1998.12.28>

제423조 (주주가 되는 시기, 납입해태의 효과) ① 신주의 인수인은 납입 또는 현물출자의 이행을 한 때에는 납입기일의 다음 날로부터 주주의 권리의무가 있다. 이 경우 제350조 제3항 후단의 규정을 준용한다. <개정 1984.4.10, 1995.12.29>

② 신주의 인수인이 납입기일에 납입 또는 현물출자의 이행을 하지 아니한 때에는 그 권리를 잃는다.

③ 제2항의 규정은 신주의 인수인에 대한 손해배상의 청구에 영향을 미치지 아니한다.<개정 1984.4.10>

제424조 (유지청구권) 회사가 법령 또는 정관에 위반하거나 현저하게 불공정한 방법에 의하여 주식을 발행함으로써 주주가 불이익을 받을 염려가 있는 경우에는 그 주주는 회사에 대하여 그 발행을 유지할 것을 청구할 수 있다.

제424조의2 (불공정한 가액으로 주식을 인수한 자의 책임) ① 이사와 통모하여 현저하게 불공정한 발행가액으로 주식을 인수한 자는 회사에 대하여 공정한 발행가액과의 차액에 상당한 금액을 지급할 의무가 있다.

② 제403조 내지 제406조의 규정은 제1항의 지급을 청구하는 소에 관하여 이를 준용한다.

③ 제1항 및 제2항의 규정은 이사의 회사 또는 주주에 대한 손해배상의 책임에 영향을 미치지 아니한다.

[본조신설 1984.4.10]

제425조 (준용규정) ① 제302조 제1항, 제3항, 제303조, 제305조 제2항, 제3항, 제306조, 제318조와 제319조의 규정은 신주의 발행에 준용한다.

② 제305조 제2항의 규정은 신주인수권증서를 발행하는 경우에 이를 준용한다.<신설 1984.4.10>

제426조 (미상각액의 등기) 제417조의 규정에 의한 주식을 발행한 경우에 주식의 발행으로 인한 변경등기에는 제455조의 규정에 의한 미상각액을 등기하여야 한다.

제427조 (인수의 무효주장, 취소의 제한) 신주의 발행으로 인한 변경등기를 한 날로부터 1년을 경과한 후에는 신주를 인수한 자는 주식청약서 또는 신주인수권증서의 요건의 흠결을 이유로 하여 그 인수의 무효를 주장하거나 사기, 강박 또는 착오를 이유로 하여 그 인수를 취소하지 못한다. 그 주식에 대하여 주주의 권리를 행사한 때에도 같다.<개정 1962.12.12, 1984.4.10>

제428조 (이사의 인수담보책임) ① 신주의 발행으로 인한 변경등기가 있은 후에 아직 인수하지 아니한 주식이 있거나 주식인수의 청약이 취소된 때에는 이사가 이를 공동으로 인수한 것으로 본다.

② 전항의 규정은 이사에 대한 손해배상의 청구에 영향을 미치지 아니한다.

제429조 (신주발행무효의 소) 신주발행의 무효는 주주·이사 또는 감사에 한하여 신주를 발행한 날로부터 6월내에 소만으로 이

를 주장할 수 있다.<개정 1984.4.10>

제430조 (준용규정) 제186조 내지 제189조 · 제190조 본문 · 제191조 · 제192조 및 제377조의 규정은 제429조의 소에 관하여 이를 준용한다.

[전문개정 1995.12.29]

제431조 (신주발행무효판결의 효력) ① 신주발행무효의 판결이 확정된 때에는 신주는 장래에 대하여 그 효력을 잃는다.

② 전항의 경우에는 회사는 지체없이 그 뜻과 일정한 기간내에 신주의 주권을 회사에 제출할 것을 공고하고 주주명부에 기재된 주주와 질권자에 대하여는 각별로 그 통지를 하여야 한다. 그러나 그 기간은 3월이상으로 하여야 한다.

제432조 (무효판결과 주주에의 환급) ① 신주발행무효의 판결이 확정된 때에는 회사는 신주의 주주에 대하여 그 납입한 금액을 반환하여야 한다.

② 전항의 금액이 전조 제1항의 판결확정시의 회사의 재산상태에 비추어 현저하게 부당한 때에는 법원은 회사 또는 전항의 주주의 청구에 의하여 그 금액의 증감을 명할 수 있다.

③ 제339조와 제340조 제1항, 제2항의 규정은 제1항의 경우에 준용한다.

제 5 절 정관의 변경

제433조 (정관변경의 방법) ① 정관의 변경은 주주총회의 결의에 의하여야 한다.

② 정관의 변경에 관한 의안의 요령은 제363조의 규정에 의한 통지와 공고에 기재하여야 한다.

제434조 (정관변경의 특별결의) 제433조 제1항의 결의는 출석한 주주의 의결권의 3분의 2 이상의 수와 발행주식 총수의 3분의 1 이상의 수로써 하여야 한다.

[전문개정 1995.12.29]

제435조 (종류주주총회) ① 회사가 수종의 주식을 발행한 경우에 정관을 변경함으로써 어느 종류의 주주에게 손해를 미치게 될 때에는 주주총회의 결의 외에 그 종류의 주주의 총회의 결의가 있어야 한다.

② 제1항의 결의는 출석한 주주의 의결권의 3분의 2 이상의 수와 그 종류의 발행주식 총수의 3분의 1 이상의 수로써 하여야 한다.<개정 1995.12.29>

③ 주주총회에 관한 규정은 의결권없는 종류의 주식에 관한 것을 제외하고 제1항의 총회에 준용한다.

제436조 (동전) 전조의 규정은 제344조 제3항의 규정에 의하여 주식의 종류에 따라 특수한 정함을 하는 경우와 주식교환, 주식이전 및 회사의 합병으로 인하여 어느 종류의 주주에게 손해를 미치게 될 경우에 준용한다.<개정 2001.7.24>

제437조 삭제 <1995.12.29>

제 6 절 자본의 감소

제438조 (자본감소의 결의) ① 자본의 감소에는 제434조의 규정에 의한 결의가 있어야 한다.

② 자본의 감소에 관한 의안의 요령은 제363조의 규정에 의한 통지와 공고에 기재하여야 한다.

제439조 (자본감소의 방법, 절차) ① 자본감소의 결의에서는 그 감소의 방법을 정하여야 한다.

② 제232조의 규정은 자본감소의 경우에 준용한다.<개정 1984.4.10>

③ 사채권자가 이의를 함에는 사채권자 집회의 결의가 있어야 한다. 이 경우에는 법원은 이해관계인의 청구에 의하여 사채권자를 위하여 이의의 기간을 연장할 수 있다.

제440조 (주식병합의 절차) 주식을 병합할 경우에는 회사는 1월이상의 기간을 정하여 그 뜻과 그 기간내에 주권을 회사에 제출할 것을 공고하고 주주명부에 기재된 주주와 질권자에 대하여는 각별로 그 통지를 하여야 한다.<개정 1995.12.29>

제441조 (동전) 주식의 병합은 전조의 기간이 만료한 때에 그 효력이 생긴다. 그러나 제232조의 규정에 의한 절차가 종료하지 아니한 때에는 그 종료한 때에 효력이 생긴다.

제442조 (신주권의 교부) ① 주식을 병합하는 경우에 구주권을 회사에 제출할 수 없는 자가 있는 때에는 회사는 그 자의 청구에 의하여 3월이상의 기간을 정하고 이해관계인에 대하여 그 주권에 대한 이의가 있으면 그 기간내에 제출할 뜻을 공고하고 그 기간이 경과한 후에 신주권을 청구자에게 교부할 수 있다.

② 전항의 공고의 비용은 청구자의 부담으로 한다.

제443조 (단주의 처리) ① 병합에 적당하지 아니한 수의 주식이 있는 때에는 그 병합에 적당하지 아니한 부분에 대하여 발행한 신주를 경매하여 각 주수에 따라 그 대금을 종전의 주주에게 지급하여야 한다. 그러나 거래소의 시세있는 주식은 거래소를 통하여 매각하고, 거래소의 시세없는 주식은 법원의 허가를 받아 경매외의 방법으로 매각할 수 있다.<개정 1984.4.10>

② 제442조의 규정은 제1항의 경우에 준용한다.<개정 1984.4.10>

제444조 (동전) 전조의 규정은 무기명식의 주권으로서 제440조의 규정에 의한 제출이 없는 것에 준용한다.

제445조 (감자무효의 소) 자본감소의 무효는 주주·이사·감사·청산인·파산관재인 또는 자본감소를 승인하지 아니한 채권자에 한하여 자본감소로 인한 변경등기가 있는 날로부터 6월내에 소만으로 주장할 수 있다.<개정 1984.4.10>

제446조 (준용규정) 제186조 내지 제189조·제190조 본문·제191조·제192조 및 제377조의 규정은 제445조의 소에 관하여 이를 준용한다.

[전문개정 1995.12.29]

제 7 절 회사의 계산

제447조 (재무제표의 작성) 이사는 매결산기에 다음의 서류와 그 부속명세서를 작성하여 이사회의 승인을 얻어야 한다.

1. 대차대조표
2. 손익계산서
3. 이익잉여금처분계산서 또는 결손금처리계산서

[전문개정 1984.4.10]

제447조의2 (영업보고서의 작성) ① 이사는 매결산기에 영업보고서를 작성하여 이사회의 승인을 얻어야 한다.

② 영업보고서에는 대통령령이 정하는 바에 의하여 영업에 관한 중요한 사항을 기재하여야 한다.

[본조신설 1984.4.10]

제447조의3 (재무제표등의 제출) 이사는 정기총회회일의 6주간 전에 제447조 및 제447조의2의 서류를 감사에게 제출하여야 한다.

[본조신설 1984.4.10]

제447조의4 (감사보고서) ① 감사는 제447조의3의 서류를 받은 날로부터 4주간내에 감사보고서를 이사에게 제출하여야 한다.

② 제1항의 감사보고서에는 다음의 사항을 기재하여야 한다.

1. 감사방법의 개요
2. 회계장부에 기재할 사항의 기재가 없거

나 부실기재된 경우 또는 대차대조표나 손익계산서의 기재가 회계장부의 기재와 합치되지 아니하는 경우에는 그 뜻
3. 대차대조표 및 손익계산서가 법령 및 정관에 따라 회사의 재산 및 손익상태를 정확하게 표시하고 있는 경우에는 그 뜻
4. 대차대조표 또는 손익계산서가 법령 또는 정관에 위반하여 회사의 재산 및 손익상태가 정확하게 표시되지 아니하는 경우에는 그 뜻과 사유
5. 대차대조표 또는 손익계산서의 작성에 관한 회계방침의 변경이 타당한지의 여부와 그 이유
6. 영업보고서가 법령 및 정관에 따라 회사의 상황을 정확하게 표시하고 있는지의 여부
7. 이익잉여금처분계산서 또는 결손금처리계산서가 법령 및 정관에 적합한지의 여부
8. 이익잉여금처분계산서 또는 결손금처리계산서가 회사재산의 상태 기타의 사정에 비추어 현저하게 부당한 경우에는 그 뜻
9. 제447조의 부속명세서에 기재할 사항의 기재가 없거나 부실기재된 경우 또는 회계장부·대차대조표·손익계산서나 영업보고서의 기재와 합치되지 아니하는 기재가 있는 경우에는 그 뜻
10. 이사의 직무수행에 관하여 부정한 행위 또는 법령이나 정관의 규정에 위반하는 중대한 사실이 있는 경우에는 그 사실
11. 감사를 하기 위하여 필요한 조사를 할 수 없었던 경우에는 그 뜻과 이유

[본조신설 1984.4.10]

제448조 (재무제표등의 비치·공시) ① 이사는 정기총회회일의 1주간 전부터 제447조 및 제447조의2의 서류와 감사보고서를 본점에 5년간, 그 등본을 지점에 3년간 비치하여야 한다.<개정 1962.12.12, 1984.4. 10>

② 주주와 회사채권자는 영업시간내에 언제든지 제1항의 비치서류를 열람할 수 있으며 회사가 정한 비용을 지급하고 그 서류의 등본이나 초본의 교부를 청구할 수 있다. <개정 1984.4.10>

제449조 (재무제표등의 승인·공고) ① 이사는 제447조 각호에 규정한 서류를 정기총회에 제출하여 그 승인을 요구하여야 한다.<개정 1984.4.10>

② 이사는 제447조의2의 서류를 정기총회에 제출하여 그 내용을 보고하여야 한다. <신설 1984.4.10>

③ 이사는 제1항의 서류에 대한 총회의 승인을 얻은 때에는 지체없이 대차대조표를 공고하여야 한다.<개정 1984.4.10>

제450조 (이사, 감사의 책임해제) 정기총회에서 전조 제1항의 승인을 한 후 2년내에 다른 결의가 없으면 회사는 이사와 감사의 책임을 해제한 것으로 본다. 그러나 이사 또는 감사의 부정행위에 대하여는 그러하지 아니하다.

제451조 (자본) 회사의 자본은 본법에 다른 규정이 있는 경우 외에는 발행주식의 액면총액으로 한다.

제452조 (자산의 평가방법) 회사의 회계장부에 기재될 자산은 제31조 제2호의 규정을 적용하는 외에 다음의 방법에 의하여 평가하여야 한다.<개정 1984.4.10>

1. 유동자산은 취득가액 또는 제작가액에 의한다. 그러나 시가가 취득가액 또는 제작가액보다 현저하게 낮은 때에는 시가에 의하여야 한다.
2. 삭제<1984.4.10>
3. 금전채권은 채권금액에 의한다. 그러나 채권을 채권금액보다 낮은 가액으로 취

득한 때 또는 이것에 준하는 경우에는 상당한 감액을 할 수 있다. 추심불능의 염려가 있는 채권은 그 예상액을 감액하여야 한다.

4. 거래소의 시세있는 사채는 결산기전 1월의 평균가격에 의하고 그 시세없는 사채는 취득가액에 의한다. 그러나 취득가액과 사채의 금액이 다른 때에는 상당한 증액 또는 감액을 할 수 있다. 추심불능의 염려가 있는 사채에는 제3호 후단의 규정을 준용한다. 사채에 준하는 것도 같다.
5. 거래소의 시세있는 주식은 취득가액에 의한다. 그러나 결산기전 1월의 평균가격이 취득가액보다 낮을 때에는 그 시가에 의한다. 거래 기타의 필요상 장기간 보유할 목적으로 취득한 주식은 거래소의 시세의 유무를 불구하고 취득가액에 의한다. 그러나 발행회사의 재산상태가 현저하게 악화된 때에는 상당한 감액을 하여야 한다. 유한회사 기타에 대한 출자의 평가에도 같다.
6. 영업권은 유상으로 승계취득한 경우에 한하여 취득가액을 기재할 수 있다. 이 경우에는 영업권을 취득한 후 5년내의 매결산기에 균등액이상을 상각하여야 한다.

제453조 (창업비의 계상) ① 제290조 제4호의 규정에 의한 지출액과 설립등기에 지출한 세액은 대차대조표자산의 부에 계상할 수 있다.
② 전항의 계상금액은 회사성립 후 또는 개업 전에 이자를 배당할 것을 정한 때에는 그 배당을 마친 후 5년내의 매결산기에 균등액이상의 상각을 하여야 한다.

제453조의2 (개업비의 계상) ① 개업의 준비를 위하여 지출한 금액은 대차대조표 자산의 부에 계상할 수 있다.
② 제1항의 계상금액은 개업 후 3년내의 매결산기에 균등액 이상의 상각을 하여야 한다.
[본조신설 1995.12.29]

제454조 (신주발행비용의 계상) ① 신주를 발행한 경우에는 그 발행에 필요한 비용의 액은 대차대조표자산의 부에 계상할 수 있다.
② 전항의 계상금액은 신주발행 후 3년내의 매결산기에 균등액이상의 상각을 하여야 한다.

제455조 (액면미달금액의 계상) ① 제417조의 규정에 의하여 주식을 발행한 경우에는 액면미달금액의 총액은 대차대조표자산의 부에 계상할 수 있다.
② 전항의 계상금액은 주식발행후 3년내의 매결산기에 균등액이상의 상각을 하여야 한다.

제456조 (사채차액의 계상) ① 사채를 모집한 경우에 그 상환할 총액이 그 모집에 의한 실수액을 초과한 때의 그 차액은 대차대조표자산의 부에 계상할 수 있다.
② 전항의 계상금액은 사채상환기한내의 매결산기에 균등액이상의 상각을 하여야 한다.
③ 제454조의 규정은 사채발행에 필요한 비용의 액에 준용한다.

제457조 (배당건설이자의 계상) ① 제463조의 규정에 의하여 배당한 금액은 대차대조표자산의 부에 계상할 수 있다.
② 전항의 계상금액은 개업후 년6분이상의 이익을 배당하는 경우에는 그 6분을 초과한 금액과 동액이상의 상각을 하여야 한다.

제457조의2 (연구개발비의 계상) ① 신제품 또는 신기술의 연구 또는 개발과 관련하여 특별히 발생한 비용은 대차대조표 자산

의 부에 계상할 수 있다.

② 제1항의 계상금액은 그 지출 후 5년내의 매결산기에 균등액 이상의 상각을 하여야 한다.

[본조신설 1995.12.29]

제458조 (이익준비금) 회사는 그 자본의 2분의 1에 달할 때까지 매결산기의 금전에 의한 이익배당액의 10분의 1 이상의 금액을 이익준비금으로 적립하여야 한다.<개정 1984.4.10>

제459조 (자본준비금) ① 회사는 다음의 금액을 자본준비금으로 적립하여야 한다. <개정 1984.4.10, 1998.12.28, 2001.7.24>

1. 액면이상의 주식을 발행한 때에는 그 액면을 초과한 금액

1의2. 주식의 포괄적 교환을 한 경우에는 제360조의7에 규정하는 자본증가의 한도액이 완전모회사의 증가한 자본액을 초과한 경우의 그 초과액

1의3. 주식의 포괄적 이전을 한 경우에는 제360조의18에 규정하는 자본의 한도액이 설립된 완전모회사의 자본액을 초과한 경우의 그 초과액

2. 자본감소의 경우에 그 감소액이 주식의 소각, 주금의 반환에 요한 금액과 결손의 전보에 충당한 금액을 초과한 때에는 그 초과금액

3. 회사합병의 경우에 소멸된 회사로부터 승계한 재산의 가액이 그 회사로부터 승계한 채무액, 그 회사의 주주에게 지급한 금액과 합병후 존속하는 회사의 자본증가액 또는 합병으로 인하여 설립된 회사의 자본액을 초과한 때에는 그 초과금액

3의2. 제530조의2의 규정에 의한 분할 또는 분할합병으로 인하여 설립된 회사 또는 존속하는 회사에 출자된 재산의 가액이 출자한 회사로부터 승계한 채무액, 출자한 회사의 주주에게 지급한 금액과 설립된 회사의 자본액 또는 존속하는 회사의 자본증가액을 초과한 때에는 그 초과금액

4. 기타 자본거래에서 발생한 잉여금

② 제1항 제3호 및 제3호의2의 초과금액중 소멸 또는 분할되는 회사의 이익준비금 기타 법정준비금은 합병후 또는 분할·분할합병후 존속 또는 설립되는 회사가 이를 승계할 수 있다.<개정 1998.12.28>

제460조 (법정준비금의 사용) ① 전2조의 준비금은 자본의 결손전보에 충당하는 경우 외에는 이를 처분하지 못한다.

② 이익준비금으로 자본의 결손의 전보에 충당하고서도 부족한 경우가 아니면 자본준비금으로 이에 충당하지 못한다.

제461조 (준비금의 자본전입) ① 회사는 이사회의 결의에 의하여 준비금의 전부 또는 일부를 자본에 전입할 수 있다. 그러나 정관으로 주주총회에서 결정하기로 정한 경우에는 그러하지 아니하다.

② 제1항의 경우에는 주주에 대하여 그가 가진 주식의 수에 따라 주식을 발행하여야 한다. 이 경우 1주에 미달하는 단수에 대하여는 제443조 제1항의 규정을 준용한다.

③ 제1항의 이사회의 결의가 있은 때에는 회사는 일정한 날을 정하여 그 날에 주주명부에 기재된 주주가 제2항의 신주의 주주가 된다는 뜻을 그 날의 2주간 전에 공고하여야 한다. 그러나 그 날이 제354조 제1항의 기간중인 때에는 그 기간의 초일의 2주간 전에 이를 공고하여야 한다.

④ 제1항 단서의 경우에 주주는 주주총회의 결의가 있은 때로부터 제2항의 신주의 주주가 된다.

⑤ 제3항 또는 제4항의 규정에 의하여 신주의 주주가 된 때에는 이사는 지체없이 신주

를 받은 주주와 주주명부에 기재된 질권자에 대하여 그 주주가 받은 주식의 종류와 수를 통지하고, 무기명식의 주권을 발행한 경우에는 제1항의 결의의 내용을 공고하여야 한다.

⑥ 제350조 제3항 후단의 규정은 제1항의 경우에 이를 준용한다.<신설 1995.12.29>

⑦ 제339조의 규정은 제2항의 규정에 의하여 주식의 발행이 있는 경우에 이를 준용한다.

[전문개정 1984.4.10]

제462조 (이익의 배당) ① 회사는 대차대조표상의 순자산액으로부터 다음의 금액을 공제한 액을 한도로 하여 이익배당을 할 수 있다.<개정 2001.7.24>

1. 자본의 액
2. 그 결산기까지 적립된 자본준비금과 이익준비금의 합계액
3. 그 결산기에 적립하여야 할 이익준비금의 액

② 전항의 규정에 위반하여 이익을 배당한 때에는 회사채권자는 이를 회사에 반환할 것을 청구할 수 있다.

③ 제186조의 규정은 전항의 청구에 관한 소에 준용한다.

제462조의2 (주식배당) ① 회사는 주주총회의 결의에 의하여 이익의 배당을 새로이 발행하는 주식으로써 할 수 있다. 그러나 주식에 의한 배당은 이익배당총액의 2분의 1에 상당하는 금액을 초과하지 못한다.

② 제1항의 배당은 주식의 권면액으로 하며, 회사가 수종의 주식을 발행한 때에는 각각 그와 같은 종류의 주식으로 할 수 있다.<개정 1995.12.29>

③ 주식으로 배당할 이익의 금액중 주식의 권면액에 미달하는 단수가 있는 때에는 그 부분에 대하여는 제443조 제1항의 규정을 준용한다.<개정 1995.12.29>

④ 주식으로 배당을 받은 주주는 제1항의 결의가 있는 주주총회가 종결한 때부터 신주의 주주가 된다. 이 경우 제350조 제3항 후단의 규정을 준용한다.<개정 1995.12.29>

⑤ 이사는 제1항의 결의가 있는 때에는 지체없이 배당을 받을 주주와 주주명부에 기재된 질권자에게 그 주주가 받을 주식의 종류와 수를 통지하고, 무기명식의 주권을 발행한 때에는 제1항의 결의의 내용을 공고하여야 한다.

⑥ 제340조 제1항의 질권자의 권리는 제1항의 규정에 의한 주주가 받을 주식에 미친다. 이 경우 제340조 제3항의 규정을 준용한다.

[본조신설 1984.4.10]

제462조의3 (중간배당) ① 년 1회의 결산기를 정한 회사는 영업년도중 1회에 한하여 이사회의 결의로 일정한 날을 정하여 그날의 주주에 대하여 금전으로 이익을 배당(이하 이 조에서 “중간배당”이라 한다)할 수 있음을 정관으로 정할 수 있다.

② 중간배당은 직전 결산기의 대차대조표상의 순자산액에서 다음 각호의 금액을 공제한 액을 한도로 한다.<개정 2001.7.24>

1. 직전 결산기의 자본의 액
2. 직전 결산기까지 적립된 자본준비금과 이익준비금의 합계액
3. 직전 결산기의 정기총회에서 이익으로 배당하거나 또는 지급하기로 정한 금액
4. 중간배당에 따라 당해 결산기에 적립하여야 할 이익준비금

③ 회사는 당해 결산기의 대차대조표상의 순자산액이 제462조 제1항 각호의 금액의 합계액에 미치지 못할 우려가 있는 때에는 중간배당을 하여서는 아니된다.<개정 2001.7.24>

④ 당해 결산기 대차대조표상의 순자산액이 제462조 제1항 각호의 금액의 합계액에 미치지 못함에도 불구하고 중간배당을 한 경우 이사는 회사에 대하여 연대하여 그 차액(배당액이 그 차액보다 적을 경우에는 배당액)을 배상할 책임이 있다. 다만, 이사가 제3항의 우려가 없다고 판단함에 있어 주의를 게을리하지 아니하였음을 증명한 때에는 그러하지 아니하다.<개정 2001.7. 24>

⑤ 제340조 제1항, 제344조 제1항, 제350조 제3항(제423조 제1항, 제516조 제2항 및 제516조의9에서 준용하는 경우를 포함한다. 이하 이 항에서 같다), 제354조 제1항, 제370조 제1항, 제457조 제2항, 제458조, 제464조 및 제625조 제3호의 규정에 적용에 관하여는 중간배당을 제462조 제1항의 규정에 의한 이익의 배당으로, 제350조 제3항의 규정의 적용에 관하여는 제1항의 일정한 날을 영업년도말로 본다.

⑥ 제399조 제2항·제3항 및 제400조의 규정은 제4항의 이사의 책임에 관하여, 제462조 제2항 및 제3항의 규정은 제3항의 규정에 위반하여 중간배당을 한 경우에 이를 준용한다.

[본조신설 1998.12.28]

제463조 (건설이자의 배당) ① 회사는 그 목적인 사업의 성질에 의하여 회사의 성립후 2년이상 그 영업전부를 개시하기가 불능하다고 인정한 때에는 정관으로 일정한 주식에 대하여 그 개업 전 일정한 기간내에 일정한 이자를 그 주주에게 배당할 수 있음을 정할 수 있다. 그러나 그 이율은 년5분을 초과하지 못한다.

② 전항의 정관의 규정 또는 그 변경은 법원의 인가를 얻어야 한다.

제464조 (이익등의 배당의 기준) 이익이나 이자의 배당은 각주주가 가진 주식의 수에 따라 지급한다. 그러나 제344조 제1항의 규정을 적용하는 경우에는 그러하지 아니하다.

제464조의2 (배당금지급시기) ① 회사는 제464조의 규정에 의한 배당금을 제449조 제1항의 승인 또는 제462조의3 제1항의 결의가 있은 날부터 1월 이내에 지급하여야 한다. 다만, 제449조 제1항의 총회 또는 제462조의3 제1항의 이사회에서 배당금의 지급시기를 따로 정한 경우에는 그러하지 아니하다.<개정 1995.12.29, 1998.12.28>

② 제1항의 배당금의 지급청구권은 5년간 이를 행사하지 아니하면 소멸시효가 완성한다.

[본조신설 1984.4.10]

제465조 삭제 <1984.4.10>

제466조 (주주의 회계장부열람권) ① 발행주식의 총수의 100분의 3 이상에 해당하는 주식을 가진 주주는 이유를 붙인 서면으로 회계의 장부와 서류의 열람 또는 등사를 청구할 수 있다.<개정 1998.12.28>

② 회사는 제1항의 주주의 청구가 부당함을 증명하지 아니하면 이를 거부하지 못한다.<개정 1998.12.28>

제467조 (회사의 업무, 재산상태의 검사) ① 회사의 업무집행에 관하여 부정행위 또는 법령이나 정관에 위반한 중대한 사실이 있음을 의심할 사유가 있는 때에는 발행주식의 총수의 100분의 3이상에 해당하는 주식을 가진 주주는 회사의 업무와 재산상태를 조사하게 하기 위하여 법원에 검사인의 선임을 청구할 수 있다.<개정 1998.12.28>

② 검사인은 그 조사의 결과를 법원에 보고하여야 한다.

③ 법원은 제2항의 보고에 의하여 필요하다고 인정한 때에는 대표이사에게 주주총회의 소집을 명할 수 있다. 제310조 제2항의

규정은 이 경우에 준용한다.<개정 1962.12.12, 1995.12.29>

④ 이사와 감사는 지체없이 제3항의 규정에 의한 검사인의 보고서의 정확여부를 조사하여 이를 주주총회에 보고하여야 한다.<신설 1995.12.29>

第467조의2 (이익공여의 금지) ① 회사는 누구에게든지 주주의 권리행사와 관련하여 재산상의 이익을 공여할 수 없다.

② 회사가 특정의 주주에 대하여 무상으로 재산상의 이익을 공여한 경우에는 주주의 권리행사와 관련하여 이를 공여한 것으로 추정한다. 회사가 특정의 주주에 대하여 유상으로 재산상의 이익을 공여한 경우에 있어서 회사가 얻은 이익이 공여한 이익에 비하여 현저하게 적은 때에도 또한 같다.

③ 회사가 제1항의 규정에 위반하여 재산상의 이익을 공여한 때에는 그 이익을 공여받은 자는 이를 회사에 반환하여야 한다. 이 경우 회사에 대하여 대가를 지급한 것이 있는 때에는 그 반환을 받을 수 있다.

④ 제403조 내지 제406조의 규정은 제3항의 이익의 반환을 청구하는 소에 대하여 이를 준용한다.

[본조신설 1984.4.10]

第468조 (사용인의 우선변제권) 신원보증금의 반환을 받을 채권 기타 회사와 사용인간의 고용관계로 인한 채권이 있는 자는 회사의 총재산에 대하여 우선변제를 받을 권리가 있다. 그러나 질권이나 저당권에 우선하지 못한다.

제8절 사　채

제1관 통　칙

第469조 (사채의 모집) 회사는 이사회의 결의에 의하여 사채를 모집할 수 있다.

第470조 (총액의 제한) ① 사채의 총액은 최종의 대차대조표에 의하여 회사에 현존하는 순자산액의 4배를 초과하지 못한다.<개정 1995.12.29>

② 삭제 <1995.12.29>

③ 구사채를 상환하기 위하여 사채를 모집하는 경우에는 구사채의 액은 사채의 총액에 산입하지 아니한다. 이 경우에는 신사채의 납입기일, 수회에 분납하는 때에는 제1회의 납입기일로부터 6월내에 구사채를 상환하여야 한다.

第471조 (사채모집의 제한) 회사는 전에 모집한 사채의 총액의 납입이 완료된 후가 아니면 다시 사채를 모집하지 못한다.

第472조 (사채의 금액) ① 각 사채의 금액은 1만원 이상으로 하여야 한다.<개정 1984.4.10>

② 동일종류의 사채에서는 각 사채의 금액은 균일하거나 최저액으로 정제할 수 있는 것이어야 한다.

第473조 (권면액 초과상환의 제한) 사채권자에게 상환할 금액이 권면액을 초과할 것을 정한 때에는 그 초과액은 각 사채에 대하여 동률이어야 한다.

第474조 (공모발행, 사채청약서) ① 사채의 모집에 응하고자 하는 자는 사채청약서 2통에 그 인수할 사채의 수와 주소를 기재하고 기명날인 또는 서명하여야 한다.<개정 1995.12.29>

② 사채청약서는 이사가 이를 작성하고 다음의 사항을 기재하여야 한다.<개정 1984.4.10, 1995.12.29>

1. 회사의 상호
2. 자본과 준비금의 총액
3. 최종의 대차대조표에 의하여 회사에 현존하는 순재산액
4. 사채의 총액

5. 각사채의 금액
6. 사채발행의 가액 또는 그 최저가액
7. 사채의 이율
8. 사채의 상환과 이자지급의 방법과 기한
9. 사채를 수회에 분납할 것을 정한 때에는 그 분납금액과 시기
10. 채권을 기명식 또는 무기명식에 한한 때에는 그 뜻
11. 전에 모집한 사채가 있는 때에는 그 상환하지 아니한 금액
12. 구사채를 상환하기 위하여 제470조 제1항의 제한을 초과하여 사채를 모집하는 때에는 그 뜻
13. 사채모집의 위탁을 받은 회사가 있는 때에는 그 상호와 주소
14. 제13호의 위탁을 받은 회사가 그 모집액이 총액에 달하지 못한 경우에 그 잔액을 인수할 것을 약정한 때에는 그 뜻
15. 명의개서대리인을 둔 때에는 그 성명·주소 및 영업소

③ 사채발행의 최저가액을 정한 경우에는 응모자는 사채청약서에 응모가액을 기재하여야 한다.

제475조 (총액인수의 방법) 전조의 규정은 계약에 의하여 사채의 총액을 인수하는 경우에는 이를 적용하지 아니한다. 사채모집의 위탁을 받은 회사가 사채의 일부를 인수하는 경우에는 그 일부에 대하여도 같다.

제476조 (납입) ① 사채의 모집이 완료한 때에는 이사는 지체없이 인수인에 대하여 각사채의 전액 또는 제1회의 납입을 시켜야 한다.

② 사채모집의 위탁을 받은 회사는 그 명의로 위탁회사를 위하여 제474조 제2항과 전항의 행위를 할 수 있다.

제477조 삭제 <1984.4.10>

제478조 (채권의 발행) ① 채권은 사채전액의 납입이 완료한 후가 아니면 이를 발행하지 못한다.

② 채권에는 다음의 사항을 기재하고 대표이사가 기명날인 또는 서명하여야 한다. <개정 1962.12.12, 1995.12.29>

1. 채권의 번호
2. 제474조 제2항 제1호, 제4호, 제5호, 제7호, 제8호, 제10호와 제13호에 게기한 사항

제479조 (기명사채의 이전) ① 기명사채의 이전은 취득자의 성명과 주소를 사채원부에 기재하고 그 성명을 채권에 기재하지 아니하면 회사 기타의 제3자에게 대항하지 못한다.

② 제337조 제2항의 규정은 기명사채의 이전에 대하여 이를 준용한다.<신설 1984.4.10>

제480조 (기명식, 무기명식간의 전환) 사채권자는 언제든지 기명식의 채권을 무기명식으로, 무기명식의 채권을 기명식으로 할 것을 회사에 청구할 수 있다. 그러나 채권을 기명식 또는 무기명식에 한할 것으로 정한 때에는 그러하지 아니하다.

제481조 (수탁회사의 사임) 사채모집의 위탁을 받은 회사는 사채를 발행한 회사와 사채권자집회의 동의를 얻어서 사임할 수 있다. 부득이한 사유가 있는 경우에 법원의 허가를 얻은 때에도 같다.

제482조 (수탁회사의 해임) 사채모집의 위탁을 받은 회사가 그 사무를 처리함에 부적임하거나 기타 정당한 사유가 있을 때에는 법원은 사채를 발행하는 회사 또는 사채권자집회의 청구에 의하여 이를 해임할 수 있다.<개정 1962.12.12>

제483조 (수탁회사의 사무승계자) ① 전2조의 경우에 사채모집의 위탁을 받은 회사가 없게 된 때에는 사채를 발행한 회사와

사채권자집회의 일치로써 그 사무의 승계자를 정할 수 있다.

② 부득이한 사유가 있는 때에는 이해관계인은 사무승계자의 선임을 법원에 청구할 수 있다.

제484조 (수탁회사의 권한) ① 사채모집의 위탁을 받은 회사는 사채권자를 위하여 사채의 상환을 받음에 필요한 재판상 또는 재판외의 모든 행위를 할 권한이 있다.

② 전항의 회사가 사채의 상환을 받은 때에는 지체없이 그 뜻을 공고하고 알고 있는 사채권자에 대하여는 각별로 이를 통지하여야 한다.

③ 전항의 경우에 사채권자는 채권과 상환하여 상환액의 지급을 청구할 수 있다.

제485조 (2이상의 수탁회사가 있는 경우의 권한, 의무) ① 사채모집의 위탁을 받은 회사가 2이상 있을 때에는 그 권한에 속하는 행위는 공동으로 하여야 한다.

② 전항의 경우에 각 회사는 사채권자에 대하여 연대하여 상환액을 지급할 의무가 있다.

제486조 (이권흠결의 경우) ① 이권있는 무기명식의 사채를 상환하는 경우에 이권이 흠결된 때에는 그 이권에 상당한 금액을 상환액으로부터 공제한다.

② 전항의 이권소지인은 언제든지 그 이권과 상환하여 공제액의 지급을 청구할 수 있다.

제487조 (원리청구권의 시효) ① 사채의 상환청구권은 10년간 행사하지 아니하면 소멸시효가 완성한다.

② 제484조 제3항의 청구권도 전항과 같다.

③ 사채의 이자와 전조 제2항의 청구권은 5년간 행사하지 아니하면 소멸시효가 완성한다.

제488조 (사채원부) 회사는 사채원부를 작성하고 다음의 사항을 기재하여야 한다.

1. 사채권자의 성명과 주소
2. 채권의 번호
3. 제474조 제2항 제4호, 제5호, 제7호 내지 제9호와 제13호에 게기한 사항
4. 각 사채의 납입금액과 납입년월일
5. 채권의 발행년월일
6. 각 사채의 취득년월일
7. 무기명식의 채권을 발행한 때에는 그 종류, 수, 번호와 발행년월일

제489조 (준용규정) ① 제353조의 규정은 사채응모자 또는 사채권자에 대한 통지와 최고에 준용한다.

② 제333조의 규정은 사채가 수인의 공유에 속하는 경우에 준용한다.

제 2 관 사채권자집회

제490조 (결의사항) 사채권자집회는 본법에 다른 규정이 있는 경우 외에는 법원의 허가를 얻어 사채권자의 이해에 중대한 관계가 있는 사항에 관하여 결의를 할 수 있다.

제491조 (소집권자) ① 사채권자집회는 사채를 발행한 회사 또는 사채모집의 위탁을 받은 회사가 소집한다.

② 사채총액의 10분의 1에 해당하는 사채권자는 회의의 목적인 사항과 소집의 이유를 기재한 서면을 전항의 회사에 제출하여 사채권자집회의 소집을 청구할 수 있다.

③ 제366조 제2항의 규정은 전항의 경우에 준용한다.

④ 무기명식의 채권을 가진 자는 그 채권을 공탁하지 아니하면 전2항의 권리를 행사하지 못한다.

제492조 (의결권) ① 각사채권자는 사채의 최저액마다 1개의 의결권이 있다.

② 무기명식의 채권을 가진 자는 회일로부

터 1주간 전에 채권을 공탁하지 아니하면 그 의결권을 행사하지 못한다.

제493조 (사채발행회사 또는 수탁회사의 대표자의 출석) ① 사채를 발행한 회사 또는 사채모집의 위탁을 받은 회사는 그 대표자를 사채권자집회에 출석하게 하거나 서면으로 의견을 제출할 수 있다.

② 사채권자집회의 소집은 전항의 회사에 통지하여야 한다.

③ 제363조 제1항과 제2항의 규정은 전항의 통지에 준용한다.

제494조 (사채발행회사의 대표자의 출석청구) 사채권자집회 또는 그 소집자는 필요있다고 인정하는 때에는 사채를 발행한 회사에 대하여 그 대표자의 출석을 청구할 수 있다.

제495조 (결의의 방법) ① 제434조의 규정은 사채권자집회의 결의에 준용한다.

② 제481조 내지 제483조와 전조의 동의 또는 청구는 전항의 규정에 불구하고 출석한 사채권자의 의결권의 과반수로 결정할 수 있다.

제496조 (결의의 인가의 청구) 사채권자집회의 소집자는 결의한 날로부터 1주간내에 결의의 인가를 법원에 청구하여야 한다.

제497조 (결의의 불인가의 사유) ① 법원은 다음의 경우에는 사채권자집회의 결의를 인가하지 못한다.

1. 사채권자집회소집의 절차 또는 그 결의방법이 법령이나 사채모집의 계획서의 기재에 위반한 때
2. 결의가 부당한 방법에 의하여 성립하게 된 때
3. 결의가 현저하게 불공정한 때
4. 결의가 사채권자의 일반의 이익에 반하는 때

② 전항 제1호와 제2호의 경우에는 법원은 결의의 내용 기타 모든 사정을 참작하여 결의를 인가할 수 있다.

제498조 (결의의 효력) ① 사채권자집회의 결의는 법원의 인가를 얻음으로써 그 효력이 생긴다.

② 사채권자집회의 결의는 총사채권자에 대하여 그 효력이 있다.

제499조 (결의의 인가, 불인가의 공고) 사채권자집회의 결의에 대하여 인가 또는 불인가의 결정이 있은 때에는 사채를 발행한 회사는 지체없이 그 뜻을 공고하여야 한다.

제500조 (사채권자집회의 대표자) ① 사채권자집회는 사채총액의 500분의 1 이상을 가진 사채권자중에서 1인 또는 수인의 대표자를 선임하여 그 결의할 사항의 결정을 위임할 수 있다.

② 대표자가 수인인 때에는 전항의 결정은 그 과반수로 한다.

제501조 (결의의 집행) 사채권자집회의 결의는 사채모집의 위탁을 받은 회사, 사채모집의 위탁을 받은 회사가 없는 때에는 전조의 대표자가 집행한다. 그러나 사채권자집회의 결의로써 따로 집행자를 정한 때에는 그러하지 아니하다.

제502조 (수인의 대표자, 집행자가 있는 경우) 제485조 제1항의 규정은 대표자나 집행자가 수인인 경우에 준용한다.

제503조 (사채상환에 관한 결의의 집행) 제484조, 제485조 제2항과 제487조 제2항의 규정은 대표자나 집행자가 사채의 상환에 관한 결의를 집행하는 경우에 준용한다.

제504조 (대표자, 집행자의 해임등) 사채권자집회는 언제든지 대표자나 집행자를 해임하거나 위임한 사항을 변경할 수 있다.

제505조 (기한의 이익의 상실) ① 회사가 사채의 이자의 지급을 해태한 때 또는 정기에 사채의 일부를 상환하여야 할 경우에 그

상환을 해태한 때에는 사채권자집회의 결의에 의하여 회사에 대하여 일정한 기간내에 그 변제를 하여야 한다는 뜻과 그 기간내에 변제를 하지 아니할 때에는 사채의 총액에 관하여 기한의 이익을 잃는다는 뜻을 통지할 수 있다. 그러나 그 기간은 2월을 내리지 못한다.

② 전항의 통지는 서면으로 하여야 한다.

③ 회사가 제1항의 기간내에 변제를 하지 아니하는 때에는 사채의 총액에 관하여 기한의 이익을 잃는다.

제506조 (기한이익상실의 공고, 통지) 전조의 규정에 의하여 회사가 기한의 이익을 잃은 때에는 전조 제1항의 결의를 집행하는 자는 지체없이 그 뜻을 공고하고 알고 있는 사채권자에 대하여는 각별로 이를 통지하여야 한다.

제507조 (수탁회사등의 보수, 비용) ① 사채모집의 위탁을 받은 회사, 대표자 또는 집행자에 대하여 줄 보수와 그 사무처리에 요할 비용은 사채를 집행한 회사와의 계약에 약정이 있는 경우 외에는 법원의 허가를 얻어 회사로 하여금 이를 부담하게 할 수 있다.<개정 1962.12.12>

② 사채모집의 위탁을 받은 회사, 대표자 또는 집행자는 상환을 받은 금액에서 사채권자에 우선하여 전항의 보수와 비용의 변제를 받을 수 있다.

제508조 (사채권자집회의 비용) ① 사채권자집회에 관한 비용은 사채를 발행한 회사가 부담한다.

② 제496조의 청구에 관한 비용은 회사가 부담한다. 그러나 법원은 이해관계인의 신청에 의하여 또는 직권으로 그 전부 또는 일부에 관하여 따로 부담자를 정할 수 있다.

제509조 (수종의 사채있는 경우의 사채권자집회) 수종의 사채를 발행한 경우에는 사채권자집회는 각종의 사채에 관하여 이를 소집하여야 한다.

제510조 (준용규정) ①제363조, 제368조 제3항, 제4항, 제369조 제2항과 제371조 내지 제373조의 규정은 사채권자집회에 준용한다.

② 사채권자집회의 의사록은 사채를 발행한 회사가 그 본점에 비치하여야 한다.

③ 사채모집의 위탁을 받은 회사와 사채권자는 영업시간내에 언제든지 전항의 의사록의 열람을 청구할 수 있다.

제511조 (수탁회사에 의한 취소의 소) ① 회사가 어느 사채권자에 대하여 한 변제, 화해 기타의 행위가 현저하게 불공정한 때에는 사채모집의 위탁을 받은 회사는 소만으로 그 행위의 취소를 청구할 수 있다.

② 전항의 소는 사채모집의 위탁을 받은 회사가 취소의 원인인 사실을 안 때로부터 6월, 행위가 있은 때로부터 1년내에 제기하여야 한다.

③ 제186조와 민법 제406조 제1항 단서 및 제407조의 규정은 제1항의 소에 준용한다.

제512조 (대표자등에 의한 취소의 소) 사채권자집회의 결의가 있는 때에는 대표자 또는 집행자도 전조 제1항의 소를 제기할 수 있다. 그러나 행위가 있은 때로부터 1년내에 한한다.

제 3 관 전환사채

제513조 (전환사채의 발행) ① 회사는 전환사채를 발행할 수 있다.

② 제1항의 경우에 다음의 사항으로서 정관에 규정이 없는 것은 이사회가 이를 결정한다. 그러나 정관으로 주주총회에서 이를 결정하기로 정한 경우에는 그러하지 아니하다.

1. 전환사채의 총액

2. 전환의 조건
3. 전환으로 인하여 발행할 주식의 내용
4. 전환을 청구할 수 있는 기간
5. 주주에게 전환사채의 인수권을 준다는 뜻과 인수권의 목적인 전환사채의 액
6. 주주외의 자에게 전환사채를 발행하는 것과 이에 대하여 발행할 전환사채의 액

③ 주주외의 자에 대하여 전환사채를 발행하는 경우에 그 발행할 수 있는 전환사채의 액, 전환의 조건, 전환으로 인하여 발행할 주식의 내용과 전환을 청구할 수 있는 기간에 관하여 정관에 규정이 없으면 제434조의 결의로써 이를 정하여야 한다. 이 경우 제418조제2항 단서의 규정을 준용한다.<개정 2001.7.24>

④ 제3항의 결의에 있어서 전환사채의 발행에 관한 의안의 요령은 제363조의 규정에 의한 통지와 공고에 기재하여야 한다.

[전문개정 1984.4.10]

제513조의2 (전환사채의 인수권을 가진 주주의 권리) ① 전환사채의 인수권을 가진 주주는 그가 가진 주식의 수에 따라서 전환사채의 배정을 받을 권리가 있다. 그러나 각 전환사채의 금액중 최저액에 미달하는 단수에 대하여는 그러하지 아니하다.

② 제418조 제2항의 규정은 주주가 전환사채의 인수권을 가진 경우에 이를 준용한다.

[본조신설 1984.4.10]

제513조의3 (전환사채의 인수권을 가진 주주에 대한 최고) ① 주주가 전환사채의 인수권을 가진 경우에는 각 주주에 대하여 그 인수권을 가지는 전환사채의 액, 발행가액, 전환의 조건, 전환으로 인하여 발행할 주식의 내용, 전환을 청구할 수 있는 기간과 일정한 기일까지 전환사채의 청약을 하지 아니하면 그 권리를 잃는다는 뜻을 통지하여야 한다.

② 제419조 제2항 내지 제4항의 규정은 제1항의 경우에 이를 준용한다.

[본조신설 1984.4.10]

제514조 (전환사채발행의 절차) ① 전환사채에 관하여는 사채청약서, 채권과 사채원부에 다음의 사항을 기재하여야 한다.<개정 1995.12.29>

1. 사채를 주식으로 전환할 수 있다는 뜻
2. 전환의 조건
3. 전환으로 인하여 발행할 주식의 내용
4. 전환을 청구할 수 있는 기간
5. 주식의 양도에 관하여 이사회의 승인을 얻도록 정한 때에는 그 규정

② 삭제<1984.4.10>

제514조의2 (전환사채의 등기) ① 회사가 전환사채를 발행한 때에는 제476조의 규정에 의한 납입이 완료된 날로부터 2주간내에 본점의 소재지에서 전환사채의 등기를 하여야 한다.<개정 1995.12.29>

② 제1항의 규정에 의하여 등기할 사항은 다음 각호와 같다.

1. 전환사채의 총액
2. 각 전환사채의 금액
3. 각 전환사채의 납입금액
4. 제514조 제1호 내지 제4호에 정한 사항

③ 제183조의 규정은 제2항의 등기에 대하여 이를 준용한다.

④ 외국에서 전환사채를 모집한 경우에 등기할 사항이 외국에서 생긴 때에는 등기기간은 그 통지가 도달한 날로부터 기산한다.

[본조신설 1984.4.10]

제515조 (전환의 청구) ① 전환을 청구하는 자는 청구서 2통에 채권을 첨부하여 회사에 제출하여야 한다.

② 제1항의 청구서에는 전환하고자 하는 사채와 청구의 연월일을 기재하고 기명날인 또는 서명하여야 한다.<개정 1995.12. 29>

제516조 (준용규정) ① 제346조 제2항, 제424조 및 제424조의2의 규정은 전환사채의 발행의 경우에 이를 준용한다.
② 제339조, 제348조, 제350조 및 제351조의 규정은 사채의 전환의 경우에 이를 준용한다.<개정 1995.12.29>
[전문개정 1984.4.10]

제 4 관 신주인수권부사채

제516조의2 (신주인수권부사채의 발행) ① 회사는 신주인수권부사채를 발행할 수 있다.
② 제1항의 경우에 다음의 사항으로서 정관에 규정이 없는 것은 이사회가 이를 결정한다. 그러나 정관으로 주주총회에서 이를 결정하도록 정한 경우에는 그러하지 아니하다.
1. 신주인수권부사채의 총액
2. 각 신주인수권부사채에 부여된 신주인수권의 내용
3. 신주인수권을 행사할 수 있는 기간
4. 신주인수권만을 양도할 수 있는 것에 관한 사항
5. 신주인수권을 행사하려는 자의 청구가 있는 때에는 신주인수권부사채의 상환에 갈음하여 그 발행가액으로 제516조의8 제1항의 납입이 있는 것으로 본다는 뜻
6. 삭제<1995.12.29>
7. 주주에게 신주인수권부사채의 인수권을 준다는 뜻과 인수권의 목적인 신주인수권부사채의 액
8. 주주외의 자에게 신주인수권부사채를 발행하는 것과 이에 대하여 발행할 신주인수권부사채의 액

③ 각 신주인수권부사채에 부여된 신주인수권의 행사로 인하여 발행할 주식의 발행가액의 합계액은 각 신주인수권부사채의 금액을 초과할 수 없다.
④ 주주외의 자에 대하여 신주인수권부사채를 발행하는 경우에 그 발행할 수 있는 신주인수권부사채의 액, 신주인수권의 내용과 신주인수권을 행사할 수 있는 기간에 관하여 정관에 규정이 없으면 제434조의 결의로써 이를 정하여야 한다. 이 경우 제418조제2항 단서의 규정을 준용한다.<개정 2001.7.24>
⑤ 제513조 제4항의 규정은 제4항의 경우에 이를 준용한다.
[본조신설 1984.4.10]

제516조의3 (신주인수권부사채의 인수권을 가진 주주에 대한 최고) ① 주주가 신주인수권부사채의 인수권을 가진 경우에는 각 주주에 대하여 인수권을 가지는 신주인수권부사채의 액, 발행가액, 신주인수권의 내용, 신주인수권을 행사할 수 있는 기간과 일정한 기일까지 신주인수권부사채의 청약을 하지 아니하면 그 권리를 잃는다는 뜻을 통지하여야 한다. 이 경우 제516조의2 제2항 제4호 또는 제5호에 규정한 사항의 정함이 있는 때에는 그 내용도 통지하여야 한다.
② 제419조 제2항 내지 제4항의 규정은 제1항의 경우에 이를 준용한다.
[본조신설 1984.4.10]

제516조의4 (사채청약서 · 채권 · 사채원부의 기재사항) 신주인수권부사채에 있어서는 사채청약서 · 채권 및 사채원부에 다음의 사항을 기재하여야 한다. 그러나 제516조의5 제1항의 신주인수권증권을 발행할 때에는 채권에는 이를 기재하지 아니한다.<개정 1995.12.29>
1. 신주인수권부사채라는 뜻
2. 제516조의2 제2항 제2호 내지 제5호에 정한 사항
3. 제516조의8의 규정에 의하여 납입을 맡

을 은행 기타 금융기관과 납입장소
4. 주식의 양도에 관하여 이사회의 승인을 얻도록 정한 때에는 그 규정

[본조신설 1984.4.10]

제516조의5 (신주인수권증권의 발행) ① 제516조의2 제2항 제4호에 규정한 사항을 정한 경우에는 회사는 채권과 함께 신주인수권증권을 발행하여야 한다.

② 신주인수권증권에는 다음의 사항과 번호를 기재하고 이사가 기명날인 또는 서명하여야 한다.<개정 1995.12.29>

1. 신주인수권증권이라는 뜻의 표시
2. 회사의 상호
3. 제516조의2 제2항 제2호·제3호 및 제5호에 정한 사항
4. 제516조의4 제3호에 정한 사항
5. 주식의 양도에 관하여 이사회의 승인을 얻도록 정한 때에는 그 규정

[본조신설 1984.4.10]

제516조의6 (신주인수권의 양도) ① 신주인수권증권이 발행된 경우에 신주인수권의 양도는 신주인수권증권의 교부에 의하여서만 이를 행한다.

② 제336조 제2항, 제360조 및 수표법 제21조의 규정은 신주인수권증권에 관하여 이를 준용한다.

[본조신설 1984.4.10]

제516조의7 (신주인수권부사채의 등기) ① 회사가 신주인수권부사채를 발행한 때에는 다음의 사항을 등기하여야 한다.

1. 신주인수권부사채라는 뜻
2. 신주인수권의 행사로 인하여 발행할 주식의 발행가액의 총액
3. 각 신주인수권부사채의 금액
4. 각 신주인수권부사채의 납입금액
5. 제516조의2 제2항 제1호 내지 제3호에 정한 사항

② 제514조의2 제1항·제3항 및 제4항의 규정은 제1항의 등기에 관하여 이를 준용한다.

[본조신설 1984.4.10]

제516조의8 (신주인수권의 행사) ① 신주인수권을 행사하려는 자는 청구서 2통을 회사에 제출하고, 신주의 발행가액의 전액을 납입하여야 한다.

② 제1항의 규정에 의하여 청구서를 제출하는 경우에 신주인수권증권이 발행된 때에는 신주인수권증권을 첨부하고, 이를 발행하지 아니한 때에는 채권을 제시하여야 한다.

③ 제1항의 납입은 채권 또는 신주인수권증권에 기재한 은행 기타 금융기관의 납입장소에서 하여야 한다.

④ 제302조 제1항의 규정은 제1항의 청구서에, 제306조 및 제318조의 규정은 제3항의 납입을 맡은 은행 기타 금융기관에 이를 준용한다.

[본조신설 1984.4.10]

제516조의9 (주주가 되는 시기) 제516조의8 제1항의 규정에 의하여 신주인수권을 행사한 자는 동항의 납입을 한 때에 주주가 된다. 이 경우 제350조 제2항 및 제3항의 규정을 준용한다.<개정 1995.12.29>

[본조신설 1984.4.10]

제516조의10 (준용규정) 제351조의 규정은 신주인수권의 행사가 있는 경우에, 제513조의2 및 제516조 제1항의 규정은 신주인수권부사채에 관하여 이를 준용한다. <개정 1995.12.29>

[본조신설 1984.4.10]

제9절 해 산

제517조 (해산사유) 주식회사는 다음의 사유로 인하여 해산한다. <개정 1998.12.28>

1. 제227조 제1호, 제4호 내지 제6호에 정한 사유
1의2. 제530조의2의 규정에 의한 회사의 분할 또는 분할합병
2. 주주총회의 결의

제518조 (해산의 결의) 해산의 결의는 제434조의 규정에 의하여야 한다.

제519조 (회사의 계속) 회사가 존립기간의 만료 기타 정관에 정한 사유의 발생 또는 주주총회의 결의에 의하여 해산한 경우에는 제434조의 규정에 의한 결의로 회사를 계속할 수 있다.

제520조 (해산판결) ① 다음의 경우에 부득이한 사유가 있는 때에는 발행주식의 총수의 100분의 10 이상에 해당하는 주식을 가진 주주는 회사의 해산을 법원에 청구할 수 있다.
1. 회사의 업무가 현저한 정돈상태를 계속하여 회복할 수 없는 손해가 생긴 때 또는 생길 염려가 있는 때
2. 회사재산의 관리 또는 처분의 현저한 실당으로 인하여 회사의 존립을 위태롭게 한 때

② 제186조와 제191조의 규정은 전항의 청구에 준용한다.

제520조의2 (휴면회사의 해산) ① 법원행정처장이 최후의 등기후 5년을 경과한 회사는 본점의 소재지를 관할하는 법원에 아직 영업을 폐지하지 아니하였다는 뜻의 신고를 할 것을 관보로써 공고한 경우에, 그 공고한 날에 이미 최후의 등기 후 5년을 경과한 회사로써 공고한 날로부터 2월 이내에 대통령령이 정하는 바에 의하여 신고를 하지 아니한 때에는 그 회사는 그 신고기간이 만료된 때에 해산한 것으로 본다. 그러나 그 기간내에 등기를 한 회사에 대하여는 그러하지 아니하다.

② 제1항의 공고가 있는 때에는 법원은 해당 회사에 대하여 그 공고가 있었다는 뜻의 통지를 발송하여야 한다.

③ 제1항의 규정에 의하여 해산한 것으로 본 회사는 그 후 3년 이내에는 제434조의 결의에 의하여 회사를 계속할 수 있다.

④ 제1항의 규정에 의하여 해산한 것으로 본 회사가 제3항의 규정에 의하여 회사를 계속하지 아니한 경우에는 그 회사는 그 3년이 경과한 때에 청산이 종결된 것으로 본다.

[본조신설 1984.4.10]

제521조 (해산의 통지, 공고) ① 회사가 해산한 때에는 파산의 경우 외에는 이사는 지체없이 주주에 대하여 그 통지를 하고 무기명식의 주권을 발행한 경우에는 이를 공고하여야 한다.

제521조의2 (준용규정) 제228조와 제229조 제3항의 규정은 주식회사의 해산에 관하여 이를 준용한다.

[본조신설 1998.12.28]

제10절 합 병

제522조 (합병계약서와 그 승인결의) ① 회사가 합병을 함에는 합병계약서를 작성하여 주주총회의 승인을 얻어야 한다. <개정 1995.12.29, 1998 · 12 · 28>

② 합병계약의 요령은 제363조에 정한 통지와 공고에 기재하여야 한다.

③ 제1항의 승인결의는 제434조의 규정에 의하여야 한다.<개정 1998.12.28>

제522조의2 (합병계약서 등의 공시) ① 이사는 제522조 제1항의 주주총회 회일의 2주전부터 합병을 한 날 이후 6월이 경과하는 날까지 다음 각호의 서류를 본점에 비치하여야 한다.<개정 1998.12.28>
1. 합병계약서

2. 합병으로 인하여 소멸하는 회사의 주주에게 발행하는 주식의 배정에 관하여 그 이유를 기재한 서면
3. 각 회사의 최종의 대차대조표와 손익계산서

② 주주 및 회사채권자는 영업시간내에는 언제든지 제1항 각호의 서류의 열람을 청구하거나, 회사가 정한 비용을 지급하고 그 등본 또는 초본의 교부를 청구할 수 있다.<개정 1998.12.28>

[본조신설 1984.4.10]

제522조의3 (합병반대주주의 주식매수청구권) ① 제522조 제1항의 규정에 의한 결의사항에 관하여 이사회의 결의가 있는 때에 그 결의에 반대하는 주주는 주주총회 전에 회사에 대하여 서면으로 그 결의에 반대하는 의사를 통지한 경우에는 그 총회의 결의일부터 20일 이내에 주식의 종류와 수를 기재한 서면으로 회사에 대하여 자기가 소유하고 있는 주식의 매수를 청구할 수 있다.

② 제527조의2 제2항의 공고 또는 통지를 한 날부터 2주내에 회사에 대하여 서면으로 합병에 반대하는 의사를 통지한 주주는 그 기간이 경과한 날부터 20일 이내에 주식의 종류와 수를 기재한 서면으로 회사에 대하여 자기가 소유하고 있는 주식의 매수를 청구할 수 있다.<신설 1998.12.28>

[본조신설 1995.12.29]

제523조 (흡수합병의 합병계약서) 합병할 회사의 일방이 합병 후 존속하는 경우에는 합병계약서에 다음의 사항을 기재하여야 한다.<개정 1998.12.28, 2001.7.24>

1. 존속하는 회사가 합병으로 인하여 그 발행할 주식의 총수를 증가하는 때에는 그 증가할 주식의 총수, 종류와 수
2. 존속하는 회사의 증가할 자본과 준비금의 총액
3. 존속하는 회사가 합병당시에 발행하는 신주의 총수, 종류와 수 및 합병으로 인하여 소멸하는 회사의 주주에 대한 신주의 배정에 관한 사항
4. 존속하는 회사가 합병으로 인하여 소멸하는 회사의 주주에게 지급할 금액을 정한 때에는 그 규정
5. 각 회사에서 합병의 승인결의를 할 사원 또는 주주의 총회의 기일
6. 합병을 할 날
7. 존속하는 회사가 합병으로 인하여 정관을 변경하기로 정한 때에는 그 규정
8. 각 회사가 합병으로 인하여 이익의 배당 또는 제462조의3 제1항의 규정에 의하여 금전으로 이익배당을 할 때에는 그 한도액
9. 합병으로 인하여 존속하는 회사에 취임할 이사와 감사 또는 감사위원회의 위원을 정한 때에는 그 성명 및 주민등록번호

제524조 (신설합병의 합병계약서) 합병으로 인하여 회사를 설립하는 경우에는 합병계약서에 다음의 사항을 기재하여야 한다. <개정 2001.7.24>

1. 설립되는 회사에 대하여 제289조 제1항 제1호 내지 제4호에 게기한 사항과 수종의 주식을 발행할 때에는 그 종류, 수와 본점소재지
2. 설립되는 회사가 합병당시에 발행하는 주식의 총수와 종류, 수 및 각 회사의 주주에 대한 주식의 배정에 관한 사항
3. 설립되는 회사의 자본과 준비금의 총액
4. 각 회사의 주주에게 지급할 금액을 정한 때에는 그 규정
5. 전조 제5호와 제6호에 게기한 사항
6. 합병으로 인하여 설립되는 회사의 이사와 감사 또는 감사위원회의 위원을 정한 때에는 그 성명 및 주민등록번호

제525조 (합명회사, 합자회사의 합병계약서) ① 합병 후 존속하는 회사 또는 합병으로 인하여 설립되는 회사가 주식회사인 경우에 합병할 회사의 일방 또는 쌍방이 합명회사 또는 합자회사인 때에는 총사원의 동의를 얻어 합병계약서를 작성하여야 한다.
② 전2조의 규정은 전항의 합병계약서에 준용한다.
제526조 (흡수합병의 보고총회) ① 합병을 하는 회사의 일방이 합병 후 존속하는 경우에는 그 이사는 제527조의5의 절차의 종료 후, 합병으로 인한 주식의 병합이 있을 때에는 그 효력이 생긴 후, 병합에 적당하지 아니한 주식이 있을 때에는 합병 후, 존속하는 회사에 있어서는 제443조의 처분을 한 후, 소규모합병의 경우에는 제527조의3제3항 및 제4항의 절차를 종료한 후 지체없이 주주총회를 소집하고 합병에 관한 사항을 보고하여야 한다.<개정 1998.12.28>
② 합병당시에 발행하는 신주의 인수인은 제1항의 주주총회에서 주주와 동일한 권리가 있다.<개정 1998.12.28>
③ 제1항의 경우에 이사회는 공고로써 주주총회에 대한 보고에 갈음할 수 있다.<신설 1995.12.29>
제527조 (신설합병의 창립총회) ① 합병으로 인하여 회사를 설립하는 경우에는 설립위원은 제527조의5의 절차의 종료 후, 합병으로 인한 주식의 병합이 있을 때에는 그 효력이 생긴 후, 병합에 적당하지 아니한 주식이 있을 때에는 제443조의 처분을 한 후 지체없이 창립총회를 소집하여야 한다. <개정 1998.12.28>
② 창립총회에서는 정관변경의 결의를 할 수 있다. 그러나 합병계약의 취지에 위반하는 결의는 하지 못한다.
③ 제308조 제2항, 제309조, 제311조, 제312조와 제316조 제2항의 규정은 제1항의 창립총회에 준용한다.
④ 제1항의 경우에 이사회는 공고로써 주주총회에 대한 보고에 갈음할 수 있다.<신설 1998.12.28>
제527조의2 (간이합병) ① 합병할 회사의 일방이 합병 후 존속하는 경우에 합병으로 인하여 소멸하는 회사의 총주주의 동의가 있거나 그 회사의 발행주식 총수의 100분의 90이상을 합병 후 존속하는 회사가 소유하고 있는 때에는 합병으로 인하여 소멸하는 회사의 주주총회의 승인은 이를 이사회의 승인으로 갈음할 수 있다.
② 제1항의 경우에 합병으로 인하여 소멸하는 회사는 합병계약서를 작성한 날부터 2주내에 주주총회의 승인을 얻지 아니하고 합병을 한다는 뜻을 공고하거나 주주에게 통지하여야 한다. 다만, 총주주의 동의가 있는 때에는 그러하지 아니하다.
[본조신설 1998.12.28]
제527조의3 (소규모합병) ① 합병 후 존속하는 회사가 합병으로 인하여 발행하는 신주의 총수가 그 회사의 발행주식 총수의 100분의 5를 초과하지 아니하는 때에는 그 존속하는 회사의 주주총회의 승인은 이를 이사회의 승인으로 갈음할 수 있다. 다만, 합병으로 인하여 소멸하는 회사의 주주에게 지급할 금액을 정한 경우에 그 금액이 존속하는 회사의 최종 대차대조표상으로 현존하는 순자산액의 100분의 2를 초과하는 때에는 그러하지 아니하다.
② 제1항의 경우에 존속하는 회사의 합병계약서에는 주주총회의 승인을 얻지 아니하고 합병을 한다는 뜻을 기재하여야 한다.
③ 제1항의 경우에 존속하는 회사는 합병계약서를 작성한 날부터 2주내에 소멸하는 회사의 상호 및 본점의 소재지, 합병을 할 날,

주주총회의 승인을 얻지 아니하고 합병을 한다는 뜻을 공고하거나 주주에게 통지하여야 한다.
④ 합병 후 존속하는 회사의 발행주식 총수의 100분의 20 이상에 해당하는 주식을 소유한 주주가 제3항의 규정에 의한 공고 또는 통지를 한 날부터 2주내에 회사에 대하여 서면으로 제1항의 합병에 반대하는 의사를 통지한 때에는 제1항 본문의 규정에 의한 합병을 할 수 없다.
⑤ 제1항 본문의 경우에는 제522조의3의 규정은 이를 적용하지 아니한다.
[본조신설 1998.12.28]

제527조의4 (이사·감사의 임기) ① 합병을 하는 회사의 일방이 합병 후 존속하는 경우에 존속하는 회사의 이사 및 감사로서 합병 전에 취임한 자는 합병계약서에 다른 정함이 있는 경우를 제외하고는 합병 후 최초로 도래하는 결산기의 정기총회가 종료하는 때에 퇴임한다.
② 삭제<2001.7.24>
[본조신설 1998.12.28]

제527조의5 (채권자보호절차) ① 회사는 제522조의 주주총회의 승인결의가 있은 날부터 2주내에 채권자에 대하여 합병에 이의가 있으면 1월이상의 기간내에 이를 제출할 것을 공고하고 알고 있는 채권자에 대하여는 따로따로 이를 최고하여야 한다.
② 제1항의 규정을 적용함에 있어서 제527조의2 및 제527조의3의 경우에는 이사회의 승인결의를 주주총회의 승인결의로 본다.
③ 제232조 제2항 및 제3항의 규정은 제1항 및 제2항의 경우에 이를 준용한다.
[본조신설 1998.12.28]

제527조의6 (합병에 관한 서류의 사후공시) ① 이사는 제527조의5에 규정한 절차의 경과, 합병을 한 날, 합병으로 인하여 소멸하는 회사로부터 승계한 재산의 가액과 채무액 기타 합병에 관한 사항을 기재한 서면을 합병을 한 날부터 6월간 본점에 비치하여야 한다.
② 제522조의2 제2항의 규정은 제1항의 서면에 관하여 이를 준용한다.
[본조신설 1998.12.28]

제528조 (합병의 등기) ① 회사가 합병을 한 때에는 제526조의 주주총회가 종결한 날 또는 보고에 갈음하는 공고일, 제527조의 창립총회가 종결한 날 또는 보고에 갈음하는 공고일부터 본점소재지에서는 2주내, 지점소재지에서는 3주내에 합병 후 존속하는 회사에 있어서는 변경의 등기, 합병으로 인하여 소멸하는 회사에 있어서는 해산의 등기, 합병으로 인하여 설립된 회사에 있어서는 제317조에 정하는 등기를 하여야 한다. <개정 1998.12.28>
② 합병 후 존속하는 회사 또는 합병으로 인하여 설립된 회사가 합병으로 인하여 전환사채 또는 신주인수권부사채를 승계한 때에는 제1항의 등기와 동시에 사채의 등기를 하여야 한다.<개정 1984.4.10>

제529조 (합병무효의 소) ① 합병무효는 각 회사의 주주·이사·감사·청산인·파산관재인 또는 합병을 승인하지 아니한 채권자에 한하여 소만으로 이를 주장할 수 있다.<개정 1984.4.10>
② 제1항의 소는 제528조의 등기가 있은 날로부터 6월내에 제기하여야 한다.<개정 1984.4.10>

제530조 (준용규정) ① 삭제 <1998.12.28>
② 제234조, 제235조, 제237조 내지 제240조, 제329조의2, 제374조 제2항, 제374조의2 제2항 내지 제5항 및 제439조 제3항의 규정은 주식회사의 합병에 관하여 이를 준용한다.<개정 1995.12.29, 1998.12.28, 2001.7.

24>

③ 제440조 내지 제444조의 규정은 회사의 합병으로 인한 주식병합 또는 주식분할의 경우에 준용한다.<개정 1998.12.28>

④ 제339조와 제340조 제3항의 규정은 주식을 병합하지 아니하는 경우에 합병으로 인하여 소멸하는 회사의 주식을 목적으로 하는 질권에 준용한다.

제11절 회사의 분할

제530조의2 (회사의 분할 · 분할합병) ① 회사는 분할에 의하여 1개 또는 수개의 회사를 설립할 수 있다.

② 회사는 분할에 의하여 1개 또는 수개의 존립중의 회사와 합병(이하 "분할합병"이라 한다)할 수 있다.

③ 회사는 분할에 의하여 1개 또는 수개의 회사를 설립함과 동시에 분할합병할 수 있다.

④ 해산 후의 회사는 존립중의 회사를 존속하는 회사로 하거나 새로 회사를 설립하는 경우에 한하여 분할 또는 분할합병할 수 있다.

[본조신설 1998.12.28]

제530조의3 (분할계획서 · 분할합병계약서의 승인) ① 회사가 분할 또는 분할합병을 하는 때에는 분할계획서 또는 분할합병계약서를 작성하여 주주총회의 승인을 얻어야 한다.

② 제1항의 승인결의는 제434조의 규정에 의하여야 한다.

③ 제2항의 결의에 관하여는 제370조 제1항의 주주도 의결권이 있다.

④ 분할계획 또는 분할합병계약의 요령은 제363조에 정한 통지와 공고에 기재하여야 한다.

⑤ 회사가 수종의 주식을 발행한 경우에 분할 또는 분할합병으로 인하여 어느 종류의 주주에게 손해를 미치게 되는 때에는 제435조의 규정에 의하여 그 종류의 주주의 총회의 결의가 있어야 한다.

⑥ 회사의 분할 또는 분할합병으로 인하여 분할 또는 분할합병에 관련되는 각 회사의 주주의 부담이 가중되는 경우에는 제2항 및 제5항의 결의 외에 그 주주 전원의 동의가 있어야 한다.

[본조신설 1998.12.28]

제530조의4 (분할에 의한 회사의 설립) ① 이 장 제1절의 회사설립에 관한 규정은 제530조의2의 규정에 의한 회사의 설립에 관하여 이를 준용한다.

② 제1항의 규정에 불구하고 분할에 의하여 설립되는 회사는 분할되는 회사의 출자만으로도 설립할 수 있다. 이 경우 분할되는 회사의 주주에게 그 주주가 가지는 그 회사의 주식의 비율에 따라서 설립되는 회사의 주식이 발행되는 때에는 제299조의 규정을 적용하지 아니한다.

[본조신설 1998.12.28]

제530조의5 (분할계획서의 기재사항) ① 분할에 의하여 회사를 설립하는 경우에는 분할계획서에 다음 각호의 사항을 기재하여야 한다.

1. 설립되는 회사의 상호, 목적, 본점의 소재지 및 공고의 방법
2. 설립되는 회사가 발행할 주식의 총수 및 1주의 금액
3. 설립되는 회사가 분할 당시에 발행하는 주식의 총수, 종류 및 종류별 주식의 수
4. 분할되는 회사의 주주에 대한 설립되는 회사의 주식의 배정에 관한 사항 및 배정에 따른 주식의 병합 또는 분할을 하는 경우에는 그에 관한 사항
5. 분할되는 회사의 주주에게 지급할 금액

을 정한 때에는 그 규정
6. 설립되는 회사의 자본과 준비금에 관한 사항
7. 설립되는 회사에 이전될 재산과 그 가액
8. 제530조의9 제2항의 정함이 있는 경우에는 그 내용
9. 설립되는 회사의 이사와 감사를 정한 경우에는 그 성명과 주민등록번호
10. 설립되는 회사의 정관에 기재할 그 밖의 사항

② 분할 후 회사가 존속하는 경우에는 존속하는 회사에 관하여 분할계획서에 다음 각호의 사항을 기재하여야 한다.
1. 감소할 자본과 준비금의 액
2. 자본감소의 방법
3. 분할로 인하여 이전할 재산과 그 가액
4. 분할후의 발행주식의 총수
5. 회사가 발행할 주식의 총수를 감소하는 경우에는 그 감소할 주식의 총수, 종류 및 종류별 주식의 수
6. 정관변경을 가져오게 하는 그 밖의 사항

[본조신설 1998.12.28]

제530조의6 (분할합병계약서의 기재사항) ① 분할되는 회사의 일부가 다른 회사와 합병하여 그 다른 회사(이하 "분할합병의 상대방 회사"라 한다)가 존속하는 경우에는 분할합병계약서에 다음 각호의 사항을 기재하여야 한다.
1. 분할합병의 상대방 회사가 분할합병으로 인하여 발행할 주식의 총수를 증가하는 경우에는 증가할 주식의 총수, 종류 및 종류별 주식의 수
2. 분할합병의 상대방 회사가 분할합병을 함에 있어서 발행하는 신주의 총수, 종류 및 종류별 주식의 수
3. 분할되는 회사의 주주에 대한 분할합병의 상대방 회사의 주식의 배정에 관한 사항 및 배정에 따른 주식의 병합 또는 분할을 하는 경우에는 그에 관한 사항
4. 분할되는 회사의 주주에 대하여 분할합병의 상대방 회사가 지급할 금액을 정한 때에는 그 규정
5. 분할합병의 상대방 회사의 증가할 자본의 총액과 준비금에 관한 사항
6. 분할되는 회사가 분할합병의 상대방 회사에 이전할 재산과 그 가액
7. 제530조의9 제3항의 정함이 있는 경우에는 그 내용
8. 각 회사에서 제530조의3 제2항의 결의를 할 주주총회의 기일
9. 분할합병을 할 날
10. 분할합병의 상대방 회사의 이사와 감사를 정한 때에는 그 성명과 주민등록번호
11. 분할합병의 상대방 회사의 정관변경을 가져오게 하는 그 밖의 사항

② 분할되는 회사의 일부가 다른 회사 또는 다른 회사의 일부와 분할합병을 하여 회사를 설립하는 경우에는 분할합병계약서에 다음 각호의 사항을 기재하여야 한다.
1. 제530조의5 제1항 제1호 · 제2호 · 제6호 내지 제10호에 규정된 사항
2. 설립되는 회사가 분할합병을 함에 있어서 발행하는 주식의 총수, 종류 및 종류별 주식의 수
3. 각 회사의 주주에 대한 주식의 배정에 관한 사항과 배정에 따른 주식의 병합 또는 분할을 하는 경우에는 그 규정
4. 각 회사가 설립되는 회사에 이전할 재산과 그 가액
5. 각 회사의 주주에게 지급할 금액을 정한 때에는 그 규정
6. 각 회사에서 제530조의3 제2항의 결의를 할 주주총회의 기일
7. 분할합병을 할 날

③ 제530조의5의 규정은 제1항 및 제2항의 경우에 각 회사의 분할합병을 하지 아니하는 부분의 기재에 관하여 이를 준용한다.
[본조신설 1998.12.28]

제530조의7 (분할대차대조표 등의 공시) ① 분할되는 회사의 이사는 제530조의3 제1항의 규정에 의한 주주총회의 회일의 2주전부터 분할의 등기를 한 날 또는 분할합병을 한 날 이후 6월간 다음 각호의 서류를 본점에 비치하여야 한다.

1. 분할계획서 또는 분할합병계약서
2. 분할되는 부분의 대차대조표
3. 분할합병의 경우 분할합병의 상대방 회사의 대차대조표
4. 분할되는 회사의 주주에게 발행할 주식의 배정에 관하여 그 이유를 기재한 서면

② 제530조의6 제1항의 분할합병의 상대방 회사의 이사는 분할합병을 승인하는 주주총회의 회일의 2주 전부터 분할합병의 등기를 한 후 6월간 다음 각호의 서류를 본점에 비치하여야 한다.

1. 분할합병계약서
2. 분할되는 회사의 분할되는 부분의 대차대조표
3. 분할되는 회사의 주주에게 발행할 주식의 배정에 관하여 그 이유를 기재한 서면

③ 제522조의2 제2항의 규정은 제1항 및 제2항의 서류에 관하여 이를 준용한다.
[본조신설 1998.12.28]

제530조의8 (분할 및 분할합병에 관한 계산) 분할 또는 분할합병으로 인하여 설립되는 회사 또는 분할합병의 상대방 회사가 영업권을 취득한 경우에는 그 취득가액을 대차대조표의 자산의 부에 계상할 수 있다. 이 경우에는 설립등기 또는 분할합병의 등기를 한 후 5년내의 매 결산기에 균등액 이상을 상각하여야 한다.
[본조신설 1998.12.28]

제530조의9 (분할 및 분할합병후의 회사의 책임) ① 분할 또는 분할합병으로 인하여 설립되는 회사 또는 존속하는 회사는 분할 또는 분할합병전의 회사채무에 관하여 연대하여 변제할 책임이 있다.

② 제1항의 규정에 불구하고 분할되는 회사가 제530조의3 제2항의 규정에 의한 결의로 분할에 의하여 회사를 설립하는 경우에는 설립되는 회사가 분할되는 회사의 채무중에서 출자한 재산에 관한 채무만을 부담할 것을 정할 수 있다. 이 경우 분할되는 회사가 분할 후에 존속하는 때에는 분할로 인하여 설립되는 회사가 부담하지 아니하는 채무만을 부담한다.

③ 분할합병의 경우에 분할되는 회사는 제530조의3 제2항의 규정에 의한 결의로 분할합병에 따른 출자를 받는 존립중의 회사가 분할되는 회사의 채무중에서 출자한 재산에 관한 채무만을 부담할 것을 정할 수 있다. 이 경우에는 제2항 후단의 규정을 준용한다.

④ 제439조 제3항 및 제527조의5의 규정은 제2항의 경우에 이를 준용한다.
[본조신설 1998.12.28]

제530조의10 (분할 또는 분할합병의 효과) 분할 또는 분할합병으로 인하여 설립되는 회사 또는 존속하는 회사는 분할하는 회사의 권리와 의무를 분할계획서 또는 분할합병계약서가 정하는 바에 따라서 승계한다.
[본조신설 1998.12.28]

제530조의11 (준용규정) ① 제234조, 제237조 내지 제240조, 제329조의2, 제440조 내지 제444조, 제526조, 제527조, 제528조 및 제529조의 규정은 분할 또는 분할합병의 경우에 이를 준용한다. 다만, 제527조의 설립위원은 대표이사로 한다.

② 제374조 제2항, 제439조 제3항, 제522조의3, 제527조의2, 제527조의3 및 제527조의5의 규정은 분할합병의 경우에 이를 준용한다.<개정 1999.12.31>
[본조신설 1998.12.28]

제530조의12 (물적 분할) 이 절의 규정은 분할되는 회사가 분할 또는 분할합병으로 인하여 설립되는 회사의 주식의 총수를 취득하는 경우에 이를 준용한다.
[본조신설 1998.12.28]

제12절 청　산

제531조 (청산인의 결정) ① 회사가 해산한 때에는 합병·분할·분할합병 또는 파산의 경우 외에는 이사가 청산인이 된다. 다만, 정관에 다른 정함이 있거나 주주총회에서 타인을 선임한 때에는 그러하지 아니하다.<개정 1998.12.28>
② 전항의 규정에 의한 청산인이 없는 때에는 법원은 이해관계인의 청구에 의하여 청산인을 선임한다.

제532조 (청산인의 신고) 청산인은 취임한 날로부터 2주간내에 다음의 사항을 법원에 신고하여야 한다.<개정 1995.12.29>
1. 해산의 사유와 그 연월일
2. 청산인의 성명·주민등록번호 및 주소

제533조 (회사재산조사보고의무) ① 청산인은 취임한 후 지체없이 회사의 재산상태를 조사하여 재산목록과 대차대조표를 작성하고 이를 주주총회에 제출하여 그 승인을 얻어야 한다.
② 청산인은 전항의 승인을 얻은 후 지체없이 재산목록과 대차대조표를 법원에 제출하여야 한다.

제534조 (대차대조표·사무보고서·부속명세서의 제출·감사·공시·승인) ① 청산인은 정기총회회일로부터 4주간전에 대차대조표 및 그 부속명세서와 사무보고서를 작성하여 감사에게 제출하여야 한다.
② 감사는 정기총회회일로부터 1주간 전에 제1항의 서류에 관한 감사보고서를 청산인에게 제출하여야 한다.
③ 청산인은 정기총회회일의 1주간 전부터 제1항의 서류와 제2항의 감사보고서를 본점에 비치하여야 한다.
④ 제448조 제2항의 규정은 제3항의 서류에 관하여 이를 준용한다.
⑤ 청산인은 대차대조표 및 사무보고서를 정기총회에 제출하여 그 승인을 요구하여야 한다.
[전문개정 1984.4.10]

제535조 (회사채권자에의 최고) ① 청산인은 취임한 날로부터 2월내에 회사채권자에 대하여 일정한 기간내에 그 채권을 신고할 것과 그 기간내에 신고하지 아니하면 청산에서 제외될 뜻을 2회이상 공고로써 최고하여야 한다. 그러나 그 기간은 2월이상이어야 한다.
② 청산인은 알고 있는 채권자에 대하여는 각별로 그 채권의 신고를 최고하여야 하며 그 채권자가 신고하지 아니한 경우에도 이를 청산에서 제외하지 못한다.

제536조 (채권신고기간내의 변제) ① 청산인은 전조 제1항의 신고기간내에는 채권자에 대하여 변제를 하지 못한다. 그러나 회사는 그 변제의 지연으로 인한 손해배상의 책임을 면하지 못한다.
② 청산인은 전항의 규정에 불구하고 소액의 채권, 담보있는 채권 기타 변제로 인하여 다른 채권자를 해할 염려가 없는 채권에 대하여는 법원의 허가를 얻어 이를 변제할 수 있다.

제537조 (제외된 채권자에 대한 변제) ① 청산에서 제외된 채권자는 분배되지 아니

한 잔여재산에 대하여서만 변제를 청구할 수 있다.

② 일부의 주주에 대하여 재산의 분배를 한 경우에는 그와 동일한 비율로 다른 주주에게 분배할 재산은 전항의 잔여재산에서 공제한다.

第538조 (잔여재산의 분배) 잔여재산은 각 주주가 가진 주식의 수에 따라 주주에게 분배하여야 한다. 그러나 제344조 제1항의 규정을 적용하는 경우에는 그러하지 아니하다.

第539조 (청산인의 해임) ① 청산인은 법원이 선임한 경우 외에는 언제든지 주주총회의 결의로 이를 해임할 수 있다.

② 청산인이 그 업무를 집행함에 현저하게 부적임하거나 중대한 임무에 위반한 행위가 있는 때에는 발행주식의 총수의 100분의 3이상에 해당하는 주식을 가진 주주는 법원에 그 청산인의 해임을 청구할 수 있다.<개정 1998.12.28>

③ 제186조의 규정은 제2항의 청구에 관한 소에 준용한다.<개정 1998.12.28>

第540조 (청산의 종결) ① 청산사무가 종결한 때에는 청산인은 지체없이 결산보고서를 작성하고 이를 주주총회에 제출하여 승인을 얻어야 한다.

② 전항의 승인이 있는 때에는 회사는 청산인에 대하여 그 책임을 해제한 것으로 본다. 그러나 청산인의 부정행위에 대하여는 그러하지 아니하다.

第541조 (서류의 보존) ① 회사의 장부 기타 영업과 청산에 관한 중요한 서류는 본점소재지에서 청산종결의 등기를 한 후 10년간 이를 보존하여야 한다. 다만, 전표 또는 이와 유사한 서류는 5년간 이를 보존하여야 한다.<개정 1995.12.29>

② 전항의 보존에 관하여는 청산인 기타의 이해관계인의 청구에 의하여 법원이 보존인과 보존방법을 정한다.

第542조 (준용규정) ① 제245조, 제252조 내지 제255조, 제259조, 제260조와 제264조의 규정은 주식회사에 준용한다.

② 제362조, 제363조의2, 제366조, 제367조, 제373조, 제376조, 제377조, 제382조 제2항, 제386조, 제388조 내지 제394조, 제396조, 제398조 내지 제408조, 제411조 내지 제413조, 제414조 제3항, 제449조 제3항, 제450조와 제466조의 규정은 청산인에 준용한다. <개정 1962.12.12, 1984.4.10, 1998.12.28>

第13절 상장회사에 대한 특례

<신설 2009.1.30>

第542조의2 (적용범위) ① 이 절은 대통령령으로 정하는 증권시장(증권의 매매를 위하여 개설된 시장을 말한다)에 상장된 주권을 발행한 주식회사(이하 "상장회사"라 한다)에 대하여 적용한다. 다만, 집합투자(2인 이상에게 투자권유를 하여 모은 금전이나 그 밖의 재산적 가치가 있는 재산을 취득·처분, 그 밖의 방법으로 운용하고 그 결과를 투자자에게 배분하여 귀속시키는 것을 말한다)를 수행하기 위한 기구로서 대통령령으로 정하는 주식회사는 제외한다.

② 이 절은 이 장 다른 절에 우선하여 적용한다.

[본조신설 2009.1.30]

第542조의3 (주식매수선택권) ① 상장회사는 제340조의2 제1항 본문에 규정된 자 외에도 대통령령으로 정하는 관계 회사의 이사, 감사 또는 피용자에게 주식매수선택권을 부여할 수 있다. 다만, 제542조의8 제2항 제5호의 최대주주 등 대통령령으로 정하는 자에게는 주식매수선택권을 부여할 수 없다.

② 상장회사는 제340조의2 제3항에도 불구하고 발행주식 총수의 100분의 20의 범위에서 대통령령으로 정하는 한도까지 주식매수선택권을 부여할 수 있다.
③ 상장회사는 제340조의2 제1항 본문에도 불구하고 정관으로 정하는 바에 따라 발행주식 총수의 100분의 10의 범위에서 대통령령으로 정하는 한도까지 이사회가 제340조의3 제2항 각 호의 사항을 결의함으로써 해당 회사의 감사 또는 피용자 및 제1항에 따른 관계 회사의 이사·감사 또는 피용자에게 주식매수선택권을 부여할 수 있다. 이 경우 주식매수선택권을 부여한 후 처음으로 소집되는 주주총회의 승인을 받아야 한다.
④ 상장회사의 주식매수선택권을 부여받은 자는 제340조의4 제1항에도 불구하고 대통령령으로 정하는 경우를 제외하고는 주식매수선택권을 부여하기로 한 주주총회 또는 이사회의 결의일로부터 2년 이상 재임하거나 재직하여야 주식매수선택권을 행사할 수 있다.
⑤ 제1항부터 제4항까지에서 규정한 사항 외에 상장회사의 주식매수선택권 부여, 취소, 그 밖에 필요한 사항은 대통령령으로 정한다.
[본조신설 2009.1.30]

제542조의4 (주주총회 소집공고 등) ① 상장회사가 주주총회를 소집하는 경우 대통령령으로 정하는 수 이하의 주식을 소유하는 주주에게는 정관으로 정하는 바에 따라 주주총회일의 2주 전에 주주총회를 소집하는 뜻과 회의의 목적사항을 둘 이상의 일간신문에 각각 2회 이상 공고하거나 대통령령으로 정하는 바에 따라 전자적 방법으로 공고함으로써 제363조 제1항의 소집통지를 갈음할 수 있다.
② 상장회사가 이사·감사의 선임에 관한 사항을 목적으로 하는 주주총회를 소집통지 또는 공고하는 경우에는 이사·감사 후보자의 성명, 약력, 추천인, 그 밖에 대통령령으로 정하는 후보자에 관한 사항을 통지하거나 공고하여야 한다.
③ 상장회사가 주주총회 소집의 통지 또는 공고를 하는 경우에는 사외이사 등의 활동내역과 보수에 관한 사항, 사업개요 등 대통령령으로 정하는 사항을 통지 또는 공고하여야 한다. 다만, 상장회사가 그 사항을 대통령령으로 정하는 방법으로 일반인이 열람할 수 있도록 하는 경우에는 그러하지 아니하다.
[본조신설 2009.1.30]

제542조의5 (이사·감사의 선임방법) 상장회사가 주주총회에서 이사 또는 감사를 선임하려는 경우에는 제542조의4 제2항에 따라 통지하거나 공고한 후보자 중에서 선임하여야 한다.
[본조신설 2009.1.30]

제542조의6 (소수주주권) ① 6개월 전부터 계속하여 상장회사 발행주식 총수의 1천분의 15 이상에 해당하는 주식을 보유한 자는 제366조(제542조에서 준용하는 경우를 포함한다) 및 제467조에 따른 주주의 권리를 행사할 수 있다.
② 6개월 전부터 계속하여 상장회사의 의결권 없는 주식을 제외한 발행주식 총수의 1천분의 10(대통령령으로 정하는 상장회사의 경우에는 1천분의 5) 이상에 해당하는 주식을 보유한 자는 제363조의2(제542조에서 준용하는 경우를 포함한다)에 따른 주주의 권리를 행사할 수 있다.
③ 6개월 전부터 계속하여 상장회사 발행주식 총수의 1만분의 50(대통령령으로 정하는 상장회사의 경우에는 1만분의 25) 이상에 해당하는 주식을 보유한 자는 제385조

(제415조에서 준용하는 경우를 포함한다) 및 제539조에 따른 주주의 권리를 행사할 수 있다.

④ 6개월 전부터 계속하여 상장회사 발행주식 총수의 1만분의 10(대통령령으로 정하는 상장회사의 경우에는 1만분의 5) 이상에 해당하는 주식을 보유한 자는 제466조(제542조에서 준용하는 경우를 포함한다)에 따른 주주의 권리를 행사할 수 있다.

⑤ 6개월 전부터 계속하여 상장회사 발행주식 총수의 10만분의 50(대통령령으로 정하는 상장회사의 경우에는 10만분의 25) 이상에 해당하는 주식을 보유한 자는 제402조(제542조에서 준용하는 경우를 포함한다)에 따른 주주의 권리를 행사할 수 있다.

⑥ 6개월 전부터 계속하여 상장회사 발행주식 총수의 1만분의 1 이상에 해당하는 주식을 보유한 자는 제403조(제324조, 제415조, 제424조의2, 제467조의2 및 제542조에서 준용하는 경우를 포함한다)에 따른 주주의 권리를 행사할 수 있다.

⑦ 상장회사는 정관에서 제1항부터 제6항까지 규정된 것보다 단기의 주식 보유기간을 정하거나 낮은 주식 보유비율을 정할 수 있다.

⑧ 제1항부터 제6항까지 및 제542조의7제2항에서 "주식을 보유한 자"란 주식을 소유한 자, 주주권 행사에 관한 위임을 받은 자, 2명 이상 주주의 주주권을 공동으로 행사하는 자를 말한다.

[본조신설 2009.1.30]

제542조의7 (집중투표에 관한 특례) ① 상장회사에 대하여 제382조의2에 따라 집중투표의 방법으로 이사를 선임할 것을 청구하는 경우 주주총회일(정기주주총회의 경우에는 직전 연도의 정기주주총회일에 해당하는 그 해의 해당일. 이하 제542조의8 제5항에서 같다)의 6주 전까지 서면 또는 전자문서로 회사에 청구하여야 한다.

② 자산 규모 등을 고려하여 대통령령으로 정하는 상장회사의 의결권 없는 주식을 제외한 발행주식 총수의 100분의 1 이상에 해당하는 주식을 보유한 자는 제382조의2에 따라 집중투표의 방법으로 이사를 선임할 것을 청구할 수 있다.

③ 제2항의 상장회사가 정관으로 집중투표를 배제하거나 그 배제된 정관을 변경하려는 경우에는 의결권 없는 주식을 제외한 발행주식 총수의 100분의 3을 초과하는 수의 주식을 가진 주주는 그 초과하는 주식에 관하여 의결권을 행사하지 못한다. 다만, 정관에서 이보다 낮은 주식 보유비율을 정할 수 있다.

④ 제2항의 상장회사가 주주총회의 목적사항으로 제3항에 따른 집중투표 배제에 관한 정관 변경에 관한 의안을 상정하려는 경우에는 그 밖의 사항의 정관 변경에 관한 의안과 별도로 상정하여 의결하여야 한다.

[본조신설 2009.1.30]

제542조의8 (사외이사의 선임) ① 상장회사는 자산 규모 등을 고려하여 대통령령으로 정하는 경우를 제외하고는 이사 총수의 4분의 1 이상을 사외이사로 하여야 한다. 다만, 자산 규모 등을 고려하여 대통령령으로 정하는 상장회사의 사외이사는 3명 이상으로 하되, 이사 총수의 과반수가 되도록 하여야 한다.

② 상장회사의 사외이사는 제382조 제3항 각 호 뿐만 아니라 다음 각 호의 어느 하나에 해당되지 아니하여야 하며, 이에 해당하게 된 경우에는 그 직을 상실한다.

1. 미성년자, 금치산자 또는 한정치산자
2. 파산선고를 받고 복권되지 아니한 자
3. 금고 이상의 형을 선고받고 그 집행이 끝

나거나 집행이 면제된 후 2년이 지나지 아니한 자
4. 대통령령으로 별도로 정하는 법률을 위반하여 해임되거나 면직된 후 2년이 지나지 아니한 자
5. 상장회사의 주주로서 의결권 없는 주식을 제외한 발행주식 총수를 기준으로 본인 및 그와 대통령령으로 정하는 특수한 관계에 있는 자(이하 "특수관계인"이라 한다)가 소유하는 주식의 수가 가장 많은 경우 그 본인(이하 "최대주주"라 한다) 및 그의 특수관계인
6. 누구의 명의로 하든지 자기의 계산으로 의결권 없는 주식을 제외한 발행주식 총수의 100분의 10 이상의 주식을 소유하거나 이사·감사의 선임과 해임 등 상장회사의 주요 경영사항에 대하여 사실상의 영향력을 행사하는 주주(이하 "주요주주"라 한다) 및 그의 배우자와 직계 존속·비속
7. 그 밖에 사외이사로서의 직무를 충실하게 수행하기 곤란하거나 상장회사의 경영에 영향을 미칠 수 있는 자로서 대통령령으로 정하는 자

③ 제1항의 상장회사는 사외이사의 사임·사망 등의 사유로 인하여 사외이사의 수가 제1항의 이사회의 구성요건에 미달하게 되면 그 사유가 발생한 후 처음으로 소집되는 주주총회에서 제1항의 요건에 합치되도록 사외이사를 선임하여야 한다.

④ 제1항 단서의 상장회사는 사외이사 후보를 추천하기 위하여 제393조의2의 위원회(이하 이 조에서 "사외이사 후보추천위원회"라 한다)를 설치하여야 한다. 이 경우 사외이사 후보추천위원회는 사외이사가 총위원의 2분의 1 이상이 되도록 구성하여야 한다.

⑤ 제1항 단서의 상장회사가 주주총회에서 사외이사를 선임하려는 경우에는 사외이사 후보추천위원회의 추천을 받은 자 중에서 선임하여야 한다. 이 경우 사외이사 후보추천위원회가 사외이사 후보를 추천할 때에는 제542조의6 제2항에 따른 주주제안권을 행사할 수 있는 요건을 갖춘 주주가 주주총회일의 6주 전에 추천한 사외이사 후보를 포함시켜야 한다.

[본조신설 2009.1.30]

제542조의9 (주요주주 등 이해관계자와의 거래) ① 상장회사는 다음 각 호의 어느 하나에 해당하는 자를 상대방으로 하거나 그를 위하여 신용공여(금전 등 경제적 가치가 있는 재산의 대여, 채무이행의 보증, 자금 지원적 성격의 증권 매입, 그 밖에 거래상의 신용위험이 따르는 직접적·간접적 거래로서 대통령령으로 정하는 거래를 말한다. 이하 이 조에서 같다)를 하여서는 아니 된다.
1. 주요주주 및 그의 특수관계인
2. 이사(제401조의2 제1항 각 호의 어느 하나에 해당하는 자를 포함한다. 이하 이 조에서 같다)
3. 감사

② 제1항에도 불구하고 다음 각 호의 어느 하나에 해당하는 경우에는 신용공여를 할 수 있다.
1. 복리후생을 위한 이사 또는 감사에 대한 금전대여 등으로서 대통령령으로 정하는 신용공여
2. 다른 법령에서 허용하는 신용공여
3. 그 밖에 상장회사의 경영건전성을 해칠 우려가 없는 금전대여 등으로서 대통령령으로 정하는 신용공여

③ 자산 규모 등을 고려하여 대통령령으로 정하는 상장회사는 최대주주, 그의 특수관계인 및 그 상장회사의 특수관계인으로서

대통령령으로 정하는 자를 상대방으로 하거나 그를 위하여 다음 각 호의 어느 하나에 해당하는 거래(제1항에 따라 금지되는 거래는 제외한다)를 하려는 경우에는 이사회의 승인을 받아야 한다.

1. 단일 거래규모가 대통령령으로 정하는 규모 이상인 거래
2. 해당 사업연도 중에 특정인과의 해당 거래를 포함한 거래총액이 대통령령으로 정하는 규모 이상이 되는 경우의 해당 거래

④ 제3항의 경우 상장회사는 이사회의 승인 결의 후 처음으로 소집되는 정기주주총회에 해당 거래의 목적, 상대방, 그 밖에 대통령령으로 정하는 사항을 보고하여야 한다.

⑤ 제3항에도 불구하고 상장회사가 경영하는 업종에 따른 일상적인 거래로서 다음 각 호의 어느 하나에 해당하는 거래는 이사회의 승인을 받지 아니하고 할 수 있으며, 제2호에 해당하는 거래에 대하여는 그 거래내용을 주주총회에 보고하지 아니할 수 있다.

1. 약관에 따라 정형화된 거래로서 대통령령으로 정하는 거래
2. 이사회에서 승인한 거래총액의 범위 안에서 이행하는 거래

[본조신설 2009.1.30]

제542조의10 (상근감사) ① 대통령령으로 정하는 상장회사는 주주총회 결의에 의하여 회사에 상근하면서 감사업무를 수행하는 감사(이하 "상근감사"라고 한다)를 1명 이상 두어야 한다. 다만, 이 법 및 다른 법률에 따라 감사위원회를 설치한 경우(감사위원회 설치 의무가 없는 상장회사가 이 절의 요건을 갖춘 감사위원회를 설치한 경우를 포함한다)에는 그러하지 아니하다.

② 다음 각 호의 어느 하나에 해당하는 자는 제1항 본문의 상장회사의 상근감사가 되지 못하며, 이에 해당하게 되는 경우에는 그 직을 상실한다.

1. 제542조의8 제2항 제1호부터 제4호까지 및 제6호에 해당하는 자
2. 회사의 상무(常務)에 종사하는 이사 및 피용자 또는 최근 2년 이내에 회사의 상무에 종사한 이사 및 피용자. 다만, 이 절에 따른 감사위원회위원으로 재임 중이거나 재임하였던 이사는 제외한다.
3. 제1호 및 제2호 외에 회사의 경영에 영향을 미칠 수 있는 자로서 대통령령으로 정하는 자

[본조신설 2009.1.30]

제542조의11 (감사위원회) ① 자산 규모 등을 고려하여 대통령령으로 정하는 상장회사는 감사위원회를 설치하여야 한다.

② 제1항의 상장회사의 감사위원회는 제415조의2 제2항의 요건 및 다음 각 호의 요건을 모두 갖추어야 한다.

1. 위원 중 1명 이상은 대통령령으로 정하는 회계 또는 재무 전문가일 것
2. 감사위원회의 대표는 사외이사일 것

③ 제542조의10 제2항 각 호의 어느 하나에 해당하는 자는 제1항의 상장회사의 사외이사가 아닌 감사위원회위원이 될 수 없고, 이에 해당하게 된 경우에는 그 직을 상실한다.

④ 상장회사는 감사위원회위원인 사외이사의 사임·사망 등의 사유로 인하여 사외이사의 수가 다음 각 호의 감사위원회의 구성요건에 미달하게 되면 그 사유가 발생한 후 처음으로 소집되는 주주총회에서 그 요건에 합치되도록 하여야 한다.

1. 제1항에 따라 감사위원회를 설치한 상장회사는 제2항 각 호 및 제415조의2 제2항의 요건
2. 제415조의2 제1항에 따라 감사위원회를 설치한 상장회사는 제415조의2 제2항의

요건
[본조신설 2009.1.30]

제542조의12 (감사위원회의 구성 등) ① 제542조의11 제1항의 상장회사의 경우 제393조의2에도 불구하고 감사위원회위원을 선임하거나 해임하는 권한은 주주총회에 있다.

② 제542조의11 제1항의 상장회사는 주주총회에서 이사를 선임한 후 선임된 이사 중에서 감사위원회위원을 선임하여야 한다.

③ 최대주주, 최대주주의 특수관계인, 그 밖에 대통령령으로 정하는 자가 소유하는 상장회사의 의결권 있는 주식의 합계가 그 회사의 의결권 없는 주식을 제외한 발행주식 총수의 100분의 3을 초과하는 경우 그 주주는 그 초과하는 주식에 관하여 감사 또는 사외이사가 아닌 감사위원회위원을 선임하거나 해임할 때에는 의결권을 행사하지 못한다. 다만, 정관에서 이보다 낮은 주식 보유비율을 정할 수 있다.

④ 대통령령으로 정하는 상장회사의 의결권 없는 주식을 제외한 발행주식 총수의 100분의 3을 초과하는 수의 주식을 가진 주주는 그 초과하는 주식에 관하여 사외이사인 감사위원회위원을 선임할 때에 의결권을 행사하지 못한다. 다만, 정관에서 이보다 낮은 주식 보유비율을 정할 수 있다.

⑤ 상장회사가 주주총회의 목적사항으로 감사의 선임 또는 감사의 보수결정을 위한 의안을 상정하려는 경우에는 이사의 선임 또는 이사의 보수결정을 위한 의안과는 별도로 상정하여 의결하여야 한다.

⑥ 상장회사의 감사 또는 감사위원회는 제447조의4 제1항에도 불구하고 이사에게 감사보고서를 주주총회일의 1주 전까지 제출할 수 있다.

[본조신설 2009.1.30]

제 5 장 유한회사

제 1 절 설 립

제543조 (정관의 작성, 절대적 기재사항) ① 유한회사를 설립함에는 사원이 정관을 작성하여야 한다.<개정 2001.7.24>

② 정관에는 다음의 사항을 기재하고 각 사원이 기명날인 또는 서명하여야 한다.<개정 1984.4.10, 1995.12.29, 2001.7.24>

1. 제179조제1호 내지 제3호에 정한 사항
2. 자본의 총액
3. 출자1좌의 금액
4. 각사원의 출자좌수
5. 본점의 소재지

③ 제292조의 규정은 유한회사에 준용한다.

제544조 (변태설립사항) 다음의 사항은 정관에 기재함으로써 그 효력이 있다.

1. 현물출자를 하는 자의 성명과 그 목적인 재산의 종류, 수량, 가격과 이에 대하여 부여하는 출자좌수
2. 회사의 설립 후에 양수할 것을 약정한 재산의 종류, 수량, 가격과 그 양도인의 성명
3. 회사가 부담할 설립비용

제545조 (사원총수의 제한) ① 사원의 총수는 50인을 초과하지 못한다. 그러나 특별한 사정이 있는 경우에 법원의 인가를 얻은 때에는 그러하지 아니하다.

② 전항의 규정은 상속 또는 유증으로 인하여 사원의 수에 변경이 생기는 경우에는 적용하지 아니한다.

제546조 (자본총액, 출자 1좌의 금액의 제한) ① 회사의 자본총액은 1천만원 이상으로 하여야 한다.<개정 1984.4.10>

② 출자1좌의 금액은 5천원 이상으로 균일하게 하여야 한다.<개정 1984.4.10>

제547조 (초대이사의 선임) ① 정관으로 이사를 정하지 아니한 때에는 회사성립 전에 사원총회를 열어 이를 선임하여야 한다.
② 전항의 사원총회는 각 사원이 소집할 수 있다.
제548조 (출자의 납입) ① 이사는 사원으로 하여금 출자전액의 납입 또는 현물출자의 목적인 재산전부의 급여를 시켜야 한다.
② 제295조 제2항의 규정은 사원이 현물출자를 하는 경우에 준용한다.
제549조 (설립의 등기) ① 유한회사의 설립등기는 제548조의 납입 또는 현물출자의 이행이 있은 날로부터 2주간내에 하여야 한다.<개정 1995.12.29>
② 제1항의 등기에서 다음의 사항을 등기하여야 한다.<개정 1995.12.29>
1. 제179조 제1호 · 제2호 및 제5호에 규정된 사항과 지점을 둔 때에는 그 소재지
2. 제543조 제2항 제2호와 제3호에 게기한 사항
3. 이사의 성명 · 주민등록번호 및 주소. 다만, 회사를 대표할 이사를 정한 때에는 그외의 이사의 주소를 제외한다.
4. 회사를 대표할 이사를 정한 때에는 그 성명
5. 수인의 이사가 공동으로 회사를 대표할 것을 정한 때에는 그 규정
6. 존립기간 기타의 해산사유를 정한 때에는 그 기간과 사유
7. 감사가 있는 때에는 그 성명 및 주민등록번호
③ 유한회사의 지점설치 및 이전시 지점소재지 또는 신지점 소재지에서 하는 등기에 있어서는 제2항 제1호 및 제3호 내지 제6호에 규정된 사항을 등기하여야 한다.<신설 1995.12.29>
④ 제181조 내지 제183조의 규정은 유한회사의 등기에 준용한다.<개정 1962.12.12>
제550조 (현물출자등에 관한 회사성립시의 사원의 책임) ① 제544조 제1호와 제2호의 재산의 회사성립당시의 실가가 정관에 정한 가격에 현저하게 부족한 때에는 회사성립당시의 사원은 회사에 대하여 그 부족액을 연대하여 지급할 책임이 있다.
② 전항의 사원의 책임은 면제하지 못한다.<신설 1962.12.12>
제551조 (출자미필액에 대한 회사성립시의 사원등의 책임) ① 회사성립 후에 출자금액의 납입 또는 현물출자의 이행이 완료되지 아니 하였음이 발견된 때에는 회사성립당시의 사원, 이사와 감사는 회사에 대하여 그 납입되지 아니한 금액 또는 이행되지 아니한 현물의 가액을 연대하여 지급할 책임이 있다.<개정 1962.12.12>
② 전항의 사원의 책임은 면제하지 못한다.<신설 1962.12.12>
③ 제1항의 이사와 감사의 책임은 총사원의 동의가 없으면 면제하지 못한다.<신설 1962.12.12>
제552조 (설립무효, 취소의 소) ① 회사의 설립의 무효는 그 사원, 이사와 감사에 한하여 설립의 취소는 그 취소권있는 자에 한하여 회사설립의 날로부터 2년내에 소만으로 이를 주장할 수 있다.
② 제184조 제2항과 제185조 내지 제193조의 규정은 전항의 소에 준용한다.
[전문개정 1962.12.12]

제 2 절 사원의 권리의무

제553조 (사원의 책임) 사원의 책임은 본법에 다른 규정이 있는 경우 외에는 그 출자금액을 한도로 한다.
제554조 (사원의 지분) 각 사원은 그 출자좌수에 따라 지분을 가진다.

제555조 (지분에 관한 증권) 유한회사는 사원의 지분에 관하여 지시식 또는 무기명식의 증권을 발행하지 못한다.

제556조 (지분의 양도) ① 사원은 제585조의 규정에 의한 사원총회의 결의가 있은 때에 한하여 그 지분의 전부 또는 일부를 타인에게 양도할 수 있다. 그러나 정관으로 양도의 제한을 가중할 수 있다.

② 양도로 인하여 사원의 총수가 제545조의 규정에 의한 제한을 초과하는 경우에는 유증의 경우를 제외하고는 그 양도는 효력이 없다.

③ 사원상호간의 지분의 양도에 대하여는 제1항의 규정에 불구하고 정관으로 다른 정함을 할 수 있다.<개정 1962.12.12>

제557조 (지분이전의 대항요건) 지분의 이전은 취득자의 성명, 주소와 그 목적이 되는 출자좌수를 사원명부에 기재하지 아니하면 이로써 회사와 제삼자에게 대항하지 못한다.

제558조 (지분의 공유) 제333조의 규정은 지분이 수인의 공유에 속하는 경우에 준용한다.

제559조 (지분의 입질) ① 지분은 질권의 목적으로 할 수 있다.

② 제556조와 제557조의 규정은 지분의 입질에 준용한다.

제560조 (준용규정) ① 제339조, 제340조 제1항·제2항, 제341조, 제341조의3, 제342조와 제343조 제1항의 규정은 사원의 특분에 준용한다.<개정 1984.4.10, 1999.12.31>

② 제353조의 규정은 사원에 대한 통지 또는 최고에 준용한다.

제 3 절 회사의 관리

제561조 (이사) 유한회사에는 1인 또는 수인의 이사를 두어야 한다.

제562조 (회사대표) ① 이사는 회사를 대표한다.

② 이사가 수인인 경우에 정관에 다른 정함이 없으면 사원총회에서 회사를 대표할 이사를 선정하여야 한다.

③ 정관 또는 사원총회는 수인의 이사가 공동으로 회사를 대표할 것을 정할 수 있다.

④ 제208조 제2항의 규정은 전항의 경우에 준용한다.

제563조 (이사, 회사간의 소에 관한 대표) 회사가 이사에 대하여 또는 이사가 회사에 대하여 소를 제기하는 경우에는 사원총회는 그 소에 관하여 회사를 대표할 자를 선정하여야 한다.

제564조 (업무집행의 결정, 이사와 회사간의 거래) ① 이사가 수인인 경우에 정관에 다른 정함이 없으면 회사의 업무집행, 지배인의 선임 또는 해임과 지점의 설치·이전 또는 폐지는 이사과반수의 결의에 의하여야 한다.<개정 1984.4.10>

② 사원총회는 제1항의 규정에 불구하고 지배인의 선임 또는 해임을 할 수 있다.<개정 1984.4.10>

③ 이사는 감사가 있는 때에는 그 승인이, 감사가 없는 때에는 사원총회의 승인이 있는 때에 한하여 자기 또는 제삼자의 계산으로 회사와 거래를 할 수 있다. 이 경우에는 민법 제124조의 규정을 적용하지 아니한다.<신설 1962.12.12>

제564조의2 (유지청구권) 이사가 법령 또는 정관에 위반한 행위를 하여 이로 인하여 회사에 회복할 수 없는 손해가 생길 염려가 있는 경우에는 감사 또는 자본의 총액의 100분의 3 이상에 해당하는 출자좌수를 가진 사원은 회사를 위하여 이사에 대하여 그 행위를 유지할 것을 청구할 수 있다.

[본조신설 1999.12.31]

제565조 (사원의 대표소송) ① 자본의 총액의 100분의 3 이상에 해당하는 출자좌수를 가진 사원은 회사에 대하여 이사의 책임을 추궁할 소의 제기를 청구할 수 있다. <개정 1999.12.31>

② 제403조 제2항 내지 제7항과 제404조 내지 제406조의 규정은 제1항의 경우에 준용한다.<개정 1998.12.28>

제566조 (서류의 비치, 열람) ① 이사는 정관과 사원총회의 의사록을 본점과 지점에, 사원명부를 본점에 비치하여야 한다.

② 사원명부에는 사원의 성명, 주소와 그 출자좌수를 기재하여야 한다.

③ 사원과 회사채권자는 영업시간내에 언제든지 제1항에 게기한 서류의 열람 또는 등사를 청구할 수 있다.

제567조 (준용규정) 제209조, 제210조, 제382조, 제385조, 제386조, 제388조, 제395조, 제397조, 제399조 내지 제401조, 제407조와 제408조의 규정은 유한회사의 이사에 준용한다. 이 경우 제397조의 "이사회"는 이를 "사원총회"로 한다. <개정 1962.12.12, 1998.12.28, 1999.12.31>

제568조 (감사) ① 유한회사는 정관에 의하여 1인 또는 수인의 감사를 둘 수 있다.

② 제547조의 규정은 정관에서 감사를 두기로 정한 경우에 준용한다.

제569조 (감사의 권한) 감사는 언제든지 회사의 업무와 재산상태를 조사할 수 있고 이사에 대하여 영업에 관한 보고를 요구할 수 있다.

제570조 (준용규정) 제382조, 제385조 제1항, 제386조, 제388조, 제400조, 제407조, 제411조, 제413조, 제414조와 제565조의 규정은 감사에 준용한다.

제571조 (사원총회의 소집) ① 사원총회는 본법에 다른 규정이 있는 경우 외에는 이사가 이를 소집한다. 그러나 임시총회는 감사도 이를 소집할 수 있다.<개정 1962.12. 12>

② 사원총회를 소집함에는 회일을 정하고 1주간 전에 각사원에 대하여 서면으로 그 통지를 발송하여야 한다. 그러나 이 기간은 정관으로 단축할 수 있다.

③ 제363조 제2항과 제364조의 규정은 사원총회의 소집에 준용한다.

제572조 (소수사원에 의한 총회소집청구) ① 자본의 총액의 100분의 3 이상에 해당하는 출자좌수를 가진 사원은 회의의 목적사항과 소집의 이유를 기재한 서면을 이사에게 제출하여 총회의 소집을 청구할 수 있다.<개정 1999.12.31>

② 전항의 규정은 정관으로 다른 정함을 할 수 있다.

③ 제366조제2항과 제3항의 규정은 제1항의 경우에 준용한다.

제573조 (소집절차의 생략) 총사원의 동의가 있을 때에는 소집절차없이 총회를 열 수 있다.

제574조 (총회의 정족수, 결의방법) 사원총회의 결의는 정관 또는 본법에 다른 규정이 있는 경우 외에는 총사원의 의결권의 과반수를 가지는 사원이 출석하고 그 의결권의 과반수로써 하여야 한다.

제575조 (사원의 의결권) 각 사원은 출자1좌마다 1개의 의결권을 가진다. 그러나 정관으로 의결권의 수에 관하여 다른 정함을 할 수 있다.

제576조 (영업양도등과 사후설립) ①유한회사가 제374조 제1호 내지 제3호에 게기한 행위를 함에는 제585조의 규정에 의한 총회의 결의가 있어야 한다.

② 전항의 규정은 유한회사가 그 성립 후 2년내에 성립 전으로부터 존재하는 재산으로서 영업을 위하여 계속하여 사용할 것을

자본의 20분의 1이상에 상당한 대가로 취득하는 계약을 체결하는 경우에 준용한다.

제577조 (서면에 의한 결의) ① 총회의 결의를 하여야 할 경우에 총사원의 동의가 있는 때에는 서면에 의한 결의를 할 수 있다.

② 결의의 목적사항에 대하여 총사원이 서면으로 동의를 한 때에는 서면에 의한 결의가 있은 것으로 본다.

③ 서면에 의한 결의는 총회의 결의와 동일한 효력이 있다.

④ 총회에 관한 규정은 서면에 의한 결의에 준용한다.

제578조 (준용규정) 제365조, 제367조, 제368조 제3항·제4항, 제369조 제2항, 제371조 제2항, 제372조, 제373조와 제376조 내지 제381조의 규정은 사원총회에 준용한다.

제579조 (재무제표의 작성) ① 이사는 매결산기에 다음의 서류와 그 부속명세서를 작성하여야 한다.

1. 대차대조표
2. 손익계산서
3. 이익잉여금처분계산서 또는 결손금처리계산서

② 감사가 있는 때에는 이사는 정기총회회일로부터 4주간 전에 제1항의 서류를 감사에게 제출하여야 한다.

③ 감사는 제2항의 서류를 받은 날로부터 3주간내에 감사보고서를 이사에게 제출하여야 한다.

[전문개정 1984.4.10]

제579조의2 (영업보고서의 작성) ① 이사는 매결산기에 영업보고서를 작성하여야 한다.

② 제579조 제2항 및 제3항의 규정은 제1항의 영업보고서에 관하여 이를 준용한다.

[본조신설 1984.4.10]

제579조의3 (재무제표등의 비치·공시) ① 이사는 정기총회회일의 1주간 전부터 5년간 제579조 및 제579조의2의 서류와 감사보고서를 본점에 비치하여야 한다.

② 제448조 제2항의 규정은 제1항의 서류에 관하여 이를 준용한다.

[본조신설 1984.4.10]

제580조 (이익배당의 기준) 이익의 배당은 정관에 다른 정함이 있는 경우 외에는 각사원의 출자좌수에 따라 하여야 한다.

제581조 (사원의 회계장부열람권) ① 자본의 100분의 3 이상에 해당하는 출자좌수를 가진 사원은 회계의 장부와 서류의 열람 또는 등사를 청구할 수 있다. <개정 1999.12.31>

② 회사는 정관으로 각사원이 제1항의 청구를 할 수 있다는 뜻을 정할 수 있다. 이 경우 제579조 제1항의 규정에 불구하고 부속명세서는 이를 작성하지 아니한다.<개정 1984.4.10>

제582조 (업무, 재산상태의 검사) ① 회사의 업무집행에 관하여 부정행위 또는 법령이나 정관에 위반한 중대한 사유가 있는 때에는 자본총액의 100분의 3 이상에 해당하는 출자좌수를 가진 사원은 회사의 업무와 재산상태를 조사하게 하기 위하여 법원에 검사인의 선임을 청구할 수 있다.<개정 1999.12.31>

② 검사인은 그 조사의 결과를 서면으로 법원에 보고하여야 한다.

③ 법원은 전항의 보고서에 의하여 필요하다고 인정한 경우에는 감사가 있는 때에는 감사에게, 감사가 없는 때에는 이사에게 사원총회의 소집을 명할 수 있다. 제310조 제2항의 규정은 이 경우에 준용한다.<개정 1962.12.12>

제583조 (준용규정) ① 제449조제1항·제2항, 제450조, 제452조, 제453조, 제453조의2,

제457조의2, 제458조 내지 제460조, 제462조, 제462조의3 및 제466조의 규정은 유한회사의 계산에 준용한다.<개정 1984.4. 10, 1995.12.29, 1999.12.31>

② 제468조의 규정은 유한회사와 피용자간에 고용관계로 인하여 생긴 채권에 준용한다.<개정 1999.12.31>

제 4 절 정관의 변경

제584조 (정관변경의 방법) 정관을 변경함에는 사원총회의 결의가 있어야 한다.

제585조 (정관변경의 특별결의) ① 전조의 결의는 총사원의 반수이상이며 총사원의 의결권의 4분의 3이상을 가지는 자의 동의로 한다.

② 전항의 규정을 적용함에 있어서는 의결권을 행사할 수 없는 사원은 이를 총사원의 수에, 그 행사할 수 없는 의결권은 이를 의결권의 수에 산입하지 아니한다.

제586조 (자본증가의 결의) 다음의 사항은 정관에 다른 정함이 없더라도 자본증가의 결의에서 이를 정할 수 있다.

1. 현물출자를 하는 자의 성명과 그 목적인 재산의 종류, 수량, 가격과 이에 대하여 부여할 출자좌수
2. 자본의 증가후에 양수할 것을 약정한 재산의 종류, 수량, 가격과 그 양도인의 성명
3. 증가할 자본에 대한 출자의 인수권을 부여할 자의 성명과 그 권리의 내용

제587조 (증자의 경우의 출자인수권의 부여) 유한회사가 특정한 자에 대하여 장래 그 자본을 증가할 경우에 있어서 출자의 인수권을 부여할 것을 약속함에는 제585조에 정하는 결의에 의하여야 한다.

제588조 (사원의 출자인수권) 사원은 증가할 자본에 대하여 그 지분에 따라 출자를 인수할 권리가 있다. 그러나 전2조의 결의에서 출자의 인수자를 정한 때에는 그러하지 아니하다.

제589조 (출자인수의 방법) ① 자본증가의 경우에 출자의 인수를 하고자 하는 자는 인수를 증명하는 서면에 그 인수할 출자의 좌수와 주소를 기재하고 기명날인 또는 서명하여야 한다.<개정 1995.12.29>

② 유한회사는 광고 기타의 방법에 의하여 인수인을 공모하지 못한다.

제590조 (출자인수인의 지위) 자본증가의 경우에 출자의 인수를 한 자는 출자의 납입의 기일 또는 현물출자의 목적인 재산의 급여의 기일로부터 이익배당에 관하여 사원과 동일한 권리를 가진다.

제591조 (자본증가의 등기) 유한회사는 자본증가로 인한 출자전액의 납입 또는 현물출자의 이행이 완료된 날로부터 2주간내에 본점의 소재지에서 자본증가로 인한 변경등기를 하여야 한다.<개정 1995.12.29>

제592조 (증자의 효력발생) 자본의 증가는 본점소재지에서 전조의 등기를 함으로써 그 효력이 생긴다.

제593조 (현물출자등에 관한 사원의 책임) ① 제586조 제1호와 제2호의 재산의 자본증가당시의 실가가 자본증가의 결의에 의하여 정한 가격에 현저하게 부족한 때에는 그 결의에 동의한 사원은 회사에 대하여 그 부족액을 연대하여 지급할 책임이 있다.

② 제550조 제2항과 제551조 제2항의 규정은 전항의 경우에 준용한다.<개정 1962.12.12>

제594조 (미인수출자등에 관한 이사등의 책임) ① 자본증가 후에 아직 인수되지 아니한 출자가 있는 때에는 이사와 감사가 공동으로 이를 인수한 것으로 본다.<개정 1962.12.12>

② 자본증가후에 아직 출자전액의 납입 또는 현물출자의 목적인 재산의 급여가 미필된 출자가 있는 때에는 이사와 감사는 연대하여 그 납입 또는 급여미필재산의 가액을 지급할 책임이 있다.<개정 1962.12.12>
③ 제551조 제3항의 규정은 전항의 경우에 준용한다.<개정 1962.12.12>
제595조 (증자무효의 소) ① 자본증가의 무효는 사원, 이사 또는 감사에 한하여 제591조의 규정에 의한 본점소재지에서의 등기를 한 날로부터 6월내에 소만으로 이를 주장할 수 있다.<개정 1962.12.12>
② 제430조 내지 제432조의 규정은 전항의 경우에 준용한다.
제596조 (준용규정) 제334조, 제548조와 제576조 제2항의 규정은 자본증가의 경우에 준용한다.<개정 1962.12.12>
제597조 (동전) 제439조 제1항, 제2항, 제443조, 제445조와 제446조의 규정은 자본감소의 경우에 준용한다.

제 5 절 합병과 조직변경

제598조 (합병의 방법) 유한회사가 다른 회사와 합병을 함에는 제585조의 규정에 의한 사원총회의 결의가 있어야 한다.
제599조 (설립위원의 선임) 제175조의 규정에 의한 설립위원의 선임은 제585조의 규정에 의한 사원총회의 결의에 의하여야 한다.
제600조 (유한회사와 주식회사의 합병) ① 유한회사가 주식회사와 합병하는 경우에 합병 후 존속하는 회사 또는 합병으로 인하여 설립되는 회사가 주식회사인 때에는 법원의 인가를 얻지 아니하면 합병의 효력이 없다.
② 합병을 하는 회사의 일방이 사채의 상환을 완료하지 아니한 주식회사인 때에는 합병후 존속하는 회사 또는 합병으로 인하여 설립되는 회사는 유한회사로 하지 못한다.
제601조 (물상대위) ① 유한회사가 주식회사와 합병하는 경우에 합병 후 존속하는 회사 또는 합병으로 인하여 설립되는 회사가 유한회사인 때에는 제339조의 규정은 종전의 주식을 목적으로 하는 질권에 준용한다.
② 전항의 경우에 질권의 목적인 지분에 관하여 출자좌수와 질권자의 성명 및 주소를 사원명부에 기재하지 아니하면 그 질권으로써 회사 기타의 제삼자에 대항하지 못한다.
제602조 (합병의 등기) 유한회사가 합병을 한 때에는 제603조에서 준용하는 제526조 또는 제527조의 규정에 의한 사원총회가 종결한 날로부터 본점소재지에서는 2주간, 지점소재지에서는 3주간내에 합병 후 존속하는 유한회사에 있어서는 변경등기, 합병으로 인하여 소멸되는 유한회사에 있어서는 해산등기, 합병으로 인하여 설립되는 유한회사에 있어서는 제549조 제2항에 정한 등기를 하여야 한다.
제603조 (준용규정) 제232조, 제234조, 제235조, 제237조 내지 제240조, 제443조, 제522조 제1항 · 제2항, 제522조의2, 제523조, 제524조, 제526조 제1항 · 제2항, 제527조 제1항 내지 제3항 및 제529조의 규정은 유한회사의 합병의 경우에 준용한다.<개정 1962.12.12, 1984.4.10, 1998.12.28>
제604조 (주식회사의 유한회사에의 조직변경) ① 주식회사는 총주주의 일치에 의한 총회의 결의로 그 조직을 변경하여 이를 유한회사로 할 수 있다. 그러나 사채의 상환을 완료하지 아니한 경우에는 그러하지 아니하다.
② 전항의 조직변경의 경우에는 회사에 현존하는 순재산액보다 많은 금액을 자본의 총액으로 하지 못한다.

③ 제1항의 결의에 있어서는 정관 기타 조직변경에 필요한 사항을 정하여야 한다.
④ 제601조의 규정은 제1항의 조직변경의 경우에 준용한다.
제605조 (이사, 주주의 순재산액전보책임) ① 전조의 조직변경의 경우에 회사에 현존하는 순재산액이 자본의 총액에 부족하는 때에는 전조 제1항의 결의당시의 이사와 주주는 회사에 대하여 연대하여 그 부족액을 지급할 책임이 있다.
② 제550조 제2항과 제551조 제2항, 제3항의 규정은 전항의 경우에 준용한다.<개정 1962.12.12>
제606조 (조직변경의 등기) 주식회사가 제604조의 규정에 의하여 그 조직을 변경한 때에는 본점소재지에서는 2주간, 지점소재지에서는 3주간내에 주식회사에 있어서는 해산등기, 유한회사에 있어서는 제549조 제2항에 정하는 등기를 하여야 한다.
제607조 (유한회사의 주식회사에의 조직변경) ① 유한회사는 총사원의 일치에 의한 총회의 결의로 그 조직을 변경하여 이를 주식회사로 할 수 있다.
② 전항의 경우에는 조직변경시에 발행하는 주식의 발행가액의 총액은 회사에 현존하는 순재산액을 초과하지 못한다.
③ 제1항의 조직변경은 법원의 인가를 얻지 아니하면 그 효력이 없다.
④ 제1항의 조직변경의 경우에 회사에 현존하는 순재산액이 조직변경시에 발행하는 주식의 발행가액의 총액에 부족하는 때에는 제1항의 결의당시의 이사, 감사와 사원은 회사에 대하여 연대하여 그 부족액을 지급할 책임이 있다. 이 경우에 제550조 제2항과 제551조 제2항, 제3항의 규정을 준용한다.<개정 1962.12.12>
⑤ 제340조 제3항, 제601조 제1항, 제604조 제3항과 전조의 규정은 제1항의 조직변경의 경우에 준용한다.
제608조 (준용규정) 제232조의 규정은 제604조와 제607조의 조직변경의 경우에 준용한다.<개정 1984.4.10>

제 6 절 해산과 청산

제609조 (해산사유) ① 유한회사는 다음의 사유로 인하여 해산한다.<개정 2001.7.24>
1. 제227조 제1호 · 제4호 내지 제6호에 규정된 사유
2. 사원총회의 결의
② 전항 제2호의 결의는 제585조의 규정에 의하여야 한다.
제610조 (회사의 계속) ① 제227조 제1호 또는 전조 제1항 제2호의 사유로 인하여 회사가 해산한 경우에는 제585조의 규정에 의한 사원총회의 결의로써 회사를 계속할 수 있다.
② 삭제<2001.7.24>
제611조 (준용규정) 제229조 제3항의 규정은 전조의 회사계속의 경우에 준용한다.
제612조 (잔여재산의 분배) 잔여재산은 정관에 다른 정함이 있는 경우 외에는 각사원의 출자좌수에 따라 사원에게 분배하여야 한다.
제613조 (준용규정) ①제228조, 제245조, 제252조 내지 제255조, 제259조, 제260조, 제264조, 제520조, 제531조 내지 제537조, 제540조와 제541조의 규정은 유한회사에 준용한다.<개정 1962.12.12>
② 제209조, 제210조, 제366조 제2항 · 제3항, 제367조, 제373조 제2항, 제376조, 제377조, 제382조 제2항, 제386조, 제388조, 제399조 내지 제402조, 제407조, 제408조, 제411조 내지 제413조, 제414조 제3항, 제450조, 제466조 제2항, 제539조, 제562조, 제563조,

第564조 제3항, 제565조, 제566조, 제571조, 제572조 제1항과 제581조의 규정은 유한회사의 청산인에 준용한다.<개정 1962.12.12, 1984.4.10>

제 6 장 외국회사

제614조 (대표자, 영업소의 설정과 등기) ① 외국회사가 대한민국에서 영업을 하고자 하는 때에는 대한민국에서의 대표자를 정하고 영업소를 설치하여야 한다.

② 전항의 경우에는 외국회사는 그 영업소의 설치에 관하여 대한민국에서 설립되는 동종의 회사 또는 가장 유사한 회사의 지점과 동일한 등기를 하여야 한다.

③ 전항의 등기에서는 회사설립의 준거법과 대한민국에서의 대표자의 성명과 그 주소를 등기하여야 한다.

④ 제209조와 제210조의 규정은 외국회사의 대표자에게 준용한다.<개정 1962.12. 12>

제615조 (등기기간의 기산점) 전조 제2항과 제3항의 규정에 의한 등기사항이 외국에서 생긴 때에는 등기기간은 그 통지가 도달한 날로부터 기산한다.

제616조 (등기전의 계속거래의 금지) ① 외국회사는 그 영업소의 소재지에서 제614조의 규정에 의한 등기를 하기 전에는 계속하여 거래를 하지 못한다.

② 전항의 규정에 위반하여 거래를 한 자는 그 거래에 대하여 회사와 연대하여 책임을 진다.

제617조 (적용법규) 외국에서 설립된 회사라도 대한민국에 그 본점을 설치하거나 대한민국에서 영업할 것을 주된 목적으로 하는 때에는 대한민국에서 설립된 회사와 동일한 규정에 의하여야 한다.

제618조 (준용규정) ① 제335조 내지 제338조, 제340조 제1항, 제355조 내지 제357조, 제478조 제1항, 제479조와 제480조의 규정은 대한민국에서의 외국회사의 주권 또는 채권의 발행과 그 주식의 이전이나 입질 또는 사채의 이전에 준용한다.

② 전항의 경우에는 처음 대한민국에 설치한 영업소를 본점으로 본다.

제619조 (영업소폐쇄명령) ① 외국회사가 대한민국에 영업소를 설치한 경우에 다음의 사유가 있는 때에는 법원은 이해관계인 또는 검사의 청구에 의하여 그 영업소의 폐쇄를 명할 수 있다.<개정 1962.12.12>

1. 영업소의 설치목적이 불법한 것인 때
2. 영업소의 설치등기를 한 후 정당한 사유없이 1년내에 영업을 개시하지 아니하거나 1년이상 영업을 휴지한 때 또는 정당한 사유없이 지급을 정지한 때
3. 회사의 대표자 기타 업무를 집행하는 자가 법령 또는 선량한 풍속 기타 사회질서에 위반한 행위를 한 때

② 제176조 제2항 내지 제4항의 규정은 전항의 경우에 준용한다.

제620조 (한국에 있는 재산의 청산) ① 전조 제1항의 규정에 의하여 영업소의 폐쇄를 명한 경우에는 법원은 이해관계인의 신청에 의하여 또는 직권으로 대한민국에 있는 그 회사재산의 전부에 대한 청산의 개시를 명할 수 있다. 이 경우에는 법원은 청산인을 선임하여야 한다.

② 제535조 내지 제537조와 제542조의 규정은 그 성질이 허하지 아니하는 경우 외에는 전항의 청산에 준용한다.

③ 전2항의 규정은 외국회사가 스스로 영업소를 폐쇄한 경우에 준용한다.

제621조 (외국회사의 지위) 외국회사는 다른 법률의 적용에 있어서는 법률에 다른 규정이 있는 경우 외에는 대한민국에서 성립

된 동종 또는 가장 유사한 회사로 본다.

제7장 벌 칙

제622조 (발기인, 이사 기타의 임원등의 특별배임죄) ① 회사의 발기인, 업무집행사원, 이사, 감사위원회 위원, 감사 또는 제386조 제2항, 제407조 제1항, 제415조 또는 제567조의 직무대행자, 지배인 기타 회사영업에 관한 어느 종류 또는 특정한 사항의 위임을 받은 사용인이 그 임무에 위배한 행위로써 재산상의 이익을 취하거나 제삼자로 하여금 이를 취득하게 하여 회사에 손해를 가한 때에는 10년이하의 징역 또는 3천만원 이하의 벌금에 처한다.<개정 1984. 4.10, 1995.12.29, 1999.12.31>

② 회사의 청산인 또는 제542조 제2항의 직무대행자, 제175조의 설립위원이 제1항의 행위를 한 때에도 제1항과 같다.<개정 1984.4.10>

제623조 (사채권자집회의 대표자등의 특별배임죄) 사채권자집회의 대표자 또는 그 결의를 집행하는 자가 그 임무에 위배한 행위로써 재산상의 이익을 취하거나 제삼자로 하여금 이를 취득하게 하여 사채권자에게 손해를 가한 때에는 7년이하의 징역 또는 2천만원 이하의 벌금에 처한다.<개정 1984. 4.10, 1995.12.29>

제624조 (특별배임죄의 미수) 전2조의 미수범은 처벌한다.

제624조의2 (주요주주 등 이해관계자와의 거래 위반의 죄) 제542조의9 제1항을 위반하여 신용공여를 한 자는 5년 이하의 징역 또는 2억원 이하의 벌금에 처한다.

[본조신설 2009.1.30]

제625조 (회사재산을 위태롭게 하는 죄) 제622조 제1항에 규정된 자, 검사인, 제298조 제3항 · 제299조의2 · 제310조 제3항 또는 제313조 제2항의 공증인(인가공증인의 공증담당변호사를 포함한다. 이하 이 장에서 같다)이나 제299조의2, 제310조 제3항 또는 제422조 제1항의 감정인이 다음의 행위를 한 때에는 5년이하의 징역 또는 1천500만원 이하의 벌금에 처한다.<개정 2009.2.6>

1. 주식 또는 출자의 인수나 납입, 현물출자의 이행, 제290조, 제416조 제4호 또는 제544조에 규정된 사항에 관하여 법원 · 총회 또는 발기인에게 부실한 보고를 하거나 사실을 은폐한 때
2. 누구의 명의로 하거나를 불문하고 회사의 계산으로 부정하게 그 주식 또는 지분을 취득하거나 질권의 목적으로 이를 받은 때
3. 법령 또는 정관의 규정에 위반하여 이익이나 이자의 배당을 한 때
4. 회사의 영업범위 외에서 투기행위를 하기 위하여 회사재산을 처분한 때

제625조의2 (주식의 취득제한등에 위반한 죄) 제635조 제1항에 게기한 자가 제342조의2 제1항 및 동조 제2항의 규정에 위반한 때에는 2천만원 이하의 벌금에 처한다.

[본조신설 1984.4.10]

제626조 (부실보고죄) 회사의 이사, 감사위원회 위원, 감사 또는 제386조 제2항, 제407조 제1항, 제415조 또는 제567조의 직무대행자가 제604조 또는 제607조의 조직변경의 경우에 제604조 제2항 또는 제607조 제2항의 순재산액에 관하여 법원 또는 총회에 부실한 보고를 하거나 사실을 은폐한 때에는 5년이하의 징역 또는 1천500만원 이하의 벌금에 처한다.<개정 1984.4.10, 1995.12.29, 1999.12.31>

제627조 (부실문서행사죄) ① 제622조 제1항에 게기한 자, 외국회사의 대표자, 주식 또

는 사채의 모집의 위탁을 받은 자가 주식 또는 사채를 모집함에 있어서 중요한 사항에 관하여 부실한 기재가 있는 주식청약서, 사채청약서, 사업계획서, 주식 또는 사채의 모집에 관한 광고 기타의 문서를 행사한 때에는 5년이하의 징역 또는 1천500만원 이하의 벌금에 처한다.<개정 1984.4.10, 1995.12.29>

② 주식 또는 사채를 매출하는 자가 그 매출에 관한 문서로서 중요한 사항에 관하여 부실한 기재가 있는 것을 행사한 때에도 제1항과 같다.<개정 1984.4.10>

제628조 (납입가장죄등) ① 제622조 제1항에 게기한 자가 납입 또는 현물출자의 이행을 가장하는 행위를 한 때에는 5년이하의 징역 또는 1천500만원 이하의 벌금에 처한다.<개정 1984.4.10, 1995.12.29>

② 제1항의 행위에 응하거나 이를 중개한 자도 제1항과 같다.<개정 1984.4.10>

제629조 (초과발행의 죄) 회사의 발기인, 이사 또는 제386조 제2항 또는 제407조 제1항의 직무대행자가 회사가 발행할 주식의 총수를 초과하여 주식을 발행한 때에는 5년이하의 징역 또는 1천500만원 이하의 벌금에 처한다.<개정 1984.4.10, 1995.12.29>

제630조 (발기인, 이사 기타의 임원의 독직죄) ① 제622조와 제623조에 규정된 자, 검사인, 제298조 제3항·제299조의2·제310조 제3항 또는 제313조 제2항의 공증인이나 제299조의2, 제310조 제3항 또는 제422조 제1항의 감정인이 그 직무에 관하여 부정한 청탁을 받고 재산상의 이익을 수수, 요구 또는 약속한 때에는 5년이하의 징역 또는 1천500만원 이하의 벌금에 처한다. <개정 1984.4.10, 1995.12.29, 1998.12.28>

② 제1항의 이익을 약속, 공여 또는 공여의 의사를 표시한 자도 제1항과 같다.<개정 1984.4.10>

제631조 (권리행사방해등에 관한 증수뢰죄) ① 다음의 사항에 관하여 부정한 청탁을 받고 재산상의 이익을 수수, 요구 또는 약속한 자는 1년이하의 징역 또는 300만원 이하의 벌금에 처한다.<개정 1962.12.12, 1984.4.10, 1995.12.29, 1998.12.28, 1999.12.31>

1. 창립총회, 사원총회, 주주총회 또는 사채권자집회에서의 발언 또는 의결권의 행사
2. 제3편에 정하는 소의 제기, 발행주식의 총수의 100분의 1 또는 100분의 3이상에 해당하는 주주, 사채총액의 100분의 10 이상에 해당하는 사채권자 또는 자본의 100분의 3 이상에 해당하는 출자좌수를 가진 사원의 권리의 행사
3. 제402조 또는 제424조에 정하는 권리의 행사

② 제1항의 이익을 약속, 공여 또는 공여의 의사를 표시한 자도 제1항과 같다.<개정 1984.4.10>

제632조 (징역과 벌금의 병과) 제622조 내지 전조의 징역과 벌금은 이를 병과할 수 있다.

제633조 (몰수, 추징) 제630조 제1항 또는 제631조 제1항의 경우에는 범인이 수수한 이익은 이를 몰수한다. 그 전부 또는 일부를 몰수하기 불능한 때에는 그 가액을 추징한다.

제634조 (납입책임면탈의 죄) 납입의 책임을 면하기 위하여 타인 또는 가설인의 명의로 주식 또는 출자를 인수한 자는 1년이하의 징역 또는 300만원 이하의 벌금에 처한다.<개정 1984.4.10, 1995.12.29>

제634조의2 (주주의 권리행사에 관한 이익공여의 죄) ① 주식회사의 이사·감사위원

회 위원·감사 또는 제386조 제2항, 제407조제1항 또는 제415조의 직무대행자·지배인 기타 사용인이 주주의 권리의 행사와 관련하여 회사의 계산으로 재산상의 이익을 공여한 때에는 1년 이하의 징역 또는 300만원 이하의 벌금에 처한다.<개정 1995.12.29, 1999.12.31>

② 제1항의 이익을 수수하거나, 제3자에게 이를 공여하게 한 자도 제1항과 같다.

[본조신설 1984.4.10]

제634조의3 (양벌규정) 회사의 대표자나 대리인, 사용인, 그 밖의 종업원이 그 회사의 업무에 관하여 제624조의2의 위반행위를 하면 그 행위자를 벌하는 외에 그 회사에도 해당 조문의 벌금형을 과(科)한다. 다만, 회사가 그 위반행위를 방지하기 위하여 해당 업무에 관하여 상당한 주의와 감독을 게을리하지 아니한 경우에는 그러하지 아니하다.

[본조신설 2009.1.30]

제635조 (과태료에 처할 행위) ① 회사의 발기인, 설립위원, 업무집행사원, 이사, 감사, 감사위원회 위원, 외국회사의 대표자, 검사인, 제298조 제3항·제299조의2·제310조 제3항 또는 제313조 제2항의 공증인, 제299조의2, 제310조 제3항 또는제422조 제1항의 감정인, 지배인, 청산인, 명의개서대리인, 사채모집의 위탁을 받은 회사와 그 사무승계자 또는 제386조 제2항, 제407조 제1항, 제415조, 제542조 제2항 또는 제567조의 직무대행자가 다음의 사항에 해당한 행위를 한 때에는 500만원 이하의 과태료에 처한다. 다만, 그 행위에 대하여 형을 과할 때에는 그러하지 아니하다.<개정 2009. 1.30>

1. 본편에 정한 등기를 해태한 때
2. 본편에 정한 공고 또는 통지를 해태하거나 부정한 공고 또는 통지를 한 때
3. 본편에 정한 검사 또는 조사를 방해한 때
4. 본편의 규정에 위반하여 정당한 사유없이 서류의 열람 또는 등사, 등본 또는 초본의 교부를 거부한 때
5. 관청, 총회·사채권자집회 또는 발기인에게 부실한 보고를 하거나 또는 사실을 은폐한 때
6. 주권·채권 또는 신주인수권증권에 기재할 사항을 기재하지 아니하거나 부실한 기재를 한 때
7. 정당한 사유없이 주권의 명의개서를 하지 아니한 때
8. 법률 또는 정관에 정한 이사 또는 감사의 원수를 궐한 경우에 그 선임절차를 해태한 때
9. 정관·주주명부 또는 그 복본, 사원명부·사채원부 또는 그 복본, 의사록·감사록·재산목록·대차대조표·영업보고서·사무보고서·손익계산서·이익잉여금처분계산서 또는 결손금처리계산서·결산보고서·회계장부, 제447조·제534조·제579조 제1항 또는 제613조 제1항의 부속명세서 또는 감사보고서에 기재할 사항을 기재하지 아니하거나 또는 부실한 기재를 한 때
10. 법원이 선임한 청산인에 대한 사무의 인계를 해태하거나 이를 거부한 때
11. 청산의 종결을 지연할 목적으로 제247조 제3항, 제535조 제1항 또는 제613조 제1항의 기간을 부당하게 장기간으로 정한 때
12. 제254조 제4항, 제542조 제1항 또는 제613조 제1항의 규정에 위반하여 파산선고의 청구를 해태한 때
13. 제589조 제2항의 규정에 위반하여 출자의 인수인을 공모한 때
14. 제232조, 제247조 제3항, 제439조 제2항,

제527조의5, 제530조 제2항, 제530조의9 제4항, 제530조의11 제2항, 제597조, 제603조 또는 제608조의 규정에 위반하여 회사의 합병·분할·분할합병 또는 조직변경, 회사재산의 처분 또는 자본의 감소를 한 때
15. 제260조, 제542조 제1항 또는 제613조 제1항의 규정에 위반하여 회사재산을 분배한 때
16. 제302조 제2항, 제347조, 제420조, 제420조의2, 제474조 제2항 또는 제514조의 규정에 위반하여 주식청약서·신주인수권증서 또는 사채청약서를 작성하지 아니하거나 이에 기재할 사항을 기재하지 아니하거나 또는 부실한 기재를 한 때
17. 제342조 또는 제560조 제1항의 규정에 위반하여 주식 또는 지분의 실효절차, 주식 또는 지분의 질권의 처분을 해태한 때
18. 제343조 제1항 또는 제560조 제1항의 규정에 위반하여 주식 또는 출자를 소각한 때
19. 제355조 제1항, 제2항 또는 제618조의 규정에 위반하여 주권을 발행한 때
19의2. 제358조의2 제2항의 규정에 위반하여 주주명부에 기재를 하지 아니한 때
19의3. 제363조의2 제1항, 제542조 제2항 또는 제542조의6 제2항을 위반하여 주주가 제안한 사항을 주주총회의 목적사항으로 하지 아니한 때
20. 제365조 제1항·제2항, 제578조의 규정 또는 제467조 제3항, 제582조 제3항의 규정에 의한 법원의 명령에 위반하여 총회를 소집하지 아니하거나 정관에 정한 곳이외의 곳에서 또는 제363조, 제364조, 제571조 제2항·제3항의 규정에 위반하여 총회를 소집한 때
20의2. 제374조 제2항, 제530조 제2항 또는 제530조의11 제2항의 규정에 위반하여 주식매수청구권의 내용과 행사방법을 통지 또는 공고하지 아니하거나 부실한 통지 또는 공고를 한 때
21. 제396조 제1항, 제448조 제1항, 제510조 제2항, 제522조의2 제1항, 제527조의6 제1항, 제530조의7, 제534조 제3항, 제542조 제2항, 제566조 제1항, 제579조의3, 제603조 또는 제613조의 규정에 위반하여 장부 또는 서류를 비치하지 아니한 때
21의2. 제412조의4 제3항의 규정에 위반하여 정당한 이유없이 감사 또는 감사위원회의 조사를 거부한 때
22. 제458조 내지 제460조 또는 제583조의 규정에 위반하여 준비금을 적입하지 아니하거나 이를 사용한 때
22의2. 제464조의2 제1항의 기간내에 배당금을 지급하지 아니한 때
23. 제470조의 규정에 위반하여 사채를 모집하거나 구사채를 상환하지 아니한 때
24. 제478조 제1항 또는 제618조의 규정에 위반하여 채권을 발행한 때
25. 제536조 또는 제613조 제1항의 규정에 위반하여 채무의 변제를 한 때
25의2. 제542조의5를 위반하여 이사 또는 감사를 선임한 경우
26. 제619조 제1항의 규정에 의한 법원의 명령에 위반한 때
27. 제555조의 규정에 위반하여 지분에 대한 지시식 또는 무기명식의 증권을 발행한 때

② 발기인 또는 이사가 주식의 인수로 인한 권리를 양도한 때에도 제1항과 같다.<개정 1984.4.10>

③ 제1항 각 호 외의 부분에 규정된 자가 다음 각 호의 어느 하나에 해당하는 행위를 한 경우에는 5천만원 이하의 과태료를 부과

한다.<신설 2009.1.30>

1. 제542조의8 제1항을 위반하여 사외이사 선임의무를 이행하지 아니한 경우
2. 제542조의8 제4항을 위반하여 사외이사 후보추천위원회를 설치하지 아니하거나 사외이사가 총위원의 2분의 1 이상이 되도록 사외이사 후보추천위원회를 구성하지 아니한 경우
3. 제542조의8 제5항에 따라 사외이사를 선임하지 아니한 경우
4. 제542조의9 제3항을 위반하여 이사회 승인 없이 거래한 경우
5. 제542조의11 제1항을 위반하여 감사위원회를 설치하지 아니한 경우
6. 제542조의11 제2항을 위반하여 제415조의2 제2항 및 제542조의11 제2항 각 호의 감사위원회의 구성요건에 적합한 감사위원회를 설치하지 아니한 경우
7. 제542조의11 제4항 제1호 및 제2호를 위반하여 감사위원회가 제415조의2 제2항 및 제542조의11 제2항 각 호의 감사위원회의 구성요건에 적합하도록 하지 아니한 경우
8. 제542조의12 제2항을 위반하여 감사위원회위원의 선임절차를 준수하지 아니한 경우

④ 제1항 각 호 외의 부분에 규정된 자가 다음 각 호의 어느 하나에 해당하는 행위를 한 경우에는 1천만원 이하의 과태료를 부과한다.<신설 2009.1.30>

1. 제542조의4에 따른 주주총회 소집의 통지·공고를 게을리하거나 부정한 통지 또는 공고를 한 경우
2. 제542조의7 제4항 또는 제542조의12 제5항을 위반하여 의안을 별도로 상정하여 의결하지 아니한 경우

제636조 (등기전의 회사명의의 영업등) ① 회사의 성립 전에 회사의 명의로 영업을 한 자는 회사설립의 등록세의 배액에 상당한 과태료에 처한다.

② 전항의 규정은 제616조 제1항의 규정에 위반한 자에 준용한다.

제637조 (법인에 대한 벌칙의 적용) 제622조, 제623조, 제625조, 제627조, 제628조 또는 제630조 제1항에 게기한 자가 법인인 때에는 본장의 벌칙은 그 행위를 한 이사, 감사 기타 업무를 집행한 사원 또는 지배인에 적용한다.

제637조의2 (과태료의 부과·징수) ① 제635조(제1항 제1호는 제외한다) 또는 제636조에 따른 과태료는 대통령령으로 정하는 바에 따라 법무부장관이 부과·징수한다.

② 제1항에 따른 과태료 처분에 불복하는 자는 그 처분을 고지받은 날부터 60일 이내에 법무부장관에게 이의를 제기할 수 있다.

③ 제1항에 따른 과태료 처분을 받은 자가 제2항에 따라 이의를 제기한 때에는 법무부장관은 지체 없이 관할 법원에 그 사실을 통보하여야 하며, 그 통보를 받은 관할 법원은 「비송사건절차법」에 따른 과태료 재판을 한다.

④ 제2항에서 규정하는 기간 내에 이의를 제기하지 아니하고 과태료를 납부하지 아니한 때에는 국세 체납처분의 예에 따라 징수한다.

[본조신설 2009.1.30]

제4편 보　험

제1장 통　칙

제638조 (의의) 보험계약은 당사자 일방이 약정한 보험료를 지급하고 상대방이 재산

또는 생명이나 신체에 관하여 불확정한 사고가 생길 경우에 일정한 보험금액 기타의 급여를 지급할 것을 약정함으로써 효력이 생긴다.

제638조의2 (보험계약의 성립) ① 보험자가 보험계약자로부터 보험계약의 청약과 함께 보험료 상당액의 전부 또는 일부의 지급을 받은 때에는 다른 약정이 없으면 30일내에 그 상대방에 대하여 낙부의 통지를 발송하여야 한다. 그러나 인보험계약의 피보험자가 신체검사를 받아야 하는 경우에는 그 기간은 신체검사를 받은 날부터 기산한다.

② 보험자가 제1항의 규정에 의한 기간내에 낙부의 통지를 해태한 때에는 승낙한 것으로 본다.

③ 보험자가 보험계약자로부터 보험계약의 청약과 함께 보험료 상당액의 전부 또는 일부를 받은 경우에 그 청약을 승낙하기 전에 보험계약에서 정한 보험사고가 생긴 때에는 그 청약을 거절할 사유가 없는 한 보험자는 보험계약상의 책임을 진다. 그러나 인보험계약의 피보험자가 신체검사를 받아야 하는 경우에 그 검사를 받지 아니한 때에는 그러하지 아니하다.

[본조신설 1991.12.31]

제638조의3 (보험약관의 교부·명시의무) ① 보험자는 보험계약을 체결할 때에 보험계약자에게 보험약관을 교부하고 그 약관의 중요한 내용을 알려주어야 한다.

② 보험자가 제1항의 규정에 위반한 때에는 보험계약자는 보험계약이 성립한 날부터 1월내에 그 계약을 취소할 수 있다.

[본조신설 1991.12.31]

제639조 (타인을 위한 보험) ① 보험계약자는 위임을 받거나 위임을 받지 아니하고 특정 또는 불특정의 타인을 위하여 보험계약을 체결할 수 있다. 그러나 손해보험계약의 경우에 그 타인의 위임이 없는 때에는 보험계약자는 이를 보험자에게 고지하여야 하고, 그 고지가 없는 때에는 타인이 그 보험계약이 체결된 사실을 알지 못하였다는 사유로 보험자에게 대항하지 못한다. <개정 1991.12.31>

② 제1항의 경우에는 그 타인은 당연히 그 계약의 이익을 받는다. 그러나, 손해보험계약의 경우에 보험계약자가 그 타인에게 보험사고의 발생으로 생긴 손해의 배상을 한 때에는 보험계약자는 그 타인의 권리를 해하지 아니하는 범위안에서 보험자에게 보험금액의 지급을 청구할 수 있다.<신설 1991.12.31>

③ 제1항의 경우에는 보험계약자는 보험자에 대하여 보험료를 지급할 의무가 있다. 그러나 보험계약자가 파산선고를 받거나 보험료의 지급을 지체한 때에는 그 타인이 그 권리를 포기하지 아니하는 한 그 타인도 보험료를 지급할 의무가 있다.<개정 1991.12.31>

제640조 (보험증권의 교부) ① 보험자는 보험계약이 성립한 때에는 지체없이 보험증권을 작성하여 보험계약자에게 교부하여야 한다. 그러나 보험계약자가 보험료의 전부 또는 최초의 보험료를 지급하지 아니한 때에는 그러하지 아니하다.<개정 1991.12.31>

② 기존의 보험계약을 연장하거나 변경한 경우에는 보험자는 그 보험증권에 그 사실을 기재함으로써 보험증권의 교부에 갈음할 수 있다.<신설 1991.12.31>

제641조 (증권에 관한 이의약관의 효력) 보험계약의 당사자는 보험증권의 교부가 있은 날로부터 일정한 기간내에 한하여 그 증권내용의 정부에 관한 이의를 할 수 있음을

약정할 수 있다. 이 기간은 1월을 내리지 못한다.

제642조 (증권의 재교부청구) 보험증권을 멸실 또는 현저하게 훼손한 때에는 보험계약자는 보험자에 대하여 증권의 재교부를 청구할 수 있다. 그 증권작성의 비용은 보험계약자의 부담으로 한다.

제643조 (소급보험) 보험계약은 그 계약전의 어느 시기를 보험기간의 시기로 할 수 있다.

제644조 (보험사고의 객관적 확정의 효과) 보험계약당시에 보험사고가 이미 발생하였거나 또는 발생할 수 없는 것인 때에는 그 계약은 무효로 한다. 그러나 당사자 쌍방과 피보험자가 이를 알지 못한 때에는 그러하지 아니하다.

제645조 삭제 <1991.12.31>

제646조 (대리인이 안것의 효과) 대리인에 의하여 보험계약을 체결한 경우에 대리인이 안 사유는 그 본인이 안 것과 동일한 것으로 한다.

제647조 (특별위험의 소멸로 인한 보험료의 감액청구) 보험계약의 당사자가 특별한 위험을 예기하여 보험료의 액을 정한 경우에 보험기간중 그 예기한 위험이 소멸한 때에는 보험계약자는 그 후의 보험료의 감액을 청구할 수 있다.

제648조 (보험계약의 무효로 인한 보험료반환청구) 보험계약의 전부 또는 일부가 무효인 경우에 보험계약자와 피보험자가 선의이며 중대한 과실이 없는 때에는 보험자에 대하여 보험료의 전부 또는 일부의 반환을 청구할 수 있다. 보험계약자와 보험수익자가 선의이며 중대한 과실이 없는 때에도 같다.

제649조 (사고발생전의 임의해지) ① 보험사고가 발생하기 전에는 보험계약자는 언제든지 계약의 전부 또는 일부를 해지할 수 있다. 그러나 제639조의 보험계약의 경우에는 보험계약자는 그 타인의 동의를 얻지 아니하거나 보험증권을 소지하지 아니하면 그 계약을 해지하지 못한다.<개정 1991.12.31>

② 보험사고의 발생으로 보험자가 보험금액을 지급한 때에도 보험금액이 감액되지 아니하는 보험의 경우에는 보험계약자는 그 사고발생 후에도 보험계약을 해지할 수 있다.<신설 1991.12.31>

③ 제1항의 경우에는 보험계약자는 당사자간에 다른 약정이 없으면 미경과보험료의 반환을 청구할 수 있다.<개정 1991.12.31>

제650조 (보험료의 지급과 지체의 효과) ① 보험계약자는 계약체결후 지체없이 보험료의 전부 또는 제1회 보험료를 지급하여야 하며, 보험계약자가 이를 지급하지 아니하는 경우에는 다른 약정이 없는 한 계약성립후 2월이 경과하면 그 계약은 해제된 것으로 본다.

② 계속보험료가 약정한 시기에 지급되지 아니한 때에는 보험자는 상당한 기간을 정하여 보험계약자에게 최고하고 그 기간내에 지급되지 아니한 때에는 그 계약을 해지할 수 있다.

③ 특정한 타인을 위한 보험의 경우에 보험계약자가 보험료의 지급을 지체한 때에는 보험자는 그 타인에게도 상당한 기간을 정하여 보험료의 지급을 최고한 후가 아니면 그 계약을 해제 또는 해지하지 못한다.

[전문개정 1991.12.31]

제650조의2 (보험계약의 부활) 제650조 제2항에 따라 보험계약이 해지되고 해지환급금이 지급되지 아니한 경우에 보험계약자는 일정한 기간내에 연체보험료에 약정이자를 붙여 보험자에게 지급하고 그 계약의

부활을 청구할 수 있다. 제638조의2의 규정은 이 경우에 준용한다.
[본조신설 1991.12.31]

제651조 (고지의무위반으로 인한 계약해지) 보험계약당시에 보험계약자 또는 피보험자가 고의 또는 중대한 과실로 인하여 중요한 사항을 고지하지 아니하거나 부실의 고지를 한 때에는 보험자는 그 사실을 안 날로부터 1월내에, 계약을 체결한 날로부터 3년내에 한하여 계약을 해지할 수 있다. 그러나 보험자가 계약당시에 그 사실을 알았거나 중대한 과실로 인하여 알지 못한 때에는 그러하지 아니하다. <개정 1991.12. 31>

제651조의2 (서면에 의한 질문의 효력) 보험자가 서면으로 질문한 사항은 중요한 사항으로 추정한다.
[본조신설 1991.12.31]

제652조 (위험변경증가의 통지와 계약해지) ① 보험기간중에 보험계약자 또는 피보험자가 사고발생의 위험이 현저하게 변경 또는 증가된 사실을 안 때에는 지체없이 보험자에게 통지하여야 한다. 이를 해태한 때에는 보험자는 그 사실을 안 날로부터 1월내에 한하여 계약을 해지할 수 있다.
② 보험자가 제1항의 위험변경증가의 통지를 받은 때에는 1월내에 보험료의 증액을 청구하거나 계약을 해지할 수 있다.<신설 1991.12.31>

제653조 (보험계약자등의 고의나 중과실로 인한 위험증가와 계약해지) 보험기간중에 보험계약자, 피보험자 또는 보험수익자의 고의 또는 중대한 과실로 인하여 사고발생의 위험이 현저하게 변경 또는 증가된 때에는 보험자는 그 사실을 안 날부터 1월내에 보험료의 증액을 청구하거나 계약을 해지할 수 있다.<개정 1991.12.31>

제654조 (보험자의 파산선고와 계약해지) ① 보험자가 파산의 선고를 받은 때에는 보험계약자는 계약을 해지할 수 있다.
② 제1항의 규정에 의하여 해지하지 아니한 보험계약은 파산선고 후 3월을 경과한 때에는 그 효력을 잃는다.<개정 1991.12. 31>

제655조 (계약해지와 보험금액청구권) 보험사고가 발생한 후에도 보험자가 제650조, 제651조, 제652조와 제653조의 규정에 의하여 계약을 해지한 때에는 보험금액을 지급할 책임이 없고 이미 지급한 보험금액의 반환을 청구할 수 있다. 그러나 고지의무에 위반한 사실 또는 위험의 현저한 변경이나 증가된 사실이 보험사고의 발생에 영향을 미치지 아니하였음이 증명된 때에는 그러하지 아니하다.<개정 1962.12.12, 1991.12.31>

제656조 (보험료의 지급과 보험자의 책임개시) 보험자의 책임은 당사자간에 다른 약정이 없으면 최초의 보험료의 지급을 받은 때로부터 개시한다.

제657조 (보험사고발생의 통지의무) ① 보험계약자 또는 피보험자나 보험수익자는 보험사고의 발생을 안 때에는 지체없이 보험자에게 그 통지를 발송하여야 한다.
② 보험계약자 또는 피보험자나 보험수익자가 제1항의 통지의무를 해태함으로 인하여 손해가 증가된 때에는 보험자는 그 증가된 손해를 보상할 책임이 없다.<신설 1991.12.31>

제658조 (보험금액의 지급) 보험자는 보험금액의 지급에 관하여 약정기간이 있는 경우에는 그 기간내에 약정기간이 없는 경우에는 제657조 제1항의 통지를 받은 후 지체없이 지급할 보험금액을 정하고 그 정하여진 날부터 10일내에 피보험자 또는 보험수익자에게 보험금액을 지급하여야 한다.
[전문개정 1991.12.31]

제659조 (보험자의 면책사유) ① 보험사고

가 보험계약자 또는 피보험자나 보험수익자의 고의 또는 중대한 과실로 인하여 생긴 때에는 보험자는 보험금액을 지급할 책임이 없다.
② 삭제<1991.12.31>
제660조 (전쟁위험등으로 인한 면책) 보험사고가 전쟁 기타의 변란으로 인하여 생긴 때에는 당사자간에 다른 약정이 없으면 보험자는 보험금액을 지급할 책임이 없다.
제661조 (재보험) 보험자는 보험사고로 인하여 부담할 책임에 대하여 다른 보험자와 재보험계약을 체결할 수 있다. 이 재보험계약은 원보험계약의 효력에 영향을 미치지 아니한다.
제662조 (소멸시효) 보험금액의 청구권과 보험료 또는 적입금의 반환청구권은 2년간, 보험료의 청구권은 1년간 행사하지 아니하면 소멸시효가 완성한다.
제663조 (보험계약자등의 불이익변경금지) 이 편의 규정은 당사자간의 특약으로 보험계약자 또는 피보험자나 보험수익자의 불이익으로 변경하지 못한다. 그러나 재보험 및 해상보험 기타 이와 유사한 보험의 경우에는 그러하지 아니하다. <개정 1991.12.31>
제664조 (상호보험에의 준용) 이 편의 규정은 그 성질이 상반되지 아니하는 한도에서 상호보험에 준용한다. <개정 1991.12. 31>

제 2 장 손해보험

제 1 절 통 칙

제665조 (손해보험자의 책임) 손해보험계약의 보험자는 보험사고로 인하여 생길 피보험자의 재산상의 손해를 보상할 책임이 있다.
제666조 (손해보험증권) 손해보험증권에는 다음의 사항을 기재하고 보험자가 기명날인 또는 서명하여야 한다. <개정 1991. 12.31>
1. 보험의 목적
2. 보험사고의 성질
3. 보험금액
4. 보험료와 그 지급방법
5. 보험기간을 정한 때에는 그 시기와 종기
6. 무효와 실권의 사유
7. 보험계약자의 주소와 성명 또는 상호
8. 보험계약의 연월일
9. 보험증권의 작성지와 그 작성년월일

제667조 (상실이익등의 불산입) 보험사고로 인하여 상실된 피보험자가 얻을 이익이나 보수는 당사자간에 다른 약정이 없으면 보험자가 보상할 손해액에 산입하지 아니한다.
제668조 (보험계약의 목적) 보험계약은 금전으로 산정할 수 있는 이익에 한하여 보험계약의 목적으로 할 수 있다.
제669조 (초과보험) ① 보험금액이 보험계약의 목적의 가액을 현저하게 초과한 때에는 보험자 또는 보험계약자는 보험료와 보험금액의 감액을 청구할 수 있다. 그러나 보험료의 감액은 장래에 대하여서만 그 효력이 있다.
② 제1항의 가액은 계약당시의 가액에 의하여 정한다.<개정 1991.12.31>
③ 보험가액이 보험기간중에 현저하게 감소된 때에도 제1항과 같다.
④ 제1항의 경우에 계약이 보험계약자의 사기로 인하여 체결된 때에는 그 계약은 무효로 한다. 그러나 보험자는 그 사실을 안 때까지의 보험료를 청구할 수 있다.
제670조 (기평가보험) 당사자간에 보험가액을 정한 때에는 그 가액은 사고발생시의

가액으로 정한 것으로 추정한다. 그러나 그 가액이 사고발생시의 가액을 현저하게 초과할 때에는 사고발생시의 가액을 보험가액으로 한다.

제671조 (미평가보험) 당사자간에 보험가액을 정하지 아니한 때에는 사고발생시의 가액을 보험가액으로 한다.

제672조 (중복보험) ① 동일한 보험계약의 목적과 동일한 사고에 관하여 수개의 보험계약이 동시에 또는 순차로 체결된 경우에 그 보험금액의 총액이 보험가액을 초과한 때에는 보험자는 각자의 보험금액의 한도에서 연대책임을 진다. 이 경우에는 각 보험자의 보상책임은 각자의 보험금액의 비율에 따른다.<개정 1991.12.31>

② 동일한 보험계약의 목적과 동일한 사고에 관하여 수개의 보험계약을 체결하는 경우에는 보험계약자는 각 보험자에 대하여 각 보험계약의 내용을 통지하여야 한다. <개정 1991.12.31>

③ 제669조 제4항의 규정은 제1항의 보험계약에 준용한다.

제673조 (중복보험과 보험자 1인에 대한 권리포기) 제672조의 규정에 의한 수개의 보험계약을 체결한 경우에 보험자 1인에 대한 권리의 포기는 다른 보험자의 권리의무에 영향을 미치지 아니한다.<개정 1991.12.31>

제674조 (일부보험) 보험가액의 일부를 보험에 붙인 경우에는 보험자는 보험금액의 보험가액에 대한 비율에 따라 보상할 책임을 진다. 그러나, 당사자간에 다른 약정이 있는 때에는 보험자는 보험금액의 한도내에서 그 손해를 보상할 책임을 진다. <개정 1991.12.31>

제675조 (사고발생 후의 목적멸실과 보상책임) 보험의 목적에 관하여 보험자가 부담할 손해가 생긴 경우에는 그 후 그 목적이 보험자가 부담하지 아니하는 보험사고의 발생으로 인하여 멸실된 때에도 보험자는 이미 생긴 손해를 보상할 책임을 면하지 못한다.<개정 1962.12.12>

제676조 (손해액의 산정기준) ① 보험자가 보상할 손해액은 그 손해가 발생한 때와 곳의 가액에 의하여 산정한다. 그러나 당사자간에 다른 약정이 있는 때에는 그 신품가액에 의하여 손해액을 산정할 수 있다. <개정 1991.12.31>

② 제1항의 손해액의 산정에 관한 비용은 보험자의 부담으로 한다.<개정 1991.12.31>

제677조 (보험료체납과 보상액의 공제) 보험자가 손해를 보상할 경우에 보험료의 지급을 받지 아니한 잔액이 있으면 그 지급기일이 도래하지 아니한 때라도 보상할 금액에서 이를 공제할 수 있다.

제678조 (보험자의 면책사유) 보험의 목적의 성질, 하자 또는 자연소모로 인한 손해는 보험자가 이를 보상할 책임이 없다.

제679조 (보험목적의 양도) ① 피보험자가 보험의 목적을 양도한 때에는 양수인은 보험계약상의 권리와 의무를 승계한 것으로 추정한다.<개정 1991.12.31>

② 제1항의 경우에 보험의 목적의 양도인 또는 양수인은 보험자에 대하여 지체없이 그 사실을 통지하여야 한다.<신설 1991.12.31>

제680조 (손해방지의무) ① 보험계약자와 피보험자는 손해의 방지와 경감을 위하여 노력하여야 한다. 그러나 이를 위하여 필요 또는 유익하였던 비용과 보상액이 보험금액을 초과한 경우라도 보험자가 이를 부담한다.<개정 1991.12.31>

② 삭제<1991.12.31>

제681조 (보험목적에 관한 보험대위) 보험의 목적의 전부가 멸실한 경우에 보험금액의 전부를 지급한 보험자는 그 목적에 대한 피보험자의 권리를 취득한다. 그러나 보험가액의 일부를 보험에 붙인 경우에는 보험자가 취득할 권리는 보험금액의 보험가액에 대한 비율에 따라 이를 정한다.

제682조 (제삼자에 대한 보험대위) 손해가 제삼자의 행위로 인하여 생긴 경우에 보험금액을 지급한 보험자는 그 지급한 금액의 한도에서 그 제삼자에 대한 보험계약자 또는 피보험자의 권리를 취득한다. 그러나 보험자가 보상할 보험금액의 일부를 지급한 때에는 피보험자의 권리를 해하지 아니하는 범위내에서 그 권리를 행사할 수 있다.

제 2 절　화재보험

제683조 (화재보험자의 책임) 화재보험계약의 보험자는 화재로 인하여 생길 손해를 보상할 책임이 있다.

제684조 (소방등의 조치로 인한 손해의 보상) 보험자는 화재의 소방 또는 손해의 감소에 필요한 조치로 인하여 생긴 손해를 보상할 책임이 있다.

제685조 (화재보험증권) 화재보험증권에는 제666조에 게기한 사항 외에 다음의 사항을 기재하여야 한다.

1. 건물을 보험의 목적으로 한 때에는 그 소재지, 구조와 용도
2. 동산을 보험의 목적으로 한 때에는 그 존치한 장소의 상태와 용도
3. 보험가액을 정한 때에는 그 가액

제686조 (집합보험의 목적) 집합된 물건을 일괄하여 보험의 목적으로 한 때에는 피보험자의 가족과 사용인의 물건도 보험의 목적에 포함된 것으로 한다. 이 경우에는 그 보험은 그 가족 또는 사용인을 위하여서도 체결한 것으로 본다.

제687조 (동전) 집합된 물건을 일괄하여 보험의 목적으로 한 때에는 그 목적에 속한 물건이 보험기간중에 수시로 교체된 경우에도 보험사고의 발생시에 현존한 물건은 보험의 목적에 포함된 것으로 한다.

제 3 절　운송보험

제688조 (운송보험자의 책임) 운송보험계약의 보험자는 다른 약정이 없으면 운송인이 운송물을 수령한 때로부터 수하인에게 인도할 때까지 생길 손해를 보상할 책임이 있다.

제689조 (운송보험의 보험가액) ① 운송물의 보험에 있어서는 발송한 때와 곳의 가액과 도착지까지의 운임 기타의 비용을 보험가액으로 한다.

② 운송물의 도착으로 인하여 얻을 이익은 약정이 있는 때에 한하여 보험가액중에 산입한다.

제690조 (운송보험증권) 운송보험증권에는 제666조에 게기한 사항 외에 다음의 사항을 기재하여야 한다.

1. 운송의 노순과 방법
2. 운송인의 주소와 성명 또는 상호
3. 운송물의 수령과 인도의 장소
4. 운송기간을 정한 때에는 그 기간
5. 보험가액을 정한 때에는 그 가액

제691조 (운송의 중지나 변경과 계약효력) 보험계약은 다른 약정이 없으면 운송의 필요에 의하여 일시운송을 중지하거나 운송의 노순 또는 방법을 변경한 경우에도 그 효력을 잃지 아니한다.

제692조 (운송보조자의 고의, 중과실과 보험자의 면책) 보험사고가 송하인 또는 수하인의 고의 또는 중대한 과실로 인하여 발생한 때에는 보험자는 이로 인하여 생긴 손해

를 보상할 책임이 없다.

제 4 절　해상보험

제693조 (해상보험자의 책임) 해상보험계약의 보험자는 해상사업에 관한 사고로 인하여 생길 손해를 보상할 책임이 있다. <개정 1991.12.31>

제694조 (공동해손분담액의 보상) 보험자는 피보험자가 지급할 공동해손의 분담액을 보상할 책임이 있다. 그러나 보험의 목적의 공동해손분담가액이 보험가액을 초과할 때에는 그 초과액에 대한 분담액은 보상하지 아니한다.<개정 1991.12.31>

제694조의2 (구조료의 보상) 보험자는 피보험자가 보험사고로 인하여 발생하는 손해를 방지하기 위하여 지급할 구조료를 보상할 책임이 있다. 그러나 보험의 목적물의 구조료분담가액이 보험가액을 초과할 때에는 그 초과액에 대한 분담액은 보상하지 아니한다.

[본조신설 1991.12.31]

제694조의3 (특별비용의 보상) 보험자는 보험의 목적의 안전이나 보존을 위하여 지급할 특별비용을 보험금액의 한도내에서 보상할 책임이 있다.

[본조신설 1991.12.31]

제695조 (해상보험증권) 해상보험증권에는 제666조에 게기한 사항 외에 다음의 사항을 기재하여야 한다.<개정 1991.12.31>

1. 선박을 보험에 붙인 경우에는 그 선박의 명칭, 국적과 종류 및 항해의 범위
2. 적하를 보험에 붙인 경우에는 선박의 명칭, 국적과 종류, 선적항, 양륙항 및 출하지와 도착지를 정한 때에는 그 지명
3. 보험가액을 정한 때에는 그 가액

제696조 (선박보험의 보험가액과 보험목적) ① 선박의 보험에 있어서는 보험자의 책임이 개시될 때의 선박가액을 보험가액으로 한다.

② 제1항의 경우에는 선박의 속구, 연료, 양식 기타 항해에 필요한 모든 물건은 보험의 목적에 포함된 것으로 한다.<개정 1991.12.31>

제697조 (적하보험의 보험가액) 적하의 보험에 있어서는 선적한 때와 곳의 적하의 가액과 선적 및 보험에 관한 비용을 보험가액으로 한다.<개정 1962.12.12>

제698조 (희망이익보험의 보험가액) 적하의 도착으로 인하여 얻을 이익 또는 보수의 보험에 있어서는 계약으로 보험가액을 정하지 아니한 때에는 보험금액을 보험가액으로 한 것으로 추정한다.

제699조 (해상보험의 보험기간의 개시) ① 항해단위로 선박을 보험에 붙인 경우에는 보험기간은 하물 또는 저하의 선적에 착수한 때에 개시한다.

② 적하를 보험에 붙인 경우에는 보험기간은 하물의 선적에 착수한 때에 개시한다. 그러나 출하지를 정한 경우에는 그 곳에서 운송에 착수한 때에 개시한다.

③ 하물 또는 저하의 선적에 착수한 후에 제1항 또는 제2항의 규정에 의한 보험계약이 체결된 경우에는 보험기간은 계약이 성립한 때에 개시한다.

[전문개정 1991.12.31]

제700조 (해상보험의 보험기간의 종료) 보험기간은 제699조 제1항의 경우에는 도착항에서 하물 또는 저하를 양륙한 때에, 동조 제2항의 경우에는 양륙항 또는 도착지에서 하물을 인도한 때에 종료한다. 그러나 불가항력으로 인하지 아니하고 양륙이 지연된 때에는 그 양륙이 보통종료될 때에 종료된 것으로 한다.<개정 1991.12.31>

제701조 (항해변경의 효과) ① 선박이 보험

계약에서 정하여진 발항항이 아닌 다른 항에서 출항한 때에는 보험자는 책임을 지지 아니한다.

② 선박이 보험계약에서 정하여진 도착항이 아닌 다른 항을 향하여 출항한 때에도 제1항의 경우와 같다.

③ 보험자의 책임이 개시된 후에 보험계약에서 정하여진 도착항이 변경된 경우에는 보험자는 그 항해의 변경이 결정된 때부터 책임을 지지 아니한다.

[전문개정 1991.12.31]

제701조의2 (이로) 선박이 정당한 사유없이 보험계약에서 정하여진 선로를 이탈한 경우에는 보험자는 그때부터 책임을 지지 아니한다. 선박이 손해발생 전에 원항로로 돌아온 경우에도 같다.

[본조신설 1991.12.31]

제702조 (발항 또는 항해의 지연의 효과) 피보험자가 정당한 사유없이 발항 또는 항해를 지연한 때에는 보험자는 발항 또는 항해를 지체한 이후의 사고에 대하여 책임을 지지 아니한다.

[전문개정 1991.12.31]

제703조 (선박변경의 효과) 적하를 보험에 붙인 경우에 보험계약자 또는 피보험자의 책임있는 사유로 인하여 선박을 변경한 때에는 그 변경후의 사고에 대하여 책임을 지지 아니한다.<개정 1991.12.31>

제703조의2 (선박의 양도등의 효과) 선박을 보험에 붙인 경우에 다음의 사유가 있을 때에는 보험계약은 종료한다. 그러나 보험자의 동의가 있는 때에는 그러하지 아니하다.

1. 선박을 양도할 때
2. 선박의 선급을 변경한 때
3. 선박을 새로운 관리로 옮긴 때

[본조신설 1991.12.31]

제704조 (선박미확정의 적하예정보험) ① 보험계약의 체결당시에 하물을 적재할 선박을 지정하지 아니한 경우에 보험계약자 또는 피보험자가 그 하물이 선적되었음을 안 때에는 지체없이 보험자에 대하여 그 선박의 명칭, 국적과 하물의 종류, 수량과 가액의 통지를 발송하여야 한다.<개정 1991.12.31>

② 제1항의 통지를 해태한 때에는 보험자는 그 사실을 안 날부터 1월내에 계약을 해지할 수 있다.<개정 1991.12.31>

제705조 삭제 <1991.12.31>

제706조 (해상보험자의 면책사유) 보험자는 다음의 손해와 비용을 보상할 책임이 없다.<개정 1991.12.31>

1. 선박 또는 운임을 보험에 붙인 경우에는 발항당시 안전하게 항해를 하기에 필요한 준비를 하지 아니하거나 필요한 서류를 비치하지 아니함으로 인하여 생긴 손해
2. 적하를 보험에 붙인 경우에는 용선자, 송하인 또는 수하인의 고의 또는 중대한 과실로 인하여 생긴 손해
3. 도선료, 입항료, 등대료, 검역료, 기타 선박 또는 적하에 관한 항해중의 통상비용

제707조 삭제 <1991.12.31>

제707조의2 (선박의 일부손해의 보상) ① 선박의 일부가 훼손되어 그 훼손된 부분의 전부를 수선한 경우에는 보험자는 수선에 따른 비용을 1회의 사고에 대하여 보험금액을 한도로 보상할 책임이 있다.

② 선박의 일부가 훼손되어 그 훼손된 부분의 일부를 수선한 경우에는 보험자는 수선에 따른 비용과 수선을 하지 아니함으로써 생긴 감가액을 보상할 책임이 있다.

③ 선박의 일부가 훼손되었으나 이를 수선하지 아니한 경우에는 보험자는 그로 인한

감가액을 보상할 책임이 있다.
[본조신설 1991.12.31]

제708조 (적하의 일부손해의 보상) 보험의 목적인 적하가 훼손되어 양륙항에 도착한 때에는 보험자는 그 훼손된 상태의 가액과 훼손되지 아니한 상태의 가액과의 비율에 따라 보험가액의 일부에 대한 손해를 보상할 책임이 있다.

제709조 (적하매각으로 인한 손해의 보상) ① 항해 도중에 불가항력으로 보험의 목적인 적하를 매각한 때에는 보험자는 그 대금에서 운임 기타 필요한 비용을 공제한 금액과 보험가액과의 차액을 보상하여야 한다.
② 제1항의 경우에 매수인이 대금을 지급하지 아니한 때에는 보험자는 그 금액을 지급하여야 한다. 보험자가 그 금액을 지급한 때에는 피보험자의 매수인에 대한 권리를 취득한다.<개정 1991.12.31>

제710조 (보험위부의 원인) 다음의 경우에는 피보험자는 보험의 목적을 보험자에게 위부하고 보험금액의 전부를 청구할 수 있다.<개정 1991.12.31>

1. 피보험자가 보험사고로 인하여 자기의 선박 또는 적하의 점유를 상실하여 이를 회복할 가능성이 없거나 회복하기 위한 비용이 회복하였을 때의 가액을 초과하리라고 예상될 경우
2. 선박이 보험사고로 인하여 심하게 훼손되어 이를 수선하기 위한 비용이 수선하였을 때의 가액을 초과하리라고 예상될 경우
3. 적하가 보험사고로 인하여 심하게 훼손되어서 이를 수선하기 위한 비용과 그 적하를 목적지까지 운송하기 위한 비용과의 합계액이 도착하는 때의 적하의 가액을 초과하리라고 예상될 경우

제711조 (선박의 행방불명) ① 선박의 존부가 2월간 분명하지 아니한 때에는 그 선박의 행방이 불명한 것으로 한다.<개정 1991.12.31>
② 제1항의 경우에는 전손으로 추정한다.<개정 1991.12.31>

제712조 (대선에 의한 운송의 계속과 위부권의 소멸) 제710조 제2호의 경우에 선장이 지체없이 다른 선박으로 적하의 운송을 계속한 때에는 피보험자는 그 적하를 위부할 수 없다.<개정 1991.12.31>

제713조 (위부의 통지) ① 피보험자가 위부를 하고자 할 때에는 상당한 기간내에 보험자에 대하여 그 통지를 발송하여야 한다.<개정 1991.12.31>
② 삭제<1991.12.31>

제714조 (위부권행사의 요건) ① 위부는 무조건이어야 한다.
② 위부는 보험의 목적의 전부에 대하여 이를 하여야 한다. 그러나 위부의 원인이 그 일부에 대하여 생긴 때에는 그 부분에 대하여서만 이를 할 수 있다.
③ 보험가액의 일부를 보험에 붙인 경우에는 위부는 보험금액의 보험가액에 대한 비율에 따라서만 이를 할 수 있다.

제715조 (다른 보험계약등에 관한 통지) ① 피보험자가 위부를 함에 있어서는 보험자에 대하여 보험의 목적에 관한 다른 보험계약과 그 부담에 속한 채무의 유무와 그 종류 및 내용을 통지하여야 한다.
② 보험자는 제1항의 통지를 받을 때까지 보험금액의 지급을 거부할 수 있다.<개정 1991.12.31>
③ 보험금액의 지급에 관한 기간의 약정이 있는 때에는 그 기간은 제1항의 통지를 받은 날로부터 기산한다.

제716조 (위부의 승인) 보험자가 위부를 승인한 후에는 그 위부에 대하여 이의를 하지

못한다.

제717조 (위부의 불승인) 보험자가 위부를 승인하지 아니한 때에는 피보험자는 위부의 원인을 증명하지 아니하면 보험금액의 지급을 청구하지 못한다.

제718조 (위부의 효과) ① 보험자는 위부로 인하여 그 보험의 목적에 관한 피보험자의 모든 권리를 취득한다.

② 피보험자가 위부를 한 때에는 보험의 목적에 관한 모든 서류를 보험자에게 교부하여야 한다.

제 5 절 책임보험

제719조 (책임보험자의 책임) 책임보험계약의 보험자는 피보험자가 보험기간중의 사고로 인하여 제3자에게 배상할 책임을 진 경우에 이를 보상할 책임이 있다.

제720조 (피보험자가 지출한 방어비용의 부담) ① 피보험자가 제3자의 청구를 방어하기 위하여 지출한 재판상 또는 재판외의 필요비용은 보험의 목적에 포함된 것으로 한다. 피보험자는 보험자에 대하여 그 비용의 선급을 청구할 수 있다.

② 피보험자가 담보의 제공 또는 공탁으로써 재판의 집행을 면할 수 있는 경우에는 보험자에 대하여 보험금액의 한도내에서 그 담보의 제공 또는 공탁을 청구할 수 있다.

③ 제1항 또는 제2항의 행위가 보험자의 지시에 의한 것인 경우에는 그 금액에 손해액을 가산한 금액이 보험금액을 초과하는 때에도 보험자가 이를 부담하여야 한다.<개정 1991.12.31>

제721조 (영업책임보험의 목적) 피보험자가 경영하는 사업에 관한 책임을 보험의 목적으로 한 때에는 피보험자의 대리인 또는 그 사업감독자의 제3자에 대한 책임도 보험의 목적에 포함된 것으로 한다.

제722조 (피보험자의 사고통지의무) 피보험자가 제3자로부터 배상의 청구를 받은 때에는 지체없이 보험자에게 그 통지를 발송하여야 한다.

제723조 (피보험자의 변제등의 통지와 보험금액의 지급) ① 피보험자가 제3자에 대하여 변제, 승인, 화해 또는 재판으로 인하여 채무가 확정된 때에는 지체없이 보험자에게 그 통지를 발송하여야 한다.

② 보험자는 특별한 기간의 약정이 없으면 전항의 통지를 받은 날로부터 10일내에 보험금액을 지급하여야 한다.

③ 피보험자가 보험자의 동의없이 제3자에 대하여 변제, 승인 또는 화해를 한 경우에는 보험자가 그 책임을 면하게 되는 합의가 있는 때에도 그 행위가 현저하게 부당한 것이 아니면 보험자는 보상할 책임을 면하지 못한다.

제724조 (보험자와 제3자와의 관계) ① 보험자는 피보험자가 책임을 질 사고로 인하여 생긴 손해에 대하여 제3자가 그 배상을 받기 전에는 보험금액의 전부 또는 일부를 피보험자에게 지급하지 못한다.

② 제3자는 피보험자가 책임을 질 사고로 입은 손해에 대하여 보험금액의 한도내에서 보험자에게 직접 보상을 청구할 수 있다. 그러나 보험자는 피보험자가 그 사고에 관하여 가지는 항변으로써 제3자에게 대항할 수 있다.<개정 1991.12.31>

③ 보험자가 제2항의 규정에 의한 청구를 받은 때에는 지체없이 피보험자에게 이를 통지하여야 한다.<신설 1991.12.31>

④ 제2항의 경우에 피보험자는 보험자의 요구가 있을 때에는 필요한 서류·증거의 제출, 증언 또는 증인의 출석에 협조하여야 한다.<신설 1991.12.31>

제725조 (보관자의 책임보험) 임차인 기타 타인의 물건을 보관하는 자가 그 지급할 손해배상을 위하여 그 물건을 보험에 붙인 경우에는 그 물건의 소유자는 보험자에 대하여 직접 그 손해의 보상을 청구할 수 있다.

제725조의2 (수개의 책임보험) 피보험자가 동일한 사고로 제3자에게 배상책임을 짐으로써 입은 손해를 보상하는 수개의 책임보험계약이 동시 또는 순차로 체결된 경우에 그 보험금액의 총액이 피보험자의 제3자에 대한 손해배상액을 초과하는 때에는 제672조와 제673조의 규정을 준용한다.

[본조신설 1991.12.31]

제726조 (재보험에의 적용) 이 절의 규정은 재보험계약에 준용한다.<개정 1991.12.31>

제 6 절 자동차보험

제726조의2 (자동차보험자의 책임) 자동차보험계약의 보험자는 피보험자가 자동차를 소유, 사용 또는 관리하는 동안에 발생한 사고로 인하여 생긴 손해를 보상할 책임이 있다.

[본조신설 1991.12.31]

제726조의3 (자동차 보험증권) 자동차 보험증권에는 제666조에 게기한 사항 외에 다음의 사항을 기재하여야 한다.

1. 자동차소유자와 그 밖의 보유자의 성명과 생년월일 또는 상호
2. 피보험자동차의 등록번호, 차대번호, 차형년식과 기계장치
3. 차량가액을 정한 때에는 그 가액

[본조신설 1991.12.31]

제726조의4 (자동차의 양도) ① 피보험자가 보험기간중에 자동차를 양도한 때에는 양수인은 보험자의 승낙을 얻은 경우에 한하여 보험계약으로 인하여 생긴 권리와 의무를 승계한다.

② 보험자가 양수인으로부터 양수사실을 통지받은 때에는 지체없이 낙부를 통지하여야 하고 통지 받은 날부터 10일내에 낙부의 통지가 없을 때에는 승낙한 것으로 본다.

[본조신설 1991.12.31]

제 3 장 인 보 험

제 1 절 통 칙

제727조 (인보험자의 책임) 인보험계약의 보험자는 생명 또는 신체에 관하여 보험사고가 생길 경우에 보험계약의 정하는 바에 따라 보험금액 기타의 급여를 할 책임이 있다.

제728조 (인보험증권) 인보험증권에는 제666조에 게기한 사항 외에 다음의 사항을 기재하여야 한다.<개정 1991.12.31>

1. 보험계약의 종류
2. 피보험자의 주소·성명 및 생년월일
3. 보험수익자를 정한 때에는 그 주소·성명 및 생년월일

제729조 (제3자에 대한 보험대위의 금지) 보험자는 보험사고로 인하여 생긴 보험계약자 또는 보험수익자의 제3자에 대한 권리를 대위하여 행사하지 못한다. 그러나 상해보험계약의 경우에 당사자간에 다른 약정이 있는 때에는 보험자는 피보험자의 권리를 해하지 아니하는 범위 안에서 그 권리를 대위하여 행사할 수 있다. <개정 1991.12.31>

제 2 절 생명보험

제730조 (생명보험자의 책임) 생명보험계약의 보험자는 피보험자의 생명에 관한 보험사고가 생길 경우에 약정한 보험금액을 지급할 책임이 있다.

제731조 (타인의 생명의 보험) ① 타인의 사망을 보험사고로 하는 보험계약에는 보험계약 체결시에 그 타인의 서면에 의한 동의를 얻어야 한다.<개정 1991.12.31>

② 보험계약으로 인하여 생긴 권리를 피보험자가 아닌 자에게 양도하는 경우에도 제1항과 같다.<개정 1991.12.31>

제732조 (15세미만자등에 대한 계약의 금지) 15세미만자, 심신상실자 또는 심신박약자의 사망을 보험사고로 한 보험계약은 무효로 한다.<개정 1991.12.31>

제732조의2 (중과실로 인한 보험사고) 사망을 보험사고로 한 보험계약에는 사고가 보험계약자 또는 피보험자나 보험수익자의 중대한 과실로 인하여 생긴 경우에도 보험자는 보험금액을 지급할 책임을 면하지 못한다.

[본조신설 1991.12.31]

제733조 (보험수익자의 지정 또는 변경의 권리) ① 보험계약자는 보험수익자를 지정 또는 변경할 권리가 있다.

② 보험계약자가 제1항의 지정권을 행사하지 아니하고 사망한 때에는 피보험자를 보험수익자로 하고 보험계약자가 제1항의 변경권을 행사하지 아니하고 사망한 때에는 보험수익자의 권리가 확정된다. 그러나 보험계약자가 사망한 경우에는 그 승계인이 제1항의 권리를 행사할 수 있다는 약정이 있는 때에는 그러하지 아니하다.<개정 1991.12.31>

③ 보험수익자가 보험존속중에 사망한 때에는 보험계약자는 다시 보험수익자를 지정할 수 있다. 이 경우에 보험계약자가 지정권을 행사하지 아니하고 사망한 때에는 보험수익자의 상속인을 보험수익자로 한다.

④ 보험계약자가 제2항과 제3항의 지정권을 행사하기 전에 보험사고가 생긴 경우에는 피보험자 또는 보험수익자의 상속인을 보험수익자로 한다.<신설 1991.12.31>

제734조 (보험수익자지정권등의 통지) ① 보험계약자가 계약체결 후에 보험수익자를 지정 또는 변경할 때에는 보험자에 대하여 그 통지를 하지 아니하면 이로써 보험자에게 대항하지 못한다.

② 제731조 제1항의 규정은 제1항의 지정 또는 변경에 준용한다.<개정 1962.12.12, 1991.12.31>

제735조 (양로보험) 피보험자의 사망을 보험사고로 한 보험계약에는 사고의 발생없이 보험기간이 종료한 때에도 보험금액을 지급할 것을 약정할 수 있다.

제735조의2 (연금보험) 생명보험계약의 보험자는 피보험자의 생명에 관한 보험사고가 생긴 때에 약정에 따라 보험금액을 연금으로 분할하여 지급할 수 있다.

[본조신설 1991.12.31]

제735조의3 (단체보험) ① 단체가 규약에 따라 구성원의 전부 또는 일부를 피보험자로 하는 생명보험계약을 체결하는 경우에는 제731조를 적용하지 아니한다.

② 제1항의 보험계약이 체결된 때에는 보험자는 보험계약자에 대하여서만 보험증권을 교부한다.

[본조신설 1991.12.31]

제736조 (보험적립금반환의무등) ① 제649조, 제650조, 제651조 및 제652조 내지 제655조의 규정에 의하여 보험계약이 해지된 때, 제659조와 제660조의 규정에 의하여 보험금액의 지급책임이 면제된 때에는 보험자는 보험수익자를 위하여 적립한 금액을 보험계약자에게 지급하여야 한다. 그러나 다른 약정이 없으면 제659조 제1항의 보험사고가 보험계약자에 의하여 생긴 경우에는 그러하지 아니하다. <개정 1991.12. 31>

② 삭제<1991.12.31>

제 3 절　상해보험

제737조 (상해보험자의 책임) 상해보험계약의 보험자는 신체의 상해에 관한 보험사고가 생길 경우에 보험금액 기타의 급여를 할 책임이 있다.

제738조 (상해보험증권) 상해보험의 경우에 피보험자와 보험계약자가 동일인이 아닐 때에는 그 보험증권기재사항중 제728조제2호에 게기한 사항에 갈음하여 피보험자의 직무 또는 직위만을 기재할 수 있다.

제739조 (준용규정) 상해보험에 관하여는 제732조를 제외하고 생명보험에 관한 규정을 준용한다.

제 5 편　해　　상

<개정 2007.8.3>

제 1 장　해상기업

<개정 2007.8.3>

제 1 절　선　　박

<개정 2007.8.3>

제740조 (선박의 의의) 이 법에서 "선박"이란 상행위나 그 밖의 영리를 목적으로 항해에 사용하는 선박을 말한다.

[전문개정 2007.8.3]

제741조 (적용범위) ① 항해용 선박에 대하여는 상행위나 그 밖의 영리를 목적으로 하지 아니하더라도 이 편의 규정을 준용한다. 다만, 국유 또는 공유의 선박에 대하여는 「선박법」 제29조 단서에도 불구하고 항해의 목적·성질 등을 고려하여 이 편의 규정을 준용하는 것이 적합하지 아니한 경우로서 대통령령으로 정하는 경우에는 그러하지 아니하다.

② 이 편의 규정은 단정(短艇) 또는 주로 노 또는 상앗대로 운전하는 선박에는 적용하지 아니한다.

[전문개정 2007.8.3]

제742조 (선박의 종물) 선박의 속구목록(屬具目錄)에 기재한 물건은 선박의 종물로 추정한다.

[전문개정 2007.8.3]

제743조 (선박소유권의 이전) 등기 및 등록할 수 있는 선박의 경우 그 소유권의 이전은 당사자 사이의 합의만으로 그 효력이 생긴다. 다만, 이를 등기하고 선박국적증서에 기재하지 아니하면 제3자에게 대항하지 못한다.

[전문개정 2007.8.3]

제744조 (선박의 압류 · 가압류) ① 항해의 준비를 완료한 선박과 그 속구는 압류 또는 가압류를 하지 못한다. 다만, 항해를 준비하기 위하여 생긴 채무에 대하여는 그러하지 아니하다.

② 제1항은 총톤수 20톤 미만의 선박에는 적용하지 아니한다.

[전문개정 2007.8.3]

제 2 절　선　　장

<개정 2007.8.3>

제745조 (선장의 선임 · 해임) 선장은 선박소유자가 선임 또는 해임한다.

[전문개정 2007.8.3]

제746조 (선장의 부당한 해임에 대한 손해배상청구권) 선박소유자가 정당한 사유 없이 선장을 해임한 때에는 선장은 이로 인하여 생긴 손해의 배상을 청구할 수 있다.

[전문개정 2007.8.3]

제747조 (선장의 계속직무집행의 책임) 선

장은 항해 중에 해임 또는 임기가 만료된 경우에도 다른 선장이 그 업무를 처리할 수 있는 때 또는 그 선박이 선적항에 도착할 때까지 그 직무를 집행할 책임이 있다.
[전문개정 2007.8.3]

제748조 (선장의 대선장 선임의 권한 및 책임) 선장은 불가항력으로 인하여 그 직무를 집행하기가 불능한 때에 법령에 다른 규정이 있는 경우를 제외하고는 자기의 책임으로 타인을 선정하여 선장의 직무를 집행하게 할 수 있다.
[전문개정 2007.8.3]

제749조 (대리권의 범위) ① 선적항 외에서는 선장은 항해에 필요한 재판상 또는 재판 외의 모든 행위를 할 권한이 있다.
② 선적항에서는 선장은 특히 위임을 받은 경우 외에는 해원의 고용과 해고를 할 권한만을 가진다.
[전문개정 2007.8.3]

제750조 (특수한 행위에 대한 권한) ① 선장은 선박수선료·해난구조료, 그 밖에 항해의 계속에 필요한 비용을 지급하여야 할 경우 외에는 다음의 행위를 하지 못한다.
1. 선박 또는 속구를 담보에 제공하는 일
2. 차재(借財)하는 일
3. 적하의 전부나 일부를 처분하는 일
② 적하를 처분할 경우의 손해배상액은 그 적하가 도달할 시기의 양륙항의 가격에 의하여 정한다. 다만, 그 가격 중에서 지급을 요하지 아니하는 비용을 공제하여야 한다.
[전문개정 2007.8.3]

제751조 (대리권에 대한 제한) 선장의 대리권에 대한 제한은 선의의 제3자에게 대항하지 못한다.
[전문개정 2007.8.3]

제752조 (이해관계인을 위한 적하의 처분) ① 선장이 항해 중에 적하를 처분하는 경우에는 이해관계인의 이익을 위하여 가장 적당한 방법으로 하여야 한다.
② 제1항의 경우에 이해관계인은 선장의 처분으로 인하여 생긴 채권자에게 적하의 가액을 한도로 하여 그 책임을 진다. 다만, 그 이해관계인에게 과실이 있는 때에는 그러하지 아니하다.
[전문개정 2007.8.3]

제753조 (선박경매권) 선적항 외에서 선박이 수선하기 불가능하게 된 때에는 선장은 해무관청의 인가를 받아 이를 경매할 수 있다.
[전문개정 2007.8.3]

제754조 (선박의 수선불능) ① 다음 각 호의 경우에는 선박은 수선하기 불가능하게 된 것으로 본다.
1. 선박이 그 현재지에서 수선을 받을 수 없으며 또 그 수선을 할 수 있는 곳에 도달하기 불가능한 때
2. 수선비가 선박의 가액의 4분의 3을 초과할 때
② 제1항 제2호의 가액은 선박이 항해 중 훼손된 경우에는 그 발항한 때의 가액으로 하고 그 밖의 경우에는 그 훼손 전의 가액으로 한다.
[전문개정 2007.8.3]

제755조 (보고·계산의 의무) ① 선장은 항해에 관한 중요한 사항을 지체 없이 선박소유자에게 보고하여야 한다.
② 선장은 매 항해를 종료한 때에는 그 항해에 관한 계산서를 지체 없이 선박소유자에게 제출하여 그 승인을 받아야 한다.
③ 선장은 선박소유자의 청구가 있을 때에는 언제든지 항해에 관한 사항과 계산의 보고를 하여야 한다.
[전문개정 2007.8.3]

제 3 절 선박공유

<개정 2007.8.3>

제756조 (선박공유자의 업무결정) ① 공유선박의 이용에 관한 사항은 공유자의 지분의 가격에 따라 그 과반수로 결정한다.
② 선박공유에 관한 계약을 변경하는 사항은 공유자의 전원일치로 결정하여야 한다.
[전문개정 2007.8.3]

제757조 (선박공유와 비용의 부담) 선박공유자는 그 지분의 가격에 따라 선박의 이용에 관한 비용과 이용에 관하여 생긴 채무를 부담한다.
[전문개정 2007.8.3]

제758조 (손익분배) 손익의 분배는 매 항해의 종료 후에 있어서 선박공유자의 지분의 가격에 따라서 한다.
[전문개정 2007.8.3]

제759조 (지분의 양도) 선박공유자 사이에 조합관계가 있는 경우에도 각 공유자는 다른 공유자의 승낙 없이 그 지분을 타인에게 양도할 수 있다. 다만, 선박관리인의 경우에는 그러하지 아니하다.
[전문개정 2007.8.3]

제760조 (공유선박의 국적상실과 지분의 매수 또는 경매청구) 선박공유자의 지분의 이전 또는 그 국적상실로 인하여 선박이 대한민국의 국적을 상실할 때에는 다른 공유자는 상당한 대가로 그 지분을 매수하거나 그 경매를 법원에 청구할 수 있다.
[전문개정 2007.8.3]

제761조 (결의반대자의 지분매수청구권) ① 선박공유자가 신항해를 개시하거나 선박을 대수선할 것을 결의한 때에는 그 결의에 이의가 있는 공유자는 다른 공유자에 대하여 상당한 가액으로 자기의 지분을 매수할 것을 청구할 수 있다.
② 제1항의 청구를 하고자 하는 자는 그 결의가 있은 날부터, 결의에 참가하지 아니한 경우에는 결의통지를 받은 날부터 3일 이내에 다른 공유자 또는 선박관리인에 대하여 그 통지를 발송하여야 한다.
[전문개정 2007.8.3]

제762조 (해임선장의 지분매수청구권) ① 선박공유자인 선장이 그 의사에 반하여 해임된 때에는 다른 공유자에 대하여 상당한 가액으로 그 지분을 매수할 것을 청구할 수 있다.
② 선박공유자가 제1항의 청구를 하고자 하는 때에는 지체 없이 다른 공유자 또는 선박관리인에 대하여 그 통지를 발송하여야 한다.
[전문개정 2007.8.3]

제763조 (항해 중 선박 등의 양도) 항해 중에 있는 선박이나 그 지분을 양도한 경우에 당사자 사이에 다른 약정이 없으면 양수인이 그 항해로부터 생긴 이익을 얻고 손실을 부담한다.
[전문개정 2007.8.3]

제764조 (선박관리인의 선임 · 등기) ① 선박공유자는 선박관리인을 선임하여야 한다. 이 경우 선박공유자가 아닌 자를 선박관리인으로 선임함에는 공유자 전원의 동의가 있어야 한다.
② 선박관리인의 선임과 그 대리권의 소멸은 등기하여야 한다.
[전문개정 2007.8.3]

제765조 (선박관리인의 권한) ① 선박관리인은 선박의 이용에 관한 재판상 또는 재판외의 모든 행위를 할 권한이 있다.
② 선박관리인의 대리권에 대한 제한은 선의의 제3자에게 대항하지 못한다.
[전문개정 2007.8.3]

제766조 (선박관리인의 권한의 제한) 선박

관리인은 선박공유자의 서면에 의한 위임이 없으면 다음 각 호의 행위를 하지 못한다.

1. 선박을 양도·임대 또는 담보에 제공하는 일
2. 신항해를 개시하는 일
3. 선박을 보험에 붙이는 일
4. 선박을 대수선하는 일
5. 차재하는 일

[전문개정 2007.8.3]

제767조 (장부의 기재·비치) 선박관리인은 업무집행에 관한 장부를 비치하고 그 선박의 이용에 관한 모든 사항을 기재하여야 한다.

[전문개정 2007.8.3]

제768조 (선박관리인의 보고·승인) 선박관리인은 매 항해의 종료 후에 지체 없이 그 항해의 경과상황과 계산에 관한 서면을 작성하여 선박공유자에게 보고하고 그 승인을 받아야 한다.

[전문개정 2007.8.3]

제 4 절 선박소유자 등의 책임제한

<개정 2007.8.3>

제769조 (선박소유자의 유한책임) 선박소유자는 청구원인의 여하에 불구하고 다음 각 호의 채권에 대하여 제770조에 따른 금액의 한도로 그 책임을 제한할 수 있다. 다만, 그 채권이 선박소유자 자신의 고의 또는 손해발생의 염려가 있음을 인식하면서 무모하게 한 작위 또는 부작위로 인하여 생긴 손해에 관한 것인 때에는 그러하지 아니하다.

1. 선박에서 또는 선박의 운항에 직접 관련하여 발생한 사람의 사망, 신체의 상해 또는 그 선박 외의 물건의 멸실 또는 훼손으로 인하여 생긴 손해에 관한 채권
2. 운송물, 여객 또는 수하물의 운송의 지연으로 인하여 생긴 손해에 관한 채권
3. 제1호 및 제2호 외에 선박의 운항에 직접 관련하여 발생한 계약상의 권리 외의 타인의 권리의 침해로 인하여 생긴 손해에 관한 채권
4. 제1호부터 제3호까지의 채권의 원인이 된 손해를 방지 또는 경감하기 위한 조치에 관한 채권 또는 그 조치의 결과로 인하여 생긴 손해에 관한 채권

[전문개정 2007.8.3]

제770조 (책임의 한도액) ① 선박소유자가 제한할 수 있는 책임의 한도액은 다음 각 호의 금액으로 한다.

1. 여객의 사망 또는 신체의 상해로 인한 손해에 관한 채권에 대한 책임의 한도액은 그 선박의 선박검사증서에 기재된 여객의 정원에 17만5천 계산단위(국제통화기금의 1 특별인출권에 상당하는 금액을 말한다. 이하 같다)를 곱하여 얻은 금액으로 한다.
2. 여객 외의 사람의 사망 또는 신체의 상해로 인한 손해에 관한 채권에 대한 책임의 한도액은 그 선박의 톤수에 따라서 다음 각 목에 정하는 바에 따라 계산된 금액으로 한다. 다만, 300톤 미만의 선박의 경우에는 16만7천 계산단위에 상당하는 금액으로 한다.
   가. 500톤 이하의 선박의 경우에는 33만3천 계산단위에 상당하는 금액
   나. 500톤을 초과하는 선박의 경우에는 가목의 금액에 500톤을 초과하여 3천톤까지의 부분에 대하여는 매 톤당 500 계산단위, 3천톤을 초과하여 3만톤까지의 부분에 대하여는 매 톤당 333 계산단위, 3만톤을 초과하여 7만톤까지의 부분에 대하여는 매 톤

당 250 계산단위 및 7만톤을 초과한 부분에 대하여는 매 톤당 167 계산단위를 각 곱하여 얻은 금액을 순차로 가산한 금액

3. 제1호 및 제2호 외의 채권에 대한 책임의 한도액은 그 선박의 톤수에 따라서 다음 각 목에 정하는 바에 따라 계산된 금액으로 한다. 다만, 300톤 미만의 선박의 경우에는 8만3천 계산단위에 상당하는 금액으로 한다.
   가. 500톤 이하의 선박의 경우에는 16만7천 계산단위에 상당하는 금액
   나. 500톤을 초과하는 선박의 경우에는 가목의 금액에 500톤을 초과하여 3만톤까지의 부분에 대하여는 매 톤당 167 계산단위, 3만톤을 초과하여 7만톤까지의 부분에 대하여는 매 톤당 125 계산단위 및 7만톤을 초과한 부분에 대하여는 매 톤당 83 계산단위를 각 곱하여 얻은 금액을 순차로 가산한 금액

② 제1항 각 호에 따른 각 책임한도액은 선박마다 동일한 사고에서 생긴 각 책임한도액에 대응하는 선박소유자에 대한 모든 채권에 미친다.

③ 제769조에 따라 책임이 제한되는 채권은 제1항 각 호에 따른 각 책임한도액에 대하여 각 채권액의 비율로 경합한다.

④ 제1항 제2호에 따른 책임한도액이 같은 호의 채권의 변제에 부족한 때에는 제3호에 따른 책임한도액을 그 잔액채권의 변제에 충당한다. 이 경우 동일한 사고에서 제3호의 채권도 발생한 때에는 이 채권과 제2호의 잔액채권은 제3호에 따른 책임한도액에 대하여 각 채권액의 비율로 경합한다.

[전문개정 2007.8.3]

제771조 (동일한 사고로 인한 반대채권액의 공제) 선박소유자가 책임의 제한을 받는 채권자에 대하여 동일한 사고로 인하여 생긴 손해에 관한 채권을 가지는 경우에는 그 채권액을 공제한 잔액에 한하여 책임의 제한을 받는 채권으로 한다.

[전문개정 2007.8.3]

제772조 (책임제한을 위한 선박톤수) 제770조 제1항에서 규정하는 선박의 톤수는 국제항해에 종사하는 선박의 경우에는 「선박법」에서 규정하는 국제총톤수로 하고 그 밖의 선박의 경우에는 같은 법에서 규정하는 총톤수로 한다.

[전문개정 2007.8.3]

제773조 (유한책임의 배제) 선박소유자는 다음 각 호의 채권에 대하여는 그 책임을 제한하지 못한다.

1. 선장·해원, 그 밖의 사용인으로서 그 직무가 선박의 업무에 관련된 자 또는 그 상속인, 피부양자, 그 밖의 이해관계인의 선박소유자에 대한 채권
2. 해난구조로 인한 구조료 채권 및 공동해손의 분담에 관한 채권
3. 1969년 11월 29일 성립한 「유류오염손해에 대한 민사책임에 관한 국제조약」 또는 그 조약의 개정조항이 적용되는 유류오염손해에 관한 채권
4. 침몰·난파·좌초·유기, 그 밖의 해양사고를 당한 선박 및 그 선박 안에 있거나 있었던 적하와 그 밖의 물건의 인양·제거·파괴 또는 무해조치에 관한 채권
5. 원자력손해에 관한 채권

[전문개정 2007.8.3]

제774조 (책임제한을 할 수 있는 자의 범위) ① 다음 각 호의 어느 하나에 해당하는 자는 이 절의 규정에 따라 선박소유자의 경우와 동일하게 책임을 제한할 수 있다.

1. 용선자·선박관리인 및 선박운항자

2. 법인인 선박소유자 및 제1호에 규정된 자의 무한책임사원
3. 자기의 행위로 인하여 선박소유자 또는 제1호에 규정된 자에 대하여 제769조 각 호에 따른 채권이 성립하게 한 선장·해원·도선사, 그 밖의 선박소유자 또는 제1호에 규정된 자의 사용인 또는 대리인

② 동일한 사고에서 발생한 모든 채권에 대한 선박소유자 및 제1항에 규정된 자에 의한 책임제한의 총액은 선박마다 제770조에 따른 책임한도액을 초과하지 못한다.

③ 선박소유자 또는 제1항 각 호에 규정된 자의 1인이 책임제한절차개시의 결정을 받은 때에는 책임제한을 할 수 있는 다른 자도 이를 원용할 수 있다.

[전문개정 2007.8.3]

제775조 (구조자의 책임제한) ① 구조자 또는 그 피용자의 구조활동과 직접 관련하여 발생한 사람의 사망·신체의 상해, 재산의 멸실이나 훼손, 계약상 권리 외의 타인의 권리의 침해로 인하여 생긴 손해에 관한 채권 및 그러한 손해를 방지 혹은 경감하기 위한 조치에 관한 채권 또는 그 조치의 결과로 인하여 생긴 손해에 관한 채권에 대하여는 제769조부터 제774조(제769조 제2호 및 제770조 제1항 제1호를 제외한다)까지의 규정에 따라 구조자도 책임을 제한할 수 있다.

② 구조활동을 선박으로부터 행하지 아니한 구조자 또는 구조를 받는 선박에서만 행한 구조자는 제770조에 따른 책임의 한도액에 관하여 1천500톤의 선박에 의한 구조자로 본다.

③ 구조자의 책임의 한도액은 구조선마다 또는 제2항의 경우에는 구조자마다 동일한 사고로 인하여 생긴 모든 채권에 미친다.

④ 제1항에서 "구조자"란 구조활동에 직접 관련된 용역을 제공한 자를 말하며, "구조활동"이란 해난구조시의 구조활동은 물론 침몰·난파·좌초·유기, 그 밖의 해양사고를 당한 선박 및 그 선박 안에 있거나 있었던 적하와 그 밖의 물건의 인양·제거·파괴 또는 무해조치 및 이와 관련된 손해를 방지 또는 경감하기 위한 모든 조치를 말한다.

[전문개정 2007.8.3]

제776조 (책임제한의 절차) ① 이 절의 규정에 따라 책임을 제한하고자 하는 자는 채권자로부터 책임한도액을 초과하는 청구금액을 명시한 서면에 의한 청구를 받은 날부터 1년 이내에 법원에 책임제한절차개시의 신청을 하여야 한다.

② 책임제한절차 개시의 신청, 책임제한의 기금의 형성·공고·참가·배당, 그 밖에 필요한 사항은 별도로 법률로 정한다.

[전문개정 2007.8.3]

제 5 절　선박담보

<개정 2007.8.3>

제777조 (선박우선특권 있는 채권) ① 다음의 채권을 가진 자는 선박·그 속구, 그 채권이 생긴 항해의 운임, 그 선박과 운임에 부수한 채권에 대하여 우선특권이 있다.

1. 채권자의 공동이익을 위한 소송비용, 항해에 관하여 선박에 과한 제세금, 도선료·예선료, 최후 입항 후의 선박과 그 속구의 보존비·검사비
2. 선원과 그 밖의 선박사용인의 고용계약으로 인한 채권
3. 해난구조로 인한 선박에 대한 구조료 채권과 공동해손의 분담에 대한 채권
4. 선박의 충돌과 그 밖의 항해사고로 인한 손해, 항해시설·항만시설 및 항로에 대한 손해와 선원이나 여객의 생명·신체에 대한 손해의 배상채권

② 제1항의 우선특권을 가진 선박채권자는 이 법과 그 밖의 법률의 규정에 따라 제1항의 재산에 대하여 다른 채권자보다 자기채권의 우선변제를 받을 권리가 있다. 이 경우 그 성질에 반하지 아니하는 한 「민법」의 저당권에 관한 규정을 준용한다.
[전문개정 2007.8.3]

제778조 (선박 · 운임에 부수한 채권) 제777조에 따른 선박과 운임에 부수한 채권은 다음과 같다.

1. 선박 또는 운임의 손실로 인하여 선박소유자에게 지급할 손해배상
2. 공동해손으로 인한 선박 또는 운임의 손실에 대하여 선박소유자에게 지급할 상금
3. 해난구조로 인하여 선박소유자에게 지급할 구조료

[전문개정 2007.8.3]

제779조 (운임에 대한 우선특권) 운임에 대한 우선특권은 지급을 받지 아니한 운임 및 지급을 받은 운임 중 선박소유자나 그 대리인이 소지한 금액에 한하여 행사할 수 있다.
[전문개정 2007.8.3]

제780조 (보험금 등의 제외) 보험계약에 의하여 선박소유자에게 지급할 보험금과 그 밖의 장려금이나 보조금에 대하여는 제778조를 적용하지 아니한다.
[전문개정 2007.8.3]

제781조 (선박사용인의 고용계약으로 인한 채권) 제777조 제1항 제2호에 따른 채권은 고용계약 존속 중의 모든 항해로 인한 운임의 전부에 대하여 우선특권이 있다.
[전문개정 2007.8.3]

제782조 (동일항해로 인한 채권에 대한 우선특권의 순위) ① 동일항해로 인한 채권의 우선특권이 경합하는 때에는 그 우선의 순위는 제777조 제1항 각 호의 순서에 따른다.
② 제777조 제1항 제3호에 따른 채권의 우선특권이 경합하는 때에는 후에 생긴 채권이 전에 생긴 채권에 우선한다. 동일한 사고로 인한 채권은 동시에 생긴 것으로 본다.
[전문개정 2007.8.3]

제783조 (수회항해에 관한 채권에 대한 우선특권의 순위) ① 수회의 항해에 관한 채권의 우선특권이 경합하는 때에는 후의 항해에 관한 채권이 전의 항해에 관한 채권에 우선한다.
② 제781조에 따른 우선특권은 그 최후의 항해에 관한 다른 채권과 동일한 순위로 한다.
[전문개정 2007.8.3]

제784조 (동일순위의 우선특권이 경합한 경우) 제781조부터 제783조까지의 규정에 따른 동일순위의 우선특권이 경합하는 때에는 각 채권액의 비율에 따라 변제한다.
[전문개정 2007.8.3]

제785조 (우선특권의 추급권) 선박채권자의 우선특권은 그 선박소유권의 이전으로 인하여 영향을 받지 아니한다.
[전문개정 2007.8.3]

제786조 (우선특권의 소멸) 선박채권자의 우선특권은 그 채권이 생긴 날부터 1년 이내에 실행하지 아니하면 소멸한다.
[전문개정 2007.8.3]

제787조 (선박저당권) ① 등기한 선박은 저당권의 목적으로 할 수 있다.
② 선박의 저당권은 그 속구에 미친다.
③ 선박의 저당권에는 「민법」의 저당권에 관한 규정을 준용한다.
[전문개정 2007.8.3]

제788조 (선박저당권 등과 우선특권의 경합) 선박채권자의 우선특권은 질권과 저당권에 우선한다.
[전문개정 2007.8.3]

제789조 (등기선박의 입질불허) 등기한 선박은 질권의 목적으로 하지 못한다.
[전문개정 2007.8.3]

제790조 (건조 중의 선박에의 준용) 이 절의 규정은 건조 중의 선박에 준용한다.
[전문개정 2007.8.3]

제 2 장 운송과 용선

<개정 2007.8.3>

제 1 절 개품운송

<개정 2007.8.3>

제791조 (개품운송계약의 의의) 개품운송계약은 운송인이 개개의 물건을 해상에서 선박으로 운송할 것을 인수하고, 송하인이 이에 대하여 운임을 지급하기로 약정함으로써 그 효력이 생긴다.
[전문개정 2007.8.3]

제792조 (운송물의 제공) ① 송하인은 당사자 사이의 합의 또는 선적항의 관습에 의한 때와 곳에서 운송인에게 운송물을 제공하여야 한다.
② 제1항에 따른 때와 곳에서 송하인이 운송물을 제공하지 아니한 경우에는 계약을 해제한 것으로 본다. 이 경우 선장은 즉시 발항할 수 있고, 송하인은 운임의 전액을 지급하여야 한다.
[전문개정 2007.8.3]

제793조 (운송에 필요한 서류의 교부) 송하인은 선적기간 이내에 운송에 필요한 서류를 선장에게 교부하여야 한다.
[전문개정 2007.8.3]

제794조 (감항능력 주의의무) 운송인은 자기 또는 선원이나 그 밖의 선박사용인이 발항 당시 다음의 사항에 관하여 주의를 해태하지 아니하였음을 증명하지 아니하면 운송물의 멸실·훼손 또는 연착으로 인한 손해를 배상할 책임이 있다.
1. 선박이 안전하게 항해를 할 수 있게 할 것
2. 필요한 선원의 승선, 선박의장(艤裝)과 필요품의 보급
3. 선창·냉장실, 그 밖에 운송물을 적재할 선박의 부분을 운송물의 수령·운송과 보존을 위하여 적합한 상태에 둘 것

[전문개정 2007.8.3]

제795조 (운송물에 관한 주의의무) ① 운송인은 자기 또는 선원이나 그 밖의 선박사용인이 운송물의 수령·선적·적부(積付)·운송·보관·양륙과 인도에 관하여 주의를 해태하지 아니하였음을 증명하지 아니하면 운송물의 멸실·훼손 또는 연착으로 인한 손해를 배상할 책임이 있다.
② 운송인은 선장·해원·도선사, 그 밖의 선박사용인의 항해 또는 선박의 관리에 관한 행위 또는 화재로 인하여 생긴 운송물에 관한 손해를 배상할 책임을 면한다. 다만, 운송인의 고의 또는 과실로 인한 화재의 경우에는 그러하지 아니하다.
[전문개정 2007.8.3]

제796조 (운송인의 면책사유) 운송인은 다음 각 호의 사실이 있었다는 것과 운송물에 관한 손해가 그 사실로 인하여 보통 생길 수 있는 것임을 증명한 때에는 이를 배상할 책임을 면한다. 다만, 제794조 및 제795조제1항에 따른 주의를 다하였더라면 그 손해를 피할 수 있었음에도 불구하고 그 주의를 다하지 아니하였음을 증명한 때에는 그러하지 아니하다.
1. 해상이나 그 밖에 항행할 수 있는 수면에서의 위험 또는 사고
2. 불가항력
3. 전쟁·폭동 또는 내란

4. 해적행위나 그 밖에 이에 준한 행위
5. 재판상의 압류, 검역상의 제한, 그 밖에 공권에 의한 제한
6. 송하인 또는 운송물의 소유자나 그 사용인의 행위
7. 동맹파업이나 그 밖의 쟁의행위 또는 선박폐쇄
8. 해상에서의 인명이나 재산의 구조행위 또는 이로 인한 항로이탈이나 그 밖의 정당한 사유로 인한 항로이탈
9. 운송물의 포장의 불충분 또는 기호의 표시의 불완전
10. 운송물의 특수한 성질 또는 숨은 하자
11. 선박의 숨은 하자

[전문개정 2007.8.3]

제797조 (책임의 한도) ① 제794조부터 제796조까지의 규정에 따른 운송인의 손해배상의 책임은 당해 운송물의 매 포장당 또는 선적단위당 666과 100분의 67 계산단위의 금액과 중량 1킬로그램당 2 계산단위의 금액 중 큰 금액을 한도로 제한할 수 있다. 다만, 운송물에 관한 손해가 운송인 자신의 고의 또는 손해발생의 염려가 있음을 인식하면서 무모하게 한 작위 또는 부작위로 인하여 생긴 것인 때에는 그러하지 아니하다.

② 제1항의 적용에 있어서 운송물의 포장 또는 선적단위의 수는 다음과 같이 정한다.

1. 컨테이너나 그 밖에 이와 유사한 운송용기가 운송물을 통합하기 위하여 사용되는 경우에 그러한 운송용기에 내장된 운송물의 포장 또는 선적단위의 수를 선하증권이나 그 밖에 운송계약을 증명하는 문서에 기재한 때에는 그 각 포장 또는 선적단위를 하나의 포장 또는 선적단위로 본다. 이 경우를 제외하고는 이러한 운송용기 내의 운송물 전부를 하나의 포장 또는 선적단위로 본다.
2. 운송인이 아닌 자가 공급한 운송용기 자체가 멸실 또는 훼손된 경우에는 그 용기를 별개의 포장 또는 선적단위로 본다.

③ 제1항 및 제2항은 송하인이 운송인에게 운송물을 인도할 때에 그 종류와 가액을 고지하고 선하증권이나 그 밖에 운송계약을 증명하는 문서에 이를 기재한 경우에는 적용하지 아니한다. 다만, 송하인이 운송물의 종류 또는 가액을 고의로 현저하게 부실의 고지를 한 때에는 운송인은 자기 또는 그 사용인이 악의인 경우를 제외하고 운송물의 손해에 대하여 책임을 면한다.

④ 제1항부터 제3항까지의 규정은 제769조부터 제774조까지 및 제776조의 적용에 영향을 미치지 아니한다.

[전문개정 2007.8.3]

제798조 (비계약적 청구에 대한 적용) ① 이 절의 운송인의 책임에 관한 규정은 운송인의 불법행위로 인한 손해배상의 책임에도 적용한다.

② 운송물에 관한 손해배상청구가 운송인의 사용인 또는 대리인에 대하여 제기된 경우에 그 손해가 그 사용인 또는 대리인의 직무집행에 관하여 생긴 것인 때에는 그 사용인 또는 대리인은 운송인이 주장할 수 있는 항변과 책임제한을 원용할 수 있다. 다만, 그 손해가 그 사용인 또는 대리인의 고의 또는 운송물의 멸실·훼손 또는 연착이 생길 염려가 있음을 인식하면서 무모하게 한 작위 또는 부작위로 인하여 생긴 것인 때에는 그러하지 아니하다.

③ 제2항 본문의 경우에 운송인과 그 사용인 또는 대리인의 운송물에 대한 책임제한금액의 총액은 제797조 제1항에 따른 한도를 초과하지 못한다.

④ 제1항부터 제3항까지의 규정은 운송물에 관한 손해배상청구가 운송인 외의 실제

운송인 또는 그 사용인이나 대리인에 대하여 제기된 경우에도 적용한다.
[전문개정 2007.8.3]

제799조 (운송인의 책임경감금지) ① 제794조부터 제798조까지의 규정에 반하여 운송인의 의무 또는 책임을 경감 또는 면제하는 당사자 사이의 특약은 효력이 없다. 운송물에 관한 보험의 이익을 운송인에게 양도하는 약정 또는 이와 유사한 약정도 또한 같다.
② 제1항은 산 동물의 운송 및 선하증권이나 그 밖에 운송계약을 증명하는 문서의 표면에 갑판적(甲板積)으로 운송할 취지를 기재하여 갑판적으로 행하는 운송에 대하여는 적용하지 아니한다.
[전문개정 2007.8.3]

제800조 (위법선적물의 처분) ① 선장은 법령 또는 계약을 위반하여 선적된 운송물은 언제든지 이를 양륙할 수 있고, 그 운송물이 선박 또는 다른 운송물에 위해를 미칠 염려가 있는 때에는 이를 포기할 수 있다.
② 선장이 제1항의 물건을 운송하는 때에는 선적한 때와 곳에서의 동종 운송물의 최고 운임의 지급을 청구할 수 있다.
③ 제1항 및 제2항은 운송인과 그 밖의 이해관계인의 손해배상청구에 영향을 미치지 아니한다.
[전문개정 2007.8.3]

제801조 (위험물의 처분) ① 인화성·폭발성이나 그 밖의 위험성이 있는 운송물은 운송인이 그 성질을 알고 선적한 경우에도 그 운송물이 선박이나 다른 운송물에 위해를 미칠 위험이 있는 때에는 선장은 언제든지 이를 양륙·파괴 또는 무해조치할 수 있다.
② 운송인은 제1항의 처분에 의하여 그 운송물에 발생한 손해에 대하여는 공동해손분담책임을 제외하고 그 배상책임을 면한다.
[전문개정 2007.8.3]

제802조 (운송물의 수령) 운송물의 도착통지를 받은 수하인은 당사자 사이의 합의 또는 양륙항의 관습에 의한 때와 곳에서 지체없이 운송물을 수령하여야 한다.
[전문개정 2007.8.3]

제803조 (운송물의 공탁 등) ① 수하인이 운송물의 수령을 게을리한 때에는 선장은 이를 공탁하거나 세관이나 그 밖에 법령으로 정한 관청의 허가를 받은 곳에 인도할 수 있다. 이 경우 지체 없이 수하인에게 그 통지를 발송하여야 한다.
② 수하인을 확실히 알 수 없거나 수하인이 운송물의 수령을 거부한 때에는 선장은 이를 공탁하거나 세관이나 그 밖에 법령으로 정한 관청의 허가를 받은 곳에 인도하고 지체 없이 용선자 또는 송하인 및 알고 있는 수하인에게 그 통지를 발송하여야 한다.
③ 제1항 및 제2항에 따라 운송물을 공탁하거나 세관이나 그 밖에 법령으로 정한 관청의 허가를 받은 곳에 인도한 때에는 선하증권소지인이나 그 밖의 수하인에게 운송물을 인도한 것으로 본다.
[전문개정 2007.8.3]

제804조 (운송물의 일부 멸실·훼손에 관한 통지) ① 수하인이 운송물의 일부 멸실 또는 훼손을 발견한 때에는 수령 후 지체없이 그 개요에 관하여 운송인에게 서면에 의한 통지를 발송하여야 한다. 다만, 그 멸실 또는 훼손이 즉시 발견할 수 없는 것인 때에는 수령한 날부터 3일 이내에 그 통지를 발송하여야 한다.
② 제1항의 통지가 없는 경우에는 운송물이 멸실 또는 훼손 없이 수하인에게 인도된 것으로 추정한다.
③ 제1항 및 제2항은 운송인 또는 그 사용

인이 악의인 경우에는 적용하지 아니한다.
④ 운송물에 멸실 또는 훼손이 발생하였거나 그 의심이 있는 경우에는 운송인과 수하인은 서로 운송물의 검사를 위하여 필요한 편의를 제공하여야 한다.
⑤ 제1항부터 제4항까지의 규정에 반하여 수하인에게 불리한 당사자 사이의 특약은 효력이 없다.
[전문개정 2007.8.3]

제805조 (운송물의 중량·용적에 따른 운임) 운송물의 중량 또는 용적으로 운임을 정한 때에는 운송물을 인도하는 때의 중량 또는 용적에 의하여 그 액을 정한다.
[전문개정 2007.8.3]

제806조 (운송기간에 따른 운임) ① 기간으로 운임을 정한 때에는 운송물의 선적을 개시한 날부터 그 양륙을 종료한 날까지의 기간에 의하여 그 액을 정한다.
② 제1항의 기간에는 불가항력으로 인하여 선박이 선적항이나 항해도중에 정박한 기간 또는 항해 도중에 선박을 수선한 기간을 산입하지 아니한다.
[전문개정 2007.8.3]

제807조 (수하인의 의무, 선장의 유치권) ① 수하인이 운송물을 수령하는 때에는 운송계약 또는 선하증권의 취지에 따라 운임·부수비용·체당금·체선료, 운송물의 가액에 따른 공동해손 또는 해난구조로 인한 부담액을 지급하여야 한다.
② 선장은 제1항에 따른 금액의 지급과 상환하지 아니하면 운송물을 인도할 의무가 없다.
[전문개정 2007.8.3]

제808조 (운송인의 운송물경매권) ① 운송인은 제807조 제1항에 따른 금액의 지급을 받기 위하여 법원의 허가를 받아 운송물을 경매하여 우선변제를 받을 권리가 있다.
② 선장이 수하인에게 운송물을 인도한 후에도 운송인은 그 운송물에 대하여 제1항의 권리를 행사할 수 있다. 다만, 인도한 날부터 30일을 경과하거나 제3자가 그 운송물에 점유를 취득한 때에는 그러하지 아니하다.
[전문개정 2007.8.3]

제809조 (항해용선자 등의 재운송계약시 선박소유자의 책임) 항해용선자 또는 정기용선자가 자기의 명의로 제3자와 운송계약을 체결한 경우에는 그 계약의 이행이 선장의 직무에 속한 범위 안에서 선박소유자도 그 제3자에 대하여 제794조 및 제795조에 따른 책임을 진다.
[전문개정 2007.8.3]

제810조 (운송계약의 종료사유) ① 운송계약은 다음의 사유로 인하여 종료한다.
1. 선박이 침몰 또는 멸실한 때
2. 선박이 수선할 수 없게 된 때
3. 선박이 포획된 때
4. 운송물이 불가항력으로 인하여 멸실된 때
② 제1항 제1호부터 제3호까지의 사유가 항해 도중에 생긴 때에는 송하인은 운송의 비율에 따라 현존하는 운송물의 가액의 한도에서 운임을 지급하여야 한다.
[전문개정 2007.8.3]

제811조 (법정사유로 인한 해제 등) ① 항해 또는 운송이 법령을 위반하게 되거나 그 밖에 불가항력으로 인하여 계약의 목적을 달할 수 없게 된 때에는 각 당사자는 계약을 해제할 수 있다.
② 제1항의 사유가 항해 도중에 생긴 경우에 계약을 해지한 때에는 송하인은 운송의 비율에 따라 운임을 지급하여야 한다.
[전문개정 2007.8.3]

제812조 (운송물의 일부에 관한 불가항력) ① 제810조 제1항 제4호 및 제811조 제1항

의 사유가 운송물의 일부에 대하여 생긴 때에는 송하인은 운송인의 책임이 가중되지 아니하는 범위 안에서 다른 운송물을 선적할 수 있다.

② 송하인이 제1항의 권리를 행사하고자 하는 때에는 지체 없이 운송물의 양륙 또는 선적을 하여야 한다. 그 양륙 또는 선적을 게을리한 때에는 운임의 전액을 지급하여야 한다.

[전문개정 2007.8.3]

제813조 (선장의 적하처분과 운임) 운송인은 다음 각 호의 어느 하나에 해당하는 경우에는 운임의 전액을 청구할 수 있다.

1. 선장이 제750조 제1항에 따라 적하를 처분하였을 때
2. 선장이 제865조에 따라 적하를 처분하였을 때

[전문개정 2007.8.3]

제814조 (운송인의 채권 · 채무의 소멸) ① 운송인의 송하인 또는 수하인에 대한 채권 및 채무는 그 청구원인의 여하에 불구하고 운송인이 수하인에게 운송물을 인도한 날 또는 인도할 날부터 1년 이내에 재판상 청구가 없으면 소멸한다. 다만, 이 기간은 당사자의 합의에 의하여 연장할 수 있다.

② 운송인이 인수한 운송을 다시 제3자에게 위탁한 경우에 송하인 또는 수하인이 제1항의 기간 이내에 운송인과 배상 합의를 하거나 운송인에게 재판상 청구를 하였다면, 그 합의 또는 청구가 있은 날부터 3개월이 경과하기 이전에는 그 제3자에 대한 운송인의 채권 · 채무는 제1항에도 불구하고 소멸하지 아니한다. 운송인과 그 제3자 사이에 제1항 단서와 동일한 취지의 약정이 있는 경우에도 또한 같다.

③ 제2항의 경우에 있어서 재판상 청구를 받은 운송인이 그로부터 3개월 이내에 그 제3자에 대하여 소송고지를 하면 3개월의 기간은 그 재판이 확정되거나 그 밖에 종료된 때부터 기산한다.

[전문개정 2007.8.3]

제815조 (준용규정) 제134조, 제136조부터 제140조까지의 규정은 이 절에서 정한 운송인에 준용한다.

[전문개정 2007.8.3]

제816조 (복합운송인의 책임) ① 운송인이 인수한 운송에 해상 외의 운송구간이 포함된 경우 운송인은 손해가 발생한 운송구간에 적용될 법에 따라 책임을 진다.

② 어느 운송구간에서 손해가 발생하였는지 불분명한 경우 또는 손해의 발생이 성질상 특정한 지역으로 한정되지 아니하는 경우에는 운송인은 운송거리가 가장 긴 구간에 적용되는 법에 따라 책임을 진다. 다만, 운송거리가 같거나 가장 긴 구간을 정할 수 없는 경우에는 운임이 가장 비싼 구간에 적용되는 법에 따라 책임을 진다.

[전문개정 2007.8.3]

제 2 절 해상여객운송

<개정 2007.8.3>

제817조 (해상여객운송계약의 의의) 해상여객운송계약은 운송인이 특정한 여객을 출발지에서 도착지까지 해상에서 선박으로 운송할 것을 인수하고, 이에 대하여 상대방이 운임을 지급하기로 약정함으로써 그 효력이 생긴다.

[전문개정 2007.8.3]

제818조 (기명식의 선표) 기명식의 선표는 타인에게 양도하지 못한다.

[전문개정 2007.8.3]

제819조 (식사 · 거처제공의무 등) ① 여객의 항해 중의 식사는 다른 약정이 없으면 운송인의 부담으로 한다.

② 항해 도중에 선박을 수선하는 경우에는 운송인은 그 수선 중 여객에게 상당한 거처와 식사를 제공하여야 한다. 다만, 여객의 권리를 해하지 아니하는 범위 안에서 상륙항까지의 운송의 편의를 제공한 때에는 그러하지 아니하다.

③ 제2항의 경우에 여객은 항해의 비율에 따른 운임을 지급하고 계약을 해지할 수 있다.

[전문개정 2007.8.3]

제820조 (수하물 무임운송의무) 여객이 계약에 의하여 선내에서 휴대할 수 있는 수하물에 대하여는 운송인은 다른 약정이 없으면 별도로 운임을 청구하지 못한다.

[전문개정 2007.8.3]

제821조 (승선지체와 선장의 발항권) ① 여객이 승선시기까지 승선하지 아니한 때에는 선장은 즉시 발항할 수 있다. 항해 도중의 정박항에서도 또한 같다.

② 제1항의 경우에는 여객은 운임의 전액을 지급하여야 한다.

[전문개정 2007.8.3]

제822조 (여객의 계약해제와 운임) 여객이 발항 전에 계약을 해제하는 경우에는 운임의 반액을 지급하고, 발항 후에 계약을 해제하는 경우에는 운임의 전액을 지급하여야 한다.

[전문개정 2007.8.3]

제823조 (법정사유에 의한 해제) 여객이 발항 전에 사망·질병이나 그 밖의 불가항력으로 인하여 항해할 수 없게 된 때에는 운송인은 운임의 10분의 3을 청구할 수 있고, 발항 후에 그 사유가 생긴 때에는 운송인의 선택으로 운임의 10분의 3 또는 운송의 비율에 따른 운임을 청구할 수 있다.

[전문개정 2007.8.3]

제824조 (사망한 여객의 수하물처분의무) 여객이 사망한 때에는 선장은 그 상속인에게 가장 이익이 되는 방법으로 사망자가 휴대한 수하물을 처분하여야 한다.

[전문개정 2007.8.3]

제825조 (법정종료사유) 운송계약은 제810조제1항제1호부터 제3호까지의 사유로 인하여 종료한다. 그 사유가 항해 도중에 생긴 때에는 여객은 운송의 비율에 따른 운임을 지급하여야 한다.

[전문개정 2007.8.3]

제826조 (준용규정) ① 제148조·제794조·제799조 제1항 및 제809조는 해상여객운송에 준용한다.

② 제134조·제136조·제149조 제2항·제794조부터 제801조까지·제804조·제807조·제809조·제811조 및 제814조는 운송인이 위탁을 받은 여객의 수하물의 운송에 준용한다.

③ 제150조, 제797조 제1항·제4항, 제798조, 제799조 제1항, 제809조 및 제814조는 운송인이 위탁을 받지 아니한 여객의 수하물에 준용한다.

[전문개정 2007.8.3]

제 3 절 항해용선

<개정 2007.8.3>

제827조 (항해용선계약의 의의) ① 항해용선계약은 특정한 항해를 할 목적으로 선박소유자가 용선자에게 선원이 승무하고 항해장비를 갖춘 선박의 전부 또는 일부를 물건의 운송에 제공하기로 약정하고 용선자가 이에 대하여 운임을 지급하기로 약정함으로써 그 효력이 생긴다.

② 이 절의 규정은 그 성질에 반하지 아니하는 한 여객운송을 목적으로 하는 항해용선계약에도 준용한다.

③ 선박소유자가 일정한 기간 동안 용선자

에게 선박을 제공할 의무를 지지만 항해를 단위로 운임을 계산하여 지급하기로 약정한 경우에도 그 성질에 반하지 아니하는 한 이 절의 규정을 준용한다.
[전문개정 2007.8.3]

第828조 (용선계약서) 용선계약의 당사자는 상대방의 청구에 의하여 용선계약서를 교부하여야 한다.
[전문개정 2007.8.3]

第829조 (선적준비완료의 통지, 선적기간) ① 선박소유자는 운송물을 선적함에 필요한 준비가 완료된 때에는 지체 없이 용선자에게 그 통지를 발송하여야 한다.
② 운송물을 선적할 기간의 약정이 있는 경우에는 그 기간은 제1항의 통지가 오전에 있은 때에는 그 날의 오후 1시부터 기산하고, 오후에 있은 때에는 다음날 오전 6시부터 기산한다. 이 기간에는 불가항력으로 인하여 선적할 수 없는 날과 그 항의 관습상 선적작업을 하지 아니하는 날을 산입하지 아니한다.
③ 제2항의 기간을 경과한 후 운송물을 선적한 때에는 선박소유자는 상당한 보수를 청구할 수 있다.
[전문개정 2007.8.3]

第830조 (제3자가 선적인인 경우의 통지 · 선적) 용선자 외의 제3자가 운송물을 선적할 경우에 선장이 그 제3자를 확실히 알 수 없거나 그 제3자가 운송물을 선적하지 아니한 때에는 선장은 지체 없이 용선자에게 그 통지를 발송하여야 한다. 이 경우 선적기간 이내에 한하여 용선자가 운송물을 선적할 수 있다.
[전문개정 2007.8.3]

第831조 (용선자의 발항청구권, 선장의 발항권) ① 용선자는 운송물의 전부를 선적하지 아니한 경우에도 선장에게 발항을 청구할 수 있다.
② 선적기간의 경과 후에는 용선자가 운송물의 전부를 선적하지 아니한 경우에도 선장은 즉시 발항할 수 있다.
③ 제1항 및 제2항의 경우에 용선자는 운임의 전액과 운송물의 전부를 선적하지 아니함으로 인하여 생긴 비용을 지급하고, 또한 선박소유자의 청구가 있는 때에는 상당한 담보를 제공하여야 한다.
[전문개정 2007.8.3]

第832조 (전부용선의 발항 전의 계약해제 등) ① 발항 전에는 전부용선자는 운임의 반액을 지급하고 계약을 해제할 수 있다.
② 왕복항해의 용선계약인 경우에 전부용선자가 그 회항 전에 계약을 해지하는 때에는 운임의 3분의 2를 지급하여야 한다.
③ 선박이 다른 항에서 선적항에 항행하여야 할 경우에 전부용선자가 선적항에서 발항하기 전에 계약을 해지하는 때에도 제2항과 같다.
[전문개정 2007.8.3]

第833조 (일부용선과 발항 전의 계약해제 등) ① 일부용선자나 송하인은 다른 용선자와 송하인 전원과 공동으로 하는 경우에 한하여 제832조의 해제 또는 해지를 할 수 있다.
② 제1항의 경우 외에는 일부용선자나 송하인이 발항 전에 계약을 해제 또는 해지한 때에도 운임의 전액을 지급하여야 한다.
③ 발항 전이라도 일부용선자나 송하인이 운송물의 전부 또는 일부를 선적한 경우에는 다른 용선자와 송하인의 동의를 받지 아니하면 계약을 해제 또는 해지하지 못한다.
[전문개정 2007.8.3]

第834조 (부수비용 · 체당금 등의 지급의무) ① 용선자나 송하인이 제832조 및 제833조 제1항에 따라 계약을 해제 또는 해지를 한 때에도 부수비용과 체당금을 지급할 책임을 면하지 못한다.
② 제832조 제2항 및 제3항의 경우에는 용선자나 송하인은 제1항에 규정된 것 외에도 운송물의 가액에 따라 공동해손 또는 해난구조로 인하여 부담할 금액을 지급하여야 한다.
[전문개정 2007.8.3]

제835조 (선적·양륙비용의 부담) 제833조 및 제834조의 경우에 운송물의 전부 또는 일부를 선적한 때에는 그 선적과 양륙의 비용은 용선자 또는 송하인이 부담한다.
[전문개정 2007.8.3]

제836조 (선적기간 내의 불선적의 효과) 용선자가 선적기간 내에 운송물의 선적을 하지 아니한 때에는 계약을 해제 또는 해지한 것으로 본다.
[전문개정 2007.8.3]

제837조 (발항 후의 계약해지) 발항 후에는 용선자나 송하인은 운임의 전액, 체당금·체선료와 공동해손 또는 해난구조의 부담액을 지급하고 그 양륙하기 위하여 생긴 손해를 배상하거나 이에 대한 상당한 담보를 제공하지 아니하면 계약을 해지하지 못한다.
[전문개정 2007.8.3]

제838조 (운송물의 양륙) ① 운송물을 양륙함에 필요한 준비가 완료된 때에는 선장은 지체 없이 수하인에게 그 통지를 발송하여야 한다.
② 제829조 제2항은 운송물의 양륙기간의 계산에 준용한다.
③ 제2항의 양륙기간을 경과한 후 운송물을 양륙한 때에는 선박소유자는 상당한 보수를 청구할 수 있다.
[전문개정 2007.8.3]

제839조 (선박소유자의 책임경감 금지) ① 제794조에 반하여 이 절에서 정한 선박소유자의 의무 또는 책임을 경감 또는 면제하는 당사자 사이의 특약은 효력이 없다. 운송물에 관한 보험의 이익을 선박소유자에게 양도하는 약정 또는 이와 유사한 약정도 또한 같다.
② 제799조 제2항은 제1항의 경우에 준용한다.
[전문개정 2007.8.3]

제840조 (선박소유자의 채권·채무의 소멸) ① 선박소유자의 용선자 또는 수하인에 대한 채권 및 채무는 그 청구원인의 여하에 불구하고 선박소유자가 운송물을 인도한 날 또는 인도할 날부터 2년 이내에 재판상 청구가 없으면 소멸한다. 이 경우 제814조 제1항 단서를 준용한다.
② 제1항의 기간을 단축하는 선박소유자와 용선자의 약정은 이를 운송계약에 명시적으로 기재하지 아니하면 그 효력이 없다.
[전문개정 2007.8.3]

제841조 (준용규정) ① 제134조, 제136조, 제137조, 제140조, 제793조부터 제797조까지, 제798조 제1항부터 제3항까지, 제800조, 제801조, 제803조, 제804조 제1항부터 제4항까지, 제805조부터 제808조까지와 제810조부터 제813조까지의 규정은 항해용선계약에 준용한다.
② 제1항에 따라 제806조의 운임을 계산함에 있어서 제829조 제2항의 선적기간 또는 제838조 제2항의 양륙기간이 경과한 후에 운송물을 선적 또는 양륙한 경우에는 그 기간경과 후의 선적 또는 양륙기간은 선적 또는 양륙기간에 산입하지 아니하고 제829조 제3항 및 제838조 제3항에 따라 별도로 보수를 정한다.
[전문개정 2007.8.3]

제 4 절 정기용선

<개정 2007.8.3>

제842조 (정기용선계약의 의의) 정기용선계약은 선박소유자가 용선자에게 선원이 승무하고 항해장비를 갖춘 선박을 일정한 기간동안 항해에 사용하게 할 것을 약정하고 용선자가 이에 대하여 기간으로 정한 용선료를 지급하기로 약정함으로써 그 효력이 생긴다.

[전문개정 2007.8.3]

제843조 (정기용선자의 선장지휘권) ① 정기용선자는 약정한 범위 안의 선박의 사용을 위하여 선장을 지휘할 권리가 있다.

② 선장·해원, 그 밖의 선박사용인이 정기용선자의 정당한 지시를 위반하여 정기용선자에게 손해가 발생한 경우에는 선박소유자가 이를 배상할 책임이 있다.

[전문개정 2007.8.3]

제844조 (선박소유자의 운송물유치권 및 경매권) ① 제807조 제2항 및 제808조는 정기용선자가 선박소유자에게 용선료·체당금, 그 밖에 이와 유사한 정기용선계약에 의한 채무를 이행하지 아니하는 경우에 준용한다. 다만, 선박소유자는 정기용선자가 발행한 선하증권을 선의로 취득한 제3자에게 대항하지 못한다.

② 제1항에 따른 선박소유자의 운송물에 대한 권리는 정기용선자가 운송물에 관하여 약정한 용선료 또는 운임의 범위를 넘어서 행사하지 못한다.

[전문개정 2007.8.3]

제845조 (용선료의 연체와 계약해지 등) ① 정기용선자가 용선료를 약정기일에 지급하지 아니한 때에는 선박소유자는 계약을 해제 또는 해지할 수 있다.

② 정기용선자가 제3자와 운송계약을 체결하여 운송물을 선적한 후 선박의 항해 중에 선박소유자가 제1항에 따라 계약을 해제 또는 해지한 때에는 선박소유자는 적하이해관계인에 대하여 정기용선자와 동일한 운송의무가 있다.

③ 선박소유자가 제2항에 따른 계약의 해제 또는 해지 및 운송계속의 뜻을 적하이해관계인에게 서면으로 통지를 한 때에는 선박소유자의 정기용선자에 대한 용선료·체당금, 그 밖에 이와 유사한 정기용선계약상의 채권을 담보하기 위하여 정기용선자가 적하이해관계인에 대하여 가지는 용선료 또는 운임의 채권을 목적으로 질권을 설정한 것으로 본다.

④ 제1항부터 제3항까지의 규정은 선박소유자 또는 적하이해관계인의 정기용선자에 대한 손해배상청구에 영향을 미치지 아니한다.

[전문개정 2007.8.3]

제846조 (정기용선계약상의 채권의 소멸) ① 정기용선계약에 관하여 발생한 당사자 사이의 채권은 선박이 선박소유자에게 반환된 날부터 2년 이내에 재판상 청구가 없으면 소멸한다. 이 경우 제814조 제1항 단서를 준용한다.

② 제840조 제2항은 제1항의 경우에 준용한다.

[전문개정 2007.8.3]

제 5 절 선체용선

<개정 2007.8.3>

제847조 (선체용선계약의 의의) ① 선체용선계약은 용선자의 관리·지배 하에 선박을 운항할 목적으로 선박소유자가 용선자에게 선박을 제공할 것을 약정하고 용선자가 이에 따른 용선료를 지급하기로 약정함으로써 그 효력이 생긴다.

② 선박소유자가 선장과 그 밖의 해원을 공급할 의무를 지는 경우에도 용선자의 관리·지배하에서 해원이 선박을 운항하는 것을 목적으로 하면 이를 선체용선계약으로 본다.
[전문개정 2007.8.3]

제848조 (법적 성질) ① 선체용선계약은 그 성질에 반하지 아니하는 한 「민법」상 임대차에 관한 규정을 준용한다.
② 용선기간이 종료된 후에 용선자가 선박을 매수 또는 인수할 권리를 가지는 경우 및 금융의 담보를 목적으로 채권자를 선박소유자로 하여 선체용선계약을 체결한 경우에도 용선기간 중에는 당사자 사이에서는 이 절의 규정에 따라 권리와 의무가 있다.
[전문개정 2007.8.3]

제849조 (선체용선자의 등기청구권, 등기의 효력) ① 선체용선자는 선박소유자에 대하여 선체용선등기에 협력할 것을 청구할 수 있다.
② 선체용선을 등기한 때에는 그 때부터 제3자에 대하여 효력이 생긴다.
[전문개정 2007.8.3]

제850조 (선체용선과 제3자에 대한 법률관계) ① 선체용선자가 상행위나 그 밖의 영리를 목적으로 선박을 항해에 사용하는 경우에는 그 이용에 관한 사항에는 제3자에 대하여 선박소유자와 동일한 권리의무가 있다.
② 제1항의 경우에 선박의 이용에 관하여 생긴 우선특권은 선박소유자에 대하여도 그 효력이 있다. 다만, 우선특권자가 그 이용의 계약에 반함을 안 때에는 그러하지 아니하다.
[전문개정 2007.8.3]

제851조 (선체용선계약상의 채권의 소멸) ① 선체용선계약에 관하여 발생한 당사자 사이의 채권은 선박이 선박소유자에게 반환된 날부터 2년 이내에 재판상 청구가 없으면 소멸한다. 이 경우 제814조 제1항 단서를 준용한다.
② 제840조 제2항은 제1항의 경우에 준용한다.
[전문개정 2007.8.3]

제 6 절 운송증서

<개정 2007.8.3>

제852조 (선하증권의 발행) ① 운송인은 운송물을 수령한 후 송하인의 청구에 의하여 1통 또는 수통의 선하증권을 교부하여야 한다.
② 운송인은 운송물을 선적한 후 송하인의 청구에 의하여 1통 또는 수통의 선적선하증권을 교부하거나 제1항의 선하증권에 선적의 뜻을 표시하여야 한다.
③ 운송인은 선장 또는 그 밖의 대리인에게 선하증권의 교부 또는 제2항의 표시를 위임할 수 있다.
[전문개정 2007.8.3]

제853조 (선하증권의 기재사항) ① 선하증권에는 다음 각 호의 사항을 기재하고 운송인이 기명날인 또는 서명하여야 한다.

1. 선박의 명칭·국적 및 톤수
2. 송하인이 서면으로 통지한 운송물의 종류, 중량 또는 용적, 포장의 종별, 개수와 기호
3. 운송물의 외관상태
4. 용선자 또는 송하인의 성명·상호
5. 수하인 또는 통지수령인의 성명·상호
6. 선적항
7. 양륙항
8. 운임
9. 발행지와 그 발행연월일
10. 수통의 선하증권을 발행한 때에는 그 수

11. 운송인의 성명 또는 상호
12. 운송인의 주된 영업소 소재지
② 제1항 제2호의 기재사항 중 운송물의 중량·용적·개수 또는 기호가 운송인이 실제로 수령한 운송물을 정확하게 표시하고 있지 아니하다고 의심할 만한 상당한 이유가 있는 때 또는 이를 확인할 적당한 방법이 없는 때에는 그 기재를 생략할 수 있다.
③ 송하인은 제1항 제2호의 기재사항이 정확함을 운송인에게 담보한 것으로 본다.
④ 운송인이 선하증권에 기재된 통지수령인에게 운송물에 관한 통지를 한 때에는 송하인 및 선하증권소지인과 그 밖의 수하인에게 통지한 것으로 본다.
[전문개정 2007.8.3]

제854조 (선하증권 기재의 효력) ① 제853조 제1항에 따라 선하증권이 발행된 경우 운송인과 송하인 사이에 선하증권에 기재된 대로 개품운송계약이 체결되고 운송물을 수령 또는 선적한 것으로 추정한다.
② 제1항의 선하증권을 선의로 취득한 소지인에 대하여 운송인은 선하증권에 기재된 대로 운송물을 수령 혹은 선적한 것으로 보고 선하증권에 기재된 바에 따라 운송인으로서 책임을 진다.
[전문개정 2007.8.3]

제855조 (용선계약과 선하증권) ① 용선자의 청구가 있는 경우 선박소유자는 운송물을 수령한 후에 제852조 및 제853조에 따라 선하증권을 발행한다.
② 제1항에 따라 선하증권이 발행된 경우 선박소유자는 선하증권에 기재된 대로 운송물을 수령 또는 선적한 것으로 추정한다.
③ 제3자가 선의로 제1항의 선하증권을 취득한 경우 선박소유자는 제854조 제2항에 따라 운송인으로서 권리와 의무가 있다. 용선자의 청구에 따라 선박소유자가 제3자에게 선하증권을 발행한 경우에도 또한 같다.
④ 제3항의 경우에 그 제3자는 제833조부터 제835조까지 및 제837조에 따른 송하인으로 본다.
⑤ 제3항의 경우 제799조를 위반하여 운송인으로서의 의무와 책임을 감경 또는 면제하는 특약을 하지 못한다.
[전문개정 2007.8.3]

제856조 (등본의 교부) 선하증권의 교부를 받은 용선자 또는 송하인은 발행자의 청구가 있는 때에는 선하증권의 등본에 기명날인 또는 서명하여 교부하여야 한다.
[전문개정 2007.8.3]

제857조 (수통의 선하증권과 양륙항에 있어서의 운송물의 인도) ① 양륙항에서 수통의 선하증권 중 1통을 소지한 자가 운송물의 인도를 청구하는 경우에도 선장은 그 인도를 거부하지 못한다.
② 제1항에 따라 수통의 선하증권 중 1통의 소지인이 운송물의 인도를 받은 때에는 다른 선하증권은 그 효력을 잃는다.
[전문개정 2007.8.3]

제858조 (수통의 선하증권과 양륙항 외에서의 운송물의 인도) 양륙항 외에서는 선장은 선하증권의 각 통의 반환을 받지 아니하면 운송물을 인도하지 못한다.
[전문개정 2007.8.3]

제859조 (2인 이상 소지인의 운송물인도청구와 공탁) ① 2인 이상의 선하증권소지인이 운송물의 인도를 청구한 때에는 선장은 지체 없이 운송물을 공탁하고 각 청구자에게 그 통지를 발송하여야 한다.
② 선장이 제857조 제1항에 따라 운송물의 일부를 인도한 후 다른 소지인이 운송물의 인도를 청구한 경우에도 그 인도하지 아니한 운송물에 대하여는 제1항과 같다.
[전문개정 2007.8.3]

제860조 (수인의 선하증권소지인의 순위) ① 제859조에 따라 공탁한 운송물에 대하여는 수인의 선하증권소지인에게 공통되는 전 소지인으로부터 먼저 교부를 받은 증권소지인의 권리가 다른 소지인의 권리에 우선한다.

② 격지자에 대하여 발송한 선하증권은 그 발송한 때를 교부받은 때로 본다.

[전문개정 2007.8.3]

제861조 (준용규정) 제129조 · 제130조 · 제132조 및 제133조는 제852조 및 제855조의 선하증권에 준용한다.

[전문개정 2007.8.3]

제862조 (전자선하증권) ① 운송인은 제852조 또는 제855조의 선하증권을 발행하는 대신에 송하인 또는 용선자의 동의를 받아 법무부장관이 지정하는 등록기관에 등록을 하는 방식으로 전자선하증권을 발행할 수 있다. 이 경우 전자선하증권은 제852조 및 제855조의 선하증권과 동일한 법적 효력을 갖는다.

② 전자선하증권에는 제853조 제1항 각 호의 정보가 포함되어야 하며, 운송인이 전자서명을 하여 송신하고 용선자 또는 송하인이 이를 수신하여야 그 효력이 생긴다.

③ 전자선하증권의 권리자는 배서의 뜻을 기재한 전자문서를 작성한 다음 전자선하증권을 첨부하여 지정된 등록기관을 통하여 상대방에게 송신하는 방식으로 그 권리를 양도할 수 있다.

④ 제3항에서 정한 방식에 따라 배서의 뜻을 기재한 전자문서를 상대방이 수신하면 제852조 및 제855조의 선하증권을 배서하여 교부한 것과 동일한 효력이 있고, 제2항 및 제3항의 전자문서를 수신한 권리자는 제852조 및 제855조의 선하증권을 교부받은 소지인과 동일한 권리를 취득한다.

⑤ 전자선하증권의 등록기관의 지정요건, 발행 및 배서의 전자적인 방식, 운송물의 구체적인 수령절차와 그 밖에 필요한 사항은 대통령령으로 정한다.

[전문개정 2007.8.3]

제863조 (해상화물운송장의 발행) ① 운송인은 용선자 또는 송하인의 청구가 있으면 제852조 또는 제855조의 선하증권을 발행하는 대신 해상화물운송장을 발행할 수 있다. 해상화물운송장은 당사자 사이의 합의에 따라 전자식으로도 발행할 수 있다.

② 해상화물운송장에는 해상화물운송장임을 표시하는 외에 제853조 제1항 각 호 사항을 기재하고 운송인이 기명날인 또는 서명하여야 한다.

③ 제853조 제2항 및 제4항은 해상화물운송장에 준용한다.

[전문개정 2007.8.3]

제864조 (해상화물운송장의 효력) ① 제863조 제1항의 규정에 따라 해상화물운송장이 발행된 경우 운송인이 그 운송장에 기재된 대로 운송물을 수령 또는 선적한 것으로 추정한다.

② 운송인이 운송물을 인도함에 있어서 수령인이 해상화물운송장에 기재된 수하인 또는 그 대리인이라고 믿을만한 정당한 사유가 있는 때에는 수령인이 권리자가 아니라고 하더라도 운송인은 그 책임을 면한다.

[전문개정 2007.8.3]

제 3 장　해상위험

<개정 2007.8.3>

제 1 절　공동해손

<개정 2007.8.3>

제865조 (공동해손의 요건) 선박과 적하의

공동위험을 면하기 위한 선장의 선박 또는 적하에 대한 처분으로 인하여 생긴 손해 또는 비용은 공동해손으로 한다.
[전문개정 2007.8.3]
제866조 (공동해손의 분담) 공동해손은 그 위험을 면한 선박 또는 적하의 가액과 운임의 반액과 공동해손의 액과의 비율에 따라 각 이해관계인이 이를 분담한다.
[전문개정 2007.8.3]
제867조 (공동해손분담액의 산정) 공동해손의 분담액을 정함에 있어서는 선박의 가액은 도달의 때와 곳의 가액으로 하고, 적하의 가액은 양륙의 때와 곳의 가액으로 한다. 다만, 적하에 관하여는 그 가액 중에서 멸실로 인하여 지급을 면하게 된 운임과 그 밖의 비용을 공제하여야 한다.
[전문개정 2007.8.3]
제868조 (공동해손분담자의 유한책임) 제866조 및 제867조에 따라 공동해손의 분담책임이 있는 자는 선박이 도달하거나 적하를 인도한 때에 현존하는 가액의 한도에서 책임을 진다.
[전문개정 2007.8.3]
제869조 (공동해손의 손해액산정) 공동해손의 액을 정함에 있어서는 선박의 가액은 도달의 때와 곳의 가액으로 하고, 적하의 가액은 양륙의 때와 곳의 가액으로 한다. 다만, 적하에 관하여는 그 손실로 인하여 지급을 면하게 된 모든 비용을 공제하여야 한다.
[전문개정 2007.8.3]
제870조 (책임있는 자에 대한 구상권) 선박과 적하의 공동위험이 선박 또는 적하의 하자나 그 밖의 과실 있는 행위로 인하여 생긴 경우에는 공동해손의 분담자는 그 책임이 있는 자에 대하여 구상권을 행사할 수 있다.
[전문개정 2007.8.3]
제871조 (공동해손분담제외) 선박에 비치한 무기, 선원의 급료, 선원과 여객의 식량·의류는 보존된 경우에는 그 가액을 공동해손의 분담에 산입하지 아니하고, 손실된 경우에는 그 가액을 공동해손의 액에 산입한다.
[전문개정 2007.8.3]
제872조 (공동해손분담청구에서의 제외) ① 속구목록에 기재하지 아니한 속구, 선하증권이나 그 밖에 적하의 가격을 정할 수 있는 서류 없이 선적한 하물 또는 종류와 가액을 명시하지 아니한 화폐나 유가증권과 그 밖의 고가물은 보존된 경우에는 그 가액을 공동해손의 분담에 산입하고, 손실된 경우에는 그 가액을 공동해손의 액에 산입하지 아니한다.
② 갑판에 적재한 하물에 대하여도 제1항과 같다. 다만, 갑판에 선적하는 것이 관습상 허용되는 경우와 그 항해가 연안항행에 해당되는 경우에는 그러하지 아니하다.
[전문개정 2007.8.3]
제873조 (적하가격의 부실기재와 공동해손) ① 선하증권이나 그 밖에 적하의 가격을 정할 수 있는 서류에 적하의 실가보다 고액을 기재한 경우에 그 하물이 보존된 때에는 그 기재액에 의하여 공동해손의 분담액을 정하고, 적하의 실가보다 저액을 기재한 경우에 그 하물이 손실된 때에는 그 기재액을 공동해손의 액으로 한다.
② 제1항은 적하의 가격에 영향을 미칠 사항에 관하여 거짓 기재를 한 경우에 준용한다.
[전문개정 2007.8.3]
제874조 (공동해손인 손해의 회복) 선박소유자·용선자·송하인, 그 밖의 이해관계인이 공동해손의 액을 분담한 후 선박·속구 또는 적하의 전부나 일부가 소유자에게

복귀된 때에는 그 소유자는 공동해손의 상금으로 받은 금액에서 구조료와 일부손실로 인한 손해액을 공제하고 그 잔액을 반환하여야 한다.
[전문개정 2007.8.3]

제875조 (공동해손 채권의 소멸) 공동해손으로 인하여 생긴 채권 및 제870조에 따른 구상채권은 그 계산이 종료한 날부터 1년 이내에 재판상 청구가 없으면 소멸한다. 이 경우 제814조제1항 단서를 준용한다.
[전문개정 2007.8.3]

제 2 절 선박충돌

<개정 2007.8.3>

제876조 (선박충돌에의 적용법규) ① 항해선 상호 간 또는 항해선과 내수항행선 간의 충돌이 있은 경우에 선박 또는 선박 내에 있는 물건이나 사람에 관하여 생긴 손해의 배상에 대하여는 어떠한 수면에서 충돌한 때라도 이 절의 규정을 적용한다.
② 이 절에서 "선박의 충돌"이란 2척 이상의 선박이 그 운용상 작위 또는 부작위로 선박 상호 간에 다른 선박 또는 선박 내에 있는 사람 또는 물건에 손해를 생기게 하는 것을 말하며, 직접적인 접촉의 유무를 묻지 아니한다.
[전문개정 2007.8.3]

제877조 (불가항력으로 인한 충돌) 선박의 충돌이 불가항력으로 인하여 발생하거나 충돌의 원인이 명백하지 아니한 때에는 피해자는 충돌로 인한 손해의 배상을 청구하지 못한다.
[전문개정 2007.8.3]

제878조 (일방의 과실로 인한 충돌) 선박의 충돌이 일방의 선원의 과실로 인하여 발생한 때에는 그 일방의 선박소유자는 피해자에 대하여 충돌로 인한 손해를 배상할 책임이 있다.
[전문개정 2007.8.3]

제879조 (쌍방의 과실로 인한 충돌) ① 선박의 충돌이 쌍방의 선원의 과실로 인하여 발생한 때에는 쌍방의 과실의 경중에 따라 각 선박소유자가 손해배상의 책임을 분담한다. 이 경우 그 과실의 경중을 판정할 수 없는 때에는 손해배상의 책임을 균분하여 부담한다.
② 제1항의 경우에 제3자의 사상에 대한 손해배상은 쌍방의 선박소유자가 연대하여 그 책임을 진다.
[전문개정 2007.8.3]

제880조 (도선사의 과실로 인한 충돌) 선박의 충돌이 도선사의 과실로 인하여 발생한 경우에도 선박소유자는 제878조 및 제879조를 준용하여 손해를 배상할 책임이 있다.
[전문개정 2007.8.3]

제881조 (선박충돌채권의 소멸) 선박의 충돌로 인하여 생긴 손해배상의 청구권은 그 충돌이 있은 날부터 2년 이내에 재판상 청구가 없으면 소멸한다. 이 경우 제814조 제1항 단서를 준용한다.
[전문개정 2007.8.3]

제 3 절 해난구조

<개정 2007.8.3>

제882조 (해난구조의 요건) 항해선 또는 그 적하 그 밖의 물건이 어떠한 수면에서 위난에 조우한 경우에 의무 없이 이를 구조한 자는 그 결과에 대하여 상당한 보수를 청구할 수 있다. 항해선과 내수항행선 간의 구조의 경우에도 또한 같다.
[전문개정 2007.8.3]

제883조 (보수의 결정) 구조의 보수에 관한 약정이 없는 경우에 그 액에 대하여 당사자 사이에 합의가 성립하지 아니한 때에는 법

원은 당사자의 청구에 의하여 구조된 선박·재산의 가액, 위난의 정도, 구조자의 노력과 비용, 구조자나 그 장비가 조우했던 위험의 정도, 구조의 효과, 환경손해방지를 위한 노력, 그 밖의 제반사정을 참작하여 그 액을 정한다.
[전문개정 2007.8.3]

제884조 (보수의 한도) ① 구조의 보수액은 다른 약정이 없으면 구조된 목적물의 가액을 초과하지 못한다.
② 선순위의 우선특권이 있는 때에는 구조의 보수액은 그 우선특권자의 채권액을 공제한 잔액을 초과하지 못한다.
[전문개정 2007.8.3]

제885조 (환경손해방지작업에 대한 특별보상) ① 선박 또는 그 적하로 인하여 환경손해가 발생할 우려가 있는 경우에 손해의 경감 또는 방지의 효과를 수반하는 구조작업에 종사한 구조자는 구조의 성공 여부 및 제884조와 상관없이 구조에 소요된 비용을 특별보상으로 청구할 수 있다.
② 제1항에서 "비용"이란 구조작업에 실제로 지출한 합리적인 비용 및 사용된 장비와 인원에 대한 정당한 보수를 말한다.
③ 구조자는 발생할 환경손해가 구조작업으로 인하여 실제로 감경 또는 방지된 때에는 보상의 증액을 청구할 수 있고, 법원은 제883조의 사정을 참작하여 증액 여부 및 그 금액을 정한다. 이 경우 증액된다 하더라도 구조료는 제1항의 비용의 배액을 초과할 수 없다.
④ 구조자의 고의 또는 과실로 인하여 손해의 감경 또는 방지에 지장을 가져 온 경우 법원은 제1항 및 제3항에서 정한 금액을 감액 혹은 부인할 수 있다.
⑤ 하나의 구조작업을 시행한 구조자가 제1항부터 제4항까지의 규정에서 정한 특별보상을 청구하는 것 외에 제882조에서 정한 보수도 청구할 수 있는 경우 그 중 큰 금액을 구조료로 청구할 수 있다.
[전문개정 2007.8.3]

제886조 (구조료의 지급의무) 선박소유자와 그 밖에 구조된 재산의 권리자는 그 구조된 선박 또는 재산의 가액에 비례하여 구조에 대한 보수를 지급하고 특별보상을 하는 등 구조료를 지급할 의무가 있다.
[전문개정 2007.8.3]

제887조 (구조에 관한 약정) ① 당사자가 미리 구조계약을 하고 그 계약에 따라 구조가 이루어진 경우에도 그 성질에 반하지 아니하는 한 구조계약에서 정하지 아니한 사항은 이 절에서 정한 바에 따른다.
② 해난 당시에 구조료의 금액에 대하여 약정을 한 경우에도 그 금액이 현저하게 부당한 때에는 법원은 제883조의 사정을 참작하여 그 금액을 증감할 수 있다.
[전문개정 2007.8.3]

제888조 (공동구조자 간의 구조료 분배) ① 수인이 공동으로 구조에 종사한 경우에 그 구조료의 분배비율에 관하여는 제883조를 준용한다.
② 인명의 구조에 종사한 자도 제1항에 따라 구조료의 분배를 받을 수 있다.
[전문개정 2007.8.3]

제889조 (1선박 내부의 구조료 분배) ① 선박이 구조에 종사하여 그 구조료를 받은 경우에는 먼저 선박의 손해액과 구조에 들어간 비용을 선박소유자에게 지급하고 잔액을 절반하여 선장과 해원에게 지급하여야 한다.
② 제1항에 따라 해원에게 지급할 구조료의 분배는 선장이 각 해원의 노력, 그 효과와 사정을 참작하여 그 항해의 종료 전에 분배안을 작성하여 해원에게 고시하여야 한다.

[전문개정 2007.8.3]

제890조 (예선의 구조의 경우) 예선의 본선 또는 그 적하에 대한 구조에 관하여는 예선계약의 이행으로 볼 수 없는 특수한 노력을 제공한 경우가 아니면 구조료를 청구하지 못한다.

[전문개정 2007.8.3]

제891조 (동일소유자에 속한 선박 간의 보수) 동일소유자에 속한 선박의 상호 간에 있어서도 구조에 종사한 자는 상당한 구조료를 청구할 수 있다.

[전문개정 2007.8.3]

제892조 (구조료청구권 없는 자) 다음 각 호에 해당하는 자는 구조료를 청구하지 못한다.

1. 구조받은 선박에 종사하는 자
2. 고의 또는 과실로 인하여 해난사고를 야기한 자
3. 정당한 거부에도 불구하고 구조를 강행한 자
4. 구조된 물건을 은닉하거나 정당한 사유 없이 처분한 자

[전문개정 2007.8.3]

제893조 (구조자의 우선특권) ① 구조에 종사한 자의 구조료채권은 구조된 적하에 대하여 우선특권이 있다. 다만, 채무자가 그 적하를 제3취득자에게 인도한 후에는 그 적하에 대하여 이 권리를 행사하지 못한다.

② 제1항의 우선특권에는 그 성질에 반하지 아니하는 한 제777조의 우선특권에 관한 규정을 준용한다.

[전문개정 2007.8.3]

제894조 (구조료지급에 관한 선장의 권한) ① 선장은 구조료를 지급할 채무자에 갈음하여 그 지급에 관한 재판상 또는 재판 외의 모든 행위를 할 권한이 있다.

② 선장은 그 구조료에 관한 소송의 당사자가 될 수 있고, 그 확정판결은 구조료의 채무자에 대하여도 효력이 있다.

[전문개정 2007.8.3]

제895조 (구조료청구권의 소멸) 구조료청구권은 구조가 완료된 날부터 2년 이내에 재판상 청구가 없으면 소멸한다. 이 경우 제814조 제1항 단서를 준용한다.

[전문개정 2007.8.3]

부 칙 <제9746호,2009. 5.28>

① **(시행일)** 이 법은 공포 후 1년이 경과한 날부터 시행한다. 다만, 제292조, 제318조, 제329조, 제363조, 제383조, 제409조의 개정규정은 공포한 날부터 시행한다.

② **(일반적 경과조치)** 이 법은 특별한 규정이 있는 경우를 제외하고는 이 법 시행 전에 발생한 사항에 대하여도 적용한다. 다만, 종전의 규정에 따라 생긴 효력에는 영향을 미치지 아니한다.

어 음 법

[시행 2010. 3.31] [법률 제10198호, 2010. 3.31, 일부개정]

제1편 환어음

<개정 2010.3.31>

제1장 환어음의 발행과 방식

<개정 2010.3.31>

제1조 (어음의 요건) 환어음(환어음)에는 다음 각 호의 사항을 적어야 한다.

1. 증권의 본문 중에 그 증권을 작성할 때 사용하는 국어로 환어음임을 표시하는 글자
2. 조건 없이 일정한 금액을 지급할 것을 위탁하는 뜻
3. 지급인의 명칭
4. 만기(滿期)
5. 지급지(支給地)
6. 지급받을 자 또는 지급받을 자를 지시할 자의 명칭
7. 발행일과 발행지(發行地)
8. 발행인의 기명날인(記名捺印) 또는 서명

[전문개정 2010.3.31]

제2조 (어음 요건의 흠) 제1조 각 호의 사항을 적지 아니한 증권은 환어음의 효력이 없다. 그러나 다음 각 호의 경우에는 그러하지 아니하다.

1. 만기가 적혀 있지 아니한 경우: 일람출급(一覽出給)의 환어음으로 본다.
2. 지급지가 적혀 있지 아니한 경우: 지급인의 명칭에 부기(附記)한 지(地)를 지급지 및 지급인의 주소지로 본다.
3. 발행지가 적혀 있지 아니한 경우: 발행인의 명칭에 부기한 지(地)를 발행지로 본다.

[전문개정 2010.3.31]

제3조 (자기지시어음, 자기앞어음, 위탁어음) ① 환어음은 발행인 자신을 지급받을 자로 하여 발행할 수 있다.

② 환어음은 발행인 자신을 지급인으로 하여 발행할 수 있다.

③ 환어음은 제3자의 계산으로 발행할 수 있다.

[전문개정 2010.3.31]

제4조 (제3자방 지급의 기재) 환어음은 지급인의 주소지에 있든 다른 지(地)에 있든 관계없이 제3자방(제삼자방)에서 지급하는 것으로 할 수 있다.

[전문개정 2010.3.31]

제5조 (이자의 약정) ① 일람출급 또는 일람 후 정기출급의 환어음에는 발행인이 어음금액에 이자가 붙는다는 약정 내용을 적을 수 있다. 그 밖의 환어음에는 이자의 약정을 적어도 이를 적지 아니한 것으로 본다.

② 이율은 어음에 적어야 한다. 이율이 적혀 있지 아니하면 이자를 약정한다는 내용이 적혀 있더라도 이자를 약정하지 아니한 것으로 본다.

③ 특정한 날짜가 적혀 있지 아니한 경우에는 어음을 발행한 날부터 이자를 계산한다.

[전문개정 2010.3.31]

**제6조 (어음금액의 기재에 차이가 있는 경

우) ① 환어음의 금액을 글자와 숫자로 적은 경우에 그 금액에 차이가 있으면 글자로 적은 금액을 어음금액으로 한다.
② 환어음의 금액을 글자 또는 숫자로 중복하여 적은 경우에 그 금액에 차이가 있으면 최소금액을 어음금액으로 한다.
[전문개정 2010.3.31]

제7조 (어음채무의 독립성) 환어음에 다음 각 호의 어느 하나에 해당하는 기명날인 또는 서명이 있는 경우에도 다른 기명날인 또는 서명을 한 자의 채무는 그 효력에 영향을 받지 아니한다.

1. 어음채무를 부담할 능력이 없는 자의 기명날인 또는 서명
2. 위조된 기명날인 또는 서명
3. 가공인물의 기명날인 또는 서명
4. 그 밖의 사유로 환어음에 기명날인 또는 서명을 한 자나 그 본인에게 의무를 부담하게 할 수 없는 기명날인 또는 서명

[전문개정 2010.3.31]

제8조 (어음행위의 무권대리) 대리권 없이 타인의 대리인으로 환어음에 기명날인하거나 서명한 자는 그 어음에 의하여 의무를 부담한다. 그 자가 어음금액을 지급한 경우에는 본인과 같은 권리를 가진다. 권한을 초과한 대리인의 경우도 같다.
[전문개정 2010.3.31]

제9조 (발행인의 책임) ① 발행인은 어음의 인수(引受)와 지급을 담보한다.
② 발행인은 인수를 담보하지 아니한다는 내용을 어음에 적을 수 있다. 발행인이 지급을 담보하지 아니한다는 뜻의 모든 문구는 적지 아니한 것으로 본다.
[전문개정 2010.3.31]

제10조 (백지어음) 미완성으로 발행한 환어음에 미리 합의한 사항과 다른 내용을 보충한 경우에는 그 합의의 위반을 이유로 소지인에게 대항하지 못한다. 그러나 소지인이 악의 또는 중대한 과실로 인하여 환어음을 취득한 경우에는 그러하지 아니하다.
[전문개정 2010.3.31]

제2장 배 서

<개정 2010.3.31>

제11조 (당연한 지시증권성) ① 환어음은 지시식(指示式)으로 발행하지 아니한 경우에도 배서(背書)에 의하여 양도할 수 있다.
② 발행인이 환어음에 "지시 금지"라는 글자 또는 이와 같은 뜻이 있는 문구를 적은 경우에는 그 어음은 지명채권의 양도 방식으로만, 그리고 그 효력으로써만 양도할 수 있다.
③ 배서는 다음 각 호의 자에 대하여 할 수 있으며, 다음 각 호의 자는 다시 어음에 배서할 수 있다.

1. 어음을 인수한 지급인
2. 어음을 인수하지 아니한 지급인
3. 어음의 발행인
4. 그 밖의 어음채무자

[전문개정 2010.3.31]

제12조 (배서의 요건) ① 배서에는 조건을 붙여서는 아니 된다. 배서에 붙인 조건은 적지 아니한 것으로 본다.
② 일부의 배서는 무효로 한다.
③ 소지인에게 지급하라는 소지인출급의 배서는 백지식(白地式) 배서와 같은 효력이 있다.
[전문개정 2010.3.31]

제13조 (배서의 방식) ① 배서는 환어음이나 이에 결합한 보충지[보전]에 적고 배서인이 기명날인하거나 서명하여야 한다.
② 배서는 피배서인(被背書人)을 지명하지 아니하고 할 수 있으며 배서인의 기명날인

또는 서명만으로도 할 수 있다(백지식 배서). 배서인의 기명날인 또는 서명만으로 하는 백지식 배서는 환어음의 뒷면이나 보충지에 하지 아니하면 효력이 없다.
[전문개정 2010.3.31]

제14조 (배서의 권리 이전적 효력) ① 배서는 환어음으로부터 생기는 모든 권리를 이전(移轉)한다.
② 배서가 백지식인 경우에 소지인은 다음 각 호의 행위를 할 수 있다.
1. 자기의 명칭 또는 타인의 명칭으로 백지(白地)를 보충하는 행위
2. 백지식으로 또는 타인을 표시하여 다시 어음에 배서하는 행위
3. 백지를 보충하지 아니하고 또 배서도 하지 아니하고 어음을 교부만으로 제3자에게 양도하는 행위

[전문개정 2010.3.31]

제15조 (배서의 담보적 효력) ① 배서인은 반대의 문구가 없으면 인수와 지급을 담보한다.
② 배서인은 자기의 배서 이후에 새로 하는 배서를 금지할 수 있다. 이 경우 그 배서인은 어음의 그 후의 피배서인에 대하여 담보의 책임을 지지 아니한다.
[전문개정 2010.3.31]

제16조 (배서의 자격 수여적 효력 및 어음의 선의취득) ① 환어음의 점유자가 배서의 연속에 의하여 그 권리를 증명할 때에는 그를 적법한 소지인으로 추정(推定)한다. 최후의 배서가 백지식인 경우에도 같다. 말소한 배서는 배서의 연속에 관하여는 배서를 하지 아니한 것으로 본다. 백지식 배서의 다음에 다른 배서가 있는 경우에는 그 배서를 한 자는 백지식 배서에 의하여 어음을 취득한 것으로 본다.
② 어떤 사유로든 환어음의 점유를 잃은 자가 있는 경우에 그 어음의 소지인이 제1항에 따라 그 권리를 증명할 때에는 그 어음을 반환할 의무가 없다. 그러나 소지인이 악의 또는 중대한 과실로 인하여 어음을 취득한 경우에는 그러하지 아니하다.
[전문개정 2010.3.31]

제17조 (인적 항변의 절단) 환어음에 의하여 청구를 받은 자는 발행인 또는 종전의 소지인에 대한 인적 관계로 인한 항변(抗辯)으로써 소지인에게 대항하지 못한다. 그러나 소지인이 그 채무자를 해할 것을 알고 어음을 취득한 경우에는 그러하지 아니하다.
[전문개정 2010.3.31]

제18조 (추심위임배서) ① 배서한 내용 중 다음 각 호의 어느 하나에 해당하는 문구가 있으면 소지인은 환어음으로부터 생기는 모든 권리를 행사할 수 있다. 그러나 소지인은 대리(代理)를 위한 배서만을 할 수 있다.
1. 회수하기 위하여
2. 추심(推尋)하기 위하여
3. 대리를 위하여
4. 그 밖에 단순히 대리권을 준다는 내용의 문구

② 제1항의 경우에는 어음의 채무자는 배서인에게 대항할 수 있는 항변으로써만 소지인에게 대항할 수 있다.
③ 대리를 위한 배서에 의하여 주어진 대리권은 그 대리권을 준 자가 사망하거나 무능력자가 되더라도 소멸하지 아니한다.
[전문개정 2010.3.31]

제19조 (입질배서) ① 배서한 내용 중 다음 각 호의 어느 하나에 해당하는 문구가 있으면 소지인은 환어음으로부터 생기는 모든 권리를 행사할 수 있다. 그러나 소지인이 한 배서는 대리를 위한 배서의 효력만 있다.
1. 담보하기 위하여

2. 입질(入質)하기 위하여
3. 그 밖에 질권(質權) 설정을 표시하는 문구

② 제1항의 경우 어음채무자는 배서인에 대한 인적 관계로 인한 항변으로써 소지인에게 대항하지 못한다. 그러나 소지인이 그 채무자를 해할 것을 알고 어음을 취득한 경우에는 그러하지 아니하다.

[전문개정 2010.3.31]

제20조 (기한 후 배서) ① 만기 후의 배서는 만기 전의 배서와 같은 효력이 있다. 그러나 지급거절증서가 작성된 후에 한 배서 또는 지급거절증서 작성기간이 지난 후에 한 배서는 지명채권 양도의 효력만 있다.

② 날짜를 적지 아니한 배서는 지급거절증서 작성기간이 지나기 전에 한 것으로 추정한다.

[전문개정 2010.3.31]

제 3 장 인 수

<개정 2010.3.31>

제21조 (인수 제시의 자유) 환어음의 소지인 또는 단순한 점유자는 만기에 이르기까지 인수를 위하여 지급인에게 그 주소에서 어음을 제시할 수 있다.

[전문개정 2010.3.31]

제22조 (인수 제시의 명령 및 금지) ① 발행인은 환어음에 기간을 정하거나 정하지 아니하고, 인수를 위하여 어음을 제시하여야 한다는 내용을 적을 수 있다.

② 발행인은 인수를 위한 어음의 제시를 금지한다는 내용을 어음에 적을 수 있다. 그러나 어음이 제3자방에서 또는 지급인의 주소지가 아닌 지(地)에서 지급하여야 하는 것이거나 일람 후 정기출급 어음인 경우에는 그러하지 아니하다.

③ 발행인은 일정한 기일(期日) 전에는 인수를 위한 어음의 제시를 금지한다는 내용을 적을 수 있다.

④ 각 배서인은 기간을 정하거나 정하지 아니하고, 인수를 위하여 어음을 제시하여야 한다는 내용을 적을 수 있다. 그러나 발행인이 인수를 위한 어음의 제시를 금지한 경우에는 그러하지 아니하다.

[전문개정 2010.3.31]

제23조 (일람 후 정기출급 어음의 제시기간) ① 일람 후 정기출급의 환어음은 그 발행한 날부터 1년 내에 인수를 위한 제시를 하여야 한다.

② 발행인은 제1항의 기간을 단축하거나 연장할 수 있다.

③ 배서인은 제1항 및 제2항의 기간을 단축할 수 있다.

[전문개정 2010.3.31]

제24조 (유예기간) ① 지급인은 첫 번째 제시일의 다음 날에 두 번째 제시를 할 것을 청구할 수 있다. 이해관계인은 이 청구가 거절증서에 적혀 있는 경우에만 그 청구에 응한 두 번째 제시가 없었음을 주장할 수 있다.

② 소지인은 인수를 위하여 제시한 어음을 지급인에게 교부할 필요가 없다.

[전문개정 2010.3.31]

제25조 (인수의 방식) ① 인수는 환어음에 적어야 하며, "인수" 또는 그 밖에 이와 같은 뜻이 있는 글자로 표시하고 지급인이 기명날인하거나 서명하여야 한다. 어음의 앞면에 지급인의 단순한 기명날인 또는 서명이 있으면 인수로 본다.

② 일람 후 정기출급의 어음 또는 특별한 기재에 의하여 일정한 기간 내에 인수를 위한 제시를 하여야 하는 어음의 경우에는 소지인이 제시한 날짜를 기재할 것을 청구한

경우가 아니면 인수에는 인수한 날짜를 적어야 한다. 날짜가 적혀 있지 아니한 경우 소지인은 배서인과 발행인에 대한 상환청구권(償還請求權)을 보전(保全)하기 위하여는 적법한 시기에 작성시킨 거절증서로써 그 기재가 없었음을 증명하여야 한다.
[전문개정 2010.3.31]

第26조 (부단순인수) ① 인수는 조건 없이 하여야 한다. 그러나 지급인은 어음금액의 일부만을 인수할 수 있다.
② 환어음의 다른 기재사항을 변경하여 인수하였을 때에는 인수를 거절한 것으로 본다. 그러나 인수인은 그 인수 문구에 따라 책임을 진다.
[전문개정 2010.3.31]

第27조 (제3자방 지급의 기재) ① 발행인이 지급인의 주소지와 다른 지급지를 환어음에 적은 경우에 제3자방에서 지급한다는 내용을 적지 아니하였으면 지급인은 인수를 함에 있어 그 제3자를 정할 수 있다. 그에 관하여 적은 내용이 없으면 인수인은 지급지에서 직접 지급할 의무를 부담한 것으로 본다.
② 지급인의 주소에서 지급될 어음의 경우 지급인은 인수를 함에 있어 지급지 내에 위치한 지급장소를 정할 수 있다.
[전문개정 2010.3.31]

第28조 (인수의 효력) ① 지급인은 인수를 함으로써 만기에 환어음을 지급할 의무를 부담한다.
② 지급을 받지 못한 경우에 소지인은 제48조와 제49조에 따라 청구할 수 있는 모든 금액에 관하여 인수인에 대하여 환어음으로부터 생기는 직접청구권을 가진다. 소지인이 발행인인 경우에도 같다.
[전문개정 2010.3.31]

第29조 (인수의 말소) ① 환어음에 인수를 기재한 지급인이 그 어음을 반환하기 전에 인수의 기재를 말소한 경우에는 인수를 거절한 것으로 본다. 말소는 어음의 반환 전에 한 것으로 추정한다.
② 제1항에도 불구하고 지급인이 소지인이나 어음에 기명날인 또는 서명을 한 자에게 서면으로 인수를 통지한 경우에는 그 상대방에 대하여 인수의 문구에 따라 책임을 진다.
[전문개정 2010.3.31]

제 4 장 보 증

<개정 2010.3.31>

第30조 (보증의 가능) ① 환어음은 보증에 의하여 그 금액의 전부 또는 일부의 지급을 담보할 수 있다.
② 제3자는 제1항의 보증을 할 수 있다. 어음에 기명날인하거나 서명한 자도 같다.
[전문개정 2010.3.31]

第31조 (보증의 방식) ① 보증의 표시는 환어음 또는 보충지에 하여야 한다.
② 보증을 할 때에는 "보증" 또는 이와 같은 뜻이 있는 문구를 표시하고 보증인이 기명날인하거나 서명하여야 한다.
③ 환어음의 앞면에 단순한 기명날인 또는 서명이 있는 경우에는 보증을 한 것으로 본다. 그러나 지급인 또는 발행인의 기명날인 또는 서명의 경우에는 그러하지 아니하다.
④ 보증에는 누구를 위하여 한 것임을 표시하여야 한다. 그 표시가 없는 경우에는 발행인을 위하여 보증한 것으로 본다.
[전문개정 2010.3.31]

第32조 (보증의 효력) ① 보증인은 보증된 자와 같은 책임을 진다.
② 보증은 담보된 채무가 그 방식에 흠이 있는 경우 외에는 어떠한 사유로 무효가 되

더라도 그 효력을 가진다.
③ 보증인이 환어음의 지급을 하면 보증된 자와 그 자의 어음상의 채무자에 대하여 어음으로부터 생기는 권리를 취득한다.
[전문개정 2010.3.31]

제5장 만 기

<개정 2010.3.31>

제33조 (만기의 종류) ① 환어음은 다음 각 호의 어느 하나로 발행할 수 있다.
1. 일람출급
2. 일람 후 정기출급
3. 발행일자 후 정기출급
4. 확정일출급
② 제1항 외의 만기 또는 분할 출급의 환어음은 무효로 한다.
[전문개정 2010.3.31]

제34조 (일람출급 어음의 만기) ① 일람출급의 환어음은 제시된 때를 만기로 한다. 이 어음은 발행일부터 1년 내에 지급을 받기 위한 제시를 하여야 한다. 발행인은 이 기간을 단축하거나 연장할 수 있고 배서인은 그 기간을 단축할 수 있다.
② 발행인은 일정한 기일 전에는 일람출급의 환어음의 지급을 받기 위한 제시를 금지한다는 내용을 적을 수 있다. 이 경우 제시기간은 그 기일부터 시작한다.
[전문개정 2010.3.31]

제35조 (일람 후 정기출급 어음의 만기) ① 일람 후 정기출급의 환어음 만기는 인수한 날짜 또는 거절증서의 날짜에 따라 정한다.
② 인수일이 적혀 있지 아니하고 거절증서도 작성되지 아니한 경우에 인수인에 대한 관계에서는 인수제시기간의 말일에 인수한 것으로 본다.
[전문개정 2010.3.31]

제36조 (만기일의 결정 및 기간의 계산) ① 발행일자 후 또는 일람 후 1개월 또는 수개월이 될 때 지급할 환어음은 지급할 달의 대응일(對應日)을 만기로 한다. 대응일이 없는 경우에는 그 달의 말일을 만기로 한다.
② 발행일자 후 또는 일람 후 1개월 반 또는 수개월 반이 될 때 지급할 환어음은 먼저 전월(全月)을 계산한다.
③ 월초, 월중 또는 월말로 만기를 표시한 경우에는 그 달의 1일, 15일 또는 말일을 말한다.
④ "8일" 또는 "15일"이란 1주 또는 2주가 아닌 만 8일 또는 만 15일을 말한다.
⑤ "반월"(반월)이란 만 15일을 말한다.
[전문개정 2010.3.31]

제37조 (만기 결정의 표준이 되는 세력) ① 발행지와 세력(歲曆)을 달리하는 지(地)에서 확정일에 지급할 환어음의 만기일은 지급지의 세력에 따라 정한 것으로 본다.
② 세력을 달리하는 두 지(地) 간에 발행한 발행일자 후 정기출급 환어음은 발행일을 지급지 세력의 대응일로 환산하고 이에 따라 만기를 정한다.
③ 환어음의 제시기간은 제2항에 따라 계산한다.
④ 제1항부터 제3항까지의 규정은 환어음의 문구나 그 밖의 기재사항에 의하여 다른 의사를 알 수 있는 경우에는 적용하지 아니한다.
[전문개정 2010.3.31]

제6장 지 급

<개정 2010.3.31>

제38조 (지급 제시의 필요) ① 확정일출급, 발행일자 후 정기출급 또는 일람 후 정기출급의 환어음 소지인은 지급을 할 날 또는

그날 이후의 2거래일 내에 지급을 받기 위한 제시를 하여야 한다.
② 어음교환소에서 한 환어음의 제시는 지급을 받기 위한 제시로서의 효력이 있다.
③ 소지인으로부터 환어음의 추심을 위임받은 금융기관(이하 이 장에서 "제시금융기관"이라 한다)이 그 환어음의 기재사항을 정보처리시스템에 의하여 전자적 정보의 형태로 작성한 후 그 정보를 어음교환소에 송신하여 그 어음교환소의 정보처리시스템에 입력되었을 때에는 제2항에 따른 지급을 받기 위한 제시가 이루어진 것으로 본다.
[전문개정 2010.3.31]

제39조 (상환증권성 및 일부지급) ① 환어음의 지급인은 지급을 할 때에 소지인에게 그 어음에 영수(領受)를 증명하는 뜻을 적어서 교부할 것을 청구할 수 있다.
② 소지인은 일부지급을 거절하지 못한다.
③ 일부지급의 경우 지급인은 소지인에게 그 지급 사실을 어음에 적고 영수증을 교부할 것을 청구할 수 있다.
[전문개정 2010.3.31]

제40조 (지급의 시기 및 지급인의 조사의무) ① 환어음의 소지인은 만기 전에는 지급을 받을 의무가 없다.
② 만기 전에 지급을 하는 지급인은 자기의 위험부담으로 하는 것으로 한다.
③ 만기에 지급하는 지급인은 사기 또는 중대한 과실이 없으면 그 책임을 면한다. 이 경우 지급인은 배서의 연속이 제대로 되어 있는지를 조사할 의무가 있으나 배서인의 기명날인 또는 서명을 조사할 의무는 없다.
④ 제38조 제3항에 따른 지급 제시의 경우 지급인 또는 지급인으로부터 지급을 위임받은 금융기관은 제3항 후단에 따른 배서의 연속이 제대로 되어 있는지에 대한 조사를 제시금융기관에 위임할 수 있다.
[전문개정 2010.3.31]

제41조 (지급할 화폐) ① 지급지의 통화(通貨)가 아닌 통화로 지급한다는 내용이 기재된 환어음은 만기일의 가격에 따라 지급지의 통화로 지급할 수 있다. 어음채무자가 지급을 지체한 경우 소지인은 그 선택에 따라 만기일 또는 지급하는 날의 환시세(換時勢)에 따라 지급지의 통화로 어음금액을 지급할 것을 청구할 수 있다.
② 외국통화의 가격은 지급지의 관습에 따라 정한다. 그러나 발행인은 어음에서 정한 환산율에 따라 지급금액을 계산한다는 뜻을 어음에 적을 수 있다.
③ 제1항 및 제2항은 발행인이 특정한 종류의 통화로 지급한다는 뜻(외국통화 현실지급 문구)을 적은 경우에는 적용하지 아니한다.
④ 발행국과 지급국에서 명칭은 같으나 가치가 다른 통화로써 환어음의 금액을 정한 경우에는 지급지의 통화로 정한 것으로 추정한다.
[전문개정 2010.3.31]

제42조 (어음금액의 공탁) 제38조에 따른 기간 내에 환어음의 지급을 받기 위한 제시가 없으면 각 어음채무자는 소지인의 비용과 위험부담으로 어음금액을 관할 관서에 공탁(供託)할 수 있다.
[전문개정 2010.3.31]

제 7 장 인수거절 또는 지급거절로 인한 상환청구

<개정 2010.3.31>

제43조 (상환청구의 실질적 요건) 만기에 지급이 되지 아니한 경우 소지인은 배서인, 발행인, 그 밖의 어음채무자에 대하여 상환

청구권(償還請求權)을 행사할 수 있다. 다음 각 호의 어느 하나에 해당하는 경우에는 만기 전에도 상환청구권을 행사할 수 있다.

1. 인수의 전부 또는 일부의 거절이 있는 경우
2. 지급인의 인수 여부와 관계없이 지급인이 파산한 경우, 그 지급이 정지된 경우 또는 그 재산에 대한 강제집행이 주효(奏效)하지 아니한 경우
3. 인수를 위한 어음의 제시를 금지한 어음의 발행인이 파산한 경우

[전문개정 2010.3.31]

제44조 (상환청구의 형식적 요건) ① 인수 또는 지급의 거절은 공정증서(인수거절증서 또는 지급거절증서)로 증명하여야 한다.

② 인수거절증서는 인수를 위한 제시기간 내에 작성시켜야 한다. 다만, 기간의 말일에 제24조제1항에 따른 제시가 있으면 그 다음 날에도 거절증서를 작성시킬 수 있다.

③ 확정일출급, 발행일자 후 정기출급 또는 일람 후 정기출급 환어음의 지급거절증서는 지급을 할 날 이후의 2거래일 내에 작성시켜야 한다. 일람출급 어음의 지급거절증서는 인수거절증서 작성에 관한 제2항에 따라 작성시켜야 한다.

④ 인수거절증서가 작성되었을 때에는 지급을 받기 위한 제시와 지급거절증서의 작성이 필요하지 아니하다.

⑤ 지급인의 인수 여부와 관계없이 지급인이 지급을 정지한 경우 또는 그 재산에 대한 강제집행이 주효하지 아니한 경우 소지인은 지급인에 대하여 지급을 받기 위한 제시를 하고 거절증서를 작성시킨 후가 아니면 상환청구권을 행사하지 못한다.

⑥ 지급인의 인수 여부와 관계없이 지급인이 파산선고를 받은 경우 또는 인수를 위한 제시를 금지한 어음의 발행인이 파산선고를 받은 경우에 소지인이 상환청구권을 행사할 때에는 파산결정서를 제시하면 된다.

[전문개정 2010.3.31]

제45조 (인수거절 및 지급거절의 통지) ① 소지인은 다음 각 호의 어느 하나에 해당하는 날 이후의 4거래일 내에 자기의 배서인과 발행인에게 인수거절 또는 지급거절이 있었음을 통지하여야 하고, 각 배서인은 그 통지를 받은 날 이후 2거래일 내에 전(前) 통지자 전원의 명칭과 처소(處所)를 표시하고 자기가 받은 통지를 자기의 배서인에게 통지하여 차례로 발행인에게 미치게 하여야 한다. 이 기간은 각 통지를 받은 때부터 진행한다.

1. 거절증서 작성일
2. 무비용상환(無費用償還)의 문구가 적혀 있는 경우에는 어음 제시일

② 제1항에 따라 환어음에 기명날인하거나 서명한 자에게 통지할 때에는 같은 기간 내에 그 보증인에게도 같은 통지를 하여야 한다.

③ 배서인이 그 처소를 적지 아니하거나 그 기재가 분명하지 아니한 경우에는 그 배서인의 직전(直前)의 자에게 통지하면 된다.

④ 통지를 하여야 하는 자는 어떠한 방법으로도 할 수 있다. 단순히 어음을 반환하는 것으로도 통지할 수 있다.

⑤ 통지를 하여야 하는 자는 적법한 기간 내에 통지를 하였음을 증명하여야 한다. 이 기간 내에 통지서를 우편으로 부친 경우에는 그 기간을 준수한 것으로 본다.

⑥ 제5항의 기간 내에 통지를 하지 아니한 자도 상환청구권을 잃지 아니한다. 그러나 과실로 인하여 손해가 생긴 경우에는 환어음금액의 한도 내에서 배상할 책임을 진다.

[전문개정 2010.3.31]

제46조 (거절증서 작성 면제) ① 발행인, 배

서인 또는 보증인은 다음 각 호의 어느 하나에 해당하는 문구를 환어음에 적고 기명날인하거나 서명함으로써 소지인의 상환청구권 행사를 위한 인수거절증서 또는 지급거절증서의 작성을 면제할 수 있다.
1. 무비용상환
2. 거절증서 불필요
3. 제1호 및 제2호와 같은 뜻을 가진 문구
② 제1항 각 호의 문구가 있더라도 소지인의 법정기간 내 어음의 제시 및 통지 의무가 면제되는 것은 아니다. 법정기간을 준수하지 아니하였음은 소지인에 대하여 이를 원용(援用)하는 자가 증명하여야 한다.
③ 발행인이 제1항 각 호의 문구를 적은 경우에는 모든 어음채무자에 대하여 효력이 있고, 배서인 또는 보증인이 이 문구를 적은 경우에는 그 배서인 또는 보증인에 대하여만 효력이 있다. 발행인이 이 문구를 적었음에도 불구하고 소지인이 거절증서를 작성시켰으면 그 비용은 소지인이 부담하고, 배서인 또는 보증인이 이 문구를 적은 경우에 거절증서를 작성시켰으면 모든 어음채무자에게 그 비용을 상환하게 할 수 있다.
[전문개정 2010.3.31]

제47조 (어음채무자의 합동책임) ① 환어음의 발행, 인수, 배서 또는 보증을 한 자는 소지인에 대하여 합동으로 책임을 진다.
② 소지인은 제1항의 어음채무자에 대하여 그 채무부담의 순서에도 불구하고 그중 1명, 여러 명 또는 전원에 대하여 청구할 수 있다.
③ 어음채무자가 그 어음을 환수한 경우에도 제2항의 소지인과 같은 권리가 있다.
④ 어음채무자 중 1명에 대한 청구는 다른 채무자에 대한 청구에 영향을 미치지 아니한다. 이미 청구를 받은 자의 후자(後者)에 대하여도 같다.
[전문개정 2010.3.31]

제48조 (상환청구금액) ① 소지인은 상환청구권에 의하여 다음 각 호의 금액의 지급을 청구할 수 있다.
1. 인수 또는 지급되지 아니한 어음금액과 이자가 적혀 있는 경우 그 이자
2. 연 6퍼센트의 이율로 계산한 만기 이후의 이자
3. 거절증서의 작성비용, 통지비용 및 그 밖의 비용
② 만기 전에 상환청구권을 행사하는 경우에는 할인에 의하여 어음금액을 줄인다. 그 할인은 소지인의 주소지에서 상환청구하는 날의 공정할인율(은행률)에 의하여 계산한다.
[전문개정 2010.3.31]

제49조 (재상환청구금액) 환어음을 환수한 자는 그 전자(前者)에 대하여 다음 각 호의 금액의 지급을 청구할 수 있다.
1. 지급한 총금액
2. 제1호의 금액에 대하여 연 6퍼센트의 이율로 계산한 지급한 날 이후의 이자
3. 지출한 비용
[전문개정 2010.3.31]

제50조 (상환의무자의 권리) ① 상환청구(償還請求)를 받은 어음채무자나 받을 어음채무자는 지급과 상환(相換)으로 거절증서, 영수를 증명하는 계산서와 그 어음의 교부를 청구할 수 있다.
② 환어음을 환수한 배서인은 자기의 배서와 후자의 배서를 말소할 수 있다.
[전문개정 2010.3.31]

제51조 (일부인수의 경우의 상환청구) 일부인수 후에 상환청구권을 행사하는 경우에 인수되지 아니한 어음금액을 지급하는 자는 이를 지급한 사실을 어음에 적을 것과 영수증을 교부할 것을 청구할 수 있다. 소지

인은 그 후의 상환청구를 할 수 있게 하기 위하여 어음의 증명등본과 거절증서를 교부하여야 한다.
[전문개정 2010.3.31]

제52조 (역어음에 의한 상환청구) ① 상환청구권이 있는 자는 어음에 반대문구가 적혀 있지 아니하면 그 전자 중 1명을 지급인으로 하여 그 자의 주소에서 지급할 일람출급의 새 어음(이하 "역어음"이라 한다)을 발행함으로써 상환청구권을 행사할 수 있다.
② 역어음의 어음금액에는 제48조와 제49조에 따른 금액 외에 그 어음의 중개료와 인지세가 포함된다.
③ 소지인이 역어음을 발행하는 경우에 그 금액은 본어음의 지급지에서 그 전자의 주소지에 대하여 발행하는 일람출급 어음의 환시세에 따라 정한다. 배서인이 역어음을 발행하는 경우에 그 금액은 역어음의 발행인이 그 주소지에서 전자의 주소지에 대하여 발행하는 일람출급 어음의 환시세에 따라 정한다.
[전문개정 2010.3.31]

제53조 (상환청구권의 상실) ① 다음 각 호의 기간이 지나면 소지인은 배서인, 발행인, 그 밖의 어음채무자에 대하여 그 권리를 잃는다. 그러나 인수인에 대하여는 그러하지 아니하다.
1. 일람출급 또는 일람 후 정기출급의 환어음의 제시기간
2. 인수거절증서 또는 지급거절증서의 작성기간
3. 무비용상환의 문구가 적혀 있는 경우에 지급을 받기 위한 제시기간

② 발행인이 기재한 기간 내에 인수를 위한 제시를 하지 아니한 소지인은 지급거절과 인수거절로 인한 상환청구권을 잃는다. 그러나 그 기재한 문구에 의하여 발행인에게 인수에 대한 담보의무만을 면할 의사(意思)가 있었음을 알 수 있는 경우에는 그러하지 아니하다.
③ 배서에 제시기간이 적혀 있는 경우에는 그 배서인만이 이를 원용할 수 있다.
[전문개정 2010.3.31]

제54조 (불가항력과 기간의 연장) ① 피할 수 없는 장애[국가법령에 따른 금제(禁制)나 그 밖의 불가항력을 말한다. 이하 "불가항력"이라 한다]로 인하여 법정기간 내에 환어음을 제시하거나 거절증서를 작성하기 어려운 경우에는 그 기간을 연장한다.
② 소지인은 불가항력이 발생하면 자기의 배서인에게 지체 없이 그 사실을 통지하고 어음 또는 보충지에 통지를 하였다는 내용을 적고 날짜를 부기한 후 기명날인하거나 서명하여야 한다. 그 밖의 사항에 관하여는 제45조를 준용한다.
③ 불가항력이 사라지면 소지인은 지체 없이 인수 또는 지급을 위하여 어음을 제시하고 필요한 경우에는 거절증서를 작성시켜야 한다.
④ 불가항력이 만기부터 30일이 지나도 계속되는 경우에는 어음의 제시 또는 거절증서의 작성 없이 상환청구권을 행사할 수 있다.
⑤ 일람출급 또는 일람 후 정기출급의 환어음의 경우 제4항에 따른 30일의 기간은 제시기간이 지나기 전이라도 소지인이 배서인에게 불가항력이 발생하였다고 통지한 날부터 진행한다. 일람 후 정기출급의 환어음의 경우 제4항에 따른 30일의 기간에는 어음에 적은 일람 후의 기간을 가산한다.
⑥ 소지인이나 소지인으로부터 어음의 제시 또는 거절증서 작성을 위임받은 자의 단순한 인적 사유는 불가항력으로 보지 아니

한다.
[전문개정 2010.3.31]

제 8 장 참 가

<개정 2010.3.31>

제 1 절 통 칙

<개정 2010.3.31>

제55조 (참가의 당사자 및 통지) ① 발행인, 배서인 또는 보증인은 어음에 예비지급인을 적을 수 있다.
② 상환청구를 받을 어느 채무자를 위하여 참가하는 자도 이 장(章)의 규정에 따라 환어음을 인수하거나 지급할 수 있다.
③ 제3자, 지급인 또는 이미 어음채무를 부담한 자도 참가인이 될 수 있다. 다만, 인수인은 참가인이 될 수 없다.
④ 참가인은 피참가인에 대하여 2거래일 내에 참가하였음을 통지하여야 한다. 참가인이 이 기간을 지키지 아니한 경우에 과실로 인하여 손해가 생기면 그 참가인은 어음금액의 한도에서 배상할 책임을 진다.
[전문개정 2010.3.31]

제 2 절 참가인수

<개정 2010.3.31>

제56조 (참가인수의 요건) ① 참가인수(參加引受)는 인수를 위한 제시를 금지하지 아니한 환어음의 소지인이 만기 전에 상환청구권을 행사할 수 있는 모든 경우에 할 수 있다.
② 환어음에 지급지에 있는 예비지급인을 기재한 경우 어음의 소지인은 예비지급인에게 어음을 제시하였으나 그 자가 참가인수를 거절하였음을 거절증서로 증명하지 아니하면 예비지급인을 기재한 자와 그 후자에 대하여 만기 전에 상환청구권을 행사하지 못한다.
③ 제2항의 경우 외에는 소지인은 참가인수를 거절할 수 있다. 소지인이 참가인수를 승낙한 때에는 피참가인과 그 후자에 대하여 만기 전에 행사할 수 있는 상환청구권을 잃는다.
[전문개정 2010.3.31]

제57조 (참가인수의 방식) 참가인수를 할 때에는 환어음에 그 내용을 적고 참가인이 기명날인하거나 서명하여야 한다. 이 경우 피참가인을 표시하여야 하며, 그 표시가 없을 때에는 발행인을 위하여 참가인수를 한 것으로 본다.
[전문개정 2010.3.31]

제58조 (참가인수의 효력) ① 참가인수인은 소지인과 피참가인의 후자에 대하여 피참가인과 같은 의무를 부담한다.
② 피참가인과 그 전자는 참가인수에도 불구하고 소지인에 대하여 제48조에 따른 금액의 지급과 상환(相換)으로 어음의 교부를 청구할 수 있다. 거절증서와 영수를 증명하는 계산서가 있는 경우에는 그것을 교부할 것도 청구할 수 있다.
[전문개정 2010.3.31]

제 3 절 참가지급

<개정 2010.3.31>

제59조 (참가지급의 요건) ① 참가지급은 소지인이 만기나 만기 전에 상환청구권을 행사할 수 있는 모든 경우에 할 수 있다.
② 지급은 피참가인이 지급할 전액을 지급하여야 한다.
③ 지급은 지급거절증서를 작성시킬 수 있는 최종일의 다음 날까지 하여야 한다.
[전문개정 2010.3.31]

제60조 (참가지급 제시의 필요) ① 지급지

에 주소가 있는 자가 참가인수를 한 경우 또는 지급지에 주소가 있는 자가 예비지급인으로 기재된 경우에는 소지인은 늦어도 지급거절증서를 작성시킬 수 있는 마지막 날의 다음 날까지 그들 모두에게 어음을 제시하고 필요할 때에는 참가지급거절증서를 작성시켜야 한다.
② 제1항의 기간 내에 거절증서가 작성되지 아니하면 예비지급인을 기재한 자 또는 피참가인과 그 후의 배서인은 의무를 면한다.
[전문개정 2010.3.31]

제61조 (참가지급거절의 효과) 참가지급을 거절한 소지인은 그 지급으로 인하여 의무를 면할 수 있었던 자에 대한 상환청구권을 잃는다.
[전문개정 2010.3.31]

제62조 (참가지급의 방법) ① 참가지급이 있었으면 어음에 피참가인을 표시하고 그 영수를 증명하는 문구를 적어야 하며, 그 표시가 없을 때에는 발행인을 위하여 지급한 것으로 본다.
② 환어음은 참가지급인에게 교부하여야 하며, 거절증서를 작성시킨 경우에는 그 거절증서도 교부하여야 한다.
[전문개정 2010.3.31]

제63조 (참가지급의 효력) ① 참가지급인은 피참가인과 그의 어음상의 채무자에 대하여 어음으로부터 생기는 권리를 취득한다. 그러나 다시 어음에 배서하지 못한다.
② 피참가인보다 후의 배서인은 의무를 면한다.
③ 참가지급이 경합(競合)하는 경우에는 가장 많은 수의 어음채무자의 의무를 면하게 하는 자가 우선한다. 이러한 사정을 알고도 이 규정을 위반하여 참가지급을 한 자는 의무를 면할 수 있었던 자에 대한 상환청구권을 잃는다.
[전문개정 2010.3.31]

제 9 장 복본과 등본

<개정 2010.3.31>

제 1 절 복　　본

<개정 2010.3.31>

제64조 (복본 발행의 방식) ① 환어음은 같은 내용으로 여러 통을 복본(複本)으로 발행할 수 있다.
② 제1항의 복본을 발행할 때에는 그 증권의 본문 중에 번호를 붙여야 하며, 번호를 붙이지 아니한 경우에는 그 여러 통의 복본은 별개의 환어음으로 본다.
③ 어음에 한 통만을 발행한다는 내용을 적지 아니한 경우에는 소지인은 자기의 비용으로 복본의 교부를 청구할 수 있다. 이 경우 소지인은 자기에게 직접 배서한 배서인에게 그 교부를 청구하고 그 배서인은 다시 자기의 배서인에게 청구를 함으로써 이에 협력하여 차례로 발행인에게 그 청구가 미치게 한다. 각 배서인은 새 복본에 배서를 다시 하여야 한다.
[전문개정 2010.3.31]

제65조 (복본의 효력) ① 복본의 한 통에 대하여 지급한 경우 그 지급이 다른 복본을 무효로 한다는 뜻이 복본에 적혀 있지 아니하여도 의무를 면하게 한다. 그러나 지급인은 인수한 각 통의 복본으로서 반환을 받지 아니한 복본에 대하여 책임을 진다.
② 여럿에게 각각 복본을 양도한 배서인과 그 후의 배서인은 그가 기명날인하거나 서명한 각 통의 복본으로서 반환을 받지 아니한 것에 대하여 책임을 진다.
[전문개정 2010.3.31]

제66조 (인수를 위하여 하는 송부) ① 인수

를 위하여 복본 한 통을 송부한 자는 다른 각 통의 복본에 이 한 통의 복본을 보유하는 자의 명칭을 적어야 한다. 송부된 복본을 보유하는 자는 다른 복본의 정당한 소지인에게 그 복본을 교부할 의무가 있다.
② 복본 교부를 거절당한 소지인은 거절증서로 다음 각 호의 사실을 증명하지 아니하면 상환청구권을 행사하지 못한다.
1. 인수를 위하여 송부한 한 통의 복본이 소지인의 청구에도 불구하고 교부되지 아니하였다는 것
2. 다른 한 통의 복본으로는 인수 또는 지급을 받을 수 없었다는 것

[전문개정 2010.3.31]

제2절 등 본

<개정 2010.3.31>

제67조 (등본의 작성, 작성방식 및 효력) ① 환어음의 소지인은 그 등본(謄本)을 작성할 권리가 있다.
② 등본에는 배서된 사항이나 그 밖에 원본에 적힌 모든 사항을 정확히 다시 적고 끝부분임을 표시하는 기재를 하여야 한다.
③ 등본에 대하여는 원본과 같은 방법에 의하여 같은 효력으로 배서 또는 보증을 할 수 있다.
[전문개정 2010.3.31]

제68조 (등본 보유자의 권리) ① 등본에는 원본 보유자를 표시하여야 한다. 그 보유자는 등본의 정당한 소지인에 대하여 그 원본을 교부할 의무가 있다.
② 원본 교부를 거절당한 소지인은 원본의 교부를 청구하였음에도 불구하고 받지 못하였음을 거절증서로 증명하지 아니하면 등본에 배서하거나 보증한 자에 대하여 상환청구권을 행사하지 못한다.
③ 등본 작성 전에 원본에 한 최후의 배서의 뒤에 다음 각 호의 어느 하나에 해당하는 문구를 적은 경우에는 원본에 한 그 후의 배서는 무효로 한다.
1. 이 후의 배서는 등본에 한 것만이 효력이 있다
2. 제1호와 같은 뜻을 가진 문구

[전문개정 2010.3.31]

제10장 변 조

<개정 2010.3.31>

제69조 (변조와 어음행위자의 책임) 환어음의 문구가 변조 된 경우에는 그 변조 후에 기명날인하거나 서명한 자는 변조된 문구에 따라 책임을 지고 변조 전에 기명날인하거나 서명한 자는 원래 문구에 따라 책임을 진다.
[전문개정 2010.3.31]

제11장 시 효

<개정 2010.3.31>

제70조 (시효기간) ① 인수인에 대한 환어음상의 청구권은 만기일부터 3년간 행사하지 아니하면 소멸시효가 완성된다.
② 소지인의 배서인과 발행인에 대한 청구권은 다음 각 호의 날부터 1년간 행사하지 아니하면 소멸시효가 완성된다.
1. 적법한 기간 내에 작성시킨 거절증서의 날짜
2. 무비용상환의 문구가 적혀 있는 경우에는 만기일

③ 배서인의 다른 배서인과 발행인에 대한 청구권은 그 배서인이 어음을 환수한 날 또는 그 자가 제소된 날부터 6개월간 행사하지 아니하면 소멸시효가 완성된다.
[전문개정 2010.3.31]

제71조 (시효의 중단) 시효의 중단은 그 중단사유가 생긴 자에 대하여만 효력이 생긴다.
[전문개정 2010.3.31]

제12장 통 칙

<개정 2010.3.31>

제72조(휴일과 기일 및 기간) ① 환어음의 만기가 법정휴일인 경우에는 만기 이후의 제1거래일에 지급을 청구할 수 있다. 환어음에 관한 다른 행위, 특히 인수를 위한 제시 및 거절증서 작성 행위는 거래일에만 할 수 있다.
② 제1항의 어느 행위를 일정 기간 내에 하여야 할 경우 그 기간의 말일이 법정휴일이면 말일 이후의 제1거래일까지 기간을 연장하고, 기간 중의 휴일은 그 기간에 산입(算入)한다.
[전문개정 2010.3.31]
제73조 (기간의 초일 불산입) 법정기간 또는 약정기간에는 그 첫날을 산입하지 아니한다.
[전문개정 2010.3.31]
제74조 (은혜일의 불허) 은혜일(恩惠日)은 법률상으로든 재판상으로든 인정하지 아니한다.
[전문개정 2010.3.31]

제 2 편 약속어음

<개정 2010.3.31>

제75조 (어음의 요건) 약속어음에는 다음 각 호의 사항을 적어야 한다.
1. 증권의 본문 중에 그 증권을 작성할 때 사용하는 국어로 약속어음임을 표시하는 글자
2. 조건 없이 일정한 금액을 지급할 것을 약속하는 뜻
3. 만기
4. 지급지
5. 지급받을 자 또는 지급받을 자를 지시할 자의 명칭
6. 발행일과 발행지
7. 발행인의 기명날인 또는 서명

[전문개정 2010.3.31]
제76조 (어음 요건의 흠) 제75조 각 호의 사항을 적지 아니한 증권은 약속어음의 효력이 없다. 그러나 다음 각 호의 경우에는 그러하지 아니하다.
1. 만기가 적혀 있지 아니한 경우: 일람출급의 약속어음으로 본다.
2. 지급지가 적혀 있지 아니한 경우: 발행지를 지급지 및 발행인의 주소지로 본다.
3. 발행지가 적혀 있지 아니한 경우: 발행인의 명칭에 부기한 지(地)를 발행지로 본다.

[전문개정 2010.3.31]
제77조 (환어음에 관한 규정의 준용) ① 약속어음에 대하여는 약속어음의 성질에 상반되지 아니하는 한도에서 다음 각 호의 사항에 관한 환어음에 대한 규정을 준용한다.
1. 배서(제11조부터 제20조까지)
2. 만기(제33조부터 제37조까지)
3. 지급(제38조부터 제42조까지)
4. 지급거절로 인한 상환청구(제43조부터 제50조까지, 제52조부터 제54조까지)
5. 참가지급(제55조, 제59조부터 제63조까지)
6. 등본(제67조와 제68조)
7. 변조(제69조)
8. 시효(제70조와 제71조)
9. 휴일, 기간의 계산과 은혜일의 인정 금지

(제72조부터 제74조까지)
② 약속어음에 관하여는 제3자방에서 또는 지급인의 주소지가 아닌 지(地)에서 지급할 환어음에 관한 제4조 및 제27조, 이자의 약정에 관한 제5조, 어음금액의 기재의 차이에 관한 제6조, 어음채무를 부담하게 할 수 없는 기명날인 또는 서명의 효과에 관한 제7조, 대리권한 없는 자 또는 대리권한을 초과한 자의 기명날인 또는 서명의 효과에 관한 제8조, 백지환어음에 관한 제10조를 준용한다.
③ 약속어음에 관하여는 보증에 관한 제30조부터 제32조까지의 규정을 준용한다. 제31조 제4항의 경우에 누구를 위하여 보증한 것임을 표시하지 아니하였으면 약속어음의 발행인을 위하여 보증한 것으로 본다.
[전문개정 2010.3.31]

제78조(발행인의 책임 및 일람 후 정기출급 어음의 특칙) ① 약속어음의 발행인은 환어음의 인수인과 같은 의무를 부담한다.
② 일람 후 정기출급의 약속어음은 제23조에 따른 기간 내에 발행인이 일람할 수 있도록 제시하여야 한다. 일람 후의 기간은 발행인이 어음에 일람하였다는 내용을 적고 날짜를 부기하여 기명날인하거나 서명한 날부터 진행한다. 발행인이 일람 사실과 날짜의 기재를 거절한 경우에는 제25조에 따라 거절증서로써 이를 증명하여야 한다. 그 날짜는 일람 후의 기간의 첫날로 한다.
[전문개정 2010.3.31]

부 칙 <제10198호,2010. 3.31>
이 법은 공포한 날부터 시행한다.

수 표 법

[시행 2010. 3.31] [법률 제10197호, 2010. 3.31, 일부개정]

제 1 장 수표의 발행과 방식

<개정 2010.3.31>

제1조 (수표의 요건) 수표에는 다음 각 호의 사항을 적어야 한다.

1. 증권의 본문 중에 그 증권을 작성할 때 사용하는 국어로 수표임을 표시하는 글자
2. 조건 없이 일정한 금액을 지급할 것을 위탁하는 뜻
3. 지급인의 명칭
4. 지급지(支給地)
5. 발행일과 발행지(發行地)
6. 발행인의 기명날인(記名捺印) 또는 서명

[전문개정 2010.3.31]

제2조 (수표 요건의 흠) 제1조 각 호의 사항을 적지 아니한 증권은 수표의 효력이 없다. 그러나 다음 각 호의 경우에는 그러하지 아니하다.

1. 지급지가 적혀 있지 아니한 경우: 지급인의 명칭에 부기(附記)한 지(地)를 지급지로 본다. 지급인의 명칭에 여러 개의 지(地)를 부기한 경우에는 수표의 맨 앞에 적은 지(地)에서 지급할 것으로 한다.
2. 제1호의 기재나 그 밖의 다른 표시가 없는 경우: 발행지에서 지급할 것으로 한다.
3. 발행지가 적혀 있지 아니한 경우: 발행인의 명칭에 부기한 지(地)를 발행지로 본다.

[전문개정 2010.3.31]

제3조 (수표자금, 수표계약의 필요) 수표는 제시한 때에 발행인이 처분할 수 있는 자금이 있는 은행을 지급인으로 하고, 발행인이 그 자금을 수표에 의하여 처분할 수 있는 명시적 또는 묵시적 계약에 따라서만 발행할 수 있다. 그러나 이 규정을 위반하는 경우에도 수표로서의 효력에 영향을 미치지 아니한다.

[전문개정 2010.3.31]

제4조(인수의 금지) 수표는 인수하지 못한다. 수표에 적은 인수의 문구는 적지 아니한 것으로 본다.

[전문개정 2010.3.31]

제5조 (수취인의 지정) ① 수표는 다음 각 호의 어느 하나의 방식으로 발행할 수 있다.

1. 기명식(記名式) 또는 지시식(指示式)
2. 기명식으로 "지시금지"라는 글자 또는 이와 같은 뜻이 있는 문구를 적은 것
3. 소지인출급식(所持人出給式)

② 기명식 수표에 "또는 소지인에게"라는 글자 또는 이와 같은 뜻이 있는 문구를 적었을 때에는 소지인출급식 수표로 본다.

③ 수취인이 적혀 있지 아니한 수표는 소지인출급식 수표로 본다.

[전문개정 2010.3.31]

제6조 (자기지시수표, 위탁수표, 자기앞수표) ① 수표는 발행인 자신을 지급받을 자로 하여 발행할 수 있다.

② 수표는 제3자의 계산으로 발행할 수 있

다.
③ 수표는 발행인 자신을 지급인으로 하여 발행할 수 있다.
[전문개정 2010.3.31]

제7조 (이자의 약정) 수표에 적은 이자의 약정은 적지 아니한 것으로 본다.
[전문개정 2010.3.31]

제8조 (제3자방 지급 기재) 수표는 지급인의 주소지에 있든 다른 지(地)에 있든 관계없이 제3자방(제삼자방)에서 지급하는 것으로 할 수 있다. 그러나 그 제3자는 은행이어야 한다.
[전문개정 2010.3.31]

제9조 (수표금액의 기재에 차이가 있는 경우) ① 수표의 금액을 글자와 숫자로 적은 경우에 그 금액에 차이가 있으면 글자로 적은 금액을 수표금액으로 한다.
② 수표의 금액을 글자 또는 숫자로 중복하여 적은 경우에 그 금액에 차이가 있으면 최소금액을 수표금액으로 한다.
[전문개정 2010.3.31]

제10조 (수표채무의 독립성) 수표에 다음 각 호의 어느 하나에 해당하는 기명날인 또는 서명이 있는 경우에도 다른 기명날인 또는 서명을 한 자의 채무는 그 효력에 영향을 받지 아니한다.
1. 수표채무를 부담할 능력이 없는 자의 기명날인 또는 서명
2. 위조된 기명날인 또는 서명
3. 가공인물의 기명날인 또는 서명
4. 그 밖의 사유로 수표에 기명날인 또는 서명을 한 자나 그 본인에게 의무를 부담하게 할 수 없는 기명날인 또는 서명

[전문개정 2010.3.31]

제11조 (수표행위의 무권대리) 대리권 없이 타인의 대리인으로 수표에 기명날인하거나 서명한 자는 그 수표에 의하여 의무를 부담한다. 그 자가 수표금액을 지급한 경우에는 본인과 같은 권리를 가진다. 권한을 초과한 대리인의 경우도 같다.
[전문개정 2010.3.31]

제12조 (발행인의 책임) 발행인은 지급을 담보한다. 발행인이 지급을 담보하지 아니한다는 뜻의 모든 문구는 적지 아니한 것으로 본다.
[전문개정 2010.3.31]

제13조 (백지수표) 미완성으로 발행한 수표에 미리 합의한 사항과 다른 내용을 보충한 경우에는 그 합의의 위반을 이유로 소지인에게 대항하지 못한다. 그러나 소지인이 악의 또는 중대한 과실로 인하여 수표를 취득한 경우에는 그러하지 아니하다.
[전문개정 2010.3.31]

제2장 양 도

<개정 2010.3.31>

제14조(당연한 지시증권성) ① 기명식 또는 지시식의 수표는 배서(背書)에 의하여 양도할 수 있다.
② 기명식 수표에 “지시금지”라는 글자 또는 이와 같은 뜻이 있는 문구를 적은 경우에는 그 수표는 지명채권의 양도 방식으로만, 그리고 그 효력으로써만 양도할 수 있다.
③ 배서는 발행인이나 그 밖의 채무자에 대하여도 할 수 있다. 이러한 자는 다시 수표에 배서할 수 있다.
[전문개정 2010.3.31]

제15조 (배서의 요건) ① 배서에는 조건을 붙여서는 아니 된다. 배서에 붙인 조건은 적지 아니한 것으로 본다.
② 일부의 배서는 무효로 한다.
③ 지급인의 배서도 무효로 한다.

④ 소지인에게 지급하라는 소지인출급의 배서는 백지식 배서와 같은 효력이 있다.
⑤ 지급인에 대한 배서는 영수증의 효력만 있다. 그러나 지급인의 영업소가 여러 개인 경우에 그 수표가 지급될 곳으로 된 영업소 외의 영업소에 대한 배서는 그러하지 아니하다.
[전문개정 2010.3.31]

제16조 (배서의 방식) ① 배서는 수표 또는 이에 결합한 보충지[보전]에 적고 배서인이 기명날인하거나 서명하여야 한다.
② 배서는 피배서인(被背書人)을 지명하지 아니하고 할 수 있으며 배서인의 기명날인 또는 서명만으로도 할 수 있다(백지식 배서). 배서인의 기명날인 또는 서명만으로 하는 백지식 배서는 수표의 뒷면이나 보충지에 하지 아니하면 효력이 없다.
[전문개정 2010.3.31]

제17조 (배서의 권리 이전적 효력) ① 배서는 수표로부터 생기는 모든 권리를 이전(移轉)한다.
② 배서가 백지식인 경우에 소지인은 다음 각 호의 행위를 할 수 있다.
1. 자기의 명칭 또는 타인의 명칭으로 백지(白地)를 보충하는 행위
2. 백지식으로 또는 타인을 표시하여 다시 수표에 배서하는 행위
3. 백지를 보충하지 아니하고 또 배서도 하지 아니하고 수표를 교부만으로 제3자에게 양도하는 행위

[전문개정 2010.3.31]

제18조 (배서의 담보적 효력) ① 배서인은 반대의 문구가 없으면 지급을 담보한다.
② 배서인은 자기의 배서 이후에 새로 하는 배서를 금지할 수 있다. 이 경우 그 배서인은 수표의 그 후의 피배서인에 대하여 담보의 책임을 지지 아니한다.
[전문개정 2010.3.31]

제19조 (배서의 자격 수여적 효력) 배서로 양도할 수 있는 수표의 점유자가 배서의 연속에 의하여 그 권리를 증명할 때에는 그를 적법한 소지인으로 추정(推定)한다. 최후의 배서가 백지식인 경우에도 같다. 말소한 배서는 배서의 연속에 관하여는 배서를 하지 아니한 것으로 본다. 백지식 배서의 다음에 다른 배서가 있는 경우에는 그 배서를 한 자는 백지식 배서에 의하여 수표를 취득한 것으로 본다.
[전문개정 2010.3.31]

제20조 (무기명식 수표의 배서) 소지인출급의 수표에 배서한 자는 상환청구(償還請求)에 관한 규정에 따라 책임을 진다. 그러나 이로 인하여 그 수표가 지시식 수표로 변하지 아니한다.
[전문개정 2010.3.31]

제21조 (수표의 선의취득) 어떤 사유로든 수표의 점유를 잃은 자가 있는 경우에 그 수표의 소지인은 그 수표가 소지인출급식일 때 또는 배서로 양도할 수 있는 수표의 소지인이 제19조에 따라 그 권리를 증명할 때에는 그 수표를 반환할 의무가 없다. 그러나 소지인이 악의 또는 중대한 과실로 인하여 수표를 취득한 경우에는 그러하지 아니하다.
[전문개정 2010.3.31]

제22조 (인적 항변의 절단) 수표에 의하여 청구를 받은 자는 발행인 또는 종전의 소지인에 대한 인적 관계로 인한 항변(抗辯)으로써 소지인에게 대항하지 못한다. 그러나 소지인이 그 채무자를 해할 것을 알고 수표를 취득한 경우에는 그러하지 아니하다.
[전문개정 2010.3.31]

제23조 (추심위임배서) ① 배서한 내용 중 다음 각 호의 어느 하나에 해당하는 문구가

있으면 소지인은 수표로부터 생기는 모든 권리를 행사할 수 있다. 그러나 소지인은 대리(代理)를 위한 배서만을 할 수 있다.

1. 회수하기 위하여
2. 추심(推尋)하기 위하여
3. 대리를 위하여
4. 그 밖에 단순히 대리권을 준다는 내용의 문구

② 제1항의 경우에는 채무자는 배서인에게 대항할 수 있는 항변으로써만 소지인에게 대항할 수 있다.

③ 대리를 위한 배서에 의하여 주어진 대리권은 그 대리권을 준 자가 사망하거나 무능력자가 되더라도 소멸하지 아니한다.

[전문개정 2010.3.31]

제24조 (기한 후 배서) ① 거절증서나 이와 같은 효력이 있는 선언이 작성된 후에 한 배서 또는 제시기간이 지난 후에 한 배서는 지명채권 양도의 효력만 있다.

② 날짜를 적지 아니한 배서는 거절증서나 이와 같은 효력이 있는 선언이 작성되기 전 또는 제시기간이 지나기 전에 한 것으로 추정한다.

[전문개정 2010.3.31]

제 3 장 보 증

<개정 2010.3.31>

제25조 (보증의 가능) ① 수표는 보증에 의하여 그 금액의 전부 또는 일부의 지급을 담보할 수 있다.

② 지급인을 제외한 제3자는 제1항의 보증을 할 수 있다. 수표에 기명날인하거나 서명한 자도 같다.

[전문개정 2010.3.31]

제26조 (보증의 방식) ① 보증의 표시는 수표 또는 보충지에 하여야 한다.

② 보증을 할 때에는 "보증" 또는 이와 같은 뜻이 있는 문구를 표시하고 보증인이 기명날인하거나 서명하여야 한다.

③ 수표의 앞면에 단순한 기명날인 또는 서명이 있는 경우에는 보증을 한 것으로 본다. 그러나 발행인의 기명날인 또는 서명의 경우에는 그러하지 아니하다.

④ 보증에는 누구를 위하여 한 것임을 표시하여야 한다. 그 표시가 없는 경우에는 발행인을 위하여 보증한 것으로 본다.

[전문개정 2010.3.31]

제27조 (보증의 효력) ① 보증인은 보증된 자와 같은 책임을 진다.

② 보증은 담보된 채무가 그 방식에 흠이 있는 경우 외에는 어떠한 사유로 무효가 되더라도 그 효력을 가진다.

③ 보증인이 수표의 지급을 하면 보증된 자와 그 자의 수표상의 채무자에 대하여 수표로부터 생기는 권리를 취득한다.

[전문개정 2010.3.31]

제 4 장 제시와 지급

<개정 2010.3.31>

제28조 (수표의 일람출급성) ① 수표는 일람출급(一覽出給)으로 한다. 이에 위반되는 모든 문구는 적지 아니한 것으로 본다.

② 기재된 발행일이 도래하기 전에 지급을 받기 위하여 제시된 수표는 그 제시된 날에 이를 지급하여야 한다.

[전문개정 2010.3.31]

제29조 (지급제시기간) ① 국내에서 발행하고 지급할 수표는 10일 내에 지급을 받기 위한 제시를 하여야 한다.

② 지급지의 국가와 다른 국가에서 발행된 수표는 발행지와 지급지가 동일한 주(洲)에 있는 경우에는 20일 내에, 다른 주에 있는

경우에는 70일 내에 이를 제시하여야 한다.
③ 제2항에 관하여는 유럽주의 한 국가에서 발행하여 지중해 연안의 한 국가에서 지급할 수표 또는 지중해 연안의 한 국가에서 발행하여 유럽주의 한 국가에서 지급할 수표는 동일한 주에서 발행하고 지급할 수표로 본다.
④ 제1항부터 제3항까지의 기간은 수표에 적힌 발행일부터 기산(起算)한다.
[전문개정 2010.3.31]

제30조 (표준이 되는 세력) 세력(歲曆)을 달리하는 두 지(地) 간에 발행한 수표는 발행일을 지급지의 세력의 대응일(對應日)로 환산한다.
[전문개정 2010.3.31]

제31조 (어음교환소에서의 제시) ① 어음교환소에서 한 수표의 제시는 지급을 받기 위한 제시로서의 효력이 있다.
② 소지인으로부터 수표의 추심을 위임받은 은행(이하 제35조제2항 및 제39조제2호에서 "제시은행"이라 한다)이 그 수표의 기재사항을 정보처리시스템에 의하여 전자적 정보의 형태로 작성한 후 그 정보를 어음교환소에 송신하여 그 어음교환소의 정보처리시스템에 입력되었을 때에는 제1항에 따른 지급을 받기 위한 제시가 이루어진 것으로 본다.
[전문개정 2010.3.31]

제32조 (지급위탁의 취소) ① 수표의 지급위탁의 취소는 제시기간이 지난 후에만 그 효력이 생긴다.
② 지급위탁의 취소가 없으면 지급인은 제시기간이 지난 후에도 지급을 할 수 있다.
[전문개정 2010.3.31]

제33조 (발행인의 사망 또는 능력 상실) 수표를 발행한 후 발행인이 사망하거나 무능력자가 된 경우에도 그 수표의 효력에 영향을 미치지 아니한다.
[전문개정 2010.3.31]

제34조 (상환증권성 및 일부지급) ① 수표의 지급인은 지급을 할 때에 소지인에게 그 수표에 영수(領受)를 증명하는 뜻을 적어서 교부할 것을 청구할 수 있다.
② 소지인은 일부지급을 거절하지 못한다.
③ 일부지급의 경우 지급인은 소지인에게 그 지급 사실을 수표에 적고 영수증을 교부할 것을 청구할 수 있다.
[전문개정 2010.3.31]

제35조 (지급인의 조사의무) ① 배서로 양도할 수 있는 수표의 지급인은 배서의 연속이 제대로 되어 있는지를 조사할 의무가 있으나 배서인의 기명날인 또는 서명을 조사할 의무는 없다.
② 제31조 제2항에 따른 지급제시의 경우 지급인은 제1항에 따른 배서의 연속이 제대로 되어 있는지에 대한 조사를 제시은행에 위임할 수 있다.
[전문개정 2010.3.31]

제36조 (지급할 화폐) ① 지급지의 통화(通貨)가 아닌 통화로 지급한다는 내용이 기재된 수표는 그 제시기간 내에는 지급하는 날의 가격에 따라 지급지의 통화로 지급할 수 있다. 제시를 하여도 지급을 하지 아니하는 경우에는 소지인은 그 선택에 따라 제시한 날이나 지급하는 날의 환시세(換時勢)에 따라 지급지의 통화로 수표금액을 지급할 것을 청구할 수 있다.
② 외국통화의 가격은 지급지의 관습에 따라 정한다. 그러나 발행인은 수표에서 정한 환산율에 따라 지급금액을 계산한다는 뜻을 수표에 적을 수 있다.
③ 제1항 및 제2항은 발행인이 특정한 종류의 통화로 지급한다는 뜻(외국통화 현실지급 문구)을 적은 경우에는 적용하지 아니한

다.

④ 발행국과 지급국에서 명칭은 같으나 가치가 다른 통화로써 수표의 금액을 정한 경우에는 지급지의 통화로 정한 것으로 추정한다.

[전문개정 2010.3.31]

제 5 장 횡선수표

<개정 2010.3.31>

제37조 (횡선의 종류 및 방식) ① 수표의 발행인이나 소지인은 그 수표에 횡선(橫線)을 그을 수 있다. 이 횡선은 제38조에서 규정한 효력이 있다.

② 횡선은 수표의 앞면에 두 줄의 평행선으로 그어야 한다. 횡선은 일반횡선 또는 특정횡선으로 할 수 있다.

③ 두 줄의 횡선 내에 아무런 지정을 하지 아니하거나 "은행" 또는 이와 같은 뜻이 있는 문구를 적었을 때에는 일반횡선으로 하고, 두 줄의 횡선 내에 은행의 명칭을 적었을 때에는 특정횡선으로 한다.

④ 일반횡선은 특정횡선으로 변경할 수 있으나, 특정횡선은 일반횡선으로 변경하지 못한다.

⑤ 횡선 또는 지정된 은행의 명칭의 말소는 하지 아니한 것으로 본다.

[전문개정 2010.3.31]

제38조 (횡선의 효력) ① 일반횡선수표의 지급인은 은행 또는 지급인의 거래처에만 지급할 수 있다.

② 특정횡선수표의 지급인은 지정된 은행에만 또는 지정된 은행이 지급인인 경우에는 자기의 거래처에만 지급할 수 있다. 그러나 지정된 은행은 다른 은행으로 하여금 추심하게 할 수 있다.

③ 은행은 자기의 거래처 또는 다른 은행에서만 횡선수표를 취득할 수 있다. 은행은 이외의 자를 위하여 횡선수표의 추심을 하지 못한다.

④ 여러 개의 특정횡선이 있는 수표의 지급인은 이를 지급하지 못한다. 그러나 2개의 횡선이 있는 경우에 그 하나가 어음교환소에 제시하여 추심하게 하기 위한 것일 때에는 그러하지 아니하다.

⑤ 제1항부터 제4항까지의 규정을 준수하지 아니한 지급인이나 은행은 이로 인하여 생긴 손해에 대하여 수표금액의 한도 내에서 배상할 책임을 진다.

[전문개정 2010.3.31]

제 6 장 지급거절로 인한 상환청구

<개정 2010.3.31>

제39조(상환청구의 요건) 적법한 기간 내에 수표를 제시하였으나 지급받지 못한 경우에 소지인이 다음 각 호의 어느 하나의 방법으로 지급거절을 증명하였을 때에는 소지인은 배서인, 발행인, 그 밖의 채무자에 대하여 상환청구권(償還請求權)을 행사할 수 있다.

1. 공정증서(거절증서)
2. 수표에 제시된 날을 적고 날짜를 부기한 지급인(제31조제2항의 경우에는 지급인의 위임을 받은 제시은행)의 선언
3. 적법한 시기에 수표를 제시하였으나 지급받지 못하였음을 증명하고 날짜를 부기한 어음교환소의 선언

[전문개정 2010.3.31]

제40조 (거절증서 등의 작성기간) ① 거절증서 또는 이와 같은 효력이 있는 선언은 제시기간이 지나기 전에 작성시켜야 한다.

② 제시기간 말일에 제시한 경우에는 거절증서 또는 이와 같은 효력이 있는 선언은

그 날 이후의 제1거래일에 작성시킬 수 있다.

[전문개정 2010.3.31]

제41조 (지급거절의 통지) ① 소지인은 다음 각 호의 어느 하나에 해당하는 날 이후의 4거래일 내에 자기의 배서인과 발행인에게 지급거절이 있었음을 통지하여야 하고, 각 배서인은 그 통지를 받은 날 이후의 2거래일 내에 전(前) 통지자 전원의 명칭과 처소(處所)를 표시하고 자기가 받은 통지를 자기의 배서인에게 통지하여 차례로 발행인에게 미치게 하여야 한다. 이 기간은 각 통지를 받은 때부터 진행한다.

1. 거절증서 작성일
2. 거절증서와 같은 효력이 있는 선언의 작성일
3. 무비용상환(無費用償還)의 문구가 적혀 있는 경우에는 수표 제시일

② 제1항에 따라 수표에 기명날인하거나 서명한 자에게 통지할 때에는 같은 기간 내에 그 보증인에 대하여도 같은 통지를 하여야 한다.

③ 배서인이 그 처소를 적지 아니하거나 그 기재가 분명하지 아니한 경우에는 그 배서인의 직전(直前)의 자에게 통지하면 된다.

④ 통지를 하여야 하는 자는 어떠한 방법으로도 할 수 있다. 단순히 수표를 반환하는 것으로도 통지할 수 있다.

⑤ 통지를 하여야 하는 자는 적법한 기간 내에 통지를 하였음을 증명하여야 한다. 이 기간 내에 통지서를 우편으로 부친 경우에는 그 기간을 준수한 것으로 본다.

⑥ 제5항의 기간 내에 통지를 하지 아니한 자도 상환청구권을 잃지 아니한다. 그러나 과실로 인하여 손해가 생긴 경우에는 수표금액의 한도 내에서 배상할 책임을 진다.

[전문개정 2010.3.31]

제42조 (거절증서 등의 작성 면제) ① 발행인, 배서인 또는 보증인은 다음 각 호의 어느 하나에 해당하는 문구를 수표에 적고 기명날인하거나 서명함으로써 소지인의 상환청구권 행사를 위한 거절증서 또는 이와 같은 효력이 있는 선언의 작성을 면제할 수 있다.

1. 무비용상환
2. 거절증서 불필요
3. 제1호 및 제2호와 같은 뜻을 가진 문구

② 제1항 각 호의 문구가 있더라도 소지인의 법정기간 내 수표의 제시 및 통지 의무가 면제되는 것은 아니다. 법정기간을 준수하지 아니하였음은 소지인에 대하여 이를 원용(援用)하는 자가 증명하여야 한다.

③ 발행인이 제1항 각 호의 문구를 적은 경우에는 모든 채무자에 대하여 효력이 생기고, 배서인 또는 보증인이 이 문구를 적은 경우에는 그 배서인 또는 보증인에 대하여만 효력이 생긴다. 발행인이 이 문구을 적었음에도 불구하고 소지인이 거절증서 또는 이와 같은 효력이 있는 선언을 작성시켰으면 그 비용은 소지인이 부담하고, 배서인 또는 보증인이 이 문구를 적은 경우에 거절증서 또는 이와 같은 효력이 있는 선언을 작성시켰으면 모든 채무자에게 그 비용을 상환하게 할 수 있다.

[전문개정 2010.3.31]

제43조 (수표상의 채무자의 합동책임) ① 수표상의 각 채무자는 소지인에 대하여 합동으로 책임을 진다.

② 소지인은 제1항의 채무자에 대하여 그 채무부담의 순서에도 불구하고 그중 1명, 여러 명 또는 전원에 대하여 청구할 수 있다.

③ 수표의 채무자가 수표를 환수한 경우에도 제2항의 소지인과 같은 권리가 있다.

④ 수표의 채무자 중 1명에 대한 청구는 다른 채무자에 대한 청구에 영향을 미치지 아니한다. 이미 청구를 받은 자의 후자(後者)에 대하여도 같다.
[전문개정 2010.3.31]

제44조 (상환청구금액) 소지인은 상환청구권에 의하여 다음 각 호의 금액의 지급을 청구할 수 있다.
1. 지급되지 아니한 수표의 금액
2. 연 6퍼센트의 이율로 계산한 제시일 이후의 이자
3. 거절증서 또는 이와 같은 효력이 있는 선언의 작성비용, 통지비용 및 그 밖의 비용

[전문개정 2010.3.31]

제45조 (재상환청구금액) 수표를 환수한 자는 그 전자(前者)에 대하여 다음 각 호의 금액의 지급을 청구할 수 있다.
1. 지급한 총금액
2. 제1호의 금액에 대하여 연 6퍼센트의 이율로 계산한 지급한 날 이후의 이자
3. 지출한 비용

[전문개정 2010.3.31]

제46조 (상환의무자의 권리) ① 상환청구(償還請求)를 받은 채무자나 받을 채무자는 지급과 상환(相換)으로 거절증서 또는 이와 같은 효력이 있는 선언, 영수를 증명하는 계산서와 그 수표의 교부를 청구할 수 있다.
② 수표를 환수한 배서인은 자기의 배서와 후자의 배서를 말소할 수 있다.
[전문개정 2010.3.31]

제47조 (불가항력과 기간의 연장) ① 피할 수 없는 장애[국가법령에 따른 금제(禁制)나 그 밖의 불가항력을 말한다. 이하 "불가항력"이라 한다]로 인하여 법정기간 내에 수표를 제시하거나 거절증서 또는 이와 같은 효력이 있는 선언을 작성하기 어려운 경우에는 그 기간을 연장한다.
② 소지인은 불가항력이 발생하면 자기의 배서인에게 지체 없이 그 사실을 통지하고 수표 또는 보충지에 통지를 하였다는 내용을 적고 날짜를 부기한 후 기명날인하거나 서명하여야 한다. 그 밖의 사항에 관하여는 제41조를 준용한다.
③ 불가항력이 사라지면 소지인은 지체 없이 지급을 받기 위하여 수표를 제시하고 필요한 경우에는 거절증서 또는 이와 같은 효력이 있는 선언을 작성시켜야 한다.
④ 불가항력이 제2항의 통지를 한 날부터 15일이 지나도 계속되는 경우에는 제시기간이 지나기 전에 그 통지를 한 경우에도 수표의 제시 또는 거절증서나 이와 같은 효력이 있는 선언을 작성하지 아니하고 상환청구권을 행사할 수 있다.
⑤ 소지인이나 소지인으로부터 수표의 제시 또는 거절증서나 이와 같은 효력이 있는 선언의 작성을 위임받은 자의 단순한 인적 사유는 불가항력으로 보지 아니한다.
[전문개정 2010.3.31]

제 7 장 복 본

<개정 2010.3.31>

제48조 (복본 발행의 조건 및 방식) 다음 각 호의 수표는 소지인출급수표 외에는 같은 내용으로 여러 통을 복본(複本)으로 발행할 수 있다. 수표를 복본으로 발행할 때에는 그 증권의 본문 중에 번호를 붙여야 하며, 번호를 붙이지 아니한 경우에는 그 여러 통의 복본은 별개의 수표로 본다.
1. 한 국가에서 발행하고 다른 국가나 발행국의 해외영토에서 지급할 수표
2. 한 국가의 해외영토에서 발행하고 그 본국에서 지급할 수표

3. 한 국가의 해외영토에서 발행하고 같은 해외영토에서 지급할 수표
4. 한 국가의 해외영토에서 발행하고 그 국가의 다른 해외영토에서 지급할 수표

[전문개정 2010.3.31]

제49조 (복본의 효력) ① 복본의 한 통에 대하여 지급한 경우 그 지급이 다른 복본을 무효로 한다는 뜻이 복본에 적혀 있지 아니하여도 의무를 면하게 한다.

② 여럿에게 각각 복본을 양도한 배서인과 그 후의 배서인은 그가 기명날인하거나 서명한 각 통의 복본으로서 반환을 받지 아니한 것에 대하여 책임을 진다.

[전문개정 2010.3.31]

제 8 장 변　　조

<개정 2010.3.31>

제50조 (변조와 수표행위자의 책임) 수표의 문구가 변조된 경우에는 그 변조 후에 기명날인하거나 서명한 자는 변조된 문구에 따라 책임을 지고, 변조 전에 기명날인하거나 서명한 자는 원래 문구에 따라 책임을 진다.

[전문개정 2010.3.31]

제 9 장 시　　효

<개정 2010.3.31>

제51조 (시효기간) ① 소지인의 배서인, 발행인, 그 밖의 채무자에 대한 상환청구권은 제시기간이 지난 후 6개월간 행사하지 아니하면 소멸시효가 완성된다.

② 수표의 채무자의 다른 채무자에 대한 상환청구권은 그 채무자가 수표를 환수한 날 또는 그 자가 제소된 날부터 6개월간 행사하지 아니하면 소멸시효가 완성된다.

[전문개정 2010.3.31]

제52조 (시효의 중단) 시효의 중단은 그 중단사유가 생긴 자에 대하여만 효력이 생긴다.

[전문개정 2010.3.31]

제 10 장 지급보증

<개정 2010.3.31>

제53조 (지급보증의 가능방식) ① 지급인은 수표에 지급보증을 할 수 있다.

② 지급보증은 수표의 앞면에 "지급보증" 또는 그 밖에 지급을 하겠다는 뜻을 적고 날짜를 부기하여 지급인이 기명날인하거나 서명하여야 한다.

[전문개정 2010.3.31]

제54조 (지급보증의 요건) ① 지급보증은 조건 없이 하여야 한다.

② 지급보증에 의하여 수표의 기재사항을 변경한 부분은 이를 변경하지 아니한 것으로 본다.

[전문개정 2010.3.31]

제55조 (지급보증의 효력) ① 지급보증을 한 지급인은 제시기간이 지나기 전에 수표가 제시된 경우에만 지급할 의무를 부담한다.

② 제1항의 경우에 지급거절이 있을 때에는 수표의 소지인은 제39조에 따라 수표를 제시하였음을 증명하여야 한다.

③ 제2항의 경우에는 제44조와 제45조를 준용한다.

[전문개정 2010.3.31]

제56조 (지급보증과 수표상의 채무자의 책임) 발행인이나 그 밖의 수표상의 채무자는 지급보증으로 인하여 그 책임을 면하지 못한다.

[전문개정 2010.3.31]

제57조 (불가항력과 기간의 연장) 지급보증을 한 지급인에 대한 권리의 행사에 관하여는 제47조를 준용한다.
[전문개정 2010.3.31]

제58조 (지급보증인의 의무의 시효) 지급보증을 한 지급인에 대한 수표상의 청구권은 제시기간이 지난 후 1년간 행사하지 아니하면 소멸시효가 완성된다.
[전문개정 2010.3.31]

제 11 장 통 칙

<개정 2010.3.31>

제59조 (은행의 의의) 이 법에서 "은행"이라는 글자는 법령에 따라 은행과 같은 것으로 보는 사람 또는 시설을 포함한다.
[전문개정 2010.3.31]

제60조 (수표에 관한 행위와 휴일) ① 수표의 제시와 거절증서의 작성은 거래일에만 할 수 있다.
② 수표에 관한 행위를 하기 위하여 특히 수표의 제시 또는 거절증서나 이와 같은 효력이 있는 선언의 작성을 위하여 법령에 규정된 기간의 말일이 법정휴일일 때에는 그 말일 이후의 제1거래일까지 기간을 연장한다. 기간 중의 휴일은 그 기간에 산입한다.
[전문개정 2010.3.31]

제61조 (기간과 초일 불산입) 이 법에서 규정하는 기간에는 그 첫날을 산입하지 아니한다.
[전문개정 2010.3.31]

제62조 (은혜일의 불허) 은혜일(恩惠日)은 법률상으로든 재판상으로든 인정하지 아니한다.
[전문개정 2010.3.31]

부 칙 <제10197호,2010. 3.31>

이 법은 공포한 날부터 시행한다.

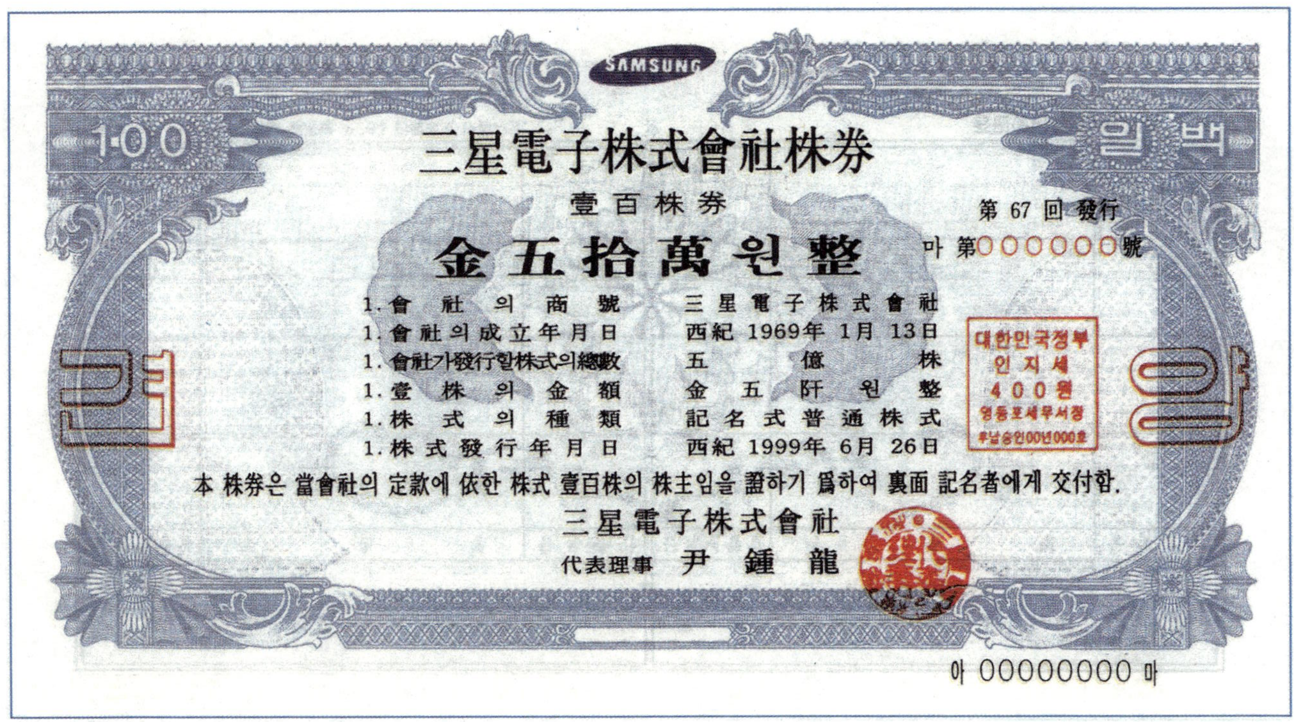
SAMSUNG
100
일백
三星電子株式會社株券
壹百株券
第 67 回 發行
마 第○○○○○○號
金五拾萬원整
1. 會社의商號 三星電子株式會社
1. 會社의成立年月日 西紀 1969年 1月 13日
1. 會社가發行할株式의總數 五億株
1. 壹株의金額 金五阡원整
1. 株式의種類 記名式普通株式
1. 株式發行年月日 西紀 1999年 6月 26日
대한민국정부
인지세
400원
영등포세무서장
후납승인00년000호
권
원
本 株券은 當會社의 定款에 依한 株式 壹百株의 株主임을 證하기 爲하여 裏面 記名者에게 交付함.
三星電子株式會社
代表理事 尹鍾龍
아 00000000 마

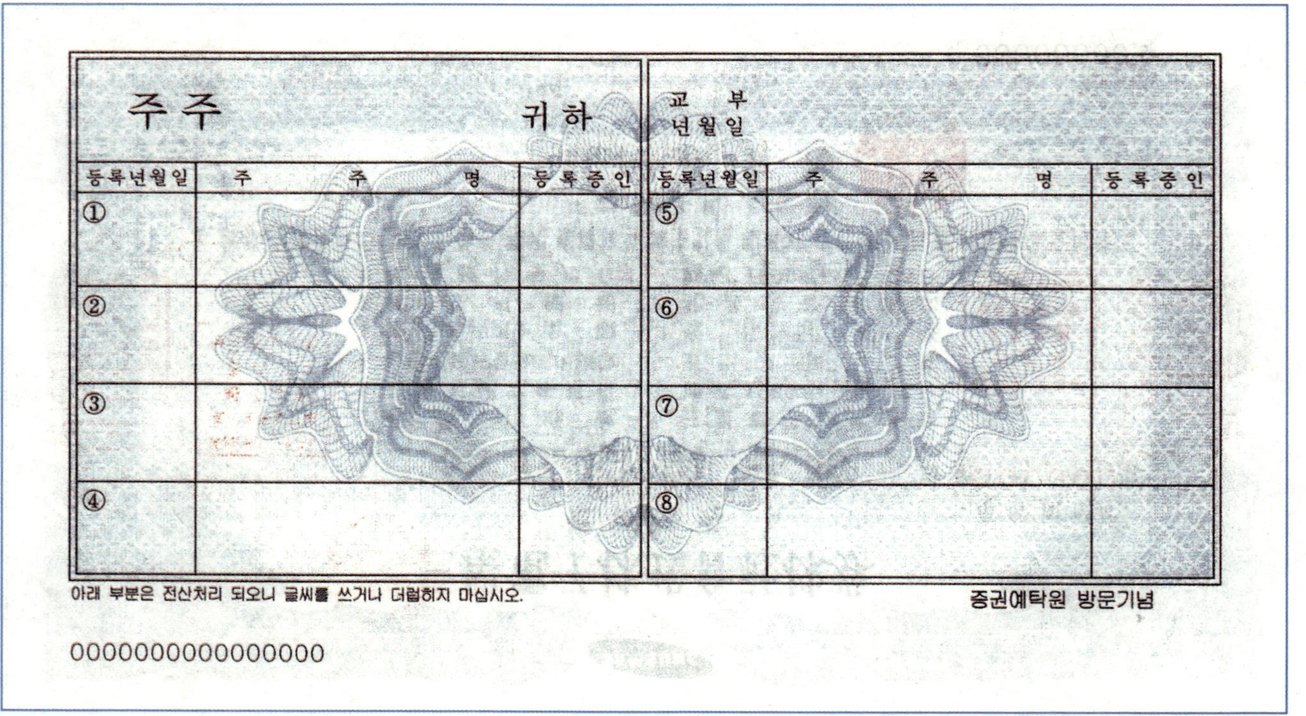

주주 귀하

교부 년월일

등록년월일	주주명	등록증인	등록년월일	주주명	등록증인
①			⑤		
②			⑥		
③			⑦		
④			⑧		

아래 부분은 전산처리 되오니 글씨를 쓰거나 더럽히지 마십시오.

증권예탁원 방문기념

0000000000000000

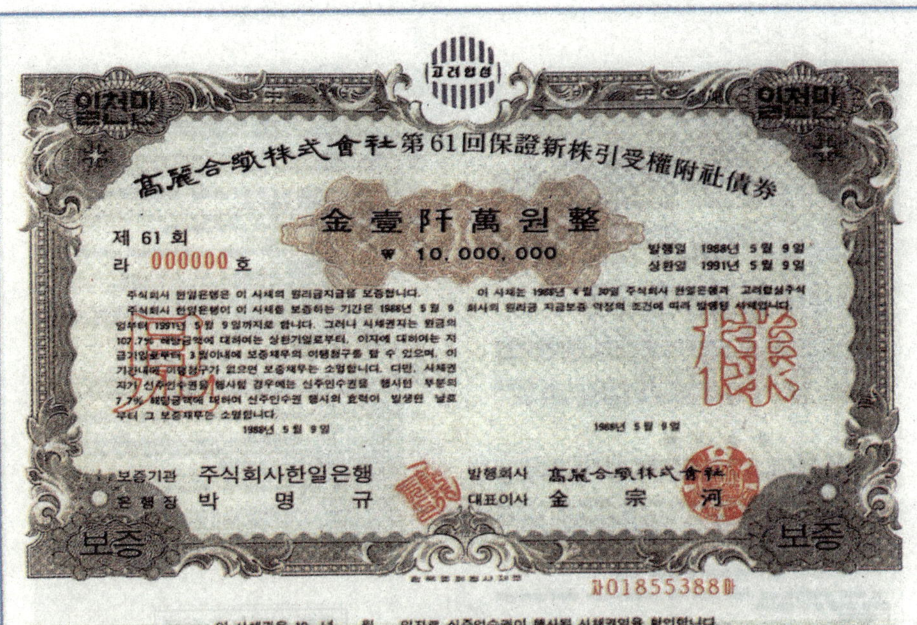

이 사채권은 19 년 월 일자로 신주인수권이 행사된 사채권임을 확인합니다.
19 년 월 일 신주인수권 행사 확인지
주식회사 한일은행

高麗合纖株式會社 제 61 회사채권 라 000000 호 이자지급교부표 ⑫ 지급일 1991년 5월 9일	高麗合纖株式會社 제 61 회사채권 라 000000 호 이자지급교부표 ⑪ 지급일 1991년 2월 9일	高麗合纖株式會社 제 61 회사채권 라 000000 호 이자지급교부표 ⑩ 지급일 1990년 11월 9일	高麗合纖株式會社 제 61 회사채권 라 000000 호 이자지급교부표 ⑨ 지급일 1990년 8월 9일
高麗合纖株式會社 제 61 회사채권 라 000000 호 이자지급교부표 ⑧ 지급일 1990년 5월 9일	高麗合纖株式會社 제 61 회사채권 라 000000 호 이자지급교부표 ⑦ 지급일 1990년 2월 9일	高麗合纖株式會社 제 61 회사채권 라 000000 호 이자지급교부표 ⑥ 지급일 1989년 11월 9일	高麗合纖株式會社 제 61 회사채권 라 000000 호 이자지급교부표 ⑤ 지급일 1989년 8월 9일
高麗合纖株式會社 제 61 회사채권 라 000000 호 이자지급교부표 ④ 지급일 1989년 5월 9일	高麗合纖株式會社 제 61 회사채권 라 000000 호 이자지급교부표 ③ 지급일 1989년 2월 9일	高麗合纖株式會社 제 61 회사채권 라 000000 호 이자지급교부표 ② 지급일 1988년 11월 9일	高麗合纖株式會社 제 61 회사채권 라 000000 호 이자지급교부표 ① 지급일 1988년 8월 9일

법 적 기 재 사 항

1. 이 사채는 사채원금 9,000,000,000원을 공모에 의하여 일시에 발행합니다.
2. 각 사채의 금액 및 권종은 100,000원권, 1,000,000원권, 5,000,000원권, 10,000,000원권의 4종이며, 분할 및 병합은 인정하지 아니합니다.
3. 각 사채의 납입금은 각 사채권면금액의 100%입니다.
4. 이 사채의 이율은 사채발행일로부터 3년간 연9%로 합니다.
5. 이 사채의 원금은 1991년 5월 9일에 전액을 상환합니다. 그러나, 신주인수권 행사기간동안 사채권자가 신주인수권을 행사하지 않았을 경우 만기일에 원금의 107.7%를 일시 상환하며, 상환기일이 은행휴업일인 때에는 그 다음영업일로 합니다.
6. 이 사채의 이자는 사채발행일로부터 상환기일의 전일까지 계산하여, 아래의 이자지급기일에 매3월분 이자를 후급합니다. 그러나, 이자지급기일이 은행휴업일인 때에는 그 다음영업일로 하고, 이자지급기일 이후의 이자는 계산하지 아니합니다.
   1988년 8월 9일, 1988년 11월 9일, 1989년 2월 9일,
   1989년 5월 9일, 1989년 8월 9일, 1989년 11월 9일,
   1990년 2월 9일, 1990년 5월 9일, 1990년 8월 9일,
   1990년 11월 9일, 1991년 2월 9일, 1991년 5월 9일.
7. 이 사채는 서울특별시 중구 남대문로2가 130 주식회사 한일은행이 보증하고, 서울특별시 영등포구 여의도동 34-6 럭키증권주식회사가 인수 매출한 무기명식 이권부 보증신주인수권부사채입니다.
8. 이 사채의 원리금 지급장소는 서울특별시 중구 남대문로2가 130 주식회사 한일은행의 영업2부 및 해당지역 직할시와 각 도청소재지 모점입니다.

보 증 내 용

1. 이 사채의 보증총액은 12,123,000,000원으로서, 사채원금의 107.7%인 9,693,000,000(사채원금은 9,000,000,000원), 이자총액 2,430,000,000원입니다.
2. 주식회사 한일은행은 이 사채가 고려합섬주식회사 제61회 보증 신주인수권부사채임을 확인하고 기명날인합니다. 이 확인이 없는 채권이나 변조·위조 기타의 사고채권에 대하여는 주식회사 한일은행은 보증의 책임을 지지 아니합니다.

신주인수권에 관한 사항

본 사채의 사채권자는 다음 각호의 조건에 따라 고려합섬주식회사 주식에 대하여 신주인수권 행사를 할 수 있습니다.

1. 행사조건
   가) 신주인수권 행사가액 : 12,000원
   나) 신주인수권 행사 주식수(이하 "행사주식수"라 한다) : 각 사채권면액(2 이상의 사채권으로 신주인수권 행사시에는 그 권면 합산금액)을 행사가액으로 나눈 주식수를 행사 주식수로 하고, 1주미만의 단수주는 절사합니다.
   다) 행사가액 조정
      1) 행사를 하기 전에 당초의 행사가액을 하회하는 발행가액으로 유상증자, 주식배당, 준비금의 자본전입을 함으로써 주식을 발행하는 경우에는 다음과 같이 행사가액을 조정합니다.

$$\text{조정후행사가액} = \frac{(\text{조정전행사가액} \times \text{기발행주식수}) + (\text{신발행주식수} \times 1\text{주당발행가액})}{\text{기발행주식수} + \text{신발행주식수}}$$

      2) 자본의 감소, 주식분할 및 병합 등에 의하여 행사가액의 조정이 필요한 경우에는 주간사회사와 고려합섬주식회사의 협의에 의하여 행사가액을 조정합니다.
      3) 제1)호의 산식에 의한 조정후 행사가액의 원단위 미만은 절사합니다.
      4) 행사가액조정시에는 나)항에 의거 행사주식수를 조정합니다.
2. 신주인수권의 행사
   가) 행사에 따라 발행할 주식의 종류 : 기명식 무의결권 비누적적 우선주
   나) 행사기간 : 사채발행일로부터 6개월이 경과한 날로부터 상환기일 30일전까지로 합니다.
   다) 신주인수권 행사를 받을 장소 및 주금 납입장소 : 주식회사 한일은행 영업2부 및 각 직할시와 도청소재지 모점입니다.
   라) 행사절차 : 사채권자는 행사를 위해 주금납입 장소에 소정의 행사청구서 2통 및 사채권과 함께 신주의 발행가액의 전액을 납입합니다.
   마) 신주인수권의 행사의 효력 발생시기
      1) 행사의 효력 : 신주인수권은 주금납입 장소에 주금 완납시 신주인수권 행사의 효력이 발생합니다.
      2) 행사로 발행된 주식의 최초배당금 및 이자 : 행사로 발행된 주식은 행사일이 속한 사업년도에는 배당에 관하여 효력이 없으며(무배당주식), 그 다음 사업년도부터 배당에 관한 효력이 있는 주식이 됩니다.
      3) 행사로 발행된 무의결권 우선주는 보통주식보다 액면을 기준으로 연1%를 더 배당합니다. 단, 보통주식에 대한 배당을 하지 아니한 때의 주식에 의한 배당에 한하여는 적용하지 아니합니다.
   바) 신주인수권 증권 : 불발행
   사) 신주인수권 행사로 발행되는 신주의 주금 납입 : 현금 납입
3. 기타사항
   가) 유·무상증자의 제한 : 고려합섬주식회사는 행사이전에 유·무상증자를 실시함으로서 조정후 행사가액이 액면가액 미만이 될 경우에는 유·무상증자를 실시하지 아니합니다.
   나) 잉여금의 사용제한 : 신주인수권 행사시까지 본사채 발행 당시의 잉여금을 현금 배당하지 아니합니다.
   다) 미발행주식의 보유 : 고려합섬주식회사는 사채권 소유자가 신주인수권 행사를 할 수 있는 기간까지 고려합섬주식회사가 발행할 주식의 총수 중 본 계약에 의하여 발행할 주식(미발행주식)수를 보유합니다.
   라) 고려합섬주식회사는 행사에 의한 증자등기를 신주인수권의 행사자가 신주의 발행가액의 전액을 납입한 날이 속하는 달의 말일로부터 2주간내에 합니다. (자본시장 육성법에 의거)
   마) 신주권의 교부방법 : 고려합섬주식회사는 행사로 발행되는 주식을 행사가 있는 월의 익월 20일부터 주식회사 서울신탁은행 증권대행부에서 교부합니다.
   바) 행사가액 및 행사주식수 조정시 공시방법 : 행사가액 및 행사주식수가 조정될 경우에는 고려합섬주식회사는 증권관리위원회, 증권거래소 및 주간사회사에 통보하며, 공고는 서울특별시에서 발간되는 매일경제신문에 게재합니다.

高麗合纖株式會社
제 61 회사채권
라 000000 호
원금지급교부표
지급일 1991년 5월 9일

이자지급은 이자지급 교부표부 사채권을 제출하는 청구인에게 지급합니다.	이자지급은 이자지급 교부표부 사채권을 제출하는 청구인에게 지급합니다.	이자지급은 이자지급 교부표부 사채권을 제출하는 청구인에게 지급합니다.	이자지급은 이자지급 교부표부 사채권을 제출하는 청구인에게 지급합니다.
이자지급은 이자지급 교부표부 사채권을 제출하는 청구인에게 지급합니다.	이자지급은 이자지급 교부표부 사채권을 제출하는 청구인에게 지급합니다.	이자지급은 이자지급 교부표부 사채권을 제출하는 청구인에게 지급합니다.	이자지급은 이자지급 교부표부 사채권을 제출하는 청구인에게 지급합니다.
이자지급은 이자지급 교부표부 사채권을 제출하는 청구인에게 지급합니다.	이자지급은 이자지급 교부표부 사채권을 제출하는 청구인에게 지급합니다.	이자지급은 이자지급 교부표부 사채권을 제출하는 청구인에게 지급합니다.	이자지급은 이자지급 교부표부 사채권을 제출하는 청구인에게 지급합니다.

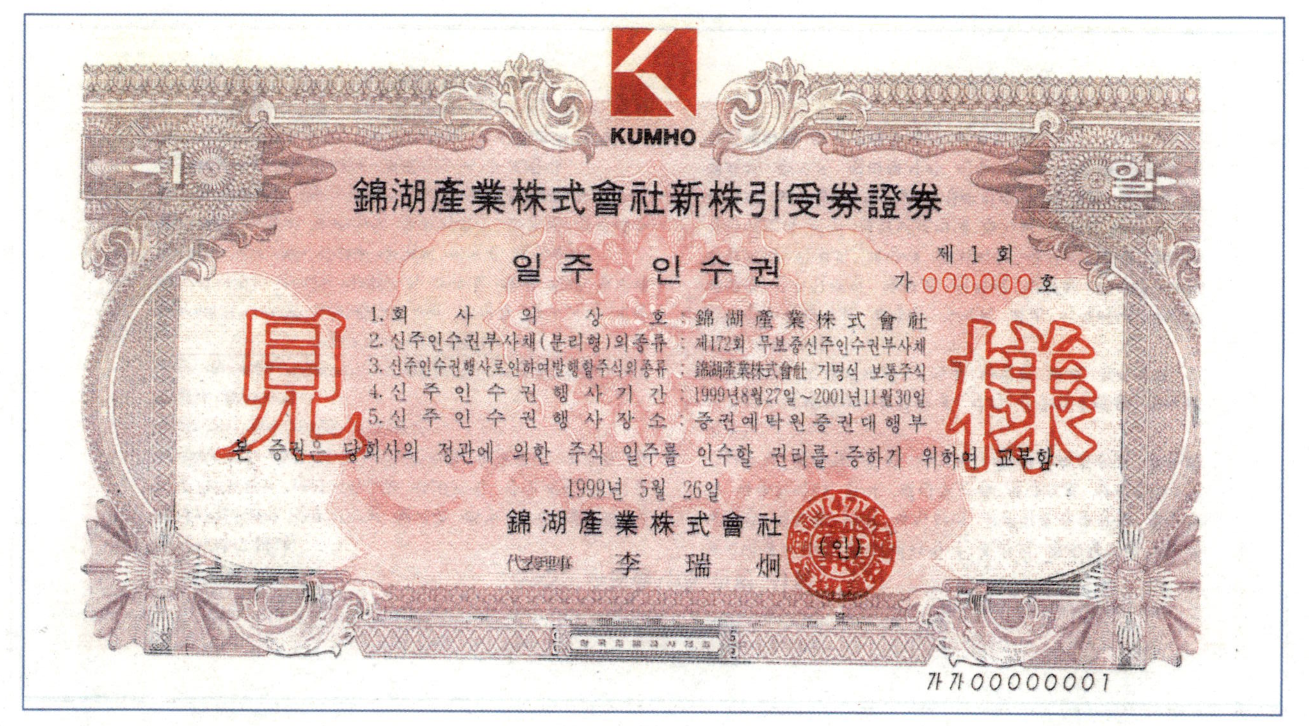

KUMHO
1 일
錦湖産業株式會社新株引受券證券
일주 인수권
제 1 회
가 000000 호
1. 회 사 의 상 호 : 錦湖産業株式會社
2. 신주인수권부사채(분리형)의종류 : 제172회 무보증신주인수권부사채
3. 신주인수권행사로인하여발행할주식의종류 : 錦湖産業株式會社 기명식 보통주식
4. 신 주 인 수 권 행 사 기 간 : 1999년8월27일~2001년11월30일
5. 신 주 인 수 권 행 사 장 소 : 증권예탁원증권대행부
본 증권은 당회사의 정관에 의한 주식 일주를 인수할 권리를 증하기 위하여 교부함.
1999년 5월 26일
錦湖産業株式會社
代表理事 李 瑞 炯 (인)
見 樣
가가00000001

신주인수권행사에 관한 사항

1. 행사가격:7,480원
2. 행사가격 조정:신주인수권 행사를 하기 전에 당초의 시가를 하회하는 발행가액으로 유상증자, 주식배당, 준비금의 자본전입 등을 함으로써 주식을 발행하는 경우는 다음과 같이 행사가격을 조정한다.

   조정후 행사가격=

   $$\frac{\text{조정전 행사가격} \times (\text{기발행주식수} + (\text{신발행주식수} \times 1\text{주당 발행가액} \div \text{시가}))}{\text{기발행주식수} + \text{신발행주식수}}$$

   (단, 위의 산식중 기발행주식수는 조정후 행사가격 적용일 직전월말 현재의 발행주식 총수로 하며 위의 산식에 의한 조정후 행사가격의 원단위 미만은 절사한다)
3. 행사가격 조정시 공시방법:행사가격이 조정될 경우에는 금융감독위원회, 증권거래소 및 주간사회사에 통보하며, 서울특별시에서 발간되는 한국일보에 공고한다.
4. 신주인수권 행사절차:신주인수권을 행사하고자 하는 자는 동양증권(주) 본·지점을 통해 금호산업(주)의 명의개서대행기관인 증권예탁원에 소정의 행사청구서 2통에 필요한 사항을 기입 날인하여 신주인수권증권을 첨부하여 제출하여야 한다. 해당주금은 현금으로 납입한다.(신주인수권 행사를 위한 납입처:(주)한국외환은행 총무로지점)
5. 신주인수권행사의 효력발생 시기:신주인수권을 행사한 자는 신주 발행가액의 전액을 납입한 때에 주주로서 효력이 발행한다.
6. 신주인수권행사로 발행된 주식의 최초 이익이나 이자의 배당금:신주인수권 행사로 인하여 발행된 주식에 대한 이익이나 이자의 배당에 관하여는 행사한 날이 속하는 영업년도의 직전 영업년도말에 행사된 것으로 한다.
7. 주권의 교부방법 및 장소:신주인수권 행사로 인하여 발행되는 주식은 권리행사가 있는 달의 다음달 20일부터 증권예탁원 증권대행부에서 교부한다.

아래 부분은 전산처리 되오니 글씨를 쓰거나 더럽히지 마십시오.

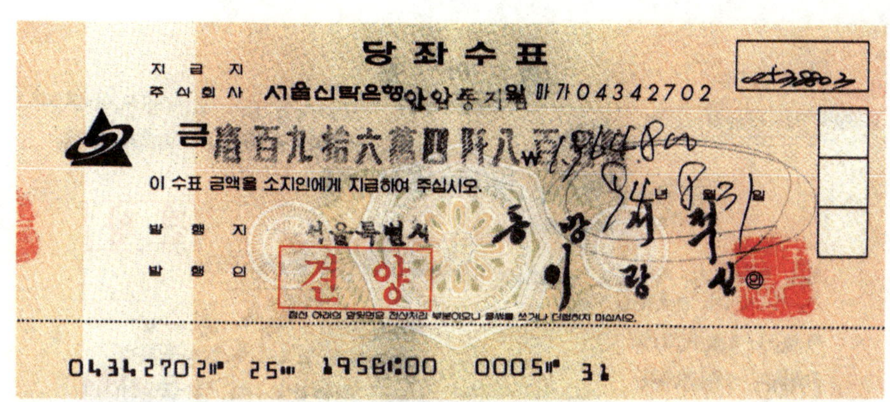
당 좌 수 표

지 급 지
주 식 회 사 서울신탁은행 안암동지점 마가04342702

금

이 수표 금액을 소지인에게 지급하여 주십시오.

발 행 지 서울특별시
발 행 인

견 양

점선 아래의 공란은 전산처리 부분이오니 글씨를 쓰거나 더럽히지 마십시오.

04342702 25 1956:00 0005 31

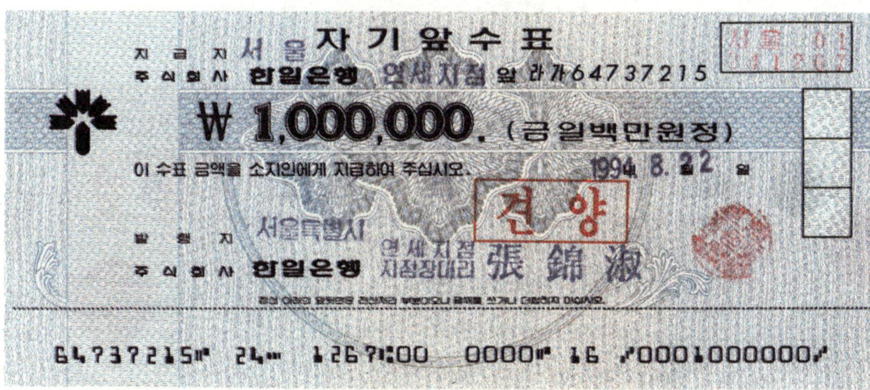
자 기 앞 수 표

지 급 지 서울
주 식 회 사 한일은행 연세지점 앞 라가64737215

₩ 1,000,000. (금일백만원정)

이 수표 금액을 소지인에게 지급하여 주십시오. 1994년 8. 22 일

견 양

발 행 지 서울특별시
주 식 회 사 한일은행 연세지점 지점장대리 張錦淑

점선 아래의 공란은 전산처리 부분이오니 글씨를 쓰거나 더럽히지 마십시오.

64737215 24 1267:00 0000 16 0001000000

가 계 수 표

지 급 지
주 식 회 사 국민은행 앞 마가27513749

50만원 이하

금 원 ₩

이 수표의 금액을 에게 지급하여 주십시오.

발 행 지

주민등록번호 351031-2096618
계 좌 812-05-0004-452 발 행 인

27513749 04 8127:04 4525 41 견 양

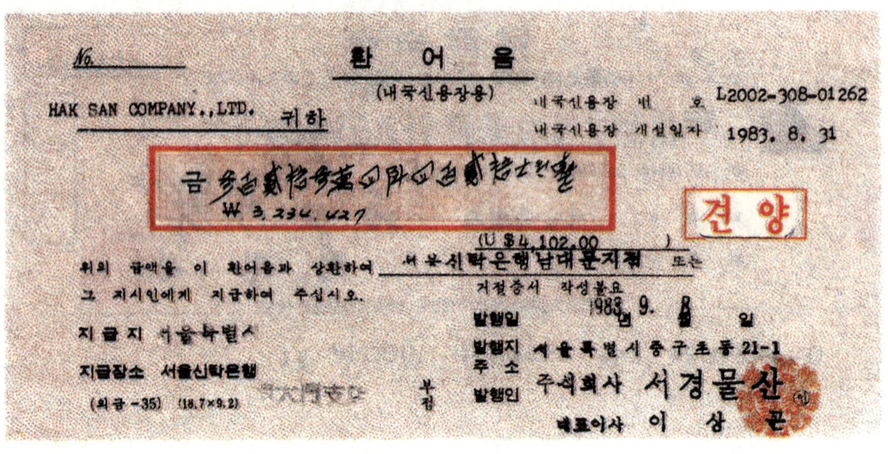

No.

환 어 음

(내국신용장용)

HAK SAN COMPANY.,LTD. 귀하

내국신용장 번호 L2002-308-01262

내국신용장 개설일자 1983. 8. 31

금 ₩3,334,427

견 양

(U $4,102.00)

위의 금액을 이 환어음과 상환하여 서울신탁은행남대문지점 또는 그 지시인에게 지급하여 주십시오.

거절증서 작성불요

발행일 1983년 9월 8일

지급지 서울특별시

발행지 주소 서울특별시중구초동21-1

지급장소 서울신탁은행

발행인 주식회사 서경물산 (인)

대표이사 이 상 곤

(외금-35) (18.7×9.2)

부전

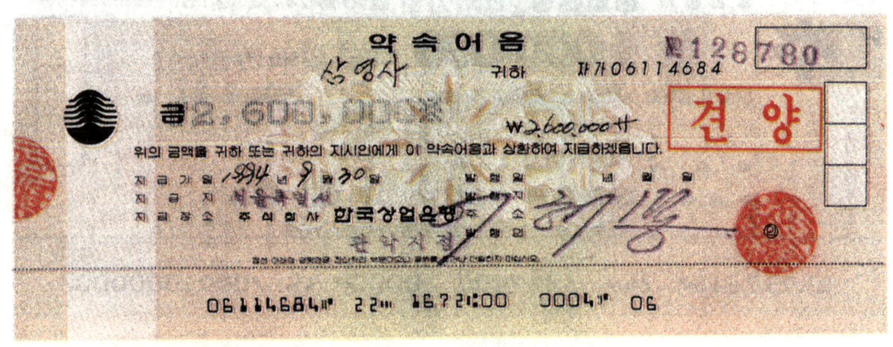

약속어음

No 126780

삼영사 귀하

자가06114684

금 2,600,000원

₩2,600,000-

견 양

위의 금액을 귀하 또는 귀하의 지시인에게 이 약속어음과 상환하여 지급하겠읍니다.

지급기일 1994년 9월 30일

지급지 서울특별시

지급장소 주식회사 한국상업은행 관악지점

발행일 년 월 일

발행지 주소

발행인

06114684 22 16721:00 0004 06

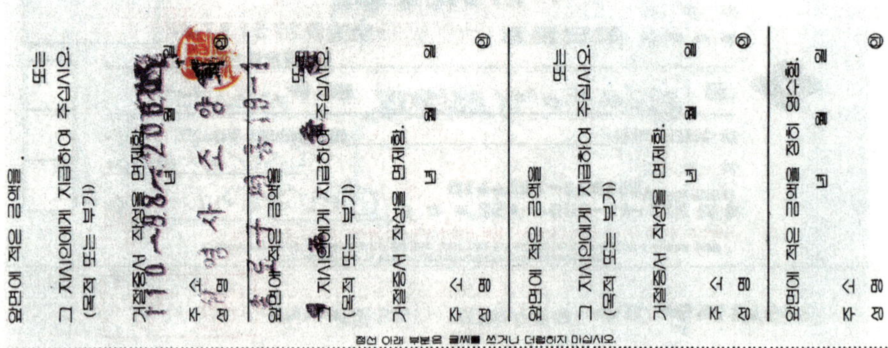

앞면에 적은 금액을 또는 그 지시인에게 지급하여 주십시오.

(목적 또는 부기)

거절증서 작성을 면제함.

년 월 일

주소

성명 ㉞

앞면에 적은 금액을 또는 그 지시인에게 지급하여 주십시오.

(목적 또는 부기)

거절증서 작성을 면제함.

년 월 일

주소

성명 ㉞

앞면에 적은 금액을 또는 그 지시인에게 지급하여 주십시오.

(목적 또는 부기)

거절증서 작성을 면제함.

년 월 일

주소

성명 ㉞

앞면에 적은 금액을 정히 영수함.

년 월 일

주소

성명 ㉞

점선 아래 부분은 글씨를 쓰거나 더럽히지 마십시오.

찾아보기

[著者 略曆]

李 範 燦

서울大學校 法科大學 卒業
서울大學校 大學院 修了(法學碩士)
美國 콜럼비아大學校 法科大學에서 會社法硏究
梨花女子大學校 敎授
(日本)名古屋經濟大學 敎授
商法改正審議委員會 委員
司法試驗委員·行政高等考試試驗委員·公認會計士試驗委員
民法·商法改正特別審議委員會 委員
韓國商事法學會 會長歷任
成均館大學校 總務處長 및 法科大學 學長
法學博士
現, 成均館大學校 法科大學 名譽敎授

崔 埈 璿

成均館大學校 法科大學 卒業
成均館大學校 大學院 修了(法學博士)
Stipendiat der Alexander von Humboldt-Stiftung
현, 成均館大學校 法學專門大學院 敎授

商法槪論〔제10판〕

1989年 6月 21日 1版 發行
1992年 9月 10日 2版 發行
1996年 3月 5日 3版 發行
1997年 3月 2日 4版 發行
1999年 3月 1日 5版 發行
2000年 2月 20日 6版 發行
2001年 2月 25日 7版 發行
2004年 8月 20日 8版 發行
2008年 7月 30日 9版 發行
2010年 8月 20日 10版 1刷 印刷
2010年 8月 30日 10版 1刷 發行

著 者 李 範 燦 · 崔 埈 璿
發行人 高 德 煥
組 版 大 京 文 化 社

110-102
發行處 서울特別市 鐘路區 平洞 19番地의 1號
圖書出版 **三 英 社**
登錄 제300-1972-1호
전화 737-1052, 734-8979 FAX 739-2386

定價 42,000원

ISBN 978-89-445-0199-9-93360